Eficácia, Reconhecimento e Execução de Actos Administrativos Estrangeiros

Eficácia, Reconhecimento e Execução de Actos Administrativos Estrangeiros

2018

Dulce Margarida de Jesus Lopes
Professora Auxiliar da Faculdade de Direito da Universidade de Coimbra

EFICÁCIA, RECONHECIMENTO E EXECUÇÃO
DE ACTOS ADMINISTRATIVOS ESTRANGEIROS
AUTORA
Dulce Margarida de Jesus Lopes
EDITOR
EDIÇÕES ALMEDINA, S.A.
Rua Fernandes Tomás, nos 76-80
3000-167 Coimbra
Tel.: 239 851 904 · Fax: 239 851 901
www.almedina.net · editora@almedina.net
DESIGN DE CAPA
FBA.
PRÉ-IMPRESSÃO
EDIÇÕES ALMEDINA, S.A.
IMPRESSÃO E ACABAMENTO
Artipol, Artes gráficas Lda.
Setembro, 2018
DEPÓSITO LEGAL
445621/18

Os dados e as opiniões inseridos na presente publicação são da exclusiva responsabilidade do(s) seu(s) autor(es).
Toda a reprodução desta obra, por fotocópia ou outro qualquer processo,
sem prévia autorização escrita do Editor, é ilícita e passível de procedimento
judicial contra o infrator.

 GRUPOALMEDINA

BIBLIOTECA NACIONAL DE PORTUGAL – CATALOGAÇÃO NA PUBLICAÇÃO
LOPES, Dulce Margarida de Jesus, 1977-
EFICÁCIA, RECONHECIMENTO E EXECUÇÃO DE ACTOS
ADMINISTRATIVOS ESTRANGEIROS – (Teses de doutoramento)
ISBN 978-972-40-7572-3
CDU 341

PREFÁCIO

O trabalho que ora se publica corresponde, na sua essência, à tese de doutoramento realizada sob a orientação do Senhor Professor Rui Manuel Gens de Moura Ramos, apresentada na Faculdade de Direito da Universidade de Coimbra em Agosto de 2015 e discutida em 10 de Julho de 2017.

As alterações àquela tese cingiram-se à correcção de lapsos de natureza formal, à menção a alguma bibliografia e legislação que consultámos para preparação da defesa de doutoramento, e à contemplação de algumas sugestões que em boa hora nos foram formuladas pelos Senhores Professores Doutores Dário Manuel Lentz de Moura Vicente e Jónatas Eduardo Mendes Machado.

Gostaríamos de aproveitar o ensejo e manifestar publicamente o nosso reconhecimento ao Senhor Professor Doutor Rui Moura Ramos, nosso orientador de mestrado e de doutoramento, que tanto aguçou no nosso espírito o gosto pela investigação académica e pelo ensino universitário.

Do mesmo passo, agradecemos o empenho na arguição da tese aos Senhores Professores Doutores Dário Moura Vicente e Jónatas Machado que sempre foram para nós exemplo das maiores qualidades profissionais e académicas.

Prestamos ainda tributo aos demais membros do júri – Senhores Professores Doutores Filipa Urbano Calvão, Rui de Figueiredo Marcos, Fernando Alves Correia e António Pinto Bronze – e neles, a todos os Mestres que têm acompanhado os nossos passos.

Por último, um agradecimento é devido a quem tanto devo.

Ao meu Pai, o gosto pelo saber; à minha Mãe, a alegria de viver; ao meu Irmão, a vontade de trabalhar; aos meus Amigos, o ânimo para perseverar; ao Geraldo, a confiança no que sou; aos meus filhos, o incentivo para querer mais e melhor.

RESUMO EM INGLÊS/ABSTRACT

The subject of recognition and enforcement of foreign administrative acts is not new, but is being renewed and has recently attracted great interest from part of the doctrine, mostly under the dogmatic of transnational acts.

The recognition of foreign administrative acts has gained again – after a century – a striking importance in doctrinal and legislative terms. In a world were distances are rapidly overcome and new forms of private and public interaction develop, the exercise of sovereignty is reconceptualized and new territorial logics appear.

The possibility of drawing effects from an administrative act, mostly if in a forcible way, was traditionally considered one of the prerogatives of statehood that could not be shared or allowed beyond the borders of the State, unless in exceptional circumstances.

Now, with more importance and frequence, foreign administrative acts – originally or subsequently, typically or eventually – aim at being recognised and executed in/by other States (the receiving, host or destination States, distinct from the issuing or home authorities), raising once again, but in a quite different manner, the challenging questions of extraterritoriality and jurisdiction.

However not always greater attention means better regulation. And this is a field were, unlike what should be expected (or desired), plurality and fragmentation are still the rule and the need for clarification of recognition procedures is crucial.

Patently, beyond some recognition duties resulting from international and European Union law demands and from specific legislative provisions, there is no general framework on recognition and enforcement of foreign administrative acts, nor in what regards their possible effects, neither in what concerns the requirements and procedures from which they can or should be drawn.

Our objective is, precisely, to develop an analysis, ascertaining in which way States, and with particular emphasis, the Portuguese State, should or/must perform such recognition task.

For this purpose, we start our investigation identifying the main challenges that are relevant today, at an international level, by describing the multiplicity, flowingness and international character of the present-day administrative law. Within this framework, we try to define what is expected from the administrative law of our days: a law, that, keeping its function of guardian of the public interest, is open to exterior influences and receives, according to a pluralist thought, legal contents and legal actions originating from other entities, both state and non-state.

Within this complexity, our focus is directed to the institute of foreign administrative acts, adopted by international organisations, the European Union or States. The option for this viewpoint was deliberate, since our intention was to perform a crossover between the traditional foundations (in which the figure of the administrative act is central) and the modern challenges placed to administrative law.

And, given this perspective, we gathered the main teachings delivered to us by areas as distinct as private international law, public international law and international administrative law. We tried also to reduce as much as possible the introduction of new concepts, to avoid unwelcome communicational barriers.

In the second part of our study we try to outline the notion of foreign administrative act, identifying its constitutive elements and the ways they can or should be characterized. We present, despite the intense plurality in the modes through which administrative acts are adopted, a distinction between supranational administrative acts, transnational administrative acts and administrative acts in a stricter sense. Such a distinction is relevant to ascertain the various ways those acts are effective in the recipient States.

In fact, while supranational administrative acts, despite their various origins, have an immanent and immediate aptitude to be applied to areas under state influence, transnational administrative acts have as a normal characteristic the extension of their effects to States that are under a recognition obligation. On the other hand, foreign administrative acts in a strict sense, constitute a third category that doesn't have the same coherence as the for-

RESUMO EM INGLÊS/ABSTRACT

mer two, and that, in principle, only produce effects within the limits of the issuing State, because they do not have a qualified title to recognition.

The study of these foreign administrative acts would not, however, be complete without a reference to the extraterritorial effects they tend to have, and the mechanisms that the recipient State is ready to develop in order to allow the production of such effects.

That is why the core of our research is placed in the relations between the issuing authority (the one that adopted the administrative act) and the authority that allows for an administrative act to take effects (through its recognition, or, even, enforcement). Indeed, we position ourselves in a moment after the issuance of administrative acts: the moment where the legal position defined or touched by that act is taking effects in a State that was not the issuing authority.

This doesn't mean that the problematic regarding the normative framework (competent authority, applicable procedures, criteria used) before the issuance of the administrative acts is irrelevant, since that framework conditions the extraterritorial aptitude of a specific administrative acts and, therefore, might determine which type of recognition or enforcement system – if more or less generous – should be used.

And it is around these recognition and enforcement mechanisms that we revolve in the third and final part of this book. Here we make a distinction regarding parallel figures (such as the recognition of States and governments, of judicial decisions, etc.) and analyse the specifics of recognition in the administrative field. We try equally to outline the features of recognition, which is a difficult task, given the confluence in the recognition technique of contributes from several areas of law (and besides law), and given the manifold forms recognition can adopt.

A relevant part of our efforts was centred in the definition of the substantial criteria for recognition and enforcement of foreign administrative acts, criteria that – varying according to the type of foreign act and respective procedure and effects – constitute the basis of our structured, however plural, proposal for recognition.

The purpose of such a theory is to extract effects from the variations we perceived existed regarding the recognition and enforcement of foreign administrative acts, rehearsing guiding criteria that can conduce or contribute to a more consequent application of those institutes. It may also help to stabilize lines of conduct, both public and private, even in regard to foreign administrative acts whose recognition is not explicitly regulated, either conventionally or unilaterally, by States.

We didn't restrict ourselves, in our analysis, to the phenomenon of mutual recognition developed under the umbrella of the European Union – that has received most of the attention in the international stage – but to the several forms of reception or welcoming in state legal orders of administrative acts that have the propensity to produce effects "outside their doors".

In sum, with our analysis of the effectiveness, recognition and enforcement of foreign administrative acts we intended to place in the centre of the debate the relevance of the State, mainly in its administrative capacity, in reference to a plural world, where many forms of creation, adjudication and enforcement of law merge together. But a world in which the State still continues to be the main upholder and defender of the conditions of democracy and legitimacy that inevitably arise when the question is the production of effects of any given administrative act.

But we also tried to establish that this guarantee function has to be dully considered and matured by States, in order for them to provide a judicious answer – and not a plain "I don't know" or "I cannot" – to the growing demands that are directed to them by public or private entities regarding the recognition and enforcement of foreign administrative acts.

INTRODUÇÃO

Num mundo cada vez mais interdependente, a cadência de actos administrativos com eficácia extraterritorial – isto é, de actos cujos efeitos não se cingem à esfera de influência usual da entidade que os editou – tem vindo a encurtar-se.

Não só aqueles actos são em maior número – em *extensio* – como são distintos em natureza – em *intensio* –, o que coloca inovadores desafios às autoridades públicas, sobretudo aos Estados, que se vêem confrontados com a questão de saber que relevo atribuir – se algum – a actos administrativos estrangeiros.

Acresce, com a genericamente intitulada *globalização*, a introdução de novas lógicas territoriais – dentro e fora do Estado –, lógicas estas que, por vezes complementares, outras vezes contraditórias, colocam em movimento todo um conjunto de transformações no modo de relacionamento entre entidades com funções públicas e desmistificam o papel de princípios tidos, por muitos, por sacrossantos.

De entre estes, o princípio da territorialidade, se é que algum dia fechou de forma absoluta a prática de actos com vocação extraterritorial – pois parece ter sempre conhecido excepções demandadas pela circulação internacional de pessoas e bens –, tem estado ultimamente sob fogo cerrado, dada a reprodução de actos de Estados e de outras entidades públicas, designadamente de organizações internacionais, que só fazem sentido ou fazem mais sentido se entendidos num contexto espacial diverso do tradicional.

Do que resulta, de um lado da barricada, que as pretensões, privadas e públicas, para o reconhecimento e execução de actos administrativos em Estados que não coincidem espacial e/ou institucionalmente com a Autoridade que os emitiu têm vindo a multiplicar-se.

Do outro lado da barricada, a possibilidade de execução destes actos administrativos, sobretudo se coerciva, continua a ser assumida como uma das prerrogativas da estadualidade que não pode ser partilhada ou permitida para além do território dos Estados, salvo com consentimento destes. Como *fraca* contrapartida, alguns efeitos de actos administrativos estrangeiros são genericamente admitidos pelos Estados, mas apenas enquanto "efeitos de facto" e não de direito.

Ficam de fora, portanto, um conjunto de importantes efeitos extraterritoriais de actos administrativos extraterritoriais, como os constitutivos, que, entre duas margens – a da irrelevância e a da relevância puramente parcial –, navegam num mar de indeterminação.

De facto, o reconhecimento e, em medida ainda mais límpida, a execução de actos administrativos – ou, em geral, a extensão da eficácia de actos administrativos estrangeiros emitidos por uma autoridade distinta da de reconhecimento ou execução – não têm recebido uma resposta unívoca, ou por vezes sequer uma resposta, na legislação e jurisprudência nacional e internacional.

Não queremos com isto dizer que tenham sido parcas as reflexões sobre este tema; pelo contrário, elas têm-se sucedido e sido profícuas na definição dos termos de reconhecimento de alguns actos administrativos ou, mais amplamente, de situações jurídicas administrativas.

Da nossa parte, partindo destas reflexões e do seu inegável mérito, consideramos propício articular a análise dos efeitos extraterritoriais dos actos administrativos com a existência de vários e diferenciados espaços de integração e cooperação, já que hoje os Estados não se vêem confrontados apenas com actos provindos dos seus pares, mas com actos de autoridades internacionais ou da União Europeia, relativamente aos quais se colocam questões de eficácia, reconhecimento e execução.

Apenas a partir desta reflexão – que nos propomos levar a cabo –, será possível definir as situações-tipo de *acolhimento* de actos administrativos com eficácia extraterritorial e as condições exigíveis que motivam o reconhecimento e a execução de actos administrativos estrangeiros.

Será igualmente imprescindível, para que tentemos levar o nosso exercício a bom porto, que nos posicionemos, de forma o mais estável possível, do ponto de vista metodológico.

Este posicionamento é tanto mais imprescindível quanto esta é uma temática que não tem encontrado uma sede dogmática própria ou, pelo menos, indiscutida, sendo tratada, e muitas vezes de forma apenas parcial, por disciplinas distintas.

Uma destas disciplinas é o direito administrativo internacional que, embora florescente no final do Século XIX e inícios do Século XX, entrou num prematuro marasmo de que ainda não conseguiu sair vitorioso, em especial em virtude da concorrência que tem tido de novas áreas do direito com maior toque de modernidade, como o direito administrativo global e o direito administrativo transnacional. Qualquer destes ramos de direito – se é que revestem autonomia suficiente para como tal serem qualificados – têm assumido como intenção deliberada o enquadramento de novas ou renovadas tendências do direito administrativo, por entre as quais surge, à cabeça, a cooperação internacional e a integração europeia, bem como a maior abertura dos ordenamentos jurídicos nacionais ao exercício alheio de autoridade.

Não obstante o relevo destas tendências, julgamos que é no campo do direito administrativo internacional que devemos continuar a centrar a nossa análise, dado o objecto precípuo do nosso estudo – o reconhecimento de actos administrativos estrangeiros –, sem desprimor do valioso contributo de outras disciplinas jurídicas.

E se o acolhimento de contributos interdisciplinares é relevante em todas as áreas do direito, tanto mais o será para a análise do tema que nos ocupa. Desde logo porque a disciplina à qual podem ser creditadas as maiores evoluções em matéria de reconhecimento e execução, bem como, em geral, em matéria da extraterritorialidade de normas e actos estrangeiros, tem sido o direito internacional privado (nas íntimas relações que entretece com o direito processual internacional).

De facto, a generalidade das questões relacionadas com efeitos probatórios e incidentais de actos de direito público que definem ou ajudam a definir os contornos de situações privadas (como sucede, paradigmaticamente com a atribuição da nacionalidade), bem como com o reconhecimento e execução de decisões judiciais e de actos públicos têm sido tradicionalmente disciplinadas pelos direitos internacionais privados nacionais e conhecido relevantes desenvolvimentos nos planos internacional e europeu. Mas mais, actos administrativos típicos, como os de expropriação, nacionalização e confisco, suscitaram acesos debates na doutrina internacional privatista e deram lugar a inúmeros exemplos judiciais que ainda hoje enformam as relações entre a intervenção administrativa com eficácia extraterritorial e as posições jurídico-privadas por ela afectadas.

Mas será que, três quartos de século depois, permanecem válidas as considerações de HANNAH SCHWARZ, segundo as quais, embora a questão do reconhecimento de actos administrativos fosse tratada pelo direito internacional privado em sentido estrito, pelo direito processual civil internacional e pelo direito administrativo internacional, não encontrava nestes âmbitos um tratamento jurídico sistemático[1]?

Não nos parece que devamos hoje embarcar em tamanho desânimo, já que, não obstante a intervenção de várias áreas do direito, parece adivinhar-se uma certa *coerência doutrinária* na identificação das questões a resolver e, igualmente, uma certa *convergência metodológica* nas aproximações utilizadas em cada uma daquelas disciplinas.

Pensamos, inclusive, que a interligação entre estas várias dimensões jurídicas envolvidas no processo de reconhecimento e execução de actos administrativos estrangeiros – sob a capa do direito administrativo internacional – fornecerá preciosos bordões na altura de ensaiarmos uma teoria do reconhecimento ajustada à nossa proposta tipológica de actos administrativos estrangeiros.

Expusemos – assim o pensamos – o objectivo essencial da nossa análise e demos conta da sua importância num ambiente caracterizado pela crescente interdependência internacional.

Cumpre justificar – agora de uma perspectiva mais pessoal – a escolha do objecto do presente estudo, que poderia parecer distanciado dos nossos usuais temas de investigação. Não o será tanto assim, estamos em crer, pois há muito temos vindo a acompanhar esta temática, que congrega em si franjas das matérias jurídicas sobre as quais nos fomos debruçando profissionalmente: o direito administrativo, o direito internacional privado e o direito da União Europeia.

Mas foi, sobretudo, a curiosidade que o tema nos suscitou e a necessidade de para ele encontrar respostas que nos parecessem satisfatórias que nos motivou a escolher e a persistir na identificação dos termos da eficácia, reconhecimento e execução de actos administrativos estrangeiros.

Se nos fosse pedido que definíssemos, com a margem de generalidade subjacente a qualquer introdução, as principais questões que nos colocámos e para as quais buscámos uma resposta adequada, formularíamos as seguintes:

---

[1] HANNAH SCHWARZ, *Die Anerkennung ausländischer Staatsakte – Innerstaatliche und überstaatliche Grundsätze aus dem Gebiete des Internationalen Privatrechts*, Berlin – Grunewald, Verlag für Staatswissenschaften und Geschichte G.m.b.H., 1935, p. v.

i. Quais os efeitos extraterritoriais a que almejam os actos administrativos?

ii. Terão todos os actos administrativos a mesma pretensão jurídica extraterritorial?

iii. Quais os actos com eficácia extraterritorial que podem – ou devem – ser reconhecidos e merecer execução por parte de Autoridades distintas das emitentes?

iv. Quais os efeitos jurídicos que são permitidos por via daqueles reconhecimento e execução?

v. Haverá efeitos que se produzem independentemente de qualquer reconhecimento?

v. Quais as condições ou pressupostos para que aquele reconhecimento e execução tenham lugar, do ponto de vista substancial, orgânico e procedimental?

vi. Quais as garantias passíveis de ser mobilizadas relativamente a estes reconhecimento e execução?

A resposta a cada uma das questões enunciadas dependerá grandemente, no nosso ponto de vista, da conceptualização que se faça dos actos administrativos estrangeiros, que nos propomos dividir, na Parte B deste estudo, em *actos administrativos supranacionais* (provenientes de autoridades externas aos Estados *ad quem* mas que têm nestes – melhor, em quem esteja colocado sob a sua jurisdição – os seus destinatários directos), *actos administrativos transnacionais* (provenientes de autoridades externas aos Estados de acolhimento mas que têm uma vocação normal para serem nestes recebidos) e *actos administrativos estrangeiros em sentido estrito* (provenientes de autoridades externas aos Estados recipientes, mas sem que tenham uma pretensão qualificada ao seu reconhecimento e execução fora de portas).

Distinção esta entre actos administrativos estrangeiros em sentido amplo que nem sempre é fácil de traçar, dada a pluralidade de formas procedimentais possíveis e de modos de articulação entre autoridades administrativas.

A análise dos actos administrativos estrangeiros não ficaria completa, no entanto, sem uma referência aos efeitos extraterritoriais para que os mesmos tendem (efeitos declarativos, probatórios, incidentais, constitutivos, registais, preclusivos e executivos), e cuja eficácia em Estado diverso da entidade emitente dependerá dos mecanismos predispostos para tanto.

Mas, antes da explicação dos tipos e da caracterização dos actos administrativos estrangeiros e dos seus potenciais efeitos extraterritoriais, mister será, na parte A, aludirmos ao quadro conceitual e dogmático em que nos movemos.

Em especial, no que se refere à convergência metodológica a que acima aludimos, é de assinalar uma mudança no foco da análise da autoridade: das condições para a edição de actos normativos (jurisdição prescritiva) passa a privilegiar-se o debate em torno dos pressupostos para a adjudicação (i.e., a decisão de pretensões jurídicas concretas) e, sobretudo, das garantias para a observância e cumprimento, voluntário ou forçoso, de tais decisões.

Variação esta que nos interessa sobremaneira uma vez que o cerne da nossa pesquisa se centra nas relações entre a autoridade que decide e aquela que amplia a eficácia do acto emitido (reconhecendo-o ou, mesmo, permitindo a sua execução), posicionando-nos, portanto, num momento posterior à edição dos actos administrativos.

O que não quer dizer que a problemática do enquadramento normativo que esteve subjacente à emissão dos actos administrativos estrangeiros – interesses ponderados, procedimentos seguidos, informações recolhidas ou partilhadas – seja irrelevante, porque, ao conformar as características daqueles actos, inclusive a sua aptidão extraterritorial, dela pode resultar a remissão para distintos sistemas de reconhecimento e execução.

E são estes sistemas de reconhecimento e de execução que têm granjeado a atenção da doutrina e de alguma jurisprudência, sobretudo comunitária, podendo ver-se uma constante de pensamento e de reflexão que atravessa e aproxima, não obstante as diferenças, os direitos nacional e internacional e os direitos público e privado.

E é sobre estes mecanismos de reconhecimento e execução que nos debruçaremos no Ponto C do nosso estudo, fazendo a distinção relativamente a figuras paralelas e analisando as especificidades do reconhecimento no âmbito administrativo.

Uma parte relevante dos nossos esforços centrar-se-á na definição dos critérios materiais para o reconhecimento de actos administrativos estrangeiros, critérios estes que – variando consoante o tipo de actos administrativos estrangeiros a reconhecer, respectivo procedimento e efeitos – constituirão a base da nossa proposta estruturada, mas plural, do reconhecimento.

O propósito desta teoria é o de extrair efeitos das variações que fomos percebendo existirem a propósito do reconhecimento e execução de actos administrativos estrangeiros, ensaiando critérios de orientação que possam beneficiar uma aplicação mais consequente daqueles institutos e estabilizar linhas de conduta, tanto públicas quanto privadas, mesmo quanto a actos

INTRODUÇÃO

administrativos estrangeiros cujo reconhecimento não se encontra regulado, seja negocial, seja unilateralmente, pelos Estados.

Tentaremos, ainda, testar esta nossa teoria num domínio particular – o da migração. A escolha desta área prendeu-se não apenas com a sua actualidade e com a tomada de consciência do impacto mundial e interdependente dos fluxos migratórios e das suas consequências – tanto positivas, como devastadoras –, mas também com a sua riqueza normativa.

Este é um espaço de reflexão que, não sendo associada tão imediatamente ao fenómeno do reconhecimento de actos estrangeiros – como sucede paradigmaticamente com a das liberdades de circulação ou com o reconhecimento de diplomas e habilitações, áreas estas a que recorreremos amiúde na nossa exposição –, não deixa de convocar fenómenos regulatórios especiais, dando espaço a formas de actuação conjunta e/ou coordenada e a mecanismos de intervenção atípicos, que apelam grandemente para as do reconhecimento e execução de actos administrativos estrangeiros e evidenciam os novos desafios que estas figuras enfrentam num mundo multipolar e, quantas vezes, desagregado.

De fora deste nosso trabalho ficam muitos temas ou explicações parcelares que, num primeiro momento, nos pareceram relevantes e de que fomos obrigadas a abdicar, a bem não só da própria conclusão da tese de doutoramento que baseou o presente livro, como ainda da sua legibilidade e inteligibilidade. Tentámos, por isso, centrar-nos nos pontos essenciais à nossa análise, sem excursos dilatórios ou paralelos, ainda que não abdicando do precioso auxílio das notas de rodapé explicativas ou complementares, sempre que se nos afigurou conveniente.

Em particular, dado o toque de actualidade que pretendemos imprimir ao nosso estudo, decidimos optar por uma *visão sincrónica* do tema em apreço e não privilegiar abordagens que colocassem em evidência a evolução mais remota de alguns conceitos e institutos que, ainda que importantes no âmbito da nossa análise, encontram hoje inovadores *focos de resistência e de debate*. Foram estes focos que procurámos analisar, louvando-nos, quanto ao demais, nos ensinamentos de autores que expuseram exaustivamente conceitos tais como os de territorialidade e de soberania, ou que analisaram questões controvertidas como a mobilização de regras de conflitos bilaterais no direito administrativo.

Uma última nota quanto à extensão de disciplinas e de fontes a que tivemos de recorrer. A riqueza do tema que escolhemos revelou-se, ao mesmo tempo, o nosso maior desafio. A constante adaptação à mudança de discursos[2], a destrinça entre a similitude de conceitos e a divergência de significados e a amplitude de material disponível implicaram um exercício de ponderação quanto à importância relativa das fontes. Procurámos, não obstante, levar a cabo um trabalho sério em cada uma das áreas que contribuem decisivamente para o objecto do nosso texto, extraindo de cada uma delas o que poderiam ter de relevante para a conceptualização e operacionalização da eficácia, reconhecimento e execução dos actos administrativos estrangeiros.

---

[2] O único discurso a que não procurámos adaptar-nos foi o resultante do novo acordo ortográfico. A evolução do presente trabalho na altura em que este se tornou pretensamente obrigatório e a nossa renitência em escrever de acordo com o mesmo conduziram a que mantivéssemos a sua redacção original.

PARTE A

Pluralidade do Direito Administrativo na Esfera Externa

Ponto I
Multiplicidade no Direito Administrativo

O direito administrativo apresenta-se hoje como uma disciplina multiforme que não atenta exclusivamente na actividade territorial do Estado. Não obstante esta continuar a ser o domínio de actuação *por natureza* do Estado, não esgota na integralidade a sua *vocação*.

Cada vez com maior frequência, as intervenções estatais espraiam-se para além das suas fronteiras, influenciando condutas privadas e públicas que estavam antes fora do seu âmbito de eficácia. Ao mesmo passo, as tarefas administrativas nacionais são progressivamente contagiadas por inovadoras formas de actuação de sujeitos – também eles públicos e privados – que se acantonam nos espaços regionais e globais, e cujo palco é essencialmente internacional.

A gestão desta diversidade constitui um desafio permanente para todos os envolvidos, gerando novas relações de conflito, complementaridade, substituição e partilha, que obrigam a repensar os quadros do tradicional direito administrativo, sempre que este convoque elementos de *alteridade*.

1. O Papel do Estado no Âmbito Externo

O Estado apresenta-se como sujeito primeiro e, ainda hoje, como sujeito primário de direito internacional[3]. Esta relevância deve-se ao facto de o Estado desempenhar um papel essencial na esfera jurídica internacional, ao

---

[3] Esta preponderância é tal que, quando se começou a alargar o leque de sujeitos internacionais, estes começaram por ser compreendidos por referência ao Estado, enquanto entidades pró-estatais (como os beligerantes e os movimentos de libertação), infra-estatais (as colónias autónomas e territórios análogos, os territórios sob tutela), ou supra-estatais (as confederações). Cfr. Jorge Miranda, *Curso de Direito Internacional Público*, 6.ª ed. revista e actualizada, Lisboa, Principia, 2016, pp. 203-204.

conduzir a sua actividade externa em conjugação com os demais Estados e com outros sujeitos de direito internacional e ao influenciar decisivamente a capacidade de intervenção destes e a eficácia das suas actuações.

A possibilidade de actuação bilateral e, sobretudo, unilateral dos Estados no plano internacional constitui, de facto, uma das expressões – talvez a mais visível tendo em consideração o nosso ponto de vista, o da extraterritorialidade da acção pública – da soberania estadual.

É adequado dizer que o *ius imperium* estatal se reflecte não só do ponto de vista interno, como também do ponto de vista internacional, uma vez que a intervenção dos Estados na sua veste pública se prolonga para além dos seus limites territoriais.

Não se pode dizer, porém, que as possibilidades de actuação dos Estados no plano internacional sejam uma mera extensão das competências que estes exercitam no âmbito interno. Se é certo que as duas dimensões se encontram intimamente ligadas (o que é particularmente visível na emissão de actos administrativos que têm como alvo a produção de efeitos no estrangeiro), não se pode, a nosso ver, falar aqui de um *paralelismo de competências* internas e externas.

É que as competências que o Estado exercita externamente são, por natureza, formal, procedimental e substancialmente distintas daquelas de que dispõe no plano interno. Não obstante a liberdade de actuação e a igualdade de posição reconhecida aos Estados, a *exclusividade* do exercício dos seus poderes encontra-se irremediavelmente comprometida no âmbito internacional, no qual é e sempre foi um actor entre muitos outros, o que transforma a intervenção estatal numa intervenção dominantemente negocial – em regra pela conclusão de tratados internacionais – ou assentida – sobretudo pela formação de costume internacional –, e menos numa intervenção de tipo unilateral[4].

O que tradicionalmente faz rodear a intervenção unilateral dos Estados especiais cautelas e reservas, de modo a não colocar em causa os arranjos

---

[4] JEAN COMBACAU, dada a indisponibilidade dos poderes estatais na esfera externa, prefere a noção de *restrições à liberdade do Estado* e não à sua soberania (cfr. "Pas une puissance, une liberté: la souveraineté internationale de l'Etat", *Pouvoirs, Revue Française d'Études Constitutionnelles et Politiques,* N.º 67, Novembre, 1993, pp. 47-58). Em sentido similar, STÉPHANE RIALS, "La Puissance Étatique et le Droit dans L'Ordre International – Eléments d'une Critique de la Notion Usuelle de "Souveraineté Externe"", *Archives de Philosophie du Droit,* Tomo 32 – Le Droit International, 1987, pp. 200-218.

internacionais estabelecidos e o equilíbrio nas relações internacionais[5]; ao mesmo passo que as intervenções estaduais em domínios mais recentes e tipicamente mais imunes à internacionalização, como o administrativo, causam alguma perplexidade e instabilidade regulatória.

Mas não é apenas a exclusividade de exercício dos poderes estaduais que se perde na cena internacional; também a sua *coercividade* se atenua consideravelmente.

Não nos referimos aqui à ausência de um nível jurisdicional que possa cumprir de forma global e eficaz o papel que, ao nível interno, é desempenhado pelas jurisdições nacionais, uma vez que esta jurisdicionalização do direito internacional – ensaiada e, nalguns casos, concretizada – reflectirá sempre uma organização de cariz funcionalmente não estatal. Nem nos reportamos à ausência de um aparelho coercivo próprio, de tipo administrativo, que possa ser mobilizado em caso de incumprimento das regras de direito internacional público, direito este que, na imagem de TRIEPEL, se assemelha a um marechal, que depende da obediência dos seus generais (os direitos internos) para ganhar batalhas[6].

---

[5] De tal forma assim é que a actuação unilateral dos Estados (e dos demais sujeitos de direito internacional) não consta do elenco de fontes do artigo 38.º do Estatuto do Tribunal Internacional de Justiça, sendo integrada num elenco residual de "outras fontes de direito internacional" (ilustrativamente, cfr. JÓNATAS E. M. MACHADO, *Direito Internacional – do Paradigma Clássico ao Pós-11 de Setembro*, 4.ª ed., Coimbra, Coimbra Editora, 2013, pp. 137-139). Não obstante, há estudos clássicos sobre o tema, ainda que face aos típicos actos internacionais, como os de reconhecimento, protesto, notificação, promessa, renúncia e reserva (cfr. ERIC SUY, *Les Actes Juridiques Unilatéraux en Droit International Public*, Paris, Librairie Générale de Droit et de Jurisprudence, 1962, pp. 1-209; para uma classificação de tais actos baseada no variável papel da vontade unilateral do Estado que os emite e do seu carácter verificativo, cfr. GIUSEPPE BISCOTTINI, *Contributo alla Teoria degli Atti Unilaterali nel Diritto Internazionale*, Milano, A. Giuffrè Editore, 1951, pp. 15-28).

[6] C. H. TRIEPEL, "Les Rapports entre le Droit Interne et le Droit International", *Recueil des Cours*, Tomo I, 1923, Paris, Hachette, 1925, p. 106. Outras imagens, igualmente impressivas, são apresentadas por PAULO CANELAS DE CASTRO que se refere ao direito internacional público como um direito "sem dentes", um "tigre de papel" que pouco mais pode do que "rosnar", sem contudo "morder" e que fica dependente da boa vontade dos seus destinatários – os Estados – para produzir efeitos ("Globalização e Direito Internacional: Rumo ao Estado de Direito nas Relações Internacionais", *Nos 20 Anos do Código das Sociedades Comerciais – Homenagem aos Profs. Doutores A. Ferrer Correia, Orlando de Carvalho e Vasco Lobo Xavier*, Vol. III, Vária, Coimbra, Coimbra Editora, 2007, p. 762).

Pretendemos, antes, enfatizar a incipiente natureza e consolidação do exercício ou extensão das competências estaduais fora de portas. E de tal forma se perde aquela nota da coercividade, usualmente aliada aos ditames

Esta ausência de coercividade no plano internacional não só não tem sido entendida como um obstáculo à normatividade do direito internacional público, como tem vindo a ser percebida como dispensável, se compensada por figuras como as da *compliance* (vista como conformação à regra internacional, ainda que desacompanhada de mecanismos coercivos, por Abram Chayes, "Compliance without Enforcement", *ASIL Proceedings of the 91st Annual Meeting, Implementation, Compliance and Effectiveness, Washington D.C.,* 1997, pp. 53-56). Abram Chayes e Antonia Handler Chayes consideram mesmo que as situações de não conformação com o direito internacional são mais um desvio do que a normalidade e que existe um nível aceitável de cumprimento, mesmo na ausência de mecanismos coercivos formais (cfr. "On Compliance", *International Organization,* Vol. 47, N.º 2, March, 1993, pp 175-205). Por seu turno, enquanto alguns autores dão conta dos vários factores teóricos que contribuem para o conceito e prática de *compliance* (Kal Raustiala e Anne-Marie Slaughter, "ILR, IR and Compliance", *Handbook of International Relations,* Walter Carlsnaes, Thomas Risse, Beth A. Simmons (eds.), London, Sage, 2002, pp. 538-558), outros procedem a uma análise das distintas práticas estatais a este propósito (Kendall Stiles, *State Responses to International Law,* Oxon, Routledge, 2015, em especial pp. 67-87), o que ilustra bem a dificuldade em definir tendências de cumprimento do direito internacional.

Em contrapartida, H.L.A. Hart claramente defende que o demandado pelo direito é apenas a noção de *autoridade,* simbolizada por *"voluntary* cooperation in a *coercive* system" (cfr. *The Concept of Law,* 2.ª ed, Oxford, Clarendon Press, 1994, pp. 198-201); enquanto que Harold Hongju Koh fala de *obediência* ao direito internacional, entendida como a aceitação interna das normas potenciada pelos processos transnacionais em que o Estado participa e que permitem imprimir-lhes uma convicção de obrigatoriedade (cfr. "Why Do Nations Obey International Law?", *The Yale Law Journal,* Vol. 106, 1997, pp. 2599-2659).

Entre nós, Afonso Queiró referia-se já a um *mínimo de eficácia,* espontânea ou coerciva (mas usualmente espontânea), do direito internacional público, como requisito suficiente para afirmar este ramo de direito (cfr. *Direito Internacional Público: Segundo as Prelecções ao Curso do 2.º Ano Jurídico de 1959-1960,* policopiado, Coimbra, 1960, pp. 32-33).

Anotando a relativa ineficácia das sanções no plano internacional, cfr. Barry E. Carter, "Instilling some Order into the confusion of U.S. unilateral economic sanctions", *ASIL Proceedings of the 91st Annual Meeting, Implementation, Compliance and Effectiveness, Washington D.C.,* 1997, pp. 334-337; e Rennie Atterbury III, "Unilateral Sanctions: Relearning Forgotten Lessons", *ASIL Proceedings of the 91st Annual Meeting, Implementation, Compliance and Effectiveness, Washington D.C.,* 1997, pp. 337-339. Alf Ross sumariza que, apesar de a sanção não ser uma característica necessária das normas, pode ser um critério para distinguir vários tipos de normas, como as estatais, às quais se alia a possibilidade de coerção directa; a lei das associações (que, em última linha, pode levar à expulsão da associação, mas nunca à coerção directa) e o direito internacional público, em que o uso de boicotes e de força militar é liminar, sendo a

jurídico-estatais, que se passa a duvidar da eficácia destes – ainda que não da sua imperatividade –, procurando-se mecanismos que permitam compensar esta perda de capacidade operacional no exterior, mecanismos nos quais – antecipamo-nos – se inclui o reconhecimento e execução de actos administrativos estrangeiros.

Deste modo, duas das características típicas do *ius imperium* estadual – o poder de exclusão das demais fontes de poder e o poder de imposição coerciva das suas determinações – não se encontram, por regra, presentes no plano externo da intervenção dos Estados, pelo que não é possível fazer uma equiparação sumária e descomplicada entre os poderes que estes exercitam ou podem exercitar no plano interno e aqueles de que dispõem no âmbito internacional. Aliás, é a especificidade da actuação externa dos Estados que permite que se fale de uma *dissociação* dos atributos da competência estatal no direito internacional[7], permitindo um conjunto de arranjos que dificilmente seriam admitidos internamente.

Com isto não pretendemos negar a juridicidade da intervenção externa dos Estados, mas reconduzi-la a uma dogmática adaptada aos desafios que estes encontram no plano internacional, quando confrontados com a vontade ou necessidade de regular, unilateralmente e por via administrativa, condutas que se projectam no estrangeiro.

É certo que a atenuação da *vis* unilateral dos Estados no âmbito internacional era tradicionalmente *compensada* pela sua ampla capacidade negocial, ao ponto de serem reconhecidas ao Estado competências de intervenção no plano externo – como as de se vincularem negocialmente perante privados e as de se submeterem a foros arbitrais – que durante muito lhes foram negadas internamente. Hodiernamente, porém, com a multiplicidade de situações administrativas marcadas pela alteridade, esta compensação já não nos parece suficiente, sendo necessário indagar qual a amplitude e eficácia da actuação unilateral do Estado fora do seu âmbito interno de intervenção.

---

sanção dominante a reprovação moral (cfr. *Directives and Norms*, London, Routledge & Kegan Paul, 1968, pp. 94-95).

[7] Sobre esta possível dissociação, cfr. MICHEL TROPER, "Communication", *Les Competences de L'État en Droit International – Colloque de Rennes*, Paris, Éditions Pedone, 2006, pp. 67-70; e EVELYNE LAGRANGE, "Rapport", *Les Competences de L'État en Droit International – Colloque de Rennes*, Paris, Éditions Pedone, 2006, pp. 105-107.

a. Territorialidade como Ponto de Partida da Jurisdição Estatal

O princípio da territorialidade[8], resultante da intersecção entre soberania e território, constitui o *ponto de partida* da jurisdição estatal. O território representa não só um dos elementos do Estado[9], como se relaciona com este de forma tão íntima, que se chega a afirmar que o território define não apenas a extensão do poder estatal, como é ele próprio o objecto do poder político[10].

A afirmação a certa altura do princípio da territorialidade como critério régio da determinação das competências do Estado em matéria jurídico-pública traduz, precisamente, esta ligação umbilical com a evolução do Estado. Não surpreende, portanto, que se deva o relevo deste princípio ao aparecimento do Estado moderno, sendo usualmente ancorado ao mesmo tempo que este, com o Tratado de Vestefália, em 1648[11].

---

[8] Marques Guedes prefere a designação de *regra de territorialidade* para se referir ao exclusivo de execução territorial, considerando que combinações diversas entre os princípios da personalidade e da territorialidade não comprometem aquela regra (cfr. *Direito Administrativo – Lições do Prof. Doutor Marques Guedes ao Segundo Ano Jurídico de 1956-1957*, Lisboa, AAFDL, 1957, pp. 135-136).

[9] De acordo com o tripé da estadualidade conceptualizado e exposto por Georg Jellinek, *Allgemeine Staatslehre*, 3.ª ed. (quarta reimpressão), Berlin, Verlag von Julius Springer, 1922, pp. 394-434, em especial 394-406. O autor não vê estes elementos essenciais como indefectíveis; desde logo, reconhece excepções à regra da territorialidade estrita (condomínio, ocupação militar e tolerância ao exercício de actos por autoridades estrangeiras)

[10] Segundo Stuart Elden, *The Birth of Territory*, Chicago, University Chicago Press, pp. 218-227. A integridade territorial faz mesmo parte do tradicional "triunviriato de direitos" de que os Estados gozam, de acordo com o direito internacional, a par da soberania e da independência política (cfr. Paul R. Williams, "What makes a State: Territory?", *ASIL Proceedings*, Vol. 106, 2012, p. 449).

[11] Cfr. topicamente, *ex multis*, Paulo Otero, *Manual de Direito Administrativo*, Vol. I, Coimbra, Almedina, 2013, p. 501; e Jorge Silva Sampaio, *O Acto Administrativo pela Estrada Fora: os Efeitos Transnacionais do Acto Administrativo*, Lisboa, AAFDL, 2014, p. 17.
Este ancoramento temporal do princípio da territorialidade não faz esquecer o contributo de outros factores para o seu surgimento. Alguns autores acentuam factores anteriores ao surgimento do Estado moderno, tais como a ascensão da cristandade que desde cedo contou (ao contrário das demais religiões) com uma administração territorial e a própria reforma, que marcou a reacção do quadro territorial temporal (Bertrand Badie, *La Fin des Territorires – Essay sur le Désordre International et sur l'Utilité Sociale du Respect*, Paris, Fayard, 1995, pp. 35-39); outros, por seu turno, dão conta de factores posteriores ao surgimento do Estado moderno, que contribuiram decisivamente para a consolidação do princípio da territoriali-

Neste enquadramento, à territorialidade era associado não apenas um sentido negativo (o da exclusão da intervenção de qualquer autoridade estrangeira no território estadual, assente no princípio da não ingerência) como, adicionalmente, um sentido positivo (o da aplicação exclusiva das normas de direito público nacional dentro do território do Estado, assente no princípio da soberania, direito este oponível *erga omnes*)[12].

O princípio da territorialidade servia, assim, duas funções essenciais no campo do direito público: mecanismo de preservação do exercício exclusivo de prerrogativas de soberania dentro do Estado e factor de conexão para a aplicação do direito público a uma determinada situação[13].

Ainda hoje é inegável que o princípio da territorialidade continua a desempenhar um papel de suma importância. Para JORGE MIRANDA, "o território revela-se indispensável para o Estado como referência da comunidade, como sede material do poder, como domínio de acção indiscutida, como área de segurança dos indivíduos e das sociedades menores e como instrumento ao serviço dos fins do poder"[14].

A este elenco funcional de competências estatais – que dificilmente serão prosseguidas, pelo menos globalmente, por outros entes públicos e/ou pri-

---

dade (RICHARD T. FORD, "Law's Territory (A History of Jurisdiction)", *Michigan Law Review*, Vol. 97, 1998-1999, pp. 843 e 873, considera que, até à moderna cartografia, a autoridade seguia usualmente o *status* e não a autoctonia, pelo que é esta a "parteira tecnológica" da soberania territorial).

Sobre o princípio da territorialidade, sua evolução histórica, fundamentos e superação do dogma da territorialidade do direito administrativo, cfr., entre nós, as inexcedíveis considerações de MIGUEL PRATA ROQUE, *A Dimensão Transnacional do Direito Administrativo – Uma visão cosmopolita das situações jurídico-administrativas*, AAFDL, Lisboa, 2014, pp. 33-232.

[12] EDUARDO CORREIA BAPTISTA, *Direito Internacional Público*, Vol. II – Sujeitos e Responsabilidade, Coimbra, Almedina, 2004, p. 215.

[13] Neste sentido, HERWIG C.H. HOFMANN, GERARD C. ROWE, ALEXANDER H. TÜRK, *Administrative Law and Policy of the European Union*, Oxford, Oxford University Press, 2011, p. 5. No caso *Island of Palmas (Netherlands v. USA*, de 4 de Abril de 1928), o árbitro Max Huber identificou, quanto à relação da soberania com o território, um princípio de competência exclusiva do Estado relativamente ao seu próprio território como regra de base na resolução da maioria das questões que se referem às relações internacionais.

[14] JORGE MIRANDA, *Manual de Direito Constitucional*, Vol. I, Coimbra, Coimbra Editora, 2014, pp. 55-56. De forma idêntica, cfr. JEAN SALMON, "Quelle Place pour l'État dans le Droit International d'Aujourd'hui", *Recueil des Cours*, Tomo 329, 2007, Leiden, Martinus Nijhoff, 2008, pp. 76-78.

vados – alia-se tradicionalmente uma dimensão instrumental – a da possibilidade de exercício de poderes coercivos pelo Estado apenas no seu território, o que confere em regra ao princípio da territorialidade um *valor acrescentado* perante outras manifestações de autoridade, ainda que estaduais.

RODRIGUES QUEIRÓ articula que o problema suscitado pela aplicação extraterritorial do direito administrativo se prende, sobretudo, com a dimensão da sua efectividade, *maxime* da possibilidade de concretização da aplicação de sanções no caso de desrespeito das suas determinações[15]. E as respostas que o Autor encontrava para o efeito são aquelas que ainda hoje se continuam a aplicar: se as sanções aplicadas forem reais (por exemplo uma demolição), o Estado só pode garantir a sua execução se as mesmas se situarem no território do Estado; se forem pessoais só poderá garantir a sua execução se o sujeito se vier a encontrar em território nacional. Tal assim irremediavelmente será se não tiverem sido instituídos mecanismos que permitam o reconhecimento e execução de actos em territórios estrangeiros[16].

Este défice de capacidade de execução parece-nos, inclusive, ser mais profundo do que o que afecta o direito internacional público. Neste, à ocorrência de casos patológicos tem-se reagido com, pelo menos, um nível aceitável de autoridade, *compliance* ou eficácia (consoante as posições doutrinárias assumidas e já antes referidas). Já no caso da extraterritorialidade

---

[15] AFONSO RODRIGUES QUEIRÓ, *Lições de Direito Administrativo*, Vol. I, policopiado, Coimbra, 1976, p. 534.
Há quem conteste esta ligação entre territorialidade e coercividade, por ser possível que o Estado consinta voluntariamente em que o seu aparelho coercivo seja colocado ao serviço de um interesse público de outro Estado e que o direito internacional público e outros sistemas como o da União Europeia se possam munir de aparelhos coercivos autónomos (cfr. JORGE SILVA SAMPAIO, *O Acto Administrativo pela Estrada Fora: os Efeitos Transnacionais do Acto Administrativo*, Lisboa, AAFDL, 2014, p. 22). Nestas hipóteses, porém, já estaremos perante um desenvolvimento – podemos afirmá-lo, sem receios, difícil e nem sempre concretizável – dos termos em que os Estados estão dispostos a colaborar no âmbito internacional. E é sobre as possibilidades e limitações dessa cooperação que incidiremos no presente estudo.
[16] KRYSZTOF WOJTYCZEK articula também que a eficácia de um acto jurídico sobre pessoas ou coisas fora do território depende da capacidade do Estado de aplicar, no território nacional, sanções para a sua inobservância ou de conseguir cativar os demais Estados para ajudar no cumprimento, pois necessitará do acordo destes ("L'Ouverture de L'Ordre Juridique de L'État aux Actes de Puissance Publique Étrangers (L'Exemple des Instruments de L'Union Européenne en Matiére D'Immigration)", *European Review of Public Law*, Vol. 21, N.º 1, 2009, p. 108).

das prescrições administrativas nacionais, não só não nos parece que o não acatamento destas possa ser visto como uma situação patológica, como a capacidade de reacção contra ofensas é bastante mais curta do que a já desenvolvida pelo direito internacional público, uma vez que não existe, em princípio, jurisdição executiva fora do território estatal, nem um amplo consenso entre os Estados sobre a forma de a estabelecer, dada a fragmentação dos interesses públicos nacionais.

O território converteu-se, assim, tradicionalmente, na esfera delimitada de competência da ordem jurídica respectiva, no sentido tradicional de apenas aí serem levados a cabo poderes coercivos, sendo, assim, o limiar último do exercício dos poderes públicos estaduais[17].

Contudo, se o princípio da territorialidade se concebe como o *ponto de partida* dos poderes do Estado[18], não pode ser entendido como o *ponto de chegada* de toda e qualquer intervenção estatal[19].

---

[17] HANS KELSEN, *General Theory of Law and State*, Edição Kindle, New Jersey, The Law Book Exchange Ltd., 1945, 4795 pos. Sobre o direito como "ordem coerciva", cfr. HANS KELSEN, *Teoria Pura do Direito*, Vol. I, 2.ª ed., Tradução de João Baptista Machado, Coimbra, Arménio Amado – Editor, Sucessor, 1962, pp. 64-70; e O. RANELLETTI, *Instituzione di Diritto Pubblico – Il Nuovo Diritto Pubblico Italiano*, 5.ª ed., Padova, CEDAM, 1935, p. 27).
Esta leitura puramente negativa ou excludente do princípio da territorialidade foi contestada por VAREILLES-SOMMIÈRES que o vê como um princípio com *efeitos universalizáveis*: respeitados certos teoremas (em princípio, as leis dos Estados regem todos os actos praticados no seu território, mesmo por estrangeiros; e não se aplicam a actos praticados fora do seu território, mesmo que por nacionais) e aceite o princípio da realidade das leis (*locus regit actum*) com toda a sua fecundidade, um acto deveria poder produzir os efeitos que tem no Estado em que foi praticado em todo o lado, com o limite de o modo de execução preconizado ser conhecido no Estado de destino (MARQUIS DE VAREILLES-SOMMIÈRES, "La Synthèse du Droit International Privé", *Journal du Droit International Privé et de la Jurisprudence Comparée*, Tomo 27, 1900, pp. 16-28). Não há, assim, para este Autor, verdadeira oposição entre a noção de territorialidade e os institutos do reconhecimento e da execução, sendo a primeira um veículo – o mais eficaz – destes.
[18] Ponto de partida este que não é imutável, dada a evolução que o conceito de territorialidade (e de jurisdição territorial) tem sofrido, na relação necessária que tem com os demais elementos estatais. Não se trata, portanto, de um dado, mas de um adquirido ou de uma "invenção" na terminologia de RICHARD T. FORD, "Law's Territory (A History of Jurisdiction)", *Michigan Law Review*, Vol. 97, 1998-1999, p. 929.
[19] Confusão esta que se evita se se tiver em conta a distinção entre territorialidade do direito e territorialidade da coerção, distinção para que alerta QUADRI, ao adoptar uma teoria funcional da territorialidade, recusando as predecessoras teorias do território-objecto, espaço

Desde logo porque sempre houve *excepções* a esta *"simples regra ou princípio"*[20], admitidas por via legislativa ou convencional[21] e/ou conhecidas e articuladas pela doutrina[22].

Por um lado, a territorialidade sempre foi temperada pela necessidade de considerar as especificidades trazidas pela mobilidade das pessoas, seja de cidadãos nacionais, seja de estrangeiros, e pela mobilidade dos bens ou objectos que circulam no âmbito internacional, desenvolvendo-se rapida-

---

e competência (cfr. ROLANDO QUADRI, *Diritto Internazionale Pubblico*, 5.ª ed., Napoli, Liguori Editore, 1968, pp. 628-636).

[20] Na formulação de AFONSO RODRIGUES QUEIRÓ, *Lições de Direito Administrativo*, Vol. I, policopiado, Coimbra, 1976, p. 530. FRANZ OPPENHEIMER, apesar de não refutar directamente o princípio da autoridade territorial do Estado, não deixa de dar conta que este entendimento é provavelmente *extremo*, dada a sua inconsistência com a prática e com os avanços da extraterritorialidade (cfr. *Oppenheim's International Law*, Vol. I – Peace, Robert Jennings, Arthur Watts (eds.), 9.ª ed., Harlow/Essex, Logman, 1992, p. 490).

[21] JAIME VALLE refere-se ao princípio da territorialidade como critério prevalente da definição do âmbito do exercício da soberania estadual nacional, apontando-lhe excepções, no artigo 14.º da Constituição da República Portuguesa (a manutenção de deveres de nacionais no estrangeiro), ao nível convencional (como sucede com o Acordo de Cooperação e Defesa entre a República Portuguesa e os Estados Unidos da América e os Acordos Técnicos e Acordo Laboral de 1984, aprovados pela Resolução da Assembleia da República 38/95, e referentes à base das Lajes, nos Açores), e ao nível de aplicação de regras de direito internacional público geral ou comum que vinculam o Estado (cfr. "O Território Nacional na Constituição Portuguesa de 1976", *Estudos de Homenagem ao Prof. Doutor Jorge Miranda*, Vol. II, Paulo Otero, Fausto de Quadros, Marcelo Rebelo de Sousa (coords.), Coimbra, Coimbra Editora, 2012, pp. 52-54).

[22] AFONSO RODRIGUES QUEIRÓ identifica, como excepções ao princípio da territorialidade, as leis de aplicação pessoal, as leis "exportáveis" (barcos, forças militares ou serviços públicos no estrangeiro), as leis "importáveis", em condições inversas às exportáveis, a não aplicação de direito administrativo a propriedade situada em Portugal (aeronoaves que sobrevoem território nacional), e a aplicação diferenciada de direito administrativo nas circunscrições territoriais portuguesas (cfr. "Eficácia Espacial das Normas de Direito Administrativo" *Direito Administrativo – Revista de Actualidade e Crítica*, Ano 1, N.º 2, Março-Abril, 1980, pp. 87-93, e, igualmente, AFONSO RODRIGUES QUEIRÓ, *Lições de Direito Administrativo*, Vol. I, policopiado, Coimbra, 1976, pp. 528-543). Cfr., também, as excepções ao princípio da territorialidade aduzidas já por PAUL LABAND, *Das Staatsrecht des Deutschen Reiches*, Vol. I, Tübingen, Verlag der H. Laupp'tchen Buchhandlung, 1876, pp. 200-205; e por JOSEPH STORY, *Commentaries on the Conflict of Laws, Foreign and Domestic, in Regard to Contracts, Rights, and Remedies and Especially to Marriages, Divorce, Wills, Successions and Judgements*, Boston, Hilliard, Gray and Company, 1834, pp. 19-27.

MULTIPLICIDADE NO DIREITO ADMINISTRATIVO

mente regimes especiais relativos à dupla tributação e aos transportes no plano internacional. Tradicionalmente, também, existem áreas referentes a situações jurídico privadas marcadas pela mobilidade que, envolvendo o exercício de poderes público-administrativos, são objecto de reconhecimento, permitindo-se a produção de efeitos fora de portas, de modo a preservar a estabilidade da situação jurídico-privada, como sucede com o caso paradigmático do reconhecimento da nacionalidade.

Por outro lado, com o consentimento dos Estados envolvidos e/ou com o beneplácito do direito internacional[23], generalizaram-se postos consulares ou diplomáticos no estrangeiro e, em situações mais delimitadas, tem-se procedido à instalação de bases militares. Nestes casos, também designados de *exterritorialidade,* chega a admitir-se a prática no estrangeiro de actos que vão produzir efeitos cujo âmbito não coincide territorialmente com o Estado em que são praticados (trata-se de actos formalmente praticados fora do país ao qual se ligam os seus autores, mas que apenas produzem efeitos no espaço definido nos acordos que enquadram a localização de tais serviços e no Estado de origem).

Por último, outra possibilidade de actuação administrativa no estrangeiro passou e passa pela existência de regimes de cooperação policial (por exemplo de *hot pursuit*)[24] e, mais estavelmente, pela existência de regimes que podemos genericamente designar de administração territorial, em que

---

[23] Sobre o papel do costume neste domínio, por exemplo em matéria consular, de intervenção militar ou de reconhecimento de servidões, cfr. EBERHARD GRABITZ, "Administrative, Judicial and Legislative Activities on Foreign Territory", *Encyclopedia of Public International Law,* Rudolf Berhnardt (ed.), Vol. I, Amsterdam, North-Holland, 1992, pp. 20-21.

[24] Estas situações apresentam especificidades, desde logo no que se refere à circunstância de a maioria destes regimes, enquadrados negocialmente, serem estabelecidos no interesse do Estado territorial e de terem as disposições deste de ser respeitadas, designadamente quanto à garantia dos direitos fundamentais (cfr. HANS-JOACHIM CREMER, "Der grenzüberschreitende Einsatz von Polizeibeamten nach dem deutsch-schweizerischen Polizeivertrag: ein Vorbild für die Kooperation der Mietgliedstaaten des Europäischen Union auf Gebiet der Verbrechensbekämpfung?", *ZaöRV – Zeitschrift für ausländisches öffentliches Recht und Völkerrecht,* N.º 2, 2000, pp. 114-118) ou, mesmo, sendo aplicadas as normas do Estado territorial aos actos dos agentes estrangeiros (cfr. os artigos 40.º e 41.º da Convenção Schengen e LOTHAR HARINGS, "Cross-Border Cooperation of the Police and Customs Authorities", *The European Composite Administration,* Oswald Jansen, Bettina Schöndorf-Haubold (eds.), Cambridge, Intersentia, 2011, pp. 184-185). Sobre os limites do exercício autorizado (por convenção ou por tolerância) de poderes estatais em território estrangeiro e das consequências das actividades-

um ente, munido de poderes para o efeito, se substitui ao Estado territorial, praticando actos de autoridade que neste se destinam a ser eficazes[25].

Hoje[26], como teremos oportunidade de analisar em pormenor, o conjunto de desafios que se colocam à capacidade do Estado para manter a autoridade sobre o seu território e de a projectar para o exterior são cada vez mais frequentes e intensos, o que tem conduzido a uma crítica cerrada ao princípio da territorialidade.

A crítica a que este princípio tem sido sujeito leva a que seja visto como um *"velho e esquecido princípio"*[27], ou o resultado de uma criação humana contingente, que cada vez mais se vê superada pela evolução das relações internacionais e transnacionais[28].

Outros autores não vão tão longe, vendo o princípio da territorialidade como um princípio que se reinventa a si mesmo[29] ou como um princípio

---

des não autorizadas, cfr. FAUSTO POCAR, *L'Esercisio non Autorizzato del Potere Statale in Territorio Straniero*, Padova, Edizioni CEDAM, 1974, pp. 175-191.

[25] Cfr., para exemplos neste domínio, como a servidão, protectorado, condomínio, mandato ou tutela, PATRICK DAILLIER e ALAIN PELLET, *Droit International Public*, 7.ª ed, Paris, L.G.D.J., 2002, pp. 483-492, e ALFRED VERDROSS, BRUNO SIMMA e RUDOLF GEIGER, "Territoriale Souveranität und Gebietshoheit", Österreichiche Zeitschrift für öffentliches Recht und Völkerrecht, Vol. 31, 1980, pp. 223-245.

[26] JOHN H. HERZ avança que a impermeabilidade ou imprenetrabilidade do Estado (ou, simplesmente, a territorialidade), que constituía a casca de fortificações do Estado e seu escudo protector se rompeu já, e em definitivo, com o final da Segunda Guerra Mundial (cfr. "Rise and Demise of the Territorial State", *World Politics*, Vol. 9, N.º 4, July 1957, pp. 473-493). Pelo que se pede indulgência com o uso do "Hoje" em texto.

[27] JORGE SILVA SAMPAIO, *O Acto Administrativo pela Estrada Fora: os Efeitos Transnacionais do Acto Administrativo*, Lisboa, AAFDL, 2014, p. 16.

[28] BERTRAND BADIE vê o princípio da territorialidade como puro instrumento de dominação da sociedade, considerando que se desenha uma nova cena mundial aterritorial e apenas banalmente estato-nacional (cfr. *La Fin des Territorires – Essay sur le Désordre International et sur l'Utilité Sociale du Respect*, Paris, Fayard, 1995, p. 14). Curiosamente esta crítica surge já em PAUL NÉGULESCO que opõe o Estado, ente limitado pelo espaço e perene, à sociedade internacional que não conhece limites, estendendo-se a toda a Terra, sendo universal e imperecível (cfr. "Principes du Droit International Administratif", *Recueil des Cours*, Tomo 51, 1935 – I, Paris, Recueil Sirey, 1935, p. 585).

[29] JOHN GERARD RUGGIE refere-se a uma evolução de formas de territorialidade e a uma recente *unbundled territoriality* (territorialidade desagregada) como marca da pós-modernidade (cfr. " Territoriality and Beyond: Problematizing Modernity in International Relations", *International Organization*, Vol. 47, N.º 1, Inverno, 1993, pp. 139-174).

adaptável, que supera o teste do tempo[30]. Em qualquer caso, não será um princípio *suficiente* para definir o campo de aplicação no espaço das regras de direito público do foro, como defende MOURA RAMOS[31].

Mas será que, dada a mobilidade vertiginosa de pessoas, coisas e informações, se podem inverter os termos daquele princípio; isto é, será que, ao invés de se admitirem excepções ao princípio da territorialidade, se pode passar a caracterizar a territorialidade como um fenómeno excepcional, encarando com normalidade a regulação de situações no exterior e, ao invés, a aplicação de direito estrangeiro *"in house"*?

Tratando-se de um princípio geral, ainda que sofra *entorses* em determinadas situações, suportadas num conjunto de determinações ou razões para o efeito (desde logo fundadas noutras regras, como as do reconhecimento mútuo), continuará a territorialidade a ter um efeito útil na comum das situações: efeito útil esse que passará, desde logo, pela definição das *condições base* para que actos estrangeiros possam produzir os seus efeitos no país de destino ou acolhimento.

Não nos parece que a mobilidade internacional que sempre justificou e continua a justificar a multiplicação de situações e de actos que projectam os seus efeitos para além da fronteira "imaginária" do Estado, gerando pretensões de regulamentação e de reconhecimento que excedem em muito a capacidade de previsão humana, possa tornar irrelevante o princípio da territorialidade, enquanto *quadro de referência*, ainda que necessariamente flexível, do exercício do poder público.

Mas também não ignoramos que as tensões relativas ao exercício de autoridade são cada vez de maior monta, pelo que é necessário um ajustamento dos termos em que a territorialidade era tradicionalmente concebida, colocando-a em *franco diálogo* com as situações que convocam pretensões de extraterritorialidade da acção pública.

---

[30] ENZO CANIZZARRO, "The EU's Human Rights Obligations in Relation to Policies with Extraterritorial Effects: A Reply to Lorend Bartels" *The European Journal of International Law*, Vol. 25, N.º 4, 2015, p. 1094.

[31] RUI MOURA RAMOS, *Da Lei Aplicável ao Contrato de Trabalho Internacional*, Coimbra, Almedina, 1991, p. 279. KONRAD ZWEIGERT vai mais longe, ao afirmar que o princípio da territorialidade está para o direito de conflitos como a água está para o fogo (cfr. "Internationales Privatrecht und Öffentliches Recht", *Fünfzig Jahre Institut für Internationales Recht an der Universität Kiel*, Hamburg, Hansischer Gildenverlag, Joachim Hietmann & Co., 1965, p. 131).

Por isso, não mais se deve opor territorialidade e extraterritorialidade da acção estatal como dois campos distintos, devendo-se antes vê-las como o *verso* e *reverso* de uma moeda, que não se compreendem uma sem a outra em situações com vínculos internacionais[32].

A extraterritorialidade não sendo, portanto, uma excepção[33], mas também não sendo uma regra[34], é uma situação cada vez mais *recorrente*, pois, mesmo nos casos em que o acto praticado não tenha uma inicial vocação extraterritorial, pode vir a adquiri-la em virtude da mobilidade da concretização dos elementos de conexão que foram relevantes no momento da prática do acto. Do que resulta uma redução substancial da área do *direito interno internacionalmente indiferente*, na formulação de TRIEPEL[35], sendo hoje impos-

[32] Como refere FRANÇOIS RIGAUX, "Le Concep de Territorialité: Un Fantasme en Quête de Realité", *Liber Amicorum Judge Mohammed Bedjaoui*, Emile Yakpo, Tahar Boumedra (ed.), The Hague, Kluwer Law International, 1999, p. 212.
Também SASKIA SASSEN considera que, na longa história de afirmação e legitimação da territorialidade exclusiva, se acumularam um conjunto de regimes extraterritoriais (como acontece com as ilhas consulares em países terceiros), o que, para nós, demonstra a íntima ligação, desde sempre, entre estas duas vertentes da acção estatal (cfr. *Losing Control – Sovereignty in an Age of Globalization*, New York, Columbia University Press, 1996, p. 4).
[33] Já há muito se ultrapassou uma visão da extraterritorialidade como a defendida por L. STRISOWER que a concebia como uma via de excepção em oposição directa à dependência de pessoas e coisas do Estado do seu território, nela incluindo apenas situações como a actuação de agentes públicos, chefes de Estado e de forças armadas (cfr. "L'Exterritorialité et ses Principales Applications", *Recueil des Cours,* Tomo I, 1923, Paris, Hachette, 1925, p. 233).
[34] ARMAND DE MESTRAL aduz que não há ainda indícios suficientes para que se considere uma mudança de paradigma quanto à aceitação da extraterritorialidade (cfr. "The Extraterritorial Extension of Laws: How Much has Changed?", *Arizona Journal of International & Comparative Law,* Vol. 31, N.º 1 2014, p. 44). Já BATTINI considera que a maior interdependência internacional em áreas como a económica e a ambiental, converte a extraterritorialidade num fenómeno não excepcional, alegando que a extraterritorialidade *de iure* visa contrariar impactos (efeitos) de uma extraterritorialidade que se produz ou produziria sempre *de facto*, sendo, de uma forma ou outra, um fenómeno inevitável (STEFANO BATTINI, *Extraterritoriality: an Unexceptional Exception*, Séminaire de droit administratif, européen et global "Extraterritoriality and Administrative Law", 2008, disponível em http://www.sciencespo.fr/chaire-madp/sites/sciencespo.fr.chaire-madp/files/stefano_battini.pdf, acesso em 11 de Maio de 2015, p. 9; no mesmo sentido, STEFANO BATTINI, "Globalisation and Extraterritoriality: an Unexceptional Exception", *Values in Global Administrative Law*, Gordon Anthony, Jean-Bernard Auby, John Morison, Tom Zwart (eds.), Oxford/ Portland, Hart Publishing, p. 67).
[35] C. H. TRIEPEL, "Les Rapports entre le Droit Interne et le Droit International", *Recueil des Cours,* Tomo I, 1923, Paris, Hachette, 1925, p. 106.

MULTIPLICIDADE NO DIREITO ADMINISTRATIVO

sível ignorar as possibilidades e necessidades de regulação de situações administrativas com efectiva ou potencial extraterritorialidade, e portanto, de confluência entre disposições jurídico-públicas com várias proveniências.

b. *Jurisdição extraterritorial*

A jurisdição extraterritorial do Estado designa o conjunto de situações em que o Estado está habilitado, usualmente por via unilateral, a dizer o direito aplicável a situações internacionais. Se a jurisdição (*internationale Zuständigkeit*) dá aos Estados o *"poder de resolver problemas"*[36], nem sempre estes os decidem resolver. Desta discrepância entre poder ser e ser nasce o conceito de competência (*internationale Gerichtsbarkeit*)[37]. Em última linha, a competência extraterritorial refere-se às situações em que um Estado assume fazer, aplicar e executar regras de conduta relativamente a pessoas, bens ou factos que estão ou passaram a estar fora do seu território[38].

---

[36] *"The power to deal with problems"* é o título do segundo capítulo do Livro de Phillip C. Jessup, *Transnational Law*, New Haven, Yale University Press, 1956, pp. 35-71, que versa, precisamente, sobre o conceito de jurisdição.

[37] Sobre estas noções, à francesa, cfr. Gérard Cahin, "Rapport", *Les Competences de L'État en Droit International – Colloque de Rennes*, Paris, Éditions Pedone, 2006, pp. 27-31, e, à portuguesa, Inês Ferreira Leite, *O Conflito de Leis Penais – Natureza e Função do Direito Penal Internacional*, Coimbra, Coimbra Editora, 2008, pp. 211-214.

[38] Cedric Ryngaert contesta o termo extraterritorial – apesar de reconhecer que já se estabilizou na doutrina –, por parecer indiciar que o critério para a assunção de jurisdição não é, de todo, assente num nexo territorial, quando nas mais das vezes o é, ainda que parcialmente, e propõe o termo "não exclusivamente territorial" (cfr. *Jurisdiction in International Law*, 2.ª ed., Oxford, Oxford University Press, 2015, pp. 7-8).
Também Joanne Scott procede a uma distinção entre extraterritorialidade e extensão territorial: no primeiro caso, a aplicação de uma medida é espoletada por uma conexão distinta da territorial; no caso da extensão territorial, a aplicação da medida é desencadeada por uma conexão territorial, mas ao aplicar a medida o regulador toma em consideração condutas e circunstâncias no estrangeiro. Neste último caso inclui, por exemplo, regulação de emissões de tráfego aereo; a regulação ambiental pela colocação de um bem no mercado interno e a exportação de resíduos (cfr. "Extraterritoriality and Territorial Extension in EU Law", *The American Journal of Comparative Law*, Vol. 62, N.º 1, Winter, 2014, p. 90).
François Rigaux é, no entanto, quem faz uma crítica mais cerrada ao uso do conceito de extraterritorialidade, tendo em linha de conta o conceito flexível de ligação territorial; a circunstância de outros factores – como a nacionalidade e a autonomia da vontade – nada terem a ver com critérios territoriais; e o carácter ambíguo da noção de extraterritorialidade

A ligação dos efeitos extraterritoriais – isto é da pretensão de influência de actividades privadas ou públicas para além do Estado – ao conceito de jurisdição visa, desde logo, delimitar aqueles efeitos, por intermédio da regulação do encontro de soberanias.

Poderá parecer, à primeira vista, estranho que situações que têm conexões múltiplas com distintos ordenamentos jurídicos e que extravasem as fronteiras dos Estados sejam individualmente regidas por estes. Trata-se, no entanto, de uma surpresa que facilmente cessa quando se atenta na reduzida existência de foros internacionais que arbitram as situações de conflito de competências entre Estados e quando se procede à análise dos limites à assunção de jurisdição por parte destes.

De facto, o exercício de competências estaduais não se esgota nas fronteiras do Estado, indo muito – em *intensio* e em *extensio* – para além destas[39].

A jurisdição, enquanto *atributo* da soberania, não se compreende tendo em linha de conta apenas a sua incidência sobre um certo território. É necessário juntar a esta *dimens*ão territorial da soberania, os seus *reflexos pessoais* (dos sujeitos vinculados aos ditames estatais) e a sua *relevância funcional* (i.e. a assunção de jurisdição em virtude dos efeitos que se pretendem prosseguir com o exercício da autoridade)[40].

(cfr. FRANÇOIS RIGAUX, "Droit économique et conflits de souverainetés", *Rabels Zeitschrift für ausländisches und internationales Privatrecht*, Ano 52, Vol. 1/2, 1988, pp. 112-113).

[39] Ou para dentro destas, havendo quem faça um paralelismo entre extraterritorialidade e extranacionalidade (regras aplicáveis a povos indígenas), como ZACHARY D. CLOPTON, "Extraterritoriality and Extranationality: A Comparative Study", *Duke Journal of Comparative and International Law*, Vol. 23, 2013, pp. 217-265.

[40] RUTSEL SILVESTRE J. MARTHA, procede a esta classificação tripartida de soberania, considerando que a soberania funcional corresponde a situações em que o elemento territorial assume características especiais (direito do mar e direito das organizações internacionais), devendo a soberania, neste caso, ser exercida com particular cautela (dada, assim o compreendemos, a menor visibilidade e estabilidade da ligação com a Autoridade que exerce funções de soberania) (cfr. "Extraterritorial Taxation in International Law", *Extraterritorial Jurisdiction in Theory and in Practice*, Karl M. Meessen (ed.), London, Kluwer Law International, 1996, pp. 22-23).

No entanto, esta dimensão funcional não é um traço exclusivo das organizações internacionais, dada a importância da assunção de jurisdição estatal por via da teoria dos efeitos, da protecção ou ainda da universalidade, e a dificuldade em distinguir entre o exercício de jurisdição pessoal e o de jurisdição funcional.

E pode haver bons e ponderosos motivos para o exercício extraterritorial de autoridade, quais sejam, na súmula de MESTRAL: a convicção de que uma regra não será eficaz se não for aplicada fora do território; que certos actos cometidos fora do território violam normas imperativas nacionais ou têm implicações sérias no território nacional; ou que é conveniente manter laços com os nacionais do Estado, ainda que estes se encontrem fora do território deste[41].

É o que acontece com as injunções Mareva [originariamente resultantes do Acórdão *Mareva Compania Naviera S.A. v. International Bulkcarriers S.A.* [1975] 2 Lloyd's Rep 509 (CA)], providências cautelares que são de aplicação *in personam,* e que visam o arresto de bens do réu, de modo a evitar a frustação do objecto de uma decisão judicial (sobre estas injunções e o seu surgimento por via dos poderes construtivos dos Tribunais de *common law,* cfr. KURT LIPSTEIN, "A New English Procedural Remedy – Mareva Injunctions", *Festschrift für Franz Vischer – zum 60. Geburtstag,* Peter Böckli, Kurt Eichenberger, Hans Hinderling, Hans Peter Tschudi (org.), Zürich, Schulthess Polygraphischer, 1983, pp. 77-82; e SANDRINE GIROUD, "Do you Speak Mareva? How Worldwide Freezing Orders are Enforced in Switzerland", *Yearbook of Private International Law,* Vol. XIV, 2012-2013, pp. 443-453). CAMPBELL MCLAHLAN, "Extraterritorial Orders Affecting Bank Deposits", *Extraterritorial Jurisdiction in Theory and in Practice,* Karl M. Meessen (ed.), London, Kluwer Law International, 1996, p. 57, considera que, dada a dificuldade na concretização extraterritorial destas injunções, i.e., de aceitação de uma injunção desta natureza por autoridades distintas das do Estado emitente, a verdadeira razão para a sua emissão é iminentemente funcional: a de acesso à informação, e não pessoal.
É igualmente o que sucede com as *anti-suit injunctions,* emitidas *pessoalmente* contra quem ameaçe intentar ou prosseguir acções no estrangeiro, com intenção de frustrar acções que decorrem no Estado que emana a injunção, mas que, na realidade, têm um alcance extraterritorial severo, ao impedirem ou dificultarem a normal acção jurisdicional de Estados estrangeiros. Não admira, por isso, que no Acórdão *Gregory Paul Turner et al,* do Tribunal de Justiça de 27 de Abril de 2004, proferido no processo C-185/07, estas injunções tenham sido consideradas contrárias ao direito da União Europeia, por frustrarem o princípio da confiança mútua (cfr. KOEN LENAERTS, "The Contribution of The European Court of Justice to the Area of Freedom, Security And Justice", *International and Comparative Law Quarterly,* Vol. 59, N.º 2, April 2010, p. 287). Nestas situações, em que a execução é legal e factualmente impossível (pela dificuldade em reconhecer a medida e em executá-la, dadas as implicações funcionais no exercício de competências estrangeiras), ULRICH BOSCH defende que o Estado deve mesmo evitar exercer a sua jurisdição prescritiva (cfr. "Extraterritorial rules in Banking and Securities", *Extraterritorial Jurisdiction in Theory and in Practice,* Karl M. Meessen (ed.), London, Kluwer Law International, 1996, p. 205).
[41] ARMAND DE MESTRAL, "The Extraterritorial Extension of Laws: How Much has Changed?", *Arizona Journal of International & Comparative Law,* Vol. 31, N.º 1 2014, p. 46.

Este exercício de competências estaduais extraterritoriais encontra-se suportada no entendimento de que a jurisdição estatal é um conceito amplo e fluído, que não pode ser recortado de forma geométrica, antes deve assegurar o desempenho e autonomia estatais, permitindo que os Estados cumpram todas as funções que lhes competem, ramificando a sua intervenção, se necessário.

Mesmo a perspectiva de jurisdição que nos é trazida pela jurisprudência internacional tem sido generosa para o alargamento da jurisdição estadual, como, aliás, o demonstra o emblemático caso *Lotus* (França c. Turquia), de 7 de Setembro de 1927, do Tribunal Permanente de Justiça Internacional[42]. Neste, para além de se concretizar a distinção entre jurisdição *to prescribe*, *to adjudicate* and *to enforce*[43], definiu-se que, salvo os limites prescritos pelo direito internacional, cada Estado é livre para adoptar os princípios de assunção da jurisdição que considere mais adequados.

Mais recentemente, o aumento exponencial de situações de relevância internacional que carecem de uma intervenção ou reacção pronta dos Estados e, mesmo, de outros sujeitos de direito internacional – imigração, comércio internacional, desenvolvimento tecnológico e generalização da internet, criminalidade organizada e terrorismo, ameaças ambientais e aos

---

[42] A questão era, de forma muitíssimo resumida, a de saber se os tribunais turcos poderiam julgar um cidadão francês pela colisão em alto mar de um barco francês com um navio turco, que havia provocado a morte de cidadãos turcos. Sobre a adequada interpretação deste caso e o desvirtuamento que dele se fez na prática, cfr. An Hertogen, "Letting Lotus Bloom", *The European Journal of International Law*, Vol. 26, N.º 4, 2015, pp. 901-926.

[43] Diferenciação que encontrou sede no *Restatement (third) of the Foreign Relations Law of the United States* (section 401: Categories of Jurisdiction), de 1987, apartando-se da distinção mais linear entre *prescriptive* e *enforcement jurisdiction* do Restatement (Second) of Foreign Relations Law of 1965.

Entre nós, a terminologia proposta é a de competência legislativa, jurisdicional e de execução, na formulação de Luís de Lima Pinheiro, *Direito Internacional Privado*, Vol I – Introdução e Direito de Conflitos – Parte Geral, 3.ª ed., Coimbra, Almedina, 2014, p. 373. Não nos parece que a categoria de competência jurisdicional seja, porém, a mais indicada – sobretudo tendo em conta o objecto da nossa análise – uma vez que a concretização do direito é igualmente da responsabilidade de outros órgãos, *maxime* administrativos, que também procedem a uma tarefa *adjudicativa* do direito. Por seu turno, Jónatas Machado distingue entre jurisdição prescritiva ou normativa, adjudicativa ou jurisdicional e compulsória ou administrativa (cfr. *Direito Internacional – do Paradigma Clássico ao Pós-11 de Setembro*, 4.ª ed., Coimbra, Coimbra Editora, 2013, p. 232).

MULTIPLICIDADE NO DIREITO ADMINISTRATIVO

direitos fundamentais, catástrofes naturais e tecnológicas – têm permitido que se fale de uma ultrapassagem de uma concepção puramente excepcional de extraterritorialidade e a sua transição para uma visão mais generosa deste conceito[44], como já antecipámos.

Esta evolução não é devida apenas a um aumento dos desafios que se colocam aos Estados, mas também aos referentes que estes têm de ter em linha de conta ao exercerem as funções que lhes são assinaladas, uma vez que, para além da tradicional ponderação entre a soberania e a igualdade dos Estados – que auxiliava a determinar o âmbito da competência de cada um –, há agora outra ponderação a ser feita: a ponderação entre aquela soberania e o impacto que ela tem sobre os direitos e posições jurídicas individuais, seja numa perspectiva do seu controlo, seja numa perspectiva da sua defesa[45].

[44] MENNO T. KAMMINGA, "Extraterritoriality", *The Max Planck Encyclopedia of Public International Law*, Vol III, Rüdiger Wolfrum (dir.), Oxford, Oxford University Press, 2012, pp. 1071. Como referiram os juízes Higgins, Kooijmans e Buergenthal na sua opinião conjunta no caso do Mandado de Detenção contra o Ministro dos Negócios Estrangeiros do Congo decidido pelo Tribunal Internacional de Justiça (*Democratic Republic of Congo v. Belgium*, de 14 de Fevereiro de 2002): "*the movement is towards bases of juridiction other than territoriality*", dando conta das evoluções referentes aos princípios dos efeitos e da universalidade.
Veja-se, por exemplo, a discussão sobre a ampliação da extraterritorialidade resultante do caso *Ligue contre le racisme et l'antisémitisme et Union des étudiants juifs de France c. Yahoo! Inc. et Société Yahoo! France (LICRA v. Yahoo!)*, decidido pelo Tribunal de Grande Instância de Paris, em 22 de Maio e 22 de Novembro de 2000. Sobre o papel da *internet* na reconfiguração da jurisdição internacional, cfr. THOMAS SCHULTZ, "Carving up the Internet: Jurisdiction, Legal Orders, and the Private/Public International Law Interface", *The European Journal of International Law*, Vol. 19, N.º 4, 2008, pp. 799-839.
Em matéria ambiental, veja-se a tentativa de ampliação, nem sempre consensual, do conceito de extraterritorialidade no âmbito da Organização Mundial de Comércio (cfr. FRIEDL WEISS, "Extra-Territoriality in the Context of WTO Law", *Beyond Territoriality – Transnational Legal Authority in an Age of Globalisation*, Günther Handl, Joachim Zekoll, Peer Zumbansen (eds.), Leiden, Martinus Nijhoff Publishers, 2012, pp. 464-486; e TRACY P. VARGHESE, "The WTO's *Shrimp-Turtle* Decisions: the Extraterritorial Enforcement of U.S. Environmental Policy via Unilateral Trade Embargoes", *The Environmental Lawyer*, Vol. 8, N.º 2, 2001/2002, pp. 421-455).
[45] BERNARD H. OXMAN defende que os princípios relativos à jurisdição refletem os princípios da independência soberana, da igualdade soberana dos Estados e, cada vez mais crescentemente, os direitos dos indivíduos afetados. De facto, os princípios dos efeitos e da universalidade, a que aludiremos *infra*, encontram nos direitos dos indivíduos o seu fundamento último

EFICÁCIA, RECONHECIMENTO E EXECUÇÃO DE ACTOS ADMINISTRATIVOS ESTRANGEIROS

Tal não significa, porém, que a jurisdição estadual – legislativa e adjudicativa – seja absolutamente extensível[46], nem que essa extensão seja *neutra* do ponto de vista da motivação que se esconde por detrás da sua pretensão extraterritorial[47]; do ponto de vista da ampliação ou restrição das possibilidades de exercício da jurisdição nacional[48] e, ainda, do ponto de vista das suas consequências jurídicas[49].

(cfr. "Jurisdiction of States", *The Max Planck Encyclopedia of Public International Law*, Vol IV, Rüdiger Wolfrum (dir.), Oxford, Oxford University Press, 2012, pp. 547).
A necessidade de reconceptualização do conceito de jurisdição deve-se, também, de acordo com ALEC MILLS a três factores: o primeiro, a ideia de que jurisdição não implica apenas direitos, mas obrigações no plano internacional, o segundo, de que esses deveres se referem não apenas a outros Estados, mas também a privados (em especial a estrangeiros, relativamente aos quais valem igualmente as máximas da não denegação de justiça e do acesso à justiça) e a promoção da autonomia privada (e da defesa desta mesmo contra incursões dos Estados) (cfr. "Rethinking Jurisdiction in International Law", *The British Yearbook of International Law*, Vol. 84, N.º 1, 2014, pp. 187-270).
[46] Extensão esta insustentável do ponto de vista jurídico, como exemplifica JOHN RAWLS que considera como *"outlaw States"* aqueles Estados expansionistas que, por razões religiosas ou filosóficas, não conhecem qualquer limite geográfico à sua *potestas* (cfr. "The Law of Peoples", *Critical Inquiry*, N.º 20, Autumn, 1993, pp. 60-61).
[47] Segundo FERNANDO LOUREIRO BASTOS, a pretensão à extraterritorialidade pode ter duas motivações distintas: uma imperalista ou uma absolutamente contrária, a universalização de valores, sobretudo em matéria de direitos humanos (cfr. FERNANDO LOUREIRO BASTOS, "Algumas Notas sobre Globalização e Extraterritorialidade", *Liber Amicorum Fausto de Quadros*, Marcelo Rebelo de Sousa, Eduardo Vera-Cruz Pinto (coords.), Coimbra, Almedina, 2016, pp. 442-443.
[48] LEA BRILMAYER assinala que a extensão geográfica do âmbito de aplicação das normas não tem sempre as mesmas consequências: tratando-se de disposições permissivas ou reguladoras de certas actividades (económicas), tal significa a ampliação dos poderes de controlo do Estado; enquanto que se tratar de normas reguladoras da intervenção Estatal, tal limita o exercício dos poderes do Estado. Pelo que, naturalmente, a eficácia extraterritorial pode ter efeitos muitos distintos consoante os ditames ou actos a que a mesma se liga (cfr. "The New Extraterritoriality: Morrison V. National Australia Bank, Legislative Supremacy, And The Presumption Against Extraterritorial Application of American Law", *Southwestern Law Review*, Vol. 40, 2011, pp. 683-685).
[49] F.A. MANN entende que o excesso de jurisdição (i.e. o exercício interno de jurisdição para além das possibilidades conferidas ao Estado pelo direito internacional) produz dois efeitos: a responsabilidade internacional do Estado; ao mesmo tempo, aquela actuação será ignorada ou tida como inválida (cfr. "The Doctrine of Jurisdiction in International Law", *Studies in International Law*, Oxford, Clarendon Press, 1973, pp. 2-6).

TORREMANS distingue, a este ensejo, três hipóteses quanto à jurisdição internacional dos Estados: uma, permite que os Estados editem legislação a menos que uma regra proibitiva de direito internacional o impeça; outra define um conjunto limitado de motivos aceites de jurisdição; a terceira, mais equilibrada e consoante com os dados internacionais, diríamos nós, advoga que o direito internacional não impede ou limita as bases da jurisdição prescritiva, mas também não deixa aos Estados *isoladamente* a tarefa de delimitação da mesma, já que é necessário mostrar, ao menos, um elo suficiente entre o Estado e a situação sobre a qual quer ter jurisdição[50].

Na realidade, um dos principais limites à jurisdição estadual prende-se com a necessidade de existência de um vínculo suficiente entre o Estado que pretende exercitar os seus poderes públicos e o objecto de tal intervenção.

A este propósito, KAMMINGA aduz que a exigência de uma conexão suficiente entre o Estado que exerce a jurisdição internacional e o evento extraterritorial – exigência que resulta, ainda que não de forma límpida, da decisão no caso *Lotus*, e, de forma mais clara, no caso *Nottebohm*[51] – permite que se alicerce de maneira firme e estável a assunção de jurisdição estatal, limitando, assim, a discricionariedade dos Estados.[52]

MANN igualmente entende que deve haver um ponto próximo de contacto do Estado com os factos, um *vínculo genuíno*, que respeite os standards objectivos do direito internacional, para que o Estado possa legitimamente assumir jurisdição[53].

---

[50] PAUL TORREMANS, "Extraterritorial application of E.C. and U.S. Competition Law", *European Law Review*, Vol. 21, 1996, pp. 280-293.

[51] Neste processo, *Liechtenstein v. Guatemala* de 6 de Abril de 1955, o Tribunal Internacional de Justiça considerou não se encontrar demonstrado um vínculo suficiente que permita fundar a nacionalidade do Sr. Nottebohm quanto ao Estado do Lichtenstein.

[52] MENNO T. KAMMINGA, "Extraterritoriality", *The Max Planck Encyclopedia of Public International Law*, Vol III, Rüdiger Wolfrum (dir.), Oxford, Oxford University Press, 2012, pp. 1072-1073.

[53] F.A. MANN, "The Doctrine of Jurisdiction in International Law", *Studies in International Law*, Oxford, Clarendon Press, 1973, p. 37. Mesmo este critério não vale de forma absoluta. Na proposta de CEDRIC RYNGAERT o critério do nexo estreito pode ceder perante os interesses da comunidade internacional, podendo um Estado de forma razoável e subsidiária assumir jurisdição, tendo em consideração as necessidades de protecção, mesmo que outro Estado esteja mais fortemente conectado com a situação (cfr. *Jurisdiction in International Law*, 2.ª ed., Oxford, Oxford University Press, 2015, pp. 225-227).

Compete, assim, primacialmente aos Estados, no exercício das suas competências de natureza administrativa, fundar as disposições que possam assumir eficácia extraterritorial num dos seguintes princípios: i) o princípio da territorialidade; ii) o princípio da nacionalidade activa (jurisdição sobre cidadãos ou bens nacionais situados no estrangeiro); iii) o princípio da nacionalidade passiva (jurisdição sobre situações danosas contra os seus nacionais); iv) o princípio da protecção (jurisdição sobre pessoas, bens ou eventos no estrangeiro, mas que podem representar uma lesão a interesses fundamentais do Estado); v) e o princípio da universalidade (que, para tutela de bens jurídicos fundamentais, prescinde de qualquer conexão particular com o Estado que assume jurisdição)[54].

A estes princípios há que acrescentar, segundo esmagadora parte da doutrina, o *princípio dos efeitos*, que permite a assunção de jurisdição nos casos em que os efeitos de uma acção que teve lugar fora do Estado neste se façam sentir directa e significativamente, o que sucede em múltiplas esferas da intervenção administrativa, como o direito da concorrência, o direito do ambiente e a protecção dos direitos fundamentais[55].

---

[54] Não obstante estes princípios tenham visto o seu surgimento essencialmente na área do direito penal, assumem, ainda que com as devidas adaptações, uma função justificativa e explicativa que excede aquele âmbito genético e se espraia para outras áreas do direito. Genericamente sobre este princípios, MICHAEL AKEHURST, "Jurisdiction in International Law", *British Yearbook of International Law*, Vol. 46, 1972-1973, pp. 152-166; CEDRIC RYNGAERT, *Jurisdiction in International Law*, 2.ª ed., Oxford, Oxford University Press, 2015, pp. 104-141; e ISABEL JALLES, *Extraterritorialidade e Comércio Internacional – Um Exercício de Direito Americano*, Venda Nova, Bertrand Editora, 1988, pp. 224-239.
Note-se que o princípio da universalidade, para além da insegurança que rodeia os seus contornos [cfr., entre outros, BRIGITE STERN, "A Propos de la Compétence Universelle...", *Liber Amicorum Judge Mohammed Bedjaoui*, Emile Yakpo, Tahar Boumedra (eds.), The Hague, Kluwer Law International, 1999, pp. 735-754; LUC REYDAMS, *The Rise and Fall of Universal Jurisdiction*, Working Paper n.º 37, Leuven Centre for Global Governance Studies, 2010, disponível em https://ghum.kuleuven.be/ggs/publications/working_papers/new_series/wp31-40/wp37.pdf, acesso em 18 de Maio de 2015, pp. 3-29; e ROGER O'KEEFE, "Universal Jurisdiction – Clarifying the Basic Concept", *Journal of International Criminal Justice*, Vol. 2, 2004, pp. 735-760], não reveste, em regra, relevância autónoma no plano administrativo, ainda que possa haver situações em que as actuações de autoridades estrangeiras possam justificar a assunção de jurisdição internacional.

[55] Cfr., como marco desta teoria, o caso *United States v. Aluminum Co. of America (Alcoa)*,148 F.2d 416 (2d Cir. 1945).

Individualiza ainda a doutrina um princípio da *jurisdição imperial* ou de *autoridade*, para identificar as situações em que actos *iure imperii* são prati-

Debate-se, porém, desde o caso *Lotus*, se o *princípio dos efeitos* deve ser tido como um princípio autónomo ou como um princípio assente na territorialidade objectiva (i.e. não na localização da acção no território mas na consumação de actos ou da produção de efeitos naquele território), debate este que tem sido aceso no âmbito do direito da concorrência. Neste último sentido, Patrizio Merciai, "The Euro-Siberian Gas Pipeline Dispute – A Compelling Case for the Adoption of Jurisdictional Codes of Conduct", *Madison Journal of International Law and Trade*, Vol. 8, N.º 1, 1984, p. 25; e Kern Alexander, "The Efficacy of Extra-territorial Jurisdiction and US and EU Tax Regulation", *Schweizerische Zeitschrift für Wirtschafts- und Finanzmarktrecht*, N.º 6, 2009, pp. 466-468. Também Kenneth W. Abbot parece apontar neste sentido, ao entender que os princípios da nacionalidade e da territorialidade são suficientes, se adaptados às novas exigências funcionais de mobilidade internacional (cfr. "Collective Goods, Mobile Ressources and Extraterritorial Trade Control", *Law and Contemporary Problems*, Vol. 50, N.º 3, Summer, 1987, p. 136).

Por seu turno, Jürgen Basedow diferencia os dois princípios, como assentes em fundamentos distintos (cfr. "Souveraineté Territoriale et Globalisation des Marchés: Le Domaine d'Application des Lois Contre Les Restrictions de La Concurrence", *Recueil des Cours*, Vol. 264, 1997, The Hague, Martinus Nijhoff Publishers, 1998, pp. 21-135-140). No mesmo sentido, cfr. Piet van Slot e Eric Grabandt, "Extraterritoriality and Jurisdiction", *Common Market Law Review*, Vol. 23, N.º 3, 1986, p. 549.

A meio caminho, Paul Demaret defende que a teoria dos efeitos só tem um conteúdo próprio quando os efeitos – directos, substanciais e razoavelmente previsíveis – se produzem num território mas são imputáveis integralmente (e não apenas parcialmente) fora desse território (senão cai-se no âmbito do princípio da territorialidade) (cfr. "L'Extraterritorialité des Lois et les Relations Transatlantiques: une Question de Droit ou de Diplomatie?", *Revue Trimestrielle de Droit Européen*, Ano 21, N.º 1, Janvier-Mars, 1985, p. 32).

Esta questão – da autonomização da teoria dos efeitos – não é imune ao ambiente estadual ou organizacional em que a mesma surge. No direito estado-unidense, o *effects approach* tende a justificar uma amplitude maior das disposições aplicáveis [cfr. Roger C. Crampton, David P. Currie, Herma Hill Kay, Larry Kramer, *Conflict of Laws – Cases – Comments – Questions*, 5.ª ed., St. Paul, West Publishing C.O., 1993, pp. 653-667; e Paul Torremans, "Extraterritorial application of E.C. and U.S. Competition Law", *European Law Review*, Vol. 21, 1996, pp. 280-293, e entre outros os casos *United States v. American Tobaco Co* (1911) 221 U.S. 106; *United States v. Sisal Sales Corp.* (1927) 274 US 268; *Timberland Lumber Co v. Bank of América 549 F. 2d 597* (9th Cir. 1976); e *Hartford Fire Insurance Co v. Califórnia* 113 S. Ct. 2891 (1993)].

Já no direito da concorrência da União Europeia, têm vindo a suceder-se posições assentes seja:

i) no *princípio da territorialidade,* com base na ideia de que para que as medidas tivessem efeito extraterritorial teria de haver uma restrição da concorrência que originasse do exterior, mas que tivesse efeitos em entidades económicas na Comunidade, cfr. Acórdão *Imperial Chemical*

EFICÁCIA, RECONHECIMENTO E EXECUÇÃO DE ACTOS ADMINISTRATIVOS ESTRANGEIROS

cados com um âmbito espacial de incidência que não tem de coincidir com o local em que são praticados, como sucedia originariamente com os actos

Industries Ltd. c. Commissão das Comunidades Europeias (Dyestuffs), do Tribunal de Justiça de 17 de Julho de 1972, proferido no processo 48/69; e Acórdão *Europemballage e Continental Can c. Comissão das Comissões Europeias*, do Tribunal de Justiça de 21 de Fevereiro de 1973, proferido no processo 6/72;

ii) no *princípio da "implementação"*, para alguns ainda tributário de uma concepção territorialista enquanto "localização em território nacional dos efeitos das práticas restrictivas ou das operações de concentração de empresas" [JOSÉ LUÍS DA CRUZ VILAÇA, CARAMELO GOMES, "Artigo 2.º", *Lei da Concorrência – Comentário Conimbricense*, Miguel Gorjão-Henriques (dir.), 2.ª ed., Coimbra, Almedina, 2017, p. 117]. No comunemente caso designado por *Woodpulp*, de 27 de Setembro de 1988, proferido nos processos apensos C-89,104,114,116-117,125-129/85, o Tribunal de Justiça considerou justificado que a Comissão tivesse assumido jurisdição relativa a um acordo restritivo da concorrência concluído fora da então Comunidade Europeia e relativamente a empresas nela não situadas, uma vez que os efeitos eram nesta directos e substanciais; todavia, temperou esta sua abordagem ao referir que na concretização dessa prática as empresas comercializavam pasta de papel na Comunidade (ou enviando mercadoria directamente para compradores na Comunidade ou vendendo na Comunidade a compradores nela situados).

iii) ou no *princípio dos efeitos* (cfr. o Acórdão do então Tribunal de Primeira Instância, *Gencor Ltd. c. Comissão das Comunidades Europeias*, de 25 de Março de 1999, proferido no processo T-102/96, no qual o Tribunal entendeu que a aplicação das regras comunitárias da concorrência é justificada de acordo com o direito internacional público quando a concentração venha a ter efeitos imediatos e substanciais na Comunidade, ainda que tenha por objecto actividades desenvolvidas num país terceiro e autorizada pelas autoridades do mesmo). Cfr. ANTÓNIO F. BAVASSO, "Gencor: A Judicial Review of the Comission's policy and practice – Many lights and some shadows", *World Competition*, Vol, 22, N.º 4, 1999, pp. 45-65; DAMIEN GERADIN, MARC REYSEN, DAVID HENRY, "Extraterritoriality, Comity and Cooperation in EC Competition Law", *Cooperation, Comity, and Competition Policy*, Andrew T. Guzman (ed.), Oxford, Oxford University Press, 2010, pp. 25-30; e JÜRGEN SCHWARZE, "Die extraterritoriale Anwendbarkeit des EG-Wettbewerbsrechts – Vom Durchführungsprinzip zum Prinzip der qualifizierten Auswirkung", *Wirtschaft und Wettbewerb*, Ano 91, N.º 12, Dezember 2001, p. 1200.

Perante esta evolução, JÜRGEN BASEDOW vai no sentido da cada vez maior recepção da teoria dos efeitos na Europa e no plano internacional, não obstante a renitência do Tribunal de Justiça em se referir expressamente a esta doutrina (cfr. "Jurisdiction and Choice of Law in the Private Enforcement of EC Competition Law", *Private Enforcement of EC Competition Law*, Jürgen Basedow (ed.), Alphen an den Rijn, Kluwer Law International, 2007, pp. 241-243). Mais recentemente parece que esta renitência deixou de se verificar por ter o Tribunal de Justiça no seu Acórdão *Intel Corporation c. Comissão*, de 6 de Setembto de 2017, proferido no processo C-413/14 P, admitido não só que o critério da execução como também o dos "efeitos qualificados" na União pode determinar a competência desta face a comportamentos externos.

praticados em navios em alto mar, ao abrigo do princípio do pavilhão, e com os actos praticados no âmbito consular, e que hoje abrange um conjunto de situações diferenciadas: actos de policiamento praticados num país vizinho; actos de administração territorial, etc.[56].

Estes princípios foram elencados tendo em consideração um distanciamento progressivo relativamente ao *core* das funções assumidas pelo Estado, pelo que é de esperar que a mobilização do princípio da universalidade tenha de ser objecto de um processo de cabal justificação e preenchimento, ao passo que a mobilização do princípio da territorialidade é conatural ao exercício de competências estatais, dispensando justificações de maior. E também não é de admirar que a assunção de jurisdição ao abrigo dos princípios que menos conexão exigem dos factos relevantes com os Estados,

---

De qualquer forma, em caso de verdadeiro conflito, propõem alguns autores que uma disposição mandatória do lugar da conduta deva, ainda assim, prevalecer sobre a legislação dos efeitos: (ANDREAS F. LOWENFELD, "Jurisdictional Issues before National Courts: the Insurance Antitrust Case", *Extraterritorial Jurisdiction in Theory and in Practice*, Karl M. Meessen (ed.), London, Kluwer Law International, 1996, p. 7).

Note-se que a teoria dos efeitos não é um *exclusivo* do direito da concorrência, como bem o demonstra o debate sobre a obrigação "extraterritorial" de respeito pelos direitos fundamentais. Neste âmbito, há quem assinale que esta obrigação não se compreende suficientemente mobilizando os conceitos tradicionais de jurisdição (que implicam o controlo sobre territórios ou sobre pessoas), devendo alargar-se a quaisquer actos ou omissões do Estado que tenham efeitos lesivos noutro Estado [cfr. MAARTEN DEN HEIJER, RICK LAWSON, "Extraterritorial Human Rights and the Concept of "Jurisdiction", *Global Justice, State Duties – The Extraterritorial Acope of Economic, Social and Cultural Rights in International Law*, Malcolm Langford, Wouter Vandenhole, Martin Scheinin, Willem van Genugten (eds.), New York, Cambridge University Press, 2013, pp. 153-191]; enquanto outros mantêm a relevância do princípio da territorialidade objectiva (do local da conduta) pois será este Estado o responsável, e não o Estado onde se produzem os efeitos [cfr. CEDRIC RYNGAERT, "Jurisdiction – Towards a Reasonableness Test", *Global Justice, State Duties – The Extraterritorial Acope of Economic, Social and Cultural Rights in International Law*, Malcolm Langford, Wouter Vandenhole, Martin Scheinin, Willem van Genugten (eds.), New York, Cambridge University Press, 2013, pp. 192-211]. Veja-se, por último, a posição de WALTHER J. HABSCHEID que vê no *"Auswirkungsprinzip"* uma regra de colisão multilateral no campo da concorrência e que deve ser generalizada a todas as nomas imperativas (cfr. "Territoriale Grenzen der staatlichen Rechtsetzung", *Territoriale Grenzen der staatlichen Rechtsetzung – Referate und Diskussion der 12. Tagung der Deutschen Gesellschaft für Völkerrecht in Bad Godesberg vom 14. bis 16. Juno 1971*, Karlsruhe, Verlag C. F. Müller, 1973, pp. 69-74).

[56] CHRISTOPH OHLER, *Die Kollisionsordnung des Allgemeinen Verwaltungsrechts*, Tübingen, Mohr Siebeck, 2005, pp. 338-339.

como o princípio dos efeitos, sejam aquelas que mais contestação recebem no plano internacional.

Veja-se, por exemplo, as reacções à aplicação de legislação norte-americana com efeitos amplamente extraterritoriais como o caso *siberian pipeline embargo*[57], de 1982, e as Lei *Helms-Burton* de 12 de Março de 1996 e *D'Amato-Kennedy*, de 5 de Agosto de 1996[58], que impunham embargos contra Cuba, e contra a Líbia e Irão, respectivamente, relativamente não só aos nacionais americanos como a quaisquer parceiros comerciais e financeiros destes, mesmo na ausência de vínculo com os Estados Unidos.

Estas reacções, designadas como *blocking statues* ou contra-medidas, seja provindas de fontes estaduais, – veja-se o artigo 271.º do Código Criminal Suíço, que impede que sejam praticados "actos oficiais" em benefício de Estados terceiros em solo Suíço –, seja advenientes de fontes comunitárias[59], não são também elas isentas de críticas. Aliás, há quem dê conta que a efectiva adopção e aplicação destas disposições por parte dos Estados ou da União Europeia tem dependido mais da não concordância com o objectivo de cariz político prosseguido por aquelas medidas extraterritoriais, do que com a censura jurídica do *excesso* na assunção de jurisdição[60].

---

[57] Cfr. PATRIZIO MERCIAI, "The Euro-Siberian Gas Pipeline Dispute – A Compelling Case for the Adoption of Jurisdictional Codes of Conduct", *Madison Journal of International Law and Trade*, Vol. 8, N.º 1, 1984, pp. 1-58; S/AUTOR (NOTE), "Extraterritorial Subsidiary Jurisdiction", *Law and Contemporary Problems*, Vol. 53, N.º 3, 1987, pp. 71-93.

[58] A. VAUGHAN LOWE, "US Extraterritorial Jurisdiction: The Helms-Burton and D'Amato Acts", *The International and Comparative Law Quarterly*, Vol. 46, N.º 2, April, 1997, pp. 378- 390.

[59] Cfr. o Regulamento 2271/96 do Conselho, de 22 de Novembro de 1996, que estabeleceu contra-medidas da União contra as sanções do Estados Unidos impedindo, desde logo, o reconhecimento de quaisquer decisões judiciais ou actos administrativos que dessem cobertura a tais sanções. A União Europeia tentou ainda desafiar as medidas perante o painel da Organização Mundial do Comércio, mas suspendeu o procedimento (para uma explicação das contra-medidas adoptadas pela União e por outros ordenamentos jurídicos, cfr. HARRY L. CLARK, "Dealing with U.S. Extraterritorial Sanctions and Foreign Contermeasures", *University of Pennsylvania Journal of International Economic Law*, Vol. 25, N.º 1, 2004, pp. 455-489; e K. S. NAKATA, "The Sec and Foreign Blocking Statutes: Need for a Balanced Approach", *University of Pennsylvania Journal of International Economic Law*, Vol. 9, N.º 3, 1987, pp. 549-591).

[60] QUENTIN GENARD, "European Union Responses To Extra-Territorial Claims By The United States: Lessons From Trade Control Cases", *Non-Proliferation Papers*, N.º 36, January, 2014, disponível em http://www.sipri.org/research/disarmament/eu-consortium/publications/non-proliferation-paper-36, acesso em 12 de Abril de 2015, p. 12.

MULTIPLICIDADE NO DIREITO ADMINISTRATIVO

Paralelas dificuldades – no reconhecimento de efeitos extraterritoriais a actos de autoridade – se têm verificado nas hipóteses de vinculação a direitos fundamentais. Todavia, essencialmente por via da evolução da jurisprudência do Tribunal Europeu dos Direitos do Homem, a uma posição que se centrava no critério base da territorialidade, que apenas admitia excepções[61], passou--se para um entendimento que assenta numa maior – ainda que nem sempre consequente –aceitação da extraterritorialidade para efeitos de assunção de responsabilidade, seja no caso de actuações no estrangeiro de forças de um Estado, seja no caso de actuações num Estado que tenham efeitos fora dele (envio de mísseis ou drones) ou, mesmo de actuações que não tenham uma sede fixa, ocorrendo via *internet*[62].

Em qualquer situação, quanto mais se admite a jurisdição extraterritorial dos Estados (ou, como veremos, de outras entidades), mais amplitude haverá para o surgimento de conflitos em torno da consideração e reconhe-

Mais recentemente, a doutrina especializada tem assinalado uma aproximação à extraterritorialidade entre os Estados Unidos e União Europeia, demonstrada não apenas pelo alinhamento de interesses, mas igualmente pela circunstância de a União se ter rendido a conceitos como os de "efeitos" ou, pelo menos, de "implementação" para definir a sua jurisdição e a dos Estados-membros e à circunstância de ter hoje, após o Tratado de Lisboa, uma estrutura institucional mais definida em matéria de política externa (cfr., neste sentido, S/AUTOR, "Developments In The Law – Extraterritoriality", *Harvard Law Review,* Vol. 124, 2011, pp. 1229-1230 e 1246-1256). Também ALEXANDER LAYTON e ANGHARAD M. PARRY, "Extraterritorial Jurisdiction – European Responses", Houston Journal Of International Law, Vol. 26, N.º 2, 2004, pp. 309-322, entendem que tem havido convergência em matérias como a concorrência, mas que, entretanto, surgem outras que são renovadas fontes de conflito (como é, aliás, visível agora no âmbito das taxas relativas ao tráfego aéreo).

[61] Neste sentido, veja-se o caso *Banković e o. c. Bélgica e 16 outros Estados Contratantes,* de 19 de Dezembro de 2001, proferido no processo n.º 52207/99, que curiosamente se reportava à actuação destes Estados sob a "capa" da Organização do Tratado do Atlântico Norte (OTAN) no bombardeamento de Belgrado, e não individualmente.

[62] Para uma explicitação desta evolução, cfr., entre tantos outros, THEODOR MERON, "Extraterritoriality of Human Rights Treaties", *American Journal of International Law,* 1995, pp. 78-82; LORENZA DI IORIO, "La nozione di "giurisdizione" in alcune pronunce della Corte europea dei diritti dell'uomo", *International Law,* N.º 5, 2007, pp. 296-307; e SARAH MILLER, "Revisiting Extraterritorial Jurisdiction: A Territorial Justification for Extraterritorial Jurisdiction under the European Convention", *The European Journal of International Law,* Vol. 20, N.º 4, 2010, pp. 1223-1246.

cimento de decisões (judiciais e administrativas) estrangeiras[63], sobretudo quando não haja uma entidade internacional – como o Tribunal Europeu dos Direitos do Homem – que ajuíze dos efeitos das condutas extraterritoriais dos Estados, controlando o conceito de jurisdição doméstica de acordo com uma noção de jurisdição conforme ao direito internacional (no caso, ao direito da Convenção Europeia dos Direitos do Homem)[64].

De facto, a eficácia extraterritorial – exponenciada, entre outras, pela teoria dos efeitos – levanta problemas quanto à definição da autoridade que melhor qualificada se encontra para assumir jurisdição internacional, uma vez que uma conduta pode ter efeitos em mais do que um Estado.

O cerne do problema reside, portanto, na definição dos termos em que se devem resolver tais conflitos de jurisdição, pois nem sempre a existência de um vínculo *suficiente* com o Estado é um critério isento de dúvidas ou críticas para a assunção de jurisdição, já que nem sempre dele resultará a estabilização da situação criada em qualquer lugar em que a mesma seja suscitada. Isto porque, se um Estado demonstrar ter uma ligação suficiente com a situação em apreço, o seu exercício de jurisdição será legítimo, mesmo que outro Estado venha a demonstrar um elo mais forte, mais antigo ou, em suma, mais titulado.

Os próprios princípios de direito internacional sobre a assunção de jurisdição conduzem, facilmente, a concursos de jurisdição, como sucede nos casos de choque de várias aplicações do princípio da territorialidade (quando a acção tenha lugar em mais do que um Estado), nos casos de choque entre o princípio da territorialidade e dos efeitos (nos casos em que estes se produzam num Estado distinto do da acção), ou, ainda, nos casos de choque entre o princípio da territorialidade e da nacionalidade, sempre que o cidadão se "submete" à soberania de outro Estado[65].

---

[63] Isabel Jalles, *Extraterritorialidade e Comércio Internacional – Um Exercício de Direito Americano*, Venda Nova, Bertrand Editora, 1988, pp. 205-208.

[64] Sobre a distinção e usual interferência entre estes dois níveis de jurisdição, cfr. Samantha Besson, "The Extraterritoriality of the European Convention on Human Rights: Why Human Rights Depend on Jurisdiction and what Jurisdiction Amounts to", *Leiden Journal of International Law*, Vol. 25, N.º 4, December, 2012, pp. 869-870.

[65] Sobre esta última hipótese, cfr. Stefano Battini, "Il "diritto amministrativo internazionale" oggi: il caso della assistenza consolare e della protezione diplomatica", *Rivista Italiana di Diritto Pubblico Comunitario*, Vol. 20, 2010, p. 1406.

MULTIPLICIDADE NO DIREITO ADMINISTRATIVO

E não há que escamotear o que é por demais evidente: no plano internacional, a maioria das situações de jurisdição são concorrentes e não exclusivas[66] e o direito internacional não dá, ainda, uma solução adequada para a solução destes conflitos.

Ora, se nos debruçarmos sobre os critérios mais relevantes que têm vindo a ser articulados na doutrina – e, mais raramente, na jurisprudência – para que se firme a eficácia extraterritorial dos actos de autoridade, chegamos ao seguinte elenco:

i) *Teses unilateralistas,* nas quais a aplicação extraterritorial das disposições nacionais é admitida, sem qualquer consideração de interesses estrangeiros, *i.e.,* sem preocupações de coordenação internacional[67].

ii) *Teses territorialistas,* que, ou recusam a extraterritorialidade[68], ou assentam numa presunção contra a extraterritorialidade nos casos em que as normas sejam silentes quanto ao seu âmbito espacial de aplicação, apenas a admitindo em casos contados e bem delineados[69]. Todavia não só esta

---

[66] F.A. MANN, "The Doctrine of Jurisdiction in International Law", *Studies in International Law,* Oxford, Clarendon Press, 1973, p. 3.

[67] JEFFREY A. MEYER elenca esta teoria a par da territorialista e da material. Escusado será dizer que esta teoria, na linha do exposto, suscitaria todo um conjunto de reacções internacionais, para além de não ser coerente com os critérios, ainda que mínimos, de direito internacional (cfr. " Dual Illegality and Geoambiguous Law: A New Rule for Extraterritorial Application of U.S. Law", *Minnesota Law Review,* Vol. 95, 2010, pp. 114-119).

[68] A recusa de extraterritorialidade revela-se usualmente como meio para a adopção de políticas nacionais proteccionistas (cfr. o *Protection of Foreign Interests Act* Americano de 1979). Todavia, há situações em que a não produção extraterritorial de efeitos de legislações nacionais é imposta pelo direito internacional, como sucede com o disposto no artigo VIII, n.º 2, alínea b) dos Estatutos do *Fundo Monetário Internacional,* segundo o qual " Os contratos cambiais que envolvam a moeda de qualquer membro e que sejam contrários à regulamentação cambial que esse membro mantenha ou introduza, em conformidade com o presente Acordo, não serão executórios nos territórios de nenhum membro".

[69] Cfr., entre outros, o caso *Murray v. The Schooner Charming Betsy* 6 U.S. 64 (1804), no qual o Tribunal Supremo dos Estados Unidos entendeu que o direito norte-americano apenas se aplicaria presuntivamente ao território desse Estado, em consonância com o direito internacional. No mesmo sentido, *Banana Co. v. United Fruit Co.,* 213 U.S. 347, 356 (1909); *United States v. Verdugo-Urquidez,* 494 U.S. 259 (1990) e *Kiobel v. Royal Dutch Petroleum Co.,* 133 S.Ct. 1659 (2013). No entanto, há casos em que esta presunção foi considerada inaplicável, como no caso *Boumediene v. Bush,* 553 U.S. 723 (2008), em que o Tribunal considerou aplicáveis extraterritorialmente *standards* de direitos humanos, dado o controlo total exercido pelas autoridades norte-americanas sobre a base de Guantanamo.

presunção não tem vindo a ser aplicada de maneira uniforme nos Estados-
-Unidos – sede originária desta tese[70] – como tem vindo a sofrer profundas
críticas, defendendo a doutrina que não se deve presumir necessariamente
contra a extraterritorialidade, sob pena de se poderem desrespeitar ditames
de direito internacional que estiveram, precisamente, na base do estabelecimento daquela presunção[71].

Sobre as diferenças na "espacialidade" da lei, com especial referência a Guantanamo, cfr. KAL
RAUSTIALA, "The Geography of Law", *Fordham Law Review*, Vol. 73, 2005, pp. 2501-2560; e
JEAN-MARC PIRET, " Boumediene v. Bush and the extraterritorial reach of the U.S. Constitution – A step towards judicial cosmopolitanism?", *Utrecht Law Review,* Vol. 4, N.º 3, Dezembro, 2008, disponível em http://www.utrechtlawreview.org, acesso em 8 de Julho de 2014,
pp. 81-103. O que significa que a compatibilidade com o direito internacional nem sempre
aponta no sentido da limitação territorial dos efeitos das actuações nacionais, podendo impor
a sua eficácia extraterritorial, para ampliar a responsabilidade dos Estados perante violações
extra portas de direitos humanos. Sobre esta feição positiva da extraterritorialidade, cfr. ENZO
CANIZZARRO, "The Eu's Human Rights Obligations in Relation to Policies with Extraterritorial Effects: A Reply to Lorend Bartels" *The European Journal of International Law,* Vol. 25,
N.º 4, 2015, pp. 1094- 1905.

[70] No sentido de que a presunção contra extraterritorialidade não tem sido congruentemente
aplicada pelos Tribunais e, por isso, soçobra logo de um ponto de vista prático, cfr. JOHN
H. KNOX, "The Unpredictable Presumption Against Extraterritoriality", *Southwestern Law
Review,* Vol. 40, 2011, pp. 635-653.

[71] ANTHONY J. COLANGELO entende que apenas deve presumir-se a extraterritorialidade no
caso de *"multilateral sources of power"* pois se o estatuto é multilateral, não violaria os requisitos
de *due process,* porque idênticas exigências internacionais aplicar-se-iam no território da conduta (cfr. "A Unified Approach to Extraterritoriality", *Virginia Law Review,* Vol. 97, N.º 5, 2011,
p. 1031). Em sentido similar parece ir JEFFREY A. MEYER que adopta um novo critério – *Dual
Illegality* – aplicável apenas no caso de regras geoambíguas, demandando que a conduta seja
ilegal ou similarmente regulada no Estado estrangeiro, e diminuindo, assim, as possibilidades
de ocorrência de conflito (cfr. "Dual Illegality and Geoambiguous Law: A New Rule for Extraterritorial Application of U.S. Law", *Minnesota Law Review,* Vol. 95, 2010, pp. 119 e 165-173).
CLOPTON entende que a presunção contra a extraterritorialidade enquanto cânone normativo deve ser, teoricamente, abandonada, e a solução ser procurada no tipo de casos a resolver:
no âmbito privado, o alinhamento com o direito internacional, no âmbito penal, a regra do
favor defendens, que aponta no sentido de apenas haver extraterritorialidade quando expressamente definido e no âmbito administrativo, a regra *Chevron* ou da deferência administrativa,
dadas as razões de responsabilidade política, separação de poderes e processo adequado que
não se verificam nas duas outras situações (cfr. "Replacing the Presumption against Extraterritoriality", *Boston University Law Review,* Vol. 64, N.º 1, 2014, pp. 1-53).

iii) *Teses materialistas* ou "abstencionistas"[72], que fundam a jurisdição na razoabilidade na assunção de jurisdição e no resultado de um juízo de ponderação de interesses, como, aliás, o proposto no *Terceiro Restatement* (secção 403), que indica oito factores de ponderação que vão desde o tipo e força do liame existente, o carácter da actividade, a existência de expectativas legítimas, a importância da regulação para o sistema jurídico-político e económico, a consistência com o direito internacional, o interesse de outros Estados na regulação da situação e a potencialidade de conflito[73]. No plano

---

No caso *Chevron U.S.A. Inc. v. Natural Res. Def. Council, Inc.,* 467, U.S. 837 (1984), o critério mobilizado foi, na sua essência, o seguinte: se o congresso não definir o âmbito de aplicação das normas, a acção de uma agência administrativa deve ser considerada legítima, se for razoável. ERIC A. POSNER e CASS R. SUNSTEIN concordam com a aplicação deste critério às relações internacionais, dado serem as entidades administrativas as que têm maiores ligações com Estados terceiros e, logo, estarem em melhores condições para entender os benefícios da reciprocidade e procederem a uma melhor ponderação de interesses, para além de serem entidades politicamente responsáveis (cfr. "Chevronizing Foreign Relations Law", *Yale Law Journal,* Vol. 116, N.º 6, 2007, pp. 1205-1207). Na mesma revista, DEREK JINKS e NEAL KUMAR KATYAL concluem pelo inverso: que não deve haver uma deferência administrativa acrescentada, mas a manutenção de um nível adequado de controlo judicial, sob pena de se minar a construção de um direito das relações internacionais assente em bases sólidas (cfr. "Disregarding Foreign Relations Law", *Yale Law Journal,* Vol. 116, N.º 6, 2007, p. 1283).

[72] S/AUTOR (COMMENT), "Extraterritorial Application Of United States Law: The Case Of Export Controls", *University of Pennsylvania Law Review,* Vol. 132, 1984, pp. 380-390. Neste artigo, esta é intitulada de *"abstention analysis",* por se tratar de uma fórmula vazia, cujo preenchimento envolve a ponderação dos interesses do Estado regulador, dos outros Estados em contacto com a situação e os interesses das pessoas reguladas.

[73] Cfr. KARL M. MEESSEN, "Conflicts of Jurisdiction under the new Restatement", *Law and Contemporary Legal Problems,* Vol. 50, N.º 3, Summer, 1987, pp. 47-69; KARL M. MEESSEN, "Antitrust Jurisdiction under Customary International Law", *The American Journal of International Law,* Vol. 78, N.º 4, October, 1984, pp. 783-810; JEFFREY A. MEYER, "Dual Illegality and Geoambiguous Law: A New Rule for Extraterritorial Application of U.S. Law", *Minnesota Law Review,* Vol. 95, 2010, pp. 114-119.
MAIER prefere a noção de *comity* à noção de razoabilidade e ponderação de interesses, por deixar mais flexibilidade à decisão de conflitos de jurisdição (cfr. "Extraterritorial Jurisdiction at a Crossroads: An Intersection between Public and Private International Law", *The American Journal of International Law,* Vol. 76, N.º 2, April, 1982, pp. 280-320); entendimento este que não é acompanhado por LOWENFELD que considera que a rejeição da *comity* (no *Restatement Third,* pelo qual foi o principal responsável) não equivale a rejeitar as operações de ponderação essenciais à adjudicação (cfr. "Harold Maier, Comity, and the Foreign Relations Restatement", *Vanderbilt Journal of International Law,* Vol. 39, 2006, pp. 1415-1425). O

EFICÁCIA, RECONHECIMENTO E EXECUÇÃO DE ACTOS ADMINISTRATIVOS ESTRANGEIROS

europeu também esta doutrina tem encontrado defensores, sendo ancorada em princípios como os da razoabilidade, da proporcionalidade ou da proibição do abuso do direito[74].

Contra estas teses muito tem sido dito, desde a indeterminação deste processo de ponderação[75], passando pelo seu carácter excessivamente politi-

mesmo Autor concebe, noutra sede, o princípio da razoabilidade como princípio unificador nos vários domínios de jurisdição (cfr. *International Litigation and the Quest for Reasonableness – Essays in Private International Law*, Oxford, Clarendon Press, 1996, pp. 228-230).

[74] Admitindo que, no plano europeu, se possa recorrer ao princípio da proporcionalidade como meio de temperar os casos mais extremos de extraterritorialidade, ALEXANDER LAYTON e ANGHARAD M. PARRY, "Extraterritorial Jurisdiction – European Responses", Houston Journal Of International Law, Vol. 26, N.º 2, 2004, p. 320. Também GERHARD THALLINGER, *Grundrechte und extraterritoriale Hoheitsakte – Auslandseinsätze des Bundesheeres und Europäische Menschenrechtskonvention*, Wien, Springer Verlag, 2008, pp. 16-17, funda a possibilidade de resolução de conflitos de jurisdição especialmente no princípio da proporcionalidade.

Dando exemplos concretos de ponderação, enquanto decorrência da doutrina do abuso do direito, cfr. P. J. KUYPER, para quem esta doutrina proibiria a aplicação extraterritorial do direito sempre que ela contrariasse os interesses de um Estado vizinho e não servisse um objectivo legítimo social ou conduzisse à permissão de uso do seu território para actividades ilegais (cfr. "European Community Law and Extraterritoriality: some Trends and New Developments", *International and Comparative Law Quarterly*, Vol. 33, Parte 4, October, 1984, pp. 1015). Pronunciando-se, ao invés, no sentido que o princípio do abuso do direito, pensado essencialmente para relações de subordinação, não encontra um campo de aplicação certo no direito internacional, de modo a limitar as pretensões de extraterritorialidade, cfr. WALTER RUDOLF, "Territoriale Grenzen der staatlichen Rechtsetzung", *Territoriale Grenzen der staatlichen Rechtsetzung – Referate und Diskussion der 12. Tagung der Deutschen Gesellschaft für Völkerrecht in Bad Godesberg vom 14. bis 16. Juno 1971*, Karlsruhe, Verlag C. F. Müller, 1973, pp. 19-22.

P. M. ROTH, na ausência de mais cooperação internacional, aponta para o critério da razoabilidade que, para o Autor, se afasta do da ponderação de interesses (entre Estados), para buscar apenas factores mais objectivos como o da dimensão dos efeitos e a proximidade dos vínculos espaciais (cfr. , "Reasonable Extraterritoriality: Correcting the "Balance of Interests", *International and Comparative Law Quarterly*, Vol. 41, April, 1992, pp. 274-279).

[75] ANDREA BIANCHI entende que os Estados podem não estar devidamente informados das políticas que subjazem aos actos com efeitos extraterritoriais ou definir quais os interesses (públicos e privados) a ponderar (cfr. "Extraterritoriality and Export Controls: Some Remarks on the Alleged Antinomy Between European and U.S. Approaches", *German Yearbook of International Law*, Vol. 35, 1992, pp. 377-379).

Não obstante esta indeterminação, houve situações em que este princípio de ponderação foi aplicado, como sucedeu, paradigmaticamente, nos casos *Timberlane Lumber Co v. Bank of America*, 549 F.2d 597 (9th Circ. 1976) e *Mannington Mills v. Congoleum Group*, 595 F.2d 1287

zado, que não dá suficientes orientações a uma temática que se coloca essencialmente no plano jurisdicional[76], até ao facto de os efeitos delas serem à partida prejudicados por uma ponderação que aponta, na maioria das situações, para uma prevalência dos interesses do Estado local[77]. No entanto, há quem, com base na consideração de princípios como os da boa fé, da razoabilidade e da ponderação de interesses veja nestas teses o assentamento das bases de regras de direito costumeiro internacional[78].

iv) *Teses conflitualistas*, que advogam a introdução de uma perspectiva conflitual no plano da jurisdição internacional, aproximando os paradigmas do

---

(3d Cir. 1979), nos quais se teve em linha de conta os efeitos da decisão em outros Estados envolvidos. Também no caso *Environmental Defense Fund, Inc. c. Walter E. Massey*, No. 91-5278 (D.C. Cir. January 29, 1993), o Tribunal determinou a avaliação de impacto ambiental quanto à construção de um incinerador na Antártida, revertendo a presunção contra a aplicação extraterritorial da legislação ambiental norte-americana (cfr. SUZANNE B. KROLIKOWSKI, "A Sovereign in a Sovereignless Land? The Extraterritorial Application of United States Law: EDF v. Massey", *North Carolina Journal of International Law & Commercial Regulation*, Vol. 19, 1994, pp. 333-351).

[76] Crítica formulada por de KATHLEEN HIXSON, "Extraterritorial Jurisdiction Under the Third Restatement of Foreign Relations Law of the United States", *Fordham International Law Journal*, Vol. 12, 1988, pp. 147-152; e secundada por BRADLEY JAY GANS, "Reasonableness as a Limit to Extraterritorial Jurisdiction", Washington University Law Quarterly, Vol. 62, N.º 4, 1985, pp. 702-703; e ISABEL JALLES, *Extraterritorialidade e Comércio Internacional – Um Exercício de Direito Americano*, Venda Nova, Bertrand Editora, 1988, p. 397.

No caso *Laker Airways v. Sabena, Belgian World Airlines* (731 F.2d 909.), de 1984, o United States Court Of Appeals For The District Of Columbia Circuit foi ao ponto de declarar que "*those contacts which do purport to provide a basis for distinguishing between competing bases of jurisdiction, and which are thus crucial to the balancing process, generally incorporate purely political factors which the court is neither qualified to evaluate comparatively nor capable of properly balancing*".

[77] PIET VAN SLOT e ERIC GRABANDT falam de préjuizo local dos juízes e referem que na Europa os conflitos de jurisdição são essencialmente resolvidos por via governamental e não judicial (cfr. "Extraterritoriality and Jurisdiction", *Common Market Law Review*, Vol. 23, N.º 3, 1986, p. 553). HAROLD G. MAIER considera que conflitos jurisdicionais (entre interesses nacionais concorrentes) são melhor resolvidos ao nível diplomático e não ao nível judicial, já que os tribunais avaliam "*short term local goals*" que prejudicam mais as relações internacionais do que as beneficiam, por propenderem para análises paroquiais do direito aplicável (cfr. "Interest Balancing and Extraterritorial Jurisdiction", *The American Journal of Comparative Law*, Vol. 31, N.º 4, Autumn, 1983, pp. 581 e 594).

[78] BRIGITTE STERN, "Quelques Observations sur les Régles Internationales Relatives à l'Application Extraterritoriale du Droit, *Annuaire Français de Droit International*, Vol. 32, 1986. pp. 44-49.

EFICÁCIA, RECONHECIMENTO E EXECUÇÃO DE ACTOS ADMINISTRATIVOS ESTRANGEIROS

direito internacional público dos do direito internacional privado, de modo a harmonizar, o quanto possível, as bases da jurisdição internacional[79].

Todavia, como bem refere LIMA PINHEIRO, os princípios que regulam o exercício da competência extraterritorial – e, ainda mais, da jurisdição internacional – não se confundem com normas de conflito porque não operam ao mesmo nível, para além de que as regras de jurisdição, enquanto "critérios de conduta" têm como destinatários directos os Estados e as regras de conflitos os sujeitos de relações transnacionais, o que impede uma aproximação de funções entre os dois tipos de regras[80].

v) *Teses processualistas*, segundo as quais a definição de regras de delimitação de jurisdição é extremamente difícil, senão mesmo impossível, pelo que a atenção se há-de focar nos mecanismos processuais disponíveis para a resolução de conflitos que venham a surgir[81]. Não obstante, estes mecanis-

---

[79] PAUL TORREMANS, "Extraterritorial application of E.C. and U.S. Competition Law", *European Law Review*, Vol. 21, 1996, p. 293.

DONALD T. TRAUTMAN considera que é possível a definição dessas regras de conflitos tendo em consideração as conexões mais estreitas com um Estado e um *"relative interests test"* (cfr. "The Role of Conflicts Thinking in Defining the International Reach of American Regulatory Legislation", *Ohio State Law Journal*, Vol. 22, N.º 3,1961, p. 619).

WILLIAM S. DODGE entende que não faz sentido aplicar-se uma distinção entre regras de conflitos externas nos casos de direito privado e de busca da intenção do legislador para os de direito público (cfr. "The Public-Private Distinction in the Conflict of Laws", *Duke Journal of Comparative and International Law*, Vol. 18, 2008, p. 385). Em sentido similar, LEA BRILMAYER, "Extraterritorial Application of American Law: A Methodological and Constitutional Appraisal", *Law and Contemporary Problems*, Vol. 50, N.º 3, Summer, 1987, pp. 11-38.

JOEL P. TRACHTMANN propõe um sistema de certa forma invertido, na medida em que a definição e quantificação dos efeitos e custos de certas políticas para os Estados pode auxiliar na definição de regras de conflitos para assunção de jurisdição (*"law and economic oriented better law approach"*) (cfr. "Conflict of Laws and Accuracy in the Allocation of Government Resonsibility", *Vanderbilt Journal of Transnational Law*, Vol. 60, N.º 5, Janeiro, 1994, pp. 1052-1053).

[80] LUÍS DE LIMA PINHEIRO, *Direito Internacional Privado*, Vol I – Introdução e Direito de Conflitos – Parte Geral, 3.ª ed., Coimbra, Almedina, 2014, pp. 382-383. Cfr., igualmente, ISABEL JALLES, *Extraterritorialidade e Comércio Internacional – Um Exercício de Direito Americano*, Venda Nova, Bertrand Editora, 1988, pp. 397-400.

[81] PAOLO PICONE, numa perspectiva mais privatista, entende que não há regras substantivas que permitam solucionar conflitos de jurisdição, porque os Estados podem arvorar idênticas (ou pelo menos fundadas) razões para reger uma determinada situação internacional, apontando para uma via iminentemente processual, pela qual conflitos de jurisdições seriam solucionados por recurso a técnicas pacíficas de resolução de litígios [cfr. "Introduzione – Parte IX

MULTIPLICIDADE NO DIREITO ADMINISTRATIVO

mos não são auto-suficientes, carecendo sempre de uma qualquer dimensão principiológica que guie a solução a dar aos mesmos, crítica esta a que estas teses não dão resposta[82].

vi) *Teses híbridas*, através das quais se chama a atenção para a necessidade de a questão da jurisdição ser tratada nas suas múltiplas sedes de relevância, propondo um encontro entre os níveis político e diplomático – através da harmonização de normas ou afastamento preventivo de conflitos – e o nível jurisdicional, que deveria promover a mais adequada solução dos conflitos subsistentes[83].

Tutela della Concorrenza", *Diritto internazionale dell'economia: raccolta sistematica dei principali atti normativi internazionali ed interni con testi introduttivi e note*, P. Picone/ G. Sacerdoti (eds.), Milano, Franco Angeli, 1982, pp. 865-879; mais claramente, considerando que a *controvérsia* é o momento *inicial* e *constitutivo* de pretensões estaduais à jurisdição, PAOLO PICONE, "Karl Matthias Meessen, *Völkerrechtliche Grundsätze des internationalen Kartellrechts*, Baden-Baden, Nomos Verlagsgesellschaft, 1976, pp. 288", *Rivista di Diritto Internazionale*, Vol. LX, 1977, p. 385].

Colocando igualmente a ênfase na dimensão processual, de reacção dos Estados e dos privados relativamente à assunção de jurisdição extraterritorial, cfr. WILHELM WENGLER, "Recenzioni – Wege zur rechtlichen Steuerung des Verhaltens von Ausländern im Ausland und das Internationale Privatrecht", *Estudos em Homenagem ao Prof. Doutor A. Ferrer Correia*, Vol. I, Coimbra, Boletim da Faculdade de Direito – Número especial, 1986, pp. 787-819.

[82] Neste sentido, cfr. A. VAUGHAN LOWE, "Ends and Means in the Settlement of International Disputes over Jurisdiction", *Review of International Studies*, Vol. 11, N.º 3, July, 1985, pp. 183-198. Cfr. o Acórdão *Reino Unido c. Islândia (fisheries case)* do Tribunal Internacional de Justiça, de 25 de Julho de 1974, no qual se aliou o critério da solução equitativa, por via da ponderação de interesses, e o recurso à via da negociação. Em causa estava uma proposta de extensão unilateral da área de jurisdição pescatória da Islândia que não foi aceite pelo Reino Unido. O Tribunal entendeu que essa extensão devia ser negociada mas, como para resolver conflitos são necessários critérios, apontou para a necessidade de, nas negociações, se ter em consideração a dependência particular da população da Islândia face às pescas.

[83] BASEDOW aponta para esta via intermédia ou compromissória, conferindo responsabilidade (preventiva) às autoridades governamentais para evitar/afastar conflitos de jurisdições (seja regulando o exercício extraterritorial de jurisdição, seja assumindo deveres processuais internacionais, como o de comunicação) e às autoridades jurisdicionais o dever de aplicar direito nacional e de assegurar um equilíbrio de ordens jurídicas em conflito, usando para tal, entre outros, o expediente da ponderação de interesses, seja enquanto parte do direito interno, seja enquanto parte do direito internacional (cfr. "Souveraineté Territoriale et Globalisation des Marchés: Le Domaine d'Application des Lois Contre Les Restrictions de La Concurrence", *Recueil des Cours*, Vol. 264, 1997, The Hague, Martinus Nijhoff Publishers, 1998, pp. 153-163).

EFICÁCIA, RECONHECIMENTO E EXECUÇÃO DE ACTOS ADMINISTRATIVOS ESTRANGEIROS

vii) *Teses pragmáticas*, que assentam, no essencial, a definição dos princípios e regras de jurisdição numa análise de cariz indutiva que procura traços comuns na prática dos Estados[84].

viii) *Teses indeterminadas* ou não teses, que não apontam para qualquer referente que possa, dada a ausência total de conteúdo definitório, guiar as decisões relativas à extensão ou retracção da jurisdição estatal, ou, pelo menos, identifiquem a sede para a sua resolução, remetendo para considerações de *meta-direito*[85].

Cfr., ainda, as vias propostas por JÜRGEN SCHWARZE para resolver conflitos de jurisdição: acordos de regulação da jurisdição; normas anti-bloqueio; vias diplomáticas (nas quais inclui a actividade de organizações internacionais), harmonização de critérios materiais e a criação de uma autoridade internacional que assumisse funções adjudicatórias (cfr. *Die Jurisdiktionsabgrenzung im Völkerrecht – Neuere Entwicklungen im internationalen Wirtschaftsrecht*, Baden-Baden, Nomos Verlagsgesellschaft, 1994, pp. 77-83).

Também PAUL DEMARET entende que a extraterritorialidade está entre diplomacia e direito, podendo redundar, a longo termo, na harmonização de leis económicas e leis de processo e na aplicação do direito com diplomacia (cfr. "L'Extraterritorialité des Lois et les Relations Transatlantiques: une Question de Droit ou de Diplomatie?", *Revue Trimestrielle de Droit Européen*, Ano 21, N.º 1, Janvier-Mars, 1985, pp. 36-39).

[84] ANDREA BIANCHI coloca a questão da metodologia a seguir, isto é, se se deve decidir com base numa perspectiva de conflitos de leis (regida pelos direitos nacionais, nem sempre de maneira uniforme) ou de direito internacional público (assinalando também aqui as diferentes aproximações à temática da extraterritorialidade), para depois a abandonar, propondo, em alternativa, uma resposta baseada na análise da prática dos Estados (cfr. ""Comment" on Harold G. Maier presentation", *Extraterritorial Jurisdiction in Theory and in Practice*, Karl M. Meessen (ed.), London, Kluwer Law International, 1996, p. 74-100; e, do mesmo autor, "Extraterritoriality and Export Controls: Some Remarks on the Alleged Antinomy Between European and U.S. Approaches", *German Yearbook of International Law*, Vol. 35, 1992, pp. 432-434). Apesar de não colocarmos em causa a bondade de algumas constatações a que o autor chega, não podemos deixar de anotar que a prática estadual se desenvolveu com base em referentes principiológicos e de ponderação de interesses que não podem deixar de ser tidos em consideração para iluminar ou, eventualmente, ultrapassar a prática estadual. Também neste sentido, PAMELA B. GANN, " Foreword: Issues in Extraterritoriality", *Law and Contemporary Problems*, Vol. 50, N.º 3, 1987, p. 1, que se refere à prática estadual, mas ligando-a aos princípios internacionais de jurisdição e ao costume internacional.

[85] KLAUS VOGEL considera que o princípio da territorialidade em geral e *a priori* já não faz sentido, não havendo, ademais, regras de direito internacional público e de direito constitucional que delimitem a esfera de actuação estatal, mas apenas regras meta-jurídicas, que compete ao Estado discernir e aplicar (cfr. *Der räumliche Anwendungsbereich der Verwaltungsrechtsnorm – Eine*

MULTIPLICIDADE NO DIREITO ADMINISTRATIVO

Parece contraditório que as regras de jurisdição, não obstante a sua imprecisão e dificuldades na sua definição, sejam particularmente relevantes no âmbito do direito administrativo, no qual o direito de conflitos e da competência internacional se encontram menos desenvolvidos.

A ausência generalizada, no campo do direito administrativo, de regras de competência internacional e a tendencial coincidência entre o âmbito e aplicação do direito público material e conflitual (unilateral) do foro[86] conduz à extrema importância de definição de critérios ou procedimentos outros de resolução de potencial conflito de jurisdições, como sucede com a *procura de consensos* no campo dos critérios para assunção de competências extraterritoriais e com o *reconhecimento* de actuações de autoridades estrangeiras.

E se é certo que já se conseguiram estabelecer algumas convergências doutrinárias no que se refere à extraterritorialidade, seja do ponto de vista da área de actividade em causa[87], seja do ponto de vista da ligação com a situação[88], esta linha de pensamento não é comum, mesmo em áreas que pareceriam mais consensuais[89].

Untersuchung über die Grundfragen des sog. Internationalen Verwaltungs-und Steuerrechts, Frankfurt am Main, Alfred Metzner Verlag, 1965, pp. 142-150 e pp. 416-417).

[86] Luís DE LIMA PINHEIRO, *Direito Internacional Privado,* Vol I – Introdução e Direito de Conflitos – Parte Geral, 3.ª ed., Coimbra, Almedina, 2014, p. 379. A esta afirmação voltaremos *infra*.

[87] Algumas destas áreas de consenso são indicadas por ARMAND DE MESTRAL, "The Extraterritorial Extension of Laws: How Much has Changed?", *Arizona Journal of International & Comparative Law,* Vol. 31, N.º 1 2014, pp. 49-51 (protecção da moeda no estrangeiro, armas de dupla utilização, luta contra o *apartheid*, protecção de espécies em vias de extinção, importação de drogas, exportação de diamantes de sangue, pirataria, crimes contra a humanidade, fraude fiscal). O Autor alerta, no entanto, que muitas outras há que permanecem como áreas de disputa.

[88] Por exemplo, a doutrina vê com grande desconfiança a extraterriorialidade directa (regulação imposta sobre nacionais ou residentes de países estrangeiros), mas já admite formas de extraterritorialidade indirecta (regulação dirigida a exportadores do Estado regulador mas residentes noutros Estados). Cfr. ANDREA BIANCHI, "Extraterritoriality and Export Controls: Some Remarks on the Alleged Antinomy Between European and U.S. Approaches", *German Yearbook of International Law,* Vol. 35, 1992, pp. 373-374 e 428; e PATRICK JUILLARD, "Le Contrôle des Exportations et l'Application Extraterritoriale des Lois Économiques en Droit International", *Le Contrôle des Exportations de Haute Rechnologie vers les Pays de l'Est,* Bernard Chantebout, Bertrand Warusfel (coords.), Paris, Mason, 1998, pp. 111-112.

[89] GIULIANO AMATO referindo-se à construção de um código *anti-trust*, considera-a uma solução apelativa mas prossegui-la pode não ser necessariamente útil, por as distinções enrai-

Acentua-se, portanto, a necessidade de introdução ou desenvolvimento de mecanismos e princípios que permitam um encontro de soberanias com menor potencial de conflito, sobretudo num cenário em que os princípios e critérios para a assunção de jurisdição extraterritorial têm vindo a ser potencialmente estendidos, por força da pressão dos *standards* internacionais de respeito pelos direitos humanos e de garantia de níveis ambientais aceitáveis.

Julgamos ser de evidenciar, neste ponto, a proposta *combinada* da *Câmara de Comércio Internacional,* que estabeleceu um conjunto de recomendações tendentes à redução da frequência de conflitos jurisdicionais, combinando opções nacionais de moderação, razoabilidade e de consistência com o direito internacional[90], com o desenvolvimento de instrumentos convencionais e institucionais de promoção de cooperação e de prevenção ou resolução de litígios[91]. O que aponta, afinal, para a preferência por uma *tese híbrida*

---

zadas nas soberanias nacionais seram ainda muitas (cfr. *Antitrust and the Bounds of Power – The Dilemma of Liberal Democracy in the History of the Market,* Oxford, Hart Publishing, 1997, p. 129).

[90] CHRISTOPH OHLER chega mesmo a encontrar no princípio jurídico-público da não ingerência, um fundamento para a não aplicação *forçada* da lei do Estado a todas as situações jurídicas que com ele entrem em contacto (cfr. *Die Kollisionsordnung des Allgemeinen Verwaltungsrechts,* Tübingen, Mohr Siebeck, 2005, pp. 108-109).

Entre nós, MIGUEL PRATA ROQUE vai mais longe e retira do princípio da não transactividade ou intransitividade o dever de não aplicação do direito administrativo nacional, sempre que não seja possível detectar uma conexão suficientemente relevante com o mesmo (dimensão negativa), mas também o dever de aplicação do direito administrativo estrangeiro, sob pena de denegação de justiça (dimensão positiva) (cfr. *A Dimensão Transnacional do Direito Administrativo – Uma visão cosmopolita das situações jurídico-administrativas,* Lisboa, AAFDL, 2014, pp. 428-430).

Para um exemplo de moderação, em Portugal, do exercício de competências extraterritoriais – ainda que existindo contacto suficiente para a aplicação integral do direito penal nacional –, veja-se o Acórdão do Tribunal de Relação de Coimbra de 22 de Abril de 2009, proferido no processo 329/07.7GTAVR.C1, no qual não se considerou viável aplicar ao infractor, de nacionalidade espanhola, a imposição da entrega da sua licença de condução emitida pelo Estado de que é nacional, muito menos sob a cominação de desobediência, porque tal extravazaria os efeitos da lei nacional, bastando fazer-se uma comunicação da infracção ao Estado espanhol.

[91] INTERNATIONAL CHAMBER OF COMMERCE, COMITEE ON THE EXTRATERRITORIAL APPLICATION OF NATIONAL LAWS, *The Extraterritorial Application of National Laws – The International Chamber of Commerce,* Dieter Lange, Gary Born (eds.), Paris, ICC Publishing S.A., 1987, pp. 44-53.

Cfr., igualmente, o *Report of the Task Force on Extraterritorial Jurisdiction, da International Bar Association, Legal Practice Division,* 2008, disponível em http://tinyurl.com/taskforce-etj-pdf,

na composição dos fundamentos e concretização da jurisdição internacional dos Estados em matéria administrativa.

Mas mesmo a existência de um vínculo próximo entre a situação a regular e o Estado que assumiu jurisdição legislativa ou adjudicatória ou, até, o uso de critérios conflituais e materiais para a assunção de jurisdição não são suficientes para justificar a possibilidade de exercício de jurisdição de execução (*jurisdiction to enforce*) fora das fronteiras do Estado.

De facto, as considerações antes expendidas não se aplicam *qua tale* a este último grau de jurisdição – o que se encontra mais próximo do momento da concretização do direito (ou do dever), uma vez que com ele tanto se pode visar assegurar a manutenção de posição jurídica, como compelir ao cumprimento ou reagir contra o incumprimento de regras ou decisões –, já que o poder executivo não encontra, por norma, ramificações no âmbito externo, por muito que os Estados tenham vindo a exercitar extraterritorialmente as suas competências legislativas e adjudicativas de forma cada vez mais ampla[92].

Como refere COLANGELO, não obstante a evolução que se verificou ao nível da extraterritorialidade, a jurisdição executiva manteve-se dominantemente estática, fiel a uma nota de estrita territorialidade[93].

---

acesso em 18 de Maio de 2015, pp. 22, no qual se elencam formas possíveis de prevenção e resolução de conflitos de jurisdições, incluindo o estabelecimento de hierarquia de critérios, de métodos de cooperação e de reconhecimento e de encorajamento da harmonização legislativa.

[92] MENNO T. KAMMINGA dá mesmo conta que, muito embora a execução extraterritorial sem consentimento do Estado permaneça proibida, o exercício de extraterritorialidade legislativa e adjudicativa continua a aumentar (cfr. "Extraterritoriality", *The Max Planck Encyclopedia of Public International Law*, Vol III, Rüdiger Wolfrum (dir.), Oxford, Oxford University Press, 2012, p. 1076).

F.A. MANN também se refere amplamente a este fenómeno, considerando que a questão se coloca quando o Estado adopta medidas no seu território mas que são dirigidas à consumação fora dele, demandando cumprimento num Estado estrangeiro (cfr. "The Doctrine of Jurisdiction in International Law", *Studies in International Law*, Oxford, Clarendon Press, 1973, pp. 111-112).

[93] ANTHONY J. COLANGELO, "What is Extraterritorial Jurisdiction?", *Cornell Law Review*, Vol. 99, 2014, pp. 1311-1312.

Para BRIGITTE STERN a proibição de execução extraterritorial sem consentimento do Estado *ad quem* é uma das poucas certezas existentes (cfr. "L'extra-territorialité « revisitée »: où il est

Mas não haja enganos. O facto de o princípio da jurisdição de execução ter permanecido, no essencial, inalterado não significa que a relação deste com os demais princípios de jurisdição seja hoje o mesmo.

A uma posição que acentuava não poder haver execução sem prescrição, mas que já poderia haver prescrição sem execução[94] tem vindo a suceder-se outra que acentua uma cada vez mais "normal" dissociação entre as duas jurisdições. Se a jurisdição para executar é ainda essencialmente territorial (salvo em casos de autorização dos Estados ou permissão do direito internacional), a autoridade regulatória dos Estados tem-se estendido, podendo mesmo afirmar-se uma *cada vez menor coincidência entre quem exerce a jurisdição legislativa, adjudicativa e de execução*[95].

É possível, de facto, que Estados decidam com base em legislação estrangeira, designadamente mediante aplicação de regras de conflitos de leis; e é possível que os mesmos Estados reconheçam e executem, de forma também cada vez mais expansiva, actos praticados por Autoridades diversas das suas ou que se recusem a reconhecê-los e executá-los, ainda que aqueles actos tenham, em princípio, pretensão à extraterritorialidade.

Se a jurisdição para executar se destaca das demais, por ser ainda marcadamente estadual (seja pelos meios que usa, seja pelos critérios que mobiliza), tal não impede, por isso, que venha a ser chamada a intervir em situa-

---

question des affaires Alvarez-Machain, Pâte de Bois et de quelques autres...", *Annuaire Français de Droit International,* Vol. 38, 1992, p. 247).

[94] D. W. Bowett, "Jurisdiction: Changing Patterns of Authority over Activities and Resources" *The British Yearbook of International Law,* Vol. LIII, 1982, p. 1.

Piet van Slot e Eric Grabandt também consideram que não é comum haver jurisdição de execução sem jurisdição prescritiva ou adjudicativa, a não ser que se trate de execução a pedido de outro Estado ou organização internacional (cfr. "Extraterritoriality and Jurisdiction", *Common Market Law Review,* Vol. 23, N.º 3, 1986, p. 548).

Acentuando, algo diferentemente, a existência de um *continuum* entre o processo prescritivo e a intenção de controlo das regras adoptadas, cfr. Michael Reisman, "International Lawmaking: a Process of Communication", *ASIL Proceedings of the 75st Annual Meeting,* Washington D.C., p. 113.

[95] Já para não nos referirmos à pressão que é exercida quanto à extraterritorialidade por foros distintos dos Estados, cuja *fons et origo* surgiu precisamente das acrescidas pretensões extraterritoriais destes (cfr. Günther Handl, "Extra-Territoriality and Transnationality", *Beyond Territoriality – Transnational Legal Authority in an Age of Globalisation,* Günther Handl, Joachim Zekoll, Peer Zumbansen (eds.), Leiden, Martinus Nijhoff Publishers, 2012, p. 7).

ções de índole internacional e que estas solicitações se venham a revelar cada vez mais em maior número e diversas em natureza.

Acresce que o facto de um Estado exercer competências extraterritoriais implica que acalenta esperanças a que as mesmas venham a ter alguma eficácia, reconhecimento ou, mesmo, execução, fora de portas[96]. O espírito de colaboração internacional não pode, por isso, estar arredado hoje da assunção de jurisdição internacional, seja ao nível normativo, seja sobretudo ao nível da concretização do direito num caso concreto. Não podemos, a este propósito, deixar de atentar nas lições de OXMAN, que incluem um conjunto de situações tipo em que os Estados aplicam normas ou dão efeitos a pedidos de reconhecimento e execução de actos estrangeiros, sem que tenham jurisdição (prescritiva ou adjudicativa) para o efeito[97] e nas de MCLACHLAN, que articula a tendência de passar da coexistência para a cooperação entre Estados, o que se traduz em cada vez mais solicitações – respondidas positivamente – de reconhecimento e execução[98].

De tal forma que o exercício de competências extraterritoriais pelos Estados mais do que expressão da imposição de soberania nacional, redunda, cada vez mais, numa concessão a uma lógica internacional, de cooperação e aproximação, mas que, ainda assim, conserva um cariz *essencialmente* estadual. Como aduz HANNAH BUXBAUM, se uma pretensão de autoridade visa

---

[96] GIUSEPPE SPERDUTIreferindo-se a actos internacionais de disposição do território, confere relevo, precisamente, à criação de condições suficientemente dotadas da capacidade de traduzir-se em situações históricas efectivas (cfr. "Sovranité Territoriale, Atti di Disposizione di Territori ed Effettività in Diritto Internazionale", *Rivista di Diritto Internazionale,* Vol. XLII, vol. 3, 1959, pp. 424-425).

[97] Por exemplo em matéria de forças armadas, trânsito de navios e da internet, cfr. BERNARD H. OXMAN, "Jurisdiction of States", *The Max Planck Encyclopedia of Public International Law*, Vol IV, Rüdiger Wolfrum (dir.), Oxford, Oxford University Press, 2012, p. 547.

[98] CAMPBELL MCLACHLAN refere-se mesmo a um interesse relativo da extraterritorialidade unilateral e da doutrina da *comity*, dada a preferência por mecanismos de acerto e cooperação com entidades estrangeiras (cfr. "The Influence of International Law on Civil Jurisdiction", *Hague Yearbook of International Law,* Vol. 6, 1993, p. 143. SPENCER WEBER WALLER, "The Twilight of Comity", *Columbia Journal of Transnational Law,* Vol. 38, 2000, p. 573).

Também RUTSEL SILVESTRE J. MARTHA não considera que um Estado possa resolver satisfatoriamente questões de conflitos de jurisdição adotando a noção de *comity* ou de *rule of reason*, achando antes que se deve apostar nos tratados e não em medidas unilaterais (cfr. "Extraterritorial Taxation in International Law", *Extraterritorial Jurisdiction in Theory and in Practice*, Karl M. Meessen (ed.), London, Kluwer Law International, 1996, p. 29).

ser executada, devem ter-se em linha de conta os poderes de coerção que se mantém dentro do âmbito exclusivo dos Estados, mantendo, por isso, a territorialidade grande relevo, mesmo em modelos pluralistas[99].

É premente, portanto, neste novo quadro de cooperação, rever-se o paradigma da jurisdição de execução, como já defendia, em 1947, SIGMUND TIMBERG, para quem, qualquer que fosse a decisão última sobre o nível, nacional ou internacional, de concretização e protecção administrativa de interesses, uma coisa parecia clara: *"o âmbito territorial do poder regulador e executivo deveria no essencial ser co-extensivo ao impacto territorial das actividades reguladas e dos interesses protegidos"*[100].

A reflexão sobre as condições e procedimentos para o exercício da jurisdição de execução, sempre que se trate de retirar efeitos de actos estrangeiros, bem pode revelar-se o *elo perdido* ou o *elo nunca encontrado* em matéria de jurisdição internacional, seja porque daquela reflexão resulta nitidamente a perniciosidade da adopção de normas ou actos simbólicos que podem nunca vir a ser reconhecidos ou executados – o que impõe uma maior clarificação dos critérios de assunção de jurisdição estatal ao nível prescritivo e adjudicatório – seja porque, para abrir portas a uma maior cooperação entre Estados, impõe que se proceda definição mais clara das condições de reconhecimento e execução de actos estrangeiros[101].

---

[99] HANNAH L. BUXBAUM, "Territory, Territoriality, and the Resolution of Jurisdictional Conflict", *The American Journal of Comparative Law*, Vol. 57, 2009, p. 673.

[100] SIGMUND TIMBERG, "International Combines and National Sovereigns – A Study of Conflict of Laws and Mechanisms", *University of Pennsylvania Law Review*, Vol. 95, N.º 5, Maio, 1947, p. 620.

ANDREA BIANCHI chega mesmo a considerar que a distinção entre tipos de jurisdição deve ser abandonada, dando lugar a um fenómeno unitário de jurisdição, que se caracterizaria por diferentes estádios de exercício do poder de autoridade, de acordo com a conexão *efectiva e significativa* que com o Estado se estabelecesse (cfr. ""Comment" on Harold G. Maier presentation", *Extraterritorial Jurisdiction in Theory and in Practice*, Karl M. Meessen (ed.), London, Kluwer Law International, 1996, pp. 78 e 90).

[101] KENNETH W. ABBOT, "Collective Goods, Mobile Ressources and Extraterritorial Trade Control", *Law and Contemporary Problems*, Vol. 50, N.º 3, Summer, 1987, p. 152.

No mesmo sentido, MARK P. GIBNEY entende que a solução dos problemas relacionados com a extraterritorialidade depende do Estado se comportar de forma idêntica dentro e fora do seu território, assegurando que apenas edita normas e actos extraterritoriais que podem ser executados fora de portas (cfr. "The Extraterritorial Application of U.S. Law: The Perversion of Democratic Governance, the Reversal of Institutional Roles, and the Imperative of Estab-

De facto, enquanto não se conseguirem atingir parâmetros globais quanto ao exercício da extraterritorialidade[102] e enquanto não for possível chegar a um entendimento sobre a aplicação e reconhecimento de regras estrangeiras, dificilmente será possível ultrapassar os problemas suscitados pelo conflito internacional de jurisdições[103]. Pelo que, entre um pensamento unitário e um pensamento espartilhado sobre a extraterritorialidade, se insiste num outro que procura pontos de encontro e de confluência entre ordenamentos jurídicos, sobretudo do ponto de vista da execução dos seus ditames. Isto porque se um Estado pode alterar unilateralmente as suas regras de competência legislativa, jurisdicional e administrativa, já não pode fazer o mesmo quanto às normas de reconhecimento dos outros Estados, pelo que faz sentido promover a cooperação internacional, de modo a que Estados acomodem, na medida do possível e do desejável, interesses uns dos outros ou de outras Autoridades públicas[104].

2. O papel da União Europeia

A um solipsismo ou visão monolítica estadual opõe-se a realidade internacional actual.

Esta caracteriza-se pela intervenção de uma multiplicidade de actores e, consequentemente, por uma desmultiplicação de formas de actuação de natureza administrativa. Entre aqueles actores assume *posição charneira* a União Europeia, dada não só a sua *originalidade*, como, sobretudo, a sua *autoridade* no plano internacional. Estes traços particulares da União Europeia permitem destacá-la dos demais intervenientes nas relações jurídicas inter-

---

lishing Normative Principles", *Boston College International and Comparative Law Review*, Vol. 19, N.º 2, 1996, pp. 320-321).

[102] Como defende GARETH DAVIES que assinala passos já dados no sentido de uma governança e harmonização global nesta matéria (cfr. "International Trade, Extraterritorial Power, and Global Constitutionalism: A Perspective from Constitutional Pluralism", *German Law Journal*, Vol. 13, N.º 11, 2012, disponível em https://www.germanlawjournal.com, acesso em 15 de Julho de 2014, pp. 1213-1216).

[103] Como refere ERNST-JOACHIM MESTMÄCKER, "Staatliche Souveränität und offene Märkte: Konflikte bei der extraterritorialen Anwendung von Wirtschaftsrecht", *Rabels Zeitschrift für ausländisches und internationales Privatrecht*, Ano 52. N.º 1/2, 1988, p. 250.

[104] WILLIAM S. DODGE, "The Structural Rules of Transnational Law", *ASIL Proceedings of the 97st Annual Meeting, Conflict and Coordination across International Regimes*, Washington D.C., 2003, pp. 317-319.

EFICÁCIA, RECONHECIMENTO E EXECUÇÃO DE ACTOS ADMINISTRATIVOS ESTRANGEIROS

nacionais – a que nos referiremos *infra* –, pois, por seu intermédio, se eleva a União Europeia a um *sistema jurídico exemplar* no âmbito global[105].

A União Europeia, como entidade supranacional que é, tem vindo a escapar às categorias tradicionais de direito internacional e de direito constitucional[106], por se mover num constante diálogo e complementaridade entre integração e soberania[107].

Entre nós, Lucas Pires confronta a estrutura da União com vários modelos institucionais: a confederação, o Estado federal, a organização internacional e uma via original, que não se subsume a nenhum daqueles modelos, antes tem características específicas que a distanciam daqueles e abre novas possibilidades de qualificação, como a associação de Estados e a federação de Estados[108].

Na impossibilidade de fazermos uma análise exaustiva de todas as características da União Europeia, destacaremos apenas aquelas que fazem dela um candidato positivo especialmente rico para o nosso âmbito de estudo:

---

[105] A noção de sistema jurídico europeu não é consensual, sendo colocada em causa, dadas as influências que a União Europeia sofre de outros sistemas e fenómenos jurídicos, alguns não estatais. Segundo Julie Dickson não se deve abandonar o conceito de sistema jurídico, já que este não é *"some self sufficient free-floating normative entity"* ("Towards a Theory of European Union Legal Systems", *Philosophical Foundations of European Union Law*, Julie Dickson, Pavlos Eleftheriadis (eds.), Oxford, Oxford University Press, 2012, p. 38). Na mesma publicação, Keith Culver e Michael Giudice, apontam em sentido diverso, acentuando que as asserções de supremacia cruzadas da União e dos seus Estados-membros demandam uma visão alternativa: a de uma aproximação interinstitucional ao direito da União (cfr. "Not a System but an Order", *Philosophical Foundations of European Union Law*, Julie Dickson, Pavlos Eleftheriadis (eds.), Oxford, Oxford University Press, 2012, pp. 54-76).

[106] Magdalena Ličková, "European Exceptionalism in International Law", *The European Journal of International Law*, Vol. 19, N.º 3, 2008, p. 463.

[107] Fausto de Quadros, "The European Constitution and National Constitutions – A Complementary Relationship", *Civil Law Studies: An Indian Perspective*, Anthony D'Souza and Carmo D'Souza (eds.), Newcastle, Cambridge Scholars Publishing, 2009, p. 35.

[108] Francisco Lucas Pires, *Introdução ao Direito Constitucional Europeu – Seu Sentido, Problemas e Limites,* Coimbra, Almedina, 1997, p. 82. Cfr., igualmente entre nós, a exposição de posições sobre a natureza jurídica da então Comunidade Europeia feita por Luís Sá, *A Crise das Fronteiras – Estado, Administração Pública e União Europeia*, Lisboa, Edição Cosmos, 1997, pp. 195-290. Neste texto, o autor dá conta da dinâmica da construção comunitária, o que pode permitir suplantar classificações estanques.

MULTIPLICIDADE NO DIREITO ADMINISTRATIVO

i) A faculdade das disposições comunitárias afectarem directamente indivíduos e não apenas os Estados[109].

ii) O surgimento de novas formas de relacionamento administrativo entre os Estados e a União Europeia.

iii) O exercício de amplas competências e poderes de autoridade tanto interna, como externamente, que não se confundem necessariamente com os poderes de autoridade dos Estados-membros da União.

iv) A desmultiplicação interna de órgãos e organismos da União Europeia com competências na área administrativa.

v) O surgimento de novas formas de controlo judicial em áreas que convocam direito da União Europeia.

A faculdade de as disposições comunitárias afectarem directamente indivíduos não é uma característica exclusiva da União Europeia, havendo organizações internacionais de cariz supranacional que contam com esta possibilidade (como se verá melhor *infra*). O que, porém, nestas organizações é uma excepção converte-se na União numa característica normal e cada vez mais comum do sistema comunitário, podendo, com base nela, adoptar-se actos com efeitos externos e que vinculam directa e imediatamente os seus destinatários, pessoas singulares ou colectivas[110].

---

[109] Esta é, inclusive, uma das características que permitiu fundar a autonomia do direito da União, já que o corpo das normas deste vinculavam não apenas o Estado mas também, quantas vezes de forma directa, os seus nacionais (cfr. Acórdão *NV Algemene Transport- en Expeditie Onderneming van Gend & Loos v Netherlands Inland Revenue Administration,* do Tribunal de Justiça de 5 de Fevereiro de 1963, proferido no processo 26/62; e Acórdão *Flaminio Costa e Enel,* do Tribunal de Justiça de 15 de Julho de 1994, proferido no processo 6/64). Entre as múltiplas apreciações do Acórdão *Van Gend en Loos,* destaco a de J.H.H. WEILER que assinala que com ele começou também o *déficit* de legitimidade democrática da União Europeia (cfr. "Van Gend en Loos: the Individual as Subject and Object and the Dilemma of European Legitimacy", *International Journal of Constitutional Law,* Vol. 12, N.º 1, 2014, pp. 94-103). Em geral, sobre o princípio do efeito directo, é inexcedível o artigo de PIERRE PESCATORE, "The Doctrine of "Direct Effect": An Infant Disease of Community Law", *European Law Review,* Vol. 8, N.º 1, February, 1983, pp. 155-177.

[110] THORSTEN SIEGEL considera que a administração directa por parte da União já não se define, como antes, como uma excepção, exemplificando com o Regulamento (CE) n.º 1907/2006, relativo ao Registo, Avaliação, Autorização e Restrição de substâncias químicas (REACH) e com as competências das agências e dos comités comunitários (cfr. *Entscheidungsfindung im Verwaltungsverbund,* Tübingen, Mohr Siebeck, 2012, pp. 290-306).

Esta característica dota, segundo PFORDTEN, a União de uma qualidade parcialmente estadual – ou de uma natureza híbrida[111] –, pela imediata afectação que dela resulta para os sujeitos (privados) que se encontram sob a sua jurisdição.

O que obriga a reflectir não só sobre os modos de criação do direito no seio da União, como igualmente sobre os modos da sua recepção, *rectius* de integração no direito dos Estados-membros, Estados estes que têm como função colaborar com a Administração comunitária na execução das suas decisões. O que nos conduz à segunda das características acima apontadas: a das formas de relacionamento administrativo entre os Estados e a União Europeia.

A menção a formas e não forma de relacionamento deixa claro que são várias as combinações possíveis, variando em função da matéria em causa e acompanhando uma linha de evolução que se vem desenhado desde os primórdios da construção comunitária.

HOFFMAN parece-nos acertar na clarificação desta evolução, ao individualizar uma *aproximação inicial,* assente na delegação de poderes às Comunidades e no princípio da primazia e do efeito directo, mas que, todavia, não colocava em causa o modelo de territorialidade da administração porque os efeitos do exercício do poder público estavam limitados à fronteira do Estado, através do mecanismo da administração indirecta; um segundo desenvolvimento que passa pela *abertura horizontal dos Estados* aos sistemas políticos e jurídicos dos demais Estados-membros, na sequência da eficácia horizontal de normas comunitárias e do mútuo reconhecimento; e um terceiro desenvolvimento que corresponde à criação de estruturas de planeamento conjunto e de *procedimentos de administração compósita*, permitindo desenvolver uma administração integrada[112].

---

[111] DIETMAR V. D. PFORDTEN, "Individuen, Assoziationem, Staatsorganisation", *in Law, Justice and the State II – The Nation, the State and Democracy, Michel* Troper & Mikael M. Karlsson (eds.), Franz Steiner Verlag, Stuttgart, 1995, p. 52.

[112] HERWIG C.H. HOFFMAN, "Mapping the European Administrative Space", *West European Politics*, Vol. 31, N.º 4, Julho, 2008, pp. 661-668.

O autor, noutra sede, defende que esta complexidade de formas organizatórias não coloca em causa a adopção de formas de cooperação procedimental, pré-ordenadas à satisfação de um interesse comum (cfr. "Seven Challenges for EU Administrative Law", *Review of European Administrative Law*, Vol. 2, N.º 2, 2009, pp. 41-42).

MULTIPLICIDADE NO DIREITO ADMINISTRATIVO

O espaço comunitário concebe-se, portanto, de forma tridimensional, com características simultaneamente *verticais, horizontais* e *diagonais*[113] e assenta numa "convergência vertical", mas também, e cada vez mais, na criação de "transnacionalidades administrativas"[114] e de formas de actuação conjunta e articulada ou, mesmo co-dependentes, que montam na fundação de uma verdadeira União Administrativa Europeia[115] (ou, na linha de SCHMIDT-

---

Na formulação mais contida de JÜRGEN SCHWARZE há uma *influência cruzada* entre direitos administrativos nacionais e europeu (cfr. *Europäisches Verwaltungsrecht,* 2.ª ed., Baden-Baden, Nomos, 2005, p. CXII).

De qualquer das formas, já não se pode dizer que a Comunidade se comporta sempre como uma *cabeça sem braços,* como propunha impressivamente, para caracterizar a Administração indirecta comunitária, RUI MANUEL GENS DE MOURA RAMOS, "Reenvio Prejudicial e Relacionamento entre Ordens Jurídicas na Construção Comunitária", *Das Comunidades À União Europeia – Estudos de Direito Comunitário,* 2.ª ed., Coimbra, Coimbra Editora, 1999, p. 219.

[113] Ainda na terminologia de HERWIG C.H. HOFFMAN, "Mapping the European Administrative Space", *West European Politics,* Vol. 31, N.º 4, Julho, 2008, pp. 670-671. Do mesmo modo LOÏC AZOULAI fala de duas vias de execução: de um *imperium* supranacional (poderes de polícia administrativa, como inspecções, e de imposição de sanções) e de uma *autoridade transnacional* (que intitula de naturalização de actos estrangeiros) (cfr. "Pour un Droit de l'Exécution de l'Union Européenne", *L'Exécution du Droit de L'Union, entre Mécanismes Communautaires et Droits Nationaux,* Jacqueline Dutheil de la Rochère (dir.), Bruxelles, Bruylant, 2009, pp. 18-21),.

[114] JACQUELINE DUTHEIL DE LA ROCHÈRE, JEAN-BERNARD AUBY, "L'Exécution du Droit de l'Union entre Mécanismes Communautaires et Droits Nationaux", *L'Exécution du Droit de L'Union, entre Mécanismes Communautaires et Droits Nationaux,* Jacqueline Dutheil de la Rochère (dir.), Bruxelles, Bruylant, 2009, pp. xiv.

[115] MATTHIAS RUFFERT, "De la Europeización del Derecho Administrativo a la Unión Administrativa Europea", *La Unión Administrativa Europea,* Francisco Velasco Caballero, Jens-Peter Schneider, Madrid, Marcial Pons, 2008, pp. 106-107. As tradicionais apreensões dirigidas a formas de administração mista, no ordenamento jurídico alemão (que, com as devidas adaptações, se suscitam perante a criação da Administração compósita no seio da União), prendem-se com a claridade de atribuição de responsabilidades e exercício transparente de funções, a protecção das competências administrativas das comunidades territoriais parciais, a preservação da efectividade da sua actuação e a protecção dos direitos subjectivos individuais (cfr. GABRIELE BRITZ, "Estructuras de la Unión Administrativa Europea de la Regulación de los Mercados de la Energía Alemán y Europeo" *La Unión Administrativa Europea,* Francisco Velasco Caballero, Jens-Peter Schneider, Madrid, Marcial Pons, 2008, pp. 179-180).

-ASSMANN, de um *Europäisches Verwaltungsverbund*, traduzida pelo autor por Administração compósita europeia ou apenas Administração europeia)[116].

O desenvolvimento destas novas formas de relacionamento – que, como veremos, se vão repercutir no tipo de actos adoptados e nos modos do seu reconhecimento e execução – deve-se grandemente à ampliação progressiva por via jurisprudencial, por via política ou por via legislativa, das competências da União Europeia[117]. Competências estas que a União não exercita apenas internamente, mas, cada vez com mais frequência, também no plano externo.

O desenvolvimento destas competências coloca ele próprio, inevitavelmente, o problema do desacerto entre dois níveis nem sempre claramente distinguíveis deste conceito: o da sua *origem* e o do seu *exercício*.

Quanto àquela origem, digladiam-se posições que vêem a assunção de competências pela União como o resultado de um mecanismo de delegação ou, ao invés, de transferência destas[118]. Mas há quem vá mais longe e recuse esta simplicidade de vistas, por considerar ter havido uma verdadeira criação de competências novas – não detidas individualmente pelos Estados – a favor da União (por exemplo a competência de controlo da actuação dos Estados-membros), pelo que não se podem equiparar as competências desta

---

[116] EBERHARD SCHMIDT-ASSMANN, "European Composite Administration and the Role of European Administrative Law", *The European Composite Administration*, Oswald Jansen, Bettina Schöndorf-Haubold (eds.), Cambridge, Intersentia, 2011, pp. 2 e 6-8.

[117] Ampliação que foi acompanhada, no Tratado de Lisboa, por uma expressa consagração daquelas competências, substituindo-se assim o método "funcional" de atribuição que caracterizou inicialmente o direito da União (sobre este método, cfr. ANTÓNIO GOUCHA SOARES, *Repartição de Competências e Preempção no Direito Comunitário*, Lisboa, Edições Cosmos, 1996, p. 129). Para a nossa perspectiva sobre esta evolução, cfr. DULCE LOPES, "A articulação de competências entre União e Estados-membros no Tratado de Lisboa", *Temas de Integração*, 2.º Semestre, 2008, pp. 91-114.

[118] Tanto a delegação como a transferência de poderes representam uma concessão de autoridade de um Estado para uma outra entidade internacional, permitindo que esta adopte decisões ou medidas que vinculam aquele Estado. Contudo, o conceito de delegação supõe uma possibilidade maior de controlo do Estado (delegante) sobre o delegado a possibilidade de revisão/ recuperação das competências delegadas. A distinção, de acordo com DAN SAROOSHI deve tomar em consideração a natureza e âmbito das atribuições concedidas, a permanência do vínculo, o nível de autonomia reconhecido e o tipo de poderes delegados ou transferidos (legislativos, administrativos ou judiciais) (cfr. *International Organizations and Their Exercise of Sovereign Powers*, Oxford, Oxford University Press, 2005, em especial pp. 54-65).

MULTIPLICIDADE NO DIREITO ADMINISTRATIVO

a uma mera soma das competências estatais[119]. Como referia já Lucas Pires, a quem voltamos, *"(o) sistema comunitário tomou pois o freio nos dentes"*, em face da sua crescente autonomia e vocação expansiva[120].

Esta originalidade do sistema comunitário vai ainda mais longe quando se analisa o *exercício* de competências pela União Europeia.

Efectivamente, esta assenta num modelo competencial que é, por alguns, designado de federal, por assentar num "federalismo cooperativo" no qual as competências da União e dos Estados não são absolutamente separadas, mas inter-influenciam-se[121]. Outros autores, não abdicando de uma aproximação mais marcada entre a União Europeia e o conceito e características das organizações internacionais, consideram que as diferenças entre ambas residem essencialmente na desestabilização da exclusividade de competência territorial e pessoal dos Estados, criando uma territorialidade, cidadania e poder público de sobreposição e não de coordenação[122].

E é na medida em que impõe e promove o desenvolvimento de novas formas de actuação conjunta entre si e os Estados que se confirma que a União não é apenas o resultado de uma delegação ou transferência dos Estados, exercitando antes um "poder político próprio", pois *"deixa de ser a soma de partes alíquotas da soberania transferidas. De alguma das competências pode dizer-se que os Estados não podiam transferir o que não tinham ou, em todo o caso, o que estava excluído por poderem realizar por si próprios"*[123].

---

[119] Vlad Constantinesco, *Compétences et Pouvoirs dand les Communautés Européennes – Contribution à L'Étude dela Nature Juridique des Communautés,* Paris, Librairie générale de droit et de jurisprudence, 1974, pp. 250-251.

[120] Francisco Lucas Pires, ""Competência das Competências": Competente mas sem Competências?", *Revista de Legislação e de Jurisprudência,* Ano 130, N.º 3885, Coimbra, 1 de Abril de 1998, p. 356.

[121] Armin von Bogdandy e Jürgen Bast, "The Federal Order of Competences", *Principles of European Constitutional Law,* Armin von Bogdandy e Jürgen Bast (eds.), 2.ª ed., Portland, Hart Publishing, 2009, p. 285; e Robert Schutze, "Co-operative Constitutionalised: the Emergence of Complementary Competences in the EC Legal Order", *European Law Review,* Vol. 31, 2006, pp. 167-184.

[122] Denys Simon, Anne Rigaux, "Les Communautés et L'Union Européenne comme Organisations Internationales", *Traité de Droit des Organisations Internationales,* Evelyne Lagrange, Jean-Marc Sorel (dir.), Paris, L.G.D.J., 2013, pp. 139-141.

[123] Francisco Lucas Pires, "União Europeia: um poder próprio ou delegado?", *A União Europeia,* Coimbra, Coimbra Editora, 1994, em especial pp. 149-152.

Além da originalidade e autonomia, a *autoridade* passa a ser, assim, um atributo da União, marca da sua superioridade, ao conciliar um elemento vertical da hierarquia e um elemento horizontal da adesão[124]. Conciliada com uma noção cada vez mais sólida de *jurisdição funcional*, a União apresenta-se, assim, como um actor internacional a par dos Estados, e, portanto, sujeita às mesmas limitações que estes no que se refere ao exercício da sua jurisdição internacional, sempre que em causa afecte Estados não membros, nacionais de países terceiros ou demais sujeitos de direito internacional[125].

---

[124] Acompanhamos o raciocínio de Loïc Azoulai, "Les Fondements de L'Autorité de L'Union", *L'Autorité de L'Union Européenne*, Loïc Azoulai e Laurence Burgorgue-Larsen (eds.), Bruxelles, Bruylant, 2006, p. 5.

[125] Expressamente neste sentido, Bernard H. Oxman, "Jurisdiction of States", *The Max Planck Encyclopedia of Public International Law*, Vol IV, Rüdiger Wolfrum (dir.), Oxford, Oxford University Press, 2012, p. 548. Herwig C.H. Hofmann, Gerard C. Rowe e Alexander H. Türk, consideram que a União exerce jurisdição com base nos princípios de jurisdição aplicáveis aos Estados (cfr. *Administrative Law and Policy of the European Union*, Oxford, Oxford University Press, 2011, pp. 87-88).

Há, porém, que assinalar que a União tem desenvolvido uma visão expansiva e casuística dos termos em que exerce poderes extraterritoriais, parecendo, portanto, distante das preocupações sobre a razoabilidade da assunção de jurisdição internacional a que já nos reportámos (Peter Orebech, "The EU Competency Confusion: Limits, "Extension Mechanisms," Split Power, Subsidiarity, and "Institutional Clashes"", *Journal of Transnational Law and Policy*, Vol. 13, N.º 1, Fall, 2003, p. 122; no mesmo sentido quanto à União e organizações internacionais, Brigitte Stern, "L'extra-territorialité « revisitée »: où il est question des affaires Alvarez--Machain, Pâte de Bois et de quelques autres...", *Annuaire Français de Droit International*, Vol. 38, 1992, pp. 288-294).

Em princípio o campo de aplicação das prescrições europeias referir-se-ia ao território delimitado pelos Estados-membros, de acordo com uma lógica unilateral do princípio da territorialidade (Marc Fallon, "Libertés Communautaires et Règles de Conflit de Lois", *Les Conflits de Lois et le Système Juridique Communautaire*, Angelika Fuchs, Horatia Muir Watt, Étienne Pataut (dirs.), Paris, Dalloz, 2004, pp. 54-55). Mas reconhece-se que as suas competências podem ser mais amplas, havendo um laço territorial ou de eficácia com a União (cfr. o Acórdão *Ingrid Boukhalfa contra Bundesrepublik Deutschland*, do Tribunal de Justiça de 30 de Abril de 1996, proferido no processo C-214/04, que considerou aplicável o direito da União a trabalhadores em embaixadas de Estados da União em países terceiros, e, doutrinalmente, Lorand Bartels, "The Eu's Human Rights Obligations in Relation to Policies with Extraterritorial Effects" *The European Journal of International Law*, Vol. 25, N.º 4, 2015, p. 1087-1090).

Particularmente relevante neste domínio se revela o Acórdão *Air Transport Association of America e o. c. Secretary of State for Energy and Climate Change*, do Tribunal de Justiça de 21 de Dezembro de 2011, proferido no processo C-366/10, no qual, após analisar os princípios de direito

No que se refere à pluralização ou proliferação de órgãos e organismos da União Europeia com competências na área administrativa, esta é uma tendência que se tem vindo a acentuar, com a ampliação de competências da União e com o anseio de uma sua intervenção mais pronta e eficaz.

Assim, a contrariar a tendência de descomplexificação resultante da concentração na União Europeia das competências antes repartidas pela União, Comunidade Europeia e, mais remotamente, pela Comunidade Europeia do Carvão e do Aço, surge uma tentação – que cada vez mais ganha corpo – de criação de novos entes jurídicos, quais sejam as agências europeias dotadas de personalidade jurídica, que cumprem funções auxiliares, regulatórias e de execução.

O tratamento dogmático destas agências tem sido grande, mas a doutrina cinde-se. Há, desde logo, quem considere que esta agendificação não conduz à descaracterização da União Europeia, por o Tribunal de Justiça continuar a assumir, quanto a elas, competências de jurisdição, sendo a União subsidiariamente responsável pelas suas acções e omissões[126]. Outros autores, que nos parecem ser maioritários, colocam em causa o pretenso "carácter inofensivo" das agências europeias, por, por seu intermédio se alterar, ainda que eventualmente de forma não decisiva, a repartição de poderes no seio da União Europeia.

Por um lado porque a presente proliferação de agências parece exceder os limites ditados pela doutrina Meroni[127], pelo reconhecimento que o fun-

---

internacional público que regem a extraterritorialidade e as convenções relevantes nesta matéria, considera válida a Directiva 2008/101/CE que demanda a inclusão da totalidade do consumo de combustível de actividades da aviação no regime de comércio de licenças de emissão de gases com efeito de estufa na União, ainda que os voos só tenham origem ou destino em Estados-membros desta (cfr. BENÔIT MAYER, "Case Law – Case C-366/10", *Common Market Law Review*, Vol. 49, 2012, pp. 1113–1140; ANDREA GATTINI, "Between Splendid Isolation and Tentative Imperialism: The EU's Extension of its Emission Trading Scheme to International Aviation and the ECj's Judgment in the ATA Case", *International and Comparative Law Quarterly*, Vol. 61, 2012, pp 977-991; e JED ODERMATT, "Case Law: C-366/10 Air Transport Association of America and others v. Secretary of State for Energy and Climate Change", *Columbia Journal of European Law*, Vol. 20, N.º 2, 2014, pp. 143-165).

[126] MATTHIAS RUFFERT, "Personality under EU Law: A Conceptual Answer Towards the Pluralisation of the EU", *European Law Journal*, Vol. 20, N.º 3, Maio, 2014, pp. 346-367.

[127] Segundo esta doutrina, apenas poderiam ser delegados a Agências poderes bem definidos e, em princípio, de natureza executiva e não amplamente discricionária, sob pena de se poder operar uma real transferência de responsabilidade do delegante para o delegatário

cionamento da União pode passar também pela criação de órgãos e organismos, sem que tenha inelutavelmente de ser necessária a sua criação[128]. Mas mais, questiona-se se os poderes cometidos àquelas entidades – que chegam a ter *carácter decisório* e a afectar terceiros (que não apenas a União, na orgânica da qual se inserem, e dos Estados, que participam na sua criação e colaboram no exercício das suas competências)[129] – não terão um conteúdo discricionário, que extravasa os limites das doutrinas Meroni e Romano[130].

(Acórdão *Meroni & Co., Industrie Metallurgiche, SpA c. Alta Autoridade da Comunidade Europeia do Carvão e do Aço*, do Tribunal de Justiça de 13 de Junho de 1958, proferido no processo 9/56). No Acórdão *Giuseppe Romano c. Institut National d'Assurancc Maladie-Invalidité*, do Tribunal de Justiça de 14 de Maio de 1981, proferido no processo 98/80, o Tribunal de Justiça vedou a delegação da prática de actos normativos vinculativos (mas já não de actos decisório-concretos).

[128] DOMENICO SORACE, "L'Amministrazione Europea secondo il Trattato di Lisbona", *Diritto Pubblico*, Ano XIX, N.º 1, 2013, pp. 194-195. SUZANA TAVARES DA SILVA dá conta que um dos argumentos que tem sido aduzido no sentido de instituição das agências reside no facto de elas permitirem combater o fenómeno do *supervising shopping* resultante da concorrência regulatória entre autoridades nacionais. Este não pode, porém, ser um argumento suficiente, tendo de ser filtrados por princípios essenciais como os da subsidiariedade e proporcionalidade (cfr. *Direito Administrativo Europeu*, Coimbra, Imprensa da Universidade de 2010, p. 51).

[129] A assunção de competências decisórias por parte das Agências não foi assumida sem discussões e nem sempre parece cingir-se ao exercício de funções auxiliares da actuação da Comissão, na opinião de LUÍS GUILHERME CATARINO, "A Nova Regulação Europeia dos Mercados Financeiros: A *Hoft Law* nos *Balancing Powers* da União", *Estudos em Homenagem ao Prof. Doutor José Joaquim Gomes Canotilho*, Vol. IV. Coimbra: Coimbra Editora, Coimbra, 2012, p. 163, nota 67 e p. 173.

[130] Pergunta à qual o Tribunal de Justiça tentou dar resposta negativa no Acórdão *Reino Unido da Grã-Bretanha e da Irlanda do Norte c. Parlamento Europeu e Conselho da União Europeia*, de 22 de janeiro de 2014, proferido no processso C-270/12, invocando a natureza pública e não privada da *Autoridade Europeia dos Valores Mobiliários e dos Mercados* e a delimitação das medidas decisórias ao cumprimento de um número de critérios materiais e procedimentais (entre os quais a consulta aos Estados-membros, a natureza temporária da medida e a sua revisão periódica), do que retirou o Tribunal que os referidos poderes não implicam, contrariamente às alegações do recorrente, que aquela Agência disponha de um «amplo poder discricionário» incompatível com o Tratado.

ELSA BERNARD entende que neste caso o Tribunal de Justiça ajuizou que as competências das agências deveriam ser adaptadas às novas necessidades de regulação económica (envolvendo inclusive alguns poderes normativos, que não apenas executivos), mas compensando esta ampliação com apertados mecanismos de controlo (cfr. "Quels Pouvoirs pour les Agences de L'Union Européenne? (note sous Cour de justice, gde ch., arrêt du janvier 2014, aff. C-270/12, Royaume-Uni/Parlement et Conseil)", *Cahiers de Droit Européen*, Ano 50, N.º

MULTIPLICIDADE NO DIREITO ADMINISTRATIVO

De facto, agências há que não têm apenas funções de informação e apoio da Administração comunitária e dos Estados-membros, nem de supervisão, mas competências regulatórias e, sobretudo, decisórias, podendo adoptar actos administrativos que se dirigem aos particulares e afectam a sua posição jurídica, *substituindo-se à intervenção da Comissão Europeia* e, mesmo, dos Estados-membros[131].

Por outro lado, mesmo que se quedem dentro de uma leitura restritiva da doutrina Meroni, é inegável a influência que tais agências lançam sobre o direito comunitário, ao modelarem o conteúdo do direito da União[132], sem,

---

3, 2014, pp. 637-659). No mesmo sentido, cfr. TOM ZWART, "La Poursuite du Père Meroni ou Pourquoi les Agences Pourraient Jouer un Rôle Plus en Vue dand l'Union Européenne", L'Exécution du Droit de L'Union, entre Mécanismes Communautaires et Droits Nationaux, Jacqueline Dutheil de la Rochère (dir.), Bruxelles, Bruylant, 2009, pp. 159-173.

[131] Cfr. DANIEL ROEDEL que assinalava as competências decisórias do Instituto Comunitário das Variedades Vegetais [que atribui, anula ou retira o direito comunitário de protecção das variedades vegetais, nos termos do Regulamento (CE) N.º 2100/94 do Conselho, de 27 de Julho de 1994, relativo ao regime comunitário de protecção das variedades vegetais], do Instituto de Harmonização do Mercado Interno, que confere a marca comunitária [então o Regulamento (CE) n.º 40/94 do Conselho, de 20 de Dezembro de 1993, sobre a marca comunitária] e, em especial, da Agência Europeia para a Segurança da Aviação, cujos actos certificativos conferem acesso ao mercado da aviação civil [regida pelo Regulamento (CE) N.º 216/2008, do Parlamento Europeu e do Conselho, de 20 de Fevereiro de 2008] (cfr. "The European Aviation Safety Agency and the Independent Agencies of the EC – A Systematic Analysis", *The European Composite Administration,* Oswald Jansen, Bettina Schöndorf-Haubold (eds.), Cambridge, Intersentia, 2011, pp. 155-176). Cfr., ainda, THOMAS GROSS, "Die Kooperation zwishen europäischen Agenturen und nationalen Behörden", *Europarecht,* Vol. 40, N.º 1, 2005, p. 61.

[132] ANNE MEUWESE, YMRE SCHUURMANS, WIM VOERMANS, "Towards a European Procedure Act", *Review of European Administrative Law,* Vol. 2, N.º 2, 2009, p. 18.

CHARLOTTE DENIZEAU entende que as redes e as agências, não tendo em regra poderes de autoridade, participam substancialmente na ponderação de interesses e no processo de tomada de decisão (cfr. "Les Moyens de la Persuasion et de la Coopération: les Réseaux d'Autorité", *L'Autorité de L'Union Européenne,* Loïc Azoulai e Laurence Burgorgue-Larsen (eds.), Bruxelles, Bruylant, 2006, p. 214). MERIJIN CHAMON assinala um papel positivo às agências quanto à promoção do pluralismo jurídico, mostrando mais reservas quanto às agências com competências decisórias, por se inserirem numa perspectiva centralizadora (cfr. "The influence of "Regulatory Agencies" on Pluralism in European Administrative Action", *Review of European Administrative Law,* Vol. 5, N.º 2, 2012, pp. 80-89).

EFICÁCIA, RECONHECIMENTO E EXECUÇÃO DE ACTOS ADMINISTRATIVOS ESTRANGEIROS

contudo, estarem sujeitas aos mesmos critérios de responsabilidade política aplicável às Instituições comunitárias, sobretudo à Comissão[133].

Esta evolução competencial e institucional da União tem-se reflectido nas formas de organização comunitárias que oscilam de modelo consoante as áreas e necessidades de intervenção administrativa, podendo, na linha de CASSESE e DAMIANI, distinguir-se três modelos: o de co-administração, de cariz mais supranacional; o da integração descentrada com base em agências; e o concerto regulamentar europeu, em que se interligam, em rede, várias autoridades nacionais e comunitárias[134].

Por último, subsistem dúvidas e dificuldade relacionadas com a completude do sistema jurisdicional comunitário e com a garantia de uma tutela judicial efectiva contra actos daquela agências[135].

---

[133] JOHANNES POLLAK, SONJA PUNTSCHER RIEKMAN, "European Administration: Centralisation and Fragmentation as Means of Political Building", *West European Politics,* Vol. 31, N.º 4, July, 2008, p. 784. Ainda assim, há quem aluda à especial relação entre agências e Comissão Europeia, pelo controlo que esta deve fazer daquelas e da sua actuação (MORTEN EGEBERG, JARLE TRONDAL, NINA M. VESTLUND, "The Quest for Order: Unravelling the Relationship Between the European Commission and European Union Agencies", *Journal of European Public Policy,* Vol. 22, N.º 5, 2015, pp. 624); e quem pugne por critérios próprios de responsabilização política das Agências (PAUL CRAIG, *EU Administrative Law,* 2.ª ed., Oxford, Oxford University Press, 2012, pp. 174-180).

[134] SABINO CASSESE, "Il Procedimento Amministrativo Europeo", *Il Procedimento Amministrativo nel Diritto Europeo,* Francesca Bignami, Sabino Cassese (eds.), Milano, Giuffrè, 2004, pp. 31-52; SAVERIO STICCHI DAMIANI, *L'Atto Amministrativo nell'Ordinamento Comunitario – Contributo allo Studio della Nozione,* G. Giappichelli Editore, Torino, 2006, pp. 75-80.

[135] ANNE MEUWESE, YMRE SCHUURMANS e WIM VOERMANS chegam ao ponto de considerar que o controlo judicial de decisões de agências se assemelha a um "queijo suíço" (cfr. , "Towards a European Procedure Act", *Review of European Administrative Law,* Vol. 2, N.º 2, 2009, p. 20). Já ALBERTO ALEMANNO e STÉPHANIE MAHIEU consideram que tem havido uma linha de evolução positiva nesta matéria (cfr. "The European Food Safety Authority Before European Courts – Some Reflections on the Judicial Review of EFSA Scientific Opinions and Administrative Acts". *European Food and Feed Law Review,* Vol. 5, 2008. Disponível em http://ssrn.com/abstract=1305176, acesso em 2 de Agosto de 2015, pp. 320-333).
Alguns actos daquelas agências, como sucede com os relatórios por elas produzidos, têm sido considerados pelo Tribunal como actos inimpugnáveis, por se tratar de actos preliminares (cfr., entre outros, Decisão do Tribunal de Primeira Instância de 5 de Dezembro de 2007, proferido no processo T-133/03, e Acórdão *Nancy Fern Olivieri contra Comissão das Comunidades Europeias e Agência Europeia de Avaliação dos Medicamentos* do mesmo Tribunal, de 18 de Dezembro de 2003, proferido no processo T-326/99); mas já tem admitido a acção de anu-

MULTIPLICIDADE NO DIREITO ADMINISTRATIVO

A cautela estará, assim parece, *a jusante* no momento da criação destas entidades e na definição dos seus poderes[136]; mas deve igualmente dar-se relevo ao momento da reacção – *a montante* – dos actos praticados por estas entidades, seja à concretização de um controlo político-administrativo eficaz, seja à previsão de modos transparentes de reacção judicial.

Esta reflexão conduz-nos ao último ponto distintivo da União Europeia que elegemos no início deste breve excurso: a especificidade do sistema jurisdicional comunitário e a sua relação com os sistemas jurisdicionais nacionais.

De facto este continua a ser o *punctum crucis* do direito da União, que almeja afirmar-se como uma plena Comunidade de Direito, pela garantia de adequadas e completas vias jurisdicionais de acção, aliás, como exigido expressamente no artigo 47.º da Carta dos Direitos Fundamentais da União Europeia.

Contudo, não só não se dissiparam integralmente os nódulos problemáticos que tradicionalmente se suscitam quanto à plenitude de meios de acção – nódulos estes atinentes à noção de acto ou omissão impugnável e à legitimidade dos recorrentes ou interessados ordinários –, como se foram

---

lação contra actos finais como os relativos a exclusão de propostas em concursos públicos abertos pela Agência (cfr., por exemplo, o Tribunal de Primeira Instância *Evropaïki Dynamiki c. Autoridade Europeia para a Segurança Alimentar*, de 12 de Dezembro de 2012, proferido no processo T-457/07). Acresce, como deixou claro o Acórdão *Artedogan GmbH contra Comissão das Comunidades Europeias*, do Tribunal de Primeira Instância de 26 de Novembro de 2002, proferido nos processos apensos T-76, 83, 132, 137, 141/00, que a análise da validade das medidas da Comissão terá por base os relatórios e propostas de decisão provindos da respectiva Agência (cfr. JOHANNES SAURER, "The Accountability Of Supranational Administration: The Case Of European Union Agencies", *American University International Law Review*, Vol. 24, 2009, pp. 455-463).

Relativamente aos actos administrativos praticados por aquelas agências (mas não quanto aos respectivos pareceres, ainda que vinculantes) veio o Tratado de Lisboa dissipar quaisquer dúvidas sobre a sua impugnabilidade, com a nova formulação do artigo 263.º, n.º 1 do Tratado sobre o Funcionamento da União Europeia. Mas a discussão continua, havendo boas propostas que apontam no sentido impugnabilidade directa dos pareceres vinculativos emitidos por agências comunitárias, por serem produtores de efeitos jurídicos imediatos e por produzirem efeitos de facto vinculativos nas relações interorgânicas (cfr. JOÃO NUNO CRUZ MATOS CALVÃO DA SILVA, *Agências Europeias de Regulação*, Coimbra, Gestlegal, 2017, pp. 785-787).

[136] LUÍS GUILHERME CATARINO, "A Nova Regulação Europeia dos Mercados Financeiros: A *Hoft Law* nos *Balancing Powers* da União", *Estudos em Homenagem ao Prof. Doutor José Joaquim Gomes Canotilho*, Vol. IV. Coimbra: Coimbra Editora, Coimbra, 2012, pp. 173-174.

juntando outros, relacionados, em particular, com as novas formas de acção transnacional e compósita da União Europeia e dos seus Estados-membros. Voltaremos a este ponto na parte final do nosso estudo.

3. O papel das Organizações Internacionais

A génese das organizações internacionais encontra-se intimamente relacionada com o surgimento de inovadoras questões transnacionais e com a consciência de que a resolução das mesmas, ao contrário das tradicionais áreas de intervenção do direito internacional público – tipicamente resolvidas por contactos diplomáticos, por via convencional ou por intermédio de conferências internacionais –, carecia de uma regulação conjunta e perene[137].

Por este motivo, as iniciais organizações internacionais foram essencialmente de cariz técnico, seja de âmbito territorial limitado – a Comissão Central para a Navegação do Reno, criada em 1815, dotada de poderes para disciplinar a navegação fluvial ao longo do seu curso[138] –, seja de âmbito regional alargado ou tendencialmente universal. Contam-se entre estas últi-

---

[137] Seguiremos de perto, neste ponto, aspectos do nosso artigo "Direito Administrativo das Organizações Internacionais", *Tratado de Direito Administrativo Especial*, Paulo Otero, Pedro Gonçalves (coords.), Vol. III, Coimbra, Almedina, 2010, pp. 99-224.

[138] O modelo da Comissão Central para a Navegação do Reno foi replicado, designadamente, na Comissão do Danúbio, criada em 1856. O sucesso destas Comissões é patente, não só porque ainda hoje desempenham as funções para que foram criadas, como a sua intervenção é reconhecida *qua tale* e integrada no direito da União Europeia [cfr. o Regulamento (CEE) n.º 2919/85 do Conselho, de 17 de Outubro de 1985, que fixa as condições de acesso ao regime reservado pela Convenção Revista para a Navegação do Reno, às embarcações que pertencem à navegação do Reno]. Não obstante, esta perspectiva essencialmente orientada para o aproveitamento económico daqueles recursos hídricos tem sido complementada pela promoção do desenvolvimento sustentável e protecção dos recursos hídricos subjacentes à criação de outras organizações internacionais: no caso do Reno, a Comissão Internacional de Hidrologia da Bacia do Reno, criada em 1970, e do Danúbio, a Comissão Internacional para a Protecção do Rio Danúbio, criada em 1998.

As mais recentes Comissões constituídas para gestão dos rios transfronteiriços, aliam já estas duas ordens de preocupações, para o que contam com a actuação de várias subcomissões ou comités nacionais. Veja-se, por exemplo, a Autoridade da Bacia do Níger, de 1964, a Comissão Administradora do Rio Uruguai, criada em 1975, a Comissão Administradora do Rio da Prata, instalada em 1977, e a Comissão do Rio Mekong, criada em 1995.

Também singrou em Portugal este modelo institucional para gestão dos rios transfronteiriços, através da Comissão para a Aplicação e o Desenvolvimento da Convenção sobre a Cooperação para a Protecção e o Aproveitamento Sustentável das Águas das Bacias Hidrográficas Luso-

MULTIPLICIDADE NO DIREITO ADMINISTRATIVO

mas, essencialmente, as uniões de cariz administrativo, que visavam a regulação de áreas especializadas resultantes do desenvolvimento das técnicas e das tecnologias, em especial em matéria de comunicações, transportes e invenções[139].

Este inovador, mas bem sucedido, modelo de regulação de questões internacionais cedo foi transposto para domínios mais tradicionais do direito internacional relacionados com o direito da guerra e da paz ou com a resolução de conflitos entre Estados. Pense-se na Sociedade das Nações, criada pelo Tratado de Versalhes, e no Tribunal Permanente de Justiça Internacional, estabelecido em 1922.

Neste âmbito, no entanto, os ajustamentos exigidos ao comportamento dos Estados foram sempre mais difíceis de conseguir, já que a delegação formal de competências que sempre haviam sido exercidas isoladamente por cada Estado – e correspondiam a atributos de soberania destes – não logrou, num primeiro momento, assinalável efectividade[140].

Espanholas, instituída no ano de 2000, que veio substituir a anterior Comissão dos Rios Internacionais, criada nos termos do Convénio de 1968.

As competências destas Comissões variam consideravelmente consoante os seus actos institutivos. Porém, podem ter competências administrativas relevantes, como sucede paradigmaticamente com a Comissão do Danúbio, considerada a epítome da personalidade jurídica distinta dos Estados (cfr. LOUIS CAVARÉ, *Le Droit International Public Positif*, Tomo I, 3.ª ed., Paris, Éditions A. Pedone, 1967, p. 673).

[139] A título meramente ilustrativo, indique-se a União Telegráfica Internacional, criada em 1865, a União Geral dos Correios, criada em 1874, a União para a Protecção da Propriedade Industrial, em 1886, a União para a Protecção da Propriedade Literária e Artística, em 1886. Os traços essenciais destas organizações internacionais ainda hoje se mantêm, não obstante as evoluções ocorridas: a União Telegráfica Internacional, agora a União Internacional das Telecomunicações e a União Geral dos Correios, agora a União Postal Internacional passaram a estar integradas na constelação das Nações Unidas, como organizações especializadas; enquanto que a União para a Protecção da Propriedade Industrial e a União para a Protecção da Propriedade Literária e Artística se reuniram na Organização Mundial da Propriedade Intelectual, também ela uma instituição especializada da Organização das Nações Unidas. No domínio dos transportes, anote-se, em 1980, a criação da Repartição Central dos Transportes Internacionais por Caminho de Ferro. Também esta continua a ser uma das áreas privilegiadas para a intervenção de organizações internacionais, como demonstra actualmente o labor da Organização Intergovernamental para os Transportes Internacionais Ferroviários, da Organização da Aviação Civil Internacional e da Organização Marítima Internacional.

[140] Ressalve-se, à época, o exemplo bem sucedido da Organização Internacional do Trabalho que, apesar de ter como área de intervenção a regulação laboral, era integrada, como pres-

Com o termo da Segunda Guerra Mundial, esta desconfiança relativamente à instituição de organizações internacionais e ao seu funcionamento atenuou-se, muito em virtude do exemplo bem sucedido das Nações Unidas, e este começou a ser percebido como um método normal de regulação de questões internacionais, "velhas e novas".

Estas organizações são agora vistas como um mecanismo complementar, senão mesmo substitutivo, da intervenção dos Estados, sempre que estes reconheçam a insuficiência ou ineficácia de uma sua actuação isolada e considerem que há conveniência ou genuína necessidade na criação ou aprofundamento de sinergias, sobretudo com outros Estados-membros, num enquadramento normativo institucional.

E quanto mais se multiplicam interesses e ameaças que suplantam a capacidade de reacção isolada e eficaz dos Estados ¾ protecção ambiental e promoção da sustentabilidade intergeracional, terrorismo, criminalidade organizada, interdependência económica e financeira internacional ¾, mais terreno ganha o direito internacional institucional[141].

Já Lucas Pires alertava para outras "pulsões constituintes" que não o Estado, antecipando que se o século XX foi o da auto-determinação e da emancipação dos povos e das nações, o século XXI poderia muito bem revelar-se o do reagrupamento em grandes espaços[142]. E é bem verdade que as organizações internacionais cobrem hoje a quase totalidade das esferas de acção internacional, sendo actores incontornáveis ao nível político, cultural, social, militar, ambiental, económico, jurídico ou de regulação técnica de sectores determinados.

Contudo, o relevo destas organizações não é demonstrado apenas pelo acréscimo do seu número, mas também – e sobretudo – pelo relevo que têm desempenhado na estruturação das relações internacionais.

---

suposto de ordem social para a manutenção da paz, na rede institucional traçada pelo Tratado de Versalhes.

[141] Sobre esta evolução, cfr. C.F. Amerashinghe, "International Institutional Law – A Point of View", *International Organizations Law Review*, N.º 5, 2008, pp. 143–150.

[142] Francisco Lucas Pires, *Introdução ao Direito Constitucional Europeu– Seu Sentido, Problemas e Limites,* Coimbra, Almedina, 1997, pp. 7-15. Georges Scelle também apontava a tendência de transformação, na ordem jurídica internacional, de um regime interestatal para um regime supraestatal (cfr. *Théorie du Gouvernement International,* Institut International de Droit Public, Paris, 1934, pp. 37-45).

MULTIPLICIDADE NO DIREITO ADMINISTRATIVO

É que, se é certo que não são sujeitos originários de direito internacional, assumem-se como sujeitos *regulares* de direito internacional com personalidade e capacidade jurídica próprias e cuja *autonomia* organizatória procedimental e funcional relativamente aos Estados – não obstante a ligação genética a estes e a limitação da actuação das organizações internacionais pelo princípio da especialidade ou, noutra perspectiva, das competências por atribuição[143] – os dota de uma particular capacidade de influência[144].

---

[143] A distinção entre estes princípios prende-se com o facto de o princípio da especialidade se referir aos fins/objectivos de actuação dos entre públicos e o princípio das competências por atribuição se referir às possibilidades de intervenção dos respectivos órgãos. A distância entre ambos encurta-se, porém, se se considerar estarem atribuídas todas as competências necessárias para o desenvolvimento dos objectivos assinalados no acto constitutivo da organização internacional. Reconhecendo jurisprudencialmente a limitação resultante do princípio da especialidade, cfr. o Parecer Consultivo do Tribunal Internacional de Justiça refrente à *Licitude da Utilização de Armas Nucleares por um Estado num Conflito Armado*, de 8 de Julho de 1996, no qual considerou que a Organização Mundial de Saúde, ao debruçar-se sobre a licitude do uso de armas nucleares, tendo em consideração os seus efeitos para a saúde pública e não propriamente centrando-se nestes efeitos, estaria a actuar fora do quadro de actividade da organização. Doutrinalmente, cfr. DAPO AKANDE, "The Competence of International Organisations and the Advisory Jurisdiction of the International Court of Justice", *European Journal of International Law*, N.º 9, 1998, pp. 437-467.

As organizações internacionais não dispõem, portanto, de competência genérica, ao contrário dos Estados, detendo apenas as competências e poderes que lhes hajam sido atribuídas, pelo que, sem a revisão prévia dos tratados constitutivos, não pode uma organização internacional estender tais competências e poderes para além do que, expressa ou implicitamente, consta no seu acto institutivo. Sobre o sentido e extensão das competências implícitas nas organizações internacionais, cfr. BERNARD ROUYER-HAMERAY que as liga às seguintes ideia-força: raciocínio com base na inclusão; garantia do efeito útil das competências das organizações internacionais e reconhecimento do seu dinamismo ínsito (cfr. *Les Compétences Implicites des Organisations Internationales*, Paris, Librairie Générale de Droit et de Jurisprudence, 1962, pp. 75-106). Mais recentemente, cfr. VILJAM ENGSTRÖM, *Understanding Powers of International Organizations – A Study of the Doctrines of Attributed Powers, Implied Powers and Constitutionalism – with a Special Focus on the Human Rights Committee*, Abo, Abo Akademi University Press, 2009, em especial pp. 127-212.

[144] Sobre a autonomia das organizações internacionais, cfr. CATHERINE BROLMANN, "A Flat Earth: International Organisations in the System of International Law", *Nordic Journal of International Law*, N.º 70, 2001, pp. 319-340.

EFICÁCIA, RECONHECIMENTO E EXECUÇÃO DE ACTOS ADMINISTRATIVOS ESTRANGEIROS

Mas, apesar de disporem de um poder próprio e de um âmbito funcional considerável[145], que se pode assemelhar ao gozo de uma certa dose de poder político, faltam às organizações internacionais as demais características distintivas dos Estados ou, mesmo, da União Europeia, pelo que é importante aferir os termos e condições em que os actos das organizações internacionais podem ser opostos aos indivíduos ou por eles ser invocados.

Para o efeito, é mister debruçarmo-nos sobre as competências de que gozam as organizações internacionais, para, posteriormente, nos centrarmos nos actos unilaterais por estas praticados e no seu modo de relacionamento com os ordenamentos jurídicos nacionais.

A amplitude competencial das organizações internacionais é, tendencialmente, muito lata, cobrindo um conjunto de aspectos que, ajustados à natureza de cada entidade internacional e aos seus actos institutivos, podem agrupar-se da seguinte forma: i) *competência financeira*, que designam a possibilidade da organização internacional se dotar de recursos, ainda que por via de transferências feitas pelos seus membros, e de os afectar da forma mais adequada à realização das suas atribuições; ii) *competência de representação (ius legationis)*, que designa a capacidade da organização para receber e acolher representantes dos seus membros ou mesmo de outros Estados e de organizações internacionais, naquilo que sói chamar-se de direito de legação passiva[146]; iii) *competência delitual*, já que a personalidade jurídica

---

[145] MICHEL VIRALLY reconhecia já uma amplitude de finalidades às organizações internacionais: da mera cooperação, à harmonização de políticas e competências, à coordenação de políticas e competências, à realização de operações colectivas ou de operações institucionais, que demonstra, ainda hoje o leque de possibilidades para a formação, organização e funcionamento de organizações internacionais e, bem assim, para a diferenciada *intensio* e *extensio* dos seus poderes (cfr. "La Notion de Fonction dans la Théorie de L'Organisation Internationale", *Mélanges Offerts a Charles Rousseau*, Paris, Éditions Pedone, 1974, pp. 277-300). O mesmo autor distingue organizações internacionais com funções normativas e organizações internacionais com funções operacionais, distinção esta que, todavia, é cada vez mais difícil de fazer (MICHEL VIRALLY, "Définition et Classification: Approche Juridique", *Revue Internationale de Sciences Sociales*, Vol. XXIX, N.º 1, 1977, pp. 73-74). Noutro artigo, o autor procede à distinção entre organizações de concertação, de decisão e operacionais, que correspondem a níveis cada vez mais sofisticados de cooperação (MICHEL VIRALLY, 'De la classification des organisations internationales', *Miscellanea W. J. Ganshof van der Meersch – Studia ab disciplulis amicisque in honorem egregii professoris edita*, Vol. I, Bruxelles, Bruylant, 1972, pp. 379-382).

[146] No que diz respeito ao direito de legação activa, por via de representantes permanentes da própria organização internacional, é mais difícil a sua afirmação como uma característica

MULTIPLICIDADE NO DIREITO ADMINISTRATIVO

das organizações internacionais não integra apenas uma plêiade de direitos; uma decorrência lógica daquela traduz-se, paralelamente, na imputação de responsabilidades à organização internacional[147]; iv) *competência judiciária*, na sua vertente activa, de modo a obter reparação por qualquer dano causado por outros sujeitos de direito internacional aos bens da organização ou aos seus representantes, sempre que actuem por conta desta, e, cada vez

típica das organizações internacionais, uma vez que depende do assentimento dos destinatários dessa representação.

[147] A responsabilidade das organizações internacionais tem vindo, paulatinamente, a ser afirmada, contribuindo para o efeito duas ordens de razões, uma de carácter empírico, outra de carácter normativo: a primeira corresponde à necessidade de evitar que a constituição ou actuação de organizações internacionais possa ser manietada de forma a iludir a aplicação do regime de responsabilidade dos Estados por violação do direito internacional, correspondendo a segunda à constatação de que a actuação das organizações internacionais se encontra, ela própria, juridicamente condicionada, devendo respeito a princípios e regras costumeiras de direito internacional público.
As questões mais candentes relacionadas com a responsabilidade das organizações internacionais prendem-se, essencialmente, com a origem convencional destas e com as especiais relações que entretecem com os Estados-membros, podendo haver situações em que haja lugar a concurso de responsabilidades entre estes dois sujeitos de direito internacional e, outras, em que a organização internacional possa ser responsabilizada integralmente por actuações dos seus Estados-membros (nos casos, por exemplo, em que estes actuem em execução de disposições vinculativas emanadas da organização ou em obediência a instruções operacionais resultantes da mesma ou dos seus representantes aos quais estão ligados por vínculos de supervisão e controlo) ou, mesmo, de outras organizações internacionais de que seja parte (sempre que determine uma actuação ilegal destas). Ao invés, poderá haver casos em que sejam os Estados responsabilizados por actuações das organizações internacionais a que pertencem, como sucederá sempre que a ajudem, assistam, ordenem, controlem ou coajam à prática de um acto que, à luz do direito internacional, é ilegal. No entanto, não será suficiente, para firmar a responsabilidade dos Estados, que estes participem na formação da vontade da organização internacional, uma vez que esse é o mecanismo típico de actuação da organização internacional, sendo exigível que detenham o controlo efectivo desta (nestes casos estaremos, essencialmente, perante situações em que os Estados-membros se assumem como órgãos de administração indirecta da organização internacional, como sucede com as operações de manutenção de paz desenvolvidas sob a égide das Nações Unidas). Cfr., sobre esta questão, Eduardo Correia Baptista, "O controlo efectivo sobre organizações internacionais como fundamento da desconsideração da sua personalidade", *Estudos em Homenagem ao Prof. Doutor Joaquim Moreira da Silva Cunha*, Jorge Miranda (ed.), Coimbra, Coimbra Editora, 2005, pp. 275-286, e Pierre Klein, *La Responsabilité des Organisations Internationales – Dans les Ordres Juridiques Internes et en Droit des Gents*, Bruxelles, Editions Bruylant, 1998, pp. 438-493.

mais, na sua vertente passiva, não obstante a imunidade de jurisdição de que gozam as organizações internacionais nos tribunais nacionais[148]; v) *competência operacional ou de gestão*, que se aproxima da função administrativa exercida no âmbito estadual e implica a possibilidade de a organização internacional adoptar actos, designadamente de tipo sancionatório, ou actuar directamente através de operações materiais de modo a, em termos técnicos, organizacionais e humanos, estar apta a desenvolver as suas funções internacionais ou desenvolvê-las de forma eficaz[149]; e vi) *competência normativa ou de*

[148] Há, de facto, situações em que esta ampla imunidade de jurisdição não faz sentido, nem deve ser mantida. As situações mais simples em que tal ocorre referem-se a operações contratuais, empresariais ou financeiras em que uma das contrapartes é uma organização internacional. Também nas situações em que em causa está a responsabilidade da organização por violação do direito internacional, é imperioso reconhecer mecanismos que a possam afirmar e efectivar, como referem EISUKE SUZUKI e SURESH NANWANI, "Responsability of International Organisations: the Accountability Mechanisms of Multilateral Development Banks", *Michigan Journal of International Law*, Vol. 27, 2005, p. 224.

Apesar de o Tribunal Internacional de Justiça ter, de certa forma, distinguido as questões atinentes à imunidade de jurisdição e as relativas à compensação por danos resultantes da actuação das Nações Unidas ou dos seus agentes, actuando nessa qualidade, assentou sempre na necessária assunção de responsabilidades por esta organização internacional (cfr. o Parecer Consultivo sobre a imunidade de jurisdição de um relator especial da Comissão de Direitos Humanos, datado de 1999). O que é um claro indicador no sentido do recurso aos foros judiciais internacionais e, se inexistentes ou inacessíveis, nacionais, para efectivação das pretensões indemnizatórias passíveis de serem apresentadas por Estados, outras organizações internacionais, indivíduos ou empresas, desde que insiram a sua pretensão na violação do campo de aplicação objectivo de uma obrigação internacional por parte de organizações internacionais.

[149] Esta competência abrange um sem número de actuações da organização internacional, desde a possibilidade de celebrar contratos para acesso a serviços básicos, à aquisição de propriedade, à capacidade de auto-organização dos seus serviços e ao desempenho de actividades de execução resultantes dos actos normativos adoptados no seio da organização internacional. Como estas competências operacionais ou de gestão se desenrolam, na ausência de um território próprio das organizações internacionais, usualmente no território de um Estado, é necessário que com ele sejam definidas algumas das condições para o seu exercício, designadamente através de acordos de instalação e de acordos relativos à intervenção operacional daquela organização internacional (intervenção esta que, em princípio, deve ter um âmbito delimitado, como sucede com a possibilidade de a Organização da Aviação Civil Internacional gerir directamente aeroportos, quando os Estados-membros assim o solicitem). Noutros casos, as competências operacionais de uma organização internacional resultam de actos unilaterais imputados às organizações internacionais como sucedeu, inicialmente, com

regulação, isto é, a capacidade para adopção ou aprovação de actos unilaterais ou convencionais.

Tradicionalmente, esta capacidade normativa era consumida pela capacidade contratual (*ius tractuum*) que designava a possibilidade de conclusão de acordos internacionais com Estados terceiros (ou com Estados-membros, ainda que não especificamente nessa qualidade, como sucede com os acordos de instalação ou com os acordos relativos a privilégios e imunidades da organização internacional, dos seus representantes e funcionários) ou com outras organizações internacionais.

No entanto, para além de ser possível a celebração de acordos internacionais com outros sujeitos de direito internacional[150], tem vindo a assumir terreno e relevo a possibilidade de adopção de actuações unilaterais de direito derivado por parte de organizações internacionais, acompanhando o cada vez maior desdobramento ou multiplicação funcional destas[151]. Estes actos

o estabelecimento do Conselho das Nações Unidas para a Namíbia e com a administração de territórios, como o de Kosovo e o de Timor-Leste, ou desenrolam-se como forma de gestão de espaços internacionais, como sucede com a Autoridade Internacional dos Fundos Marinhos.

[150] Pense-se em organizações não governamentais ou em acordos com entidades empresariais ou indivíduos, por exemplo no âmbito de organizações internacionais de cariz financeiro, humanitário ou social.

[151] Na súmula de MARGARET P. KARNS e KAREN A. MINGST essas funções são informativas (pela recolha, análise e disseminação de dados); de *forum* (providenciando um espaço para a troca de vistas e tomada de decisão); normativas (definição de *standards* de comportamento); de criação de regras (pela redacção de acordos vinculativos); de supervisão ou controlo (pela monitorização do cumprimento normativo, pela resolução de diferendos e pela adopção de medidas coercivas), e operacionais (em virtude da alocação de recursos, da assistência técnica ou do envio de forças) (cfr. (*International Organizations – The Politics and Processes of Global Governance,* Boulder Colorado, Lynne Rienner Publishers, 2004, p. 9). Adoptando uma tipologia mais aberta, mas, porventura, mais impressiva, MICHEL VIRALLY diferencia entre o poder de debater, do poder de decidir e do poder de agir das organizações internacionais (cfr. *L'Organisation Mondiale,* Paris, Armand Collin, 1972, p. 157). A possibilidade de exercício de cada um destes poderes e a respectiva graduação ou intensidade permitem, efectivamente e em grande medida, caracterizar a organização internacional que os detém. JAN KLABBERS, por seu turno, não deixa de notar a necessária complementaridade entre a concepção "managerial" ou de acção das organizações internacionais e a concepção de "agora" ou de clube de discussão que as mesmas proporcionam (cfr. "Two concepts of international organisations", *International Organizations Law Review,* Vol. 2, 2005, p. 381-390).

podem ser classificados em função da sua acentuada eficácia jurídica, acompanhada de uma ampliação dos círculo dos seus destinatários[152].

Nesta escala crescente de normatividade, é comum identificar-se, num primeiro momento, as recomendações das organizações internacionais (cfr., designadamente, o artigo 10.º da Carta das Nações Unidas e artigo 69.º da Organização da Aviação Civil Internacional). Por definição, estes actos encerram um convite ou exortação à adopção de um determinado comportamento, comissivo ou omissivo, sem que a sua inobservância possa ser fundamento para a imputação de responsabilidades aos seus destinatários. No entanto, nem todas as recomendações – assim como as declarações e os pareceres – têm apenas esta liminar força normativa. Avance-se o exemplo das recomendações no seio da Organização Internacional do Trabalho que, para além de um genérico dever de tomada em consideração pelos seus destinatários – os Estados-membros –, obrigam ao desencadear de um procedimento formal (ainda que tramitado nos moldes dos direitos nacionais), para aferição da sua (não) adopção (artigo 19.º, n.º 6 da Constituição daquela organização)[153].

Mais recentemente, desdobram-se as situações em que organizações internacionais aprovam propostas normativas ou *standards* internacionais, que, como o próprio nome indica, não têm de ser necessariamente adoptadas pelos seus destinatários, sejam eles entidades públicas ou mesmo entidades privadas. Estes *standards*, apesar de não vinculativos, adquirem um relevo primacial na conformação da conduta dos seus destinatários, pois, correspondendo ao resultado de um labor técnico-jurídico que visa o estabelecimento de regras harmonizadas concretizadoras de exigências mínimas no plano internacional, são assumidos por sujeitos de direito internacional,

---

[152] Para maiores desenvolvimentos sobre estes actos unilaterais, cfr. João Mota de Campos e João Luís Mota de Campos, "Teoria Geral das Organizações Internacionais", *Organizações Internacionais*, João Mota de Campos (coord.), 4.ª ed., Coimbra, Coimbra Editora, 2010, pp. 142-153.

[153] Em geral, para C. F. Amerasinghe estas recomendações têm alguns efeitos jurídicos e podem gerar algumas obrigações, quais sejam a obrigação de tomada em consideração; uma obrigação de cooperação; a obrigação de cumprimento (designadamente para os órgãos subsidiários da própria organização); uma obrigação de providenciar assistência, ou, mesmo, representar uma autorização para agir, auxiliar no estabelecimento de uma base legal ou auxiliar na formação do direito, designadamente costumeiro (cfr. *Principles of the Institutional Law of International Organizations*, 2.ª ed., Cambridge University Press, 2005, p. 177-186).

MULTIPLICIDADE NO DIREITO ADMINISTRATIVO

em regra organizações internacionais, como correspondendo a parâmetros mínimos na condução da sua própria actividade com terceiros. De tal forma que estes terceiros, em regra empresas, para poderem encetar relações com estas organizações internacionais ou beneficiar de regimes jurídicos por estas editados devem cumprir uma condição ou ónus: o de observância dos *standards* internacionais aplicáveis àquela área[154].

A par destes actos de difícil categorização, o progressivo desenvolvimento e a necessidade de aprofundamento da actuação das organizações

---

[154] Podemos assinalar o papel do *Codex Alimentarius* produzido por uma Comissão resultado de uma parceria entre a Organização Mundial de Saúde e a Organização das Nações Unidas para Agricultura e Alimentação, que assume uma importância particular por o acordo sobre a aplicação de medidas sanitárias e fitosanitárias (SPS) da Organização Mundial de Saúde e o acordo sobre as barreiras técnicas ao comércio (TBT) da Organização Mundial de Comércio fazerem depender a sua eficácia do respeito por standards internacionais, remetendo directa ou implicitamente para o disposto no Codex. Já para não referir a adesão que o direito comunitário tem dispensado a este *Codex*, seja legislativa, seja jurisprudencialmente. Cfr. RAVI AFONSO PEREIRA, "Why Would International Administrative Activity Be Any Less Legitimate? – A Study of the Codex Alimentarius Commission", *German Law Journal*, Vol. 9, n.º 11, 2008, disponível em www.germanlawjournal.com, acesso em 15 de Julho de 2015, pp. 1693-1718.

Os próprios modelos contratuais e acordos celebrados com o Fundo Monetário Internacional e o Banco Mundial, têm, no entender de JEAN-MARC SOREL inegável força normativa, pois, apesar da *souplesse* da norma, o Estado não deixa de ser constrangido a acatá-los, ainda que de forma indolor e incitada, aliás, como recentemente se percebeu com o relevo deferido aos memorandos de entendimento (cfr. "La Puissance Normative des Mesures de Suivi au Sein du FMI et de La Banque Mondiale", *L'Effectivité des Organisations Internationales – Mechanismes de Suivi et de Contrôle*, H. Ruiz Fabri et alii (dir.), Paris, Ant. N. Sakkoulas/ A. Pedone, 2000, pp. 197-212).

Acrescente-se a Declaração de 1998 da Organização Internacional do Trabalho sobre direitos fundamentais e princípios no local de trabalho, que se encontra corporizada em oito convenções, e é alvo de referência na Política de Sustentabilidade Social e Ambiental (Standard 2 sobre condições de Trabado), aprovada em 30 de Abril de 2006 pela Corporação Financeira Internacional do Grupo Banco Mundial, e que tem vindo crescentemente a funcionar como pressuposto para a concessão de financiamentos por esta organização internacional, de acordo com o princípio da condicionalidade (cfr. ERIKA DE WET, "Governance through Promotion and Persuasion: The 1998 ILO Declaration on Fundamental Principles and Rights at Work", *German Law Journal*, Vol. 9, n.º 11, 2008, disponível em https://www.germanlawjournal.com, acesso em 1 de Julho de 2015, pp. 1431-1451).

Para uma análise sistemática destes e de outros exemplos, cfr. JOSÉ E. ALVARES, *International Organisations as Law-Makers*, Oxford, Oxford University Press, 2005, em especial pp. 217 a 256.

EFICÁCIA, RECONHECIMENTO E EXECUÇÃO DE ACTOS ADMINISTRATIVOS ESTRANGEIROS

internacionais perante novas exigências e realidades no plano internacional têm motivado o recurso dominante a actos unilaterais ou *decisões que visam ou tendem para a produção de efeitos jurídicos externos*, alterando a situação jurídica preexistente, precisamente por estes responderem de forma mais célere e eficaz às necessidades e interesses carecidos de regulamentação[155].

Inicialmente, os actos unilaterais das organizações internacionais eram reconduzidos a formas especiais de acordos, que eram negociados no seio da mesma e imputados aos Estados nela participantes[156], mas, de acordo com FORTEAU, desde 1945, que a alteração das regras de votação nas organizações internacionais, permitiu destacar os actos unilaterais de tais vias negociais de intervenção[157].

Por isso, a possibilidade de adoptar actos unilaterais com efeitos *vinculativos* não deve, em geral, ser recusada, posto que essa faculdade tenha sido reconhecida nos tratados constitutivos, seja necessária para atingir os objectivos que nestes tenham sido fixadas às organizações internacionais[158],

---

[155] Sobre esta questão, cfr. EDWARD KWARKWA, "Some coments on rulemaking at the World Intelectual Property Organisation", *Duke Journal of Comparative and International Law*, Vol. 12, 2002, pp. 179-195.

[156] DIONISIO ANZILOTTI, *Corso di Diritto Internazionale*, Vol. I, Roma, Atheneum, 1928, em especial pp. 268-279.

[157] MATHIAS FORTEAU, "Organisations Internationales et Sources du Droit", *Traité de Droit des Organisations Internationales*, Evelyne Lagrange, Jean-Marc Sorel (dir.), Paris, L.G.D.J., 2013, pp. 261- 262.

[158] Assim resulta do parecer do Tribunal Internacional de Justiça de 1971 sobre a Namíbia, segundo o qual seria erróneo considerar que, pelo facto de a Assembleia Geral da Organização das Nações Unidas poder adoptar recomendações à luz do disposto na Carta, lhe estaria vedado, no âmbito das suas competências, adoptar resoluções com carácter decisório (sendo precisamente a propósito das resoluções do Conselho de Segurança das Nações Unidas que mais se tem discutido o exercício de poderes normativos e decisórios no plano internacional). PATRICK DAILLIER e ALAIN PELLET consideram, no entanto, que as competências decisórias relativamente a terceiros são excepcionais devendo ser limitadas às situações em que estes aceitem o seu exercício ou quando estabeleçam situações "objectivas" oponíveis a todos (cfr. *Droit International Public*, 7.ª ed, Paris, L.G.D.J., 2002, pp. 372-374). Na mesma linha, ERIC SUY assinala que estes actos são muito distintos dos actos unilaterais típicos do direito internacional público, observando-se um *desdobramento de efeitos:* o de uma ordem para o seu destinatário e o de um acto de preservação de direitos da organização internacional (cfr. *Les Actes Juridiques Unilatéraux en Droit International Public*, Paris, Librairie Générale de Droit et de Jurisprudence, 1962, p. 29).

ou tenha sido ainda objecto de um arranjo convencional específico, como sucede com os acordos de tutela[159].

Alguns destes actos são mesmo necessários ao funcionamento e desenvolvimento da actividade da organização internacional. É o que sucede com os actos que se dirigem individualmente aos futuros ou actuais membros da organização internacional, como acontece com decisões relativas ao estatuto destes por relação à organização internacional [seja relativamente à sua admissão – artigo 4.º, n.º 2 da Carta das Nações Unidas; seja relativamente à suspensão ou revogação de alguns dos seus direitos, seja, por vezes, relativamente à sua expulsão daquela organização – artigo 8.º do Estatuto do Conselho da Europa].

Mas também podem dirigir-se a outros sujeitos de direito internacional, no que se refere, por exemplo, à decisão sobre a concessão ou retirada do estatuto de associados ou de observadores, à decisão de imposição de sanções económicas ou ao recurso a operações de manutenção de paz, surgindo, neste caso, a organização internacional como *"autoridade pública internacional"* (artigo 25.º da Carta das Nações Unidas e Capítulo VII do mesmo Tratado).

No que se refere a actos unilaterais da organização internacional que se dirijam, com efeitos directos e vinculativos, a privados, os exemplos são hoje vários[160] – de actos que atribuem benefícios ou reconhecem direitos, a actos que impõem medidas restritivas a pessoas e bens: pensemos, para já, na aprovação da lista de suspeitos de terrorismo e respectiva aplicação de sanções financeiras determinadas pelo Comité de Sanções do Conselho de Segurança contra as pessoas associadas à Al-Qaeda e aos Taliban.

A este e outros exemplos voltaremos *infra*; no entanto, é de assinalar já que, para que estes efeitos externos se produzam, é necessária, de alguma

---

[159] Cfr. HENRY G. SCHERMERS, NIELS M. BLOKKER, *International Institutional Law*, 5.ª ed., Leiden, Martinus Nijhoff Publishers, 2011, p. 825. Para mais desenvolvimentos sobre os acordos de tutela, que podem conduzir a um sistema de tutela, de condomínio ou de administração do território pelas Nações Unidas, cfr. GIUSEPPE VEDOVATO, "Les Accords de Tutelle", *Recueil des Cours*, Tomo 56, 1950-I, Paris, Recueil Sirey, 1951, pp. 613-694, em especial pp. 647-652.

[160] São-o, porém, em áreas delimitadas, eventualmente dada a relação atribulada entre as organizações internacionais e os Estados que as criaram, designada como o dilema de *Frankenstein* (a perda de controlo relativamente ao "monstro" criado, que pode voltar-se contra quem o criou), o que justifica que a criação de organizações com poderes vinculativos, se atenha a domínios limitados (cfr. ANDREW GUZMAN, "International Organizations and the Frankenstein Problem", *The European Journal of International Law*, Vol. 24, N.º 4, 2013, pp. 999-1035).

forma, a colaboração dos Estados-membros. Efectivamente, a plena eficácia das Resoluções do Conselho de Segurança que estipulam sanções relativamente às pessoas singulares e colectivas depende não apenas da inclusão na listagem de certos indivíduos, mas também da aplicação ou execução de sanções naquela previstas, designadamente o arresto de bens. Nestas situações, apesar de a decisão parecer produzir os seus efeitos a partir da aprovação, a sua plena aplicação ocorrerá apenas após alguma "concretização" estatal. De facto, como a listagem e respectiva configuração legal vincula os Estados-membros nos termos previstos nos artigos 25.º, 48.º e 103.º da Carta das Nações Unidas, devem estes, internamente ou através da mediação de organizações internacionais de que façam parte (como a União Europeia), lançar mão de todos os mecanismos para execução de tais sanções, criando, assim, uma cadeia normativa entre a Organização das Nações Unidas, organizações regionais e Estados, até que se chegue ao nível da imposição individual da sanção[161].

Podemos perceber, destas características, que há actos de organizações internacionais que – dadas as suas características e a forma de integração dos seus actos nos Estados que nelas participam – produzem efeitos *directamente* relativamente aos seus destinatários, ficando estes vinculados em virtude da emissão do acto da organização internacional.

Merece, portanto, esclarecimento suplementar o modo como estes actos logram eficácia última nos ordenamentos jurídicos dos Estados-membros, isto porque, apesar de ser crescente o papel do direito próprio das organizações internacionais, em especial se resultante da adopção de actos unilaterais, este nunca foi nem continua a ser totalmente independente relativamente ao direito estadual. De facto, não deixam de estar em causa *actos administrativos estrangeiros*, provenientes de entidades distintas do Estado, e relativamente aos quais os Estados – ou outras entidades com competências nesta matéria – devem conservar algumas competências de controlo.

---

[161] Sobre este ponto, cfr. IMELDA TAPPEINER, "Multilevel Fight against Terrorism", *Multilevel Governance in Enforcement and Adjudication*, Aukje van Hoeck, Ton Hol, Oswald Jansen, Peter Rijpkema, Rob Widdershoven (eds.), Antwerpen, Intersentia, 2006, pp. 93-127; e MARTIN NETTESHEIM que é de opinião que este modelo de intervenção implica a transição de um modelo de encerramento das organizações internacionais para um modelo de estruturação em rede (cfr. "U.N. Sanctions Against Individuals – A Challenge to the Architecture of European Union Governance", *Common Market Law Review*, Vol. 44, 2007, pp. 567-600).

MULTIPLICIDADE NO DIREITO ADMINISTRATIVO

Esta intervenção das entidades estaduais é particularmente relevante na medida em que à edição de actos administrativos directamente aplicáveis por parte de organizações internacionais não corresponde, ainda, um suficiente nível internacional de garantia dos direitos por elas afectados. Verifica-se, assim, uma *décalage* entre a emissão do acto administrativo (ao nível internacional) e o controlo deste, que nem sempre se conseguirá assegurar, ou assegurar adequadamente, ao nível internacional, impondo uma intervenção por vezes *correctiva* dos Estados.

É, por isso, essencial levantar as incertezas que se colocam quanto à actuação das organizações internacionais, em particular quanto aos canais procedimentais existentes, à tipologia de actos que podem aprovar e amplitude dos respectivos efeitos jurídicos[162], à sua vinculação ao respeito por princípios e direitos humanos fundamentais[163], bem como aos mecanismos de controlo disponíveis[164].

Outro ponto que gostaríamos de salientar prende-se com a ausência, ao nível das organizações internacionais, de um nível horizontal similar ao que se detectou *supra* no âmbito da União Europeia. A evolução trilhada pelo direito internacional tem vindo a promover a criação de organizações que se encontram mais acesamente fundadas sobre o pilar da integração; no entanto, a obtenção de um liame tal entre Estados-membros que crie relações de cooperação estreitas e obrigações de reconhecimento mútuo de alguma amplitude parece ainda remota no plano internacional.

---

[162] Como defende JOST PAWLEIN, *Conflict of Norms in Public International Law – How WTO Law Relates to other Rules of International Law*, New York, Cambridge University Press, 2003, p. 89.

[163] MARTIN FAIX pronuncia-se no sentido desta vinculação, tendo como limites a especialidade de competências das organizações internacionais. Admite, porém, que os actos unilaterais por elas adoptados criem vinculações ao respeito pelos direitos fundamentais (cfr. "Are International Organisations Bound by International Human Rights Obligations?", *Czech Yearbook of International Law*, Vol. 5, 2014, p. 289).

[164] Se concordamos com JØRN VESTERGAARD que a evolução do direito internacional mostra que gradualmente este se está a impor ao direito nacional e transnacional, de forma muito similar à influência que o direito da União Europeia produz nos direitos nacionais, não podemos deixar de assinalar as diferenças entre estes dois elementos de comparação, sobretudo tendo em conta as diferentes estruturas de controlo de que cada um se serve, questão esta a que mais à frente voltaremos (cfr. "European Kadi Law – on Terror Finance, Asset Freezing and Human Rights", *Europe – The New Legal Realism*, Henning Koch, Karsten Hagel-Sørensen, Ulrich Haltern & Joseph H. H. Weiler (eds.), Århus, Djøf Publishing, 2010, p. 812).

Pense-se no caso da *Organização Mundial do Comércio*, que, ainda que vise "favorecer" o reconhecimento mútuo[165], deixa uma grande margem de actuação aos Estados-membros na adopção de medidas individuais para protecção dos interesses nacionais e não produz, para além do que resulta do princípio do tratamento nacional, condições de equivalência que viabilizem suficientemente aquele reconhecimento.

Há quem considere, no entanto, que tem havido lugar a uma aproximação entre os regimes da União Europeia e da Organização Mundial de Comércio, dada a similitude de questões a que tem de se dar resposta, sobretudo no campo ambiental, predizendo WEILER que o reconhecimento mútuo e a equivalência funcional encontrarão o seu caminho na jurisprudência relativa ao acordo geral sobre tarifas aduaneiras e comércio, enquanto enquadramento conceitual de regimes de liberdade de circulação[166].

---

[165] GIANDOMENICO FALCON, "Internationalization of Administrative Law: Actors, Fields and Techniques of Internationalization – Impact of International Law on National administrative Law", *Revue Européenne de Droit Public*, Vol. 18, 2006, p. 228.

[166] JOSEPH H. H. WEILER, "Mutual Recognition, Functional Equivalence and Harmonization in the Evolution of the European Common Market and the WTO", *The Principle of Mutual Recognition in the European Integration Process*, Fiorella Kostoris Padoa Schioppa (ed.), Palgrave Macmillan, Hampshire, 2005, pp. 57-58. Noutra sede, JOSEPH H. H. WEILER ao ancorar o mútuo reconhecimento no princípio da proporcionalidade considera que é inevitável a sua extensão àquele acordo, dada a cláusula de necessidade neste presente (cfr. "The Constitution of the Common Market Place: Text and Context in the Evolution of the Free Movement of Goods", *Evolution of EU Law*, Craig, Paul/Búrca, Gráinne de, Oxford, Oxford University Press, 1999, p. 367).

Também KALYPSO NICOLAÏDIS admite que na Organização Mundial do Comércio possa vir a dar-se um reconhecimento aberto através de multilateralização pró-activa, criando mecanismos para a negociação de *"open mutual recognition agreements"* (cfr. "Globalization with Human Faces: Managed Mutual Recognition and the Free Movement of Professionals", *The Principle of Mutual Recognition in the European Integration Process*, Fiorella Kostoris Padoa Schioppa (ed.), Palgrave Macmillan, Hampshire, 2005, pp. 131-132).

De forma menos generosa quanto a esta possibilidade, JOEL P. TRACHTMAN defende que a extensão do mútuo reconhecimento à Organização Mundial de Comércio depende de duas condições – nenhuma delas, na nossa leitura, de fácil consecução –, o estabelecimento de um nível essencial de harmonização e a garantia de que o reconhecimento mútuo não coloca os países mais pobres em desvantagem no comércio internacional (cfr. "Embedding mutual recognition at the WTO", *Journal of European Public Policy*, Vol. 14, N.º 5, August, 2007, pp. 780–799).

MULTIPLICIDADE NO DIREITO ADMINISTRATIVO

No entanto, esta extensão ainda não ocorreu[167], admitindo-se, entretanto, que sejam adoptados acordos específicos de reconhecimento mútuo (usualmente com âmbito bilateral ou regional), sob o chapéu de chuva da Organização Mundial do Comércio.

Também no âmbito de organizações internacionais regionais[168], apesar de os caminhos do reconhecimento serem mais simples, dado o menor número de entidades participantes, trilhá-los continua a ser um desafio. Tomando o exemplo do *Mercosul*, as situações de reconhecimento mútuo são ainda limitadas e, de certa forma, *experimentais*.

Tanto ajuda a comprovar que o estatuto do Mercosul não é o de uma organização supranacional, o que se reflecte desde logo nos métodos de interpre-

---

[167] Marcus Klamert, *Services Liberalization in the EU and the WTO – Concepts, Standards and Regulatory Approaches,* Cambridge, Cambridge University Press, 2015, p. 260; e Der-Chin Horng, "The Principle of Mutual Recognition – The European Union'e Practice and Development", *World Competition*, Vol. 22, N.º 2, 1999, pp. 145-148; Alfred Schüller, ""Globalisierung" – Anmerkungem zu einigen Wirkungen, Konflikten und Ordnungsfragen", in *Recht, Ordnung und Wettbewerb – Festschrift zum 70. Geburtstag von Wernhard Möschel,* Stefan Bechtold/ Joachim Jickeli/ Mathias Rohe (Hrsg.), Nomos, Baden-Baden, 2011, p. 821.
Distinguindo estruturalmente o princípio do tratamento nacional (não discriminação) enquanto reino do Estado de destino do princípio do mútuo de reconhecimento enquanto arena do Estado de origem, cfr. Susanne K. Schmidt, "Mutual recognition as a new mode of governance", *Journal of European Public Policy,* Vol. 14, N.º 5, August, 2007, p. 674.

[168] Excluímos o exemplo do Benelux que é particularmente ilustrativo da contínua evolução e aprofundamento de atribuições nas organizações regionais de integração. Surgida em 1960, através do Tratado da União Económica Benelux, esta organização internacional era já então dotada de uma assinalável plêiade de atribuições; passados os 50 anos inicialmente estabelecidos para a sua duração, o novo Tratado do Benelux, de 17 de Junho de 2008, assume como vectores essenciais o reforço da integração política entre os Estados-membros, agora num período temporal indeterminado, o que impressivamente é assumido pela alteração da designação desta organização para União Benelux.
Veja-se, pela positiva, o caso da Comunidade Leste Africana que, em 2009, adoptou um Protocolo para um Mercado Comum e que, no seu artigo 11.º, n.º 1, alínea a), prevê o mútuo reconhecimento de qualificações académicas e profissionais (sobre este, cfr. J. B. Cronjé, "Mutual Recognition of Profesional Qualifications: The East African Community", *Trade Briefs,* Stellenbosh, Tralac, 2015, disponível em https://www.tralac.org/publications/article/7223-mutual-recognition-of-professional-qualifications-the-east-african-community.html, acesso em 10 de Junho de 2017, pp. 1-18).

tação e concretização do direito[169], mas também nos instrumentos utilizados para gestão da relação entre os Estados-membros, não sendo possível transpor sem mais, para esta sede, a rede normativa definida no âmbito da União[170].

---

[169] BENJAMIN HERZOG, *Anwendung und Auslegung von Recht in Portugal und Brasilien*, Tübingen, Mohr Siebeck, 2014, p. 746.

[170] O Mercosul, não obstante a similitude de finalidade relativamente à União Europeia (art 1.º do Acordo de Assunção), é um sistema que adoptou uma forma de concretização diferente do da União, de cariz mais intergovernamental, e continua hoje a ser uma zona de comércio livre imperfeita, não se tendo consolidado uma União Aduaneira, ainda que tenha havido desenvolvimentos em matéria de livre circulação de mercadorias (AUGUSTO JAEGER JUNIOR, "Liberdade Individual e liberdades Econômicas Fundamentais no Mercosul", *Direito Privado, Constituição e Fronteiras – Encontros da Associação Luso-Alemã de Juristas no Brasil*, Stefan Grundmann, Gilmar Mendes, 2.ª ed., Claudia Lima Marques, Christian Baldus, Manuel Malheiros (org.), São Paulo, Editora Revista dos Tribunais Ltda., 2013, pp. 441-480).

Mesmo no âmbito da liberdade de estabelecimento, ainda que se anote que o reconhecimento de pessoas colectivas não levanta problemas, esse resultado é mais devido ao facto de os quatro países serem partes na Convenção Interamericana de 1979, do que à evolução directa de integração no Mercosul (indo neste sentido, RAFAEL MARIANO MANÓVIL, "Das Unternehmensrecht im Mercosur", *Wirtschaftsrecht des Mercosur – Horizont 2000 – Tagung in der Max-Planck-Institut für ausländisches und internationales Privatrecht am 21–22. Januar 2000*, Vol. 4, Baden-Baden, Nomos Verlagsgesellschaft, 2001, pp. 151-152).

Sumariamente, as principais diferenças entre a União Europeia e o Mercosul prendem-se com os respectivos domínios de intervenção, o relevo da problemática dos direitos fundamentais e a fragilidade da instância jurídica (cfr. RUI MANUEL GENS DE MOURA RAMOS, "A União Europeia e o Mercosul. Perspectivas Institucionais", *Das Comunidades À União Europeia – Estudos de Direito Comunitário*, 2.ª ed., Coimbra, Coimbra Editora, 1999, pp. 361-371; do mesmo autor, "Sistemas de Solução de controvérsias nas Organizações Internacionais: A Via Judicial", *Das Comunidades À União Europeia – Estudos de Direito Comunitário*, 2.ª ed., Coimbra, Coimbra Editora, 1999, pp. 389-397).

Estes níveis distintos de institucionalização que se verificam na União e no Mercosul, não são cabalmente compensados por uma ideia, ainda incipiente e nem sempre trazendo consigo a capacidade e vontade política necessária, de interregionalismo (sobre os limites à função do interregionalismo na construção de espaços normativos regionais, cfr. MAHRUKH DOCTOR, "Interregionalism's impact on Regional Integration in Developing Countries: the Case of Mercosur", *Journal of European Public Policy*, Vol. 22, N.º 7, 2015, pp. 967-984). Isto porque, sem um sistema claro de competências e uma estrutura normativa vinculativa, o diálogo e a cooperação interregional não encontram um campo fértil para disseminar os seus exemplos (cfr. THOMAS J. FERHRMANN, *Die Effectivität interregionaler Kooperation – Eine vergleichende Untersuchung der interregionalen Handlungsfähigkeit von Regionalorganisationem am Beispiel von ASEAN, EU und MERCOSUR*, Baden-Baden, Nomos, 2014, p. 295).

Em qualquer caso, existem outros espaços em que têm vindo a ser celebrados acordos de mútuo reconhecimento, e, ainda que alguns o sejam de forma isolada, a maioria deles encontram-se incluídos em acordos de comércio regionais[171].

4. Novos sujeitos no âmbito internacional

A par dos acima considerados, há toda uma nova constelação de sujeitos, cujas distintas características, formas de acção e crescente relevo no cenário internacional permitem considerar ultrapassada uma noção estrita de personalidade jurídica internacional, que apenas se compreendia por referência (ou por oposição) ao Estado[172].

Dentro destes, as organizações não governamentais, apesar de terem um âmbito de intervenção internacional, constituem-se por actos jurídicos de direito interno, isto é, regem-se pela legislação do Estado-membro à luz do qual se formam[173]. No entanto, apesar de não encontrarem uma regulamen-

---

[171] A. CORREIA DE BRITO, C. KAUFFMANN e J. PELKMANS identificam mais de 130 acordos de mútuo reconhecimento no mundo, 33 isolados e 99 incorporados naqueles acordos regionais (cfr. "The contribution of mutual recognition to international regulatory co-operation", *OECD Regulatory Policy Working Papers*, N.º 2, OECD Publishing, Paris, 2016, disponível em http://dx.doi.org/10.1787/5jm56fqsfxmx-en, acesso em 10 de Junho de 2017, p. 10).

[172] Assinalámos já que esta foi, durante muito tempo, a concepção prevalecente, mesmo com o despontar das organizações internacionais, como o demonstra o Parecer Consultivo sobre os prejuízos sofridos ao serviço das Nações Unidas, de 1949. Cfr., sobre a interpretação deste Parecer, PIERRE-MARIE DUPUY, "Retour sur la théorie des sujets du droit international", *Studi di diritto internazionale in onore di Gaetano Arangio-Ruiz*, Vol. I, Editoriale Scientifica, 2004, p. 79. Autor este que, noutra sede, procede à distinção entre sujeitos de direito internacional e actores de direito internacional, reservando esta qualificação indeterminada para os agentes que, como as organizações não governamentais, não intervêm de pleno direito na cena internacional (cfr. PIERRE-MARIE DUPUY, "Sur les rapports entre sujets et "acteurs" en droit international contemporain", *Man's Inhumanity to Man – Essays on International Law in Honour of António Cassese*, L.C. Vohrah et al. (ed.), The Hague, Kluwer Law International, 2003, pp. 261-278). Pensamos poder considerar-se hoje ultrapassada a concepção deste autor, reconhecendo-se uma subjectividade, ainda que limitada ou funcional, a outros agentes de direito internacional, que não os Estados e as organizações internacionais.

[173] Trata-se, em suma, de organizações de natureza privada, não governamental, com fim não lucrativo e dotadas de uma certa permanência (por vezes correspondendo a federações de organizações nacionais congéneres ou, mesmo, de indivíduos).

EFICÁCIA, RECONHECIMENTO E EXECUÇÃO DE ACTOS ADMINISTRATIVOS ESTRANGEIROS

tação global ao nível internacional[174], as organizações não governamentais actuam de forma muito próxima com Estados e organizações internacionais, entabulando tarefas operacionais ou de assistência ou sendo chamadas a participar ou por via de pressão institucional no exercício de actividade de daquelas entidades designadamente na redacção de propostas de convenções internacionais ou outros actos normativos[175].

Acompanhando as limitações existentes de acesso ao juiz no âmbito internacional, às organizações não governamentais não tem sido reconhecido amplo acesso a instâncias jurisdicionais ou para-jurisdicionais[176]. Em compensação, a sua participação em alguns foros internacionais tem sido

[174] Como são criadas no quadro das legislações nacionais, não existindo uma convenção universal que lhes reconheça genericamente personalidade e capacidade jurídica, as condições de constituição e de actuação das organizações não governamentais variam de país para país e de organização internacional para organização internacional. A Convenção Europeia para o Reconhecimento da Personalidade Jurídica das Organizações Internacionais não Governamentais, adoptado pelo Conselho da Europa, em 1986, tentou facilitar as condições de actuação internacional destas entidades, ao prever o reconhecimento de pleno direito das organizações não governamentais, nos termos previstos na lei da sua sede estatutária. Esta Convenção, porém, se pioneira, encontra um âmbito de aplicação limitado, tanto em termos territoriais (apenas abrange os membros do Conselho da Europa que adiram à Convenção), como subjectivos (apenas vincula aqueles Estados e não organizações internacionais).

[175] Sobre as relações entre organizações não governamentais, organizações internacionais e Estados, cfr. YVES BEIGBEDER, *Le Rôle International des Organisations Non Gouvernementales*, Bruxelles, Bruylant, 1992, pp. 24-53.

[176] A não ser, por exemplo, com o estatuto de *amicus curiae*, como sucede no âmbito do Tribunal Europeu dos Direitos do Homem. Cfr., DINAH SHELTON, The Participation of Nongovernmental Organizations in International Judicial Proceedings", *American Journal of International Law*, Vol. 88, 1994, pp. 611-642. Não obstante, no caso *rainbow warrior* um Tribunal Arbitral condenou a República Francesa ao pagamento de uma indemnização à Greenpeace, o que atesta, em certa medida, a capacidade judiciária desta, pelo menos para a defesa de interesses próprios, cfr. PETER MALANKZUC, *Akehurst's Modern introduction to International Law*, 7.ª ed., London, Routledge, 1997, p. 98.

Sobre a interligação entre a posição das organizações não governamentais e dos indivíduos como intervindo aqueles em processos de comunicação individual perante comissões internacionais, diante da ONU, cfr. KATARZYNA SĘKOWSKA-KOZLOWSKA, "The role of Non-governmental Organisations in Individual Communication Procedures before the Un Human Rigts Treaty", *Czech Yearbook of International Law – The Role of Governmental and Non-governmental Organizations in the 21st Century, Vol. V*, 2014, pp. 367-385.

MULTIPLICIDADE NO DIREITO ADMINISTRATIVO

institucionalizada, de modo a promover o seu papel representativo da socie-dade civil ou de interesses específicos desta[177].

As organizações não governamentais têm, portanto, desempenhado um papel importante no processo legiferante internacional, tanto na fase da imaginação (promovendo reflexão e participação pública), como na fase da definição de *standards* e da sua implementação[178].

A participação de entidades privadas no âmbito internacional é, de facto, um fenómeno cada vez mais generalizado, tornando mais permeável esta área a considerações, interesses e direitos que tradicionalmente estavam dele arredados.

É, por isso, cada vez mais usual a regulação privada no plano internacio-nal, inclusive em matéria administrativa, como sucede com a ICANN, *Cor-poração da Internet para Atribuição de Nomes e Números*, que, apesar de ser uma empresa privada norte-americana, é responsável desde a sua constituição,

---

[177] No âmbito do Conselho da Europa, individualizou-se um Conselho das Organizações Não Governamentais e uma Comissão de Ligação, que assegura uma concatenação permanente e institucional das organizações não governamentais com os órgãos pertinentes da organização internacional. Cfr. as razões da evolução de um estatuto consultivo para um estatuto partici-pativo das organizações não governamentais, presentes na Resolução 2003(8) do Conselho de Ministros de 19 de Novembro de 2003. Mais recentemente, também nas organizações internacionais de cariz técnico tem vindo a ser formalmente reconhecido um estatuto bas-tante amplo às organizações não governamentais, como sucede com as regras de procedi-mento da Comissão *Codex Alimentarius*.

[178] DAVORIN LAPAŠ, ROBERT MRLJIĆ, "International Non-governmental Organizations (INGO's) as Participants in the International Lawmaking Process: Examples in Environ-mental and Space Law", *Czech Yearbook of International Law – The Role of Governmental and Non-governmental Organizations in the 21st Century, Vol. V, 2014*, pp. 252-256. EBERHARD SCH-MIDT-ASSMAN refere-se, como súmula, à formação de estruturas regulatórias internacionais complexas que cumprem funções de resolução de disputas, que formem estruturas legisla-tivas ou que funcionem como estruturas de implementação ou de supervisão (cfr. "Interna-tionalisation of Administrative Law: Actors, Fields and Techniques of Internationalisarion – Impact of International law on National Administrative Law", *Revue Européenne de Droit Public*, Vol. 18, N.º 1, 2006, pp. 261-264).

No sentido da consolidação da participação destas organizações no plano internacional, cfr. RAYMOND RANJEVA, "Les Organisations non Gouvernementales et la Mise en Oeuvre du Droit International ", *Recueil des Cours*, Tomo 270, 1997, The Hague, Martinus Nijhoff Pub-lishers, 1997, pp. 19-105.

em 1998, pela gestão dos aspectos técnico-administrativos relacionados com os nomes dos domínios na internet[179].

Do mesmo modo, é exemplar a *Organização Internacional para a Normalização* (ISO), que congrega as entidades nacionais mais relevantes no domínio da estandardização e tem desempenhado um papel dianteiro na uniformização de prescrições técnicas com relevância internacional. Aliás, é no domínio da certificação e da acreditação que se têm registado grandes evoluções com repercussões no âmbito administrativo, uma vez que a proliferação de entidades de certificação ao nível global, regional, transnacional e nacional tem promovido uma reconceptualização das formas tradicionais de actua-

---

[179] No domínio da internet e tecnologias de informação, estes fenómenos de regulação privada sucedem-se. Veja-se o exemplo do *World Wide Web Consortium* (http.//www.w3.org). Para uma análise destes exemplos de "governação sem governo", em especial da ICANN, escudados numa pretensa legitimidade autónoma, mas que, afinal, vão buscar a sua legitimação num espaço global a um poder local (o Governo Norte-Americano), cfr. PEDRO GONÇALVES, *Entidades Privadas com Poderes Públicos,* Coimbra, Almedina, 2005, pp. 103-117. Discutindo, por isso, um modelo em que a actuação da ICANN seja rodeada de uma mais ampla legitimidade, seja pela introdução da dimensão governamental, através da celebração de convenções multilaterais, seja pela integração no seu funcionamento de princípios de direito administrativo global, cfr. BRUNO CAROTTI E LORENZO CASINI, "A Hybrid Public-Private Regime: The Internet Corporation for Assigned Names and Numbers (ICANN) and the Governance of the Internet", *Global Administrative Law, Cases Materials and Issues,* Sabino Cassese, Bruno Carotti, Lorenzo Casini, Marco Macchia, Euan MacDonald, Mario Savino (eds.), 2.ª ed., 2008, disponível em http://www.iilj.org/gal/documents/GALCasebook2008.pdf, acesso em 4 de Agosto de 2015, pp. 29-37.
Tomando o exemplo da água, veja-se o *Gabinete Internacional da Água* [L'Office International de l'Eau (OIEAU)], associação regida pelo direito francês, sem fins lucrativos e que visa a prossecução de finalidades de interesse geral, designadamente no âmbito da cooperação internacional.
No campo dos transportes, indique-se a Associação Internacional do Transporte Público, que integra associações, entes públicos e operadores tendo em vista o desenvolvimento universal da mobilidade através do transporte público, e a *Associação do Transporte Aéreo Internacional* (IATA) que conta como membros com as transportadoras aéreas, apesar de associar também à sua actuação aeroportos, fornecedores e agências de viagens, e que tem promovido uma muito eficaz auto-regulação nesta matéria.
Um outro exemplo, tradicional, de auto-regulação internacional de sucesso é corporizado na *Câmara de Comércio Internacional,* criada em 1919, que conta como membros com várias empresas internacionais de monta, e que promove a uniformização do direito internacional comercial sobretudo através da aprovação de INCOTERMS, e a resolução de litígios por intermédio da regulação e disponibilização de métodos alternativos e arbitrais de resolução daqueles.

ção administrativa e criado redes de cooperação em matéria de acreditação e certificação, vistas por alguns como manifestações do desenvolvimento de uma *Administração Internacional* – já não apenas europeia – *Integrada (internationale Verwaltungsverbund)*, ou, mesmo, do desenvolvimento de um *Federalismo Transnacional*[180].

Não é, porém, necessário, que revistam uma qualquer "organização" específica para que entidades privadas sejam influenciadas e, inclusive, influenciem a formação e concretização do direito.

Cada vez mais surgem renovadas formas de diplomacia directa entre os Estados e outros intervenientes no cenário internacional, como sucede com: i) a organização de conferências globais[181]; ii) a realização das cimeiras de Chefes de Estado, como as reuniões do G8 ou dos G20[182]; iii) a criação de

---

[180] No primeiro sentido, GEORGIOS DIMITROPOULOS, "Certification And Accreditation in The International Administrative Verbund – Integrated and Societal Administration", *European Review of Public Law*, Vol. 24, N.º 2, Summer, 2012, pp. 685-689; e GEORGIOS DIMITROPOULOS, *Zertifizierung und Akkreditierung im Internationalen Verwaltungsverbund*, Tübingen, Mohr Siebeck, 2012, pp. 348-361; no segundo sentido, JOST DELBRUCK, "Transnational Federalism: Problems and Prospects of Allocating Public Authority Beyond the State", *Indiana Journal of Global Legal Studies*, Vol. 11, N.º 1, 2004, pp. 31-55.

De forma menos ambiciosa, mas mais crível, referindo-se a uma *administração compósita internacional*, cfr. ARMIN VON BOGDANDY e PHILIPP DANN, "International Composite Administration: Conceptualizing Multi-Level and Network Aspects in the Exercise of International Public Authority", *German Law Journal*, Vol. 9, N.º 11, 2008, disponível em https://www.germanlawjournal.com, acesso em 11 de Julho de 2014, pp. 2013-2039.

[181] Como as Conferências de Estocolmo sobre o Meio Ambiente Humano, de 1972, e do Rio sobre Meio Ambiente e Desenvolvimento, em 1992, organizadas sob os auspícios da Organização das Nações Unidas. No entanto, conferências e convenções há que são organizadas negociadas fora do âmbito de organizações internacionais. É o caso da Convenção sobre o Comércio Internacional de Espécies Ameaçadas da Fauna e Flora Silvestres (CITES), cuja promoção resultou de uma Resolução aprovada pela União Internacional da Conservação da Natureza, instituição com projecção internacional que congrega parceiros públicos (Estados, agências públicas) e privados (organizações não governamentais nacionais e internacionais).

[182] Sobre o papel do G8 que, embora não detendo poder para adoptar actos com eficácia externa no plano internacional, em particular relativamente a Estados-terceiros, não deixa de influenciar decisivamente a actuação de outros sujeitos internacionais, como sucede com a própria Organização das Nações Unidas e com o Fundo Monetário Internacional cfr., MARTINA CONTICELLI, "The G8 and "The Others, *Global Jurist Advances*, Vol. 6, N.º 3, 2006, disponível em http://www.bepress.com/gj/advances/vol6/iss3/art2, acesso em 4 de Agosto de 2015, pp. 12-13. Sobre o G20, cfr. SUNGJOON CHO, CLAIRE R. KELLY, "Promises and Perils of

EFICÁCIA, RECONHECIMENTO E EXECUÇÃO DE ACTOS ADMINISTRATIVOS ESTRANGEIROS

fóruns ou redes internacionais que integram representantes de sectores públicos e privados especializados, como o *Comité de Basileia sobre Supervisão Bancária*[183]; iv) e, mais recentemente, perante a crise económica que grassa na Europa, a constituição de "Troikas", compostas por representantes do Banco Central Europeu, Comissão Europeia e Fundo Monetário Internacional[184].

Também as empresas multinacionais são hoje perspectivadas como sujeitos de direito internacional, estando submetidas às obrigações de direito internacional (a uma certa concepção de *"corporate social responsibility"*)[185]. Estes operadores económicos internacionais têm também vindo a revelar-se produtores de direito próprio, pelo qual guiam as suas condutas e resolvem os seus litígios: a *lex mercatoria*. E isto, como debate a doutrina, independentemente de esta ser uma ordem jurídica plenamente autónoma e da possibilidade de remissão para a mesma no âmbito de um qualquer ordenamento

New Global Governance; a case of the G20", *Chicago Journal of International Law*, Winter, 2012, pp. 491-562.

[183] Este comité, criado em 1974, agrupa os representantes dos principais Bancos Centrais, reunindo quadrienalmente. Tem como função essencial a formulação de *standards* internacionais, como os princípios essenciais para a efectiva supervisão bancária e a concordata sobre supervisão bancária transfronteiriça. No entanto, o seu papel é mais relevante, muito em virtude da política de investimento e financiamento de organizações internacionais como o Fundo Monetário Internacional e o Banco Mundial que transformam os *standards* voluntários daquele Comité em verdadeiras regras de conduta, sobretudo para os países em vias de desenvolvimento (cfr. MICHAEL S. BART E GEOFFREY P. MILLER, "Global Administrative Law": the View from Basel", *The European Journal of International Law,* Vol. 17, 2006, pp. 15-46, e MARIO SAVINO, "An Unaccountable Transgovernmental Branch: The Basel Committee", *Global Administrative Law, Cases Materials and Issues,* Sabino Cassese, Bruno Carotti, Lorenzo Casini, Marco Macchia, Euan MacDonald, Mario Savino (eds.), 2.ª ed., 2008, disponível em http://www.iilj.org/gal/documents/GALCasebook2008.pdf, acesso em 4 de Agosto de 2015, pp. 65-70).

[184] Estes mecanismos sido usados como *frente de intervenção* nalguns países em crise e têm assumido um papel decisivo na conformação das opções legislativas e administrativas nacionais, como o demonstra a influência dos *memorandos de entendimento* na definição daquelas opções. Cfr., sobre estes memorandos, EDUARDO CORREIA BAPTISTA, "Natureza Jurídica dos Memorandos com o FMI e com a União Europeia", *Revista da Ordem dos Advogados*, Ano 71, Abril/Junho, 2011, pp. 477-488, e FRANCISCO PEREIRA COUTINHO, "A Natureza Jurídica dos Memorandos da Troika, Themis – Revista de Direito, Ano 13, N.º 24/25, 2013, pp.147-180.

[185] ERICA R. GEORGE, "The Place of the Private Transnational Actor in International Law: Human Rights Norms, Development Aims, and Understanding Corporate Self- Regulation as Soft Law", *ASIL Proceedings of the 101st Annual Meeting, The Future of International Law,* Washington D.C., 2007, pp. 473-476.

jurídico nacional ou supranacional, uma vez que se admite, mesmo reconhecendo o carácter incompleto e fragmentário da *lex mercatoria*, que se lhe faça uma referência material, incorporando o seu conteúdo em actos e contratos internacionais[186].

Também o indivíduo tem vindo a ver o seu papel como sujeito de direito internacional reconhecido e valorizado. A um estado de coisas em que o indivíduo apenas se relaciona com o Estado (o seu ou outro, desde logo o da sua residência)[187], passa a ter-se outro em que é a própria ordem internacional a reconhecer directamente direitos ou a imputar deveres ao indivíduo, sem mediação estadual[188].

---

[186] Cfr, entre nós, sobre esta discussão, ISABEL MAGALHÃES COLLAÇO, "L'Arbitrage International dans la Recente Loi Portugaise Sur L'Arbitrage Volontaire (Loi n.º 31/86, du 20 août 1986) – Quelques Réflexions», *Droit International et Droit Communautaire – Actes du Colloque, Paris, 5 et 6 Avril 1990*, Paris, Fondation Calouste Gulkenkian, 1991, p. 63; LUÍS DE LIMA PINHEIRO, *Direito Internacional Privado*, Vol I – Introdução e Direito de Conflitos – Parte Geral, 3.ª ed., Coimbra, Almedina, 2014, pp. 149-152; MARIA HELENA BRITO, *Direito do Comércio Internacional*, Coimbra, Almedina, 2004, p. 118; RUI MOURA RAMOS, *Da Lei Aplicável ao Contrato de Trabalho Internacional*, Coimbra, Almedina, 1991, p. 515; e DÁRIO MOURA VICENTE, "Método Jurídico e Direito Internacional Privado», *Direito Internacional Privado – Ensaios*, Vol. II, Coimbra, Almedina, 2005, pp. 17-21.
Em geral, cfr. BERTHOLD GOLDMAN, "Nouvelles reflexions sur la *Lex Mercatoria*", Études de Droit International en L'Honneur de Pierre Lalive, Helbing & Lichtenhahn, Bâle, 1993, p. 171, e PAUL LAGARDE, "Approche Critique de la Lex Mercatoria", *Le droit des relations économiques internationales: Études offertes à Berthold Goldman*, Paris, Litec, 1982, pp. 125-150.

[187] LORD WALTER G. F. PHILLIMORE defendia então que direitos e deveres dos Estados apenas valiam relativamente a outros Estados, não havendo direitos e deveres relativamente a indivíduos. Se se trata de relações entre o indivíduo e o seu próprio Estado estar-se-ia no âmbito do direito constitucional; se se trata de relações entre o indivíduo e o Estado estrangeiro, deve aquele dirigir-se ao seu próprio Estado que agirá em seu benefício (cfr. "Droits et Devoirs Fondamentaux des États", *Recueil des Cours*, Tomo I, 1923, Paris, Hachette, 1925, pp. 35 e 40). Não obstante, neste último caso, o direito internacional clássico reconhecia já, como limite à soberania territorial, uma obrigação dos Estados reconhecerem um mínimo de direitos aos estrangeiros e aos seus bens (cfr. ANTONIO CASSESE, *Diritto Internazionale*, Paolo Gaeta (org.), 2.ª ed., Bologna, Il Mulino, pp. 111-117).

[188] O indivíduo é cada vez mais destinatário de normas jurídicas internacionais, que acentuam o estatuto internacional que lhe deve ser reconhecido e os direitos que lhe devem ser assegurados, e, ao mesmo tempo, vem ganhando progressivo acesso a foros internacionais jurisdicionais (como a Corte Centroamericano de Justiça e o Tribunal Europeu dos Direitos do Homem) e administrativos (Comissões e Provedores de direitos humanos). Do mesmo modo, é também sujeito de deveres internacionais, podendo ser julgado perante Tribunais

EFICÁCIA, RECONHECIMENTO E EXECUÇÃO DE ACTOS ADMINISTRATIVOS ESTRANGEIROS

O papel do indivíduo (e das entidades empresariais) poderia parecer irrelevante no âmbito da presente dissertação; no entanto, a maioria das situações a que nos referiremos tem em vista a estabilidade da posição jurídica de pessoas singulares e colectivas no plano internacional, de certa forma evitando que estes sejam excluídos da comunidade jurídica – fiquem num *"legal black hole"*[189], ou vejam limitadas, de forma desrazoável, as suas possibilidades de mobilidade pessoal e profissional.

E se estes sujeitos não têm uma função primacial de "produtores" de direito, mas, essencialmente, de seus destinatários, há que reconhecer que a evolução do direito estadual e internacional é – ou deve ser – feita *em função deles* e da garantia das suas posições jurídicas, pelo que o seu relevo é central ao nosso estudo.

5. Novas formas de actuação administrativa

A miríade de sujeitos a que nos referimos[190] é acompanhada, sem surpresa, por um policentrismo de actuações com várias incidências, formando círculos que se intersectam, potencialmente, com muitos outros círculos.

Podem, assim, num mesmo espaço e âmbito material, ser sobreponíveis as actuações de um ou mais Estados, de uma ou várias organizações internacionais, de uma ou mais organizações não governamentais e, igualmente, de mecanismos privados de regulação internacional.

Estes formatos de regulação no plano internacional incluem, na classificação proposta por BENEDICT KINGSBURY, NICO KRISCH e RICHARD B.

Penais Internacionais. Cfr., para mais desenvolvimentos, ANTONIO CASSESE, *Diritto Internazionale*, Paolo Gaeta (org.), 2.ª edo., Bologna, Il Mulino, pp. 193-210.

[189] ECKHART KLEIN, "Human Dignity – Basis of Human Rights", *Coexistence, Cooperation and Solidarity – Liber Amicorum Rüdiger Wolfrum*, Vol. I, Holger P. Hestermeyer e.a. (eds.), Leiden/Boston, Martinus Nijhoff Publishers, 2012, p. 443.

[190] ANNE PETERS refere-se igualmente a uma pluralidade de actores na comunidade constitucional global: indivíduos, Estados, organizações internacionais, organizações não governamentais, e actores financeiros (cfr. "Membership in the Global Constitutional Community", *The Constitutionalization of International Law*, Jan Klabbers, Anne Peters e Geir Ulfstein (eds.), Oxford, Oxford University Press, 2009, pp. 153-262). Cfr., antes, a tipologia proposta por CHARLES-ALBERT MORAND na qual divide dois mundos: um interestatal e um transnacional ("La Souveraineté, un Concept Dépassé à L'Heure de la Mondialisation?", *The International Legal System in Quest of Equity and Universality – Liber Amicorum Georges Abi-Saab*, Laurence Boisson de Chazournes, Vera Gowlland-Debbas (eds.), The Hague, Martinus Nijhoff Publishers, 2001, pp. 161-172).

MULTIPLICIDADE NO DIREITO ADMINISTRATIVO

STEWART, a administração através de organizações internacionais formais; a administração por via da acção colectiva de redes transnacionais de cooperação entre instituições reguladoras nacionais; a administração distribuída e conduzida pelos reguladores nacionais, mas de acordo com regimes de cooperação internacional; a administração através de esquemas híbridos intergovernamentais-privados; e a administração por intermédio de instituições privadas mas com funções de regulação[191]. Mesmo debruçando-nos sobre a realidade mais limitada da União Europeia, os formatos processuais e organizatórios são plúrimos[192].

Acresce que nem sempre é fácil distinguir cada um destes mecanismos de regulação internacional, na medida em que cada vez mais se interpenetram e desenvolvem relações que oscilam entre a concorrência e a complementaridade.

Há, portanto, um conjunto de actuações de complemento, substituição, cooperação, conflito, nas quais novos arranjos preenchem espaços deixados pelos Estados, por estes nunca ocupados ou insuficiente ou deficientemente preenchidos.

O Estado não deixa, porém, de desempenhar um papel relevante na colmatação de falhas da comunidade internacional, seja participando activamente nos novos foros internacionais, seja emprestando força jurídica às suas determinações, seja intervindo como último garante dos princípios fundamentais por si eleitos ou a que se vinculou enquanto sujeito de direito internacional. Em particular, porque, apesar de ter partilhado cada vez mais funções com outros actores internacionais, é a ele que continua a competir,

---

[191] BENEDICT KINGSBURY, NICO KRISCH E RICHARD B. STEWART, "The Emergence of Global Administrative Law", *Law & Contemporary Problems*, N.º 68, 2005, p. 20.
SCHMIDT-ASSMANN, como manifestações da internacionalização na actividade administrativa, inclui: i) a mobilização de normas de direito internacional como fundamento para a tomada de decisão administrativa; ii) a condução de acções processuais no estrangeiro, como a produção de prova; iii) a assunção da relação jurídica internacional como objecto do procedimento administrativo, que desdobra em auxílio administrativo, troca e redes de informação, reconhecimento de actos administrativos estrangeiros e a prática de actos administrativos no estrangeiro (cfr. "Ansätze zur internationalisierung des Verwaltungsgerichtlichen Rechtsschutzes", *Coexistence, Cooperation and Solidarity – Liber Amicorum Rüdiger Wolfrum*, Vol. II, Holger P. Hestermeyer e.a. (eds.), Leiden/Boston, Martinus Nijhoff Publishers, 2012, pp. 2121-2139).
[192] FULVIO CORTESE, *Il coordinamento amministrativo – Dinamiche e interpretazioni*, Milano, Franco Angeli S.r.l., 2012, p. 118.

quase *exclusivamente,* a tarefa de concretização de um direito administrativo cada vez mais global[193].

Nesta linha, MICHAELS considera que existe muito direito fora do Estado, mas que, ainda assim, não é dele totalmente destacável. O relevo do direito infra-estadual, o direito supra-estadual (o direito internacional público e o direito supranacional), o direito paralelo ao Estado (de outros Estados) está intimamente ligado ao reconhecimento que lhes seja conferido pelo Estado que lhes deve dar execução. E, mesmo quanto às possibilidades de intervenção e de relevância do direito não estatal (religioso, costumeiro, *lex mercatoria*), o Autor considera que esta continua a passar pelo Estado, que pode definir a sua relação jurídica (de reconhecimento ou de não reconhecimento) com essas outras ordens[194].

E se o direito administrativo era já um direito caracterizado pela extrema variedade e complexidade (de fins, de conteúdo, de formas e de efeitos), estas aumentam exponencialmente quando o Estado é transportado para o ambiente externo, no qual é apenas um entre outros actores internacionais, que se procuram legitimar por relação ou em contraposição a ele, enquanto este busca, igualmente, extensão e legitimação além fronteiras.

Esta variedade e complexidade ou *"intrincado arcabouço regulatório"*, na impressiva designação de BITENCOURT NETO[195], não deve, porém, subsistir em todos os níveis de regulação, pois se se reconhecem os benefícios de uma tramitação e processo de tomada de decisão multinível, não pode deixar

---

[193] GEORGIOS DIMITROPOULOS assinala este papel aos Estados, ainda que eventualmente mediatizado por entidades ou redes regionais (cfr. "Towards a Typology of Administrative Levels and Functions in The Global Legal Order", *European Review of Public Law,* Vol. 23, N.º 1, Spring, 2011, pp. 455-457).

[194] RALF MICHAELS, "Was ist nichtstaatliches Recht? Eine Einführung", *Transnationales Recht,* Gralf-Peter Caliess (ed.), Tübingen, Mohr Siebeck, 2014, pp. 39-56. O que não exclui a auto--referencialidade de ordens que se encontram fora do Estado; no entanto, sem abertura das ordens jurídicas nacionais às tendências transnacionais, é mais difícil asseverar a legitimidade das mesmas (cfr. NILS JANSEN, "Informelle Autoritäten in der Entwicklung des transnationalen Privatrechts", *Transnationales Recht,* Gralf-Peter Caliess (ed.), Tübingen, Mohr Siebeck, 2014, pp. 115-139).

[195] EURICO BITENCOURT NETO, "Direito Administrativo Transnacional", *Rede – Revista Eletrônica do Direito do Estado,* N.º 22, Abril/Maio/Junho, 2010, disponível em http://www.direito-doestado.com/revista/REDE-22-ABRIL-2010-EURICO-NETO.pdf, acesso em 15 de Agosto de 2015, p. 12.

de promover-se, no plano das decisões dirigidas a sujeitos determinados, o máximo de uniformidade e estabilidade de actuação.

É, por isso, desejável o alinhamento de todos os actores por exigências e princípios similares de direito administrativo, que visem a consecução dos mesmos objectivos[196]; assim como é desejável o desenvolvimento de formas de concertação e de cooperação inter-administrativa, que promovam um resultado comum ou mutuamente aceite[197]. Com o cuidado, porém, de não se simplificar excessivamente os arranjos que resultam das várias formas de relacionamento entre os actores internacionais, sob pena de se perder a riqueza de contornos destes e o seu potencial evolutivo para a ciência jurídica[198].

É precisamente uma destas vias – genericamente, a *eficácia, reconhecimento e execução de actos administrativos estrangeiros* e as suas especificidades tendo em consideração tipos específicos destas actuações autoritárias – que exploraremos.

---

[196] BENEDICT KINGSBURY, NICO KRISCH E RICHARD B. STEWART, "The Emergence of Global Administrative Law", *Law & Contemporary Problems,* N.º 68, 2005, p. 42-51.

[197] SUZANA TAVARES DA SILVA assinala, precisamente, como as decisões multiníveis (no caso, as decisões administrativas em matéria de gestão de risco), começam num contexto plural (na arena em que a decisão é preparada) mas desembocam numa decisão tendencialmente una (transnacional), cujo reconhecimento é assegurado no plano da União Europeia (cfr. "Acto Administrativo de "Faca e Garfo", *Estudos em Homenagem ao Prof. Doutor José Joaquim Gomes Canotilho.* Vol. IV. Fernando Alves Correia, Jónatas M. Machado, João Carlos Loureiro (Coords.), Coimbra, Coimbra Editora, 2012, p. 631).

[198] Para o que alertava já EYAL BENVENISTI, "The Interplay Between Actors As A Determinant Of The Evolution Of Administrative Law In International Institutions", *Law and Contemporary Problems,* Vol. 68, Summer, Autumn, 2005, pp. 330 e 340.

Ponto II
Permeabilidade do Direito Administrativo

O direito administrativo não é imune às influências que sobre ele são exercidas, directa ou indirectamente, comprometendo-se muitas vezes com essa evolução ou reagindo a ela. É altura de repetir, com GOMES CANOTILHO, "*(o) direito constitucional passa, o direito administrativo passa também*"[199], ou, mais recentemente, com TAVARES DA SILVA, "*(...) o direito constitucional passa, enquanto o direito administrativo se reinventa*"[200].

Aos desafios que se colocam internamente ao Estado e que entraram já na dogmática administrativa – como a complexidade das tarefas administrativas, a sua pluralidade e mutabilidade, bem como uma certa plasticidade das necessidades a cargo da Administração Pública[201] – acrescem hoje pressões vindas do exterior, que transformam o próprio quadro conceitual em que se movem as Administrações públicas estaduais, obrigando a um *ajustamento* constante destas, ou, mais amplamente, a uma *comunicabilidade* com outras ordens jurídicas[202].

---

[199] JOSÉ JOAQUIM GOMES CANOTILHO, "O Direito Constitucional Passa. O Direito Administrativo Passa Também", *Estudos em Homenagem ao Prof. Doutor Rogério Soares,* Coimbra, Coimbra Editora, 2001, pp. 705-722.

[200] SUZANA TAVARES DA SILVA, "Acto Administrativo de "Faca e Garfo", *Estudos em Homenagem ao Prof. Doutor José Joaquim Gomes Canotilho.* Vol. IV. Fernando Alves Correia, Jónatas M. Machado, João Carlos Loureiro (Coords.), Coimbra, Coimbra Editora, 2012, p. 641.

[201] PAULO OTERO, *Manual de Direito Administrativo,* Vol. I, Coimbra, Almedina, 2013, p. 174.

[202] Como propõe FRANCIS DELPÉRRÉE que identifica como condições para a comunicabilidade o *conhecimento,* o *respeito* e o *diálogo* (cfr. "La Communicabilité entre le Droit International, Le Droit Européen, Le Droit Constitutionel et le Droit Régional", *Liber Amicorum jean--Claude Escarras – La Communicabilité entre les Systèmes Juridiques,* Maryse Baudrez, Thierry Di Manno (coord.), Bruxelles, Bruylant, 2005, pp. 62-66).

A *porosidade* do direito administrativo e a transformação dos quadros conceituais em que este tradicionalmente se move conduz, em última linha, a uma maior abertura dos quadros administrativos a novas influências, disciplinas e metodologias, o que procuraremos expor de seguida.

1. A diluição das fronteiras

Não há direito administrativo estatal que não inclua, como *pomo essencial* de regulação, um conjunto normativo de disposições sobre fronteiras, seja na forma de jurisdição sobre pessoas e bens (desde logo, regras sobre transposição de fronteiras), seja na forma de jurisdição territorial (regras sobre a ocupação do território).

Por isso, para Isay, ainda que possa haver jurisdição sobre pessoas desligada do território (sobre nacionais no estrangeiro, por exemplo) ou jurisdição aterritorial sem dimensão pessoal (jurisdição do Estado sobre os seus órgãos externos, como os consulados), é no *seu* território que o Estado encontra o palco (*Schauplatze*) privilegiado de actuação[203].

Tradicionalmente, a fronteira e a delimitação das fronteiras servia, também no plano externo, como critério de repartição de parcelas territoriais e, em princípio, de soberania, como resulta do Acórdão do Tribunal Internacional de Justiça de 22 de Dezembro de 1986, emitido no diferendo *Burkina/ Mali*.

A esta leitura – negativa ou excludente – de fronteira aliava-se uma outra perspectiva, positiva ou includente que via na fronteira não uma linha de separação, mas uma zona, inclusive privilegiada, de cooperação e de comunicação[204]. De facto as zonas transfronteiriças foram aquelas em que mais cedo se manifestaram as necessidades de cooperação internacional. Cooperação esta que, pelo menos num primeiro momento, não colocava em causa a noção de soberania dos Estados, pois dependia apenas de arranjos convencionais entre Estados contíguos.

Ora, é esta sede física do poder e autoridade estatal – a que aludimos já, quando nos debruçámos sobre a relevância do princípio da territorialidade – que aparece hoje colocada em crise, em virtude das acentuadas caracte-

---

[203] Ernst Isay, *Internationales Finanzrecht*, Stuttgart-Berlin, Verlag W. Kohlhammer, 1934, p. 35.

[204] Hélène Ruiz-Fabri, "Immatériel, Territorialité et État", *Archives de Philosophie de Droit*, N.º 43, 1999, p. 195. Cfr., igualmente, Y. Poullet, "La Technologie et le Droit", *Liber Amicorum Guy Horsmans,* Bruxelles, Bruylant, 2004, pp. 948-949.

PERMEABILIDADE DO DIREITO ADMINISTRATIVO

rísticas de *mobilidade* (de pessoas, de bens, de impactos, de fluxos, de ondas, de criminalidade) e de *partilha* internacional (de espaços, de recursos, de vulnerabilidades)[205]. Mais particularmente, a imagem de tantas sociedades e direitos quantas nações-Estado parece, para SCHÜLTZ, desadequada num ambiente dominado por comunicações, que não podem ser interrompidas por fronteiras[206].

O direito da União Europeia também contribui para esta desadequação, ao enfatizar a construção de espaços comuns – desde logo pela eliminação regra de controlos nas fronteiras estatais e pelo ênfase na fronteira "externa" da União –, distintos do território pertença do Estado-Nação e que estes deixam de poder controlar individualmente[207].

Destas pressões resulta, para alguns, um efeito psicológico de libertação da "burocracia das fronteiras"[208], enquanto que para outros se perde o carácter sagrado destas[209].

Há, no entanto, alguma discrepância entre discurso e realidade, uma vez que são precisamente os motivos que levam a questionar o *"fenómeno da fronteira"*[210] que revalorizam a sua importância e a necessidade do seu estudo[211].

---

[205] Descrevendo alguns desafios desta natureza, DANIEL BETHLEHEM, "The End of Geography: The Changing Nature of the International System and the Challenge to International Law", *The European Journal of International Law*, Vol. 25, N.º 1, 2014, pp. 9-24.

[206] ANTON SCHÜLTZ, "The Twilight of the Global Polis: On losing paradigms, environing systems and observing world society", *Global Law without a State*, Gunther Teubner (ed.), Dartmouth, Aldershot, 1997, p. 277.

[207] CHRIS RUMFORD, "Rethinking European Spaces: Territory, Borders, Governance", *Comparative European Politics*, 2006, 4, p. 138.

[208] FRITZ HELLWIG, "Einige Anmerkung zu dem Thema "Grenzen in Europa"", *Eine Ordnungspolitik für Europa – Festschrift für Hans von der Groeben zu seinem 80. Geburtstag*, Ernst-Joachim Mestmächer, Hans Moller, Hans-Peter Schwarz (eds.), Baden-Baden, Nomos verlagsgesellschaft, 1987, p. 160.

[209] ADRIANO MOREIRA, "A Evolução das Fronteiras", *Estudos em Honra de Ruy de Albuquerque*, Vol. I, Coimbra, Coimbra Editora, 2006, pp. 53-60.

[210] Formulação de J.-P. NIBOYET que, por fenómeno de fronteira, considerava a oposição de instituições em meios jurídicos que se justapõem, o que sucedia, então, no meio internacional, interprovincial e colonial (cfr. *Cours de Droit International Privé*, Paris, Librairie du Recueil Sirey, 1949, p. 22).

[211] THOMAS DIEZ, "The Paradoxes of Europe's Borders", *Comparative European Politics*, N.º 4, 2006, pp. 237-238. Cfr., ainda, sobre as dualidades das fronteiras, GERARD DELANTY, "Borders in a Changing Europe: Dynamics of Openness and Closure", *Comparative European Poli-*

O relevo hodierno da extraterritorialidade e os processos de reconhecimento mútuo conduzem à necessidade de repensar as fronteiras e as suas funções, designadamente pela mobilização de mecanismos que promovam a continuidade de posições jurídicas além-fronteiras. Do mesmo modo, a pressão de fenómenos como o da migração têm vindo a colocar em evidência a subsistência de fronteiras, ainda que recaracterizadas.

Podemos avançar hoje que as fronteiras, mais do que limites físicos ou territoriais, são perspectivadas como *fronteiras funcionais,* que servem de instrumentos de delimitação ou distribuição de competências, sobretudo ao nível da competência execução, que continua, dominantemente, a ser uma responsabilidade estatal. E é esta perspectiva funcional que permite, em algumas áreas, que se fale, em sentido *próprio,* de uma fronteira externa da União Europeia, fronteira esta que assume relevância, não só em domínios económicos, como em domínios como o da migração, nos quais são exercidas competências em comum pelos Estados e por agências da União Europeia[212].

Não resistimos, neste ponto, a citar POPESCU que expõe a tendência para a externalização das fronteiras (pela criação de fronteiras para além dos Estados, como a fronteira exterior da União Europeia e mesmo além da União, como sucede com as intervenções de controlo migratório em alto mar), e, em contrapartida, a tendência para a sua internalização (decorrentes da criação de novos focos de controlo dentro dos Estados, como sucede com a limitação do acesso a serviços públicos – saúde, educação – a quem se encontra em situação ilegal), e privatização (pela deslocação de autoridade para outros agentes, com a profusão de obrigações, designadamente de informação, que impendem sobre entidades transportadoras, empregadoras, etc.). Ao ponto

---

tics, N.º 4, 2006, pp. 186-192; e CLAUDIO FRANZIUS, "Transnationalisierung des Europarechts", *Transnationales Recht,* Gralf-Peter Caliess (ed.), Tübingen, Mohr Siebeck, 2014, pp. 405-407.
[212] THOMAS GROSS, "General Introduction: Towards an Administration Without Frontiers? – The Perspective of Third-Country Nationals", *European Review of Public Law,* Vol. 21, N.º 1, 2009, p. 21. Segundo JORGE ANTONIO QUINDIMIL LÓPEZ, a fronteira externa da União é desenhada como provavelmente o único fenómeno de incipiente territorialização funcional de uma organização internacional com projecção sobre o mar (cfr. "La Union Europea, Frontex y la Seguridad en las Fronteras Marítimas. Hacia un modelo Europeo de Seguridad Humanizada en el Mar?", *Revista de Derecho Comunitario Europeo,* N.º 41, Enero/Abril, 2012, p. 59).

de, para o autor, o indivíduo se ter tornado uma fronteira em si mesmo, e uma fronteira, por inerência, móvel[213].

Estas mutações não apontam no sentido da irrelevância das fronteiras, mas, antes, na revalorização desta temática, pela identificação das clivagens subsistentes entre espaços de concretização do(s) direito(s) e dos modos da sua transposição[214], colocando em evidência que, tal como o conceito de território, o paralelo conceito de fronteira assume um indiscutível relevo normativo, sujeito a uma "valoração normativa própria"[215].

E é precisamente esta a aproximação que adoptamos, ao identificar o tema do nosso estudo com o dos *actos administrativos estrangeiros*, i.e. actos que, provenientes de entidades diversas das estaduais, visam produzir efeitos dentro das *fronteiras* normativas deste Estado. Dada esta nossa perspectiva, não abdicamos de conceitos tradicionais, como os de *território*, por muito que reconheçamos, como é evidente – dada a existência de espaços não sujeitos a soberania estadual e à sobreposição de intervenções entre vários sujeitos num mesmo espaço –, que há mais do que apenas territórios estaduais.

Isto por pensarmos que conceitos como os dos novos *espaços* – europeu, internacional, global, transnacional – não têm como potencialidade esgotar o valor normativo do conceito de território, nem colocar em causa as funções que este ainda é – sem que se possa encontrar substituto viável – chamado a desempenhar[216].

---

[213] GABRIEL POPESCU, *Bordering and Ordering the Twenty-first Century – Understanding Borders*, Lanham, Rowman & Littlefield Publishers Inc., 2012, p. 98 e p. 107.

[214] A desterritorialização ("Ent-Territorialisierung") de que fala THOMAS VON DANWITZ, a propósito do reconhecimento mútuo, converte-se assim numa "re-territorialização" do direito (cfr. *Verwaltungsrechtliches System und Europäische Integration*, Tübingen, J.C.B. Mohr (Paul Siebeck), 1996, pp. 414-415).

[215] MIGUEL PRATA ROQUE, *A Dimensão Transnacional do Direito Administrativo – Uma visão cosmopolita das situações jurídico-administrativas*, AAFDL, Lisboa, 2014, p. 39.

[216] Uma breve referência a esta precisão terminológica. JEAN-LOUIS GUIGOU associa o espaço a uma noção a "sangue frio" que não desperta emoções, sendo uma entidade operacional e homogénea fruto da economia de mercado (espaço aéreo, espaço industrial, espaço europeu, espaço regional), enquanto que território seria uma noção "a sangue quente", feita de paixões, rivalidades e patriotismo (território nacional, território palestiniano ou israelita) (cfr. *Une Ambition pour le Territoire: Aménager l'Espace et le Temps*, Paris, Datar, 1995, p. 35). Já LOUIS CAVARÉ vê o território como um conceito jurídico de suporte de certas categorias de regras usualmente, mas não necessariamente, estatais (como sucede com o uso da designação do território no âmbito das Uniões Aduaneiras e Internacionais), considerando, porém, que

2. A diluição da soberania

A par da retirada do Estado como local estratégico num mundo globalizado[217], há quem dê conta de uma diluição de soberania que anuncia o declínio, ou mesmo a "morte", do Estado.

A soberania compõe-se tradicionalmente de dois elementos, um *positivo* (a afirmação da *plenitudo potestatis*), e um *negativo* (a recusa de reconhecimento de autoridade superior), sendo este último, para FARDELLA, o nó conceptual da ideia de soberania[218].

Do ponto de vista da sua incidência, a soberania também é perspectivada *interna* e *externamente*, não sendo, portanto, insensível à dimensão exógena do exercício do poder. Não obstante, esta dimensão externa começou a ser

o termo espaço parece ser hoje mais adequado às relações internacionais, ao que parece dada a polissemia do conceito de território (cfr. *Le Droit International Public Positif*, Tomo I, 3.ª ed., Paris, Éditions A. Pedone, 1967, p. 321). Apontando agora a polissemia do conceito de espaço, como factor de aproximação ou afastamento nas relações internacionais, cfr. ÉMILE GIRAUD, "La Notion d'Espace dans les Relations Internationales", *Festgabe für Alexander N. Makarov – Abhandlung zum Völkerrecht*, Stuttgart/Köln, W. Kohlhammer Verlag, 1958, pp. 102-130. Quanto a nós, a complementaridade entre as duas noções – de território e de espaço – é por demais evidente, ainda que as características de cada uma divirjam. Ainda assim, não obstante a maior elaboração dogmática do território (sob uma perspectiva essencialmente, mas não exclusivamente, estadual) é irrecusável que as noções de espaço (referidas, porém, a um âmbito de incidência específico, e não ao espaço que, por definição, é infinito) têm vindo a ser revestidas de uma roupagem jurídica que as converte em noções jurídicas operativas e, para muitos, noções essenciais ao exercício de poderes públicos contemporâneos. Assim para MIGUEL PRATA ROQUE, *A Dimensão Transnacional do Direito Administrativo – Uma visão cosmopolita das situações jurídico-administrativas*, AAFDL, Lisboa, 2014, p. 42.

[217] DANIEL THÜRER E JONATHAN PÄRLI, ""Urbi et Orbi" – Zu Status und Geschichte der Stadt im internationalen Recht", *Grenzen Überwinden – Prinzipien Bewahren – Festshrift für Bernd von Hoffman zum 70. Geburtstag*, Herbert Kronke/Karsten Thorn (org.), Bielefeld, Verlag Ernst und Verlag Gieseking, 2011, pp. 887-900.

[218] FRANCO FARDELLA, "Le Dogme dela Souveraineté de l'État – Un Bilan", *Le Privé et le Public*, Paris, Editions Sirey, 1997, p. 116. A noção de autarquia soberana dos Estados reflecte-se na competência necessária exclusiva e imperativa do Estado de se auto-organizar e no monopólio territorial da força (DOMINIQUE BUREAU, HORATIA MUIR WATT, *Droit International Privé*, Tome I – *Partie Générale*, 3.ª ed., Paris, Presses Universitaires de France, 2014, p. 97). No entanto, mesmo BODIN, a quem se deve a mais conhecida noção de soberania: "A soberania é o poder absoluto e perpétuo de uma República" (cfr. ANGEUIN BODIN, *Les Six Livres de La Republique*, Lyon, De L'Imprimerie de Jean de Tournes, MDLXXIX, 1579, p. 85), concebia-a como limitada pelas leis divinas, naturais e de direito internacional público.

PERMEABILIDADE DO DIREITO ADMINISTRATIVO

pertinente quando, paradoxalmente, começou a ser debatido o dogma do controlo estatal sobre o território[219].

KELSEN referia já que, ainda que se pudessem diferenciar dois sentidos possíveis na noção de soberania – *para dentro* e *para fora* –, apenas no primeiro se poderia falar do carácter irrestrito da força estatal, já que no segundo, aquele conceito se diluía no da independência dos Estados face a outros Estados, cuja coordenação de esferas de influência pertencia ao direito internacional público[220]. Não obstante, a relatividade da soberania estatal no plano internacional, apesar de afirmada pelo autor, apenas admitia limitações perante *summas potestates*.

Não é isso que se verifica hodiernamente, a noção tradicional de soberania, enquanto monopólio estatal da criação e aplicação do direito vê-se afectada essencialmente por dois fenómenos, na perspectiva de ROBÉ: pela eficácia extraterritorial de normas emanadas por certos Estados – e, acrescentamos nós, por outras Autoridades internacionais – que têm impacto noutros Estados, fenómeno a que já aludimos, e pela auto-regulação da sociedade civil transnacional[221].

---

[219] JENIK RADON marca essa debate no período entre as duas Grandes Guerras. A Autora reconhece, porém, que esse debate incorpora, ao contrário do que seria de esperar, um reforço da soberania dos Estados, pois a pertença a organizações internacionais e outros foros é reservada aos Estados e vistas como o reconhecimento do seu estatuto estadual (cfr. "Sovereignty: A Political Emotion, not a Concept", *Stanford Journal of International Law*, Vol. 40, N.º 2, Winter, 2004, pp. 196-201).

[220] HANS KELSEN, *Das Problem der Souveränität und die Theorie des Völkerrechts – Beitrag zu Einer Reinen Rechtslehre*, Tübingen, J.C.B. Möhr, 1920, pp. 37-40.

[221] JEAN-PHILLIPE ROBÉ, "Multinational Entreprises: The Constitution of a Pluralistic Legal Order", *Global Law without a State*, Gunther Teubner (ed.), Dartmouth, Aldershot, 1997, p. 49. Também Paulo CANELAS DE CASTRO considera que os desafios à soberania – enquanto princípio estruturante das ordens jurídicas internas e internacional – se devem à alteração das circunstâncias resultantes do fenómeno da globalização que não só demanda a limitação da liberdade de acção dos Estados em face do respeito pelo direito internacional, como ainda os conduz à concordância na emissão de regras "além-fronteira" ou "transnacionais" (cfr. "Globalização e Direito Internacional: Rumo ao Estado de Direito nas Relações Internacionais", *Nos 20 Anos do Código das Sociedades Comerciais – Homenagem aos Profs. Doutores A. Ferrer Correia, Orlando de Carvalho e Vasco Lobo Xavier*, Vol. III, Vária, Coimbra, Coimbra Editora, 2007, pp. 815-819).

EFICÁCIA, RECONHECIMENTO E EXECUÇÃO DE ACTOS ADMINISTRATIVOS ESTRANGEIROS

Ora, assim sendo, os desafios que hoje se colocam à soberania estadual prendem-se, essencialmente, com a recompreensão dos limites do próprio Estado e com a pressão que sobre ele exercem outros actores jurídicos.

Mas há quem procure fundamentos mais remotos para esta afectação da noção de soberania, encontrando-os na afirmação da liberdade individual (perante o próprio Estado)[222], e, consequentemente, no questionamento da relação, tipicamente interdependente, entre a sociedade e o seu governo[223].

O que levava já ROGÉRIO SOARES a questionar, perante a polarização da sociedade em centros de explosão de interesses, *"(e)m que medida é que isso vai tocar a estrutura do Estado? Em que medida vai modificar o conceito do Estado? Em que medida é que isto pode mesmo significar a destruição do Estado?"*[224].

Dada a alteração dos quadros tradicionais, o pensamento sobre a soberania oscila hoje entre quem acentue o *valor conceitual* insubstituível da soberania, não obstante as suas múltiplas aplicações e inerente dinâmica; quem *multiplique* as noções de soberania, de modo a justificar a sua subsistente relevância, quem *limite* o escopo da noção de soberania, de modo a dela excluir noções paralelas; e quem acentue a existência de uma *soberania* de

---

[222] LÉON DUGUIT, *Les Transformations du Droit Public,* Paris, Librairie Armand Colin, 1925, p. 13. Cfr., ainda, ANDREA BIANCHI, "Globalization of human rights: the role of non-state actors", *in Global Law without a State,* Gunther Teubner (ed.), Dartmouth, Aldershot, 1997, pp. 179-212; JAMES M. COOPER, "The Challenge to the State in International Law", *in Law, Justice and the State II – The Nation, the State and Democracy,* Michel Troper & Mikael M. Karlsson (eds.), Franz Steiner Verlag, Stuttgart, 1995, pp. 170-176.
Exemplo particular da pressão do indivíduo sobre o Estado dá-se no caso de existência de um desvio relevante entre a soberania *de facto* e *de iure,* sobretudo em face de violações sistemáticas e graves de direitos humanos, que conduzem à necessidade de intervenção internacional, *maxime* das Nações Unidas, como relata MÁRIO SILVA, *State Legitimacy and Failure in International Law,* Leiden, Brill Nijhoff, 2014, pp. 105-111.
Noutra perspectiva, o enfraquecimento do Estado nação é caracterizado por JÜRGEN HABERMAS como redundando – entre outros elementos – no facto de não conseguir proteger os seus cidadãos de efeitos externos de outros actores ou de processos que ocorrem fora das fronteiras (cfr. "The European Nation-State and the Pressures of Globalization", *Global Justice and Transnational Politics – Essays on the Moral and Political Challenges of Globalization,* Pablo De Greiff, Ciaran Cronin (eds.), Cambridge, The MIT Press, 2002, p. 220).
[223] F.H. HINSLEY, *Sovereignty,* 2.ª ed., Cambridge, Cambridge University Press, 1986, p. 2.
[224] ROGÉRIO EHRHARDT SOARES, *Direito Público e Sociedade Técnica,* (impressão da edição de 1960, Editora Atlântida), Coimbra, Edições Tenacitas, 2008, p. 92.

PERMEABILIDADE DO DIREITO ADMINISTRATIVO

ordem *funcional*, de forma a explicar a sua partilha e expansão de "poderes soberanos" a outros sujeitos internacionais.

De entre os primeiros, TROPER considera ser a soberania um conceito inevitável, dado o seu enraizamento na teoria do direito[225], ao passo que MORGADO, ao considerar que soberania não é um *quantum*, mas uma potência – um fundamento para o poder político –, defende não se conseguir encontrar outros conceitos jurídico-políticos mais marcantes na filosofia política moderna pelo que à crise da soberania corresponde um ataque aos próprios fundamentos desta filosofia[226]. De forma ainda mais impressiva, DE MATTEI concebe a soberania como elemento necessário de qualquer sociedade política organizada e a única forma de combater a demolição e o niilismo que hoje grassa[227].

KRASNER representa o expoente da segunda vertente das teorias sobre a soberania, ao distinguir várias formas de soberania – soberania interdependente (assente no controlo entre fronteiras), soberania doméstica (de acordo com a posição de Bodin ou de Hobbes), soberania Vestefaliana ou Vatteliana (assente na exclusão de fontes externas de poder, de facto ou de direito) e soberania internacional, que sempre assentou no reconhecimento do outro (dos Estados e dos seus modos de produção do direito), – e ao concluir pela *resiliência* da soberania, que tem tolerado o surgimento de novas formas de actuação internacional e vindo a adaptar-se aos desafios contemporâneos[228].

---

[225] MICHEL TROPER, "The Survival of Sovereignty", *Sovereignty in Fragments – The Past, Present and Future of a Contested Concept,* Hent Kalmo, Quentin Skinner (eds.), Cambridge, Cambridge University Press, 2010, pp. 132-150.

[226] MIGUEL MORGADO, "A Noção de Soberania e os seus Fundamentos em Jean Bodin ", *Estudos em Homenagem a Miguel Galvão Teles,* Vol. I, Coimbra, Almedina, 2012, pp. 163-166.

[227] ROBERTO DE MATTEI para quem "Uma sociedade "autogerida", privada de soberania, é uma sociedade acéfala, destinada à decomposição e à morte, como um corpo sem alma: o seu fim último é a "não-sociedade" e o tribalismo" (cfr. *A Soberania Necessária – Reflexões sobre a Crise do Estado Moderno,* Livraria Civilização Editora, Porto, 2002, p. 173).
De forma mais moderada, mas considerando a soberania como a expressão jurídica de uma distribuição do poder político no interior da Humanidade, cfr. MICHEL VIRALLY, 'Une Pierre d'Angle qui Résiste au Temps: Avatars et Pérennité de l'Idée de Souveraineté', *Les Relations Internationales dans un Monde en Mutation – International Relations in a Changing World,* Genève, Institut Universitaire de Hautes Études Internationales, 1977, p. 195.

[228] STEPHEN KRASNER, "Abiding Sovereignty", *International Political Science Review,* Vol. 22, N.º 3, 2001, pp. 231-233 e 239-248. Noutra sede, o autor explicita como nem sempre estas várias formas de soberania coincidem, havendo Estados que apresentam umas mas não as demais

A visão limitadora da soberania acentua que esta não equivale necessariamente a uma autoridade única e unívoca, como o demonstram os conceitos de autoridade prática[229] e de autoridade plural e relativa[230], pelo que a soberania resultaria reconfigurada de forma mais aberta.

A quarta posição é, porém, aquela que nos parece ser a mais difundida na doutrina, sendo a ela que pertence o maior potencial explicativo dos fenómenos de partilha de competências ao nível internacional e do reconhecimento de formas não estatais de geração e concretização do direito, ao mesmo passo que permite manter no Estado o exercício – ainda que não exclusivo – de poderes soberanos. As designações para esta nova concepção de soberania são múltiplas: *soberania de serviço*[231]; *soberania qualitativa*[232];

– cfr. STEPHEN D. KRASNER, "The Durability of Organized Hypocrisy", *Sovereignty in Fragments – The Past, Present and Future of a Contested Concept,* Hent Kalmo, Quentin Skinner (eds.), Cambridge, Cambridge University Press, 2010, pp. 99-101.

[229] JOSEPH RAZ vê a autoridade como o poder que requer uma acção: «*authority with power to require action*" (cfr. "Authority and Justification", *Philosophy & Public Affairs,* Vol. 14, N.º 1,Winter, 1985, p. 3). As críticas a esta concepção de autoridade colocam em causa o fundamento da autoridade (em particular a *normal justification thesis),* mas não que esta tenha de provir da soberania popular ou de processos democráticos (cfr. SCOTT HERSHOVITZ, " The Role of Authority", *Philosopher's Imprint,* Vol. 11, N.º 7, March, 2011, disponível em http://quod. lib.umich.edu/cgi/p/pod/dod-idx/role-of-authority.pdf?c=phimp;idno=3521354.0011.007, acesso em 11 de Junho de 2015, pp. 1-19).

Cfr., ainda, SCOTT J. SHAPIRO para quem " *(t)o have authority is to have a normative power to change another's normative relations*" (cfr. *Authority,* Stanford/Yale Jr. Faculty Forum Research Paper 00-05, Cardozo Law School, Public Law Research Paper N.º 24, 2002, disponível http://ssrn. com/abstract=233830, acesso em 11 de Junho de 2015, p. 28).

[230] Que se centra na identificação de autoridades plurais (estatais, infra-estatais, internacionais, europeias, transnacionais) e nas suas interrelações (de compatibilidade, complementaridade ou de conflito): cfr. NICOLE ROUGHAN, *Authorities – Conflicts, Cooperation, and Transnational Legal Theory,* Oxford, Oxford University Press, 2013, pp. 43-59.

[231] ADRIANO MOREIRA, "Território, Fronteira e Soberania no Mundo Actual", *Estudos em Homenagem ao Prof. Doutor Martim de Albuquerque,* Vol. I, Coimbra, Coimbra Editora, 2010, p. 29.

[232] CARLA AMADO GOMES, «A Evolução do Conceito de Soberania – Tendências Recentes», *Scientia Iuridica,* Julho-Dezembro de 1998, Tomo XLVII, n.os 274/276, pp. 185-211.

soberania tardia[233]; *soberania deferida*[234]; *soberania cosmopolita*[235]; *soberania relacional*[236]; *soberania descentrada*[237]; *soberania bi-polar*[238]; *soberania cooperativa*[239].

Mas assentam, todas elas, no reconhecimento de que deixa de existir uma autoridade unidimensional e necessariamente exclusiva, responsável pela criação e concretização do direito, mas sem que se coloque necessariamente em causa o cumprimento de funções pelo Estado, revistas agora mecanismos de garantia ou de válvulas de escape de um sistema multidimensional, preordenadas para a *defesa contra a anarquia* e *contra abusos de direitos humanos*[240]. Ao ponto de, entre nós, PAULO OTERO retorquir que, apesar de emagrecido, o

---

[233] NEIL WALKER, "Late Sovereignty in the European Union", *Sovereignty in Transition*, Neil Walker (ed.), Oxford/ Portland, Hart Publishing, 2003, pp. 3-32.

[234] BERT VAN ROERMUND caracteriza a soberania como uma expressão do poder público do Estado moderno, de cariz essencialmente relacional (cfr. "Sovereignty: Unpopular and Popular", *Sovereignty in Transition*, Neil Walker (ed.), Oxford/ Portland, Hart Publishing, 2003, p. 54.

[235] DAVID HELD, 'Law of States, Law of Peoples: Three Models of Sovereignty', *Legal Theory*, Vol. 8, N.º 2, 2002, pp. 1-44.

[236] ANNE-MARIE SLAUGHTER, "Sovereignty and Power in a Networked World Order", *Stanford Journal of International Law*, Vol. 40, N.º 2, Winter, 2004, p. 325.

[237] SASKIA SASSEN, *Losing Control – Sovereignty in an Age of Globalization*, New York, Columbia University Press, 1996, p. 28.

[238] C.J.S. KNIGHT, "Striking Down Legislation under Bi-Polar Sovereignty", *Public Law*, N.º 1, January, 2011, pp. 90-114.

[239] SAMANTHA BESSON, "Sovereignty in Conflict", *European Integration Online Papers (EIoP)*, Vol. 8, N.º 15, 2004, disponível em http://eiop.or.at/eiop/pdf/2004-015.pdf, acesso em 10 de Julho de 2012, pp. 18-22.

[240] DANILO TÜRK, "Reflections on Human Rights, Sovereignty of States and the Principle of Non-Intervention", *Human Rights and Criminal Justice for the Downtrodden – Essays in Honour of Asbjørn Eide*, Morten Bergsmo (ed.), Leiden, Martinus Nijhoff Publishers, 2003, pp. 755-758. O Autor considera que a narrativa dos direitos humanos evidencia a importância da soberania dos Estados e não o contrário, pois a implementação dos direitos humanos depende grandemente dos Estados e acrescenta que a cooperação internacional no campo dos direitos humanos se tornou um importante aspecto da própria soberania.

CHRISTIAN TOMUSCHAT, "International Law: Ensuring the Survival of Mankind on the Eve of a New Century: General Course on Public International Law", *Recueil des Cours*, Vol. 281, 1999, The Hague, M. Nijhoff, 2001, pp. 9-438.

Também GIACINTO DELLA ANANEA aduz que o aparelho do Estado pode estar obsoleto, mas não se tornou, por isso, irrelevante, sobretudo se cotejadas as necessidades de garantia judicial que continuam a estar nele centradas (cfr. *Ai di là dei Confini Statuali – Principi Generali del Diritto Pubblico Globale*, Bologna, il Mulino, 2009, p. 4).

Estado não está moribundo ou ferido de morte e continua a ser o principal garante da paz, da dignidade da pessoa humana e da segurança jurídica[241].

Do mesmo modo, ao serem admitidos fenómenos de partilha de competências e de cooperação internacional, i.e. ao mudar-se o ambiente soberano em que se movia o Estado, este passou a desempenhar um papel de participante activo e não meramente defensivo no plano internacional, o que, para SLAUGHTER, ampliou a própria possibilidade de cumprimento das suas funções estaduais[242], ou, já para OPPENHEIMER, em 1914, o convertia no guardião imparcial do interesse comum[243].

No sentido de a moderna noção de soberania implicar necessariamente a responsabilidade pelo respeito pelos direitos humanos, refere KOFI ANNAN o seguinte: "*State sovereignty, in its most basic sense, is being redefined–not least by the forces of globalisation and international co-operation. States are now widely understood to be instruments at the service of their peoples, and not vice versa*" ("Two Concepts of Sovereignty, *The Economist,* versão online de 16 de Setembro de 1999, disponível em http://www.economist.com/node/324795., acesso em 29 de Abril de 2015, s/p). Cfr., ainda, HOLLI THOMAS, *Cosmopolitan Sovereignty*, Refereed paper presented to the Australasian Political Studies Association Conference University of Adelaide, 29th September-1st October 2004, disponível em https://www.adelaide.edu.au/apsa/docs_papers/Others/ Thomas.pdf, acesso em 29 de Abril de 2015, pp. 1-28.

[241] PAULO OTERO, *Manual de Direito Administrativo*, Vol. I, Coimbra, Almedina, 2013, p. 512. FRANCISCO LUCAS PIRES apresenta a este propósito imagens fortes do Estado como *rede de segurança, lar no meio de uma casa comum* ou *valor refúgio* (cfr. *Introdução à Ciência Política*, Porto, Universidade Católica Portuguesa, 1998, pp. 77-79).

[242] ANNE-MARIE SLAUGHTER, "Sovereignty and Power in a Networked World Order", *Stanford Journal of International Law,* Vol. 40, N.º 2, Winter, 2004, pp. 283-327. Também segundo NEIL MACCORMICK, neste processo de partilha (que encontra a sua epítome no âmbito da União Europeia) a soberania não se perdeu, tendo sido sujeita a um processo de divisão e combinação interna e, por isso, "realçada externamente" (cfr. *Questioning Sovereignty* – Law, State, and Nation in the European Commonwealth, Oxford, Oxford University Press, 2002, pp. 132-133). Já JÓNATAS MACHADO refere a perda de poderes soberanos (o poder dos Estados deferenderem os seus próprios interesses públicos) com a crise financeira, poderes estes mas que não são apropriados pela União, tendo-se perdido no processo ou apropriados pelos Estados mais fortes (cfr. "The Sovereign Debt Crisis and the Constitution's Negative Outlook, a Portuguese Preliminary Assessment", *Constitutions in the Global Financial Crisis: A Comparative Analysis*, Xenophon contiades (ed.), ebook, Farnham, Ashgate, 2013, p. 549-559.

[243] FRANZ OPPENHEIMER, *The State: Its History and Development Viewed Sociologically*, New Brunswick, Transaction Publishers, 1999, p. 275.

PERMEABILIDADE DO DIREITO ADMINISTRATIVO

Há quem avance mesmo que a capacidade de adaptação é um fenómeno definitório do Estado moderno, por ser aquele ajustamento aos novos espaços públicos uma condição essencial da sua existência[244].

Efectivamente, cada vez menos a soberania é vista como um poder centralizado, não participado e necessariamente coercivo, pelo que o conceito de Estado nesta visão tradicional e absolutizante não corresponde à realidade. O que não significa que as noções de soberania e de estadualidade tenham deixado de fazer sentido, ainda que recompreendidas à luz das evoluções que se foram acumulando, sobretudo no último século, quanto à posição do indivíduo e dos seus direitos no cenário internacional.

Para esta leitura da soberania muito contribui o exemplo da União Europeia[245].

Há quem veja no direito da União um "recuo da soberania estatal", pela redução da importância das fronteiras e da cidadania, pela relativização do significado das ordens jurídicas estatais, e pela restrição do funcionamento dos mecanismos tradicionais de salvaguarda nacional[246]. Outra parte da doutrina valoriza a manutenção de poderes soberanos com o Estado[247], mesmo

---

[244] LUIS ALFONSO HERRERA ORELLANA, "El "recurso" de Interpretación dela Constitución: Reflexiones Criticas desde la Argumentación Jurídica y la Teoria del Discurso", *Revista de Derecho Publico*, Vol. 60, N.º 113, Janeiro-Março, 2008, p. 35.

[245] Mas não exclusivamente, pois há quem acentue, como MANUEL CASTELLS que certas transformações que têm sido vistas como formas de limitação da soberania – como a construção de sociedades em rede, interdependentes, informadas e desmaterializadas – são analisadas, por quem se tem dedicado mais ao seu estudo, como claramente dependentes hoje do *sector público*, já que é este, através da difusão da e-governação "que comanda tudo o resto" no processo de moldagem produtiva da sociedade em rede (cfr. "A Sociedade em Rede: do Conhecimento à Política", *A Sociedade em Rede – do Conhecimento à Acção Política*, Manuel Castells, Gustavo Cardoso (orgs.), Lisboa, Imprensa Nacional da Casa da Moeda, 2006, p. 27).

[246] TUBOS TICHÝ, "A new role for private international and procedural law in European integration? A Critical Comment", *The Foundations of European Private Law*, Roger Brownsword, Hans-W Micklitz, Leone Niglia, Stephen Weatherill (eds.), Oxford, Hart Publishing, 2011, pp. 403-404.

STEPHEN D. KRASNER, apesar de ver na União um recuo da soberania estatal, considera que ele não se converte num desafio à soberania estatal num plano global, dada a irrepetibilidade deste fenómeno de integração (cfr., "The Durability of Organized Hypocrisy", *Sovereignty in Fragments – The Past, Present and Future of a Contested Concept*, Hent Kalmo, Quentin Skinner (eds.), Cambridge, Cambridge University Press, p. 103).

[247] Sendo o maior indicador desta ausência de poderes soberanos, a impossibilidade de a União definir a sua própria competência (GRAÍNNE DE BÚRCA, "Sovereignty and the Supre-

EFICÁCIA, RECONHECIMENTO E EXECUÇÃO DE ACTOS ADMINISTRATIVOS ESTRANGEIROS

em áreas tão controversas como as da União Económica e Monetária[248], não descartando conceitos antigos, como os da soberania, apenas porque surgiram novas realidades mais ricas e plurais[249].

Parece-nos, porém, que qualquer uma destas posições não apreende a circunstância de a soberania não ser um conceito *geométrico*, mas *morfológico* ou *plástico*, podendo coexistir várias formas de exercício de poderes soberanos, que não implicam necessariamente um abandono ou renúncia aos mesmos por parte dos Estados, que conservarão sempre um – por vezes reduzido, mas subsistente – controlo do seu exercício. E o que não impede, também, que a actuação da União Europeia se possa desprender, quanto ao exercício das suas competências, do leque de poderes soberanos que lhe foram delegados pelos Estados, assumindo formas de actuação que excedem as possibilidades de intervenção destes[250].

macy Doctrine of the European Court of Justice", *Sovereignty in Transition*, Neil Walker (ed.), Oxford/ Portland, Hart Publishing, 2003, pp. 33-54). Por seu turno, KARL MEESSEN considera que soberania e sistemas de concorrência são mutuamente dependentes, vendo apenas nos fenómenos concretos de harmonização o enfraquecimento da soberania estatal (cfr. "Souveränität im Wettbewerb der Systeme", *Liber Amicorum Günther Jaenicke – Zum 85. Geburtstag*, Volkmar Götz, Peter Selmer, Rüdiger Wolfrum (orgs.), Berlin, Springer, 1998, p. 675).

[248] GIULIO PERONI, debruçando-se sobre a área específica da União Económica e Monetária, entende que não obstante as mudanças ocorridas no plano internacional – novos actores, limitações que impendem sobre os Estados e a interdependência económica e financeira dos mercados – os novos valores e necessidades não excluem que a soberania possa ser reconduzida à sua clássica noção, pois são mais mudanças qualitativas "exógenas" do que mudanças qualitativas "endógenas" (cfr. *La Crisi Dell'euro: Limiti e Rimedi Dell'Unione Economica e Monetaria*, Milano, Giuffrè Editore, 2012, pp. 28-32).

[249] JEAN L. COHEN, *Globalization and Sovereignty – Rethinking Legality, Legitimacy and Constitutionalism*, New York, Cambridge University Press, 2012, p. 24.

[250] TANEL KERIKMÄE e KATRIN NYMAN-METCALF concluem que, apesar de não lhe parecer haver uma transferência de soberania para a União Europeia, também as noções de transferência de direitos soberanos ou de soberania funcionalmente limitada não representa bem a realidade da União, dada a dificuldade em definir limites às competência da União e ao relevo prático das suas determinações (cfr. "The European Union And Sovereignty: The Sum Is More Than Its Parts?", Temas de Integração, N.º 31-32, 1.º/2.º Semestre, 2011, pp. 5 – 16. MARTIN LOUGHLIN, "Ten Tenents of Sovereignty", *Sovereignty in Transition*, Neil Walker (ed.), Oxford/ Portland, Hart Publishing, 2003, pp. 455-460).

A este propósito é impressiva a imagem proposta por NEIL MACCORMICK, para quem a soberania se assemelha não à propriedade (cuja aquisição depende da sua perda por outrem) mas à perda de virgindade (que se perde sem que ninguém a adquira e cuja perda pode ser,

3. A diluição da legitimidade

A sobreposição da intervenção de múltiplos actores no plano externo não só suscitou o debate sobre o conceito de soberania, como generalizou o discurso sobre a legitimidade daqueles intervenientes no campo internacional.

A indagação da legitimidade (ou da falta desta) deixou, portanto, de trilhar caminho apenas no âmbito estadual, tendo transposto fronteiras e sendo hoje levada a cabo relativamente a quaisquer actores relevantes na esfera pública (União Europeia, organizações internacionais, organizações não governamentais e entidades privadas com competências regulatórias).

Com o surgimento e fortalecimento de foros internacionais e transnacionais, perde-se inevitavelmente o monopólio do exercício do poder pelo Estado, que deixa de ser a única fonte de decisões com efeitos vinculativos perante os seus destinatários[251]. Ora, isto implica a impossibilidade de estas decisões beneficiarem directamente dos fundamentos da legitimidade do Estado, devendo procurar os seus próprios critérios de legitimação[252].

Mesmo a legitimidade estatal passa a revestir novos contornos e a responder a novas demandas, que obrigam a superar a visão atomística em que tradicionalmente assentava: é esta, portanto, uma questão muito antiga, mas também muito nova[253].

A importância da legitimidade é evidente, ainda que dificilmente explicável. Pedindo emprestadas as inimitáveis palavras de BARBOSA DE MELO, a legitimidade refere-se a um *"consenso intersubjectivo* ou *social* e equivale, em rigor, a uma qualidade, real ou presumida, que é *atribuída* às decisões públicas – pelos destinatários ou, em geral, pelos membros da comunidade

---

em certas condições, objecto de celebração) (cfr. "Sovereignty: Myth and Reality", *in Towards Universal Law – Trends in National, European and International Law Making,* Iustus Förlag, Stockholm, 1995, p. 232).

[251] Sobre esta evolução, cfr. SAMANTHA BESSON, "Institutionalising global Demoi-cracy", *Legitimacy, Justice and Public International Law,* Lukas H. Meyer (ed.), Cambridge, Cambridge University Press, 2009, pp. 58-91; e PETER M. GERHART, "The Parochial State and International Law", *Liber Memorialis Petar Šarčevic – Universalism, Tradition and the Individual,* Munique, European Law Publishers, 2006, pp. 563 -573.

[252] NIKLAS LUHMANN, "Selbstlegitimation des Staates", *Legitimation des Modernen Staates, Archiv für Rechts- Und Sozialphilosophie,* Franz Steiner Verlag, Wiesbaben, 1981, p. 65, advoga, precisamente, que todas as ordens devem preocupar-se com os seus critérios de legitimação.

[253] Como refere ULRICH SCHEUNER, "Die Legitimationsgrundlage des modernen Staates", *Legitimation des Modernen Staates, Archiv für Rechts- Und Sozialphilosophie,* Franz Steiner Verlag, Wiesbaben, 1981, pp. 1-9.

– independentemente das razões, motivos, pretextos ou sem-razões de uma tal atribuição»[254].

Assenta, portanto, na necessidade de os poderes políticos se pautarem, na sua actuação, por princípios ético-jurídicos aos quais a comunidade adira ou com os quais se identifique, de tal modo que aceite, generalizadamente, os actos autoritários provenientes daquelas autoridades. Na formulação de SCHMITTER *"(a) legitimidade converte o poder em autoridade* – Macht em Herrschaft – *e, portanto, simultaneamente, estabelece uma obrigação de obediência e um direito a uma regra"*[255].

Este consenso é particularmente relevante no âmbito estadual mas, também, internacional, por legitimidade e coacção tenderem a excluir-se reciprocamente. O que significa, que num ambiente dominado pela ausência ou limitação do exercício de poderes de coerção, é tanto mais relevante acentuar a legitimidade das autoridades chamadas a decidir ou a participar naquela tomada de decisão ou na sua execução.

Assim sucede relativamente às organizações internacionais, cujas competências para a adopção de actos vinculativos tanto mais importantes são quanto a sua aprovação não se encontra dependente do cumprimento da regra da unanimidade, mas de processos de criação da vontade da organização internacional assentes na maioria simples ou qualificada, o que exprime um crescente papel das organizações internacionais na própria reconceptualização das fontes autoritárias/unilaterais típicas do direito internacional público.

Esta progressiva autonomia deve, portanto, ser contrabalançada por uma ampliação da base de legitimação da organização internacional. As transformações no modelo de tomada de decisão, aliadas ao facto de os actos unilaterais serem, em regra, praticados por órgãos executivos ou de composição restrita das organizações internacionais e, em especial, ao facto de o conteúdo normativo preciso de tais actos ter como destinatários directos ou indirectos entidades privadas, impõem um claro ancoramento da actividade adminis-

---

[254] ANTÓNIO BARBOSA DE MELO, "Legitimidade Democrática e Legislação Governamental na União Europeia", *Estudos em Homenagem ao Prof. Doutor Rogério Soares*, Coimbra, Coimbra Editora, 2001, p. 110.

[255] PHILLIPE C. SCHMITTER, *What is there to legitimise in the European Union... And how might this be accomplished,* Reihe Politicalwissenschaft/ Political Science Series 75, Institut für Höhere Studien (IHS), Wien, May, 2001, disponível em http://aei.pitt.edu/240/1/pw_75.pdf, acesso em 7 de Agosto de 2015, p 2.

PERMEABILIDADE DO DIREITO ADMINISTRATIVO

trativa da organização internacional em procedimentos participados e em princípios fundamentantes[256].

Em particular, é relevante que os potenciais afectados pela intervenção das organizações internacionais depositem confiança na organização internacional e na sua aptidão para intervir eficaz e garantisticamente. Esta adesão à actuação da organização internacional é tanto mais exigível quanto maior for a afectação individual que dela dimana, o que acontece, sobretudo, nas situações em que esta assegura a administração directa de um território ou Estado, sob pena de a assunção de funções tipicamente cometidas aos Estados pelas organizações internacionais, sem as garantias que estes normalmente oferecem ou deveriam oferecer, suscitar séria descredibilização ou mesmo resistência à intervenção das organizações internacionais[257].

Complementando, por isso, a exigência de *eficácia* da actuação das organizações internacionais, é essencial que se afirme a *legitimidade* da intervenção daquelas, na medida em que é esta dimensão de legitimidade, enquanto condição da vigência, em geral, do acto adoptado, que permite, de forma sustentável, a partilha de projectos e a assunção de interesses em comum.

Não é fácil, porém, transportar uma noção como a de legitimidade, pensada para o enquadramento da titulação e exercício de competências por parte dos poderes públicos nacionais, para o âmbito das organizações internacionais, essencialmente pela ausência de um papel próprio e relevante deferido aos indivíduos, pilares do princípio democrático, na criação

---

[256] Caso tal não suceda, o fenómeno da globalização, de um ambiente propício ao desenvolvimento das organizações internacionais, pode converter-se num factor que mina a sua importância. Sobre esta questão, G. C. A. JUNNE, "International organizations in a period of globalization: New (problems of) legitimacy", *The Legitimacy of International Organizations*, Jean-Marc Coicaud, Veijo Heiskanen (ed.), United Nations University Press, 2001, pp. 189-220.

[257] FRÉDÉRIC MÉGRET e FLORIAN HOFFMANN referem que, maiores poderes das organizações internacionais devem ser acompanhados por maiores responsabilidades destas (cfr. "The UN as a Human Rights Violator? Some Reflections on the United Nations Changing Human Rights Responsabilities", *Human Rights Quarterly*, Vol. 25, 2003, pp. 314-342). Também ERIKA DE WET considera que a *accountability* das organizações internacionais deve ser pensada tendo em consideração um conjunto amplo de "*constituencies*", não apenas dos Estados, mas de todos os afectados pela actuação da organização internacional (cfr. "Holding International Institutions Accountable: The Complementary Role of Non-Judicial Oversight Mechanisms and Judicial Review", *German Law Journal*, Vol. 9, N.º 11, 2008, disponível em https://www.germanlawjournal.com, acesso em 1 de Julho de 2015, pp. 1989-1990).

EFICÁCIA, RECONHECIMENTO E EXECUÇÃO DE ACTOS ADMINISTRATIVOS ESTRANGEIROS

e desenvolvimento do direito das organizações internacionais. Não obstante as dificuldades, não cessa a procura de fundamentos e de modelos que permitam fundar a legitimidade democrática das organizações internacionais, *"já que se as relações de poder não terminam nas fronteiras nacionais, também deveria ser permitido aos princípios democráticos aí terminarem"*[258].

No caso das organizações não governamentais e das entidades privadas que assumem poderes regulatórios, suscitam-se igualmente dúvidas sobre a sua actuação quando consideradas sobre o prisma da legitimidade de intervenção. De facto, apesar de se assumirem como *representantes* da sociedade global ou de interesses específicos (dos seus *stakeholders*), não há como aferir essa capacidade representativa, e a pretensa independência da sua actua-

---

[258] SUSAN MARKS, "Democracy and international governance", Jean-Marc Coicaud, Veijo Heiskanen (ed.), *The Legitimacy of International Organizations*, United Nations University Press, 2001, p. 66.

Na linha da relevância do discurso democrático nas organizaçõs internacionais indaga WHITE como é que as organizações internacionais podem promover a democracia para os seus Membros mas não serem, elas mesmas, democráticas (NIGEL D. WHITE, *The Law of International Organisations*, 2.ª ed, Manchester, Manchester University Press, p. 200).

Outros autores, porém, minimizam o discurso relativo à legitimidade nas organizações internacionais precisamente por considerarem que é impossível chegar a um nível de representação similar ao que se consegue por via eleitoral. Cfr. BENEDICT KINGSBURY, NICO KRISCH e RICHARD B. STEWART,"The emergence of global administrative law", *Law & Contemporary Problems*, n.º 68, 2005, pp. 49-50. Referindo-se a uma "tragédia da democracia" no âmbito internacional, cfr. J.H.H. WEILER, "The Geology of International Law – Governance, Democracy and Legitimacy", *Zeitschrift für ausländisches öffentliches Recht und Völkerrecht*, Vol. 64, 2004, pp. 547-562.

Mesmo que se compreendam as dificuldades subjacentes a esta aproximação mais pragmática, não se deve deixar, de um ponto de visto político, de ampliar a base democrática da actividade das organizações internacionais, designadamente pelo recrudescimento da participação dos parlamentos nacionais ou seus representantes nos mecanismos institucionais e procedimentais das organizações internacionais, em especial estando em causa o controlo de princípios base de actuação da organização como os da especialidade e subsidiariedade. Do mesmo modo, devem estas organizações – à semelhança do que se advoga para o Estado – estabelecer mecanismos de ligação, inclusive institucionais, com outros sujeitos de direito internacional, de modo a potenciar os efeitos das suas actuações. Neste sentido, ao defender que se devem procurar aliar mecanismos nacionais e internacionais, para acentuar ou dissipar dúvidas sobre a legitimidade das organizações internacionais, cfr. RÜDIGER WOLFRUM, " Legitimacy of International Law from a Legal Perspective: Some Introductory Considerations", *Legitimacy in International Law,* Rüdiger Wolfrum, Volker Röben (eds.), Berlin, Springer, 2008, pp. 1-24.

PERMEABILIDADE DO DIREITO ADMINISTRATIVO

ção é colocada em causa – pelo menos teoricamente – pelas associações que estas entidades têm com Estados e organizações, já que tais colaborações são em regra acompanhadas pela concessão de financiamento, reconhecimento de imunidades, etc.[259]. Em contrapartida, há toda uma preocupação no sentido de garantir a contínua actividade dessas organizações, promovendo a boa governança destas entidades no plano internacional, como o demonstra a aprovação da Carta de Responsabilidades das Organizações Não Governamentais Internacionais[260].

Mas não é de surpreender que o discurso sobre a legitimidade seja ainda mais aceso quanto à União Europeia, dados os fortes poderes por esta exercitados.

A legitimidade da União Europeia assenta nas ideias força de identidade e interesse comunitários, ideias estas que se encontram intimamente relacionadas.

As críticas sobre o *deficit* de legitimidade têm vindo a acompanhar o desenvolvimento da União Europeia – e motivado muitas das alterações a que os Tratados têm vindo a ser submetidos –, grandemente devido à inexistência de uma estrutura constitucional e democrática similar à dos Estados. Ao ponto de se chegar a considerar que a estrutura da União prejudica inclusive a estrutura estadual, por esta se encontrar a braços com opções impostas do exterior, sem o devido escrutínio democrático[261].

---

[259] TIMOTHY A. CANOVA considera, em geral, que os actores não estatais assumem aqui um papel especial mas nem sempre isento de críticas, contribuindo para acentuar as falhas de democracia do sistema e para a captura dos reguladores pelos regulados (cfr. "Non-State Actors and the International Institutional Order: Central Bank Capture and the Globalization of Monetary Amnesia", *ASIL Proceedings of the 101st Annual Meeting, The Future of International Law*, Washington D.C., 2007, pp. 469-473).

[260] Segundo PETER J. SPIRO as questões relacionadas com a "accountability" apenas se suscitam perante actores dotados de poder, o que é o caso das organizações não governamentais; pelo que também estes se devem preocupar com os critérios da sua legitimação (cfr. *NGOs and Human Rights – Channels of Power*, Legal Studies Research Paper Series, 2009-6, 2009, disponível em http://ssrn.com/abstract=1324971, acesso em 4 de Agosto de 2015, p. 21).

Sobre as exigências mais acentuadas de governança no seio da União Europeia, cfr. ALEXANDRA ARAGÃO, "A Governância na Constituição Europeia: uma Oportunidade Perdida?", *Constituição Europeia – Colóquio Ibérico: homenagem ao Doutor Francisco Lucas Pires*, Coimbra, Coimbra Editora, 2005, pp. 105-166.

[261] Cfr. FRANCISCO BALANGUER CALLEJÓN para quem a via para a resolução desta falta de legitimidade deverá passar pela assunção plena de um modelo federal (cfr. "European Identity,

As críticas não têm, porém, sido unidireccionais, havendo quem considere que a criação e o reforço das competências de organizações internacionais e da União Europeia (o designado "multilateralismo") podem contribuir para melhorias no sistema democrático dos Estados, seja pelo combate aos interesses especiais, seja pela protecção dos direitos que envolve, seja pela promoção de um processo decisório público robusto e mais participado[262].

Neste mesmo sentido vai, entre nós, POIARES MADURO, que analisa os défices democráticos das políticas nacionais, considerando que estes excluem de representação e de participação muitos interesses afectados pelas suas decisões ou beneficiam uns grupos relativamente a outros, podendo o constitucionalismo europeu representar uma via correctiva de situações puramente nacionais[263].

Citizenship and the Model of Integration", *Jahrbuch des Öffentlichen Rechts,* Vol. 62, 2014, pp. 311-323). Também G.F. MANCINI entende que, apesar de a União pressupor a democracia, não é em si mesma democrática, por continuar a repousar em mecanismos intergovernamentais, típicos da comunidade internacional (cfr. "Europe: the Case for Statehood", *European Law Journal,* Vol. 4, N.º 1, March, 1998, pp. 29-42).

[262] ROBERT O. KEOHANE, STEPHEN MACEDO, ANDREW MORAVCSIK, "Democracy-Enhancing Multilateralism", *International Organization,* Vol. 63, Winter, 2009, pp. 4-28. Os autores contestam ainda as três principais "falácias" em que assentam as críticas à democraticidade das organizações internacionais: o facto de a soberania absoluta e não partilhada não ser um dos necessários requisitos democráticos; a circunstância de nem todas as instâncias estaduais terem sistemas democráticos exigentes; e o facto de nem toda a democracia se resumir a uma posição redutora de garantia da participação popular. ANAND MENON e STEPHEN WEATHERHILL vão também neste sentido, ao defender que a União tanto empodera colectivamente os Estados, como limita as suas competências, exercendo uma uma influência virtuosa ao tentar diminuir as falhas de legitimidade dos Estados no âmbito das decisões transnacionais (cfr. "Transnational Legitimacy in a Globalising World: How the European Union Rescues its States", *West European Politics,* Vol. 31, N.º 3, May, 2008, p. 409).

[263] MIGUEL POIARES MADURO, *A Constituição Plural – Constitucionalismo e União Europeia,* Lisboa, Principia, 2006, em especial pp. 273-294 (já antes, MIGUEL POIARES MADURO, "O *Superavit* Democrático Europeu, *Análise Social,* Vol. 36, N.º 158/159, Primavera-Verão, 2001, pp. 119-152).

AGUSTIN JOSÉ MENÉNDEZ, anota pontos positivos à União Europeia – de entre os quais a circunstância de permitir encurtar o desencontro entre a limitação dos sistemas jurídicos nacionais e os efeitos mais amplos das suas normas e determinações –, mas sem esquecer os seus défices (por exemplo ao nível dos processos de tomada de decisão) (cfr. "The European Democratic Challenge: The Forging of a Supranational *Volonté Générale",* European Law Journal, Vol. 15, N.º 3, May, 2009, pp. 277–308).

PERMEABILIDADE DO DIREITO ADMINISTRATIVO

Na nossa leitura das coisas, a resposta para as questões acerca dos défices de legitimidade tem passado tanto pela valorização do *mix* de legitimidades em que assenta a União Europeia[264], como pelo aditamento de novas dimensões à noção de legitimidade – uma legitimidade de resultados ou *out-put legitimacy* – que contrabalance as deficiências na legitimação democrática da União[265], como ainda pela desejável intersecção de legitimidades, de modo a contrabalançar as insuficiências que cada uma apresenta[266].

Na busca destas redes complexas de legitimação, vão-se desenhando – sem pretensão de exaustividade da nossa parte – espaços constitucionais comuns[267], interconstitucionalidades[268], constituições para além do Estado[269] e constitucionalismos plurais[270].

---

[264] Para a nossa perspectiva sobre esta questão, cfr. DULCE LOPES, "Legitimidade na União Europeia", *Debater a Europa*, Isabel Maria Freitas Valente, Ana Maria Reis Ribeiro (orgs.), Aveiro, CIEDA, 2010, pp. 21 – 46.

[265] ANAND MENON, STEPHEN WEATHERHILL, "Transnational Legitimacy in a Globalising World: How the European Union Rescues its States", *West European Politics*, Vol. 31, N.º 3, May, 2008, p. 402.
Sobre a diferença entre *in-put* e *out-put legitimacy*, cfr. KOEN LENAERTS, MARLIES DESOMER, "New Models Of Constitution-Making In Europe: The Quest For Legitimacy", *Common Market Law Review*, Vol. 39, 2002, pp. 1223-1233.

[266] Pronunciando-se no sentido de que a avaliação da legitimidade não deve ser feita de forma isolada, mas integrada num sistema inerentemente relacional, cfr. ACHIM HURRELMANN, *Multi-Level Legitimacy: Conceptualizing Legitimacy Relationships between the EU and National Democracies*, TranState Working Papers 41, Bremen, 2006, p. 2, disponível em http://econstor. eu/bitstream/10419/24954/1/514659483.PDF, acesso em 7 de Agosto de 2015.

[267] AFONSO D'OLIVEIRA MARTINS, "Os Espaços Constitucionais Comuns – Aspectos de um Conceito", *Estudos em Homenagem a Miguel Galvão Teles*, Vol. I, Coimbra, Almedina, 2012, pp. 621-632.

[268] J.J. GOMES CANOTILHO, *"Brancosos" e Interconstitucionalidade – Itinerários dos Discursos sobre Historicidade Constitucional, Coimbra*, Almedina, 2006, pp. 263-271; FRANCISCO LUCAS PIRES, *Introdução ao Direito Constitucional Europeu – Seu Sentido, Problemas e Limites,* Coimbra, Almedina, 1997, p. 18; PAULO RANGEL, "Uma Teoria da "Interconstitucionalidade" (Pluralismo e Constituição no Pensamento de Francisco Lucas Pires)", *Themis*, Vol. 1-2, 2000, pp. 127-151.

[269] JORGE MIRANDA, "Democracia e constituição para além do Estado, *Revista da Faculdade de Direito da Universidade de Lisboa*, Vol. LI, N.º 1 e 2, 2010, pp. 33-46.

[270] MIGUEL POIARES MADURO, *A Constituição Plural – Constitucionalismo e União Europeia*, Lisboa, Principia, 2006, em especial pp. 26-34, e MIGUEL GALVÃO TELES, "Constituições dos Estados e Eficácia Interna do Direito da União e das Comunidades Europeias – Em Particular o Artigo 8.º, n.º 4, da Constituição Portuguesa", *Estudos em Homenagem ao Professor Doutor*

Estas perspectivas, apesar de nos parecerem dominantes, não são unânimes, havendo quem recuse uma visão holista do constitucionalismo, pela ausência de uma ancoragem de interesses comuns (de uma *"common "we" perspective"*)[271], pela incoerência e desordem dessas teorias, que introduzem uma profunda incerteza no plano internacional[272], pela distinção essencial entre perspectivas – ao não se poder colocar em pé de igualdade a governança com base nos interesses dos representados (no âmbito internacional) e o governo democrático[273] – ou pela diluição das próprias bases de legitimidade, por se centrarem aquelas teorias mais nos resultados do que nos processos de participação democrática[274].

Uma coisa é certa: a legitimidade deixou de ser vista como um *dado adquirido,* dando lugar a um *processo contínuo de legitimação*; deixou de ser vista como um *valor absoluto*, impondo uma análise das variadas *condições de exercício* da autoridade; deixou de ser vista como uma *qualidade exclusiva*, admitindo a sua partilha – por vezes virtuosa – entre vários actores.

Acresce que as narrativas sobre legitimidade não são irrelevantes para o âmbito do nosso estudo, uma vez que, como teremos oportunidade de analisar, o reconhecimento de actos administrativos estrangeiros suscita questões relevantes ao nível da legitimidade, em especial quando em causa está o abatimento dos critérios de controlo no âmbito do reconhecimento mútuo.

Marcello Caetano – No Centenário do seu Nascimento, Vol. II, Jorge Miranda (coord.), Coimbra, Coimbra Editora, 2006, pp. 295-331 (p. 326).

[271] Neil Walker, *Multilevel Constitutionalism: Looking Beyond the German Debate,* LEQS Paper No. 08/2009, June, 2009, disponível em http://www.lse.ac.uk/europeanInstitute/LEQS/LEQSPaper8Walker.pdf, acesso em 14 Julho de 2014, p. 29.

[272] Neil Walker, "Taking Constitutionalism Beyond the State", *Political Studies,* Vol. 56, 2008, p. 540.

[273] Richard B. Stewart, "Administrative Law in the Twenty-First Century", *New York University Law Review,* Vol. 78, N.º 2, May, 2003, p. 460.

Colin Scott considera que são necessárias soluções híbridas, pois o constitucionalismo ortodoxo não é suficiente, sendo necessário abraçar formas de constitucionalismo fora do modelo estatal (cfr. *Regulatory Governance And The Challenge Of Constitutionalism* Robert Schuman Centre For Advanced Studies, Private Regulation Series-02, EUI Working Paper RSCAS 2010/07, 2010, pp. 14-15).

[274] Michael Keating, "Sovereignty and Plurinational Democracy: Problems in Political Science", *Sovereignty in Transition,* Neil Walker (ed.), Oxford/ Portland, Hart Publishing, 2003, pp. 200-201.

4. A diluição da distinção público-privado

A distinção entre direito público e privado sempre foi uma distinção com carácter aproximado.

Não só os critérios da divisão entre estes direitos se foram sucedendo ou apinhando[275], como a própria relevância da distinção foi oscilando de ordenamento jurídico para ordenamento jurídico[276], como, ainda, a linha divisó-

---

[275] As distinções possíveis são múltiplas, dependendo dos critérios eleitos: a participação de um órgão de autoridade; as funções desempenhadas; o enquadramento jurídico aplicável, o domínio de uma entidade pública; e o interesse prosseguido (cfr. SIMON WHITTAKER, "Consumer Law and the distinction between public law and private law", *in The Public Law/Private Law Divide – Une entente assez cordiale*, Mark Freedland e Jean-Bernard Auby (eds.), Hart Publishing, Oxford, 2006, p. 247). PIERRE VAN OMMESLAGHE faz também uma análise exaustiva, nos ordenamentos jurídicos francês e belga, dos critérios de distinção entre direito público e privado: diversos métodos pedagógicos; diferente objecto material; distintos meios contenciosos de reacção; clivagem entre domínio de liberdade e de autoridade; oposição entre tipos de interesses; polarização de métodos de intervenção; e intervenção dos conceitos de poder público e de serviço público (cfr. " Le Droit Public Existe-t-il?", *Revue de la faculté de droit et de criminologie de l'ULB*, N.º 33, 2006, pp. 15-63).
Na dificuldade de estabelecer um critério distintivo definitivo, de natureza jurídica, JEAN-BERNARD AUBY considera que, *"em suma, a distinção reflecte uma partilha política e moral do mundo, entre a esfera do interesse público e a esfera do interesse privado"* (cfr. "Le Rôle de la Distinction du Droit Public et du Droit Privé dans le Droit Français", *in The Public Law/Private Law Divide – Une entente assez cordiale*, Mark Freedland e Jean-Bernard Auby (eds.), Hart Publishing, Oxford, 2006, p. 13).

[276] Como é abundantemente referido na doutrina, a distinção sempre foi mais relevante em alguns ordenamentos jurídicos do que em outros – na Europa mais do que nos ordenamentos jurídicos da *common law* – encontrando-se muitas vezes associada à distribuição material de competências entre jurisdições contenciosas, nos Estados que adoptem um modelo dualista. Neste sentido, cfr. GEORGE A. BERMANN, "Public Law in the Conflict of Laws", *American Journal of Comparative Law – Suplement*, Vol. 34, 1986, p. 157; RALF MICHAELS e NILS JANSEN consideram que o direito privado tem diferentes significados porque o Estado também tem diferentes significados em cada ordem jurídica (cfr. "Private Law Beyond the State", in *Beyond the State – Rethinking Private Law*, Nils Jansen/ Ralf Michaels (eds.), Mohr Siebeck, Tübingen, 2008, p. 80); e ANDRÉ-JEAN ARNAUD refere que esta dicotomia não tem interesse na parte em que faz referência a campos disciplinares, apenas relevando em termos contenciosos (cfr. "Droit Privé/Public", *Dictionnaire Encyclopédique de Théorie et de Sociologie du Droit*, 2.ª ed., Paris, Librairie Génerale de Droit et de Jurisprudence, 1993, p. 205).

ria entre ambos os direitos se foi movendo, acompanhando a evolução das estruturas e interesses públicos e privados carecidos de regulamentação[277].

Tanto não significa, no entanto, que estas movediças linhas divisórias fossem ou sejam irrelevantes, tanto no plano interno, como no plano internacional.

Uma posição reducionista, que recuse a relevância da distinção entre direito privado e direito público, ainda que assente no pensamento meritório da unidade da ordem jurídica e na ideia matriz de que todas as regras do direito são, afinal, destinadas ao Homem[278], olvida a essencialidade do estabelecimento de critérios distintivos para o próprio direito, para a sua compreensão e concretização. Há mesmo quem aponte, dada tanta oscilação doutrinária, um paradoxo ou esquizofrenia no debate da distinção entre direito privado e público; como anuncia CANE *"public/private is dead! Long live public/private"*[279].

Mas se assumimos que esta a distinção continua a fazer sentido – o que é evidente do objecto que seleccionámos para a nossa tese –, ela passou a ser

---

[277] Ao que se alia a proposta de outros ramos do direito para além do direito público e do direito privado – o direito social –, assentando a distinção nos interesses prosseguidos, mas dando conta da unidade por detrás de todas as formas de direito: o equilíbrio entre os interesses identificados (cfr. GRÉGOIRE P. CASSIMATIS, "Jus Publicum, Jus Privatum, Jus Sociale – Essai sur l'Autonomie du Droit Social", *Eranion in Honorem Georgii S. Maridakis,* Vol. III, Atenas, Athenis, 1964, p. 675).

[278] HENRI BATIFFOL, "Ponts de Contact entre le Droit International Public et le Droit International Privé", *Revista Española de Derecho Internacional,* Vol. XXIV, N.º 1-2, 1971, p. 77.

Para JOSÉ FERREIRA MARNOCO E SOUZA qualquer distinção *"carece de base scientífica, visto ser inteiramente insustentavel a anachronica dividão do direito em publico e privado..."* (cfr. *Execução Extraterritorial das Sentenças Cíveis e Comerciais,* Coimbra, F. França Amado Editor, 1898, p. 19).

Mais recentemente, MARIA JOÃO ESTORNINHO desdramatiza a importância da distinção, dado o surgimento de cada vez mais situações de miscelânia, sendo importante, se bem acompanhamos o pensamento da Autora, garantir a unidade da ordem jurídica perante a mutabilidade das suas divisões internas (cfr. *A Fuga para o Direito Privado – Contributo para o Estudo da Actividade de Direito Privado da Administração Pública,* Lisboa, s/editora, 1996, pp. 139-158).

Por seu turno, FRANÇOIS RIGAUX entende que substituir a diferenciação de conceitos entre direito privado e público pelo termo compreensivo de transnacionalidade seria uma operação de vocabulário sem efeitos reais (cfr. *Droit Public et Droit Privé dans les Relations Internationales,* Paris, Éditions A. Pedone, 1977, p. 422).

[279] PETER CANE, "Accountability and the Public/Private Distinction", *Public Law in a Multi-Layered Constitution,* Nicholas Bamforth e Peter Leyland (eds.) Oxford and Portland, Hart Publishing, 2003, p. 248.

cada vez mais porosa, pela mestiçagem de institutos e evolução de tendências "colonizadoras" de um ramo do direito pelo outro. Já não se trata, afinal, como perguntava JELLINEK, de saber se um professor de direito administrativo pode dar uma aula sobre direito da caça e da pesca[280], mas aferir qual a perspectiva seleccionada sobre a qual daria a sua lição.

E, quanto a esta perspectiva, se, durante algum tempo, a tendência dominante passava pela análise e eventual crítica de uma publicização do direito privado (essencialmente com a influência determinante do Estado de Direito Social e a adopção de medidas públicas de protecção de determinadas partes, consideradas tradicionalmente mais débeis), o foco alterou-se – pelo menos do ponto de vista dos publicistas – para uma *privatização do direito público*[281].

Para tanto, assume papel decisivo um conjunto de alterações resultantes do desenvolvimento das tendências da europeização, globalização e governança privada no plano internacional[282]. Dada a importância dos actores privados em qualquer destes níveis de regulação, bem como da necessidade

---

[280] WALTER JELLINEK, *Verwaltungsrecht*, 3.ª ed., Offenburg, Lehrmittel-Verlag G.M.B.H., 1948, p. 46.

[281] Esta tendência não é unânime, acentuando-se, também hoje, a constitucionalização ou publicização de relações privadas (cfr. HORATIA MUIR WATT, "Brussels I and Aggregate Litigation or the Case for Redesigning the Common Judicial Area in Order to Respond to Changing Dynamics, Functions and Structures in Contemporary Adjudication and Littigation", *IPRax – Praxis des Internationalen Privat- und Verfahrensrechts*, 30 Ano, Vol. 2, 2010, p. 113; e COLIN SCOTT, *Regulatory Governance And The Challenge Of Constitutionalism* Robert Schuman Centre For Advanced Studies, Private Regulation Series-02, EUI Working Paper RSCAS 2010/07, 2010, p. 7); ou o papel das autoridades administrativas na regulação dos mercados (HANS-W. MICKLITZ, "Administrative Enforcement of European Private Law", *The Foundations of European Private Law*, Roger Brownsword, Hans-W Micklitz, Leone Niglia, Stephen Weatherill (eds.), Oxford, Hart Publishing, 2011, pp. 563-564).
De acordo com OLIVIER BEAUD os privatistas inquietam-se tradicionalmente com o movimento de publicização do direito privado e os publicistas com um movimento de recuo do direito público (cfr. "La Distinction entre Droit Public et Droit Privé: Un Dualisme qui Résiste aux Critiques", *in The Public Law/Private Law Divide – Une entente assez cordiale*, Mark Freedland e Jean-Bernard Auby (eds.), Hart Publishing, Oxford, 2006, p. 24).

[282] Neste sentido, RALF MICHAELS e NILS JANSEN, "Private Law Beyond the State", in *Beyond the State – Rethinking Private Law*, Nils Jansen/ Ralf Michaels (eds.), Mohr Siebeck, Tübingen, 2008, pp. 89-98. Cfr., ainda, HORATIA MUIR WATT, ETIENNE PATAUT, "Les Actes Iure Imperii et le Règlement Bruxelles 1 – A propos de l'affaire Lechouritou", *Revue Critique de Droit International Privé*, Vol. 96, N.º 1, Janeiro-Março, 2008, pp. 61-62.

EFICÁCIA, RECONHECIMENTO E EXECUÇÃO DE ACTOS ADMINISTRATIVOS ESTRANGEIROS

de encontrar um *léxico comum* entre os vários sujeitos envolvidos no tráfico internacional, o recurso às fórmulas de direito privado, tentando a sua replicação em contextos cada vez mais amplos e complexos, tem sido a via preferida, ao nível legislativo e doutrinal.

E ainda que haja matérias que sejam deixadas ao Estado por necessidade, JÜRGEN BASEDOW considera que a regulamentação privada tem vantagem comparativa num grande número de matérias, desde logo pelo carácter internacional dos assuntos em discussão, a maior facilidade de fixação de *stantards* técnicos, a necessidade de decisões ou regulamentação ágil e a maior possibilidade de regulação corporativa de assuntos sociais[283].

A este conjunto de "ataques" ao direito público, soma-se um outro: a *equivocidade* trazida pelo direito europeu (tanto no âmbito da Convenção Europeia dos Direitos do Homem, como no âmbito do Direito da União Europeia) – e pelo próprio direito internacional[284] – sobre os conceitos de direito público e direito privado.

Estes ordenamentos jurídicos partem de uma construção própria e original do direito, que não valoriza a distinção privado-público, precisamente por a linha distintiva entre ambos não ser traçada sempre no mesmo meridiano. Mas pensando em áreas específicas do direito, como o direito regulatório e o direito da concorrência, também nestas se nota uma atenuação entre as técnicas e regras de direito público e de direito privado, muito por

---

[283] JÜRGEN BASEDOW, "The State's Private Law and the Economy – Commercial Law as an Amalgam of Public and Private Rule-Making", in *Beyond the State – Rethinking Private Law*, Nils Jansen/ Ralf Michaels (eds.), Mohr Siebeck, Tübingen, 2008, pp. 297-299.
Esta posição recorda-nos a de JEAN RIVERO, que desiste de procurar um critério de distinção, considerando que o direito administrativo compreende as regras derrogatórias de direito comum, exigidas pelo interesse público, convertendo-o, assim, num campo residual (cfr. "Exis-t-il un Critère du Droit Administratif", *Pages de Doctrine,* Paris, L.G.D.J., 1980, pp. 187-202).
[284] De facto, as estruturas jurídicas e jurisdicionais internacionais mais recentes – com a excepção evidente do Tribunal Penal Internacional – são indiferentes ao dualismo jurídico, segundo DIDIER TRUCHET, "La distiction du droit public et du droit privé dans le droit économique", *The Public Law/Private Law Divide – Une entente assez cordiale*, Mark Freedland e Jean-Bernard Auby (eds.), Hart Publishing, Oxford, 2006, p. 55.
Cfr., ainda, JEAN-BERNARD AUBY e MARK FREEDLAND, "General Introduction", *in The Public Law/Private Law Divide – Une entente assez cordiale*, Mark Freedland e Jean-Bernard Auby (eds.), Hart Publishing, Oxford, 2006, p. 4.

força de uma comunhão de valores comuns – como o da eficiência[285] –, e de proliferação de intervenientes, públicos e privados, cujo estatuto não é facilmente discernível.

O papel substancial da distinção entre direito público e privado, dadas estas alterações, enquanto mecanismo que permite distinguir o direito aplicável ao fundo da causa, pareceria, assim, irremediavelmente comprometido, dada a invasão do direito público pelo direito privado e a perda de especificidade do direito público[286].

Mas será hoje esta distinção contingente? Não subsistirão motivos – jurisdicionais, substantivos e procedimentais[287] – que justifiquem a autonomização destas duas áreas do direito?

---

[285] Segundo KAREN YEUNG a eficiência deixa de ser vista puramente como um valor privado e passa a ser vista como um critério central para aferir a legitimidade do poder económico, quer esteja em mãos públicas, quer esteja em mãos privadas (cfr. "Competition Law and the Public/Private Divide", *in The Public Law/Private Law Divide – Une entente assez cordiale*, Mark Freedland e Jean-Bernard Auby (eds.), Hart Publishing, Oxford, 2006, pp. 157-158). Cfr., igualmente, MARTINE LOMBARD, "La régulation et la distinction du droit public et du droit privé en droit français", *in The Public Law/Private Law Divide – Une entente assez cordiale*, Mark Freedland e Jean-Bernard Auby (eds.), Hart Publishing, Oxford, 2006, pp. 81-90.

Ainda assim, há quem aponte a diferença entre a racionalidade política por detrás do direito público e a racionalidade económica por detrás do direito privado como critérios marcantes (mas não incontestados) da distinção: SABINE FRERICHS e TEEMU JUUTILAINEN, "Rome Under Seven Hills? An Archaeology of European Private Law", *Helsinki Legal Studies Research Paper* N.º 32, disponível em SSRN: http://ssrn.com/abstract=2465873, consultado em 3 de Agosto de 2014, p. 3.

[286] JEAN-BERNARD AUBY considera que a rarefacção da importância substantiva do direito público se prende grandemente com as técnicas de produção e aplicação do direito utilizadas: assim, o facto de a regulamentação ser estabelecida por lei e de a regulação de direito privado e direito público ser feita no mesmo texto – como sucede com o direito da concorrência – bem como a tomada em consideração de normas de direito privado pelo aplicador do direito público, limitam o relevo da distinção (cfr. "Le Rôle de la Distinction du Droit Public et du Droit Privé dans le Droit Français", *in The Public Law/Private Law Divide – Une entente assez cordiale*, Mark Freedland e Jean-Bernard Auby (eds.), Hart Publishing, Oxford, 2006, pp. 17-18).

[287] MARK FREEDLAND identifica estas três dimensões relevantes na distinção entre direito público e privado mas refere que, em cada uma delas, a distinção é porosa (cfr. "The evolving approach to the public/private distinction in English Law", *in The Public Law/Private Law Divide – Une entente assez cordiale*, Mark Freedland e Jean-Bernard Auby (eds.), Hart Publishing, Oxford, 2006, p. 108).

EFICÁCIA, RECONHECIMENTO E EXECUÇÃO DE ACTOS ADMINISTRATIVOS ESTRANGEIROS

Há autores que continuam a defendê-la com base nos distintos modos de sancionamento de cada um destes direitos[288]. E parece-nos que têm parcialmente razão. A dimensão da efectivação do direito é aquela em que persiste, de forma mais marcada, a distinção entre direito privado e público, pelas diferentes formas possíveis de execução dos comandos unilaterais emanados.

De facto, por muito que se dilua a distinção público-privado, haverá sempre uma diferenciação do ponto de vista dos mecanismos de execução, públicos ou privados, que podem ser adoptados. E, ainda que estes meios de reacção possam ser cumulados, os critérios de que dependem e as possibilidades de satisfação que abrem são claramente diferenciadas. É o que sucede mesmo em áreas tão miscigenadas como o direito da concorrência, no qual têm vindo ultimamente a ser valorizadas as diferenças – mas também a complementaridade – entre o sancionamento público de condutas violadoras da concorrência e formas de adjudicação privada (*private enforcement*) do direito dos concorrentes[289].

Ao que acresce uma importância fulcral, no âmbito interno, entre o *tipo de matérias* a decidir e à circunstância de as mesmas – quando inseridas no campo do direito público, em especial do direito administrativo – reflectirem as necessidades colectivas que se encontram a cargo de órgãos administrativos, dotados de uma *posição de supremacia jurídica*. E é esta *supremacia* que

[288] OLIVIER BEAUD, "La distinction entre Droit Public et Droit Privé: Un Dualisme qui Résiste aux Critiques", *in The Public Law/Private Law Divide – Une entente assez cordiale*, Mark Freedland e Jean-Bernard Auby (eds.), Hart Publishing, Oxford, 2006, pp. 25-28; MATTEO ORTINO, "The Role and Functioning of Mutual Recognition in the European Market of Finantial Services", *International Comparative Law Quarterly*, Vol. 56, April, 2007, pp. 317-318.

[289] Sobre a complementaridade destas duas perspectivas, cfr. MARIO LIBERTINI, *Diritto della Concorrenza dell'Unione Europea*, Milano, Giuffrè Editore, 2014, pp. 455-461. Sobre as diferenças em termos de execução, cfr. OKEOGHENE ODUDU, "The Public/Private Distinction in EU Internal Market Law", *Revue Trimestrielle de Droit Européen*, Vol. 46, N.º 4, Octobre-Décembre, 2010, pp. 826-841; e LÖIC AZOULAI, "Sur un Sens dela Distiction Public/Privé dans le Droit de l'Union Européenne, *Revue Trimestrielle de Droit Européen*, Vol. 46, N.º 4, Octobre-Décembre, 2010, pp. 842-860.
A tensão entre a aplicação pública e privada do direito da concorrência pode ser ilustrada pela possível limitação à disponibilização de informações a privados no âmbito do sistema de clemência (i.e. de dispensa ou redução de pena no caso de colaboração de empresas denunciantes com as Autoridades da Concorrência), como foi admitido pelo Acórdão *Pfleiderer AG c. Bundeskartellamt* do Tribunal de Justiça de 14 de Junho de 2011, proferido no processo C-360/09.

PERMEABILIDADE DO DIREITO ADMINISTRATIVO

permite identificar modos de tutela declarativa e executiva *próprios* à definição e concretização do direito público que não se encontram identicamente na disponibilidade de entidades privadas, porque desprovidas de poderes jurídico-públicos[290].

Mas mais, se é inegável que o próprio direito da União Europeia, ao munir-se de critérios autónomos para definição das *suas* categorias, coloca em causa a tradicional divisão entre direito público e privado, prevalecente em cada Estado-membro, também é inegável que ele, ao mesmo tempo, lança um novo olhar – mais fresco[291] – sobre aquela definição, que não se afasta grandemente do critério acima sucintamente traçado.

E tanto assim é que é o próprio direito derivado da União, no âmbito da cooperação judiciária em matéria civil, a excluir a sua incidência sobre *matérias de natureza administrativa* traduzidas na produção de actos *iure imperii*[292]; isto ainda que na área da cooperação jurídica em matéria penal – também

---

[290] Apontando neste sentido, entre nós, FRANCISCO PAES MARQUES, "O Conceito de Direito Administrativo: Barroquismo Conceptual Inútil ou Tábua de Salvação no Tsunami", *Estudos em Homenagem ao Professor Doutor Sérvulo Correia*, Vol. II, Jorge Miranda (ed.), Coimbra, Coimbra Editora, 2010, p. 345; e MIGUEL PRATA ROQUE, *A Dimensão Transnacional do Direito Administrativo – Uma visão cosmopolita das situações jurídico-administrativas*, AAFDL, Lisboa, 2014, p. 320.
PEDRO GONÇALVES, na esteira de MARIA DA GLÓRIA GARCIA (em "As Transformações do Direito Administrativo na Utilização do Direito Privado pela Administração Pública, *Os Caminhos da privatização da Administração Pública IV Colóquio Luso-Espanhol de Direito Administrativo,* Coimbra, Coimbra Editora, 2001, pp. 345-359 p. 358), acentua a importância do direito público enquanto forma de agir própria da Administração e de afirmação da sua legitimidade (cfr. *Entidades Privadas com Poderes Públicos,* Coimbra, Almedina, 2005, p. 280).
[291] HUGH COLLINS, "The Hybrid Quality of European Private Law", *The Foundations of European Private Law*, Roger Brownsword, Hans-W Micklitz, Leone Niglia, Stephen Weatherill (eds.), Oxford, Hart Publishing, 2011, pp. 454-455. IRENA PELIKÁNOVA considera que o dualismo é omnipresente no direito da União, mas, todavia, percebe o direito privado como sendo o direito geral no direito comunitário, pela decantação de princípios gerais de direito (cfr. "Le Droit Public et Privé en Droit de L'Union Européenne", *European Review of Public Law*, Vol. 24, N.º 3, 2012, p. 998).
[292] Veja-se exemplificativamente o Regulamento (UE) N.º 1215/2012 Do Parlamento Europeu e do Conselho, de 12 de dezembro de 2012, relativo à competência judiciária, ao reconhecimento e à execução de decisões em matéria civil e comercial, que "(n)ão abrange, nomeadamente, as matérias fiscais, aduaneiras ou administrativas, nem a responsabilidade do Estado por actos ou omissões no exercício da autoridade do Estado (*«acta jure imperii»*), nos termos do artigo 1.º, n.º 1".

EFICÁCIA, RECONHECIMENTO E EXECUÇÃO DE ACTOS ADMINISTRATIVOS ESTRANGEIROS

ela de direito público – tenha avançado no sentido da regulação de mecanismos de cooperação, reconhecimento e execução transfronteiriços no âmbito criminal[293].

Do mesmo modo, as regras comunitárias sobre colusão de empresas e abuso de posição dominante não se aplicam quando as entidades consideradas estejam ligadas, pela sua natureza, pelo seu objecto e pelas regras às quais estão sujeitas, ao exercício de prerrogativas de autoridade pública[294].

SABINO CASESSE considera, por isso, que a inicial indistinção entre direito privado e público no âmbito europeu foi substituída pela *recuperação funcional* (e, por isso, relativa) da distinção para fins de aplicação dos princípios da liberdade de circulação e da concorrência[295].

---

[293] Do qual o exemplo mais conhecido é o mandado de detenção europeu (Decisão-quadro 2002/584/JAI do Conselho, de 13 de junho de 2002, relativa ao mandado de detenção europeu e aos procedimentos de entrega entre Estados-Membros). Não obstante, outros exemplos podem ser mencionados como a Decisão Quadro 2006/783/JAI do Conselho, de 6 de Outubro de 2006, relativa à aplicação do princípio do reconhecimento mútuo às decisões de perda. Para uma análise destes e de outros instrumentos jurídicos na área o direito penal europeu, cfr. LIBOR KLIMEK, *Mutual Recognition of Judicial Decisions in European Criminal Law*, Cham, Springer, 2017.

[294] Sobre a aplicação destas limitações à actividade do Eurocontrol, organização internacional com competências na gestão de tráfego aéreo, cfr. o Acórdão *LTU Lufttransportunternehmen GmbH & Co. KG c. Eurocontrol*, do Tribunal de Justiça de 14 de Outubro de 1976, proferido no processo 29/76 (relativamente à aplicação da Convenção de Bruxelas) e o Acórdão *Sat Fluggesellschaft Mbh Contra Eurocontrol*, do Tribunal de Justiça de 19 de Janeiro de 1994, proferido no processo C-364/92 (relativamente às regras da concorrência).
À qualificação de um acto como sendo praticado ao abrigo de prerrogativas de *ius imperii* é irrelevante a circunstância de a categoria de Tribunais internamente competente para a sua apreciação ser a judicial (cfr. Acórdão *Países Baixos c. Reinhold Rüffer* do Tribunal de Justiça de 16 Dezembro de 1980, proferido no processo 814/79). Mais recentemente, num caso atinente ao ressarcimento pelos danos causados pelas forças armadas de um Estado noutro Estado, o Tribunal de Justiça considerou igualmente que não estavam em causa matérias de ordem civil (cfr. Acórdão *Eirini Lechouritou et al. contra Dimosio tis Omospondiakis Dimokratias tis Germanias*, do Tribunal de Justiça de 15 de Fevereiro de 2007, proferido no processo C-292/05).

[295] SABINO CASSESE, "Tendenze e Problemi del Diritto Amministrativo", *Rivista Trimestrale di Diritto Pubblico*, Vol. 54, N.º 4, 2004, p. 909. RENAUD DEHOUSSE, LAURIE BOUSSAGUET e SOPHIE JACQUOT referem-se a uma mudança da fronteira entre público e privado, em virtude do direito da União (cfr. "From Integration through Law to Governance: Has the Course of European Integration Changed", Europe – *The New Legal Realism*, Henning Koch, Karsten Hagel- Sørensen, Ulrich Haltern & Joseph H. H. Weiler (eds.), Århus, Djøf Publishing, 2010, pp. 159-163).

PERMEABILIDADE DO DIREITO ADMINISTRATIVO

Cingido-nos ao ponto de vista do reconhecimento de actos administrativos estrangeiros – aquele que constitui o *cerne* das nossas indagações –, é inegável que nele se veja uma influência recíproca entre direito público e privado, tanto do ponto de vista dos *interesses a salvaguardar*, bem como das *técnicas a mobilizar*.

A mescla de interesses públicos e privados é claramente visível se tomarmos em linha de conta que, aliado ao interesse público de um Estado na nova regulamentação de uma questão ou ao desinteresse público desse Estado na emissão de uma nova decisão relativa a uma situação jurídica sobre a qual já tenha incidido um acto de autoridade estrangeiro, há um factor privado que assume relevância: a necessidade ou pretensão de reconhecimento é, muitas vezes, decorrente de uma exigência (ou conveniência) de estabilização da vida civil ou comercial privada[296].

Mas nem sempre esta mescla conduz ao mesmo enquadramento jurídico, pois, a par de situações de reconhecimento de actos administrativos estrangeiros, existem situações de reconhecimento de situações que, sendo de direito privado, apenas podem ser constituídas, modificadas e extintas por via da intervenção autoritária da Administração (actos da conservatória do registo civil ou de cartórios notariais, criação de associações e fundações privadas)[297].

O que demonstra as oscilações e permeabilidade nas fronteiras entre direito público e direito privado e respectivos ramos disciplinadores, já que, não raras vezes, a incidência de actos administrativos estrangeiros sobre situa-

---

[296] GERHARD KEGEL considera que o direito público corta os direito privados como um plano vertical corta um plano horizontal, restando apenas a questão de saber como definir os *pontos de intersecção* entre ambos (cfr. "The Rôle of Public Law in Private International Law: German Report", *Colloque de Bâle sur le Rôle du Droit Public en Droit International Privé – (20 et 21 mars 1986) Rapports et procès-verbaux des débats*, Bâle, Helbing & Lichtenbaum, 1991, p. 36). Estamos assim muito longe da posição de MAURICE HAURIOU que expunha como primeiro critério de distinção entre o direito público e o privado a pertença do primeiro a um território e a independência territorial do segundo (cfr. *Précis de Droit Administratif et de Droit Public*, 6.ª ed., Paris, J.-B. Sirey, 1907, pp. 41-43).

[297] É a designada «administração pública dos direitos privados» ou dos «interesses privados, a que voltaremos (cfr. AFONSO RODRIGUES QUEIRÓ, *Lições de Direito Administrativo*, Vol. I, policopiado, Coimbra, 1976, p. 189).

ções privadas internacionais não pode deixar de interessar ao direito internacional privado, mais até do que ao direito administrativo internacional[298].

Do ponto de vista das técnicas mobilizadas, o reconhecimento é um instituto que é mobilizável tanto no domínio civil e comercial, como no campo do direito público. Não obstante, assume, como veremos, especificidades em cada uma daquelas áreas, tanto do ponto de vista do fundamento do reconhecimento, como dos seus critérios e efeitos. E se, no âmbito da União Europeia, se pode entender que o reconhecimento é um terreno propício para que se ultrapasse a *tradicional* distinção entre direito público e privado, dada a pervasividade do reconhecimento mútuo[299], não é por isso que se torna essa distinção menos relevante, dadas as especificidades que reveste em cada área, e a subsistência de fórmulas de reconhecimento fora do espaço da União Europeia[300].

Em matéria de reconhecimento imbricam-se interesses, partilham-se técnicas e conjugam-se argumentos, mas sem que se dilua a natureza dos actos subjacentes ao reconhecimento e se esbata a natureza jurídica das relações materiais sobre as quais incidem.

Pelo que, não obstante as dificuldades, deve continuar a procurar-se um aprofundamento dos termos da distinção público-privado[301], referindo-a a uma técnica particular: a do reconhecimento, que tanto se encontra num

---

[298] Luís de Lima Pinheiro, *Direito Internacional Privado*, Vol I – Introdução e Direito de Conflitos – Parte Geral, 3.ª ed., Coimbra, Almedina, 2014, p. 178.

[299] Ana Quiñones Escámez, "Propositions pour la Formation, la Reconnaissance et l'Efficacité Internationale des Unions Conjugales ou de Couple", *Revue Critique de Droit International Privé*, Vol. 96, N.º 2, Abril-Junho, 2007, p. 368.

[300] Löic Azoulai aduz que a distinção entre direito público e privado não deixa de fazer sentido no direito da União, mas resulta recompreendida dada a estrutura triangular do direito da União, na qual além dos polos público e privado, existe um polo social, em que se integra, precisamente, os direitos adquiridos e a figura do reconhecimento (cfr. "Sur un Sens dela Distiction Public/Privé dans le Droit de l'Union Européenne, *Revue Trimestrielle de Droit Européen*, Vol. 46, N.º 4, Octobre-Décembre, 2010, pp. 858-860).

[301] Entendendo que a pluralidade de perspectivas possíveis não deve desincentivar a procura de critérios de distinção, antes espicaçar esse interesse, cfr. William Lucy, "Private and Public: Some Banalities About a Platitude", *After Public Law*, Cormac Mac Amhlaigh, Claudio Michelon, Neil Walker (eds.), Oxford, Oxford University Press, 2013, pp. 56-82. Até porque o interesse da distinção não é apenas conceptual, pois ganhou raízes na ordem jurídica e, por isso, não pode ser ignorada (cfr. Michel Tropper, "L'opposition public-privé et la structure de l'ordre juridique", *Revue Politiques et Management Public*, Vol. 5, N.º 1, 1987, p. 190).

PERMEABILIDADE DO DIREITO ADMINISTRATIVO

como no outro ramo de direito. VAN OMMESLAGHE entende que ainda é possível fazer-se uma distinção material entre direito público e privado, mas que os métodos e meios de acção são cada vez mais inspirados no direito privado, devendo ser compaginados com imperativos de direito público e direito administrativo, área esta hoje que considera estar relativamente inexplorada e que designa, por isso, de "*no man's land*". É nesta área de confluência, como propõe o autor, que concentraremos os nossos esforços[302].

5. A diluição da distinção entre direito vinculativo e não vinculativo

Outra tendência que merece ser mencionada prende-se com o amaciamento da dimensão vinculativa do direito administrativo, pela introdução, neste âmbito, de formas de actuação que não correspondem aos modelos típicos da acção administrativa.

Esta tendência não se faz sentir apenas no campo do direito administrativo, pois é cada vez mais difícil proceder a uma divisão clara entre direito e não direito[303], generalizando-se as referências a uma *zona cinzenta*, resultante do esbatimento das características tradicionalmente associadas à normatividade, em especial a associação entre eficácia jurídica e produção de efeitos vinculativos.

A diluição desta distinção tem tido um papel de enquadramento de actuações consensuais de sujeitos de direito internacional que participam, seja directa, seja indirectamente, no exercício de "poderes públicos", como o demonstra a tipologia de actos informais proposta pela doutrina (acordos intergovernamentais informais, instituições públicas/privadas informais; instituições privadas de monitorização ou de fixação de *standards* e interpretações informais de normas positivas de direito internacional[304]). No entanto,

---

[302] PIERRE VAN OMMESLAGHE, " Le Droit Public Existe-t-il?", *Revue de la faculté de droit et de criminologie de l'ULB,* N.º 33, 2006, p. 62.

[303] JAN KLABBERS defende, porém, a manutenção do código binário: jurídico/não jurídico e vinculativo/não vinculativo, descartando as sombras de cinzento, hoje tão na moda (cfr. "The Redundancy of Soft Law", *Nordic Journal of International Law,* Ano 67, 1996, pp. 179).

[304] EYAL BENVENISTI, "Towards a Typology of Informal International Lawmaking Mechanisms and their Distinct Accountability Gaps", *Informal International Lawmaking,* Joost Pawleyn, Ramses A. Wessel e Jan Wouters (eds.), Oxford, Oxford University Press, 2012, pp. 297-309. Para além dos actos referidos em texto, outros há que não serão passíveis de ser integrados numa clara e inequívoca conceptualização jurídica. Cfr., em geral, sobre esta questão, CHRISTINE CHINKIN, "The Challenge of Soft Law: Development and Change in International Law", *International Comparative Law Quarterly,* Vol. 38, 1989, pp. 850-866 e MATTHIAS GOLD-

EFICÁCIA, RECONHECIMENTO E EXECUÇÃO DE ACTOS ADMINISTRATIVOS ESTRANGEIROS

tem também percorrido caminhos relevantes no plano dos direitos internos, nos quais as actividades administrativas informais têm vindo a ser objecto de importante tratamento doutrinal[305], e, por vezes, de acolhimento legislativo[306].

No âmbito do direito comunitário, apesar de a União Europeia se encontrar dotada de amplos e flexíveis instrumentos de cariz vinculativo (Regulamentos, Directivas e Decisões), em detrimento de uma abordagem de tipo *command and control*, tem vindo a ganhar terreno uma aproximação baseada em instrumentos de cariz orientador, mais flexíveis e com uma componente intergovernamental mais acentuada. O carácter macio destes instrumentos não faz esquecer, porém, os seus efeitos na modelação decisiva do comportamento dos seus destinatários[307], que podem chegar a roçar *subrepticiamente* a produção de efeitos jurídicos externos como, aliás, já o considerou a jurisprudência comunitária[308].

MANN, "Inside Relative Normativity: From Sources to Standard Instruments for the Exercise of International Public Authority", *German Law Journal*, Vol. 9, N.º 11, 2008, disponível em https://www.germanlawjournal.com, acesso em 9 de Agosto de 2015, p. 1869.

[305] A autoridade dos Estados não se analisa apenas em actuações de cariz vinculativo (unilateral ou bilateral), havendo uma panóplia de intervenções, informativas, advertências, recomendações, que não deixam de ter relevo jurídico perante os seus destinatários, podendo, mesmo, convocar o instituto da responsabilidade civil. Sobre estas figuras, cfr., PEDRO GONÇALVES, "Advertências da Administração Pública", *Estudos em Homenagem ao Prof. Doutor Rogério Soares,* Coimbra, Coimbra Editora, 2001, pp. 723-796; PEDRO LOMBA, "Problemas da Actividade Administrativa Informal", *Revista da Faculdade de Direito da Universidade de Lisboa*, Vol. 41, N.º 2, 2000, pp. 818-866; PEDRO MACHETE, "As Actuações Informais da Administração, em especial a Difusão de Informações, e a Defesa do Estado de Direito Democrático", Vol. III, *Estudos em Homenagem ao Professor Doutor Paulo de Pitta e Cunha*, Jorge Miranda, Menezes Cordeiro, Paz Ferreira e Duarte Nogueira (orgs.), Coimbra, Almedina, 2010, pp. 625-639; e CARLA AMADO GOMES, SANDRA LOPES LUÍS, "O Dom da Ubiquidade Administrativa: Reflexões sobre a Actividade Administrativa Informal, *O Direito*, Ano 144, N.º 3, 2012, pp. 535-568.

[306] No âmbito do novo Código do Procedimento Administrativo, aprovado pelo Decreto-Lei 4/2015, de 7 de Janeiro (artigo 5.º), incluiu-se a obrigação de o Governo aprovar, por Resolução do Conselho de Ministros, um «Guia de boas práticas administrativas», que tem tem carácter orientador e enuncia padrões de conduta a assumir pela Administração Pública.

[307] NIGEL D. WHITE, "Separate but Connected: Inter-Governmental Organizations and International Law", *International Organizations Law Review*, N.º 5, 2008, pp. 175–195.

[308] No Acórdão *República Portuguesa contra Comissão das Comunidades Europeias* do Tribunal de Justiça, de 11 de Novembro de 2004, proferido no processo C-249/02, o Tribunal entendeu que uma carta dirigida ao Governo Português não era apenas de natureza informativa, mas visava produzir efeitos directos (definia as correcções financeiras aplicáveis e critérios),

PERMEABILIDADE DO DIREITO ADMINISTRATIVO

Ainda assim, é comum articular-se que as actuações jurídicas informais necessitam de um reflexo vinculativo posterior (i.e. de alguma forma de incorporação em actos vinculativos), de modo a que possam ser impostas a quem não participa no exercício daquele poder público. Isto porque o relevo interpretativo de tais actuações de *soft law* não é suficiente para fundar um remédio jurisdicional, mas apenas para o complementar ou orientar, caso existente[309].

Há, porém, quem defenda o oposto, questionando se, sobretudo no plano internacional, vale a pena insistir na emanação de normas formais por oposição a normas informais ou de *soft law*, dados os custos extra que tal envolve, quando não há possibilidade de execução coerciva no caso de incumprimento dessas normas[310].

Entre estas duas vias, há que acentuar que o direito informal integra regras jurídicas ou de conduta que têm um papel autónomo relevante – enquanto produtor de efeitos interpretativos ou orientadores, enquanto mecanismo facilitador da produção de efeitos jurídicos aliados a outras disposições e enquanto facto jurídico que deve ser tomado em consideração –, pelo que entre ele e o direito formal ou *hard law* existe uma assinalável continuidade[311].

---

estando inquinada por vício de incompetência (foi assinada apenas por um Director-Geral da Comissão e não por esta). Cfr., igualmente, o Acórdão *República Francesa c. Comissão das Comunidades Europeias*, do Tribunal de Justiça de 9 de Outubro de 1990, proferido no processo C-366/88, no qual foi censurada a actuação da Comissão que, a pretexto da adopção de notas interpretativas relativas a actos vinculativos, ia muito além da mera clarificação de conceitos e normas, estabelecendo novas regras, técnicas e procedimentos.

[309] Sobre esta mais valia interpretativa, cfr. o Acórdão *Salvatore Grimaldi c. Fonds des maladies professionnelles*, do Tribunal de Justiça de 13 de Dezembro de 1989, proferido no processo 322/88, segundo o qual estes actos "não podem ser considerados como desprovidos de qualquer efeito jurídico, [cabendo aos] juízes nacionais tomar em consideração as recomendações para resolver os litígios que lhes são submetidos, nomeadamente quando estas auxiliem a interpretação de disposições nacionais adoptadas com a finalidade de assegurar a respectiva execução, ou ainda quando se destinam a completar disposições comunitárias com carácter vinculativo".

[310] JOOST PAUWELYN, "Is It International Law or Not, and Does It Even Matter?", *Informal International Lawmaking*, Joost Pawleyn, Ramses A. Wessel e Jan Wouters (eds.), Oxford, Oxford University Press, 2012, p. 147.

[311] Como assinala EDOARDO CHITI a grande assimetria entre a procedimentalização nos processos vinculativos e a informalidade nos processos de *soft law* prejudica os efeitos de ambos

EFICÁCIA, RECONHECIMENTO E EXECUÇÃO DE ACTOS ADMINISTRATIVOS ESTRANGEIROS

Esta continuidade relfecte-se, segundo TERPAN, nos próprios mecanismos que conduzem ao cumprimento (*enforcement*) de regras de *soft law* pois, além de um *soft enforcement* ou de ausência de mecanismos dessa natureza executiva, tem vindo a surgir um fenómeno de endurecimento do direito informal no âmbito da concorrência e do direito fiscal, nos quais há uma obrigação *soft* associada a mecanismos de *hard enforcement*[312].

A dicotomia *hard* e *soft law* acrescenta, portanto, uma camada adicional de sentido à distinção tradicional entre direito vinculativo e não vinculativo, chegando a propor-se que estas modernas noções preencham o espaço que se situa entre o direito forte e o não direito[313]. Às normas de *soft law* podem ser reconhecidos efeitos jurídicos relevantes, podendo da sua observância

(cfr. "European Agencies' Rulemaking: Powers, Procedures and Assessment", *European Law Journal,* Vol. 19, N.º 1, January 2013, p. 105).

[312] FABIEN TERPAN demonstra como da Resolução do Parlamento Europeu de 1997 sobre *soft law* (cfr. Relatório da Comissão dos Assuntos Jurídicos do Parlamento Europeu sobre a sobre as implicações institucionais e jurídicas da utilização de instrumentos jurídicos não vinculativos ("soft law") (2007/2028(INI), que alertava para os perigos desta prática estabelecida dada a sua ademocraticidade e falta de transparência), se passou para uma posição em que o *soft law* (por intermédio de vários instrumentos como código de conduta e actuação do Provedor de Justiça Europeu) se tornou decisivo para a criação e consolidação de posições jurídicas (cfr. "Soft Law in the European Union – the Changing Nature of EU Law", *European Law Journal,* Vol. 21, N.º 1, Janeiro, 2015, pp. 68-94. AURORE GARIN, "La "Soft Law" comme Vecteur de Transparence et de Bonne Gouvernance dans L'Union Européenne", *Revue du Droit de L'Union Européenne,* Vol. 3, 2014, pp. 519-553).

No domínio do direito fiscal, assinala-se a diminuição da soberania fiscal dos Estados, pela utilização de instrumentos de *soft law* mas que se revelam como de *hard law* relativamente a Estados mais fracos, dadas as obrigações de condicionalidade, resultantes, por exemplo, do Código de Conduta sobre a Fiscalidade das Empresas na União Europeia. Cfr. JOSÉ CASALTA NABAIS, "A Soberania Fiscal no Actual Quadro de Internacionalização, Integração e Globalização Económicas", *Homenagem ao Prof. Doutor André Gonçalves Pereira,* Coimbra, Coimbra Editora, 2006, p. 525.

[313] JÜRGEN SCHWARZE, " Soft Law im Recht der Europäischen Union", *Europarecht,* N.º 1, Janeiro, 2011, p. 6. Outras propostas que se referem ao mesmo espaço têm uma caracterização mais *material,* por com elas se visar encurtar a distância entre os valores éticos e morais e o direito, como sucede com as *normas narrativas* propostas por ERIK JAYME, *Narrative Normen im internationalen Privat- und Verfahrensrecht,* Tübingen, Eberhard-Karls Universität, 1993, pp. 16-17.

ou incumprimento decorrer soluções concretas para litígios jurídicos[314] e que podem, inclusive, entrar em conflito com as normas vinculativas vigentes e não apenas complementá-las ou ser-lhes alternativas[315].

Direito não vinculativo não significa, assim, direito absolutamente informal, nem isento do cumprimento de exigências jurídicas, sobretudo principiológicas, para além de que os efeitos de tal direito, sobretudo se houver alguma potencialidade de ingerência na esfera jurídica dos particulares, podem vir a ser relevantes do ponto de vista administrativo e/ou judicial.

---

[314] Algumas situações prendem-se com a decantação de princípios jurídicos das orientações comunitárias aplicáveis (Acórdão *Dansk Rørindustri A/S et al. c. Comissão das Comunidades Europeias,* do Tribunal de Justiça de 28 de Junho de 2005, proferido nos processos apensos C-189/02 P, C-202/02 P, C-205/02 P a C-208/02 P e C-213/02 P); ou com a invalidação de actos que não seguem ou interpretam adequadamente as Orientações às quais se ligam, evidenciando o dever de vinculação da Administração aos actos de *soft law* por si adoptados (cfr. Acórdão *Smurfit Kappa Group plc c. Comissão Europeia,* do Tribunal Geral, de 10 de Julho de 2012, proferido no processo T-304/08).

Ver, sobre este ponto, OANA STEFAN, "European Union Soft Law: New Developments Concerning the Divide Between Legally Binding Force and Legal Effects", *The Modern Law Review,* Vol. 75, N.º 5, 2012, pp. 865–893; STÉPHANE BRABANT, ANNA KIRK, JONATHAN PROUST, "States, Sanctions and Soft Law: An Analysis of Differing Approaches to Business and Human Rights Frameworks", *New Directions in International Economic Law – In Memoriam Thomas Wälde,* Tom Weiler e Freya Baetens (eds.), Martinus Nijhoff Publishers, Leiden, 2011, pp. 383-410; e STEFAN OETER, "The Openness of International Organisations for Transnational Public Rule-Making", *Transnational Administrative Rule Making – Performance, Legal Effects and Legitimacy,* Olaf Diling, Martin Herberg e Gerd Winter (ed.), Oxford and Portland, Hart Publishing, 2011, pp. 235-252.

Não obstante, a invocação de *soft law* nem sempre é favorável aos destinatários (como o seria no caso de invocação de uma disposição similar de *hard law*). Veja-se o Acórdão *Polska Telefonia Cyfrowa sp. z o.o. contra Prezes Urzędu Komunikacji Elektronicznej,* do Tribunal de Justiça de 12 de Maio de 2011, proferido no processo C-410/09, no qual o Tribunal considerou que as orientações em apreço, como não contêm nenhuma obrigação susceptível de ser imposta, directa ou indirectamente, a particulares, a falta da sua aplicação *Oficial da União Europeia* na língua de um Estado-membro não se opõe a que a Autoridade Reguladora desse Estado-membro se baseie nelas numa decisão dirigida a um particular (em sentido contrário, no que se refere a Regulamentos Comunitários, cfr. Acórdão *Skoma-Lux sro contra Celní ředitelství Olomouc,* do Tribunal de Justiça de 11 de Dezembro de 2007, proferido no processo C-161/06).

[315] Como assinalam GREGORY C. SHAFFER, MARK A. POLLACK, "Hard vs. Soft Law: Alternatives, Complements, and Antagonists in International Governance", *Minnesota Law Review,* Vol. 94, 2010, pp. 706-799.

EFICÁCIA, RECONHECIMENTO E EXECUÇÃO DE ACTOS ADMINISTRATIVOS ESTRANGEIROS

No entanto, também não se substituem às formas vinculativas do direito, que continuam a desempenhar funções de garantia essenciais à ordem jurídica. Partilhamos a conclusão de EBERHARD SCHMIDT-ASSMAN, segundo quem, mesmo um novo direito transnacional não se pode compor apenas de *soft law*, mas também de institutos jurídicos estáveis e de elementos hierárquicos. *Tudo depende da mistura correcta!*[316]

Esta temática poderia parecer impertinente ao nosso estudo, uma vez que nos centramos no reconhecimento de actos administrativos estrangeiros que, *per definitionem*, são actuações que visam produzir efeitos vinculativos para os seus destinatários.

Mas não o é. Isto porque o processo de definição de *standards* e de normas de *soft law* relacionadas com especificações de produtos ou serviços e o aliado movimento de certificação ou de avaliação de conformidade têm constituído relevantes bordões para o preenchimento dos pressupostos do reconhecimento e para a facilitação deste.

A flexibilidade que revestem estes mecanismos não vinculativos e a eficácia que deles decorre fá-los contribuir para o preenchimento de todo um espaço que não consegue ser harmonizado[317] ou ter um potencial subreptício de harmonização inclusive maior do que o que se conseguiria por via impositiva[318], pelo que têm servido para desenvolver as condições de equivalência de que depende, em grande medida, o reconhecimento mútuo no âmbito da União Europeia[319]. Do que se retira, em suma, uma capacidade

---

[316] De acordo com EBERHARD SCHMIDT-ASSMAN, "Internationalisation of Administrative Law: Actors, Fields and Techniques of Internationalisarion – Impact of International law on National Administrative Law", *Revue Européenne de Droit Public*, Vol. 18, N.º 1, 2006, p. 267.

[317] PANAGIOTIS DELIMATSIS, ""Thou Shall Not...(Dis)Trust": Codes of Conduct and Harmonization of Professional Standards in the EU", *Common Market Law Review*, Vol. 47, 2010, pp. 1052-1058.

[318] MICAELA VAERNI JENSEN, *Exécution du Droit Communautaire par les États membres – Méthode Communautaire et Nouvelles Formes de Gouvernance*, Bâle, Helbimg Lichtenhahn, 2007, pp. 206--210.

[319] Sobre o papel das comunicações interpretativas da Comissão como mecanismos que facilitam a equivalência, ao promover a previsibilidade de direitos e obrigações a cargo dos agentes económicos, cfr. ALEXANDRE BERNEL, *Le Principe d'Équivalence ou de "Reconnaissance Mutuelle" en Droit Communautaire*, Zürich, Schulthess Polygraphischer Verlag, 1996, p. 161.
Estes mecanismos de acreditação (*"conformity assessment bodies"*) têm um papel igualmente relevante para a conclusão e execução de acordos de mútuo reconhecimento no âmbito da Organização Mundial de Comércio segundo HUMBERTO ZÚÑIGA SCHRODER, *Harmonization,*

PERMEABILIDADE DO DIREITO ADMINISTRATIVO

relevante de *redução de conflitos* por via do desenvolvimento de regras internacionais não vinculativas.

Nas situações de livre circulação de produtos, o papel destas novas formas de actuação tem sido particularmente relevante, com a *"nova aproximação"* nesta matéria, datada já dos meados dos anos oitenta [Resolução do Conselho 85/C 136/01, de 7 de Maio de 1985, relativa a uma nova abordagem em matéria de harmonização técnica e de normalização, Livro Branco da Comissão para o Conselho sobre a Realização do Mercado Interno, de 14 de Junho de 1985 – COM 85(310) final, e Resolução do Conselho de 21 de Dezembro de 1989 relativa a uma abordagem global em matéria de avaliação de conformidade (90/C 10/01) [320], adoptadas na sequência do marco jurisprudencial do Acórdão *Rewe v. Bundesmonopolverwaltung fur Branntwein (Cassis de Dijon)*, do Tribunal de Justiça de 20 de Fevereiro de 1979, proferido no processo 120/78][321].

Sucintamente, com base nesta nova estratégia, os Estados-Membros presumem a conformidade dos produtos acompanhados de um dos meios de certificação admitidos no âmbito do direito da União, devendo reconhecer os produtos fabricados em conformidade com as normas técnicas definidas (e já não com *standards* harmonizados) dotando-os da marcação CE. No caso de o produtor não fabricar segundo essas normas ou em situações com maior potencial de risco, caber-lhe-á fazer com que os seus produtos entrem em

---

Equivalence and Mutual Recognition of Standards in WTO Law, Alphen aan den Rijn, Kluwer Law International, 2011, pp. 134-137.

[320] Estas Resoluções foram adoptadas na sequência da mais rígida Directiva do Conselho 83/189/CE, de 28 de Março de 1998, relativa a um procedimento de informação no domínio das normas e regulamentações técnicas, que assentava na centralização informativa ou, até mesmo, decisória, das normas e regras técnicas. Cfr., ainda, a Directiva 98/34/CE do Parlamento Europeu e do Conselho, de 22 de Junho de 1998, relativa a um procedimento de informação no domínio das normas e regulamentações técnica, que veio desenvolver mais esta estratégia, colmatado algumas das suas falhas. Sobre esta evolução, cfr. J. MCMILLAN, "La 'Certification', la Reconnaissance Mutuelle et le Marché Unique", *Revue du Marché Unique Européen*, N.º 2, 1991, pp. 181-211.

[321] Sobre este acórdão, cfr. JOSE LUIS BUENDIA SIERRA, "Las Secuelas del Caso "Cassis de Dijon". Libre Circulacion de Productos Alimenticios y Reglamentaciones Nacionales", *Revista de Instituciones Europeas*, Vol. 16, N.º 1, 1989, pp. 135-171; e A. MATTERA, "L' Arrêt "Cassis de Dijon": Une Nouvelle Approche pour la Réalisation et le Bon Fonctionnement du Marché Intérieur", *Revue du Marché Commun*, N.º 241, Novembre, 1980, pp. 505-513.

EFICÁCIA, RECONHECIMENTO E EXECUÇÃO DE ACTOS ADMINISTRATIVOS ESTRANGEIROS

conformidade com as exigências essenciais, através de processos de avaliação individual levados a cabo junto de entidades notificadas[322].

Em qualquer caso, as especificações técnicas cuja observância é controlada pelos organismos acreditados – nacionais, europeus, transnacionais ou internacionais – mantêm, em regra, o seu estatuto de normas privadas e voluntárias, não obstante devam cumprir os *standards* de segurança básicos definidos pela União[323].

O que representa, afinal, um ponto de confluência entre a obrigação de reconhecimento que impende sobre os Estados e a observância de regras e actos emanados por entidades privadas certificadas para o efeito[324], permitindo nalguns casos a mitigação dos riscos associados a um mútuo reco-

---

[322] Para um exemplo de aplicação sectorial desta estratégia e sua evolução, cfr. RICHARD WAINWRIGHT, "La reconnaissance Mutuelle des Équipements, spécialement dans le domaine des Télécommunications", *Revue du Marché Commun et de l'Union Européenne*, N.º 419, juin, 1998, pp. 380-386.
Cfr. O Acórdão *Livre Elenca Srl c. Ministero dell'Interno*, do Tribunal de Justiça 18 de outubro de 2012, proferido no processo C-385/10, no qual se esclarece que uma regulamentação que proíba de maneira automática e absoluta a comercialização, no seu território nacional, de produtos legalmente comercializados noutros Estados-membros, quando os referidos produtos não tenham a marcação CE, não é compatível com a exigência de proporcionalidade imposta pelo direito da União. O que confirma a natureza facultativa desta marcação, como expediente importante – mas não único – de facilitação da liberdade de circulação.

[323] Cfr. KLAUS WALLNÖFER, "Is the Non-recognition of Private Diplomas Objectionable?", *Vienna Online Journal on International Constitutional Law*, Vol. 4, 2010, disponível em http://hei-nonline.org, acesso em 21 de Março de 2015, pp. 685-688; e ALEXANDRE BERNEL, *Le Principe d'Équivalence ou de "Reconnaissance Mutuelle" en Droit Communautaire*, Zürich, Schulthess Polygraphischer Verlag, 1996, pp. 201-204. Cfr. o Regulamento (CE) n.º 765/2008, do Parlamento Europeu e do Conselho, de 9 Julho de 2008, que estabelece os requisitos de acreditação e fiscalização do mercado relativos à comercialização de produtos, regulando o número e actividade das entidades de acreditação nacionais que, por seu turno, aferem a competência dos organismos de avaliação da conformidade que emitem os certificados e conformidade.

[324] GEORGIOS DIMITROPOULOS, "Certification And Accreditation in The International Administrative Verbund – Integrated and Societal Administration", *European Review of Public Law*, Vol. 24, N.º 2, Summer, 2012, pp. 689 e 694-695.
Cfr., por todos, o Acórdão *Ministero Publica c. E. R. Wurmser, Viuva Bouchara, e Sociedade Norlaine*, do Tribunal de Justiça de 11 de Maio de 1989, proferido no processo 25/88, no qual o Tribunal considerou que "*o importador deve poder confiar nos certificados emitidos pelas autoridades do Estado-membro de produção ou por um laboratório por elas reconhecido para esse efeito, ou, se a legislação desse Estado-membro não impõe a emissão desses certificados, em outros certificados que ofereçam idêntico grau de garantia*".

nhecimento de base jurisdicional (e não regulatória)[325]; noutros, a facilitação de processos de reconhecimento ou o acesso a efeitos mais benéficos resultantes do reconhecimento[326]; noutros, até, a ultrapassagem ou a substituição parcelar do método tradicional de reconhecimento de actos administrativos estrangeiros para um que assenta no reconhecimento de situações jurídicas[327].

Introduz-se, assim, com grande amplitude, uma visão *pluralista* no seio da União Europeia, passando a reconhecer-se vários modos possíveis de resolução de situações administrativas[328].

6. A multiplicação de conceitos e tendências

Num mundo repleto de contradições, como as que expusemos *supra*, são vários os desafios que se colocam ao direito e aos seus operadores: em que situações agir, com que força jurídica, em que sede, que critérios aplicar, etc.

A conceptualização daqueles problemas conhece várias respostas possíveis, que oscilam tendo em conta a perspectiva eleita pelo operador do

---

[325] Sobre os custos de informação, transacção e cumprimento associados a formas de mútuo reconhecimento judiciais, por oposição ao mútuo reconhecimento regulatório, custos esses que podem ser mitigados pela mobilização de formas de *soft law*, *cfr.* JACQUES PELKMANS, "Mutual Recognition in Goods. On Promises and Disillusions", *Journal of European Public Policy*, Vol. 4, N.º 5, 2007, p. 710.

[326] Veja-se, por exemplo, como o acesso à marca de qualidade EUR-ACE tem como efeitos o acesso simplificado ao título de profissional de engenharia Europeu "EUR ING Title" atribuído pela Ordem dos Engenheiros, em Portugal, enquanto membro da FEANI (European Federation of National Engineering Associations), não sendo exigidos períodos de adaptação ou testes de aptidão, dada a qualidade do ensino a que o profissional esteve exposto.

[327] HANS CHRISTIAN RÖHL coloca a evidência a distinção entre a aproximação tradicional – do reconhecimento de actos administrativos de cariz certificativo – e a aproximação assente em procedimentos e organismos privados de certificação, que com aquela não se confunde (subsantivamente, procedimentalmente e do ponto de vista de controlo) (cfr. *Akkreditierung und Zertifizierung im Produkt-sicherheitsrecht – Zur Entwicklung einer neuen Europäischen Verwaltungskultur*, Berlin, Springer, 2000, pp. 28-38 e 72-78). Ainda assim, noutra sede concede que as decisões de certificação (e de revogação de certificação) das entidades certificadas correspondem a actuações de direito privado, mas com carácter soberano (cfr. HANS CHRISTIAN RÖHL, "Conformity Assessment in European Product Safety Law", *The European Composite Administration*, Oswald Jansen, Bettina Schöndorf-Haubold (eds.), Cambridge, Intersentia, 2011, p. 213).

[328] RICARDO LUZZATTO, "La Libera Prestazione dei Servizi Bancari nella CEE ed i Principio del Mutuo Riconoscimento degli Enti Creditizi", *Il Foro Italiano*, Vol. 13, Parte IV, 1990, p. 446.

direito, mas que têm em comum o facto de abraçarem, cada vez mais, as dimensões externas da actuação administrativa.

Alguns daqueles *olhares* distanciam-se menos dos conceitos tradicionais de territorialidade e de soberania territorial, como o de internacionalização (que em regra representa a coordenação de actividades no plano externo, dominantemente, ainda, entre Estados), outros mais, como o de transnacionalidade (que, no seu mínimo denominador comum se refere a uma actuação privada para além do Estado, que influencia as relações internacionais). Entre eles surgem conceitos intermédios – de europeização, globalização, cosmopolitismo – cujos contornos também têm sido perseguidos pela doutrina.

Começando pelo conceito de internacionalização das situações administrativas, é pacífico entender-se que esta internacionalização não é um fenómeno recente[329]. No entanto, operou-se uma mudança qualitativa no modo de conceber o direito administrativo, que, para além de multiplicar as suas funções, multiplicou igualmente as suas sedes de intervenção e os seus efeitos[330]. De facto, o desenvolvimento da dimensão administrativa do direito internacional deu paulatinamente lugar ao exercício de poderes públicos e ao desenvolvimento das técnicas de limitação e controlo da actuação de privados fora de portas[331].

SCHMIDT-ASSMANN vê a recente internacionalização como resultando da harmonização das leis nacionais administrativas por via da influência do direito internacional; da cooperação administrativa internacional e da formação de estruturas regulatórias internacionais[332]. Os avanços da interna-

---

[329] EBERHARD SCHMIDT-ASSMANN, "Ansätze zur internationalisierung des Verwaltungsgerichtlichen Rechtsschutzes", *Coexistence, Cooperation and Solidarity – Liber Amicorum Rüdiger Wolfrum*, Vol. II, Holger P. Hestermeyer e.a. (eds.), Leiden/Boston, Martinus Nijhoff Publishers, 2012, pp. 2119-2020, data-a na segunda metade do Século XIX.

[330] EBERHARD SCHMIDT-ASSMAN, "Internationalisation of Administrative Law: Actors, Fields and Techniques of Internationalisarion – Impact of International law on National Administrative Law", *Revue Européenne de Droit Public*, Vol. 18, N.º 1, 2006, p. 267

[331] STEFANO BATTINI, "I poteri pubblici territoriali al tempo del diritto globale: il caso dei tessili cinesi", *Global Law v. Local Law – Problemi della Globalizzazione Giuridica*, Cristina Amato e Giulio Ponzanelli (ed.), Torino, G. Giappichelli Editore, 2006, p. 401.

[332] EBERHARD SCHMIDT-ASSMAN, "Internationalisation of Administrative Law: Actors, Fields and Techniques of Internationalisarion – Impact of International law on National Administrative Law", *Revue Européenne de Droit Public*, Vol. 18, N.º 1, 2006, p. 251.

PERMEABILIDADE DO DIREITO ADMINISTRATIVO

cionalização são, assim, reconduzidos a uma maior interpenetração entre os níveis internacionais e estaduais de regulação administrativa.

Para outros autores, o relevo crescente do direito internacional e dos seus ditames, inclusive no plano administrativo – ainda que de forma não tão visível como noutros domínios –, encontra-se grandemente ligado à sua crescente jurisdicização e jurisdicionalização, pela criação de instituições e procedimentos internacionais para controlo do direito criado[333].

Mesmo assim, FALCON entende que, não obstante as tendências manifestadas e as técnicas em desenvolvimento, se trata de um campo mais para *especialistas* doutrinários do que para os práticos do direito; pelo que, ao contrário do fenómeno da europeização do direito administrativo, que conduziu a uma disciplina própria, ainda é prematuro falar-se de uma disciplina que agregue aquilo que o autor designa de *regularities* ou *regular features* no espaço internacional, mas que não parecem sustentar uma disciplina própria[334].

---

[333] PAULO CANELAS DE CASTRO, "Globalização e Direito Internacional: Rumo ao Estado de Direito nas Relações Internacionais", *Nos 20 Anos do Código das Sociedades Comerciais – Homenagem aos Profs. Doutores A. Ferrer Correia, Orlando de Carvalho e Vasco Lobo Xavier*, Vol. III, Vária, Coimbra, Coimbra Editora, 2007, p. 762-815.

As mutações na ordem jurídica internacional (jurisdições internacionais acessíveis aos indivíduos, as técnicas do efeito directo, a auto-regulação), conduzem à perda de papel do legislador como organizador dos sistemas jurídicos e à valorização do papel do juiz e do diálogo entre juízes, segundo MARIE-CLAIRE PONTHOREAU, "L'Internationalisation du Droit Public. Effets et Interprétations", *Rivista Italiana di Diritto Pubblico Comunitario*, Vol. 15, 2005, pp. 1526-1528.

Apesar destas evoluções, continua a assinalar-se o papel internacional das jurisdições domésticas, pelos impactes globais que delas resultam, na ausência de uma ou várias abrangentes jurisdições internacionais: STEFANO BATTINI, *Amministrazioni Nazionali e Controversie Globali*, Milano, Dott. A. Giuffrè, 2007, p. 143.

[334] GIANDOMENICO FALCON, Internationalization of Administrative Law: Actors, Fields and Techniques of Internationalization – Impact of International Law on National administrative Law, *Revue Européenne de Droit Public*, 18, 2006, pp. 220-221 e 234-244.

Também olhando a evolução jurisdicional no plano internacional, se acentua a sua fragmentação e dos blocos jurisdicionais criados, que não afastam a concorrência de perniciosos conflitos: TULLIO TREVES, "Fragmentation of International Law: the Judicial Perspective", *Comunicazioni e Studi*, Vol. XXII, Giuffrè, Milão, 2007, pp. 850-871; e HOLGER HESTERMEYER, "Where Unity Is at Risk: When International Tribunals Proliferate", *International Law today: New Challenges and the Need for Reform?*/Doris König, D., Peter-Tobias Stoll, Volker Röben, Nelle Matz--Lück (eds.), Berlin, Springer, 2008, pp. 123-140.

E, para o efeito, o autor exemplifica com os *regimes de mútuo reconhecimento*, presentes no direito da União, mas que não existem no plano internacional.

Outros autores são, porém, mais optimistas e entendem que quem se refere apenas a europeização do direito *já vai tarde* pois o que se começa a discutir é um direito administrativo global[335].

A *europeização*, por seu turno, não se limita à conformação interna dos direitos administrativos nacionais, ainda que seja inegável a influência silenciosa ou aberta mas, em qualquer caso decisiva, daquele direito em áreas tão díspares como o direito da organização administrativa, do procedimento administrativo, da actividade administrativa, unilateral e negocial e do contencioso administrativo[336].

O conceito de europeização tem sido analisado amiúde e desdobrado em várias dimensões, que explicitam a conformação que o direito europeu tem imposto aos direitos nacionais e *vice versa*, limitando a respectiva margem discricionária de acção estatal[337], por um lado, mas, por outro, ampliando os efeitos das suas acções e actos em matéria administrativa.

---

[335] FAUSTO DE QUADROS, "A europeização do contencioso Administrativo", Estudos em *Homenagem ao Professor Doutor Marcello Caetano – No Centenário do Seu Nascimento,* Vol. II, Coimbra, Coimbra Editora, 2006, p. 403.

[336] Sobre algumas destas influências, entre nós, cfr. CARLOS BOTELHO MONIZ, PAULO MOURA PINHEIRO, "Rapport Portugais", *Administrative Law under European Influence – On the Convergence f the Administrative Laws of the EU Member States.* Jürgen Schwarze (ed.), Baden-Baden, Nomos Verlag, 1996, pp. 657-693; AFONSO D'OLIVEIRA MARTINS, "A Europeização do Direito Administrativo Português", *Estudos em Homenagem a Cunha Rodrigues,* Coimbra, Coimbra Editora, 2001, pp. 999-1024, e FAUSTO DE QUADROS, *A Nova Dimensão do Direito Administrativo – O Direito Administrativo Português na Perspectiva Comunitária,* Coimbra, Almedina, 1999, pp. 1-52.; e NUNO PIÇARRA, FRANCISCO PEREIRA COUTINHO, "The "Europeanization" of the Portuguese Courts", *Revista de Direito Público,* N.º 5, Janeiro-Junho, 2011, pp. 157-181.

Especificamente quanto à evolução das formas de actuação administrativa, também – ou sobretudo – por via da europeização, cfr. a viagem em etapas de VASCO PEREIRA DA SILVA: "Viagem pela Europa das formas de actuação administrativa", *Cadernos de Justiça Administrativa,* N.º 58, Julho-Agosto, 2006, pp. 60-66; "A Caminho!" Nova Viagem pela Europa do Direito Administrativo", *Portugal, Brasil e o Mundo do Direito,* Vasco Pereira da Silva, Ingo Wolfgang Sarlet (coord.), Coimbra, Almedina, 2009, pp. 9-27; e "Continuando A Viagem Pela Europa Do Direito Administrativo", *Direito Público Sem Fronteiras, ICJP,* 2011, disponível em http://www.icjp.pt/sites/default/files/media/ebook_dp_completo2_isbn.pdf, acesso em 30 de Junho de 2014, pp. 545-562.

[337] PAULO OTERO aponta três momentos distintos da evolução da Administração pública da União Europeia (sem que nenhum desapareça, quando outro assume primazia): num pri-

PERMEABILIDADE DO DIREITO ADMINISTRATIVO

Particularmente compreensiva, quanto a estes últimos efeitos, é a análise proposta por PEDRO GONÇALVES, que distingue entre as seguintes dimensões de europeização: i) a atribuição de competências transnacionais a estruturas administrativas nacionais; ii) a conformação európeia de competências de autoridades nacionais, em que as autoridades administrativas nacionais exercem uma competência própria, mas fazem-no no seio de procedimentos administrativos faseados, que contemplam a intervenção prévia, prejudicial e conformadora de órgãos ou instituições europeias; iii) e a integração institucional ou orgânica de autoridades nacionais na Administração Pública Europeia. Estas características permitem concluir no sentido de uma cada vez mais estreita ligação entre os direitos nacionais e o direito da União, transformando-se não aqueles apenas em órgãos executivos das regras comunitárias, mas em co-responsáveis pela protecção de interesses partilhados[338].

A formação deste espaço administrativo comum ou partilhado representa mais do que a europeização dos direitos administrativos nacionais; representa a edificação de um quadro institucional, funcional e terminológico que é específico aos Estados-membros nas relações entre si e com a União[339].

---

meiro momento, houve clara influência do direito administrativo dos Estados membros no direito europeu; depois deu-se o reforço da autonomia dogmática, procedimental e contenciosa da Administração europeia; posteriormente operou-se uma repercussão do direito administrativo da União no direito dos Estados membros, demandando a sua reconfiguração (cfr. *Manual de Direito Administrativo*, Vol. I, Coimbra, Almedina, 2013, pp. 521-522).

Cfr., ainda, MIGUEL PRATA ROQUE que se refere a um efeito boomerang ou a uma influência cruzada entre o direito administrativo europeu e os direitos administrativos nacionais (cfr. "O Direito Administrativo Europeu – Um Motor da Convergência Dinâmica dos Direitos Administrativos Nacionais", *Estudos em Homenagem ao Prof. Doutor Sérvulo Correia*, Vol. II, Jorge Miranda (ed.), Coimbra, Coimbra Editora, 2010, p. 905); e GIACINTO DELLA CANANEA e CLAUDIO FRANCHINI, *I Principi dell'Amministrazione Europea*, 2.ª ed., Turim, G. Giappichelli Editore, 2013, pp. 334-338.

[338] PEDRO COSTA GONÇALVES, Direito Da União Europeia e Direito Administrativo – Tópicos para os alunos de Direito Administrativo I, 2.ª turma, Faculdade de Direito de Coimbra, 2010, disponível em https://woc.uc.pt/fduc/getFile.do?tipo=2&id=6949, acesso em 19 de Maio de 2015, pp. 5-8.

[339] HEINRICH SIEDENTOPF, BENEDIKT SPEER, "La Notion d'Espace Administratif Européen", *Droit Administratif Européen*, Jean-Bernard Auby, Jacqueline Dutheil de la Rochère (dir.), Bruxelles, Bruylant, 2007, pp. 299-317. Sobre a evolução deste espaço, cfr. MARTIN SHAPIRO, "The Institutionalization of European Administrative Space", *The Institutionalization of Europe*, Alec Stone Sweet, Wayne Sandholtz, Neil Fligstein (eds.), Oxford, Oxford University Press, 2001, pp. 94-112.

É uma *forma mentis* que contribui para a racionalização e organização de um conjunto de institutos que alguns consideram disperso e fragmentário, carecendo de traços característicos uniformes[340]

Em particular, no que ora nos interessa, a *europeização* tem desempenhado um papel essencial na revitalização do *reconhecimento*, pela influência que tem tido nos pressupostos para a sua ocorrência do mesmo e na configuração de novas ou renovadas fórmulas de reconhecimento e de execução[341]. A criação de um espaço europeu na área administrativa e a partilha de interesses que o mesmo pressupõe torna inevitável a mobilização de técnicas jurídicas ou metodologias que não sejam indiferentes aos direitos dos outros Estados-membros, mas que sejam "interessadas" na solução do caso[342]. E, de entre elas, o reconhecimento é aquela que, potencialmente, melhor distribui a competência entre Estados interessados na regulamentação de uma mesma situação.

A formação de "espaços administrativos comuns" dos quais a União Europeia é o expoente máximo, envolve a existência de administrações públicas de âmbito pluriestadual, a proximidade substantiva das administrações públicas pela prossecução de fins comuns através de meios partilhados, a abertura das administrações públicas ao exterior (mediante o reconhecimento), a aproximação através da convergência e harmonização e o desenvolvimento de uma interculturalidade administrativa (cfr. PAULO OTERO, *Manual de Direito Administrativo*, Vol. I, Coimbra, Almedina, 2013, pp. 508-509).

[340] JACQUES ZILLER considera que, não obstante a falta de uniformidade de traços característicos à europeização, se continua a utilizar este termo pelas paixões que suscita (cfr. "Europeização do Direito – do Alargamento dos Domínios do Direito da União Europeia à Transformação dos Direitos dos Estados-membros", *Novos Territórios do Direito – Europeização, Globalização e Transformação da Regulação Jurídica*, Maria Eduarda Gonçalves, Pierre Guibentif (eds.), Lisboa, Principia, 2008, pp. 23-24).

[341] Sobre estas influências também no âmbito do direito internacional privado, cfr. CYRIL NOURISSAT, "Le droit international privé à l'épreuve du droit communautaire? Quelques brèves observations optimistes...", *Petites Affiches*, N.º 79, 19 avril, 2007, pp. 82-87.

[342] MICHELLE EVERSON, CHRISTIAN JOERGES, "Re-conceptualising Europeanisation as a Public Law of Collisions: Comitology, Agencies and an Interactive Public Adjudication", *EU Administrative Governance*, Herwig C.H. Hofmann, Alexander H. Türk (eds.), Cheltenham, Edward Elgar, 2006, pp. 515-520. Afastando os conflitos verdadeiros (assentes na *governmental interest analysis*, de CURRIE, por se basearem num paradigma inadmissível de neutralidade) os autores opõem-lhes três outros tipos de conflitos: os verticais (direito da União prevalece sobre direito nacional), os horizontais (que já não são resolvidos exclusivamente pelo direito internacional privado) e os diagonais (quando a actuação da União tem, ao que parece, influência indirecta sobre os Estados ou privados).

PERMEABILIDADE DO DIREITO ADMINISTRATIVO

Por seu turno, a *globalização* encontra-se intimamente ligada à expansão dos mercados e tem como um dos seus principais efeitos a concorrência entre ordens jurídicas[343]. No entanto, também se trata de um fenómeno nem novo[344], nem de fácil e consensual caracterização, havendo quem tente proceder a uma sua tipificação aproximada, acentuando dimensões espácio-temporais (envolvendo a deterritorialização ou reterritorialização do direito ou a sua aterritorialização[345]) e organizacionais (implicando uma mudança das relações de poder e autoridade)[346].

A globalização é, portanto, caracterizada como um fenómeno complexo ou misto, que se deve, por um lado, a uma crescente internacionalização, mas que se distingue desta, por outro, por contar com elementos qualitativamente novos: a prontidão dos Estados na abertura ao exterior e a formas de

[343] ALFRED SCHÜLLER, ""Globalisierung" – Anmerkungem zu einigen Wirkungen, Konflikten und Ordnungsfragen", in *Recht, Ordnung und Wettbewerb – Festschrift zum 70. Geburtstag von Wernhard Möschel*, Stefan Bechtold/ Joachim Jickeli/ Mathias Rohe (Hrsg.), Nomos, Baden-Baden, 2011, pp. 809-810.

[344] ROBERT O. KEOHANE e JOSEPH S. NYE JR., falam de globalismo espesso (por oposição ao globalismo fino, característico de épocas idas, especificando com a rota da seda, mas podendo igualmente mobilizar-se o exemplo da exploração e expansão marítima de matriz ibérica) para designar o processo intensivo e extensivo de globalização (cfr. "Introduction", *Governance in a Globalizing World*, Joseph S. Nye Jr., John D. Donahue (eds.), Washington, D.C., Brookings Institution Press, 2000, p. 7).

[345] Note-se, porém, que a globalização também não tem um âmbito espacial claro de intervenção, havendo quem faça a transição de globalização para a glocalização: isto é para a interpenetração e influência recíproca entre níveis de intervenção locais e globais (cfr. MARIA ROSARIA FERRARESE, "La "glocalizzazione" del diritto: una trama di cambiamenti giuridici", *Global Law v. Local Law – Problemi della Globalizzazione Giuridica*, Cristina Amato e Giulio Ponzanelli (ed.), Torino, G. Giappichelli Editore, 2006, p. 19; VICTOR ROUDOMETOF, "Transnationalism, Cosmopolitanism and Glocalization", *Current Sociology*, Vol. 53, N.º 1, 2005, p. 127). Ao que acresce que globalização não significa mais *mundialização,* parecendo ter-se abandonado (ou deixado em suspenso) a ideia de criação de uma autoridade mundial pública (sobre esta perspectiva – ainda que considerando que a ordem internacional continuava marcada pela fragmentariedade e pela preferência de criação de ordens jurídicas regionais, (cfr. ANDRÉ GONÇALVES PEREIRA, FAUSTO DE QUADROS, *Manual de Direito Internacional Público,* 3.ª ed., Coimbra, Almedina, 1995, pp. 668-671).

[346] DAVID HELD, ANTONY MCGREW, DAVID GOLDBLATT e JONATHAN PERRATON, *Global Transformation: Politics, Economics and Culture*, Stanford, Stanford University Press, 1999, em especial pp. 21 e 28.

EFICÁCIA, RECONHECIMENTO E EXECUÇÃO DE ACTOS ADMINISTRATIVOS ESTRANGEIROS

limitação da própria soberania e a ascenção dos indivíduos a funções globais no âmbito da economia[347].

Em termos teóricos, as tentativas de organização das reacções doutrinais ao fenómeno de globalização são, também elas, plurais.

DAVID HELD *et al.* distinguem três aproximações teóricas ao fenómeno da globalização: os *hiperglobalistas*, que assentam a sua perspectiva numa economia sem fronteiras, advogando que as novas formas de organização social suplantam os Estados; os *cépticos*, que defendem que a globalização não é um fenómeno sem precedentes, sendo a sua importância exagerada face, desde logo, à regionalização no plano internacional; e os *transformacionistas*, que consideram que a globalização promove mudanças económicas, sociais e políticas rápidas, conduzindo a uma reengenharia do poder, inclusive do Estado[348]. KOENIG-ARCHIBUGI, por seu turno, articula as seguintes respostas à globalização do ponto de vista da soberania estatal: os *cépticos* (consideram que a integração económica internacional não reduz significativamente as capacidades redestributivas do Estado), os *desreguladores* (que consideram que a globalização, reduzindo a capacidade estadual, é, ainda assim, um processo benéfico), os *retrocedores* (que consideram que houve uma redução dos poderes soberanos do Estado, mas propõem uma renacionalização de políticas e fronteiras), e os *internacionalistas* (que propõem uma regulação por várias formas, mas no palco internacional).[349]

As respostas que consideramos mais adequadas não são passíveis de uma categorização clara. Estamos com STIGLITZ quando considera que a globalização deve ser acompanhada de opções políticas adequadas, não se cingindo a um fundamentalismo de mercado, tendo os Estados um papel na mitigação das falhas de mercado e na promoção da justiça social, mas devendo, ao mesmo passo, ser promovida uma adequada acção colectiva global[350].

---

[347] ARNOLD RAINER, "Alcune riflessioni sulla nozione e sugli effetti della globalizzazione", *Global Law v. Local Law – Problemi della Globalizzazione Giuridica*, Cristina Amato e Giulio Ponzanelli (ed.), Torino, G. Giappichelli Editore, 2006, pp. 3-4.

[348] DAVID HELD, ANTONY MCGREW, DAVID GOLDBLATT e JONATHAN PERRATON, *Global Transformation: Politics, Economics and Culture*, Stanford, Stanford University Press, 1999, pp. 3-10.

[349] MATHIAS KOENIG-ARCHIBUGI, "Introduction: Globalization and the Challenge to Governance", *Taming Globalization: Frontiers of Governance*, David Held and Mathias Koenig-Archibugi (eds.), London: Polity Press, 2003, pp. 7-9.

[350] JOSEPH E. STIGLITZ, *Globalisation and its Discontents,* New York, Norton, 2002, pp. 214-229.

PERMEABILIDADE DO DIREITO ADMINISTRATIVO

Também HABERMAS considera que as tendências da globalização não colocam em causa os processos democráticos enquanto tais, mas representam um perigo para o seu tradicional entendimento através do Estado-Nação, tal como – de acordo com a imagem do próprio – as inundações extravazam os limites fronteiros e destroem os edifícios que neles se implantam[351]. O que impõe uma abertura para o exterior, mas não fere de morte a *capacidade de adaptação e de resistência* dos Estados aos desafios da globalização[352].

Há, por isso, quem proponha o *cosmopolitismo* como resposta aos desafios hodiernos, visto aquele amplamente como *globalização interna*, i.e. como globalização vinda de dentro das sociedades nacionais[353], da sua percepção e receptividade a tendências globais, e não como um fenómeno a estas imposto.

A noção de cosmopolitismo também conhece uma variedade de concretizações, algumas delas inclusive avessas à internacionalização: é o caso do "cosmopolitismo compartimentalizado" que assentava na obtenção da máxima justiça dentro do Estado, sem provocar qualquer dano fora deste, o que indirectamente, pela replicação do modelo, conduziria a uma justiça global[354].

---

[351] JÜRGEN HABERMAS, *Die Postnationale Konstellation – Politische Essays*, Frankfurt am Main, Surkhamp Verlag, 1998, pp. 103-104. O autor discute ainda as dimensões tocadas pela globalização quais sejam a segurança jurídica e a efectividade do direito administrativo; a soberania do Estado territorial, a identidade colectiva e a legitimidade democrática do Estado-Nação (pp. 105-122).

[352] Compreende-se, por isso, que das dez áreas de análise no âmbito da globalização jurídica proposta por PAUL SCHIFF BERMAN um número relevante refere-se à problemática do Estado ou da relação deste com outras ordens normativas (cfr. "From International Law to Law and Globalization", *Columbia Journal of Transnational Law*, Vol. 43, 2005, pp. 445-556).

[353] ULRICH BECK, 'The Cosmopolitan Society and its Enemies', *Theory, Culture and Society*, Vol. 19, N.º 1-2, 2002, p. 17.

[354] Para uma análise deste paradigma, cfr. ROBERT E. GOODIN, "Globalizing Justice", *Taming Globalization: Frontiers of Governance*, David Held and Mathias Koenig-Archibugi (eds.), London: Polity Press, 2003, pp. 79-81.

JEREMY WALDRON distingue entre o cosmopolitismo cultural e o cosmopolitismo jurídico (cfr. "What is Cosmopolitan?", The Journal of Political Philosophy: Volume 8, N.º 2, 2000, pp. 227-243). Há ainda quem proceda a uma taxonomia mais ampla de cosmopolitismos: o moral, o político, o cultural e o menos desenvolvido e mais criticado, o económico (cfr. PAULINE KLEINGELD, ERIC BROWN, "Cosmopolitanism", *The Stanford Encyclopedia of Philosophy*, Edward N. Zalta (ed.), Fall, 2014, disponível em http://plato.stanford.edu/archives/fall2014/entries/cosmopolitanism/, acesso em 18 de Maio de 2015., s/p).

Qualquer que seja a sua específica concretização, parece-nos ser de concordar com HELD, para quem o cosmopolitismo assenta em três princípios essenciais: os da pessoa como última unidade de preocupação moral, o da recíproca consideração e o do tratamento imparcial das pretensões dos indivíduos[355].

E também estamos em crer que esta visão cosmopolitana não pode prescindir, hoje e nunca, de uma dimensão de institucionalização ou de mediação institucional, que deve ser progressivamente desenvolvida[356], impregnando as instituições existentes. De facto, na ausência de formas de governança global, que apontariam decisivamente no sentido de um cosmopolitismo global[357], há que desenvolver formas estatais e regionais imbuídas dos fundamentos cosmopolitas, como pensamos acontecer com o mecanismo do reconhecimento[358].

A noção de *transnacionalidade* tem um escopo mais amplo do que todas as demais, já que, com ela, se visa quebrar as amarras impostas pela estaduali-

---

[355] DAVID HELD, "From Executive to Cosmopolitan Multilateralism", *Taming Globalization: Frontiers of Governance*, David Held and Mathias Koenig-Archibugi (eds.), London: Polity Press, 2003, p. 169.

[356] PAUL S. REINSCH recusa o cosmopolitismo racional que recusava um qualquer intermediário/ instituição entre o indivíduo e a humanidade e defende que devem ser criadas instituições adequadas para colocar em marcha esse cosmopolitismo concreto e prático e que, para o efeito, o Estado não é um ente supérfluo (cfr. "International Administrative Law and National Sovereignty", *The American Journal of International Law*, Vol. 3, 1909, p. 17).

Também CHARLES R. BEITZ entende que o cosmopolitismo não tem de se traduzir do ponto de vista moral em institucional mas questiona se não haverá razões para os foros transnacionais e internacionais serem responsáveis pelos mesmos standards de justiça aplicáveis aos Estados (cfr. "Cosmopolitan and Global Justice", *Current Debates in Global Justice*, Vol. II, Gillian Brock, Darrel Moellendorf (eds.), Dordrecht, Springer, 2005, pp. 11-27). Adiantando que a sua visão de cosmopolitismo moral é uma base para a aferição de alternativas de ordenação no plano mundial, devendo estas formas de organização ser avaliadas de acordo com os impactos que tenham nos direitos humanos, CHARLES R. BEITZ, "Cosmopolitan Liberalism and the States System", *Political Restructuring in Europe – Ethical Perspectives*, Chris Brown (ed.), London/ New York, Routledge, 1994, pp. 119-132 (p. 131).

[357] PIPPA NORRIS, "Global Governance and Cosmopolitan Citizens", *Governance in a Globalizing World*, Joseph S. Nye Jr., John D. Donahue (eds.), Washington, D.C., Brookings Institution Press, 2000, pp. 155-177.

[358] DAVID HELD, "From Executive to Cosmopolitan Multilateralism", *Taming Globalization: Frontiers of Governance*, David Held and Mathias Koenig-Archibugi (eds.), London: Polity Press, 2003, pp. 178-179.

PERMEABILIDADE DO DIREITO ADMINISTRATIVO

dade, investigando e valorizando novas formas de intervenção na sociedade e de criação do direito que excedam seja territorialmente (buscando feixes e redes universais ou regionais), seja temporalmente (procurando linhas de pensamento e acção que se espraiem antes e depois do Estado-nação, seja, ainda, subjectivamente (questionando o contributo de ordens privadas e autónomas para a formação do direito) o Estado[359].

Digladiam-se a este propósito duas concepções essenciais: a transnacionalidade como o fenómeno que transcende o Estado (e que, portanto, dele prescinde) e a transnacionalidade como transparência, incluindo formas de vinculação que atravessam o Estado e para as quais este continua a contribuir. Para DILING *et al.*, a preferência vai para este segundo significado, por

---

[359] GRALF-PETER CALIESS e ANDREAS MAURER parecem fundar a necessidade de um pensamento transnacional sobre o direito na precedência deste sobre o Estado-Nação, na inadequação de uma lógica classificatória do direito e na insuficiência de uma aproximação que não tome em devida conta a comunicação, interação e transacção globais (cfr. "Transnationales Recht – eine Einleitung ", *Transnationales Recht,* Gralf-Peter Caliess (ed.), Tübingen, Mohr Siebeck, 2014, pp. 1-2).

Estas tendências têm assumido outras designações, ainda que os contornos não divirjam entre si sobremaneira. Do ponto de vista das migrações e do nomadismo, compreende-se a preferência pelo termo de *transterritorialidade,* dado o carácter físico que tais migrações envolvem – a noção de trânsito – e a radicação também territorial das ideias de pertença e de integração. Cfr., para a utilização deste termo neste contexto, EMMA PATCHETT, "Roma, Rhizomes And Roots In Rough Soil: Cultivating Trans-Territoriality In Law And Film", *The Australian Feminist Law Journal,* Vol. 39, 2013, pp. 57-78; e ROGÉRIO HAESBAERT, MARCOS MONDARDO, "Transterritorialidade e Antropofagia: Territorialidades de Trânsito numa Perspectiva Brasileiro-Latino-Americana", *GEOgraphia,* Vol. 12, N.º 24, 2010, pp. 19-50.

Mas também surgem termos como os de *transestatalidade,* para designar os novos centros de poder transestatais, que não são providas pelos Estados, nem nacional, nem internacionalmente (cfr. DIOGO DE FIGUEIREDO MOREIRA NETO, "Transadministrativismo: uma apresentação", *Revista de Direito Administrativo,* Vol. 267, Setembro/Dezembro, 2014, p. 70), ou, noutra perspectiva, para designar o fenómeno que inspira mudanças em ramos de direito, como os direitos humanos, do ambiente e a energia, mas que continuam a ter alguma marca estatal. A este propósito, CRAIG SCOTT usa o termo transnacionalidade de forma similar a transestatalidade, ainda que reconhecendo que o primeiro pode trazer perspectivas mais fecundas (por apelar etimologicamente não apenas para o direito entre Estados, mas também para o direito para além dos Estados e para o direito que os atravessa) (cfr. " "Transnational Law" as Proto – Concept: Three Conceptions", *German Law Journal,* Vol. 10, N.º 7, 2009, disponível em https://www.germanlawjournal.com, acesso em 1 de Julho de 2015, pp. 865-866).

155

causa da *ubiquidade* das normas aplicáveis dentro da esfera doméstica dos Estados e a erosão dos seus limites territoriais[360].

E, de facto, se se afirma a inequívoca existência de um direito administrativo sem o Estado, dada a relevância de actores não estatais no plano internacional, com competências na área administrativa, por exemplo na fixação de *standards* e regras técnicas[361], também se revaloriza – de forma que poderia parecer paradoxal, mas que nos parece perfeitamente consistente com a complexidade que se verifica num ambiente global – o papel do Estado enquanto *recipiente* e *contribuidor* para a definição e plena eficácia de disposições administrativas.

7. O pluralismo jurídico na área administrativa

Os desafios a que nos fomos referindo traduzem a clara superação do paradigma tradicional do direito internacional, assente quase exclusivamente na figura dos Estados, e a sua evolução para uma perspectiva multipolar, em que vários sujeitos de direito internacional concorrem e, desejavelmente, cooperam num espaço público cada vez mais amplo. Esta evolução coloca instintivamente em evidência a insuficiência do discurso baseado nas típicas competências internacionais dos Estados e das limitações ao exercício das mesmas, de tal forma que o espaço normal de actuação do Estado deixa de ser a sua "casa" e passa a ser o "mundo".

Este enquadramento impõe um pensamento dinâmico e inovador, que procure incessantemente que os problemas sejam resolvidos ao nível mais adequado (universal, regional, bilateral), através das vias institucionais mais

---

[360] OLAF DILING, MARTIN HERBERG, GERD WINTER, "Introduction: Exploring Transnational Administrative Rule-Making", *Transnational Administrative Rule Making – Performance, Legal Effects and Legitimacy*, Olaf Diling, Martin Herberg e Gerd Winter (ed.), Oxford and Portland, Oregon, 2011, pp. 2-3.

[361] SABINO CASSESE, "Global Standards For National Administrative Procedure", *Law and Contemporary Problems*, Vol. 68, Summer/Autumn, 2005, pp. 109-126, p. 113.

CHRISTIAN TIETJE expõe a perspectiva que as redes administrativas transnacionais não são um novo fenómeno, datando de há mais de 200 anos; o que não significa que não haja nada de novo hoje em dia, pois se no século XIX e no início do século XX a preocupação se restringia ao modo de funcionamento dessas redes, hoje a problemática maior prende-se com a sua legitimidade, problemática a que já tivemos oportunidade de aludir (cfr. "History of Transnational Networks", *Transnational Administrative Rule Making – Performance, Legal Effects and Legitimacy*, Olaf Diling, Martin Herberg e Gerd Winter (ed.), Oxford and Portland, Oregon, 2011, pp. 23-24).

PERMEABILIDADE DO DIREITO ADMINISTRATIVO

apropriadas (Estados ou associações e redes de Estados, organizações internacionais, organizações não governamentais, entidades privadas), e por recurso aos instrumentos mais ajustados (mecanismos de incentivo, persuasão, cooperação ou autoridade).

Efectivamente, a diluição de conceitos e a multiplicação de influências a que nos referimos não significa que concorramos no sentido da indistinção de institutos ou na indefinição dos mesmos, antes que apontemos no sentido de que, para cada caso, deve procurar-se o instituto ou, eventualmente, os institutos, que resposta mais satisfatória lhe dão.

A precisão da função e efeitos dos institutos jurídicos e o estabelecimento de limites à sua intervenção é essencial à ideia de direito[362], ainda que cada vez mais se admita e promova um pensamento de tipo pluralista e aberto à diferença, no qual coexistem vários mecanismos de resolução de situações jurídicas, com origens diversas.

Na posição de GRIFFITHS, o pluralismo jurídico num determinado campo caracteriza-se, precisamente, pela possibilidade de aplicação do direito com várias proveniências, sendo a lei aplicável o resultado de complexos e em regra imprevisíveis padrões de concorrência, interacção, negociação e isolacionismos[363]. Estes resultados criam uma dialéctica entre sistemas jurídicos em que cada um enriquece e reconstitui o outro, mas em virtude do qual também se podem criar dinâmicas de resistência entre aqueles sistemas[364].

---

[362] JAIME RODRÍGUEZ-ARAÑA MUÑOZ fala destes limites como "condições de trabalho para a humanização da realidade" (cfr. "La Sociedad del Conocimiento y la Administración Pública", *Revista de Derecho de la Universidas de Montevideu*, Ano X, N.º 19, 2011, pp. 87).

[363] JOHN GRIFFITHS, "What is Legal Pluralism?", *Journal of Legal Pluralism*, N.º 24, 1986, pp. 38-39. O autor opõe o *legal pluralism* ao *legal centralism*, no qual, ainda que possa haver algumas aberturas fracas ao pluralismo (por exemplo, o costume), a lei continua a ser exclusiva e sistemática em proposições normativas unificadas hierarquicamente, sob a mão do Estado. SALLY ENGLE MERRY distingue, a este propósito, entre *classic legal pluralism* e *new legal pluralism* (cfr. "Legal Pluralism", *Law and Society Review*, Vol. 22, 1988, pp. 869-896). Autores como BRIAN Z. TAMANAHA traçam as raízes do conceito de pluralismo jurídico acentuando o seu relevo na idade média e na época colonial (cfr. "Understanding Legal Pluralism: Past to Present, Local to Global", Sydney Law Review, Vol. 30, 2008, disponível em http://sydney.edu.au/law/slr/slr30_3/Tamanaha.pdf, acesso em 7 de Junho de 2015, pp. 375-411.), enquanto outros acentuam as novas dimensões – globais – do pluralismo jurídico (cfr. WILLIAM TWINING, "Normative And Legal Pluralism: A Global Perspective", *Duke Journal Of Comparative & International Law*, Vol. 20, pp. 2010, pp. 473-517).

[364] SALLY ENGLE MERRY, "Legal Pluralism", *Law and Society Review*, Vol. 22, 1988, pp. 869-896.

EFICÁCIA, RECONHECIMENTO E EXECUÇÃO DE ACTOS ADMINISTRATIVOS ESTRANGEIROS

Este pluralismo demanda a diferenciação de normas jurídicas e a sua coexistência no mesmo contexto espacio-temporal, admitindo, assim, potencialmente, a duplicação ou regulação paralela da mesma questão, sob distintos postos de vista[365]. Caracteriza-se, igualmente, pela multiplicidade de actores sociais relevantes na tarefa de produção e concretização do direito e pelas formais plurais que esta reveste[366], bem como pela impossibilidade de conseguir ordenar de forma linear estes vários sujeitos e fontes do direito.

De este ponto de vista, a querela monismo/dualismo que animou durante séculos a doutrina internacional, pública e privatista, parece pouco adequada a compreender os laços íntimos que se estabelecem no espaço internacional. Como bem assinala BODEN, no monismo e no dualismo não há relações entre ordens jurídicas, elas são inconcebíveis, seja porque no monismo só há uma ordem jurídica (na qual ingressam as disposições de fonte internacional), seja porque no dualismo há uma estanquidade absoluta das ordens jurídicas, o que as impede de estar em relação[367].

Ao invés, o pluralismo que anima hoje em dia o direito, público e privado, revaloriza técnicas que pareciam desactualizadas (direitos adquiridos no âmbito do direito internacional privado; ou a regulamentação privada no âmbito do direito administrativo), e multiplica o seu espaço de influência pela partilha de saber e utilização cruzada de técnicas em vários ramos do direito[368].

---

[365] Sobre esta caracterização, cfr. FRANZ VON BENDA-BECKMANN, "Who's Afraid of Legal Pluralism", *Journal of Legal Pluralism and Unofficial Law*, Vol. 47, 2002, pp. 37-83, e WILLIAM TWINING, "Normative And Legal Pluralism: A Global Perspective", *Duke Journal Of Comparative & International Law*, Vol. 20, pp. 2010, pp. 473-517.

[366] Neste sentido, VALENTIN PETEV, "Pluralisme juridique, construction européenne et droits de l'individu", in *Le Pluralisme*, Archives de Philosophie du Droit, Tomo 49, Dalloz, Paris, 2006, p. 15.

[367] DIDIER BODEN, "Le pluralisme juridique en droit international privé", in *Le Pluralisme*, Archives de Philosophie du Droit, Tomo 49, Dalloz, Paris, 2006, p. 279.

[368] Como refere RALF MICHAELS a um pluralismo de interesses deve corresponder um pluralismo de métodos e disciplinas, que assentem nessa pluralidade (cfr. *EU Law as Private International Law? Re-conceptualizing the Country-of-Origin Principle as Vested Rights Theory*, Duke Law School Legal Studies Research Paper Series, Research Paper N.º 122, August 2006, disponível em http://ssrn.com/abstract=927479, acesso em 18 de Outubro de 2014, p. 44).

Há mesmo quem defenda a inevitabilidade do pluralismo[369], por o ente concretizador do direito poder ser chamado, num Estado aberto, a convocar, na mesma situação, direito interno, direito interno estrangeiro, direito internacional, direito comunitário, com diversas qualificações consoante cada ordem jurídica a que pertencem.

Este pluralismo teve como principal *pivot* a relação do direito estatal com diferentes comunidades, em especial não estatais. A este propósito, à estrutura dual tradicional nos países ocidentais, que assenta na diferenciação entre direito estadual e direito infra-estadual, substitui-se uma estrutura tripartida, na qual se acrescenta segundo CHIBA, o direito transestatal[370]. Esta fragmentação ou diluição do poder do Estado e a importância cada vez maior

---

[369] O pluralismo no plano internacional – no que se refere à protecção dos direitos fundamentais – é inevitável dada a pluralidade de fontes e de actores, e também à subsistência de margens de apreciação destes na concretização do direito, segundo ROMAIN TINIÈRE, *L'Office du Juge Communautaire des Droits Fondamentaux*, Bruxelles, Bruylant, 2007, pp. 594-617.

As formas de organização dessa diversidade são várias, havendo quem prefira a formulação de sistemas ou estruturas ou governança multi-nível e quem recuse tal forma de organização do raciocínio e proponha, antes, que se fale de sistemas múltiplos, por todos eles terem uma igual pretensão de aplicação, sem existir entre os mesmos hierarquia formal (cfr. JAN M. SMITS, "Plurality of Sources in European Private Law, or: How to Live with Legal Diversity", *The Foundations of European Private Law*, Roger Brownsword, Hans-W Micklitz, Leone Niglia, Stephen Weatherill (eds.), Oxford, Hart Publishing, 2011, p. 326; cfr., igualmente CHRISTIAN DOMINICÉ, "La Société Internationale à da Recherche de son Équilibre", *Recueil des Cours*, Tomo 370, 2013, Leiden, Martinus Nijhoff Publishers, 2015, pp. 66-71).

[370] O Autor não define, no entanto, de forma satisfatória direito transestatal, incluindo nele áreas como os acordos entre Estados, o direito das minorias e exemplos de regulação privada internacional (usando-o como sinónimo de direito internacional e de direito mundial): MASAJI CHIBA, "Other Phases of Legal Pluralism in the Contemporary World", *Ratio Juris*, Vol. 11 N.º 3, September, 1998, pp. 233-234. Mais satisfatoriamente, Luís DE LIMA PINHEIRO entende que a regulamentação de situações internacionais (ou transnacionais, na formulação do autor) tem sido cada vez mais desnacionalizada, podendo a mesma ser feita no âmbito estadual, directamente pelo direito internacional público (dadas as suas inovadoras características e em especial nas situações de recepção automática), pelo Direito da União e pelo direito transnacional, que é formado independentemente da acção dos órgãos nacionais (cfr. "The 'denationalization' of transnational relationships: regulation of transnational relationships by public international law, European Community Law, and transnational law", *Aufbruch nach Europa: 75 Jahre Max-Planck-Institut für Privatrecht*, Jürgen Basedow, Ulrich Drobnig, Reinhard Ellger, Klaus J. Hopt et al. (eds.), Tubingen, Mohr Siebeck, 2001, pp. 429-446).

de outros reguladores do direito demonstra a necessidade de introduzir uma lógica pluralista no direito actual, inclusive na área administrativa.

Os níveis de normatividade[371] que podem alimentar o pluralismo jurídico são hoje múltiplos e complexos, sendo concebível uma miríade de relações entre eles, posto que – acentue-se – para a regulação de uma determinada situação jurídica concorram pelo menos dois níveis de regulação, e, por isso, mais do que um sistema jurídico.

É precisamente isso que sucede no âmbito do nosso estudo, o do reconhecimento, já que o que está em causa é a potencial regulação da mesma situação por ordens jurídicas distintas no mesmo *continuum* espacio-temporal. *Continuum* este que é perfeitamente cabível – e cada vez mais frequente – no plano administrativo e do relacionamento entre Administrações públicas, dadas as incursões extraterritoriais dos Estados e a regulação de situações que se prolongam no tempo, não se esgotando no momento em que são editadas, nem nas fronteiras territoriais de cada Estado.

Reconhecemos que a visão pluralista do direito a que modicamente nos reportamos não é, de todas as combinações possíveis, a mais atractiva; não convocando – senão excepcionalmente – regras jurídicas exóticas, como a de algumas comunidades não estatais, ou regras jurídicas criativas e em contínuo *devir*, como sucede no âmbito da esfera transnacional.

No entanto, atrevemo-nos a dizer que, de todas as combinações possíveis, nos parece ser das mais difícil de solucionar, uma vez que a resolução de situações em que, em regra, se defrontam várias ordens jurídicas da *mesma potência* de acordo com as exigências de diálogo e dialéctica que animam o pluralismo jurídico, não encontra um campo tão fértil como o que permite –

---

[371] WILLIAM TWINING distingue entre os seguintes níveis: global (um possível *ius humanitatis* e o direito espacial), internacional (na perspectiva do direito internacional público, enriquecido com a perspectiva de direitos humanos), regional (como a União Europeia), transnacional (que inclui, entre outros, direito hindu, islâmico, a arbitragem transnacional, a *lex mercatoria*, as empresas multinacionais), inter-comunal (relação entre grupos étnicos ou religiosos), estado territorial (incluindo jurisdições sub-nacionais), sub-estatal (direito religioso reconhecido pelo Estado para certos efeitos), não-estatal (direito das pessoas subordinadas, movimentos de libertação e milícias). Esta diferenciação é, segundo o autor, puramente ilustrativa, mas parece-nos esquecer alguns níveis que inequivocamente convocam o pluralismo: o transfronteiriço, com a relação entre comunidades territoriais próximas e o inter-estatal, com o espraiamento de efeitos de actos de Estados nos demais (cfr. "Normative And Legal Pluralism: A Global Perspective", *Duke Journal Of Comparative & International Law*, Vol. 20, pp. 2010, pp. 505-506).

PERMEABILIDADE DO DIREITO ADMINISTRATIVO

e, mais recentemente, até fomenta – a abertura de ordens jurídicas estaduais a outras ordens diferentes da sua.

Isto porque os vectores que tradicionalmente se associam a uma visão pluralista do direito – os da legitimidade, da tolerância, da autonomia – não parecem ter o mesmo peso e leitura quando em causa está a abertura, sobretudo, a outras ordens jurídicas estatais, que têm *similares* pretensões à regulação da questão. Basta, para se compreender esta dificuldade, que se tenha em linha de conta que o reconhecimento de actos administrativos estrangeiros encontra ainda hoje uma das suas maiores críticas na violação que tanto comportaria para as exigências democráticas do Estado de acolhimento, que abdicaria da sua perspectiva em prol da regulação do caso por outra autoridade (estatal), sem que a mesma tenha passado o crivo de *legitimidade* aplicável a actuações internas[372].

No entanto, é precisamente nestas situações de maior conflito que o pensamento pluralista mais valia reveste, por a combinação daí resultante poder auxiliar a criação de esquemas cooperativos, que correspondem à função essencial das normas jurídicas[373].

Temos hoje, portanto, que o unilateralismo que, no plano administrativo, era visto como necessário, dada a sua ligação como a territorialidade ou com a falta de comunhão de interesses que animavam os vários direitos públicos, se encontra largamente ultrapassado. O processo de diferenciação e de diversificação da Administração pública – que resulta grandemente da recusa do mito da unidade da Administração e da sua impermeabilidade relativamente ao direito que lhe é estranho[374] – introduz uma maior com-

---

[372] Armin von Bogandy e Philipp Dann referem-se à evolução de uma administração compósita internacional, na qual há cada vez maior cooperação entre instituições internacionais e entre estas e Estados, mas não entre estes, dada a menor confiança e menos entendimento entre burocracias nacionais (cfr. "International Composite Administration: Conceptualizing Multi-Level and Network Aspects in the Exercise of International Public Authority", *German Law Journal*, Vol. 9, N.º 11, 2008, disponível em https://www.germanlawjournal.com, acesso em 11 de Julho de 2014, pp. 2037-2039).

[373] Samantha Besson, *The Morality of Conflict – Reasonable Disagreement and the Law*, Oxford/Portland, Hart Publishing, 2005, pp. 534-536.

[374] Thorsten Siegel, *Entscheidungsfindung im Verwaltungsverbund*, Tübingen, Mohr Siebeck, 2012, 482 pp. 4-10. Cfr., ainda, cfr. Peter Häberle, "Pluralismus der Rechtsquellen in Europa – nach Maastricht: Ein Pluralismus von Geschriebenem und Ungeschriebenem vieler Stufen und Räume, von Staatlichem und Transstaatlichem", *Jahrbuch des Öffentlichen Rechts*, Vol. 47, 1999, pp. 93-97.

EFICÁCIA, RECONHECIMENTO E EXECUÇÃO DE ACTOS ADMINISTRATIVOS ESTRANGEIROS

plexidade no plano internacional, potenciando a ocorrência de conflitos na resolução de uma mesma situação jurídico-administrativa e conduzindo a que, cada vez mais, se possa falar de uma *"institution shopping"* e da daí decorrente *visão metodológica pluralista*[375].

Também o direito da União Europeia, dadas as características que reveste, tem permitido a evolução pluralista do direito, ao ponto de se articular como um direito *contrapontual*, que visa a harmonização de várias melodias, sem sobreposição entre elas[376].

A mistura de todas estas tendências tem-se reflectido ao nível das metodologias a seguir, seja de forma positiva, i.e. pela tomada de consciência de que é possível – e, num grande número de situações, desejável – utilizar de forma complementar vários mecanismos de adjudicação e execução[377], seja

---

Também NEIL MACCORMICK vê o pluralismo normativo como uma característica de ordens heterárquicas (cuja actuação coincide num determinado território) em que há uma dispersão de autoridade e uma concessão substancial de poderes soberanos (cfr. "Beyond Sovereignty", *Modern Law Review*, Vol. 56, N.º, 1, Janeiro, 2003, p. 10).

[375] SABINO CASESSE, "New Paths for Administrative Law: A Manifesto", *International Journal of Constitutional Law*, Vol. 10, N.º 3, 2012, pp. 611-613. O Autor refere-se, mesmo, a um "cultural bazaar" que exige, mais do que processos de direito comparado, uma "visão cosmopolita" do mundo.

[376] MIGUEL POIARES MADURO, "Contrapunctual Law: Europe's Constitutional Pluralism in Action", *Sovereignty in Transition*, Neil Walker (ed.), Oxford/ Portland, Hart Publishing, 2003, pp. 33-54.

THOMAS VON DANWITZ refere-se a uma ultrapassagem da estrutura dualista do sistema da União Europeia, dadas as influências recíprocas entre direitos nacionais e direito da União, referindo-se ao reconhecimento mútuo como um mecanismo de garantia da pluralidade das ordens jurídicas administrativas (cfr. *Verwaltungsrechtliches System und Europäische Integration*, Tübingen, J.C.B. Mohr (Paul Siebeck), 1996, p. 395-396 e 413-414).

Há, todavia, quem continue a questionar de que forma se relaciona com o dos Estados membros, se de acordo com um modelo monista (tendências federalistas) ou pluralista (JULIE DICKSON, PAVLOS ELEFTHERIADIS, "Introduction: The Puzzles of European Union Law", *Philosophical Foundations of European Union Law*, Julie Dickson, Pavlos Eleftheriadis (eds.), Oxford, Oxford University Press, 2012, pp. 2-12).

[377] PAUL VERBRUGGEN explora a interação e natureza complementar entre mecanismos públicos (judiciais e administrativos) e privados (de resolução alternativa de litígios e de mercado) (cfr. *Enforcing Transnational Private Regulation – A Comparative Analysis of Advertising and Food Safety*, Cheltenham, Edward Elgar, 2014, pp. 13-29). Esta tendência é hoje particularmente visível no âmbito do direito da concorrência (cfr. JÖRG PHILLIP TERHECHTE, "Enforcing European Competition Law – Harmonizing Private and Public Approaches in a More Diffe-

PERMEABILIDADE DO DIREITO ADMINISTRATIVO

de forma negativa, por se entender que ao pluralismo não deve corresponder uma "concorrência selvagem", na qual cada método tenta absorver a maior área possível[378], mas antes assegurar a sua máxima complementaridade e combinação.

Resulta, portanto, de um pensamento pluralista a necessária redução da complexidade e a necessidade de mecanismos que combinem as novas noções e tendências estruturantes da ordem jurídica[379], privilegiando-se, com BERMAN, uma perspeciva que assenta não somente em critérios substantivos, mas, na sua essência, na dilucidação de mecanismos processuais, instituições e práticas[380] ou com BAPTISTA MACHADO, em categorias processuais-organizativas, que podem conduzir a uma solução de equilíbrio mas não a definem[381].

E é sobre a pluralidade de disciplinas e de métodos que nos referiremos de ora em diante, com especial referência ao reconhecimento, que se apresenta como uma técnica particularmente adequada às tendências pluralistas, porque dela não resulta uma fusão ou abandono do próprio (*eigenen*)

---

rentiated Enforcement Model", *Private Enforcement of Competition Law*, Jürgen Basedow/ Jörg Phillip Terhechte/ Lubos Tichy (eds.), Baden-Baden, Nomos, 2011, pp. 11-20).

[378] HENRI BATIFFOL, "Le Pluralism des Méthodes en Droit International Public", *Recueil des Cours*, Vol. 139, 1973-II, Leyde, A.W. Sijthoff, 1974, p. 145.

[379] JAN M. SMITS considera como estratégias para organizar esta pluralidade a sua eliminação (pela criação de normas harmonizadas ou pela localização territorial das disputas), a sua gestão (propondo uma coordenação de actores, mas sem prevalência entre estes, salvo no que respeita ao cumprimento de normas mandatórias), ou o seu abandono (reconhecendo que há várias e incomensuráveis formas de regulação, sem que prevaleçam umas sobre as outras) (cfr. "Plurality of Sources in European Private Law, or: How to Live with Legal Diversity", *The Foundations of European Private Law*, Roger Brownsword, Hans-W Micklitz, Leone Niglia, Stephen Weatherill (eds.), Oxford, Hart Publishing, 2011, pp. 331-334).

[380] PAUL SCHIFF BERMAN, *Global Legal Pluralism: A Jurisprudence of Law Beyond Borders*, Cambridge, Cambidge University Press, 2012, pp. 16-17. Não enveredaremos por posições mais arrojadas, como a que repousa na análise de comunidades epistémicas como formas que auxiliam na definição dos interesses próprios e das políticas a entabular, como proposto por PETER M. HAAS, "Introduction: Epistemic Communities and International Policy Coordination", *International Organization*, Vol. 46, N.º 1, Winter, 1992, pp. 1-35.

[381] JOÃO BAPTISTA MACHADO, "Lições de Introdução ao Direito Público", *Obra Dispersa*, Vol. II, Braga Scientia Iuridica, 1993, p. 294.

ao outro (*fremden*) [382], promovendo, antes, um espaço de encontro, propício para dar solução ao problema que os aflije.

---

[382] ANDREAS VON ARNAULD, "Öffnung der öffentlich-rechtlichen Methode durch Internationalität und Interdisziplinarität Erscheinungsformen, Chancen, Grenzen", *VVDStRL 74 – Veröffentlichungen der Vereinigung der Deutschen Staatsrechtlehrer*, Berlin, De Gruyter, 2015, p. 76. ALEX MILLS impressivamente refere que o reconhecimento envolve a aceitação de que uma decisão não é menos justa do que a que poderia ser obtida no foro, estando em causa uma noção de "pluralismo da justiça" (cfr. *The Confluence of Public and Private International Law – Justice, Pluralism and Subsidiarity in the International Constitutional Ordening of Private Law*, Cambridge, Cambridge University Press, 2009, p. 8); no mesmo sentido, FRANCISCO VIOLA para quem aceitar o princípio da equivalência equivale a aceitar o pluralismo jurídico, e a relativizar a justiça de um ordenamento (cfr. "Il diritto Come Scelta", *La Competizione tra Ordinamenti Giuridici – Mutuo Riconoscimento e Scelta della Norma Piú Favorevole Nello Spazio Giuridico Europeo*, Armando Plaia (ed.), Milano, Dott. A. Giuffrè Editore, 2007, p. 182).

Ponto III
Internacionalidade do Direito Administrativo

Mais do que a modificação dos contornos *internos* ao tradicional direito administrativo, é o próprio *ambiente* em que este direito estadual se move que se encontra em profunda transformação. Como refere TAVARES DA SILVA, a grande novidade que hoje se observa "assenta na *mudança da arena da decisão* mais do que em uma *mudança do paradigma da actividade administrativa*"[383].

A internacionalidade do direito administrativo traduzida no cada vez maior número de situações jurídicas internacionais cuja natureza administrativa é *indisfarçável* convoca de forma decisiva a capacidade de adaptação do Estado.

Ao ponto de se encontrar este colocado perante uma questão durante muito não pensada e ainda hoje extremamente ousada: a de saber quando pode ou deve o Estado deixar de aplicar o seu direito para aplicar direito estrangeiro ou, pelo menos, em que medida e em que circunstâncias a aplicação do direito nacional é conformada por ordens jurídicas que o transcendem.

1. O Direito Administrativo no âmbito internacional
Habituámo-nos, ao longo dos anos, a conceber o direito administrativo como direito virado para o interior do Estado, que regula as relações jurídico-administrativas que neste se desenrolam e a conceber os actos administrativos como o resultado de produção de órgãos administrativos nacionais.

Hoje em dia, porém, é inegável a internacionalidade do direito administrativo sob duas perspectivas complementares: o direito administrativo

---

[383] SUZANA TAVARES DA SILVA, "Acto Administrativo de "Faca e Garfo", *Estudos em Homenagem ao Prof. Doutor José Joaquim Gomes Canotilho.* Vol. IV. Fernando Alves Correia, Jónatas M. Machado, João Carlos Loureiro (Coords.), Coimbra, Coimbra Editora, 2012, p. 618.

EFICÁCIA, RECONHECIMENTO E EXECUÇÃO DE ACTOS ADMINISTRATIVOS ESTRANGEIROS

que resulta dos múltiplos foros internacionais e transnacionais e o direito administrativo produzido pelo Estado que tem como objecto a regulação de situações internacionais.

Vogel aponta em sentido idêntico, ao acentuar que o relevo do direito administrativo é plural, incluindo o direito administrativo aplicável a entidades internacionais, *maxime* organizações internacionais, o direito internacional que se refere a matéria administrativas estatais (como sucede com a cooperação em matéria administrativa, as regras sobre condução de actividades em território estrangeiro), e o direito interno que se preocupa com situações internacionais (seja para definir como aplicar o direito interno a situações internacionais, seja para aferir quando e como o direito estrangeiro pode ser aplicado por autoridades domésticas).[384]

A vaga de internacionalização chegou, portanto, à Administração pública nacional, que, cada vez mais dispersa e pluralizada, se abriu ao exterior, em face da pressão que situações jurídicas internacionais, transnacionais e estrangeiras exercem sobre si e os seus modos tradicionais de actuação. Aliás, são estas mesmas pressões que a Administração pública, por vezes recipiente, exerce activamente sobre Administrações terceiras, ao actuar extraterritorialmente.

A constatação da alteridade e da necessidade ou conveniência da sua regulação surge, assim, como o elemento que espoleta a internacionalização do direito administrativo.

Não se pense, porém, que se trata de uma tarefa fácil. Segundo Jürgen Basedow, a promessa do Estado de providenciar um quadro legal estável e confiável é muito menos válido no âmbito internacional do que no plano interno, por causa das diferentes regras de processo e de conflitos, que podem ter grande impacto na decisão das causas[385].

No entanto, também não se pode recusar ao direito administrativo uma capacidade de adaptação a estas – como a tantas antes delas – alterações no ambiente em que se move, o que pode passar por um rearranjo da sua

---

[384] Klaus Vogel, "Administrative Law: International Aspects", *Encyclopedia of Public International Law*, Rudolf Berhnardt (ed.), Vol. I, Amsterdam, North-Holland, 1992, pp. 22-23.
[385] Jürgen Basedow, "The State's Private Law and the Economy – Commercial Law as an Amalgam of Public and Private Rule-Making", in Beyond the State – Rethinking Private Law, Nils Jansen/ Ralf Michaels (eds.), Mohr Siebeck, Tübingen, 2008, p. 297.

INTERNACIONALIDADE DO DIREITO ADMINISTRATIVO

arquitectura, por uma reconfiguração das suas funções e/ou por um realinhamento do seu direito[386].

2. Disciplinas relevantes

Uma temática tão pertinente e actual não deixa de interessar a várias disciplinas, cada uma emprestando a sua perspectiva à progressiva internacionalização do direito administrativo e, em geral, do direito público.

Curiosamente, não foram só as disciplinas tradicionais – em geral, o direito internacional privado e o direito internacional público[387] – que se foram referindo a estas dimensões internacionais do direito administrativo.

As limitações de cada um daqueles ramos de direito – o primeiro, ocupado com relações jurídico-privadas, ainda que resultantes ou conformadas por actos de autoridade pública[388]; e o segundo, interessado sobretudo nas

---

[386] Realinhamento que pode passar por uma escolha estratégica do direito internacional ou transnacional – e, acrescentamos nós, de outro direito estadual –, em detrimento do direito administrativo tradicional (cfr. ERIC C. IP, "Globalization and the Future of the Law of the Sovereign State", *International Journal of Constitutional Law*, Vol. 8, N.º 3, 2010, p. 655).

[387] Para além destas áreas com um amplo âmbito de aplicação, há que mencionar o papel, no âmbito do reconhecimento, de disciplinas sectoriais, como o direito internacional fiscal, que têm antecipado, em grande medida, temáticas que hoje se infiltraram em decisivo no direito administrativo internacional.

[388] O paralelismo com o direito internacional privado tem sido comum, procurando-se neste ramo do direito a inspiração, sobretudo em termos de técnicas mobilizadas, para a construção de um direito administrativo aplicável a situações internacionais, pensamos em especial nas normas de conflitos e no mecanismo do reconhecimento.
Mesmo no plano do direito internacional privado, tem-se vindo a acentuar a proximidade entre situações jurídico-privadas e jurídico-públicas. Recentemente LIMA PINHEIRO entende que as situações reguladas pelo direito internacional privado são situações transnacionais, não só para evitar a ambiguidade do termo internacional, como ainda para acentuar a possibilidade de aquelas situações não serem necessariamente situações jurídico-privadas, mas também situações jurídico-públicas, ao considerar o *"Direito Internacional Privado português é aplicável a todas as relações que, embora implicando Estados ou entes públicos autónomos estrangeiros, organizações internacionais ou agentes diplomáticos ou consulares de Estados estrangeiros, sejam susceptíveis de regulação na esfera interna"* (cfr. *Direito Internacional Privado*, Vol I – Introdução e Direito de Conflitos – Parte Geral, 3.ª ed., Coimbra, Almedina, 2014, pp. 36-37). Em sentido similar, já PIERRE LALIVE considera que o termo *relações transnacionais* abrange dois pressupostos em que assenta o direito internacional privado: a existência de Estados soberanos e a existência de relações outras que não as interestatais) (cfr. "Cours Général de Droit International Privé",

formas tradicionais de interacção no plano internacional[389] – e a vontade de se lançar uma perspectiva fresca sobre os desafios e problemas trazidos pela internacionalização do direito administrativo têm constituído *campos férteis* para o surgimento ou, pelo menos, a tentativa de emergência de novas disciplinas.

É inevitável, a este propósito, fazer uma associação entre a profusão de conceitos relacionados com a internacionalização do direito administrativo e a recente multiplicação de disciplinas, como se a cada novo conceito tenha necessariamente de caber um ramo do direito, também ele inovador, que introduz um campo de análise diferenciado no debate.

A tarefa de criação de uma disciplina gera, porém, todo um conjunto de novo equívocos[390], em especial quando se procura estabelecer uma linha clara de demarcação entre a disciplina recém nascida e ramos de direito já

Recueil des Cours, Vol. II, Tomo 155, 1977, Alphen aan der Rijn, Sitjhoff & Noordhoff, 1979, p. 15).

Contudo, as diferenças entre estas duas disciplinas são evidenciadas por DIRK EHLERS ao entender que no direito administrativo não se chegou ainda a consenso quanto ao idêntico peso (ou valor) das ordens jurídicas mundiais no momento da adjudicação, ao contrário do que sucede no direito internacional privado, que assenta nesse princípio da igualdade de valoração (cfr. "Internationales Verwaltungsrecht", *Allgemeines Verwaltungsrecht, Hans*-Uwe Erichsen, Dirk Ehlers (eds.), 14.ª ed., Berlin, Walter de Gruyter, 2010, p. 188).

[389] Entre nós, refere SUZANA TAVARES DA SILVA que o direito internacional público e a recepção que dele faz a Constituição Portuguesa não têm acompanhado a evolução que o novo direito administrativo tem atravessado, podendo mesmo constituir um obstáculo à construção de um direito administrativo global, para quem, como a Autora, adopte a terminologia (cfr. *Um Novo Direito Administrativo?,* Coimbra, Imprensa da Universidade de Coimbra, 2010, p. 58). Em sentido contrário, LUÍS DE LIMA PINHEIRO defende que o direito internacional público tem mostrado vocação para regular imediatamente situações internacionais (transnacionais) que envolvem privados, dado o reconhecimento da sua subjectividade internacional e a ampliação das faculdades nesta incluídas, referindo-se a situações *quási-internacionalpúblicas* (cfr. *Direito Internacional Privado,* Vol I – Introdução e Direito de Conflitos – Parte Geral, 3.ª ed., Coimbra, Almedina, 2014, p. 110).

[390] JÖRN AXEL KÄMMERER, PAULINA STARSKI, "Das "Internationale Öffentliche Recht" – Versuch einer Annäherung", *Archiv des öffentlichen Rechts,* Vol. 139, N.º 4, Dezember, 2014, p. 620. A criação de novas disciplinas também quebra com tradições comuns e suscita problemas de delimitação, o que tem elevado significado normativo (cfr. JOSEPH RAZ, *The Morality of Freedom,* Oxford, Clarendon Press, 1986, pp. 83-84).

INTERNACIONALIDADE DO DIREITO ADMINISTRATIVO

estabilizados, ou quando se cotejam âmbitos de aplicação de duas ou mais *aspirantes* a disciplinas[391].

Entre estas disciplinas, e tendo adquirido já carta de alforria, encontra--se o *direito administrativo europeu* que se refere, *grosso modo*[392], ao direito que anima o exercício de competências administrativas no âmbito da União Europeia.

Não obstante a inexistência de uma competência especificamente administrativa nos Tratados [393], a necessidade e autonomia de auto-organização

---

[391] A receptividade dessas disciplinas é também diferenciada consoante os ordenamentos jurídicos e as suas tradições jurídicas. Por isso, VASCO PEREIRA DA SILVA assinala que na França o caminho mais trilhado é ainda o do direito administrativo comparado, enquanto que nos países de matriz Anglo-Saxã se privilegia o direito administrativo global, e na Alemanha e em Itália se acentua a vertente europeia do direito administrativo (cfr. "Do Direito Administrativo Nacional ao Direito Administrativo sem Fronteiras (Breve Nota Histórica)", *Direito Público Sem Fronteiras*, Vasco Pereira da Silva, Ingo Wolfgang Sarlet (org.), Lisboa, ICJP, 2011, disponível em http://www.icjp.pt/sites/default/files/media/ebook_dp_completo2_isbn.pdf, acesso em 14 Julho 2014, pp. 211-216).

[392] *Grosso modo*, pois não podemos deixar de mencionar a importância do Conselho da Europa e da Jurisprudência do Tribunal Europeu dos Direitos do Homem, na definição de alguns contornos do direito administrativo no ambiente europeu; no entanto, não se trata de uma intervenção sistemática e sistematizada neste âmbito. ALDO SANDULLI considera três dimensões da integração europeia: a comparação dos sistemas jurídicos, a influência da Convenção Europeia dos Direitos do Homem e a hibridização do espaço jurídico europeu (cfr. "La Scienza Italiana del Diritto Pubblico e L'Integrazione Europea", *Rivista Italiana di Diritto Pubblico Comunitario*, Vol. 15, 2005, pp. 877-881). Enfatizando a dimensão comparativa do direito administrativo europeu, cfr. SANTIAGO GONZÁLEZ-VARAS IBÁÑEZ, *Tratado de Derecho Administrativo*, Tomo II – El Derecho Administrativo Europeo, 2.ª ed., Pamplona, Civitas/ Thomson Reuters, 2012, pp. 391-409.

[393] As competências da União no domínio administrativo são, mesmo depois do Tratado de Lisboa, fragmentadas. No artigo 114.º, n.º 1 do Tratado sobre o Funcionamento da União Europeia, admitem-se medidas relativas à aproximação das disposições legislativas, regulamentares e administrativas dos Estados-Membros, que tenham por objecto o estabelecimento e o funcionamento do mercado interno; no artigo 197.º disciplina-se a cooperação administrativa da União para com os Estados-membros, de modo a ampliar a capacidade destes de execução efectiva do Direito da União; no artigo 291.º disciplinam-se as competências de execução da Comissão. Porém, a regularidade com que estes artigos vêm sendo aplicados e a sua ligação com o mecanismo do artigo 352.º (que permite a adopção de acções pela União, mesmo quando os Tratados não tenham previsto poderes de acção necessários para o efeito, desde que o objectivo a prosseguir se insira nas atribuições comunitárias), permitiram densificar um corpo considerável de normas administrativas do direito da União.

da União e a panóplia de competências que lhe foram cometidas e que impunham o exercício de poderes de natureza administrativo pela mesma permitiram que se fosse desenvolvendo internamente um direito administrativo com contornos específicos.

Esta especificidade resulta essencialmente dos factores: i) ser um direito administrativo sem um Estado, e, por isso, sem algumas prerrogativas típicas deste, como as do ordenamento do território ou da manutenção da ordem e da segurança nacional, dependendo grandemente dos Estados para a execução das suas disposições[394]; ii) ser um direito que pode afectar directamente privados, pedindo "emprestados", na ausência de uma dogmática pré-estabelecida, conceitos, princípios e trâmites essenciais aos direitos administrativos nacionais[395]; iii) ser um direito que, não obstante, é relativamente insensível aos conceitos internos de administração e de direito administrativo, dada a autonomia interpretativa de que lança mão, iv) ser um direito que assenta cada vez mais no desenvolvimento de uma abertura horizontal entre os Estados e numa convergência recíproca do direito destes ou no desenvolvimento de formas de cooperação entre eles[396]; v) e ser um direito que desenvolve procedimentos e formas organizatórias compostas ou de administração conjunta[397].

---

[394] Sobre esta característica, cfr. GIACINTO DELLA CANANEA, "Il Diritto Amministrativo Europeo e i suoi Principi Fondamentali", *Diritto Amministrativo Europeo – Principi e Instituti*, Giacinto della Cananea (ed.), 3.ª ed., Milão, Giuffrè Editore, 2011, pp. 8-10. Cfr., ainda, para uma análise das competências da União em matéria territorial, MANUEL PORTO, DULCE LOPES, "Preocupações Espaciais na União Europeia", *Estudos em Homenagem a António Barbosa de Melo*, Fernando Alves Correia, João Calvão da Silva, José Carlos Vieira de Andrade, José Joaquim Gomes Canotilho, José Manuel M. Cardoso da Costa (orgs.), Coimbra, Almedina, 2013, pp. 599-629.

[395] Cfr., paradigmaticamente, o Acórdão *Dineke Algera et al. c. Assembleia da Comunidade Europeia do Carvão e do Aço*, do Tribunal de Justiça 12 de Julho de 1957, proferido nos processos apensos 7/56 e 3/57 a 7/57, considerado como o marco inicial do direito administrativo europeu por JÜRGEN SCHWARZE, "European Administrative Law in the Light of the Treaty of Lisbon", *European Public Law*, Vol. 18, N.º 2 2012, p. 287.

[396] SABINO CASSESE, "Diritto Amministrativo Comunitario e Diritti Amministrativi Nazionali", *Trattato di Diritto Amministrativo Europeo*, Mario P. Chitti e Guido Greco (eds.), 2.ª ed., Tomo I, Milão, Giuffrè Editore, 2007, p. 10;

[397] HERWIG C.H. HOFMANN, GERARD C. ROWE, ALEXANDER H. TÜRK, *Administrative Law and Policy of the European Union*, Oxford, Oxford University Press, 2011, pp. 6-19. Para uma proposta de identificação do conteúdo do direito administrativo da União, cfr., entre nós, o

INTERNACIONALIDADE DO DIREITO ADMINISTRATIVO

Não obstante esta mescla de características, EBERHARD SCHMIDT-ASSMAN defende dever superar-se o entendimento que atende exclusivamente à ideia da europeização e insistir na ideia de um direito administrativo europeu como uma *construção sistemática comum*, na qual se devem procurar melhores modelos de cooperação e protecção judicional[398]. O que não significa que esta construção seja unitária, pois é o mesmo autor que se debruça sobre os vários extractos deste direito administrativo europeu, incluindo o direito administrativo dos Estados-membros, o direito administrativo próprio da Administração da União, o direito administrativo comunitário que se refere à relação com as administrações nacionais e o direito da cooperação administrativa, seja vertical, seja horizontal[399].

No plano internacional, SCHMIDT-ASSMAN considera que estas matérias se congregam num mais amplo *direito administrativo da cooperação internacional*, nele integrando a evolução dos mecanismos de cooperação internacional em matéria policial, fiscal, de segurança social e em matéria transfronteiriça, que se desdobram na criação de princípios regulatórios comuns (em especial da acção dos Estados, que continuam a ser os actores centrais desta disciplina), na assistência mútua e troca de informações e no reconhecimento mútuo e prática de actos administrativos transnacionais[400].

---

estudo de MARIA LUÍSA DUARTE, *Direito Administrativo da União Europeia*, Coimbra, Coimbra Editora, 2008, pp. 1-187.

[398] Sobre a influência do Direito da União no direito dos Estados-membros, cfr. JÜRGEN SCHWARZE, "The Europeanization of National Administrative Law", *Administrative Law under European Influence – On the Convergence of the Administrative Laws of the EU Member States*, Jürgen Schwarze (ed.), Baden-Baden, Sweet & Maxwell, 1996, pp. 789-840.

[399] EBERHARD SCHMIDT-ASSMAN, *Das Allgemeine Verwaltungsrecht als Ordnungsidee – Grundlagen und Aufgaben der verwaltungsrechtlichen Systembildung*, Berlin, Springer, 1998, pp. 314-319. A evolução deste direito tem permitido, inclusive, que se fale da edificação de uma verdadeira *federação administrativa europeia*, que se antecipou ao direito constitucional e à federação política europeia (PAULO OTERO, *Manual de Direito Administrativo*, Vol. I, Coimbra, Almedina, 2013, pp. 525-526).

[400] EBERHARD SCHMIDT-ASSMAN, "Internationalisation of Administrative Law: Actors, Fields and Techniques of Internationalisarion – Impact of International law on National Administrative Law", *Revue Européenne de Droit Public*, Vol. 18, N.º 1, 2006, pp. 255-261. MATTHIAS RUFFERT e SEBASTIAN STEINECKE referem-se a este direito como um direito de síntese e não de exclusão, ao ser herdeiro de muitas disciplinas predecessoras, como o direito administrativo internacional (cfr. *The Global Administrative Law of Science*, Heidelberg, Springer, 2011, p. 22).

Por oposição, ao direito administrativo europeu, a noção de *direito administrativo global* encontra-se ainda numa fase embrionária, carecendo de uma dogmática firme que defina os seus traços essenciais. Entre as várias questões que amiúde se colocam podem assinalar-se as seguintes: poderá haver direito administrativo global sem Estado? Poderá haver direito administrativo global sem uma ordem jurídica global? Quais as entidades que contribuem para a formação do direito administrativo global? Quais as entidades que contribuem para a afirmação da legitimidade do direito administrativo global? Quais as formas de actuação do direito administrativo global? Quais os princípios do direito administrativo global? Trata-se de um direito administrativo verdadeiramente global ou de um direito administrativo que ainda é sectorial? Mas a questão mais importante de todas continua a ser, ainda, a mais básica: é o direito administrativo global verdadeiro direito?

As respostas têm sido plúrimas, opondo-se à constante acentuação dos aspectos institucionais e procedimentais envolvidos no direito administrativo global, a necessidade de lhe serem aplicadas exigências substanciais de legitimidade, ainda que em forma distinta das estaduais, para que este possa ser considerado um verdadeiro direito[401].

---

[401] DAVID DYZENHAUS entende que o direito administrativo global pode existir sem democracia e sem Estado, mas não sem alguma forma, ainda que embrionária, de ordem jurídica, possível mesmo que a autoridade da entidade administrativa seja auto-constitutiva (cfr. "Accountability and the Concept of (Global) Administrative Law", *Acta Iuridica 2009 – Global Administrative Law: Development and Innovation*, Jan Glazewski/ Hugh Corder (eds.), Cape Town, Juta & Co Ltd, 2009, p. 31). B.S. CHIMNI defende que o direito administrativo global apenas consegue ser um instrumento adequado de "resistência e de mudança" se, para além de dimensões procedimentais, as entidades administrativas a que se reporta obedecerem a um regime substantivo progressivo e assente numa dimensão forte de direitos humanos (cfr. "Cooption And Resistance: Two Faces Of Global Administrative Law", *IILJ Working Paper 2005/16 (Global Administrative Law Series)*, disponível em www.iilj.org, acesso em 9 de Setembro de 2014, p. 23).
De acordo com KANISHKA JAYASURIYA as novas formas do direito administrativo, em particular do direito administrativo global, permitem que princípios como o da participação se dissociem de versões mais substantivas e densas da *rule of law* (cfr. "Riding the Accountability Wave? Politics of Global Administrative Law", *Administrative Law and Governance in Asia: Comparative Perspectives*, Tom Ginsburg, Albert H.Y. Chen (eds.), London, Routledge, 2009, pp. 59-78). RÜDIGER WOLFRUM, por seu turno, defende que a ausência de uma legitimidade substancial conduz, a longo termo, a uma erosão da legitimidade conseguida por via procedimental (cfr. "Legitimacy of International Law and the Exercise of Administrative Functions: The Example of the International Seabed Authority, the International Maritime Organiza-

INTERNACIONALIDADE DO DIREITO ADMINISTRATIVO

E há que louvar os autores que, corajosamente, avançam vias de legitimação das instituições a que se liga o direito administrativo global, como sucede com a proposta de um *standard complexo* que se baseia na vontade contínua dos Estados democráticos como pressuposto necessário, mas não suficiente para a sua legitimação, mas que almeja a uma *democracia global*, isto ainda que se contente, enquanto esta se mostra inacessível, com um nível mínimo de aceitabilidade moral daquelas instituições globais[402].

Na ausência de respostas firmes, há quem veja o direito administrativo global como detendo mera *natureza residual,* porque inclui regras procedimentais e *standards* normativos para a tomada de decisão que escapa às estruturas estaduais e não se encontra ainda adequadamente reguladas pelo direito internacional (que continua focado na relação entre Estados)[403].

Noutras frentes, ainda mais distanciadas, há quem negue ainda a existência de um direito administrativo global[404] ou, no extremo oposto, quem o

---

tion (IMO) and International Fisheries Organizations", *German Law Journal,* Vol. 9, N.º 11, 2008, disponível em https://www.germanlawjournal.com, acesso em 11 de Agosto de 2015, p. 2041). Cfr., ainda, para uma súmula destas questões, ARMIN VON BOGDANDY, PHILIPP DANN, MATTHIAS GOLDMANN, "Developing the Publicness of Public International Law: Towards a Legal Framework for Global Governance Activities", *German Law Journal,* Vol. 9, N.º 11, 2008, disponível em https://www.germanlawjournal.com, acesso em 11 de Agosto de 2015, pp. 1375-1400.

[402] ALLEN BUCHANAN & ROBERT O. KEOHANE, "The Legitimacy Of Global Governance Institutions", *Ethics and International Affairs,* Vol. 20, n.º 4, 2006, pp. 405–437. Entre nós, FRANCISCO DE ABREU DUARTE vê o direito administrativo global como direito constitucional global concretizado, ao tomar como uma evidência tanto que este último existe como que para cada ordem constitucional haverá um direito administrativo próprio (cfr. "À Descoberta Do Fundamento Constitucional Do Direito Administrativo Global", *E-pública – Revista Electrónica de Direito Público,* N.º 1, 2014, disponível em http://e-publica.pt/pdf/artigos/adescoberta.pdf, acesso em 14 Julho 2014, p. 15), pressupostos que não nos parecem de fácil assunção.

[403] SIMON CHESTERMAN, "Globalization Rules: Accountability, Power and the Prospects for Global Administrative Law", *Global Governance,* Vol. 14, 2008, 2009, p. 39.
Sobre esta função de preenchimento de lacunas deste ramo de direito, que é ele próprio lacunar, cfr. LARRY MAY, *Global Justice and Due Process,* Cambridge, Cambridge University Press, 2011, p. 211.

[404] GIANDOMENICO FALCON, Internationalization of Administrative Law: Actors, Fields and Techniques of Internationalization – Impact of International Law on National administrative Law, *Revue Européenne de Droit Public,* 18, 2006, p. 244: Para o autor há apenas um sistema policêntrico composto de unidades parciais, preferindo o termo "global legal space". Entre

conceba como uma construção que abdica da figura estatal, construindo-se à margem dela[405].

Mas as contradições não cessam aqui. A doutrina evidencia a *duplicidade* do direito administrativo global, que, por um lado, contribui para a elevação e estabilização de paradigmas de governança, moderando os efeitos negativos da globalização[406], e, por outro lado, facilita uma colonização/transplante dos princípios jurídicos, tendencialmente universais, concebidos em alguns países desenvolvidos (e nem sempre por eles aplicados) para outros ordenamentos, comprometendo a capacidade destes de gizar e desenvolver o seu próprio sistema jurídico[407].

nós, cfr. RUI CHANCERELLE DE MACHETE, "Existe um Verdadeiro Direito Administrativo Global?", *Temas de Integração*, N.º 23, 1.º Semestre, 2007, pp. 35-41.

[405] A noção de um direito global, desenvolvida por GUNTHER TEUBNER, constrói-se a partir de pressupostos a-nacionais. Para o autor, as fronteiras do direito global não são formadas por territórios, mas, ao invés por colégios, mercados, comunidades profissionais, redes sociais invisíveis, que transcendem as fronteiras dos Estados, o que aponta para uma nova lei de conflitos assente numa base inter-sistémica, ao mesmo passo que as fontes do direito passam a resultar de um processo plural de auto-organização que, em grande medida, não é contestado pelos Estados e não encontra neste o seu centro (cfr. ""Global Bukowina": Legal Pluralism in the World Society", in *Global Law without a State*, Gunther Teubner (ed.), Dartmouth, Aldershot, 1997, pp. 4-12). A formulação de direito global não é, porém, sempre a adoptada pelo autor, que também emprega igualmente o termo transnacional: GUNTHER TEUBNER, "Transnationales pouvoir constituant?", *Transnationales Recht*, Gralf-Peter Caliess (ed.), Tübingen, Mohr Siebeck, 2014, pp. 77-93.

Também para KARL-HEINZ LADEUR, o direito administrativo global não é direito administrativo interno virado do avesso mas traduz a evolução para uma sociedade em rede, que tem consequências mais profundas senão mesmo "disruptoras" na ordem jurídica interna (cfr. "Die Evolution des allgemeinen Verwaltungsrechts und die Emergenz des globalen Verwaltungsrechts", *Transnationales Recht*, Gralf-Peter Caliess (ed.), Tübingen, Mohr Siebeck, 2014, pp. 369-385).

[406] SIMON CHESTERMAN, "Globalization Rules: Accountability, Power and the Prospects for Global Administrative Law", *Global Governance*, Vol. 14, 2008, 2009, p. 39.

STEFANO BATTINI entende que, dada a influência do direito internacional no dirito administrativo interno, é importante trabalhar as regras de legitimação democrática e *accountability* das autoridades internacionais, sendo essa a função precípua do direito administrativo global (cfr. "The Globalisation of Public Law", *Revue Européenne de Droit Public*, Vol. 18, N.º 1, 2006, pp. 43-47).

[407] CAROL HARLOW, "Global Administrative Law: The Quest for Principles and Values", *The European Journal of International Law*, Vol. 17, n.º 1, 2006, pp. 210–211.

INTERNACIONALIDADE DO DIREITO ADMINISTRATIVO

Independentemente destas variações, se assumirmos o direito administrativo global como a disciplina que analisa a influência das novas tendências da globalização sobre o direito administrativo, como o parece fazer BATTINI, o relevo explicativo de tal disciplina é inegável. Efectivamente, as quatro vias em que, para o Autor, se desdobra tal influência – o impacto global da regulação e administração doméstica, dada a sua vocação cada vez mais extraterritorial; o direito administrativo como limite à autonomia regulatória e administrativa doméstica; a transferência de poderes de regulação e administração para autoridades globais e o direito administrativo global como limite à actuação das autoridades globais[408] – são dimensões inegáveis e fulcrais do direito administrativo dos nossos dias.

Mas a pluralidade e riqueza destas perspectivas não escamoteia, antes evidencia, as dificuldades na construção de um novo ramo de direito administrativo com tamanha ambição. O direito administrativo global, construído assim como um *super-direito,* abraçaria dimensões tradicionalmente cometidas a outros ramos jurídicos, como o *direito administrativo das organizações internacionais*[409]e o *direito administrativo internacional* (cfr. *infra*)[410], ao que, enriquecido com dimensões transnacionais do direito, converter-se-ia sempre numa disciplina de difícil conceptualização e concretização.

Nas palavras de VARELLA, dada a heterogeneidade (de actores, de normas, de redes) do direito administrativo global, os conflitos passam a ser intersistémicos, baseados na falta de coerência entre um conjunto de normas, sendo

---

SASKIA SASSEN refere também que não há um direito global partilhado, mas um direito internacional cada vez mais americanizado (cfr. *Losing Control – Sovereignty in an Age of Globalization,* New York, Columbia University Press, 1996, p. 5-22).

[408] STEFANO BATTINI, "L'Impatto della Globalizzazione sulla Pubblica Amministrazione e sul Diritto Amministrativo: Quattro Percorsi", *Giornale di Diritto Amministrativo,* N.º 3, 2006, pp. 339-343. Para uma concepção igualmente ampla deste direito, cfr. SUZANA TAVARES DA SILVA, *Um Novo Direito Administrativo?,* Coimbra, Imprensa da Universidade de Coimbra, 2010, p. 20.

[409] Cfr., sobre este ramo do direito – que recebe por vezes as designações de direito institucional internacional ou de direito internacional administrativo –, DULCE LOPES, "Direito Administrativo das Organizações Internacionais", *Tratado de Direito Administrativo Especial,* Paulo Otero, Pedro Gonçalves (coords.), Vol. III, Coimbra, Almedina, 2010, pp. 99-224.

[410] Há mesmo quem veja o direito administrativo global como um direito de conflitos de leis, ainda que ancorado numa legitimidade diversa da estadual (cfr. MING-SUNG KUO, "Interpublic Legality and Public Legitimacy? Global Governance and the Curious Case of Global Administrative Law as a New Paradigm of Law, *International Journal of Constitutional Law,* Vol. 10, N.º 4, 2012, pp. 1065-1066).

EFICÁCIA, RECONHECIMENTO E EXECUÇÃO DE ACTOS ADMINISTRATIVOS ESTRANGEIROS

necessário assegurar a operacionalidade do sistema através da redução de antagonismos e de procura de maior estabilidade[411], o que nem sempre se consegue adequadamente, pelo menos fora de um enquadramento institucional preciso (internacional, arbitral ou estadual). Não admira, portanto, que o direito administrativo global seja visto como um *direito em construção*, cuja fragmentariedade impede o cumprimento dos efeitos de ordenação do espaço e actores globais para que tende[412].

Também a noção de *direito transnacional* surge como uma proposta deliberadamente compreensiva, que permitiria abranger tanto as disposições de direito internacional público como as de direito internacional privado, bem como outras regras que não se inserem nessas categorias *standard*, abarcando um conjunto amplo de sujeitos como indivíduos, empresas, Estados, organizações de Estados e outros grupos[413].

As influências deste direito – que valoriza as dimensões comunicativas e relacionais entre actores e regras jurídicas – não se resumem, para a doutrina, ao direito privado e comercial, estendendo-se ao direito administrativo, em áreas como as dos contratos administrativos internacionais, do pla-

---

[411] MARCELO DIAS VARELLA, *Internationalization of Law: Globalization, International Law and Complexity*, Brasília, Springer, 2014, p. 318.

[412] JAIME RODRÍGUEZ-ARAÑA MUÑOZ, "El Derecho Administrativo Global: un Derecho Principial", *Revista Andaluza de Administración Pública*, N.º 76, Janeiro-Abril, 2010, p. 16-18. Para SABINO CASESSE a diferença entre direito administrativo global relativamente aos direitos administrativos nacionais não se prende apenas com a maior maturidade destes, mas com a circunstância de aquele ser multipolar sendo alheio à problemática estadual das relações entre o centro e a periferia (cfr. "Gamberetti, Tartarughe e Procedure. *Standards* Globali per i Diritti Amministrativi Nazionali", *Rivista Trimestrale di Diritto Pubblico*, Vol. 54, N.º 3, 2004, pp. 674-679). Noutra das suas obras, CASSESE aborda a construção de um direito global, mas reconhece que o mesmo é ainda grandemente sectorial, fragmentário e pouco diferenciado (cfr. *Il Diritto Globale: Giustizia e Democrazia oltre lo Stato*, Torino, EINAUDI, 2009, pp. 33-51).

[413] Na definição de PHILLIP C. JESSUP, *Transnational Law*, New Haven, Yale University Press, 1956, pp. 2-3. O autor aponta exemplos anteriores da utilização, em textos jurídicos, do termo transnacional. No entanto, é-lhe atribuída a primeira elaboração conceitual e doutrinal sobre o direito transnacional. É, no entanto, o próprio autor que reconhece que a sua escolha de terminologia será igualmente insatisfatória para outros. Cfr., igualmente, STEFAN OETER, "Vom Völkerrecht zum transnationalen Recht – "transnational administrative networks" und die Bildung hybrider Akteurstrukturen", *Transnationales Recht*, Gralf-Peter Caliess (ed.), Tübingen, Mohr Siebeck, 2014, pp. 387-402; e SILVIA FERRERI, "General Report: Complexity of Transnational Sources", *European Review of Private Law*, Vol. I, 2012, pp. 3-50.

INTERNACIONALIDADE DO DIREITO ADMINISTRATIVO

neamento transfronteiriço, dos actos reais e dos actos administrativos com eficácia extraterritorial[414].

O *direito administrativo transnacional* parece ocupar-se, portanto, do fenómeno da abertura dos direitos estaduais às influências das normas transnacionais, o que pode ocorrer de formas múltiplas: seja por via da influência de princípios como o da subsidiariedade; seja pelo recurso a fórmulas organizatórias como as da delegação; seja pela adopção de mecanismos de reconhecimento mútuo; seja ainda, pelo relevo das normas transnacionais, como sucede com as normas técnicas[415].

O conceito de transnacionalidade de que se parte, e de que partia JESSUP, não elimina, portanto, o elemento estadual do âmbito das investigações sobre a transnacionalidade[416]. No entanto, é de tal forma um conceito complexo e amplo que perde grande parte da sua operatividade, não obstante o esforço em dele retirar efeitos jurídicos concretos em áreas como a ambiental[417].

Ora, esta amplitude pareceria desejável quando em causa estava – como estava para JESSUP, ao fundar-se na *"universalidade dos problemas humanos"* – acentuar a natureza jurídica e internacional de determinadas situações, que

---

[414] GRALF-PETER CALIESS, ANDREAS MAURER, "Transnationales Recht – eine Einleitung ", *Transnationales Recht,* Gralf-Peter Caliess (ed.), Tübingen, Mohr Siebeck, 2014, p. 25. Igualmente apontando a confluência entre o direito transnacional e o direito público, cfr. LARS VIELLECHNER, "Was heißt Transnationalität im Recht", *Transnationales Recht,* Gralf-Peter Caliess (ed.), Tübingen, Mohr Siebeck, 2014, p. 63. Para maiores desenvolvimentos, na mesma publicação, MARTIN KMENT, "Transnationalität im Verwaltungsrecht", *Transnationales Recht,* Gralf-Peter Caliess (ed.), Tübingen, Mohr Siebeck, 2014, pp. 331-352.

[415] MYRIAM SENN refere estes e outros mecanismos e instrumentos de convergência (cfr. "Transnationales Recht und öffentliches Recht zwischen Konvergenz und Divergenz", *Transnationales Recht,* Gralf-Peter Caliess (ed.), Tübingen, Mohr Siebeck, 2014, pp. 362-363).

[416] MARTIN KMENT, "Transnationalität im Verwaltungsrecht", *Transnationales Recht,* Gralf-Peter Caliess (ed.), Tübingen, Mohr Siebeck, 2014, p. 331.
Já percebemos, porém, que este entendimento não é unívoco, defendendo parte da doutrina que a noção actual se refere ao direito anacional – direito sem o Estado (cfr. MORITZ RENNER, *Zwingendes transnationales Recht – Zur Struktur der Wirtschaftsverfassung jenseits des Staates,* Bremen, Nomos, 2011, pp. 215-217).

[417] ANDREAS FISCHER-LESCANO considera este um direito aberto à participação de privados e à resolução de colisões de vária ordem (entre Estados, regimes administrativos, sistemas, princípios), de modo a tornar comensurável a incomensurabilidade da sociedade mundial policêntrica (cfr. "Transnationales Verwaltungsrecht", *Juristenzeitung,* Ano 63, N.º 8, Janeiro, 2008, p. 383).

EFICÁCIA, RECONHECIMENTO E EXECUÇÃO DE ACTOS ADMINISTRATIVOS ESTRANGEIROS

até então não tinham relevo normativo próprio ou eram assumidas como questões puramente domésticas.

No entanto, quanto mais se amplia o âmbito de uma disciplina para nela cobrir todos os possíveis fenómenos transnacionais e para nela diluir todas as possíveis disciplinas que tradicionalmente os tinham como objecto[418], perde-se a exigível *coerência no pensar e no agir administrativos.*

Posto isto, o direito transnacional é visto não como um conceito estabilizado mas como um sugestivo e indeterminado proto-conceito, que exprime exigências do ponto de vista da educação jurídica, da teoria da decisão e do pluralismo socio-jurídico[419], ou como um direito de cariz essencialmente experimental que permite uma reflexão fundamental sobre o que é o direito e as suas relações com outras formas institucionais e procedimentais[420].

Não nos parece, portanto, dada esta indeterminação do conceito de transnacionalidade, que dela resulte um bordão conceitual suficientemente preciso para a compreensão de fenómenos como os do reconhecimento, nos quais os Estados estão necessariamente envolvidos, em estreita ligação com os privados, e nos quais nem sempre assume prevalência o *interesse público* comprometido com a realização das liberdades dos direitos fundamentais dos administrados, em detrimento de um *interesse público* de tipo estatizador[421].

---

[418] JORGE SILVA SAMPAIO enfatiza que o direito transnacional se tem tornado um conceito agregador no qual se inclui o direito administrativo europeu, o direito administrativo internacional e o direito administrativo global, sendo entendido *"de forma o mais abrangente"* possível (cfr. *O Acto Administrativo pela Estrada Fora: os Efeitos Transnacionais do Acto Administrativo*, Lisboa, AAFDL, 2014, p. 41).

[419] CRAIG SCOTT, ""Transnational Law" as Proto – Concept: Three Conceptions", *German Law Journal*, Vol. 10, N.º 7, 2009, disponível em https://www.germanlawjournal.com, acesso em 1 de Julho de 2015, pp. 859-876.

[420] PEER ZUMBANSEN, "Transnational Law, Evolving", Elgar Encyclopedia of Comparative Law, Jan M. Smits (ed.), 2.ª ed., Cheltenham, Edward Elgar, 2012, pp. 899-925.

[421] Ao contrário de MIGUEL PRATA ROQUE não assumimos que o direito administrativo internacional tem sempre como predominante o primeiro interesse identificado (o da promoção das liberdades fundamentais dos interessados) (cfr. *A Dimensão Transnacional do Direito Administrativo – Uma visão cosmopolita das situações jurídico-administrativas*, AAFDL, Lisboa, 2014, p. 511). O que para o Autor é um pressuposto da sua análise será para nós, eventualmente, uma conclusão do nosso estudo, uma vez que procuraremos distinguir entre tipos de reconhecimento e fundamentos a eles subjacentes, não podendo generalizar-se, pelo menos *a priori*, uma intenção transnacional universal de promoção de toda e qualquer liberdade fundamental.

INTERNACIONALIDADE DO DIREITO ADMINISTRATIVO

Mas o cortejo de novas disciplinas jurídicas não se queda por aqui.
Para WARD, o mundo move-se dos princípios de um direito internacional para os de um *direito cosmopolita*[422]. Trata-se esta da recuperação, nos tempos que correm, da posição Kantiana[423], segundo a qual existiria já uma ordem cosmopolita, assente no princípio rector da "hospitalidade universal", princípio este que, porém, dependia na altura mais de uma rede de tratados internacionais e da sua observância do que da partilha de valores éticos fundamentais[424].

Escusado será dizer que, não obstante haja quem edifique propostas doutrinárias tendencialmente completas e complexas num direito cosmopolita[425], a própria existência desse direito é recusada por outros no plano internacional[426]. E não podemos deixar de nos perguntar se será adequado falar-se de cosmopolitismo em face da corrente tensão entre *integração técnico-económica* e *pulverização político ideológica*, que tem tido violentas repercussões.

---

[422] IAN WARD, "Kant and the Transnational Order: a European Perspective", ", *in Law, Justice and the State II – The Nation, the State and Democracy*, Michel Troper & Mikael M. Karlsson (eds.), Franz Steiner Verlag, Stuttgart, 1995, p. 192.

[423] Esta visão cosmopolita resulta de vários escritos de Kant e, no plano internacional, das máximas necessárias para a obtenção de paz perpétua, em especial a de hospitalidade (IMMANUEL KANT, *Zum ewigen Frieden – Ein philosophischer Entwurf,* Frankfurt und Leipzig, 1976, 95 p.). Dos ensinamentos de Kant resulta, além do direito doméstico e do direito internacional, a criação de um direito cosmopolita que necessariamente os complementa (GARRET WALLACE BROWN, "Kant's Cosmopolitanism", *The Cosmopolitanism Reader*, Garrett W. Brown, David Held (org.), Cambridge, Polity Press, 2010, pp. 54-55). Assinala-se, para além de Kant, o papel dos ensinamentos estóicos no reconhecimento da idêntica pessoalidade e humanidade a todas as pessoas no plano nacional e global (MARTHA NUSSBAUM, "Kant and Cosmopolitanism", *The Cosmopolitanism Reader*, Garrett W. Brown, David Held (org.), Cambridge, Polity Press, 2010, pp. 27-44).

[424] IAN WARD, "Kant and the Transnational Order: a European Perspective", *in Law, Justice and the State II – The Nation, the State and Democracy*, Michel Troper & Mikael M. Karlsson (eds.), Franz Steiner Verlag, Stuttgart, 1995, p. 192.

[425] Entre nós, MIGUEL PRATA ROQUE, *A Dimensão Transnacional do Direito Administrativo – Uma visão cosmopolita das situações jurídico-administrativas*, AAFDL, Lisboa, 2014, pp. 512-517.

[426] ROBERT KEOHANE, "Global Governance and Democratic Accountability", *Taming Globalization: Frontiers of Governance*, David Held and Mathias Koenig-Archibugi (eds.), London: Polity Press, 2003, pp. 130-159; MARTHA NUSSBAUM, "Kant and Cosmopolitanism", *The Cosmopolitanism Reader*, Garrett W. Brown, David Held (org.), Cambridge, Polity Press, 2010, pp. 41-42.

EFICÁCIA, RECONHECIMENTO E EXECUÇÃO DE ACTOS ADMINISTRATIVOS ESTRANGEIROS

Ainda assim, os fundamentos da teoria cosmopolita – que assenta na igual dignidade da pessoa humana e na promoção da hospitalidade e cooperação internacional – não deixam de contribuir para a formulação de opções normativas e para a conformação de metodologias específicas, como sucede no âmbito do reconhecimento de actos administrativos estrangeiros.

Na realidade, apesar de as teorias cosmopolitas não confluirem todas no mesmo sentido, mostrando entre si um elevado grau de dissenso[427], apontam no sentido de as autoridades dotadas de poderes públicos, mormente os Estados, adoptarem políticas que abracem os valores éticos cosmopolitas e, portanto, promoverem na medida do possível a hospitalidade no âmbito internacional, seja relativamente a pessoas, seja relativamente a autoridades estrangeiras[428]. A essência do projecto cosmopolita passa pela reconcepção da legitimidade das autoridades públicas, libertando-as de um território fixo, mas permitindo, em contrapartida, um conjunto amplo de outros arranjos fora ou dentro do ambiente estatal[429], motivados não (apenas) por necessidades de circulação comercial, mas (também ou sobretudo) por exigências de mobilidade pessoal.

Não poderíamos fechar este nosso – reconhecidamente aberto – excurso sem uma referência às propostas de duas disciplinas que visam abarcar e reorganizar vários domínios dentro do direito público.

NIEDERER considerava que a criação de um *direito público dos conflitos (öffentliche Kollisionsrecht)* contrariaria a ideia da territorialidade do direito, resultando dele que as normas de direito público não só seriam relevantes para o comércio jurídico privado, como lhe poderiam igualmente ser indiferentes ou contrárias, impedindo-o (como sucede, por exemplo, com as normas de confisco)[430]. Não obstante, a noção deste direito, como imagem no espelho

---

[427] Para uma súmula destas posições, a que já nos referimos, cfr. GARRETT W. BROWN, DAVID HELD, "Editor's Introduction", *The Cosmopolitanism Reader*, Garrett W. Brown, David Held (org.), Cambridge, Polity Press, 2010, pp. 1-14.

[428] GARRET WALLACE BROWN, "Kant's Cosmopolitanism", *The Cosmopolitanism Reader*, Garrett W. Brown, David Held (org.), Cambridge, Polity Press, 2010, p. 55.

[429] DAVID HELD, 'Law of States, Law of Peoples: Three Models of Sovereignty', *Legal Theory*, Vol. 8, N.º 2, 2002, pp. 43-44.

[430] WERNER NIEDERER, "Einige Grenzfragen des Ordre Public in Fällen Entschädigungsloser Konfiskation", *Schweizeriches Jahrbuch für internationales Recht*, Vol. XI, 1954, pp. 93-94.
Também GERHARD KEGEL parece apontar neste sentido, ao entender que, numa perspectiva ampla, entram no direito internacional privado temas como o direito processual inter-

INTERNACIONALIDADE DO DIREITO ADMINISTRATIVO

do direito internacional privado, englobava temas parcelares (expropriações e confiscos, cartéis e direito fiscal internacional) que não tinham uma ligação clara entre si – nem esgotavam, acrescentamos nós, as intervenções de direito público com relevo internacional, uma vez que o ponto de partida e, simultaneamente, de chegada, era, apenas e só, as situações privadas formatadas por poderes administrativos. Pelo que, com LIMA PINHEIRO, consideramos este ramo insuficiente consolidado e excessivamente heterogéneo para que se possa munir de uma autonomia dogmática paralela à do direito internacional privado, como parecia ser a sua intenção inicial[431].

MENZEL, por seu lado, visa trazer o direito administrativo internacional para a idade adulta[432], mas fá-lo, contraditoriamente, ao diluí-lo numa disciplina mais ampla – *o direito público internacional*. Este direito visa revelar-se como um direito de fronteira ou *"Grenzrecht"* e ocupa-se do direito constitucional com eficácia extraterritorial, em especial dos direitos humanos, e do direito administrativo com idênticas características, mas sem que, por seu intermédio, se percebam melhor as relações entre estes dois níveis de regulamentação. E é o próprio MENZEL que concebe a *sua* disciplina como uma interrogação ainda em aberto, dada a dificuldade em coser todos os elementos que considera relevantes no âmbito desta nova disciplina[433].

Uma última nota que não queriamos deixar de registar prende-se com a discrepância entre perspectivas com que se olha o direito administrativo no âmbito interno e o direito administrativo no cenário internacional:

---

nacional e o não tão comum, mas mais espectacular, direito público internacional, tornado particularmente relevante pela então divisão das duas Alemanhas (cfr. "Zum Heutigen Stand des IPR", *Estudos em Homenagem ao Prof. Doutor A. Ferrer Correia*, Vol. I, Coimbra, Boletim da Faculdade de Direito – Número especial, 1986, pp. 250-253).

[431] LUÍS DE LIMA PINHEIRO, *Direito Internacional Privado*, Vol I – Introdução e Direito de Conflitos – Parte Geral, 3.ª ed., Coimbra, Almedina, 2014, pp. 428-429. Apesar de recusar esta autonomia, o autor entende que pode haver problemas comuns como os da qualificação em ambos os casos.

[432] JÖRG MENZEL, *Internationales Öffentliches Recht*, Tübingen, Mohr Siebeck, 2011, p. 894.

[433] JÖRG MENZEL, *Internationales Öffentliches Recht*, Tübingen, Mohr Siebeck, 2011, p. 896. JÖRN AXEL KÄMMERER e PAULINA STARSKI, ficam sem saber, no final da proposta inspiradora de MENZEL, se realmente há necessidade de um direito público internacional (cfr. "Das "Internationale Öffentliche Recht" – Versuch einer Annäherung", *Archiv des öffentlichen Rechts*, Vol. 139, N.º 4, Dezember, 2014, p. 629).

enquanto que internamente surgem cada vez mais *diferenciações disciplinares*, tendo em conta o objecto precípuo de análise pelo direito administrativo (direito urbanístico, direito ambiental, direito da energia, direito da regulação, etc.), externamente, vão-se sucedendo tentativas de *agrupamento dogmático* de todas as matérias, fontes, redes, métodos, construindo imensos caldeirões jurídicos nos quais é difícil identificar cada componente e tratá-la com as especificidades que, quantas vezes, merece.

Optamos por uma perspectiva distinta sem, todavia, desenraizar o nosso objecto do nosso estudo da disciplina em que consideramos estar melhor inserido: o *direito administrativo internacional*.

3. A revitalização do Direito Administrativo Internacional

Para identificarmos a sede própria das nossas interrogações, é necessário esclarecer qual o *olhar* que, afinal, pretendemos lançar sobre o direito administrativo no palco internacional.

O objecto da nossa análise não incidirá directamente sobre as redes internacionais, transnacionais e europeias desenvolvidas até ao momento, antes sobre o modo como os Estados – mais precisamente o Estado-Administração ou o Estado-Juiz, com competência para decidir litígios administrativos – as integram no seu ordenamento jurídico e delas retiram consequências jurídicas.

Mais precisamente, ainda, debruçar-nos-emos sobre as formas jurídicas pelas quais os Estados retiram efeitos, reconhecem ou dão execução a actos administrativos estrangeiros, i.e. a actos que têm vocação para produzir efeitos jurídicos externos.

Poderia parecer estranho que, depois do percurso encetado até ao momento, redundemos no Estado.

É deliberada a escolha desta perspectiva, uma vez que nos parece inevitável que sejam os Estados, que continuam a deter a maior panóplia de poderes e de instituições que cobrem de forma pretensamente exaustiva todas as necessidades de cariz administrativo, os *primeiros* ou, pelo menos, os *principais interlocutores* de quem se quer fazer valer de um acto administrativo estrangeiro.

Caber-lhes-á, então, organizar as *suas* formas de actuação administrativa, de modo a definir quais as situações em que dará eficácia a actos administrativos estrangeiros, contribuindo para uma melhor clarificação das suas funções no plano internacional, perante a rede de actores e de meios de acção a que já aludimos.

INTERNACIONALIDADE DO DIREITO ADMINISTRATIVO

E, sem qualquer desprimor para as perspectivas que se fundam num novo prisma da ciência administrativa e numa *steering top-down approach*[434] – que são irrecusáveis e imprescindíveis nos dias que correm –, julgamos que ainda há espaço para leituras que procuram recompreender o papel do Estado e realinhar as suas formas de actuação tradicional em face das pressões internacionais que tem vindo a sofrer. Este *bottom-up approach* – que é *estato--cêntrico* por se centrar na figura do Estado, mas que não é *estatista*, por não se ficar pelo Estado – é o por nós eleito, pois julgamos que ainda há muito caminho a ser trilhado quanto à dogmática do *acolhimento*, pelos Estados, de formas de exercício de autoridade por entidades estrangeiras.

Precisamente dado o objecto da nossa indagação, não vemos razões para nos desviarmos de uma *certa* noção de *Direito Administrativo Internacional*, disciplina que tem vindo a ser mobilizada na doutrina como abarcando, entre outras, as situações de reconhecimento e execução a que nos reportaremos.

O direito administrativo internacional foi compreendido inicialmente como um ramo de direito que curava de interesses internacionais[435], seja por intermédio de instituições administrativas internacionais, algumas dotadas já de poderes coercitivos, seja por via dos Estados em cooperação mútua e com aquelas[436].

---

[434] Cfr. WOLFGANG KAHL, 'What Is 'New' about the 'New Administrative Law Science' in Germany?' *European Public Law*, Vol. 16, N.º 1, pp. 105–121; SABINO CASESSE, "New Paths for Administrative Law: A Manifesto", *International Journal of Constitutional Law*, Vol. 10, N.º 3, 2012, pp. 603-613; e GEORGIOS DIMITROPOULOS, "Certification And Accreditation in The International Administrative Verbund – Integrated and Societal Administration", *European Review of Public Law*, Vol. 24, N.º 2, Summer, 2012, pp. 665-701.

[435] Aliás, os interesses identificados por PIERRE KAZANSKY não são muito distintos daqueles que hoje animam o comércio internacional e a globalização: interesses sociais, de saúde pública internacional, da actividade económica e de polícia internacional (cfr. "Théorie de l'Administration Internationale", *Revue Generale De Droit International Public*, Vol. 9, 1902, pp. 353-354).

[436] PROSPERO FEDOZZI via o direito administrativo internacional como o complexo de princípios que regem as relações de ordem administrativa entre o Estado e Estados estrangeiros e entre o Estado e indivíduos estrangeiros, nele integrando o direito convencional administrativo e associações entre Estados, como as Uniões Administrativas (cfr. *Il Diritto Amministrativo Internazionale (Nozioni Sistematiche)*, Perugia, Unione Tipografica Cooperativa, 1902, em especial p. 6 e 15). Cfr., ainda, P. FEDOZZI, "Il diritto Statuale Relativo a Rapporti con L'Estero", *Rivista di Diritto Internazionale*, Vol. 3, N.º 3, 1908, pp. 59-71.

A noção de direito administrativo internacional desenvolveu-se logo a partir das primeiras tendências de modernização do direito internacional público – a par daquilo que seria caracterizado como um direito internacional mais político, um "Internationales Staatenrecht" –, de acordo com LORENZ VON STEIN[437].

De tal forma foi o arrebatamento com esta nova esfera do direito que KAZANSKI predisse que, com o direito administrativo internacional, o direito internacional público estaria completo, não havendo mais ramos do direito a criar[438].

Também OTTO MAYER, na primeira edição do seu Manual, dedica uma parte ao *internationales* e *bundesstaatliches Verwaltungsrecht* enquanto direito das relações tidas pela Administração fora das fronteiras do Estado, cuja regulação está muito próxima do direito internacional público e do direito administrativo, mas distante ainda do direito internacional privado por não existir um direito um trabalho conjunto que assente numa "*große Gesellschaft*" (grande sociedade), mas apenas numa "*äußerliches Nebeinander*" (vizinhança desconfiada)[439].

---

[437] LORENZ VON STEIN, "Einige Bemerkungen über das internationale Verwaltungsrecht", *Jahrbuch Für Gesetzgebung, Verwaltung Und Volkswirtschaft Im Deutschen Reich*, Vol. 6, 1882, pp. 395-442. Este autor é acreditado como o primeiro representante do direito administrativo internacional, de acordo com CHRISTIAN TIETJE, "Internationalisiertes Verwaltungshandeln ", *Rechtstheorie*, 39, 2008, pp. 258-263 (cfr., mais nitidamente, CHRISTIAN TIETJE, *Die Internationalität des Verwaltungsstaates – Vom internationalen Verwaltungsrecht des Lorenz von Stein – zum heutigen Verwaltungshandeln*, Kiel, Lorenz-Von-Stein Institut für Verwaltungswissenschaften, 2001, pp. 1-13).

[438] PIERRE KAZANSKY, "Théorie de l'Administration Internationale", *Revue Generale De Droit International Public*, Vol. 9, 1902, p. 364. M. JOSÉ GASCON Y MARIN vê o direito administrativo internacional como uma disciplina com contornos próprios, desenvolvida para actividades de âmbito internacional (nas quais inclua as uniões administrativas e, mesmo, a actuação da Sociedade das Nações), mas tendo natureza interna, sendo na essência um direito de coordenação e não de subordinação (cfr. "Les Transformations du Droit Administratif International", *Recueil des Cours*, Vol. IV, Tomo 34, Paris, Recueil Sirey, 1930, pp. 20-26). Cfr., igualmente, SCIPIONE GEMMA, *Prime Linee di un Diritto Internazionale Amministrativo*, Parte I – Concetti Sistematice Generali, Firenze, Bernardo Seeber, 1902, pp. 14-40.

[439] OTTO MAYER, *Deutsches Verwaltungsrecht*, 2.º Vol., Leipzig, Verlag von Duncker & Humblot, 1896, pp. 453-462, correspondente a um Anexo, sob o ponto 62. Numa sua recensão posterior, OTTO MAYER mostra apego por esta disciplina, nela abarcando as situações em que o Estado projecta as suas regras administrativas para o exterior ou as limita no seu interior, perante estrangeiros (cfr. "Dr. Karl Neumeyer, Professor des internationales Privatrechts an

INTERNACIONALIDADE DO DIREITO ADMINISTRATIVO

O que significa que, nos primórdios, esta disciplina convivia harmoniosamente com a figura do por vezes apelidado *direito internacional administrativo*, o que fazia todo o sentido, dado o entendimento comum das Uniões Administrativas como formas de acção colectiva e de extensão externa estadual. Como reacção a este conceito inicial amplo, em que havia uma indistinção de fontes e de preocupações, passou a propor-se uma *distinção conceptual* ente direito administrativo internacional pertencente ao direito administrativo interno e direito internacional administrativo pertencente ao direito internacional: o primeiro regularia a relação entre estados e indivíduos e teria como fontes leis e regulamentos e o segundo as relações entre Estados através de Tratados e costume[440].

der Universität München, Internationales Verwaltungsrechts, Innere Verwaltung I", *Archiv des Öffentlichen Rechts*, Vol. 28, 1912, p. 353).

[440] Sobre esta distinção, cfr. DONATO DONATI, I. *Trattati internazionali nel diritto Costituzionale*, Tomo I, Torino, Unione Tipografico-Editrice Torinese, 1096, p. 430; UMBERTO BORSI, "Carattere ed Oggetto del Diritto Amministrativo Internazionale", *Rivista di Diritto Internazionale*, Vol VI, 1912, pp. 372-376; e PAUL NÉGULESCO, "Principes du Droit International Administratif", *Recueil des Cours*, Tomo 51, 1935 – I, Paris, Recueil Sirey, 1935, pp. 594-595.

Nem sempre, portanto, estas figuras – do direito administrativo internacional e do direito internacional administrativo – foram assumidas indistintamente. Também ANDREA RAPISARDI MIRABELLI excluía do âmbito do *direito internacional administrativo* o direito administrativo interno com conexões internacionais, desde logo a condição jurídica dos estrangeiros e as normas relativas à competência no espaço dos direitos administrativos dos vários Estados, incluindo apenas "aquela parte do direito internacional que regula a organização e a acção de colectividades mais ou menos amplas de Estados ou de outras instituições criadas para a prossecução de interesses gerais e comuns àqueles Estados (no âmbito da mais vasta comunidade jurídica internacional (...)" (cfr. *Il Diritto Internazionale Amministrativo*, Vol. VIII (Trattato di Diritto Internazionale), Padova, CEDAM, 1939, p. 64; neste mesmo sentido, focando-se nas Uniões Internacionais, ALEJANDRO GALLART Y FOLCH, *Naturaleza y Concepto del Derecho Internacional Administrativo*, Barcelona, Herederos de Juan Gili Editores, 1917, pp. 1-48).

Para um exemplo das oscilações terminológicas suscitadas por estas duas formulações, veja-se FREITAS DO AMARAL para quem direito internacional administrativo inclui actos de fonte internacional (convenções, por exemplo) que passam a regular em cada Estado aspectos da sua vida administrativa interna e direito administrativo internacional, que se refere ao direito administrativo próprio das organizações internacionais (cfr. *Curso de Direito Administrativo*, Vol. I, 4.ª ed. Coimbra, Almedina, 2016, p. 167). Também CHRIS DE COOKER vê o direito administrativo internacional como o direito das organizações e tribunais internacionais, enfatizando a necessidade de manutenção da sua autonomia relativamente aos Estados membros (cfr. "The Efectiveness of International Administrative Law as a Body of Law", *The Development and Effectiveness of International Administrative Law – On the Occasion of the Thirtieth Anni-*

EFICÁCIA, RECONHECIMENTO E EXECUÇÃO DE ACTOS ADMINISTRATIVOS ESTRANGEIROS

Qualquer destas perspectivas intimamente relacionadas – seja por adesão, seja por oposição – com o direito internacional público cedo deu lugar a uma perspectiva inversa que passou a conceber o direito administrativo internacional como direito de conflitos paralelo ao direito internacional privado, mas que curaria de regras de colisão jurídico-públicas, i.e. da determinação das condições de aplicação de normas de direito material de outros Estados.

Expoente desta posição, NEUMEYER funda a necessidade de um direito administrativo internacional nos imperativos de justiça e igualdade na sociedade pública internacional, considerando que um Estado não está apenas obrigado a dotar as suas normas e actos de um âmbito de eficácia mas também a reconhecer e dotar de eficácia normas e decisões estrangeiras[441]. Não deixa, no entanto, de o caracterizar como direito interno, que demanda a formulação de normas de fronteira (*"Grenznorm"*)[442], ainda que se aproxime grandemente do direito internacional privado pois integra matérias como a referência, a aplicação de direito estrangeiro, o reconhecimento de actos estrangeiros e a cooperação administrativa. O preenchimento, por esta via, dos contornos do direito administrativo internacional é percebido, pelo autor, como essencial, de modo a evitar que seja visto como um *homúnculo puramente teórico*[443].

---

versary of the World Bank Administrative Tribunal, Olufemi Elias (ed.), Leiden-Boston, Martinus Nijhoff Publishers, 2012, p. 326).

[441] HENRIETTE VON BREITENBUCH, *Karl Neumeyer – Leben und Werk,* Rechtshistorische Reihe 438, Frankfurt am Main, Peter Lang, 2013, pp. 199-210.

[442] KARL NEUMEYER, *Internationales Verwaltungsrecht – Allgemeiner Teil,* Vol. IV, Zürich.Leipzig, Verlag für Recht und Gesellschaft AG, 1936, pp. 19-23 e 436-438.

KARL NEUMEYER esclarece que a função do direito administrativo internacional é limitar/ delinear a jurisdição interna do Estado, mas que o direito estrangeiro pode também encontrar aplicação no direito interno em matéria de direito público, por via do reconhecimento, no qual se observa a retracção dos poderes públicos estaduais (cfr. *Grundlinien des internationalen Verwaltungsrechts,* Berlin, R. V. Decker's Verlag, 1911, pp. 16-17 e 20-21).

[443] KARL NEUMEYER, *Grundlinien des internationalen Verwaltungsrechts,* Berlin, R. V. Decker's Verlag, 1911, p. 10.

Cfr., entre outros seguidores desta perspectiva, CHRISTOPH OHLER que recupera a noção de direito de colisões públicas para preencher o direito administrativo internacional que, assim, tem por objecto o campo da aplicação no foro do direito nacional tendo por fundamento uma situação jurídica estrangeira, a aplicação do direito nacional pelas autoridades nacionais no estrangeiro e a aplicação de direito estrangeiro por via de uma autoridade estrangeira no foro

INTERNACIONALIDADE DO DIREITO ADMINISTRATIVO

A reacção a estas visões não se fez esperar, começando o direito administrativo internacional a ser diferenciado tanto do direito da administração internacional como de um direito de colisão ou de conflitos similar ao direito internacional privado, procurando definir-se-lhe um âmbito de intervenção distinto daqueles[444].

(cfr. "Internationales Verwaltungsrecht – ein Kollisionsrecht eigener Art", *Völkerrecht und IPR*, Stefan Leible, Matthias Ruffert (eds.), Jena, Jenaer Wissenschaftliche Verlagsgesellschaft, 2006, pp. 139 e 146-148); e SASCHA MICHAELS que vai no sentido de o direito administrativo internacional se ocupar de problemas internacionais com uma dimensão de estraneidade e de conflito, não incluindo nele o direito inter-local, pois em causa está direito federal, mas referindo-se globalmente a um *Verwaltungskollisionsrecht* para abarcar estas duas realidades (cfr. *Anerkennungspflichten im Wirtschaftsverwaltungsrecht der Europäischen Gemeinschaft und der Bundesrepublik Deutschland – Zwecke des Internationalen Verwaltungsrechts*, Berlin, Duncker & Humblot, 2004, pp. 30-33). Entre nós, admitindo o uso da terminologia de direito administrativo internacional (ou de direito internacional administrativo), enquanto disciplina que visa resolver o problema da lei administrativa aplicável entre várias potencialmente aplicáveis, integrando as normas administrativas de conflitos, cfr. PAULO OTERO, "Normas Administrativas de Conflitos: As Situações Jurídico-Administrativas Transnacionais", *Estudos em Memória do Professor Doutor António Marques dos Santos*, Vol. II, Coimbra, Almedina, 2005, p. 783.

[444] Cfr., entre outros, KLAUS KÖNIG, *Die Anerkennung Ausländischer Verwaltungsakte*, Köln, Carl Heymanns Verlag KG, 1965, pp. 11-12; e, já antes, E. CATELLANI que concebe o direito internacional administrativo como uma disciplina autónoma (do direito internacional privado e do direito internacional penal), que tem como finalidade a delimitação colectiva da soberania dos Estados, pela coordenação das legislações em matéria de serviços públicos (cfr. *Lezioni di Diritto Internazionale Pubblico, Privato, Penale e Amministrativo*, Padova, C.E.D.A.M., 1928, pp. 203-204).

DIRK EHLERS distingue entre estas três aproximações, esclarecendo os múltiplos significados do direito administrativo internacional (cfr. "Internationales Verwaltungsrecht", *Allgemeines Verwaltungsrecht*, *Hans*-Uwe Erichsen, Dirk Ehlers (eds.), 14.ª ed., Berlin, Walter de Gruyter, 2010, p. 188). Cfr., para uma categorização similar, FRANZ C. MAYER, "Internationalisierung des Verwaltungsrechts? Weiße Flecken auf den Landkarten des Verwaltungsrechts und wie man sie findet – Zugleich ein Kommentar zu Phillip Dann", *Internationales Verwaltungsrecht*, Christoph Möllers, Andreas Vosskühle, Christian Walter (eds.), Tübingen, Mohr Siebeck, pp. 54-57; e MATTHIAS RUFFERT, "Perspektiven des Internationalen Verwaltungsrechts", *Internationales Verwaltungsrecht*, Christoph Möllers, Andreas Vosskühle, Christian Walter (eds.), Tübingen, Mohr Siebeck, pp. 397-405.

Entre nós, MIGUEL PRATA ROQUE distingue entre uma concepção internacionalista, endoestruturalista e conflitualista do direito administrativo internacional, optando por esta última (cfr. *A Dimensão Transnacional do Direito Administrativo – Uma visão cosmopolita das situações jurídico-administrativas*, AAFDL, Lisboa, 2014, pp. 475-499).

EFICÁCIA, RECONHECIMENTO E EXECUÇÃO DE ACTOS ADMINISTRATIVOS ESTRANGEIROS

BISCOTTINI, por exemplo, vê o direito administrativo internacional como um ramo do direito interno que tem como objecto precípio estudar a relevância dos actos administrativos estrangeiros[445]. VOGEL, por seu turno, considera que o direito administrativo internacional uma parte (um capítulo) do direito administrativo geral (interno), que tem natureza substantiva e não conflitual, e tendo como principais problemas o âmbito de aplicação espacial das normas administrativas, a competência internacional, a aplicação de direito estrangeiro por intermédio de uma referência material, a qualificação dos conceitos estrangeiros, a substituição do direito estrangeiro, e o reconhecimento de actos administrativos estrangeiros[446].

Mais criativamente, ainda, REINSCH distingue três partes no seu *international administrative law*: assegurar vantagens aos estrangeiros que pareceriam reservadas aos nacionais (patentes, profissões liberais); regular actividades administrativas internacionais e promover a uniformidade/universalidade normativa, empreitada que o autor concede que seja mais difícil no plano administrativo – menos sistematizado e com menos razões históricas – do que no plano civil[447].

Qualquer uma destas noções, não obstante as diferenças no âmbito das matérias a regular – mas nas quais curiosamente se inclui o reconhecimento de actos estrangeiros, tal como sucedia já nas tendências anteriores – parece assentar na natureza essencialmente estadual e material (e já não conflitual)

---

[445] GIUSEPPE BISCOTTINI, *Diritto Amministrativo Internazionale – Tomo Primo/ La Rilevanza degli Atti Amministrativi Stranieri*, Padova, CEDAM, 1964, pp. 4-5.
Já antes FRANCESCO D'ALESSIO entendia que restringir o direito administrativo internacional ao reconhecimento do direito administrativo estrangeiro não é adequado, pelo carácter excepcional desta prática. Recusava, porém, a ideia de um direito administrativo análogo ao direito internacional privado, colocando o ênfase no princípio da territorialidade e nos desvios a este princípio (extensão da eficácia do direito no estrangeiro ou limitações da eficácia no próprio Estado). Porém, não depositava muita confiança na autonomização deste ramo como disciplina autónoma (cfr. "Il Diritto Amministrativo Internazionale e le sue Fonti", *Rivista di Diritto Pubblico e della Pubblica Amministrazione in Italia*, Ano V, Parte I, 1913, pp. 294--298 e 298-300).
[446] KLAUS VOGEL, "Zur Theorie des "Internationalen Verwaltungsrechts", *Perspectivas del Derecho Publico en la Segunda Mitad del Siglo XX – Homenaje a Enrique Sayagues-Laso*, Madrid, Instituto de Estudios de Administracion Local, 1969, pp. 385-415.
[447] PAUL S. REINSCH, "International Administrative Law and National Sovereignty", *The American Journal of International Law*, Vol. 3, 1909, p. 6.

INTERNACIONALIDADE DO DIREITO ADMINISTRATIVO

do direito administrativo internacional, visto não apenas como direito de conflitos, mas como um direito de coordenação de soberanias.

Também SCHMIDT-ASSMANN considera necessária uma nova concepção do *direito administrativo internacional*, não centrada no paralelismo com o direito internacional privado e as regras de conflitos de leis, por no âmbito administrativo os princípios da autonomia e da liberdade de escolha não terem idêntico relevo[448]. Mas, curiosamente, este *novo* conceito não é – ao contrário do que por vezes é invocado – um conceito *emergente*[449], mas a recuperação do entendimento inicial do Direito Administrativo Internacional, enriquecido e adaptado a um ambiente plural e a renovadas exigências de internacionalização e de cooperação[450].

Com efeito, a perspectiva visionária dos autores do início do século passado não sobreviveu ao positivismo legal e ao dualismo; só um século depois se assistiu a um renascimento da noção de estruturas administrativas complexas e, por isso, à revitalização do *direito administrativo internacional*[451].

---

[448] EBERHARD SCHMIDT-ASSMANN, "Verfassungsprinzipien für den Verwaltungsverbund", *Grundlagen des Verwaltungsrechts*, Vol. I, 2.ª ed., Hoffmann-Riem, Schmidt-Aßmann, Voßkuhle (eds.), München, Verlag C. H. Beck, 2012, p. 299.

[449] Neste sentido, SUZANA TAVARES DA SILVA, *Um Novo Direito Administrativo?*, Imprensa da Universidade de Coimbra, Coimbra, 2010, p. 25; e ELEANOR D. KINNEY, "The Emerging Field Of International Administrative Law: Its Content And Potential", *Administrative Law Review*, Vol. 54, N.º 1, 2002, pp. 415-432. Como refere ANA RAQUEL MONIZ, o novo direito administrativo "*não constitui senão (mais um) estádio da evolução do Direito Administrativo (que, certamente, como criação humana que é, não termina aqui), mas não corresponde a um fenómeno inteiramente novo e absolutamente indistinto...*" (cfr. "Traços da Evolução do Direito Administrativo Português", *Boletim da Faculdade de Direito*, Vol. LXXXVII, 2011, p. 316-317, no plano interno).

[450] Sobre como as formas de pensar o direito hoje contextualizam a discussão própria do direito administrativo internacional, cfr. PHILIPP DANN e MARIE VON ENGELHARDT, "Legal Approaches to Global Governance and Accountability: Informal Lawmaking, International Public Authority, and Global Administrative Law Compared", *Informal International Lawmaking*, Joost Pawlyn, Ramses A. Wessel e Jan Wouters (eds.), Oxford, Oxford University Press, 2012, p. 108; JÖRN AXEL KÄMMERER, PAULINA STARSKI, "Das "Internationale Öffentliche Recht" – Versuch einer Annäherung", *Archiv des öffentlichen Rechts*, Vol. 139, N.º 4, Dezember, 2014, p. 623; e RICHARD B. STEWART, "Administrative Law in the Twenty-First Century", *New York University Law Review*, Vol. 78, N.º 2, May, 2003, pp. 456-457.

[451] CHRISTIAN TIETJE, "History of Transnational Networks", *Transnational Administrative Rule Making – Performance, Legal Effects and Legitimacy*, Olaf Diling, Martin Herberg e Gerd Winter (ed.), Oxford and Portland, Oregon, 2011, p. 34.

SCHMIDT-ASSMANN integra neste reconcebido ou revitalizado *direito administrativo internacional* vários níveis (ou áreas de referência) de regulação, do internacional (no qual inclui o europeu) ao nacional, desdobrando-o na acção jurídica internacional das instâncias administrativas (sobretudo as organizações internacionais com acção externa), no direito determinativo para as ordens jurídicas nacionais (direito dos refugiados, convenção de Aarhus, etc.) e nos problemas de administrações compósitas[452].

Neste compasso, EHLERS dá conta que a evolução do direito administrativo internacional leva a que este revista hoje dimensões internacionais, europeias e nacionais, de modo a permitir a ordenação e resolução de conflitos que envolvam situações internacionais ou que extravasem as fronteiras

---

[452] EBERHARD SCHMIDT-ASSMANN, "Verfassungsprinzipien für den Verwaltungsverbund", *Grundlagen des Verwaltungsrechts*, Vol. I, 2.ª ed., Hoffmann-Riem, Schmidt-Aßmann, Voßkuhle (eds.), München, Verlag C. H. Beck, 2012, pp. 299-301. Reconhece, porém, que se trata de um direito que se encontra a dar os seus primeiros passos e que é muito fragmentado do ponto de vista sectorial e espacial. Neste âmbito, as administraçoes regem-se pelo seu próprio direito (as internacionais pelo direito internacional e os Estados pelo direito nacional, ainda que este possa ser harmonizado), não se podendo para já falar de um direito transnacional em matéria de cooperação administrativa, com suas fontes próprias e distintas do direito nacional e internacional (cfr. EBERHARD SCHMIDT-ASSMANN, "Pluralidad de Estructuras y Funciones de los Procedimientos Administrativos en el Derecho Alemán, Europeo e Internacional", *La Transformación del Procedimiento Administrativo*, Javier Barnes (ed.), Global Law Press, Sevilla, 2008, pp. 105-110).

MATTHIAS RUFFERT (cfr. "Rechtsquellen und Rechtsschichten des Verwaltungsrechts", *Grundlagen des Verwaltungsrechts*, Vol. I, 2.ª ed., Hoffmann-Riem, Schmidt-Aßmann, Voßkuhle (eds.), München, Verlag C. H. Beck, 2012, pp. 1239-1242), na mesma linha, inclui no âmbito do direito administrativo internacional o direito das organizações internacionais e a transição deste para problemas mais amplos da cooperação administrativa transnacional (parece, portanto, que para o autor, este ramo deixou de estar na sua *infância*, como antes o havia caracterizado: MATTHIAS RUFFERT, "Perspektiven des Internationalen Verwaltungsrechts", *Internationales Verwaltungsrecht*, Christoph Möllers, Andreas Vosskühle, Christian Walter (eds.), Tübingen, Mohr Siebeck, p. 418).

Já antes, ERNST ISAY concebia este ramo como um *encontro* de direitos, minimizando a sua natureza interna ou internacional (cfr. "Zwischenprivatrecht und Zwischenverwaltungsrecht", *Bonner Festgabe für Ernst Zittlemann – Zum Fünfzigjährigen Doktorjubiläum*, München, Verlag Von Duncker & Humblot, 1923, p. 301); cfr., igualmente, FRITZ STIER-SOMLO, "Grundprobleme des internationalen Verwaltungsrecht", *Revue Internationale de la Théorie du Droit*, Ano V, N.º 3-4, 1930-1931, pp. 222-263.

INTERNACIONALIDADE DO DIREITO ADMINISTRATIVO

dos Estados[453]. Particularmente interessante é a posição de BREINING-KAUFMANN, que distingue, no campo do direito internacional administrativo, um direito administrativo internacionalizado (*Internationalisiertes Verwaltungsrecht*), que se ocupa da regulação internacional de matérias administrativas, e um direito administrativo (nacional) internacional [*Internationales (nationales) Verwaltungsrecht i. e. S.*], que se ocupa da regulação do âmbito de eficácia do direito estatal, direitos estes que se cruzam nas dimensões do conflito de leis e da competência internacional administrativa[454].

Mas também se observam posições mais cautelosas, que assinalam que a diversidade dos fenómenos em análise não constituem, só por si, um ramo do direito, necessitando do desenvolvimento de metodologias próprias[455], ou que preferem a terminologia de *Direito Administrativo Internacional em Desenvolvimento ("Entwicklungsverwaltungsrecht")*[456].

Observa-se, de acordo com qualquer uma das perspectivas, um *continuum* ou enriquecimento progressivo do direito administrativo internacional com vários níveis de regulação (assemelhando-se a uma rede operativa que cruza direitos nacionais, direito internacional e europeu), mas no qual se tem acentuado a dimensão da *eficácia externa* e *vinculatividade* das opções

---

[453] DIRK EHLERS, "Internationales Verwaltungsrecht", *Allgemeines Verwaltungsrecht*, Hans-Uwe Erichsen, Dirk Ehlers (eds.), 14.ª ed., Berlin, Walter de Gruyter, 2010, p. 192.
Por isso não é de admirar que haja quem veja no âmbito do direito da União um direito administrativo internacional europeu que delimita a aplicação dos princípios e regras comunitárias a situações que não têm uma conexão com a União (cfr. HERWIG C.H. HOFMANN, GERARD C. ROWE, ALEXANDER H. TÜRK, *Administrative Law and Policy of the European Union*, Oxford, Oxford University Press, 2011, p. 86; e CHRISTINE E. LINKE, *Europäisches internationales Verwaltungsrecht*, Frankfurt, Peter Lang, 2001, p. 24).
[454] Cfr. o quadro ilustrativo em CHRISTINE BREINING-KAUFMANN, "Internationales Verwaltungsrecht", *Zeitschrift für Schweizerisches Recht*, Vol. 125, II, 2006, p. 14.
[455] CHRISTOPH MÖLLERS, "Internationales Verwaltungsrecht – Eine Einführung in die Referenzanalysen", *Internationales Verwaltungsrecht*, Christoph Möllers, Andreas Vosskühle, Christian Walter (eds.), Tübingen, Mohr Siebeck, p. 2. Previamente, FRANZ MATSCHER assinalava a falta de homogeneidade de matérias e de fundamentos normativos que permitissem fundar um sistema "fechado" de direito administrativo internacional (cfr. "Gibt es ein Internationales Verwaltungsrechts?", *Festschrift für Günther Beitzke Zum 26. April 1979*, Otto Sandrock (dir.), Berlin, Walter de Gruyter, 1979, p. 649).
[456] PHILIPP DANN, "Grundfragen eines Entwicklungsverwaltungsrechts", *Internationales Verwaltungsrecht*, Christoph Möllers, Andreas Vosskühle, Christian Walter (eds.), Tübingen, Mohr Siebeck, 2007, pp. 7-48.

internacionais, europeias, transnacionais e nacionais em face dos seus destinatários. E pensamos que são estas duas dimensões – de acentuação da dimensão de concretização administrativa do direito, ainda que com várias proveniências, e da relevância dos vínculos de cooperação entre entes diversos – que representam a especificidade do assim *revitalizado direito administrativo internacional.*

Acentue-se, porém, que, dentro dos vários níveis que acima foram expostos, nos situamos dominantemente no plano estadual. O que significa que, se adoptássemos irrestritamente a proposta nivelada de SCHMIDT-ASSMANN, nos quedariamos pelo direito administrativo internacional, enquanto direito estadual, e não pelo direito administrativo *verdadeiramente* internacional (i.e. direito internacional não apenas no objecto, mas também na natureza jurídica das regras aplicáveis)[457].

Mas isto sem que nos pareça que o nosso âmbito de referência desvirtue a *renovada* perspectiva do Direito Administrativo internacional, uma vez que este ramo de direito, muito ao contrário de outros, continua a colocar o acento no Estado e no seu subsistente ou reconfigurado papel em face dos desafios globais[458]. Como refere BIAGGINI, o direito administrativo internacional, ainda que possa ser concebido e conceptualizado pelo Estado, com base em fontes nacionais, internacionais e europeias, não é visto primariamente como um ramo de direito positivo, mas como uma disciplina assente em fundamentos e questões teóricas, que devem ser integradas – com benefício para a sua resolução – num *ambiente democrático estatal*[459].

Tratar-se-á, assim, de um capítulo do direito administrativo que rege as relações jurídico-administrativas internacionais, beneficiando de relativa

---

[457] Adoptando esta última perspectiva, i.e., centrando-se nas redes transnacionais e numa boa *governança* global, com a participação dos Estados, GEORGIOS DIMITROPOULOS, *Zertifizierung und Akkreditierung im Internationalen Verwaltungsverbund*, Tübingen, Mohr Siebeck, 2012, pp. 302-316; CHRISTOPH MÖLLERS, "Transnationale Behördenkooperation: Verfassungs-und völkerrechtliche Probleme transnationaler administrativer Standardsetzung", *Zeitschrift für Ausländisches Öffentliches Recht und Völkerrecht*, Tomo 65, 2005, pp. 351-389; e CHRISTIAN TIETJE, "Internationalisiertes Verwaltungshandeln ", *Rechtstheorie*, 39, 2008, pp. 263-276.

[458] KARL-HEINZ LADEUR, "Die Internationalisierung des Verwaltungsrechts: Versuch einer Synthese", *Internationales Verwaltungsrecht*, Christoph Möllers, Andreas Vosskühle, Christian Walter (eds.), Tübingen, Mohr Siebeck, pp. 378-379.

[459] GIONANNI BIAGGINI, "Die Entwicklung eines Internationalen Verwaltungsrechts als Aufgabe der Rechtswissenschaft", *Die Leistungsfähigkeit der Wissenschaft des Öffentlichen Rechts – VVDStRL 67*, Berlin, De Gruyter, 2008, pp. 339-440.

INTERNACIONALIDADE DO DIREITO ADMINISTRATIVO

autonomia relativamente ao direito administrativo geral, desde logo no que concerne aos interesses prosseguidos: para além dos interesses públicos *estritamente* nacionais, prossegue os de coordenação, de cooperação ou de integração com outros níveis ou esferas de regulamentação[460], e aos princípios e metologias utilizadas, dos quais destacamos, por corresponderem ao objecto da nossa análise, a produção de eficácia, o reconhecimento e a execução de actos administrativos estrangeiros[461].

No que se refere às fontes, apesar de em causa estar direito interno, não deixa de sofrer influências evidentes dos outros níveis de regulação a que

---

[460] Preferimos referir-nos a estas dimensões de coordenação e, mais estreitamente, de cooperação, pois o direito administrativo internacional não assenta apenas numa dimensão de conflito. De facto, nem sempre há verdadeiros conflitos de interesses públicos na regulação de uma mesma situação internacional. Pense-se no reconhecimento de diplomas obtidos no estrangeiro, relativamente aos quais não há possibilidade de re-regulação (por via da atribuição de diploma) pelo Estado de reconhecimento, designadamente por este não exigir um diploma para o exercício das mesmas funções.

[461] A procura de uma identidade para o direito administrativo internacional não é fácil, por se tratar de uma disciplina com pluralidade de métodos. Apesar de nos centrarmos num deles, provavelmente o mais importante, hodiernamente, tendo em vista o desiderato de estabilização das relações jurídicas internacionais, concordamos com GERHARD HOFFMANN que inclui no direito internacional administrativo as normas jurídicas estatais que contêm a regulamentação de qual o direito – nacional e estrangeiro – a aplicar pelas autoridades administrativas e tribunais em casos internacionais. Por isso, disposições relativas a regras de conflitos jurídico-públicas ou de competência internacional administrativa ou normas administrativas materiais dirigidas à regulação de situações internacionais estarão incluídas no âmbito desta disciplina (cfr. "Gibt es ein Internationales Verwaltungsrechts?", *Festschrift für Günther Beitzke Zum 26. April 1979,* Otto Sandrock (dir.), Berlin, Walter de Gruyter, 1979, p. 649).
Em sentido similar, ainda que encetando numa perspectiva mais marcadamente conflitual, cfr. JORGE SILVA SAMPAIO quando considera que o direito administrativo internacional indica qual o ordenamento jurídico que resolve um problema jurídico-administrativo internacional, nele incluindo, ao que parece, regras de conflito, regras de reconhecimento e regras de competência internacional (cfr. *O Acto Administrativo pela Estrada Fora: os Efeitos Transnacionais do Acto Administrativo,* AAFDL, Lisboa, 2014, pp. 135-138); e MIGUEL PRATA ROQUE, que, inicialmente sobre a formulação do direito administrativo internacional (cfr. "As Novas fronteiras do Direito Administrativo – Globalização e mitigação do princípio da Territorialidade do Direito Público", *Revista de Direito Público,* N.º 5, Janeiro/Junho 2011, p. 111) e, depois, sob o conceito do direito administrativo transnacional (cfr. *A Dimensão Transnacional do Direito Administrativo – Uma visão cosmopolita das situações jurídico-administrativas,* AAFDL, Lisboa, 2014, pp. 506-512 e 538-539), abarca neste as normas de delimitação transnacional, de competência e de reconhecimento.

EFICÁCIA, RECONHECIMENTO E EXECUÇÃO DE ACTOS ADMINISTRATIVOS ESTRANGEIROS

nos vimos referindo (o internacional, o europeu e, mesmo, o transnacional), de tal forma que os procedimentos desenhados internamente – de produção de efeitos, de reconhecimento e de execução – devem compatibilizar-se ou conformar-se com os níveis de regulamentação a que se reporte em cada caso.

É, portanto, direito interno voltado para a regulação de situações administrativas internacionais, sofrendo a influência do que se passa no plano europeu, transnacional e internacional, no qual vai buscar parte das fontes que o animam. Mas trilhando, acolhendo ou adaptando as inovações que aí se verificam às possibilidades e necessidades de regulação nacional.

É que, mesmo no âmbito da União Europeia, e posto que não se adoptem grandes alterações estruturais ao seu figurino, há uma irredutibilidade dos sistemas nacionais que, não obstante os processos de convergência, permanecem distintos entre si, com diferenças ao nível do seu desenho organizatório, modos de actuação e modelos de controlo judicial, resultantes de opções na base de raiz interna[462].

De facto, não são despiciendos os modos de formação de direito internacional e europeu, desde logo em *matéria de reconhecimento*.

Tendo por referência este instituto, o direito administrativo internacional continua a ser um ramo de direito interno, uma vez que as regras de reconhecimento são assumidas e aplicadas pelos Estados, tendo em linha de conta a posição "privilegiada" de proximidade que estes assumem relativamente aos destinatários da acção pública, mas sem esquecer a sua cada vez maior abertura ao exterior e às obrigações assumidas no plano internacional ou europeu[463].

---

[462] Referindo-se a esta situação e comparando a situação da União com as diferenciações de sistemas dentro do Reino Unido, cfr. CHRIS HIMSWORTH, "Convergence and Divergence in Administrative Law", *Convergence and Divergence in European Public Law*, Paul Beaumont Carole Lyons e Neil Walker (eds.), Oxford – Portland, Hart Publishing, 2002, pp. 99-110.

[463] CLAUS DIETER CLASSEN coloca particularmente em evidência a internacionalidade vertical e horizontal das relações jurídico-administrativas, como base do direito administrativo internacional (cfr. "Die Entwicklung eines Internationalen Verwaltungsrechts als Aufgabe der Rechtswissenschaft", *Die Leistungsfähigkeit der Wissenschaft des Öffentlichen Rechts – VVDStRL 67,* Berlin, De Gruyter, 2008, pp. 365-412).

NUNO PIÇARRA acrescenta que o próprio direito administrativo europeu assenta decisivamente em Estados, embora consideravelmente metamorfoseados em relação ao paradigma do Estado soberano (cfr. "A eficácia Transnacional dos Actos Administrativos dos Estados--Membros como Elemento Caracterizador do Direito Administrativo da União Europeia,

INTERNACIONALIDADE DO DIREITO ADMINISTRATIVO

De facto, de acordo com os ensinamentos de KÖNIG, dos quais não vemos razões para nos afastarmos, ainda que o direito internacional venha a fundar uma obrigação de reconhecimento, não é aquele ramo de direito que dota um acto de eficácia noutro Estado, por lhe faltar a *Zwangsgewalt*, sendo esta uma prerrogativa do Estado[464].

E veja-se como, mesmo no âmbito do *reconhecimento mútuo* na União Europeia, não há sempre uma obrigação absoluta, existindo, por vezes, apenas uma indicação geral que aponta no sentido da criação de condições de equivalência e da concretização do reconhecimento entre Estados-membros.

Pelo que grande parte dos procedimentos e requisitos para o efeito continuam a ser regulados pelos direitos nacionais respectivos[465], não se podendo

---

Estudos em Homenagem ao Professor Doutor Diogo Freitas do Amaral, João Caupers, Maria da Glória F.P.D. Garcia, Augusto de Athaíde (orgs.), Coimbra, Almedina, 2010, p. 614).

[464] KLAUS KÖNIG, *Die Anerkennung Ausländischer Verwaltungsakte*, Köln, Carl Heymanns Verlag KG, 1965, pp. 19-21.

[465] VOLKMAR GÖTZ, "Der Grundsatz der gegenseitigen Anerkennung im europäischen Binnenmarkt", *Liber Amicorum Günther Jaenicke – Zum 85. Geburtstag*, Volkmar Götz, Peter Selmer, Rüdiger Wolfrum (orgs.), Berlin, Springer, 1998, pp. 763 e 776-777.

Isto não obstante as fontes das obrigações de reconhecimento mútuo – quando existentes – provirem de fontes internacionais ou europeias (cfr. ERNST STEINDORFF, "Verwaltungsrecht, Internationales", *Wörterbuch des Völkerrecht*, Vol. III, Hans-Jürgen Schlochauer (dir.), Berlin, Verlag Walter de Gruyter & Co., 1962, pp. 583-584).

Em sentido inverso, GERHARD HOFFMANN inclui no direito administrativo internacional as normas sobre execução que decorrem do direito internacional (e que são executadas ao nível nacional), mas já não o direito resultante da União Europeia, por, ao ser supranacional, não haver diferenciação entre o direito nacional e o direito estrangeiro. Não nos parece que assim seja dada a autonomia que os Estados-membros têm não só na execução de direito da União, como no reconhecimento de actos provindos de outros Estados, não se podendo – nem devendo – falar de uma unificação do direito neste âmbito, mas de uma perspectiva plural em matéria administrativa (cfr. "The Present-Day Significance of International Administrative Law", *Law and State – A Biannual Collection of Recent German Contributions to these Fields*, Vol. 10, 1974, pp. 97-98).

SUZANA TAVARES DA SILVA adopta uma posição parcimoniosa ao considerar o acto administrativo transnacional – figura de proa no direito administrativo internacional – como simultaneamente um instituto de direito administrativo europeu e de direito nacional, mas a títulos diferentes (cfr. *Direito Administrativo Europeu*, Coimbra, Imprensa da Universidade de 2010, p. 91).

falar de uma verdadeira eficácia jurídica europeia dos actos transnacionais objecto de reconhecimento[466].

O relevo actual do reconhecimento demonstra de forma abundante o âmbito que hoje pode ser assinalado ao direito administrativo internacional na resolução de questões jurídico-administrativas. Há, assim e cada vez mais, a necessidade de desenvolver este ramo do direito administrativo interno, não o deixando na obscuridade, uma vez que dele depende uma mais criteriosa resolução de situações administrativas internacionais, marcadas geneticamente pela complexidade e socialmente pela instabilidade.

Na nossa perspectiva, o direito administrativo internacional é um direito de relação e de cooperação e não de normatividade primária (ainda que possa incluir disposições específicas relacionados com a prescrição do direito específico para situações internacionais), tendo uma vocação iminentemente operacional, dando auxílios não apenas teóricos, mas práticos, à tarefa de concretização do direito administrativo que tem conexões com múltiplos sistemas jurídicos.

E é para esta tarefa que pretendemos contribuir, debruçando-nos sobre o reconhecimento e execução de actos administrativos estrangeiros, enquanto técnica que permite o cruzamento de três áreas de análise privilegiadas do direito administrativo internacional: a distinção entre o âmbito de validade e o âmbito de eficácia das disposições administrativas; a definição de regras de jurisdição e de competência internacional em matéria administrativa; e a aferição dos termos da garantia judicial em situações caracterizadas pela estraneidade[467].

4. O Direito Público Estrangeiro

Se podemos dizer que o direito administrativo internacional apenas é uma disciplina verdadeiramente relevante quando a aplicação ou reconheci-

---

[466] JOACHIM BECKER, "Der transnationale Verwaltungsakt – Übergreifendes europäisches Rechtsinstitut oder Anstoß zur Entwicklung mitgliedstaatlicher Verwaltungskooperationsgesetze?", *DVBL – Deutsches Verwaltungsblatt*, 1 Juni 2001, p. 860. A favor da concretização do reconhecimento mútuo como uma responsabilidade principal dos Estados, cfr. Comunicação da Comissão "O reconhecimento mútuo no contexto do seguimento do Plano de Acção para o Mercado Único" [COM (1999) 299 final], p. 12.

[467] Sobre estas três principais tarefas do direito administrativo international, cfr. CHRISTOPH OHLER, "Die Entwicklung eines Internationalen Verwaltungsrechts als Aufgabe der Rechtswissenschaft", *Deutsches Verwaltungsblatt*, N.º 15, 1 September, 2007, pp. 1088-1091.

INTERNACIONALIDADE DO DIREITO ADMINISTRATIVO

mento de direito estrangeiro são colocadas como questões principais[468], tanto não preclude que o direito administrativo e, em geral, o direito público estrangeiro assumam várias sedes de relevância na decisão de questões internacionais[469].

Pode mesmo afirmar-se uma continuidade e, nalguns casos, intersecção, no campo de análise das disciplinas que se debruçam sobre situações com contornos internacionais[470], uma vez que as respostas à relevância assumida pelo direito público estrangeiro, no qual se inclui o direito administrativo, dependem, essencialmente, de *duas variáveis*: o efeito que se pretende retirar das disposições estrangeiras e a sua qualificação.

É, parece-nos irrecusável hoje, que os problemas gerais que se colocam no âmbito da mobilização do direito privado estrangeiro aplicam-se igualmente quando em causa está direito público estrangeiro, talvez com a diferença da menor incidência de casos exemplares neste último campo e de menor organização e partilha de informação, o que dificulta, porventura, uma correcta decisão dos litígios jurídico-administrativos internacionais[471].

---

[468] Neste sentido, SASCHA MICHAELS, *Anerkennungspflichten im Wirtschaftsverwaltungsrecht der Europäischen Gemeinschaft und der Bundesrepublik Deutschland – Zwecke des Internationalen Verwaltungsrechts*, Berlin, Duncker & Humblot, 2004, p. 47; e KLAUS VOGEL, *Der räumliche Anwendungsbereich der Verwaltungsrechtsnorm – Eine Untersuchung über die Grundfragen des sog. Internationalen Verwaltungs-und Steuerrechts*, Frankfurt am Main, Alfred Metzner Verlag, 1965, pp. 196-198.

[469] Debruçamo-nos aqui sobre a relevância do direito estrangeiro *qua tale*, e não sobre mecanismos de incorporação material deste direito no direito interno, pela adopção de normas ou actos nacionais ou sobre o relevo interpretativo de tais disposições (referência *ad aliud ius*).

[470] HENRI BATIFFOL chega mesmo a demonstrar, por recurso aos problemas suscitados pela nacionalização de bens móveis, que as respostas nem sempre conseguem ser dadas exclusivamente ou de forma satisfatória por um ramo de direito, podendo haver lugar a soluções que resultem, nas nossas palavras, de uma aproximação simbiótica de dois ou mais ramos de direito (cfr. "Ponts de Contact entre le Droit International Public et le Droit International Privé", *Revista Española de Derecho Internacional*, Vol. XXIV, N.º 1-2, 1971, pp. 88-89).

[471] RUDOLF HÜBNER identifica como principais problemas desta natureza a aferição do conteúdo do direito estrangeiro (com os problemas relacionados com a diferença linguística, com a necessidade de conhecimento basilar do sistema no qual as normas se inserem, e com as dificuldades práticas de acesso ao direito) e com a sua adequada interpretação e aplicação. Problemas estes que, mesmo que apropriadamente resolvidos, conduzem a um aumento da duração e custos do processo (cfr. *Ausländishes Recht vor deutschen Gerichten*, Tübingen, Mohr Siebeck, 2014, pp. 22-32).

EFICÁCIA, RECONHECIMENTO E EXECUÇÃO DE ACTOS ADMINISTRATIVOS ESTRANGEIROS

Mas ao invés da tendência que hoje se observa para a aceitação do âmbito de aplicação do direito público no território de outros Estados – seja por força do direito interno (ou internacional privado) do Estado, seja por força do direito internacional público ou do direito da União Europeia –, a posição tradicional passava pela recusa daquela aplicação, com base, essencialmente, em argumentos de territorialidade, de inaplicabilidade de leis políticas e de ausência de interesse na aplicação do direito público estrangeiro[472].

Hoje, com o fim do *tabu* da não aplicação do direito público[473], este passou a assumir cada vez mais relevo do ponto de vista substantivo e processual[474], ainda que esteja por determinar a precisa extensão da admissibilidade de pretensões fundadas ou influenciadas em estatuições ou pretensões públicas estrangeiras.

As respostas têm-se por isso sucedido, ficando a *várias dist*âncias entre quem recusa integralmente a relevância do direito público estrangeiro e quem o equipara integralmente ao direito privado estrangeiro.

---

[472] José Antonio Pérez-Beviá, *La Aplicación del Derecho Público Extranjero*, 1.ª ed., Madrid, Cuadernos Civitas, 1989, p. 38. Motivos estes que o autor recusa e refuta. Não é o único. Antes, contestava a circunstância de se ter pretendido individualizar uma categoria de leis políticas, enquanto leis estrangeiras inaplicáveis, por, contanto, não se resolverem as áreas cinzentas entre direito público e direito privado e se criarem novas áreas de penumbra (cfr. Adolfo Miaja de la Muela, "El Derecho Publico Extranjero en el Trafico Privado Internacional", *Revista Española de Derecho Internacional*, Vol. XXV, N.ºs 1-4, 1972, pp. 266-267).

[473] Cfr., impressivamente, William S. Dodge, "Breaking the Public Law Taboo", *Harvard International Law Journal*, Vol. 43, N.º 1, 2002, pp. 161-235.

[474] Jörg Menzel, *Internationales Öffentliches Recht*, Tübingen, Mohr Siebeck, 2011, pp. 691-711. As alterações no papel do direito estrangeiro não são apenas devidas à evolução do conteúdo do direito público, mas igualmente – e num primeiro momento – à ampliação do âmbito atribuído ao direito internacional privado, como articula Alejandro Herrero Rubio, "Problematica de la Aplicacion del Derecho Extranjero", *Anuario de Derecho Internacional*, IV, 1977, p. 153.

Nicola Palaia atribui o fim daquele *tabu* a dois fenómenos contemporâneos e, de certa forma correlativos: internamente, a ampliação da esfera do direito público e, externamente, a necessidade de superação dos particularismos estatais decorrente do desenvolvimento do comércio internacional (cfr. "L'Efficacia Extraterritoriale del Diritto Pubblico", *Atti del XVII.º Convegno di Studi di Scienza Dell'Amministrazione – La Disciplina Giuridica della Licenza di Commercio – Atti Amministrativi Economici e Misure sui Prezzi nell'Ambito della C.E.E.*, Milano, Dott. A. Giuffrè Editore, 1975, p. 540).

INTERNACIONALIDADE DO DIREITO ADMINISTRATIVO

Em grau crescente do papel deferido ao direito público estrangeiro, MANN, apesar de não recusar *a priori* a mobilização do direito estrangeiro[475], pronuncia-se no sentido da não execução de prerrogativas soberanas de Estados estrangeiros[476]; já KEGEL e SEIDL-HOHENVELDERN aventam que, se não se pode dizer que o direito público não é *nunca* aplicável, pode dizer-se que este é *basicamente inaplicável*, com algumas excepções[477]; enquanto SCHURIG parte de dois pressupostos axiomáticos: que não se pode excluir genericamente a aplicação de direito estrangeiro e que as situações jurídicas públicas não podem ser desprezadas apenas porque foram criadas no estrangeiro[478]. Mas é LALIVE que, sobretudo na sua qualidade de relator geral do Instituto de Direito Internacional, analisou globalmente – numa perspectiva de direito internacional privado, mas na qual é secundada por estudiosos do direito administrativo internacional – as questões da aplicação directa e da tomada em consideração do direito público, das pretensões emanadas por

---

[475] Acentuando, porém, que pode não ser possível a aplicação do direito estrangeiro a todas as situações, desde logo quando a sua eficácia não possa, por algum motivo, ser estendida: F. A. MANN, "Eingriffsgesetze un Internationales Privatrecht", *Beiträge zum Internationalen Privatrecht*, Berlin, Duncker & Humblot, 1976, p. 200.

[476] F.A. MANN desdobra esta proibição em quatro máximas: estar em causa a invocação de um direito *jure imperii*; a qualificação desse direito ser feita de acordo com o direito internacional público; aplicar-se quer se pretenda executar o dito direito por via indirecta, por via de acção ou de defesa; e ser suficiente que a prerrogativa seja invocada em benefício do Estado estrangeiro (mesmo que o seja por terceiros) (cfr. "Prerogative Rights of Foreign States and the Conflict of Laws", *Studies in International Law*, Oxford, Clarendon Press, 1973, p. 514; igualmente, F. A. MANN, «Öffentlich-rechtliche Ansprüche im internationalen Rechtsverkehr», *Beiträge zum Internationalen Privatrecht*, Berlin, Duncker & Humblot, 1976, pp. 201-218).

[477] GEHRARD KEGEL e IGNAZ SEIDL-HOHENVELDERN vêem como excepções o reconhecimento de decisões judiciais estrangeiras, a definição da autoridade estrangeira competente para iniciar acções no domínio privado, a definição se as normas aplicáveis, de direito privado ou público, são válidas, a definição de nacionalidade de um determinado sujeito, a relevância do direito público como um facto ou *datum* ou a sua parcial aplicação no caso de reconhecimento da interferência estrangeira com o exercício de direitos privados, como sucede nas expropriações (cfr. "On the Territoriality Principle in Public International Law", *Hastings International and Comparative Law Review*, Vol. 5, N.º 2, 1981-1982, pp. 252-253).

[478] KLAUS SCHURIG, "Völkerrecht und IPR: Methodische Verschleifung oder Strukturierte Interaktion?", Stefan Leible, Matthias Ruffert (eds.), Jena, Jenaer Wissenschaftliche Verlagsgesellschaft, 2006, p. 60.

EFICÁCIA, RECONHECIMENTO E EXECUÇÃO DE ACTOS ADMINISTRATIVOS ESTRANGEIROS

uma autoridade estrangeira e a possibilidade de formação de regras de conflitos de leis no direito público[479].

Já antes, LALIVE analisava a mudança da posição sobre a aplicação do direito público estrangeiro, em especial após o caso caso *Ammon c. Royal Dutch Company* do Tribunal Federal Suíço de 2 de Fevereiro de 1954[480], que converteu o princípio da não aplicação daquele direito numa aproximação, igualmente inaceitável – por a diferença ser mais verbal do que real – que passou a assentar na aferição se a norma protege sobretudo interesses privados (por oposição às necessidades imediatas do Estado), caso em que a norma estrangeira poderia ser aplicada ou reconhecida. Mas, para o autor, esta posição, dada a impossibilidade precisa de uma distinção entre direito público e privado, deveria ter cedido perante a avaliação em concreto da influência da norma, dando lugar à sua recusa apenas em *circunstâncias excepcionais,* quando dela resultasse um resultado inconciliável com as concepções fundamentais do ordenamento jurídico suíço[481].

Esta ideia de equivalência entre as concepções fundamentais dos ordenamentos jurídicos envolvidos é fulcral o nosso entendimento das possibilida-

---

[479] PIERRE LALIVE, "L'application du Droit Public Étranger – Rapport Préliminaire", *Institut de Droit International – Annuaire – Session de Wiesbaden 1975,* Bâle, Editions S. Karger S.A., 1975. pp. 174-182 (cfr., ainda, o Projecto de Resolução sobre esta matéria, Nova Versão, de Julho de 1975, a pp. 274 a 278 desta mesma publicação).

Não podemos deixar também de acentuar o papel de MARIO ROTONDI que identifica um direito internacional privado "*lato sensu*", enquanto direito de coexistência paralela de direitos nacionais privados e públicos (cfr. "Effets Internationaux des Expropriations et des Nationalisations vis-à-vis des Marques", *Mélanges Offerts à Jacques Maury,* Tomo I: Droit Public International Privé et Public, Paris, Dalloz, 1961, p. 517).

[480] Acórdão consultado no *Annuaire Suisse de Droit international,* Vol. XII, 1955, pp. 274-288: neste caso o Tribunal considerou dever aplicar direito estrangeiro por o terceiro não estar de boa fé e se tratar de acções furtadas, interesse que o próprio direito suíço através da sua legislação também visava proteger, logo não havia qualquer violação de interesses essenciais suíços.

[481] PIERRE A. LALIVE, "Droit Public Étranger et Ordre Public Suisse", *Eranion in Honorem Georgii S. Maridakis,* Vol. II, Atenas, Athenis, 1964, pp. 194-207.

O critério criticado por LALIVE foi aplicado também no processo *United States of America v. Ivey* (1996) 139 DLR (4th) 570, Ont Canada, no qual uma acção para executar uma compensação resultante de danos ambientais adjudicada nos Estados Unidos da América foi concretizada por ser considerada similar a uma acção privada de incomodidade (cfr. J. J. FAWCETT, J. M. CARRUTHERS, *Cheshire, North & Fawcett – Private International Law,* 14.ª ed., Oxford, Oxford University Press, 2008, pp. 560-561).

des de consideração, aplicação e reconhecimento do direito administrativo estrangeiro, pois quanto mais próximos forem aqueles ordenamentos menor será a *vis repulsiva* das normas contrárias à ordem local e maior poderá ser a sua *vis atractiva* [482].

Este pequeno trilho mostra a evolução ocorrida no domínio da aplicação do direito público estrangeiro, mas evidencia igualmente as cisões que subsistem e que não têm permitido que neste âmbito – também ele situado a um *nível nacional* – se evolua com a mesma rapidez e, podermos dizê-lo até, consistência, que tem marcado a evolução dos níveis europeu e internacional. Talvez porque, quanto mais nos aproximamos do nível último da concretização do direito, mais difícil se torna abandonar velhos bordões nos quais rotineiramente se repousava a tomada de decisão judicial ou administrativa.

A esta dificuldade adiciona-se o que BAADE designa por *"outcome control of real-like domestic decisions processes"*, segundo o qual o âmbito doméstico de aplicação de uma regra de direito público é inversamente proporcional à sua função por relação à *lex causae*[483]. O que significa, enfim, que, quanto maior for o papel deferido ao direito público estrangeiro na determinação do desfecho da causa ou resolução do litígio, mais obstáculos se colocam à sua mobilização, como procuraremos demonstrar, com recurso à principal jurisprudência e doutrina sobre o tema.

a. *Tomada em consideração de direito público estrangeiro*

A *tomada em consideração* é a técnica mais difundida – e genericamente aceite – de produção de eficácia extraterritorial de direito público, designadamente de actos administrativos, estrangeiros.

Em causa está a referência a uma norma ou decisão estrangeira para preencher ou pôr em marcha a regra material competente, integrando-a nos *interstícios* deste direito material, mas distinguindo-se – ainda que nem sempre facilmente – de outros procedimentos (como o reconhecimento e a aplicação de direito estrangeiro) que, estes sim, introduzem direito estrangeiro no ordenamento jurídico do foro[484].

---

[482] ADOLFO MIAJA DE LA MUELA, "El Derecho Publico Extranjero en el Trafico Privado Internacional", *Revista Española de Derecho Internacional*, Vol. XXV, N.ºs 1-4, 1972, p. 286.

[483] HANS W. BAADE, "Operation of Foreign Public Law", *International Encyclopedia of Comparative Law*, Vol. III, Kurt Lipstein (ed.), Tübingen, J.C.B. Mohr/Paul Siebeck, 1991, p. 15.

[484] ESTELLE FOHRDER-DEDEURWAERDER, *La Prise en Considération des Normes Étrangères*, Paris, L.G.D.J., 2008, p. 15.

EFICÁCIA, RECONHECIMENTO E EXECUÇÃO DE ACTOS ADMINISTRATIVOS ESTRANGEIROS

A admissibilidade desta técnica justifica-se por duas razões essenciais: a primeira, a da menor potencialidade lesiva da soberania do Estado que empreende a tarefa de tomada em consideração; e a segunda, a da contribuição que o direito estrangeiro traz para uma mais adequada, esclarecida e justa resolução do litígio.

A primeira daquelas razões reflecte-se na própria qualificação da tomada em consideração como uma "aplicação indirecta" de direito estrangeiro, no qual é a autoridade nacional que procede à definição dos *termos* e *medidas* de acolhimento daquele direito, assumindo integralmente, as rédeas do processo[485]. A interferência com a soberania estrangeira é, assim, reduzida pela circunstância de o processo de concretização do direito estar a cargo das autoridades nacionais, sendo as regras ou actos estrangeiros caracterizados, usualmente, para este efeito, como meros elementos de facto relevantes, de acordo com o juízo daquelas autoridades.

A especificidade deste recorte amplo da tomada em consideração, por oposição à aplicação de normas estrangeiras, tem conhecido várias fundamentações, sendo a mais relevante a teoria dos local *data* ou, como veremos à frente, dos *efeitos de facto,* que fundaria a relevância para a tomada de decisão de regras estrangeiras, procurando o juiz do foro a adequação da decisão a tomar (por recurso ao direito competente) aos *data* ou *factos brutos* por si constatado, mas conservando a integral disponibilidade para a definição da regra de decisão[486].

---

[485] E. L. CATELLANI referia já que esta "aplicação indirecta de direito estrangeiro" permitia combinar, na justa proporção, dois elementos que pareciam, à partida, excluir-se mutuamente: a eficácia extraterritorial da decisão e o carácter estritamente territorial do Tribunal (cfr. *Il Diritto Internazionale Privato e i suoi Recenti Progressi*, Vol II-parte seconda e Vol. III, Roma, Unione Topografico Editrice, 1888, pp. 842-843). Também GIUSEPPE BISCOTTINI distingue entre a aplicação directa (ou própria) do acto administrativo estrangeiro e a sua aplicação indirecta como tomada em consideração de uma situação de facto para estabelecer uma situação de facto juridicamente relevante (cfr. *Diritto Amministrativo Internazionale – Tomo Primo/ La Rilevanza degli Atti Amministrativi Stranieri*, Padova, CEDAM, 1964, pp. 25-26).

[486] BRAINERD CURRIE, *Selected Essays on the Conflict of Laws*, 1963, Durham, Duke University Press, 1963, pp. 67-74; ALBERT EHRENZWEIG, "Local and Moral Data in the Conflict of Laws: Terra Incognita", *Buffalo Law Review,* N.º 16, 1966-1967, pp. 55-60. KLAUS OGEL refere-se a uma base "quase-factual" para a aplicação de direito doméstico (cfr. "Administrative Law: International Aspects", *Encyclopedia of Public International Law*, Rudolf Berhnardt (ed.), Vol. I, Amsterdam, North-Holland, 1992, p. 26). F.A. MANN considera, da mesma forma, que estes efeitos incidentais são efeitos de facto (cfr. "The Sacrossanctity of the Foreign Act of State",

INTERNACIONALIDADE DO DIREITO ADMINISTRATIVO

A segunda daquelas razões prende-se com os imperativos de boa *administração da justiça*, o que se consegue pela superação de conceitos monolíticos do direito[487], e pela consideração de todos os elementos pertinentes para a decisão da causa. Aliás, também não é impossível encontrar situações inversas, nas quais a Administração pública toma em linha de conta actos privados praticados no estrangeiro[488].

E é inegável que a consideração de actos administrativos estrangeiros é determinante para o preenchimento de conceitos e mobilização de institutos de direito nacional, contribuindo decisivamente para a resolução de litígios administrativos e judiciais[489].

A tomada em consideração é relevante para a adopção de actos administrativos nacionais, como sucede com a tomada em consideração da concessão ou atribuição (ou retirada) da nacionalidade para a emissão ou recusa de passaporte ou de visto ou actos unilaterais para a atribuição do estatuto de refugiado. Sem esquecer a relevância, grandemente regulada por via de convenções internacionais, de actos tributários estrangeiros ou referentes à segurança social, para determinação dos montantes a pagar ou a receber[490],

---

Studies in International Law, Oxford, Clarendon Press, 1973, pp. 440-441). Para uma análise crítica da teoria dos *local data*, cfr. T.W. DORNIS, "Local Data" In European Choice Of Law: A Trojan Horse From Across The Atlantic?", Georgia Journal of International & Comparative Law, Vol. 44-1, 2015, pp. 1-16, disponível em http://digitalcommons.law.uga.edu/gjicl/vol44/iss2/3/, acesso a 10 de Junho de 2017.

[487] Como defende HORATIA MUIR WATT ao advogar uma visão publicista dos conflitos de leis (cfr. "Droit Public et Droit Privé dand les Rapports Internationaux (Vers la Publicisation des Conflits des Conflits de Lois?)", *Le Privé et le Public*, Paris, Editions Sirey, 1997, pp. 213-214).

[488] No plano administrativo, indicam-se como formas de cruzamento entre o direito administrativo e o direito privado, a técnica dos actos separáveis e das questões incidentais (cfr. EDUARDO GARCÍA DE ENTERRÌA, TOMÁS RAMÓN FERNANDÉZ, *Curso de Derecho Administrativo*, Vol. I, 11.ª ed., Madrid, Civitas Ediciones, S.L., 2002, pp. 59-62).

[489] Sobre as várias formas de referência ao direito público estrangeiro, cfr. GIUSEPPE BARILE, *Appunti Sul Valore des Diritto Pubblico Straniero Nell'Ordinamento Nazionale*, Milano, Dott. A. Giuffrè Editore, 1948, pp. 21-61.

[490] A tomada em consideração não impõe, porém, que a avaliação feita de uma decisão estrangeira seja ponderada da mesma forma pelas autoridades nacionais, podendo estas ter entendimento diverso dos efeitos daquele acto (cfr., neste sentido, o Acórdão de 22 de Maio de 2013, proferido no processo 134/12.9YFLSB, no qual o Supremo Tribunal de Justiça Português entendeu poder valorar, de acordo com os critérios nacionais, as ausências consideradas injustificadas pelas autoridades administrativas do Estado estrangeiro onde o magistrado prestava funções em comissão de serviço internacional).

EFICÁCIA, RECONHECIMENTO E EXECUÇÃO DE ACTOS ADMINISTRATIVOS ESTRANGEIROS

ou, mesmo, dos pareceres ou atestados médicos que constatam uma enfermidade e que servem de pressuposto para a aplicação da norma que tem como consequência a prestação de cuidados de saúde[491].

Mas a grande sede de relevância de normas ou actos estrangeiros surge no âmbito contratual, sempre que um contrato não possa ser cumprido ou integralmente cumprido por violar normas estrangeiras (que proíbem exportações por razões de interesse público) ou por dar cumprimento a actos de autoridade estrangeiros (a um embargo, por exemplo).

Esta tomada em consideração tem sido levada a cabo sob múltiplos enquadramentos jurídicos, essencialmente no campo do direito internacional privado, ainda que nem sempre seja simples adaptar institutos concebidos e pensados para o enquadramento de situações jurídico-privadas.

Pense-se nas questões prévias ou referências pressuponentes, nas quais o direito público estrangeiro é pressuposto de aplicação de regras no estado do foro. WENGLER dá conta da dificuldade de proceder ao reenvio no caso de questões incidentais que envolvam actos de poderes públicos, dada a dificuldade na determinação das regras de competência internacional e, portanto, de qual o Estado que deveria ter regido a situação[492]. De facto, parece faltar

---

[491] José Maria Rodríguez de Santiago, "El Modelo de "Unión Administrativa Europea" en el Sistema de Coordinación de las Prestaciones Sociales por Enfermedad" La Unión Administrativa Europea, Francisco Velasco Caballero, Jens-Peter Schneider, Madrid, Marcial Pons, 2008, pp. 268-271.

[492] Wilhelm Wengler, "Le Questioni Preliminari nel Diritto Internazionale Privato", Antologia di Diritto Internazionale Privato, Milano, Istituto Per Gli Studi di Politica Internazionale, 1965, p. 198 (cfr., do mesmo autor, "The Law Applicable to Preliminary (Incidental) Questions", International Encyclopedia of Comparative Law, Vol. III, Kurt Lipstein (ed.), Tübingen, J.C.B. Mohr (Paul Siebeck), 1987, pp. 3-38). Sucintamente, para Wengler, a questão prévia consiste numa aferição de um conceito prejudicial necessário para dar resposta a uma questão parcial submetida ao intérprete jurídico, considerando aplicáveis, em princípio, os conceitos da lex causae.

No mesmo sentido, entre nós, de que a questão prévia é uma questão não autónoma, que deve ser decidida de acordo com a lei competente (conexão subordinada), cfr. João Baptista Machado, "Les Faits, le Droit de Conflit et les Questions Préalables", Multitudo Legum – Ius Unum – Mélanges en l'Honneur de Wilhelm Wengler zu seinem 65. Geburtstag, Josef Tittel (ed.), Berlin, Interrecht, 1973, pp. 450-458. Fernando M. Azevedo Moreira, apesar de chegar a resultados similares, adopta uma posição mais analítica assente na lex formalis causae, tendo em vista a obtenção da harmonia internacional das decisões (cfr. Da Questão Prévia em Direito Internacional Privado, Coimbra, Centro de Direito Comparado da Faculdade de Direito de Coimbra, 1968, em especial pp. 22-50 e 215-224). Também assim, Manuel Cortes Rosa, Da

aqui um elemento essencial à questão incidental: o de que a questão específica para a qual se busca resposta (de modo a permitir a solução da questão principal) possa existir autonomamente, e para a qual as regras de conflitos aplicáveis seriam distintas das aplicáveis à questão principal.

A aplicação de direito público estrangeiro passa, assim, mais amplamente pelo seu recorte como "questão parcial", que difere da prévia por, diferentemente desta, aos pressupostos assentes no direito estrangeiro não se aliar, de forma imediata, a produção de direitos e deveres[493]; ou então pela não integração nas categorias seja de questão prévia seja de questão parcial, de modo a evitar confusões desnecessárias, submetendo-se a uma ligação específica[494].

O problema da delimitação do âmbito de eficácia espacial das normas coloca também, intuitivamente, um problema paralelo ao das normas espa-

---

Questão Incidental em Direito Internacional Privado, Lisboa, Revista da Faculdade de Direito da Universidade de Lisboa – Suplemento Dissertações de Alunos, 1960, pp. 152-184.

Esta tendência, visível no nosso ordenamento jurídico para privilegiar a aplicação da *lex causae* à questão prévia ou incidental, não é, porém, unânime, como o demonstra, entre outros, a posição de LIMA PINHEIRO, que adopta, com excepções, a tese da conexão autónoma (cfr. *Direito Internacional Privado,* Vol I – Introdução e Direito de Conflitos – Parte Geral, 3.ª ed., Coimbra, Almedina, 2014, pp. 611-619; do mesmo modo, cfr. ISABEL DE MAGALHÃES COLLAÇO, *Prefácio* (à Dissertação de Manuel Cortes Rosa), Lisboa, Revista da Faculdade de Direito da Universidade de Lisboa – Suplemento Dissertações de Alunos, 1960, pp. VII-XXIV. Esta cisão é generalizada na doutrina internacional, havendo clara oposição, ainda hoje, entre *lex forists* e *lex causards* e aqueles que não adoptam uma perspectiva geral (mas casuística) neste domínio (cfr., para uma perspectiva deste debate, A. E. GOTLIEB, "The Incidental Question Revisited" – Theory and Practice in the Conflict of Laws", *International and Comparative Law Quarterly,* Vol. 26, 1977, pp. 753-754). Também entre nós, considerando que a solução do problema não pode ser de ordem geral, A. FERRER CORREIA, *Lições de Direito Internacional Privado,* Vol. I, Coimbra, Almedina, 2000, pp. 337-355.

[493] Cfr. MANUEL CORTES ROSA, *Da Questão Incidental em Direito Internacional Privado,* Lisboa, Revista da Faculdade de Direito da Universidade de Lisboa – Suplemento Dissertações de Alunos, 1960, pp. 16-19. Para a delimitação da genuína figura da questão prévia, cfr. JOÃO BAPTISTA MACHADO, *Âmbito de Eficácia e Âmbito de Competência das Leis – Limites das Leis e Conflitos de Leis,* Reimpressão, Coimbra, Almedina, 1998, pp. 326-346.

[494] CARMEN CHRISTINA BERNITT, *Die Anknüpfung von Vorfragen im europäischen Kollisionsrecht,* Tübingen, Mohr Siebeck, 2010, pp. 164-166.

EFICÁCIA, RECONHECIMENTO E EXECUÇÃO DE ACTOS ADMINISTRATIVOS ESTRANGEIROS

cialmente autolimitadas[495]ou normas de aplicação necessária e imediata[496], sobretudo se provenientes de ordenamentos jurídicos terceiros (que não os do foro ou os aplicáveis da *lex causae* para dar resposta ao fundo da causa), uma vez que estas disposições definem de forma unilateral, nos termos de uma conexão própria, o seu âmbito de aplicação.

As normas de aplicação necessária e imediata têm-se revelado *privilegiados mecanismos de cruzamento* entre o direito público estrangeiro e o direito internacional privado, na medida em que, tendo em conta a sua natureza e função no ordenamento jurídico a que pertencem, têm permitido a consideração de normas públicas de Estados terceiros[497].

E, mesmo nos casos em que essa tomada em consideração não seja expressamente admitida por regras jurídicas vinculativas – ao contrário do que sucede hoje por intermédio do artigo 9.º, n.º 3, do Regulamento (CE) n.º 593/2008 do Parlamento Europeu e do Conselho, de 17 de Junho de 2008, sobre a lei aplicável às obrigações contratuais (Roma I) [498] – continua a cor-

---

[495] RODOLFO DI NOVA, "I Conflitti di Leggi e le Norme con Apposita Delimitazione della Sfera di Efficacia", *Diritto Internazionale*, Ano 13, N.º 1, 1959, pp. 15-18 e 28-30 (ver também RODOLFO DI NOVA, "I Conflitti di Leggi e le Norme Sostanziali Funzionalmente Limitate", *Rivista di Diritto Internazionale Privato e Processuale*, Ano 3, 1967, pp. 699-706).

[496] A expressão de leis de aplicação imediata foi cunhada por PHOCION FRANCESCAKIS, *La Théorie du Renvoi et les conflits de Systèmes en Droit International Privé*, Paris, Sirey, 1958, pp. 11-16. Mas o próprio autor reconhece que colheu inspiração noutros autores, desde logo ARTHUR NUSSBAUM, (cfr. *Principles of Private International Law*, New York, Oxford University Press, 1943, pp. 69-73), que se referia já a *"spatially conditioned internal rules"*, que descartam normalmente a aplicação das regras de conflitos do foro. Segundo PHOCION FRANCESCAKIS estas normas colocam em causa a organização estatal, havendo uma maior imbricação também por via delas entre direito privado e direito público (cfr. "Quelques Précisions sur les "Lois d'Application Immédiate et leurs Rapports avec les Règles de Conflits de Lois", *Revue Critique de Droit International Privé*, 1966, pp. 1-18; também PHOCION FRANCESCAKIS, " Lois d'Application Immédiate et Règles de Conflit", *Rivista di Diritto Internazionale Privato e Processuale*, Ano 3, 1967, pp. 690-698).

[497] PIET VAN SLOT, ERIC GRABANDT, "Extraterritoriality and Jurisdiction", *Common Market Law Review*, Vol. 23, N.º 3, 1986, pp. 563-565. Entre nós, ANTÓNIO MARQUES DOS SANTOS, *As Normas de Aplicação Imediata no Direito Internacional Privado – Esboço de uma Teoria Geral. Vol. II*, Coimbra, Almedina, 1991, p. 815.

[498] Segundo esta disposição *"Pode ser dada prevalência às normas de aplicação imediata da lei do país em que as obrigações decorrentes do contrato devam ser ou tenham sido executadas, na medida em que, segundo essas normas de aplicação imediata, a execução do contrato seja ilegal. Para decidir se deve ser dada prevalência a essas normas, devem ser tidos em conta a sua natureza e o seu objecto, bem como as*

INTERNACIONALIDADE DO DIREITO ADMINISTRATIVO

responder a uma possibilidade a que os órgãos de concretização do direito devem poder recorrer, de modo a promover uma justa decisão do litígio[499].

É esta possibilidade que leva a que as normas ou actos estrangeiros possam ajudar a preencher, com mediação do foro, os conceitos materiais deste, desde logo, de contrariedade à ordem pública, de ofensa aos bons costumes, ou de impossibilidade de cumprimento por ilegalidade superveniente da obrigação assumida[500].

Pois, como antecipámos, parte de leão das situações nas quais se coloca o efeito incidental de normas ou actos de direito público prende-se com posições jurídicas privadas (em regra contratuais) que violam ditames estrangeiros[501].

consequências da sua aplicação ou não aplicação". Esta norma sucedeu ao artigo 7.º, n.º 1, da Convenção de Roma sobre a lei aplicável às obrigações contratuais, de 19 de Junho de 1980, que podia, no entanto, ser alvo de reservas pelos Estados [artigo 20.º, n.º 1, alínea a)], reserva que o Portugal formulou.

Sobre as diferenças entre estas duas disposições, EUGÉNIA GALVÃO TELES, "A noção de normas de aplicação imediata no Regulamento Roma I: uma Singularidade Legislativa", *Estudos em Homenagem a Miguel Galvão Teles,* Vol. II, Coimbra, Almedina, 2012, pp. 805-807.

Note-se que, por intermédio do Acórdão *República Helénica c. Grigorios Nikiforidis,* de 18 de Outubro de 2016, proferido no processo C-135/15, o Tribunal de Justiça firmou jurisprudência segundo a qual aquele artigo 9.º, n.º 3 «*deve ser interpretado no sentido de que exclui que o tribunal do foro possa aplicar, como regras jurídicas, normas de aplicação imediata distintas das do Estado do foro ou das do Estado em que as obrigações decorrentes do contrato devem ser ou foram executadas, mas não se opõe a que este último tome em consideração essas outras normas de aplicação imediata como elementos de facto na medida em que o direito nacional aplicável ao contrato, ao abrigo das disposições deste regulamento, o preveja».*

[499] LUÍS DE LIMA PINHEIRO aduz expressamente que, sempre que não se possa aplicar direito estrangeiro, nem se possam mobilizar normas de aplicação imediata de ordenamentos jurídicos terceiros, pode sempre admitir-se que normas imperativas desses Estados tenham relevância por intermédio das "válvulas de segurança" do sistema como a violação dos bons costumes (cfr. *Direito Internacional Privado,* Vol I – Introdução e Direito de Conflitos – Parte Geral, 3.ª ed., Coimbra, Almedina, 2014, p. 320).

[500] Cfr. ANDREA BONOMI, *Le Norme Imperative nel Diritto Internazionale Privato – Considerazioni sulla Convenzione Europea Sulla Legge Applicabile alle Obbbligazioni Contrattuali del 19 Giugnio 1980 Nonché Sulle Leggi Italiana e Svizzera di Diritto Internazionale Privato,* Zürich, Schulthess Polygraphischer Verlag, 1998, pp. 244-271.

[501] Cfr. PIERRE MAYER para quem estas situações de tomada em consideração intervêm nos casos de aferição da validade de um contrato concluído em violação de normas estrangeiras ou na justificação para o incumprimento do mesmo (cfr. "Le Rôle du Droit Public en Droit International Privé Français", *Colloque de Bâle sur le Rôle du Droit Public en Droit International*

EFICÁCIA, RECONHECIMENTO E EXECUÇÃO DE ACTOS ADMINISTRATIVOS ESTRANGEIROS

Veja-se, paradigmaticamente, o caso *Regazzoni v. K. C. Sethia, Lta* [1957] All E.R. 286, e a decisão do Supremo Tribunal Federal Alemão, que se pronunciou no sentido da nulidade de um contrato de compra e venda de *Borax*, por violação dos bons costumes (*"gutten Sitten"*), tomando em consideração um embargo americano[502]. Em qualquer destes casos, a função e natureza da disposição ou acto público estrangeiro foi alinhada com os interesses do Estado do foro e, mais genericamente, com a sua conformidade com ditames de direito internacional[503].

Mas, já no caso *Pipeline Embargo – Compagnie Européenne Pétroles S. A, (C.E.P.) c. Sensor Nederland B.V. (Sensor)*, de 17 de Setembro 1982[504], o Tribunal Neerlandês considerou que um embargo norte-americano violava direito internacional público, e que a consideração de regras públicas estrangeiras tinha de se fundar em conexões estreitas com o Estado terceiro, o que não se

---

Privé – (20 et 21 mars 1986) Rapports et procès-verbaux des débats, Bâle, Helbing & Lichtenbaum, 1991, pp. 68-69).

[502] Decisão do *Bundesgerichthof BGB 138, VIII. Zivilsenat de 21 Dezembro de 1960 (i. S. G. B. AG (Bekl.) w. Fa. W. R. (Kl.) VIII ZR 1/60)*, em *Entscheidungen des Bundesgerichtshofs in Zivilsachen*, N.º 34, 1961, pp. 169-178, no qual o tribunal considera que aquele embargo visa a manutenção da liberdade e da paz da ordem no Este, logo também foi emanado no interesse da então República Federal Alemã. O Tribunal Supremo do Reich de 24 Junho 1927, 519/26 II (*Juristische Wochenschrift*, Ano 56, N.º 40, 1927, pp. 2287-2289), já havia considerado que um contrato de venda de cocaína, contrário a normas proibitivas de direito estrangeiro, ia contra a moral e a saúde pública.

Também na Cassação Comercial Francesa se discutiu, em 16 de Março de 2010 n.º 08-12.511, a licitude de um contrato celebrado em violação de um embargo do Gana às carnes bovinas de origem francesa. Cfr. o sumário em *Journal du Droit International*, Ano 138, Janvier-Février-Mars, N.º 1, 2011, pp. 98-107 com nota de A. MARCHAND. Nesta nota a Autora inclui as normas do embargo no âmbito das leis de polícia, dando conta que há apenas uma tomada em consideração da lei estrangeira e que a sanção resulta da lei do contrato (não se aplicando as sanções previstas na lei estrangeira de direito penal ou administrativo pois elas regulam a relação entre o indivíduo e o Estado e não a conduta contratual das partes: pp. 102-103).

[503] FRANK VISCHER defende que o que nestes casos se faz é implementar política governamental estrangeira, considerada justificada pelo direito alemão; e refere que o uso da imoralidade que não o da ilegalidade para além de dar maior âmbito discricionário ao juiz, tem uma natureza mais dinâmica (cfr. "General Course on Private International Law", *Recueil des Cours*, Tomo 232, 1992, I, Dordrecht, Martinus Nijhoff Publishers, 1993, p. 171).

[504] JÜRGEN BASEDOW, "Das amerikanische Pipeline-Embargo vor Gericht Niederlande: Pres. Rb. Den Haag 17. 9. 1982 (Fall Sensor)", *Rabels Zeitschrift für Ausländisches und internationales Privatrecht*, Ano 47, N.º 1, 1983, pp. 141-172.

INTERNACIONALIDADE DO DIREITO ADMINISTRATIVO

verificava na situação em concreto, tendo-se recusado, portanto, a relevância daquele acto.

No mesmo sentido foi o Tribunal de Cassação, 1.ª Câmara Civil, de 16 de Outubro de 1967, *Basso es-qualités c. Janda*, ao considerar que os efeitos da regulamentação de divisas vigente na então Checoslováquia não poderiam ser considerados no caso (muito menos sendo aquela aplicada como *lex contractus*) por aquele Estado não ter aderido aos acordos de *Bretton Woods*. Assim, o contrato manteve a sua eficácia em França mesmo sendo contrário à lei Checoslovaca e tendo sido celebrado na Checoslováquia entre dois cidadãos desse país[505].

No direito da União Europeia, esta tomada em consideração de direito estrangeiro é também indiscutida[506], sobretudo nas situações em que se visa evitar a duplicação de ónus ou encargos aos interessados, seja do ponto de vista administrativo[507], seja do ponto de vista estritamente fiscal[508] ou de

---

[505] *Revue Critique de Droit International Privé*, Ano 57, 1968, pp. 661-662. Cfr., ainda, PIERRE MAYER, "Le Rôle du Droit Public en Droit International Privé Français", *Colloque de Bâle sur le Rôle du Droit Public en Droit International Privé – (20 et 21 mars 1986) Rapports et procès-verbaux des débats*, Bâle, Helbing & Lichtenbaum, 1991, p. 66.

[506] O mesmo se poderá afirmar no plano internacional, não obstante os exemplos mais limitados neste domínio. Se tomarmos em linha de conta o Tribunal Administrativo da Organização Internacional do Trabalho, não obstante este repouse na autónoma aplicação do seu direito (e não a aplicabilidade dos direitos nacionais) – cfr., *ex multis*, Acórdão *MM. H. N. D. et al. c. OMPI*, de 11 de Julho de 2007, proferido no processo 2636 (ponto 14) – não deixa de ter em consideração direito nacional para preenchimento de alguns conceitos e princípios que considera aplicáveis. Aqui parece, no entanto, que o processo de tomada em consideração das normas estrangeiras encontra uma triagem menos forte do que tem vindo a receber no âmbito da União Europeia, como se depreende da tomada em consideração do conceito de parceiro vigente no direito francês para (não) preencher o conceito de "conjoint", no âmbito da actuação da UNESCO (cfr. Acórdão *M. R. A.-O. c. UNESCO*, de 5 de Novembro de 2002, proferido no processo 2193, com dois relevantes votos de vencido).

[507] Cfr., por exemplo, o Acórdão *Frans-Nederlandse Maatschappij c. Biologische Producten BV.* do Tribunal de Justiça de 17 de Dezembro de 1981, proferido no processo C-272/80, no qual o Tribunal reconheceu a possibilidade de um Estado demandar a autorização para circulação de um produto que já havia obtido aprovação noutro Estado-membro, mas que tanto não equivalia a permitir a realização de novos exames e controlos, se os realizados no primeiro Estado fossem considerados suficientes.

[508] Cfr. os Acórdãos *FKP Scorpio Konzertproduktionen GmbH c. Finanzamt Hamburg-Eimsbüttel*, do Tribunal de Justiça de 3 de Outubro de 2006, proferido no processo C-290/04 (no qual se admite que a concessão de isenções fiscais possa ser condicionada à obtenção de um cer-

segurança social[509]. Mais recentemente, o Tribunal de Justiça afirmou a relevância da tomada em consideração de solicitações estrangeiras de direito público para a aferição da legalidade de actos de natureza sancionatória praticados na sequência daqueles pedidos de colaboração, fundando-se, para tanto, no artigo 47.º da Carta dos Direitos Fundamentais[510].

Aproveitou-se igualmente, no âmbito da União, o conceito de *Eingriffsnormen* desenvolvido por alguma doutrina[511], ou, mais genericamente,

---

tificado de isenção), e N. *c. Inspecteur van de Belastingdienst Oost/kantoor Almelo*, do Tribunal de Justiça de 7 de Setembro de 2006, proferido no processo C-470/04 (no qual se entendeu que a tributação de mais valias em caso de mudança de domicílio para outro Estado não pode estar sujeita a garantias e à não consideração de menos valias).

Esta tomada em consideração pode chegar ao ponto de limitar os efeitos das normas nacionais aplicáveis, como sucedeu no Acórdão *Pirkko Marjatta Turpeinen*, do Tribunal de Justiça de 9 de Novembro de 2006, proferido no processo C-520/04, que, fundado na cidadania da União, considerou que a mesma se opõe a uma legislação nacional nos termos da qual o imposto sobre o rendimento relativo à pensão de reforma paga por uma instituição do Estado-membro em questão a uma pessoa residente noutro Estado-Membro excede, em certos casos, o imposto que seria devido caso essa pessoa residisse no primeiro Estado-Membro, quando a referida pensão constitua a totalidade ou a quase totalidade dos rendimentos dessa mesma pessoa.

[509] Um dos objectivos do Regulamento (CE) n.º 883/2004, do Parlamento Europeu e do Conselho, de 29 de Abril de 2004, relativo à coordenação dos sistemas de segurança social é, precisamente, promover a totalização de todos os períodos tidos em conta pelas várias legislações nacionais para a concessão e conservação do direito às prestações, bem como para o respectivo cálculo.

[510] Isto ainda que tenha colocado alguns limites a essa relevância e ao acesso, pelo particular, a esse mesmo pedido. Cfr. Acórdão *Berlioz Investment Fund SA c. Directeur de L'Administration des Contributions Directes*, do Tribunal de Justiça de 16 de Maio de 2017, proferido no proc. C-682/15.

[511] Conceito este que se encontra já em KARL NEUMEYER, *Internationales Verwaltungsrecht – Allgemeiner Teil*, Vol. IV, Zürich.Leipzig, Verlag für Recht und Gesellschaft AG, 1936, pp. 228, 243-244. KURT SIEHR caracterizava já estas normas como não tendo de deter necessariamente natureza pública (p. 44), mas que por seu intermédio se permitia uma abertura ao direito estrangeiro dessa natureza, que não se conseguia pela via directa da aplicação do mesmo ou sequer do seu reconhecimento (p. 89). Mas contrapunha que quanto à tomada em consideração de direito estrangeiro desta natureza, isso era o "pão diário" dos oficiais das finanças que têm de tomar em consideração direito estrangeiro para calcularem os impostos nacionais (p. 90) (cfr. "Ausländische Eingriffsnormen im inländischen Wirtschaftskollisionsrecht", *Rabels Zeitschrift für Ausländisches und Internationales Privatrecht*, Vol. 52, N.º 1, 1988, pp. 41-103).

o de *foreign overriding mandatory rules*[512], para assegurar que os conceitos nacionais de normas de aplicação necessária e imediata se conformam com os objectivos subjacentes ao direito da União, sendo apenas, nestes casos, possível a sua mobilização. Estas normas não se confundem necessariamente com leis de direito público, ainda que as possam incluir, como já defendia NIBOYET[513], porque há normas de direito privado cuja observância é considerada crucial para a salvaguarda da organização política, social ou económica do Estado-membro[514].

Em qualquer caso, esta interpretação vem não só comprovar a dificuldade de distinção entre direito público e privado – a que já nos referimos – mas, essencialmente, dar conta da *aproximação do regime da tomada em consideração de normas e actos estrangeiros*, qualquer que seja a área – pública ou privada – de que despontem[515].

Apesar do desenvolvimento e aceitação generalizada da técnica da tomada em consideração, persistem outras técnicas noutros quadrantes que perseguem objectivos similares, mas cujos contornos diferem. Menção especial é devida à *foreign sovereign compulsion*, que tem vindo a servir de base a uma decisão equitativa, nos casos em que as partes se vêem impossibilitadas

---

[512] Sobre este conceito, cfr., por todos, ANDREA BONOMI, "Overriding mandatory provisions in the Rome I regulation on the law applicable to contracts", *Yearbook of Private International Law*, Vol 10, 2008, pp. 285-300; HANS JÜRGEN SONNENBERGER, "Overriding Mandatory Provisions", *Brauchen wir eine Rom 0-Verordnung?*, Leible/Unberath (eds.), Sellier, European Law Publishers , 2013, pp. 117-128; e MICHAEL WILDERSPIN, "Overriding Mandatory Rules", *Encyclopedia of Private International Law*, J. Basedow, G. Rühl, F. Ferrari, P. De Miguel Asensio (eds.), vol. 2, Elgar, 2017, pp. 1330-1335.

[513] J.-P. NIBOYET, *Traité de Droit International Privé Français*, Tomo IV – La Territorialité, Paris, Recueil Sirey, 1947, pp. 6-30.

[514] Cfr., sobre esta noção, o Acórdão *Criminal proceedings against Jean-Claude Arblade and Arblade & Fils SARL et al.* do Tribunal de Justiça, de 23 de Novembro de 1999, proferido nos processos apensos C-369/96 e C-376/96; e o Acórdão *United Antwerp Maritime Agencies (Unamar) NV contra Navigation Maritime Bulgare* do Tribunal de Justiça, de 17 de Outubro de 2013, proferido no processo C-184/12.
Para uma crítica desta noção, por ter o condão de esvaziar o próprio conceito de soberania nacional, cfr. JACQUES FOYER, "Lois de Police et Principe de Souveraineté", Mélanges en l'Honneur du Professeur Bernard Audit. Les Relations Privées Internationales, Paris, L.G.D.J., 2014, pp. 339-358.

[515] PATRICK KINSCH considera inclusive mais adequada a mobilização da técnica que considera original da *tomada em consideração* por oposição a técnicas paralelas (cfr. *Le Fait du Prince Étranger*, Paris, L.G.D.J., 1994, pp. 327-496).

EFICÁCIA, RECONHECIMENTO E EXECUÇÃO DE ACTOS ADMINISTRATIVOS ESTRANGEIROS

de obedecer a uma disposição norte-americana com efeitos extraterritoriais, em virtude do cumprimento da lei estrangeira (usualmente a lei territorial, que proibe aquela conduta, por vezes com efeitos efeitos antibloqueio).

Também aqui está em causa a extracção de efeitos tendo por base uma disposição ou acto estrangeiro caracterizados como meros dados de facto e não de direito[516]; no entanto, a dificuldade na determinação e prova de uma verdadeira compulsão (*genuine compulsion*) que permita afastar a ilegalidade do incumprimento de regras do país do foro tem vindo a impedir que ela sirva como uma base juriprudencial suficientemente clara e consequente[517].

b. Chamamento de direito público estrangeiro pela regra de conflitos

Aludiremos ao chamamento de direito público pela regra de conflitos sob duas perspectivas: a da sua vocação pelas regras de conflitos de direito internacional privado e a da sua aplicação por força de regras de conflitos de natureza jurídico-pública.

A primeira daquelas perspectivas corresponde a uma questão que se pode considerar *clássica* na doutrina jus-privatista: a de saber se o chamamento feito pela regra de conflitos bilateral do foro[518] compreende apenas as

---

[516] Isabel Jalles, *Extraterritorialidade e Comércio Internacional – Um Exercício de Direito Americano*, Venda Nova, Bertrand Editora, 1988, p. 367.

[517] Veja-se as conclusões distintas a que se chegou nos casos *Interamerican Refining Co. v. Texaco Maracaibo*, Inc. 307 F. Supp. 1291 (D. Del. 1970) e *In re Vitamin C Antitrust Litigation, No. 06-1738* (E.D.N.Y. filed Feb. 22, 2006). No primeiro, a impossibilidade de obter petróleo por compulsão do Estado Venezuelano, para a qual os réus não contribuiram, permitiu usar a cláusula de *force majeure* do contrato. No segundo, a existência no processo de uma carta do Governo Chinês a atestar a sua política *antitrust*, que conduziu à infracção às regras da concorrência norte-americana por um cartel de empresas, não foi suficientemente demonstrativa da existência de um fenómeno de compulsão para estas empresas.

Cfr., no sentido da inconsistência da aplicação desta doutrina, Isabel Jalles, *Extraterritorialidade e Comércio Internacional – Um Exercício de Direito Americano*, Venda Nova, Bertrand Editora, 1988, p. 373; e Jane Lee, "Vitamin "C" is for Compulsion: Delimiting the Foreign Sovereign Compulsion Defense", *Virginia Journal of International Law*, Vol. 50, N.º 1, 2010, pp. 758-791.

[518] Nestes casos, a aplicação de direito estrangeiro para dirimir um litígio depende da vocação realizada pela regra de conflitos do foro, no caso de esta ser bilateral. No caso das normas de conflitos unilaterais, há, pelo menos em sede de princípio, uma abertura mais ampla ao conceito de extraterrialidade, por o âmbito de aplicação de cada norma ser definido pelo Estado na qual se integra, permitindo que uma sua aplicação (extraterritorial) venha a ser admitida pelo Estado do foro. Nestes casos, os principais problemas que se colocariam prender-se-iam não com a falta de regulamentação juspublicística, mas com conflitos positivos de regulamen-

INTERNACIONALIDADE DO DIREITO ADMINISTRATIVO

regras de direito privado da *lex causae* ou se abrange igualmente as regras de direito público que se apliquem ao caso.

A posição tradicional parte do princípio que o chamamento das regras de conflitos se limita às normas jurídico-privadas dos ordenamentos jurídicos competentes, seja por esta corrresponder à função precípua das regras de conflitos[519], seja por as normas de direito público (para alguns, as leis políticas) serem de aplicação estritamente territorial[520], seja por ser por esta via

---

tações de direito público (cfr. ANTÓNIO MARQUES DOS SANTOS, *As Normas de Aplicação Imediata no Direito Internacional Privado – Esboço de uma Teoria Geral. Vol. II,* Coimbra, Almedina, 1991, pp. 805-806).

[519] HILDING EEK defende que as regras de conflitos de leis não chamam direito público (uma vez que não há verdadeira escolha de lei neste domínio) e que, mesmo as normas "peremptórias" não são estritamente de direito público, quando muito encontram-se na confluência entre direito privado e direito público (cfr. "Peremptory Norms and Private International Law", *Recueil des Cours,* Vol. 139, 1973-II, Leyde, A.W. Sijthoff, 1974, pp. 13 e 27-28). É esta a posição, mesmo em face de regras de conflitos recentes, assumida por ALLAN PHILIP, "Mandatory Rules, Public Law (Political Rules) and the Choice of Law in the E.E.C. Convention on the Law applicable to Contractual Obligations", *Contract Conflicts – The E.E.C. Convention on the Law Applicable to Contractual Obligations: A Comparative Study,* P.M. North (ed.), Amsterdam, North-Holland Publishing Company, 1982, pp. 81-109. O Autor considera que a Convenção de Roma – cujas prescrições se mantiveram substancialmente no Regulamento posterior – quando faz a referência a um ordenamento jurídico estrangeiro mantém a posição tradicional e apenas inclui as normas de direito privado (ainda que imperativas) do mesmo e não as normas que integram o direito público, podendo no entanto o Estado do foro caracterizá-las e tomá-las em consideração, ao abrigo do então artigo 7.º, n.º 1 (de acordo com o mesmo autor a circunscância de o artigo 7.º apenas se referir às normas de direito público de um Estado terceiro corresponde a um lapso, que em nada diminui as considerações expendidas).

Na mesma sede, DAVID JACKSON adopta posição contrária: de que a dicotomia presente na Convenção se refere a normas mandatórias e não mandatórias e não a direito público ou privado, pelo que a referência pode ser feita a ambas (cfr. "Mandatory Rules and the Rules of "Ordre Public"", *Contract Conflicts – The E.E.C. Convention on the Law Applicable to Contractual Obligations: A Comparative Study,* P.M. North (ed.), Amsterdam, North-Holland Publishing Company, 1982, pp. 59-79).

[520] Cfr. TORSTEN GIHL, "Lois Politiques et Droit International Privé", *Recueil des Cours,* Tomo 83, 1953-II, Leyde, A.w. Sijthoff, 1955, pp. 243-249; ÁLVARO DA COSTA MACHADO VILLELA, *Tratado Elementar (Teórico e Prático) de Direito Internacional Privado,* Livro I – Princípios Gerais, Coimbra, Coimbra Editora, 1921, pp. 584-587. Para PIERRE ARMINJON a estrita territorialidade assacada às leis políticas (e aos actos de execução judiciais e administrativos das mesmas), pelas quais se derroga o direito comum em benefício ou prejuízo de certas classes

que se respeita a vontade de aplicação de regras de direito público estrangeiro, uma vez que compete a cada Estado determinar exclusivamente o âmbito de intervenção do seu direito público.

Neste último sentido, parecem pronunciar-se FREYRIA[521] MAYER[522], e, com eles, MOURA RAMOS, para quem *"as regras de conflitos de leis [...] apenas legitimariam a aplicação dos comandos desse ordenamento [estrangeiro] que pertencessem ao domínio do direito privado, não provocando por esse facto a aplicação das normas pertinentes ao âmbito do direito público"*[523]. O que não equivale a uma exclusão da aplicação do direito público estrangeiro; todavia, este interviria apenas e quando *"tal fosse fruto da intencionalidade das normas estrangeiras"*, o que pode

---

sociais, partidos, ideias ou crenças, tem um duplo vector: não são aplicáveis fora do território e são aplicáveis a todos dentro do território (cfr. "Les Lois Politiques, Fiscales, Monétaires en Droit International Privé", *Institut de Droit International – Session de Bath (1950)*, Genève, Imprimerie La Tribune de Genève, 1950, pp. 15-16).

De forma mais mitigada na sua formulação desenvolveram-se igualmente teorias assentes nos conceitos de *leis de ordem pública* ou *normas de política*, mas cujos efeitos apontavam, de qualquer modo, para a aplicação da lei territorial. Digna de menção é a posição – esta sim mais mitigada nos seus efeitos – de PILLET, que distingue o *fim social* das normas como critério de distinção entre a sua territorialidade e extraterritorialidade, admitindo esta relativamente às *leis de protecção individual* mas já não quanto às *leis de garantia social* (normas editadas para a vantagem directa da sociedade), ainda que admita o conflito entre leis territoriais e a tomada em consideração de leis de ordem pública estrangeira e o recurso à assistência jurídica internacional (ANTOINE PILLET, *Principes de Droit International Privé*, Paris, Pedone/Allier Frères, 1903, pp. 285-300 e 400-428).

[521] CHARLES FREYRIA defende que o direito público, ainda que disponha de critérios de localização próprios (distintos dos do direito internacional privado), apenas delimita o seu campo de aplicação, fazendo coincidir competência jurisdicional e legislativa. Recusa, porém, uma total repulsão do direito estrangeiro no foro, dando conta da aplicação de actos administrativos, enquanto formas de ligação entre duas Administrações (cfr. "La Notion de Conflit de Lois en Droit Public", *Travaux du Comité Français de Droit International Privé*, 1962-1964, Paris, Librairie Dalloz, 1965, pp. 103-119).

[522] PIERRE MAYER para quem estes são sectores que não têm existência independentemente do Estado a que pertencem (cfr. "Droit International Privé et Droit International Public sous l'Angle de la Notion de Compétence (suite) " *Revue Critique de Droit International Privé*, 1979, pp. 354-358).

[523] RUI MOURA RAMOS, *Da Lei Aplicável ao Contrato de Trabalho Internacional*, Coimbra, Almedina, 1991, p. 265.

INTERNACIONALIDADE DO DIREITO ADMINISTRATIVO

inclusivamente ampliar o âmbito de aplicação das normas no estrangeiro, por não estarem condicionadas ao chamamento da regra de conflitos da *lex fori*[524]. As evoluções deste quadro têm sido de peso.

Os contínuos avanços da extraterritorialidade da acção pública, a constatação de que as necessidades de continuidade e estabilidade no âmbito internacional não se cingem ao domínio privado e a cada vez maior interpenetração entre esferas de influência públicas e privadas em virtude da internacionalização económica e social, conduziram ao reconhecimento de uma função mais ampla à regra de conflitos, afastando o paradigma da inaplicabilidade das regras de direito público estrangeiro. E, precisamente, um dos sintomas de "desprivatização" do direito internacional privado em nome da cooperação internacional e da harmonia de decisões passa, como reconhece MOURA RAMOS, pela maior abertura à aplicação do direito público estrangeiro[525].

O que se traduz na circunstância de, no âmbito do direito internacional privado, o chamamento de um ordenamento jurídico estrangeiro não

---

[524] RUI MOURA RAMOS, *Da Lei Aplicável ao Contrato de Trabalho Internacional*, Coimbra, Almedina, 1991, pp. 315-322. O Autor, com Mayer, admite que haja situações em que a iniciativa e reconhecimento *in foro* do direito público estrangeiro caibam a esta lei (e não, em sentido próprio, ao âmbito de delimitação do direito público estrangeiro). Considerando que será designadamente, mas não só, o caso da tomada em consideração da solução estrangeira de direito público.

Apesar de esta via ser particularmente attractiva e valer inequivocamente no âmbito de grande parte das questões administrativa essenciais, precisamente aquelas a que MOURA RAMOS se refere (a estruturação do Estado, o regime da nacionalidade e o estatuto do território nacional), não nos parece que possa ser generalizada. Pois, num grande número de questões de ordem administrativa mais mundanas, há vários ordenamentos jurídicos que estão à partida em condições de poder ser aplicados, gerando situações de actual ou potencial conflito, pelo que não excluimos que também ao direito administrativo internacional sejam aplicadas regras paralelas às admitidas, pelo Autor, para o direito penal internacional (por exemplo, que se aplique o princípio da lei penal mais favorável em que os termos da reacção da lei portuguesa são substituídos pelos da lei estrangeira).

[525] RUI MOURA RAMOS, *Direito Internacional Privado e Constituição – Introdução a uma Análise das suas Relações*, Coimbra, Coimbra Editora, 1994, pp. 123-130. ROLANDO QUADRI entendia não haver razão para excluir o direito público estrangeiro do quadro de conflitos de leis, por tal entendimento contrariar a *praxis* jurisprudencial e os princípios enformadores do direito internacional privado (cfr. "Leggi Politiche e Diritto Internazionale Privato", *Studi Critici di diritto Internazionale – Diritto Internazionale Privato*, Vol. I, 1, Milano, Dott. A Giuffrè Editore, 1952, p. 370).

EFICÁCIA, RECONHECIMENTO E EXECUÇÃO DE ACTOS ADMINISTRATIVOS ESTRANGEIROS

se limitar, de acordo com a doutrina mais recente, ao direito privado, mas também a regras de direito público desse Estado, continuando a discutir-se, porém, os contornos precisos desse chamamento[526].

Tal não significa que, em virtude da vocação feita pela regra de conflitos do foro, sejam chamadas todas as normas de direito público vigentes no Estado da *lex causae*. Segundo VISCHER, o direito público estrangeiro será aplicável quando influencie ou modifique relações de direito privado, excluindo-se as disposições que visem apenas promover os interesses políticos e económicos do Estado, formulando como exemplo as regras sobre importações e exportações[527].

Concordamos que há limites à vocação pela regra de conflitos na mira de resolução de situações jurídico-privadas, no entanto não nos parece que a linha deva ser traçada genericamente no tipo de legislação adoptada – cuja qualificação nem sempre é límpida, mas na influência directa que tem sobre o objecto a regular. Imagine-se que a regra de conflitos chama um ordenamento jurídico para resolver uma questão de validade de um contrato de fornecimento, mas esse ordenamento, para além de proibir a produção e alienação do produto, sob pena de nulidade de qualquer contrato que sobre ele incida, dada a sua influência nefasta na saúde pública, determina a aplicação, às partes, de uma sanção administrativa. Neste âmbito, o chamamento funcional da regra de conflitos limita-se à questão contratual, não se alargando à questão sancionatória, pelo que esta não será aplicável por força da regra de conflitos do foro[528].

---

[526] GEORGES VAN HECKE admite a bilateralização de regras de delimitação unilateral de direito público, desde que se esteja perante uma preocupação de carácter universalista e defende a necessidade de elaborar regras especiais de reconhecimento de intervenções de direito público estrangeiro, ou, pelo menos, elaboração de regras de conflitos bilaterais no plano convencional (cfr. "Principes et Méthodes de Solution des Conflits de Lois", *Recueil des Cours,* Vol. 126, 1969 – I, Leyde, A. W. Sitjhoff, 1970, pp. 492-496).

JOSÉ ANTONIO PÉREZ-BEVIÁ aduz que, sempre que do ponto de vista do Estado do foro o objecto esteja ligado ao exercício do poder público, as pretensões em justiça de uma autoridade estrangeira fundadas em disposições de direito público devem, em princípio, ser consideradas inadmissíveis (cfr. *La Aplicación del Derecho Público Extranjero,* 1.ª ed., Madrid, Cuadernos Civitas, 1989, p. 38).

[527] FRANK VISCHER, "General Course on Private International Law", *Recueil des Cours,* Tomo 232, 1992, I, Dordrecht, Martinus Nijhoff Publishers, 1993, p. 151 e 180.

[528] Estamos, portanto, com GIUSEPPE SPERDUTI, "Droit International Privé et Droit Public Étranger", *Journal du Droit International,* Ano 104, Janvier-Février-Mars, N.º 1, 1977, pp. 5-15,

INTERNACIONALIDADE DO DIREITO ADMINISTRATIVO

Mas, para além das regras de conflitos enquanto método típico do direito internacional privado, também no direito público estas regras – não obstante algumas reacções adversas[529] – têm vindo a desempenhar um papel tímido, ainda que não despiciendo.

Neste âmbito, há quem assinale a existência de um conflito de sistemas das regras públicas, mas que, em regra, integra apenas regras unilaterais que delimitam o âmbito territorial e pessoal do âmbito de aplicação das normas públicas estatais[530]. LALIVE vai mais longe e reconhece a possibilidade de serem adoptadas regras de conflitos bilaterais no âmbito público; mas acompanha este pensamento com o esclarecimento que tanto não corresponde à tendência histórica e à tendência que então se verificava (traduzida numa propensão para a revitalização das teorias unilateralistas), e era dificultada pela pluralidade e diferença dos interesses públicos em causa[531].

---

que considera que a designação de lei pela regra de conflitos se refere às leis de direito público e de ordem pública, ainda que na parte em que estas apelem para sanções ou medidas de coerção administrativas e penais, essas não sejam aplicadas.

[529] RICCARDO MONACO, *L'Efficacia della Legge nello Spazio (Diritto Internazionale Privato)*, 2.ª ed., Unione Tipografico – Editrice Torinese, Torino, 1964, p. 59.

[530] Cfr. KARL NEUMEYER, que não concebe a existência de normas de conflitos bilaterais, uma vez que o Estado é, ele próprio, parte interessada na disputa, não podendo ajudicá-la imparcialmente (cfr. *Internationales Verwaltungsrecht – Allgemeiner Teil,* Vol. IV, Zürich.Leipzig, Verlag für Recht und Gesellschaft AG, 1936, pp. 115-119). HANS-JÜRGEN SCHLOCHAUER não obstante aproximar a *natureza* do direito administrativo internacional à do direito internacional privado, considerava que a diferença residia, precisamente, no distinto conteúdo das regras aplicáveis: bilaterais no segundo caso e unilaterais no primeiro, bem como na distinta relevância dos elementos de conexão (cfr. *Internationales Verwaltungsrecht*, Die Verwaltung, Vol. 49, Braunschweig, Schlösser, 1951, pp. 4 e 7). ERNST STEINDORFF faz assentar a unilateralidade de princípio das regras administrativas na circunstância de os funcionários estatais não terem como função aplicar normas de outros Estados (cfr. "Verwaltungsrecht, Internationales", *Wörterbuch des Völkerrecht*, Vol. III, Hans-Jürgen Schlochauer (dir.), Berlin, Verlag Walter de Gruyter & Co., 1962, p. 582). ALLAN PHILIP considera que o âmbito de aplicação das normas de direito público é sempre superior ou diferente das regras de conflitos (privadas), apenas se aplicando unilateralmente (cfr. "Mandatory Rules, Public Law (Political Rules) and the Choice of Law in the E.E.C. Convention on the Law applicable to Contractual Obligations", *Contract Conflicts – The E.E.C. Convention on the Law Applicable to Contractual Obligations: A Comparative Study*, P.M. North (ed.), Amsterdam, North-Holland Publishing Company, 1982, pp. 91-92).

[531] PIERRE LALIVE, "L'Application du Droit Public Étranger – Rapport Définitif et Projets de Résolutions", *Institut de Droit International – Annuaire – Session de Wiesbaden 1975*, Bâle, Editions

Hoje, porém, a tendência vai no sentido de se admitir a elaboração e aplicação de regras de conflitos bilaterais no domínio público, como, aliás, o atestam as posições conflitualistas sobre o Direito Administrativo Internacional[532]. E também privatistas, como ZWEIGERT, defendem a possibilidade de construção de regras de conflitos bilaterais, de modo a regular adequadamente as situações internacionais de conflito em áreas que convocam direito e interesses públicos ou direitos e interesses simultaneamente públicos e privados[533].

Já KMENT admite a formulação de regras de conflitos bilaterais, no quadro de um direito público dos conflitos, mas apenas em áreas que não sejam *constitutiva* ou *obrigatoriamente públicas*, i.e. que fazem parte do cerne do Estado tão só em áreas *relativas* ou *dispositivas,* que regem situações jurídicas

S. Karger S.A., 1975. pp. 240-246. No mesmo sentido, de que é logicamente possível construir tais regras de conflitos, análogas às do direito internacional privado, mas que esta via não é razoável do ponto de vista jurídico, dada a raridade de situações que motivam a aplicação de direito administrativo estrangeiro, cfr. KLAUS VOGEL, "Administrative Law: International Aspects", *Encyclopedia of Public International Law,* Rudolf Berhnardt (ed.), Vol. I, Amsterdam, North-Holland, 1992, p. 24. Já antes, ERNST ISAY, "Internationales Verwaltungsrecht", *Handwörterbuch der Rechtswissenschaft,* Fritz Stier-Somlo, Alexander, Elfter (eds.), Berlin, Walter de Gruyter & Co., 1928, pp. 355-356; e FERDINAND KOPP, "Kollisionsrecht im öffentlichen Recht", *Deutsches Verwaltunsblatt,* Ano 82, N.° 12, 15 Juni 1967, p. 470.

FRANK VISCHER vai mais longe e, dada a interrelação dos direitos administrativos, considera ser inevitável que se harmonizem regras de conflitos unilaterais ou que se estenda o método do bilateralismo também no direito público (cfr. "General Course on Private International Law", *Recueil des Cours,* Tomo 232, I, 1992, Dordrecht, Martinus Nijhoff Publishers, 1993, p. 153).

[532] CHRISTOPH OHLER, *Die Kollisionsordnung des Allgemeinen Verwaltungsrechts,* Tübingen, Mohr Siebeck, 2005, pp. 38-43.

[533] KONRAD ZWEIGERT, "Internationales Privatrecht und Öffentliches Recht", *Fünfzig Jahre Institut für Internationales Recht an der Universität Kiel,* Hamburg, Hansischer Gildenverlag, Joachim Hietmann & Co., 1965, p. 129. Acrescenta o autor que essas regras devem ter pretensão a uma adopção universal (p. 136).

No mesmo sentido, ALFRED GROF, "Grundfragen des internationalen Verwaltungsrechts am Beispiel des Umweltrechts", *Die Leistungsfähigkeits des Rechts – Methodik, Gentechnologie, Internationales Verwaltungsrecht,* Rudolf Mellinghoff, Hans-Heinrich Trutte (orgs.), Heidelberg, R.v. Deffer & C.F. Müller, 1988, pp. 312-317.

INTERNACIONALIDADE DO DIREITO ADMINISTRATIVO

ambientais, urbanísticas ou do direito público da economia que não são elementares ao Estado[534].

Não obstante esta possibilidade, as regras bilaterais de conflitos existentes são ainda parcas[535], senão mesmo excepcionais[536], sendo as mais relevan-

---

[534] Martin Kment, *Grenzüberschreitendes Verwaltungshandeln – Transnationale Elemente deutschen Verwaltungsrechts,* Tübingen, Mohr Siebeck, 2010, pp. 244-250.

[535] Referindo-se a vários métodos possíveis, entre os quais o da selecção de uma lei estrangeira para regular créditos tributários, Alberto Xavier, *Direito Tributário Internacional,* 2.ª ed., Coimbra, Almedina, 2009, p. 12.

Paulo Otero dava exemplo das normas administrativas de conflitos do artigo 145.º e do artigo 237.º, 1 do Código dos Valores mobiliários, que regiam a potencial competência concorrente entre a lei das autoridades portuguesas e a lei das autoridades de outros estados membros, podendo levar à aplicação desta. Todavia, este é mais um mecanismo que viabiliza o reconhecimento dos actos praticados no estrangeiro, como o próprio autor assinala, e não uma aplicação no foro e pelos órgãos do foro da lei estrangeira reputada competente (cfr. "Normas Administrativas de Conflitos: As Situações Jurídico-Administrativas Transnacionais", *Estudos em Memória do Professor Doutor António Marques dos Santos,* Vol. I, Coimbra, Almedina, 2005. pp. 784-785).

Note-se que, entretanto, o artigo 237.º, que remetia para o artigo 145.º, foi revogado, mantendo-se este, ainda que alterado. São particularmente relevantes hoje as disposições do artigo 146.º que se referem à eficácia dos propectos aprovados por autoridade competente de Estado membro da União Europeia relativos a uma oferta pública de distribuição a realizar em Portugal, do artigo 147.º, quanto a aprovação dos prospectos de emitentes não comunitários e do artigo 147.º-A, sobre reconhecimento mútuo.

[536] Ernst Isay, "Zwischenprivatrecht und Zwischenverwaltungsrecht", *Bonner Festgabe für Ernst Zittlemann – Zum Fünfzigjährigen Doktorjubiläum,* München, Verlag Von Duncker & Humblot, 1923, pp. 298-300, aponta no sentido desta excepcionalidade.

Sascha Michaels defende igualmente que as regras administrativas estrangeiras apenas são aplicadas em casos excepcionais, porque em regra apenas existem regras de conflitos unilaterais que ditam a aplicação do direito material do Estado decisor (cfr. *Anerkennungspflichten im Wirtschaftsverwaltungsrecht der Europäischen Gemeinschaft und der Bundesrepublik Deutschland – Zwecke des Internationalen Verwaltungsrechts,* Berlin, Duncker & Humblot, 2004, pp. 41-46). A Autora defende ainda que a abertura ao reconhecimento é uma excepção à unilateralidade do direito administrativo internacional (p. 47).

EFICÁCIA, RECONHECIMENTO E EXECUÇÃO DE ACTOS ADMINISTRATIVOS ESTRANGEIROS

tes de ordem convencional[537]. Veja-se como em geral, em Portugal, não se encontram no Código do Procedimento Administrativo (novo ou velho) quaisquer limites quanto ao tipo de disputas a serem decididas pelos órgãos administrativos, não se distinguindo entre situações internas e situações internacionais. A inexigibilidade de um qualquer contacto específico com a ordem jurídica portuguesa (para além do que resulta do âmbito da norma nacional que se quer ver aplicada), mostra que o legislador nacional adoptou uma posição *monista* quanto à aplicação das suas regras, não tendo em consideração a especificidade das situações jurídicas internacionais e não estabelecendo, por isso, quaisquer regras de conflitos que apontem para a possibilidade de aplicação de normas jurídicas estrangeiras.

E se há já propostas doutrinais globais que decantam regras de conflitos – ou mais genericamente, de normas de delimitação transnacional – potencialmente aplicáveis à totalidade de situações jurídico-públicas internacionais[538], fica sempre a faltar uma codificação e normação legislativa que esclareça o valor daquelas disposições.

---

[537] LUÍS DE LIMA PINHEIRO dá conta da existência de normas de conflito bilaterais em convenções, como a do convénio entre Portugal e Espanha para construção de uma ponte internacional sobre o rio Caia entre as localidades de Elvas (Portugal) e Badajoz (Espanha), assinado em Madrid a 18 de Janeiro de 1996 (artigos 11.º e 14.º do Decreto n.º 17/96, de 27 de Junho) (cfr. *Direito Internacional Privado*, Vol I – Introdução e Direito de Conflitos – Parte Geral, 3.ª ed., Coimbra, Almedina, 2014, p. 429). O primeiro destes artigos determina que quanto às condições de segurança e saúde no trabalho seja aplicada a lei do Estado que tenha a seu cargo a execução dos trabalhos e o segundo que os contratos obedecem às normas de direito público vigentes no país que tenha a seu cargo a elaboração do projecto e a execução das obras.

ADOLFO MIAJA DE LA MUELA constata que os ordenamentos jurídicos não têm normas de conflitos bilaterais para situações de direito público, ainda que admita a bilateralização de regras de conflitos pelos Tribunais; porém, dada a dificuldade (e, por vezes, impossibilidade) desta bilateralização, entende que a elaboração de regras de conflitos bilaterais deve ser levada a cabo apenas por via convencional (cfr. "El Derecho Publico Extranjero en el Trafico Privado Internacional", *Revista Española de Derecho Internacional*, Vol. XXV, N.ºs 1-4, 1972, pp. 287-288 e pp. 273-276).

ANTÓNIO MARQUES DOS SANTOS refere-se aqui à possibilidade de formação de regras de conflitos de origem costumeira internacional, como sucedeu com o princípio dos efeitos no âmbito do direito da concorrência (cfr. *As Normas de Aplicação Imediata no Direito Internacional Privado – Esboço de uma Teoria Geral. Vol. II*, Coimbra, Almedina, 1991, pp. 804-805).

[538] Propondo, entre nós, regras de conflitos e respectivos elementos de conexão na área administrativa (por exemplo, em matéria de responsabilidade contratual, a lei da maior conexão do procedimento com o Estado nacional ou com o Estado estrangeiro), e admitindo a

INTERNACIONALIDADE DO DIREITO ADMINISTRATIVO

Sem este *esclarecimento*, e estando as normas administrativas pensadas para regular situações que tenham um contacto relevante com o Estado decisor, não se vê como possam os órgãos administrativos deste deixar de aplicar as suas normas administrativas – verificando-se a conexão material relevante para a sua aplicação – em favor das normas de ordenamentos terceiros, ainda que eventualmente mais qualificados para regular a situação, dados os contactos mais próximos com esta.

Uma solução desta natureza – ainda que pudesse revelar-se, em teoria, mais justa – não deixaria de colocar em causa a *estabilidade na regulamentação* das situações internacionais, pois não corresponde – mesmo para os destinatários da acção administrativa – ao modo comum de proceder da Administração. Para além dela poderem decorrer resultados decisórios diferentes para situações próximas (por terem sido tirados com base na aplicação de ordenamentos jurídicos distintos), quebrando a *uniformidade no agir administrativo* e criando tensões e dúvidas sobre o respeito, por parte da Administração nacional, dos seus imperativos de igualdade e imparcialidade.

Para não falar da dificuldade em alterar as *rotinas e as formas de acção administrativa*, de modo a assumir como viável, mesmo sem indicação expressa nesse sentido, a aplicação do direito estrangeiro, com todas as implicações

---

aplicação de lei estrangeira mesmo sem prévia positivação de uma norma de conflitos interna ou internacional, mesmo no caso de relações jurídico-administrativas plurilocalizadas não comunitárias, entendendo suficiente a mobilização do mecanismo da ordem pública internacional para evitar resultados não toleráveis para o Estado Português, Jorge Silva Sampaio, *O Acto Administrativo pela Estrada Fora: os Efeitos Transnacionais do Acto Administrativo*, AAFDL, Lisboa, 2014, pp. 142-154. Já Miguel Prata Roque, identifica vários tipos de normas de delimitação transnacional – normas de conflitos multilaterais e unilaterais e normas substantivas de delimitação – considerando que perante o silêncio do legislador o intérprete é forçado a criar por via interpretativa uma solução que não viole o princípio da intransitividade, apontando assim para a criação de regras de conflitos de tipo jurisdicional, sem prévia positivação (cfr. *A Dimensão Transnacional do Direito Administrativo – Uma visão cosmopolita das situações jurídico-administrativas*, AAFDL, Lisboa, 2014, pp. 556-571).
No sentido contrário, de que estas normas de conflitos apenas devem ser admitidas na sequência de arranjos legislativos expressos, cfr. Martin Kment, *Grenzüberschreitendes Verwaltungshandeln – Transnationale Elemente deutschen Verwaltungsrechts*, Tübingen, Mohr Siebeck, 2010, p. 265.

que tal traria em matéria de conhecimento deste direito e das dificuldades na sua concretização[539].

c. Estado estrangeiro como demandante ou como demandado

A indagação da posição processual do Estado estrangeiro – como demandante ou como demandado – é uma constante na análise dos níveis de relevância interna do direito público estrangeiro.

Nem sempre é fácil proceder a uma distinção entre esta dimensão processual e a de reconhecimento e, sobretudo, de execução de decisões judiciais ou de actos administrativos estrangeiros, já que, num número amplo de situações, as pretensões jurídicas deduzidas em Tribunal têm como fundamento decisões ou actos administrativos, cujos efeitos se encontram a ser discutidos. E, em contrapartida, a execução de actos administrativos é levada a cabo grandemente por via judicial, o que nem sempre permite uma distinção clara entre estas duas dimensões, que não seja determinada em concreto, tendo em conta as pretensões deduzidas em juízo.

Também é fácil adivinhar que uma temática irredutível é a da imunidade do Estado e, mais genericamente, a das entidades em que este participa, *maxime* as organizações internacionais[540].

---

[539] Apenas para se ter uma ideia da dificuldade deste empreendimento, veja-se o recentemente introduzido artigo 43.º-A do Código de Registo Predial Português, que veio estatuir que *"quando a viabilidade do pedido de registo deva ser apreciada com base em direito estrangeiro, deve o interessado fazer prova, mediante documento idóneo, do respetivo conteúdo"*. Ora, se aqui o legislador visou desonerar os Senhores Conservadores, oficiais públicos particularmente vocacionados para a aplicação de direito estrangeiro, do conhecimento deste direito, não concebemos que venha a alargar-se essa exigência para a demais Administração pública.

[540] Como pressupostos para uma actuação autónoma das organizações internacionais, têm vindo a ser reconhecidos, no âmbito do direito internacional, os necessários privilégios e imunidades tanto àquelas como aos seus representantes e agentes. O artigo 105.º da Carta das Nações Unidas e o artigo 40.º do Estatuto do Conselho da Europa dispõem normas que permitem a concessão de privilégios e imunidades a estas organizações internacionais, mas, em regra, tal concessão é feita por acordo, seja bilateral (sendo, por exemplo, incluídas no acordo de sede, sempre que a organização apenas desenvolva a sua actividade num Estado), seja multilateral, através de protocolos anexos ou complementares ao acto constitutivo da organização.

Porém, o facto de as organizações internacionais gozarem de imunidade de jurisdição (aquela a que mais nos reportaremos ao longo do presente estudo), não significa que ficam imunes ao

INTERNACIONALIDADE DO DIREITO ADMINISTRATIVO

Esta imunidade de jurisdição tem sofrido uma evolução relevante, de uma concepção *absoluta* para um entendimento *restritivo* dos seus pressupostos[541]. Aquela primeira concepção assente no princípio *par in parem non habet*

cumprimento de normas jurídicas – aquelas que lhe forem aplicáveis –, mas apenas que não estão submetidas, em princípio, ao poder jurisdicional estadual do Estado em que actuam. Ainda assim, a generalidade com que esta imunidade tem sido concebida e concedida, de certa forma acoplada à imunidade dos Estados, pode prejudicar a efectivação de direitos reconhecidos no plano internacional, uma vez que ao contrário dos Estados (lesantes) – perante os quais se pode sempre deduzir uma pretensão judicial perante actos com efeitos noutros Estados – muitas organizações internacionais não terão mecanismos judiciais para que os pretensos lesados possam fazer valer os seus direitos, o que obrigaria ao recurso aos tribunais nacionais. Para uma análise da necessidade de revisão das regras sobre imunidade de jurisdição das organizações internacionais, cfr. EMMANUEL GAILLARD E ISABELLE PINGEL-LENUZZA, "International Organisations and Immunity from Jurisdiction: to Restrict or to Bypass", *International Law and Comparative Law Quarterly*, Vol. 51, 2002, pp. 1-15; e PHILIPPA WEBB, "Should the 2004 un State Immunity Convention Serve as a Model/Starting point for a Future un Convention on the Immunity of International Organizations?", *International Organisations Law Review*, Vol. 10, 2013, pp. 319-331.

Em geral sobre os privilégios e imunidades das organizações internacionais, cfr. o Relatório explicativo da Resolução (69) 29 adoptada pelo Comité de Ministros do Conselho da Europa de 26 de Setembro de 1969; JEAN DUFFAR, *Contribution a L'Étude des Privilèges et Immunités des Organisations Internationales*, Paris, Librairie Générale du Droit et de Jurisprudence, 1982; e, em língua portuguesa, JOSILENY MENEZES CAVALCANTE BARROS, "Dos privilégios e imunidades das organizações internacionais", *Estudos de Direito Internacional Público e Relações Internacionais*, Margarida Salema d'Oliveira Martins (coord.), Lisboa, AAFDL, 2008, pp. 241-282.

[541] HAZEL FOX e PHILIPPA WEBB acrescentam um terceiro modelo de imunidade, de natureza processual, assente no Acórdão do Tribunal Internacional de Justiça *Imunidades de Jurisdição do Estado (Alemanha c. Itália, Intervenção da Grécia)*, de 3 de Fevereiro de 2012, que considerou que a *"territorial tort exception"* não se extendia, por via do direito costumeiro internacional a actos cometidos por forças armadas no decurso de um conflito armado, mesmo gerando graves consequências do ponto de vista dos direitos humanos (cfr. *The Law of State Immunity*, 3.ª ed., Oxford, Oxford University Press, 2013, pp. 38-48).

O desfecho deste processo veio, de certa forma, atestar a dificuldade em criar novas excepções à imunidade de jurisdição, ainda que baseadas em fundamentos meritórios como os da grave violação de direitos humanos. Apenas ilustrativamente, considerando que se devem esgotar as potencialidades da teoria de imunidade de jurisdição antes de procurar novas fundações para a mesma, CHRISTIAN TOMUSCHAT, "The International Law of State Immunity and Its Development by National Institution", *Vanderbilt Journal of Transnational Law*, Vol. 44, 2011, pp. 1105-1140. Entre nós, defendendo enfaticamente um conceito funcional de imunidade de jurisdição, devendo esta ceder sempre que haja uma violação grave de direitos fundamentais

EFICÁCIA, RECONHECIMENTO E EXECUÇÃO DE ACTOS ADMINISTRATIVOS ESTRANGEIROS

imperium recusa sentar o Estado no banco dos réus, quaisquer que sejam os litígios em apreço, salvo consentimento expresso do Estado para estar em juízo. Os mecanismos de relacionamento entre Estados e de defesa das posições afectadas pela sua actuação continuam, neste modelo, a ser os referentes à protecção diplomática e consular.

O modelo restritivo de imunidade permite distinguir entre os actos de natureza pública de autoridade que continuam cobertos pela imunidade de jurisdição e os actos de natureza civil e comercial[542]. Estes actos não vedariam a assunção de jurisdição nacional; ao invés, da interação comercial do Estado inferir-se-ia o consentimento implícito deste em submeter-se ao poder jurisdicional de Estados terceiros, ao mesmo passo que se protegeriam os seus mais relevantes poderes regulatórios[543].

Mesmo neste domínio diferencia-se entre imunidade de jurisdição e *imunidade de execução*[544], ainda que nem sempre sejam nítidos os contornos da

---

dos Administrados, cfr. MIGUEL PRATA ROQUE, *A Dimensão Transnacional do Direito Administrativo – Uma visão cosmopolita das situações jurídico-administrativas*, AAFDL, Lisboa, 2014, p. 1115.

[542] CHARLES WEISS defendia já que os Estados podiam estar submetidos à jurisdição de outro Estado sempre que praticassem actos não políticos, isto é, que não se confundissem com os actos que os Estados podiam cumprir na sua vida do dia a dia (cfr. "Compétence ou Incompétence des Tribunaux à l'Égard des états Étrangers", *Recueil des Cours*, Tomo I, 1923, Paris, Hachette, 1925, pp. 548-549).

[543] HAZEL FOX, PHILIPPA WEBB, *The Law of State Immunity*, 3.ª ed., Oxford, Oxford University Press, 2013, pp. 32-38. As Autoras consideram que este critério distintivo gera bastante incerteza; no entanto, como tem sido relevante a vários propósitos, propõem que se generalize uma interpretação autónoma daqueles conceitos, em face do ambiente internacional em que a disputa se insere.

[544] Esta distinção é particularmente visível na proposta sobre imunidades de jurisdição do Estado e da sua propriedade adoptada pela Comissão de Direito Internacional em 1991, que, no seu artigo 18.º, fala especificamente da impossibilidade de adopção de medidas de execução contra o Estado. Já na Convenção das Nações Unidas sobre as Imunidades Estatais de 2004, se prevêm causas justificativas da derrogação da imunidade de jurisdição executiva dos estados (artigos 17.º e 18.º). Aduz, porém, JÓNATAS E. M. MACHADO que as mudanças em matéria de imunidade têm conduzido a grande trepidação nesta matéria mas têm em regra sido dirigidas contra a imunidade processual e não contra a imunidade de execução, que assegura a liberdade de um Estado recusar a execução de sentenças proferidas por órgãos jurisdicionais de outros Estados, qualquer que seja a causa (cfr. , *Direito Internacional, do Paradigma Clássico ao Pós-11 de Setembro*, 4.ª ed., Coimbra, Coimbra Editora, 2013, pp. 243-244).

INTERNACIONALIDADE DO DIREITO ADMINISTRATIVO

distinção[545]. Isto por se considerar ser genericamente mais tolerável a aceitação de desvios à primeira imunidade do que a segunda, por esta envolver uma intervenção mais intrusiva na soberania do Estado que se encontra em juízo. Do que resultaria, ao fim e ao cabo, ser possível a prolacção de decisões de condenação do Estado, mas não a execução coerciva das obrigações delas resultantes.

O absurdo desta situação conduziu à consciência que a imunidade de execução não podia, afinal, ter-se por absoluta, devendo levar-se em linha de conta não só o tipo de actividades públicas das quais decorre a obrigação exequenda, isto é, se resultam de actos soberanos ou não[546], como o tipo de bens a executar (se foram destinados à satisfação da obrigação exequenda ou se encontram ou não afectos à realização de finalidades públicas), para determinar se a imunidade de execução deve subsistir[547].

Em qualquer caso, a recusa em ver a imunidade como uma regra geral no direito internacional[548] e a ausência de coincidência entre imunidade – nas suas várias modalidades – e direito público conduziu à emergência de um relevante contencioso transfronteiriço implicando actos de soberania, não cobertos pelos contornos da imunidade[549].

Contencioso no qual, muitas vezes, se coloca em segundo plano a análise do estatuto processual dos Estados (como questão *ratione personae*), e se centra a análise no tipo de matéria a adjudicar (como questão *ratione materiae*)[550],

---

[545] DIDIER NEDJAR, "Tendances Actuelles de Droit International des Immunités des Etats", *Journal du Droit International,* Ano 124, Janvier-Février-Mars, N.º 1, 1997, pp. 67-79.

[546] BARDO FASSBENDER, "Neue deutsche Rechtsprechung zu Fragen der Staaten-und der diplomatischen Immunität (zu KG, 3.12.2003 – 25 W 15/03, unten S. 164, Nr. 11a, und OLG Köln, 24.3.2004 – 2 Wx 34/03 unten S. 170, Nr. 11b), *IPRax – Praxis des Internationalen Privat- und Verfahrensrechts,* Ano 26, N.º 2, 2006, pp. 129-135.

[547] LUCA G. RADICATI DI BROZOLO, *La Giurisdizione Esecutiva e Cautelare nei Confronti degli Stati Stranieri,* Milano, Dott. A. Giuffrè, 1992, pp. 75-93; e AUGUST REINISCH, "European Court Practice Concerning State Immunity from Enforcement Measures", *The European Journal of International Law* Vol. 17, N.º 4, 2006, pp. 803-836.

[548] JAMES CRAWFORD, "International Law and Foreign Sovereigns: Distinguishing Immune Transactions", *The British Yearbook of International Law,* Vol. LIV, 1983, pp. 86-88.

[549] HORATIA MUIR WATT, ETIENNE PATAUT, "Les Actes Iure Imperii et le Règlement Bruxelles 1 – A propos de l'affaire Lechouritou", *Revue Critique de Droit International Privé,* Vol. 96, N.º 1, Janeiro-Março, 2008, p. 74.

[550] CAMPBELL MCLACHLAN, *Foreign Relations Law,* Cambridge, Cambridge University Press, 2014, p. 420.

EFICÁCIA, RECONHECIMENTO E EXECUÇÃO DE ACTOS ADMINISTRATIVOS ESTRANGEIROS

uma vez que a razão essencial para a recusa daquela posição processual se prende com a preservação dos poderes soberanos do Estado demandado ou com a impossibilidade de prevalência de prerrogativas de poder público noutro Estado por parte do demandante[551].

De acordo com a regra seguida nos tribunais ingleses – que parece consagrar o *dictum* do Juiz Mansfield no caso *Holman v. Johnston 1 Cowp. 341, de 1775*, segundo o qual "*no country ever takes notice of the revenue laws of another*" –, aqueles tribunais não têm jurisdição para a execução, directa ou indirecta, de normas penais, fiscais ou, genericamente, de direito público de outro Estado ou para a execução de pretensões fundadas em actos de Estado estrangeiro[552]. A questão era de uma expropriação indirecta de acções de uma empresa inglesa pelo Estado espanhol e a manutenção neste dos títulos

---

[551] JACQUES DEHAUSSY, "Le Statut de 'Etat Étranger demandeur sur le For Français: A Propos des Arrêts de la première Chambre Civile de la Cour de Cassation du 2 mai 1990, République du Guatemala c/S.I.N.C.A.F.C. et autres, et 29 mai 1990, Etat d'Haïti et autres c/ Duvalier et autres", *Journal du Droit International*, Ano 118, N.º 1, janvier-février-mars, 1991, pp. 114-116.

[552] DICEY & MORRIS consideram, porém, que a codificação do Direito Internacional Privado no Reino Unido (Section 14 (3) do *Private International Law (Miscellaneous Provisions) Act 1995*, que não autoriza o Estado a conferir eficácia a normas penais, fiscais e públicas que, de outra forma não seriam executadas no foro reflecte uma posição de *common law* que ainda é incerta e possivelmente em processo de desenvolvimento (cfr. *The Conflict of Laws,* 13.ª ed., Vol. I, London, Sweet & Maxwell, 2000, p. 114).

Ademais, esta regra proibe, apenas, a execução mas não o reconhecimento.

No entanto, a noção de reconhecimento (por oposição à de *enforcement*) parece ser aqui mais limitada do que aquela que mobilizaremos no nosso texto, pois com ela abarca-se apenas a tomada em consideração dos efeitos das decisões nas relações entre privados (cfr. JÜRGEN BASEDOW, JAN VON HEIN, DOROTHEE JANZEN, HANS-JÜRGEN PUTTFARKEN, "Foreign Revenue Claims in European Courts", *Yearbook of Private International Law*, Vol. VI, 2004, pp. 26 e 30). Neste sentido limitado de reconhecimento, veja-se o Acórdão *re Visser, Queen of Holland v. Drukker* [1928] 1 Ch. 877, no qual, apesar de não se ter aceite a pretensão da rainha da Holanda em ser credora (para pagamento de imposto sucessório de acordo com o direito holandês) da herança de David Visser, por não se arrecadarem taxas em benefício de Estados estrangeiros, entendeu-se que havia casos em que se podiam *reconhecer* certos efeitos das leis estrangeiras, desde logo quando contratos fossem considerados inválidos em virtude do direito estrangeiro. Já no que se refere à distinção entre *enforcement* e *execution*, as noções são tomadas, pelo menos no âmbito dos julgamentos, como sinónimos (cfr. SAM COLLINS, *Enforcement of Judgements*, Dublin, Round Hall/ Thomson Reuters, 2014, p. 20; no caso *Re Overseas Aviation Engineering (G.B.) Ltd. [1963] 1 Ch. 24*, Lord Denning M.R. explicou que ""*Execution" means, quite simply, the process for enforcing and giving effect to the judgement of the court...*").

INTERNACIONALIDADE DO DIREITO ADMINISTRATIVO

de propriedade industrial (marca). O Tribunal entendeu que não havia nada a "executar" porque a nacionalização já se tinha operado perfeitamente no Estado origem (Espanha).

A possibilidade de, com tal recusa, se encorajarem práticas fraudulentas, que prejudicam todos os Estados envolvidos foi analisada pela Casa dos Lordes no caso *Williams & Humbert Ltd. V. W. & H. Trade Marks (Jersey) Ltd. [1986] A.C. 368.* Não obstante, deixou aquela Alta Instância a mudança deste enquadramento para esforços convencionais ou para o próprio direito da União Europeia[553].

Ainda assim, foram-se abrindo algumas *frestas* ao direito estrangeiro, no âmbito do auxílio na recolha de provas a pedido do Estado estrangeiro (como sucedeu no caso *Re State of Norway's Application (Nos. 1 and 2) [1990] 1 A.C. 723, 809.*), concluindo DICEY & MORRIS que começa a haver alguma flexibilidade na definição dos limites da não concretização de pretensões públicas estrangeiras, pela consideração das necessidades de cooperação internacional e dos interesses dos Estados envolvidos[554].

Mas, apesar de poder parecer estarmos enleadas num jogo de palavras[555], a maior *abertura* ao direito estrangeiro resultou de uma recompreensão da

---

[553] Numa situação anterior – *Government v. India v. Taylor [1955] A.C. 491, 504 (H.L.)*, o Visconde *Simmonds* havia equacionado se a regra da não execução não deveria ser mitigada, particularmente entre os Estados unidos por vínculos federais ou outros similares, mas concluiu que essa distinção não caberia aos tribunais (mas antes aos governos e, eventualmente, aos parlamentos).

Igualmente, no caso contemporâneo *Peter Buchanan Ld. And Macharg v. McVey, do Supremo Tribunal Irlandês [1955] A.C. 530, Kingsmill Moore J.*, após ponderar as várias posições sobre a *"revenue law"* e sua eventual mitigação, optou pela primeira via, essencialmente pelas seguintes razões: o perigo de incursão em áreas políticas, que comportariam o grave risco de embaraçar o executivo estrangeiro e um argumento de segurança jurídica (que apenas resultaria da rejeição universal do direito público estrangeiro).

[554] DICEY & MORRIS, *The Conflict of Laws*, 13.ª ed., Vol. I, London, Sweet & Maxwell, 2000, pp. 98-99. A dificuldade, porém, na definição dos contornos da mobilização do direito e actos públicos prende-se parcialmente com a circunstância de os Estados não procurarem executar no estrangeiro o seu próprio direito, e porque é difícil antecipar a que tipo de acção (causa de pedir) é que aqueles actos dariam causa (DICEY, MORRIS & COLLINS, *The Conflict of Laws*, 15.ª ed., Vol. I, London, Sweet & Maxwell, 2012, p. 116).

[555] FRANCK VISCHER usa a imagem da *cabeça de Jano*, para representar como a *qualificação* como questão jurídico-privada ou jurídico-pública é relevante para efeitos de assunção de jurisdição internacional ("Der ausländische Staat als Kläger – Überlegungen zum Fall Duvalier v. Haiti", *IPRax – Praxis des Internationalen Privat-und Verfahrensrechts*, Ano 11, N.º 4, Juli/August,

EFICÁCIA, RECONHECIMENTO E EXECUÇÃO DE ACTOS ADMINISTRATIVOS ESTRANGEIROS

noção de direito público, restringindo os efeitos excludentes desta noção apenas aos casos em que os Estados estrangeiros visassem exercitar, directa ou indirectamente, prerrogativas públicas ou actuações *iure imperii*[556].

A este propósito, um caso particularmente importante e relativamente recente é *Government of the Islamic Republic of Iran v. Barakat Galleries Ltd [2007] EWCA Civ 1374, [2009] Q.B. 22*, no qual o Tribunal considerou que a questão em apreço se fundava no direito de propriedade de artefactos e não numa questão de direito público, por não se destinar a fazer valer direitos soberanos[557]. Num relevante *obiter dictum*, considerou o tribunal de recurso que, mesmo que a questão se fundasse no direito público estrangeiro, que não haveria uma regra inflexível de não aplicação do direito estrangeiro e haveria bons motivos para considerar que essa recuperação de bens ilegalmente exportados se fundava num objectivo legítimo, tutelado, inclusive, ao nível internacional.

Não admira, por isso, que CARTER considere que a não execução de leis criminais, fiscais e públicas estrangeiras não encontre uma explicação dogmática, assentando antes em considerações de praticabilidade ou simplicidade e de política mais mundana[558]. Ainda assim, a conclusão que mais apoio

---

1991, p. 210). Também JACQUES DEHAUSSY faz a mesma analogia com *Jano* (cfr. "Le Statut de 'Etat Étranger demandeur sur le For Français: A Propos des Arrêts de la première Chambre Civile de la Cour de Cassation du 2 mai 1990, République du Guatemala c/S.I.N.C.A.F.C. et autres, et 29 mai 1990, Etat d'Haïti et autres c/ Duvalier et autres", *Journal du Droit International*, Ano 118, N.º 1, janvier-février-mars, 1991, p. 111).

[556] Há, portanto, que atentar na lição de P.B. CARTER, que aconselha cautela na hora de generalizar qualquer princípio de aceitação automática ou de recusa absoluta de pretensões jurídicas estrangeiras, assente em classificações estáticas do direito estrangeiro e não na sua específica função (cfr. "Transnational Recognition and Enforcement of Foreign Public Laws", *The Cambridge Law Journal*, Vol. 48, N.º 3, November, 1989, pp. 434-435).

[557] Também no caso *Mbasogo & Anor v Logo Ltd & Ors [2006] EWCA Civ 1370*, o Tribunal considerou que têm de se tomar em consideração as circunstâncias concretas de que resultou a pretensão, para aferir se se trata do exercício de prerrogativas soberanas: no caso, os prejuízos invocados referiam-se a perdas relativas a custos incorridos na resposta a uma alegada conspiração, pelo que se tratava de perdas em que apenas a cúpula do Estado poderia incorrer. Já no Canadá, no caso *United States of America v. Ivey, 1995* CanLII 7241 (ON SC), o Tribunal entendeu que podia adjudicar o litígio e executar uma medida norte-americana, por considerar que em causa estava uma obrigação de reembolso das despesas incorridas nos Estados Unidos pela limpeza ambiental de uma área.

[558] P. B. CARTER, "Rejection of Foreign Law: Some Private International Law Inhibitions" *Btitish Yearbook of International Law*, Vol. 55, 1985, pp. 111-131 e pp. 128-129. O Autor dava conta,

INTERNACIONALIDADE DO DIREITO ADMINISTRATIVO

recolhe é a de as regras penais, tributárias e a categoria *"amorfa"* de normas de direito público continuam a não ser executadas pelos tribunais de *common law*, se se fundarem em pretensões soberanas[559].

Aliás, foi o que sucedeu no caso *The European Community v. RJE Nabisco and others, 355 F3d 123 (2d Cir. 2004)*, no qual a então Comunidade Europeia invocou, *sem sucesso*, o acordo de cooperação aduaneira e de assistência mútua em matéria aduaneira entre a Comunidade Europeia e os Estados Unidos da América, e o princípio da reciprocidade, para fundar a sua pretensão ao pagamento de taxas devidas às quais as empresas tabaqueiras pretensamente se haviam furtado (em violação do RICO, *Racheteer Influenced and Corrupt Organisations Act*, dos Estados Unidos), bem como aos custos incorridos na tentativa da sua recuperação[560].

A distinção entre situações que envolvem prerrogativas e interesses públicos estrangeiros e aquelas que não as convocam não é, em qualquer caso, fácil de traçar. Tenha-se em consideração o caso *Spycatcher*, no qual o Reino Unido procurava impedir a publicação de um livro de memórias de um antigo oficial dos serviços secretos ingleses, e que, nos tribunais australianos foi enquadrado como entrando na categoria dos interesses públicos estrangeiros, em especial da manutenção da segurança nacional, que não podiam ser servidos pelo foro, mesmo tratando-se de um Estado amigo [*Attorney-General (United Kingdom) V. Heinemann Publishers Australia Pty. Ltd.[1988] HCA 25; (1988) 165 CLR 30*]. Mas já nos tribunais neozelandeses [*Attorney-General (United Kingdom) V. Wellington Newspapers Ltd. [1988]1 NZLR 129 (CA)*], apesar de o resultado ter sido idêntico, entendeu-se que

---

já então, de uma tendência para ultrapassar esta absoluta limitação, adoptando o critério mais continental de ordem pública (de facto, no caso *Verveake v. Smith [1983] 1 AC 145*, três dos juízes consideraram que a *public policy* poderia constituir um mecanismo alternativo ao não reconhecimento da nulidade de um casamento).

[559] JONATHAN HILL, ADELINE CHONG, *International Commercial Disputes: Commercial Conflict of Laws in English Courts*, Portland, Hart Publishing, 2010, p. 414.

[560] JÜRGEN BASEDOW, JAN VON HEIN, DOROTHEE JANZEN, HANS-JÜRGEN PUTTFARKEN, "Foreign Revenue Claims in European Courts", *Yearbook of Private International Law*, Vol. VI, 2004, p. 3.

Os tribunais norte-americanos não reverteram, portanto, a posição assumida no caso *The Attorney General Of Canada, Plaintiff-Appellant v. R.J. Reynolds Tobacco Holdings Inc. et al., 268 F.3d 103; 2001*, no qual se recusaram a condenar o réu por tal implicar a cobrança de taxas em benefício de Estados estrangeiros (ainda que com um voto de vencido, particularmente crítico, do juiz Calabresi).

EFICÁCIA, RECONHECIMENTO E EXECUÇÃO DE ACTOS ADMINISTRATIVOS ESTRANGEIROS

o Reino Unido se apresentou a juízo como entidade empregadora e não na sua qualidade estatal, estando em causa a violação de deveres jurídicos de natureza contratual[561].

Entre nós, ensaiou-se uma linha de distinção no *Acórdão do Supremo Tribunal de Justiça, de 18 de Fevereiro de 2006*, com o número convencional SJ200602180032794[562], intentado contra a Embaixada da Áustria, no qual se considerou que os tribunais portugueses tinham competência internacional para ajuizar do pagamento de retribuições entre o despedimento da autora e a sentença, bem como de pretensões indemnizatórias, mas que o Estado Austríaco já gozava de imunidade de jurisdição relativamente ao pedido de reintegração da autora e aos pedidos que tivessem essa reintegração como pressuposto.

Em outros tribunais europeus também se continua a procurar o *marco* entre as pretensões jurídico-públicas que podem por eles ser decididas e aquelas que não vêm acompanhadas de fundamento suficiente para o efeito, como sucedeu no caso *Ammon c. Royal Dutch,* do Tribunal Federal Suíço, já referido.

Por seu turno, o Supremo Tribunal Constitucional Alemão – *BVerfG de 22 de Março de 1983, 2 BvR 475/78*– manifestou-se já no sentido de que o direito internacional público não obriga um Estado a tolerar actos soberanos de

---

[561] No âmbito da tutela do património cultural, veja-se a diferente solução dada no caso *Attorney General of New Zealand v. Ortiz et al.* [1982] 3 WLR 570; [1982] 3 All ER 432, no qual o Tribunal de recurso e a Casa dos Lordes recusou a aplicação extraterritorial de normas de direito público, não determinando a restituição de objectos maiori ilegalmente exportados), e no caso *Government of Islamic Republic of Iran v. The Barakat Galleries Ltd.,* [2007] EWHC 705 (Q.B.D. 2007) e EWCA Civ. 1374, no qual o Tribunal de recurso, ainda que tenha reconhecido que as pretensões do Irão se fundavam em normas públicas, entendeu que as mesmas foram construídas com base na violação do direito de propriedade dos bens ilegalmente exportados.

[562] Confirmado que a imunidade dos Estados não impede a dedução de acções relativamente a despedimentos, no caso da actividades subalternas e não não funções de direcção na organização do serviço público ou funções de autoridade ou de representação, *vide* os Acórdãos do Supremo Tribunal de Justiça, de 4 de Junho de 2014, proferido no processo 2075/12.0TTLSB. L1.S1, e de 7 de Março de 2001, proferido no processo 01S2172. Em caso de dúvida, o Supremo Tribunal de Justiça já se pronunciou a favor da imunidade do Estado estrangeiro (Acórdão de 29 de Maio de 2012, proferido no processo 137/06.2TVLSB.L1.S1).

Sobre a imunidade de jurisdição numa perspectiva nacional, cfr. SÉRVULO CORREIA, "Portugals Stellung zur Frage der Staatenimmunität", *Archiv des Völkerrechts,* Vol. 34, 1996, pp. 120-138.

INTERNACIONALIDADE DO DIREITO ADMINISTRATIVO

outro Estado no seu território, mas também não o proíbe, podendo a celebração de tratados de cooperação em matéria administrativa ou tributária
criar, como sucedia no caso, novas bases legais para aquela execução[563]. E vai
mais longe ao assentar que o acordo de assistência judiciária entre a Alemanha e a Áustria em matéria de taxas, não violava os princípios da segurança
jurídica e da protecção da confiança, e ao sustentar não existir a violação
do princípio da democracia – expressamente considerado pelo Tribunal de
acordo com a máxima *"no taxation without representation"* – em virtude das
regras de jurisdição aplicáveis e da ligação que a situação tinha ao Estado
emissor do acto. Naturalmente, a aplicação de tal acordo será sempre triada
pela ordem pública constitucional, devendo o acto estrangeiro seguir *standards* processuais básicos que assegurem a equidade do processo[564].

Nos tribunais franceses, a jurisprudência assenta a não adjudicação de
litígios estrangeiros com base numa concepção estrita do princípio da territorialidade (*Tribunal da Cassação Civil, de 3 de Junho de 1928, Héritiers Voigt
c/ Feltin*)[565]. Contudo, apesar de no caso *Guatemala* decidido pela 1.ª Câmara
do Tribunal da Cassação Civil, em 2 de Maio de 1990, *République du Guatemala c/ Societé de Négoce de Café et du Cacao SINCAFC et Autre*, se ter mantido

---

[563] Antes, manifestando-se pela territorialidade de normas públicas sobre divisas (que, por
isso, não podiam ser aplicadas fora da República Democrática da Alemanha), cfr. a decisão
do *Bundesverfassungsgerichtshof de* 17 de Dezembro de 1959, *Revue Critique de Droit International
Privé*, 1961, pp. 313-314.

[564] *Neue Juristische Wochenschrift*, Ano, 36, N.º 48, 1983, pp. 2757-2762. O Landgericht Dort-
mund, Urt v. 13.8.1976 – 12 O 174/76, *Neue Juristische Wochenschrift*, Ano 30, N.º 44, 1977,
p. 2035, já se pronunciou também no sentido da concretização de uma decisão judicial
estrangeira em matéria de sucessões, para reembolso das despesas tidas pelo executor da herança com despesas sucessórias na Bélgica

[565] De acordo com este Acórdão do Tribunal da Cassação, as leis fiscais são estritamente ter-
ritoriais e, na medida em que um Estado francês não pode obter a recuperação de taxas em
Estados estrangeiros, também as administrações estrangeiras não podem solicitar aos Tribunais franceses os impostos devidos no seu território (texto em *Journal du Droit International*,
Tomo 56, 1929, pp. 385-387).
Mais aberto ao direito público estrangeiro, o Tribunal da Cassação, em 15 de Novembro
de 1983, no caso *Soc. Schenk Algérie c. Banque Nationale d'Algérie*, considerou que o facto de o
Estado Argelino estar presente a juízo significava que havia abdicado da sua imunidade juris-
dicional e que a concessão de *exequatur* a uma decisão judicial argelina não equivalia a que a
uma produção extraterritorial dos seus efeitos (acórdão consultado na *Revue Critique de Droit
International Privé*, Ano 74, 1985, pp. 100-108, com nota de HENRI BATTIFOL, p. 107).

231

EFICÁCIA, RECONHECIMENTO E EXECUÇÃO DE ACTOS ADMINISTRATIVOS ESTRANGEIROS

esta posição tradicional – de inexistência de poderes de jurisdição para adjudicar pretensões de estados estrangeiros fundados nos seus actos públicos –, reconhece-se que este princípio pode ser descartado se, do ponto de vista do foro, mesmo na ausência de convenção, as exigências de solidariedade internacional ou de convergência de interesses assim o justificarem. Esta abertura entusiasmante esfumou-se, porém, em formalidades, já que a inexistência de convenção entre os dois países foi suficiente para que o Tribunal de Cassação tenha considerado que a excepção divisada, afinal, não se verificava[566].

Do mesmo modo, também no caso *Duvalier* – no qual a República do Haiti pretendia executar bens do seu anterior ditador, que se refugiou em França –, os tribunais franceses não cederam a este *argumento universalista*, continuando a sustentar a falta de poder jurisdicional francês para decidir sobre pretensões de direito público estrangeiro[567].

Na Itália, as decisões vão igualmente no sentido de não se dar seguimento a pretensões jurídicas estrangeiras fundadas em actos de direito público, o que apenas poderia ter lugar se ancorado em lei especial ou convenção internacional[568]. Mas o *Corti di Apello di Venezia*, de 30 de Setembro

---

[566] *Revue Critique de Droit International Privé*, Ano 80, N.º 2, Abril-Junho, 1991, pp. 378-386, nota BERNARD AUDIT. Este Autor conclui que, se a não aplicação do direito público estrangeiro deixou de ser um dogma, não deixa, porém, de ser um princípio e entende que a cláusula de flexibilidade introduzida neste acórdão pode surgir quando haja uma convenção internacional ou então em situações de convergência de interesses, o que apela para interesses interestatais (de dois Estados ou de uma comunidade de Estados).

[567] *Cour d'Appel d'Aix en Provence, première chambre civile, de 25 de Abril de 1988, Journal de Droit International*, Ano 115, N.º 3, Juillet-Août-Septembre, 1988, pp. 779-793, com nota de A. Huet. HUET dá conta, porém, que o egoísmo de não cooperar com Estados estrangeiros não é geral nem aprovado em todo o mundo e que a Convenção de Bruxelas não quis retirar a possibilidade de os Estados estabelecerem a possibilidade de adjudicarem sobre litígios de direito público, relembrando o *dictum* no Acórdão Guatemala, que, para o Autor, deveria ter sido aplicado (pois estava em causa devolver bens a um Estado que deles havia sido expoliado).

[568] Cfr. a decisão do Tribunal de Recurso de Génova (Appello Genova) de 14 de Junho 1932 (sumário em *Rivista di Diritto Internazionale*, Ano XXIV, Série III, Vol. XI, 1932, pp. 432-433), que recusou a execução de uma pretensão de um Estado estrangeiro – a Grécia – à recuperação de taxas que lhe eram devidas (pela execução de bens em Itália), por se estar a exercitar uma função essencial e fundamental de soberania estrangeira, fora do território do próprio Estado. Junta, ainda, que os bens situados em Itália à hora da sucessão seriam regidos pela lei italiana, pelo que não resultava nítido que esses bens pudessem ser sujeitos a impostos de outros Estados.

INTERNACIONALIDADE DO DIREITO ADMINISTRATIVO

1988[569], já admitiu a aplicação de direito público estrangeiro não para decidir uma questão da exigibilidade da compensação, que foi decidido com base no direito privado egípcio, mas para determinar o montante da compensação a arbitrar.

Se quisermos fazer uma súmula destes expoentes jurisprudenciais, não podemos deixar de anotar a *tímida* assunção de jurisdição sobre pretensões jurídico-públicas que envolvam outros Estados, o que parece largamente contraditório com as tendências apontadas de abertura e internacionalidade do direito administrativo internacional.

De facto, a remissão para *fórmulas de cooperação internacional e* para a convergência de interesses não tem sido suficiente para que se ultrapasse uma *concepção formalista quanto à assunção de competência internacional*, que continua a depender da inscrição de fundamentos legais e convencionais delineados para o efeito.

O cenário doutrinal é, porém, algo diferenciado, sustentando-se de forma mais ou menos ampla, a possibilidade de dedução de pretensões jurídico-públicas fora de portas.

De facto, ainda que haja quem continue a *refutar veementemente* esta via, por ser o Estado o garante da sua própria ordem e não de outros Estados[570]; continue a percebê-la como viável tão-só nas situações em que a *verdadeira*

---

[569] *Rivista Di Diritto Internazionale Privato e Processuale*, Ano XXVI, 1990, pp. 345-363.
No Acórdão do Tribunal de Torino, de 25 Março de 1982, Repubblica dell'Ecuador – Casa della Cultura Ecuadoriana contro Danusso, Matta e altri, *Rivista di Diritto Internazionale Privato e Processuale*, Ano XVIII, 1982, pp. 625-635, considerou-se que ao património cultural exportado do Equador contra a lei local, se aplicava a lei do Equador, a da localização dos bens no momento da transmissão, adoptando-se uma perspectiva internacional privatista. Mas, ao mesmo tempo, o Tribunal analisa esta questão do ponto de vista da ordem pública, referindo que a legislação do Equador está alinhada com os princípios da Convenção da Unesco de 1975, que ajuda a delinear esses princípios gerais da ordem pública internacional.

[570] Pierre Mayer afirma que os órgãos nacionais não têm por obrigação auxiliar Estados terceiros (senão por via de um acordo que assegure a reciprocidade), *pois o egoísmo é para eles uma obrigação*, pelo que não há razão para colocar em marcha o processo judicial estrangeiro (cfr. "Droit International Privé et Droit International Public sous l'Angle de la Notion de Compétence (suite)", *Revue Critique de Droit International Privé*, 1979, pp. 370-371). Cfr., ainda hoje, Pierre Mayer, Vicent Heuzé, *Droit International Privé*, 11.ª ed., Paris, Librairie Génerale de Droit et de la Jurisprudence, 2014, p. 226

EFICÁCIA, RECONHECIMENTO E EXECUÇÃO DE ACTOS ADMINISTRATIVOS ESTRANGEIROS

natureza da questão seja privada[571]; persista em vê-la como razoável apenas quando em causa estejam *consequências jurídico-privadas* de uma obrigação pública[572]; ou a admiti-la consoante a *entidade que invoca* a aplicação de direito público estrangeiro[573], parte relevante da doutrina argumenta no sentido da possível e, até, da desejável extensão da dedução de pretensões jurídico-públicas, tendo em consideração, em particular, as exigências de cooperação internacional[574].

[571] Para FRANK VISCHER apenas esta via está assegurada, repousando a decisão de extensão da competência internacional baseada em direitos soberanos estrangeiros na mão das autoridades políticas, por via de convenção ou de regras legais (cfr. "General Course on Private International Law", *Recueil des Cours*, Tomo 232, 1992, I, Dordrecht, Martinus Nijhoff Publishers, 1993, p. 189-193).

[572] HANS W. BAADE entende que, se nenhum Estado pode exercer poderes soberanos noutro lado, pode estabelecer regras prescritivas sobre os seus nacionais ou eventos fora do seu território, pelo que, perante uma situação de cumprimento estará apenas a tentar recuperar uma dívida, para o que pode ter o consentimento para usar a maquinaria juficial de um outro Estado. Se esse consentimento é expresso por tratado, lei, por declaração administrativa ou por decisão judicial (baseada ou não em critérios de reciprocidade), trata-se de uma questão interna do foro, havendo todavia cada vez mais instrumentos que apontam neste sentido (cfr. "Operation of Foreign Public Law", *International Encyclopedia of Comparative Law*, Vol. III, Kurt Lipstein (ed.), Tübingen, J.C.B. Mohr/Paul Siebeck, 1991, p. 40-47).
F.A. MANN advoga que os Estados não podem solicitar – na ausência de convenção nesse sentido – a execução de prerrogativas soberanas no estrangeiro (controlo de transferências, restrições de exportação, de regras de concorrência e de confiscos), mas já entende que se o Estado fez pagamentos (segurança social, apoios à educação, taxas judiciais), tendo direito a reembolso (ou, mesmo, a subrogar-se a outras entidades) pode iniciar o processo, por não se tratar de prerrogativas soberanas. Mas já o mesmo não sucede relativamente ao pagamento de taxas, uma vez que substancialmente são questões de *ius imperii* (cfr. "Conflict of Laws and Public Law", *Recueil des Cours*, Vol. I, Tomo 132, leyde, A.W. Sitjhoff, 1971, pp. 172-177).

[573] WILLIAM S. DODGE conclui que se a justiça justifica uma distinção entre público e privado, a mesma não deve ter a ver com o tipo de direito que se aplica, mas entre a natureza pública ou privada das partes. Só se o governo estrangeiro iniciar uma acção na sua capacidade reguladora é que a falta de reciprocidade deve precludir a aplicação de direito público estrangeiro (cfr. "The Public-Private Distinction in the Conflict of Laws", *Duke Journal of Comparative and International Law*, Vol. 18, 2008, p. 393).

[574] De acordo com a posição assumida na Sessão de Oslo de 1977 do Instituto de Direito Internacional, sobre pretensões de direito público instauradas por uma autoridade ou um ente público estrangeiro (relator Pierre Lalive), apesar de a regra não ser a de execução de pretensões estrangeiras abre-se uma excepção sempre que haja razões de direito internacional que as justifiquem. Cfr., ainda, EBERHARD SCHMIDT-ASSMANN que vai no sentido da maior

INTERNACIONALIDADE DO DIREITO ADMINISTRATIVO

A este propósito, ROLOFF procede a uma resenha tendencialmente exaustiva dos motivos que têm sido mobilizados para recusar a aceitação de pretensões públicas estrangeiras nos ordenamentos jurídicos nacionais: a violação do princípio da soberania do foro; a violação do princípio da igualdade; a falta de jurisdição ou de competência internacional; a falta de uma norma de colisão; problemas práticos e de prova; dificuldades quanto à política estrangeira e ao direito costumeiro internacional; e o egoísmo dos órgãos estatais nacionais[575]. A Autora refuta estes argumentos, mas conclui que a não recepção de pretensões jurídicas por parte de entidades públicas, carece de fundamento legal suficiente na Alemanha, sendo defensável, apenas *de lege ferenda*[576], desde que se assegure um controlo relativo aos direitos fundamentais e aos fundamentos do Estado de direito.

abertura à cooperação internacional nesta matéria. (cfr. "Ansätze zur internationalisierung des Verwaltungsgerichtlichen Rechtsschutzes", *Coexistence, Cooperation and Solidarity – Liber Amicorum Rüdiger Wolfrum*, Vol. II, Holger P. Hestermeyer e.a. (eds.), Leiden/Boston, Martinus Nijhoff Publishers, 2012, p. 2143).

[575] STEFANIE ROLOFF, *Die Geltendmachung ausländischer öffentlicher Ansprüche im Inland*, Frankfurt am Main, Peter Lang, 1994, pp. 129-160. Para um outro elenco destes fundamentos, JÜRGEN BASEDOW, JAN VON HEIN, DOROTHEE JANZEN, HANS-JÜRGEN PUTTFARKEN, "Foreign Revenue Claims in European Courts", *Yearbook of Private International Law*, Vol. VI, 2004, pp. 33-39.

[576] STEFANIE ROLOFF, *Die Geltendmachung ausländischer öffentlicher Ansprüche im Inland*, Frankfurt am Main, Peter Lang, 1994, pp. 161-166. A autora não admite, porém que se formulem todas as queixas, desde logo recusa queixas em matéria penal, queixas decorrentes de conflitos internos e de obrigações militares, mas já as parece admitir, em algumas situações, em matéria fiscal, em matéria de recuperação do pagamento de prestações sociais e de concretização da legislação sobre controlo de armamento e recuperação de património cultural.

WILHELM WENGLER coloca a questão do ponto de vista da igualdade de armas e considera que se o Estado se submete a tribunais estrangeiros, também poderá vir a beneficiar desta abertura judicial (cfr. *Internationales Privatrecht*, Vol. I, Berlin, Walter de Gruyter, 1981, pp. 124-125).

Entre nós, LUÍS DE LIMA PINHEIRO admite pretensões formuladas por Estados estrangeiros fundadas no direito público desses Estados, mas considerando que o direito internacional coloca limites *"por difusos e incertos que sejam"* à regulação destas situações, propondo que o critério seja paralelo ao da imunidade de jurisdição (cfr. *Direito Internacional Privado*, Vol I – Introdução e Direito de Conflitos – Parte Geral, 3.ª ed., Coimbra, Almedina, 2014, p. 30).

MICHAEL AKEHURST propõe ainda uma outra via *de lege ferenda*, que passaria pela admissibilidade de o tribunal nacional, no caso de questões relacionadas com a apreensão de pessoas ou

Já antes, FRANCK analisava fundamentos vários tais como a falta de competência interna dos Tribunais, o princípio da territorialidade, a ausência de regras de conflitos bilaterais no direito público, a violação de soberania estrangeira e do foro, para considerar que todos eles podiam e deviam ser recusados. *In fine*, entendia que a questão é uma de *interesse no exercício do poder estadual*, arguindo não fazer sentido que um Estado recuse indiscriminadamente qualquer acção que envolva pretensões estrangeiras, acrescentado que a análise deve ser feita caso a caso sem que a linha de distinção entre direito público e privado – que não conhece a mesma concretização em todas as ordens jurídicas – deva ser entendida como o critério decisivo para aquele juízo de interesse ou desinteresse na intervenção pública[577].

Mais recentemente, DUTTA deu conta da falácia do entendimento segundo o qual não se deveriam *justiciar* pretensões jurídicas-estrangeiras, uma vez que, para além dos interesses de privados, poderia haver relevante interesse do Estado do foro, seja em virtude de identidade de interesses, da tutela de interesses da ordem internacional, ou do próprio interesse na reciprocidade[578]. Conclui que a não execução de pretensões jurídico-públicas estrangeiras não é um princípio de direito internacional público, de direito da União Europeia, sequer de direito constitucional alemão, mas reconhece que falta um *instrumentarium* próprio que permita o adequado tratamento processual desta *"terra incognita"*[579].

Ora, não nos parece que esta questão mereça entre nós tratamento diferenciado daquele que tem recebido na doutrina alemã, na ausência de quaisquer regras de índole substantiva ou processual, de *ranking* constitucional ou legal, que lhe dêm resposta mais satisfatória em Portugal.

---

bens noutro Estado, o chamar a intervir no processo (cfr. "Jurisdiction in International Law", *Btitish Yearbook of International Law*, Vol. 46, 1972-1973, p. 149).

[577] RAINER FRANK, "Öffentlich-Rechtliche Ansprüche fremder Staaten vor inländischen Gerichten", *Rabels Zeitschrift für ausländisches und internationales Privatrecht*, Ano 34, N.º 1, 1970, pp. 56-75.

[578] ANATOL DUTTA, *Die Durchsetzung öffentlicher Forderungen ausländischer Staaten durch deutsche Gerichte*, Tübingen, Mohr Siebeck, 2006, pp. 312-331.

[579] ANATOL DUTTA, *Die Durchsetzung öffentlicher Forderungen ausländischer Staaten durch deutsche Gerichte*, Tübingen, Mohr Siebeck, 2006, p. 358. O Autor considera que, no entanto, já há algumas relevantes aberturas processuais e conflituais que acolhem esta tendência de abertura à execução de pretensões jurídicas estrangeiras.

INTERNACIONALIDADE DO DIREITO ADMINISTRATIVO

Pensamos porém que, num Estado aberto e democrático como o nosso, se devem procurar estabilizar critérios que permitam a sólida e estável resolução de questões jurídicas que envolvam entidades públicas estrangeiras na sequência do exercício de poderes jurídico-públicos; resta, porém, definir em que moldes.

Questão para a qual procuraremos dar algum contributo na parte final do nosso estudo, apontando para a possível criação de um *processo de reconhecimento de actos administrativos estrangeiros*, que permita concretizar as exigências de abertura e de estabilidade essenciais no plano internacional.

Uma proposta paralela à nossa é a de BUXBAUM, que se pronuncia pelo desenvolvimento de uma *litigância regulatória transnacional*, que se oporia a uma mera extraterritorialidade na regulação. Esta metodologia, possível em áreas como a da concorrência, dos seguros e da recuperação de taxas, não se basearia no contexto tradicional do reconhecimento de decisões tomadas por outros Estados (de execução para recuperação de taxas), mas no pedido (por parte do Estado interessado) para o tribunal de outro Estado adjudicar a situação em seu benefício. Para a Autora, esta aproximação teria o benefício de, ao não se investigar a violação da ordem pública do Estado do foro – por se aplicar o direito deste e apenas incidentalmente as leis do Estado peticionante –, não decorrer qualquer embaraço para a soberania do Estado estrangeiro[580].

Não obstante o controlo da ordem pública continuar a ser uma das características regra das técnicas de reconhecimento – como veremos –, julgamos que tanto não deve ser critério para a escolha entre estas metodologias (de reconhecimento e de adjudicação)[581], podendo ambas desempenhar um papel de relevo na triagem das pretensões jurídico-públicas a acolher pelo foro.

Mas não podemos deixar de manifestar a nossa íntima convicção que o reconhecimento, precisamente dados os critérios em que repousa e a maior ponderação que faz entre os interesses e âmbitos de regulação do ordena-

---

[580] HANNAH L. BUXBAUM, "Transnational Regulatory Litigation", *Virginia Journal of International Law*, Vol. 46, N.º 2, 2006, p. 284.

[581] Isto não só pela função da ordem pública (que não reside na censura à ordem jurídica estrangeira, mas na protecção dos fundamentos essenciais da ordem jurídica do foro), como pela excepcionalidade do seu funcionamento, como, ainda, pela sua progressiva internacionalização e, portanto, o seu enriquecimento com valores e interesses partilhados, que limitam muito o seu campo *potencial* de actuação.

mento jurídico de origem e de destino (não impedindo a asserção de extra-territorialidade daquele e mantendo o controlo dos seus efeitos neste), é a técnica que tem maior virtualidade de aceitação e de generalização no âmbito internacional. Como, assim nos parece, é fácil de observar pela extensão e enriquecimento da figura do reconhecimento, tanto no campo do direito público, como no do direito privado, em especial no dealbar do Século XXI.

d. Reconhecimento de decisões judiciais e actos administrativos estrangeiros

Para VISCHER, as razões avançadas para a cautelosa admissibilidade de acções directas não se aplicam ao instituto do *reconhecimento*, pois, além da consolidação da situação e da segurança jurídica a que se chegou, não parece haver risco – ao contrário do anteriormente aventado por BUXBAUM – de humilhação do estado estrangeiro, nem razões de praticabilidade que impeçam tal reconhecimento[582].

O reconhecimento de actos administrativos estrangeiros não coloca, de facto, o acto estrangeiro no *"banco dos réus"*, pelo menos não o faz directamente, uma vez que dele resulta apenas, no pior dos cenário, uma recusa de extensão da sua eficácia.

A posição também aqui não se mostra, como já nos vimos habituando, consensual. PAMBOUKIS adopta uma posição mais conservadora e, não obstante reconheça que a coordenação dos sistemas jurídicos não pode estar perfeita se se excluir o direito público, vai no sentido do princípio da interdição de reconhecimento e de execução de actos de poder público, admitindo apenas duas derrogações: as convencionais e a da eficácia indirecta dos actos de autoridade pública[583].

Pensamos, não obstante, haver boas razões para que se adopte uma posição que assegure uma maior âmbito ao reconhecimento de sentenças judiciais e de actos administrativos estrangeiros, uma vez que em causa não está a estatuição sobre questões jurídico-públicas externas, nem sequer a aplicação directa de direito público estrangeiro, mas a definição, *no foro e pelo foro*, do âmbito de eficácia de prescrições estrangeiras.

---

[582] Não obstante esta generosidade, uma cooperação absoluta só pode ser conseguida por via de tratados internacionais ou da assistência mútua internacional, segundo FRANK VISCHER, "General Course on Private International Law", *Recueil des Cours*, Tomo 232, 1992, I, Dordrecht, Martinus Nijhoff Publishers, 1993, p. 198.

[583] CHARALAMBOS PAMBOUKIS, *L'Acte Public Étranger em Droit International Privé*, Paris, L.G.D.J., 1993, pp. 190-192.

INTERNACIONALIDADE DO DIREITO ADMINISTRATIVO

Compreende-se, por isso, que QUADRI tenha articulado a diferença entre o reconhecimento de actos estrangeiros e a imunidade de jurisdição, por, no primeiro, estar em causa o *exercício da soberania do foro* e, no segundo, o exercício de soberania estrangeira[584].

MONACO, apesar de entender que as regras de direito internacional privado não remetem para leis públicas estrangeiras (dado o carácter processual e territorial das mesmas)[585], considera que não há uma ligação indissociável entre acto administrativo e norma pública na qual este se funda, pelo que não há integral comunicabilidade entre a não extensão de eficácia de normas estrangeiras de direito público e o não reconhecimento de efeitos a actos administrativos estrangeiros, pois estes tornam-se relevantes através de uma norma do foro que lhes atribua eficácia jurídica determinada, seja automaticamente, seja através da aposição de um acto administrativo nacional[586].

Também para BUREAU e MUIR WATT, é difícil compreender em que é que a soberania do foro é afectada nos casos de reconhecimento, se é ele que define os termos de eficácia das decisões estrangeiras; acrescentando que nem a solidariedade para com a prossecução de interesses públicos estrangeiros subverte necessariamente o interesses do foro, impedindo mesmo que este se converta num refúgio de "malfeitores"[587].

Mas, enquanto o reconhecimento de decisões estrangeiras em matéria privada tem sido uma prática desde tempos antigos e conhece ampla regulamentação, de tal forma que se pode falar de um princípio geral neste domí-

---

[584] ROLANDO QUADRI, *La Giurisdicione sugli Stati Stranieri*, Milano, A. Giuffrè, 1941, pp. 81-82. Também KARL NEUMEYER articula que a imunidade de jurisdição não se opõe ao controlo no reconhecimento porque se estão apenas a considerar as condições para a aplicação do direito nacional (de reconhecimento) (cfr. *Internationales Verwaltungsrecht – Allgemeiner Teil*, Vol. IV, Zürich.Leipzig, Verlag für Recht und Gesellschaft AG, 1936, p. 344).

[585] RICCARDO MONACO, *L'Efficacia della Legge nello Spazio (Diritto Internazionale Privato)*, Unione Tipografico – Editrice Torinese, Torino, 1952, p. 60. Na edição de 1964, o Autor muda a posição intransigente quanto à não aplicação de leis estrangeiras de direito público por via das regras de conflitos, uma vez que considera que relevante é que o chamamento se faça relativamente a uma questão jurídida de direito privado, ainda que a resposta se venha a buscar em regras de direito público (RICCARDO MONACO, *L'Efficacia della Legge nello Spazio (Diritto Internazionale Privato)*, 2.ª ed., Unione Tipografico – Editrice Torinese, Torino, 1964, p. 79).

[586] RICCARDO MONACO, *L'Efficacia della Legge nello Spazio (Diritto Internazionale Privato)*, Unione Tipografico – Editrice Torinese, Torino, 1952, pp. 62-64.

[587] DOMINIQUE BUREAU, HORATIA MUIR WATT, *Droit International Privé, Tome I – Partie Générale*, 3.ª ed., Paris, Presses Universitaires de France, 2014, pp. 275-276.

nio, já o mesmo não sucede no campo do direito público, no qual as situações de reconhecimento são usualmente previstas em áreas específicas (reconhecimento de diplomas, licenças de condução, passaportes, de títulos de importação e exportação), seja por via legislativa, seja por via convencional. E, também ao contrário dos direitos processuais civis, os direitos públicos processuais nacionais não contêm regras *gerais* sobre as condições, reconhecimento e efeitos das decisões administrativas estrangeiras.

O que não significa que o reconhecimento de actos administrativos não tenha vindo a assumir uma importância prática e dogmática de monta, em especial no âmbito da União Europeia, com o desenvolvimento da técnica do *reconhecimento mútuo*, a que nos referiremos.

Ao mesmo passo, é evidente uma força ampliativa do reconhecimento de decisões administrativas estrangeiras resultante das margens do reconhecimento das sentenças judiciais.

Por um lado, apesar de os Regulamentos da União Europeia excluírem actos *iure imperii* do seu âmbito de aplicação, tal não exclui que venham a ser aplicados no âmbito público, dada a interpretação autónoma que se faz dos conceitos de "matéria civil e comercial". Para além dos exemplos já analisados, na linha da jurisprudência *Eurocontrol,* é particularmente indiciário o *Acórdão Préservatrice Foncière TIARD SA. E Staat der Nederlanden,* do Tribunal de Justiça de 15 de Maio de 2003, proferido no processo C-266/01, que considerou cair dentro daquele conceito um contrato de fiança cujas cláusulas não são exorbitantes face às regras aplicáveis nas relações entre particulares, ainda que tenha como causa o incumprimento de obrigações aduaneiras.

Por outro lado, também no direito nacional se tem assinalado, sem grande contestação, a extensão das regras do reconhecimento de sentenças estrangeiras ao reconhecimento de alguns actos públicos ou, mesmo de actos administrativos estrangeiros, se e quando incidentes sobre relações jurídico-privadas[588].

---

[588] Cfr. LUÍS DE LIMA PINHEIRO, *Direito Internacional Privado,* Vol. III, 2.ª ed, Coimbra, Almedina, 2012, pp. 388 e 392; CAMILLE BERNARD, "Les Problèmes Posés par les Demandes d'Exequatur de Décisions D'Autorités Religieuses Étrangères en Matière de Divorce et de Séparation de Corps", *Travaux du Comité Français de Droit International Privé – Droit International Privé (1977-1979),* Paris, Editions du CNRS, 1979, p. 61; e PIERRE BELLET, "La Jurisprudence du Tribunal de La Seine en Matiére d'Exequatur des Jugements Étrangers", *Travaux du Comité Français de Droit International Privé (1962-1964),* Paris, Librairie Dalloz, 1965, pp. 253-254.

INTERNACIONALIDADE DO DIREITO ADMINISTRATIVO

Por último, tem vindo a questionar-se a própria exclusão do direito público do âmbito de aplicação das regras do reconhecimento de sentenças, somando-se às propostas mais cautelosas de reconfiguração das categorias de reconhecimento[589] propostas mais ambiciosas de extensão das regras de reconhecimento de sentenças judiciais às sentenças provenientes de tribunais administrativos estrangeiros[590] ou mesmo de actos administrativos estrangeiros[591], ainda que ajuizadas, estas últimas pretensões, pelos tribunais administrativos do Estado de reconhecimento.

Entre as três linhas de actuação divisadas por STREBEL: de não reconhecimento, de reconhecimento com reciprocidade (ou fundado em considerações de *comity*), e de reconhecimento com definição de requisitos proce-

---

Para F.A. MANN as excepções ao não reconhecimento prendem-se com situações em que a acção estatal preenche um duplo fim: interesses do Estado e dos privados (por exemplo, a protecção de menores) (cfr. "Sacrosanctity of the Foreign Act of State", *Law Quarterly Review*, Vol. 59, Janeiro, 1943, pp. 42-57).

[589] HORATIA MUIR WATT, ETIENNE PATAUT, "Les Actes Iure Imperii et le Règlement Bruxelles 1 – A propos de l'affaire Lechouritou", *Revue Critique de Droit International Privé*, Vol. 96, N.º 1, Janeiro-Março, 2008, p. 79.

[590] MIGUEL PRATA ROQUE, *A Dimensão Transnacional do Direito Administrativo – Uma visão cosmopolita das situações jurídico-administrativas*, AAFDL, Lisboa, 2014, pp. 1251-1256.

[591] MARIA BERENTELG pronuncia-se no sentido de uma abertura dos processos internos aos actos administrativos estrangeiros, ainda que com necessárias adaptações processuais e substantivas (cfr. *Die Act of State-Doktrin als Zukunftsmodell für Deutschland*, Tübingen, Mohr Siebeck, 2010, pp. 217-212).

ALBERTO XAVIER entende, contra o que designa ser uma opinião universal, que não será de rejeitar a possibilidade de formalizar a exigência de um crédito tributário (acto administrativo de liquidação ou sentença judicial condenatória) de forma coactiva fora de um país, já que não se trata de, sem mais, acatar a imperatividade de actos públicos estrangeiros, mas de desenvolver um procedimento previsto em normas internas, para casos similares, "*para a cobrança de crédito validamente constituído à sombra de leis estrangeiras internacionalmente competentes para o efeito*" (cfr. *Direito Tributário Internacional*, 2.ª ed., Coimbra, Almedina, 2009, pp. 765-768).

Considerando, porém, que os actos administrativos de nações estrangeiras não são usualmente tratados como julgamentos, excepto quando o seu controlo seja impedido por uma acção executiva superveniente [*United States v. Pink* 315 US 203, 60 S.Ct. 552, 86 L.Ed. 796 (1942)], ou em virtude da doutrina do *Act of State* (PETER HAY, PATRICK J. BORCHERS, SYMEON C. SYMEONIDES, *Conflict of Laws*, 5.ª ed., Minnesota, West, 2010, pp. 1520-1521).

dimentais e substantivos delineados para o efeito, tem-se, de facto, vindo a avançar na direcção desta última[592].

Será, atentando nestas e noutras evoluções, que analisaremos o fenómeno da eficácia, reconhecimento e execução de actos administrativos estrangeiros.

Mas não sem antes aludirmos a uma doutrina com esta intimamente relacionada: a do *Act of state*. E, com esta, ao reconhecimento de certo tipo de actos que têm efeitos ablativos na esfera jurídica patrimonial dos seus destinatários, como os actos de declaração de utilidade pública (também intitulados de actos expropriativos), os actos de confisco, de nacionalização e de requisição[593].

É curioso assinalar que a jurisprudência e doutrina internacional têm admitido o reconhecimento destes actos de autoridade pública –– e, portanto, a afectação que deles decorre para o direito de propriedade –, sempre que os bens em causa se encontrem no Estado que emitiu a declaração de utilidade pública, na hora desta; recusando-se, em regra, a recepção interna dos efeitos de tais actos, caso eles incidam sobre bens situados no estrangeiro[594].

---

[592] Felix D. Strebel, "The Enforcement of Foreign Judgements and Foreign Public Law", *Loyola of Los Angeles International and Comparative Law Review*, Vol. 21, 1999, p. 89.

[593] A distinção entre estes tipos de actos passa pelo seu menor ou maior cariz político, que se pode reflectir no regime jurídico que lhes é deferido no Estado de origem (sobre esta distinção cfr. Fernando Alves Correia, *As Garantias do Particular na Expropriação por Utilidade Pública*, Coimbra, Gráfica de Coimbra, 1982, pp. 49-68).

Fora do âmbito governamental, há quem assinale que os destinatários destes actos lesivos não têm, em regra, garantias suficientes e claras à sua disposição no plano internacional (Ronald Mok, "Expropriation Claims in United States Courts: The Act of State Doctrine, the Sovereign Immunity Doctrine, and the Foreign Sovereign Immunities Act – A Road Map for the Expropriated Victim", *Pace International Law Review*, Vol. 8, N.º 1, Winter, 1996, pp. 199-236).

[594] Sobre as vias propostas, em Portugal, para resolver uma situação desta natureza, cfr. João Baptista Machado e Rui Manuel Moura Ramos que consideraram, essencialmente, não serem as normas de direito público chamadas pelas regras de conflito (cfr. "Parecer", *Colectânea de Jurisprudência*, Ano 10, Tomo V, 1985, pp. 11-23), e José de Oliveira Ascensão que entendeu que as normas confiscatórias cubanas não eram aplicáveis pois referiam-se a um objecto que se encontrava fora do respectivo Estado. Todos os Autores concordaram, porém, que a ordem pública portuguesa vedava o resultado a que se chegaria se se reconhecessem efeitos à medida de confisco (cfr. "O Confisco Realizado no Estrangeiro e a Titularidade de Marca Registada em Portugal", *Colectânea de Jurisprudência*, Ano 11, Tomo II, 1986, pp. 15-29).

INTERNACIONALIDADE DO DIREITO ADMINISTRATIVO

Esta regra encontra-se alinhada com o princípio de que as questões relativas à criação, transferência ou extinção de direitos de propriedade se devem reger pela respectiva *lex rei sitae,* que coincide com o critério da *territorialidade*[595]. Mas, para MAYER, não está em causa *stricto sensu* uma situação de conflitos de leis, mas de reconhecimento, por estarmos perante decisões e não regras de direito[596]. Mais recentemente, também no sentido de que se trata de uma questão de eficácia extraterritorial das decisões e não de técnica conflitual vão AURORA HERNÁNDEZ RODRÍGUEZ e CAROLINA MACHO GÓMEZ[597].

---

[595] Cfr. GERHARD KEGEL, IGNAZ SEIDL-HOHENVELDERN, "Zum Terriorialitätsprinzip im internationalenöffentlichen Recht", *Konflikt und Ordnung – Festschrift für Murad Ferid zum 70. Geburtstag,* Andreas Helrich, Dieter Henrich, Hans Jürgen Sonnenberger (eds.), München, C.H. Beck'sche Verlagsbuchhandlung, 1978, pp. 233-277. Este mesmo juízo encontra-se subjacente à adjudicação de algumas situações de exportação ilegal de bens do património cultural, a que já aludimos. TREVOR C. HARTLEY considera que quando e causa esteja um título de propriedade, a *lex situs* é aplicável, independentemente da sua natureza pública ou privada (cfr. "Foreign Public Law and Private International Law: English Report", *Colloque de Bâle sur le Rôle du Droit Public en Droit International Privé – (20 et 21 mars 1986) Rapports et procès-verbaux des débats,* Bâle, Helbing & Lichtenbaum, 1991, p. 26).
Mais crítico, GERHARD KEGEL entende que, apesar de, nestas situações, ser "fácil" recorrer ao direito privado, tanto o direito privado como o público são pervertidos com este exercício, porque com ele se desprotegem direitos privados e se beneficiam políticas estrangeiras (cfr. "The Rôle of Public Law in Private International Law: German Report", *Colloque de Bâle sur le Rôle du Droit Public en Droit International Privé – (20 et 21 mars 1986) Rapports et procès-verbaux des débats,* Bâle, Helbing & Lichtenbaum, 1991, p. 41).

[596] PIERRE MAYER, "Le Rôle du Droit Public en Droit International Privé Français", *Colloque de Bâle sur le Rôle du Droit Public en Droit International Privé – (20 et 21 mars 1986) Rapports et procès-verbaux des débats,* Bâle, Helbing & Lichtenbaum, 1991, p. 70. No mesmo sentido – do reconhecimento e do papel do princípio da territorialidade, cfr. MARIA BERENTELG, *Die Act of State-Doktrin als Zukunftsmodell für Deutschland,* Tübingen, Mohr Siebeck, 2010, pp. 142-154. LUCA G. RADICATI DI BROZOLO concorda que nestes casos não se aplica directamente a lei estrangeira (do estado de nacionalização), mas reconhecem-se os seus efeitos, tendo em consideração a situação factual resultante da medida expropriativa no Estado cuja lei é considerada aplicável pelas regras de conflito do foro (cfr. "Foreign Public Law before Italian Courts", *Colloque de Bâle sur le Rôle du Droit Public en Droit International Privé – (20 et 21 mars 1986) Rapports et procès-verbaux des débats,* Bâle, Helbing & Lichtenbaum, 1991, p 101).

[597] AURORA HERNÁNDEZ RODRÍGUEZ, CAROLINA MACHO GÓMEZ, "Eficacia Internacional De Las Nacionalizaciones sobre las Marcas de Empresa: El Asunto «Havana Club» ante los Tribunales Españoles", *Cuadernos de Derecho Transnacional,* Vol. 4, N.º 2, Octubre, 2012, disponível

No âmbito dominantemente anglo-saxónico, estes casos e outros análogos – nos quais é quase impossível triar entre fundamentos jurídico-públicos e consequências jurídico-privadas – são alinhados sobretudo pela doutrina dos actos de estado, *i.e.* dos actos adoptados por um Estado estrangeiro no âmbito dos seus poderes soberanos e dentro do seu território, que, dadas as suas características e funções, são subtraídos a qualquer sindicância de licitude por parte do juiz interno[598].

A doutrina do *Act of state* tem sofrido evoluções relevantes ao longo dos tempos e encontra variações também no espaço, o que se traduz nalguma indefinição dos seus contornos e nalgum erraticismo na sua aplicação[599] e na própria discussão da sua utilidade enquanto critério de decisão judicial[600].

No Reino Unido, esta teoria tem vindo a ser mobilizada, com fundamentos primariamente mais internacionalistas, relacionados com a *comity of nations* e admitindo expressamente a mobilização da cláusula de ordem pública ou o controlo do cumprimento de parâmetros de justiça internacional[601].

---

em http://e-revistas.uc3m.es/index.php/CDT/article/view/1616, acesso em 12 de Fevereiro de 2015, pp. 159-176.

[598] Riccardo Luzzatto, *Stati Stranieri e Giurisdizione Nazionale*, Milano, Dott. A. Giuffrè EDitore, 1972, p. 230; F.A. Mann, "Sacrosanctity of the Foreign Act of State", *Law Quarterly Review*, Vol. 59, Abril, 1943, pp. 170-171.

[599] Criticando a aplicação da doutrina do *Act of state* no caso *The Republic Of The Philippines v. Ferdinand E. Marcos et* al., 862 F.2d 1355 (9th Circ. 1988), por não se terem aplicado adequadamente as excepções divisadas já àquela doutrina, Trace A. Sundack, "*The Republick of Philippines v. Marcos* – The Ninth Circuit Allows a Former Ruler to Invoke the Act of State Doctrine Against a Resisting Sovereign", *The American University Law Review*, Vol. 38, 1988, pp. 225-254. É, porém, estranho que numa teoria de base judicial se entenda que o problema reside na incompreensão dos juízes relativamente aos seus fundamentos e evolução. Todavia, esta apreciação crítica tem sido recorrente na doutrina (em geral, Matthew Alderton, "The Act Of State Doctrine: Questions Of Validity And Abstention From Underhill To Habib From Underhill To Habib", *Melbourne Journal of International Law*, Vol. 12, 2011, pp. 1-21).

[600] A reacção ao *Act of state* nem sempre é positiva, tendo havido quem defenda a pura e simples abolição da doutrina, dados os equívocos a que se presta. Neste sentido, F.A. Mann, "Conflict of Laws and Public Law", *Recueil des Cours*, Vol. I, Tomo 132, leyde, A.W. Sitjhoff, 1971, p. 156, e Michael J. Bazyler, "Abolishing the Act of State Doctrine", *Unniversity of Pennsylvania Law Review*, Vol. 134, N.º 1, 1985-1986, pp. 327-398.

[601] Fausto de Quadros/ John Henry Dingfelder Stone, "Act of State Doctrine", *The Max Planck Encyclopedia of Public International Law*, Vol I, Rüdiger Wolfrum (dir.), Oxford, Oxford University Press, 2012, p. 63; E. C. S. Wade, "Act of State in English Law: Its Relations With International Law", British Year Book of International Law, Vol. 15, 1934, pp. 104-106.

INTERNACIONALIDADE DO DIREITO ADMINISTRATIVO

Mas é nos Estados-Unidos que ela mais tem vindo a sofrer oscilações. Para já, há quem assinale que, de uma posição em que o *Act of state* era visto pelos tribunais norte-americanos como uma via doméstica que visava manter a separação entre os ramos político e judicial – por uma decisão judicial sindicar um ato de autoridade estrangeiro poder trazer consigo complicações para as relações externas geridas pelo executivo, os tribunais deveriam refrear-se de influir nessas decisões –[602], se passou para uma posição em que esta necessária *deferência* dos Tribunais deixou de ser o fundamento último por detrás da doutrina do *Act of state*, centrando-se numa perspectiva mais conflitual e, por isso, num critério de *efectividade*[603].

Cfr., *ex multis, Luther v. Sagor* [1921] 3 K. B. 532 (C.A.). Princess *Paley Olga v. Weisz* [1929] 1 K. B. 718 (C.A.). No caso *Kuwait Airways Corporation v. Iraqui Airways Company United Kingdom House of Lords* (16 May 2002) [2002] UKHL 19, reconheceu-se como regra *prima facie* o não julgamento da validade de actos de Estados estrangeiros, desde que estes não fossem por natureza extraterritoriais, regra esta fundada na *comity of nations*.

[602] Nesse sentido, *Underhill v. Hernandez United States Supreme Court* (29 November 1897) 168 US 250, Oetjen v. Central Leather Co United States Supreme Court [11 March 1918] 246 US 297 e *Banco Nacional de Cuba v. Sabbatino*, 376 U.S. No primeiro caso, perante o pedido de indemnização por recusa de emissão da passaporte a um cidadão americano retido na Venezuela, dada a mudança de regime, os Tribunais consideraram não dever arbitrá-la, por os actos do réu serem os actos do Governo da Veneuela, que não podem ser adjudicados noutro Estado. No segundo, após a expropriação de uma companhia de açúcar (CAV), o comprador de açúcar pagou o valor deste ainda àquela sociedade e não ao Banco Nacional de Cuba que veio solicitar aquele pagamento. Neste caso, o Tribunal considerou que a expropriação não violava o direito internacional e que o Estado podia demandar o réu, ainda que não pudesse ele póprio ser demandado num tribunal estrangeiro.
Cfr., sobre este aresto, WILLIAM HARVEY REEVES, "The Sabbatino Case: The Supreme Court of the United States Rejects a Proposed New Theory of Sovereign Relations and Restores the Act of State Doctrine", *Fordham Law Review,* Vol. 33, 1964, pp. 631-680; e, com uma análise das suas consequências políticas, F.A. MANN, "The Legal Consequences of Sabattino", *Studies in International Law,* Oxford, Clarendon Press, 1973, pp. 466-491.

[603] Cfr., neste sentido, HAZEL FOX, PHILIPPA WEBB, *The Law of State Immunity,* 3.ª ed., Oxford, Oxford University Press, 2013, pp. 54-55. FAUSTO DE QUADROS e JOHN HENRY DINGFELDER STONE marcam esta mudança de perspectiva no caso *W.S. Kirkpatrick & Co. v. Environmental Tectonics Corp., International,* 493 U.S. 400 (1990), no qual um concorrente solicitou indemnização do adjudicatário, tendo por fundamento um contrato feito com o Estado Nigeriano e obtido por via de suborno (cfr. "Act of State Doctrine", *The Max Planck Encyclopedia of Public International Law,* Vol I, Rüdiger Wolfrum (dir.), Oxford, Oxford University Press, 2012, p. 63). Nesta situação, o Tribunal não aplicou a doutrina do *Act of state* por considerar que não haveria qualquer embaraço para o executivo nigeriano na sua condução dos negócios externos.

EFICÁCIA, RECONHECIMENTO E EXECUÇÃO DE ACTOS ADMINISTRATIVOS ESTRANGEIROS

Estas perspectivas distintas sobre o *Act of state* – umas apontando para o seu carácter de moderador entre funções públicas (perspectiva abstencionista) e outras para a sua função estabilizadora de relações jurídico privadas (perspectiva decisória) – conduziram, sem surpresa, a que à regra geral da insindicabilidade do acto estrangeiro se sucedessem várias excepções, com o objectivo de preservar objectivos estaduais ou de garantir a justiça do caso concreto.

Entre estas excepções contam-se as seguintes: a excepção *tratadística* ou *processual* (admitindo-se solução diversa prevista em convenção internacional ou a renúncia individual à invocação do *Act of state*)[604]; a excepção *Bernstein* (que aponta para a não aplicação da teoria, sempre que a decisão não prejudique as relações externas norte-americanas)[605]; a excepção *Hickenlooper* (tirada pelo Congresso norte-americano, depois do caso Sabatino, que visa tornar sindicável um *Act of state* sempre que a acção se suporte num confisco ou outra apropriação por um acto do Estado que viole o direito internacional)[606]; e a *comercial*.

Já antes, no caso *Republic Of Iraq, Plaintiff-Appellant v. The First National Bank Of Chicago*, 350 F.2d 645 (7th. Cir. 1965), o Tribunal havia considerado que a doutrina não se aplicava, uma vez que à altura dos decretos de confisco, os bens já se encontravam nos Estados-Unidos, tornando essencial o critério do *situs*. A aplicação deste critério não é, porém, simples, como se poderia pensar, sobretudo se se tiver em consideração os efeitos extraterritoriais de decisões administrativas, desde logo de nacionalização de empresas e das suas subsidiárias estrangeiras (cfr. CAROLYN B. LEVINE, "The Territorial Exception to the Act of State Doctrine: Application to French Nationalization", *Fordham International Law Journal*, Vol. 6, N.º 1, 1982, pp. 121-147), e de bens e direitos imateriais, como as marcas (cfr. MARIO ROTONDI, "Effets Internationaux des Expropriations et des Nationalisations vis-à-vis des Marques", *Mélanges Offerts à Jacques Maury*, Tomo I: Droit Public International Privé et Public, Paris, Dalloz, 1961, pp. 435-455) ou os títulos nominativos e créditos (cfr. HENRI BATIFFOL, "Problèmes Actuels des Nationalisations en Droit International Privé", *Travaux du Comité Français de Droit International Privé*, 1962-1964, Paris, Librairie Dalloz, 1965, pp. 173-193).

[604] Excepção explícita no *Restatement (third) of the Foreign Relations Law of the United States (section 433)*, de 1987.

[605] No processo *Bernstein v. N. V. Nederlandsche- Amerikaansche Stoomvaart-Maatschappij* (Chemical Bank& Trust Co., Third-Party Defendant) 210 F.2d 375 (2nd. Cir. 1954), o Departamento de Estado emitiu uma carta informando que não se colocariam em causa as relações externas dos Estados Unidos se se considerassem inválidos os actos de apreensão praticados pelo regime nazi.

[606] No sentido de que não parece resultar do *Hickenlooper Amendment* uma regra particularmente relevante, tanto dogmática como prática, no plano das relações externas, cfr. LOUIS

De acordo com esta última excepção, nem todos os actos (como os de natureza comercial de um estado estrangeiro) são construídos como *Acts of state*, pelo que não serão imunes ao escrutínio dos tribunais do foro[607].

Este *jogo entre regra e excepções* mostra que a doutrina do *act of state* necessita de ser melhor decantada, de modo a que se consiga definir com mais certeza quais, afinal, os actos que devem ficar imunes ao escrutínio dos tribunais, não obstante os seus relevantes efeitos no âmbito jurídico-privado. E julgamos particularmente interessante a proposta de FRASER, que preenche a noção do *"Act of State"* com os contornos da *"political doctrine question"*, considerando que uma combinação das duas não só simplificaria o quadro dogmático mobilizável, como permitiria uma mais fundamentada e flexível definição de critérios de intervenção judicial, que poderia ser mais amplamente partilhada no plano internacional[608].

O interesse que esta posição nos suscita prende-se com o nosso entendimento de quais os critérios e procedimentos idóneos para o reconheci-

---

HENKIN, "Act of State Today: Recollections in Tranquility", *Columbia Journal of Transnational Law*, Vol. 6, 1967, pp. 175-189.

[607] Cfr. o caso *Alfred Dunhill of London c. Republic of Cuba* 425 US 682 (1976), no qual estava em causa o direio a receber o pagamento de charutos indevidamente feito à República de Cuba por transacções comerciais prévias à intervenção administrativa em Cuba.

Pronunciando-se sobre o carácter proteccionista e limitado impacto desta excepção, STEPHEN J. LEACOCK,"The Commercial Activity Exception to the Act of State Doctrine Revisited: Evolution of a Concept", *North Carolina Journal of International Law and Commercial Regulation*, Vol. 13, N.º 1, 1988, pp. 1-34.

Recentemente, admitindo que o *act of state* possa servir de enquadramento – ainda que nem sempre claro, porque supõe indagar as motivações do Estado estrangeiro, se comerciais se outras, – relativamente a casos restituição de propriedade, SEBASTIAN SEEGER, "Restituion of Nazi-Looted Art in International Law – Some thoughts on Marei von Saher v. Norton Simon Museum of Art at Pasadena", *Rivista di Diritto Internazionale Privato e Processuale*, Ano LI, N.º 1, Gennaio-Marzo, 2015, pp. 220-221.

[608] BRIAN S. FRASER, "Adjudication Acts of State in Suits Against Foreign Sovereigns: A Political Question Analysis", *Fordham Law Review*, Vol. 51, N.º 4, 1983, pp. 722-746. No mesmo sentido, DEBORAH AZAR, "Simplifying the Prophecy of Justiciability in Cases Concerning Foreign Affairs: A Political Act of State Question", *Richmond Journal Of Global Law & Business*, Vol. 9, N.º 4, 2010, pp. 471-498.

Em sentido inverso, considerando que a *Act of state doctrine* constitui uma abertura judicial mais ampla do que a *political question*, tendo um valor pragmático e evolutivo evidente, ANDREW D. PATTERSON "The Act Of State Doctrine Is Alive And Well: Why Critics Of The Doctrine Are Wrong", *University of California, Davis*, Vol. 15, N.º 1, 2008, pp. 112-155.

EFICÁCIA, RECONHECIMENTO E EXECUÇÃO DE ACTOS ADMINISTRATIVOS ESTRANGEIROS

mento de actos administrativos estrangeiros *stricto sensu*, por considerarmos, como mais tarde se verá, que não podem ser desligados do entendimento das questões reservadas, pelo menos num primeiro momento, à apreciação da Administração.

Assinale-se, ainda que, não obstante as diferenças entre as funções do *"Act of state"* e do reconhecimento de actos administrativos estrangeiros – o primeiro impedindo que a decisão jurisdicional envolva a avaliação da legitimidade de um acto público de autoridade estrangeiro, que possa perigar o efeito jurídico pretendido (visão negativa); no segundo, precisamente, extrair autonomamente efeitos jurídicos de um acto administrativo estrangeiro (visão positive) – os requisitos destas doutrinas têm vindo a alinhar-se, sobretudo no que concerne às limitações resultantes de violações de normas de direito internacional[609].

A tendência tem ido, de facto, no sentido da progressiva consideração, no âmbito do *Act of state* e, em geral, do reconhecimento de actos de autoridade estrangeiros, da violação de normas internacionais, tais como a ausência de compensação como fundamento para o não reconhecimento de actos confiscatórios[610], a violação do princípio da não discriminação[611], ou a

---

[609] No mesmo sentido, pronunciando-se quanto à imunidade, cfr. RICARDO LUZZATTO, ILARIA QUEIROLO, "Sovranità Territoriale, "Jurisdiction" e Regole di Immunità", *Instituzioni di Diritto Internazionale*, Sergio M. Carbone, Ricardo Luzzatto e Alberto Santa Maria (eds.), Torino, G. Giappichelli Editore, 2011, p. 265.

[610] No caso *Anglo-Iranian Oil Co Ltd v. Jaffrate (The Rose Mary)* [1953] 1 W.L.R. 246 (Supreme Court of Aden – uma dependência britânica), o Tribunal desviou-se da anterior prática jurisprudencial, aduzindo que a ausência de compensação era contrária ao direito internacional. Cfr., igualmente, o caso *Total Afrique* do Tribunal da Cassação Civil de 1 de Julho de 1981 (80-11934), que considerou não existir violação da ordem pública francesa, por a nacionalização ter sido acompanhada de uma compensação; FREDE CASTBERG, "De L'effet Extratérritorial des Décrets d'Expropriation et de Réquisition", *Scritti di Diritto Internazionale in Onore di Tomaso Perassi*, Vol. I, Milano, Dott. A. Giuffrè, 1957, pp. 363-365; e IGNAZ SEIDL-HOHEN-VELDERN, "Extra-territorial Effects of Confiscations and Expropriations", *Modern Law Review*, Vol. 13, January, 1950, pp. 69-75.

M. SAVATIER coloca como um dos problemas relevantes para o direito internacional precisamente a indemnizabilidade das medidas adoptadas (cfr. "Les Nationalisations en Droit International Privé", *Travaux du Comité Français de Droit International Privé*, Anos 1946-1947/1947-1948, Paris, Éditions du Centre National de la Recherche Scientifique, 1951, pp. 49-60).

[611] Reconhecendo uma medida expropriativa que discriminava grupos de uma certa etnia (no caso árabe, porque não podiam retornar ao seu país), *Jabbour v. Custodian of Israel Absentee Property* [1954] 1 All ER 145, que, por isso, não podia ser atendida. Veja-se ainda o caso *Oppe-*

INTERNACIONALIDADE DO DIREITO ADMINISTRATIVO

violação grave de direitos fundamentais como, por exemplo, a proibição da tortura[612].

É, por isso, cada vez mais certo que não se pode pretender retirar dos actos administrativos estrangeiros *"só porque o são e porque perseguem um inte-*

nheimer v. Cattermole [1976] AC 249, no qual a Casa dos Lordes reverteu a posição do Tribunal de Recurso, segundo a qual a decisão deveria ser tomada de acordo com a regra estrangeira aplicável (no caso, tomando em consideração o decreto nazi de 1941, que retirava a nacionalidade alemã aos judeus), por muito iníqua ou opressiva que fosse, aduzindo que faz parte da ordem pública do foro respeitar direito internacional (cfr. J. G. MERRILLS, "Oppenheimer v. Cattermole: The Curtain Falls", *The International and Comparative Law Quarterly*, Vol. 24, N.º 4, October, 1975, pp. 617-634).

[612] Cfr. *Habib v Commonwealth of Australia* [2010] FCAFC 12 (25 February 2010), caso no qual se questionava a participação de soldados australianos nos maus-tratos ocorridos em Guantanamo perante orientação dos E.U.A., tendo entendido o Tribunal não se poder usar o *Act of state* contra violações de direito internacional (para maiores desenvolvimentos, cfr. STEPHEN TULLY, "Habib v Commonwealth: clarifying the state of play for acts of state?", *Sydney Law Review*, Vol. 32, 2010, pp. 711-721). Antes, em sentido contrário, cfr. *Jones v. Saudi Arabia* (House of Lordes), que considerou não haver excepção à imunidade por violações de *ius cogens* (tortura).

Uma leitura similar à do caso *Habib* foi afirmada no caso *Abbasi v. Secretary of State for Foreign and Commonwealth Affairs* [2002] EWCA Civ 1598, relativa à reclamação de um cidadão preso em Guantanamo de que o Reino Unido não estava a fazer o suficiente para ele ser libertado. Perante a alegação da Secretaria de Estado que não se podia rever a legitimidade do acto estrangeiro (os Estados Unidos), Lord Phillips notou que *"where fundamental human rights are in play, the courts of this country will not abstain from reviewing the legitimacy of the actions of a foreign state"* (cfr. MAYO MORAN, "Influential Authority and the Estoppel-Like Effect of International Law", *The Fluid State – International Law and the National Legal Systems,* Hilary Charlesworth, Madeleine Chiam, Devika Hovell, George Williams (org.), Sydney, The Federation Press, 2005, pp. 182-183).

JOSHUA GREGORY HOLT referindo-se ao caso *Sarei v. Rio Tinto*, 456 F.3d 1069, 1086 (9th Cir. 2006), considera assente que os Tribunais não devem respeitar declarações do executivo (de que uma decisão judicial terá um impacto adverso em relações externas), sempre que sejam aplicáveis claras regras de direito internacional (cfr. "The International Law Exception To The Act Of State Doctrine: Redressing Human Rights Abuses In Papua New Guinea", *Pacific Rim Law and Policy Journal*, Vol. 16, N.º 2, March, 2007, pp. 484-488). Já antes, cfr. FELICE MORGENSTERN, "Recognition and Enforcement of Foreign Legislative, Administrative and Judicial Acts Which Are contrary to International Law", *The International Law Quarterly*, Vol. 4, N.º 3, July, 1951, pp. 326-344.

resse público" um "*tratamento especial*"[613] por parte do direito administrativo internacional.

É necessário, portanto, proceder a uma criteriosa aferição dos termos em que os actos administrativos estrangeiros podem ser reconhecidos, executados ou, em geral, produzir efeitos nos ordenamentos jurídicos nacionais, sabendo que ainda não se chegou a consenso, na área do direito administrativo, quanto ao idêntico peso ou "valor" das ordens jurídicas nacionais no momento da adjudicação, nem se atingiu um paradigma assente num direito administrativo global.

---

[613] Neste sentido no âmbito do direito internacional privado, cfr. RUI MOURA RAMOS, *Da Lei Aplicável ao Contrato de Trabalho Internacional,* Coimbra, Almedina, 1991, p. 293.

PARTE B

Actos administrativos estrangeiros: o verso da extraterritorialidade da função administrativa

Ponto I
Actos administrativos estrangeiros

A análise que nos propomos fazer da eficácia, reconhecimento e execução de actos administrativos estrangeiros depende da definição de alguns conceitos essenciais: o cimeiro prende-se com o que se considera ser um acto administrativo estrangeiro e, tão ou mais relevantemente, se há uma distinção entre actos administrativos estrangeiros, distinção esta que exceda o mero teste da proveniência do acto (*i.e.*, da inclusão orgânica e/ou funcional da entidade emitente numa Administração pública distinta do Estado *ad quem*) e se repercuta no regime aplicável a cada acto considerado.

A ordenação da multiplicidade que propomos será sempre aproximada, como qualquer classificação que vise enquadrar realidades tão distintas, mas tão relevantes, no plano internacional, como as seguintes: a autorização de exportação de armas, a autorização de exportação de bens culturais, a autorização de concentração de empresas, o registo de marcas e patentes, a emissão de passaportes, a atribuição de nacionalidade, a produção de certificados de denominação de origem, a emissão de diplomas e títulos académicos, a edição de actos de administração territorial, a emissão de autorizações ambientais e industriais e a aplicação de sanções administrativas.

Serão estas indagações sobre as novas roupagens dos actos administrativos que nos ocuparão nesta parte, de modo a lançarmos as bases para a resolução da problemática que, logicamente, se soma – ou se sobrepõe – a esta: a da aferição do regime de eficácia e de reconhecimento dos actos administrativos estrangeiros[614].

---

[614] Klaus König, *Die Anerkennung ausländischer Verwaltungsakte*, Köln, Carl Heymanns Verlag KG, 1965, pp. 9-11.

Esta nossa aproximação poderia ser vista como excessivamente restritiva e, por isso, de limitada utilidade, por se centrar apenas na figura dos actos administrativos, quando existem formas de reconhecimento que extravazam em muito esta fenomenologia[615]. Cremos assim não ser, por dois motivos. Por um lado, por cada vez mais se preverem mecanismos de reconhecimento que se referem a actos administrativos, carecendo estes, por isso, da devida análise e determinação de efeitos[616]. Por outro lado, porque o objectivo da nossa análise é o de apurar características essenciais que subjazem ao reconhecimento de actos administrativos, características estas que não serão irrelevantes noutras formas de reconhecimento referidas a situações jurídicas ou a decisões judiciais, por exemplo.

Não temos, por isso, a pretensão de cobrir todas as possíveis fenomenologias e *realidades jurídicas* que convocam o reconhecimento, ainda que procuremos encontrar pontes comunicantes entre elas que forneçam pistas para determinar em que consiste, afinal, a tarefa de reconhecimento.

1. Noção de actos administrativos estrangeiros
A explicitação do que se entende por actos administrativos estrangeiros é essencial para o excurso do nosso estudo, pois é sobre estes – e não sobre outras formas de actuação administrativa – que nos debruçaremos, procurando aferir qual o acolhimento que tais actos recebem ou podem vir a receber em ordenamentos jurídicos nacionais.

A tarefa de definição do que, afinal, constiui um *acto administrativo* não é exclusiva do direito administrativo internacional, sendo uma questão central ao enquadramento dogmático do direito administrativo geral. E se ordenamentos jurídicos há em que o conceito de acto administrativo tem permanecido, nas suas características essenciais, grandemente intocado ao longo dos anos[617], noutros, as dúvidas sobre a sua sistematização têm sido grandes,

---

[615] Giacinto della Cananea parece colocar em causa a utilidade de qualquer empreitada que se relacione seja com o reconhecimento, seja com a teoria tradicional dos actos administrativos (cfr. "From the Recogniton of Foreign Acts to Trans-national Administrative Procedures" *Recognition of Foreign Administrative Acts*, Jaime Rodríguez-Arana Muñoz (ed.), Ius Comparatum – Global Studies in Comparative Law 10, Suíça, Springer, 2016, p. 223).

[616] Neste sentido, cfr. Jürgen Basedow, *El Derecho de las Sociedades Abiertas – Ordenación Privada y Regulación Pública en el Conflito de Leyes,* Colombia, Legis, 2017, pp. 304-305.

[617] O direito alemão disso é testemunho, ao cedo ter estabilizado a noção de acto administrativo, como acto de autoridade que define, num caso individual, qual o direito de determinado

ACTOS ADMINISTRATIVOS ESTRANGEIROS

sobretudo quando se dissocia um conceito substantivo de um conceito processual de acto administrativo.

Entre nós, esta disputa foi, até data recente, acesa, opondo-se uma teoria tradicional, que distinguia entre um conceito amplo de actos administrativos – que incluía todos os actos unilaterais e individuais da Administração – e um conceito restrito desses mesmos actos – que abarcava apenas os actos definitivos e executórios[618], e uma teoria que colocava a ênfase no efeito externo dos actos administrativos, deles excluindo actos puramente instrumentais ou auxiliares[619]. Disputa esta que o Código de Procedimento Administrativo, adoptado pelo Decreto-Lei n.º 442/91, de 15 de Novembro, não resolveu, ao ter adoptado uma noção de acto administrativo – *"(...) decisões dos órgãos da Administração que ao abrigo de normas de direito público visem produzir efeitos jurídicos numa situação individual e concreta"* (artigo 120.º) – que, não tendo pretensão de cristalizar o pensamento administrativo, permitia várias interpretações.

Assim, enquanto que para alguns autores a noção de acto administrativo delineada no Código do Procedimento Administrativo, ao referir-se ao conceito de "decisão", apenas visava, de um ponto de vista teleológico, os actos que produziam transformações externas[620], para outros, a noção de acto administrativo deveria ser o mais aberta e ampla possível, dado o número crescente de formas de actuação administrativa[621].

---

sujeito (cfr. OTTO MAYER, *Deutsches Verwaltungsrecht*, 2.º Vol, Leipzig, Verlag von Duncker & Humblot, 1896, p. 95). Cfr. a noção de acto administrativo inscrita legislativamente no § 35 (*Begriff des Verwaltungsaktes*) da Lei do Procedimento Administrativo Alemão [*Verwaltungsverfahrensgesetz* (VwVfG)], que concretiza grande número de características que ainda hoje se assinalam aos actos administrativos.

[618] MARCELLO CAETANO, *Manual de Direito Administrativo*, Volume I, 10.ª ed. (revista e atualizada por Diogo Freitas do Amaral), Coimbra, Almedina, 1980, p. 427 e 443-452.

[619] ROGÉRIO SOARES, *Direito Administrativo – Lições ao Curso Complementar de Ciências Jurídico-Políticas da Faculdade de Direito de Coimbra no Ano Lectivo de 1977/78*, policopiado, Coimbra, 1978, pp. 76-99.

[620] DIOGO FREITAS DO AMARAL, *Curso de Direito Administrativo*, Vol. II, Coimbra, Almedina, 2013, p. 250; MÁRIO AROSO DE ALMEIDA, *Teoria Geral do Direito Administrativo: Temas Nucleares*, Coimbra, Almedina, 2012, p. 115.

[621] VASCO PEREIRA DA SILVA, "Acto Administrativo e Reforma do Processo Administrativo", *Estudos em Homenagem ao Professor Doutor Diogo Freitas do Amaral*. João Caupers, Maria da Glória F.P.D. Garcia, Augusto de Athaíde (org.), Coimbra, Almedina, 2010, p. 81.

Mas se, de um ponto de vista substantivo, a questão subsistiu, de um ponto de vista contencioso – aquele que, precisamente, justificou inicialmente a distinção entre um conceito restrito e amplo de acto administrativo – foi abandonada. A Constituição da República Portuguesa eliminou a referência ao escrutínio judicial de actos definitivos e executórios já na revisão de 1989, e tem-se centrado, desde então, no direito de acesso aos tribunais e de tutela jurisdicional efectiva relativamente a todos os actos que lesem direitos ou interesse legalmente protegidos dos particulares (artigo 268.º, n.º 4)[622]; da mesma forma, o Código de Processo nos Tribunais Administrativos, aprovado pela Lei n.º 15/2002, de 22 de Fevereiro, adopta uma noção que assenta nos efeitos externos dos actos administrativos (artigo 51.º, n.º 1).

Não admira, portanto, que o novo Código do Procedimento Administrativo Português (aprovado pelo Decreto-Lei 4/2015, de 7 de Janeiro) tenha alterado a noção de acto administrativo, para efeitos da sua aplicação, passando a nela integrar as *"(...) decisões que, no exercício de poderes jurídico-administrativos, visem produzir efeitos jurídicos externos numa situação individual e concreta"* (artigo 148.º).

E veremos como, na área que ora nos ocupa, é esta a concepção de actos administrativos que indicativamente nos aproveita, uma vez que nos referimos à aptidão que alguns destes actos têm para regular situações jurídicas que se situam fora do "domínio" da entidade decisora, produzindo, por isso efeitos externos, para poderem ser sujeitos a mecanismos de reconhecimento e de execução transfronteiras[623].

Mas, mesmo que a noção interna do que são actos administrativos se tenha vindo a estabilizar, tal não reduz o interesse e a necessidade de nos debruçarmos sobre matérias de natureza conceitual, dada a amplitude e

---

[622] Sobre esta alteração de perspectiva, cfr. ROGÉRIO SOARES, "Acto Administrativo", *Scientia Iuridica*, 1990, Tomo XXXIX, N.º 223/228, 1990, pp. 25-35; e MARIA TERESA RIBEIRO, "A eliminação do acto definitivo e executório na Revisão Constitucional de 1989", *Revista da Faculdade de Direito da Universidade Católica Portuguesa*, Vol. VI, 1992, pp. 365-400.

[623] Com isto não pretendemos excluir a importância de actos da administração que não têm eficácia jurídica externa no cenário internacional. Para além dos actos não vinculativos a que já nos referimos, é de assinalar o papel que os actos instrumentais (como os pareceres, a solicitação de informação ou de produção de prova) e os actos de execução (como as notificações) têm para uma condução adequada do tráfego e da cooperação administrativa internacional. Sobre esta questão nos pronunciaremos *infra*.

ACTOS ADMINISTRATIVOS ESTRANGEIROS

alguma incoerência que o conceito de acto administrativo tem encontrado no direito administrativo internacional.

De forma ilustrativa, SCHWARZ debruça-se, na sua própria descrição, apenas sobre os actos em sentido estrito, isto é aqueles que visam produzir efeitos directos relativamente à esfera jurídica de privados, o que parece-ria muito similar ao conceito de acto administrativo de que partimos[624]. No entanto, no âmbito dos actos administrativos para que apela, são incluídos aqueles que regulam a esfera jurídica de privados num caso concreto (esta-belecimento de maioridade, tutela, naturalização), aqueles que acolhem ou legalizam vontades privadas (constituição de uma empresa ou casamento) e as autorizações em sentido amplo (certificados de nascimento e óbito, parti-lha de herança, vistos e passaportes)[625].

BISCOTTINI, outro autor de referência na temática que nos ocupa, inclui na noção de actos administrativos todos os actos públicos que concorrem para a ordenação da vida social, incluindo *actos instrumentais* (como certifica-dos) e os actos de *administração pública de direito privado*. E é o próprio Autor a reconhecer que esta noção pode merecer críticas, dada a sua extensão, mas todos os actos a que se refere têm algo em comum: prosseguem finalidades valiosas para a Administração pública[626].

Não colocamos em causa a bondade da definição ampla inicialmente dada por estes Autores, tendo em consideração o seu *ponto de partida* – o de

---

[624] Ao invés, XABIER ARZOZ SANTISTEBAN, *Concepto y Régimen Jurídico del Acto Administrativo Comunitario*, Bilbao, Oñati, 1998, pp. 193-196, acentua, no âmbito dos actos administrati-vos comunitários, a nota da concretude, mas parte de uma noção ampla de eficácia jurídica, admitindo a inclusão de actos não vinculativos naquela noção. Porém, a triagem daqueles efeitos tem vindo a ser levada a cabo pelo Tribunal de Justiça da União, como veremos *infra*. Entre nós, sobre este conceito, cfr. FAUSTO DE QUADROS, "O Acto Administrativo Comunitá-rio", *Colóquio Luso-Espanhol: o Acto no Contencioso Administrativo: Tradição e Reforma*, Luís Filipe Colaço Antunes, Fernando Saínz Moreno (coord.) Coimbra, Almedina, 2005. pp. 63-74; e LUÍS FILIPE COLAÇO ANTUNES, "Um Tratado Francês Lido em Alemão? O Acto Administra-tivo no Direito Comunitário e na sua Jurisprudência", *Colóquio Luso-Espanhol: o Acto no Conten-cioso Administrativo: Tradição e Reforma*, Luís Filipe Colaço Antunes, Fernando Saínz Moreno (coord.) Coimbra: Almedina, 2005, pp. 75-116.

[625] HANNAH SCHWARZ, *Die Anerkennung ausländischer Staatsakte – Innerstaatliche und überstaa-tliche Grundsätze aus dem Gebiete des Internationalen Privatrechts*, Berlin – Grunewald, Verlag für Staatswissenschaften und Geschichte G.m.b.H., 1935, pp. 2-3.

[626] GIUSEPPE BISCOTTINI, "L'Efficacité des Actes Administratifs Étrangers", *Recueil des Cours*, Vol. 104, 1961, Leiden, Sijthoff, 1962, p. 639.

encontrar forma de teorizar a eficácia de actos administrativos estrangeiros, ampliando a sua relevância directa e indirecta noutros ordenamentos jurídicos, relevância que, na altura, era curta ou, pelo menos, era mais curta do que hoje o é. Nem questionamos a necessidade de descortinar formas de acolher ou dar seguimento a actos da Administração pública que não venhamos a qualificar como actos administrativos estrangeiros.

No entanto, a amplitude tradicionalmente associada ao conceito de actos administrativos no direito administrativo internacional nem sempre, como procuraremos demonstrar, permite que se proceda a uma análise suficientemente precisa dos mecanismos de reconhecimento aplicáveis em situações em que não está apenas em causa a relevância além fronteiras de actos que cumprem uma função de interesse público valiosa (como defendia BISCOTTINI), mas de actos que, mais estritamente, convocam o exercício de poderes administrativos de autoridade na conformação de situações jurídico-administrativas que se externalizaram.

A elaboração viva do direito e as novas representações da realidade que aquele traz consigo levam-nos, portanto, a repensar o conceito de acto administrativo estrangeiro, o que faremos de seguida, com a identificação dos principais segmentos que o constituem.

a. Decisão individual e concreta

O acto administrativo estrangeiro é um comando com conteúdo unilateral, dotado das características da autoridade, imperatividade e vinculatividade, e que se refere a um caso particular, não tendo, por isso, uma pretensão imanente de duração, e dirigindo-se, em regra, a um ou mais destinatários determinados. Mesmo que os sujeitos a quem se dirige um acto administrativo participem no processo de formação da vontade administrativa – seja iniciando o procedimento, seja a ele aderindo, aceitando o resultado da prática do acto administrativo –, é a decisão que a Administração toma unilateralmente que define o efeito ou a alteração jurídico-administrativa em causa.

Sendo uma "estatuição" ou "comando" ou "decisão", é essencial a nota da manifestação da vontade da Administração, ainda que por vezes seja a lei que a presuma a partir da omissão desta.

Sendo fundamental esta nota, e apesar de todos os actos administrativos serem, em alguns dos seus elementos, actos vinculados (seja quando à entidade competente; seja quanto à necessidade da sua adopção, verificados os pressupostos legais; seja quanto ao tempo da sua emanação, decorrido o prazo legal; seja quanto ao seu conteúdo, que pode ser, ainda que parcial-

ACTOS ADMINISTRATIVOS ESTRANGEIROS

mente, pré-determinado por lei), é essencial que ainda haja algum, ainda que por vezes reduzido, espaço de conformação da entidade administrativa no caso concreto, sob pena de a característica da "inovação" se perder.

Por isso se tem vindo a considerar os actos devidos, em que a Administração tem um mínimo de poderes discricionários, como actos administrativos, por ser deles – e não da lei à qual se ligam – que resulta a definição jurídica da situação do particular. Também, como veremos, actos de objecto e efeitos declarativos, que constituem certezas jurídicas sobre a ocorrência de um facto ou a existência de uma qualidade e, nessa medida, produzem um efeito jurídico inovador – a produção de fé pública nas relações jurídicas externas –, podem ser integrados na noção de actos administrativos estrangeiros.

A produção de actos individuais e concretos não é, porém, uma especificidade do direito estatal, dada a multiplicação de actos unilaterais das organizações internacionais, dirigidas não apenas a membros destas (caso em que se trata de relações que se compreendem em função do equilíbrio interno à organização), mas directamente a entidades terceiras, que eles próprios designam.

Também, não obstante as diferenças de terminologia, o direito da União prevê a figura das decisões que se aproximam grandemente dos actos administrativos adoptados pelos Estados, ao darem causa à adopção de medidas administrativas individuais[627].

De anotar que a forma que a medida reveste não é decisiva. A existência de decisões sob forma regulamentar (i.e., de actos administrativos encapotados em actos normativos) ou de decisões em sentido material tem sido uma constante nos direitos administrativos nacionais e da União Europeia. E ainda que nem sempre a distinção seja fácil de estabelecer[628], o relevo

---

[627] Esta equiparação acompanha, desde o início, o direito da União Europeia, como resulta do Acórdão *Dineke Algera et al. c. Assembleia Geral da Comunidade Europeia do Carvão e do Aço*, do Tribunal de Justiça de 12 de Julho de 1957, proferido nos processos apensos 7/56, 3/57 a 7/57, que, inclusive, aplicou às decisões administrativas a presunção de validade que se encontrava nos direitos nacionais dos Estados-membros. Note-se que, após o Tratado de Lisboa, o Tratado sobre o Funcionamento da União Europeia mantém a figura das decisões, enquanto actos obrigatórios, admitindo, porém, que possam tanto ser actos genéricos, como individuais, quando designem os seus destinatários (artigo 288.º).

[628] ROGÉRIO SOARES, *Direito Administrativo*, policopiado, Coimbra, s/data, p. 32, distingue, a este propósito, entre as as leis individuais que resolvem a situação de um sujeito determinado e as leis-medida, que visam satisfazer interesses públicos concretos. Sobre as dificuldades de

EFICÁCIA, RECONHECIMENTO E EXECUÇÃO DE ACTOS ADMINISTRATIVOS ESTRANGEIROS

jurídico-prático da mesma é inquestionável, já que uma medida individual e concreta, ainda que sob uma capa normativa, deverá poder ser objecto dos institutos que se apliquem aos demais actos admininstrativos que revistam aquelas características.

b. Adoptada por autoridades estrangeiras

A diferença mais imediata entre actos administrativos nacionais e actos administrativos estrangeiros prende-se com a sua *proveniência*: os primeiros são imputáveis aos órgãos administrativos nacionais e os segundos a entidades que lhes são estranhas e que emitem actos administrativos no âmbito dos sistemas jurídicos que lhe são próprios.

Adoptamos aqui uma noção ampla de autoridades estrangeiras que podem emitir actos administrativos (estrangeiros), podendo tratar-se estes de actos de outros Estados, de organizações internacionais ou de entidades supranacionais[629].

Há quem vá além desta classificação e considere que a noção de reconhecimento engloba actos emanados de organismos estrangeiros de direito privado, como sucede com as arbitragens internacionais e com as actuações de organismos privados que gerem a *internet*[630].

Temos alguma relutância em admitir esta abertura. Quanto às decisões arbitrais, consideramos que o *proxy* mais adequado não é o do reconhecimento de actos administrativos, mas o das sentenças estrangeiras, como o

---

distinção destas figuras no direito da União, cfr. JÓNATAS E. M. MACHADO, *Direito da União Europeia*, 2.ª ed., Coimbra, Coimbra Editora, 2014, pp. 582-583.

Note-se que nem sempre uma medida da qual possam ser deduzidos os números e, inclusive, o nome dos seus destinatários, no momento da sua adopção, deixará de materialmente ser qualificada como um acto normativo (cfr. o Acórdão *Calpak SpA e Società Emiliana Lavorazione Frutta SpA c. Comissão das Comunidades Europeias*, do Tribunal de Justiça de 17 de Junho de 1980, proferido nos processos apensos 789/79 e 790/79). Do mesmo modo, a delimitação da área geográfica de uma medida não permite caracterizá-la como um acto individual (cfr. o Acórdão *Industria Molitoria Imolese at al. c. Conselho das Comunidades Europeias*, do Tribunal de Justiça de 13 de Março de 1968, proferido no processo 30/67).

[629] WILHELM KARL GECK, "Anerkennung Fremder Hoheitsakte", *Wörterbuch des Völkerrecht*, Vol. I, Hans-Jürgen Schlochauer (dir.), Berlin, Verlag Walter de Gruyter & Co., 1960, p. 55, considera que todas estas actuações podem dar lugar ao fenómeno do reconhecimento.

[630] KRYSZTOF WOJTYCZEK, "L'Ouverture de L'Ordre Juridique de L'État aux Actes de Puissance Publique Étrangers (L'Exemple des Instruments de L'Union Européenne en Matiére D'Immigration)", *European Review of Public Law*, Vol. 21, N.º 1, 2009, p. 111.

ACTOS ADMINISTRATIVOS ESTRANGEIROS

demonstram os termos em que se encontra desenhada na Convenção Sobre o Reconhecimento e a Execução de Sentenças Arbitrais Estrangeiras, celebrada em Nova Iorque, de 1958.

No que se refere à "exemplar" actuação da ICANN, também não nos parece que se possa falar de actos administrativos estrangeiros e do seu reconhecimento, dados os termos da complexa parceria público-privada que se estabelece entre aquela entidade privada com poderes regulatórios, os Estados e as entidades responsáveis pela gestão do domínio de topo do código de cada país (ou agentes de registo).

De acordo com aquela parceria, estes agentes devem reger-se pelas normas estabelecidas pelos Estados quanto ao registo dos domínio, sendo os Estados os responsáveis primários pelo controlo da sua actuação[631]. Neste sentido apontam expressamente os *"Principles For The Delegation And Administration Of Country Code Top Level Domains"*, de 23 de Fevereiro de 2000, ao distribuírem de uma forma que não dispensa – mas pressupõe activamente e não apenas a título recognitivo – a intervenção dos Estados e de agentes de registo na concretização dos princípios regulatórios da ICANN[632].

---

[631] Estados ou União Europeia no âmbito do domínio de topo.eu [cfr. Regulamento (CE) n.º 733/2002, do Parlamento Europeu e do Conselho, de 22 de Abril de 2002, relativo à implementação do domínio de topo.eu, e Regulamento (CE) n.º 874/2004 da Comissão, de 28 de Abril de 2004, que estabelece as regras de política de interesse público relativas à implementação e às funções do domínio de topo.eu, e os princípios que regem o registo].

[632] Referindo-se a uma re-nacionalização da *internet*, dada a importância dos Estados na definição de regras estaduais para os domínios de topo e da sua intervenção em sede da ICANN, por via do "Governmental Advisory Comitee", cfr. ROBERT UERPMANN-WITTZACK, "Multilevel Governance involving the European Union, Nation States and NGOs", *Multilevel Regulation and the EU: The Interplay between Global, European and National Normative Processes*, Andreas Follesdal, Ramses A. Wessel, Jan Wouters (eds.), Leiden, Brill, 2008, pp. 161-163. No mesmo sentido, de que no âmbito de redes informais públicas e privadas ou de intervenção de autoridades de regulação globais são as jurisdições nacionais que devem assumir o papel de autoridades de implementação e de controlo, cfr. LORENZO CASINI, "Domestic Public Authorities within Global Networks: Institutional and Procedural Design, Accountability, and Review", *Informal International Lawmaking*, Joost Pawleyn, Ramses A. Wessel e Jan Wouters (eds.), Oxford, Oxford University Press, 2012, pp. 405-408. Esta remissão para a concretização ao nível comunitário e/ou estadual surge também noutros regimes regulatórios internacionais, como sucede com as licenças de emissões, no âmbito do Protocolo de Quioto, e com a Convenção de Aarhus sobre Acesso à Informação, Participação do Público no Processo de Tomada de Decisão e Acesso à Justiça em Matéria de Ambiente.

EFICÁCIA, RECONHECIMENTO E EXECUÇÃO DE ACTOS ADMINISTRATIVOS ESTRANGEIROS

Com isto não queremos excluir que o reconhecimento de actos administrativos estrangeiros se venha a referir a actos emanados por autoridades privadas – como, por exemplo, diplomas emitidos por universidades privadas –, mas desde que estas estejam munidas de poderes específicos para o efeito, substituindo a intervenção de autoridades públicas[633]. Neste caso, é necessário uma habilitação concreta para o exercício de funções públicas administrativas, habilitação esta que é o resultado de "uma prévia e importante decisão sobre organização administrativa"[634] e cujo exercício é objecto

Referindo-se à individualização de "actos unilaterais transnacionais" emitidos por operadores internacionais privados, mas acentuando que a palete de sanções aliadas ao seu não cumprimento são essencialmente morais, profissionais e financeiras, cfr. DOMINIQUE CARREAU, FABRIZIO MARELLA, *Droit International*, 11.ª ed., Paris, Pedone, 2012, pp. 287-291.

Mais recentemente, casos há em que partes ou organizações, públicas ou privadas, são chamadas a desempenhar o papel activo de *agentes de protecção* em matéria de refugiados, desde que estes controlem o Estado ou uma parcela significativa do respectivo território e desde que estejam dispostos e tenham capacidade para conferir protecção. No entanto, esta sua capacidade é essencialmente a de intermediação, devendo sempre accionar um sistema jurídico eficaz de protecção, no qual se encontrarão as medidas a adoptar (cfr. artigo 7.º da Directiva 2011/95/UE do Parlamento Europeu e do Conselho, de 13 de Dezembro de 2011; e MARIA O'SULLIVAN, "Acting the Part: Can Non-State Entities Provide Protection Under International Refugee Law?", *International Journal of Refugee Law*, Vol. 24, N.º 1 2012, pp. 85–110).

[633] KLAUS WALLNÖFER fundamenta essa qualificação por os requisitos atestados por estas entidades privadas serem considerados estáveis e verídicos, dado o controlo administrativo de que aquelas entidades e a sua actuação são alvo (cfr. "Is the Non-recognition of Private Diplomas Objectionable?", *Vienna Online Journal on International Constitutional Law*, Vol. 4, 2010, disponível em http://heinonline.org, acesso em 21 de Março de 2015, pp. 685-686).

Cfr., ainda, as receitas médicas emitidas noutros Estados-membros, que estão ao abrigo do princípio do reconhecimento mútuo (artigo 11.º da Directiva 2011/24/UE do Parlamento Europeu e do Conselho. de 9 de Março 2011, relativa ao exercício dos direitos dos doentes em matéria de cuidados de saúde transfronteiriços, que admite, todavia, excepções necessárias, proporcionais e não discriminatórias para proteger a saúde humana, excepções resultantes de dúvidas legítimas e justificadas sobre a au tenticidade, o conteúdo ou a inteligibilidade da receita e, ainda, de razões éticas relevantes para o Estado de destino). Para maiores desenvolvimentos, cfr. MIGUEL GORJÃO-HENRIQUES, "A Directiva 2011/24/UE e o Mercado Interno da Prestação de Cuidados De Saúde: Da Proposta Bolkenstein À Próxima Transposição. Alguns Pressupostos E Desafios", *Temas de Integração*, Vol. 31-32, N.º 1-2, 2011, p. 309).

[634] MANUEL IZQUIERDO CARRASCO, "Algunas Cuestiones Generales a Propósito del Ejercicio Privado de Funciones Públicas en el Ámbito de la Seguridad Industrial", *Os Caminhos da Privatização da Administração Pública – IV Colóquio Luso-Espanhol de Direito Administrativo*, Coimbra, Coimbra Editora, 2001, p. 399.

ACTOS ADMINISTRATIVOS ESTRANGEIROS

de controlo por parte da Administração habilitante. Desta sorte, os actos das entidades privadas ou de órgãos ocasionais qualificam-se como actos administrativos nos mesmos termos em que como tais se qualificariam se fossem praticados por órgãos de entidades públicas institucionais[635].

Nem sempre, porém, é límpido caracterizar a proveniência de alguns actos administrativos.

Para além das dúvidas que suscitaremos aquando da clarificação da nossa tipologia de actos administrativos estrangeiros, há outras questões mais enraizadas, desde logo na qualificação do acto (se nacional se estrangeiro) em que intervenham simultaneamente duas Autoridades: o Estado de destino, no qual o acto se destina a produzir efeitos, e uma autoridade estrangeira, como nas hoje anacrónicas situações de *condominium,* ou nas mais críveis situações de exercício de competências de planeamento ou de decisões de afectação do solo tomadas em conjunto por vários Estados[636].

DEVOLVÉ aponta aqui para a natureza estrangeira do acto administrativo[637]. Fá-lo, essencialmente, para efeitos do controlo daqueles actos, uma

---

[635] Dúvidas se suscitam quanto aos certificados de conformidade. Pendemos para a posição segundo a qual não devem ser considerados como actos administrativos, por não estabelecerem uma regulação jurídica vinculativa de uma situação, mas apenas mecanismos facultativos de prova (cfr. JENS HOFMANN, *Rechtschutz und Haftung im Europäischen Verwaaltungsverbund,* Berlin, Dunckler & Humblot, 2004, pp. 42-44). Nisto se diferenciam da acreditação dos estabelecimentos de certificação, já que esta acreditação será um acto administrativo, que pode vir a ter efeitos transnacionais: um organismo acreditado pode vir a exercer a actividade noutros Estados, não podendo os certificados por eles emitidos ser rejeitados por razões relacionadas com a competência técnica desses organismos (cfr. artigo 5.º do Regulamento (CE) 764/2008, de 9 de Julho, do Parlamento Europeu e do Conselho, que estabelece procedimentos para a aplicação de certas regras técnicas nacionais a produtos legalmente comercializados noutro Estado-Membro, e que revoga a Decisão n.º 3052/95/CE). O que não significa que estes certificados sejam indiferentes em matéria de reconhecimento, como já vimos.

[636] Apesar da difícil caracterização dos intrumentos de planeamento, tidos internamente como actos regulamentares, pelo menos para efeitos contenciosos, é inegável que os mesmos são incorporados na aprovação de actos administrativos ou de acordos internacionais. No caso, essa aprovação será feita conjuntamente por duas entidades estaduais distintas ou por uma entidade por estas constituída, não sendo possível cindir os efeitos territoriais do plano das decisões adoptadas por aquelas entidades. Genericamente, cfr. MICHAEL BOTHE, "Rechtprobleme grenzüberschreitender Plannung", *Archiv des Öffentlichen Rechts,* Vol. 102, 1977, p. 73, refere-se a obrigações de concertação procedimentais e materiais vinculativas para ambos os Estados.

[637] PIERRE DEVOLVÉ, *L'Acte Administratif,* Paris, Sirey, 1983, p. 58.

vez que a via judicial não deve ser dirigida apenas a um dos Estados envolvidos[638]. Concordamos, em princípio, com o Autor, com duas ressalvas: a primeira, a de que a ausência de controlo judicial nacional deve ser colmatada pela previsão de mecanismos de garantia judicial próprios aplicáveis a estas situações; a segunda a de que – ao invés do que sucede nos demais actos administrativos internacionais a que nos referiremos – a participação do Estado preclude a invocação de quaisquer cláusulas de salvaguarda do interesse ou dos valores públicos essenciais nacionais, eliminando-se, assim, o último reduto ou nível de controlo passível de ser aplicado ao nível do reconhecimento.

Note-se, ainda, quanto a esta característica da proveniência, que o *território* é um laço não determinante na identificação de um acto administrativo estrangeiro, uma vez que os actos podem ser adoptados no próprio país do reconhecimento (por exemplo, por oficiais de um Estado que aí se encontrem, como os oficiais consulares ou diplomáticos, ou como oficiais destacados no âmbito da política Schengen), mas, em qualquer caso, continuam a ser imputados a entidades diversas daquele Estado, continuando a ser actos administrativos estrangeiros. Mais dúvidas nos suscitarão as situações em que um órgão do Estado ou de uma Autoridade estrangeira assumam poderes de administração territorial de um (outro) Estado e as exerçam inclusive fisicamente no Estado administrado. Mas, antecipemo-lo, consideramos estar aqui perante actos administrativos *supranacionais* (e não internos ao Estado administrado), mas cuja inserção no ordenamento jurídico de reconhecimento está, à partida, assegurada, tendo por base os acordos que se encontram subjacentes a esta situação de administração[639].

É de assinalar, por último, que a relevância de um acto administrativo estrangeiro apenas surge por via de um encontro de autoridades: a dimensão

---

[638] Assim o decidiu o Conselho de Estado Francês, em 2 de Dezembro de 1970 (n.º 79794), considerando incompetente o pedido do *"Syndicat Independant Des Fonctionnaires Du Condominium Des Nouvelles-Hebrides"*, de anulação de um regulamento conjunto que fixava as regalias de fins de carreira dos seus trabalhadores.

[639] Acordos estes que comprometem, nos termos dos artigos 79.º, 83.º e 85.º da Carta das Nações Unidas, não apenas os Estados interessados, como ainda as Nações Unidas, que aprova tais acordos (GIUSEPPE VEDOVATO, "Les Accords de Tutelle", *Recueil des Cours,* Tomo 56, 1950-I, Paris, Recueil Sirey, 1951, p. 624). Não obstante, são diferentes as obrigações assumidas pelas várias entidades envolvidas, referindo-nos nós especificamente aos actos administrativos proferidos pelo Administrador ou Administradores do território.

ACTOS ADMINISTRATIVOS ESTRANGEIROS

relacional é essencial à sua identificação: o que antes era um acto interno a um determinado sistema jurídico externaliza-se e, perante as autoridades estatais estrangeiras, surge "transfigurado" como um acto administrativo estrangeiro.

Esta dimensão relacional do direito administrativo não é, porém, tida usualmente em conta nas legislações internas sobre o procedimento administrativo, que se cingem à regulação dos actos administrativos nacionais. No direito português, apesar de na transição do Código do Procedimento Administrativo de 1991 para o Novo Código de Procedimento Administrativo de 2015 se ter perdido a nota orgânica na definição de actos administrativos, tratando-se, agora, de uma noção material[640], tal não significa que contanto se tenha alterado a perspectiva do legislador nacional, uma vez que nenhuma referência faz, tirando a disposta no artigo 19.º, à abertura do direito administrativo nacional ao exterior[641].

Do mesmo modo, se é meritório tentar deduzir-se da amplitude do artigo 2.º, n.º 1 do novo Código do Procedimento Administrativo a aplicabilidade das regras relativas aos princípios, procedimento e actividade administra-

---

[640] João Caupers, "Comentários ao Projecto de Revisão do Código do Procedimento Administrativo", *Direito & Política*. 2013, July-October, No 4, p. 157.

[641] Esta norma, que introduz expressamente o princípio da cooperação leal, tem sido vista como insatisfatória pela doutrina, por não fazer referência a outras situações de co-administração entre a União Europeia e Estados-membros (Lourenço Vilhena de Freitas, "Comentários ao Projecto de Revisão do Código do Procedimento Administrativo", *Direito & Política*, N.º 4, Julho-Outubro, 2013, p. 162); por esquecer outros níveis de cooperação administrativa que vão para além da União [Miguel Prata Roque, "O Nascimento da Administração Eletrónica num Espaço Transnacional (Breves Notas A Propósito Do Projeto De Revisão Do Código do Procedimento Administrativo), *E-Pública – Revista Electrónica De Direito Público*, N.º 1, 2014, disponível em http://e-publica.pt/pdf/artigos/onascimento.pdf, acesso em 28 de Julho de 2015, p. 12]; e por ignorar toda a complexa área das situações jurídicas transnacionais (Jorge Silva Sampaio, "Um novo Código", *Advocatus*, Setembro, 2013, p. 24).

A legislação portuguesa ficou, nesta parte, aquém do esperado, adoptando uma perspectiva tradicional do direito administrativo, uma vez que não incluiu alguns dos elementos de *modernidade* propostos por Javier Barnes, "Reforma e innovación del procedimiento administrativo": o enquadramento da acção administrativa europeia e internacional /transnacional, o da dimensão da privatização do procedimento e o das actuações administrativas não formalizadas (cfr. *La Transformación del Procedimiento Administrativo*, Javier Barnes (ed.), Global Law Press, Sevilla, 2008, pp. 11-70).

tiva a actos administrativos estrangeiros[642], queda tal desiderato tolhido pela ausência de quaisquer regras sobre competência internacional da Administração portuguesa e sobre reconhecimento de intervenção de autoridades estrangeiras. Regras estas que permitiriam identificar em que medida se podem aplicar normas desenhadas para enquadrar a actividade jurídica de regulação primária da Administração a situações em que a sua intervenção é de natureza *recognitiva*[643], sujeita por isso a princípios e critérios específicos de reconhecimento.

c. Com efeitos externos e aptidão extraterritorial

Como já tivemos oportunidade de aduzir, integram-se dentro do conceito de actos administrativos estrangeiros os comandos vinculativos, que se destinam a produzir efeitos jurídicos externos, positivos ou negativos, relativamente aos seus destinatários, alterando, destarte, a posição jurídica destes.

Em causa estarão, portanto, actos em virtude dos quais se constituem, modificam ou extinguem relações jurídicas, se decide um conflito ou se define inovatoriamente o direito para o caso concreto.

Esta característica permite-nos distinguir, desde logo, as situações em que os *actos administrativos estrangeiros* têm como vocação imediata a produ-

---

[642] MIGUEL PRATA ROQUE, "O Nascimento da Administração Eletrónica num Espaço Transnacional (Breves Notas A Propósito Do Projeto De Revisão Do Código do Procedimento Administrativo), *E-Pública – Revista Electrónica De Direito Público*, N.º 1, 2014, disponível em http://e-publica.pt/pdf/artigos/onascimento.pdf, acesso em 28 de Julho de 2015, p. 13.

[643] Pronunciámo-nos já neste sentido: DULCE LOPES, "Recognition of Foreign Administrative Acts in Portugal", *Recognition of Foreign Administrative Acts*, Jaime Rodríguez-Arana Muñoz (ed.), Ius Comparatum – Global Studies in Comparative Law 10, Suíça, Springer, 2016, pp. 263-284.

Veja-se que no Código de Procedimento Administrativo Húngaro foram recentemente aditadas algumas disposições que visam regular os efeitos de actos administrativos estrangeiros, quais sejam os do seu efeito probatório (artigo 52.º) e do seu reconhecimento e execução (artigos 137.º a 139.º). Assim, uma decisão estrangeira pode ser executada com base numa disposição legislativa ou regulamentar nacional, com base num acto obrigatório da União ou com base na reciprocidade, ou, subsidiariamente das normas gerais do Código do Procedimento Administrativo, mesmo que se trate de uma sanção administrativa (cfr., para maiores desenvolvimentos, ISTVÁN BALÁZS, MARIANNA NAGY, KRISZTINA ROZSNYAI, "La reconnaissance des actes administratifs étrangers en Hongrie», *Recognition of Foreign Administrative Acts*, Jaime Rodríguez-Arana Muñoz (ed.), Ius Comparatum – Global Studies in Comparative Law 10, Suíça, Springer, 2016, pp. 207-210).

ção de efeitos externos[644], sem necessitarem de qualquer acto complementar do Estado de destino, daquelas em que a concretização de actos ou normas estrangeiras passa pela adopção de *actos administrativos nacionais*, como sucede nas usuais situações de colocação em marcha do direito da União Europeia por parte dos Estados-membros, em que são estes que definem, com maior ou menor capacidade discricionária, as autorizações a conceder ou as sanções a aplicar aos destinatários da sua acção[645].

Mas não basta este efeito externo, em face da entidade emitente, para que possamos caracterizar um acto como acto administrativo estrangeiro. Dada a dimensão relacional destes, só fará sentido tal qualificação sempre que o acto vise penetrar uma esfera de autoridade que não a sua, procurando alguma forma de acolhimento num ordenamento jurídico estrangeiro.

Não tem, porém, de haver uma situação jurídica com elementos *iniciais* e *genuínos* de extraneidade – i.e. que se trate de uma situação marcada originariamente pela conexão com vários ordenamentos jurídicos – para que um acto administrativo estrangeiro se projecte no exterior. Os contactos com o ordenamento jurídico de acolhimento podem surgir posteriormente, por força do surgimento ou da alteração de um ou mais elementos relevantes da situação regulada pelo acto administrativo que lhe confiram uma dimensão superveniente de estraneidade.

Os actos que procuraremos estudar são, portanto, aqueles que *originária* ou *supervenientemente* têm um vínculo com vários ordenamentos jurídicos[646].

---

[644] Adoptando este ponto de partida – o da análise de actos que visam produzir efeitos imediatos relativamente a pessoas e coisas – ainda que relativamente a um conceito mais amplo de actos de autoridade (conceito que inclui áreas como a penal e a fiscal), e justificando esta perspectiva na necessidade de garantir a coerência na análise encetada, cfr. HANS-JÜRGEN SCHLOCHAUER, *Die extraterritoriale Wirkung von Hoheitsakten – Nach dem öffentlichen Recht der Bundesrepublik Deutschland und nach internationalem Recht*, Frankfurt am Main, Vittorio Klostermann, 1962, pp. 11-12.

[645] PIERRE DEVOLVÉ, *L'Acte Administratif*, Paris, Sirey, 1983, p. 59 coloca o ênfase na capacidade discricionária de intervenção do Estado de destino para distinguir entre actos administrativos estrangeiros e nacionais.

[646] PROSPER FEDOZZI distingue, nesta linha, os seguintes tipos de actos administrativos: os actos que são emitidos apelando directamente a uma expansão territorial (passaportes, certificados de origem e sanitários), os actos que não se destinam originariamente à vida internacional, mas que comprovam situações constituídas no estrangeiro (reconhecimento de nacionalidade, emissão de diplomas e de licenças de caça), os actos administrativos de direito privado e as decisões (os actos que resolvem uma controvérsia), aos quais em regra se

EFICÁCIA, RECONHECIMENTO E EXECUÇÃO DE ACTOS ADMINISTRATIVOS ESTRANGEIROS

Faz-se apelo aqui à distinção, com raiz no direito internacional privado, entre relações jurídicas absoluta e relativamente internacionais (consoante tenham contactos com vários ordenamentos jurídicos ou apenas com um ordenamento jurídico, que não o do foro)[647], caindo ambas no âmbito de indagação de disciplinas que se ocupam do relacionamento entre autoridades públicas e entre estas e os destinatários da sua intervenção, em especial quando está em causa o fenómeno do reconhecimento.

Autores há que, inversamente, parecem limitar estes efeitos do reconhecimento a actos com eficácia transnacional superveniente[648], dado o ponto de que partem e que passa por considerar que os actos originariamente transnacionais devem ser regidos por regras de conflitos jurídico-públicas.

No entanto, mesmo admitindo-se este ponto de partida – o que não só não corresponde à prática estadual, como não encontra amplo acolhimento legal –, ainda que se assegure que um Estado aplique regras de conflitos na determinação do direito administrativo competente, tal não determina que, mesmo perante o Estado cujo direito acabou por ser mobilizado – por ser aquele que demonstrava ter um contacto mais próximo com a situação –, a decisão venha a nele ser facilmente reconhecida. Na verdade, a aplicação do direito de um Estado não é uma condição *necessária* ou *suficiente* para o reconhecimento de actos administrativos estrangeiros.

O que significa que, mesmo numa situação originariamente internacional, à qual tenham sido aplicadas regras de conflitos do foro (que apontem para a aplicação de um ordenamento jurídico estrangeiro), não se exclui a

---

negavam efeitos extraterritoriais, mas não efeitos como meio de prova ou enquanto pressuposto de direitos subjectivos privados (cfr. "De L'Efficacité Extraterritoriale des Lois et des Actes de Droit Public", *Recueil des Cours*, Tomo 27 – II, 1929, Paris, Librairie Hachette, 1930, pp. 185-196).

[647] Diferenciação proposta por DANIEL JOSEPHUS JITTA, *La Méthode du Droit International Privé*, La Haye, Belinfante frères, 1890, pp. 200-215.

[648] Cfr. a posição de MIGUEL PRATA ROQUE que distingue entre situações jurídico-administrativas puramente internas, originariamente transnacionais e supervenientemente transnacionais, considerando que as soluções jurídicas destas duas últimas devem ser diferenciadas, estando o reconhecimento reservado para as situações supervenientemente transnacionais (cfr. *A Dimensão Transnacional do Direito Administrativo – Uma visão cosmopolita das situações jurídico-administrativas*, AAFDL, Lisboa, 2014, pp. 346-351 e pp. 538-539). Paralelamente, também INÊS FERREIRA LEITE distingue entre infracções com elementos de extraneidade em sentido próprio (*ab initio*) e infracções com elementos de extraneidade supervenientes (cfr. *O Conflito de Leis Penais – Natureza e Função do Direito Penal Internacional*, Coimbra, Coimbra Editora, 2008, p. 216).

ACTOS ADMINISTRATIVOS ESTRANGEIROS

relevância da questão do reconhecimento à luz de um ordenamento jurídico estrangeiro, cujas normas foram as aplicadas, mas cujo ordenamento jurídico não quer prescindir do controlo nacional das condições de reconhecimento dos actos que nele venham a produzir efeitos.

Da nossa parte, como nos centramos na eficácia, reconhecimento e execução de actos administrativos estrangeiros, aquele contacto internacional exigível para motivar o reconhecimento pode reduzir-se à pretensão de um acto ser reconhecido ou executado por um Estado estrangeiro, em virtude de alteração de residência do seu destinatário; de trânsito de bens ou de serviços; da localização dos bens a executar; portanto a um elemento posterior à decisão do acto administrativo, ou que apenas assume relevo jurídico em data posterior a essa emissão.

No entanto, como veremos, é usual que alguns actos tenham *ab origine* elementos de extraneidade ou propensão para a extraterritorialidade, sendo que também estes levantam problemas relacionados com a sua eficácia, reconhecimento e execução. Há actos administrativos marcados pela alteridade desde o momento do seu surgimento, sendo a sua vocação imanente a produção de efeitos extraterritoriais, almejando, portanto, a algum grau de eficácia, reconhecimento ou execução fora de portas. Esta ligação extraterritorial originária depende não apenas da circunstância de os actos administrativos terem como objecto destinatários que se encontram para além da esfera de domínio da entidade emitente, podendo igualmente resultar da afectação de interesses estrangeiros (próximos, como nas zonas de fronteira, ou mais alargados, como sucede no domínio ambiental)[649].

Mais, dada a endémica ausência de regras de competência internacional que distribuam as competências de apreciação pelas autoridades administrativas, é também possível que o interessado aproveite um acto praticado por uma autoridade pública – seja porque este era o único ordenamento conectado com a situação, seja porque este eventualmente apresenta um enquadramento jurídico mais favorável aos interesses do requerente – para o fazer valer, posteriormente, perante as autoridades de outro Estado, evitando a reapreciação da situação noutro ordenamento jurídico.

Este nosso entendimento sobre a *aptidão extraterritorial* dos actos administrativos – aptidão que se pode manifestar apenas num momento poste-

---

[649] MARTIN KMENT, "Transnationalität im Verwaltungsrecht", *Transnationales Recht,* Gralf-Peter Caliess (ed.), Tübingen, Mohr Siebeck, 2014, pp. 338-344.

EFICÁCIA, RECONHECIMENTO E EXECUÇÃO DE ACTOS ADMINISTRATIVOS ESTRANGEIROS

rior à emissão daqueles actos, tendo em consideração a sua incidência sobre situações marcadas pela mobilidade – poderá ser criticado pela sua excessiva abertura, de tal forma que, tirando algumas honrosas excepções[650], todos os actos administrativos poderiam ser qualificados como actos administrativos estrangeiros.

Não nos parece que assim seja.

Isto porque a aptidão extraterritorial dos actos administrativos estrangeiros é apenas uma das característica destes actos. A autonomia desta figura apenas surge quando, numa situação concreta e perante autoridades diferentes da emitente, se discute a eficácia, reconhecimento ou execução de um específico acto administrativo, que reveste aptidão extraterritorial.

Acresce que, dentro destes actos administrativos estrangeiros, iremos distinguir entre aqueles que *se destinam a produzir efeitos* no exterior; aqueles que têm uma *aptidão normal para produzir efeitos* no exterior e aqueles que *são passíveis de produzir efeitos* no exterior. Há portanto várias intensidades possíveis quanto à aptidão extraterritorial de cada acto, podendo proceder-se a uma associação entre a tipologia de actos administrativos estrangeiros e a sua diferenciada aptidão extraterritorial.

O que ameniza a abertura inicial com que caracterizámos aquela pretensão ou vocação extraterritorial dos actos administrativos estrangeiros.

d. *Proferida no exercício da função administrativa*

Esta nota demanda que os actos administrativos estrangeiros sejam emanados tendo por base disposições de direito administrativo ou no exercício da função administrativa.

---

[650] Como sucederia com actos de licenciamento urbanístico, que não tenham impacto ambiental fora do Estado pelo e para o qual foram emitidos. Mesmo quanto aos actos de afectação de espaço com eficácia extraterritorial, há quem considere que em causa não estará o reconhecimento dos mesmos, mas apenas a sua tomada em consideração pelo Estado vizinho (cfr. MINH SON NGUYEN, "Droit Administratif International", *Zeitschrift für Schweizerisches Recht*, Vol. 125, II, 2006, p. 127). Pensamos que pode haver alguma modalidade de reconhecimento também nestes casos, na medida em que aqueles actos podem precludir, de forma severa, o exercício de competências urbanísticas no Estado vizinho, em face do princípio da incompatibilidade de usos. Tratando de forma próxima a eficácia extraterritorial dos actos administrativos e dos planos urbanísticos e ambientais, cfr. MARTIN KMENT, *Grenzüberschreitendes Verwaltungshandeln – Transnationale Elemente deutschen Verwaltungsrechts*, Tübingen, Mohr Siebeck, 2010, pp. 269-286.

ACTOS ADMINISTRATIVOS ESTRANGEIROS

No âmbito dos direitos nacionais, na linha fluida de distinção entre direito público e privado, é difícil identificar um âmbito de intervenção próprio do direito administrativo. Usualmente, por via desta característica, distinguem--se os actos emanados de sujeitos administrativos que pertençam material-mente à função administrativa, dos actos que pertençam às demais funções estaduais: a legislativa, política ou jurisdicional.

Assim, terá de se ter em consideração se os actos em causa são essencial-mente atinentes a matéria administrativa, o que não acontecerá se eles intro-duzirem uma *normação primária* da vida social, que se apresenta no desenvol-vimento directo da Constituição, função esta reservada aos actos legislativos.

Não obstante, a progressiva coincidência num mesmo órgão estatal – em regra, o órgão governamental – de poderes legislativos e administrativos, a comum concentração num mesmo diploma de disposições legislativas e administrativas e os mais recentes fenómenos de deslegalização têm dificul-tado a distinção entre estas duas funções estaduais, sendo sempre necessá-rio, portanto, analisar a materialidade dos actos administrativos incluídos em diplomas de natureza formalmente legislativa, como assinalámos *supra*. Do mesmo modo, sempre que não se consiga distinguir a função legislativa da administrativa, pelas características da generalidade e abstracção da pri-meira *versus* a individualidade e concreteza da segunda, é necessário fazer intervir critérios como os da primariedade, essencialidade ou novidade da lei, por oposição à Administração.

Também a distinção entre a esfera administrativa e política tem vindo a esbater-se. Já não é possível afirmar-se que os actos administrativos do Estado terminam na sua fronteira e tudo o que está para além dela são actos de governo[651]. Isto na medida em que a definição de *opções essenciais à vida pública* (situação que apela para o exercício da função política do Estado[652]) e a sua

---

[651] ORESTE RANELLETTI, ANTONIO AMORTH, "Atti del Governo", *Scriti Giuridici Scelti*, Tomo III – Gli Atti Amministrativi, Camerino, Facoltà di Giurisprudenza dell'Università di Camerino, 1992, p. 726.

[652] Como tem acentuado a nossa jurisprudência, são os actos políticos os que têm por objecto directo e imediato a conservação da sociedade política e a definição e prossecução do inter-esse geral mediante a livre escolha dos rumos ou soluções considerados preferíveis, sendo, por isso, praticados pelos órgãos superiores do Estado; já a função administrativa destina-se, a jusante, a pôr em prática as orientações gerais traçadas pela política com vista a assegurar em concreto a satisfação das necessidades coletivas de segurança e de bem-estar das pes-soas. Na prática, a rede normativa que procede a emissão de actos administrativos é relevante

EFICÁCIA, RECONHECIMENTO E EXECUÇÃO DE ACTOS ADMINISTRATIVOS ESTRANGEIROS

concretização por via administrativa não são sempre fáceis de traçar, projectando-se tanto no plano interno, como, veremos, no plano internacional.

A distinção entre uma perspectiva política e uma técnico-jurídica, na visão de Jèze[653], encontra-se cada vez mais em crise, quando se percebe que muitas questões que eram perspectivadas do ponto de vista político não são hoje imunes ao império do direito, sobretudo quando se tem em consideração o relevo de princípios fundamentais como os da igualdade, proporcionalidade e da subsidiariedade e a circunstância de as opções políticas estarem grandemente cristalizadas em diplomas de índole legislativa ou provirem de foros internacionais ou europeus[654]. Em sentido contrário, também o direito administrativo não é apenas o reino da técnica, pois encontra-se imbuído de maior ou menor liberdade conformadora das suas opções e de uma dimen-

---

para qualificar os actos de "alta administração" como actos administrativos, como sucedeu recentemente no Acórdão do Tribunal Central Administrativo Sul, de 18 de Dezembro de 2014, proferido no processo 11571/14, que considerou como administrativos e, por isso, sindicáveis actos de encerramento de escolas; actos estes que tradicionalmente eram vistos como políticos (cfr., já, DOMINGOS FESAS VITAL, "Do Acto Jurídico", *Estudos de Direito Público*, Coimbra, Imprensa da Universidade de Coimbra, 1914, pp. 12-14).

Esta qualificação como actos políticos quanto às decisões de encerramento de maternidade também já havia sido recusada no Acórdão do Supremo Tribunal Administrativo, de 6 de Março de 2007, proferido no processo 01143/06, tendo, porém, o Tribunal adoptado uma posição de deferência judicial (criticando esta posição de deferência nas situações de *discricionariedade pura* da Administração, quanto aos actos de promoção de ministros plenipotenciários, cfr. JOÃO CAUPERS, "Atos Políticos – Contributo para a sua Delimitação", *Cadernos de Justiça Administrativa*, N.º 98, Março, Abril, 2013, pp. 3-13).

O Supremo Tribunal Administrativo, nos seus Acórdãos de 25 de Novembro de 2010, proferido no processo 762/10, e de 9 de Dezembro de 2010, proferido no processo 0855/10, recusou, porém, ver um acto administrativo na imposição, pelo Orçamento de Estado, de transferências de verbas das autarquias locais para o Sistema Nacional de Saúde, ao alegar tratar-se de um acto político, o que nos parece corresponder a uma leitura excessivamente ampla desta categoria e que contraria uma tendência que nos parecia mais conforme à regra de Direito.

[653] GASTON JÈZE, *Cours de Droit Public (Licence)*, Paris, Marcel Girard, 1992, pp. 3-6.

[654] Sobre a influência da progressiva afirmação do Estado de Direito na *redução substancial* da categoria dos actos políticos, cfr. CRISTINA M. M. QUEIROZ, *Os Actos Políticos no Estado de Direito. O Problema do Controle Jurídico do Poder*, Coimbra, Almedina, 1990, p. 216; defendendo que a categoria de actos de governo não deve conduzir a situações de impunidade, MICHEL VIRALLY, "L'introuvable 'acte de gouvernement'", *Revue du Droit Public et de la Science Politique en France et à l'Étranger*, 1952, pp. 355-358.

ACTOS ADMINISTRATIVOS ESTRANGEIROS

são estratégica na definição destas (que passa pela definição de políticas públicas)[655].

Assim, ainda que haja situações mais claras de distinção entre a função política primária, que se desenvolve em execução imediata da Constituição (como os actos auxiliares de direito constitucional, actos diplomáticos, de defesa nacional, de clemência), há actos de qualificação mais difícil, dadas as dimensões de orientação político estatégica da actividade administrativa, no entendimento de VIEIRA DE ANDRADE[656].

Por último, não obstante a função administrativa tenha como objecto principal a resolução de questões concretas de natureza jurídico-administrativa, há uma diferença de relevo entre esta competência e o ajuizamento, em definitivo e de acordo com critérios de justiça, de um *conflito de interesses* ou a resolução imparcial de uma *situação jurídica*, caso em que se estará perante o exercício da função judicial[657].

---

[655] PAULO OTERO, *Manual de Direito Administrativo*, Vol. I, Coimbra, Almedina, 2013, pp. 307-309, fala, a este propósito, da ultrapassagem do mito de uma Administração pública politicamente neutra ou apolítica.

[656] JOSÉ CARLOS VIEIRA DE ANDRADE, *Lições de Direito Administrativo*, 5.ª ed., Coimbra, Imprensa da Universidade de Coimbra, 2017, p. 33. Do ponto de vista contencioso, AFONSO RODRIGUES QUEIRÓ, parece também aproximar estes actos, pois, não obstante os actos políticos não sejam tradicionalmente impugnáveis, não podem deixar de estar sujeitos a recurso indirecto, sempre que se desaplique o acto, fundado na sua inexistência em virtude de violação de normas de competência ou de normas essenciais de forma e de processo. Acresce que, de acordo com a Lei n.º 67/2007, de 31 de Dezembro (artigo 15.º), é possível a responsabilização do Estado por actos da função político-legislativa (cfr. «"Actos de Governo" e Contencioso de Anulação" *Boletim da Faculdade de Direito*, Vol. XLV, 1969, pp. 23-25).

[657] Veja-se, com particular relevo, a doutrina nacional sobre os critérios de fixação da indemnização por nacionalização. MARCELO REBELO DE SOUSA aponta a natureza jurisdicional da função das comissões arbitrais, concluindo, por isso, pela inconstitucionalidade do poder administrativo de homologação da decisão daquelas comissões (cfr. «As Indemnizações por Nacionalização e as Comissões Arbitrais em Portugal», *Revista da Ordem dos Advogados*, Ano 49, Setembro de 1989, pp. 392-397). JOSÉ CARLOS VIEIRA DE ANDRADE advoga que a fixação do valor de indemnização devido por nacionalizações ou expropriações constitui uma função jurisdicional que há-de caber, pelo menos em última instância, ao juiz (cfr. «A Reserva do Juiz e a Intervenção Ministerial em Matéria de Fixação das Indemnizações por Nacionalizações», *Scientia Iuridica*, Julho-Dezembro de 1998, Tomo XLVII, N.os 274/276, pp. 213-235). Mais genericamente, AFONSO RODRIGUES QUEIRÓ entende que o *quid specificum* do acto jurisdicional reside em que ele não apenas pressupõe mas é necessariamente praticado para resolver

Não é, portanto, suficiente a existência de uma controvérsia para estarmos perante o exercício da função jurisdicional – já que as decisões administrativas podem tê-las como objecto –, para além de que a função jurisdicional, nos exemplos de jurisdição graciosa, pode prescindir da existência de um diferendo.

A distinção entre funções – administrativa e jurisdicional – dependerá, portanto, da conjugação de critérios que tenham resistido ao *teste do tempo*[658] e que apontem para uma axiologia própria imanente à função jurisdicional, que se concretize na imparcialidade na decisão de questões jurídicas e na independência dos órgãos judiciais[659].

Do ponto de vista interno, a distinção entre administração e jurisdição é relevante a dois níveis: a imposição de uma *reserva de juiz* que não pode ser ultrapassada, mas que pode, todavia, bastar-se com a reserva da autoria da decisão final, e, em contra-ciclo, e a orientação de não invasão da esfera pró-

---

uma "questão de direito" ("A Função Administrativa" *Revista de Direito e Estudos Sociais*, N.os 1-2-3, Janeiro/Setembro, 1977, p. 31).

[658] Alguns critérios tradicionalmente aventados parecem já estar datados, sobretudo em face da juridificação da função administrativa. Destacamos os seguintes, a que alude NICETO ALCALÁ-ZAMORA Y CASTILLO: legalidade *versus* discricionariedade; independência *versus* subordinação do decisor; due process of law *versus* procedimentos não garantísticos; prioridade da decisão sobre a execução *versus* prioridade da execução sobre a decisão; estabilidade *versus* instabilidade; resolução de controvérsias através do direito *versus* resolução de controvérsias por juízos técnicos e de oportunidade; e protecção de interesses individuais *versus* protecção de interesses colectivos (cfr. "Notas Relativas al Concepto de Jurisdicción", *Miscellanea W. J. Ganshof van der Meersch – Studia ab discipulis amicisque in honorem egregii professoris edita*, Vol. II, Bruxelas, Bruylant, 1972, p. 683). Cfr., ainda, LÉON DUGUIT, "L'Acte Administratif et L'Acte Jurisdictionnel", *Revue du Droit Public et de la Science Politique en France et a L'Étranger*, Tomo XIII, 1906, pp. 446-452.

[659] Sobre estes critérios ainda hoje subsistentes, JORGE MIRANDA, *Manual de Direito Constitucional*, Vol. III, Tomo V – Atividade Constitucional do Estado, Coimbra, Coimbra Editora, 2014, pp. 29-32.

A ausência de um critério material único e decisivo para distinguir Administração e Jurisdição levou tradicionalmente autores como RAYMOND GUILLIEN a procurarem a diferença em critérios formais, como o do caso julgado. Todavia, também aqui, como veremos, se tem dado uma aproximação entre as duas figuras com a individualização, no campo administrativo, da força de caso decidido ou resolvido dos actos administrativos (cfr. *L'Acte Juridictionnel et l'Autorité de la Chose Jugée*, Bordeaux, Imprimerie de l'Université, 1931, pp. 193-205).

pria de avaliação e de decisão própria da Administração a que, a seu tempo, nos referiremos[660].

Da exposição precedente, retira-se, como eximiamente o faz BARBOSA DE MELO, que as funções naturais das comunidades organizadas ou *trias* política (poder político-legislativo, administrativo e jurisdicional) correspondem apenas a um modelo tipológico e não definitório, tanto quanto à integração naquela tríade quanto ao próprio *continuum* que é visível entre as funções políticas[661]. Há, de facto, critérios materiais, formais e orgânicos que permitem, de forma aproximada, distinguir entre funções, mas cada vez mais se aduz a existência de zonas de fronteira e de funções complementares, acessórias e atípicas que complexificam o quadro de actuação do Estado[662].

No âmbito internacional, esta distinção é ainda mais difícil de traçar, uma vez que a tríade política se encontra pensada para um cenário de *completude* da actividade das entidades públicas estatais, ao passo que o enquadramento externo prima pela *especialidade* das funções desempenhadas pelos actores relevantes de direito internacional[663].

Especificamente quanto à competência normativa, é difícil traçar se em causa está o desempenho de uma função normativa primária, que comporta uma razoável dose de inovação na ordem jurídica a que respeita (tratando-se, assim, do exercício de competências de natureza materialmente legislativa), ou de uma função normativa secundária, essencialmente complementar ou de execução de disposições preexistentes (função de cariz administrativa), em especial por esta distinção funcional não encontrar uma correspondência perfeita – seja orgânica, seja formal, seja substantiva –, no modelo institucional das organizações internacionais e no sistema formal de fontes – de direito derivado – destas.

---

[660] JOSÉ CARLOS VIEIRA DE ANDRADE, *Lições de Direito Administrativo*, 5.ª ed., Coimbra, Imprensa da Universidade de Coimbra, 2017, pp. 39-40.

[661] A. BARBOSA DE MELO, *Notas de Contencioso Comunitário*, policopiado, Coimbra, 1986, pp. 121-125.

[662] JORGE MIRANDA, *Manual de Direito Constitucional*, Vol. III, Tomo V – Atividade Constitucional do Estado, Coimbra, Coimbra Editora, 2014, pp. 22-40.

[663] Precisamente no sentido de que o direito administrativo internacional difere do direito administrativo nacional por nas organizações internacionais não se encontrar um modelo de separação de poderes similar ao que caracteriza as democracias, cfr. EYAL BENVENISTI, "The Interplay Between Actors as a Determinant of the Evolution of Administrative Law in International Institutions", *Law and Comtemporary Problems*, Vol. 68, 2005, p. 320.

EFICÁCIA, RECONHECIMENTO E EXECUÇÃO DE ACTOS ADMINISTRATIVOS ESTRANGEIROS

É comum dar-se conta que algumas destas acções ficam hoje a meio caminho entre o exercício de poderes legislativos e executivos, porque são decisões que, apesar de tenderem para a sua execução directa, ficam na dependência dos direitos dos Estados-membros[664], encontrando-se muitas delas inseridas em instrumentos normativos com carácter formalmente geral, dirigido àqueles. O que não significa, porém, que não possam vir a poder ser caracterizados como actos administrativos estrangeiros, como veremos *infra*.

Também no direito da União Europeia se sustenta a necessidade de distinguir melhor entre *normas e actos* no direito da União, exercício este que se revela particularmente relevante, por não se ter uma clara diferenciação entre funções da União, em especial por não se individualizar uma função administrativa[665].

E, apesar de o Tratado de Lisboa ter introduzido uma maior separação nos actos de direito derivado, entre actos legislativos e não legislativos[666], essa distinção prende-se com critérios essencialmente procedimentais – *simpliciter*, a participação do Parlamento Europeu no procedimento de adopção do acto[667] –, nada assegurando que, dentro dos actos não legislativos, os actos delegados – nas situações em que não lhes seja permitido alterar elementos

---

[664] ALAIN PELLET, "Legitimacy of Legislative and Executive Actions of International Institutions", *Legitimacy in International Law,* Rüdiger Wolfrum, Volker Röben (eds.), Berlin, Springer, 2008, p. 65.

[665] RICARDO ALONSO GARCÍA, "El Acto Administrativo Comunitario: Imprecisión Normativa, y Luces y Sombras al Respecto en la Doctrina del Tribunal de Justicia", *Colóquio Luso-Espanhol: o Acto no Contencioso Administrativo: Tradição e Reforma,* Almedina, Coimbra, 2005, pp. 43-62. SAVERIO STICCHI DAMIANI recusa a procura de uma função administrativa "estatal" no ordenamento comunitário, tendendo para a individualização de uma função executiva comunitária (cfr. *L'Atto Amministrativo nell'Ordinamento Comunitario – Contributo allo Studio della Nozione,* G. Giappichelli Editore, Torino, 2006, pp. 112-120).

[666] JACQUELINE DUTHEIL DE LA ROCHÈRE, JEAN-BERNARD AUBY, defendem que a tradicional indistinção de funções tem vindo a ser atenuada na União Europeia, sobretudo após o Tratado de Lisboa, com a maior definição da função legislativa e, *a contrario*, da função não legislativa (cfr. "L'Exécution du Droit de l'Union entre Mécanismes Communautaires et Droits Nationaux", *L'Exécution du Droit de L'Union, entre Mécanismes Communautaires et Droits Nationaux,* Jacqueline Dutheil de la Rochère (dir.), Bruxelles, Bruylant, 2009, pp. ix-xv, em especial p. xi).

[667] Pronunciando-se com detenção, entre nós, sobre o sistema de fontes do direito derivado europeu, AFONSO PATRÃO, "O Direito Derivado da União Europeia à Luz do Tratado de Lisboa", *Temas de Integração,* N.º 26, 2008, pp. 139-167; e FRANCISCO PAES MARQUES, "O conceito de acto legislativo no Direito da União Europeia", *Estudos em Homenagem ao Professor Doutor Jorge Miranda,* Vol. V, Coimbra, Coimbra Editora, 2012, pp. 117-140.

ACTOS ADMINISTRATIVOS ESTRANGEIROS

não essenciais dos actos legislativos[668] – e, sobretudo, os actos de execução, previstos respectivamente nos artigos 290.º e 291.º do Tratado sobre o Funcionamento da União Europeia, incluam disposições que revistam tão-só natureza administrativa[669]. Ao que acresce o potencial de conflito inerente a esta nova classificação[670], a qual não reflecte, senão de forma puramente aproximada, a classificação clássica das funções de autoridade pública.

Efectivamente, ao contrário dos ordenamentos jurídicos nacionais em que se procede à distinção entre função legislativa e função administrativa (e entre estas e a função jurisdicional) para marcar o *cerne* das funções de autoridade estaduais[671]; no âmbito do direito da União Europeia, não se consegue

---

[668] JOANA MENDES entende que a análise sobre se os actos de delegação são actos legislativos ou executivos (quanto à sua natureza) é debatível, pois a nota da generalidade não é critério distintivo suficiente para que se formule aquela opção, para além de que, não havendo, para a Autora, uma reserva de poder executivo, é comum que os actos legislativos se debrucem também sobre matérias executivas (cfr. "Delegated and Implementing Rule Making: Proceduralisation and Constitutional Design", *European Law Journal*, Vol. 19, N.º 1, January 2013, pp. 29-30).

[669] Apenas a título de exemplo, veja-se como num regulamento de execução numa matéria grandemente técnica – o Regulamento (UE) n.º 543/2011, da Comissão, de 7 de Junho de 2011, que estabelece regras de execução do Regulamento (CE) n.º 1234/2007 do Conselho nos sectores das frutas e produtos hortícolas e das frutas e produtos hortícolas transformados – se regulam matérias como as da criação de autoridades de coordenação e organismos de controlo, se estabelecem critérios de reconhecimento de organismos de produtores, e se definem as bases das sanções a aplicar; logo matérias que roçam o âmbito legislativo. Referindo-se a esta dupla feição dos actos de implementação, cfr. EBERHARD SCHMIDT-ASSMANN, "European Composite Administration and the Role of European Administrative Law", *The European Composite Administration*, Oswald Jansen, Bettina Schöndorf-Haubold (eds.), Cambridge, Intersentia, 2011, pp. 12-13.

[670] Para THOMAS CHRISTIANSEN e MATHIAS DOBBELS a escolha entre os actos de implementação e de delegação, por não se encontrar bem definida no Tratado e por envolver moldes distintos de controlo – comitologia no primeiro caso e controlo pelo Parlamento Europeu e pelo Conselho no segundo –, pode conduzir a conflito político, impasse legislativo e litígios judiciais (cfr. "Non-Legislative Rule Making after the Lisbon Treaty: Implementing the New System of Comitology and Delegated Acts", *European Law Journal*, Vol. 19, N.º 1, January, 2013, p. 55).

[671] Na formulação de MONTESQUIEU distinguem-se três tipos de poderes: o legislativo, o executivo de questões que relevam do direito das gentes e o executivo de questões que dependem do direito civil (cfr. *De l'Esprit des Lois – Avec des notes de Voltaire, de Crevier, de Mably, de La Harpe, etc.*, Paris, Garnier Frères, Libraires-Éditeurs, s/d, Livre XI, chapitre IV, pp. 142-152).

identificar, com nitidez, a materialidade dessas funções, sobretudo quanto em causa está a edição de normas de conduta.

Azoulai considera mesmo que, ao contrário da Comunidade Europeia do Carvão e do Aço, que beneficiava de amplos poderes de execução e sancionatórios, a Comunidade Económica Europeia foi concebida como um sistema legislativo, sendo, por isso, um sistema necessariamente imperfeito, por se preocupar mais com a *jurisdictio* (edição das normas) e não tanto com a *actio* (a execução factual das mesmas)[672].

O que justifica que, não obstante as alterações de direito originário desde os tempos primordiais da Comunidade Económica Europeia, a distinção prevalecente na União Europeia não seja feita entre função legislativa e administrativa, mas entre função legislativa e executiva[673], o que manifesta, do ponto de vista estrutural e funcional, a autonomia da ordem jurídica comunitária.

Também a pluralidade de actuações de tipo executivo no comunitário (execução operativa, execução normativa; através de regulamentos, directivas ou decisões)[674], bem como a intervenção de actores de várias proveniências (a execução ao nível comunitário é feita por instituições e órgãos

---

[672] Loïc Azoulai, "Pour un Droit de l'Exécution de l'Union Européenne", *L'Exécution du Droit de L'Union, entre Mécanismes Communautaires et Droits Nationaux*, Jacqueline Dutheil de la Rochère (dir.), Bruxelles, Bruylant, 2009, p. 2.

[673] Dominique Ritleng, "L'Identification de la Fonction Exécutive dans L'Union", *L'Exécution du Droit de L'Union, entre Mécanismes Communautaires et Droits Nationaux*, Jacqueline Dutheil de la Rochère (dir.), Bruxelles, Bruylant, 2009, p. 28. Já antes, Gianguido Sacchi Morsiani distinguia entre função normativa, executiva e jurisdicional, anotando ainda, do ponto de vista organizatório, uma cumulação parcial de funções nos mesmos órgãos (cfr. *Il Potere Amministrativo delle Comunità Europee delle Comunità Europee e le Posizioni Giuridiche dei Privati*, Vol. I, Milano, Dott. A. Giuffrè Editore, 1965, pp. 117-127).

De forma distinta, Olivier Dubos procede a uma analogia entre os Tratados, assemelháveis a leis, correspondendo o *ex* artigo 249.º do Tratado de Roma (actual artigo 288.º) a actos de tipo administrativo. Não obstante, não nos parece que a distinção entre direito primário e derivado possa servir de bordão suficiente para a identificação de matérias de cariz legislativo e administrativo (cfr. "Les Instruments d'Exécution au Niveau Proprement Communautaire: L'Acte Unilateral et ses Déclinaisons", *L'Exécution du Droit de L'Union, entre Mécanismes Communautaires et Droits Nationaux*, Jacqueline Dutheil de la Rochère (dir.), Bruxelles, Bruylant, 2009, p. 70).

[674] Claire-Françoise Durand, "Les Champs d'Intervention du Pouvoir d'Exécution ", *L'Exécution du Droit de L'Union, entre Mécanismes Communautaires et Droits Nationaux*, Jacqueline Dutheil de la Rochère (dir.), Bruxelles, Bruylant, 2009, pp. 53-67.

comunitários de diversa natureza[675] e ao nível nacional), justificam que nos referimos a *formas de actuação específicas*, reportadas ao nível último de concretização do direito – o acto administrativo.

Numa perspectiva internacional, também a diferença entre a função administrativa e a política, que no plano interno releva essencialmente quanto à impugnabilidade judicial dos respectivos actos, ganha novos contornos, dada a dimensão de relacionamento externo entre Estados e entre estes e outras autoridades, o que torna difícil o encontro de políticas inter--estatais e transnacionais[676].

Por isso mesmo, é imprescindível a normalização do relacionamento político-legislativo e administrativo entre estas entidades, procurando a institucionalização de formas de diálogo que permitam um mais estabilizado reconhecimento de efeitos a actos administrativos estrangeiros, ou, mesmo, a institucionalização de instâncias judiciais internacionais[677].

Aqui chegados, o estabelecimento de algumas instâncias judiciais, sobretudo quando acessíveis a privados – como o Tribunal de Justiça da União Europeia, o Tribunal Europeu dos Direitos do Homem e o Tribunal Penal Internacional –, tem permitido uma maior diferenciação entre a função jurisdicional e as demais funções de autoridade no plano internacional.

Porém, para além destas formas jurisdicionais, surgem múltiplas formas de adjudicação de litígios que ficam a meio caminho entre administração e jurisdição, dada a dificuldade no estabelecimento de órgãos jurisdicionais no cenário internacional. Pense-se na profusão de mecanismos como os da mediação, das provedorias, das comissões, para já não falar do tradicional sistema de resolução de controvérsias da Organização Mundial de Comércio.

---

[675] Isto ainda que esta competência executiva, com o Tratado de Lisboa, se tenha consolidado melhor na Comissão, considerado o titular orgânico do poder administrativo comunitário (cfr. MIGUEL PRATA ROQUE, "A Separação de Poderes no Tratado de Lisboa – Avanços e Recuos na Autonomização da Função Administrativa", *Cadernos O Direito*, Vol. 5, 2010, p. 218). O Conselho continua, porém, a ter competências em sede da Política Externa e de Segurança Comum (artigo 24.º e 26.º do Tratado da União Europeia), bem como a detém o Banco Central Europeu e várias Agências e Comités da União.

[676] Acentue-se como o próprio exercício de competências administrativas politicamente motivadas (o já mencionado "*act of state*") não tem sido suficiente, no plano inter-estatal, para furtar tais actos do controlo com base em parâmetros basilares de justiça interna e internacional.

[677] ANNE-METTE MAGNUSSEN, ANNA BANASIAK, "Juridification: Disrupting the Relationship between Law and Politics?", *European Law Journal*, Vol. 19, N.º 3, May, 2013, p. 334, vê nesta última institucionalização uma tendência para a juridificação da política.

Estes mecanismos para-jurisdicionais permitem uma maior densificação dos direitos na dimensão externa, pois, ainda que não garantam uma plena tutela jurisdicional, permitem uma aproximação das operações de concretização do direito, apontando para a convergência de *standards* internacionais.

Haverá, contudo, em qualquer caso um reduto administrativo no plano internacional, que excede as meras competências internas – o direito administrativo interno – das organizações internacionais. Reduto este que se amplia materialmente consoante as atribuições e competências reconhecidas àquelas organizações, como amplamente o demonstram as competências administrativas da União Europeia. A ampliação da capacidade de intervenção daquelas organizações ao nível político-legislativo tem vindo a co-envolver a atribuição dos poderes de execução das medidas adoptadas à própria organização internacional, dotando-as, assim, de amplos poderes operacionais.

É igualmente relevante o facto de em causa estarem organizações vocacionadas para o exercício de competências de gestão ou operacionais, como sucede com as Uniões Administrativas ou as organizações internacionais com funções de regulação. Nestes casos, o desempenho directo de serviços públicos pelas organizações internacionais é denunciador das amplas competências administrativas de que gozam e que podem exercitar, mediante, não só mas também, a prática de actos administrativos estrangeiros.

2. Distinção relativamente a figuras próximas

Julgamos ter identificado os principais elementos que compõem a noção de actos administrativos estrangeiros. Neste compasso, pensamos haver utilidade em ainda distinguir estes actos de outras formas externas de actuação da Administração pública, que projectam efeitos jurídicos inovadores no plano internacional.

Esta nota de inovação[678] – aliada a uma especial relevância da *forma* no plano internacional – conduz-nos a individualizar o tratamento da noção ampla de *actos reais,* categoria doutrinária que integra uma mescla de actua-

---

[678] J. M. SÉRVULO CORREIA, *Noções de Direito Administrativo*, Vol. I, Lisboa, Editora Danúbio, 1982, p. 288: para que haja um acto administrativo *"é necessário que haja uma manifestação de vontade que tenha por objecto inovar no âmbito de situações jurídicas entre a Administração e terceiros".*

ATCOS ADMINISTRATIVOS ESTRANGEIROS

ções, como as simples actuações administrativas, os actos materiais, as actuações informais e as omissões[679].

Com isto não se pretende negar a existência e a importância de actuações administrativas de carácter real ou actos de mera administração (*Realakt* ou *Schlicht Verwaltungshandeln*) no âmbito internacional e a sua aptidão extraterritorial[680]; não obstante, as dificuldades na intervenção no estrangeiro conduzem a que muitas destas situações, se legais (i.e., enquadradas normativamente), se revelem excepcionais (como sucede com as situações de *hot pursuit*)[681] ou, então, que sejam ilegais e, por isso, desejavelmente, inexistentes. Pensamos, neste caso, nas situações de captura internacional não transmitida e autorizada (pelo Estado onde a pessoa se encontra) ou nas situações de danos produzidos extraterritorialmente por indivíduos ao serviço de Estados estrangeiros ou organizações internacionais – não enquadrados por actos administrativos destes –, que são discutidas no âmbito da imunidade e responsabilidade civil internacional.

Ademais, situações há em que em causa está a realização de actos reais informativos no estrangeiro, seja de troca de informações ou, mesmo, de produção de prova, seja de notificações dirigidas a administrados no estrangeiro. Não obstante a importância decisiva destas diligências para a eventual promoção

---

[679] Sobre estas figuras e, igualmente, sobre o acto tácito, que trata como omissão juridicamente relevante, cfr. MARCELO REBELO DE SOUSA, ANDRÉ SALGADO MATOS, *Direito Administrativo Geral,* Tomo III, 2.ª ed., reimpressão, Lisboa, Dom Quixote, 2016, pp. 443-475.

Sobre a circunstância de os actos materiais, ao não produzirem directamente efeitos jurídicos, não poderem ser objecto de reconhecimento, MINH SON NGUYEN, "Droit Administratif International", *Zeitschrift für Schweizerisches Recht,* Vol. 125, II, 2006, p. 126.

[680] Na verdade, a eficácia extraterritorial não é uma característica apenas dos actos administrativos, mas de outras formas de actuação administrativa, legislativa e jurisdicional, como já pensamos ter deixado claro (no mesmo sentido, MATTHIAS RUFFERT, "Der transnationale Verwaltungsakt", *Die Verwaltung,* Vol. 34, 2001, p. 455). Não trataremos, porém, de todas elas.

[681] JENS HOFMANN refere-se, no âmbito da União Europeia, a um fenómeno de transnacionalidade de outras actuações estaduais (distintas dos actos administrativos), como sucede com as regras de supervisão transnacional de entidades de crédito, que incumbem às entidades de destino, mas também às de origem, como veremos. É caso de dizer que a emissão de um acto com efeitos transnacionais pode envolver, quando expressamente previsto, o exercício de competências extraterritoriais directas (cfr. *Rechtsschutz und Haftung im Europäischen Verwaaltungsverbund,* Berlin, Dunckler & Humblot, 2004, pp. 44-45).

EFICÁCIA, RECONHECIMENTO E EXECUÇÃO DE ACTOS ADMINISTRATIVOS ESTRANGEIROS

da eficácia extraterritorial dos actos a que se ligam[682], a verdade é que, directamente, apenas produzem efeitos vinculativos para o destinatário da acção pública no território do Estado de origem, pelo que não fará sentido falar-se aqui de uma ampliação da eficácia de tais actos, que não se caracterizam como actos administrativos[683], nem, directamente, do seu reconhecimento[684].

[682] Em geral, considerando a cooperação internacional uma técnica ao serviço da eficácia extraterritorial de decisões e actos estrangeiros, cfr. RAFAEL ARENAS GARCÍA, "Relaciones entre cooperación de autoridades y reconocimiento", *Anuario Español de Derecho Internacional Privado,* Vol. 0, 2000, pp. 231-260.
Quanto à notificação, veja-se como esta é, a mais das vezes, um trâmite necessário para a executoriedade de um acto administrativo (cfr. J. M. SÉRVULO CORREIA, "Inexistência e Insuficiência de Notificação do Acto Administrativo", *Estudos em Homenagem ao Professor Doutor Marcello Caetano – No Centenário do Seu Nascimento,* Vol. I. , Jorge Miranda (coord.), Coimbra, Coimbra Editora, 2006, p. 583-606; e PEDRO GONÇALVES, "Notificação dos Actos Administrativos (Notas sobre a Génese, Âmbito, Sentido e Consequências de uma Imposição Constitucional)", In *Ab Uno ad Omnes – 75 Anos da Coimbra Editora 1920-1995,* Coimbra, Coimbra Editora, 1998, pp. 1091-1121) e, por isso, um requisito para a sua eventual execução por autoridades estrangeiras; por outro lado, a troca de informações sobre actos praticados no estrangeiro pode facilitar ou tornar mais eficaz o reconhecimento e execução destes.
[683] Cfr., neste sentido, FLORIAN WETTNER, "The General Law of Procedure of EC Mutual Administrative Assistance", *The European Composite Administration,* Oswald Jansen, Bettina Schöndorf-Haubold (eds.), Cambridge, Intersentia, 2011, p. 313.
[684] De tanto não decorre que seja fácil solicitar a prática destes actos no estrangeiro, para além do que resulta do estabelecimento de mecanismos de cooperação e auxílio administrativo internacional. O carácter instrumental destes actos não precludiu que grande parte da doutrina os tenha considerado como proibidos extraterritorialmente, por violação do princípio da soberania do Estado no qual eram ou deveriam ser levados a cabo (KARL NEUMEYER, *Internationales Verwaltungsrecht – Allgemeiner Teil,* Vol. IV, Zürich.Leipzig, Verlag für Recht und Gesellschaft AG, 1936, pp. 494-496; FRANÇOIS RIGAUX, *Droit Public et Droit Privé dans les Relations Internationales,* Paris, Éditions A. Pedone, 1977, p. 340).
BRIGITTE STERN adopta uma posição mais moderada, por entender que em causa não está o exercício de competências de execução no estrangeiro, mas do poder normativo do Estado, ainda que possa conduzir à imposição de obrigações contraditórias aos seus destinatários (cfr. "Quelques Observations sur les Régles Internationales Relatives à l'Application Extraterritoriale du Droit, *Annuaire Français de Droit International,* Vol. 32, 1986. pp. 14-15). Note-se que, mesmo que se viessem a admitir tais notificações, tanto não implicaria a coercividade da sanção aplicada, já que esta será apenas concretizável no Estado de origem (a não ser que adicionalmente o Estado de destino não só permitisse a realização da notificação, como colaborasse na execução do acto notificando). P. J. KUYPER vai mais além e aventa que a regra – resultante da prática dos Estados – parece ser a de permitir esse envio através de correio, mas tal não

ACTOS ADMINISTRATIVOS ESTRANGEIROS

a. Actos públicos

No âmbito de aplicação do presente estudo, procedemos a uma diferenciação entre actos administrativos e demais actos públicos. De facto, por

preclude o direito de objecção a essa prática em casos controvertidos (cfr. "European Community Law and Extraterritoriality: some Trends and New Developments", *International and Comparative Law Quarterly*, Vol. 33, Parte 4, October, 1984, pp. 1018-1019).

Também na jurisprudência não é fácil a admissão da notificações no estrangeiro, como o demonstra o caso decidido pelo *Court of Appeals of the District County of Columbia*, em 17 de Novembro de 1980, no caso *Federal Trade Commission c. Compagnie de Saint Gobain* [205 U.S. App. D.C. 172 (1980-81)], que distingue entre as meras notificações de serviço (*service of notice*), admitidas noutro estado sem o consentimento deste e as notificações compulsórias ou *sub poena* (*service of compulsoty process*), inadmissíveis por serem demasiado intrusivas, ao espoletarem a aplicação de sanções, no caso de incumprimento (sobre esta decisão, cfr. MIGUEL PRATA ROQUE, *A Dimensão Transnacional do Direito Administrativo – Uma visão cosmopolita das situações jurídico-administrativas*, AAFDL, Lisboa, 2014, pp. 1139-1145; em geral, sobre a via proposta, PETER G. MCGONAGLE, "Serving Subpoenas Abroad Pursuant to the Futures Trading Act of 1986", *Fordham International Law Journal*, Vol. 10, N.º 4, 1986, pp. 710-732; anotando as vissicitudes na notificação fora de cada Estado, mesmo no âmbito do direito local norte-americano, ALBERT A. EHRENZWEIG, CHARLES K. MILLS, "Personal Service outside the State – Pennoyer v. Neff in California", *California Law Review*, Vol. 41, N.º 3, Fall, 1953, pp. 383-392).

Na jurisprudência nacional, do Acórdão do Supremo Tribunal de Justiça de 10 de Julho de 1996, número de documento SJ199607100486753, retira-se que, no que toca a actos a serem realizados em território estrangeiro, a soberania só pode sofrer limitações se as correspondentes ordens jurídicas nisso consentirem pela via tratadística ou convencional ou por razões de cooperação internacional fundadas em interesses da reciprocidade, pelo que nenhum tribunal português pode exigir de uma jurisdição estrangeira que aceite a comparência de um arguido detido numa diligência processual que lhe solicite ou impor a assistência ao acto de determinadas pessoas. Em qualquer caso, as regras de notificação no estrangeiro devem ser, na ausência de instrumentos convencionais aplicáveis – note-se que a Convenção Europeia sobre a Notificação no Estrangeiro de Documentos em Matéria Administrativa (STE 094), de 24 de Novembro de 1977, apesar de assinada, não foi ratificada – similares às aplicáveis internamente em matéria civil, dada a ausência de regras especiais (com excepção do disposto no artigo 88.º do Código de Procedimento Administrativo que prevê dilações em razão da distância e da língua em que se encontram os documentos do procedimento).

Não obstante, no âmbito de actos sancionatórios, a perspectiva pode bem ser outra, já que a Decisão n.º 5/2014 do Supremo Tribunal de Justiça (proferida no processo 2911/09.9TDLSB-A-E1-A-S1), que harmonizou a jurisprudência em matéria criminal (e que é aplicável subsidiariamente, no que se refere às garantias, no âmbito contraordenacional), considerou que uma carta rogatória enviada às autoridades do Estado no qual se encontra o réu não é suficiente para que este possa ser julgado *in absentiam*. O Tribunal, com dois votos de vencido, considerou que tal não corresponde a uma citação suficiente e adequada, por os oficiais

EFICÁCIA, RECONHECIMENTO E EXECUÇÃO DE ACTOS ADMINISTRATIVOS ESTRANGEIROS

não corresponderem ao exercício *material* e *essencial* da função administrativa encontram-se afastados da noção de acto administrativo outros actos da Administração que, contudo, revestem demais notas integradoras da *intensio* deste conceito.

Incluímos dentro de uma noção deliberadamente *abrangente* de actos públicos (i.e. actos praticados no exercício de funções jurídico-públicas), mas já não no âmbito da nossa análise, um conjunto de actuações que granjeiam autonomia dogmática, como os actos militares, diplomáticos e consulares, dada a racionalidade e critérios por detrás destes, bem como pela mescla de actuações a que dão lugar (diplomáticas, políticas em sentido estrito), não obstante incluam *pari passu* actuações típicas de direito administrativo, como a aplicação de sanções disciplinares ou a regulação de relações de emprego público[685].

Do mesmo modo, não nos ocuparemos especificamente dos actos praticados em matéria penal, em matéria tributária ou de segurança social, não obstante sejam estes que, no plano internacional, mais cedo têm animado as exigências de cooperação interestadual (no âmbito da extradição ou de convenções para prevenir a dupla tributação e, mais recentemente, a dupla não tributação), e que, no campo da União Europeia, mais têm provocado o desenvolvimento de formas originais de reconhecimento, de harmonização e coordenação de intervenções entre os Estados-membros. A especificidade material destas disciplinas, das suas fontes e formas típicas de actuação, bem como dos princípios que as animam, justificam a exclusão do âmbito

---

estrangeiros não serem "agentes judiciais" do Estado de origem, não tendo, por isso, o dever legal e funcional de certificar a entrega da citação.

[685] MARGARIDA D'OLIVEIRA MARTINS defende que o direito diplomático e consular intersecta o direito administrativo, mas, para além desta dimensão, há a de direito internacional diplomático e consular propriamente dito (cfr. "Direito Diplomático e Consular", *Tratado de Direito Administrativo Especial*, Vol. IV, Paulo Otero, Pedro Gonçalves (coords.), Coimbra, Almedina, 2011, pp. 222-224). Cfr., ainda, o artigo 8.º, n.º 1, do Regulamento Consular, aprovado pelo Decreto-Lei n.º 71/2009, de 31 de Março, que se refere a *acção consular* e *funções consulares,* individualizando-as.

No mesmo sentido, também quanto ao domínio militar, cfr. PEDRO COSTA GONÇALVES, ANA RAQUEL MONIZ, *Direito Administrativo II – Teoria Geral Da Actividade Administrativa – Lições à 2.ª Turma Do 2.º Ano da Licenciatura Em Direito (Ano Lectivo 2010-2011)*, Coimbra, Faculdade de Direito de Coimbra, policopiado, 2011, pp. 93-95.

ACTOS ADMINISTRATIVOS ESTRANGEIROS

do nosso estudo, sob pena da homogeneidade do objecto deste se perder irremediavelmente[686].

Mas cumpre ainda justificar a exclusão do âmbito da nossa análise directa dos os actos administrativos conformadores de relações de direito privado ou *actos de administração pública de direito privado*, actos estes que, na sua essência são de direito privado, mas desde a sua nascença, desenvolvimento ou termo apelam para a intervenção de autoridades públicas[687].

Esta terminologia não é unívoca. Actos com características similares recebem na doutrina e na legislação formulações tão diversas como genericamente as de *actos públicos* (em sentido mais estrito do que o conceito por nós utilizado *supra*), *actos extrajudiciais*, *actos quase-públicos*[688], *actos de jurisdição graciosa receptivos*[689] ou *actos autênticos*[690].

---

[686] Sobre as especificidades do acolhimento dos efeitos estraterritoriais de actos de autoridade estrangeiros no direito penal e fiscal internacional (bem como no direito internacional privado e no direito processual internacional), cfr. WERNER MENG, "Völkerrechtliche Zulässigkeit und Grenzen wirtschaftsverwaltungsrechtlicher Hoheitsakte mit Auslandswirkung", *Zeitschrift für ausländisches öffentliches Recht und Völkerrecht*, Vol. 44, N.º 4, 1984, pp. 688-698.

[687] Sobre a categoria, cfr. GUIDO ZANOBINI, "Sull'amministrazione pubblica del diritto privato", *Rivista di Diritto Pubblico*, Vol. 1, 1918, pp. 169-230; e GIUSEPPE SPERDUTI, "Droit International Privé et Droit Public Étranger", *Journal du Droit International*, Ano 104, Janvier--Février-Mars, N.º 1, 1977, p. 12. PROSPER FEDOZZI chega a aduzir que a eficácia extraterritorial destes actos nunca foi colocada em causa (cfr. "De L'Efficacité Extraterritoriale des Lois et des Actes de Droit Public", Recueil des Cours, Tomo 27 – II, 1929, Paris, Librairie Hachette, 1930, pp. 180-189).

[688] CHARALAMBOS PAMBOUKIS distingue *actos quase públicos* constatativos e receptivos ou instrumentos públicos (actos de carácter extrínseco ou instrumental, de natureza parcial praticados no exercício de uma competência vinculada do órgão público), sujeitos a um reconhecimento de acordo com regras similares às do reconhecimento de sentenças, ainda que com a diferença de, por não lhes ser reconhecida força de *res iudicata*, se poder colocar em causa a validade do negócio e a existência das obrigações que dele decorrem. A estes opõe as *decisões*, que, adoptadas no âmbito de poderes discricionários, têm força probatória e de título, podendo ainda produzir efeitos próprios, porque mudam os direitos e obrigações dos particulares e revestem força de caso decidido, mas aos quais se recusa em regra o reconhecimento (cfr. *L'Acte Public Étranger em Droit International Privé*, Paris, L.G.D.J., 1993, pp. 24-55 e pp. 201-290).

[689] Segundo MOTULSKI, os actos de jurisdição graciosa receptivos estão sujeitos ao regime dos actos públicos; enquanto que os actos de jurisdição graciosa volitivos, por terem natureza mista, deveriam estar sujeitos ao regime de reconhecimento das sentenças (cfr. M. MOTUL-

EFICÁCIA, RECONHECIMENTO E EXECUÇÃO DE ACTOS ADMINISTRATIVOS ESTRANGEIROS

Estes actos têm uma *origem* e *materialidade* diferenciada dos demais actos administrativos. Na origem, as funções exercitadas por órgãos administrativos em matéria privada não faziam parte da função administrativa, mas usualmente, sempre que carecessem de regulação, pertenciam às funções jurisdicional ou legislativa do Estado[691]. Não obstante, a necessidade de flexibilizar e agilizar a resolução de questões de direito incidentes sobre relações privadas, conduziu a que grande parte de competências nessas matérias fossem cometidas a autoridades públicas administrativas ou autoridades que interviessem no exercício de tais funções.

A origem administrativa destes actos não coloca, porém, em causa a materialidade subjacente aos actos praticados, uma vez que estes têm essencialmente uma função receptora de actos de vontade ou uma função teste-

---

sky, "Les Actes de Juridiction Gracieuse en Droit International Privé", *Travaux du Comité Français de Droit International Privé – 1948-1952*, Paris, Librairie Dalloz, 1953, p. 28).

[690] Esta noção tem especial relevância no âmbito comunitário, como via de obviar à distinção entre actos notariais dos países anglosaxónicos e actos notariais dos países que seguem a tradição romanista. Sobre a noção autónoma de actos autênticos, cfr. o Relatório de P. JENARD E G. MOLLER, *Report on the Convention on jurisdiction and the enforcement of judgments in civil and commercial matters done at Lugano on 16 September 1988*, Jornal Oficial 189, 28 de Julho de 1990, segundo o qual a autenticidade do acto deve ser estabelecida por uma autoridade pública, deve incidir sobre o seu conteúdo e não apenas sobre a sua assinatura e ser executório no Estado de emissão, e o Acórdão *Unibank* do Tribunal de Justiça, de 17 de Junho de 1999, proferido no processo C-260/97. Cfr., ainda, PIERRE CALLÉ, "L'Acte Authentique établi à l'Étranger – Validité et Exécution en France" *Revue critieur de Droit International Privé*, Vol. 94, N.º 3, Julho-Setembro, 2005, pp. 398-399; ANDRÉ HUET, "Un titre Exécutoire Parmi d'Autres: L'Acte Authentique", *Mélanges en l'Honneur de Mariel Revillard – Liber Amicorum*, Paris, Éditions Defrénois, 2007, pp. 194-195; PEDRO CARRIÓN GARCÍA DE PARADA, "Los Documentos Notariales en los Nuevos Reglamentos Europeos: el Reglamento de Sucesiones y la Propuesta de Reglamento de Régimen Económico Matrimonial y la de Efectos Patrimoniales de las Parejas Registradas", *El Documento Público Extranjero en España y en la Unión Europea – Estudios sobre las Características y Efectos del Documento Público*, Maria Font i Mas (dir.), España, Editora Bosch, 2014, p. 196; e JOSEP MARIA FUGARDO ESTIVILL, "La Apostilla Del Convenio Suprimiendo La Exigencia De La Legalización De Los Documentos Públicos Extranjeros, Hecho En La Haya, El 5 De Octubre De 1961", *La Notaria*, N.º. 59-60, 2008, pp. 23-26. Sobre a interpretação autónoma do conceito paralelo de "actos extrajudiciais" na acepção do artigo 16.º do Regulamento n.º 1348/2000, cfr. o Acórdão *Roda Golf & Beach Resort SL*, do Tribunal de Justiça de 25 de Junho de 2009, proferida no processo C-14/08.

[691] GUIDO ZANOBINI, *Corso di Diritto Amministrativo*, Vol. V, 3.ª ed., Milano, Dott. A. Giuffrè, 1959, pp. 297-305.

ACTOS ADMINISTRATIVOS ESTRANGEIROS

munhal ou de certificação[692], distinguindo-se então estes actos que guardem um "carácter privado", enquanto resultado de obra das partes, dos actos de "autoridade" estrangeiros[693].

Tanto permite que se proceda a uma classificação dos actos administrativos quanto ao conteúdo, distinguindo a doutrina administrativa entre actos com conteúdo de direito administrativo, actos administrativos com conteúdo de direito privado (como as certidões de registos e os actos notarais), actos com duplo conteúdo (simultânea aplicação de direito público e privado, como a concessão ou recusa de patentes, as autorizações de introdução no mercado de medicamentos, os actos de naturalização ou sua recusa)[694]. Classificação esta que tem um relevo no plano interno, ao nível da competência, forma, procedimento e processo, mas que, no plano substantivo, continua a apontar para a aplicação das normas de direito administrativo ou de direito privado que forem pertinentes à matéria em causa, ou umas e outras, cada uma à respectiva questão ou sub-questão[695].

Mas também permite que se distinga, tradicionalmente, quanto aos *actos públicos*, entre a substância do acto (o *negotium*) e a sua roupagem (o *instrumentum*): a primeira de natureza privada, a segunda de cariz administra-

---

[692] Pilar Jímenez Blanco, "El Valor Probatorio de los Documentos Publicos en la Unión Europea", *El Documento Público Extranjero en España y en la Unión Europea – Estudios sobre las Características y Efectos del Documento Público*, Maria Font i Mas (dir.), España, Editora Bosch, 2014, pp. 438-439. Veremos, porém, que a função certificadora é também desempenhada pelos actos administrativos de que curaremos. No entanto, o regime jurídico aplicável será diferenciado em ambos os casos, dada a circunstância de a função certificativa se referir a actos privados ou, então, a actos e situações de vontade da Administração ou para os quais apenas esta tem competência declarativa.

[693] Georges van Hecke, "Principes et Méthodes de Solution des Conflits de Lois", *Recueil des Cours*, Vol. 126, 1969 – I, Leyde, A. W. Sitjhoff, 1970, pp. 409-569, p. 527.

[694] Diogo Freitas do Amaral, *Curso de Direito Administrativo*, Vol. II, Coimbra, Almedina, 2013, pp. 310-311.

[695] Diogo Freitas do Amaral, *Curso de Direito Administrativo*, Vol. II, Coimbra, Almedina, 2013, p. 312. Cfr., ainda, o magistral artigo de Mário Esteves de Oliveira, "A Publicidade, o Notariado e o Registo Público de Direitos Privados", *Estudos em Homenagem ao Prof. Doutor Rogério Soares*, Coimbra, Coimbra Editora, 2001, pp. 471-530, que distingue – do ponto de vista interno – a regulamentação contenciosa e a regulamentação procedimental dos actos registais.

Pedro Gonçalves também considera que, apesar de se estar perante uma função pública de fiscalização, esta nada diz sobre a natureza jurídica intrínseca da actividade fiscalizada (cfr. *Entidades Privadas com Poderes Públicos*, Coimbra, Almedina, 2005, p. 587).

tivo, distinção esta que não subsiste no âmbito dos actos administrativos, nos quais é inseparável a ligação entre aqueles dois elementos, imputáveis ambos à autoridade decisória. Enquanto que o *instrumentum* pode ter amplos efeitos probatórios, e ser objecto de reconhecimento e de execução, as condições de validade do *negotium* que ele acolhe podem ser submetidas à lei aplicável de acordo com a regra do conflito de leis[696].

A separação entre *instrumentum* e *negotium* não é, porém, incontestada, uma vez que eles se estabelecem em relação um com o outro e fazem sentido nessa relação, como um *jogo de espelhos*[697]. Aliás, é a forma pública do acto que permite afirmar-lhes uma força jurídica particular, senão mesmo uma presunção de validade.

Não obstante, a circunstância de estes actos públicos se encontrarem a meio caminho entre actos administrativos e actos puramente privados conduz a que o respectivo regime jurídico seja diferenciado dos actos administrativos de que curamos, já que nestes o próprio objecto de regulação é de natureza jurídico-administrativa, sendo indissociáveis – pelo menos para efeitos de compreensão do tipo de acto em causa – a sua forma e conteúdo.

Assim, os actos de administração pública de direito privado de Estados estrangeiros – nas várias formulações que recebem – são usualmente abrangidos ou aproximados a regimes de competência, lei aplicável e reconhecimento de decisões judiciais – no âmbito dos Regulamentos da União Europeia ou em Convenções Internacionais como, entre tantas outras, a de Haia relativa à Competência, à Lei aplicável, ao Reconhecimento, à Execução e à Cooperação em Matéria de Responsabilidade parental e de Medidas de Protecção das Crianças –, defendendo-se, do ponto de vista interno, a aplicação analógica do regime de reconhecimento judicial previsto no Código de Processo Civil às decisões de autoridades administrativas estrangeiras com incidência sobre situações privadas[698].

---

[696] Dominique Bureau, Horatia Muir Watt, *Droit International Privé, Tome I – Partie Générale*, 3.ª ed., Paris, Presses Universitaires de France, 2014, p. 731, aduzem que o acto pode ser eficaz, mas a relação que ele incorpora inválida. Cfr., ainda, Pierre Mayer, Vicent Heuzé, *Droit International Privé*, 11.ª ed., Paris, Librairie Génerale de Droit et de la Jurisprudence, 2014, p. 227.

[697] Marie Goré, "L'Acte Authentique en Droit International Privé, *Travaux du Comité Français de Droit International Privé*, Anos 1998-1999/1999-2000, Paris, Éditions A. Pedone, 2001, p. 25.

[698] Luís de Lima Pinheiro, *Direito Internacional Privado*, Vol. III, 2.ª ed, Coimbra, Almedina, 2012, p. 547. Numa decisão recente (de 25 de Junho de 2013), o Supremo Tribunal de Justiça

ACTOS ADMINISTRATIVOS ESTRANGEIROS

Aproximação essa com os mecanismos típicos de direito internacional privado que não se dá – ou se exclui expressamente, como sucede no âmbito dos Regulamentos comunitários – relativamente às matérias administrativas ou actos *iure imperii*[699].

Mais recentemente até, estes actos têm vindo a ser objecto da individualização de categorias próprias cujo objectivo é, precisamente, submetê-los a um tratamento jurídico próprio, distinto do reconhecimento, e que reflicta as suas especificidades: a de que por via da sua *aceitação* se recebe o documento mas não o conteúdo que continua a reger-se, em princípio, pelos conflitos de leis.

Esta especificidade dos "actos públicos" é evidenciada no Regulamento n.º 650/2012, do Parlamento Europeu e do Conselho, relativo à competência, à lei aplicável, ao reconhecimento e execução das decisões, e à aceitação e execução dos atos autênticos em matéria de sucessões e à criação de um certificado sucessório europeu, que substituiu a terminologia de "reconhecimento" pela de "aceitação"[700].

Português, no processo 623/12.5YRLSB.S1, entendeu que um acto notarial de uma entidade estrangeira (brasileira) sobre direitos privados (a conversão de uma separação em divórcio, incluída numa escritura pública), deveria ser abrangida no âmbito legislativo do processo de revisão de sentença estrangeira.

Contudo, na sua decisão contemporânea, de 22 de Maio de 2013, proferida no caso 134/12.9YFLSB, aquele Tribunal recusou que um acto administrativo pudesse ter a mesma força que uma decisão judicial revista e confirmada em Portugal, já que nenhuma decisão administrativa se poderia impor à ordem jurídica deste Estado, em face do princípio da territorialidade (princípio este que, todavia, não impede a tomada em consideração daquela decisão). O Tribunal esclareceu ainda que a decisão não poderia ser objecto de processo de revisão por não incidir sobre situações jurídico-privadas.

[699] Com esta identificação das diferenças de regime, não chegamos ao ponto de concordar com Di Brozollo que opta pela distinção entre relações jurídico privadas, nas quais se aplica direito de conflitos, e as relações jurídico públicas, nas quais aquelas regras não intervêm (cfr. Luca G. Radicati di Brozolo, "Foreign Public Law before Italian Courts", *Colloque de Bâle sur le Rôle du Droit Public en Droit International Privé – (20 et 21 mars 1986) Rapports et procès--verbaux des débats*, Bâle, Helbing & Lichtenbaum, 1991, p. 90). Para o Autor, esta distinção, que parece lógica de um ponto de vista teórico e prático, levanta o problema – que já identificámos – de os procedimentos e formas do direito administrativo internacional repousarem também em regras de conflitos de leis e de reconhecimento, não havendo uma oposição drástica e dramática entre métodos de resolução de conflitos privados e públicos.

[700] No mesmo sentido, de separação da eficácia formal do documento (aceitação) e do seu conteúdo (reconhecimento), já ia a Proposta de Regulamento do Parlamento Europeu e

EFICÁCIA, RECONHECIMENTO E EXECUÇÃO DE ACTOS ADMINISTRATIVOS ESTRANGEIROS

Esta mudança terminológica, que visa harmonizar os efeitos probatórios dos documentos públicos[701], vem na linha de quem considerava já que a noção de reconhecimento era, quanto aos actos públicos, *inútil*[702], *ilógica*[703]

do Conselho relativo à promoção da livre circulação dos cidadãos e das empresas através da simplificação da aceitação de certos documentos públicos na União Europeia e que altera o Regulamento (UE) n.º 1024/2012 – COM/2013/0228 final – 2013/0119 (COD) (cfr. MÓNICA GUZMAN ZAPATER, "La Libre Circulación de Documentos Relativos al Estado Civil en la Unión Europea", *El Documento Público Extranjero en España y en la Unión Europea – Estudios sobre las Características y Efectos del Documento Público*, Maria Font i Mas (dir.), España, Editora Bosch, 2014, pp. 112-122).

PIERRE CALLÉ referia-se também a vários métodos de "recepção" dos actos públicos, entendendo, noutra sede, que a noção de reconhecimento apenas fazia sentido quanto a actos públicos de carácter decisório (cfr. *L'Acte public en Droit International Public*, Paris, Economica, 2004, p. 157, e, do mesmo autor, "L'Acte Public en Droit International Privé", *Droit Écrit*, N.º 2, 2002, pp. 138-139). DAGMAR COESTER-WALTJEN usava já a terminologia de aceitação (cfr. "Anerkennung im Internationalen Personen-, Familien- und Erbrecht und das Europäische Kollisionsrecht", *IPRax – Praxis des Internationalen Privat-und Verfahrensrechts*, Ano 26, N.º 4, Juli/August, 2006, p. 393).

Esta aceitação consiste em admitir o documento como título legitimador de direitos, como título probatório, de inscrição em registo ou de execução, de acordo com cada legislação nacional (PEDRO CARRIÓN GARCÍA DE PARADA, "Los Documentos Notariales en los Nuevos Reglamentos Europeos: el Reglamento de Sucesiones y la Propuesta de Reglamento de Régimen Económico Matrimonial y la de Efectos Patrimoniales de las Parejas Registradas", *El Documento Público Extranjero en España y en la Unión Europea – Estudios sobre las Características y Efectos del Documento Público*, Maria Font i Mas (dir.), España, Editora Bosch, 2014, p. 212). Isto sempre que os Regulamentos comunitários não prevejam, eles mesmos, a força probatória e executiva de tais documentos (CARMEN PARRA, "El concepto de documento extrajudicial con fuerza executiva en la Unión Europea", *El Documento Público Extranjero en España y en la Unión Europea – Estudios sobre las Características y Efectos del Documento Público*, Maria Font i Mas (dir.), España, Editora Bosch, 2014, pp. 263-284).

[701] CARMEN AZCÁRRAGA MONZONÍS, "New Developments in the Scope of the Circulation of Public Documents in the European Union", *Zetschrift für Zivilprozess International – Jahrbuch des Internationalen Zivil prozessrechts*, Vol. 18, 2013, p. 256.

[702] MARIUS KOHLER e MARKUS BUSCHBAUM consideram que não há utilidade jurídica em prever-se o reconhecimento de actos autênticos, a par da sua executoriedade, por já existir – e esta pressupôr – uma livre circulação de actos autênticos estrangeiros (cfr. "La "reconnaissance" des actes authentiques prévue pour les successions transfrontalières. Reflexions critiques sur une approche douteuse entamée dans l'harmonisation des règles de conflits de lois", *Revue Critique de Droit International privé*, Vol. 99, N.º 4, 2010, pp. 629-651).

[703] JONATHAN FITCHEN entende que os actos públicos têm um efeito jurídico indeterminado até que entrem em contacto com o Estado de destino, não havendo, por isso, um *substractum* a

ACTOS ADMINISTRATIVOS ESTRANGEIROS

ou *inapropriada*, por estes não terem força de caso julgado, sendo antes uma consequência da "equivalência funcional" com as sentenças judiciais nos regulamentos comunitários[704]. Outros, no entanto, continuam a defender a noção de reconhecimento por entenderem que, se começava a haver consenso sobre a circulação de actos autênticos, deveria acolher-se expressamente a técnica na qual esse consenso repousou: o reconhecimento[705], deixando-se, portanto, as precisões terminológicas de lado.

Mas é do ponto de vista dos efeitos que se vê com maior nitidez a diferenciação entre os actos administrativos e os actos de administração pública de direito privado.

CALLÉ chega a considerar que o elemento relevante não é o tipo de acto público de que se parta (porque quaisquer classificações – orgânicas, materiais e funcionais – são insuficientes e incertas[706]), mas antes os seus efeitos processuais (probatórios e executivos) e substanciais (decisórios e tituladores). E, de facto afirmada a autenticidade e equivalência daqueles actos, descola-se dela a sua força probatória e obrigatoriedade potenciando, muitas das vezes, como sucede no campo da União, a sua execução directa[707].

E são esses os efeitos extraterritoriais que, ainda hoje, não obstante alguma aproximação, são distintos dos efeitos dos actos administrativos estrangeiros. E se é certo que, se havia uma tendência para considerar que os actos públicos de direito privado podiam beneficiar de uma eficácia extrater-

---

reconhecer, mas uma certa forma mútua e não técnica de aceitação de situações jurídicas (cfr. , "Authentic Instruments And European Private International Law In Civil And Commercial Matters: Is Now The Time To Break New Ground?", *Journal of Private International Law*, Vol. 7, N.º 1, April, 2011, pp. 83-85).

[704] CARMEN AZCÁRRAGA MONZONÍS, "New Developments in the Scope of the Circulation of Public Documents in the European Union", *Zetschrift für Zivilprozess International – Jahrbuch des Internationalen Zivil prozessrechts*, Vol. 18, 2013, p. 256.

[705] CYRIL NOURISSAT, PIERRE CALLÉ, PAOLO PASQUALIS, PATRICK WAUTELET, "Pour la reconnaissance des actes authentiques au sein de l'espace de liberté, de securité et de justice", *Petites Affiches*, N.º 68, 4 avril 2012, pp. 6-14.

[706] PIERRE CALLÉ, *L'Acte public en Droit International Public*, Paris, Economica, 2004, pp. 163--196.

[707] GEORGES A. DROZ, "L'Activité Notariale Internationale", *Recueil des Cours*, 1999, Vol. 280, The Hague, Martinus Nijhoff Publishers, 2000, pp. 97-130; e HÉLÈNE PEROZ, "Le Règlement CE n.º 805/2004 du 21 vril 2004 portant Création d'un Titre Exécutoire Européen pour les Créances Incontestées", *Journal de Droit International*, Ano 132, N.º 3, Juillet-Août-Septembre, 2005, pp. 664-665.

ritorial que era sempre recusada aos actos administrativos, e que essa afirmação deixa de ser hoje verdadeira, sobretudo no âmbito dos actos transnacionais, não chegamos ao ponto de concordar com Gautier, para quem passou a ser reconhecida aos actos transnacionais uma eficácia mais ampla (porque automática) relativamente aos actos públicos[708].

É que, se há efeitos que são hoje muito próximos nos actos públicos e nos actos administrativos, tais como os efeitos probatórios e incidentais, outros há em que a distinção entre ambos é visível.

Tenha-se em consideração, em especial, a abertura dos registos públicos a actos públicos estrangeiros, sem necessidade de revisão[709], abertura esta que usualmente não é possível *sem mais* em registos administrativos de natureza constitutiva (como sucede nas inscrições em Ordens, como a dos Advogados, que podem ser feitas depender da realização de provas de aptidão ou da prova de outros critérios que permitam dispensar tal exame).

Também a cada vez maior admissibilidade de execução com base em actos públicos estrangeiros, sem necessidade de *exequatur,* como sucede no âmbito dos mais recentes Regulamentos comunitários[710], confirma a especial aptidão dos actos públicos para uma extensão de efeitos que vai muito para além das situações actuais de execução transnacionais de actos administrativos estrangeiros, que continuam a ser excepcionais.

---

[708] Marie Gautier, "Acte Administratif Transnational et Droit Communautaire", *Droit Administratif Européen,* Jean-Bernard Auby, Jacqueline Dutheil de la Rochère (dir.), Bruxelles, Bruylant, 2007, pp. 1076-1077. De sorte, não só se tem permitido que os actos públicos no seio dos Regulamentos comunitários produzam efeitos, inclusive executivos, de forma automática (sem *exequatur),* como muitos sistemas de reconhecimento de actos administrativos dependem de um procedimento prévio de reconhecimento.

[709] Sobre esta desnecessidade de revisão no âmbito do registo civil, cfr. os artigos 6.º, 49.º, 178.º, 184.º e 187.º do Código de Registo Civil, que, de acordo com Luís de Lima Pinheiro devem ser aplicados analogicamente aos registos predial e comercial (cfr. *Direito Internacional Privado,* Vol. III, 2.ª ed, Coimbra, Almedina, 2012, pp. 378-391).

[710] Cfr. o artigo 58.º do Regulamento (UE) N.º 1215/2012, do Parlamento Europeu e do Conselho de 12 de Dezembro de 2012, relativo à competência judiciária, ao reconhecimento e à execução de decisões em matéria civil e comercial. No âmbito do Código de Processo Civil Português, cfr. o artigo 706.º, n.º 2, que considera não carecerem de revisão para serem exequíveis os títulos exarados em país estrangeiro, nos quais se incluem os documentos exarados ou autenticados por notário ou por outras entidades ou profissionais com competência para tal, que importem a constituição ou reconhecimento de qualquer obrigação [artigo 703.º, n.º 1, alínea b)].

Em contrapartida, do ponto de vista dos efeitos constitutivos e preclusivos dos actos em referência, os actos administrativos estrangeiros cujos efeitos são admitidos nos Estados de acolhimento beneficiam de uma especial força jurídico-pública que impede, em geral, a aferição da sua validade de acordo com as regras do Estado de acolhimento. O mesmo não se poderá dizer genericamente dos actos públicos, nos quais a validade continua submetida, em princípio, ao império da regra de conflitos do foro. No entanto, também aqui, a evolução no âmbito da União Europeia – em especial em virtude dos movimentos de harmonização conflitual e procedimental e de concentração de jurisdição no Estado de origem – e cuja epítome é, precisamente, o Regulamento n.º 650/2012– permite fundar um maior reconhecimento dos efeitos de dos actos públicos[711], ao dividir entre a contestação do acto quanto à sua autenticidade, a apresentar no Estado-membro de origem e a contestação dos actos jurídicos ou relações jurídicas registadas em actos autênticos a apresentar perante os órgãos jurisdicionais competentes, de acordo com a lei aplicável (artigo 54.º daquele Regulamento).

Em suma, podemos sintetizar os fundamentos que nos levam a excluir os actos administrativos que incidem sobre relações jurídico-privadas do âmbito da nossa análise: i) aqueles actos têm uma fisionomia distinta dos actos que incidem sobre relações materialmente jurídico-administrativas, gozando de uma *autonomia funcional* quanto à sua regulação e efeitos; ii) têm beneficiado de grande *autonomia dogmática,* tanto do ponto de vista interno, como do ponto de vista internacional, sendo usualmente estudados no âmbito de disciplinas próprias, como o direito notarial e registal, ou integrados no âmbito internacional-privatista[712]; e têm demonstrado uma ampla *autonomia metodológica,* já que a distinção entre as duas dimensões daqueles actos – a pública e a privada, concretizada vastas vezes na dicotomia *instrumentum/negotium* – torna-os objecto de fórmulas técnicas mestiçadas nas

---

[711] Cfr., sobre estes efeitos, ETIENNE PATAUT, "La Reconnaissance des Actes Publics dans les Règlements Européens de Droit International Privé, *La Reconnaissance des Situations en Droit International Privé,* Paul Lagarde (dir.), Paris, Éditions A. Pedone, 2013, pp. 158-160 e 163.

[712] De facto, se inicialmente os cultores do direito administrativo não distinguiam estes actos "públicos" dos demais actos administrativos, essa tendência inverteu-se, centrando-se o direito internacional administrativo actual apenas nas relações jurídico-administrativas internacionais, deixando-se os *actos públicos* para o direito internacional privado e para o direito processual internacional.

EFICÁCIA, RECONHECIMENTO E EXECUÇÃO DE ACTOS ADMINISTRATIVOS ESTRANGEIROS

quais a aceitação do documento não se comunica ao conteúdo do acto, que continua sujeito ao controlo de técnicas de conflitos de leis.

b. Contratos internacionais

O recurso a fórmulas negociais, com maior ou menor carácter formal e vinculativo, é uma constante na esfera internacional, que tem vindo a conhecer sucessiva ampliação, pelos seguintes motivos: i) por a competência negocial assistir, sem dúvidas de maior, a todos os sujeitos de direito internacional, dentro do limite da sua personalidade jurídica; ii) por ser um veículo de encontro de vontades flexível e adaptável, que imprime mais garantias de efectividade às obrigações assumidas; e iii) por ser um instrumento de harmonização ou, pelo menos, de aproximação de legislações, que evita ou minimiza a ocorrência de conflitos.

No que se refere aos efeitos destes actos convencionais, a regra geral é a de que eles obrigam as partes, mas não vinculam nem geram direitos em benefício de terceiros, que não as partes na convenção, acordo ou contrato internacional. Ou seja, quaisquer outros Estados, organizações internacionais ou demais sujeitos de direito internacional, incluindo organizações não governamentais, indivíduos e empresas internacionais, são considerados terceiros, não incluídos no círculo (limitado) de obrigados por aquele instrumento convencional. Pelo que cumprirá às entidades obrigadas pôr as medidas de execução necessárias para dar plena eficácia às convenções internacionais, delas extraindo as devidas consequências. Há, porém, convenções internacionais (ou disposições delas constantes) que dispensam esta intermediação normativa, na medida em que visam produzir efeitos directos na relação com os seus destinatários-finais.

Para não nos reportarmos apenas ao exemplo do direito da União Europeia, no âmbito do qual o Tribunal de Justiça tem vindo a reconhecer efeito directo a disposições de alguns acordos internacionais por si concluídos[713],

---

[713] Nestas situações, o reconhecimento do efeito directo das convenções internacionais é um resultado da dogmática do direito comunitário, já não de um efeito próprio daquelas convenções internacionais (cfr. Acórdão *Meryem Demirel c. Stadt Schwäbisch Gmünd*, do Tribunal de Justiça de 30 de Setembro de 1987, proferido no processo 12/86); ou então de um efeito de direito nacional permitido pelo direito comunitário (cfr. Acórdão do Supremo Tribunal de Justiça Português de 3 de Novembro de 1995, proferido no processo 05B1640, e Acórdão *Merck Genéricos – Produtos Farmacêuticos Lda c. Merck & Co. Inc. et al.*, do Tribunal de Justiça de 11 de Setembro, de 2007, proferido no Processo C-431/05).

ACTOS ADMINISTRATIVOS ESTRANGEIROS

pense-se nos contratos ligados ao exercício de missões próprias da entidade internacional (contratos de sede, de cooperação que instituem parcerias público-privadas ou *joint ventures*, ou acordos que enquadram a administração de determinados territórios). Trata-se em muitos destes casos de contratos celebrados em matérias jurídico-administrativas, que têm efeitos que se projectam sobre terceiros, na medida em que permitem a actuação estrangeira sobre o território de um Estado, enquadrando a intervenção extraterritorial com repercussões em Estados estrangeiros. O que os aproxima dos efeitos para que tendem os actos administrativos estrangeiros de que curamos, com a especificidade de a intervenção extraterritorial ser previamente consentida.

Os contratos administrativos internacionais fundam, assim, relações jurídicas de direito administrativo entre as partes e, eventualmente, terceiros, estabelecendo-se, por seu intermédio, uma regulamentação específica de esferas típicas de actuação da Administração que não são, em regra, passíveis de contratação em moldes jus-privatistas, podendo, em determinadas condições, substituir a prática de actos administrativos estrangeiros ou, como veremos, fundamentá-los.

A aproximação entre actos administrativos estrangeiros e contratos internacionais é também visível a outros propósitos, desde logo, pela confluência de institutos como os da tomada em consideração e da imunidade, que são aplicáveis também no âmbito contratual, sobretudo quando o cumprimento de um contrato for perturbado de forma grave por um acto de autoridade pública estrangeiro, de modo a que dele possam ser retiradas consequências liberatórias para uma das partes[714].

Os problemas essenciais suscitados por estes contratos prendem-se, também – a par do que sucede com os actos administrativos estrangeiros –, com a sua qualificação[715] e com a determinação dos seus efeitos.

Outra linha de evolução mais recente do direito da União passa pela admissão da adjudicação conjunta de contratos públicos ou pela criação de entidades de compras transfronteiriças, devendo a decisão relativa a uma adjudicação separada ou conjunta basear-se em critérios qualitativos e económicos que poderão ser definidos pelas legislações nacionais (cfr. a Directiva 2014/24/UE, do Parlamento Europeu e do Conselho, de 26 de Fevereiro de 2014, relativa aos contratos públicos e que revoga a Directiva 2004/18/CE).

[714] PATRICK KINSCH, *Le Fait du Prince Étranger*, Paris, L.G.D.J., 1994, pp. 18-50.

[715] MALIK LAAZOUZI, *Les Contrats Administratifs à Caractère International*, Paris, Economica, 2008, pp. 137-147: qualificação esta que não se prende apenas com a distinção entre estes e os contratos de direito privado internacionais, mas igualmente se reporta à definição das

EFICÁCIA, RECONHECIMENTO E EXECUÇÃO DE ACTOS ADMINISTRATIVOS ESTRANGEIROS

Estes efeitos – dada a irrelevância, nesta sede, do reconhecimento[716] e a progressiva ampliação do mecanismo conflitual no âmbito administrativo – dependem indissociavelmente da determinação da lei ou regime jurídico aplicável, que, por seu turno, se encontra estreitamente associada à sua sede originária e à jurisdição competente para a sua apreciação, em caso de litígio que venha a surgir quanto à interpretação e execução do contrato.

Também aqui se deu, nos contratos que envolvem um Estado, a quebra da territorialidade e de um discurso estrito sobre imunidades de jurisdição e se abriu o terreno à aplicação de soluções similares às do direito internacional privado, aplicando-se direito estrangeiro a contratos *iure imperium*[717]. Portanto, a uma concepção inicial que assentava na territorialidade do direito público, segundo a qual os órgãos de um Estado apenas aplicariam o seu direito público, e que era complementada pelo princípio da imunidade de jurisdição, nos termos do qual, salvo em casos excepcionais, nunca poderia um Estado ser accionado em órgãos jurisdicionais de outro Estado, opõe-se outra que valoriza – e não ignora – os elementos de internacionalidade dos contratos celebrados pelos Entes públicos.

---

suas características de administratividade e de internacionalidade, e às possíveis combinações entre elas. Também aqui a limitada relevância da qualificação dos contratos de acordo com os vários ordenamentos jurídicos materiais com eles conectados se liga à necessidade da sua qualificação autónoma pelo menos nas hipóteses em que o contrato se encontra submetido à jurisdição internacional. Acompanhamos a este propósito DÁRIO MOURA VICENTE, que distingue entre três tipos de contratos, aos quais são aplicáveis regras diferenciadas: os contratos administrativos internacionais ou contratos internacionais da administração pública, os contratos de direito privado celebrados com entidades estrangeiras e os de Estado (ou *state contracts*) em sentido restrito (cfr. "Direito aplicável aos contratos públicos internacionais", *Estudos em Homenagem ao Professor Doutor Marcelo Caetano – No centenário do seu nascimento*, Vol. I, Coimbra Editora, Coimbra, 2006, pp. 293-294). Em sentido similar, cfr. EDUARDO CORREIA BAPTISTA, *Direito Internacional Público – Conceito e Fontes*, Vol. I, Lisboa, Lex, 1998, pp. 159-162.

[716] MINH SON NGUYEN considera que os contratos podem ser alvo de reconhecimento, dando o exemplo de acordos de reconhecimento mútuo. No entanto, os acordos são aqui o veículo para o reconhecimento e não o seu objecto, referindo-se este instituto aos actos ou comportamentos impostos ou admitidos negocialmente (cfr. "Droit Administratif International", *Zeitschrift für Schweizerisches Recht*, Vol. 125, II, 2006, pp. 127-128).

[717] SOPHIE LEMAIRE, *Les Contrats Internationaux de l'Administration*, Paris, L.G.D.J., 2005, pp. 294-309; LUÍS DE LIMA PINHEIRO, "O problema do direito aplicável aos contratos internacionais celebrados pela Administração Pública", *Direito e Justiça*, Vol. XII, Tomo 2, 1999, p. 32.

ACTOS ADMINISTRATIVOS ESTRANGEIROS

Para que esta recompreensão da lei aplicável aos contratos públicos internacionais se desse, em muito contribuiu o facto de, na celebração de contratos internacionais, os Estados se furtarem à aplicação da sua própria jurisdição pela inscrição de pactos de jurisdição ou de convenções de arbitragem.

As soluções, no entanto, têm diferido consoante a qualificação que seja feita dos tipos contratuais e para a qual contribui, decisivamente, a natureza dos interesses que neles têm acolhimento: os do Estado em assegurar o cumprimento das prestações, sobretudo por parte de contraentes privados, sabendo que estas relevam, directa ou indirectamente, para o cumprimento das funções que lhe são inerentes, e os dos contraentes privados, que fundam a sua vinculação negocial numa perspectiva essencialmente económica, mas à qual não é alheia a aplicação e estabilização de um determinado quadro jurídico.

A imediata e acrítica aplicação do direito do Estado contratante ao contrato poder-se-ia revelar excessivamente lesiva dos interesses legítimos dos contraentes privados, na medida em que estaria sempre na mão do Estado, sobretudo na ausência de um ordenamento jurídico maturado, alterar as suas disposições normativas de molde a inviabilizar a execução daquele. Mais, uma aplicação automática da lei do Estado também não se coadunaria com o tipo de relação jurídica que dimana de tal contrato que regula relações jurídicas plurilocalizadas. Estas não devem ser subtraídas à mobilização dos métodos de regulamentação das relações privadas internacionais[718]: seja da sujeição a regras de conflitos ou a normas de aplicação necessária e imediata, seja da concretização de princípios como o da proximidade ou aplicação da lei mais estreitamente conectada com a situação. Nesta linha, tem-se afirmado a essencialidade do estabelecimento de regras ou a formulação de princípios que permitam aferir qual a lei cuja aplicação é a mais adequada de um ponto de vista espacial, encurtando-se, assim, o espaço que mediava entre as típicas relações privadas internacionais e as relações internacionais público-privadas.

Porém, julgamos ser de assinalar que, em face dos crescentes fluxos de investimento para os países em vias de desenvolvimento e das vicissitudes nestes, e da internacionalização ou "deslocalização" das sociedades, a pura

---

[718] Sobre a insuficiência dos mecanismos jurídico-públicos de protecção diplomática nesta sede, cfr. WILHELM WENGLER, "Les accords entre entreprises étrangères sont-ils des traités de droit international", *Revue Générale de Droit International Public*, Tomo LXXXVI, 1972, pp. 313-345.

sujeição às regras conflituais para designação do ordenamento jurídico competente pode não acautelar suficientemente os interesses em jogo, públicos e privados, sendo necessário colmatar aquela designação com uma aproximação que permita suprir as suas lacunas, imprimir-lhe coerência e, quando tal não seja possível, temperar as soluções a que com ela se chegue[719]. Esta aproximação corresponderá à mobilização *no caso* dos princípios de direito internacional pertinentes (boa fé, abuso do direito, *rebus sic standibus*, etc.) e eventualmente de outras fontes relevantes, como sucede com o costume internacional ou os usos do comércio[720].

[719] Esta função de compensação é particularmente relevante nos casos em que os acordos não contenham normas suficientemente precisas quanto à protecção das partes, ou de uma delas. Não é o que sucede na situação, hoje candente, dos Acordos de Investimento Bilaterais (BIT's), que incluem medidas de protecção bastante amplas, como as garantias de tratamento justo e equitativo (*fair and equitable treatment*), protecção completa, não-discriminação, tratamento nacional, e tratamento da nação mais favorecida, bem como garantias contra medidas expropriativas. Nestes casos, mais do que a identificação do regime aplicável, em causa está a sua concretização judicial pelos Tribunais (arbitrais, institucionalizados ou formados ad hoc) competentes, que nem sempre se tem revelado consequente. Cfr., J. CHRISTOPHER THOMAS, HARPREET KAUR DHILLON, "Applicable Law Under International Investment Treaties", *Singapore Academy of Law Journal*, N.º 26, 2014, disponível em http://www.sal.org.sg/digitallibrary/default.aspx, acesso em 15 de Agosto de 2015, pp. 975-999.

[720] Esta aproximação parece ser a preferida no plano internacional, como se retira, entre outros documentos, do artigo 42.º da Convenção de Washington de 1965 para a Resolução de Diferendos Relativos a Investimentos entre Estados e Nacionais de Outros Estados.

Um marco indelével nesta matéria foi dado pela decisão arbitral do Lorde Asquith of Bishopstone, no caso *Petroleum Development (Trucial Coast) Ltd. contra o Sheikh de Abu Dhabi*, de 28 de Agosto de 1951, na qual excluiu a aplicação da lei que pareceria *prima facie* competente – a de Abhu Dhabi – por corresponder a um ordenamento jurídico puramente discricionário, e entendeu que a cláusula 17.ª do contrato de concessão do exclusivo de pesquisa e exploração de petróleo que se referia à interpretação deste de maneira consistente com a razão repelia a noção que o direito interno de qualquer Estado poderia ser o apropriado, apontando antes para princípios ancorados no bom senso e na prática comum da generalidade das nações civilizadas.

Outras sentenças arbitrais ilustram de maneira paradigmática o recurso aos critérios de determinação da lei aplicável definidos no texto e que apontam para uma "desnacionalização" da lei substantiva aplicável, por recurso aos princípios gerais de direito.

No caso *Sapphire International Petroleum Ltd. contra National Iranian Oil Company*, de 15 de Março de 1963, o Tribunal considerou que os critérios da conclusão do contrato e da execução contratual apontavam para a aplicação do ordenamento jurídico iraniano. No entanto, do artigo 38.º do contrato de concessão, que se referia à execução do contrato de acordo com a

ACTOS ADMINISTRATIVOS ESTRANGEIROS

Gera-se, deste modo, uma união funcional entre direito internacional privado e direito internacional público, sendo reconhecido àquele uma função normal de resolução da questão da lei aplicável e a este uma "competência *condicionante e complementar*"[721]. E é nesta união que melhor se espelha a ponderação de interesses, públicos e privados, a que fizemos referência.

c. *Relações e situações jurídicas transnacionais*

Assiste-se hoje[722] a uma tendência para mudar o foco do direito administrativo das formas tradicionais da actuação administrativa para outras formas

---

boa-fé e do carácter simultaneamente público e privado do mesmo, retirou o Tribunal que seria no interesse das partes que qualquer disputa fosse decidida de acordo com os princípios gerais universalmente reconhecidos e não por regras jurídicas particulares a um sistema jurídico nacional.

Esta metodologia foi igualmente seguida nos casos relativos às nacionalizações conduzidas pela Líbia: *caso BP Exploration Co. (Lybia) Ltd. contra o Governo da República Árabe Líbia,* de 10 de Outubro de 1973; caso *Texaco Oversas Petroleum Company, Califórnia Asiatic Oil Company contra o Governo da República Árabe Líbia,* de 19 de Janeiro de 1977 (TOPCO) e caso *Libyan American Oil company (Liamco) contra o Governo da República Árabe Líbia.* Em qualquer destes casos havia uma cláusula de escolha de lei que foi interpretada à luz dos princípios gerais de direito. A determinação da lei aplicável na ausência de semelhante cláusula foi analisada no caso *Deutsche Schachtbau-und Tiefbohrgesellschaft mbH* contra *Ras Al Khaimah National Oil Company* (RAKOIL), de 1987, em que o *English Court of Appeal,* munindo-se do então artigo 13, n.º 3 das regras de arbitragem da Câmara de Comércio Internacional, considerou que era inapropriado aplicar quer a lei da companhia quer a lei do Estado, mandando reger a causa pelos principios jurídicos contratuais aceites internacionalmente.

De forma ainda mais clara, no caso *Amco contra Indonesia,* de 20 de Novembro de 1984, o Tribunal arbitral, fundando-se no artigo 42.º da Convenção de Washington, considerou que deveria aplicar direito indonésio, assim como as regras de direito internacional que fossem aplicáveis tendo em consideração as matérias e questões em litígio. Naturalmente que uma aplicação complementar ou correctiva do direito internacional relativamente aos direitos estaduais, possível em virtude da sua superioridade enquanto fonte normativa, apenas é necessária nas hipóteses em que estes sejam desviantes relativamente aos princípios de direito internacional. Caso contrário, bastará a aplicação do direito interno do Estado, dado o alinhamento de interesses a este subjacentes. Nesta linha, sobre o surgimento de um "direito internacional dos contratos internacionais", cfr. DOMINIQUE CARREAU, FABRIZIO MARELLA, *Droit International,* 11.ª ed., Paris, Pedone, 2012, pp. 218-222.

[721] LUÍS DE LIMA PINHEIRO, "O problema do direito aplicável aos contratos internacionais celebrados pela Administração Pública", *Direito e Justiça,* Vol. XII, Tomo 2, 1999, p. 64.

[722] Mas não sem raízes históricas, como o demonstra entre nós a obra de A. L. GUIMARÃES PEDROSA, *Curso de Ciência da Administração e Direito Administrativo,* I – Introdução e Parte I, 2.ª

EFICÁCIA, RECONHECIMENTO E EXECUÇÃO DE ACTOS ADMINISTRATIVOS ESTRANGEIROS

de relacionamento da Administração com os particulares, como sucede com o conceito de relação jurídico-administrativa e, mais recentemente – com incidência particular no plano internacional a que nos reportamos –, de situações jurídicas transnacionais.

Esta oscilação pretende fazer *substituir* um corte estático do direito administrativo e, em geral, do direito público[723], por um corte dinâmico, que privilegie os comportamentos – quaisquer que eles sejam, posto que juridicamente relevantes – aos actos; ao mesmo tempo valoriza o papel dos "parceiros" da Administração que, de meros objectos do poder administrativo, passam a ser seus sujeitos e titulares de garantias, sejam materiais sejam procedimentais, perante aquela[724].

Não obstante, o acolhimento do conceito de relação jurídica tem sido objecto, mais recentemente, de alguma crítica, tendo em consideração as limitações que a mesma reveste no seu modelo explicativo das actuações unilaterais da Administração, uma vez que a ela não são facilmente reconduzíveis as situações de sujeição a poderes administrativos[725]; e tendo igualmente em linha de conta a sua impossibilidade de abarcar todas as situações da vida, que cada vez mais são multiformes e difíceis de serem reconduzidas

---

ed., Coimbra, Impensa da Universidade, 1908, p. 201, que incluía já um título integral sobre a "Teoria das Relações Administrativas".

[723] Sobre a relação jurídico-administrativa como uma espécie de um género mais amplo, cfr. VITALINO CANAS, "Relação Jurídico-Política", *Dicionário Jurídico da Administração Pública*, José Pedro Fernandes (Dir.), Coimbra, Gráfica do Areeiro, Lda., 1996, p. 225.

[724] VASCO MANUEL PASCOAL DIAS PEREIRA DA SILVA, *Em Busca do Acto Administrativo Perdido*, Coimbra, Almedina, 1998, p. 14 e pp. 699-702. Cfr. o artigo 65.º do Novo Código do Procedimento Administrativo que dá acolhimento a esta noção, sem se esquecer, porém, das demais formas típicas de intervenção administrativa.

ROLF GRÖSCHNER, acrescenta a estas dimensões a ultrapassagem de uma perspectiva teleológica ou finalista por uma perspectiva de natureza dialógica (cfr. "*Vom Nutzen des Verwaltungsrechtsverhältnisses*", Die Verwaltung – Zeitschrift für Verwaltungsrecht und Verwaltungswissenschaften, Vol. 30, N.º 3, 1997, pp. 337-338). Já JOSÉ EUGENIO SORIANO GARCÍA destacava a importância pretoriana do conceito, enquanto mecanismo promotor de equilíbrio e cooperação (cfr. "*Evolucion del Concepto, Relación Jurídica en el su Aplicación al Derecho Publico*", Revista de Administración Pública, Vol. 90, N.º 3, 1979, pp. 73-78).

[725] MIGUEL PRATA ROQUE, *A Dimensão Transnacional do Direito Administrativo – Uma visão cosmopolita das situações jurídico-administrativas*, AAFDL, Lisboa, 2014, pp. 286-295.

ACTOS ADMINISTRATIVOS ESTRANGEIROS

a um quadro puramente relacional[726]. Em contrapartida, a tendência mais moderna passa por subir um degrau na escala de generalidade de actuação da Administração e adoptar um conceito amplíssimo de *situação jurídico-administrativa transnacional.*

Ora, poderá, com resultados muito satisfatórios, fazer sentido esta aproximação quando se pretenda levar a cabo um estudo global do direito administrativo visto de uma perspectiva "transnacional", ou "cosmopolita", agrupando no supra-conceito de situações jurídico-administrativas transnacionais todas as dimensões que são relevantes no âmbito global e tendo em vista a construção de uma *"Teoria Geral de Conflitos em Direito Administrativo"*, como o faz PRATA ROQUE, que inclui naquele conceito não apenas os actos e os contratos administrativos, como todas as actuações da Administração e os factos com relevância jurídico-administrativa, desde que tenham projecção transnacional, i.e., que entrelaçem de forma relevante várias ordens jurídico-administrativas[727].

Todavia, como o nosso âmbito de estudo é o do mais comedido instituto do reconhecimento, aquela amplitude não se presta para efeitos da nossa análise, como já o evidenciámos, ao persistirmos na distinção entre os actos administrativos estrangeiros e outros modos de acção administrativa.

Não nos parece, de facto, que um *espasmo muscular de um titular de um órgão administrativo*, ainda que possa vir a convocar a questão da definição do direito público aplicável a matérias de responsabilidade, possa ser relevante para fundar qualquer pretensão ao reconhecimento, porque em causa não está o acolhimento dos efeitos típicos de um acto de vontade da Administração estrangeira, mas apenas um facto involuntário que cria uma situação jurídico-administrativa, cuja relevância jurídica não é um pressuposto

---

[726] LUÍS FILIPE COLAÇO ANTUNES chega a falar de uma relação hermafrodita entre a Administração e o particular, que não se reduz aos quadros de uma relação jurídico-administrativa efectiva ou mesmo presumida (cfr. *A Ciência Jurídico-Administrativa*, Coimbra, Almedina, 2013, p. 506).

[727] MIGUEL PRATA ROQUE, *A Dimensão Transnacional do Direito Administrativo – Uma visão cosmopolita das situações jurídico-administrativas*, AAFDL, Lisboa, 2014, p. 283, pp. 301-305 e 337-346. Adoptando igualmente esta perspectiva, mas diferenciando mais claramente os instrumentos administrativos na esfera transnacional, MARTIN KMENT, *Grenzüberschreitendes Verwaltungshandeln – Transnationale Elemente deutschen Verwaltungsrechts*, Tübingen, Mohr Siebeck, 2010, pp. 267-268.

EFICÁCIA, RECONHECIMENTO E EXECUÇÃO DE ACTOS ADMINISTRATIVOS ESTRANGEIROS

(como sucede com o reconhecimento), mas uma dúvida, a ser resolvida pelo ordenamento competente.

Para além de ser a figura dos actos administrativos estrangeiros que nos continua a fornecer o "esquema explicativo" mais adequado das formas pelas quais a Administração se relaciona com particulares (e estes com aquela)[728] e, no que também aqui nos interessa, com Administrações estrangeiras[729], continuando a cumprir funções que não são desempenhadas, com idêntica eficácia, pela teoria da relação jurídica administrativa ou das situações jurídicas transnacionais.

É certo que também no âmbito da nossa análise não há uma integral oposição entre acto administrativo e relações jurídicas ou situações por ele criadas ou tocadas. Isto porque o objecto do reconhecimento é uma relação jurídica, concreta e pré-existente, *i.e.*, que já foi objectivada numa ordem jurídica determinada, e que, por isso, não deve ser ignorada[730]. De certa forma, a eficácia, reconhecimento e execução que são deferidos ao acto administrativo estrangeiro têm como motivação a relação jurídica antes estabelecida, de tal forma que tanto o acto administrativo estrangeiro como o processamento que este recebe no país de destino impregnam a relação

---

[728] PEDRO COSTA GONÇALVES, ANA RAQUEL MONIZ, *Direito Administrativo II – Teoria Geral Da Actividade Administrativa – Lições à 2.ª Turma Do 2.º Ano da Licenciatura Em Direito (Ano Lectivo 2010-2011)*, Coimbra, Faculdade de Direito de Coimbra, policopiado, 2011, p. 25.

[729] Sobre o papel estrutural da relação jurídica no âmbito supra e interestatal, cfr. NORBERT ACHTERBERG, "Rechtsverhältnisse als Strukturelemente der Rechtsordnung", *Rechtstheorie*, Vol. 9, N.º 1, 1978, pp. 400-401. Em bom rigor, mobilizando a teoria da relação jurídica, nas situações em análise estaríamos perante relações jurídicas poligonais ou multipolares, nas quais se relacionam Estados com Estados ou outras autoridades públicas e com entidades privadas destinatárias ou tocadas por actos administrativos que pretendem fazer valer no exterior (ou relativamente aos quais se pretendem defender). De facto, também não há que ignorar, nesta sede, o papel dos contra-interessados, quando visem invocar um acto transnacional emitido em benefício de terceiros, contra um acto em sentido negativo do Estado, ou quando pretendam reagir contra um acto transnacional reconhecido no Estado de acolhimento (cfr. NICOLA BASSI, *Mutuo Riconoscimento e Tutela Giurisdizionale – La Circolazione Degli Effeti del Provvedimento Amministrativo Straniero Fra Diritto Europeo e Protezione Degli Interessi del Terzo*, Milano, Giuffrè Editore, 2008, pp. 116-124; e, entre nós, FRANCISCO PAES MARQUES, *Relações Jurídicas Administrativas Multipolares – Contributo para a sua Compreensão Substantiva*, Coimbra, Almedina, 2011, pp. 198-207).

[730] CHARALAMBOS PAMBOUKIS, "La renaissance-métamorphose de la métode de reconnaissance", *Revue Critique de Droit International Privé*, Vol. 97, N.º 3, 2008, pp. 513-560.

ACTOS ADMINISTRATIVOS ESTRANGEIROS

jurídica sobre a qual incidem, tendo nela efeitos relevantes procedimentais, substantivos e, sobretudo, processuais[731].

Ou seja, apesar de nos centrarmos no acto administrativo estrangeiro – acto este cuja conformação e efeitos já se afastam em muito da teoria base das formas da Administração –, não deixamos de perspectivar a relação jurídica com a marcada *função heurística* (mas já não assim com a função dogmática) que lhe é assinalada por SCHMIDT-ASSMANN[732].

Por outro lado, podem divisar-se formas de reconhecimento que ultrapassam o próprio instituto do acto administrativo estrangeiro, sobretudo no âmbito criativo do direito da União Europeia. É o que sucede no âmbito do exercício de profissões em Estados-membros que não o de origem, no qual o reconhecimento excede o mero reconhecimento de títulos de formação e se estende ao reconhecimento da experiência profissional no Estado de origem, ou o das situações de livre circulação de mercadorias com base em certificados de conformidade, casos em que a intervenção administrativa

---

[731] Sobre esta tentativa de aproximação entre acto administrativo e relações jurídico administrativas no plano interno, cfr. JOSÉ MANUEL SÉRVULO CORREIA, "Acto Administrativo e Âmbito da Jurisdição Administrativa", *Estudos em Homenagem ao Prof. Doutor Rogério Soares*, Coimbra, Coimbra Editora, 2001, pp. 1155-1187. No mesmo sentido, reagindo contra argumentos acticidas, ainda que concedendo numa eventual perda de hegemonia do acto administrativo na doutrina administrativa, CFR. JOSÉ CARLOS VIEIRA DE ANDRADE, "Algumas Reflexões a Propósito da Sobrevivência do Conceito de "Acto Administrativo" no Nosso Tempo", *Estudos em Homenagem ao Prof. Doutor Rogério Soares,* Coimbra, Coimbra Editora, 2001, pp. 1189-1220.

Impressivamente, LUÍS S. CABRAL DE MONCADA dá igualmente conta de uma natureza «maternal» da noção de relação jurídica, que, ao ser compreensiva, não obriga a repudiar nada, não convertendo o acto administrativo num *freak* da actuação administrativa (cfr. *A Relação Jurídica-Administrativa – Para um Novo Paradigma de Compreensão da Actividade, da Organização e do Contencioso Administrativos,* Coimbra, Coimbra Editora, 2009, p. 83).

[732] EBERHARD SCHMIDT-ASSMANN, "La Doctrina de las Formas Jurídicas de la Actividad Administrativa – Su Significado en el sistema del Derecho Administrativo y para el Pensamiento Administrativista Actual", *Documentacíon Administrativa*, N.º 235-236, Julho/Dezembro, 1993, p. 27. Cfr. também as considerações expendidas sobre estas funções por THOMAS VON DANWITZ, "Zu Funktion und Bedeutung der Rechtsverhältnislehre", *Die Verwaltung – Zeitschrift für Verwaltungsrecht und Verwaltungswissenschaften,* Vol. 30, N.º 3, 1997, pp. 347-359; e JOSÉ MANUEL SÉRVULO CORREIA, *As Relações Jurídicas Administrativas de Prestação de Cuidados de Saúde,* 2010, disponível em http://www.icjp.pt/sites/default/files/media/616-923.pdf, acesso em 14 de Agosto de 2015, pp. 6-7.

EFICÁCIA, RECONHECIMENTO E EXECUÇÃO DE ACTOS ADMINISTRATIVOS ESTRANGEIROS

prévia (autorizativa ou certificativa) do Estado de origem tem vindo a ser flexibilizada ou dispensada.

Todavia, o *mínimo denominador comum* que seleccionámos como centro da nossa análise e que permite uma melhor comparação de fenómenos de reconhecimento continua a ser o do instituto que mais aproxima – ao menos conceitualmente – os vários ordenamentos jurídicos de referência: o acto administrativo.

3. Qualificação dos actos administrativos estrangeiros

Referimo-nos, até ao momento, a actos administrativos estrangeiros, elucidando as suas características essenciais. Este exercício terá de ser complementado por uma análise da *qualificação* de que partimos e que nos permitiu definir aquelas notas identificativas, em especial a natureza administrativa da matéria decidida e a eficácia externa dos ditames adoptados.

Este exercício é determinante, porque, ao contrário das situações puramente internas, as situações de reconhecimento, convocando inevitavelmente conteúdos normativos estrangeiros, demandam a determinação do seu sentido e alcance. Revemo-nos nas palavras de PAULO OTERO: *"(n)um contexto administrativo globalizado, internacionalizado e europeizado, a questão terminológica pode assumir uma redobrada importância"*, já que, como refere o Autor, uma mesma realidade jurídica pode ter diferentes designações nos sistemas referenciais, suscitando problemas de *qualificação jurídico-administrativa*[733].

---

[733] PAULO OTERO, *Manual de Direito Administrativo*, Vol. I, Coimbra, Almedina, pp. 155-156. Note-se que as questões de qualificação a que nos reportamos prendem-se com a caracterização dos actos como actos administrativos estrangeiros *tout court*, e não, em princípio, com as várias classificações que os actos administrativos merecem do ponto de vista interno. Isto porque um acto pode ser visto como uma autorização no Estado de origem e como uma certidão no Estado de reconhecimento, sem que isso altere a natureza dos efeitos extraterritoriais para que aquele acto tende, que é o que nos interessa. É o que se passa, por exemplo, com a figura do passaporte, que quanto ao Estado de origem assume a natureza de uma autorização (autorização permissiva, já que, sobretudo após as decisões do Comité dos Direitos Humanos das Nações Unidas nas comunicações N.º 108/1981, *Varel Nunez c. Uruguay;* N.º 106/1981, *Pereira Montero c. Uruguay;* N.º 77/1980, Lichtenschtein c. Uruguay; e N.º R 13/57, *Sophie Vidal Martins c. Uruguay*, se acentuou a necessidade da sua emissão, para garantir o direito de saída do cidadão Estado); mas quanto ao Estado de destino é vista como uma certidão (cfr. GIUSEPPE BISCOTTINI, "Il Passaporto e la Sua Natura Giuridica", *Scritti di Diritto Internazionale in Onore di Tomaso Perassi*, Vol. I, Milano, Dott. A. Giuffrè, 1957, pp. 201-203).

ACTOS ADMINISTRATIVOS ESTRANGEIROS

A qualificação de conteúdos normativos estranhos ao ordenamento jurídico do foro tem vindo a ser compreendida com base em teorias distintas, das quais se destacam as seguintes: as da remissão à *lex causae* para definição de possíveis conteúdos do conceito-quadro da lei do foro, que conhece genericamente a crítica da insegurança jurídica que promove e a demissão normativa do Estado do foro (que admite, por esta via, verdadeiras normas em branco); a qualificação de acordo com a *lege fori*, que parece excessivamente limitada no acolhimento da diversidade, não dando devido tratamento a institutos desconhecidos[734]; e a *interpretação autónoma* à luz das finalidades específicas visadas pela norma, que também não prima pela certeza dos resultados a que conduz[735].

Tendo em consideração este enquadramento geral e as adaptações devidas no caso de reconhecimento – nos quais o contacto relevante se processa entre o Estado de origem e o Estado de reconhecimento[736] –, as respostas em sede da qualificação dos actos administrativos estrangeiros têm sido múltiplas.

Permitindo-nos fazer um elenco, não exaustivo, mas ilustrativo da pluralidade de vistas neste domínio:

    i)   a qualificação feita de acordo com a definição e contornos que o acto recebe no ordenamento jurídico de reconhecimento, sendo irrele-

---

[734] Sobre a caracterização destes "institutos" numa das áreas em que a sua construção jurídica se revelou mais profícua, cfr., por todos, NUNO GONÇALO DA ASCENSÃO SILVA, *A Constituição da Adopção de Menores nas Relações Privadas Internacionais: Alguns Aspectos,* Coimbra, Coimbra Editora, 2000, pp. 125-154.

[735] Sobre estas qualificações, cfr., por todos, ISABEL DE MAGALHÃES COLLAÇO, *Da Qualificação em Direito Internacional Privado,* Lisboa, Editorial Império, 1964, pp. 158-214; e JAN KROPHOLLER, *Internationales Privatrecht,* 6.ª ed., Tübingen, Mohr Siebeck, 2006, pp. 121-130. Intimamente associada à qualificação autónoma, atente-se na proposta formulada por RABEL de interpretação por via do recurso ao direito comparado, cfr. ERNST RABEL, "Das Problem der Qualifikation", *Zeitschrift für Ausländisches und Internationales Privatrecht,* Ano 5, 1931, pp. 268-273. RAÚL BOCANEGRA SIERRA e JAVIER GARCÍA LUENGO parecem partir desta qualificação por via do direito comparado, mas apenas no seio da União Europeia, já que parece mais difícil levá-la consequentemente a cabo quanto a ordenamentos jurídicos mais distantes (cfr. "Los Actos Administrativos Transnacionales", *Revista de Administración Pública,* N.º 177, septiembre-diciembre, 2008, p. 13).

[736] Para a exposição destas teorias no âmbito do reconhecimento dos actos administrativos estrangeiros, cfr. KLAUS KÖNIG, *Die Anerkennung Ausländischer Verwaltungsakte,* Köln, Carl Heymanns Verlag KG, 1965, pp. 33-34.

vante a sua qualificação de acordo com a ordem jurídica de origem. Esta é a qualificação que tem recebido maior adesão doutrinária, sobretudo quando em causa está a definição da natureza pública dos actos estrangeiros[737].

ii) a qualificação de acordo com a qualificação dos actos no Estado de origem (ou da *lex auctoris*). A aferição da natureza e sentido dos conceitos dos actos administrativo estrangeiros, considerados por VOGEL como um exemplo de qualificação secundária, deve ser apurada, no entendimento deste Autor, de acordo com a *lex causae*, por ser esta a solução que melhor faz a ponderação dos interesses em confronto[738].

iii) a qualificação autónoma, também designada de "qualificação transnacionalizada"[739], na qual os actos administrativos estrangeiros são qualificados à luz de um quadro valorativo próprio que atende à especificidade dos ambientes em que os actos se desenvolvem e aos quais se dirigem[740].

iv) a qualificação distribuída entre a qualificação de acordo com Estado de reconhecimento e a qualificação autónoma do acto. Para BISCOTTINI, a qualificação dos conceitos é dual: por um lado, se o acto apenas poderia ser editado por uma ordem estrangeira, propõe uma inter-

---

[737] Cfr., entre outros, G. VAN HECKE, "Nochmals: Der ausländische Staat als Kläger", *IPRax – Praxis des Internationalen Privat-und Verfahrensrechts*, Ano 12, N.º 4, Juli/August, 1992, pp. 205-206; JÜRGEN BASEDOW, JAN VON HEIN, DOROTHEE JANZEN, HANS-JÜRGEN PUTTFARKEN, "Foreign Revenue Claims in European Courts", *Yearbook of Private International Law*, Vol. VI, 2004, p. 41.DICEY & MORRIS, *The Conflict of Laws*, 13.ª ed., Vol. I, London, Sweet & Maxwell, 2000, p. 90; KLAUS KÖNIG, *Die Anerkennung Ausländischer Verwaltungsakte*, Köln, Carl Heymanns Verlag KG, 1965, p. 35; HANNAH SCHWARZ, *Die Anerkennung ausländischer Staatsakte – Innerstaatliche und überstaatliche Grundsätze aus dem Gebiete des Internationalen Privatrechts*, Berlin – Grunewald, Verlag für Staatswissenschaften und Geschichte G.m.b.H., 1935, p. 32.

[738] KLAUS VOGEL, "Qualifikationsfragen im Internationalen Verwaltungsrecht – Dargestellt an der Qualifikation tschechoslowakier Dienstverhältnisse im Rahmen des Gesetzes zu Art. 131 Grundgesetz", *Archiv des öffentlichen Rechts*, N.º 84, N.º 1, 1959, pp. 61-65.

[739] MIGUEL PRATA ROQUE, *A Dimensão Transnacional do Direito Administrativo – Uma visão cosmopolita das situações jurídico-administrativas*, AAFDL, Lisboa, 2014, pp. 804-808.

[740] F.A. MANN, "Prerogative Rights of Foreign States and the Conflict of Laws", *Studies in International Law*, Oxford, Clarendon Press, 1973, p. 514 (noutra sede o Autor considera que a qualificação desse direito ser feita de acordo com o direito internacional público, cfr. F. A. MANN, «Öffentlich-rechtliche Ansprüche im internationalen Rechtsverkehr», *Beiträge zum Internationalen Privatrecht*, Berlin, Duncker & Humblot, 1976, pp. 201-218).

ACTOS ADMINISTRATIVOS ESTRANGEIROS

pretação de acordo com a teoria geral do direito (uma noção geral, que lhe permita receber efeitos em todos os Estados); por outro lado, se o acto poderia igualmente ser emitido pelo Estado de foro, propõe então a interpretação de acordo com a *lex fori* (para que o acto possa produzir efeitos idênticos aos nacionais) [741].

v) a qualificação combinada da teoria do Estado de reconhecimento, com a qualificação segundo *a lex auctoris* ou com a qualificação autónoma, sempre com prevalência da primeira. Neste caso, a complexidade das normas leva VISCHER a defender que a qualificação deve ser feita de acordo com a ordem jurídica do foro, mas não se podem esquecer as implicações públicas e internacionais dessa qualificação[742]. E é de assinalar que no processo *United States of America v. Inkley* [1989] 1 Q.B. 255 (C.A.), apesar de se articular que a asserção de soberania estrangeira é determinada de acordo os critérios do direito inglês, se considerou relevante aferir o objectivo da lei ou decisão do Estado estrangeiro na qual se baseou o Tribunal e o contexto do caso como um todo[743].

vi) a qualificação com base intuitiva, como defendia LALIVE, ao entender que esta se poderia operar tanto de acordo com a *lex fori* ou de forma autónoma, mas em qualquer caso funcionava mais como uma justifi-

---

[741] GIUSEPPE BISCOTTINI, "L'Efficacité des Actes Administratifs Étrangers", *Recueil des Cours*, Vol. 104, 1961, Leiden, Sijthoff, 1962, p. 657.

[742] FRANCK VISCHER, "Der ausländische Staat als Kläger – Überlegungen zum Fall Duvalier v. Haiti", *IPRax – Praxis des Internationalen Privat-und Verfahrensrechts*, Ano 11, N.º 4, Juli/August, 1991, p. 211. Para CHRISTOPH OHLER a qualificação do acto é feito pela *lex fori*, ainda que não exclua que se devam ter em consideração elementos interpretativos da lei de origem; considerando ademais que não se deve separar a norma jurídica e os seus efeitos e que estes também são necessariamente limitados pela *lex fori* (cfr. *Die Kollisionsordnung des Allgemeinen Verwaltungsrechts*, Tübingen, Mohr Siebeck, 2005, pp. 133-136). No sentido da combinação de qualificações da *lex causae* e da *lex fori*, cfr. PROSPER FEDOZZI, "De L'Efficacité Extraterritoriale des Lois et des Actes de Droit Public", *Recueil des Cours*, Tomo 27 – II, 1929, Paris, Librairie Hachette, 1930, p. 156.

[743] Considerando que na interpretação do conceito de *"penal, revenue and other public laws"* se toma em consideração a distinção do direito internacional entre actos *iure imperii* e *iure gestionis*, cfr. *Attorney- General of New Zealand v. Ortiz and others* [1984] A.C. 1 (C.A.).

cação *a posteriori* para uma solução que intuitivamente surgia ao juiz em virtude de outras considerações, em especial de ordem pública[744].

De todas estas teorias, aproximamo-nos da que se pronuncia pela *qualificação autónoma* dos actos administrativos estrangeiros, por ser esta a que mais promove o exercício da tarefa de equivalência que se encontra co-envolvida na tarefa de reconhecimento, permitindo estabelecer pontes entre os ordenamentos jurídicos em confronto, mesmo nos casos em que eles não conheçam a mesma tipologia de actos administrativos ou qualifiquem diversamente actuações da Administração. Esta interpretação autónoma é particularmente importante quando em causa estejam actos que provêm de ordenamentos jurídicos que se fundam em estruturas conceituais e estruturais próprias, como o direito da União e o direito internacional[745], promovendo, portanto, uma maior harmonia jurídica internacional quanto ao tratamento dos actos administrativos estrangeiros.

Contudo, tal não torna irrelevante o concurso da *lex fori*, que é, no nosso caso, o Estado de reconhecimento, pois é esta que define o balizamento prévio do conceito de actos administrativos estrangeiros (conceito este que admite o seu preenchimento por via de um conjunto amplo de conteúdos), incluindo nele *necessariamente* todos os actos que tenham características similares às dos actos do Estado de reconhecimento, mas estando, adicionalmente, aberto a outros conteúdos que satisfaçam as dimensões essenciais daquele conceito, ainda que não encontrem figuras homólogas no foro (por exemplo porque a temática em causa é, no foro, sujeita a adjudicação judicial ou se encontra sujeita à autonomia privada). Dado este ancoramento *normativo* do *conceito base* a preencher, respondemos a quem considera que não é possível dar prioridade ao significado transnacional de conceitos frente a possíveis e heterogéneos significados nacionais dos mesmos, por este exercício ter sempre de ser triado por uma visão própria do sistema recep-

---

[744] Pierre A. Lalive, "Droit Public Étranger et Ordre Public Suisse", *Eranion in Honorem Georgii S. Maridakis*, Vol. II, Atenas, Athenis, 1964, pp. 193-194. Também Anatol Dutta desvaloriza a questão da qualificação (cfr. *Die Durchsetzung öffentlicher Forderungen ausländischer Staaten durch deutsche Gerichte*, Tübingen, Mohr Siebeck, 2006, pp. 37-39).

[745] Sobre a qualificação autónoma no seio da União Europeia, cfr. a súmula feita por Geraldo Rocha Ribeiro, "A Europeização do Direito Internacional Privado e Direito Processual Internacional: Algumas Notas sobre o Problema da Interpretação do Âmbito Objectivo dos Regulamentos Comunitários", *Julgar*, N.º 23, 2014, pp. 273-282.

ACTOS ADMINISTRATIVOS ESTRANGEIROS

tor[746]. De facto vai ser este Estado, no qual os efeitos são invocados, que vai reconhecer os efeitos extraterritoriais para que tendem os actos administrativos estrangeiros, associando-lhes o devido ou adequado mecanismo de reconhecimento.

Se quisessemos ser mais precisos sobre o nosso entendimento, e seguindo a classificação por nós proposta, sempre poderíamos dizer que nos pronunciamos, quanto à qualificação dos actos administrativos estrangeiros, por uma teoria combinada entre a *qualificação autónoma* e a da *lex fori,* com prevalência da primeira.

Duas precisões antes de avançarmos.

A primeira prende-se com a importância que é dominantemente deferida ao ordenamento jurídico do Estado de reconhecimento em matéria de qualificação e que, para nós, parece dever-se mais à circunstância de ser este a fixar as condições materiais de reconhecimento dos actos administrativos estrangeiros, a que nos referiremos *infra*. Nesta sede estaremos, porém, perante a determinação do sentido e alcance de normas jurídicas *internas* de controlo, por muito que estas façam referência a ordenamentos jurídicos que lhe são externos, e não perante a qualificação de actos administrativos estrangeiros. E, também aqui, há cada vez mais "intromissões" numa tarefa que, inicialmente, pareceria caber apenas e só ao Estado de reconhecimento, decorrente sobretudo do ambiente internacional e europeu em que se move a grande maioria dos actos carecidos de reconhecimento e que alteram a própria natureza, antes puramente *interna,* dos critérios de reconhecimento.

A segunda, a de que o relevo do Estado de reconhecimento é também temperado por um assinalável consenso quanto a alguns daqueles critérios tradicionais de reconhecimento dos actos públicos e também de actos administrativos estrangeiros, relativamente aos quais se repousa no entendimento da *lex auctoris*. É o que sucede com a *autenticidade* do acto, que é aferida de acordo com as condições do Estado de origem[747] e com a sua *proveniência* (i.e., se a entidade administrativa se encontra dotada de poderes públicos

---

[746] JUAN CARLOS BAYÓN MOHINO, "Internacionalización del Derecho y Metodologia Jurídica", *Internacionalização do Direito no Novo Século,* Jorge de Figueiredo dias (org.), Coimbra, Coimbra Editora, 2009, pp. 33-34.

[747] MARIA BERENTELG, *Die Act of State-Doktrin als Zukunftsmodell für Deutschland,* Tübingen, Mohr Siebeck, 2010, p. 263.

EFICÁCIA, RECONHECIMENTO E EXECUÇÃO DE ACTOS ADMINISTRATIVOS ESTRANGEIROS

para emanar a decisão administrativa), que também é suficiente, em regra, que cumpra as condições ditadas por aquele Estado[748].

Entre nós, OTERO, com quem concordamos, considera que é à luz do sistema em que se encontra integrada a lei estrangeira que se devem encontrar os critérios interpretativos das normas definidoras da autoridade competente, e das formalidades do acto, bem como da interpretação e integração do acto estrangeiro[749], o que encontra, neste último caso, respaldo no nosso artigo 15.º do Código Civil.

Ficando, todavia, aqueles requisitos sujeitos a um crivo último pelo Estado do foro, nos casos em que as condições de autenticidade e proveniência lesem regras jurídicas fundamentais deste. É o que se passa com actos administrativos de cuja autenticidade não se duvida, mas que tenham sido obtidos com base em métodos estritamente proibidos pelo foro (coacção, por exemplo[750]), ou então que sejam emitidos por uma Autoridade que se reputa competente, mas que não tem qualquer ligação com a situação jurídica regulada, violando, assim, o conteúdo mínimo e essencial das condições de legitimidade para assunção de jurisdição extraterritorial.

Voltando à qualificação por nós proposta, esta permite que sejam considerados como *actos administrativos estrangeiros* figuras cuja caracterização não

---

[748] DOMINIQUE BUREAU, HORATIA MUIR WATT, *Droit International Privé, Tome I – Partie Générale*, 3.ª ed., Paris, Presses Universitaires de France, 2014, p. 747.
Paolo PASQUALIS lê os actos públicos de acordo com a noção interna correspondente (ao que parece para indagar de requisitos de equivalência dos actos homólogos nacionais), mas tendo em consideração a *lex auctoris* no que se refere à sua existência (proveniência e autenticidade) (cfr. "Attuazione ed Esecuzione Forzata in Italia degli Atti Pubblici Provenienti dall'Estero", *Giurisdizione Italiana – Efficacia di Sentenze e Atti Straniere*, Pietro Perlingieri (dir.), Napoli, Edizioni Scientifiche Italiane, 2007, p. 585).
[749] PAULO OTERO, "Normas Administrativas de Conflitos: As Situações Jurídico-Administrativas Transnacionais", *Estudos em Memória do Professor Doutor António Marques dos Santos*, Vol. II, Coimbra, Almedina, 2005, pp. 785-787. Acrescenta, porém, que sob o ângulo da lei estrangeira é a norma portuguesa que vai ampliar a competência da autoridade administrativa estrangeira, alargando o espaço de operatividade dos efeitos de um acto da competência desta (pp. 788-789).
[750] Ou hipnose, no exemplo de GIUSEPPE BISCOTTINI, "L'Efficacité des Actes Administratifs Étrangers", *Recueil des Cours*, Vol. 104, 1961, Leiden, Sijthoff, 1962, p. 689.

310

ACTOS ADMINISTRATIVOS ESTRANGEIROS

seja certa e inequívoca à luz do foro, já que o ambiente em que elas se movem "convida à adopção de noções amplas e abertas de acto administrativo"[751].

É o que sucede com os *actos declarativos* que, na nossa perspectiva, devem ser considerados *actos administrativos estrangeiros*, não só pela eficácia que projectam no plano internacional – consubstanciada na fé pública dos actos ou factos que atestam –, e que é insubstituível no plano internacional; como pela circunstância de cada vez mais serem actos essenciais perante uma administração que assume o silêncio como forma normal de actuação com efeitos permissivos[752].

De facto, perante entidades públicas terceiras – que não aquela ou aquelas com a qual o particular se relacionou directamente – é imprescindível um *lastro formal* que comprove a existência e possíveis efeitos de uma faculdade ou direito permitidos pelo ordenamento jurídico de origem[753]. Caso contrário, o acto ou situação em causa permanecerá quase irremediavelmente fora do *domínio* do Estado de reconhecimento, que, em regra, desconhece – e não tem de conhecer – actuações jurídicas externas, inviabilizando, assim, o recurso à técnica do reconhecimento.

Deste modo, mesmo que internamente os actos declarativos, como os diplomas, vejam ser-lhes recusadas as características de que depende a sua qualificação como actos administrativos, por ausência de dimensão volitiva ou de carácter regulador, as exigências da vida administrativa internacio-

---

[751] Nas palavras de VASCO PEREIRA DA SILVA, "Continuando A Viagem Pela Europa Do Direito Administrativo", *Direito Público Sem Fronteiras*, ICJP, 2011, disponível em http://www.icjp.pt/sites/default/files/media/ebook_dp_completo2_isbn.pdf, acesso em 30 de Junho de 2014, p. 558.

[752] RAÚL BOCANEGRA SIERRA dá conta que um importante sector da doutrina considera que os actos documentais podem chegar a ter carácter regulador se estabelecerem pela primeira vez uma situação jurídica ou se puderem ser utilizados como prova irrefutável num procedimento posterior. São essencialmente estas as funções que os actos declarativos cumprem no âmbito internacional, pelo que não lhes deve ser recusada a qualificação de actos administrativos, como veremos (cfr. *La Teoria del Acto Administrativo*, Madrid, Iustel – Portal Derecho, S.A., 2005, p. 61).

[753] São de facto os actos em forma administrativa que lhes conferem a autenticidade e a força executória necessária, segundo GASTON JÈZE, *Cours de Droit Public (Licence)*, Paris, Marcel Girard, 1992, p. 274. Veja-se, como mesmo no âmbito da União Europeia, o artigo 53.º, n.º 1 do Tratado sobre o Funcionamento da União Europeia faz assentar o reconhecimento mútuo no reconhecimento de diplomas, certificados e outros títulos, dando relevo a esta dimensão formal do direito a exercer.

nal – que suportam a interpretação autónoma, a que acima nos referimos – demandam que sejam analisados como actos administrativos estrangeiros.

Pensamos que tais actos devem ainda ser caracterizados como actos administrativos estrangeiros por a diferença entre actos administrativos e meras declarações de ciência da Administração, ainda que possa ter alguma subsistente função no plano nacional, em virtude de questões associadas à estruturação administrativa interna e às formas de reacção jurisdicional previstas, já não fazer sentido no plano internacional, no qual o controlo do acto administrativo se encontra em princípio reservado ao Estado que o emanou, pelo que não se colocará de forma útil a distinção entre aquelas duas figuras[754].

---

[754] Note-se que esta irrelevância externa da individualização do conceito de actos declarativos é acompanhada por uma contestação interna dessa mesma distinção. Entre nós MIGUEL PRATA ROQUE defende a distinção, que assenta na circunstância de os "atos reais certificatórios" não encerrarem em si uma verdadeira decisão administrativa, orientada por uma vontade objetiva de produção de efeitos jurídico-administrativos sobre determinada situação, apenas se configurando como meras "declarações de ciência". Já os "atos administrativos verificativos", pressupõem a expressão de uma vontade objetiva de produção de efeitos jurídicos, associados à verificação de um determinado facto jurídico-administrativo, ainda que de no exercício de poderes mais vinculados (como os da licença de porte de arma ou de carteira profissional por parte de uma ordem), sendo verdadeiros actos administrativos [cfr. MIGUEL PRATA ROQUE, MIGUEL PRATA ROQUE, *A Dimensão Transnacional do Direito Administrativo – Uma visão cosmopolita das situações jurídico-administrativas*, AAFDL, Lisboa, 2014, pp. 256-257 e 1235-1237; e, do mesmo Autor, "O Nascimento da Administração Eletrónica num Espaço Transnacional (Breves Notas A Propósito Do Projeto De Revisão Do Código do Procedimento Administrativo)", *E-Pública – Revista Electrónica De Direito Público*, N.º 1, 2014, disponível em http://e-publica.pt/pdf/artigos/onascimento.pdf, acesso em 28 de Julho de 2015, nota de rodapé 20]. Também ROGÉRIO SOARES, no âmbito dos actos instrumentais incluía as verificações como manifestações de ciência relativamente a certos factos (por oposição a manifestações de vontade dos actos administrativos), que podem dirigir-se a um resultado concreto (como os vistos e os exames), ou então terem uma instrumentalidade indirecta, ao procederem a certificações de qualidades ou situações pessoais (atestações, que ficam a meio caminho entre verificações e avaliações). Em qualquer dos casos, terão, porém, uma força probatória privilegiada (cfr. *Direito Administrativo – Lições ao Curso Complementar de Ciências Jurídico-Políticas da Faculdade de Direito de Coimbra no Ano Lectivo de 1977/78*, policopiado, Coimbra, 1978, pp. 134-135). FREITAS DO AMARAL qualifica, da mesma forma, como actos instrumentais as declarações de conhecimento – actos auxiliares pelos quais um órgão da Administração exprime oficialmente o conhecimento que tem de certos factos ou situações (participações, certificados, atestados, informações prestadas ao público –, considerando, porém, que estes actos introduzem alguma dose de inovação, ainda que mínima, na ordem jurídica (cfr. *Curso de Direito Administrativo*, Vol. II, Coimbra, Almedina, 2013, p. 301).

ACTOS ADMINISTRATIVOS ESTRANGEIROS

Acresce, cada vez mais, que as formas administrativas na esfera das actividades económicas e das liberdades fundamentais são, do ponto de vista

Em sentido contrário, qualificando-os todos – mesmos os "actos meramente declarativos" – como "actos administrativos", cfr. MARCELLO CAETANO, Manual de Direito Administrativo, Volume I, 10.ª ed. (revista e atualizada por Diogo Freitas do Amaral), Coimbra, Almedina, 1980, pp. 456-457. O Autor acrescenta que no direito administrativo também se reconhece carácter de actos administrativos a meras verificações de factos ou de direitos, quando tais verificações sejam pressuposto necessário de situações jurídicas posteriores.

MÁRIO AROSO DE ALMEIDA parece apontar no sentido de uma noção ampla da eficácia de actos administrativos constitutivos, uma vez que também os actos declarativos são definidores da esfera jurídica de terceiros, não tendo uma função meramente enunciativa ou narrativa de um facto ou situação jurídica, mas estabelecendo o direito com força obrigatória perante terceiros, nisso consistindo a sua mais valia jurídica (cfr. *Anulação de Actos Administrativos e Relações Jurídicas Emergentes*, Coimbra, Almedina, 2002, pp. 100-101 e 103).

Ainda neste sentido, ALBERTO PINHEIRO XAVIER refere que estes actos produzem efeitos jurídicos novos, já que os actos declarativos encerram *"uma declaração de vontade, ainda que estritamente vinculada"* (cfr. *Conceito e Natureza do Acto Tributário*, Coimbra, Livraria Almedina, 1972, p. 393).

A meio caminho fica J. M. SÉRVULO CORREIA, *Noções de Direito Administrativo*, Vol. I, Lisboa, Editora Danúbio, 1982, p. 300, que parece entender que, nestes casos, os efeitos jurídicos se produzem por se tornar certa e incontestável a existência dessa situação, pelo que poderão ser tais actos impugnados e beneficiar do regime dos actos administrativos. Similar posição é manifestada por MARCELO REBELO DE SOUSA e ANDRÉ SALGADO MATOS que entendem que os actos certificativos atestam com força probatória autêntica determinados factos ou situações jurídicas, o que revela a sua função estabilizadora particular (cfr. *Direito Administrativo Geral*, Tomo III, 2.ª ed., reimpressão, Lisboa, Dom Quixote, 2016, p. 109); e por PEDRO GONÇALVES que admite qualificar como actos administrativos os actos declarativos que tenham uma força constitutiva própria, sendo essenciais para a produção de efeitos de uma norma num caso concreto e sendo dotados de um efeito preclusivo substancial (cfr. *Entidades Privadas com Poderes Públicos*, Coimbra, Almedina, 2005, pp. 633-634).

À doutrina exposta acresce agora a situação de nulidade prevista no Códido do Procedimento Administrativo [artigo 101.º, j)], que nos parece dissipar as dúvidas subsistentes, pois assenta no pressuposto que os actos a que nos referimos são verdadeiros actos administrativos.

Parece, portanto, ter-se perdido – não só externamente, como internamente – o relevo de uma distinção que foi particularmente viva no ordenamento jurídico italiano, mas na qual, dentro dos actos declarativos no interesse dos privados, a maioria eram actos de administração privada, que excluímos já do âmbito do nosso estudo (neste sentido, CINO VITTA, "Nozione Degli Atti Amministrativi e Loro Classificazione", *Giurisprudenza Amministrativa*, Parte IV, Vol. LVIII, 1906, pp. 183-221, e, do mesmo autor, CINO VITTA, "Gli Atti Certificativi e le Decisione Amministrative", *Giurisprudenza Italiana*, Vol. LXXVI, Parte IV, 1924, pp. 108-126). Para uma distinção entre as decisões e os accertamenti declarativos e constitutivos na doutrina

EFICÁCIA, RECONHECIMENTO E EXECUÇÃO DE ACTOS ADMINISTRATIVOS ESTRANGEIROS

interno, puramente certificativas ou declarativas e não autorizativas. Isto dada a progressiva substituição de actos administrativos de cariz autorizativa por actos de comunicação ou declaração do exercício de certas actividades, que atestam a menor intervenção pública na economia e a expansão das liberdades individuais.

O modelo destas comunicações surgiu como forma de "auto-regulação privada publicamente regulada"[755], no qual se procede à conjugação de dois interesses: o da simplificação da actuação da Administração e o da agiliza-ção do exercício de actividade por privados, compensando-se a limitação ou ausência de um controlo administrativo prévio pela assunção de responsabi-lidade pelos privados da legalidade da sua intervenção[756]. Em termos inter-nos, *"(a)s normas que regulam o procedimento de início de atividade criam uma rela-*

---

tradicional italiana, cfr. MASSIMO SEVERO GIANNINI, "Accertamenti amministrativi e deci-sioni amministrative", *Il Foro Italiano*, Vol. 75, Parte IV, 1952, pp. 169-184, e MARIO NIGRO, *Le Decisioni Amministrative*, 2.ª ed, Napoli, Casa Editrice Dott. Eugenio Jovene, 1953, pp. 51-55. Quanto a nós, os actos administrativos a que nos reportamos devem ser assumidos em sentido amplo, incluindo não apenas os actos constitutivos mas quaisquer accertamentos, que criem certezas sobre certos factos, actos ou relações jurídicas e que se projectem no exterior.

[755] PEDRO GONÇALVES, *Entidades Privadas com Poderes Públicos,* Coimbra, Almedina, 2005, p. 174.

[756] Sobre estes interesses, cfr. GIOVANNI ACQUARONE, *La Denuncia di Inizio Attivitá – Profili Teorici*, Milano, Giuffrè Editore, 2000, pp. 9-33.

Note-se que uma coisa é a comunicação prévia enquanto instrumento de que depende o exer-cício de uma actividade; e o da comunicação prévia enquanto via que permite a extensão da eficácia de uma actividade já legalmente levada a cabo (portanto, enquanto mecanismo simplificado de reconhecimento). Não obstante, o mútuo reconhecimento tem sido visto como um incentivo para a drástica redução da actividade administrativa sob o pressuposto da unicidade de controlo, que se manifesta na substituição de procedimentos autorizativos por procedimentos de informação ou de deferimento tácito (cfr. GUIDO CORSO, "Mutuo Rico-noscimento e Norma Applicabile", *La Competizione tra Ordinamenti Giuridici – Mutuo Riconos-cimento e Scelta della Norma Piú Favorevole Nello Spazio Giuridico Europeo*, Armando Plaia (ed.), Milano, Dott. A. Giuffrè Editore, 2007, pp. 131-132). Claramente no sentido desta imbricação aponta o Decreto-Lei n.º 92/2010, de 26 de Julho, que estabelece os princípios e as regras necessárias para simplificar o livre acesso e exercício das actividades de serviços e transpõe a Directiva n.º 2006/123/CE, do Parlamento Europeu e do Conselho, de 12 de Dezembro, que estabelece o princípio de acordo com o qual apenas se pode estabelecer uma permissão administrativa sempre que o objectivo não possa ser suficientemente alcançado por um meio mais restritivo, como uma mera comunicação prévia; e, mesmo prevendo-se uma permissão, à omissão expressa desta deve aliar-se um deferimento tácito (artigo 9.º).

ACTOS ADMINISTRATIVOS ESTRANGEIROS

ção jurídica administrativa procedimental, independentemente de o procedimento em causa não se enquadrar nos cânones tradicionais dos procedimentos administrativos, em que os particulares têm direito a uma decisão da Administração"[757].

O que significa que, estando em causa uma comunicação prévia com prazo, em que ainda há um direito de veto da Administração, que deve ser exercido num prazo limitado, sob pena de viabilização da pretensão do interessado ou uma mera comunicação que mais se aproxima de uma declaração de início de actividade, o interessado não terá acesso a qualquer decisão que *expressa* (ou sequer tacitamente) autorize a sua actuação[758].

Mas, quando entre em contacto com terceiros – em especial com Autoridades públicas estrangeiras que não estejam ligadas por sistemas comuns de informação –, o comprovativo do exercício legal da actividade dependerá sempre da emissão da respectiva *certidão*, que, ainda que internamente seja apenas um título e não *qua tale* um acto administrativo[759], passa a ter um papel essencial ao mecanismo de reconhecimento, sendo assimilável a um *acto administrativo estrangeiro*.

Estas actuações comunicativas e declarativas juntam-se à já importante figura dos actos tácitos (ou silentes, consoante a terminologia mobilizada), que proliferaram nos direitos nacionais e no direito da União Europeia, como forma de protecção das expectativas dos destinatários dos actos da

---

[757] João Miranda, "A Comunicação Prévia no Novo Codigo do Procedimento Administrativo", *Comentários ao Novo Código do Procedimento Administrativo*, Carla Amado Gomes, Ana Fernanda Neves, Tiago Serrão (coord.), Vol. II, 3.ª ed., Lisboa, AAFDL, 2016, p. 233.

[758] Sobre a diversidade destas figuras, cfr. Pedro Gonçalves, "Controlo prévio das operações urbanísticas após a reforma legislativa de 2007", *Direito Regional e Local*, N.º 1, 2008, pp. 14-24, e Dulce Lopes, "A Comunicação Prévia e os Novos Paradigmas de Controlo da Administração Privada", *Direito Regional e Local*, N.º 14, 2011, pp. 26-38.

[759] Não sendo sequer, muitas vezes, um título do qual dependa a eficácia do direito exercido, já que este tem vindo a ser substituído internamente por documentos diversos tais como o comprovativo de entrega da comunicação e o comprovativo de pagamento das taxas, se devidas. Externamente, porém, perante Autoridades que não participem no exercício do poder público nacional, tais elementos – de certa forma auto-certificativos, sem manifestação formal do exercício de poderes públicos estrangeiros – não se afiguram de todo suficientes. Sobre a diferença entre esta certidão e os típicos actos integrativos de eficácia dos actos administrativos, cfr. Fernanda Paula Oliveira, Maria José Castanheira Neves e Dulce Lopes, *Regime Jurídico da Urbanização e Edificação Comentado*, 4.ª ed., Coimbra, Almedina, 2016, pp 562-563.

Administração[760]. Não obstante, as diferenças entre o deferimento tácito e as comunicações prévias analisam-se tanto do ponto de vista da finalização do procedimento (não se atribui um valor positivo – de deferimento tácito ou silente – à não pronúncia da Administração), como do ponto de vista da sua finalidade (no primeiro caso, como reacção à inércia da Administração, e no segundo, como forma de devolver o exercício de certa actividade aos privados, dada a assunção de responsabilidade envolvida nesse exercício)[761]. E, também aqui, apesar da natureza da certificação do acto silente poder ser controversa, deve assumir-se que a mesma é assimilável a um acto administrativo estrangeiro de carácter declarativo[762].

Do ponto de vista externo, as duas situações são similares, pois é necessário, reiteramo-lo, uma *dimensão formal* das comunicações prévias e dos actos silentes, para que em outros ordenamentos jurídicos se possam retirar efeitos de situações de omissão que são relevantes do ponto de vista administrativo no Estado de origem.

Compreende-se por isso o papel desempenhado pelas certidões na arena internacional, já que elas acrescentam uma dimensão de relevância aos actos ou omissões (juridicamente relevantes) que atestam, permitindo uma circulação internacional de actividades exercida legitimamente no Estado de origem que, de outra forma, seria vedada.

Acrescente-se que, mesmo nos casos em que o exercício de actividades no Estado de reconhecimento, ao abrigo de situações de reconhecimento mútuo, apenas dependa de situações de facto, como *a experiência no Estado*

---

[760] KARS J. DE GRAAF, NICOLE G. HOOGSTRA, "Silence is Golden? Tacit Authorizations in the Netherlands, Germany and France", *Review of European Administrative Law*, Vol 6, N.º 2, pp. 7-34.

[761] Sobre estas diferenças, cfr. JOÃO MIRANDA, "A Comunicação Prévia no Novo Codigo do Procedimento Administrativo", *Comentários ao Novo Código do Procedimento Administrativo*, Carla Amado Gomes, Ana Fernanda Neves, Tiago Serrão (coord.), Vol. II, 3.ª ed., Lisboa, AAFDL, 2016, pp. 238-240 e MARGARIDA CORTEZ, "A inactividade formal da Administração como causa extintiva do procedimento e suas consequências", *Estudos em homenagem ao Prof. Doutor Rogério Soares*, Coimbra, Coimbra Editora, 2002, pp. 367-414. Em geral, sobre as qualificações possíveis da natureza do deferimento tácito, cfr. JOÃO TIAGO SILVEIRA, *O Deferimento Tácito (Esboço do Regime Jurídico do Acto Tácito Positivo na Sequência de Pedido do Particular – à Luz da Recente Reforma do Contencioso Administrativo*, Coimbra, Coimbra Editora, 2004, pp. 77-102.

[762] Neste sentido, THORSTEN SIEGEL, *Europäisierung des Öffentlichen Rechts – Rahmenbedingungen und Schnittstellen zwischen dem Europarecht und dem nationalen (Verwalyungs-)Recht*, Tübingen, Mohr Siebeck, 2012, p. 60.

ACTOS ADMINISTRATIVOS ESTRANGEIROS

de origem, o papel das certificações não se encontra afastado, já que deve, de uma forma ou outra, existir um acto formal, ainda que com relevo essencialmente probatório, que ateste o cumprimento dos requisitos legais. Nestes casos é difícil aferir se estamos perante reconhecimento de situações jurídicas ou de actos certificativos, dependendo a resposta do tipo de documento cuja apresentação é solicitada.

A este propósito é algo errática a solução dada pela Lei n.º 9/2009, de 4 de Março, alterada pelas Leis n.ºˢ 41/2012, de 28 de Agosto, 25/2014, de 2 de Maio, e 26/2017, de 30 de Maio bem como pelas Directivas que por ela são transpostas (em especial, a Directiva 2005/36/CE, do Parlamento Europeu e do Conselho, de 7 de Setembro de 2005, alterada pela Diretiva 2013/55/UE, do Parlamento Europeu e do Conselho, de 20 de novembro de 2013). Isto porque, apesar de aquela Lei aceitar qualquer meio de prova que ateste que a actividade foi efectivamente exercida [art 5.º, n.º 1, alínea c)], como esta experiência profissional é o *exercício efectivo e lícito* da profissão [Artigo 2.º, alínea j)], não parece que possam ser considerados suficientes senão actos emitidos por entidades públicas ou dotadas de poderes públicos para o efeito, ainda que directamente não visem o propósito certificativo enunciado. Com efeito, nos artigos 13.º, n.º 1 e 14.º, n.º 3, a duração do exercício e a formação prévia do requerente são comprovadas por documento emitido ou considerado válido pela *autoridade competente* do Estado membro de origem, o que aponta grandemente para o exercício de poderes certificativos desta, nem que sejam indirectos, como resulta dos pagamentos feitos ou recebidos de Autoridades públicas do Estado de origem[763].

---

[763] O recurso a outros meios de prova tem também feito jurisprudencialmente caminho no seio do Tribunal de Justiça, que, de forma a evitar a colocação de entraves ao exercício de liberdades comunitárias, sobretudo nos casos em que estas possam ser exercidas de forma imediata. Veja-se o Acórdão *Salah Oulane c. Minister voor Vreemdelingenzaken en Integratie*, do Tribunal de Justiça de 17 de Fevereiro de 2005, proferido no processo C-215/03, no qual entendeu que o reconhecimento, por um Estado-membro, do direito de permanência de um destinatário de serviços nacional de outro Estado-membro não poderia estar subordinado à apresentação, pelo interessado, de um bilhete de identidade ou de um passaporte válidos, quando a prova da sua identidade e da sua nacionalidade pudesse ser feita, *sem qualquer equívoco*, por outros meios, cabendo aos nacionais de um Estado-membrofornecer as provas que permitam concluir pela regularidade da sua permanência. Não existindo tais provas, o Estado-membro poderá adoptar uma medida de expulsão respeitando os limites impostos pelo direito comunitário.

EFICÁCIA, RECONHECIMENTO E EXECUÇÃO DE ACTOS ADMINISTRATIVOS ESTRANGEIROS

4. Tipologia de actos administrativos estrangeiros

A tipologia de actos administrativos estrangeiros por nós proposta assenta num critério que integra elementos estruturais e funcionais, dando origem a uma classificação que liga a aptidão extraterritorial dos actos à recepção dos seus efeitos no Estado de acolhimento.

A perspectiva que adoptamos de modo a classificar os tipos de actos relevantes do ponto de vista do seu reconhecimento e execução por Estados terceiros prende-se com a sua vocação de eficácia extraterritorial e o modo como esta é entendida e recebida por aqueles Estados, em especial para deles retirar efeitos que não sejam puramente probatórios ou incidentais.

O *carácter relacional* desta tipologia permite, com base nas características diversas de cada acto, identificar várias formas de recepção e de produção de efeitos dos actos administrativos estrangeiros fora de portas. Eficácia esta que apenas se coloca quando Estado de origem e de destino entram em contacto e se percebe os laços de integração, cooperação ou coordenação que os ligam.

E, apesar de haver uma tendencial aproximação entre vários tipos de administração – supranacional, transnacional[764] e estadual – e os tipos de actos a que chegámos (supranacionais, transnacionais e estrangeiros em sentido estrito), não há uma coincidência absoluta entre aquela dimensão organizatória, assente sobretudo na proveniência ou fonte do acto, e esta classificação relacional, assente na sua dinâmica e efeitos.

Apesar da diversidade dos modelos administrativos assentes em sujeitos e formas de acção variadas, tal não significa que não se possa tentar uma categorização das situações em que a possibilidade de circulação de actos administrativos é mais ou menos ampla. A complexidade da tarefa não nos deve impedir irremediavelmente de proceder a qualquer tarefa classificatória, apesar de nos demandar cautela.

Pensamos, no entanto, poder distinguir entre *actos administrativos supranacionais*, *actos administrativos transnacionais* e *actos administrativos estrangeiros em sentido estrito*, por cada um deles merecer um tratamento distinto no Estado de reconhecimento ou execução[765]. Estamos cientes que a opção termino-

---

[764] Identificando estes novos dois tipos de Administração, cfr. KLAUS KÖNIG, «Öffentliche Verwaltung and Globalisierung», *Verwaltungsarchiv*, IV, Vol. 92, N.º 4, 2001, pp. 489-495.

[765] Para uma proposta próxima da nossa do ponto de vista terminológico, ao diferenciar entre actos supranacionais, transnacionais e extraterritoriais, cfr. CHRISTINE E. LINKE, *Europäisches internationales Verwaltungsrecht*, Frankfurt, Peter Lang, 2001, pp. 33-34. Contudo, há diferen-

ACTOS ADMINISTRATIVOS ESTRANGEIROS

lógica que entabulámos – sobretudo ao considerar "supranacionais" actos que provenham de Estados, mas também ao designar de transnacionais actos que bem poderiam ser intitulados de transterritoriais ou que são objecto de subdistinções na doutrina – não estará ao abrigo de críticas, mas optámos por mantê-la de modo a evitar oscilações ou incoerências terminológicas, que nada trariam de novo ao nosso objecto de análise.

De facto, optámos pela terminologia de actos administrativos supranacionais por ela demonstrar que aqueles actos se impõem ao Estado recipiente, efeito este que uma noção como "actos administrativos internacionais" não evidenciaria; ao passo que preferimos a noção de actos administrativos transnacionais por esta estar mais estabilizada na doutrina e a noção de actos transterritoriais poder inculcar a ideia, a nosso ver errada, que a diferença se baseava no território onde os actos são praticados e reconhecidos e não nos seus efeitos. Por seu turno, com a noção de actos administrativos estrangeiros em sentido estrito, pretendemos abrir a amplitude desta figura de aplicação supletiva, mas sem os designar de extraterritoriais pois esta é uma característica de que gozam todos os actos de que curamos.

a. Actos administrativos supranacionais

A primeira categoria de actos administrativos, que intitulamos de *supranacionais*, integra um conjunto diversificado de actos administrativos que se projectam *necessariamente* no território de Estados, que não se confundem nem se diluem na Autoridade de origem do acto administrativo estrangeiro.

Este tipo de actos, que se dirigem directa e imediatamente a pessoas ou bens que se encontram no Estado de destino, recebem neste uma extensão compreensiva e generosa dos seus efeitos, equiparando-se em termos de eficácia e execução aos actos nacionais similares.

No primeiro tipo incluímos, portanto, os actos que, de acordo com a regulamentação jurídica a que obedecem, visam produzir efeitos directos e imediatos num determinado Estado, estando este, também em virtude daquela regulamentação jurídica, obrigado a reconhecê-los e a dar-lhes execução como se de actos internos se tratasse, isto é, como se houvessem sido adoptados pelos órgãos competentes ao nível nacional.

ças no âmbito dos actos supranacionais, que a Autora apenas concebe como resultantes de uma organização supranacional, e dos actos extraterritoriais, que não coincidem com os nossos actos administrativos estrangeiros em sentido estrito.

A estes actos que têm *origem externa* mas uma *função interna*, deve ser emprestada toda a força que os Estados normalmente, de acordo com a aplicação do seu ordenamento jurídico interno, podem exercitar relativamente a actos de imputação nacional.

O que significa que são actos que nascem com uma fortíssima aptidão internacional, por o seu âmbito de eficácia se encontrar dentro das fronteiras de um ou mais Estados, dando causa ao surgimento de relações verticais ou de centralização entre a Autoridade emitente do acto administrativo e o Estado de destino, chegando aquele acto a ter uma função paramétrica relativamente à actuação levada a cabo nos Estados[766]. É em virtude destes elementos caracterizadores que formulámos a nossa opção pela terminologia de acto administrativo *supranacional*, e não por outros que poderiam parecer idóneos à primeira vista (como o de actos internacionais), mas dos quais não resultava, de forma clara, esta relação pressuposta de *supra-infra-ordenação*.

Dadas estas características, pode discutir-se se faz sentido aplicar o conceito de *reconhecimento* de actos administrativos estrangeiros – conceito príncipe das nossas indagações – ou se convém adoptar outra terminologia para designar este tipo específico de recorte entre ordenamentos jurídicos, nos quais parece formar-se um sistema jurídico integrado ou, pelo menos, com partes comuns.

Em tese assim poderia ser, mas preferimos manter a utilização da noção de reconhecimento, que é tendencialmente aberta e polissémica, abarcando *em sentido amplo* várias formas de "atribuição a um acto externo de relevância na esfera jurídica interna"[767]. E não estamos sozinhos, já que, em face daquela amplitude, há quem se refira a *mútuo reconhecimento centralizado* (referindo-se aos actos administrativos comunitários) e um *mútuo reconhe-*

---

[766] Neste sentido, quanto aos actos comunitários, cfr. PAULO OTERO, *Manual de Direito Administrativo*, Vol. I, Coimbra, Almedina, 2013, p. 524.

[767] LUÍS DE LIMA PINHEIRO, "Reconhecimento Autónomo de Decisões Estrangeiras e Controlo do Direito Aplicável", *Estudos de Direito Internacional Privado – Direito de Conflitos, Competência Internacional e Reconhecimento de Decisões Estrangeiras*, Coimbra, Almedina, 2006, p. 436. Também no campo do direito internacional público, é de assinalar a amplitude da noção de reconhecimento, enquanto *"um acto através do qual um Estado comprova a existência de determinados factos, situações ou actos jurídicos, aceitando que lhes sejam oponíveis, em virtude de os julgar conformes com o direito internacional"* (cfr. FRANCISCO FERREIRA DE ALMEIDA, *Direito Internacional Público*, 2.ª ed., Coimbra, Coimbra Editora, 2003, p. 189).

ACTOS ADMINISTRATIVOS ESTRANGEIROS

cimento descentralizado (referindo-se aos actos transnacionais)[768]. Também MENG considera como fenómeno atípico, mas ainda assim enquadrado *dentro da teoria do reconhecimento*, a aceitação de actos soberanos provindos da União europeia, dados os princípios do efeito directo e da aplicabilidade imediata a que obedecem[769].

Julgamos que só por recurso a esta noção de reconhecimento se poderá distinguir conveniente esta realidade jurídica de outras que se movimentam na área específica do direito internacional público e que se encontram – ou podem encontrar – *a montante* do nosso objecto de estudo.

Referimo-nos em particular ao fenómeno da *recepção* ou *incorporação* dos acordos e actos internacionais nos ordenamentos jurídicos nacionais, que, ainda que criem as condições para que estes actos administrativos supranacionais produzam directamente efeitos no Estado de destino[770], não explicam o tipo de acolhimento que os mesmos devem receber internamente, isto é, o tipo de colaboração que este Estado pode ou deve prestar de modo a

---

[768] NICOLA BASSI, *Mutuo Riconoscimento e Tutela Giurisdizionale – La Circolazione Degli Effeti del Provvedimento Amministrativo Straniero Fra Diritto Europeo e Protezione Degli Interessi del Terzo*, Milano, Giuffrè Editore, 2008, pp. 48-68.

[769] WERNER MENG, "Recognition of Foreign Legislative and Administrative Acts", *Encyclopedia of Public International Law*, Rudolf Berhnardt (ed.), Vol. IV, Amsterdam, North-Holland – Elsevier, 1992, p. 51.
Contra, HENRICK WENANDER defende que o reconhecimento implica a internacionalização horizontal das relações administrativas (cfr. "Recognition of Foreign Administrative Decisions – Balancing International Cooperation, National Self-Determination, and Individual Rights", *Zeitschrift für ausländisches öffentliches Recht und Völkerrecht*, N.º 71, 2011, p. 785).

[770] Não estamos, de facto, a referir-nos a direito estrangeiro transformado pelo Estado, mas a direito estrangeiro que não perde esse seu estatuto: (cfr. ALFRED GROF, "Grundfragen des internationalen Verwaltungsrechts am Beispiel des Umweltrechts", *Die Leistungsfähigkeits des Rechts – Methodik, Gentechnologie, Internationales Verwaltungsrecht*, Rudolf Mellinghoff, Hans- -Heinrich Trutte (orgs.), Heidelberg, R.v. Deffer & C.F. Müller, 1988, p. 303). E é de acolher e enriquecer aqui a distinção entre actos estaduais formal e materialmente internacionais, e actos estaduais *formalmente internos, mas com relevância internacional,* i.e., cujos efeitos se repercutem na ordem internacional como os actos de integração do direito internacional no direito interno, proposta por SILVA CUNHA e VALE PEREIRA (cfr. *Manual de Direito Internacional Público*, 2.ª ed., Coimbra, Almedina, p. 330) secundada por WLADIMIR BRITO (cfr. *Direito Internacional Público*, 2.ª ed., Coimbra, Coimbra Editora, 2014, pp. 284-287).

EFICÁCIA, RECONHECIMENTO E EXECUÇÃO DE ACTOS ADMINISTRATIVOS ESTRANGEIROS

promover a concretização daquele acto, faltando-lhes a dimensão operativa essencial ao conceito de reconhecimento[771].

Não vemos, por nos estarmos a referir um instituto que se prolonga para lá do momento da recepção, abarcando a inserção ou integração dinâmica do acto estrangeiro no ordenamento jurídico interno – referindo-se aos moldes e às condições da *"mise en oeuvre"* de *actos administrativos supranacionais* –, dificuldade em reconduzir o nosso campo de análise ao reconhecimento.

Não olvidamos, porém, que o reconhecimento a que aqui nos reportamos será largamente distinto das formas de reconhecimento aplicáveis no caso de actos administrativos transnacionais e de actos administrativos estrangeiros em sentido estrito, nos quais as relações entre as Autoridades de emissão e de destino são essencialmente horizontais (seja em sentido bilateral, mútuo ou recíproco, seja em sentido unilateral).

Tratar-se-á, antes, de um *reconhecimento pressuposto* ou *integrado* ou, simplesmente, uma *integração* de um acto estrangeiro na ordem jurídica interna em aplicação das obrigações internacionais assumidas que apontam, precisamente, a supranacionalidade do acto administrativo estrangeiro. *Integração* esta de que resulta uma amplíssima e directa produção de efeitos no Estado de destino, inclusive, de efeitos preclusivos e executivos[772].

No entanto, há ainda formas de resistência à integração destes efeitos no Estado de destino e à concretização, em moldes coercivos, dos mesmos, daí concebermos esta como uma forma *amplíssima* de reconhecimento, que designa, de forma mais adequada do que outros conceitos, como os de aceitação ou acolhimento, a *capacidade de resistência* (ou salvaguarda) do Estado à integração de actos administrativos supranacionais.

---

[771] Há quem acentue que a dicotomia dualismo/monismo, subjacente aos mecanismos de recepção do direito internacional, já não responde aos problemas suscitados pelo direito internacional institucional: JANNE NIJMAN e ANDRÉ NOLLKAMPER, "Introduction", *New Perspectives on the Divide between National and International Law*, Oxford, Oxford University Press, 2007, p. 11; e CATHERINE BROLMANN, "Deterritorialisation in International Law: Moving Away from the Divide Between National and International Law", *New Perspectives on the Divide between National and International Law*, Oxford, Oxford University Press, 2007, pp. 84-109.

[772] JOAQUIM FREITAS DA ROCHA distingue os casos em que os actos internacionais são recebido no ordenamento jurídico estadual através de uma referência receptícia, dos casos em que os efeitos daqueles actos são imediatos, sendo suficiente reconhecê-los como aplicáveis a uma determinada situação em concreto, o que designa de *referência recognitiva* (cfr. *Constituição, Ordenamento e Conflitos Normativos – Esboço de uma Teoria Analítica da Ordenação Normativa*, Coimbra, Coimbra Editora, 2008, pp. 365-366).

ACTOS ADMINISTRATIVOS ESTRANGEIROS

Este *reconhecimento integrado* tanto se pode referir a actos *supranacionais* de organizações internacionais, como a actos de instituições, órgãos ou organismos da União Europeia, como ainda, a actos de outros Estados[773]. São, portanto, de difícil caracterização, dados os diversos arranjos de que dependem, seja ao nível da sua emissão, seja ao nível da sua configuração[774]. Vejamos alguns exemplos de cada uma destas hipóteses.

No âmbito das organizações internacionais, um acto tem sido apresentado como o verdadeiro *acto administrativo internacional*: a decisão de registo de marcas (*trademarks*) pela Organização Mundial da Propriedade Industrial, de acordo com o Sistema de Madrid. De acordo com este sistema, o registo tramitado e concedido ao nível internacional será eficaz em todos os países contratantes, salvo se estes demonstrarem a sua oposição num prazo determinado, pelo que o registo tem como efeito estender aos demais Estados contratantes os efeitos do registo da marca feito no país de origem.

Deste acto uno resulta um *feixe de distintos efeitos administrativos*: tantos quantos os Estados vinculados ao Sistema de Madrid. Apesar de a decisão ser subjectiva e temporalmente una, os efeitos jurídicos da mesma divergirem consoante o disposto nas legislações nacionais sobre patentes, pelo que é inviável reconhecer, nestes casos, um sistema global de protecção das marcas, não obstante o carácter determinativo e titulador do acto de base[775].

---

[773] Nem sempre esta categorização se identifica com a *fonte última* das obrigações impostas por via de um acto administrativo, já que é comum que alguns actos comunitários, mesmo sancionatórios, sejam resultantes de uma comunitarização de decisões de organizações internacionais – encontrando aí a sua base – que, assim, são integradas no nível da União Europeia, passando a beneficiar das características das decisões desta, em especial na sua relação com os Estados membros. Sobre esta integração, ainda que aquando do enquadramento de pilares anterior ao Tratado de Lisboa, Nikolaus Lavranos, *Legal Interaction Between Decisions of International Organizations and European Law*, Groningen, Europa Law Publishing, 2004, pp. 131-230.

[774] Adrienne de Moor-van Vugt, "Administrative Sanctions in EU Law, *Review of European Administrative Law*, Vol. 5, Nr. 1, 2012, pp. 5-48.

[775] Classificámos antes este sistema de registo como incorporando um feixe de actos administrativos (cfr. Dulce Lopes, "Direito Administrativo das Organizações Internacionais", *Tratado de Direito Administrativo Especial*, Paulo Otero, Pedro Gonçalves (coords.), Vol. III, Coimbra, Almedina, 2010, p. 140). Todavia, existe apenas um acto administrativo que produz directamente efeitos nos Estados contratantes, efeitos estes que serão idênticos, em cada Estado, aos de um registo local.

Mas o elenco destes actos não pára de engrossar em face da assunção de cada vez mais competências, que em muito superam as de mera cooperação, por parte de organizações internacionais[776]. A proliferação de actos com finalidades cautelares ou sancionatórias (associados, recentemente, a listagens administrativas), bem como de actos administrativos praticados no âmbito de actividades de administração territorial ou de serviços públicos internacionais disso são claro exemplo[777].

Como a decisão de proceder ao registo é tomada ao nível internacional, as garantias de participação procedimental, de notificação e de publicitação dessa medida são aí asseguradas. Com ressalva do controlo jurisdicional que é feito ao nível interno, de acordo com o Sistema de Madrid. Cfr., para maiores desenvolvimentos, KAREN KAISER, "WIPO's International Registration of Trademarks: An International Administrative Act Subject to Examination by the Designated Contracting Parties", German Law Journal, Vol. 9, N.º 11, 2008, disponível em https://www.germanlawjournal.com, acesso em 1 de Julho de 2015, p. 1597-1693.

[776] No âmbito das organizações internacionais, vimos já que existe a possibilidade de emissão de actos vinculativos – ainda que não corresponda ao cenário normal, de prevalência de actos hortatórios – desde que tal resulte expressa ou implicitamente dos actos institutivos dessas organizações internacionais e corresponda à intenção subjacente ao acto emanado. Cfr. C. F. AMERASINGHE que considera que pode haver actos vinculativos (e não vinculativos) tanto no âmbito institucional ou organizatório, como no âmbito operacional (cfr. Principles of the Institutional Law of International Organizations, 2.ª ed., Cambridge University Press, 2005, pp. 160-172).
Por entre as decisões com carácter obrigatório (e não apenas hortatório) das organizações internacionais, distinguem-se aquelas que têm força executória directa e que são directamente invocáveis e outras que têm de ser transpostas internamente através de actos estatais para serem aplicáveis. As primeiras são, para a autora, excepcionais, apenas de organizações internacionais com competências espaciais e, por serem pontuais, não representam real interesse (cfr. CLOTILDE DEFFIGIER, "L'Applicabilité Directe des Actes Unilatéraux des Organisations Internationales et le Juge Judiciaire ", Revue Critique de Droit International Privé, Vol. 90, N.º 1, 2001, p. 47).
[777] A habilitação para agir unilateralmente e produzir efeitos externos pode resultar de mecanismos convencionais específicos, do Tratado fundacional de uma organização internacional, ou ainda por via da conjugação deste com a teoria das competências implícitas, afirmado, desde logo no Parecer do Tribunal Internacional de Justiça de 11 Abril 1949, relativo à reparação de prejuízos sofridos ao serviço das Nações Unidas. Para uma análise contemporânea do sentido e termos deste Parecer, cfr. YUEN-LI LIANG, "Notes on Legal Questions concerning the United Nations", The American Journal of International Law, Vol. 43, N.º 3, July 1949, pp. 460-478 (o parecer encontra-se a p. 589 desta mesma revista). No âmbito de catástrofes [cfr. o artigo 1.º, alínea b) da Convenção Inter-Americana, visando a facilitação da aceitação da assistência em caso de catástrofes, de 7 de Junho de 1991], não tem aquela

ACTOS ADMINISTRATIVOS ESTRANGEIROS

É o que sucede com a aprovação da listagens e respectiva aplicação de medidas restritivas determinadas pelo Comité de Sanções do Conselho de Segurança das Nações Unidas, designadamente contra as pessoas associadas à Al-Quaeda e os Taliban [por exemplo a Resolução 1267 (1999)][778]. Situação similar acontece no âmbito da Organização para a Pesca no Atlântico Norte, em que também se adopta um sistema de listagem no qual se integram os navios que se encontram em violação das disposições sobre conservação dispostas por aquela organização. Incluídos os navios nesta listagem, os Estados contratantes devem, entre outras medidas, proibir a sua entrada nos portos, o seu abastecimento e a mudança da sua tripulação, o que representa uma séria *capitis diminutio* para os titulares e tripulantes daqueles navios[779].

---

decisão unilateral de intervenção de ser precedida necessariamente do consentimento expresso do Estado, devendo esta ser formalizada em actos posteriores que definam o estatuto e condições da missão (cfr. PIERRE-FRANÇOIS LAVAL, "Les Activités Opérationelles du Conseil à L'Administration Internationale du Territoire", *Traité de Droit des Organisations Internationales*, Evelyne Lagrange, Jean-Marc Sorel (dir.), Paris, L.G.D.J., 2013, p. 774.).

[778] Efectivamente, a plena eficácia das Resoluções do Conselho de Segurança que estipulam sanções relativamente às pessoas singulares e colectivas depende não apenas da inclusão na listagem de certos indivíduos, mas também da aplicação de sanções naquela previstas, designadamente o arresto de bens. Ora, como a listagem e respectiva configuração legal vincula os Estados-membros nos termos previstos nos artigos 25.º, 48.º e 103.º da Carta, devem estes, internamente ou através da mediação de organizações internacionais de que façam parte, lançar mão de todos os mecanismos para execução de tais sanções, criando, assim, uma cadeia normativa entre a Organização das Nações Unidas, organizações internacionais regionais e Estados, até que se chegue ao nível da imposição individual da sanção. Sobre este ponto, cfr. SEBASTIAN BOHR, "Sanctions by the United Nations Security Council and the European Community", *European Journal of International Law*, N.º 4, 1993, pp. 256-268; ESA PAASIVIRTA, ALLAN ROSAS, "Sanctions, Countermeasures and Related Actions in the External Relations of the EU: A Search for Legal Frameworks", *The European Union as an Actor in International Relations*, Enzo Cannizaro, The Hague, Kluwer Law International, 2002, p. 215; e IMELDA TAPPEINER, "Multilevel Fight against Terrorism", *Multilevel Governance in Enforcement and Adjudication*, Aukje van Hoeck, Ton Hol, Oswald Jansen, Peter Rijpkema, Rob Widdershoven (eds.), Antwerpen, Intersentia, 2006, pp. 93-127.

[779] O procedimento para inclusão na lista depende largamente da contribuição, propostas e participação dos Estados contratantes e não contratantes, mas já não dos proprietários dos navios em causa. Estas medidas de conservação e cumprimento encontram-se disponíveis no endereço http://www.nafo.int/fisheries/frames/regulations.html, no qual consta, igualmente, a lista com a identificação dos navios.

EFICÁCIA, RECONHECIMENTO E EXECUÇÃO DE ACTOS ADMINISTRATIVOS ESTRANGEIROS

Há quem questione se estas decisões, consideradas *inteligentes*[780], apesar de identificarem os seus destinatários, devem ser consideradas como actos administrativos, dada a necessidade da sua concretização por via da emissão de um acto final ou "acto reflexo", este sim com efeitos externos pelos Estados ou outros sujeitos de direito internacional, como a União Europeia[781].

Mas, já o antecipámos, se o Estado destinatário de tais actos estrangeiros os integrar no seu ordenamento jurídico de forma directa[782] tornam-se aque-

---

[780] JOSETTE BEER-GABEL, "Les Organisations Régionales de Gestion des Pêches (ORGP), Compétences Normatives et de Contrôle", *Traité de Droit des Organisations Internationales*, Evelyne Lagrange, Jean-Marc Sorel (dir.), Paris, L.G.D.J., 2013, p. 819-831; GUILLAUME LE FLOCH, "L'Adoption de Sanctions", *Traité de Droit des Organisations Internationales*, Evelyne Lagrange, Jean-Marc Sorel (dir.), Paris, L.G.D.J., 2013, p. 855-856.

[781] Trata-se, para estes autores, de uma actividade normativa que apesar de se dirigir a particulares determinados não lhes é ainda imediatamente oponível (cfr. GEIR ULFSTEIN, "Les Activités Normatives de L'Organisation Internationale", *Traité de Droit des Organisations Internationales*, Evelyne Lagrange, Jean-Marc Sorel (dir.), Paris, L.G.D.J., 2013, p. 751; JEAN MATRINGE, "Problèmes et Techniques de Mise en Oeuvre des Sanctions Économiques de l'Oraganisation des Nations Unies en Droit Interne", *Les Sanctions Économiques en Droit International – Economic Sanctions in International Law*, L. Picchio Forlati, L.A. Sicilianos (eds.), Leiden, Martinus Nijhoff Publishers, 2004, pp. 639-649).
Há quem classifique estes actos de "*classical international administrative act*", porque o indivíduo não é o destinatário imediato da acção, por oposição ao registo de patentes e marcas, que é um verdadeiro acto administrativo de matriz mais moderna (cfr. CLEMENS A. FEINÄUGLE, "The UN Security Council Al-Qaida and Taliban Sanctions Committee: Emerging Principles of International Institutional Law for the Protection of Individuals?", *German Law Journal*, Vol. 9, N.º 11, 2008, disponível em https://www.germanlawjournal.com, acesso em 11 de Agosto de 2015, p. 1520).
Sobre a colocação em marcha das resoluções do Conselho pelos Estados e os problemas que tanto suscita (desde logo na própria fundamentação interna da adopção das medidas e dos seus efeitos quanto às relações privadas e à relação com Estados terceiros), cfr. GENEVIÈVE BURDEAU, "Le Gel d'Avoirs Étrangers", *Journal du Droit International*, Ano 124, Janvier-Février--Mars, N.º 1, 1997, pp. 43-53.

[782] PATRICK JACOB estabelece uma dicotomia quanto às normas que têm uma aplicação directa e imediata nos Estados e aquelas que necessitam da adopção de actos internos que reflectem o conteúdo de normas internacionais. No primeiro caso é necessário que se verifiquem duas condições: a de que as opções constitucionais do Estado apontem no sentido do monismo e que a *inserção* (termo usado pelo autor) das normas de organizações internacionais no ordenamento jurídico nacional apenas dependa, quando muito, da sua publicação, e a de que as normas internacionais gozem de efeito directo isto é, possam ser invocáveis na causa ("La Mise en Oeuvre des Normes et Opérations de l'Organisation Internationale", *Traité de*

les em actos administrativos estrangeiros imediatamente operativos perante particulares, assumindo características *supranacionais*. E não é pela circunstância de o controlo judicial ser cometido, em grande número de situações, aos tribunais nacionais, que o acto do qual nascem as obrigações para os particulares deixa de merecer aquela qualificação.

É certo que a maioria dos actos de direito derivado das organizações internacionais passa por uma *recepção* ou *transformação interna* (pelo Estado ou por uma organização internacional), sendo excepcional a sua recepção automática ou plena[783], o que, de certa forma, contraria a tendência actual para a incorporação automática do direito internacional geral nos ordenamentos jurídicos internos, em detrimento da inscrição do sistema da trans-

---

Droit des Organisations Internationales, Evelyne Lagrange, Jean-Marc Sorel (dir.), Paris, L.G.D.J., 2013, pp. 865 e 872-873). Diferenciando entre decisões (judiciais) internacionais com efeitos directos nos Estados, decisões que carecem de actos internos para a sua execução e decisões que produzem efeitos directos por via de um procedimento especificamente delineado para o efeito ou que criam direitos e obrigações tendo como destinatários pessoas singulares ou colectivas, cfr. PHILIPPE GAUTIER, "L'Exécution en Droit Interne des Décisions de Juridictions Internationales: Un Domaine Réservé", *Les limites du droit international: essais en l'honneur de Joe Verhoeven = The limits of international law: essays in honour of Joe Verhoeven*, Bruxelles, Bruylant, 2015, p. 168.

[783] EMMANUEL ROUCOUNAS, "L'Application du Droit Dérivé des Organisations Internationales dans l'Ordre Juridique Interne", *L'Intégration du Droit International et Communautaire sand l'Ordre Juridique National – Étude de la Pratique en Europe*, Pierre Michel Eisemann (ed.), The Hague, Kluwer Law International, 1996, pp. 39-49. Sobre a solução holandesa, fundada no artigo 93.º da Constituição dos Países Baixos, que se basta com a publicação do acto na ordem jurídica interna, cfr. CATHERINE M. BRÖLMANN, EGBERT W. VIERDAG, "Pays-Bas – Netherlands", *L'Intégration du Droit International et Communautaire sand l'Ordre Juridique National – Étude de la Pratique en Europe*, Pierre Michel Eisemann (ed.), The Hague, Kluwer Law International, 1996, pp. 452-453.

MAGDALENA M. MARTIN MARTINEZ aduz que há um generalizado silêncio constitucional sobre a incorporação no ordenamento jurídico nacional de actos de organizações internacionais, e explica-o por dois motivos: por a incorporação destes actos vinculativos afectar a essência – o "hard core" – do conceito de soberania do Estado e por tradicionalmente os actos unilaterais não serem considerados uma forma de criação de direito internacional. Mas esta incorporação pode ocorrer sob vários modelos: o mais perfeito, o da integração automática, técnica mais simples mas difícil de consagrar na Constituição; ainda que a via mais usual seja a da edição de regras administrativas e legislativas de modo a tornar eficazes os actos de direito internacional (cfr. *National Sovereignty and International Organizations*, The Hague, Kluwer Law International, 1996, pp. 217-227).

EFICÁCIA, RECONHECIMENTO E EXECUÇÃO DE ACTOS ADMINISTRATIVOS ESTRANGEIROS

formação[784]. No entanto, nem sempre tal acontecerá, assumindo relevo jurídico, nestes casos de aplicação directa, o instituto dos *actos administrativos supranacionais* e das formas da sua integração e execução no ordenamento jurídico de destino.

Voltando o nosso olhar para casa, pareceria resultar da *Constituição da República Portuguesa* que os actos administrativos das organizações internacionais – ao contrário das normas, mencionadas expressamente no artigo 8.º, n.º 3 daquela Lei Fundamental – não fariam parte directa da ordem jurídica interna. Porém, como já assinalava MOURA RAMOS, a maioria dos actos de organizações internacionais – incluindo os de Resoluções do Conselho de Segurança das Nações Unidas que aplicaram sanções ao Iraque, à Líbia, Libéria, etc. – foram recebidos por mera Resolução do Conselho de Ministros ou, ainda por aviso, o que permitia concluir pela consciência do carácter vinculativo das obrigações assumidas no plano internacional, e a necessidade de lhe dar execução[785]. Mais recentemente tem-se advogado a recepção automática destes actos, por força de uma interpretação correctiva do artigo 8.º, n.º 3 da Constituição da República Portuguesa[786], sendo directamente

[784] CHRISTIAN DOMINICÉ, FRANÇOIS VOEFFRAY, "L'Application du Droit International Général dans l'Ordre Juridique Interne", *L'Intégration du Droit International et Communautaire sand l'Ordre Juridique National – Étude de la Pratique en Europe,* Pierre Michel Eisemann (ed.), The Hague, Kluwer Law International, 1996, pp. 51-62. Na Alemanha esta diferença é notória, uma vez que o direito internacional público geral é de incorporação imediata e pode gerar direitos e obrigações para os particulares (artigo 25.º da Lei Fundamental), mas o direito derivado das organizações (salvo o das organizações supranacionais, como a União Europeia, de acordo com o artigo 24.º da *Grundgesetz*) não faz *ipso iure* parte da ordem jurídica interna, tendo de ser transformado, assumindo a força jurídica do acto de transformação. Os autores chegam a afirmar que a particularidade que resulta duma transferência de soberania a uma organização internacional é a de que as suas decisões podem obrigar directamente os respectivos Estados e seus nacionais (p. 90).

[785] RUI MANUEL MOURA RAMOS, "Portugal", *L'Intégration du Droit International et Communautaire sand l'Ordre Juridique National – Étude de la Pratique en Europe,* Pierre Michel Eisemann (ed.), The Hague, Kluwer Law International, 1996, pp. 482-485.

[786] MARIA LUÍSA DUARTE, *Direito Internacional Público e Ordem Jurídica Global do Século XXI,* Coimbra, Coimbra Editora, 2014, p. 314.

JORGE BACELAR GOUVEIA apesar de entender que a Constituição da República Portuguesa não contempla a integração dos actos unilaterais das organizações internacionais de que Portugal faça parte e que tenham eficácia externa, desde que não sejam provenientes de organizações supranacionais, considera dever utilizar-se para o efeito um argumento de *maioria de razão* para com estas, ou, caso este arrimo não seja suficiente, proceder-se à integração

ACTOS ADMINISTRATIVOS ESTRANGEIROS

dos actos estrangeiros que resultam, portanto, as restrições aos direitos das pessoas afectadas e que o Estado deve reconhecer e executar.

Até ao momento, dada a integração de Portugal na União Europeia, que tem vindo – aludimos – a intermediar a imposição de medidas restritivas, com proveniência internacional, nos seus Estados-membros, não se tem colocado com acuidade a questão da integração e execução destes *actos administrativos supranacionais*, sobretudo dos que afectam direitos e liberdades fundamentais; mas o mesmo já não se pode dizer de outros actos administrativos, também eles supranacionais: os actos administrativos comunitários, a que voltaremos.

Em qualquer um dos casos, a adopção de sanções internacionais demanda a intervenção dos Estados na sua concretização (seja de modo a dotá-las de eficácia, por exemplo, impedindo a saída das pessoas incluídas numa lista, por estarem associadas à Al-Quaeda do país, seja por não reconhecer situações que resultem do facto ilícito, em violação de tais actos), de tal forma que alguns autores as caracterizam como uma forma de exercício da jurisdição *supranacional*, designadamente uma *"jurisdiction to promote"*, na qual vêm os seus Estados limitada a sua soberania[787].

---

da convenção internacional instituidora da organização para justificar esse entendimento. O Autor admite ainda a incorporação automática, por integração analógica similar aos costumes regionais e locais, dos actos jurídicos unilaterais dos Estados na ordem jurídica portuguesa. Mas, assim se depreende, essa incorporação apenas está assegurada aos actos que se fundem num *"princípio geral de vinculação aos respetivos efeitos, relevante para o Direito Internacional Geral ou Comum"* (cfr. *Manual de Direito Internacional Público – Introdução, Fontes, Relevância, Sujeitos, Domínio Garantia*, 5.ª ed., Coimbra, Almedina, 2017, p. 400).

JORGE MIRANDA e RUI MEDEIROS consideram dever exigir-se sempre a publicação das normas emanadas dos órgão competentes das organizações internacionais no *Diário da República*, ainda que este requisito funcione como mera *condictio iuris* (cfr. *Constituição Portuguesa Anotada*, Tomo I, 2.ª ed., Coimbra, Coimbra Editora, 2010, p. 163). Também JÓNATAS E. M. MACHADO entende que o artigo 8.º, n.º 3, deve merecer uma interpretação correctiva para garantir a força normativa, na ordem jurídica interna, de actos de natureza jurisdicional e administrativa praticados por organizações internacionais (cfr. *Direito Internacional – do Paradigma Clássico ao Pós-11 de Setembro*, 4.ª ed., Coimbra, Coimbra Editora, 2013, p. 175).

[787] LAURA PICCHIO FORLATI, "The Legal Core of International Economic Sanctions", *Les Sanctions Économiques en Droit International – Economic Sanctions in International Law*, L. Picchio Forlati, L.A. Sicilianos (eds.), Leiden, Martinus Nijhoff Publishers, 2004, p. 192. Já no mesmo sentido e definindo que os Estados podem internamente curar de preocupações adicionais na execução de sanções determinadas pelo Conselho de Segurança, cfr. E. LAUTERPACHT,

Julgamos, por isso, que uma maior reflexão sobre os mecanismos de colocação em marcha do direito internacional, sempre que este esteja dotado de uma aptidão lesiva directa, se impõe nos dias que correm, de modo a melhor compreender o papel que as instâncias internacionais têm vindo a assumir na regulação de situações com impacto potencialmente directo nos Estados[788].

Foi o que foi feito recentemente por intermédio da Lei n.º 97/2017, de 23 de Agosto, que regula a aplicação e a execução de medidas restritivas aprovadas pela Organização das Nações Unidas ou pela União Europeia e estabelece o regime sancionatório aplicável à violação destas medidas. De acordo com o artigo 6.º deste diploma, a *"aplicação de uma medida restritiva consiste na determinação concreta dos destinatários de uma medida restritiva aprovada pela Organização das Nações Unidas ou pela União Europeia"*. Porém, a aplicação daquela apenas é justificada *"quando não seja possível a sua execução direta porque o ato que a aprova ou altera não determina de forma suficientemente concreta os respetivos destinatários"*. Neste caso, a eficácia direta do acto administrativo provindo daquelas organizações será evidente e auto-suficiente.

Há ainda que integrar no âmbito dos *actos administrativos supranacionais* aqueles que, normalmente enquadrados por acordos internacionais, geram situações de administração territorial nas quais uma organização internacional – em regra, a Organização das Nações Unidas – assume competências administrativas em face do Estado colocado numa situação de mandato[789]. Há quem proponha outras classificações relativamente a estes actos, como PREZAS, que considera deverem ser analisados como um tipo de "direito

---

"Implementation of Decisions of International Organizations through National Courts", *The Effects of International Decisions,* Stephen M. Schwebel (ed.), Leyden, A.W. Sijthoff, 1971, p. 58.

[788] Sobre a necessidade desta reflexão, quanto às decisões de instâncias judiciais internacionais, cfr. PHILIPPE GAUTIER, "L'Execution en Droit Interne des Décisions de Jurisdictions Internationales: un Domaine Réservé?", *Les Limites du Droit International – Essais en l'Honneur de Joe Verhoeven,* Bruxelles, Bruylant, 2015, pp. 147-168.

[789] Outros exemplos há, como sucede com a gestão do tráfego em espaços aéreos, por intermédio da Eurocontrol. Nem sempre, porém, os actos de administração territorial conduzem a fenómenos de reconhecimento. É o que acontece com a Autoridade Nacional dos Fundos Marinhos que gere directamente os recursos neles disponíveis, aprovando, para o efeito, regulamentos sobre a prospecção e exploração de nódulos polimetálicos na área, que têm efeitos directos relativamente aos Estados e pessoas privadas que nela pretendam vir a proceder a actividades de prospecção e exploração. Todavia, como se trata de um espaço subtraído à jurisdição estatal, não se colocam problemas de reconhecimento.

ACTOS ADMINISTRATIVOS ESTRANGEIROS

interno "local" criado por um órgão internacional"[790], por se tratar de um sistema jurídico internacional que provê à satisfação de necessidades internas, operando, de certa forma, uma substituição – apenas transitória e desejavelmente limitada – ao exercício dos poderes estatais.

Vamos, porém, mais no sentido de quem acentua a *dimensão dual* destes actos, por ser difícil aferir a que título o Administrador actua: se como órgão nacional substituto do Estado, se como defensor de interesses internacionais[791]. E é no encontro destas duas dimensões: a internacional, na sua origem, e a nacional, na sua função[792], que se compreende a riqueza destes actos e a especial natureza dos deveres que impedem sobre os Estados na sua concretização.

É, porém, no âmbito da União Europeia que se encontra o maior leque de *actos administrativos supranacionais*[793], emitidos pelas suas Instituições, órgãos e organismos, e que resultam de processos de transferência vertical

---

[790] IOANNIS PREZAS, *L'Administration de Collectivités Territoriales par les Nations Unies – Étude de la Substitution de L'Organisation International à L'État dans L'Exercise des Pouvoirs de Gouvernement*, Paris, L.G.D.J./ Anthemis, 2012, p. 249.
No mesmo sentido – de que se trata de normas locais (por substituição), cfr. CHRISTIAN DOMINICÉ, "La Société Internationale à da Recherche de son Équilibre", *Recueil des Cours*, Tomo 370, 2013, Leiden, Martinus Nijhoff Publishers, 2015, p. 111.

[791] PETER GALBRAITH, "The United National Transitional Authority in East Temor (UNTAET)", *ASIL Proceedings of the 97st Annual Meeting, Conflict and Coordination across International Regimes*, Washington D.C., 2003, pp. 210-212. Para RALPH WILDE a conciliação entre as duas funções depende da justificação inicial para a missão, se a do auxílio à transferência de soberania, se o apoio à construção do Estado (cfr. "*The United Nations ad Government: The tensions of an ambivalent role*", ASIL Proceedings of the 97st Annual Meeting, Conflict and Coordination across International Regimes, Washington D.C., 2003, p. 215).

[792] Estamos com MARIE GUIMEZANES que considera que estes actos são internacionais pela sua natureza, mas cumprem, por natureza, uma função nacional (cfr. *Le Droit International au Secours de l'Etat Défaillant: les Transitions Constitutionnelles "Internationalisées"*, 2014, p. 17, disponível em http://www.droitconstitutionnel.org/congresLyon/CommLF/F-guimezanes_T2.pdf, acesso em 22 de Janeiro de 2015).

[793] Por isso é comum diferenciar-se apenas, enquanto figuras especiais de actos administrativos, entre os actos administrativos comunitários (europeus) e os transnacionais (no âmbito do direito da União Europeia e do direito internacional), cfr. JOSÉ CARLOS VIEIRA DE ANDRADE, *Lições de Direito Administrativo*, 5.ª ed. Coimbra, Imprensa da Universidade de Coimbra, 2017, p. 174.

EFICÁCIA, RECONHECIMENTO E EXECUÇÃO DE ACTOS ADMINISTRATIVOS ESTRANGEIROS

de soberania, seja previstos no Tratado, seja subsequentes a harmonizações de grande fôlego[794].

Os exemplos são múltiplos, de entre os quais o registo de indicações geográficas e as denominações de origem[795]; a atribuição de direitos de comunitários de protecção das variedades vegetais[796]; a certificação de aeronaves pela Agência Europeia para a Segurança da Aviação[797]; o registo de produtos químicos pela Agência Europeia dos Produtos Químicos[798]; o registo de desenhos ou modelos comunitários[799] e o registo da marca comunitária, hoje marca da União, pelo Instituto de Harmonização do Mercado Interno (hoje, o Instituto da Propriedade Intelectual da União Europeia)[800].

---

[794] SUSANNE K. SCHMIDT, "Mutual recognition as a new mode of governance", *Journal of European Public Policy*, Vol. 14, N.º 5, August, 2007, p. 674.

[795] Artigo 7.º do Regulamento (CE) N.º 510/2006, do Conselho, de 20 de Março de 2006, relativo à protecção das indicações geográficas e denominações de origem dos produtos agrícolas e dos géneros alimentícios.

[796] Artigo 5.º do Regulamento (CE) N.º 2100/94 do Conselho, de 27 de Julho de 1994, relativo ao regime comunitário de protecção das variedades vegetais.

[797] Artigo 20.º do Regulamento (CE) N. º 216/2008 do Parlamento Europeu e do Conselho, de 20 de Fevereiro de 2008 relativo a regras comuns no domínio da aviação civil e que cria a Agência Europeia para a Segurança da Aviação, e que revoga a Directiva 91/670/CEE do Conselho, o Regulamento (CE) n.º 1592/2002 e a Directiva 2004/36/CE.

[798] Artigo 20.º do Regulamento (CE) n .º 1907/2006 do Parlamento Europeu e do Conselho de 18 de Dezembro de 2006 relativo ao registo, avaliação, autorização e restrição dos produtos químicos (REACH), que cria a Agência Europeia dos Produtos Químicos.

[799] Artigo 48.º do Regulamento (CE) n.º 6/2002 do Conselho, de 12 de Dezembro de 2001, relativo aos desenhos ou modelos comunitários.

[800] Artigo 51.º do Regulamento (UE) 2017/1001 do Parlamento Europeu e do Conselho, de 14 de junho de 2017, sobre a marca da União Europeia. Segundo ANTONIO CASSATELA o modelo de administração comunitária directa presente na marca comunitária visa harmonizar os efeitos transnacionais presentes no direito das marcas (uma vez que o registo de uma marca tanto pode condicionar o reconhecimento do direito a favor de um terceiro num outro ordenamento jurídico, como estender a sua relevância jurídica ao território desse mesmo Estado) (cfr. "Procedimenti Amministrativi Europei: Il Caso del Marchio Comunitario", *Rivista Italiana di Diritto Pubblico Comunitario*, N.º 3, 2008, p. 863). DÁRIO MOURA VICENTE expõe as várias modalidades –internacionais e europeias – de protecção dos direitos de propriedade intelectual, considerando, porém que apenas na União Europeia se consagram direitos privativos unitários e uniformes (cfr. *La Proprieté Intelectuelle en Droit International Privé*, Leiden/ Boston, Martinus Nijhoff Publisher, 2009, p. 167).

Todavia, ao contrário do direito das marcas, o regime aplicável às patentes tem conhecido um caminho mais tortuoso no direito comunitário.

O Direito da União estabelece ou demanda igualmente o estabelecimento de um conjunto de consequências jurídicas usualmente ligadas a situações de infracção às normas comunitárias: perda de depósitos, devolução de subsídios, imposição de penalidades financeiras, adopção de medidas de emergência, consequências estas que podem ser adoptadas directamente pela Comissão nos casos em que os actos de concessão de financiamento ou de sancionamento ou a tutela de interesses comunitários lhe sejam directamente cometidos[801]. Mas talvez os actos administrativos supranacionais mais

A patente europeia instituída pela Convenção de Munique de 1973 (que determinaria uma protecção territorial e autónoma), nunca chegou a entrar em vigor e os projetos de actos a ela relativos não foram aprovados. Já a patente europeia unitária foi estabelecida ao abrigo de uma cooperação reforçada (Regulamento (UE) n.º 1257/2012, do Parlamento Europeu e do Conselho, de 17 de Dezembro de 2012), tendo a sua criação suscitado dúvidas de compatibilização com o direito da União (Acórdão Reino da Espanha c. Conselho da União Europeia, do Tribunal de Justiça de 16 de Abril de 2013, proferido no processo C-274/11; GIOVANNI GUGLIELMETTO, "Nature e Contenuto del Brevetto Europeo con Effetto Unitario", *Luci e Ombre del Nuovo Sistema UE di Tutela Brevetuale – The EU Patent Protection Lights and Shades of the New System*, Constanza Honorati (org.), Torino, G. Giappichelli, 2014, p. 12).
Esta patente visa fornecer uma protecção uniforme em todos os Estados que participam na cooperação reforçada de maneira unitária, pelo que só pode ser transferida, limitada ou revogada em todos os Estados (artigo 3.º, n.º 2), não podendo a aquisição de direitos depender da inscrição no registo nacional de patentes (artigo 7.º, n.º 4): cfr. FAUSTO POCAR, "La Cooperazione Rafforzata in Materia di Brevetti e la Corte gi Giustizia dell'Unione Europea", *Luci e Ombre del Nuovo Sistema UE di Tutela Brevetuale – The EU Patent Protection Lights and Shades of the New System*, Constanza Honorati (org.), Torino, G. Giappichelli, 2014, pp. 1-7. Portanto, estes serão títulos jurídicos unitários para toda a União, independentes e autónomos (dos paralelos títulos nacionais), mas tal não significa que os Estados estejam arredados quanto ao regime das infracções e a algumas vissicitudes dos actos, como a sua execução forçada, o que coloca a questão da sua integração no plano nacional (cfr. JOÃO PAULO F. REMÉDIO MARQUES, "Títulos Europeus de Propriedade Intelectual – Nótula sobre o Artigo 118.º do Tratado sobre o Funcionamento da União Europeia", *Estudos em Homenagem ao Prof. Doutor José Joaquim Gomes Canotilho*, Vol. II, Fernando Alves Correia, Jónatas M. Machado, João Carlos Loureiro (Coords.), Coimbra, Coimbra Editora, 2012, p. 386).
[801] Para um primeiro elenco destas medidas e sanções administrativas, ainda que não exaustivo, cfr. o Regulamento (CE) n.º 2988/95, do Conselho, de 18 de Dezembro de 1995, relativo à protecção dos interesses financeiros das Comunidades Europeias. Cfr., ainda o artigo 53.º do Regulamento (CE) N.º 178/2002 do Parlamento Europeu e do Conselho, de 28 de Janeiro de 2002, que admite a adopção de medidas de emergência aplicáveis aos géneros alimentícios e alimentos para animais de origem comunitária ou importados de países terceiros.

EFICÁCIA, RECONHECIMENTO E EXECUÇÃO DE ACTOS ADMINISTRATIVOS ESTRANGEIROS

divulgados sejam os que resultam dos poderes da Comissão – sobretudo sancionatórios – no âmbito do direito da concorrência.

Ainda assim, a possibilidade de adopção de actos administrativos com efeitos jurídicos directos e com carácter executivo continua a ser considerado um desvio controlado, mesmo no âmbito comunitário, sobretudo em face do princípio da subsidiariedade, ainda que se assinale uma tendência para a centralização da tomada de decisão.

Pertencem também a este grupo de actos administrativos supranacionais alguns actos emanados *por Estados* que, em face dos arranjos convencionais ou regulamentares em que assentam, se destinam a vigorar noutros Estados de forma directa. A qualificação de actos supranacionais aplicada a actos estaduais estrangeiros pode causar estranheza, por estarmos a falar de relação entre Estados; estranheza esta que, contudo, se esvai se atentarmos no critério de que partimos: o da *estrutura* e *função* dos actos administrativos estrangeiros, entendidos na sua relação *dinâmica* entre Estado de origem e de destino, e que não transmuta orgânicamente estes Estados numa realidade unitária. De facto, a nossa noção de *supranacionalidade* é dominantemente funcional, referindo-se ao direito «*directamente aplicável ou (que) pode ter efeito directo nas ordens jurídicas dos Estados membros sem que estes manifestem qualquer vontade em tal sentido, e conferindo direitos mesmo aos indivíduos*"[802], não lhe sendo essencial a nota orgânica (proveniência de uma organização supranacional), vistas até as dificuldades na constatação destas características orgânicas supranacionais.

Para melhor compreendermos esta classificação, atentemos na circunstância de alguns destes actos estrangeiros praticados por Estados terem uma função idêntica aos praticados por organizações internacionais, no âmbito de competências de administração territorial. Entre múltiplos arranjos possíveis, alguns deles com mais valia hoje essencialmente histórica, invoque-se o mandato internacional no âmbito da Sociedade das Nações, e o regime de tutela, que se lhe sucedeu, nos termos do artigo 75.º e seguintes da Carta das Nações Unidas. Nestes casos, apesar dos acordos de tutela normalmente referirem que os Estados seriam administrados como uma "parte integral"

Cfr., ainda, a previsão no artigo 6.º do Protocolo (n.º 7) Relativo Aos Privilégios e Imunidades da União Europeia, segundo o qual os livres trânsitos emitidos pela União são reconhecidos como títulos válidos de circulação pelas autoridades dos Estados-Membros.

[802] ALBINO DE AZEVEDO SOARES, *Lições de Direito Internacional Público*, 4.ª ed., Coimbra, Coimbra Editora, 1996, p. 15.

ACTOS ADMINISTRATIVOS ESTRANGEIROS

do Estado administrador, isso não daria fundamento a quaisquer pretensões soberanas, implicando o direito de revogação da delegação, no caso de abuso dos poderes delegados[803].

Outro exemplo passa pela gestão de espaços comuns ou partilhados, nos quais um dos Estados envolvidos num ambiente de cooperação passa a gozar de competências decisórias que se estendem aos demais Estados, impondo--se como *a* regulação naquela matéria[804].

De forma puramente exemplificativa, no caso da Comissão do Reno, as sanções aplicadas a quem infrinja os regulamentos delineados serão aplicadas por um dos Estados ribeirinhos, devendo os julgamentos ou decisões por este emitidas ser assumidos como emanando das autoridades dos outros Estados, equiparando-se a estas[805].

Assinale-se que a gestão destes espaços partilhados tem passado hoje grandemente pela criação de figuras institucionais, sendo a mais divulgada a do *Agrupamento Europeu de Cooperação Territorial*[806], que, implicam, para alguns Autores, a criação de uma entidade jurídica "supranacional" unitária, e que constituem uma resposta adequada para alguns relevantes problemas

---

[803] FRANZ OPPENHEIMER, *Oppenheim's International Law*, Vol. I – Peace, Robert Jennings, Arthur Watts (eds.), 9.ª ed., Harlow/Essex, Logman, 1992, p. 317. Dada esta capacidade de reacção, não concordamos com PIERRE DEVOLVÉ que considera que na Administração territorial (protectorado ou mandato), os actos não se podem considerar estrangeiros perante o Estado de destino (cfr. *L'Acte Administratif*, Paris, Sirey, 1983, p. 59).

[804] Para mais exemplos pormenorizados de gestão de espaços partilhados e da sua concreta configuração jurídica, cfr. HUGO J. HAHN, "International and Supranational Public Authorities", *Law and Contemporary Problems*, Vol. 26, 1961, pp. 638-665.

[805] Cfr. artigos 32.º e 40.º da Convenção Revista para a Navegação do Reno, de 17 de Outubro de 1868.

[806] Regulamento (CE) n.º 1082/2006, de 5 de Julho, alterado pelo Regulamento (UE) n.º 1302/2013, de 17 de Dezembro. Ou do seu sucedâneo no plano do Conselho da Europa, mas que prossegue essencialmente os mesmos fins (ENRIQUE J. MARTÍNEZ PÉREZ, "Las Agrupaciones Europeas De Cooperación Territorial (Unión Europea) Frente a las Agrupaciones Eurorregionales De Cooperación (Consejo de Europa): ¿Competencia o Complementariedad?", *Revista de Estudios Europeos*, N.º 56, 2010, pp. 109-126).
Note-se ainda a possibilidade de criação de empresas supranacionais – como sucede no âmbito da gestão do Aeroporto de Basel-Mullhouse – como mecanismo de reacção às dificuldades práticas de reconhecimento no plano da União, mas sobretudo como forma de reconstruir o enquadramento jurídico supranacional, cfr. HOLGER FLEISCHER, "Supranational Corporate Forms in the European Union: Prolegomena to a Theory on Supranational Forms of Association", *Common Market Law Review*, Vol. 47, 2010, pp. 1671–1717.

EFICÁCIA, RECONHECIMENTO E EXECUÇÃO DE ACTOS ADMINISTRATIVOS ESTRANGEIROS

transfronteiriços[807]; para outros, a qualificação é menos generosa, vendo os *Agrupamentos Europeus de Cooperação Territorial* como Administrações públicas personificadas, mas sem poderes públicos coercitivos gerais e exercendo competências usualmente não autoritárias[808]. Outros ainda identificam estes agrupamentos enquanto formas de "regionalismo transnacional", que dão resposta adequada a alguns problemas colocados pelo fenómeno de globalização, o que parece ter sido acentuado em 2013, com as menores possibilidades deixadas ao Estado para impedir a constituição de um *Agrupamentos Europeus de Cooperação Territorial*[809].

Um dos problemas que estas novas realidades colocam é, precisamente, o do direito aplicável a estas entidades e a tutela jurídica referente aos actos

---

[807] MATTHIAS NIEDOBITEK, "Grenzüberschreitende Zusammenarbeit in Europa: Konkurrenz zwischen Europäischer Union und Europarat", *Jahrbuch des Öffentlichen Rechts*, Vol. 62, 2014, pp. 61-89. Em sentido similar, acentuando a natureza supranacional destas entidades e a sua importância na transformação do Estado-nação, cfr. ANNA MARGHERITA RUSSO, "Un Nuevo "Juego Interactivo" en el Tablero de Ajedrez del Derecho Transnacional – la Cooperación Territorial Transfronteriza en el Marco Jurídico Europeo", *Revista Catalana de Dret Públic*, N.º 47, 2013, pp. 159-180.

Sobre a evolução da cooperação transfronteiriça, ULRICH BEYERLIN, "Dezentrale grenzüberschreitende Zusammenarbeit als transnationales Rechtsphänomen", *Archiv Des Völkerrechts*, Vol. 27, N.º 3, 1989, pp. 286-327.

[808] L. SANZ RUBIALES, "La Agrupación Europea de Cooperación Territorial (AECT) – ?Una Nueva Administración Pública de Derecho Comunitario? Algunos Problemas", *Revista de Derecho Comunitario Europeo*, N.º 31, Setembro-Dezembro, 2008, pp. 673-710; e JOACHIM BECK, "European Cross-Border Cooperation Of The Future: Capacity-Building And The Principle of "Horizontal" Subsidiarity", *Borders and Borderlands: Today's Challenges and Tomorrow's Prospects. Proceedings of the Association for Borderlands Studies Lisbon Conference*, Iva Miranda Pires (ed.), Lisboa, Centro de Estudos Geográficos, 2012, disponível em https://www.academia.edu/6230414/The_formal_and_informal_cross-border_cooperation_in_Europe, acesso em 11 de Junho de 2015, p. 14.

[809] PETER SCHMITT-EGNER, "Grenzregionen im Proceß der Globalisierung – Probleme, Chancen, Strategien", *Saar-Lor-Lux – Eine Euro-Region mit Zukunft*, Jo Leinen (ed.), St. Ingbert, Röhrig Universitätsverlag, 2001, pp. 164-165; e PIERRE-MARIE DUPUY, "La Coopération Régionale Transfrontalière et le Droit International", *Annuaire Français de Droit International*, Vol. XXIII, 1977, p. 860. Sobre as alterações ocorridas em 2013, cfr. ÁNGEL ADAY JIMÉNEZ ALEMÁN, "La Reforma de 2013 del régimen jurídico de las AECTs: Nuevas Oportunidades para la Cohesión Económica, Social y Territorial Europea", *Questões Actuais de Direito Local*, N.º 5, Janeiro-Março, 2015, pp. 81-94.

ACTOS ADMINISTRATIVOS ESTRANGEIROS

por elas praticados e da sua qualificação[810]. Referindo-se essencialmente a um exemplo que precede a regulamentação comunitária daqueles agrupamentos – o da Convenção de Karlsruhe, sobre a cooperação transfronteiriça entre as colectividades territoriais e os organismos públicos locais, de 23 de Janeiro de 1996 –, as perspectivas divergem, havendo quem qualifique os actos praticados como transnacionais, gerando uma *perpetuação institucional* da eficácia extraterritorial dos actos[811]. Já RUFFERT parece recusar esta qualificação, aduzindo que a aceitação dos efeitos dos actos pelos Estados se efectua no momento da celebração do convénio e não em data posterior[812]. Vamos neste último sentido, parecendo-nos que os actos destas entidades, não obstante de âmbito inter-regional, se assemelham mais, do ponto de vista *funcional,* aos actos de que ora curamos, pois faz parte do seu modo de funcionamento a integração e garantia de execução nos ordenamentos jurídicos de destino.

Ao que acresce que caso um *Agrupamento Europeu de Cooperação Territorial* exerça uma actividade que viole disposições de ordem pública, segurança pública, saúde pública ou moralidade pública de um Estado-Membro, ou que viole o interesse público de um Estado-Membro, as instâncias competentes desse Estado-Membro podem proibir essa actividade no seu território ou exigir que os membros constituídos nos termos da sua lei se retirem do Agrupamento, a menos que este cesse a actividade em causa (artigo 15.º, n.º 2 in fine e artigo 13.º)[813]. O que insere uma cláusula de salvaguarda no seio de um mecanismo fortíssimo de integração territorial.

Note-se, por fim, que, dentro do enquadramento da União Europeia, situações há em que os Estados-membros participam no exercício de autoridade pública, cumprindo funções *centralizadas,* que poderiam muito bem ter sido *cometidas* ou *mantidas* na esfera de Instituições, órgãos e organismos

---

[810] Cfr. WLADIMIR BRITO, "Os Agrupamentos Europeus de Cooperação Territorial (AECT)", *Direito Regional e Local,* 00, Outubro/Dezembro, 2007, p. 24.

[811] MARTIN KMENT, *Grenzüberschreitendes Verwaltungshandeln – Transnationale Elemente deutschen Verwaltungsrechts,* Tübingen, Mohr Siebeck, 2010, pp. 492-495.

[812] MATTHIAS RUFFERT, "Der transnationale Verwaltungsakt", *Die Verwaltung,* Vol. 34, 2001, p. 466.

[813] VERA COCUCCI, "Nuove Forme di Cooperazione Territoriale Transfrontaliera: Il Gruppo Europeo Di Cooperazione Territoriale", *Rivista Italiana di Diritto Pubblico Comunitario,* N.º 3, 2008, p. 911.

comunitários, uma vez que se situam no âmbito das competências exclusivas desta ou de competências concorrentes amplamente harmonizadas.

Poderíamos proceder aqui à distinção entre procedimentos em que as autoridades dos Estados-membros adoptam decisões segundo o direito europeu, que *valem para* todo o território europeu; e os procedimentos em que as autoridades dos Estados-membros adoptam decisões segundo o direito europeu, que directamente apenas se aplicam dentro do seu Estado, mas cujos *efeitos se estendem* (ou podem estender) a todo o território europeu[814]. Os primeiros dão origem a *actos administrativos supranacionais* e os segundos a actos *transnacionais*[815].

Naquele primeiro tipo, incluimos decisões adoptadas pelas autoridades nacionais com fundamento na aplicação da legislação comunitária, que são válidas em todo o "território da União", e cuja regulamentação – quanto às condições da sua emissão, suspensão e retirada, bem como de execução – é altamente harmonizada, por visarem a prossecução precípua de interesses comunitários.

Veja-se, exemplificativamente, o artigo 26.º do Código Aduaneiro (reformulação), adoptado pelo Regulamento (CE) N.º 952/2013 do Parlamento Europeu e do Conselho, de 9 de Outubro de 2013, segundo o qual *"com excepção dos casos em que os efeitos da decisão são limitados a um ou vários Estados--Membros, as decisões relacionadas com a aplicação da legislação aduaneira são*

---

[814] SUZANA TAVARES DA SILVA procede a esta distinção, mas dela parece não retirar consequências (cfr. *Direito Administrativo Europeu*, Coimbra, Imprensa da Universidade de 2010, p. 38).

Note-se, no entanto, que a formulação, nas normas comunitárias, de que os actos têm *validade* em todo o território da União não é suficiente para que se possa proceder à identificação de actos administrativos supranacionais – até porque nem sempre o termo validade é utilizado de forma rigorosa –, sendo necessário identificar a comissão aos Estados de uma tarefa que competiria – noutras condições – à União.

[815] THORSTEN SIEGEL também distingue actos transnacionais de supranacionais, mas apenas no sentido de que estes provêm de um órgão da União Europeia e são eficazes directamente nos Estados, enquanto que os primeiros são adoptados por Estados e não têm uma vigência directa nos demais, senão por via da imposição de reconhecimento. Todavia, há actos de Estados que têm uma eficácia directa nos demais, em virtude das competências que lhes são acometidas pelo direito da União, que se aproximam, por isso, mais desta segunda categoria do que da primeira (cfr. *Europäisierung des Öffentlichen Rechts – Rahmenbedingungen und Schnittstellen zwischen dem Europarecht und dem nationalen (Verwaltungs-)Recht*, Tübingen, Mohr Siebeck, 2012, p. 57).

ACTOS ADMINISTRATIVOS ESTRANGEIROS

válidas em todo o território aduaneiro da União" (não podem ser duplicados), efeito preclusivo[816].

Por seu turno, da Directiva 76/308/CEE, relativa à assistência mútua em matéria de cobrança de créditos resultantes de operações que fazem parte do sistema de financiamento do Fundo Europeu de Orientação e Garantia Agrícola, bem como de direitos niveladores agrícolas e de direitos aduaneiros, e relativa ao imposto sobre o valor acrescentado e a determinados impostos especiais de consumo, resulta que os títulos executivos de crédito emitidos por um Estado são reconhecidos directamente e tratados como título executivo de um crédito do Estado-Membro em que a autoridade requerida tem a sua sede, o que evidencia, a par dos demais exemplos enunciados, a sua natureza supranacional[817].

b. *Actos administrativos transnacionais*

Os actos transnacionais caracterizam-se pela circunstância de a eficácia extraterritorial entrar no âmbito normal de eficácia dos actos emitidos, acompanhando, assim, como expediente privilegiado, a mobilidade que caracteriza hoje o ambiente internacional.

Na origem[818], estes actos, praticados pelos Estados, dirigem-se a regular situações nacionais que podem, no momento da constituição da situação

---

[816] CHRISTOPH OHLER parece ir neste sentido ao referir-se à ausência de qualquer espaço de discricionariedade dos Estados neste caso – ainda que quanto à versão anterior do Código Aduaneiro –, quanto ao reconhecimento (cfr. *Die Kollisionsordnung des Allgemeinen Verwaltungsrechts*, Tübingen, Mohr Siebeck, 2005, p. 62). Já MATTHIAS RUFFERT, "Der transnationale Verwaltungsakt" aponta no sentido de que se trata de actos transnacionais (cfr. *Die Verwaltung*, Vol. 34, 2001, p. 459).

[817] Contudo, o título executivo do crédito poderá ser homologado, reconhecido como título no Estado requerido, de modo a permitir a execução do crédito no território desse Estado-Membro, ou completado ou substituído por outro título que permita essa execução. Mas a homologação, o reconhecimento, o completamento ou a substituição não podem ser recusados se o título executivo estiver formalmente correcto (artigo 8.º, n.º 2).
JENS HOFMANN considera que não está em causa um acto transnacional, uma vez que em causa estará um acto próprio do Estado, que é emanado para tirar consequências executivas de um outro acto no seu território; o que, visto de uma outra óptica, equivale ao reconhecimento e execução da aptidão extraterritorial de um acto estrangeiro (cfr. *Rechtschutz und Haftung im Europäischen Verwaaltungsverbund*, Berlin, Dunckler & Humblot, 2004, p. 47).

[818] Acentuando a vocação *ab origine* europeia destes actos, cfr. TORRICELLI SIMONE, *Libertà Economiche Europee e Regime del Provvedimento Amministrativo Nazionale*, Santarcangelo di Romagna, Maggioli Editore, 2013, p. 125.

ou posteriormente, com maior ou menor probabilidade, assumir contornos internacionais. Aqui se assemelham os actos transnacionais dos actos estrangeiros em sentido estrito e se distinguem dos actos supranacionais, que têm uma dimensão essencial de alteridade no momento da sua concepção. Mas, adicionalmente (e aqui se distinguem dos actos estrangeiros em sentido estrito), o que caracteriza os actos administrativos transnacionais é a circunstância de todos ou alguns dos seus efeitos deverem ser reconhecidos em ordenamentos jurídicos estrangeiros, pelo que é *comum* que a um acto nacional se adicione uma camada suplementar de sentido, quando este extravaze as fronteiras do Estado emissor. Trata-se, portanto, de entabular uma *relação horizontal bilateral* ou *multilateral,* mas *mútua,* em qualquer caso, de cooperação entre Estados, gerando cruzamentos normativos entre estes.

O que significa que a estes actos é essencial a dimensão do reconhecimento, que passa a constituir uma das suas notas caracterizadoras. Na verdade, cumpridos os requisitos legais, os actos transnacionais passam a ser reconhecidos pelos Estados nos quais se pretenda deles retirar efeitos, uma vez que, como veremos, existe um fundamento jurídico (seja uma regra ou um princípio geral de direito) que impõe essa conduta do Estado recipiente. Porém, o tipo e âmbito do reconhecimento, bem como da respectiva eficácia e possibilidade de execução no Estado de destino, são determinados pela regulamentação base a que obedecem, que pode ser encontrada, em sectores vários no direito internacional ou no direito da União Europeia.

A noção de acto administrativo transnacional encontra, dada esta pluralidade de *occasiones,* várias definições e desdobramentos. E, apesar de ser um instituto cuja autonomia dogmática se tem vindo a afirmar, a sua própria designação não tem sido incontestada, havendo quem proponha a terminologia alternativa de actos administrativos transterritoriais[819], que, todavia, não tem conhecido grande acolhimento dogmático.

---

[819] HERWIG C.H. HOFMANN, GERARD C. ROWE e ALEXANDER H. TÜRK aduzem que o termo transnacional é erróneo, porque o elemento relevante é a ultrapassagem não do conceito de nao, ainda que ha de informaçtos compisnacional logia de actos administrativos transterritoriais.nacional, europeu e tambtados estçon, mas do princípio da territorialidade (cfr. *Administrative Law and Policy of the European Union,* Oxford, Oxford University Press, 2011, p. 406 e pp. 645-646).

LUÍS FILIPE COLAÇO ANTUNES fala de acto administrativo transterritorial para *"evitar o estigma tradicional e impróprio da noção de Estado como até há pouco a conhecemos"* (cfr. *A Ciência Jurídico-*

ACTOS ADMINISTRATIVOS ESTRANGEIROS

Uma caracterização inicial destes actos é fornecida por Schmidt-Assmann[820], que designa por actos transnacionais o conjunto de situações em que a eficácia extraterritorial de actos administrativos estrangeiros assume um relevo proeminente, tanto do ponto de vista qualitativo, como do ponto de vista quantitativo, por força do direito da União, gerando uma obrigação integral de reconhecimento (por força de regulamentos comunitários, de actos nacionais de transposição ou da eficácia directa de directivas não transpostas), que se contrapõe à anterior consideração de apenas alguns elementos de actos administrativos estrangeiros enquanto determinantes para a prática de um acto administrativo próprio.

Uma grande panóplia de autores referem-se a uma análise *funcional* mais pormenorizada dos actos administrativos transnacionais, desdobrando-os

---

-Administrativa, Coimbra, Almedina, 2013, p. 152). Jorge Silva Sampaio usa este termo mas como sinónimo de actos transnacionais (cfr. *O Acto Administrativo pela Estrada Fora: os Efeitos Transnacionais do Acto Administrativo*, Lisboa, AAFDL, 2014, p. 65).

José Eduardo Figueiredo Dias, *A Reinvenção da Autorização Administrativa no Direito do Ambiente*, Coimbra, Coimbra Editora, 2014, p. 650, usa a terminologia *"acto administrativo europeu ou transnacional"*.

Já Raúl Bocanegra Sierra, Javier García Luengo, "Los Actos Administrativos Transnacionales", *Revista de Administración Pública*, N.º 177, septiembre-diciembre, 2008, p. 11, usa o termo de actos administrativos transterritoriais para designar estes actos no âmbito fenomenológico dos ordenamentos jurídicos complexos.

[820] Eberhard Schmidt-Assmann, "Deutsches und Europäisches Verwaltungsrecht – Wechselseitige Einwirkungen", *Deutsches Verwaltungsblatt*, Ano 108, 1993, p. 935, que, referindo-se à noção de "transnationales Verwaltungsakt", remete para a obra de Nessler (*Europäisches Richtlinienrecht wandelt deutsches Verwaltungsrecht – Ein Beitrag zur Europäisierung des deutschen Rechts*, Berlin, Verlag Dr. Köster, 1994), para maiores desenvolvimentos. Logo não é certo que o próprio Eberhard Schmidt-Assmann se assuma como o pai deste conceito, ao contrário do que a doutrina normalmente lhe atribui (cfr., neste sentido, Matthias Ruffert, "Der transnationale Verwaltungsakt", *Die Verwaltung*, Vol. 34, 2001, p. 454, e Luboš Tichý, "Recognition of Decisions within the European Competition Network and its Significance in Civil Claims in Cartel Law", *Private Enforcement of Competition Law*, Jürgen Basedow/ Jörg Phillip Terhechte/ Lubos Tichy (eds.), Baden-Baden, Nomos, 2011, p. 193). Mais salomónico, Stefan Burbaum atribui a construção da noção de actos administrativos transnacionais a ambos os autores (cfr. *Rechtsschutz gegen transnationales Verwaltungshandeln*, Baden-Baden, Nomos Verlagsgesellschaft, 2003, p. 32); enquanto que Bernhard Raschauer atribui o conceito a Nessler e a inspiração a Schmidt-Assmann (cfr. "Transnationale Verwaltungsakte", *Demokratie uns sozialer Rechtsstaat in Europa: Festschrift für Theo Öhlinger*, Stefam Hammer et al. (eds.), Wien, WUV Universitätsverlag, 2004, p. 661).

EFICÁCIA, RECONHECIMENTO E EXECUÇÃO DE ACTOS ADMINISTRATIVOS ESTRANGEIROS

numa tríade de variantes, consoantes os efeitos, destinatários ou autoridades a que se dirigem. No primeiro caso, os efeitos do acto projectam-se para o exterior, o que corresponde à esmagadora maioria das situações; no segundo caso, os destinatários são transnacionais (como sucede no âmbito das transferências no interior da União de resíduos, nos termos do Regulamento (CE) n.º 1013/2006 do Parlamento Europeu e do Conselho, de 14 de Junho de 2006, relativo a transferências de resíduos); no terceiro, as autoridades são transnacionais (i.e., actuam fisicamente fora do âmbito territorial do seu Estado, como no caso de medidas de supervisão em matéria bancária e de seguros das entidades por si autorizadas nos Estados de actuação, ou, então, de situações de cooperação policial)[821].

---

[821] Cfr. RAINER SCHRÖDER, *Verwaltungsrechtsdogmatik im Wandel*, Tübingen, Mohr Siebeck, 2007, pp. 283-284; JENS HOFMANN, *Rechtschutz und Haftung im Europäischen Verwaltungsverbund*, Berlin, Dunckler & Humblot, 2004, pp. 42-44, e, inicialmente, MATTHIAS RUFFERT, "Der transnationale Verwaltungsakt", *Die Verwaltung*, Vol. 34, 2001, pp. 457-469, que usou a terminologia *wirkungsbezogene Transnationalität; adressatenbezogene Transnationalität* e *behördenbezogene Transnationalität* ou, em inglês, *Effect-related transnationality, Adressee-related transnationality* e *Authority related transnationality* (cfr., ainda, MATTHIAS RUFFERT, "European Composite Administration: The Transnational Administrative Act", *The European Composite Administration*, Oswald Jansen, Bettina Schöndorf-Haubold (eds.), Cambridge, Intersentia, 2011, pp. 281-292).
De forma similar, MARTIN KMENT distingue três tipos de actos com efeitos transnacionais: os que são objecto de um "verdadeiro" reconhecimento, aliados a uma obrigação de reconhecimento, ou *wirkungsveranlassten Transnationalität* (como no caso dos transportes e diplomas); os que são adoptados no âmbito de mecanismos administrativos institucionais ou de gestão administrativa cooperativa (incluindo aqui os actos resultantes da Convenção de Karlsruhe, que vimos já, parecem aproximar-se mais dos actos *supranacionais*); e os que resultam de situações de ultrapassagem de fronteiras, em que há um idêntico valor na actuação de qualquer um dos sistemas jurídicos envolvidos, como sucede com o direito de polícia ou, mesmo, militar em situações de terrorismo ou crime organizado (cfr. *Grenzüberschreitendes Verwaltungshandeln – Transnationale Elemente deutschen Verwaltungsrechts*, Tübingen, Mohr Siebeck, 2010, pp. 469-503).
Note-se, porém, que nem sempre estas classificações se referem a actos administrativos (mas a actos de cooperação ou de supervisão), podendo alguns deles destinar-se a completar processos tipicamente nacionais, sem projectar efeitos externo vinculativos no seio de ordenamentos jurídicos terceiros. Não nos servirá, por isso, de orientação, por o nosso trabalho que se centrar na eficácia para que tendem os actos administrativos estrangeiros.

ACTOS ADMINISTRATIVOS ESTRANGEIROS

Outros autores preferem uma classificação de natureza *procedimental* dos actos administrativos, que acentua a ligação entre a estrutura procedimental do acto e os seus efeitos.

Luca de Lucia centra-se em três modelos decisionais: a) os actos com *efeitos transnacionais automáticos*, que autorizam o beneficiário a exercitar um direito fundamental fora do seu país sem que a Administração do Estado de destino tenha de dar o seu consentimento, o que pressupõe um elevado nível de harmonização entre ordens jurídicas e uma prevalência do princípio do Estado de origem; b) as *decisões comuns* que são o resultado de um procedimento compósito no qual estão envolvidas as Administrações nacionais e a Comissão, nas quais os efeitos automáticos dos actos são suportados no prévio consenso obtido entre as administrações[822]; c) e *autorizações sujeitas a reconhecimento*, nas quais há duas decisões ou autorizações interconexas emitidas em diferentes Estados, sendo que a segunda admite a produção de efeitos da primeira, ainda que adaptada à sua ordem jurídica, desde que não repita a avaliação inicialmente levada a caso[823].

---

[822] Percebemos a intenção do Autor, mas não se pode falar em todos os casos de decisões comuns porque há vários modelos e graduação da intervenção das várias entidades, não sendo o resultado final sempre um acto partilhado por todos os participantes, como veremos *infra*. Não recusamos, porém, que haja aqui uma compensação procedimental, muitas das vezes determinada pela falta de harmonização material dos pressupostos para emissão dos actos, mas, dependendo dos tipos de decisões praticadas, os actos podem ter eficácia *supranacional* ou eficácia *transnacional*.

Logo, este tipo de decisões, designadas pelo autor de conjuntas, refere-se mais ao procedimento de formação do acto do que ao efeitos do mesmo, ainda que aquele possa ser relevante, por a participação prévia de várias entidades facilitar o reconhecimento.

[823] Luca De Lucia, *Amministrazione Transnazionale e Ordinamento Europeo*, Torino, Giappichelli, 2009, pp. 50-56; Luca de Lucia, "Administrative Pluralism, Horizontal Cooperation and Transnational Administrative Acts", *Review of European Administrative Law*, Vol. 5, N.º 2, 2012, pp. 24-30.

Wolfgang Weiss defende que alguns actos devem merecer uma qualificação específica por, na adopção do acto, estar já compreendida uma participação de órgãos da União e não uma mera prática do acto pelos Estados-membros com efeitos que se espraiam para os demais (cfr. "Schnittstellenprobleme des Europäischen Mehrebenenverwaltungsrechts", *Die Verwaltung – Zeitschrift für Verwaltungsrecht und Verwaltungswissenschaften*, Vol. 38, N.º 4, 2005, pp. 522-528). Para o efeito, o Autor distingue três tipos de execução no âmbito comunitário: a execução indirecta com desenvolvimento cooperativo dos conceitos ("*Indirekter Vollzug mit Kooperativer Konzeptentwicklung*"), como sucede no âmbito da Rede Natura; a execução indirecta através de procedimentos autorizativos comunitários multinível ("*Indirekter Vollzug bei mehrstufigen*

EFICÁCIA, RECONHECIMENTO E EXECUÇÃO DE ACTOS ADMINISTRATIVOS ESTRANGEIROS

Sydow identifica, a este propósito, quatro modelos de decisões: o *modelo de execução directa* (a que já nos referimos) e dentro dos *modelos de execução indirecta*, o modelo de decisão individual – *jeder für sich* –, assente em decisões dos Estados, com efeitos apenas no seu estado; de decisão transnacional – *einer für alle* – que supõe o reconhecimento mútuo automático, e da decisão de referência – *einer vorab* –, na qual não há uma operação transnacional *ipso iure*, por ser necessário um procedimento de reconhecimento prévio[824]. Esta decisão de referência corresponderia a uma obrigação de reconhecimento de decisões de outros Estados-membros, cuja substância não deveria ser posta em causa, salvo em situações excepcionais, mas ainda assim daria lugar a decisões replicativas em cada Estado-membro[825].

vergemeinschafteten Zulassungsverfahren"), como sucede nos procedimentos de introdução no mercado de organismos geneticamente modificados; e a duplicação de competência através da execução paralela (*"Zuständigkeitsverdoppelung bei parallelem Vollzug"*).

[824] Gernot Sydow, *Verwaltungskooperation in der Europäischen Union – Zur horizontalen und vertikalen Zusammenarbeit der europäischen Verwaltungen am Beispiel des Produktzulassungsrechts*, Tübingen, Mohr Siebeck, 2004, pp. 122-125. O Autor admite ainda variantes nestes modelos, já que eles nem sempre aparecem na sua forma pura.

[825] Seria o caso, entre outros, do artigo 13.º da Directiva 2005/36/CE do Parlamento Europeu e do Conselho, de 7 de Setembro de 2005, relativa ao reconhecimento das qualificações profissionais; e do artigo 18.º da Directiva 2001/83/CE, do Parlamento Europeu e do Conselho, de 6 de Novembro de 2001, que estabelece um código comunitário relativo aos medicamentos para uso humano.

Quanto à diferenciação dos modelos em rede inter-horizontais, considerando que o modelo da decisão de referência é um *"goldenen Mittel"* entre os outros dois, por ser de mais fácil consecução e admitir ainda alguma transnacionalidade, cfr. Thorsten Siegel, *Europäisierung des Öffentlichen Rechts – Rahmenbedingungen und Schnittstellen zwischen dem Europarecht und dem nationalen (Verwaltungs-)Recht*, Tübingen, Mohr Siebeck, 2012, p. 74 (ainda, Thorsten Siegel, *Entscheidungsfindung im Verwaltungsverbund*, Tübingen, Mohr Siebeck, 2012, pp. 331-338; e Hans Christian Röhl, "El Procedimiento Administrativo y la Administración "Compuesta" de da Unión Europea", *La Transformación del Procedimiento Administrativo*, Javier Barnes (ed.), Global Law Press, Sevilla, 2008, pp. 136-137). A. M. Keessen parece designar as decisões de referência por *single licenses*, colocadas entre as decisões sujeitas a reconhecimento mútuo e as decisões comunitárias (cfr. *European Administrative Decisions – How the EU Regulates Products on the Internal Market*, Groningen, Europa Law Publishing, 2009, p. 28).

Este conceito teve grande acolhimento entre nós. Suzana Tavares da Silva vê na decisão de referência uma via intermédia relativamente ao modelo transnacional, em que há uma *decisão standard* que serve de base às decisões dos demais Estados membros, condicionando as decisões neste tomadas (cfr. *Direito Administrativo Europeu*, Coimbra, Imprensa da Universidade de 2010, pp. 73-75); já Nuno Piçarra vê num acto administrativo de referência uma presunção

344

ACTOS ADMINISTRATIVOS ESTRANGEIROS

Schröder distingue igualmente entre *verdadeira transnacionalidade* quando o direito da União impõe um dever de reconhecimento e *falsa transnacionalidade/* ou *transnacionalidade condicionada*, na qual têm de se ter por superados vários níveis até se obter uma confirmação explícita pelo Estado de reconhecimento; acrescentando que a transnacionalidade verdadeira é mais controversa do ponto de vista constitucional, sendo, por isso, mais difícil sustentar a sua legitimidade[826].

Pese embora haver diferenças nos modos de reconhecimento dos actos enunciados, julgamos que, nesta fase, não há utilidade em distinguir entre actos verdadeiramente transnacionais e actos errónea ou condicionadamente transnacionais (também intitulados, p. ex., de decisões de referência), uma vez que em qualquer uma destas situações há uma propensão clara – ainda que mais facilmente concretizável nuns casos do que noutros – à

---

de equivalência *juris tantum*, não sendo um acto administrativo transnacional *proprio sensu* (cfr. "União Europeia e Acto Administrativo Transnacional", *Direito da União Europeia e Transnacionalidade*, Alessandra Silveira (coord.), Lisboa, Quid Iuris, 2010, p. 311).

Permtimo-nos discordar. Não julgamos que os motivos mobilizados por Gernot Sydow (cfr. "Vollzug des europäischen Unionsrechts im Wege der Kooperation nationaler und europäischer Behörden", *Die Öffentliche Verwaltung*, Vol. 59, N.º 1, Januar, 2006, pp. 69-70), para diferenciar decisões de referência e actos transnacionais procedam, uma vez que em qualquer caso (e em regra) o controlo judicial e revogação do acto base apenas são possíveis através do Estado emissor, implicando ambas as decisões laços de cooperação administrativa antes da emissão do acto e a possibilidade de suspensão dos seus efeitos em casos de salvaguarda e necessidade, ainda que em moldes diversificados.

[826] Rainer Schröder, *Verwaltungsrechtsdogmatik im Wandel*, Tübingen, Mohr Siebeck, 2007, 379 p. 285. Ulrich Lienhard vai identicamente no sentido de que o acto transnacional é apenas aquele que pode produzir efeitos noutro Estado sem um acto de execução deste último, porque este antecipadamente reconheceu aquela decisão, ou porque se encontra obrigado a esse reconhecimento pelo direito da União (cfr. "Der mehrstufige gemeinshaftliche Verwaltungsakt am Beispiel der Freisetzungsrichtlinie – Rechtsschutzverkürzung durch europäisches Verwaltungskooperationsrecht im Gentechnikrecht", *Natur und Recht*, Vol. 24, N.º 1, 2002, p. 14). Também Volker Nessler parece ver apenas como actos transnacionais aqueles relativamente aos quais o reconhecimento está garantido à partida por via de directivas e delas resulta um reconhecimento automático (cfr. "Der transnationale Verwaltungsakt – Zur Dogmatik eines neuen Rechtsinstituts" *NVwZ – Neue Zeitschrift für Verwaltungsrecht*, 1995, p. 865). Raúl Bocanegra Sierra e Javier García Luengo distinguem, neste linha, actos transnacionais em sentido estrito, dos actos transnacionais dependentes de reconhecimento (cfr. "Los Actos Administrativos Transnacionales", *Revista de Administración Pública*, N.º 177, septiembre-diciembre, 2008, p. 18).

EFICÁCIA, RECONHECIMENTO E EXECUÇÃO DE ACTOS ADMINISTRATIVOS ESTRANGEIROS

extraterritorialidade do acto administrativo estrangeiro, sendo a este que se ligam *in fine* os efeitos a produzir no Estado de destino.

A diferença entre um acto verdadeiramente transnacional para uma decisão de referência não é estrutural ou de qualidade, mas de grau, por aquela distinção se encontrar dependente das oscilações quanto ao procedimento específico de reconhecimento adoptado: se automático ou condicionado.

Julgamos que, para já, devemos centrar-nos na decisão estatal e no âmbito de eficácia normal do acto administrativo, não devendo entrar em linha de conta – pelo menos como critério classificatório – com a distinção entre tipos de reconhecimento.

Isto porque, tratando-se esta de uma questão essencialmente procedimental, não indicia suficientemente os termos de eficácia do acto, já que nem sempre o reconhecimento automático propenderá para a extracção de efeitos mais amplos dos actos administrativos estrangeiros, dada a dificuldade em prever estes mecanismos de reconhecimento.

Ao que acresce que, consoante a evolução que se registe na regulação de cada matéria e na obtenção de consensos, é possível que os tipos de reconhecimento estipulados se alterem, mantendo-se idênticos os actos administrativos transnacionais de base, que continuarão a ter uma normal aptidão extraterritorial[827]. É igualmente possível que, como resposta a uma mesma previsão de reconhecimento, sobretudo quando se trate de um reconhecimento induzido pela jurisprudência comunitária, um Estado de destino opte, nos termos da sua legislação interna, por um reconhecimento automático, e outro por um reconhecimento condicionado, o que tornaria o mesmo acto administrativo num acto falsa e verdadeiramente transnacional, consoante a perspectiva de cada Estado de reconhecimento[828].

---

[827] Esta transformação irá normalmente no sentido do reconhecimento cada vez mais automático de actos administrativos transnacionais; contudo, o inverso também é possível, dadas as obrigações de reavaliação e de reponderação das políticas (e, em geral, de subsidiariedade), sobretudo no seio da União, o que pode conduzir à aplicação de meios que menos prejudiquem a manutenção dos poderes de controlo nacionais.

[828] PEDRO CABRAL alertava para a circunstância, quanto à adopção de um tipo de reconhecimento específico pelos Estados, que, sobretudo quando o nível de harmonização fosse menor, tal poderia traduzir-se em resultados grandemente divergentes, consoante as tendências proteccionistas ou liberais manifestadas por aqueles Estados (cfr. "Algumas Considerações sobre a Livre Circulação dos Advogados na Comunidade Europeia: à Luz da Nova Directiva 98/5/CE, do Parlamento Europeu e do Conselho", *Revista da Ordem dos Advogados*, Ano 59, Abril, 1999, p. 642).

ACTOS ADMINISTRATIVOS ESTRANGEIROS

Ainda, e apesar de ser inegável que a participação e cooperação no seio dos procedimentos de decisão por parte dos Estados afectados pode vir a contribuir para as *chances* do reconhecimento, tal não equivale, sem mais, a reconhecer uma *via rápida* e *imediata* de eficácia desses actos no Estado de destino. Este deve conservar sempre formas de controlar a produção *concreta* e *actual* de eficácia de actos estrangeiros no seu ordenamento jurídico, sob pena de a sua mera não oposição ou contributo puramente conjuntural para um procedimento compósito de tomada de decisão inviabilizar a prossecução dos interesses públicos que se revelem necessários. Não há aqui – nem poderia haver – qualquer renúncia ao controlo administrativo concreto a exercer pelos Estados, que conservam sempre esta sua função essencial.

Por último, esta diferenciação entre actos transnacionais parece inculcar a ideia de que o verdadeiro reconhecimento dispensa todo e qualquer procedimento de controlo prévio ou prolonga a ideia *"fetiche"* de uma circulação absolutamente ilimitada no seio da União[829]. Nada mais longe da verdade, já que o reconhecimento surgiu como um expediente procedimental de controlo que conserva, ainda, esta sua matriz. E nem sequer é veraz que se diga que no âmbito do direito administrativo da União Europeia, a regra é, de há muito, a do reconhecimento automático (ao contrário do que sucede no direito privado, em que o automatismo deste mecanismo se começou a afirmar há menos tempo), uma vez que os arranjos administrativos são plurais e não permitem identificar uma linha nítida de evolução a este propósito.

Aproximamo-nos, assim, mais de FASTHENRATH, para quem há *duas vias* para a assunção de efeitos transnacionais por parte de actos admnistrativos: a opção pelo princípio do Estado de origem, perante o qual os demais Estados renunciam à possibilidade de iniciar processos nacionais de controlo pré-

---

Cfr., ainda, o córdão *Vincent Willy Lahousse, Lavichy BVBA*, do Tribunal de Justiça de 18 de Novembro de 2010, proferido no processo C-142/09, no qual se esclareceu que mesmo que um componente não beneficie do procedimento de homologação (e de reconhecimento) instituído por estas directivas, as suas disposições não se opõem a que um Estado-membro instaure, no quadro do seu direito nacional, um *mecanismo análogo de reconhecimento* dos controlos efectuados por outros Estados-membros, podendo também aqui assistir-se a uma variabilidade dos sistemas de reconhecimento concretizados aos vários níveis nacionais.

[829] Sobre esta impressão para um *outsider*, cfr. DONALD H. REGAN, "An Outsider's View of Dassonville and Cassis de Dijon: On Interpretation and Policy", *The Past and Future of EU Law – The Classics of EU Law Revisited on the 50th Anniversary of the Rome Treaty*, Miguel Poiares Maduro e Loïc Azoulai (eds.), Hart Publishing, Oxford, 2010, p. 467.

vio, e a regulamentação legislativa nacional que procede à equiparação entre actos administrativos[830]. Assim ser-nos-á suficiente, para já, acentuar que os actos transnacionais têm como finalidade *normal* (ainda que não necessária) a produção de efeitos fora da fronteira dos Estados emitentes[831].

Avançámos já que a transnacionalidade dos actos não se verifica apenas no seio da União Europeia – ainda que tenha especiais repercussões no espaço desta e por ela seja influenciada –, havendo outras áreas e arranjos que apelam para a circulação de autorizações emitidas por Estados estrangeiros. É o caso das actividades marcadas pela mobilidade que têm vindo a ser submetidas a instrumentos convencionais multilaterais e bilaterais, dentro ou fora da actividade de organizações internacionais, que prevêm mecanismos de reconhecimento mútuo[832].

De forma puramente exemplificativa, atente-se no artigo 41.º da Convenção Internacional de Tráfego Viário de Viena, de 1968, sobre o reconhecimento de licenças de condução; no artigo 33.º da Convenção sobre Aviação Civil Internacional, de Chicago, de 1944; nos vários esforços convencionais em matéria de reconhecimento de diplomas, após a Convenção Europeia de Equivalência de Diplomas de 1953; no artigo 28.º da Convenção relativa aos Estatutos dos Refugiados de 1951, referente à circulação de documentos de viagem concedidos a refugiados; e nos vários exemplos de Uniões de Passa-

---

[830] Ulrich Fastenrath, "Die Veränderte Stellung der Verwaltung und ihr Verhältnis zum Bürger unter dem Einfluss des europäischen Gemeinschaftsrechts", *Die Verwaltung – Zeitschrift für Verwaltungsrecht und Verwaltungswissenschaften*, Vol. 31, 1998, p. 301.

[831] Assim também, *Luboš Tichý, Die Überwindung des Territorialitätsprinzip im EU-Kartellrecht*, Bonn, Zentrum Für Europäisches Wirtschaftsrecht, 2011, p. 14.

Há quem reaja negativamente a esta ideia de eficácia extraterritorial e coloque em causa os efeitos dos actos transnacionais, entendendo que o acto nacional não actua fora das respectivas fronteiras por o reconhecimento demandar um novo controlo através da Administração de destino, logo, o que existirá é uma colisão horizontal clássica no direito administrativo internacional, ainda que beneficiando da autoridade do direito comunitário (cfr. Stefan Kadelbach, *Allgemeines Verwaltungsrecht unter europäischen Einfluss*, Tübingen, Mohr Siebeck, 1999, pp. 36-38).

[832] Ulrich Fastenrath aduz expressamente que os actos transnacionais não são um fenómeno novo e específico do direito da União, ainda que assumam hoje uma forma europeia e um relevo quantitativo assinalável na União Europeia (cfr. "Die Veränderte Stellung der Verwaltung und ihr Verhältnis zum Bürger unter dem Einfluss des europäischen Gemeinschaftsrechts", *Die Verwaltung – Zeitschrift für Verwaltungsrecht und Verwaltungswissenschaften*, Vol. 31, 1998, p. 278).

portes dispersos pelo globo (no âmbito da União Nórdica de Passaportes, do Mercosul, da Comunidade Andina, etc.)[833].

O campo privilegiado dos actos administrativos transnacionais tem, porém, sido a União Europeia, que, ao desenvolver mecanismos, por *via jurisdicional* ou *legislativa*[834], de relacionamento horizontal entre os Estados--membros, impõe, em sequência, uma determinada configuração aos actos administrativos no espaço por estes coberto[835].

Como o Direito da União Europeia pode determinar a forma e os efeitos dos actos emanados pelos Estados, pode igualmente apontar que um acto administrativo revista eficácia transnacional, tendo efeitos jurídicos noutros

---

[833] Poder-se-ia pensar na inclusão aqui do reconhecimento da nacionalidade, nos termos que parecem previstos no artigo 1.º da Convenção Internacional sobre Certas Questões relativas ao Conflito de leis de Nacionalidade, de Haia, de 1930. No entanto, esta disposição tem efeitos essencialmente em relação a situações jurídico-privadas e não públicas, pelo que CLIVE PARRY apontava no sentido de que este dever de reconhecimento não se encontra assente no plano internacional (cfr. "The Duty ro Recognise Foreign Nationality Laws", *Festgabe für Alexander N. Makarov – Abhandlung zum Völkerrecht*, Stuttgart/Köln, W. Kohlhammer Verlag, 1958, pp. 337-368).

[834] Ou por via jurisdicional e, posteriormente, legislativa, como sucedeu com a evolução em matéria de licenças de condução. No Acórdão *Michel Choquet*, do Tribunal de Justiça, de 28 de Novembro de 1978, proferido no processo 16/78, este órgão jurisdicional considerou possível exigir a obtenção de uma carta de condução no país em que se passe a ter residência permanente, ainda que o particular seja titular de carta de condução no país de origem, mas apenas quando as exigências da legislação de destino tivessem uma razoável relação com as necessidades de circulação rodoviária. Já no Acórdão *Sofia Skanavi e Konstantin Chryssantha-kopoulos*, do Tribunal de Justiça de 29 de Fevereiro de 1996, proferido no processo C-193/94, este órgão fala de uma difícil mas progressiva harmonização que teria o seu marco legislativo com a entrada em vigor da Directiva 91/439/CEE, através do qual deixou de ser possível aquela duplicação de actos autorizativos. Mas acrescenta que, mesmo em data anterior, não seria possível equiparar a inexistência de carta com a ausência de troca de carta (no país de destino), porque a emissão de uma carta de condução por um Estado-Membro por troca com a carta emitida por outro Estado-Membro não constitui o fundamento do direito de conduzir um veículo no território do Estado de acolhimento, que é directamente conferido pelo direito comunitário, e sim a confirmação da existência desse direito.

[835] Ou a espaços mais amplos, através de meios convencionais, como sucede com o Espaço Económico Europeu e com os acordos de associação com a Turquia. Cfr. JUAN JORGE PIERNAS LÓPEZ, "La Libre Circulación De Mercancías Entre La Unión Europea y Turquía. Algunas Consideraciones a Propósito De La Aplicación del Principio de Reconocimiento Mutuo", *Cuadernos de Derecho Transnacional*, Vol. 5, N.º 2, Octubre 2013, pp. 448-467, disponível em www.uc3m.es/cdt, acesso a 15 de Junho de 2015.

EFICÁCIA, RECONHECIMENTO E EXECUÇÃO DE ACTOS ADMINISTRATIVOS ESTRANGEIROS

Estados que devem, sempre que tal se revelar necessário, reconhecer os seus efeitos: é o caso, para nos referirmos apenas a algumas hipóteses reguladas por actos comunitários, do Visto Schengen, nos termos da Convenção de Aplicação do Acordo de Schengen de 14 de Junho de 1985, hoje integrada no acervo comunitário, nos termos da qual os Estados não devem recusar a entrada de quem detenha um visto uniforme; da Directiva n.º 2005/36/CE, do Parlamento Europeu e do Conselho, de 7 de Setembro de 2005, relativa ao reconhecimento das qualificações profissionais; da Directiva n.º 2006/123/CE, do Parlamento Europeu e do Conselho, de 12 de Dezembro de 2006, relativa à liberdade de estabelecimento e de prestação de serviços na União Europeia; da Directiva 2006/126/CE do Parlamento Europeu e do Conselho, de 20 de Dezembro de 2006, relativa à carta de condução, todas na sua versão actual; e do Regulamento (CE) n. o 428/2009 do Conselho, de 5 de Maio de 2009 , que cria um regime comunitário de controlo das exportações, transferências, corretagem e trânsito de produtos de dupla utilização.

Mas idêntica eficácia transnacional também se associa a actos que provocam situações de desvantagem para os seus destinatários, como sucede com as decisões de afastamento de nacionais de países terceiros que devem poder ser executadas no Estado onde a pessoa se encontra, de acordo com a Directiva n.º 2001/40/CE, do Conselho, de 28 de Maio, relativa ao reconhecimento mútuo de decisões de afastamento de nacionais de países terceiros; ou com sanções administrativas, nos termos da Decisão Quadro n.º 2005/214/JAI, do Conselho, de 24 de Fevereiro de 2005.

De assinalar que o direito da União nem sempre opta – ou sequer deve optar – pela previsão de actos administrativos transnacionais, uma vez que, para o fazer, terá de, por um lado, superar as desconfianças manifestadas pelos seus Estados-membros e cidadãos – de modo a obter o consenso necessário para prever estas formas de actuação; e, por outro, cumprir os requisitos para que se permita à União a conformação de competências administrativas dos Estados-membros, em especial os atinentes aos princípios da subsidiariedade e da proporcionalidade[836]. E quanto mais deslocamos a atenção das

---

[836] ROBERT SCHÜTZE defende que não é possível que o direito da União atribua eficácia transnacional a todos os actos administrativos, uma vez que as bases legais dos Tratados não o permitem: o artigo 291.º, n.º 2, do Tratado sobre o Funcionamento da União Europeia apenas permite substituir a execução pelos Estados por uma execução directa pela União; o artigo 114.º também não leva à mesma consequência, porque a transnacionalidade não implica harmonização legislativa e a mobilização da cláusula subsidiária do artigo 352.º depende do

ACTOS ADMINISTRATIVOS ESTRANGEIROS

matérias cobertas pelas liberdades fundamentais para outras áreas menos consensuais, mais se percebe a manutenção de vias tradicionais de actuação administrativa [837].

Na doutrina, os actos cuja eficácia transnacional mais tem sido debatida são os actos administrativos praticados por Autoridades da Concorrência estrangeiras.

Tichý considera que o Regulamento (CE) n.º 1/2003, do Conselho, de 16 de Dezembro de 2002, ainda que usualmente designado como de cooperação, é verdadeiramente um regulamento de reconhecimento e insere-se no âmbito de direito administrativo internacional, devendo nele ver-se verdadeiros actos administrativos transnacionais[838].

Noutra frente, Ehlermann defende que o princípio do mútuo reconhecimento das decisões autorizativas só será admissível se as Autoridades da Concorrência respeitarem um *standard* mínimo sobre as garantias dos particulares em termos de publicidade, garantia do contraditório, e de protecção jurisdicional. Enquanto tal não suceder, concorda com a limitação territorial das decisões das Autoridades Nacionais da Concorrência[839].

---

preenchimento de pressupostos apertados (cfr. "From Rome To Lisbon: "Executive Federalism" In The (New) European Union", *Common Market Law Review*, Vol. 47, 2010, p. 1410).

[837] De facto, nem todos os actos têm esta aptidão transnacional, como resulta do Acórdão *Hauptzollamt Hamburg-Jonas c. Sociedade P. Kruecken*, do Tribunal de Justiça de 26 de Abril de 1988, proferido no processo 316/86, segundo o qual *"no caso dum certificado de exportação que fixa antecipadamente a restituição à exportação e o montante compensatório monetário e com a menção expressa de ser válido num só Estado-membro, o cumprimento pela autoridade aduaneira doutro Estado-membro das formalidades de exportação não pode criar, na esfera jurídica do exportador, confiança legítima na concessão da restituição à exportação no montante antecipadamente fixado"*.

[838] *Luboš Tichý*, "Recognition of Decisions within the European Competition Network and its Significance in Civil Claims in Cartel Law", *Private Enforcement of Competition Law*, Jürgen Basedow/ Jörg Phillip Terhechte/ Lubos Tichy (eds.), Baden-Baden, Nomos, 2011, p. 180. Em *Die Überwindung des Territorialitätsprinzip im EU-Kartellrecht*, Bonn, Zentrum Für Europäisches Wirtschaftsrecht, 2011, pp. 27-29, o Autor considera que o facto de tal natureza transnacional não parecer resultar literalmente do Regulamento, não deve constituir um obstáculo intransponível, dada a construção pretoriana desta figura, por via do Tribunal de Justiça.

Luca de Lucia também defende estar-se perante actos transnacionais, em face da aplicação do princípio *ne bis in idem* e dos laços interadministrativos entre Autoridades da Concorrência (cfr. "Administrative Pluralism, Horizontal Cooperation and Transnational Administrative Acts", *Review of European Administrative Law*, Vol. 5, N.º 2, 2012, pp. 38-42), com o que discordamos, nos termos que veremos *infra*.

[839] Claus Dieter Ehlermann, "The Modernization of EC Antitrust Policy: a Legal and Cul-

Nesta linha de argumentação, as decisões emitidas ao abrigo daquele Regulamento só produzem efeitos no território em que se situa a respectiva Autoridade da concorrência, o que significa – tal como dele resulta – que as outras Autoridades não têm necessariamente de suspender os processos em curso ou de se abster de tomar uma decisão relativamente às mesmas entidades e ao mesmo processo; terão, apenas e só, a obrigação de tomar em consideração a decisão tomada, aquando do exercício das competências que conservam, o que para BASEDOW, à posição de quem aderimos, não configura uma situação de reconhecimento[840]. É, porém, o mesmo Autor que considera dever, consistentemente, avançar-se no sentido do reconhecimento de efeitos transnacionais aos actos de Autoridade da Concorrência, e, apreciando propostas da Comissão[841], entende que estas ficam aquém do nível de reconhecimento desejado, por este dever abranger quaisquer acções – judiciais ou administrativas – e vincular não só os Tribunais como também as autoridades administrativas de outros Estados[842].

---

tural Revolution", *Common Market Law Review*, Vol. 37, N.º 3, 2000, pp. 571-573. PAULO JORGE GOMES, defende, nesta linha, que a inexistência de um sistema harmonizado que permita reconhecer os actos emitidos pelas Autoridades da Concorrência dos diferentes Estados-Membros relança o debate em torno da dupla punição dos cidadãos europeus (cfr. *O Regulamento 1/2003 – As Relações entre a Comissão Europeia e as Autoridades Nacionais de Concorrência*, Verbo Jurídico, 2005, disponível em http://www.verbojuridico.com/doutrina/outros/comunitario_concorrencia01.html, consultado em 12 de Julho de 2013, pp. 61-62).

[840] JÜRGEN BASEDOW, "Recognition of Foreign Decisions within the European Competition Network", *Private Enforcement of Competition Law*, Jürgen Basedow/ Jörg Phillip Terhechte/ Lubos Tichy (eds.), Baden-Baden, Nomos, 2011, p. 171

[841] Propostas que desembocaram na aprovação da Directiva 2014/104/UE do Parlamento Europeu e do Conselho, relativa a certas regras que regem as ações de indemnização no âmbito do direito nacional por infração às disposições do direito da concorrência dos Estados-Membros e da União Europeia, assinada em 26 de Novembro de 2014, impedindo que as acções judiciais de responsabilidade venham a contrariar decisões de Autoridades da Concorrência ou decisões judiciais de outros Estados.

[842] JÜRGEN BASEDOW, "Recognition of Foreign Decision Within the European Competition Network", *International Antitrust Litigation – Conflict of Laws and Coordination*, Jürgen Basedow, Stéphanie Francq, Laurence Idot (eds.), Oxford, Hart Publishing, 2012, pp. 439. Já antes JÜRGEN BASEDOW defendia que a passagem de um modelo supranacional (de decisão da Comissão) para um assente no direito internacional traria problemas (já que a suspensão dos processos não era obrigatória), pelo que se deveria apontar no sentido da livre circulação das decisões administrativas e decisões judiciais neste domínio (cfr. "La Renationalisation du

ACTOS ADMINISTRATIVOS ESTRANGEIROS

Até lá, porém, os actos das Autoridades da Concorrência nacionais serão perspectivados como *actos administrativos estrangeiros em sentido estrito* pelas demais Autoridades, podendo estas decidir suspender os processos em curso ou não iniciar uma acção quando já outra o tenha sido, mas sem que ajam ao abrigo de um dever estritamente comunitário.

c. Actos administrativos estrangeiros em sentido estrito

Durante muito, foram estes os actos administrativos que mais atenção mereceram da doutrina, dada a pouca relevância dos mecanismos de cooperação internacional e, menos ainda, de administração compósita internacional, que se traduzissem na transnacionalidade das relações administrativas.

Nos actos administrativos estrangeiros *stricto sensu*, a sua vocação extra-territorial é *eventual,* não resultando, da edição do acto, uma especial pretensão, muito menos um título, à sua eficácia fora do Estado de origem.

Tal não significa que o objecto de regulamentação inicial do acto administrativo não sejam situações com contactos internacionais; pelo contrário, esses contactos podem existir *ab inito* e o acto emitido pode até ter como função idónea ou, mesmo, normal a facilitação da sua circulação e reconhecimento no estrangeiro (é o que sucede, por exemplo, com a emissão de passaportes[843]); o que não existe *ab initio* é uma fundada pretensão de aquele acto vir a ser reconhecido e executado no estrangeiro (precisamente no outro ou

---

Droit Communautaire de la Concurrence", *Revue des Affaires Européennes,* Ano 12, N.º 1, 2001-2002 p. 99-100).

[843] GIUSEPPE BISCOTTINI refere-se aos passaportes como documentos que apenas se compreendem na relação entre dois ou mais Estados, certificam a identidade do sujeito e visam tornar mais ágil e fácil a sua mobilidade, ao atestarem que o Estado de emissão assegura a protecção diplomática do seu titular e qual o Estado de acolhimento no caso de necessidade de repatriamento. Mas tirando os efeitos probatórios, os seus efeitos constitutivos continuam a depender do Estado de destino, salvo nos casos em que existam instrumentos convencionais ou regulamentares que permitam a circulação com base nesses documentos (cfr. "Il Passaporto e la Sua Natura Giuridica", *Scritti di Diritto Internazionale in Onore di Tomaso Perassi,* Vol. I, Milano, Dott. A. Giuffrè, 1957, p. 202).

Em sentido similar vai HENRICK WENANDER que refere não existir um dever de reconhecimento genérico, muito embora os Estados em regra reconheçam os mesmos para passagem das fronteiras, o que pode ser atribuído a considerações práticas ou ao interesse de manter relações internacionais (cfr. "Recognition of Foreign Administrative Decisions – Balancing International Cooperation, National Self-Determination, and Individual Rights", *ZaöRV – Zeitschrift für ausländisches öffentliches Recht und Völkerrecht,,* n.º 71, 2011, p. 767).

em outros Estados que têm um contacto relevante com a situação jurídica em apreço), dadas as regras aplicáveis à jurisdição executiva e segundo as quais é ao Estado de destino que compete definir os termos e condições de reconhecimento e execução de actos administrativos estrangeiros.

Nestes casos, na ausência de regras convencionais – ou na existência de tais regras que permitam, mas não imponham, o reconhecimento –, competirá aos Estados de acolhimento definir, sem peias de maior, as regras aplicáveis à possibilidade e termos de acolhimento de actos administrativos estrangeiros. Estaremos, também aqui, perante relações horizontais, mas nas quais, ao contrário do que sucede com os actos transnacionais, não há uma relação bilateral, mas unidireccional entre Estados, mediante a qual a eficácia extraterritorial é função da intervenção do Estado de reconhecimento[844].

Note-se, porém, que ainda que nestas situações se exija um acto nacional de reconhecimento, não se pode falar de verdadeira nacionalização ou nostrificação do acto estrangeiro, mas antes de uma permissão da produção dos seus efeitos em moldes que sejam compatíveis com o ordenamento jurídico nacional.

Se se pode questionar se este é um "modelo a extinguir" no âmbito comunitário – questão à qual já demos resposta negativa –[845], é inegável que ele continuará a cumprir as suas funções no campo do direito público geral – sendo cada vez mais chamado à colação dada a constante globalização das relações internacionais tanto públicas, quanto privadas –, sendo, portanto, necessário perceber quais as condições de que depende o reconhecimento destes actos administrativos *em sentido estrito*, pois delas depende uma maior ou menor coordenação das actividades estaduais e da sua projecção externa.

---

[844] Também MARTIN SCHLAG procede a uma distinção entre os actos administrativos com eficácia extraterritorial de acordo com o direito público, deixando-a na discricionariedade do Estado de recepção, e os actos com eficácia transnacional, em que há uma obrigação de reconhecimento (cfr. *Grenzüberschreitende Verwaltungsbefugnisse im EG-Binnenmarkt,* Baden-Baden, Nomos Verlagsgesellschaft, 1998, pp. 97-98).

[845] MATTHIAS RUFFERT afirma que o modelo decisório da execução individual é um "modelo a extinguir", sendo substituído por modelos decisórios cooperativos do qual o mais conhecido é o transnacional, aos que acrescenta o modelo da decisão de referência e da execução directa pela Comissão (cfr. "De la Europeización del Derecho Administrativo a la Unión Administrativa Europea " *La Unión Administrativa Europea,* Francisco Velasco Caballero, Jens-Peter Schneider, Madrid, Marcial Pons, 2008, pp. 90-91).

ACTOS ADMINISTRATIVOS ESTRANGEIROS

E, não obstante as dificuldades que nesta sede se verificam[846], há várias situações em que internamente se estabelecem regimes de reconhecimento em matérias variadas, como sucede com os títulos de condução emitidos por Estado estrangeiro, desde que este reconheça idêntica validade aos títulos nacionais [artigo 125.º, n.º 1, alínea d) do Código da Estrada Português]; com as licenças de caça dos países de origem, que, nos termos do artigo 22.º, podem dar causa à emissão de uma licença especial de caça (e à dispensa da carta de caçador), condicionada ao regime de reciprocidade quanto ao corpo diplomático e consular acreditado em Portugal e aos estrangeiros não residentes em território português (cfr. Lei n.º 173/99, de 21 de Setembro); ou com o reconhecimento da equivalência de formações, nos termos do disposto no Decreto-Lei n.º 283/83, de 21 de Junho[847].

d. Deslocação do centro de decisão e qualificação dos actos administrativos

A tipologia de actos que apresentamos tem como principal motivação a compreensão dos seus efeitos no Estado de destino e o modo como este se relaciona com a Autoridade de origem. E, ainda que – reiteremo-lo – não seja indiferente o tipo de procedimento que foi levado a cabo para a emissão do acto, posicionamo-nos, dominantemente, em momento posterior: o da produção extraterritorial dos seus efeitos.

Esta nossa perspectiva não esquece a pluralidade dos modos de decisão administrativos, sobretudo no âmbito comunitário, mas reconhece que entre eles há uma grande instabilidade, da qual não decorrem apoios suficientemente estáveis para suportar uma teoria *procedimental* dos efeitos da acção pública estrangeira.

---

[846] WOLK OKRESEK demonstra, a partir da análise de casos, que são muito amplas as possibilidades de recusa de produção de efeitos de actos de autoridade no estrangeiro (cfr. "Hoheitsakte auf fremdem Staatsgebiet – Eine Betrachtung anhand praktischer Fälle", Österreichische Zeitschrift für Öffentliches Recht und Völkerrecht, Vol. 35, 1984/85, pp. 325-344).

[847] A maioria destas situações encontra-se prevista internamente e tem fonte nacional; mas nada impede que possam encontrar a regulamentação base no direito internacional ou comunitário. Por exemplo, as regras que internamente animam as acções de restituição do património cultural classificado no estrangeiro – artigo 69.º da Lei n.º 107/2001, de 8 de Setembro e Lei n.º 30/2016, de 23 de Agosto – têm ampla regulamentação internacional e europeia [cfr., por último, a Directiva 2014/60/UE, do Parlamento Europeu e do Conselho, de 15 de maio de 2014, relativa à restituição de bens culturais que tenham saído ilicitamente do território de um Estado-Membro e que altera o Regulamento (UE) N.º 1024/2012].

O carácter em princípio optativo *entre* modelos centralizados e descentralizados ou de concorrência entre sistemas[848], que se coloca não apenas ao nível regulamentar mas também ao nível da concretização do direito[849], conduz à definição de estratégias distintas de decisão ao nível da União Europeia[850], que se têm vindo a suceder, nem sempre com a coerência desejada.

Em matérias muito similares, e com propósitos idênticos – promover a liberdade de circulação e satisfação dos interesses públicos potencialmente afectados –, pode ter-se, então, decisões que se revelam *in fine ou funcionalmente* como supranacionais, transnacionais ou estrangeiros em sentido estrito, resultantes, qualquer uma delas, de procedimentos compósitos[851]. Como refere RASCHAUER, a diferença entre estes actos não resulta da *natureza*

---

[848] VOLKMAR GÖTZ, "Der Grundsatz der gegenseitigen Anerkennung im europäischen Binnenmarkt", *Liber Amicorum Günther Jaenicke – Zum 85. Geburtstag*, Volkmar Götz, Peter Selmer, Rüdiger Wolfrum (orgs.), Berlin, Springer, 1998, pp. 783-784. A opção definitiva sobre o caminho a seguir terá de ser tomada com base em princípios como o da subsidiariedade, o da precaução, e outros pertinentes em cada caso.

[849] CLAUS DIETER EHLERMANN, "Compétition entre Systèmes Reglementaires", *Revue du Marché Commun et de l'Union Européenne*, N.º 387, avril, 1995, p. 226.

[850] Sobre esta diversidade de estratégias, e sobre a necessidade de se estabelecerem maiores e melhores instrumentos de supervisão que permitam reduzir o *déficit* e as assimetrias de respeito do direito da União (ainda que não passando necessariamente pela adopção de actos administrativos comunitários), cfr. ALETTA B. BLOMBERG, "European Influence on National Environmental Law Enforcement: Towards an Integrated Approach", *Review of European Administrative Law*, Vol. I, N. 2, 2008, pp. 39-81.

[851] Há portanto uma relativa independência entre procedimento compósito e efeitos dos actos praticados. Veja-se, por exemplo o caso da Directiva 2002/21/CE do Parlamento Europeu e do Conselho de 7 de Março de 2002 relativa a um quadro regulamentar comum para as redes e serviços de comunicações electrónicas (directiva-quadro), na qual se decide, em regra, para mercados nacionais (artigo 15.º). Dado o interesse na concorrência, estabelecem-se, porém, procedimentos autorizativos nos quais se assegura a participação dos demais Estados e da Comissão. Esta última pode mesmo exercer um poder de veto , que impede que se conclua um acto vinculante estadual, mas que a este não se substitui (cfr. LORENZO SALTARI, "I procedimenti comunitari composti: il caso delle telecomunicazioni", *Rivista Trimestrale di Diritto Pubblico*, Vol. 2, 2005, pp. 401-402).
Mais recentemente, a Directiva 2009/140/CE do Parlamento Europeu e do Conselho, de 25 de Novembro de 2009, que alterou aquela, veio estabelecer um regime específico que visa fazer uma melhor composição entre interesse público e privado (na vertente em que este tem direito a uma decisão que finalize o procedimento), pois o parecer negativo da Comissão apenas gera uma moratória pela qual se iniciam processos de cooperação entre entidades e emissão de pareceres, mas que desemboca numa decisão nacional. Logo, a decisão perma-

ACTOS ADMINISTRATIVOS ESTRANGEIROS

das coisas[852], sendo determinada por condições que podem evoluir no tempo e no espaço, evidenciando o carácter *relacional* dos conceitos apresentados.

No direito da União há procedimentos complexos, com participação de várias entidades (em regra, da União – na sua pluralidade de formas – e dos Estados-membros), que culminam ou com a decisão de um Estado-membro ou com a decisão de órgãos da União, e que podem *grosso modo*, como referem Hofmann, Rowe e Türk[853], ter uma estrutura *bottom-up* (início do procedimento ao nível nacional, decisão ao nível da União, como no caso das denominações de origem[854]) ou *top down* (como no caso do rótulo ecológico ou *eco-label*), ao que Greco acrescenta procedimentos em que há um procedimento de ida e retorno ou um *"bottom-top-down"* (como no âmbito dos organismos geneticamente modificados)[855].

Mas esta é uma descrição necessariamente simplificada da realidade no seio da União Europeia, na qual se multiplicam fórmulas criativas de relacionamento inter-institucional e, com elas, fórmulas construtivas de classificação dos procedimentos comunitários[856].

Apenas para indicarmos algumas: i) Ziller distingue, na base, entre a administração directa, indirecta, e partilhada ou co-administração, o que levanta problemas de delimitação que que se conhecem igualmente ao

---

nece nacional (artigo 7.º-A), o que se liga com a reacção judicial que também deve ser prevista ao nível nacional (art. 4.º).

[852] Bernhard Raschauer, "Transnationale Verwaltungsakte", *Demokratie uns sozialer Rechtsstaat in Europa: Festschrift für Theo Öhlinger,* Stefam Hammer et al. (eds.), Wien, WUV Universitätsverlag, 2004, p. 666.

[853] Herwig C.H. Hofmann, Gerard C. Rowe, Alexander H. Türk, *Administrative Law and Policy of the European Union,* Oxford, Oxford University Press, 2011, p. 362.

[854] Martina Conticelli, "Il Procedimento Europeo di Registrazione delle Denominazioni di Origine Protetta", *Rivista Trimestrale di Diritto Pubblico,* Vol. 54, N.º 2, 2004, pp. 334-338.

[855] Guido Greco, "L'Incidenza del Diritto Comunitario Sugli Atti Amministrativi Nazionali", *Trattato di Diritto Amministrativo Europeo,* Mario P. Chitti e Guido Greco (eds.), 2.ª ed., Tomo I, Milão, Giuffrè Editore, 2007, p. 979. Giacinto Della Cananea designava este último modelo de modelo híbrido (cfr. "The European Union's Mixed Administrative Proceedings", *Law and Contemporary Problems,* Vol. 68, Winter, 2004, pp. 199-205).

[856] Marian Klepper prefere, dada esta complexidade, elencar formas específicas de execução administrativa, tida como a regulamentação de autoridade da concretização do direito comunitário num caso concreto, sem as organizar de acordo com um critério específico (cfr. *Vollzugskompetenzen der Europäischen Gemeinschaft aus abgeteiletem Recht – Zulässigkeit – Modalitäten – Rechtsfolgen,* Baden-Baden, Nomos Verlagsgesellschaft, 2001, pp. 24-44).

EFICÁCIA, RECONHECIMENTO E EXECUÇÃO DE ACTOS ADMINISTRATIVOS ESTRANGEIROS

nível interno, como os actos destacáveis ou cúmulos de responsabilidade[857]; ii) OTERO procede a uma súmula dos procedimentos de "Administração mista" que podem ser tramitados pela Administração nacional até determinada fase e depois remetidos para a Comissão para que esta tome a decisão final; pode ser a Comissão a emitir um parecer e o Estado a emanar o acto final ou; pode haver participação de vários Estados-membros, promovida pela Comissão, remetendo esta o processo à Administração nacional para decisão final[858]; iii) ECKES e MENDES distinguem entre procedimentos que envolvem Estados-membros, Agências e Comissão, daqueles que envolvem a coordenação entre os Estados-membros, profusos no domínio ambiental; e os que são procedimentos da União com base em conhecimento local, como no âmbito das denominações de origem[859]; e iv) e HESELHAUS diferencia procedimentos trifásicos, nos quais se permite individualizar uma fase nacional, uma transnacional e uma supranacional, como no âmbito dos organismos geneticamente modificados; de procedimentos bifásicos, por o procedimento se iniciar ao nível nacional, mas dar logo lugar a uma decisão

---

[857] JACQUES ZILLER, "L'Autorité Administrative dans L'Union Européenne", *L'Autorité de L'Union Européenne*, Loïc Azoulai e Laurence Burgorgue-Larsen (eds.), Bruxelles, Bruylant, 2006, pp. 124-134 (cfr., ainda, JACQUES ZILLER, "Exécution Centralisée et Éxecution Partagée: le Fédéralisme d'Exécution en Droit de L'Union Européenne", *L'Exécution du Droit de L'Union, entre Mécanismes Communautaires et Droits Nationaux*, Jacqueline Dutheil de la Rochère (dir.), Bruxelles, Bruylant, 2009, pp. 111-138). No mesmo sentido, CAROL HARLOW, "Three Phases in the Evolution of EU Administrative Law", *Evolution of EU Law,* Craig, Paul/Búrca, Gráinne de, Oxford, Oxford University Press, 2.ª ed., 2011, pp. 450 e 464.
Também WOLFGANG WEISS considera que a distinção entre administração directa e indirecta já não ilustra de forma suficiente a globalidade dos vínculos que intercedem entre a União e os seus Estados-membros, sendo mais adequada uma imagem de relações em rede (cfr. "Schnittstellenprobleme des Europäischen Mehrebenenverwaltungsrechts", *Die Verwaltung – Zeitschrift für Verwaltungsrecht und Verwaltungswissenschaften*, Vol. 38, N.º 4, 2005, p. 517-521).

[858] PAULO OTERO, "A Administração Pública Nacional como Administração Comunitária: os Efeitos Internos da Execução Administrativa pelos Estados-membros do Direito Comunitário", *Estudos em Homenagem à Professora Doutora Isabel de Magalhães Collaço*. Vol. I, Coimbra, Almedina, 2002, pp. 827-828,

[859] CHRISTINA ECKES, JOANA MENDES, "The Right to be Heard in Composite Administrative Procedures", *European Law Review*, Vol. 36, 2011, pp. 665-669.

ACTOS ADMINISTRATIVOS ESTRANGEIROS

centralizada, sem necessidade de qualquer acto adicional nacional[860]; e de procedimentos unifásicos, no âmbito de uma agência comunitária[861].

WINTER procede a uma distinção algo diferenciada, e que se aproxima mais da nossa perspectiva – centrada esta no acolhimento que os actos estrangeiros recebem no país de destino e nas diferenças entre os sistemas de reconhecimento –, entre a execução (*Vollzug*) indirecta (pelos Estados) do direito da União *pro statu* (no qual estão em causa interesses essencialmente internos do Estado, como na protecção laboral ou no domínio das qualificações, e em que se aplica o direito administrativo interno); a execução indirecta (pelos Estados) do direito da União *pro communitate* (no qual estão em causa interesses públicos de todos os Estados, ainda que possam tocar particularmente um, como a banca e os seguros, e em cujo âmbito deve promover-se a maior informação e participação dos interesses individuais e colectivos afectados no estrangeiro) e a *execução directa* pela Administração europeia (quando estão em causa interesses da União ou quando pode haver colusão entre vários Estados-membros, como no âmbito da concorrência – sempre que seja a Comissão a decidir – e dos organismos geneticamente modificados)[862].

---

[860] No Regulamento (CE) n.º 258/97 do Parlamento Europeu e do Conselho de 27 de Janeiro de 1997 relativo a novos alimentos e ingredientes alimentares, o requerente inicia o procedimento ao nível estatal, podendo ser-lhe indicado pelo Estado se pode comercializar o produto (se não forem formuladas objecções pela Comissão ou pelos demais Estados-membros), ou, caso seja necessária uma autorização, será esta emitida pela Comissão (artigo 13.º).

[861] SEBASTIAN HESELHAUS, "Individualrechtsschutz in Genehmigungsverfahren der Europäischen Gemeinschaft im Recht der Biotechnologie – Untersuchung anhand ausgewählter Sekundärrechtsakte", *Individualrechtsschutz in der EG und der WTO*, Carsten Nowak/ Wolfram Cremer (eds.), Baden-Baden, Nomos Verlagsgesellschaft, 2002, pp. 109-119.

[862] GERD WINTER, "Kompetenzverteilung und Legitimation in der Europäischen Mehrebenenverwaltung", *Europarecht*, Vol. 40, N.º 3, Maio-Junho, 2005, pp. 255-276. Note-se que no âmbito dos organismos geneticamente modificados, apenas o Regulamento Regulamento (CE) n.º 1829/2003 do Parlamento Europeu e do Conselho, de 22 de setembro de 2003, relativo a géneros alimentícios e alimentos para animais geneticamente modificados inscreve um procedimento comunitário que culmina num *acto supranacional*. A Directiva 2001/18/CE, do Parlamento Europeu e do Conselho, de 12 de Março de 2001, relativa à libertação deliberada no ambiente de organismos geneticamente modificados, que se continua a aplicar a finalidades distintas da alimentação, assenta na prática de actos administrativos de autorização, mesmo no caso de existência de objecções, em que sobrevém um parecer da Comissão. Cfr., para esta distinção, A. M. KEESSEN, *European Administrative Decisions – How the EU Regulates Products on the Internal Market*, Groningen, Europa Law Publishing, 2009,

EFICÁCIA, RECONHECIMENTO E EXECUÇÃO DE ACTOS ADMINISTRATIVOS ESTRANGEIROS

Em qualquer caso, a evolução ou *migração* das várias formas de intervenção particularmente é evidente em áreas como os *medicamentos*[863].

Veja-se como à Directiva 65/65/CEE do Conselho, de 26 de Janeiro de 1965, relativa à aproximação das disposições legislativas, regulamentares e administrativas, respeitantes às especialidades farmacêuticas, que adoptava regras comuns mas que não conferia efeitos transnacionais às decisões estaduais (artigo 3.º), sucederam-se a Directiva 2001/83/CE do Parlamento Europeu e do Conselho, de 6 de Novembro de 2001, que estabelece um código comunitário relativo aos medicamentos para uso humano, e que prevê a adopção de *actos administrativos transnacionais* sujeitos a reconhecimento mútuo (artigo 18.º e 27.º e seguintes)[864] e, em caso de desacordo entre

pp. 35-42. Sobre a importância das análises de risco e da precaução nestes processos, cfr. Maria João Estorninho, *Direito à Alimentação*, Lisboa, AAFDL, 2013, pp. 77-81, e a Directiva (UE) 2015/412 do Parlamento Europeu e do Conselho, de 11 de Março de 2015, que altera a Directiva 2001/18/CE no que se refere à possibilidade de os Estados-Membros limitarem ou proibirem o cultivo de organismos geneticamente modificados (OGM) no seu território.

[863] Também na área financeira se fizeram notar estas alterações. Já o relatório *Lamfalussy*, de 15 de Fevereiro de 2001 (do *Committee of Wise Men on the Regulation of European Securities Markets*), chegava a aventar a criação de uma autoridade regulatória para o sector dos serviços, de modo a resolver o mau funcionamento do princípio do reconhecimento mútuo, por causa da dificuldade de coordenação das responsabilidades nacionais; mas decidiu-se, inicialmente, por um maior nível de harmonização para colmatar aquelas falhas (cfr. Matteo Ortino, "The Role and Functioning of Mutual Recognition in the European Market of Finantial Services", *International Comparative Law Quarterly*, Vol. 56, April, 2007, pp. 328-337). Assim resultava do Relatório do *Larosière Group*, de 25 de Fevereiro de 2009, que propunha a criação de um sistema europeu de supervisão descentralizado, que se veio a materializar em obrigações mais precisas de cooperação e de intervenção conjunta das autoridades dos Estados membros de origem e de acolhimento, acompanhadas pelo labor do Comité Europeu do Risco Sistémico [cfr., entre outros actos relevantes, os Regulamentos (UE) n.º 1092/2010 e 1093/2010]. Mas tanto não foi considerado suficiente e criaram-se mecanismos de autorização e de intervenção centralizada nos mercados financeiros, que substituem a autoridades nacionais [cfr. entre outros actos relevantes, o Regulamento (UE) n.º 1024/2013 e o Regulamento (UE) n.º 806/2014].

[864] Para percebermos a dificuldade de qualificação destes actos, cfr. A. M. Keessen que os qualifica de decisão de referência (por haver uma facilitação do reconhecimento, ao não ser necessário rever a avaliação feita no Estado-membro que emanou aquela decisão) (cfr. *European Administrative Decisions – How the EU Regulates Products on the Internal Market*, Groningen, Europa Law Publishing, 2009, p. 48); e Ulrich Lienhard que o qualifica de *acto administrativo comunitário multinível*, no qual o primeiro momento de vinculação se dá depois da tomada de decisão e antes do reconhecimento e no segundo se dá antes da tomada de decisão esta-

ACTOS ADMINISTRATIVOS ESTRANGEIROS

os Estados, estipula um procedimento de comitologia que desemboca numa decisão única *supranacional* (artigo 32.º e 121.º); e o Regulamento (CE) n.º 726/2004 do Parlamento Europeu e do Conselho, de 31 de Março de 2004, que estabelece procedimentos comunitários de autorização e de fiscalização de medicamentos para uso humano e veterinário e que institui uma Agência Europeia de Medicamentos [revogando o Regulamento (CEE) n.º 2309/93], e giza procedimentos comunitários de autorização e fiscalização dos medicamentos de uso humano e veterinário, no qual se prevê, no artigo 3.º, uma decisão inicial comunitária (*supranacional*) para os medicamentos constantes do respectivo anexo e que exigem mais cautelas de manuseamento, dados os riscos que envolvem[865].

É certo que em grande número de áreas, a transição para um modelo de efeitos transnacionais – como se solicita na área já analisada da *concorrência* –, ou de um modelo de efeitos transnacionais para um modelo centralizado ou supranacional não foi levada a cabo.

Mas, ao contrário do que durante muito foi aduzido e defendido[866], o papel dos procedimentos e actos administrativos supranacionais não é hoje apenas residual.

---

dual (cfr. "Der mehrstufige gemeinshaftliche Verwaltungsakt am Beispiel der Freisetzungsrichtlinie – Rechtsschutzverkürzung durch europäisches Verwaltungskooperationsrecht im Gentechnikrecht", *Natur und Recht*, Vol. 24, N.º 1, 2002, p. 16). Da nossa parte, preferimos ficar-nos pela qualificação do acto como transnacional e centrarmo-nos nas diferentes formas possíveis de reconhecimento.

[865] Estamos aqui com NICOLA BASSI que distingue entre procedimentos centralizados necessários e procedimentos centralizados eventuais (cfr. *Mutuo Riconoscimento e Tutela Giurisdizionale – La Circolazione Degli Effeti del Provvedimento Amministrativo Straniero Fra Diritto Europeo e Protezione Degli Interessi del Terzo*, Milano, Giuffrè Editore, 2008, pp. 37-38).

[866] ALFONSO MATTERA antecipava de forma excessivamente animadora que com a nova aproximação da Comissão em matéria de reconhecimento mútuo, a Comunidade não visaria assumir o papel de um "Estado providência", não tendo pretensões intervencionistas e centralistas, evitando críticas quanto ao défice democrático da União (cfr. "De l'Elimination des Barrières Techniques et la Mise en Oeuvre", *Revue du Marché Commun et de l'Union Européenne*, N.º 334, Février, 1990, p. 92).

Neste sentido, HANS CHRISTIAN RÖHL, que considera escassas as competências centralizadas ao nível comunitário, nas quais a Comissão põe fim ao procedimento e decide com carácter uniforme para todo o espaço comunitário (cfr. "El Procedimiento Administrativo y la Administración "Compuesta" de da Unión Europea", *La Transformación del Procedimiento Administrativo*, Javier Barnes (ed.), Global Law Press, Sevilla, 2008, p. 134); e EDOARDO CHITI e GIACINTO DELLA CANANEA que se referem aos procedimentos supranacionais nos casos

EFICÁCIA, RECONHECIMENTO E EXECUÇÃO DE ACTOS ADMINISTRATIVOS ESTRANGEIROS

Pelo contrário, a tendência vai no sentido de uma progressiva centralização da tomada de decisão tornando mais relevante o modelo de decisão supranacional, ainda que tendo por base procedimentos compósitos, com participação relevante dos Estados-membros, e não o típico procedimento em que assentava a Administração directa da União Europeia. Esta centralização é percebida pela doutrina seja como guiada pela necessidade de assegurar uma aplicação uniforme do direito da União[867], seja como reacção a situações inovadoras de crise que demandam uma direcção centralizada[868], seja como resposta às exigências cada vez mais crescentes da Administração comunitária, que tem de se alimentar a si mesma[869], seja como forma de definição mais clara das responsabilidades pela decisão e pela optimização dos recursos dos Estados[870]; seja, ainda, como forma de assegurar a confiança no sistema global de acção da União[871].

---

expressamente indicados nos Tratados e com carácter recessivo, dado o cada vez menor relevo da execução directa no seio da União (cfr. "L'Attività Amministrativa", *Diritto Amministrativo Europeo – Principi e Instituti*, Giacinto della Cananea (ed.), 3.ª ed., Milão, Giuffrè Editore, 2011, p. 118).

[867] WOLFGANG WEISS, "Schnittstellenprobleme des Europäischen Mehrebenenverwaltungsrechts", *Die Verwaltung – Zeitschrift für Verwaltungsrecht und Verwaltungswissenschaften*, Vol. 38, N.º 4, 2005, p. 517-521.

[868] LUCA DE LUCIA aduz que o princípio da subsidiariedade tem sido abandonado a favor de um princípio da centralização. Apesar de esta solução ser mais estável, o Autor espera que não seja o primeiro passo no sentido de fazer concessões indiscriminadas à lógica centralista (cfr. "Administrative Pluralism, Horizontal Cooperation and Transnational Administrative Acts", *Review of European Administrative Law*, Vol. 5, N.º 2, 2012, pp. 43-44).

[869] JACQUES ZILLER indica a administração do pessoal e o aumento das agências como alguns motivos para a centralização da decisão comunitária (cfr. "L'Autorité Administrative dans L'Union Européenne", *L'Autorité de L'Union Européenne*, Loïc Azoulai e Laurence Burgorgue-Larsen (eds.), Bruxelles, Bruylant, 2006, p. 129).

[870] LUCA DE LUCIA parece, neste escrito, mais favorável a uma centralização que designa de suave ("soft centralisation"), respeitadora do pluralismo administrativo (cfr. "From Mutual Recognition to EU Authorisation: A Decline of Transnational Administrative Acts", *Italian Journal of Public Law*, Vol. 8, N.º 1, 2016, p. 111).

[871] ALBERTO GIL IBAÑEZ explica que se as administrações nacionais não confiam umas nas outras, a tendência é para a Comissão reforçar o seu papel de modo a garantir a confiança no sistema. Reconhece, porém, que há problemas, que o próprio autor anota, de falta de confiança da acção na Comissão, pelo que esta não pode ser uma solução generalizada, por homenagem aos princípios em que assenta a União – princípio da autonomia procedimental dos

ACTOS ADMINISTRATIVOS ESTRANGEIROS

Uma forma de contrariar esta tendência para a centralização passa pela revalorização da figura do reconhecimento mútuo[872], de modo a que, por seu intermédio, se possa recobrar a confiança perdida na actuação de parceiros internacionais e gizar formas mais eficazes, mas sempre ponderadas, de tomada de decisão.

Mas a distinção entre tipos de actos administrativos estrangeiros – e dos procedimentos em que os mesmos se fundam – não tem apenas um efeito explicativo, pois pretende constituir um bordão estruturante em que assenta a compreensão dos efeitos extraterritoriais de tais actos e os termos de reacção judicial contra os mesmos.

Esta não é uma tarefa fácil, uma vez que, curando de actos administrativos com efeitos extraterritoriais diferenciados e com proveniências distintas, os regimes jurídicos para o seu controlo não são lineares ou tendencialmente claros, como sucede no plano estadual[873].

No âmbito da União Europeia, a tendência ao nível da previsão e concretização dos mecanismos judiciais de reacção não é uniforme e se há matérias em que se pode falar de uma maior uniformização ou "integração pelo direito", como no âmbito da concorrência (não só pelas competências direc-

---

Estados-membros e da subsidiariedade (cfr. *The Administrative Supervision & Enforcement of EC Law – Powers, Procedures and Limits,* Oxford/Portland, Hart Publishing, 1999, p. 305).

[872] Para GIANDOMENICO FALCON o reconhecimento mútuo é a única alternativa à criação de uma autoridade centralizada (cfr. Internationalization of Administrative Law: Actors, Fields and Techniques of Internationalization – Impact of International Law on National administrative Law", *Revue Européenne de Droit Public,* Vol. 18, 2006, p. 218). WOLFGANG KERBER e ROGER VAN DEN BERGH, mais críticos, consideram que o princípio do reconhecimento inicia um processo de realocação de responsabilidades regulatórias, seja para o Estado de origem, seja para uma regulação centralizada e harmonizada, seja para o livre jogo de mercado (cfr. "Unmasking Mutual Recognition: Current Inconsistencies and Future Chances", *Marburg Papers on Economics – Marburger Volkswirtschaftliche Beiträge,* N.º 11, 2007, disponível em http://www.uni-marburg.de/fb02/makro/forschung/fb, acesso em 1 de Agosto de 2015, pp. 2-3).

[873] FELIZ ECKHARDT e KLAUS BECKMANNconsideram que a tendência nacional para a simplificação, aceleração e garantia da segurança jurídica se encontram em tensão com as tendências do direito administrativo transnacional de informação, participação e protecção de terceiros, tensão que cumpre repensar e para as quais cumpre, na medida do possível, dar pistas de solução, desde logo do ponto de vista judicial (cfr. "Vorläufiger Rechtsschutz zwischen Beschleunigungs-und Internationalisierungstendenzen im Verwaltungsrecht", *Die Öffentliche Verwaltung – Zeitschrift für Öffentliches Recht und Verwaltungswissenschaft,* Vol. 59, N.º 16, 2006, pp. 672-678).

EFICÁCIA, RECONHECIMENTO E EXECUÇÃO DE ACTOS ADMINISTRATIVOS ESTRANGEIROS

tas assumidas pela Comissão, mas também pela definição precisa dos termos de intervenção das Autoridades estatais), noutras, a tendência vai no sentido de uma mera harmonização (e muitas vezes de uma mínima harmonização das políticas dos Estados-membros).

A estas oscilações, adiciona-se a necessidade de maior coordenação entre o juiz nacional e o juiz comunitário, uma vez que, tendo-se ultrapassado a dicotomia Administração indirecta/Administração directa, pelo surgimento de formas compósitas de Administração – nas quais há pluralidade de actores que contribuem para a formação de um acto único –, geraram-se dúvidas e incertezas sobre qual a ordem ou ordens de tribunais à qual pode o interessado ter, nestes casos, acesso e se ela ou elas lhe asseguram, ou não, uma plena garantia judicial[874].

De facto, um procedimento compósito tanto pode resultar na prática de um acto nacional – enformado, por vezes decisivamente por intervenções europeias[875] – como na prática de um acto comunitário, no qual as inter-

---

[874] As oscilações na protecção judicial no seio da União têm sido consideradas causadoras de insegurança jurídica (cfr. MICHAEL DOUGAN, "Enforcing the Single Market: the National Harmonisation of National Remedies and Procedural Rules", *The Law of the Single European Market – Unpacking the Premisses*, Catherine Barnard/ Joanne Scott (eds.), Oxford, Hart Publishing, 2002, pp. 153-179), ainda que tanto possa revelar-se incontornável (cfr. ALLAN ROSAS, "Life after Dassonville and Cassis: Evolution but No Revolution", *The Past and Future of EU Law – The Classics of EU Law Revisited on the 50th Anniversary of the Rome Treaty*, Miguel Poiares Maduro e Loïc Azoulai (eds.), Hart Publishing, Oxford, 2010, p. 444).
Cfr., ainda, ELIO CASETTA, "Le Transformazioni del Processo Amministrativo", *Rivista Italiana di Diritto Pubblico Communitario*, Vol. 9, N.º 3/4, 1999, pp. 690-691; EBERHARD SCHMIDT-ASSMANN, "Forme di Cooperazione Amministrativa Europea", *Diritto Amministrativo*, Vol. 11, N.º 3, 2003, pp. 488-491; e MARIO P. CHITI, "Forms of European Administrative Action", *Law and Contemporary Problems*, Vol. 68, Winter, 2004, pp. 56-57.
[875] No âmbito da Directiva 2009/72/CE, do Parlamento Europeu e do Conselho, de 13 de Julho de 2009, que estabelece regras comuns para o mercado interno da electricidade, o artigo 39.º determina que, em caso de alegada desconformidade das decisões de uma entidade reguladora com as regras comunitárias, se inicie um processo que pode desembocar numa decisão que obrigue os Estados a revogar a decisão anteriormente tomada. Neste caso, a reacção – caso o Estado cumpra no prazo devido a decisão da Comissão – será dirigida ao nível nacional, podendo suscitar-se uma questão prejudicial. Acresce a possibilidade de o Estado, mas já não dos particulares eventualmente afectados, darem início a uma acção de anulação perante o Tribunal de Justiça, relativamente à decisão da Comissão.

ACTOS ADMINISTRATIVOS ESTRANGEIROS

venções estatais (ou de outros órgãos da União), sejam determinantes[876]. Desta dicotomia parece fluir, como defende COLAÇO ANTUNES, uma tendência para a separação entre uma dimensão teleológica destes actos – que serão europeus – e a sua natureza substantiva e jurisprudencial, que serão actos comunitários ou nacionais, prevalecendo a esfera em que surge o acto final[877]; separação esta que não deixa de suscitar problemas ao nível da com-

---

[876] Veja-se o exemplar Acórdão *Oleificio Borelli Spa c. Comissao Das Comunidades Europeias*, do Tribunal de Justiça de 3 de Dezembro de 1992, proferido no processo C-97/91, no qual se decidiu pela manutenção de separação entre as ordens jurídicas, ainda que reconfigurando as características (e âmbito de apreciação) da ordem jurídica nacional. De facto, se aí se considerou que o Tribunal de Justiça não tem competência para conhecer da ilegalidade de um parecer vinculativo praticado por uma autoridade nacional, não afectando a ilegalidade deste a validade da decisão através da qual a Comissão recusa a participação pedida; também se avançou que o princípio da tutela jurisdicional efectiva deve ser respeitado pelos Estados, pelo que compete aos órgãos jurisdicionais nacionais apreciar, se necessário após reenvio prejudicial ao Tribunal de Justiça, a legalidade desse parecer, nas mesmas condições de controlo aplicáveis a qualquer acto definitivo que, praticado pela mesma autoridade nacional, é susceptível de prejudicar terceiros e, por isso, admitir o recurso interposto para esse fim, mesmo que as regras processuais internas não o prevejam nesse caso.

Assim, pareceu preferir-se à reacção global contra o último interveniente – a Comissão (que não é mero autor formal ou signatário do acto, pois exerce o domínio e poder confederador sobre o procedimento e sobre o seu desfecho), o estabelecimento (inovador, nalguns casos) de vias de reacção nacionais contra os actos intermédios praticados. No sentido de que não há aqui défice de tutela jurisdicional, cfr. LUÍS FILIPE COLAÇO ANTUNES, *O Direito Administrativo sem Estado – Crise ou Fim de um Paradigma*, Coimbra, Coimbra Editora, 2008, p. 96; em sentido contrário, de que este Acórdão incorreu no erro habitual de se focar apenas no acto final do procedimento, cfr. GIACINTO DELLA CANANEA, "The European Union's Mixed Administrative Proceedings", *Law and Contemparary Problems,* Vol. 68, Winter, 2004, p. 206.

Optou-se, portanto, neste Acórdão por uma via diversa da encetada no Acórdão *Artedogan GmbH contra Comissão das Comunidades Europeias*, do Tribunal de Justiça, de 26 de Novembro de 2002, proferido nos processos apensos 76, 83, 132, 137, 141/00, no qual se assentou que a análise da validade das medidas da Comissão terá por base os relatórios e propostas de decisão provindos da respectiva Agência. Talvez a diferença possa ser explicada por nesta sede, não obstante a autonomia das agências, estas se inscreverem na ordem jurídica comunitária, pelo que se o Tribunal não avaliasse indirectamente as acções destas (através da emissão de pareceres) poderiam os destinatários finais da sua acção ficar privados de uma garantia judicial completa e efectiva, já que não teriam ao seu dispor vias de recurso nacionais.

[877] LUÍS FILIPE COLAÇO ANTUNES apesar de entender que não se deve reduzir o acto administrativo a um acto final de uma série procedimental, não deixa de o considerar o reepílogo do procedimento administrativo, que tem relevo estruturante, designadamente ao nível do con-

pletude da informação com base na qual decide o Tribunal, qualquer que este seja, e de transparência, para os destinatários da acção administrativa, das vias de recurso ao seu dispor.

A árdua tarefa em braços reforça a necessidade imperiosa de clarificação das vias judiciais de reacção à disposição dos interessados; de os tribunais entrarem em diálogo para assegurar uma tutela jurisdicional efectiva, levando em linha de conta todos os interesses relevantes; e do estabelecimento de formas de resolução administrativa de conflitos, que permitam prevenir ou resolver satisfatoriamente os litígios administrativos, sem recurso necessário (ou, pelo menos, imediato) à via judicial[878].

A algumas destas questões, atinentes ao controlo judicial dos actos administrativos estrangeiros e do seu reconhecimento e execução, voltaremos quando se revelarem pertinentes para o curso da nossa exposição.

e. Implicações na legitimidade

O conjunto das indagações que fomos acumulando até ao momento leva-nos a voltar ao tema ou dilema da legitimidade.

---

trolo judicial (cfr. *O Direito Administrativo sem Estado – Crise ou Fim de um Paradigma*, Coimbra, Coimbra Editora, 2008, pp. 88-89).

[878] De facto, ao contrário do que sucede ao nível estadual, em que se acentua – salvo em casos expressamente previstos – a dimensão de acesso imediato ao tribunal (não demandando um nível intermédio de reclamação e/ou recurso administrativo), no plano internacional, a pluralidade de interesses e interessados e a dimensão política dos litígios podem aconselhar a previsão de mecanismos administrativos de resolução de conflitos.

Veja-se, a este propósito, a proposta de Luca de Lucia que, baseando-se em duas forças simultaneamente opostas e complementares: *Eris* (luta) e *Philia* (amizade), avança que o conflito pode ser gerido de várias maneiras, dando exemplos de vias de resolução administrativa de conflitos, que podem tornar dispensáveis acções por incumprimento ou de anulação (cfr. "Conflict and Cooperation Within European Composite Administration (Between Philia and Eris), *Review of European Administrative Law*, Vol. 5, N.º 1, 2012, p. 53). O Autor evidencia, no entanto, que estes mecanismos, de natureza inter-institucional, não têm os privados como parceiros, pelo que estes devem aguardar até que a questão tenha sido solucionada para poderem ter acesso a uma decisão e, com base nela, recorrer a Tribunal (p. 82).

Acentuando que conflito pode ser saudável e percursor de relações de cooperação, mas apenas se surgir num ambiente de confiança generalizada, cfr. Anne-Marie Slaughter, David T. Zaring, "Extraterritoriality In A Globalized World", 1997, disponível em SSRN: http://ssrn.com/abstract=39380, consultado em 15 de Abril de 2015, p. 29.

O paradigma amplamente designado de transnacionalidade resulta do reconhecimento da necessidade de atender à dimensão mais personalista do direito, transpondo as insuficiências de um modelo territorialista; mas, invariavelmente, as dúvidas que se colocam quanto aos métodos usados para a promoção daquele objectivo entroncam sempre na questão da falta de legitimidade e em problemas de representatividade[879].

Estes *déficits* de legitimidade não são recentes, podendo ser articulados relativamente a situações tão tradicionais e incontestadas como as da aplicação das disposições do Estado a estrangeiros que nele residem e que não participam, em regra, na formação das decisões que lhes são dirigidas[880], e relativamente à intervenção de novos sujeitos de direito internacional, que não beneficiam de todo ou beneficiam apenas de uma limitada representação e legitimidade democrática. Todavia, com a multiplicação de procedimentos e actos com efeitos que se projectam activamente para o exterior da área normal de competência da entidade que os editou, tais questões de

---

[879] No sentido restritivo de que o reconhecimento e execução de decisões fiscais, ainda que negocialmente enquadradas, violavam o princípio da democracia e a ordem pública, podendo ainda contrariar as exigências consiucionais de controlo judicial, cfr. HANS-JÜRGEN PAPIER, BERND-DIETRICH OLSCHEWSKI, "Vollziehung ausländischer Verwaltunsakte – Unter besonderer Berücksichtigung der Abgabenbescheide", *DVBl – Deutsches Verwaltungsblatt*, 1 Juli 1976, pp. 475-482.

[880] Não têm escasseado tentativas de minimizar, nesta sede, os défices de legitimidade verificados. De acordo com a Comunicação da Comissão sobre a Agenda Europeia para a Integração de Nacionais de Países Terceiros [COM/2011/0455], o sentimento de integração poderia ser conseguido através da promoção da participação democrática daqueles nacionais (já antes, nesse sentido, ia a Convenção Europeia sobre a participação dos cidadãos estrangeiros na vida pública a nível local, de 5 de Fevereiro de 1992). No entanto, a adopção de medidas concretas como a concessão de direito de voto nas eleições locais e a possibilidade de participação em corpos consultivos, foram deixadas inteiramente à discrição dos Estados, gerando uma assimetria no tratamento dos nacionais de países terceiros (mesmo residentes de longa duração) no espaço europeu, o que não permite reduzir aquele défice (cfr. FEDERICO FABBRINI, The *Right to Vote for Non-Citizens in the European Multilevel System of Fundamental Rights Protection: A Case Study in Inconsistency?*, Eric Stein Working Paper N.º 4/2010, disponível em http://cadmus.eui.eu/bitstream/handle/1814/21696/eswp-2010-04-fabbrini.pdf?sequence=1, acesso em 1 de Julho de 2015, p. 13). Em Portugal, cfr. o artigo 15.º, n.º 4 da Constituição da República Portuguesa, que admite a atribuição a estrangeiros residentes no território nacional de capacidade eleitoral activa e passiva para a eleição dos titulares de órgãos de autarquias locais, mas apenas em condições de reciprocidade.

EFICÁCIA, RECONHECIMENTO E EXECUÇÃO DE ACTOS ADMINISTRATIVOS ESTRANGEIROS

legitimidade tornam-se mais recorrentes e visíveis, pois passam a mover-se cada vez mais num palco global e não dominantemente nacional.

O que conduz a que alguns autores, tendo em atenção os problemas resultantes da extraterritorialidade, em especial face ao princípio da democracia, sustentem o regresso do paradigma da territorialidade. Esta posição não denota, porém, um regresso a posições assentes na soberania estatal, visando antes evitar um esvaziamento das *posições internacionalistas*, por assentar no pressuposto que o avanço da extraterritorialidade não só aumenta a ineficácia das regulações internacionais, como amplia o risco de adjudicações inconsistentes[881].

Esta não tem sido, contudo, a única linha de pensamento a que se assiste, pois têm-se sucedido tentativas de mitigar estas limitações à legitimidade.

Em resposta às falhas na legitimidade das próprias instituições comunitárias para produzirem direito que possa merecer o epíteto de democrático[882] e às formas de administração compósita, cuja interdependência e entrelaçamento dificultam a identificação e atribuição da responsabilidade a cada um dos intervenientes, Sydow contrapõe a compensação da legitimação através de mecanismos de cooperação, seja quanto à organização de formas de relacionamento interadministrativo, seja através da afirmação de direitos procedimentais e processuais[883], ao que Röhl acrescenta o reforço da trans-

---

[881] Cfr., combinadamente, Austen L. Parrish, "The Effects Test: Extraterritoriality's Fifth Business ", *Vanderbilt Law Review*, Vol. 61, N.º 5, 2008, pp. 1455-1505; Austen L. Parrish, "Reclaiming International Law from Extraterritoriality", *Minnesota Law Review*, Vol. 93, 2009, pp. 865-866; e Austen L. Parrish, "Kiobel, Unilateralism, and the Retreat from Extraterritoriality", *Maryland Journal of International Law*, Vol. 28, 2013, pp. 208-240.

Acentuando também a regulação sem representação como o grande problema da extraterritorialidade, que, contudo, pode ser mitigado em foros internacionais e globais, Stefano Battini, "Globalisation and Extraterritoriality: an Unexceptional Exception", *Values in Global Administrative Law*, Gordon Anthony, Jean-Bernard Auby, John Morison, Tom Zwart (eds.), Oxford/ Portland, Hart Publishing, pp. 75-79.

[882] António Barbosa de Melo, "Legitimidade Democrática e Legislação Governamental na União Europeia", *Estudos em Homenagem ao Prof. Doutor Rogério Soares*, Coimbra, Coimbra Editora, 2001, p. 105.

[883] Gernot Sydow, *Verwaltungskooperation in der Europäischen Union – Zur horizontalen und vertikalen Zusammenarbeit der europäischen Verwaltungen am Beispiel des Produktzulassungsrechts*, Tübingen, Mohr Siebeck, 2004, pp. 235-296. Ainda que a promoção de uma coerência entre os direitos nacionais (ao nível decisório e de execução) conduza a uma atenuação da autonomia processual dos Estados (cfr. Mathias Audit, "La Compatibilité du Principe de

ACTOS ADMINISTRATIVOS ESTRANGEIROS

parência e participação naqueles mecanismos de acção administrativa[884], e LUCA DE LUCIA enfatiza a confiança legítima pelo encontro de garantias equivalentes nos procedimentos compósitos e controlo judicial[885].

E o próprio reconhecimento, em especial o *reconhecimento mútuo*, é percebido como uma técnica que pode contribuir para a promoção da legitimidade da acção administrativa, já que os mecanismos de controlo *ex ante* e/ou *ex post* que este envolve permitem a compatibilização dos actos estrangeiros com o ordenamento jurídico nacional (não sendo regras puramente remissivas para outros ordenamentos jurídicos)[886], viabilizando ainda um encontro entre as várias entidades públicas e privadas interessadas na regulamentação de uma mesma situação[887]. É, de facto, o Estado que, no âmbito do reco-

l'Autonomie Procédurale avec l'Édification de l'Espace Judiciaire Européen", *L'Exécution du Droit de L'Union, entre Mécanismes Communautaires et Droits Nationaux,* Jacqueline Dutheil de la Rochère (dir.), Bruxelles, Bruylant, 2009, pp. 253-263).

[884] HANS CHRISTIAN RÖHL, "El Procedimiento Administrativo y la Administración "Compuesta" de da Unión Europea", *La Transformación del Procedimiento Administrativo,* Javier Barnes (ed.), Global Law Press, Sevilla, 2008, p. 139.

[885] LUCA DE LUCIA, *Introduzione al Provvedimento Amministrativo Transnazionale nel Diritto Europeo,* Torino, Giappichelli, 2009, pp. 68-70.

[886] E se um Estado, sem a possibilidade de poder executar decisões no seu território e sem a possibilidade de prevenir a eficácia de acções de actores externos, não é apto a proteger as liberdades políticas e a manter um vínculo democrático com os seus cidadãos? Aduz OISÍN TANSEY que poderá, ainda assim, ao mobilizar consequentemente o instituto do reconhecimento, continuar a cumprir as suas funções democráticas (cfr. "Does Democracy need Sovereignty?", *Review of International Studies,* Vol. 37, 2011, p. 1535).

[887] KALYPSO NICOLAIDIS, GREGORY SHAFFER, "Transnational Mutual Recognition Regimes: Governance Without Global Government", *Law and Contemporary Problems,* Vol. 68, Summer, Autumn, 2005, pp. 307-310.

Também FRANÇOIS CHENEVAL, SANDRA LAVENEX e FRANK SCHIMMELFENNIG entendem que a Demoi-cracia horizontal (repartição horizontal de soberania) se consegue pelo reconhecimento mútuo, que é, todavia, dos princípios divisados pelos Autores (nos quais se incluem ainda o princípio da não discriminação e o do método aberto de coordenação), o princípio menos amigo da autonomia, pois os Estados são obrigados ao reconhecimento (cfr. "Demoi--cracy in the European Union: Principles, Institutions, Policies", *Journal of European Public Policy,* Vol. 22, N.º 1, 2015, pp. 8-9).

Como não se conseguem plenos em matéria de legitimidade, há quem destoe e defenda que a acentuação da dimensão de *demoi* coloca em causa as liberdades e direitos individuais, podendo conduzir a uma deterioração destes, como resulta do regime do mandado de detenção (cfr. JULIA SIEVERS, SUSANNE K. SCHMIDT, "Squaring the Circle with Mutual Recogni-

EFICÁCIA, RECONHECIMENTO E EXECUÇÃO DE ACTOS ADMINISTRATIVOS ESTRANGEIROS

nhecimento, tem a primeira (ao vincular-se por arranjos que envolvem o reconhecimento) e a última palavra (ao poder controlar os critérios daquele reconhecimento) quanto à eficácia de actos estrangeiros no seu território.

É caso de dizer, seguindo o raciocínio de OHLER, segundo o qual os princípios da democracia e do Estado de Direito tanto *fundamentam* como *limitam* a aplicação do direito estrangeiro no foro[888], que também o reconhecimento de actos estrangeiros pode funcionar, a uma luz, como mecanismo que *agrava* e, a outra luz, como mecanismo que *atenua* os défices de legitimidade que se verificam nas situações de jurisdição extraterritorial.

O caminho pelo qual se opte repousará mais, a nosso ver, na perspectiva que se adopte sobre o reconhecimento e na aferição dos critérios em que este assenta, do que em qualquer "evidência" sobre falhas de legitimidade que nos parece nunca conseguirem ser satisfatoriamente supridas.

5. Relevância complementar da classificação dos actos administrativos consoante os seus efeitos

É comum proceder-se internamente à classificação dos actos administrativos em função dos seus efeitos, tendo em consideração um conjunto variado de critérios[889]. Contudo, em face da caracterização que fizemos dos actos administrativos estrangeiros e da qualificação autónoma destes, nem todas aquelas classificações serão relevantes no âmbito do nosso estudo.

Senão vejamos.

Por um lado, poderíamos considerar relevantes, por referência à duração ou aos efeitos temporais dos actos administrativos, a diferença entre actos de eficácia instantânea (actos que esgotam a sua operatividade no momento em que se tornam eficazes), e actos de eficácia duradoura e continuada, que criam relações jurídicas administrativas cujos efeitos se prolongam no tempo. Não obstante, a grande maioria das situações que se colocam no plano externo referem-se – ao contrário do que seria de esperar – a actos

---

tion? Demoi-cratic Governance in practice", *Journal of European Public Policy*, Vol. 22, N.º 1, 2015, p. 125).

[888] CHRISTOPH OHLER, "Internationales Verwaltungsrecht – ein Kollisionsrecht eigener Art", *Völkerrecht und IPR,* Stefan Leible, Matthias Ruffert (eds.), Jena, Jenaer Wissenschaftliche Verlagsgesellschaft, 2006, p. 137.

[889] Cfr., *ex multis*, sobre estas classificações, cfr. FERNANDA PAULA OLIVEIRA, JOSÉ EDUARDO FIGUEIREDO DIAS, *Noções Fundamentais de Direito Administrativo*, 5.ª ed., Coimbra, Almedina, 2017, pp. 205-217 e 227-228.

administrativos de eficácia instantânea, como sucede com a declaração da utilidade pública e com os actos administrativos declarativos. Esta eficácia ampliada compreende-se pela circunstância de vários actos administrativos que determinam a produção instantânea de um certo efeito (como a criação de um *status* ou que atestam a existência de uma qualquer posição jurídica vantajosa) não se esgotarem nele, ao originarem uma relação jurídica duradoura se pode projectar no exterior. É o que sucede, por exemplo, com a possibilidade de exercício de uma actividade resultante da apresentação de uma certidão de aptidão profissional obtida no estrangeiro: o que releva não é, em si, a certidão, ainda que seja ela o objecto do reconhecimento, mas os efeitos que dela se podem retirar por via do reconhecimento, efeitos esses que são dinâmicos e que se espraiam no tempo.

Por outro lado, apenas relevam externamente os actos administrativos estrangeiros *positivos*, por, quanto aos *negativos*, ao manterem inalterada a ordem jurídica de origem, nada haver a reconhecer. Como exemplos típicos de actos negativos integram-se a omissão de um comportamento devido, o silêncio voluntário perante um pedido do particular e o indeferimento expresso de uma pretensão. E, de facto, como decorre das considerações tecidas a propósito da qualificação dos actos administrativos estrangeiros, afastamos a pertinência das meras omissões da Administração, excepto nos casos em que o legislador lhes atribua *efeitos jurídicos positivos* – altura em que as mesmas relevarão na sua qualidade de actos administrativos estrangeiros.

Por último, dentro dos actos que produzem *efeitos jurídicos positivos*, uma diferenciação importante é a que é levada a cabo entre *actos impositivos* e *actos permissivos*. Os primeiros impõem uma conduta ou sujeitam o seu destinatário a certos efeitos jurídicos que em regra lhe são desfavoráveis (comandos – ordens ou proibições; directivas; sanções, ablações), enquanto os segundos podem conferir ou ampliar vantagens (autorização, licença, subvenção, concessão, delegação, admissão), ou eliminar ou reduzir encargos (dispensa e renúncia)[890]. Os juízos (actos de qualificação, como as classificações e notações), considerados pela doutrina como actos impositivos, correspondem a uma situação particular, pois apesar de serem actos impositivos, podem ter um efeito favorável ou desfavorável na esfera do seu destinatário.

---

[890] Cfr., para esta tipologia dos actos administrativos primários, João Caupers e Vera Eiró, *Introdução ao Direito Administrativo*, 12.ª ed., Lisboa, Âncora Editora, 2016, pp. 223-224.

Após este breve excurso, consideramos que é a diferenciação entre actos que produzem *efeitos jurídicos favoráveis* para os seus destinatários e aqueles que lhes são *desfavoráveis* que é particularmente pertinente no âmbito dos regimes de reconhecimento, uma vez que o fundamento para o reconhecimento e o preenchimento dos critérios para o efeito divergem, sendo mais fácil proceder ao reconhecimento dos primeiros do que dos segundos[891]. No mesmo sentido se pronuncia Möstl, que diferencia entre o reconhecimento mútuo que promove as liberdades (no âmbito do mercado interno) e o reconhecimento mútuo que limita essas liberdades (por exemplo, no caso de medidas de desvantagem ou coercivas no âmbito do espaço de liberdade, segurança e justiça), sendo este último mais problemático que o primeiro[892].

Esta diferenciação é, como veremos, mais visível no âmbito do instituto da *execução* de actos administrativos estrangeiros, que, reportando-se a actos que provocam situações de desvantagem – pelo menos para um dos seus destinatários ou afectados, nas situações em que os actos administrativos têm efeito plurilateral –, é concebido de forma mais restritiva do que as situações de reconhecimento, demandando uma sua previsão expressa e cautelas substantivas e processuais acrescidas.

---

[891] Christine E. Linke, *Europäisches internationales Verwaltungsrecht*, Frankfurt, Peter Lang, 2001, pp. 127-128, distingue entre administração de interferência (*Eingriffsverwaltung*) e de garantia (*Leistungsverwaltung*), exigindo apenas na primeira uma norma legal específica para a referência ao direito estrangeiro.
A distinção entre actos administrativos favoráveis e desfavoráveis é adicionalmente relevante nos direitos nacionais e comunitário como ponto de referência para as questões de controlo judicial e de revogação de actos administrativos (cfr., por todos, Xabier Arzoz Santisteban, *Concepto y Régimen Jurídico del Acto Administrativo Comunitario*, Bilbao, Oñati, 1998, pp. 543-548).
[892] Markus Möstl, "Preconditions and Limits of Mutual Recognition", *Common Market Law Review*, Vol. 47, 2010, p. 409.

Ponto II
Aptidão e eficácia extraterritorial dos actos administrativos

Chegados a este ponto, há que atentar nas múltiplas faces da extraterritorialidade da acção pública.

Como acentuámos, a possibilidade de os actos administrativos assumirem eficácia extraterritorial é cada vez maior, mesmo que, à partida, se não adivinhasse àqueles actos essa vocação. Na verdade, a maioria das decisões administrativas pode vir a ter relevo fora do Estado ou Autoridade que as emanou, dada a mobilidade que caracteriza as relações internacionais, o que significa que têm uma pretensão, evidente ou latente, à extraterritorialidade.

E, como sublinhava Biscottini, referência indelével neste domínio, a especial aptidão extraterritorial dos actos administrativos resulta do seu dúplice relevo publicista, porque – ao contrário das sentenças – aqueles actos ligam-se ao Estado de duas formas: enquanto fonte e enquanto destinatário, já que o Estado é um dos sujeitos da relação jurídica criada por via do acto administrativo que ele próprio emanou[893]. Há, efectivamente, no domínio da extraterritorialidade uma necessária triangularidade entre a Autoridade de origem, o destinatário do acto e o Estado de acolhimento[894], o que permite ancorar a eficácia particular dos actos administrativos estrangeiros, de que aqui curaremos.

---

[893] Giuseppe Biscottini, *Diritto Amministrativo Internazionale – Tomo Primo/La Rilevanza degli Atti Amministrativi Stranieri*, Padova, CEDAM, 1964, pp. 17-18. Igualmente, Giuseppe Biscottini, "L'Efficacité des Actes Administratifs Étrangers", *Recueil des Cours,* Vol. 104, 1961, Leiden, Sijthoff, 1962, p. 643.

[894] Triângulo este que se pode transformar noutras formas geométricas, consoante os privados e Autoridades públicas envolvidas. Isto porque o acto pode afectar várias pessoas, produzindo efeitos plurilaterais, e podem terceiras Autoridades, *maxime* Estados, ser chamados a intervir no âmbito do reconhecimento, a título, por exemplo, de Estados de trânsito.

EFICÁCIA, RECONHECIMENTO E EXECUÇÃO DE ACTOS ADMINISTRATIVOS ESTRANGEIROS

1. Fundamento da eficácia extraterritorial dos actos administrativos

Deve distinguir-se, nesta sede, extraterritorialidade de mera *influência externa* dos actos, influência esta que ocorre, a vários títulos, no plano internacional: pode suceder que os assuntos internos de um Estado possam prejudicar outros Estados, como sucede com uma mudança de Constituição que provoca uma guerra civil, gera pedidos de asilo para outros Estados, para além de poder alimentar demais situações revolucionárias[895]. Também BATTINI entende que o sistema interno legislativo e administrativo dos Estados começa a ser globalmente relevante do ponto de vista geográfico[896], o que se traduz na existência de influências cruzadas entre sistemas jurídicos, que nem sempre se ligam a disposições com pretensão de aplicação extraterritorial, mas também a regras ou actos que têm um conteúdo exemplar e que se vão disseminando imperceptívelmente.

Mas a própria aptidão ou pretensão extraterritorial não conduz necessariamente à eficácia extraterritorial, eficácia esta que surge com a relevância dada, espontânea ou forçadamente, pelo Estado de acolhimento a actos estrangeiros.

O que significa que, por muito que se possa contestar o termo extraterritorialidade – por parecer ter ínsita uma eficácia imediata das perscrições de ordenamentos jurídicos estrangeiros[897] –, pode sempre perspectivar-se a noção do ponto de vista do Estado do foro, que também se coloca a braços com pretensões que originaram fora do seu território[898].

---

[895] Exemplos emprestados de LORD WALTER G. F. PHILLIMORE, "Droits et Devoirs Fondamentaux des États", *Recueil des Cours*, Tomo I, 1923, Paris, Hachette, 1925, p. 40.

[896] STEFANO BATTINI, "The Globalisation of Public Law", *Revue Européenne de Droit Public*, Vol. 18, N.º 1, 2006, p. 29.

[897] MINH SON NGUYEN pronuncia-se no sentido de que o efeito extraterritorial é fonte de confusões, porque o poder público não pode ser exercido de maneira extraterritorial, que não seja através do reconhecimento ou do respeito de um acto estrangeiro por via de uma questão prejudicial (cfr. "Droit Administratif International", *Zeitschrift für Schweizerisches Recht*, Vol. 125, II, 2006, p. 93).

Também GIUSEPPE BARILE retira do facto de os actos estrangeiros não poderem, por si só, ter efeitos no estrangeiro, a irrelevância do conceito de extraterritorialidade, que se passaria a referir apenas a actos praticados no território estrangeiro (como os actos consulares) (cfr. *Appunti Sul Valore des Diritto Pubblico Straniero Nell'Ordinamento Nazionale*, Milano, Dott. A. Giuffrè Editore, 1948, pp. 13-14).

[898] MANUEL TORRES CAMPOS refere-se de forma ainda mais ampla à extraterritorialidade como palavra que permite abarcar todos os conflitos que se possam suscitar fora e dentro dos

374

APTIDÃO E EFICÁCIA EXTRATERRITORIAL DOS ACTOS ADMINISTRATIVOS

Por este motivo, não nos parece que faça sentido adoptar-se um conceito plural como o proposto por STERN, que considera existirem várias modalidades de aplicação extraterritorial, diferenciando entre o problema da *aplicação extraterritorial* que tem a ver com o âmbito das competências normativas do Estado de origem; a questão da *eficácia extraterritorial* que se prende com a competência do Estado de acolhimento; e a questão da *colocação em marcha extraterritorial* (*"mise en oeuvre"*), que ocorre quando um Estado aplica normas adoptadas por outro Estado, no quadro da sua própria ordem jurídica[899]. Se adoptássemos esta perspectiva entraríamos num jogo de espelhos em que se enfatizaria cada elemento da relação, quando existe entre eles uma clara complementaridade.

Revemo-nos antes na concepção de que a extraterritorialidade resulta da combinação de dois elementos: a pretensão de um acto administrativo (ainda que remotamente) para gozar de eficácia extraterritorial, ao reconhecer um estatuto ou ao criar efeitos que têm ou podem vir a ter uma irradiação além fronteiras, e o reconhecimento destes efeitos pelo Estado de acolhimento[900].

O que não significa que o âmbito de aplicação espacial (de definição do facto que espoleta a aplicação da norma) e o âmbito de eficácia espacial das

---

limites do Estado (cfr. *Bases de una Legislación sobre Extraterritorialidad*, Madrid, Tipografía de la Cava-Alta, 1896, p. 15).

[899] BRIGITTE STERN, "L'extra-territorialité « revisitée »: où il est question des affaires Alvarez--Machain, Pâte de Bois et de quelques autres...", *Annuaire Français de Droit International*, Vol. 38, 1992, pp. 242-249. A Autora, sobretudo noutro texto, parece identificar esta "mise en oeuvre" com o conceito de aplicação extraterritorial mediatizada, isto é levada a cabo por órgãos jurisdicionais de Estados terceiros, quando aplicam normas estrangeiras de direito privado ou público (territoriais ou com aptidão extraterritorial): cfr. BRIGITTE STERN, "Une Tentative d'Élucidation du Concept d'Application Extraterritoriale", *Revue Québécoise de Droit International*, Vol. 3, 1986, pp. 51-60; e BRIGITTE STERN, "Quelques Observations sur les Régles Internationales Relatives à l'Application Extraterritoriale du Droit", *Annuaire Français de Droit International*, Vol. 32, 1986. pp. 9-10.

[900] Proposta que nos parece particularmente interessante vem de JAN KROPHOLLER que se desprende do conceito de extraterritorialidade para designar fenómenos que nele compreendemos, diferenciando entre territorialidade absoluta; territorialidade relativa (aptidão extraterritorial dependente do reconhecimento no Estado de destino), universalidade relativa (acto estrangeiro que é equiparado imediatamente a similares actos nacionais); e universalidade absoluta (nos quais as situações jurídicas estrangeiras têm os mesmos efeitos jurídicos que no Estado de origem) (cfr. *Internationales Privatrecht*, 6.ª ed., Tübingen, Mohr Siebeck, 2006, pp. 154-156).

normas e actos estrangeiros (da sua efectiva projecção para o exterior) [901] sejam *coincidentes*, uma vez que nem todas as pretensões de regulação extraterritorial recebem o acolhimento que procuram. Entre nós, os conceitos mais difundidos para explicar este fenómeno são, na esteira de BAPTISTA MACHADO, os de âmbito de eficácia das leis, que, por designar o domínio possível de aplicabilidade da lei (enquanto *regula agendi*), concebe o entrecruzamento de várias leis que também tenham uma conexão relevante com os factos; sendo, dentro dessa área de cruzamento, que se delineia o âmbito de competência das leis ou "*âmbito de eficácia ponderada, qualificada ou especializada*", decorrente já, na perspectiva jus-privatista, da intervenção de regras de natureza conflitual[902].

---

[901] LUIS GARAU JUANEDA distingue ainda o âmbito de vigência espacial das normas jurídicas (ainda que necessariamente no território do Estado) (cfr. "Sobre las Diferentes Relaciones entre Norma Jurídica y Territorio", *Aufbrucht nach Europa: 75 Jahre Max-Planck-Institut für Privatrecht*, Jürgen Basedow, Ulrich Drobnig, Reinhard Ellger, Klaus J. Hopt et al. (eds.), Tubingen, Mohr Siebeck, 2001, pp. 417-420).

[902] JOÃO BAPTISTA MACHADO, "Les Faits, le Droit de Conflit et les Questions Préalables", *Multitudo Legum – Ius Unum – Mélanges en l'Honneur de Wilhelm Wengler zu seinem 65. Geburtstag*, Josef Tittel (ed.), Berlin, Interrecht, 1973, pp. 444-445; e JOÃO BAPTISTA MACHADO, Âmbito de Eficácia e Âmbito de Competência das Leis– Limites das Leis e Conflitos de Leis, Reimpressão, Coimbra, Almedina, 1998, pp. 4-5. Cfr., acompanhando o Autor, à luz da diferença entre *reconhecimento* e *atribuição de* competência à lei estrangeira, PEDRO CAEIRO, *Fundamento, Conteúdo e Limites da Jurisdição Penal do Estado – O caso Português*, Coimbra, Coimbra Editora, 2010, pp. 29-31.

Não é, porém, uma terminologia unânime. ALBERTO XAVIER prefere a distinção entre âmbito de incidência (*jurisdiction to prescribe*, e não âmbito de validade ou de competência, porque o primeiro inculca a ideia de hierarquia e o segundo de conflito, quando a questão da incidência é distinta de ambas estas figuras) e âmbito de eficácia, de modo a saber se uma norma é susceptível de ser aplicada coercivamente em território estrangeiro, conceito no qual inclui o instituto do reconhecimento (*jurisdiction to enforce*) (cfr. *Direito Tributário Internacional*, 2.ª ed., Coimbra, Almedina, 2009, pp. 6-7).

Já antes, ZITTLEMAN preferia os conceitos de *Geltungsbereich* (âmbito de validade) e *Anwendungsbereich* (âmbito de aplicação) (cfr. ERNST ZITTLEMAN, "Geltungsbereich und Anwendungsbereich der Gesetze – Zur Grundlegung der völkerrectlichen Theorie des Zwischenprivatrechts", *Festgabe der Bonner Juristischen Fakultät für Karl Bergbohm zum 70. Geburtstag*, Bonn, A. Marcus & E. Webers Verlag, 1919, pp. 219-230).

Aquela *coincidência* é, porém, cada vez maior dado o cruzamento entre aptidão e eficácia extraterritorial, resultante do desenvolvimento de formas de conferir relevância a actos administrativos estrangeiros.

Acresce que a extraterritorialidade não é, como vimos, um fenómeno desconhecido no direito administrativo, tendo havido sempre situações em que os Estados projectavam unilateralmente na esfera de outros os pretensos efeitos extraterritoriais dos seus actos ou em que o direito internacional permitia tal eficácia. Mas para além destas situações ditas *clássicas* de extraterritorialidade, para GAUTIER, o princípio da transnacionalidade, vigente no âmbito comunitário, veio a somar a estas situações outras que são, para a Autora, substancialmente diferentes, dada a lógica a que obedecem e à imperatividade que revestem[903].

Na nossa perspectiva, todas estas situações – velhas e novas – convocam a problemática da extraterritorialidade dos actos administrativos, havendo vários tipos de acolhimento, reconhecimento e execução, aplicáveis consoante as características que eles revestem e a tipologia que deles fizémos. Recorde-se, porém, que não procedemos aqui a uma separação de águas linear entre actos certificativos e actos autorizativos, uma vez que qualquer deles pode assumir a característica e os efeitos delineados aos actos administrativos estrangeiros[904].

Neste momento, procuraremos dar conta de traços comuns aos actos administrativos estrangeiros, em especial referindo-nos aos mecanismos promotores da sua eficácia e aos tipos de efeitos para que usualmente tendem. Sendo que alguns deles são de há muito genericamente aceites pela doutrina, por se limitarem a constituir *formas indirectas de extraterritorialidade* nas quais em causa está a relevância da regulação de uma situação por

---

[903] MARIE GAUTIER, "Acte Administratif Transnational et Droit Communautaire", *Droit Administratif Européen,* Jean-Bernard Auby, Jacqueline Dutheil de la Rochère (dir.), Bruxelles, Bruylant, 2007, pp. 1070 e 1073-1077.

[904] Pelo contrário, UMBERTO BORSI limita o conflito de leis no âmbito administrativo ao reconhecimento de actos administrativos declarativos e certificativos (assacando-lhes efeitos análogos aos que teriam no Estado que os emanou), para os quais não se colocam problemas de discricionariedade e executoriedade, mas já não para actos admissivos e autorizativos (cfr. "Carattere ed Oggetto del Diritto Amministrativo Internazionale", *Rivista di Diritto Internazionale,* Vol VI, 1912, pp. 393-394).

EFICÁCIA, RECONHECIMENTO E EXECUÇÃO DE ACTOS ADMINISTRATIVOS ESTRANGEIROS

uma norma ou disposição estrangeira, triada pelo ordenamento jurídico do foro[905].

2. Mecanismos promotores da extensão de eficácia dos actos administrativos

Referia ESTY que se um Estado fosse uma ilha ou, melhor, um planeta, não haveria necessidade de critérios globais[906]. Estes critérios existem ou têm vindo a ser desenvolvidos, de forma a promover o encontro de critérios que facilitem a mobilidade de decisões genericamente aceitáveis.

Este encontro de critérios tem relevância sobretudo em áreas em que é comum a prática de actos com aptidão extraterritorial, uma vez que o cumprimento de regras materiais e procedimentais comuns ou próximas entre Autoridades públicas reforça a pretensão à eficácia daqueles actos.

E, não obstante nos referirmos a actos com diversas proveniências e com enquadramentos distintos entre si – veja-se a classificação por nós proposta –, julgamos que há um conjunto de mecanismos cujo progressivo desenvolvimento, pelo Estado de origem ou simultaneamente pelo Estado de origem e de destino, facilita a previsão e concretização de vias que conferem eficácia a actos administrativos estrangeiros[907].

Estes mecanismos fazem particular sentido quando se perspective, com grande razoabilidade, o impacto territorial dos actos administrativos a adoptar. O que significa, *a contrario,* que na grande maioria dos actos administrativos estrangeiros, em que não se antecipem aqueles possíveis efeitos extraterritoriais – desde logo por a situação com relevo externo surgir apenas em

---

[905] Entre nós José MARNOCO E SOUZA distinguia, de forma diferenciada, entre extraterritorialidade indirecta (na qual se invoca a regulação de uma situação jurídica por uma lei estrangeira) e a extraterritorialidade directa (*"O direito estrangeiro neste caso apresenta-se não como disposição geral, mas como norma já applicada a uma hypothese concreta pelo poder judicial"*), considerando mais difícil o exercício de extraterritorialidade neste segundo caso, pois exige um maior desenvolvimento da vida internacional, para se poderem conciliar elementos que parecem antinómicos (cfr. *Execução Extraterritorial das Sentenças Cíveis e Comerciais,* Coimbra, F. França Amado Editor, 1898, p. 4).

[906] DANIEL C. ESTY, "Good Governance at the Supranational Scale: Globalizing Administrative Law", *Yale Law Journal,* Vol. 115, 2006, p. 1500.

[907] A criação de procedimentos administrativos compostos no seio da União não só tem tido como resultado a harmonização dos moldes procedimentais nos Estados-membros, como se tem reflectido nos efeitos da sua actuação (cfr. MARIO P. CHITI, "Forms of European Administrative Action", *Law and Contemporary Problems,* Vol. 68, Winter, 2004, pp. 51-52).

momento posterior à prática do acto administrativo –, poderá ser difícil pôr em marcha os mecanismos ora indicados.

a. Ponderação de interesses

Se os actos administrativos almejam a mais do que uma eficácia recortada no espaço, é, como vimos, conveniente que tomem em consideração os vários interesses tocados por essa sua asserção de extraterritorialidade.

No caso dos actos administrativos supranacionais, essa ponderação é essencial à prática daqueles actos, já que estes são dirigidos directa e imediatamente a um espaço que excede o da Autoridade de origem, tendo, na terminologia de BAPTISTA MACHADO, um âmbito de eficácia que coincide com o seu domínio de competência.

Por isso, aqueles actos estão pré-ordenados ao cumprimento de funções e à satisfação de interesses que se comunicam a esse espaço. E, caso não façam uma ponderação devida dos mesmos, por exemplo, adoptando a Autoridade administradora um acto administrativo que vise o seu próprio benefício e não o do Estado, encerrará aquele um vício de desvio de poder, que conduzirá à sua invalidade. O mesmo sucede com os actos administrativos comunitários que se encontram pré-ordenados à prossecução do interesse comunitário, interesse este que, por natureza, é *poligonal* e *plural*[908], e cuja relevância justificará, em casos concretos, a centralização da tomada de decisão administrativa.

No caso dos actos administrativos transnacionais, é também um interesse plural e mais amplo do que o interesse nacional da Entidade emitente que está em jogo, por corresponderem a espaços de cooperação alinhados por um interesse comum ou, pelo menos, partilhado. Assim, também nestas situações, o Estado emitente do acto deve orientar-se pelo respeito daqueles valores e interesses, procurando praticar um acto que se encontre o mais talhado possível para suscitar a maior adesão nos territórios em que, com grande probalilidade, circulará.

Sendo um acto que pode, em princípio, ser praticado por outros Estados, é exigível que o quadro de interesses a ponderar – na ausência, muitas vezes, de regras harmonizadas a respeitar – seja similar, de modo a criar

---

[908] Neste sentido, cfr. KARL-HEINZ LADEUR, "Supra- und transnationale Tendenzen in der Europäisierung des Verwaltungsrechts – eine Skizze", *Das Recht der Netzwerkgesellschaft – Ausgewählte Aufsätze*, Tübingen, Mohr Siebeck, 2013, pp. 571-574.

EFICÁCIA, RECONHECIMENTO E EXECUÇÃO DE ACTOS ADMINISTRATIVOS ESTRANGEIROS

convergências mais profundas do que as que resultam tão-só de obrigações de reconhecimento. E é nesta linha que LUCA DE LUCIA defende que o acto transnacional representa um processo de ponderação entre interesses públicos e privados criando uma arena pública[909].

Mas também quanto aos actos administrativos estrangeiros em sentido estrito, sempre que *ab initio* se antevejam as suas características extraterritoriais, é defensável que se tomem em consideração interesses que animam a área em causa (interesses privados e públicos, aliados aos do comércio internacional e do próprio Estado no qual se poderá pretender reconhecer e executar o acto administrativo), sobretudo quando o acto regula situações que têm o seu centro ou conexões relevantes no exterior e tal informação é trazida ao conhecimento da entidade Administrativa decisória. A este propósito veja-se o que dissemos *supra* sobre os mecanismos de definição das esferas de actuação extraterritorial dos Estados.

É certo que uma das formas de ajustar estes interesses pode passar pela definição e aplicação de conflitos de leis, que designem uma norma administrativa estrangeira como aplicável; no entanto, esta não é a única via possível de ponderação de interesses. Pois, para além de não assegurar a eficácia extraterritorial do acto praticado, pode não ser suficiente para reflectir os interesses públicos e privados relevantes, já que este mecanismo de *tudo ou nada* não tem a flexibilidade necessária para acolher as situações em que em causa há relevantes interesses do Estado de emissão ou de Estados terceiros vários.

b. *Participação e cooperação*

A participação das entidades públicas e privadas interessadas no desfecho do procedimento – seja porque o acto lhes é dirigido, seja, sobretudo, no que agora mais releva, porque os afecta – é um mecanismo claramente promotor do reconhecimento, por duas razões essenciais, uma negativa e uma positiva.

---

[909] LUCA DE LUCIA, "Administrative Pluralism, Horizontal Cooperation and Transnational Administrative Acts", *Review of European Administrative Law*, Vol. 5, N.º 2, 2012, p. 34. Referindo-se também a uma ampliação dos interesses a considerar na edição de actos transnacionais, MIGUEL POIARES MADURO, "So Close and Yet so Far: The Paradoxes of Mutual Recognition", *Journal of European Public Policy*, Vol. 4, N.º 5, 2007, p. 818, e nos procedimentos administrativos compostos, LORENZO SALTARI, "I procedimenti comunitari composti: il caso delle telecomunicazioni", *Rivista Trimestrale di Diritto Pubblico*, Vol. 2, 2005, p. 429.

APTIDÃO E EFICÁCIA EXTRATERRITORIAL DOS ACTOS ADMINISTRATIVOS

A primeira intervém em casos em que há um direito fundamental à participação, cuja postergação funciona como um fundamento para a inviabilização do reconhecimento ou execução do acto estrangeiro. É o que sucederá em situações de aplicação de sanções ou de condução de procedimentos ou processos coercitivos, nos quais a não garantia do direito à participação ou do direito ao contraditório, ao inviabilizar o exercício de um direito de defesa, chega a preencher um conceito de ordem pública procedimental ou processual.

A segunda intervém nas demais situações, uma vez que faz parte da essência dos processos participativos a facilitação da aceitação dos seus resultados, já que da participação decorre – em princípio – uma maior adequação das decisões tomadas e uma maior abertura à intervenção pública e confiança nesta[910].

Do ponto de vista formal, existem várias formas de participação – tendo em consideração a sua maior ou menor influência na decisão final tomada pela Autoridade pública –, apelando para um conjunto interligado de actuações, que vão desde o acesso à informação, à participação pública, à institucionalização de mecanismos de *"notice and comment"*, à documentação e fundamentação das decisões, bem como à institucionalização de vínculos de cooperação, mais fortes e perenes entre instituições de várias proveniências[911].

Mas, se já é difícil colocar em marcha mecanismos transparentes e eficazes de participação em face de situações puramente internas, pelos respectivos Estados, mais difícil se torna transpô-los para um domínio internacional, no qual a diversidade de legislações[912] e a pluralidade e imprevisão de efeitos são mais marcados.

---

[910] PEDRO MACHETE refere-se a duas dimensões do princípio da participação: uma de caracterização subjectiva (direito dos interessados a serem ouvidos, fundado em regra constitucionalmente) e outra de caracterização objectiva do direito de participação (formalidade essencial relativa à formação da vontade administrativa) (cfr. *A Audiência dos Interessados no Procedimento Administrativo*, 2.ª ed., Lisboa, Universidade Católica Editora, 1996, pp. 511-519). Tirando os casos acima enunciados, é esta segunda função que tem mais relevância no plano externo.

[911] Cfr. DANIEL C. ESTY, "Good Governance at the Supranational Scale: Globalizing Administrative Law", *Yale Law Journal*, Vol. 115, 2006, pp. 1527-1534; e, em geral, SHERRY R. ARNSTEIN "A Ladder of Citizen Participation", *Journal of the American Institute of Planners*, Vol. 35, No. 4, July 1969, pp. 216-224

[912] Sobre esta objecção, cfr. SUZANA TAVARES DA SILVA, *Direito Administrativo Europeu*, Coimbra, Imprensa da Universidade de 2010, p. 84.

EFICÁCIA, RECONHECIMENTO E EXECUÇÃO DE ACTOS ADMINISTRATIVOS ESTRANGEIROS

Tanto não significa que não se tenham desenvolvido mecanismos desta natureza.

Nas instituições globais distinguem-se vários tipos de participação: de privados perante as entidades domésticas; de governos nas instituições globais; de instituições globais em outras instituições globais; e de privados perante instituições globais[913], ainda que nem sempre delas resulte, como veremos, uma cobertura integral das áreas carecidas da intervenção de processos participativos, nem o cumprimento de critérios *internos* de protecção de direitos fundamentais (à participação na tomada de decisão).

Assim, de situações em que apenas estaria em causa o direito a apresentar petições a organizações internacionais (eventualmente até em moldes inovadores, como os painéis de inspecção ou comissões de queixas)[914], deve passar-se para o reconhecimento de um estatuto participativo activo aos interessados na condução da actividade da organização internacional. Neste caso, sendo a participação individual pouco eficaz ou, mesmo, praticável, deve assegurar-se, ao máximo, a participação colectiva, através de organizações não governamentais ou de outros representantes da sociedade civil[915].

Estes podem ser chamados a intervir no âmbito de procedimentos de *notice and comment*, nos quais se gera um estatuto verdadeiramente participativo daqueles interessados, ao mesmo tempo que se impõe às organizações internacionais a obrigação de ponderação das reacções recebidas e a obrigação de fundamentaçao dos actos praticados[916]; ou ser chamados a

---

[913] Na identificação de SABINO CASSESE, "A Global Due Process of Law", *Values in Global Administrative Law*, Gordon Anthony, Jean-Bernard Auby, John Morison, Tom Zwart, Oxford (eds.), Hart Publishing Ltd., 2011, pp. 17-60.

[914] O direito de petição a organizações internacionais é um direito atribuído directamente por regras internacionais e existe qualquer que seja o conteúdo da legislação nacional ou internacional. Trata-se, segundo ANTONIO CASSESE, de um direito internacional em sentido próprio (cfr. *International Law*, 2.ª ed., New York, Oxford University Press, 2005, p. 147).

[915] Considerando a participação da sociedade civil como a terceira geração dos direitos de participação, Cfr. FRANCESCA BIGNAMI, "Three Generations of Participation Rights Before the European Commission", *Law and Contemporary Problems*, Vol. 68, 2004, pp. 61-83. Porém, nas situações em que os procedimentos têm destinatários individualizados, deve o princípio da participação reflectir-se na disponibilização de uma efectiva e completa audiência prévia aos afectados individuais pela actuação da organização internacional.

[916] TIAGO FIDALGO DE FREITAS, *From participation towards compliance: The role of private actors in the making of SARPs by ICAO*, 2007, disponível em http://www.iilj.org/gal/documents/defreitasICAO.pdf, acesso em 1 de Agosto de 2015, p. 14.

APTIDÃO E EFICÁCIA EXTRATERRITORIAL DOS ACTOS ADMINISTRATIVOS

desempenhar funções técnicas e consultivas no seio da organização internacional (inclusive de elaboração de propostas de regulamentação); ou, ainda, a assumir um papel institucional no seio da organização internacional (seja enquanto membros de comités ou enquanto membros observadores ou associados).

No caso da União Europeia, o carácter compósito e complexo dos processos de tomada de decisão em que esta assenta e os efeitos que destes dimanam leva a que se afirmem direitos como o de o interessado – e não apenas os Estados-membros, como já analisámos *supra* – ser ouvido em procedimentos compostos e o da sua pronúncia ser tomada em consideração[917]. Aqui, o direito à participação tem um campo de aplicação privilegiado nos procedimentos que desemboquem na prática de actos administrativos e não na emissão de actos de alcance geral legislativos ou não legislativos, o que se explica pela afectação que daqueles resulta de direitos individuais[918].

---

[917] SABINO CASSESE e MARIO SAVINO, "I Caratteri del Diritto Amministrativo Europeo", *Diritto Amministrativo Europeo – Principi e Instituti*, Giacinto della Cananea (ed.), 3.ª ed., Milão, Giuffrè Editore, 2011, pp. 238-245.

[918] Cfr., neste sentido, o Acórdão *Atlanta AG et al. Conselho da União Europeia e Comissão das Comunidades Europeias*, do Tribunal de Primeira Instância, de 11 de Dezembro de 1996, proferido no processo T-521/93, segundo o qual se considerou que a Comissão não era obrigada a consultar as diferentes categorias de operadores abrangidas pelo mercado comunitário da banana. O legislador comunitário pode perfeitamente tomar em consideração a situação especial de categorias distintas de operadores económicos sem ouvir cada uma delas individualmente, bastando-se com o cumprimento dos procedimentos previstos no Tratado. Em sentido diverso, cfr. o Acórdão *Comissão das Comunidades Europeias c. Lisrestal*, do Tribunal de Justiça de 24 de Outubro de 1996, proferido no processo C-32/95 P, segundo o qual o respeito dos direitos da defesa em qualquer processo instaurado contra uma pessoa e susceptível de conduzir a um acto que lhe cause prejuízo constitui um princípio fundamental do direito comunitário que deve ser assegurado mesmo na ausência de qualquer regulamentação relativa à sua tramitação processual.

Não obstante a dificuldade em diferenciar actos legislativos e administrativos de um ponto de vista material no seio da União – debate este que não cessou, como já tivemos oportunidade de analisar, com o Tratado de Lisboa, dada a introdução de duas categorias de actos formalmente não legislativos: os actos delegados e os de execução –, discute-se o papel da participação nestes procedimentos, de acordo com os *rationales* subjacentes a cada procedimento e aos efeitos de cada acto adoptado (cfr., sobre este debate, JOANA MENDES, "Delegated and Implementing Rule Making: Proceduralisation and Constitutional Design", *European Law Journal*, Vol. 19, N.º 1, January 2013, p. 31).

EFICÁCIA, RECONHECIMENTO E EXECUÇÃO DE ACTOS ADMINISTRATIVOS ESTRANGEIROS

Mas, para além da identificação dos procedimentos em que a participação deve necessariamente ter lugar, acresce um outro pomo de discórdia quanto à definição das autoridades perante as quais este direito deve ser exercido. A este propósito, apesar de os Tratados e o Tribunal de Justiça não estabelecerem uma preferência entre o exercício da audiência ao nível nacional ou da União – subsistindo, porém, um dever de correcção das deficiências da audiência pela Comissão, sempre que os Estados-membros não levem adequadamente a cabo esta tarefa[919] –, há autores que defendem que a audiência prévia deve ser exercida perante a autoridade ou autoridades que efectivamente definem o conteúdo do acto, convertendo-se os procedimentos compósitos em procedimentos unitários, com resultados também unitários[920].

Julgamos difícil a concretização deste desiderato, dada a pluralidade de procedimentos de que já que demos conta, mas é essencial que nestes se defina, de forma transparente, o momento e autoridades perante as quais se pode exercer este direito de participação, da mesma forma que se devem regular nitidamente as formas de cooperação inter-administrativa.

Em especial nos procedimentos transnacionais, dada a necessária relação triangular entre Estados e privados e a extensão normal de efeitos decorrentes dos actos praticados, torna-se particularmente relevante regulamentar os mecanismos de participação de privados e dos Estados, de modo a comprometê-los com a tomada de decisão – diminuindo as suas resistências ao reconhecimento das decisões tomadas – e, ao mesmo tempo, dando-lhes a oportunidade de contribuir para a formação de um acto que se alinhe pelo interesse comunitário e não, apenas e só, pelo interesse do Estado de origem[921]. FASTENRATH vai inclusive no sentido de o interesse público da tota-

---

[919] Cfr. o Acórdão *Mediocurso – Estabelecimento de Ensino Particular Lda. c. Comissão das Comunidades Europeias*, do Tribunal de Justiça, de 21 de Setembro de 2000, proferido no processo C-462/98 P.

[920] CHRISTINA ECKES, JOANA MENDES, "The Right to be Heard in Composite Administrative Procedures", *European Law Review*, Vol. 36, 2011, pp. 657 e 669-670.

[921] HERWIG C.H. HOFMANN, GERARD C. ROWE, ALEXANDER H. TÜRK, *Administrative Law and Policy of the European Union*, Oxford, Oxford University Press, 2011, pp. 646-647; noutra área, NUNO PIÇARRA, "União Europeia e Acto Administrativo Transnacional", *Direito da União Europeia e Transnacionalidade*, Alessandra Silveira (coord.), Lisboa, Quid Iuris, 2010, p. 305. HENRICK WENANDER defende que os interesses das pessoas afectadas pelas decisões de reconhecimento mútuo devem ser tomadas em consideração sobretudo se em causa estão decisões desfavoráveis, caso em que o interesse do indivíduo é oposto ao da cooperação internacional indo no sentido do não reconhecimento (cfr. "Recognition of Foreign Administrative Deci-

APTIDÃO E EFICÁCIA EXTRATERRITORIAL DOS ACTOS ADMINISTRATIVOS

lidade dos Estados-membros (e não dos Estados-membros individualmente considerados), a que chamaríamos mais adequadamente de interesse comunitário, se manifestar tanto na participação procedimental dos interesses de nacionais ou residentes de terceiros Estados, como na edição de actos administrativos transnacionais, ainda que não ligue indissociavelmente estas duas dimensões[922].

E é o direito da União que promove grandemente a previsão ao nível nacional de obrigações de participação procedimental de privados e de Estados potencialmente afectados por decisões nacionais, como sucede no âmbito dos procedimentos de avaliação de impacte ambiental e de avaliação estratégica de impactes[923], considerados pela doutrina como exemplos de procedimentos conducentes à prática de actos administrativos transnacionaisou [924].

Mas, para além deste enquadramento europeu, há formas de participação, sobretudo em áreas transfronteiriças, que são introduzidas por instrumentos convencionais, como sucede entre nós com a Convenção de Albufeira sobre Cooperação para a Protecção e o Aproveitamento Sustentável das Águas das Bacias Hidrográficas Luso-espanholas, de 30 de Novembro de 1998, e com a Convenção entre a República Portuguesa e o Reino de Espanha sobre Cooperação Transfronteiriça entre Instâncias e Entidades

---

sions – Balancing International Cooperation, National Self-Determination, and Individual Rights", *Zeitschrift für ausländisches öffentliches Recht und Völkerrecht*, N.º 71, 2011, pp. 761-762).

[922] ULRICH FASTENRATH, "Die Veränderte Stellung der Verwaltung und ihr Verhältnis zum Bürger unter dem Einfluss des europäischen Gemeinschaftsrechts", *Die Verwaltung – Zeitschrift für Verwaltungsrecht und Verwaltungswissenschaften*, Vol. 31, 1998, pp. 298-305.

[923] Cfr. o artigo 32.º e seguintes do Decreto-Lei n.º 151-B/2013 e o artigo 8.º do Decreto-Lei n.º 232/2007, de 15 de Junho (seguido de um Protocolo entre o Governo Português e o Espanhol de 19 de Fevereiro de 2008, que definem os termos desta participação). Cfr., ainda, os Artigo 13.º-A, n.º 5, alínea b) do Regime Jurídico da Urbanização e Edificação (adoptado pelo Decreto-Lei n.º 555/99, de 16 de Dezembro), de acordo com o qual, quando as entidades consultadas estejam, por força de compromissos assumidos no âmbito de tratados internacionais, ou de obrigação decorrente da legislação comunitária, sujeitas à obtenção de parecer prévio de entidade sediada fora do território nacional, se suspendem, pelo máximo de 20 dias os procedimentos internos de apreciação de operações urbanísticas.

[924] Cfr. SUZANA TAVARES DA SILVA, *Um Novo Direito Administrativo?*, Coimbra, Imprensa da Universidade de Coimbra, 2010, p. 79; e LUÍS FILIPE COLAÇO ANTUNES, *A Ciência Jurídico-Administrativa*, Coimbra, Almedina, 2013, p. 157.

Territoriais, assinada em Valência em 3 de Outubro de 2002 e regulada pelo Decreto-Lei n.º 161/2009, de 15 de Julho.

Por último, ainda que o Código do Procedimento Administrativo não assegure expressamente a participação de Administrações públicas estrangeiras nos procedimentos que possam vir a ter eficácia extraterritorial, entendemos, na sequência do que internamente se permite – que o direito de participação pode incluir relações entre Administrações públicas, quando uma delas se apresente como uma parte administrada ou em causa estejam relações inter-orgânicas ou inter-administrativas[925] –, que será possível a intervenção de uma Administração estrangeira num procedimento administrativo em curso.

Esta aproximação parece encontrar hoje algum apoio no artigo 68.º, n.º 4, do Código do Procedimento Administrativo, que admite que tenham legitimidade nos procedimentos administrativos os órgãos que exerçam funções administrativas quando as pessoas coletivas nas quais eles se integram sejam titulares de direitos ou interesses legalmente protegidos, poderes, deveres ou sujeições que possam ser conformados pelas decisões que nesse âmbito forem ou possam ser tomadas, ou quando lhes caiba defender interesses difusos que possam ser beneficiados ou afetados por tais decisões. Julgamos que a similitude de razões e de interesses a tutelar justificam que seja reconhecida idêntica legitimidade a Autoridades estrangeiras; ao que acrescentamos poder *motu proprio* a Administração portuguesa solicitar a emissão de pareceres ou a participação em conferências administrativas àquelas Autoridades, quando considere que conquanto se contribui para a mais adequada tomada de decisões com impactes extraterritoriais.

Sempre se trataria de passos – não decisivos, mas com certeza relevantes, caso lograssem concretização – no sentido da internalização dos interesses públicos estrangeiros e da criação de uma cultura de *recíproca consideração*, como propõe, entre nós, PEREZ FERNANDES[926].

---

[925] MÁRIO ESTEVES DE OLIVEIRA, PEDRO GONÇALVES, JOÃO PACHECO DE AMORIM, *Código do Procedimento Administrativo Anotado*, 2.ª ed., Coimbra: Almedina, 2010, p. 290.

[926] SOPHIE PEREZ FERNANDES, "As administrações públicas nacionais perante as situações residuais transnacionais de direito da União Europeia", *Direito da União Europeia e Transnacionalidade*. Alessandra Silveira (coord.), Lisboa, Quid Iuris, 2010, p. 403. GIULIA BERTEZZOLO defende igualmente que as entidades ao tomarem decisões têm em consideração elementos formais e funcionais de estraneidade (cfr. "La Scomposizione degli Enti Regionali e la Tutela

APTIDÃO E EFICÁCIA EXTRATERRITORIAL DOS ACTOS ADMINISTRATIVOS

c. Partilha, desmaterialização e padronização da informação

Outros mecanismos vitais para a promoção da eficácia extraterritorial dos actos administrativos estrangeiros, na medida em que reforçam a confiança mútua, prendem-se com a divulgação e partilha da informação entre Autoridades de emissão e de reconhecimento ou de execução[927].

A partilha de informação pode desdobrar-se em várias dimensões, seja quanto ao tipo de *conteúdos* a fornecer ou transmitir (informações sobre direito e actos estrangeiros; informações sobre pessoas e bens estrangeiros ou situados no estrangeiro; informações resultantes de processos de cooperação, como a produção de prova ou efectuação de notificações a pedido do Estado de emissão); seja quanto à *forma* que assumem os instrumentos de partilha de informação. Nesta sede, distingue-se entre uma panóplia *gradativa* de instrumentos, que vão desde a troca de informação (troca individual de informação a pedido das autoridades; bases de dados interoperáveis; mecanismos de informação mútua e sistemas de alerta), até modos de assistência administrativa mais ingerentes (como sucede com o pedido de actuação administrativa num Estado em benefício do requerente; com a possibilidade do Estado requerente exercer actividades operacionais no Estado requerido; ou o desencadear de operações ou mobilização de equipas conjuntas)[928].

---

dell'Interesse Pubblico in prospettiva Ultrastatale", *Rivista Italiana di Diritto Pubblico Comunitario*, Vol. 20, 2010, p. 31).

[927] VASSILIS HATZOPOULOS indica as seguintes medidas de reforço da confiança mútua: a definição de regras de competência internacional (qual a entidade com competências autorizativas); a maior determinação da regras obrigatórias e de controlo do Estado de destino (acolhimento) e a promoção de medidas destinadas a reforçar o jogo do reconhecimento (estabelecimento de sistemas gerais de reconhecimento; adopção de medidas de normalização e certificação; promoção de cooperação administrativa e criação de redes e pontos de contacto; troca das melhores práticas disponíveis e resolução de diferendos) (cfr. "Le Principe de Reconnaissance Mutuelle dans la Libre Prestation des Services", *Cahiers de Droit Européen*, Vol. 46, N.ºs 1-2, 2010, pp. 87-92).

[928] FRANÇOIS LAFARGE, "The Law Implementation Through Administrative Cooperation Between Member States", *Rivista Italiana di Diritto Pubblico Comunitario*, Vol. 20, 2010, pp. 137-143.

PETER SCHLOSSER refere-se a várias formas de promoção desta cooperação, seja mediante a interligação de autoridades centrais, seja por força de mecanismos de cooperação internacional, seja mediante a utilização de mecanismos de colaboração directa (interna) por parte das autoridades requeridas ou pela mera tolerância de prática de actos no estrangeiro (cfr. "Jurisdiction and International Judicial and Administrative Co-operation", *Recueil des Cours*, Tomo

EFICÁCIA, RECONHECIMENTO E EXECUÇÃO DE ACTOS ADMINISTRATIVOS ESTRANGEIROS

Tanto num caso como no outro, o estreitamento dos laços entre Autoridades fundamenta que se lance mão de mecanismos mais cooperativos de troca de informações; e é evidente que a consecução de bons resultados por via destes processos promove o desenvolvimento de novas formas – também elas mais estreitas – de partilha de informações e de assistência mútua.

No âmbito internacional, os mecanismos de troca de informações e de assistência administrativa não sendo desconhecidos, não são ainda generalizados. Tirando áreas como a fiscal e a da segurança social, em que se assiste a uma profusão de instrumentos multilaterais e bilaterais, inclusive sob a égide de organizações internacionais como a Organização para a Cooperação e Desenvolvimento Económico, a adopção de instrumentos de cooperação em matéria administrativa tem encontrado mais resistências. Veja-se o número reduzido de Estados europeus relativamente aos quais se aplica a Convenção Europeia sobre a notificação no estrangeiro de documentos relativos a matérias administrativas (CETS n.º 094) e a Convenção Europeia sobre a Obtenção no Estrangeiro de Informações e Provas em Matéria Administrativa (CETS n.º 100), aplicando-se em Portugal apenas esta última e não se encontrando legislativamente nenhuma norma que directamente se

---

284, 2000, The Hague, Martinus Nijhoff Publishers, 2001, pp. 403-418). O Autor distingue, ainda, a p. 29, entre cooperação judiciária activa – aquela a que aqui nos referimos – que consiste na prática de actos em auxílio do Estado requerente; e cooperação judiciária passiva que se analise numa abstenção de julgar uma causa já decidida no estrangeiro ou nele pendente (incluindo a declaração oficiosa de incompetência, a prevenção de processos paralelos, mediante a suspensão da instância e o reconhecimento de decisões judiciais estrangeiras).

JULIA SOMMER, por seu turno, dá conta de três tipos de colaboração informativa: procedimentos de comunicação/notificação; deveres de recolha de informação e mecanismos institucionais de trocas de informação em sistemas, redes ou em procedimentos compósitos (cfr. "Information Cooperation Procedures – With European Environmental Law Serving as an Illustration", *The European Composite Administration*, Oswald Jansen, Bettina Schöndorf-Haubold (eds.), Cambridge, Intersentia, 2011, pp. 57-71).

DÁRIO MOURA VICENTE indagando quais os valores e interesses que reclamam a instituição da cooperação judiciária internacional avança com as seguintes pistas de solução: a protecção da confiança legítima das partes e de terceiros, a promoção do princípio da igualdade (valoração uniforme), a liberdade de circulação de pessoas, o respeito pela soberania dos Estados e a realização dos valores próprios do direito processual (o contraditório, a economia processual e a prevenção do erro judiciário (cfr. "Cooperação Judiciária em Matéria Civil na Comunidade Europeia", *Direito Internacional Privado – Ensaios,* Vol. II, Coimbra, Almedina, 2005, pp. 237-238).

pronuncie sobre estas matérias perante Estados relativamente aos quais não existam arranjos convencionais prévios[929].

Ainda assim, há uma tendência para a promoção da assistência mútua em matéria administrativa, mesmo que espontânea, sempre que tal cooperação se revele necessária[930], e posto que o Estado requerido não esteja, de acordo com as regras aplicáveis internamente, impedido de satisfazer o pedido e podendo sempre, e em qualquer caso, recusar a satisfação deste com base em razões de ordem e segurança pública ou de salvaguarda da soberania nacional.

No campo da União Europeia, o cenário é diversificado, encontrando-se em matérias sectoriais – mas, ainda assim, cobrindo uma amplitude considerável de áreas fulcrais da intervenção administrativa comunitária – formas de partilha de informação[931]. E não é de admirar, pois a maioria dos procedi-

---

[929] Na Alemanha, ao invés, encontra-se a regulamentação específica de assistência a cartas rogatórias em matéria fiscal no §117 (3) da *Abgabenordnung*, que inclui requisitos: reciprocidade, garantias quanto ao destino da informação e de não infracção à soberania, segurança, ordem pública ou outros interesses públicos essenciais (cfr. JÜRGEN BASEDOW, JAN VON HEIN, DOROTHEE JANZEN, HANS-JÜRGEN PUTTFARKEN, "Foreign Revenue Claims in European Courts", *Yearbook of Private International Law*, Vol. VI, 2004, p. 31). Com referências, HERBERT KRONKE conclui que o Tribunal Federal Suíço, adere voluntariamente aos pedidos de cooperação de autoridades reguladoras nacionais, não apenas europeias, fundamentando-se na ideia de a protecção do mercado internacional demanda a cooperação e que esta é estabelecida no interesse da própria Suíça (cfr. "Capital Markets and Conflict of Laws", *Recueil des Cours,* Tomo 286, 2000, The Hague, Martinus Nijhoff Publishers, 2001, p. 270).

[930] De acordo com EDWIN LOEBENSTEIN, esta necessidade afirma-se nos casos em que o Estado requerente não pode ele mesmo levar a cabo o objecto do pedido por razões factuais ou legais, apenas pode fazê-lo arcando com despesas maiores do que as suportadas no Estado requerido ou o exercício da sua função depende do conhecimento de factos, de obtenção de documentos ou de produção de provas apenas acessíveis no Estado requerido (cfr. *International Assistance in Administrative Matters,* Wien, Springer-Verlag, 1972, p. 41).

[931] Como refere FLORIAN WETTNER apesar de não haver um regime geral de cooperação administrativa na União, há várias provisões específicas em matérias díspares como a agricultura, concorrência, mercados financeiros e, mesmo que não fosse, o recurso aos princípios gerais de direito comunitário, em especial ao princípio da cooperação leal, têm vindo a fazer o seu percurso nesta matéria, de tal forma que vias tradicionais de salvaguarda nos Estados, como as da reciprocidade e ordem pública, têm um escopo limitado no seio da União em matéria administrativa (cfr. "The General Law of Procedure of EC Mutual Administrative Assistance", *The European Composite Administration*, Oswald Jansen, Bettina Schöndorf-Haubold (eds.), Cambridge, Intersentia, 2011, pp. 307-333).

mentos compósitos tem como base de *confiança* no seu funcionamento e de garantia da sua *operacionalidade* a partilha de informação, partilha esta que existe em várias áreas e em diversos graus[932]. Em especial, a eficácia transnacional de vários actos no seio da União tem vindo a ser potenciada pelo desenvolvimento de formas de cooperação administrativa[933].

Note-se que, com o Tratado de Lisboa, foi inscrita uma política de apoio, coordenação e complemento de cooperação administrativa [artigo 6.º, g) do Tratado sobre o Funcionamento da União Europeia]. Mais do que uma originalidade, tratou-se de uma consagração expressa do que já era visto como requisito prévio para a integração e adequado funcionamento da União, resultante do princípio da cooperação leal[934].

Efectivamente, nesta sede, a criação de bases de dados e de redes de informação iniciou-se há muito, sob a forma convencional (veja-se a Convenção de Nápoles de 1967, em matéria aduaneira), mas converteu-se rapidamente num expediente comunitário imposto pela União, por intermédio de Directivas (veja-se o marco estabelecido pela Directiva 77/799/CEE do Conselho, de 19 de Dezembro de 1977, relativa à assistência mútua das autoridades competentes dos Estados-Membros no domínio dos impostos directos, agora substituída pela Directiva 2011/16/UE do Conselho, de 15 de Fevereiro de 2011, relativa à cooperação administrativa no domínio da fiscalidade) e, mais recentemente, de variados Regulamentos comunitários[935],

---

[932] HERWIG C.H. HOFMANN, GERARD C. ROWE, ALEXANDER H. TÜRK, *Administrative Law and Policy of the European Union*, Oxford, Oxford University Press, 2011, p. 407.

[933] Neste sentido, cfr. JOACHIM BECKER, "Der transnationale Verwaltungsakt – Übergreifendes europäisches Rechtsinstitut oder Anstoß zur Entwicklung mitgliedstaatlicher Verwaltungskooperationsgesetze?", *DVBL – Deutsches Verwaltungsblatt*, 1 Juni 2001, pp. 861-866.

[934] RUDOLF GEIGER, DANIEL-ERASMUS KHAN, MARKUS KOTZUR, *European Union Treaties – Treaty on European Union – Treaty on the Function of the European Union*, München, C.H. Beck/ Hart, 2015, pp. 737-738.

[935] Cfr., entre outros, o Regulamento (CE) n.º 515/97, do Conselho, de 13 de Março de 1997, relativo à assistência mútua entre as autoridades administrativas dos Estados-membros e à colaboração entre estas e a Comissão, tendo em vista assegurar a correcta aplicação das regulamentações aduaneira e agrícola, e que prevê formas de assistência mediante pedido e de assistência espontânea; a par da criação de um Sistema de Informação Aduaneira, que marcou os demais sistemas de informação comunitários que se lhe seguiram, como o Sistema de Informação do Mercado Interno (regido hoje pelo Regulamento (UE) n.º 1024/2012, do Parlamento Europeu e do Conselho, de 25 de Outubro de 2012, relativo à cooperação administrativa através do Sistema de Informação do Mercado Interno e que revoga a Decisão 2008/49/CE da

APTIDÃO E EFICÁCIA EXTRATERRITORIAL DOS ACTOS ADMINISTRATIVOS

alguns deles que passaram a estar acessíveis directamente não apenas aos Estados e à União, como igualmente aos privados interessados[936], ou que integram mecanismos de simplificação administrativa, incluindo obrigações de divulgação de informação a outros Estados-membros ou operadores económicos através de pontos de contacto nacionais[937].

Comissão), o Sistema de Informação sobre Vistos (Regulamento (CE) n.º 767/2008, do Parlamento Europeu e do Conselho, de 9 de Julho de 2008, relativo ao Sistema de Informação sobre Vistos (VIS) e ao intercâmbio de dados entre os Estados-Membros sobre os vistos de curta duração). Cfr. ainda o Sistema Europeu de Informação sobre Veículos e Cartas de Condução (EUCARIS) instituído por Tratado celebrado em 29 de Junho de 2000, no Luxemburgo. Alguns mecanismos evoluíram de uma base convencional para uma base regulamentar. É o caso do Sistema de Informação Schengen, criado nos termos do disposto no Título IV da Convenção de Aplicação do Acordo de Schengen, de 14 de Junho de 1985, e hoje regido pelo Regulamento (CE) n.º 1987/2006, do Parlamento Europeu e do Conselho, de 20 de Dezembro de 2006, relativo ao estabelecimento, ao funcionamento e à utilização do Sistema de Informação de Schengen de segunda geração (SIS II).

[936] Veja-se o Regulamento de Execução (UE) n.º 2015/983, da Comissão, de 24 de Junho de 2015, relativo ao processo de emissão da Carteira Profissional Europeia e à aplicação do mecanismo de alerta nos termos da Directiva 2005/36/CE do Parlamento Europeu e do Conselho (como alterado pelo Directiva 2013/55/UE do Parlamento Europeu e do Conselho, de 20 de novembro de 2013), que concebe uma forma de mediação comunitária quanto aos processos de reconhecimento profissional, nos quais o pedido é feito por intermédio do sistema para um ou vários países para onde se pretende exercer a actividade e se institui uma via de verificação em linha da autenticidade e validade da carteira profissional emitida. Este é um mecanismo puramente facilitador, não alterando a divisão de competências estabelecidas nesta matéria, já que a decisão de emissão, de não emissão do acto de reconhecimento ou de adopção de medidas de compensação, continua a ser emanada pela mesma entidade e nos mesmos moldes que anteriormente (artigo 20.º).
Também recentemente cogitou-se a criação de um passaporte europeu de serviços solicitado no Estado de origem que comprovaria a aptidão para o exercício de uma actividade no Estado de destino (cfr. a Comunicação da Comissão *Updating the Single Market: More opportunities for People and Business*, COM(2015) 550 final, de 28 de Outubro de 2015, p. 9.).
[937] Cfr. o Regulamento n.º 764/2008, do Parlamento Europeu e do Conselho, de 9 de Julho de 2008, que estabelece procedimentos para a aplicação de certas regras técnicas nacionais a produtos legalmente comercializados noutro Estado-Membro, e que revoga a Decisão n.º 3052/95/CE. Sobre as alterações levadas a cabo por este Regulamento, cfr. GUILLAUME RIVEL, "Le Principe de Reconnaissance Mutuelle dans le Marché Unique du XXIème Siècle", *Revue du Marché Commun et del'Union Européenne*, N.º 511, Septembre, 2007, pp. 518–525; e JANE REICHEL, "A New Proposal for a Regulation on Mutual Recognition of Goods – Towards a Harmonized Administrative Order", *European Policy Analysis*, June, N.º 3, 2007, pp. 1-7.

Esta *evolução de vias procedimentais* é suficientemente indiciária da importância que a troca de informações e o desenvolvimento de formas de cooperação administrativa tem tido na União Europeia.

Mas pensamos que a manifestação mais límpida desta importância reside nas obrigações de notificação a cargo dos Estados que, em determinadas matérias, se configuram como peças essenciais e insubstituíveis do sistema administrativo europeu. Não só esta informação preventiva é um mecanismo que facilita a equivalência, ao promover a previsibilidade de direitos e obrigações a cargo dos agentes económicos[938] e ao viabilizar o controlo operado pelas Autoridades públicas, como se revela um instrumento de que pode depender a própria invocabilidade de regras técnicas não notificadas[939]. Já *a posteriori* também os sistemas de alerta funcionam como mecanismos de troca de informações valiosos, que contribuem para que os vários Estados envolvidos em vínculos transnacionais possam vir a adoptar reacções similares relativamente às mesmas situações de perigo, evitando a fragmentação dos mercados e a incidência diferenciada das regras comunitárias[940].

---

[938] ALEXANDRE BERNEL, *Le Principe d'Équivalence ou de "Reconnaissance Mutuelle" en Droit Communautaire*, Zürich, Schulthess Polygraphischer Verlag, 1996, p. 171.

[939] Cfr. o artigo 8.º da Directiva 98/34/CE do Parlamento Europeu e do Conselho de 22 de Junho de 1998 relativa a um procedimento de informação no domínio das normas e regulamentações técnicas. A não notificação prevista neste artigo gera a ininvocabilidade destas prescrições, designadamente perante privados (cfr., inicialmente, o Acórdão *CIA Security International SA contra Signalson SA e Securitel SPRL*, de 30 de Abril de 1996, proferido no processo C-194/94). Hoje é aplicável a Directiva (UE) 2015/1535 do Parlamento Europeu e do Conselho, de 9 de setembro de 2015, relativa a um procedimento de informação no domínio das regulamentações técnicas e das regras relativas aos serviços da sociedade da informação, que visou ajustar os procedimentos da Directiva 98/34/CE às novas exigências tecnológicas e técnicas.

[940] Cfr., do ponto de vista da liberdade de circulação de mercadorias, os sistemas de alerta rápido para produtos de consumo não-alimentares (RAPEX), para géneros alimentícios e alimentos para animais (RASFF) ou para produtos medicinais – sistema de «vigilância» para os dispositivos médicos. Do ponto de vista dos serviços, também o artigo 29.º, n.º 3 e 32.º, n.º 1 da Directiva n.º 2006/123/CE do Parlamento Europeu e do Conselho, de 12 de Dezembro de 2006 , relativa aos serviços no mercado interno, impõe um mecanismo de alerta aos Estados quando tiverem conhecimento efectivo de qualquer conduta ou de actos concretos de um prestador que, em seu entender, sejam susceptíveis de prejudicar gravemente a saúde ou a segurança das pessoas ou o ambiente. Mais recentemente, a Directiva 2013/55/UE, do Parlamento Europeu e do Conselho, de 20 de Novembro de 2013, que altera a Directiva 2005/36/CE relativa ao reconhecimento das qualificações profissionais, veio prever também um mecanismo de alerta mais detalhado, através do Sistema de Informação do Mercado Interno, no

APTIDÃO E EFICÁCIA EXTRATERRITORIAL DOS ACTOS ADMINISTRATIVOS

A evolução destes mecanismos de informação não é, porém, percebido acriticamente, havendo quem dê conta que a cooperação administrativa é largamente subestimada, em virtude da premissa de que o mercado interno seria guiado por uma *mão invisível*[941]; quem adopte a perspectiva que os processos de melhoria de comunicação não são suficientes, devendo ser acompanhados de um nível de harmonização suplementar, pois criam formas diluídas de reconhecimento, criando fardos administrativos insuportáveis, sobretudo para os sistemas menos desenvolvidos[942]; e quem considere que os processos de notificação são controversos, pois podem transmutar-se em verdadeiras restrições ao exercício das liberdades que se visavam prosseguir[943].

Papel instrumental, mas inegavelmente importante, neste domínio têm também a desmaterialização e padronização da informação transmitida.

É inegável que o surgimento da *internet* promoveu alterações estruturais na Administração, ao nível organizatório mas também procedimental[944], permitindo pontos de encontro que pareciam impensáveis entre sujeitos de várias proveniências e facilitando o diálogo e a transmissão eficaz de informações. E se, internamente, se coloca em evidência a impessoalidade dos métodos informáticos *versus* a proximidade dos órgãos e serviços administrativos tradicionais, esta crítica não tem o mesmo peso no campo internacional no qual a *distância* é a nota dominante[945].

---

caso de profissões na área da saúde ou outras que tenham impacto na segurança dos doentes ou em menores.

[941] FRANÇOIS LAFARGE, "Administrative Cooperation between Member States and Implementation of EU Law", *European Public Law*, Vol. 16, N.º 4, 2010, p. 601.

[942] MARC ADENAS, "National Paradigms of Civil Enforcement – Mutual Recognition or Harmonization in Europe", *European Business Law Review*, 2006, p. 543.

[943] EVA LOMNICKA, "The Home Country Control Principle in the Finantial Services Directives and the Case Law", *Services and Free Movement in EU Law*, Mads Andenas, Wulf-Henning Roth (eds.), Oxford, Oxford University Press, 2002, p. 301.

[944] THOMAS GROSS, "Öffentliche Verwaltung im Internet", *Die Öffentliche Verwaltung*, Vol. 54, N.º 4, Fevereiro, 2001, p. 163.

[945] Em contrapartida, a nota da protecção dos dados pessoais, se tem um papel relevante no plano interno, passa a ter um peso ainda *maior* no campo externo, por o respeito de níveis satisfatórios ou elevados de protecção dever ser uma condição para a partilha da informação, dados os riscos acrescentados resultantes da ampliação do acesso àqueles dados. Neste sentido foi aprovado um instrumento uniforme no seio da União: o Regulamento Geral de Protecção de Dados Pessoais (Regulamento (UE) 2016/679 do Parlamento Europeu e do Conselho, de 27 de abril de 2016, relativo à proteção das pessoas singulares no que diz respeito ao

O que explica que várias alterações que internamente têm vindo a ser concretizadas pelo legislador português – como a instituição do Balcão do Empreendedor[946] – tenham como motivação, entre outras, o ajustamento aos mecanismos de simplificação de acesso e exercício das actividades de serviços, previstos na Directiva n.º 2006/123/CE, do Parlamento Europeu e do Conselho, de 12 de Dezembro, relativa aos serviços no mercado interno[947]. E esta informatização é também o cerne dos sistemas de informação com acesso partilhado previstos no âmbito comunitário ou internacional, antevendo-se que assuma um papel progressivamente mais relevante[948].

Aliada à informatização, mas nela não se dissolvendo, também a padronização ou estandardização das actuações administrativas facilita a sua circulação no plano internacional, não só porque dissipa ou atenua dúvidas sobre a autenticidade daqueles actos, como porque viabiliza um melhor conhecimento do seu conteúdo. A profusão de formulários multilingues ou a criação de formas ou sistemas comuns para a prática de actos administrativos fun-

---

tratamento de dados pessoais e à livre circulação desses dados e que revoga a Diretiva 95/46/CE (Regulamento Geral sobre a Proteção de Dados).

[946] Cfr., na origem, o Decreto-Lei n.º 48/2011, de 1 de Abril, que visa a simplificação do regime de exercício de diversas actividades económicas e a desmaterialização dos respetivos procedimentos administrativos no âmbito de um novo balcão electrónico acessível através do Portal da Empresa, o «Balcão do empreendedor», e, actualmente também, o Decreto-lei n.º 10/2015, de 16 de Janeiro, que estabelece o Regime Jurídico de Acesso e Exercício de Actividades de Comércio, Serviços e Restauração.

[947] Informatização do procedimento não significa necessariamente a prática de actos administrativos informáticos, já que o acto é composto por dois elementos: a decisão informática e a manifestação do órgão competente, ainda que tácita, de assumir a decisão como um acto administrativo (cfr. PEDRO GONÇALVES, "O Acto Administrativo Informático (o Direito Administrativo Português Face à Aplicação da Informática na Decisão Administrativa), *Scientia Iuridica*, Tomo XLVI, n.ºs 256/257, 1997, pp. 70-75). É, no entanto, inegável, que a informatização conduziu a uma previsão cada vez maior de mecanismos declarativos e tácitos no campo administrativo; ao mesmo tempo que aponta para a mobilização de decisões finais típicas e já não das normas de programação condicional (cfr. THORSTEN SIEGEL, "Der virtuelle Verwaltungsakt", *Verwaltungs-Archiv – Zeitschrift für Verwaltungslehre, Verwaltungsrecht und Verwaltungspolitik*, Vol. 105, N.º 3, August, 2014, p. 258.

[948] Veja-se, no plano europeu, a Comunicação da Comissão sobre uma Estratégia de um Mercado digital para a Europa – COM(2015) 192 final, de 6 de Maio de 2015, entre tantos repositórios de dados desmaterializados no seio da União Europeia.

No plano internacional, não há como deixar de apontar o exemplo da E-apostila, que visa dar uma eficácia e divulgação ainda mais ampla a um instrumento de sucesso quase ímpar.

APTIDÃO E EFICÁCIA EXTRATERRITORIAL DOS ACTOS ADMINISTRATIVOS

ciona, efectivamente, como um mecanismo de promoção do seu reconhecimento e da sua execução, permitindo que cumpram atestadamente *funções similares*[949], mas sem que deles decorra, necessariamente, um afastamento das especificidades nacionais, designadamente do ponto de vista linguístico, o que parece adequar-se melhor aos ambientes plurais nos quais nos movemos[950].

---

[949] Como exemplo paradigmático apresentamos o passaporte europeu, considerado como símbolo de uma dupla pertença (nacional e da União), mas emitidos pelos Estados de acordo com um formato similar e permitindo o fácil exercício das liberdades comunitárias (cfr. MAYA HERTIG RANDALL, "European Passport", *Max Planck Encyclopedia of Public International Law [MPEPIL]*, 2008, disponível em http://opil.ouplaw.com/view/10.1093/law:epil/9780199231690/law-9780199231690-e638?prd=EPIL, acesso em 10 de Outubro de 2013, s/p). Note-se que similar evolução não foi possível ainda no plano internacional quanto aos passaportes electrónicos e biométricos, sobretudo por divergências entre os Estados sobre os parâmetros de protecção de dados a respeitar (cfr. CORNELIA HAGEDORN, "Passports", *Max Planck Encyclopedia of Public International Law [MPEPIL]*, 2008, disponível em http://opil. ouplaw.com/view/10.1093/law:epil/9780199231690/law-9780199231690-e857?prd=EPIL, acesso em 10 de Outubro de 2013, s/p.).
Outro exemplo pode ser encontrado no Regulamento (CE) n.º 1030/2002 do Conselho, de 13 de Junho de 2002, que estabelece um modelo uniforme de título de residência para os nacionais de países terceiros, que permite que, com menos dificuldade, se retirem os efeitos transnacionais associados ao estatuto de residente.
Mais recentemente, cfr. o Regulamento (UE) 2016/1191 do Parlamento Europeu e do Conselho, de 6 de julho de 2016, relativo à promoção da livre circulação dos cidadãos através da simplificação dos requisitos para a apresentação de certos documentos públicos na União Europeia, que tem um escopo mais amplo, mas ainda assim, limitado à atestação de determinados factos jurídicos (identificados no seu artigo 2.º).
[950] Umas breves observações sobre este ponto. A ausência de um formato que possa ser facilmente compreendido pelas partes afectadas e pelos Estados envolvidos coloca a questão da língua em procedimentos e processos que tenham um enquadramento internacional. Esta questão pode colocar-se sob *dois pontos de vista*.
O primeiro, atinente às situações em que um interessado pretende munir-se de um acto estrangeiro para dele retirar efeitos. Neste caso, os actos estrangeiros devem em regra – caso não se tenham estabelecido formas de dispensa ou aligeiramento desta obrigação – ser acompanhados de uma tradução aceite pelo Estado de destino (cfr. os artigos 5.º e 6.º do Código do Notariado português e o artigo 54.º do Código do Procedimento Administrativo); mais flexível, o artigo 43.º, n.º 3, do Código de Registo Predial, admite que documentos em língua estrangeira possam ser aceites se estiverem redigidos em língua inglesa, francesa e espanhola e o oficial público português competente dominar essa língua. E também no direito da União Europeia se aponta no sentido do aligeiramento deste requisito, seja em virtude da padroni-

EFICÁCIA, RECONHECIMENTO E EXECUÇÃO DE ACTOS ADMINISTRATIVOS ESTRANGEIROS

3. Tipos de eficácia extraterritorial dos actos administrativos

Os efeitos extraterritoriais para que tendem os actos administrativos correspondem à projecção – ao nível internacional – de algumas das funções que, internamente, lhe são assinaladas e que se desdobram, no que agora

zação referida em texto, seja pela indicação de que a exigência de tradução autenticada ou certificada por uma autoridade consular ou administrativa ou a imposição de um prazo excessivamente curto para a obtenção de uma tradução pode revelar-se restritiva da liberdade da circulação devendo as entidades administrativas dos Estados bastar-se com documentos que se encontrem numa língua que compreendam [cfr. Comunicação Interpretativa da Comissão – Facilitar o acesso de produtos ao mercado de um outro Estado-Membro: a aplicação prática do reconhecimento mútuo (2003/C 265/02)]. Veja-se, ainda, a solução consagrada no artigo 7.º, n.º 5 do Decreto-Lei n.º 92/2010, de 26 de Julho, que estabelece os princípios e as regras necessárias para simplificar o livre acesso e exercício das actividades de serviços e transpõe a Directiva n.º 2006/123/CE, do Parlamento Europeu e do Conselho, de 12 de Dezembro, que vai para além do por esta permitido (o de tradução de documentos provenientes de outros Estados-membros numa das línguas oficiais do Estado de acolhimento) ao estipular que "*as autoridades administrativas competentes podem solicitar a tradução não certificada para português de qualquer dos documentos referidos no presente artigo, excepto quando os mesmos se encontrem redigidos em língua inglesa*".

O segundo é referente às situações em que as actuações administrativas sejam desfavoráveis para os destinatários da acção administrativa. Ao contrário do que sucede em matéria comercial e civil, o direito de receber documentos numa língua que as partes compreendam não se encontra genericamente garantido em processos administrativos, mas considera-se dever o mesmo ser assegurado subsidiariamente (cfr. MIGUEL PRATA ROQUE, *A Dimensão Transnacional do Direito Administrativo – Uma visão cosmopolita das situações jurídico-administrativas*, AAFDL, Lisboa, 2014, p. 777, com quem não poderíamos deixar de concordar, dado o relevo fundamental do acesso a uma tradução, afirmado amiúde pelo Tribunal Europeu dos Direitos do Homem, e inicialmente no caso *Luedicke, Belkacem e Koç c. Alemanha,* de 28 de Novembro de 1978, nos processos 6210/73, 6877/75 e 7132/75). Talvez dada esta dimensão garantística, não tenha o legislador nacional aproveitado a abertura concedida no artigo 16.º, n.º 1 da Decisão--Quadro 2005/214/JAI, de 24 de Fevereiro de 2005, relativa à aplicação do princípio do reconhecimento mútuo às sanções pecuniárias, de aceitar traduções em outras línguas oficiais da União, que não o português.

Cfr., não obstante, a Recomendação do Provedor de Justiça n.º 2/B/2013, no caso Q-3365/12, no qual se advoga que os formulários dos autos contraordenacionais devem estar traduzidos em idioma inglês, cuja universalidade e globalidade é hoje unanimemente reconhecida, não apenas em função do número de falantes como também pela respetiva distribuição geográfica, salvaguardando-se, deste modo, o dever de informação da esmagadora maioria dos utentes rodoviários e evitando problemas relacionados com a desprotecção (ou indefesa) dos destinatários da acção pública.

APTIDÃO E EFICÁCIA EXTRATERRITORIAL DOS ACTOS ADMINISTRATIVOS

releva, em i) *função definitória,* já que os actos administrativos definem a situação jurídica dos seus destinatários; ii) *função tituladora,* por aqueles actos funcionarem como um título, designadamente para a execução do acto, eventualmente contra a vontade do particular; e iii) *função estabilizadora,* que permite o reconhecimento de força de caso decidido à situação por eles regulada[951].

Tendo em vista estas funções, distinguem-se vários modos de relevância dos actos administrativos – efeito probatório, executivo e modelador de efeitos jurídicos (efeito constitutivo)[952] –, podendo ainda somar-se os efeitos declarativos, incidentais e registais, caso pretendamos – como pretendemos – fazer uma sua análise compreensiva.

Estes efeitos não se produzem sem mais, sendo mediados pela intervenção do Estado receptor[953]. Mas nem todos eles se encontram dependentes de um processo específico de reconhecimento, mas de outros mecanismos de atribuição de relevância ao direito público estrangeiro.

FERRER CORREIA aponta que o efeito probatório e os efeitos laterais não dependem de reconhecimento[954]; na mesma linha, DANIELLE ALEXANDRE exclui o efeito probatório do reconhecimento, dada a sua natureza instru-

---

[951] Sobre estas funções, a que acrescem outras com relevo mais marcadamente interno (a função procedimental e a função processual), cfr. JOSÉ CARLOS VIEIRA DE ANDRADE, "Algumas Reflexões a Propósito da Sobrevivência do Conceito de "Acto Administrativo" no Nosso Tempo", *Estudos em Homenagem ao Prof. Doutor Rogério Soares,* Coimbra, Coimbra Editora, 2001, p. 1220.

SUZANA TAVARES DA SILVA acrescenta a estas funções uma outra: a de *interligação interdisciplinar,* desde logo entre o direito administrativo e as relações internacionais, como sucede com os actos administrativos transnacionais (cfr. *Um Novo Direito Administrativo?,* Coimbra, Imprensa da Universidade de Coimbra, 2010, p. 78).

[952] LUÍS DE LIMA PINHEIRO, *Direito Internacional Privado,* Vol. III, 2.ª ed, Coimbra, Almedina, 2012, p. 388. Sobre o elenco de efeitos para que tendem os actos administrativos transnacionais, cfr. MATTHIAS RUFFERT, "Der transnationale Verwaltungsakt", *Die Verwaltung,* Vol. 34, 2001, p. 472.

[953] Se quisermos recuperar a sistematização proposta por PRATA ROQUE, estaremos perante a análise das situações de ampliação consentida da extraterritorialidade, nos quais um Estado tolera, numa vertente passiva, ou colabora, numa vertente activa, com o exercício de autoridade pública estrangeira (cfr. *A Dimensão Transnacional do Direito Administrativo – Uma visão cosmopolita das situações jurídico-administrativas,* AAFDL, Lisboa, 2014, pp. 219-222).

[954] ANTÓNIO FERRER CORREIA, "La Reconnaissance et l'Exécution des Jugements Etrangers en Matière Civile et Commerciale (Droit Comparé)", *Estudos Vários de Direito,* Coimbra, Universidade de Coimbra, 1982, pp. 131-137; e MAURIZIO MARESCA, *Conformità dei Valori e*

EFICÁCIA, RECONHECIMENTO E EXECUÇÃO DE ACTOS ADMINISTRATIVOS ESTRANGEIROS

mental[955]. Estes ensinamentos, válidos directamente para as sentenças de direito privado, podem ser transpostos, com ajustamentos, para o campo do direito público, seja no plano das sentenças, seja no plano dos actos administrativos, como o fazia já Biscottini para quem, descontando os efeitos declarativos e probatórios, apenas nos casos em que de uma constatação estrangeira (um diploma) se pretendesse retirar um valor jurídico (equivalência a certas disciplinas ou a um grau nacional), teria então de se submeter a constatação a um procedimento nacional necessário para lhe atribuir tal eficácia[956].

Esta triagem entre efeitos dependentes e independentes do reconhecimento encontra-se intimamente relacionada com a distinção entre *questão de facto* e *questão de direito*.

Bartin distinguia entre efeitos independentes do controlo da regularidade internacional, por se tratarem de *efeitos de facto*, resultantes da simples existência da decisão estrangeira e, por isso, desprovidos de eficácia autónoma, dos *efeitos de direito*, que seriam objecto de controlo pelo Estado de reconhecimento[957].

Rilevanza del Diritto Pubblico Straniero: Materiali ed Ipotesi Ricostruttive, Milano, Giuffrè Editore, 1990, pp. 217-219.

[955] Danielle Alexandre admite que as sentenças possam ter efeitos jurídicos desde que não se pretenda afirmar a sua incontestabilidade (*i.e.* desde que não se pretenda afirmar o seu caso julgado ou força executória) (cfr. "Les Effets des Jugements Étrangers Indépendants de l'Exequatur", *Travaux du Comité Français de Droit International Privé*, Anos 1975-1977, Paris, Éditions du Centre National de la Recherche Scientifique, 1979, pp. 51-65). Em França as sentenças relativas ao estado e à capacidade têm uma eficácia de plano substancial independente de *exequatur*, mas padecem de uma autoridade precária, podendo ser objecto de oposição (Hélène Péroz, *La Réception des Jugements Étrangers dans l'Ordre Juridique Français*, Paris, L.G.D.J., 2005, pp. 89-93).

Entre nós, os efeitos de caso julgado, executivo e constitutivos, extintivos e modificativos dependem de revisão de acordo com o Código de Processo Civil, mas já dele não carecem os efeitos probatórios e os efeitos laterais e secundários em que a sentença é tomada como mero facto e tida em consideração: cfr. António Marques dos Santos, "Revisão e Confirmação de Sentenças Estrangeiras no Novo Código de Processo Civil de 1997 (Alterações ao Regime Anterior)", *Aspectos do Novo Processo Civil*, Lisboa, Lex, 1997, p. 148.

[956] Giuseppe Biscottini, "L'Efficacité des Actes Administratifs Étrangers", *Recueil des Cours*, Vol. 104, 1961, Leiden, Sijthoff, 1962, pp. 683-695. Trata-se, essencialmente aqui, da distinção entre as noções de reconhecimento indirecto e directo.

[957] E. Bartin considera que os julgamentos estrangeiros, independentemente de qualquer controlo de regularidade ou de *exequatur*, podem produzir consequências jurídicas indirectas

APTIDÃO E EFICÁCIA EXTRATERRITORIAL DOS ACTOS ADMINISTRATIVOS

E esta distinção permanece na doutrina, ainda que grandemente reca-racterizada.

De facto, a distinção entre estas questões (de facto e de direito) não se refere a objectos *essencialmente* diferenciados entre si, como o pretendiam as posições normativisto-positivistas[958], mas a um diferente olhar sobre o caso decidendo. Isto porque "(...) se, por um lado, "os factos relevantes" são já em si seleccionados e determinados em função da norma aplicável, de uma perspectiva jurídica, a norma aplicável (o direito), por outro lado, não pode deixar de ser seleccionada e determinada em função da estrutura concreta do caso a decidir"[959].

(e não efeitos em sentido próprio), sem que se analise a sua validade, mesmo se afectados de vícios graves (cfr. "Le Jugement Étranger Considéré Comme un Fait", *Journal de Droit International*, Tomo 51, 1924, pp. 55-876).

HORATIA MUIR-WATT refere-se igualmente à eficácia substancial imediata dos julgamentos estrangeiros, fora da discussão da sua força executória ou caso julgado (cfr. "Remarques sur les Effets en France des Jugements Étrangers Indépendamment de l'Exequatur", *Mélanges dédiés à Dominique Holleaux*, Paris, Litec, 1990, pp. 301-316). Cfr., ainda, sobre esta distinção, DOMINIQUE BUREAU, HORATIA MUIR WATT, *Droit International Privé, Tome I – Partie Générale*, 3.ª ed., Paris, Presses Universitaires de France, 2014, pp. 281-284; e DANIÈLE ALEXANDRE, *Les Pouvoirs du Juge de L'Exequatur, Paris, Librairie Générale de Droit et de Jurisprudence*, 1970, pp. 74-81.

[958] Sem grande admiração, as propostas de distinção entre reconhecimento de facto e de direito ou directo ou indirecto coincidiram com momentos de grande fôlego destas doutrinas.

[959] ANTÓNIO CASTANHEIRA NEVES, *Questão-de-Facto – Questão de Direito ou o Problema Metodológico da Juridicidade (Ensaio de uma Reposição Crítica), Vol I – A Crise*, Coimbra, Almedina, 1967, p. 55, pp. 11-58.

SALVATORE ROMANO entende que os factos serão sempre perspectivados enquanto realidade juridicamente relevante, ainda que não juridicamente conformada (cfr. "Osservazioni sulle Qualifiche "di Fatto" e "Di Diritto", *Scritti in Onore di Santi Romano*, Vol. IV, Padova, CEDAM, 1940, p. 151).

Também M. PH. FRANCESCAKIS não concorda com a classificação do julgamento estrangeiro como facto (como constatação de uma realidade produzida no estrangeiro, tal como se se tivesse produzido internamente), pois se se tira consequências jurídicas de uma decisão estrangeira tem sempre de se identificar o fundamento para a produção desses efeitos, mesmo não estando sujeito ao controlo de regularidade (cfr. "Effets en France des Jugements Étrangers Indépendamment de l'Exequatur", *Travaux du Comité Français de Droit International Privé*, Anos 1946-1947/1947-1948, Paris, Éditions du Centre National de la Recherche Scientifique, 1951, p. 149).

Especificamente quanto aos actos administrativos estrangeiros, GIUSEPPE BISCOTTINI também não faz uma distinção estanque entre efeitos de facto e de direito, considerando que os

No entanto, recusada uma qualquer distinção ôntica, não deixa de o olhar distinto que se lança sobre o caso justificar diferenças de ordem metodológica na condução da concretização do direito nos casos concretos[960]. Apenas neste sentido, continua a fazer sentido a distinção entre o método do reconhecimento e outros expedientes *jurídicos* de extensão da eficácia dos efeitos de actos administrativos estrangeiros, uma vez que os critérios para a actuação de actos estrangeiros no foro são diferenciados[961].

Note-se ainda que a doutrina clássica que fazia uma cisão entre efeitos de facto e de direito teve o seu apogeu num ambiente de clara hostilidade ou renitência ao reconhecimento, tendo sido vista de forma *positiva* como uma forma de ampliação dos efeitos de actos estrangeiros, que, assim, escapavam ao domínio estrito do direito nacional (do, hoje, do Estado de reconhecimento), mantendo, porém, intactos e separados os níveis de normatividade (nacional e estrangeiro). Hoje, porém, num ambiente pluralista, no qual o reconhecimento de actuações públicas estrangeiras é admitido com mais generosidade, deixa de ser necessário asseverar a rigidez entre distinções que, sem dúvida, se interpenetram e completam, e cuja manutenção "classificatória" serve, essencialmente, propósitos expositivos.

a. *Efeito declarativo*

Este efeito parece-nos ser auto-explicativo. De um acto administrativo estrangeiro de carácter "certificativo" ou "constatativo" resulta, como defendia BISCOTTINI, uma consequência ou *efeito lógico* que se produz dada a certeza jurídica que a intervenção da Administração dá ao acto produzido[962].

---

mesmos se interligam de forma desconcertante (cfr. "L'Efficacité des Actes Administratifs Étrangers", *Recueil des Cours,* Vol. 104, 1961, Leiden, Sijthoff, 1962, p. 683).

[960] Sobre o relevo prático-processual da distinção entre questão de facto e questão de direito, não obstante a dificuldade em proceder a esta diferenciação, cfr. JOÃO DE CASTRO MENDES, *Do Conceito da Prova em Processo Civil,* Lisboa, Edições Ática, 1961, pp. 481-505.

[961] Isto ainda que na diferença entre a consideração (*Achtung*) e o reconhecimento de actos estrangeiros (*Anerkennung*) tenha havido alguma aproximação quanto critérios substanciais, como sucede com o respeito da ordem pública, como assinalámos (assim, cfr. MARTIN KMENT, *Grenzüberschreitendes Verwaltungshandeln – Transnationale Elemente deutschen Verwaltungsrechts,* Tübingen, Mohr Siebeck, 2010, pp. 447-454).

[962] GIUSEPPE BISCOTTINI, "L'Efficacité des Actes Administratifs Étrangers", *Recueil des Cours,* Vol. 104, 1961, Leiden, Sijthoff, 1962, p. 683. Quanto à distinção entre certificados e constatações, para o Autor os primeiros fundam-se sobre elementos da realidade facilmente controláveis; enquanto os actos de constatação implicam pesquisas complexas, independentes

APTIDÃO E EFICÁCIA EXTRATERRITORIAL DOS ACTOS ADMINISTRATIVOS

Produz-se, assim, de forma automática, a atestação – pelo menos preliminar – da produção de eficácia do acto no Estado de origem.

Mais, dada a natureza documental dos actos administrativos estrangeiros, a que já fizemos referência, os Estados passam a ter a obrigação de não os desconhecer[963]. E é este não desconhecimento que abre o caminho para uma ampliação de efeitos daqueles actos no Estado de acolhimento.

b. Efeito probatório

A eficácia probatória dos actos administrativos, pese embora não ser auto-explicativa, parece hoje evidente, dada a sua aceitação generalizada na doutrina, legislação e prática estadual e internacional.

Há quem chegue a reconhecer que esta eficácia probatória, assente numa presunção de veracidade do acto estrangeiro, decorre da combinação de uma razão lógica – por razões de civilidade deve reconhecer-se que os Estados modernos conduzem a sua função pública com idêntico zelo e seriedade do que as autoridades do foro – e de uma necessidade prática[964].

Mais realista, Biscottini retira esta força probatória do valor lógico das constatações e certificados e não de uma pretensa regra de direito internacional ou de uma exigência social de reconhecer certificados estrangeiros[965], mas isso não impede o Autor de atribuir um valor tendencialmente universal a este efeito lógico, mesmo no silêncio do direito positivo, e sem qualquer procedimento e controlo que não o da autenticidade do acto[966]. De facto, mesmo nos sistemas em que não haja uma disposição sobre a eficácia probatória de actos públicos estrangeiros, como o italiano, é-lhes reconhecida

---

da probidade, capacidade e diligência do seu autor. O certificado tende por isso para uma certeza jurídica absoluta e a constatação para uma certeza jurídica relativa, em relação a um fim determinado (pp. 684-685).

[963] Giuseppe Biscottini, "Il Passaporto e la Sua Natura Giuridica", *Scritti di Diritto Internazionale in Onore di Tomaso Perassi*, Vol. I, Milano, Dott. A. Giuffrè, 1957, p. 221.

[964] Giorgio Cansacchi, "L'Efficacia Probatoria deu Certificati Amministrativi Stranieri", *Giurisprudenza Comparata di Diritto Internazionale Privato*, N.° 3, 1938, p. 267.

[965] Giuseppe Biscottini adianta, no entanto, que a atribuição formal de um valor de prova privilegiado (e não apenas da sua tomada em consideração) dependerá de disposições explícitas (cfr. "L'Efficacité des Actes Administratifs Étrangers", *Recueil des Cours*, Vol. 104, 1961, Leiden, Sijthoff, 1962, p. 691).

[966] Giuseppe Biscottini, *Diritto Amministrativo Internazionale – Tomo Primo/ La Rilevanza degli Atti Amministrativi Stranieri*, Padova, CEDAM, 1964, pp. 26-28.

EFICÁCIA, RECONHECIMENTO E EXECUÇÃO DE ACTOS ADMINISTRATIVOS ESTRANGEIROS

tal força probatória, imputando-se ao juiz a tarefa de avaliar os critérios de eficácia daqueles actos[967].

Não obstante, é comum que os Estados prevejam expressamente a eficácia probatória de actos estrangeiros – seja directa, seja indirecta, através da equiparação feita, para estes efeitos, entre actos públicos e actos administrativos, dada a nota comum em ambos; a participação de autoridades públicas. É o que sucede, entre nós, no artigo 365.º do Código Civil[968], que, além da autenticidade do acto estrangeiro, demanda a avaliação da equivalência a um acto nacional, para daí retirar a consequência jurídica probatória devida[969].

Em termos gerais, é comum dizer-se que a força probatória se refere aos factos atestados/constatados pela decisão, encontrando-se submetida à livre apreciação do decisor[970]. Há, contudo, quem advogue – o nosso legislador reconhece expressamente, no artigo 371.º, n.º 1 do Código Civil – que estes actos devem poder produzir prova plena quanto a três aspectos: os factos – o estado nas coisas que deles constem –, a identidade dos intervenientes e o local da sua produção, valendo a referida livre apreciação apenas quanto aos demais elementos constantes do acto[971].

---

[967] PAOLO PASQUALIS, "Attuazione ed Esecuzione Forzata in Italia degli Atti Pubblici Provenienti dall'Estero", *Giurisdizione Italiana – Efficacia di Sentenze e Atti Straniere*, Pietro Perlingieri (dir.), Napoli, Edizioni Scientifiche Italiane, 2007, pp. 608-609. Para o Autor, na linha de BISCOTTINI, a especial força probatória de determinados actos está reservada aos actos que se conformem com a lei italiana.

[968] No caso de esta autenticidade não poder ser afirmada, sequer por intermédio do procedimento de legalização (artigo 440.º do Código do Processo Civil), por ausência por exemplo de funcionários consulares, esta carece de valor, o que significa que o documento autêntico passa a documento particular, *"visto não haver possibilidade de estabelecer legalmente a sua autenticidade"* (cfr. ALBERTO DOS REIS, *Código de Processo Civil Anotado*, Vol. III, Coimbra, Coimbra Editora, 1950, p. 462).

[969] LUÍS DE LIMA PINHEIRO configura esta como uma situação de substituição (cfr. *Direito Internacional Privado*, Vol I – Introdução e Direito de Conflitos – Parte Geral, 3.ª ed., Coimbra, Almedina, 2014, p. 632).

[970] DANIÈLE ALEXANDRE, *Les Pouvoirs du Juge de L'Exequatur*, Paris, Librairie Générale de Droit et de Jurisprudence, 1970, pp. 81-96.

[971] ELISABET CERRATO GURI, "El Valor Probatorio de los Documentos Publicos no Judiciales y Extranjeros en el Proceso Civil Español", *El Documento Público Extranjero en España y en la Unión Europea – Estudios sobre las Características y Efectos del Documento Público*, Maria Font i Mas (dir.), España, Editora Bosch, 2014, pp. 483-491; e PILAR JÍMENEZ BLANCO, "El Valor Probatorio de los Documentos Publicos en la Unión Europea ", *El Documento Público Extranjero*

No âmbito processual, a força probatória diverge da eficácia vinculativa da decisão (do seu conteúdo dispositivo), pelo que, fora do âmbito do caso julgado, a sentença é considerada também um acto autêntico que prova a existência dos actos praticados pelo juiz e todos os que foram por este atestados; dissociação esta de efeitos que para MARIA JOSÉ CAPELO é ainda mais clara no âmbito das sentenças estrangeiras, que estão desprovidas daquele efeito directo de caso julgado[972].

Estes ensinamentos são válidos também para os actos administrativos estrangeiros, aos quais se reconhece eficácia probatória, experimentando-se, porém, maior dificuldade na altura de passar de meros efeitos probatórios formais – dar fé pública ao documento, mediante controlo da sua autenticidade e equivalência – para efeitos de natureza mais substancial, referentes à validade intrínseca do documento. Isto, porque nestes casos se passa para o campo de relevância do reconhecimento, que, em virtude da *autonomia* da questão decidenda e da complexidade dos *critérios* a mobilizar, suscita mais resistência por parte dos Estados de acolhimento[973].

c. *Efeito incidental*

O efeito incidental de actos administrativos estrangeiros foi já analisado na primeira parte do presente livro, na qual se deu conta da abertura dos Estados à tomada em consideração de efeitos laterais[974] de decisões estran-

---

en España y en la Unión Europea – Estudios sobre las Características y Efectos del Documento Público, Maria Font i Mas (dir.), España, Editora Bosch, 2014, pp. 431-473.

[972] Neste sentido, com abundantes referências, cfr. MARIA JOSÉ CAPELO, *A Sentença entre a Autoridade e a Prova – Em Busca de Traços Distintivos do Caso Julgado Civil,* Coimbra, Almedina, 2015, pp. 103-148.

[973] HENRICK WENANDER esclarece que nas situações em que uma decisão de um Estado é usada com valor probatório, não estamos em sentido estrito perante a atribuição de efeitos legais, logo não é verdadeiro reconhecimento. Isto, ainda que, acrescentamos nós, em sentido contrário, o reconhecimento pressuponha, como conteúdo necessário, o acolhimento daqueles efeitos probatórios (cfr. "Recognition of Foreign Administrative Decisions – Balancing International Cooperation, National Self-Determination, and Individual Rights", *Zeitschrift für ausländisches öffentliches Recht und Völkerrecht,* N.º 71, 2011, p. 760).

[974] ANTÓNIO FERRER CORREIA define estes efeitos laterais de maneira impagável: como condições necessárias para a realização de uma consequência jurídica determinada pela lei competente (cfr. "La Reconnaissance et l'Exécution des Jugements Etrangers en Matière Civile et Commerciale (Droit Comparé)", *Estudos Vários de Direito,* Coimbra, Universidade de Coimbra, 1982, p. 131).

geiras, sem necessidade de levar a cabo um processo autónomo, ou avaliar critérios específicos que se prendam com a regularidade, em sentido amplo, da decisão.

Apesar de esta distinção – efeito principal/incidental ou lateral – ser acolhida em vários ordenamentos jurídicos, é difícil distinguir ambos os efeitos. E se há casos em que se pode lançar mão de um critério económico para distinguir situações de reconhecimento de actos administrativos estrangeiros ou, apenas, da sua tomada em consideração[975], outras há em que esta distinção não é clara.

E o instituto do reconhecimento não auxilia nesta delimitação *em abstracto* de efeitos, uma vez que a linha divisória entre efeitos carecidos de reconhecimento e não reconhecidos de reconhecimento é usualmente traçada nos efeitos probatórios [artigo 978.º, n.º 2, do Código de Processo Civil]. Não obstante, MOURA RAMOS dá conta de uma tendência, que já pudemos observar, de alargamento da previsão do regime aplicável aos efeitos probatórios a outras situações de natureza incidental, temperando, assim, de alguma forma a rigidez do sistema de revisão por controlo prévio[976].

d. *Efeito constitutivo*

Os actos administrativos estrangeiros visam no Estado de acolhimento a produção de efeitos jurídicos inovatórios, introduzindo uma modificação no ordenamento jurídico em causa, ao alterarem os direitos e obrigações dos envolvidos. E isto ainda que se trate na origem de actos puramente certificativos ou declarativos, mas dos quais podem vir a resultar alterações na ordem jurídica de destino, de outra forma impossíveis.

Se é certo que a situação decorrente de um acto administrativo estrangeiro – como a de uma sentença estrangeira – configura um estado, em fun-

---

FRANÇOIS RIGAUX refere-se a este efeito sobre a força obrigatória dos contratos da transgressão de direito público estrangeiro e de regras de direito internacional (cfr. *Droit Public et Droit Privé dans les Relations Internationales*, Paris, Éditions A. Pedone, 1977, pp. 190-199).

[975] JÜRGEN BASEDOW, JAN VON HEIN, DOROTHEE JANZEN e HANS-JÜRGEN PUTTFARKEN definem como critério distintivo a existência de relação directa ou meramente indirecta do fluxo financeiro com o Estado (cfr. "Foreign Revenue Claims in European Courts", *Yearbook of Private International Law*, Vol. VI, 2004, p. 66).

[976] RUI MANUEL MOURA RAMOS, "O Direito Processual Civil Internacional no Novo Código de Processo Civil", *Revista de Legislação e de Jurisprudência*, Ano 143, N-.º 3983, Novembro/Dezembro, 2013, p. 101.

ção do seu conteúdo dispositivo, de que o interessado se pode querer prevalecer onde quer que se encontre[977], a verdade é que o *carácter legal e obrigatório* aliado a esse estado se encontra dependente – em regra – de processos de reconhecimento, que permitam a extensão da eficácia do acto de autoridade em que se fundam.

Esses efeitos constitutivos, na medida em que se inserem estrutural e funcionalmente na malha do Estado de destino, são sujeitos por este a um processo de controlo que permita, com *fundamento último* no acto administrativo estrangeiro, o acesso ao mercado, o exercício de uma profissão, o acesso a cuidados de saúde ou educacionais, etc.

e. *Efeito registal*

Os efeitos registais são vistos, nos actos públicos, como efeitos vizinhos dos efeitos probatórios[978], eventualmente por isso não carecem, em vários ordenamentos jurídicos, de processos de reconhecimento para acederem a registos públicos ou estão sujeitos a procedimentos aligeirados de controlo que viabilizem aquele acesso[979].

Pese embora a proximidade dos actos administrativos com os actos públicos estrangeiros, quanto à sua roupagem, esta é uma área em que as diferenças entre estas duas actuações preponderam.

Os registos que, na sua essência, se refiram a actuações jurídico-públicas e não jurídico-privadas, como os cadastros de actividades económicas dependentes de uma *démarche* administrativa prévia (pelo menos de natureza comunicativa), ou as inscrições em ordens ou associações profissionais, na medida em que viabilizam o exercício de actividades no Estado de acolhimento encontram-se mais próximos dos efeitos constitutivos dos actos estrangeiros do que de uma sua basilar eficácia probatória.

---

[977] DANIÈLE ALEXANDRE fala aqui de efeitos positivos da decisão judicial, seja ela de natureza declarativa, constitutiva ou de condenação, sendo que em qualquer caso o julgamento funciona como "presunção simples" da existência de uma situação que criou ou constatou (Cfr. *Les Pouvoirs du Juge de L'Exequatur*, Paris, Librairie Générale de Droit et de Jurisprudence, 1970, pp. 135-136).

[978] PAOLO PASQUALIS, "Attuazione ed Esecuzione Forzata in Italia degli Atti Pubblici Provenienti dall'Estero", *Giurisdizione Italiana – Efficacia di Sentenze e Atti Straniere,* Pietro Perlingieri (dir.), Napoli, Edizioni Scientifiche Italiane, 2007, p. 581.

[979] ALFONSO-LUIS CALVO CARAVACA, JAVIER CARRASCOSA GONZÁLEZ, *Derecho Internacional Privado*, Vol. I, 14.ª ed., Granada, Comares, 2013, p. 541.

EFICÁCIA, RECONHECIMENTO E EXECUÇÃO DE ACTOS ADMINISTRATIVOS ESTRANGEIROS

Pelo que, também aqui, a produção desses efeitos será feita depender em regra, de um processo de reconhecimento, automático ou condicionado, no Estado de destino, que viabilize aquele acto de registo.

Estes registos podem assumir várias feições, de natureza mais declarativa, sempre que dependam da realização de comunicações ou notificações (pelo Estado de origem ou directamente pelo particular), ou de natureza que poderíamos apelidar de constitutiva, quando o registo dependa da edição de actos autorizativos (pelo Estado de acolhimento). Numa perspectiva de facilitação do reconhecimento, os registos declarativos são visivelmente mais bem recebidos do que os que dependem de actos autorizativos no Estado de destino, concebendo-se aqueles, no seio da União, como meras *normas técnicas* – usualmente sem eficácia restritiva para os seus destinatários – e estes como registos constitutivos que podem incorporar restrições ao reconhecimento, pelo que devem, em cada caso, cumprir os requisitos estritos dispostos para o efeito[980].

Enfim, esta diferenciação entre registos declarativos e constitutivos não se prende com os registos em si, mas com os actos que neles se inscrevem. Por exemplo, a inscrição em ordens pode revelar-se meramente declarativa (no caso de prestação de serviços, nos quais há apenas lugar a comunicação) enquanto que a inscrição a título de estabelecimento pode ser de natureza constitutiva[981]; ao mesmo passo que num registo como o dos bens culturais

---

[980] Cfr., o Acórdão *Canal Satélite Digital SL e Administración General del Estado*, do Tribunal de Justiça de 22 de Janeiro de 2002, proferido no processo C-390/99, que indica quais são estes requisitos: fundamentação em critérios objectivos, não discriminatórios e conhecidos antecipadamente, de modo a enquadrar o exercício do poder de apreciação das autoridades nacionais a fim de este não ser utilizado de modo arbitrário; não duplicação de controlos, por desnecessidade dessa segunda avaliação; admissão de uma autorização prévia apenas se se demonstrar que o controlo *a posteriori* ocorreria demasiado tarde para garantir a efectiva eficácia deste e permitir-lhe atingir o objectivo prosseguido e se ela não tiver uma duração e custos desmesurados que dissuadam os operadores interessados de prosseguirem o seu projecto.

[981] Cfr. o Acórdão *Claude Gullung c. Conseils de L'ordre des Avocats du Barreau de Colmar et de Saverne*, de 19 de Janeiro de 1988, do Tribunal de Justiça proferido no processo 292/86, segundo no qual se esclareceu que o direito ao estabelecimento deve ser interpretado no sentido de que um Estado-membro cuja legislação impõe aos advogados a inscrição numa ordem pode estabelecer a mesma exigência a respeito dos advogados de outros Estados-membros que beneficiem do direito de estabelecimento garantido pelo Tratado para se estabelecerem como advogados no seu território. Concebendo também que a inscrição na ordem dos advogados para exercício permanente da actividade profissional com o título do Estado de acolhi-

APTIDÃO E EFICÁCIA EXTRATERRITORIAL DOS ACTOS ADMINISTRATIVOS

móveis importados, a comunicação de importação ou admissão que pareceria meramente declarativa desencadeia a produção de efeitos preclusivos,
impedindo que aqueles bens declarados sejam classificados como de interesse nacional ou de interesse público nos dez anos subsequentes àquela
data[982].

f. Efeito preclusivo

As autoridades públicas, ao porem termo a um litígio ou ao decidirem
uma pretensão jurídico-administrativa, fazem-no, em regra, na assunção de
que o mesmo está definitivamente resolvido, sempre que dele não tenha
havido recurso.

Tanto convoca uma estabilização das situações jurídicas administrativas
e a preclusão da sua nova apreciação e adjudicação, tanto do ponto de vista
factual, como jurídico. E, em consequência, uma pretensa equiparação ou
aproximação entre a força de caso julgado, de que beneficiam as sentenças
que se tenham tornado irrecorríveis, e a *força de caso decidido*, de que beneficiariam os actos administrativos que se tivessem tornado inimpugnáveis,
questionando-se se estes actos têm um efeito de imutabilidade e preclusivo
idênticos ao das sentenças[983].

Uma das respostas possíveis passa por colocar em evidência as diferenças
entre estas duas figuras, acentuando-se que a autoridade de coisa decidida
não é bem o mesmo que a força de caso julgado, não só porque a sua contes-

---

mento não corresponde a uma restrição ilegítima à liberdade de estabelecimento, cfr. Acórdão *Donat Cornelius Ebert c. Budapesti Ügyvédi Kamara*, do Tribunal de Justiça de 3 de Fevereiro
de 2011, proferido no processo C-359/09.

Já no Acórdão *Comissão Europeia c. República Portuguesa*, do Tribunal de Justiça de 18 de
Novembro de 2010, proferido no processo C-458/08, se concluiu que, no contexto particular
do procedimento da concessão do alvará ou de um título de registo para o acesso à actividade
de construção, as normas portuguesas eram de tal forma gerais, que, ao não enquadrarem de
forma suficiente o exercício do poder de apreciação das autoridades nacionais, impediam que
os prestadores de serviços de construção estabelecidos noutro Estado-membro as pudessem
respeitar, pelo que foram consideradas ilegítimas.

[982] Cfr. artigo 60.º do Decreto-Lei n.º 148/2015 de 4 de Agosto, e artigo 68.º, n.º 2, alínea b) da
Lei n.º 107/2001, de 8 de Setembro.

[983] ROGÉRIO SOARES, *Direito Administrativo – Lições ao Curso Complementar de Ciências Jurídico-
-Políticas da Faculdade de Direito de Coimbra no Ano Lectivo de 1977/78*, policopiado, Coimbra,
1978, p. 219.

EFICÁCIA, RECONHECIMENTO E EXECUÇÃO DE ACTOS ADMINISTRATIVOS ESTRANGEIROS

tação é sempre possível, como também porque a decisão pode ser revista[984]; outra das respostas passa pela aproximação parcial à força de caso julgado, considerando que os actos administrativos apenas beneficiariam de uma autoridade formal (a intangibilidade do acto), ainda assim, reduzida, dadas as possibilidades de anulação e revogação do acto, mas já não de uma autoridade material (a incontestabilidade do conteúdo)[985].

Apontamos para uma terceira via que nos parece ser a que melhor procede à ponderação dos interesses em presença: a da existência de força de caso decidido, que pode, todavia, ser flexibilizado, sempre que haja fundamentos para o efeito – ancorados na satisfação do interesse público ou no dinamismo próprio da acção administrativa –, mas sem que com isso se destrua, como refere DAVIS, "o serviço essencial da doutrina da *res iudicata*" que passa por prevenir que as partes, sem fundamento bastante, voltem a litigar a mesma questão[986].

Esta rejeição da lógica ou *falácia* do *tudo ou nada*[987] anima dominantemente a doutrina nacional, que admite que, apesar de esta força de caso decidido parecer estar hoje em crise, não deixa de ser uma característica dos actos administrativos, traduzida no imperativo da sua estabilização, marca parcelar, mas distintiva, do Direito[988].

---

[984] CHARALAMBOS PAMBOUKIS, *L'Acte Public Étranger em Droit International Privé,* Paris, L.G.D.J., 1993, p. 61.

[985] ROGER-GÉRARD SCHWARTZENBERG, *L'Autorité de Chose Décidée*, Paris, Librairie Générale de Droit et de Jurisprudence, 1969, pp. 178 e 197.

[986] KENNETH CULP DAVIS, "Res Iudicata in Administrative Law", *Texas Law Review*, Vol. XXV, N.º 3, January, 1946-1947, p. 201. O autor avança duas razões pelas quais deve ser dada maior flexibilidade à Administração do que ao Juiz: a primeira, porque quem exerce a função administrativa não é considerado um perito nas questões de direito e porque as áreas administrativas – e por isso o são – são mais aptas a exigências de flexibilidade e a imperativos de desenvolvimento.

[987] Ainda nas palavras de KENNETH CULP DAVIS, "Res Iudicata in Administrative Law", *Texas Law Review*, Vol. XXV, N.º 3, January, 1946-1947, p. 201.

[988] Cfr. JOSÉ CARLOS VIEIRA DE ANDRADE, *Lições de Direito Administrativo*, 5.ª ed., Coimbra, Imprensa da Universidade de Coimbra, 2017, p. 205, para quem a questão do caso decidido material como "*capacidade de resistência do conteúdo de uma decisão administrativa face a decisões futuras da administração perante o mesmo destinatário, passa a ser resolvida pela ponderação concreta dos interesses (conflituantes entre si) da estabilidade, da eficiência e da justiça material.*
Já antes, no sentido de aceitação da influência de um acto inopugnável sobre um outro acto, mas dependente da situação concreta e do equilíbrio dos valores da justiça material do caso,

APTIDÃO E EFICÁCIA EXTRATERRITORIAL DOS ACTOS ADMINISTRATIVOS

Pese embora este ponto de partida, não é de admirar que, dadas as evoluções na área administrativa, o discurso doutrinal[989] e legislativo[990] se tenha

da certeza jurídica e da liberdade da actuação da Administração, cfr. ROGÉRIO SOARES, *Direito Administrativo – Lições ao Curso Complementar de Ciências Jurídico-Políticas da Faculdade de Direito de Coimbra no Ano Lectivo de 1977/78*, policopiado, Coimbra, 1978, pp. 226-228. O Autor aponta ainda limites ao caso decidido: objectivos, os fundamentos que serviram de base ao acto; subjectivos, o do círculo dos sujeitos que participaram no procedimento; e temporais, pois podem surgir factos novos que alterem a decisão tomada.

Mais recentemente, JOSÉ EDUARDO FIGUEIREDO DIAS apesar de considerar não ser possível dar uma resposta geral ao problema do caso decidido material, adianta que há áreas em que ele é mais instável, como na administração de polícia, ao contrário de outras em que há uma *tendencial permanência* na decisão, como nas verificações, atestações e habilitações (cfr. *A Reinvenção da Autorização Administrativa no Direito do Ambiente*, Coimbra, Coimbra Editora, 2014, pp. 490-491).

Mesmo no sentido de que os actos de comunicação prévia (com prazo) têm efeitos de caso decidido, já que o particular não pode ser impedido de exercer a sua actividade – sem desprimor de controlo sucessivo, caso a actividade seja ilegal ou desconforme com a comunicação que foi levada a cabo (JOÃO MIRANDA, "A Comunicação Prévia no Novo Codigo do Procedimento Administrativo", *Comentários ao Novo Código do Procedimento Administrativo*, Carla Amado Gomes, Ana Fernanda Neves, Tiago Serrão (coord.), Vol. II, 3.ª ed., Lisboa, AAFDL, 2016, p. 246). Recusando, nestes casos, a força de caso decidido, mas entendendo que o poder de veto administrativo constitui um prazo de caducidade do poder público relativo à aplicação de medidas repressivas, o que significa, da mesma forma, a estabilização da situação criada por força da comunicação, cfr. PEDRO GONÇALVES, *Entidades Privadas com Poderes Públicos*, Coimbra, Almedina, 2005, p. 208.

PAULO OTERO é uma voz dissonante ao entender que os efeitos de uma decisão favorável e válida dão lugar a dois regimes distintos: se o acto for praticado pelo Tribunal torna-se irrevogável, podendo falar-se em verdadeiros "direitos adquiridos", enquanto que se o acto for praticado pela Administração, pode ser revogado e o conceito de direitos adquiridos assume "natureza relativa, à luz da noção evolutiva do interesse público ou das alterações das circunstâncias" (cfr. *Manual de Direito Administrativo*, Vol. I, Coimbra, Almedina, pp. 114-115).

[989] Sobre a ultraprotecção resultante de uma concepção do caso decidido que, entre nós, redundava num *"quadro ultraprotectivo dos interesses privados em oposição a um défice de competência administrativa no que tange à prossecução dinâmica dos interesses públicos"*, cfr. CARLA AMADO GOMES, *Risco e Modificação do Acto Autorizativo Concretizador de Deveres de Protecção do Ambiente*, Coimbra, Coimbra Editora, 2007, p. 671.

[990] Veja-se como o novo Código do Procedimento Administrativo português regulou, nos artigos 167.º, n.º 2, e 168.º, n.º 7, situações de inequívoca importância e dificuldade, como as de alteração superveniente das circunstâncias e as de anulação por força de jurisprudência superveniente da União Europeia, relativamente às quais o anterior Código mantinha um absoluto silêncio.

EFICÁCIA, RECONHECIMENTO E EXECUÇÃO DE ACTOS ADMINISTRATIVOS ESTRANGEIROS

centrado nos desvios à força de caso decidido, e não na afirmação deste.

A modificabilidade e/ou a cessação de efeitos dos actos administrativos reconhecidos hoje pela doutrina, jurisprudência e legislação de forma mais generosa do que de antes, trazem consigo, no entanto, problemas de reconhecimento, uma vez que a afectação dos termos da eficácia do acto reconhecido se deverá ou poderá repercutir nos efeitos que este recebe noutros ordenamentos jurídicos.

Naturalmente, pressupomos aqui que o acto que adquiriu estabilidade no seu ordenamento jurídico de origem foi objecto de reconhecimento, estendendo, em virtude deste, os seus efeitos para fora do espaço àquele afecto. A questão *base* coloca-se, portanto, do ponto de vista do Estado *ad quem* – na medida em que este não terá, em princípio, uma obrigação de reconhecimento[991], competindo-lhe definir se reconhece ou não essa força ou autoridade de caso decidido e os moldes em que o faz.

Decidindo-se pelo reconhecimento, a eficácia do caso decidido projecta--se não apenas de forma negativa – impedindo a colocação em causa da situação decidida –, como de forma positiva, impondo no futuro a adopção daquela decisão[992], o que parece precludir a faculdade de as Autoridades do Estado de recepção decidirem diferenciadamente em momento subsequente ao reconhecimento ou duplicarem formas de controlo.

Note-se, por último, que as decisões negativas da Administração (por exemplo, de não autorização de produtos no mercado, sempre que estas decisões, se em sentido positivo, tivessem efeitos trasnacionais) não formam caso decidido, podendo os interessados, nos termos dos direitos nacionais aplicáveis, continuar a solicitar novas licenças, não havendo um efeito preclusivo da primeira decisão estatal tomada.

Esta eficácia preclusiva é particularmente difícil de concretizar em ambientes internacionais e transnacionais, dada a não coincidência dos ele-

---

[991] Obrigação de reconhecimento esta que apenas existirá quando houver fundamento para o efeito, no âmbito dos actos administrativos *supranacionais* e *transnacionais*. Também no âmbito das sentenças, a força de caso julgado é feita depender, salvo solução expressa em contrário, de uma intervenção de controlo ou *exequatur,* não se aceitando uma eficácia *de plano* obrigatória daquelas sentenças (cfr. P. LACOSTE, *De La Chose Jugée en Matière Civile Criminelle, Disciplinaire et Administrative*, 3.ª ed., Paris, Recueil Sirey, 1914, pp. 540-541).

[992] Quanto ao caso julgado, cfr. JOÃO CASTRO MENDES para quem a eficácia pode consistir

APTIDÃO E EFICÁCIA EXTRATERRITORIAL DOS ACTOS ADMINISTRATIVOS

mentos essenciais à subsistência da força de caso decidido, em especial a identidade das Autoridades decisórias e dos efeitos considerados[993].

Esta discussão tem vindo a ser polarizada em torno do princípio do *ne bis in idem*[994], que permite fazer o cruzamento entre as diferentes exigências que se colocam no direito criminal e no direito sancionatório de ordem administrativa no âmbito da União Europeia.

De facto, enquanto que para as Instituições da União, o princípio *ne bis in idem* tem vindo a ser incluído, como fatia de leão, num princípio mais amplo do mútuo reconhecimento de decisões penais[995], o mesmo não tem sucedido no campo administrativo, no qual o reconhecimento mútuo parece não enquadrar um princípio que tenha os mesmos efeitos preclusivos rígidos que aquele.

---

num impedimento (*non facere*) e numa vinculação (*facere*) (cfr. *Limites objectivos do Caso Julgado em Processo Civil*, Lisboa, Edições Ática, 1968, pp. 38-40).

[993] PIERRE MAYER, "Réflexions sur l'Autorité Négative de Chose Jugée", *Mélanges Dédiés à la Mémoire du Doyen Jacques Héron – Liber Amicorum*, Paris, L.G.D.J., 2008, pp. 331-346. Para ULRICH FASTENRATH como os actos são praticados apenas com base na legislação da autoridade que os emanou, não têm, em regra, efeitos preclusivos no estrangeiro, podendo ser iniciados processos neste (cfr. "Die Veränderte Stellung der Verwaltung und ihr Verhältnis zum Bürger unter dem Einfluss des europäischen Gemeinschaftsrechts", *Die Verwaltung – Zeitschrift für Verwaltungsrecht und Verwaltungswissenschaften*, Vol. 31, 1998, p. 303). ALEJANDRO NIETO considera difícil respeitar-se, em sede administrativa, as três condições de identidade dos factos, unidade do ofensor e unidade do interesse protegido (cfr. *Derecho Administrativo Sancionador*, 4.ª ed., Madrid, Tecnos, 1993, pp. 502-532).

[994] Também no âmbito administrativo, como no âmbito criminal, o princípio do *ne bis in idem* tem vindo a absorver outras questões importantes e mais amplas como a dos conflitos de jurisdição (cfr., neste sentido, quanto ao âmbito criminal, PEDRO CAEIRO, "A Jurisdição Penal da União Europeia como Meta-Jurisdição: Em Especial, a Competência para Legislar sobre as Bases de Jurisdição Nacional", *Estudos em Homenagem ao Prof. Doutor José Joaquim Gomes Canotilho*, Vol. III, Fernando Alves Correia, Jónatas M. Machado, João Carlos Loureiro (Coords.), Coimbra, Coimbra Editora, 2012, p. 195).

[995] LUIGI VALENTINO, "L'Applicazione del Principio del *Ne Bis in Idem* nell'Unione Europea", *Il Terzo Pilastro dell'Unione Europea – Cooperazione Intergovernativa e Prospettive di Comunitarizzazione*, Patrizia de Pasquale/Fabio Ferraro (eds.), Napoli, Editoriale Scientifica, 2009, pp. 69. Sobre as suas opções do princípio *ne bis idem* na sua transposição para o direito da União, HENRY G. SCHERMERS, "Non Bis in Idem", *Du Droit International au Droit de l'Intégration – Liber Amicorum Pierre Pescatore*, F. Capotorti, C.-D. Ehlermann, J. Frowein, F. Jacobs, R. Joliet, T. Koopmans, R. Kovar (orgs.), Baden-Baden, Nomos Verlagsgesellschaft, 1987, pp. 601-611.

Tanto assim é que o princípio *ne bis in idem* consagrado no artigo 54.º da Convenção de aplicação do Acordo de Schengen, e cujo relevo foi ampliado pela Carta de Direitos Fundamentais da União Europeia (artigo 50.º), aplica--se claramente a situações transnacionais de natureza criminal, precludindo a instauração de um processo penal instaurado num Estado contratante por factos pelos quais o arguido já foi definitivamente julgado noutro Estado contratante, isto mesmo quando, nos termos do direito do Estado em que foi condenado, a pena, devido a especificidades processuais, não pôde ser executada directamente[996].

Este passo não foi, no entanto, dado de forma afirmativa no plano administrativo, não obstante haja quem defenda com afinco que este princípio deve aplicar-se a todas as sanções de tipo punitivo, sejam criminais ou administrativas, sejam internas ou transnacionais, não demandando uma harmonização de conflitos de jurisdição, por a execução transnacional ser uma responsabilidade conjunta dos Estados-membros[997].

---

[996] Cfr. Acórdão *Klaus Bourquain*, do Tribunal de Justiça de 11 de Dezembro de 2008, proferido no processo C-297/07. Já no âmbito da Convenção Europeia dos Direitos do Homem, o respectivo Tribunal consolidou o entendimento inverso: de que o princípio *ne bis in idem* só releva, de acordo com o artigo 4.º do Protocolo n.º 7 , dentro do mesmo Estado (cfr., por todos, o Acórdão *Trabelsi* c. *Belgique*, de 4 de Setembro de 2014, processo n.º 140/10).

[997] MICHIEL LUCHTMANN, "Transnational Law Enforcement in the European Union and the Ne Bis in Idem Principle", *Review of European Administrative Law*, 2011, Vol. 4, N.º 2, pp. 27-28. Também JOHN VERVAELE considera que os Estados-membros não devem aplicar o princípio *ne bis in idem* apenas ao direito criminal mas a todas as sanções punitivas; todavia, defende que este princípio não pode funcionar bem sem que haja uma coordenação de jurisdições e critérios obrigatórios na definição da mesma [cfr. "The Application of the EU Charter of Fundamental Rights (CFR) and the Ne Nis in Idem Principle in the Member States of the EU – CJEU Judgment (Grand Chamber) C-617/10 of 26 February 2013", *Review of European Administrative Law*, 2013, Vol. 1, N.º 2, p. 133].

FRÉDÉRIC LOUIS e GABRIELE ACCARDO consideram, porém, que a manutenção da perspectiva da Comissão, de tomar em consideração as sanções impostas, pode levantar problemas de certeza jurídica e equidade, devendo aplicar-se uma posição mais exigente quanto à aplicação daquele princípio (cfr. "*Ne Bis In Idem*, Part "*Bis*"", *World Competition*, Vol. 34, N.º 1, 2011, p. 112).

Há quem defenda que o Tribunal de Justiça deve rever a sua posição aplicando o princípio *ne bis in idem* a todos os procedimentos de natureza punitiva, mesmo no âmbito da concorrência, sustentando a sua posição na vontade de evitar qualificações erradas pelos Estados-membros (SILKE BRAMMER, "Ne bis in idem in europäischen Kartellrecht – Neue Einsichten zu einem alten Grundsatz", *Europäische Zeitschrift für Wirtschaftsrecht*, Vol. 24, N.º 16, 2013, pp. 618-619).

APTIDÃO E EFICÁCIA EXTRATERRITORIAL DOS ACTOS ADMINISTRATIVOS

Veremos que esta posição corresponde a um entendimento edificante, que, todavia, não parece reflectir-se nas regras existentes sobre execução de actos administrativos estrangeiros, regras aquelas que assumem, ainda, natureza especial no seio da União[998].

Todavia esquece-se este Autor que a qualificação destas questões é feita de forma autónoma no direito da União, tendo por base os critérios delineados pela jurisprudência do Tribunal Europeu dos Direito do Homem, no caso *Engel e o. c. The Netherlands*, de 8 de Maio de 1976, comunicações n.º 5100/71, 5101/71 e 5102/71 (cfr. MIRIAM ALLENA, *Art. 6 CEDU. Procedimento e Processo Amministrativo*, Napoli, Editoriale Scientifica, 2012, pp. 50-56). Esta interpretação autónoma do que podem ser consideradas sanções administrativas ou sanções criminais tem em consideração vários elementos, propendendo o Tribunal para o entendimento segundo o que as regras dispostas para cumprimento do direito comunitário são dominantemente de natureza administrativa: cfr. o Acórdão Łukasz Marcin Bonda, do Tribunal de Justiça de 5 de Junho de 2012, proferido no processo C-489/10, do qual resulta que *"nos termos do direito da União, não se considera que as medidas previstas no artigo 138.º, n.º 1, do Regulamento n.º 1973/2004 tenham natureza penal, direito que, no caso em apreço, deve ser equiparado ao «direito interno» na aceção da jurisprudência do Tribunal Europeu dos Direitos do Homem"*.
Cfr., ainda, o Acórdão *Comissão Europeia c. Parlamento Europeu*, de 6 de Maio de 2014, proferido no processo C-43/12, por intermédio do qual foi anulada uma Directiva (2011/82) que tinha por objecto facilitar o intercâmbio de informações relativas a determinadas infracções rodoviárias, tendo em vista a execução transfronteiriça das sanções decorrentes dessas infracções, por mobilização de uma errada base jurídica, já que não se tratava de promover a cooperação policial em matéria penal (artigo 87.º, n.º 2 do Tratado sobre o Funcionamento da União Europeia) mas regular os transportes internacionais, aumentando a sua segurança [artigo 91.º, n.º 1, alínea d) do mesmo Tratado].

[998] ALEXANDROS-IOANNIS KARGOPOULOS entende que o princípio *ne bis in idem* na dimensão horizontal (entre Estados membros) não se aplica a procedimentos administrativos punitivos, não só porque é difícil transportar o princípio de raiz interna para o âmbito internacional (dentro das especificidades da integração europeia), como ainda contrariaria o princípio do mútuo reconhecimento na área da liberdade, segurança e justiça (cfr. *"Ne Bis In Idem* in Criminal Proceedings", *in European Police and Criminal Law Co-operation*, Maria Bergström e Anna Jonsson Cornell (eds.), Oxford and Portland, Hart Publishing, 2014, p. 95 e pp. 106-111). Para o autor, se o Tribunal de Justiça definisse de forma autónoma procedimentos criminais para efeitos do princípio *ne bis in idem*, tal analisar-se-ia num efeito harmonizador horizontal *de facto* das legislações dos Estados membros, o que se traduziria numa *competência exorbitante a dois níveis*: não só o poder judicial se substituiria ao legislativo, como se privilegiaria harmonização ao mútuo reconhecimento em matéria criminal.
RUDOLF GEIGER, DANIEL-ERASMUS KHAN e MARKUS KOTZUR defendem que o artigo 50.º da Carta apenas se aplica à cumulação de procedimentos do mesmo tipo, isto é, a sanções

EFICÁCIA, RECONHECIMENTO E EXECUÇÃO DE ACTOS ADMINISTRATIVOS ESTRANGEIROS

Acresce que, muito embora o Tribunal de Justiça da União Europeia afirme, em geral, a existência de um princípio de *ne bis in idem* em domínios como o concorrencial, parece que nunca se encontram satisfeitos os critérios de identidade que permitem colocá-lo em marcha[999], o que confirma a posição que acima assumimos sobre a natureza, para já, não transnacional dos actos de sancionamento adoptados pelas Autoridades das Concorrências nacionais em matéria regida pelo Direito da União.

Nos casos em que este princípio não possa ser mobilizado, a solução passará – como já passa – pela tomada em consideração das sanções aplicadas noutro Estado (*"Anrechnungsprinzip"*), via genericamente aceite e aplicada de forma consequente[1000].

criminais (cfr. *European Union Treaties – Treaty on European Union – Treaty on the Function of the European Union,* München, C.H. Beck/ Hart, 2015, p. 1095).

ADRIENNE DE MOOR-VAN VUGT chama ainda a atenção para o facto de a eventual aplicação do princípio *ne bis in idem* entre sanções administrativas e criminais no plano transnacional poder eventualmente levar a um *forum shopping* (do Estado com sanções menos severas) (cfr. "Administrative Sanctions in EU Law, *Review of European Administrative Law,* Vol. 5, Nr. 1, 2012, pp. 44-46).

[999] Cfr., entre outros, o Acórdão *Limburgse Vinyl Maatschappij e o. c. Comissão,* do Tribunal de Justiça de 15 de Outubro de 2002, proferidos nos processos apensos C-238/99 P, C-244/99 P, C-245/99 P, C-247/99 P, C-250/99 P a C-252/99 P e C-254/99; e o Acórdão *Toshiba Corporation,* do Tribunal de Justiça de 14 de Fevereiro de 2012, proferido no processo C-17/10.

Em especial, no Acórdão *Showa Denko KK c. Comissão das Comunidades Europeias,* do Tribunal de Justiça de 29 de Junho de 2006, proferido no processo C-289/04 P, sustentou-se a posição que o princípio *non bis in idem* não se aplica em situações nas quais os ordenamentos jurídicos e as autoridades da concorrência de Estados terceiros intervieram no quadro das respectivas competências, o que, à luz da pluralidade de competências legítimas no âmbito concorrencial, esvazia aquele princípio de conteúdo. Por isso, GIACOMO DI FEDERICO considera que de modo a evitar violação ao princípio poderá ser necessário harmonizar directa ou indirectamente regras sobre os poderes sancionatórios das autoridades de concorrência nacionais (cfr. "EU Competition and the Principle of *Ne Bis in Idem*", *European Public Law,* Vol. 17, N.º 2, 2011, p. 259).

[1000] Cfr. o disposto no Acórdão *Walt Wilhelm and others c. Bundeskartellamt,* do Tribunal de Justiça, de 13 de Fevereiro de 1969, proferido no processo 14/68, que admitiu que dois procedimentos contraordenacionais podiam ser conduzidos em separado e levar à imposição de sanções distintas, apenas tendo de se tomar em consideração a sanção inicialmente praticada. Cfr., ainda o Acórdão Łukasz Marcin Bonda, do Tribunal de Justiça de 5 de Junho de 2012, proferido no processo C-489/10, no qual se admite a cumulação entre sanções administrativas e criminais, dada a finalidade própria daquelas e enquanto não forem equiparáveis.

414

APTIDÃO E EFICÁCIA EXTRATERRITORIAL DOS ACTOS ADMINISTRATIVOS

g. *Efeitos executivos*

Os efeitos executivos para que tendem os actos administrativos estrangeiros são, de todos, os mais difíceis de concretizar, por relativamente a eles se colocarem obstáculos de ordem pública e privada.

De facto, há uma distinção clara entre os efeitos analisados, em especial o efeito preclusivo e a execução de actos administrativos: o primeiro corresponde a um estado essencialmente passivo ou receptivo, enquanto que a execução de um acto estrangeiro implica uma actuação positiva, de intensa colaboração internacional[1001].

E se os títulos estrangeiros têm vindo a beneficiar de crescente força executiva directa, pela progressiva eliminação do *exequatur*, o mesmo não sucede com os actos administrativos estrangeiros, cuja executoriedade não tem conhecido uma evolução de monta, o que desenvolveremos *infra*. De facto, se a força probatória destes actos é similar[1002], o mesmo não sucede com a

---

[1001] Ainda para JOSÉ FERREIRA MARNOCO E SOUZA, referindo-se às sentenças, entre a *jurisdictio* e o *imperium*, é esta última que exprime um acto de soberania, pois não se limita a reconhecer o direito, mas a comprometer as autoridades de um Estado na execução ou, mesmo, coerção material do direito (cfr. *Execução Extraterritorial das Sentenças Cíveis e Comerciais*, Coimbra, F. França Amado Editor, 1898, pp. 5-13).

[1002] MICHEL GRIMALDI defende que a especial força executiva resulta da força probatória dos actos públicos, uma vez que a obrigação nela constatada é certa e permite que se passe directamente para a execução, ao contrário do que sucede nos actos puramente privados (cfr. "L'Acte Authentique Électronique", *Repertoire du Notariat Défrenois*, N.º 17, 2003, pp. 1026-1027). No mesmo sentido, de que a autenticidade surge como requisito essencial para a executoriedade, cfr. CYRIL NOURISSAT, «L'acte authentique saisi par le droit européen», *Petites Affiches*, nº 173, 29 août 2007, pp. 42-48, p. 45.

Não obstante – de forma isolada –, esta justificação também demandaria a execução de actos administrativos estrangeiros, que gozam de similar força probatória, o que, porém, não se tem verificado. Julgamos, por isso, que é essencial considerar aqui o objecto da constatação que, no caso dos actos públicos, é um acto ou intervenção privada (o conteúdo do acto é atribuído a privados, sendo, por isso, desnecessário um novo processo que declare os direitos e deveres que lhes assistem); enquanto que no caso dos actos administrativos estrangeiros se trata de um acto imposto aos seus destinatários, podendo ser necessário divisar mais cautelas no momento da sua execução. Do mesmo modo, as formas de execução coerciva podem diferir grandemente, tendo, em regra, a Administração mais formas de imposição das suas determinação do que aquelas que estão disponíveis para o tráfego jurídico-privado.

No sentido da aproximação entre estas duas intervenções de autoridade pública, quando titulem obrigações certas e líquidas ou liquidáveis, cfr. MANUEL A. DOMINGUES DE ANDRADE que considerava integrado no conceito de documentos especiais aos quais seja atribuída

EFICÁCIA, RECONHECIMENTO E EXECUÇÃO DE ACTOS ADMINISTRATIVOS ESTRANGEIROS

força executiva nos demais Estados, mesmo no âmbito da União Europeia, dada a diferente natureza dos interesses em causa e a renitência na colocação da essência do aparelho coercitivo estatal ao serviço de outras Autoridades, ainda que lhe sejam próximas.

4. Eficácia extraterritorial e reconhecimento: remissão

Os mecanismos de acolhimento dos efeitos jurídicos de actos administrativos estrangeiros podem ser integrados numa escala variável, resultante da ponderação possível entre os interesses estritamente nacionais e os interesses baseados na cooperação internacional.

Segundo WENANDER são cinco os níveis daquela escala: i) o não acolhimento ou o ignorar de decisões estrangeiras; ii) a aceitação do valor probatório de tais decisões; iii) o reconhecimento explícito de decisões extrangeiras; iv) o reconhecimento automático e v) a centralização das decisões[1003].

Ainda que nos revejamos nesta classificação, julgamos que a mesma labora nalguma indistinção entre efeitos possíveis dos actos administrativos e os mecanismos para que estes efeitos se produzam.

Tal como a tipologia de efeitos dos actos administrativos, o reconhecimento pode ter lugar de várias maneiras e a sua maior procedimentalização acompanha em regra o tipo de efeitos a produzir, mas com eles não se confunde. Aliás, percebemos já que a eficácia tradicionalmente designada de indirecta dos actos administrativos permite que deles se deduzam relevantes efeitos (declaratórios, probatórios e incidentais), ao que acrescem mecanismos de reconhecimento e de execução que viabilizam, em maior ou menor medida, a ampliação daqueles efeitos.

---

força executiva os títulos administrativos, que documentavam um acto administrativo (cfr. *Noções Elementares de Processo Civil*, Coimbra, Coimbra Editora, 1976, p. 59); e CECÍLIA ANACORETA CORREIA, *A Tutela Executiva dos Particulares no Código de Processo nos Tribunais Administrativos*, Coimbra, Almedina – Abreu Advogados, 2015, p. 280. No entanto, os Autores não se debruçam sobre o instituto dos actos administrativos estrangeiros como título executivo extrajudicial.

[1003] HENRICK WENANDER, "Recognition of Foreign Administrative Decisions – Balancing International Cooperation, National Self-Determination, and Individual Rights", *Zeitschrift für ausländisches öffentliches Recht und Völkerrecht*, N.º 71, 2011, pp. 783-784.

E será especificamente sobre o reconhecimento e execução como forma de dar operação "extraterritorial" aos actos jurídicos de uma Autoridade estrangeira[1004] que, de ora em diante, nos debruçaremos.

[1004] Como o faz também FELICE MORGENSTERN, "Recognition and Enforcement of Foreign Legislative, Administrative and Judicial Acts Which Are contrary to International Law", *The International Law Quarterly*, Vol. 4, N.º 3, July, 1951, p. 335.

PARTE C

Reconhecimento e Execução de Actos Administrativos Estrangeiros: o reverso da extraterritorialidade da função administrativa

Ponto I
Teoria do reconhecimento

O termo reconhecer recebe várias acepções na linguagem do direito e mais ainda fora dele, podendo referir-se a situações tão diversas como as de tomar conhecimento de algo, admitir ou aceitar algo como autêntico, constatar uma realidade, admitir ou, mesmo, conferir um estatuto ou ficar convencido de uma situação. Acresce que o reconhecimento, em especial o reconhecimento recíproco, é um ensejo essencial da vida em sociedade, indispensável à formação da identidade pessoal e à integração social[1005].

Não admira, dada esta abertura de vistas, que MENZEL veja o reconhecimento como noção muito vaga e nada "ganhadora", que pouca capacidade distintiva tem relativamente a outras noções como as de *Berücksichtigung* (tomada em consideração) *Anwendung* (aplicação) e *Vollstreckung* (execução), e que só se consegue precisar perante normas concretas[1006].

Mas o que outros vêm como fraqueza, nós vemos como força, já que é esta amplitude e flexibilidade que permite que o instituto do reconhecimento assuma uma *importância crescente* em áreas em que parecia não ter lugar

---

[1005] HONNETH AXEL considera que a teoria do reconhecimento, situada na confluência entre identidade e alteridade, é uma das missões da filosofia (cfr. "La théorie de la reconnaissance: une esquisse", *Revue du MAUSS*, N.º 23, 1.º Semestre, 2004, pp. 133-136. PAUL RICOUER, *Parcours de la reconnaissance: trois études* Paris, Stock, 2004, p. 34). Esta centralidade do reconhecimento na filosofia, inclusive na filosofia do direito, não é recente, devendo-se grandemente a HEGEL, com, entre outras, a famosa dialéctica entre mestre e escravo (cfr. JÜRGEN LAWRENZ, "Hegel, Recognition and rights: 'Anerkennung' as a Gridline of the Philosophy of Rights", *Cosmos and History: The Journal of Natural and Social Philosophy*, Vol. 3, N.ºs 2-3, 2007, pp. 153-169).

[1006] JÖRG MENZEL, *Internationales Öffentliches Recht*, Tübingen, Mohr Siebeck, 2011, pp. 810-811 e 827-829. Para o Autor, de um "verdadeiro" reconhecimento apenas se pode falar no contexto de normas jurídicas positivadas de direito interno ou de direito internacional.

EFICÁCIA, RECONHECIMENTO E EXECUÇÃO DE ACTOS ADMINISTRATIVOS ESTRANGEIROS

assente – como no direito administrativo internacional –, ou em áreas em que, com o tempo, e com o esmorecer das doutrinas baseadas nos direitos adquiridos, o havia perdido – como sucedeu no âmbito do direito internacional privado.

Ocupar-nos-emos de seguida desta teoria do reconhecimento, sem ignorarmos o paralelo instituto da execução de actos administrativos estrangeiros, de modo a definirmos os seus contornos e analisar a sua relevância na actual arena administrativa.

1. Natureza e noção de reconhecimento

Em termos amplos, o reconhecimento é um instrumento de ligação ou de relacionamento entre ordens jurídicas, o que – logo à partida – se adequa à *função relacional* que assinalámos aos actos administrativos estrangeiros.

O reconhecimento, nas suas variantes, integra uma "norma habilitante" ou "proposição normativa"[1007], através da qual se permite a produção de efeitos de um acto administrativo estrangeiro no Estado do reconhecimento.

Esta habilitação não corresponde, porém, mesmo nos casos do reconhecimento que designámos de integrado ou pressuposto ou nas situações de reconhecimento automático, a um *cheque em branco* relativamente ao Estado de origem do acto administrativo.

A dimensão de controlo – prévio ou posterior – é essencial à figura do reconhecimento, ficando a cargo do Estado de acolhimento assegurar que os critérios de que depende aquele reconhecimento se encontram *continuamente* preenchidos[1008].

Refere Moura Vicente que o reconhecimento envolve, via de regra, a *renúncia* do Estado de reconhecimento a *regular a situação*[1009], mas não, adita-

---

[1007] Termos mobilizados, no âmbito do reconhecimento de sentenças judiciais, por Dominique Bureau e Horatia Muir Watt, *Droit International Privé, Tome I – Partie Générale*, 3.ª ed., Paris, Presses Universitaires de France, 2014, p. 274

[1008] Ernst Frankenstein vê o reconhecimento como uma comprovação *a posteriori*, por não se prender com toda a história anterior do acto, olhando-o do ponto de vista da ordem jurídica na qual ele pretende ingressar, para concluir que há um necessário controlo de eficácia do Estado de destino, que provoca uma mudança na própria relação jurídica reconhecida (cfr. *Internationales Privatrecht (Grenzrecht)*, Vol, I, Berlin-Grunewald, Dr. Walter Rothschild, 1926, pp. 328 e 343).

[1009] Dário Moura Vicente, "Liberdades Comunitárias e Direito Internacional Privado", *Revista da Ordem dos Advogados*, Ano 69, 2009, p. 808.

TEORIA DO RECONHECIMENTO

mos nós, a controlar a produção dos seus efeitos, por não poder este Estado prescindir integralmente desse escrutínio[1010].

Não se confunda sequer renúncia à regulação primária de uma situação concreta, com renúncia à *soberania nacional*[1011], uma vez que, como já antevimos, o exercício soberano por parte do Estado de reconhecimento pode resultar de compromissos por ele assumidos ou decorrentes do seu estatuto internacional.

Julgamos, da mesma forma, que o reconhecimento não representa, em sentido estrito, uma forma de *transferência* do poder político de um Estado para outro, num caso individual, enquanto resultado de uma ponderação de interesses entre as ordens jurídicas e os interesses individuais afectados, como defende WENANDER[1012].

É que o Estado de reconhecimento, não obstante proceder a esta ponderação para definir as condições em que está aberto ao acolhimento de actos estrangeiros, mantém uma competência clara e insubstituível de controlo que não transfere para as Autoridades de origem, nem em geral, nem casos concretos[1013].

[1010] PAULO OTERO fala de "retrair ou "amputar" a competência territorial do direito administrativo português ou de "abdicação" da intervenção do direito administrativo português a favor do direito estrangeiro "melhor posicionado" para regular a matéria", mas adverte que tal não pode conduzir a uma "abdicação" integral da aplicação do direito nacional, sob pena de inconstitucionalidade (cfr. "Normas Administrativas de Conflitos: As Situações Jurídico--Administrativas Transnacionais", *Estudos em Memória do Professor Doutor António Marques dos Santos,* Vol. II, Coimbra, Almedina, 2005, pp. 786-787).

[1011] Como defende STEFAN BURBAUM, *Rechtsschutz gegen transnationales Verwaltungshandeln,* Baden-Baden, Nomos Verlagsgesellschaft, 2003, p. 27. Por seu turno, KRYSZTOF WOJTYCZEK refere-se a uma renúncia ao monopólio do poder sobre o seu território (cfr. "L'Ouverture de L'Ordre Juridique de L'État aux Actes de Puissance Publique Étrangers (L'Exemple des Instruments de L'Union Européenne en Matiére D'Immigration)", *European Review of Public Law,* Vol. 21, N.º 1, 2009, p. 115).

[1012] HENRICK WENANDER, "Recognition of Foreign Administrative Decisions – Balancing International Cooperation, National Self-Determination, and Individual Rights", *Zeitschrift für ausländisches öffentliches Recht und Völkerrecht,* N.º 71, 2011, p. 756.

[1013] Cfr. a Comunicação Interpretativa da Comissão – Facilitar o acesso de produtos ao mercado de um outro Estado-Membro: a aplicação prática do reconhecimento mútuo (2003/C 265/02), da qual decorre expressamente que a liberdade fundamental da livre circulação de mercadorias *não é uma liberdade absoluta*: o reconhecimento mútuo é condicionado pelo direito de controlo que o Estado-Membro de destino pode exercer sobre a equivalência do grau de

Esta função de controlo não fica desvirtuada pela circunstância de, num número relevante de situações, o reconhecimento ter deixado de assentar num *concreto acto de reconhecimento*, uma vez que a *reserva de controlo* se mantém, reconfigurada, é certo, mas com a mesma função: a de garantir que o encontro de autoridades se processa com a observância das exigências fundamentais do Estado de destino, mesmo nos casos em que o reconhecimento se lhe impõe como obrigatório.

Não vamos, por isso, pelo caminho de quem limita o impacto da doutrina do reconhecimento, considerando que, sendo as decisões estrangeiras *imediatamente relevantes* do ponto de jurídico no Estado de destino, i.e., quando não seja praticado um acto de recepção específico, apenas de forma imprecisa se poderia falar de reconhecimento[1014]. Trilhamos o caminho inverso, que mantém e, inclusive, amplia o relevo do reconhecimento (veja-se a conceptualização por nós feita a propósito dos actos administrativos supranacionais), por considerarmos que este é o instituto que melhor viabiliza a compatibilização de interesses, públicos e privados, co-envolvidos no exercício extraterritorial de autoridade pública. E cremos que é esta função de controlo, necessariamente *pluriforme*, que permite compreender os vários tipos e posições sobre o reconhecimento. E é também a flexibilidade do controlo inerente ao *reconhecimento* que o converte num instrumento apto em áreas tão variadas como as tipicamente policiais e, mais recentemente, as de regulação administrativa[1015].

---

protecção conferido pelo produto em causa em comparação com o previsto nas suas próprias regras nacionais.

[1014] Cfr. HANS CHRISTIAN RÖHL, "Conformity Assessment in European Product Safety Law", *The European Composite Administration*, Oswald Jansen, Bettina Schöndorf-Haubold (eds.), Cambridge, Intersentia, 2011, p. 214; e VOLKMAR GÖTZ, "Der Grundsatz der gegenseitigen Anerkennung im europäischen Binnenmarkt", *Liber Amicorum Günther Jaenicke – Zum 85. Geburtstag*, Volkmar Götz, Peter Selmer, Rüdiger Wolfrum (orgs.), Berlin, Springer, 1998, p. 778.

[1015] Ou a áreas com características intermédias, dada a *liberdade de conformação* das políticas estaduais (cfr. VITAL MOREIRA, "A Metamorfose da Constituição Económica, Themis, Edição especial, 2006, p. 46). No âmbito da regulação acentua-se a dimensão da vertente fiscalizadora e controladora da Administração ou de *supervisão* – que visa assegurar que o exercício privado de direitos não coloca em causa o interesse público –, o que se alinha com o pensamento sobre o reconhecimento, sobretudo de actos transnacionais (cfr. MARISA APOLINÁRIO, *O Estado Regulador: o Novo Papel do Estado – Análise da Perspectiva da Evolução Recente do Direito Administrativo – O Exemplo do Sector da Energia*, Coimbra, Almedina, 2015, pp. 427-

TEORIA DO RECONHECIMENTO

É consabido, porém, que a maioria da doutrina se centrou e se continua a centrar na qualificação do *acto de reconhecimento*.

Dogmaticamente, este acto de reconhecimento era visto, por uns, como uma *condictio iuris*[1016] ou como uma *decisão acessória*[1017], que desbloqueia no foro a produção de efeitos de um acto estrangeiro. Numa perspectiva mais conflitualista, mas sem que se diferencie grandemente daquelas nos seus resultados, LIMA PINHEIRO defende que o reconhecimento se configura, em grande número de situações, como uma norma remissiva de natureza conflitual, mas que se reporta a um resultado material[1018].

Para outros, aquele acto de reconhecimento era visto como detendo natureza constitutiva, já que os efeitos extraterritoriais resultariam de um acto administrativo nacional – que criava uma nova relação jurídica *nacionalizada* –, ainda que este acto fosse praticado com base nos dados e avaliações efectuadas pelo acto administrativo estrangeiro[1019].

431; e PEDRO GONÇALVES, "Direito Administrativo da Regulação", *Estudos em Homenagem ao Professor Doutor Marcello Caetano – No Centenário do Seu Nascimento*. Vol. II, Coimbra, Coimbra Editora, 2006, pp. 563-564).

[1016] PROSPER FEDOZZI imputa o acto de reconhecimento à vontade do Estado, que estende a eficácia do acto estangeiro sem dele se apropriar, ainda que os efeitos possam vir a diferenciar-se dos previstos no Estado de origem (cfr. "De L'Efficacité Extraterritoriale des Lois et des Actes de Droit Public", *Recueil des Cours*, Tomo 27 – II, 1929, Paris, Librairie Hachette, 1930, p. 183).

WERNER MENG refere-se ao reconhecimento como a aceitação de um acto administrativo estrangeiro sem rever a aplicação que foi feita deste direito; logo, o reconhecimento é a posição jurídica criada por esse acto, com os mesmos efeitos de actos domésticos (cfr. "Recognition of Foreign Legislative and Administrative Acts", *Encyclopedia of Public International Law*, Rudolf Berhnardt (ed.), Vol. IV, Amsterdam, North-Holland – Elsevier, 1992, p. 51).

[1017] EBERHARD SCHMIDT-ASSMAN, "Internationalisation of Administrative Law: Actors, Fields and Techniques of Internationalisarion – Impact of International law on National Administrative Law", *Revue Européenne de Droit Public*, Vol. 18, N.º 1, 2006, p. 260.

[1018] LUÍS DE LIMA PINHEIRO, *Direito Internacional Privado*, Vol I – Introdução e Direito de Conflitos – Parte Geral, 3.ª ed., Coimbra, Almedina, 2014, p. 103 e pp. 297-298. O Autor acrescenta que se trata, porém, de uma norma de remissão distinta das gerais, "*porque se reporta a um resultado material ou a uma certa categoria de efeitos jurídicos e porque conserva um maior controlo sobre a solução material*".

[1019] GIUSEPPE BISCOTTINI, *Diritto Amministrativo Internazionale – Tomo Primo/ La Rilevanza degli Atti Amministrativi Stranieri*, Padova, CEDAM, 1964, pp. 118 e 120. Entendia por isso o Autor que o procedimento para conceder eficácia ao acto estrangeiro deve ser o mesmo prescrito para a emissão do correspondente acto nacional. Noutra sede, BISCOTTINI articula que, salvo

EFICÁCIA, RECONHECIMENTO E EXECUÇÃO DE ACTOS ADMINISTRATIVOS ESTRANGEIROS

Propôs-se ainda uma terceira via, segundo a qual são ambos os Estados ou Autoridades (de origem e de reconhecimento) que determinam *conjuntamente* os efeitos do reconhecimento. Para WEISS não se trata tanto de regular os efeitos do acto, mas de preencher os efeitos do reconhecimento através do recurso nem sempre linear ao direito daqueles Estados[1020].

Também PAMBOUKIS esclarece que o acto de reconhecimento não faz desaparecer o carácter estrangeiro do acto, conferindo-lhe uma dimensão suplementar, concluindo que a norma de reconhecimento é uma *norma complexa* formada em parte por uma norma estrangeira e em parte por um acto de controlo, que se assemelha a uma homologação[1021]. De facto, para o Autor, a eficácia de um acto estrangeiro surge como o ponto de encontro de duas operações essencialmente de natureza unilateral: a de editar o acto público e a de controlar esse mesmo acto público: logo, tem de ser o resultado de um *esforço colaborativo* entre a *lex auctoris* e a *lex fori*[1022].

Recentemente, dadas as novas *fenomenologias do reconhecimento* quer-nos parecer que esta terceira via é a mais avisada, pois permite enquadrar um conjunto de arranjos que, não obstante a sua diversa configuração, têm a

---

os casos de eficácia automática de actos estrangeiros (que decorrem da prova da sua existência e que correspondem aos efeitos declarativos, probatórios e incidentais acima enunciados), os actos estrangeiros só podem produzir efeitos na sequência de procedimentos de reconhecimento e de execução, que são actos de recepção ou nacionalização do acto estrangeiro e não *condictio iuris* (GIUSEPPE BISCOTTINI, "I Procedimenti Per l'Attribuizione di Efficacia agli Atti Amministrativi Stranieri", *Diritto Internazionale*, Ano 13, N.º 1, 1959, p. 45).

KLAUS VOGEL parecia caracterizar o reconhecimento de actos administrativos estrangeiros também como uma situação de referência material e de substituição (cfr. *Der räumliche Anwendungsbereich der Verwaltungsrechtsnorm – Eine Untersuchung über die Grundfragen des sog. Internationalen Verwaltungs-und Steuerrechts*, Frankfurt am Main, Alfred Metzner Verlag, 1965, pp. 323-337).

[1020] KÄTE WEISS, *Die Anerkennung ausländischer Verwaltungsakte*, Göttingen, Buchdruckerei W. Flentje, 1932, p. 56.

[1021] CHARALAMBOS PAMBOUKIS, *L'Acte Public Étranger em Droit International Privé*, Paris, L.G.D.J., 1993, p. 151.

Já J.-P. NIBOYET concebia o *exequatur* como amálgama entre a eficácia de direitos e natureza criativa ou constitutiva, precisamente por, com ele, se mudar uma situação jurídica anterior (cfr. *Cours de Droit International Privé*, Paris, Librairie du Recueil Sirey, 1949, p. 671).

[1022] CHARALAMBOS PAMBOUKIS, *L'Acte Public Étranger em Droit International Privé*, Paris, L.G.D.J., 1993, pp. 70-81.

TEORIA DO RECONHECIMENTO

mesma função: a de regulação da eficácia extraterritorial dos administrativos estrangeiros.

Efectivamente, dado o desprendimento cada vez maior da teoria do reconhecimento relativamente à emissão de um específico acto de reconhecimento, não nos parece que aquela tenha de se referir necessariamente – como sua característica diferenciadora – à subsunção do *tatbestand* do acto administrativo estrangeiro ao acto interno equivalente[1023] ou à prática de um acto interno que coloque o acto estrangeiro a par de actos internos similares, por esta ser a única forma de assegurar a sua eficácia[1024].

O reconhecimento pode, nesta linha de pensamento, consubstanciar-se numa *panóplia ampla de formas de actuação* de controlo no Estado de destino: sejam estas prévias ao reconhecimento – como sucede com a recepção de actos declarativos da responsabilidade dos interessados ou do Estado de origem ou com a prática de actos administrativos expressos ou silentes pelas autoridades do Estado de acolhimento – , sejam posteriores àquele reconhecimento, tratando-se, aqui, de actos de segundo grau, de suspensão ou de revogação do acto de reconhecimento previamente praticado, ou da adopção de medidas proibitivas ou suspensivas[1025].

Agora sim, o instituto do reconhecimento deixou de se confundir com um acto final de um procedimento de reconhecimento, que pode formalmente não ter lugar, passando a fundar uma relação jurídica triangular entre

---

[1023] CLAUS-MICHAEL HAPPE, *Die Grenzüberschreitende Wirkung von nationalen Verwaltungakten – Zugleich ein Betrag zur Anerkennungsproblematik nach der Cassis de Dijon – Rechtsprechung des Europäischen Gerichtshofes*, Frankfurt-am-Main, Peter Lang, 1987, 183 p.

[1024] SASCHA MICHAELS, *Anerkennungspflichten im Wirtschaftsverwaltungsrecht der Europäischen Gemeinschaft und der Bundesrepublik Deutschland – Zwecke des Internationalen Verwaltungsrechts*, Berlin, Duncker & Humblot, 2004, pp. 65-67.

[1025] No âmbito da União Europeia, MANSEL considera que o reconhecimento pode significar a aplicação do direito de origem (designado, em regra, através de regras de conflito), a edição de um acto de autoridade ou o decurso de um processo de reconhecimento por parte do Estado de destino ou, ainda, o resultado do controlo do exercício das liberdades comunitárias. Para o autor, o direito da União não estabelece, ao nível do direito primário, qualquer norma que permita seleccionar uma destas vias, cabendo aos Estados delinear o *método concreto* que evita a afectação das liberdades comunitárias (HEINZ-PETER MANSEL, "Anerkennung als Grundprinzip des Europäishen Rechtsraums – Zur Herausbildung eines europäischen Anerkennungs-Kollisionsrechts: Anerkennung staat Verweisung als neue Strukturprinzip des Europäischen internationalen Privatrechts?", *Rabels Zeitschrift für ausländisches und internationales Privatrecht*, Vol. 70, n.º 4, 2006, pp. 681-682).

o Estado de acolhimento, o interessado no reconhecimento e o acto administrativo estrangeiro e a Autoridade que o emanou.

Sendo, portanto, um procedimento de controlo, o Estado de reconhecimento deverá, na sua condução, ter relativa *autonomia* face ao acto reconhecido, desde logo adoptando critérios próprios para o reconhecimento que não se confundem com os requisitos para emissão do acto estrangeiro. Mas autonomia esta que não é integral e que nunca se converterá em verdadeira independência, já que é o acto administrativo estrangeiro que fornece o quadro máximo no qual se moverá, pelo menos inicialmente, o ordenamento jurídico de destino.

E é esta *partilha de responsabilidades* ou confluência de esferas de eficácia de dois ordenamentos jurídicos – de aplicação distributiva destes a situações mais ou menos homogéneas – que mostra, afinal, que a função de controlo do Estado de reconhecimento, além de uma vertente negativa – consubstanciada, precisamente, na função de *controlo* –, apresenta também uma feição positiva: a de *promoção* de efeitos *in loco* dos actos administrativos estrangeiros e da *cooperação* entre entidades públicas, o que nos remete para as considerações que se seguem.

a. Reconhecimento atinente à eficácia ou à validade do acto administrativo estrangeiro?

Um elemento essencial à teoria do reconhecimento prende-se com a circunstância de este se referir à eficácia do acto administrativo estrangeiro, incidindo o controlo sobre as condições daquela eficácia – o âmbito de eficácia ou «*Anwendungsbereich*" do acto – e não sobre a validade deste – o seu domínio de validade ou "*Geltungsbereich*"[1026]. O que não exclui, é certo, que haja opções valorativas subjacentes à admissão e, no reverso, à recusa do reconhecimento, por, ainda que limitadamente, se poderem apreciar algumas condições que afectariam a validade de actos administrativos estrangeiros, seja à luz do ordenamento jurídico de origem, seja à luz do ordenamento jurídico de destino[1027].

[1026] STEFAN BURBAUM, *Rechtsschutz gegen transnationales Verwaltungshandeln*, Baden-Baden, *Nomos Verlagsgesellschaft*, 2003, pp. 73-74.

[1027] MAYO MORAN, "Influential Authority and the Estoppel-Like Effect of International Law", *The Fluid State – International Law and the National Legal Systems*, Hilary Charlesworth, Madeleine Chiam, Devika Hovell, George Williams (org.), Sydney, The Federation Press, 2005, p. 178.

TEORIA DO RECONHECIMENTO

Não obstante ser por vezes difícil cindir entre requisitos de validade e de eficácia[1028], há que acentuar que este instituto se refere a e se repercute nas condições de eficácia de um acto estrangeiro, i.e., na aceitação (ou modelação) de alguns ou de todos os seus efeitos num outro ordenamento jurídico.

Do reconhecimento, na sequência da confluência de esferas de eficácia de ordenamentos jurídicos, resulta, no pensamento de BAPTISTA MACHADO, uma ideia de limite à esfera de eficácia da lei material do foro, enquanto regra de conduta, aliada à ideia de reconhecimento de eficácia de leis estrangeiras dentro dos respectivos domínios. Daqui se retira que os actos a reconhecer devem estar impregnados pelo direito com o qual têm um nexo cronológico-espacial[1029], uma vez que só assim poderá este assumir-se como um título habilitante para reger condutas, quando estas se prolonguem para além do seu âmbito normal de eficácia.

Este *princípio da não transactividade* – que se analisa na necessária ligação entre uma situação regulanda e as disposições normativas que a regem – é fruto da ideia de justiça e das exigências da regra do direito, qualquer que seja a área em que este se desdobre. Desta sorte, também no plano administrativo, se coloca em evidência a importância deste princípio que demanda,

---

[1028] Em geral, a validade diz respeito a momentos intrínsecos do próprio acto (que afectam a sua vitalidade e perfeição, e cuja verificação ou ausência se pode afirmar logo no momento constitutivo do procedimento), enquanto a eficácia tem a ver apenas com factos ou circunstâncias extrínsecas ao acto (com a sua operatividade ou aptidão externa para produzir efeitos). A diferença é visível quando se constata que pode haver actos válidos mas ineficazes como acontece com os actos de eficácia diferida, condicionada ou suspensa, e actos inválidos mas eficazes como acontece com os actos anuláveis, mas que não são impugnados no prazo legal, adquirindo força de caso decidido. Não obstante, com a proliferação de formas de invalidade mistas – e com o consequente amaciamento ou perda da nitidez da diferença entre os regimes da nulidade e da anulabibilidade nos planos internos, mais difícil será, sobretudo para autoridades do Estado de acolhimento, proceder à distinção entre validade e eficácia de actos administrativos estrangeiros. Sobre esta temática no plano interno, cfr., por todos, JOSÉ CARLOS VIEIRA DE ANDRADE, "A Nulidade Administrativa, essa Desconhecida", *Estudos em Homenagem ao Professor Doutor Diogo Freitas do Amaral*, João Caupers, Maria da Glória F.P.D. Garcia, Augusto de Athaíde (org.), Coimbra, Almedina, 2011, pp. 763-791.

[1029] JOÃO BAPTISTA MACHADO, Âmbito de Eficácia e Âmbito de Competência das Leis– Limites das Leis e Conflitos de Leis, Reimpressão, Coimbra, Almedina, 1998, p. 23. Sobre este princípio no âmbito administrativo, cfr. MIGUEL PRATA ROQUE, *Direito Processual Administrativo Europeu – A Convergência Dinâmica no Espaço Europeu de justiça Administrativa*, Coimbra, Coimbra Editora, 2011, pp. 577-584.

nada mais nada menos, que – via o liame entre a Autoridade pública e o destinatário da sua actuação – a regulação material aplicável possa ser por este conhecida[1030].

Nos casos de reconhecimento, este princípio encontra um *duplo ancoramento*: *a montante*, na Autoridade de origem, cuja regulação da situação tem de se suportar numa ligação com o particular no momento da edição do acto administrativo; *a jusante*, no Estado de reconhecimento, cuja convocação dependerá também de um interesse do particular, que se afirma através de uma ligação estabelecida com este Estado (comercialização de uma mercadoria ou exercício de uma actividade profissional, por exemplo). Ligação esta que, acrescente-se, poderia até, num primeiro momento, não ter sido suficiente para a emissão de um acto administrativo, por não se preencherem os requisitos de que dependeria o exercício da acção pública primária por parte do agora Estado de acolhimento[1031].

Naturalmente que, tratando-se de actos impositivos de deveres e de encargos, as exigências de transactividade, em especial relativamente ao Estado de destino, reforçam-se; mas tal não impede a experimentação de mecanismos de reconhecimento e execução daqueles actos no estrangeiro, ainda que em condições mais restritivas do que as aplicáveis para os demais actos administrativos.

O que confirma que, se no âmbito do reconhecimento as exigências decorrentes do *princípio da não transactividade* têm de se ter por mais lassas quanto à intervenção do Estado de reconhecimento – bastando, em regra, um qualquer vínculo que justifique a sua intervenção recognitiva –, esse afrouxamento é *compensado* pela ligação indispensável com o *Estado de origem*. Não nos parece, por isso, que, em sede de reconhecimento, estejamos perante uma manifestação do princípio da não transactividade de *menor grau*

[1030] No plano administrativo a retórica dominante tem sido a da não retroactividade, ligada à dimensão temporal dos actos administrativos, sobretudo quando se questiona quais são as excepções admissíveis a este princípio. No entanto, com o relevo da circulação de actos administrativos no plano internacional, o princípio da não transactividade começa a fazer o seu *début* também neste campo.

[1031] Temos por isso alguma dificuldade em aceitar a ideia de uma *retracção simétrica* do âmbito de eficácia do Direito Administrativo do Estado-sede, uma vez que nem sempre a competência decisória poderia ter sido nele concretizada (afirmando aquela simetria, cfr. MIGUEL PRATA ROQUE, *A Dimensão Transnacional do Direito Administrativo – Uma visão cosmopolita das situações jurídico-administrativas*, Lisboa, AAFDL, p. 443).

TEORIA DO RECONHECIMENTO

do que a resultaria da aplicação do direito administrativo estrangeiro por força de regras de conflitos[1032]; estamos antes perante uma manifestação deste princípio que reveste *natureza distinta*.

E é a natureza e modo de funcionamento específico do reconhecimento que permite que ambos os Estados – o de origem e o de acolhimento – tenham uma palavra a dizer quanto à eficácia do acto objecto de reconhecimento, que pode assumir, consoante os casos, efeitos diferenciados.

b. Reconhecimento como questão de direito interno ou de direito internacional?

É difícil fazer a distinção entre os elementos de direito internacional e os de direito interno no âmbito dos processos de reconhecimento. Como veremos, o fundamento ou, pelo menos, a fonte directa do reconhecimento decorre, vastas vezes, do direito internacional, geral ou regional, ou do direito da União Europeia, e, sempre que se dispense a produção de um acto interno de reconhecimento, pareceria que aquela dimensão internacional se apoderaria automática e *irremediavelmente* deste instituto.

Esta dificuldade definitória é agravada pela circunstância de o reconhecimento ser um mecanismo com raízes e aplicações no direito interno, público e privado; no direito administrativo internacional; no direito internacional público; e no direito internacional privado, desempenhando em todos eles, ainda que em medidas distintas e por vezes com finalidades diversas, um papel não despiciendo, do ponto de vista qualitativo e, cada vez mais, quantitativo[1033].

Vimos, no entanto, que uma posição estritamente dualista (uma *ortodoxia dualista*[1034], que distingue entre dois ordenamentos jurídicos irreconciliáveis,

---

[1032] Como defende MIGUEL PRATA ROQUE, *A Dimensão Transnacional do Direito Administrativo – Uma visão cosmopolita das situações jurídico-administrativas*, AAFDL, Lisboa, 2014, p. 442.

[1033] Sobre o relevo nestes domínios da técnica do reconhecimento, cfr. ULRICH DROBNIG, "Skizzen zur internationalprivatrechtlichen Annerkennung" *Festschrift für Ernst von Caemmerer zum 70. Geburtstag*, Hans Claudius Ficker, Detlef König, Karl F. Kreuzer, Hans G. Leser, Wolfgang Frhr. Marschall von Bieberstein, Peter Schlechtriem (eds.), Tübingen, Mohr, 1978, pp. 687 e 704. O Autor considera ainda que o estudo do fenómeno do reconhecimento – dada a sua pervasividade – pode auxiliar a definir melhor pontos de contacto e de divergência entre o direito internacional privado e os direitos internacional público e o direito público internacional.

[1034] GORDON ANTHONY, *UK Public Law and European Law*, Oxford and Portland, Hart Publishing, 2002, p. 180. Também crítico desta ortodoxia, inadequada perante os fenómenos da

o internacional e o interno), não permite compreender cabalmente a dinâmica que está na base do reconhecimento, sendo necessário recorrer a um *pensamento de matriz pluralista*, que admite formas de relação internormativa diferenciadas. Por isso, se o fundamento das obrigações de reconhecimento se pode encontrar – e as mais das vezes se encontra – fora do Estado, competirá sempre a este colocá-lo em marcha, procedendo com maior ou menor autonomia ao controlo dos requisitos de que depende.

De sorte que, se não são despiciendos os modos de formação do direito internacional e europeu em matéria de reconhecimento, o Estado, tendo em linha de conta a posição "privilegiada" de proximidade que ocupa relativamente aos destinatários da acção pública, continuará dominantemente a regular e, em qualquer caso, a aplicar os procedimentos de controlo e requisitos materiais de que depende o reconhecimento de actos administrativos estrangeiros.

A *dimensão interna* – ou seja, a intervenção de controlo, efectiva ou possível, do Estado de reconhecimento que, para o efeito, lança mão, na sua *plenitude*, dos seus mecanismos de direito administrativo –, é, assim, determinante e essencial ao instituto do reconhecimento, ainda que não esgote todas as dimensões da sua relevância.

c. *Reconhecimento como mecanismo de cooperação ou de contenção?*

O reconhecimento implica a superação de um paradigma puramente *abstencionista* na relação entre Autoridades públicas. LUZZATTO referia-se a este paradigma como compreendendo uma pretensão de que os Estados não impeçam uma integral e regular actuação dos actos estrangeiros no âmbito territorial do Estado que os emanou e uma pretensão de que nenhum Estado se imiscua na aplicação concreta dos actos no confronto com o sujeito que os praticou[1035].

Afastado o que o reconhecimento não é, subsiste, ainda, a questão da *função positiva* do reconhecimento. Reportar-se-á esta a uma posição de retracção ou contenção do Estado, que exerce um deliberado *self restraint* relativamente ao exercício extraterritorial de Autoridade pública estrangeira,

---

globalização e da internacionalização dos direitos fundamentais, cfr. MICHAEL TAGGART, "The Tub of Public Law", *The Unity Of Public Law*, David Dyzenhaus (ed.) Oxford and Portland, Hart Publishing, 2004, pp. 458-461.

[1035] RICCARDO LUZZATTO, *Stati Stranieri e Giurisdizione Nazionale*, Milano, Dott. A. Giuffrè Editore, 1972, 329 p. 247.

TEORIA DO RECONHECIMENTO

permitindo que esta se estenda para lá da sua sede originária, ou tratar-se-á antes de um mecanismo que promove a cooperação entre Autoridades, estaduais e internacionais, no exercício das respectivas funções?

As características que temos atribuído ao reconhecimento permitem que, num certo sentido, se possa falar de *self-restraint* estadual, traduzido na renúncia à resolução primária da situação. Esta contenção resulta da impossibilidade ou inconveniência de re-regulação da situação e de colocação de obstáculos ilegítimos ao exercício de uma actividade suportada num acto administrativo estrangeiro, fundada na natureza deste acto[1036]. Nem sempre, porém, se tratará, *em sentido estrito*, de uma contenção do exercício das competências estatais, uma vez que, para que se possa falar de uma retracção destas, é necessário que se tenha um *elemento de comparação*, em regra cotejando os poderes envolvidos no reconhecimento de um acto estrangeiro e os poderes envolvidos na edição de um acto similar, situação que nem sempre ocorrerá, já que a competência para a emissão do acto em causa pode pertencer, apenas e só, à Autoridade de origem[1037].

Ao que acresce que obrigações de reconhecimento há muito que vão além de uma posição de contenção do Estado de reconhecimento, exigindo deste actuações que reforcem a posição jurídica reconhecida (por exemplo, impedindo intervenções de terceiros nas liberdades reconhecidas ou viabilizando a execução de actos administrativos estrangeiros), o que, nalguns casos, pode revelar-se uma posição mais favorável do que a que aquele Estado deferiria a similares situações jurídicas, mas de matriz puramente nacional, como veremos quando nos ocuparmos de alguns dos efeitos reflexos do reconhecimento.

Quanto à dimensão de cooperação, é notório que o pensamento a esta subjacente é um relevante *Leitmotiv* por detrás do reconhecimento, em especial no âmbito da União Europeia. Nesta, por entre os típicos institutos que visam promover a cooperação conta-se o reconhecimento mútuo de deci-

---

[1036] MATTEO ORTINO, "The Role and Functioning of Mutual Recognition in the European Market of Finantial Services", *International Comparative Law Quarterly*, Vol. 56, April, 2007, p. 313.

[1037] É o que se passará, por exemplo, com os efeitos do ponto de vista da circulação reconhecidos a quem seja nacional de um outro Estado-membro da União ou neste tenha o estatuto de residente permanente.

EFICÁCIA, RECONHECIMENTO E EXECUÇÃO DE ACTOS ADMINISTRATIVOS ESTRANGEIROS

sões administrativas[1038], via privilegiada de criação e concretização de teias normativas entre Estados; mas trata-se de um instrumento que também se estende a outras formas de concerto regulamentar entre Estados no plano internacional, como sugere BERMANN[1039].

Mas, avance-se, o reconhecimento pode ir *além* ou *aquém* das exigências de cooperação entre Autoridades públicas. Admitindo-se uma noção ampla de reconhecimento, como a por nós proposta relativamente a actos administrativos supranacionais, este instituto encontra-se inserido num ambiente que pode ser globalmente considerado como de *integração* e não de mera cooperação. Ao invés, no caso de reconhecimento de actos administrativos estrangeiros em sentido estrito, o conceito que melhor se ajusta à função daquele instrumento é o de *coordenação*, na medida em que, ainda que dependendo, em regra, do cumprimento do requisito de reciprocidade, a decisão de reconhecimento é tomada de forma unilateral, dela não resultando o estabelecimento de uma relação de colaboração e confiança recíproca entre os Estados.

d. Reconhecimento enquanto princípio, regra ou excepção?

Em termos gerais, um princípio, apesar de constituir um estrato da normatividade jurídica, sendo, portanto, uma *norma jurídica*[1040], tem sido configurado como carecendo da determinabilidade para configurar um bordão

---

[1038] EBERHARD SCHMIDT-ASSMANN inclui, ainda, como mecanismos desta natureza, a cooperação jurídico-administrativa, os actos administrativos transnacionais e os procedimentos administrativos multiníveis (cfr. "Verfassungsprinzipien für den Verwaltungsverbund", *Grundlagen des Verwaltungsrechts,* Vol. I, 2.ª ed., Hoffmann-Riem, Schmidt-Aßmann, Voßkuhle (eds.), München, Verlag C. H. Beck, 2012, pp. 292-293).

[1039] GEORGE A. BERMANN integra na concertação regulamentar um leque variado de actuações conjuntas desde a troca de informações ao estabelecimento de formas de reconhecimento mútuo (cfr. "La Concertation Réglementaire Transatlantique", *Vers de Nouveaux Équilibres entre Ordres Juridiques – Liber Amicorum Hélène Gaudemet-Tallon,* Dalloz, Paris, 2008, pp. 23-30).

[1040] Utilizando uma terminologia diversa, JOSEF ESSER distingue entre fundamentos/princípios e aplicações de uma determinada norma (mandatos), sendo que aqueles, mesmo se positivados, assumem-se como critério e justificação dos mandatos ou das normas em sentido técnico (cfr. *Grundsatz und Norm in der Ricthterlichen Fortbildung des Privatrechts* – Rechtsvergleichende Beiträge zur Rechtsquellen, Tübingen, J. C. B. Mohr, 1956, p. 51). Para uma resenha sumária dos critérios mais importantes de distinção entre regras e princípios, cfr. FERNANDO ALVES CORREIA, *Justiça Constitucional,* Coimbra, Almedina, 2016, pp. 202-204.

mais facilmente operativo – uma regra –, oferecendo, antes, a prescrição de um valor que se positiva.

Citado profusamente na literatura especializada, quando se trata de estabelecer os termos da distinção entre regras e princípios, DWORKIN entende que a mesma não é senão uma distinção lógica, apontando ambas as figuras para decisões particulares sobre obrigações jurídicas em determinadas circunstâncias, mas diferindo quanto ao tipo e natureza da direção que fornecem. As regras, pelo seu carácter concreto e especificidade, estabelecem consequências jurídicas que se aplicam automaticamente quando se preencham as condições nelas previstas, sendo que a aplicação de uma regra implica a invalidade de outra que aponte em sentido diverso, uma vez que todas têm o mesmo peso no seio do sistema jurídico (sendo aplicáveis, destarte, *"in an all-or-nothing fashion"*). Os princípios, por seu turno, enunciam argumentos ou razões que concorrem num determinado sentido, não especificando, todavia, uma consequência jurídica particular, que apenas será obtida através de uma tarefa de pesagem ou ponderação do peso relativo dos princípios em confronto no caso concreto[1041].

Nesta senda, ALEXY postula uma distinção entre regras e princípios assente no diferente carácter *prima facie* de cada um destes componentes da normatividade jurídica, ainda que entenda que ambos enunciam razões, ainda que distintas, para a emanação de juízos concretos. Logo, enquanto as regras configuram comandos definitivos, que apenas cedem perante a eventual intervenção de um princípio que se queira aplicar ao caso – já que os conflitos entre elas se resolvem tendo em consideração a dimensão da validade –, os princípios são mandatos de optimização cuja aplicação e conteúdo de determinação nos casos concretos em caso de colisão depende de uma ponderação efectuada entre eles[1042].

Por seu lado, LARENZ, desenhando embora os princípios como *"pautas directivas de normação jurídica que, em virtude da sua própria força de convicção,*

[1041] RONALD DWORKIN, *Taking Rights Seriously*, London, Duckworth, 1977, pp. 22 a 28.

[1042] ROBERT ALEXY, *Theorie der Grundrechte*, Baden-Baden, Nomos Verlagsgesellschaft, 1985, pp. 71 a 104. Esta posição leva a que o Autor considere determinados princípios como o da proporcionalidade como verdadeiras regras, já que nunca é excluído por outros princípios nem entra em ponderação com eles, antes funciona como um instrumento essencial dessa mesma ponderação.

EFICÁCIA, RECONHECIMENTO E EXECUÇÃO DE ACTOS ADMINISTRATIVOS ESTRANGEIROS

podem justificar resoluções jurídicas"[1043], distingue entre os princípios abertos, que não contêm qualquer especificação da sua concretização a casos concretos, e princípios com forma de proposição jurídica, que se encontram condensados numa regra imediatamente aplicável. Em outra sede vem o Autor definir princípios jurídicos como «*pensamentos orientadores de uma (possível ou existente) regulamentação jurídica, que, em si mesmos, não configuram ainda nenhuma das "aplicações" possíveis de uma regra, mas que podem transformar-se nelas*»[1044], assinalando a existência de um processo de recuo – "*Zurück-Gehen*" – de uma regra para o seu pensamento jurídico fundamentante, que permite a compreensão do sentido desta e a sua legitimação, afirmando-se simultaneamente o princípio na regra ou regras que fundamenta, experimentando a sua concretização no direito vigente (positivo)[1045].

Por todas estas oscilações, há quem se pronuncie pelo facto de não ser possível, sobretudo nos casos difíceis, encontrar um critério forte de distinção que permita uma separação radical e *a priori* entre os dois tipos de normas, que, quando muito, podem servir como meros critérios indicativos[1046].

[1043] KARL LARENZ, *Methodenlehre der Rechtswissenschaft*, 4.ª ed., Berlin, Springer Verlag, 1979, pp. 458 a 465 (ao contrário das demais no presente livro, que são da nossa autoria e responsabilidade, a tradução foi retirada de ROGÉRIO EHRARDT SOARES, na 2.ª edição da Metodologia da Ciência do Direito, Lisboa, Calouste Gulbenkian, 1989).

[1044] KARL LARENZ, *Richtiges Recht – Gründzuge einer Rechtsethik*, München, C. H. Beck, 1979, p. 23. Neste estudo, LARENZ alia a definição dos princípios jurídicos à concretização da "Ideia de Direito", composta pelas exigências de paz jurídica e de justiça.

[1045] GUSTAVO ZAGREBELSKY centra a diferença entre princípios e normas no *ethos* de cada. Assim, enquanto que às regras *se obedece*, uma vez que fornecem critérios para a acção, aos princípios *adere-se*, uma vez que apenas dão critérios para que se tome posição perante situações indeterminadas *a priori*. Deste modo, refere que apenas os princípios podem assumir um papel verdadeiramente "constitucional", isto é, constitutivo da ordem jurídica (cfr. *Il Diritto Mite*, Torino, Einaudi Contemporanea, 1992, pp. 147 a 150). Também ANTÓNIO CASTANHEIRA NEVES, caracteriza os princípios como aqueles que "*uma vez revelados ou constituídos pela experiência histórico-constitutiva do jurídico, ficam verdadeiramente adquiridos como elementos irrenunciáveis da juridicidade*", apontando como notas caracterizadoras adicionais dos mesmos o seu carácter formal ou a sua indeterminação normativa (cfr. "A unidade do sistema jurídico: o seu problema e o seu sentido", *Digesta – Escritos acerca do Direito, do Pensamento Jurídico, da sua Metodologia e Outros*, 2.º Vol., Coimbra, Coimbra Editora, 1995, p. 176).

[1046] JORGE REIS NOVAIS, *As Restrições aos Direitos Fundamentais não Expressamente Autorizadas pela Constituição*, Coimbra, Coimbra Editora, 2003, pp. 350 e 351.

TEORIA DO RECONHECIMENTO

Ainda que aceitemos o relevo meramente indicativo ou heurístico desses critérios, sobretudo numa altura em que o próprio esquema das regras e dos princípios se vai flexibilizando, não podemos deixar de acentuar a específica *fundamentalidade e densidade axiológica* dos princípios[1047], que cumprem exigências essenciais da vida em sociedade.

E é sobretudo por estas notas não se encontrarem preenchidas que não concebemos que o reconhecimento possa ser caracterizado, em geral, como um *princípio fundamental*, por não fluir directamente da ideia de direito – necessitando de ser ancorado noutros princípios ou regras jurídicas –, nem se apresentar, estritamente, como um mecanismo essencial à condução de relações entre Autoridades públicas no plano externo. O reconhecimento não é, portanto, um parâmetro que integra o *bloco de juridicidade básico* dos ordenamentos jurídicos em que se inscreve, nem dele resulta um parâmetro de controlo da totalidade das actuações do Estado reconhecido.

Das múltiplas formas que o reconhecimento pode assumir, aquela que mais se assemelharia a uma forma principial seria a do reconhecimento integrado ou pressuposto, mas também aqui as obrigações de reconhecimento (e de execução) resultam dos arranjos pré-estabelecidos, alguns deles de ordem iminentemente temporária, e é em virtude destes – em especial da Administração territorial e da integração europeia –, que se compreendem. E, mesmo aqui, pode optar-se por um sistema que não vá no sentido da integração automática dos actos de autoridade nos Estados, mas por um sistema que dependa ainda de uma mediação co-constitutiva destes, como, aliás, sucede no âmbito da União Europeia, por intermédio da técnica das Directivas.

Quanto ao reconhecimento mútuo, não obstante a sua crescente extensão e importância, sobretudo na União Europeia, não vemos que nos devamos distanciar da posição assumida, já em 1993, por BARATTA, que não o via como um *princípio fundamental* da União, por não dar resposta a um necessário ideal de política legislativa da União, mas apenas como um princípio comum, cuja mobilização se encontrava dependente dos princípios da subsi-

---

[1047] Enquanto *"princípios historicamente objectivados e progressivamente introduzidos na consciência jurídica e que encontram uma recepção expressa ou implícita no texto constitucional"* (assim, J. J. GOMES CANOTILHO, *Direito Constitucional e Teoria da Constituição*, 7.ª ed., Coimbra, Almedina, 2010, p. 1165).

diariedade e proporcionalidade[1048]. E, de facto, já aventámos que não há uma qualquer obrigação de inscrição de técnicas de reconhecimento, mesmo no seio da União Europeia, sendo este um, *entre outros*, métodos de resolução de situações internacionais[1049].

NIEHOF também advoga que, não se ancorando o reconhecimento mútuo nos direitos dos Estados-membros e sendo, por isso, um princípio específico do direito comunitário, não será, no entanto, um princípio fundamental deste ramo de direito, nem do ponto de vista administrativo, porque se encontra funcionalizado à realização do mercado interno; nem do ponto de vista constitucional, pois se ancora, para tanto, nas liberdades fundamentais[1050].

O assim designado princípio do reconhecimento mútuo será, afinal, uma *regra jurídica* que, ainda que se replique no seio da União Europeia, e não necessite de inscrição expressa, essencialmente nos casos que envolvam o exercício de liberdades comunitárias, não passará, por isso, a merecer o epíteto de *princípio fundamental* do Direito da União, quando muito podendo receber o qualificativo de *princípio geral* deste ramo de direito, conceito

---

[1048] ROBERTO BARATTA, "L'Equivalenza delle Normative Nazionali ai sensi dell'art. 100 B del Trattato CE", *Rivista di Diritto Europeo*, Vol. 33, 1993, pp. 755-758.
Não é esta, porém, uma posição unânime. Cfr., por todos, MARIE-DOMINIQUE GARABIOL--FURET considerando o reconhecimento mútuo (a par do princípio da origem) um *pilar de edificação do direito comunitário* e um princípio geral de direito comunitário (cfr. "Plaidoyer pour le principe du pays d'origine", *Revue du Marché Commun et de l'Union Européenne*, N.º 495, fevrier, 2006, pp. 82-83).
[1049] No mesmo sentido, LUÍS DE LIMA PINHEIRO que entende que esta técnica não é genericamente imposta pelo direito da União Europeia, ainda que este o tenha vindo a promover, essencialmente por via jurisdicional (cfr. *Direito Internacional Privado*, Vol I – Introdução e Direito de Conflitos – Parte Geral, 3.ª ed., Coimbra, Almedina, 2014, pp. 405-406).
[1050] ROLAND NIEHOF, *Der Grundsatz der Gegenseitigen Anerkennung im Gemeinschaftsrecht*, Paderborn, Heiner Vahle Offsetdruck, 1989, pp. 11-13. Ainda que referindo-se ao princípio da equivalência, ALEXANDRE BERNEL também o faz assentar nas ideias de proporcionalidade, confiança legítima e subsidiariedade (cfr. *Le Principe d'Équivalence ou de "Reconnaissance Mutuelle" en Droit Communautaire*, Zürich, Schulthess Polygraphischer Verlag, 1996, pp. 111 e 289).
Mais recentemente, STEPHEN WEATHERILL entende não existir um princípio de reconhecimento mútuo, mas apenas um reconhecimento condicional e não absoluto, o que impede aquela qualificação (cfr. "The Principle of Mutual Recognition: It Doesn't Work Because It Doesn't Exist", 2017, *European Law Review*, no prelo; *Oxford Legal Studies Research Paper* No. 43/2017, disponível em https://ssrn.com/abstract=2998943, acesso em 20 de Agosto de 2017, p. 5).

amplíssimo este que incorpora um conjunto de ditames normativos de natureza diversa[1051].

Assim o qualifica HATZOPOULOS, que vê o reconhecimento mútuo como um *princípio geral de direito comunitário*, porque previsto, ainda que parcelarmente nos Tratados[1052]; porque generalizado pela jurisprudência do Tribunal de Justiça e pela prática da Comissão, que não o hesita em qualificar como tal; por fazer parte dos princípios a que a União e os Estados aderiram no quadro da Organização Mundial do Comércio; e por estar estritamente ligado aos princípios da proporcionalidade e da confiança mútua, bem como do princípio *pacta sunt servanda*[1053]. Estamos parcialmente com este Autor, mas não podemos concordar com a existência de uma obrigação de reconhecimento em sede da Organização Mundial de Comércio (cfr. *supra*), nem com a conclusão que HATZOPOULOS parece extrair do mesmo posicionamento entre o reconhecimento mútuo e princípios fundamentais e estruturantes do Direito da União como os da igualdade e da proporcionalidade, já que a intensidade normativa, o modo de funcionamento e os efeitos destes princípios são distintos[1054].

[1051] Incluem-se neste conceito princípios fundamentais, como os da igualdade e da proporcionalidade, liberdades comunitárias fundamentais e outros princípios de direito da União. Cfr., sobre esta mescla e falta de harmonia interna dos princípios gerais de direito, MARCUS KLAMERT, *The Principle of Loyalty in EU Law*, Oxford, Oxford University Press, 2014, pp. 245-246; e TAKIS TRIDIMAS, *The General Principles of EC Law*, 2.ª ed, Oxford, Oxford University Press, 2006, pp. 1-5.
A relevância de uma possível qualificação como princípios gerais de direito prende-se, portanto, não tanto com uma harmonia prévia dos pressupostos daquela qualificação, mas essencialmente com o relevo dos mecanismos de controlo do seu incumprimento, dispostos pelo direito comunitário (cfr., sobre estes mecanismos, JOHN A. USHER, *General Principles of EC Law*, London/ New York, Longman, 1998, pp. 121-137).
[1052] ALFONSO MATTERA entendia que o reconhecimento mútuo não se encontrava expressamente previsto nos Tratados, mas decorria de dois artigos (actual artigo 53.º e *ex* artigo 293.º, ora revogado – ao que acrescentamos o artigo 165.º, n.º 2, no domínio parcelar da educação, formação profissional, juventude e desporto), não resultando deles um princípio geral (cfr. "The Principle of Mutual Recognition and Respect for National Regional and Local Entities and Traditions", *The Principle of Mutual Recognition in the European Integration Process*, Fiorella Kostoris Padoa Schioppa (ed.), Palgrave Macmillan, Hampshire, 2005, pp. 6-7).
[1053] VASSILIS HATZOPOULOS, "Le Principe de Reconnaissance Mutuelle dans la Libre Prestation des Services", *Cahiers de Droit Européen*, Vol. 46, N.ºs 1-2, 2010, pp. 68-70.
[1054] Nem nos parece que a jurisprudência que o Autor mobiliza para sustentar esta conclusão seja suficiente, já que ela apenas se refere a um domínio de intervenção da União (os

Do reconhecimento mútuo, visto então como uma *regra*[1055] – quantas vezes não escrita e que muitas vezes se replica –, decorre, não obstante, que qualquer limite ao reconhecimento deve ser lido de forma restritiva, cumprindo as exigências que o direito da União estabelece a este propósito.

Não é esta, porém, a única leitura possível, já que, sobretudo no âmbito do direito privado da União Europeia, o reconhecimento tem sido perspectivado como uma *excepção*, em casos concretos, à aplicação da norma designada como competente pela regra de conflitos, sempre que esta apontasse para a aplicação de uma lei distinta da *lex auctoris*[1056].

Ou então é visto tanto enquanto uma regra, quanto como uma excepção, dependendo da circunstância de as disposições normalmente aplicáveis serem as do Estado de origem (caso em que o reconhecimento se alinharia com a norma) ou as de uma outra lei, como a do Estado de acolhimento (caso em que o reconhecimento levaria à desaplicação das normas do Estado de origem)[1057].

---

contratos públicos) e dela não se retira com clareza a equiparação entre reconhecimento e igualdade. Aliás, da constatação da jurisprudência citada pelo Autor não verificámos qualquer qualificação ou comparação expressa feita pelo Tribunal entre estes dois princípios [cfr. Acórdãos do Tribunal de Justiça, *Comissão das Comunidades Europeias c. República Francesa*, de 26 de Setembro de 2000, proferido no processo C-225/98; *Contse SA. et al. c. Instituto Nacional de Gestión Sanitaria (Ingesa)*, de 27 de Outubro de 2005, proferido no processo C-234/03; *Consorzio Aziende Metano (Coname) c. Comune di Cingia de' Botti*, de 21 de Julho de 2005, proferido no processo C-231/03; e *Parking Brixen GmbH c. Gemeinde Brixen, Stadtwerke Brixen AG*, de 13 de Outubro de 2005, proferido no processo C-458/03].

[1055] MATTEO ORTINO, "The Role and Functioning of Mutual Recognition in the European Market of Finantial Services", *International Comparative Law Quarterly*, Vol. 56, April, 2007, pp. 313-314.

[1056] MARC FALLON, JOHAN MEEUSEN, "Private International Law in the European Union and the Exception of Mutual Recognition", *Yearbook of Private International Law*, Vol. IV, 2002, pp. 63-65; MARC FALLON, "Libertés Communautaires et Règles de Conflit de Lois", *Les Conflits de Lois et le Système Juridique Communautaire*, Angelika Fuchs, Horatia Muir Watt, Étienne Pataut (dirs.), Paris, Dalloz, 2004, pp. 76-78. LOUIS D'AVOUT defende o relevo do reconhecimento mútuo como excepção geral à regra de conflitos e suplementar à ordem pública e fraude à lei, fundada nos critérios «tempo» e «confiança» (cfr. «La reconnaissance dans le champ des conflits de lois», *Travaux du comité français de droit international privé*, 2014-2016, Paris, Pedone, 2017, p. 231).

[1057] Sobre estas duas perspectivas, cfr. a análise inexcedível de DÁRIO MOURA VICENTE, "Liberdades Comunitárias e Direito Internacional Privado", *Revista da Ordem dos Advogados*, Ano 69, 2009, pp. 793-803.

TEORIA DO RECONHECIMENTO

Já no campo dos actos administrativos estrangeiros em sentido estrito, o reconhecimento encontra-se previsto em regras jurídicas que, segundo nos foi dado a perceber, têm um carácter excepcional ou, pelo menos, especial no âmbito dos ordenamentos jurídicos em que se inserem, seja quanto às áreas específicas em que surgem, seja quanto ao tipo reduzido de actos que a estão sujeitos a reconhecimento.

Tal não significa que o Estado não possa estabelecer uma *vinculação de princípio* ao reconhecimento de actos administrativos estrangeiros, na linha de uma progressiva abertura ao direito estrangeiro – como, aliás, proporemos mais à frente –, mas não nos é crível, dada a dependência deste reconhecimento face a critérios que podem ter uma grande dimensão discricionária, que ele se possa converter num princípio fundamental interno de qualquer ordenamento jurídico nacional.

2. Reconhecimento de actos administrativos estrangeiros e matérias tangentes

O *reconhecimento* é uma noção polissémica[1058], senão mesmo camaleónica, que encontra vários âmbitos de aplicação, incorpora diversas formas de controlo e gera efeitos múltiplos. É um conceito essencial à função recognitiva das ordens jurídicas[1059] e à estruturação dessas mesmas ordens, quando se relacionam entre si, mas que pode ser *enganador*[1060], caso não seja devidamente enquadrado.

A questão que se coloca, portanto, é a de saber se é possível encontrar unidade de sentido na diversidade, isto é se se pode falar de método de reconhecimento ou se se deve optar pela designação *métodos de reconhecimento*,

---

[1058] Dominique Bureau, Horatia Muir Watt, *Droit International Privé, Tome I – Partie Générale*, 3.ª ed., Paris, Presses Universitaires de France, 2014, pp. 273-274; Cyril Nourissat, Pierre Callé, Paolo Pasqualis, Patrick Wautelet, "Pour la reconnaissance des actes authentiques au sein de l'espace de liberté, de securité et de justice", *Petites Affiches*, N.º 68, 4 avril 2012, pp. 6-14.

[1059] Sobre esta função das regras de reconhecimento ("rules of recognition"), cfr. as perspectivas de H.L.A. Hart, *The Concept of Law*, 2.ª ed, Oxford, Clarendon Press, 1994, pp. 100-110, e Scott J. Shapiro, *What Is The Rule Of Recognition (And Does It Exist)?*, Public Law & Legal Theory Research Paper Series – Research Paper N.º 181, Yale Law School, s/d, disponível em http://papers.ssrn.com/abstract#1304645, acesso em 11 de Junho de 2015, pp. 20-33.

[1060] Ian Brownlie, "Recognition in Theory and Practice", *The British Yearbook of International Law*, Vol. LIII, 1982, p. 197.

EFICÁCIA, RECONHECIMENTO E EXECUÇÃO DE ACTOS ADMINISTRATIVOS ESTRANGEIROS

como faz MAYER[1061], que integra no âmbito do reconhecimento situações díspares como o reconhecimento de decisões judiciais, de outras decisões estatais, de actos públicos e de sentenças arbitrais, admitindo ainda que, por *imitação,* aquela noção inclua igualmente o reconhecimento de situações estrangeiras[1062].

Mas a importância desta figura não se queda por aqui, pois a teoria do reconhecimento abrange áreas ainda mais diferenciadas, como sucede com o reconhecimento de Estados e de governos. E é por aqui que começaremos a nossa análise.

a. Reconhecimento de Estados e governos

O reconhecimento de Estados e de governos[1063] poderia ter pouca relevância para o nosso âmbito de estudo, não fora, logo numa análise preliminar, o enquadramento genérico que nos dá do fenómeno do reconhecimento, ao permitir diferenciar entre polos opostos: reconhecimento de direito ou de facto, constitutivo ou declarativo, obrigatório ou discricionário, expresso ou concludente e político ou jurisdicional.

Relativamente ao reconhecimento de Estados a tendência tem oscilado entre a sua natureza constitutiva (teorias subjectivistas) e o seu carácter declarativo (teorias objectivistas), considerando-se por via desta última – ao

---

[1061] PIERRE MAYER, "Les Méthodes de la Reconnaissance en Droit International Privé", *Le Droit International Privé: Esprit et Méthodes – Mélanges en l'Honneur de Paul Lagarde,* Paris, Dalloz, 2005, pp. 549.

[1062] PIERRE MAYER, "Les Méthodes de la Reconnaissance en Droit International Privé", *Le Droit International Privé: Esprit et Méthodes – Mélanges en l'Honneur de Paul Lagarde,* Paris, Dalloz, 2005, p. 560 e 549. O Autor só considera ficar fora deste reconhecimento (que vê como evocando a temática dos conflitos de jurisdições e não de leis), o reconhecimento mútuo no seio da União Europeia, por considerar que se trata de um conceito muito vago. Esta posição parece ancorar-se na ideia que o reconhecimento mútuo não se diferencia do método conflitual, pois prevalece a lei de origem e é esta a aplicável. Veremos *infra* que assim não pensamos.

[1063] Há outras formas de reconhecimento, desde logo de beligerantes e de insurrectos; no entanto o relevo prático deste reconhecimento, se nunca foi grande, é hoje marginal (neste sentido, FERNANDO LOUREIRO BASTOS, "Reconhecimento", *Polis – Enciclopédia Verbo da Sociedade e do Estado,*Vol. 5, Lisboa, Verbo, 1987, p. 71). Também interessa o reconhecimento de organizações internacionais, mas que é dominantemente tácito (cfr. ANNE-LAURE VAURS--CHAUMETTE, "La Question de la Reconnaissance", *Union Européenne et Droit International – En l'Honneur de Patrick Daillier,* Myriam Benlolo-Carabot, Ulas Candas, Eglantine Cujo (dir.), Paris, Editions A. Pedone, 2012, pp. 255-264).

TEORIA DO RECONHECIMENTO

contrário da primeira – participantes no âmbito internacional os sujeitos que tenham objectivamente as características essenciais ao Estado, ainda que não tenham sido aceites pelos membros da comunidade internacional.

LAUTERPACHT, perante a esterilidade destas teorias na sua forma pura, propõe a natureza jurídica do acto de reconhecimento, ainda que este possa ser incidentalmente motivado por considerações políticas: trata-se de um acto declarativo no que se refere às condições da existência de um Estado segundo o direito internacional, mas constitutivo de direitos para este na esfera internacional[1064].

No entanto, também esta teoria não se conforma com a realidade no plano internacional, por haver entidades que gozam das características de estadualidade – características estas compiladas no artigo 1.º da Convenção de Montevideu sobre Direitos e Deveres dos Estados –, mas não são reconhecidas como Estados (veja-se a situação de *Taiwan*) e outras que delas não gozam vêem-se ao espelho como Estados (pense-se no caso do *Kosovo*)[1065].

Hoje, ainda que com uma nítida predominância das teorias declarativas (cfr. os Pareceres n.º 8 e 10 da Comissão Badinter)[1066], o papel do reco-

---

[1064] H. LAUTERPACHT, "Recognition of States in International Law", *The Yale Law Journal*, Vol. 53, No. 3, Junho 1944, pp. 453-458. DICKINSON, abstraindo das diferenças entre teorias declarativas e constitutivas, considerava que o *acto mágico* do reconhecimento tinha um papel importante no normal e efectivo exercício dos direitos internacionais, propondo uma sua maior jurisdicionalização, eventualmente por via de um reconhecimento por um tribunal internacional (EDWIN D. DICKINSON, "International Recognition and the National Courts", *Michigan Law Review*, Vol. 18, 1919-1920, pp. 531-535).

As dicotomia entre teorias declarativas e constitutivas não desapareceu, porém. Apesar de se reconhecer a dificuldade na distinção e de se pretender focar a atenção nos processos de reconhecimento (e não na sua qualificação), GRANT considera que as teorias declarativas são as que mais preferência têm (como o demonstra a Convenção de Montevideu sobre Direitos e Deveres dos Estados) e, merecidamente, por ser esta teoria que concede mais dignidade internacional aos Estados não reconhecidos (THOMAS D. GRANT, *The Recognition of States: Law and Practice in Debate and Evolution*, Westport, Praeger Publishers, 1999, p. 35).

[1065] RYAL WUN, "Beyond Traditional Statehooh Criteria: The Law and Contemporary Politics of State Creation", *Hague Yearbook of International Law*, Vol. 26, 2013, p. 322, refere mesmo que os critérios da Convenção de Montevideu são apenas úteis para *descreverem* um Estado e não para o *definirem* de forma exclusiva.

[1066] Comissão com função consultiva criada aquando do processo de secessão da *ex* Jugoslávia (Cfr., para uma análise do trabalho desta Comissão e das suas Resoluções, cfr. DANILO TÜRK, "Recognition of States: A Comment", *European Journal of International Law*, Vol. 4, 1993, pp. 66-71).

nhecimento voltou a ser colocado em evidência – por via, por exemplo, das recentes evoluções ocorridas no cenário da "questão" palestiniana[1067] –, demonstrando que este instituto, afinal, tem particular *peso jurídico* quando haja reservas na cena internacional sobre a verificação das condições de estadualidade, ao mesmo passo que contribui decisivamente para a inteira comunhão nos direitos e deveres que o direito internacional proporciona ou demanda.

O que significa que também esta doutrina do reconhecimento – e não só aquela de que curamos – não se cristalizou havendo quem proponha a distinção entre os níveis (nem sempre coincidentes) de reconhecimento político, legal e civil, que traduzem três valores distintos, que nem sempre são respeitados: discricionariedade política, critérios legais e legitimidade civil[1068]; quem assinale o papel do respeito por critérios normativos (criação de um Estado com base no uso da força ou em premissas discriminatórias)

R. ERICH defende o reconhecimento com efeitos declarativos, pois não se pode dizer que um Estado não está sujeito ao direito internacional antes de ser reconhecido universalmente (cfr. "La Naissance et la Reconnaissance des États", *Recueil des Cours* 1926, Vol. III, Paris, Librairie Hachette, 1927, pp. 431-503). Referindo que caso assim não fosse, isto é, se se considerasse constitutivo o reconhecimento, estaríamos perante um acto de cortesia que deixaria as relações internacionais aos "caprichos dos homens", cfr. M. J. LORIMER, "La Doctrine de la reconnaissance: Fondement du droit international," *Revue de Droit International et de Legislation Comparée*, Vol. XVI, 1884, pp. 337.

Falando, ao invés, do reconhecimento como transacção ou como concerto entre Estados, cfr. M. J. LORIMER, "La Doctrine de la reconnaissance: Fondement du droit international," *Revue de Droit International et de Legislation Comparée*, Vol. XVI, 1884, p. 338, sem adoptar uma posição contratualista como a de ANZILOTTI (que fundava a natureza constitutiva do reconhecimento no princípio *pacta sunt servanda*: DIONISIO ANZILOTTI, *Corso di Diritto Internazionale*, Vol. I, Roma, Atheneum, 1928, em especial p. 148).

[1067] Cfr. KENNETH MANUSAMA, "'Lawfare' in the Conflict between Israel and Palestine?", *Amsterdam Law Forum*, Vol. 5, N.º 1, pp. 121-124, 2013, disponível em http://ssrn.com/abstract=2246715, acesso em 15 de Janeiro de 2015; PAUL EDEN, "Palestinian Statehood: Trapped Between Rhetoric And Realpolitik", *International and Comparative Law Quarterly*, Vol. 62, N.º 1, Janeiro, 2013, pp. 225-239.

[1068] ROBERT D. SLOANE, "The Changing Face of Recognition in International Law: A Case Study of Tibet," *Emory International Law Review*, N.º 16, 2002, pp. 109-110. O Autor analisa a situação de reconhecimento político do Tibete como parte da China, comparando-a com a situação de Timor Leste, que não sofreu idêntica negligência internacional, acentuando a autonomia do reconhecimento civil que permite ainda hoje percepcionar o Tibete como um Estado sob ocupação ilegal estrangeira.

[1069] e quem evidencie o relevo do reconhecimento normativo pelas *Nações Unidas* (traduzido, essencialmente, na possibilidade e vontade de respeito do direito internacional, pelos Estados a reconhecer[1070]), como novos critérios que contribuem para a denegação ou afirmação da estadualidade no plano internacional.

Estes novos critérios, porém, comportam consigo o risco de fomentarem a incerteza quanto à questão de saber quais, afinal, os requisitos a cumprir, para obter o reconhecimento, caso não venham a ser adequadamente preenchidos e não funcionem de forma complementar aos tradicionais critérios de estadualidade[1071].

[1069] Mesmo quem defendia a posição de que o reconhecimento era uma questão "de facto" e "de força", não ignorava que não se deveria reconhecer Estados no caso de uso de "*Grossmächte*" por motivos poíticos (BORUCH GRYNWASER, *Die völkerrectliche Anerkennung der Staaten – Besondere Berücksictigung der Vorgänge in Osteuropa*, Bern, Universität Bern, 1922, p. 64). Por isso LAUTERPACHT concluia que quem negava a natureza jurídica do reconhecimento acabava por entender que o Estado de reconhecimento tinha alguns deveres legais – ainda que básicos – para com a comunidade a reconhecer e para com a sociedade internacional em geral (cfr. *Recognition in International Law*, Cambridge, The University Press, 1947, pp. 63-65).

JAMES R. CRAWFORD procede a uma opção fundamental pela teoria declarativista, mas considera que não é por isso que o reconhecimento não tem efeitos políticos e jurídicos relevantes. Também entendendo que o reconhecimento não é sempre declarativo, dependendo dos modelos de formação do Estado (cfr. The Creation of States in International Law, 2.ª ed, Oxford, Oxford University Press, 2007, p. 27). Cfr., igualmente, JURE VIDMAR, "Explaining The Legal Effects Of Recognition", *International and Comparative Law Quarterly*, Vol. 61, 2012, pp 361-387.

Jurisprudencialmente, cfr. a posição do Supremo Tribunal do Canadá, no caso *Reference Re Secession of Quebec*, de 20 Agosto de 1998, 2 SCR 217 , que referindo que, ainda que o reconhecimento não seja constitutivo da estadualidade, o último sucesso da secessão ficaria dependente da comunidade internacional, que, para o efeito, teria em consideração a legitimidade da secessão

[1070] CHRISTIAN HILLGRUBER, "The Admission of New States to the International Community", *European Journal of International Law*, Vol. 9, 1998, pp. 499-504; RYAL WUN, "Beyond Traditional Statehooh Criteria: The Law and Contemporary Politics of State Creation", *Hague Yearbook of International Law*, Vol. 26, 2013, pp. 316-358.

[1071] CEDRIC RYNGAERT e SVEN SOBRIE chamam a atenção que o uso de critérios morais que contrabalançem os tradicionais critérios de efectividade correm o risco de comportar inconsistências no direito internacional, por carecem de uma definição clara e por potenciarem medidas discricionárias e casuísticas (como sucedeu com o Kosovo) (cfr. , "Recognition of States: International Law or Realpolitik? The Practice of Recognition in the Wake of Kosovo, South Ossetia, and Abkhazia", *Leiden Journal of International Law*, Vol. 24, 2011, pp. 467-490).

Já quanto ao carácter obrigatório ou facultativo do reconhecimento, as posições são mais flexíveis, colocando-se usualmente a análise no plano do dever ser (do dever de reconhecimento) e não do ser (do efectivo reconhecimento)[1072]. E também aqui, como em tantas áreas do direito, o *tempo* tem um papel absolutamente crucial, como o demonstra a proibição de reconhecimento "prematuro" de Estados[1073], muitos deles caracterizados depois como falhados.

Quanto ao reconhecimento de governos, as posições são igualmente díspares e as classificações múltiplas. Descontando a "doutrina Estrada" que nega a autonomia do reconhecimento dos governos – enquanto matéria puramente de ordem interna –; entre as margens da "doutrina Tinoco" que se centra no controlo efectivo dos destinatários da regulamentação governamental e da "doutrina Tobar" que assenta no reconhecimento da legitimidade democrática do governo, SLOANE entende que a decisão de reconhecimento é discricionária, baseando-se, com composição variável, nestes e noutros critérios[1074].

Particularmente rica é a posição manifestada por NOËL-HENRY, que, quanto à questão de saber se um governo de facto tem os mesmos direitos que um governo de direito, posiciona-se segundo três pontos de vista: do juiz interno (do Estado onde se produz a rebelião); do juiz terceiro (de outro país); e do juiz internacional, todos eles tendo efeitos diferenciados[1075]. Para o autor, e do ponto de vista do Estado estrangeiro – aquele no qual nos posi-

---

Para uma encenação destes e outros argumentos a propósito do reconhecimento, cfr. DENIS ALLAND, "Dialogue sur la Reconnaissance d'État (à propos d'un ouvrage récent), *Journal du Droit International,* N.º 2, avril-mai-juin, 2014, pp. 589-598.

[1072] BORUCH GRYNWASER retira o carácter obrigatório do reconhecimento da natureza declarativa do instituto e da natureza deste direito como direito objectivo, avançando que o Estado existente não pode escapar desta sua obrigação e o novo Estado não tem de renunciar à sua pretensão (cfr. *Die völkerrectliche Anerkennung der Staaten – Besondere Berücksictigung der Vorgänge in Osteuropa,* Bern, Universität Bern, 1922, pp. 52-53).

[1073] O que significa que há um desfasamento entre a posição jurídica do Estado que pretende o reconhecimento (que alega um direito ao reconhecimento e o dever de reconhecer); cfr. H. LAUTERPACHT, *Recognition in International Law,* Cambridge, The University Press, 1947, pp. 11-18. Kosovo

[1074] ROBERT D. SLOANE, "The Changing Face of Recognition in International Law: A Case Study of Tibet," *Emory International Law Review,* N.º 16, 2002, pp. 120-126.

[1075] NOËL-HENRY, *Les Gouvernements de Fait devant le Juge,* Paris, Librairie R. Guillon, 1927, pp. 2-3.

TEORIA DO RECONHECIMENTO

cionamos no presente estudo –, o reconhecimento de um governo estrangeiro é condição *sine qua non* do reconhecimento da sua capacidade[1076], não lhe devendo (nem aos seus agentes) ser atribuída imunidade, ao mesmo passo que não se devem reconhecer e retirar efeitos e quaisquer actos de soberania individual, seja relativos a pessoas físicas (passaportes, vistos, actos de estado civil, retirada da nacionalidade), pessoas morais (negação da personalidade, dissolução) e bens (confisco), sendo indiferente aferir se colocam ou não a ordem pública internacional, por deverem ser descartados em bloco[1077].

MIRABELLI, por seu turno, considera que o reconhecimento dos Estados implica um primeiro, ainda que mínimo, reconhecimento extraterritorial do seu indispensável ordenamento territorial, sem o qual não poderiam encetar em relações internacionais de qualquer natureza[1078].

Também DAILLIER e PELLET, apesar de acentuarem o carácter não constitutivo do reconhecimento de governos não deixam de assinalar as suas importantes consequências políticas e jurídicas na determinação de quem é o titular de representação internacional do Estado, mas também na definição do respeito a dar, nos tribunais locais, aos actos legislativos e administrativos emanados por essas autoridades[1079].

Não é esta, porém, a posição que nos parece mais razoável. Julgamos poder fazer-se uma separação entre a área do reconhecimento de Estados e de governos e a área do reconhecimento de actos jurídicos estrangeiros, como, aliás, já demos conta no âmbito dos *Acts of state*. E não estamos sozinhos[1080].

[1076] NOËL-HENRY, *Les Gouvernements de Fait devant le Juge*, Paris, Librairie R. Guillon, 1927, p. 91.

[1077] NOËL-HENRY, *Les Gouvernements de Fait devant le Juge*, Paris, Librairie R. Guillon, 1927, pp. 130-144.

[1078] ANDREA RAPISARDI MIRABELLI, *Il Diritto Internazionale Amministrativo*, Vol. VIII (Trattato di Diritto Internazionale), Padova, CEDAM, 1939, pp. 70-71.
K. LIPSTEIN dá conta desta mesma posição assumida no caso *Luther v. Sagor* ("Recognition of Governments and the Application of Foreign Laws", *Transactions of the Grotius Society*, Vol. 35 – Problems of Public and Private International Law, 1949, pp. 157-188).

[1079] PATRICK DAILLIER, ALAIN PELLET, *Droit International Public*, 7.ª ed, Paris, L.G.D.J., 2002, p. 418.

[1080] KLAUS KÖNIG também entende dever recusar-se uma teoria que faça depender o reconhecimento dos actos do reconhecimento constitutivo ou declarativo dos Estados, uma vez que a função de ambos os reconhecimentos é diferenciada (cfr. *Die Anerkennung ausländischer Verwaltungsakte*, Köln, Carl Heymanns Verlag KG, 1965, pp. 38-41); TONO EITEL aduz, na

EFICÁCIA, RECONHECIMENTO E EXECUÇÃO DE ACTOS ADMINISTRATIVOS ESTRANGEIROS

Como se depreende dos ensinos de CRAWFORD, tem havido uma tendência para se proceder, legislativa ou judicialmente, a uma distinção entre os efeitos internos e externos do reconhecimento: enquanto o executivo se preocupa com consequências *externas* do reconhecimento, os tribunais preocupam-se com as consequências *internas* do reconhecimento, *vis-à-vis* privados[1081]. E, não obstante no domínio do reconhecimento de actos administrativos estrangeiros se cruzarem estas duas dimensões – por se tratar da

mesma linha, que é possível não reconhecer uma ordem jurídica, por motivos políticos, mas reconhecer alguns dos seus actos, porque o reconhecimento de uma comunidade política não tem como função o reconhecimento dos seus actos e a aplicação do seu direito (cfr. *Die Überzonale Rechtsmacht Deutscher Verwaltungsakte*, Hamburg, Kommissionsverlag Ludwig Appel, 1961, p. 46); e RICCARDO MONACO segundo a qual as normas eleitas pela regra de conflitos são aplicadas mesmo que provenham de um Estado não reconhecido ou com o qual o Estado do foro não tem relações diplomáticas (cfr. *L'Efficacia della Legge nello Spazio (Diritto Internazionale Privato)*, Unione Tipografico – Editrice Torinese, Torino, 1952, p. 54).

F.A. MANN, "Judiciary and Executive Foreign Affairs", *Studies in International Law*, Oxford, Clarendon Press, 1973, p. 412, entende que a posição segundo a qual os actos de Governos não reconhecidos não devem ser considerados e não podem ser-lhes assacados efeitos – levando a situações, na altura, de aplicação de legislação pré-soviética aos estatutos dos refugiados, considerando empresas que haviam sido dissolvidas como subsistentes e reconhecimento de propriedade confiscada ao seu dono originário – não é adequada por fazer depender excessivamente a adjudicação judicial do poder executivo, não permitindo o pleno exercício da função jurisdicional.

A excepção de falta de reconhecimento do Estado ou governo também não exclui no Brasil, a aplicação de lei estrangeira, considerando HAROLDO VALLADÃO que tanto equivale a uma directriz ultrapassada de direito de internacional privado, de conflitos de soberania quando em causa estão colisões de normas jurídicas (cfr. , *Direito Internacional Privado – em Base Histórica e Comparativa, Positiva e Doutrinária, especialmente dos Estados Americanos – Vol. I Introdução e Parte Geral*, 5.ª ed., Rio de Janeiro, Biblioteca Universitária Freitas Basto, 1980, p. 516). O mesmo se passa em Portugal, como aduzem ISABEL DE MAGALHÃES COLLAÇO, *Lições de Direito Internacional Privado*, Vol. II, Lisboa, Edição da AAFDL, 1959, pp. 445-447) e MARQUES DOS SANTOS (ANTÓNIO MARQUES DOS SANTOS, "A Aplicação do Direito Estrangeiro", *Estudos de Direito International Privado e de Direito Público*, Coimbra, Almedina, 2004, p. 39). JOÃO BAPTISTA MACHADO vai mais longe no sentido de aplicação, em sede de princípio, das regras efectivamente vigentes num território, mesmo que ocupado (e mesmo que contrárias ao direito internacional) (cfr. *Lições de Direito Internacional Privado*, 3.ª ed., Coimbra, Almedina, 1995, p. 243).

[1081] JAMES R. CRAWFORD, *The Creation of States in International Law*, 2.ª ed, Oxford, Oxford University Press, 2007, p. 18. Há, no entanto, uma oscilação jurisprudencial relevante no Reino Unido, que pode ser constatada pela análise da pronúncia de Lord DENNING no caso *Hesperides Hotels Lda and another v. Aegean Turkish Holidays Lda* and another [1978] 1 All Er 277 e

TEORIA DO RECONHECIMENTO

regulação de situações administrativas, relevantes para o comércio jurídico-privado –, julgamos que é a função interna do reconhecimento que deve prevaler, não se justificando o tratamento diferenciado entre actos administrativos e actuações em matéria privada.

O que não quer dizer que o não reconhecimento de Estados e governos e os motivos para o não reconhecimento não possam influenciar o não reconhecimento dos actos por si emanados, sobretudo quando estes actos forem desfavoráveis para os seus destinatários.

Pode, de facto, haver coincidência de motivos para recusar o reconhecimento do Estado ou de governo e para recusar o reconhecimento de alguns dos seus actos, como sucede com a violação de normas fundamentais de direito internacional, mas o exercício não é similar, não se regendo necessariamente pelos mesmos critérios[1082].

Do que em suma se retira que pode haver reconhecimento de um Estado ou de um governo, sem que se reconheçam necessariamente todos os actos administrativos por ele praticados; e, inversamente, que o reconhecimento de actos administrativos estrangeiros não acarreta, em regra, sequer implicitamente, o reconhecimento do Estado ou governo que o emanou.

b. Reconhecimento de decisões judiciais e regimes análogos

O reconhecimento de decisões judiciais em matéria civil e comercial[1083] tem sido o enquadramento a que mais se tem recorrido na procura de

---

pela consulta de FRANZ OPPENHEIMER, *Oppenheim's International Law*, Vol. I – Peace, Robert Jennings, Arthur Watts (eds.), 9.ª ed., Harlow/Essex, Logman, 1992, pp. 201-203.

Cfr., ainda, o *Acórdão do Supremo Tribunal Federal Suíço de 10 de Dezembro de 1924, Journal du Droit International*, 1925, p. 488, que distingue entre o plano das relações internacionais e o da aplicação da lei interna.

[1082] De idêntica forma, o não reconhecimento de Estados ou de governo pode conduzir à dificuldade, senão mesmo impossibilidade de se comprovar a autenticidade do acto administrativo estrangeiro que se pretende mobilizar, o que, no âmbito de sistemas de cooperação que assentem no reconhecimento mútuo, pode inviabilizá-lo, como já decidiu o Tribunal de Justiça quanto a certificados de circulação e de certificados fitossanitários emitidos por outras autoridades que não as autoridades competentes da República de Chipre (cfr. Acórdão *The Queen Contra Minister Of Agriculture, Fisheries And Food, Ex Parte S. P. Anastasiou (Pissouri) Ltd* e o, do Tribunal de Justiça de 5 de Julho de 1994, emitido no processo C-432/92).

[1083] Na ausência pervasiva de regras nacionais, comunitárias e internacionais sobre reconhecimento e execução de sentenças administrativas estrangeiras, carência esta a que já nos referimos.

EFICÁCIA, RECONHECIMENTO E EXECUÇÃO DE ACTOS ADMINISTRATIVOS ESTRANGEIROS

uma moldura satisfatória para o reconhecimento de actos administrativos estrangeiros.

Essa inspiração revela-se a três propósitos.

Primo, prende-se com a caracterização do sistema de reconhecimento a adoptar. No âmbito processual civil, diferenciam-se os seguintes procedimentos de reconhecimento: reconhecimento de pleno direito, *ipso iure* ou *a posteriori*, controlo *a priori* ou prévio (de fundo, de forma ou de mera delibação) e *actio iudicato* (no qual a sentença estrangeira permite a instauração de uma nova acção com o conteúdo da anterior)[1084]. Este enquadramento geral não diverge sobremaneira dos moldes gerais de reconhecimento dos actos administrativos estrangeiros, nos quais se diferencia um reconhecimento automático ou *de iure* e um reconhecimento condicionado, no qual o acto administrativo estrangeiro é submetido a um procedimento prévio de controlo. Veja-se ilustrativamente a posição de SCHWARZ, que distingue, entre as normas que têm como potencial conferir efeitos jurídicos aos actos iurídicos estrangeiros, três hipóteses: que um acto seja ser reconhecido no direito interno directamente desde que cumpra com critérios preestabelecidos; que se estabeleça a necessidade de um acto nacional de *exequatur* ou de registo, em que o controlo é apenas de delibação; que se estabeleça a necessidade de um acto nacional que controlo o mérito do acto estrangeiro; ou que se inscreva um reconhecimento mais fraco, no qual decisão estrangeira produz efeitos directos imputados ao Estado estrangeiro, mas de forma limitada[1085]. Não é de admirar, portanto, que o movimento de *reconhecimento mútuo* anime na União Europeia não apenas o reconhecimento de actos administrativos estrangeiros, como também o das decisões judiciais e actos que beneficiam de um tratamento jurídico similar, como os actos autênticos.

[1084] ANTÓNIO FERRER CORREIA, "La Reconnaissance et l'Exécution des Jugements Etrangers en Matière Civile et Commerciale (Droit Comparé)", *Estudos Vários de Direito*, Coimbra, Universidade de Coimbra, 1982, pp. 140-146. Sobre os modelos tradicionais de reconhecimento de sentenças, cfr., igualmente, ÁLVARO DA COSTA MACHADO VILLELA, "A Execução de Sentenças Estrangeiras", *Primeiro Congresso Hispano-Luso-Americano de Direito Internacional*, 1951, pp. 29-39, que diferencia entre os sistemas da territorialidade, controlo limitado, revisão de mérito e sistemas mistos.

[1085] HANNAH SCHWARZ, *Die Anerkennung ausländischer Staatsakte – Innerstaatliche und überstaatliche Grundsätze aus dem Gebiete des Internationalen Privatrechts*, Berlin – Grunewald, Verlag für Staatswissenschaften und Geschichte G.m.b.H., 1935, pp. 4-6.

TEORIA DO RECONHECIMENTO

Secundo, refere-se à caracterização dos actos de reconhecimento. Estes, no âmbito de sistemas de controlo prévio de actos administrativos estrangeiros beneficiava da qualificação que lhes era deferida no campo processual civil internacional, na qual aqueles actos de reconhecimento se apresentavam – pelo menos nos sistemas de delibação – como *condictio iuris* dos efeitos das decisões judiciais estrangeiras[1086]. Hoje, apesar do reconhecimento de actos administrativos estrangeiros poder ser encarado de outras formas, não deixa esta doutrina de exercer uma influência importante na definição dos efeitos do reconhecimento.

Tertio, reporta-se aos requisitos de que depende o reconhecimento das sentenças judiciais, que têm servido igualmente para fixar as condições de triagem dos actos administrativos estrangeiros. Requisitos como os de autenticidade, da ausência de fraude à lei, de não violação de direitos processuais fundamentais e da ordem pública internacional do Estado de reconhecimento, são critérios ainda hoje essenciais para o reconhecimento de actos administrativos estrangeiros como o são – ou foram – essenciais para o reconhecimento de sentenças estrangeiras sujeitas a revisão e confirmação (cfr., ilustrativamente, o artigo 980.º do Código de Processo Civil Português[1087]).

O desenvolvimento do reconhecimento e execução de decisões judiciais no âmbito da União Europeia tem vindo a evidenciar o *potencial transformativo* deste instituto do reconhecimento em áreas marcadas pela integração[1088]; fornecendo ainda pistas sobre a evolução que se verifica em matéria de reconhecimento e execução de actos administrativos estrangeiros.

[1086] Cfr. RUI MANUEL MOURA RAMOS, "O Direito Processual Civil Internacional no Novo Código de Processo Civil", *Revista de Legislação e de Jurisprudência,* Ano 143, N-.º 3983, Novembro/Dezembro, 2013, p. 99. RICCARDO MONACO via no juízo de delibação uma *fattispecie* complexa desigual, na qual a sentença estrangeira continuaria a ser o acto principal e a delibação o secundário, não havendo uma mudança de valor ou caracterização de qualquer um destes actos (cfr. *Il Guiudizio di Delibazione,* Padova, CEDAM, 1940, pp. 109-115).

[1087] Cfr., ainda, ROGER C. CRAMPTON, DAVID P. CURRIE, HERMA HILL KAY, LARRY KRAMER, *Conflict of Laws – Cases – Comments – Questions,* 5.ª ed., St. Paul, West Publishing C.O., 1993, p. 717, que considera que os critérios para a recusa de reconhecimento de uma decisão judicial são similares no campo internacional (inclusive nos países anglosaxónicos), ainda que na Europa aqueles critérios sejam explicitamente vertidos em convenções ou em disposições internas.

[1088] ARTHUR TAYLOR VON MEHREN, "Recognition and Enforcement of Foreign Judgments – General Theory and the Role of Jurisdictional Requirements", *Recueil des Cours,* Tomo 167, II, 1980, pp. 86-101, defendia já – e ainda no âmbito das Convenções de Bruxelas – que o reco-

Atentemos em pontos seleccionados desta evolução para podermos estar alerta para as semelhanças e diferenças que se verificam entre estes dois institutos.

Se já se considerava que as soluções previstas no Regulamento (CE) n.º 44/2001, do Conselho, de 22 de Dezembro de 2000, relativo à competência judiciária, ao reconhecimento e à execução de decisões em matéria civil e comercial, eram marcadas pela modernidade, por se inscrever um reconhecimento *automático* e formal, com possibilidade de revisão em sede de impugnação e de recurso, e um efeito executivo *quase automático* (pois apesar de se sujeitar a uma declaração prévia de executoriedade, esta seria proferida num processo que não teria, em primeira instância, carácter contraditório)[1089], hoje[1090], as soluções adotadas, na mira da consecução de uma *liberdade de circulação de decisões judiciais* são ainda mais avançadas.

O reconhecimento automático tem-se generalizado, assim como tem vindo a ser prevista a eficácia e execução de decisões judiais sem *exequatur,* como resulta do Regulamento (UE) n.º 1215/2012, do Parlamento Europeu e do Conselho, de 12 de Dezembro de 2012, relativo à competência judiciária, ao reconhecimento e à execução de decisões em matéria civil e comercial. Neste, o reconhecimento é automático, apenas podendo haver suspensão do processo se a decisão for impugnada no Estado-membro *de origem* ou se tiver sido apresentado ou se tiver sido bem sucedido o pedido de decisão que declare não haver motivos para recusar o reconhecimento, ou seja, um

---

nhecimento no seio da União Europeia se aproximava do reconhecimento das sentenças de Estados-irmãos (*Sister-State Judgements*). Cfr., ainda, ARTHUR TAYLOR VON MEHREN, "Recognition and Enforcement of Sister-State Judgments: Reflections on General Theory and Current Practice in the European Economic Community and the United States ", *Columbia Law Review,* Vol. 81, N.º 5, June, 1981, pp. 1044-1060.

[1089] DÁRIO MOURA VICENTE, "Competência Judiciária e Reconhecimento de Decisões Estrangeiras no Regulamento (CE) n.º 44/2001", *Direito Internacional Privado – Ensaios,* Vol. I, Coimbra, Almedina, 2002, p. 316. HÉLÈNE GAUDEMET-TALLON, *Compétence et Exécution des Jugements en Europe – Réglement 44/2001. Conventions de Bruxelles (1968) et de Lugano (1988 et 2007),* 4.ª ed., Paris, L.G.D.J., 2010, pp. 373-374, refere-se-lhe como um *mecanismo simplificado de reconhecimento e de execução.*

[1090] Após os marcos orientadores do Conselho Europeu de Tampere e do Relatório da Comissão ao Parlamento Europeu, ao Conselho e ao Comité Económico e Social Europeu, sobre a aplicação do Regulamento (CE) N.º 44/2001 do Conselho, relativo à competência judiciária, ao reconhecimento e à execução de decisões em matéria civil e comercial COM(2009)174 e do respectivo Livro verde COM(2009)175.

TEORIA DO RECONHECIMENTO

processo com natureza declarativa mas no qual continua a poder aferir-se se o reconhecimento é manifestamente contrário à *ordem pública* do Estado requerido (artigos 36.º, 38.º e 45.º). Também a execução deve ser assegurada automaticamente, de acordo com as regras do Estado requerido, podendo invocar-se, em oposição, os fundamentos de recusa ou suspensão da execução aplicáveis neste Estado, desde que se alinhem com os daquele Regulamento (artigos 40.º, 41.º e 45.º).

Com um âmbito mais limitado, mas uma solução mais acometida, o Regulamento (CE) n.º 805/2004, do Parlamento Europeu e do Conselho, de 21 de Abril de 2004, que cria o título executivo europeu para créditos não contestados, estabelece uma via de execução também ela independente de qualquer *exequatur* e elimina, dos fundamentos de recusa de execução, a violação da ordem pública (artigo 5.º e 21.º)[1091].

Na mesma linha, o Regulamento (CE) n.º 2201/2003 do Conselho, de 27 de Novembro de 2003, relativo à competência, ao reconhecimento e à execução de decisões em matéria matrimonial e em matéria de responsabilidade parental, estabeleceu uma *fast track* para a execução das decisões de direito de visita e de regresso da criança [artigo 11.º, n.º 8 e 49.º], e também eliminou a defesa de ordem pública[1092].

Parcimonioso – por diferenciar as condições em que há maior ou menos harmonização das regras mobilizáveis – o Regulamento (CE) n.º 4/2009, do Conselho, de 18 de Dezembro de 2008, relativo à competência, à lei aplicável, ao reconhecimento e à execução das decisões e à cooperação em

---

[1091] Sobre a ausência de apreciação da ordem pública neste Regulamento, cfr. MALTE KRAMME, "Keine Ordre-Public-Überprüfung von Europäischen Vollstreckungstiteln! – Anmerkung zum Urteil des BGH vom 24.4.2014 – VII ZB 28/13", *Zeitschrift für das Privatrecht der Europäischen Union*, N.º 5, 2014, pp. 296-299; e Luís BARRETO XAVIER, "O Título Executivo Europeu e o Princípio do Reconhecimento Mútuo", *Europa – Novas Fronteiras*, N.º 16/17, 2004-2005, p. 152.

Cfr., ainda, as soluções similares previstas no Regulamento (CE) n.º 1896/2006, de o Parlamento Europeu e do Conselho, de 12 de Dezembro de 2006 , que cria um procedimento europeu de injunção de pagamento; e no Regulamento (CE) n.º 861/2007 do Parlamento Europeu e do Conselho, de 11 de Julho de 2007, que estabelece um processo europeu para acções de pequeno montante.

[1092] ULRICH MAGNUS apenas admite que a mobilização da ordem pública possa vir a ter lugar se a execução da decisão puder conduzir a um risco sério e real de suicídio da criança (cfr. , "Introductory Remarks", *Brussels IIbis Regulation*, Ulrich Magnus, Peter Mankowski (eds.), Munich, Sellier European Law, 2012, p. 344).

EFICÁCIA, RECONHECIMENTO E EXECUÇÃO DE ACTOS ADMINISTRATIVOS ESTRANGEIROS

matéria de obrigações alimentares, estabelece dois regimes distintos, assentes numa lógica binária: o aplicável às decisões proferidas num Estado-membro vinculado pelo Protocolo da Haia de 2007, que são reconhecidas noutro Estado-membro sem necessidade de recurso a qualquer processo e sem que seja possível contestar o seu reconhecimento, atribuindo-se-lhes igualmente força executória imediata (artigo 17.º)[1093]; e o aplicável às decisões proferidas por um Estado-membro não vinculado pelo protocolo de Haia de 2007, no qual o reconhecimento é automático mas pode haver lugar a oposição (artigo 23.º), com base nos seguintes argumentos: manifesta contrariedade à ordem pública, direitos de defesa e inconciliabilidade com decisão proferida (artigo 24.º). Também neste caso, a força executiva depende de procedimento de *exequatur* e declaração de força executória (artigo 26.º).

Esta evolução – aqui sucintamente caracterizada para se conter dentro dos limites do presente estudo – tem pendido, portanto, no sentido da eliminação de procedimentos de controlo prévio de reconhecimento ou de *exequatur,* libertando a circulação das decisões judiciais emanadas pelos órgãos jurisdicionais dos Estados-membros (e os actos sujeitos ao mesmo regime) das peias que tradicionalmente sobre eles impendiam[1094].

Mas, mais do que isso – e este o segundo pomo de discussão e debate nesta matéria – tem-se amaciado, com a abolição do *exequatur,* o papel da *ordem pública* enquanto mecanismo de defesa dos Estados-membros perante

---

[1093] Há, porém, o direito de solicitar a reapreciação no Tribunal de origem se o requerido não foi ouvido (art 19.º) e o direito de suspensão ou recusa de execução nos termos do Estado de execução (art. 21.º), mas sem que prevejam como causa fundamentante a violação de ordem pública. Sobre as soluções deste Regulamento, cfr. GERALDO ROCHA RIBEIRO, "A Obrigação de Alimentos devidos a Menores nas Relações Transfronteiriças. Uma Primeira Abordagem ao Regulamento (CE) N.º 4/2009 e ao Protocolo da Haia e 2007", *Lex Familiae – Revista Portuguesa de Direito da Família,* Ano 10, N.º 20, Julho/ Dezembro, 2013, pp. 83-114.

[1094] Defendendo que o carácter automático do reconhecimento se tem crescentemente vindo a impor, mesmo fora das áreas cobertas pelo direito convencional ou pelo direito de espaços de integração, por não corresponder a uma verdadeira necessidade, cfr. RUI MOURA RAMOS, "O Direito Processual Civil Internacional no Novo Código de Processo Civil", *Revista de Legislação e de Jurisprudência,* Ano 143, N-.º 3983, Novembro/Dezembro, 2013, p. 102.

AGNIESZKA FRACKOWIAK- ADAMSKA, em face da puralidade dos modelos de reconhecimento e execução na União Europeia, propõe em definitivo que se passe para uma cláusula geral de reconhecimento e execução, o que simplificaria as regras aplicáveis e geraria mais ceteza jurídica no aplidor do direito (cfr. "Time for a European "Full Faith and Credit Clause", *Common Market Law Review,* N.º 52, 2015, pp. 191-281).

TEORIA DO RECONHECIMENTO

decisões que provenham dos seus pares[1095], alterações estas que, ainda que não tenham sido censuradas pelos foros internacionais competentes[1097], não deixam de suscitar dúvidas na doutrina[1098].

[1095] Esta evolução tem tido os seus defensores e os seus críticos. Entre estes, há quem aceite as soluções para que se tendeu, mas proponha emendas.

PAUL OBERHAMMER aduz que o *exequatur* desempenhava funções de importação de título e de inspecção de títulos de execução, mas não se opõe à sua abolição desde que se mantenham as possibilidades de recusa de reconhecimento e de execução, ainda que dentro dos direitos nacionais, e que a ordem pública se mantivesse enquanto *"European fair trial test"* (Cfr. "The Abolition of the Exequatur", *IPRax – Praxis des Internationalen Privat- und Verfahrensrechts*, 30 Ano, Vol. 3, 2010, pp. 197-203).

PAUL BEAUMONT e EMMA JOHNSTON consideram que seria mais adequada a mobilização de uma solução similar ao do artigo 20.º da Convenção de Haia sobre os Aspectos Civis do Rapto Internacional de Crianças, na qual a recusa de reconhecimento se fundasse em critérios não de violação de ordem pública, mas critérios que efectivamente *chocassem a consciência do Tribunal* (cfr. "Abolition of the Exequatur in Brussels I: Is a Public Policy Defence Necessary for the Protection of Human Rights", *IPRax – Praxis des Internationalen Privat- und Verfahrensrechts*, 30 Ano, Vol. 2, 2010, p. 110).

Há ainda quem hesite entre a consideração dos pontos positivos e negativos trazidos pela abolição do *exequatur*.

GILLES CUNIBERTI, por seu turno, analisa a abolição do *exequatur* do ponto de vista da eficiência, considerando que o grande obstáculo à mesma se prendia com a violação de direitos fundamentais processuais (cfr. "The Recognition of Foreign Judgments Lacking Reasons in Europe: Access to Justice, Foreign Court Avoidance and Efficiency", *International and Comparative Law Quarterly*, Vol. 57, N.º 1, Janeiro 2008, pp. 25-52; e, do mesmo Autor, "Some Remarks on the Efficiency of Exequatur", *Grenzen Überwinden – Prinzipien Bewahren – Festshrift für Bernd von Hoffman zum 70. Geburtstag*, Herbert Kronke/ Karsten Thorn (org.), Bielefeld, Verlag Ernst und Verlag Gieseking, 2011, pp. 568-576).

Também PETER F. SCHLOSSER antevê que a contínua enfatização da confiança recíproca pode conduzir a falhas intoleráveis, já que todos os Estados têm suas fraquezas, mas, ao mesmo tempo, admite que, nalguns casos, os desafios intra-europeus podem dar origem a progressos inesperados (sobretudo por via da promoção de alterações legislativas) (cfr. "The Abolition of Exequatur Proceedings – including Public Policy Review", *IPRax – Praxis des Internationalen Privat- und Verfahrensrechts*, 30 Ano, Vol. 2, 2010, p. 104)..

Outros são mais críticos das opções enunciadas.

CHRISTIAN KOHLER pronuncia-se pela incapacidade funcional do Estado de origem verificar *ex ante*, se o reconhecimento da sua decisão é capaz de violar a ordem pública de um ou mais estados potencialmente requeridos, o que prejudicaria a operacionalização deste critério (cfr. "Elliptiques Variations sur un Thème connu: compétence Judiciaire, conflits de lois et reconnaissance de décisions en matière alimentaire d'après le Règlement (CE) n.º 4/2009

No que se refere aos actos administrativos estrangeiros, em especial quanto aos *actos transnacionais* – paralelo que ora nos interessa analisar –,

du Conseil", *Liber Amicorum Kurt Siehr*, Katharina Boele-Woelki, Talia Einhorn, Daniel Girsberger, Symeion Symeonides (eds.), The Hague, Eleven International Publishing, 2010, pp. 285-286).

Laurens Je Timmer considera que a abolição do *exequatur* não elimina as questões subjacentes ao reconhecimento, desde logo continuam a verificar-se grandes heterogeneidades nas leis processuais dos Estados e nos parâmetros de cumprimento de direitos fundamentais; propondo, antes, uma simplificação e aceleração dos processos de *exequatur* nos Estados-membros (cfr. "Abolition of Exequatur under the Brussels I Regulation: Ill conceived and Premature?", *Journal of Private International Law*, Vol. 9, N.º 1, April, 2013, p. 145).

Teun Struycken entende que a impossibilidade de invocar a ordem pública estatal é um preço excessivo para a realização de um conceito, ainda que "magnífico" do espaço de liberdade, segurança e justiça (cfr. "L'Ordre public de la Communauté Européenne", *Vers de Nouveaux Équilibres entre Ordres Juridiques – Liber Amicorum Hélène Gaudemet-Tallon*, Dalloz, Paris, 2008, p. 632).

Kurt Siehr considera que a eliminação da ordem pública é pouco consequente, por esta ter – como o demonstra a jurisprudência do Tribunal de Justiça e de alguns Estados membros – uma função de correcção relevante de défices processuais a que se assiste nos ordenamentos jurídicos europeus (cfr. "Der ordre public im Zeichen der Europäischen Integration: Die Vorbehaltsklaudel und die EU-Binnenbeziehung", *Grenzen Überwinden – Prinzipien Bewahren – Festschrift für Bernd von Hoffman zum 70. Geburtstag*, Herbert Kronke/ Karsten Thorn (org.), Bielefeld, Verlag Ernst und Verlag Gieseking, 2011, pp. 430-433). No mesmo sentido, cfr. Michael Stürner, "Europäisierung des (Kollisions-)Rechts und nationaler ordre public", *Grenzen Überwinden – Prinzipien Bewahren – Festschrift für Bernd von Hoffman zum 70. Geburtstag*, Herbert Kronke/ Karsten Thorn (org.), Bielefeld, Verlag Ernst und Verlag Gieseking, 2011, p. 478

De todos, as críticas mais cerradas são as feitas por Heuzé que entende que a abolição do *exequatur* representa uma violação do princípio democrático e uma cedência à tecnocracia comunitária em que mais do que confiança recíproca, em causa está a obediência cega às prescrições da União [Vincent Heuzé "La Reine Morte: la démocratie à l'épreuve de la conception communautaire de la justice. L'abolition de la démocratie (1re partie)", *Semaine juridique*, N.º 13, 28 Mars 2011, pp. 602-606. O Autor critica igualmente a solução técnica do Regulamento por a ausência do *exequatur* não ser suficientemente compensada por claras regras de competência internacional (Vincent Heuzé "La Reine Morte: la démocratie à l'épreuve de la conception communautaire de la justice. La soumission à un utilitarisme obscur (2e partie)", *Semaine juridique*, N.º 14, 4 Avril 2011, pp. 657-661)].

[1096] Cfr. o Acórdão *Doris Povse c. Mauro Alpago*, do Tribunal de Justiça da União Europeia de 1 de julho de 2010, proferido no processo C-211/10 PPU, e o Acórdão *Sofia Povse e Doris Povse c. Áustria*, do Tribunal Europeu dos Direitos do Homem de 18 de Junho de 2013, proferido no processo 3890/11, na qual estas Instâncias mantiveram a presunção de protecção equivalente

TEORIA DO RECONHECIMENTO

observa-se também similar aceitação de situações de *reconhecimento automático*; no entanto, dada a diversidade de soluções, não haverá como dar conta de uma *tendência generalizada* e *deliberadamente assumida* de substituir as formas de reconhecimento de actos administrativos estrangeiros por formas cada vez mais avançadas e automatizadas de reconhecimento. Tendência esta a que não se assiste manifestamente em matéria de execução, cuja admissibilidade, mesmo no seio da União Europeia, se contém dentro de limites apertados.

Do mesmo passo, ainda que o controlo da validade dos actos administrativos transnacionais compita ao Estado de origem, tal não exclui a possibilidade de oposição de mecanismos assentes na ordem pública do Estado de reconhecimento e na salvaguarda de interesses essenciais deste, ainda que estes mecanismos sejam, em regra, de funcionamento e interpretação restritiva.

Fora da União Europeia, o reconhecimento de sentenças, mesmo no âmbito civil e comercial, não tem conhecido avanços relevantes no sentido da criação de condições de reconhecimento mútuo[1098], ao que se adita que

---

dos direitos protegidos pela Convenção, iniciada com o Acórdão *Bosphorus*, mesmo no caso de determinação do superior interesse da criança em procedimentos sem *exequatur;* e o Acórdão *Joseba Andoni Aguirre Zarraga c. Simone Pelz*, do Tribunal de Justiça de 22 de Dezembro de 2010, proferido no processo C-491/10 PPU, do qual resultou que a apreciação de uma eventual violação de direitos fundamentais pela decisão judicial de origem compete exclusivamente aos Tribunais do Estado-membro de origem e não aos de execução.

[1097] Sobre estas dúvidas, cfr., por todos, GILES CUNIBERTI, "Abolition de l'Exequatur et Présomption de Protection des Droits Fondamentaux – À propos de l'Affaire Povse c/ Austriche", *Revue Critique de Droit International Privé*, Vol. 103, N.º 2, Abril-Junho, 2014, pp. 303-327.

Há ainda quem questione se a equiparação que resulta do caso *Bosphorus* será sempre mantida com as evoluções ocorridas na União Europeia (desaparecimento do exequatur e concentração dos poderes de controlo no Estado de origem), sobretudo em casos em que haja necessidade de protecção de partes mais fracas (cfr. MARTA REQUEJO ISIDRO, "On Exequatur and the ECHR: Brussels I Regulation before the ECHR (zu EGMR, 25.2.2014 – n.º 17502/07 – Avotiņš v. Latvia)", *IPRax – Praxis des Internationalen Privat-und Verfahrensrechts*, Ano 35, N.º 1, 2015, p. 74).

[1098] SAMUEL P. BAUMGARTNER conclui que o reconhecimento de sentenças dos Estados Unidos da América não tem conhecido um fácil reconhecimento na Europa, o que grandemente se deve à ausência de acordos que facilitem os requisitos de reconhecimento (cfr. "How Well Do U.S. Judgments Fare In Europe?", *The George Washington International Law Review*, Vol. 40, 2008, pp. 181-183; do mesmo Autor, cfr. "Understanding Obstacles to the Recognition and Enforcement of U.S. Judgments abroad", *International Law and Politics*, Vol. 45, 2013, pp. 965-1001.

EFICÁCIA, RECONHECIMENTO E EXECUÇÃO DE ACTOS ADMINISTRATIVOS ESTRANGEIROS

a aplicação das regras internas de reconhecimento nem sempre é levada a cabo de forma consequente, por ser difícil estabelecer práticas de reconhecimento gerais que dependem grandemente do grau de confiança que se tem na qualidade de justiça administrada no Estado de origem[1099].

Pronunciamo-nos, no final deste breve excurso, pelo *carácter exemplar*, mas apenas *parcelar* das regras de reconhecimento e execução de sentenças judiciais em matéria civil e comercial no âmbito do reconhecimento e execução de actos administrativos estrangeiros, por haver uma progressiva autonomização ou dissociação entre estes dois regimes, que trilham os seus próprios caminhos, urgindo tratá-los com as especificades que revelam.

Uma última palavra para situações de reconhecimento de decisões arbitrais.

No que a elas se refere, o modelo de reconhecimento tanto pode ser próximo ao das sentenças como era, aliás, a opção tradicional no nosso ordenamento jurídico (nos termos do *ex* artigo 1094.º do Código de Processo Civil português) [1100], como pode beneficiar de um regime próprio ajustado às especificidades do processo arbitral e da decisão que é aí praticada, o que se revelou ser a opção da nova Lei da Arbitragem Voluntária (artigo 55.º e seguintes da Lei n.º 63/2011, de 14 de Dezembro, na linha da Lei Modelo da UNCITRAL, sobre Arbitragem Comercial Internacional, de 1985, com as alterações de 2006), especialização esta que, para MOURA RAMOS, é sinal de

---

[1099] Como defende ARTHUR TAYLOR VON MEHREN, "Recognition and Enforcement of Foreign Judgments – General Theory and the Role of Jurisdictional Requirements", *Recueil des Cours*, Tomo 167, II, 1980, p. 35.

[1100] A sujeição a regras de reconhecimento similares para decisões judiciais e laudos arbitrais estrangeiros prende-se, sobretudo, com a função pública desempenhada pelos Tribunais arbitrais, que é equiparável, nos resultados e nos procedimentos, à função jurisdicional, como tal genericamente reconhecida no âmbito internacional.

Diferenças há, no entanto, entre os dois instrumentos de heterocomposição de litígios. Como bem sumariza ANTÓNIO PEDRO PINTO MONTEIRO, "Da Ordem Pública no Processo Arbitral", *Estudos em Homenagem ao Prof. Doutor José Lebre de Freitas*, Vol. II, Armando Marques Guedes, Maria Helena Brito, Rui Pinto Duarte, Mariana França Gouveia (Coords.), Coimbra, Coimbra Editora, 2013, p. 593, a arbitragem voluntária é contratual na sua origem, por ter como fundamento a autonomia das partes, jurisdicional na sua função e pública no seu resultado, sendo equiparada à sentença de um tribunal estadual, tendo a mesma força executiva que a sentença de um tribunal estadual (artigo 42.º, n.º 7, da Lei de Arbitragem Voluntária).

TEORIA DO RECONHECIMENTO

modernização do direito e de tentativa de reforço da instituição arbitral[1101]. E é de assinalar que a legislação portuguesa inclui uma disposição expressa sobre o reconhecimento de sentenças estrangeiras sobre litígios administrativos (artigo 58.º), evidenciando que o reconhecimento pode ser regulamentado tendo em conta a especificidade desta matéria.

Em qualquer dos casos, dada a natureza destas decisões arbitrais, é necessária uma decisão nacional de reconhecimento que permita à decisão estrangeira a produção dos efeitos jurídicos – caso julgado e força executiva – para que tenda, e na qual se encontra pressuposto um teste de compatibilidade, ainda que mínimo, com a ordem pública[1102]. O que permite demonstrar que nem sempre menos procedimento (de reconhecimento) equivale a mais reconhecimento e execução; no âmbito das decisões arbitrais, há sempre decisão de reconhecimento e de forma que se pode caracterizar de constante os Estados propendem para a aceitação dos laudos arbitrais[1103].

c. *Reconhecimento de decisões em ordenamentos complexos*

Próximas do objecto da nossa indagação estão as situações de reconhecimento e execução em ordenamentos jurídicos complexos. A noção de

---

[1101] RUI MANUEL MOURA RAMOS, "Arbitragem Estrangeira e Reconhecimento de Sentenças Arbitrais Estrangeiras no novo Direito Português da Arbitragem", *Estudos em Homenagem a António Barbosa de Melo*, Coimbra, Almedina, 2013, pp. 854-859. A autonomia deste instituto resulta hoje expressamente do artigo 58.º da Lei de Arbitragem Voluntária, que expressamente inclui no seu âmbito de aplicação as situações de reconhecimento da sentença arbitral proferida em arbitragem localizada no estrangeiro e relativa a litígios que, segundo o direito português, estejam compreendidos na esfera de jurisdição dos tribunais administrativos. Similar disposição expressa e directa não se encontra no âmbito das decisões de tribunais estrangeiros em matéria administrativa.

[1102] Cfr., por todos, MANUEL PEREIRA BARROCAS, "A Ordem Pública na Arbitragem", Revista da Ordem dos Advogados, Ano 74, Janeiro, Março, 2014, pp. 37-141, e JOÃO ILHÃO MOREIRA, "O não reconhecimento de sentenças arbitrais internacionais no fórum de execução por violação da ordem pública", *O Direito*, 147, N.º 1, 2015, pp. 187-204.

[1103] Para HANS-JOACHIM MERTENS a maioria dos Estados não usa as suas capacidades para impedir as arbitragens internacionais, nem deixa de reconhecer os seus efeitos e de as executar (cfr. "Lex Mercatoria: a Self-applying system beyond national law", *in Global Law without a State*, Gunther Teubner (ed.), Dartmouth, Aldershot, 1997, p. 37); até porque a efectividade decisões arbitrais depende da sua desejável – e, por vezes necessária – ligação com as ordens jurídicas, *maxime* estatais (AUKJE VAN HOEK, "Private Enforcement and the Mutiplication of Legal Orders", *Multilevel Governance in Enforcement and Adjudication*, Aukje van Hoeck, Ton Hol, Oswald Jansen, Peter Rijpkema, Rob Widdershoven (eds.), Antwerpen, Intersentia, 2006, p. 331).

reconhecimento é aqui sim utilizada com um propósito expositivo, uma vez que, nas situações a que ora nos referiremos, os ordenamentos jurídicos são *unos*, ainda que revestidos da complexidade permitida e demandada pela sua estrutura estadual federal ou próxima desta. Distinguem-se, assim, das hipóteses por nós aventadas, em que há um confronto entre actos administrativos provindos de ordenamentos jurídicos distintos que preservam, não obstante os laços mais ou menos próximos que entre si entretecem, a sua autonomia jurídico-política.

Poderia, por isso parecer co-natural aos esquemas federais a que agora nos reportamos o reconhecimento e execução dos actos interlocais ou inter-regionais provenientes dos demais Estados federados, *Länder* ou Cantões, inclusive dos actos praticados em matéria administrativa. Isto até porque as características que motivam a circulação destes actos – os efeitos de direito e de facto não se circunscrevem a um Estado, a própria situação a regular se situar fora do Estado, ou o acto necessitar de ser executado noutro Estado[1104] – se encontram exponenciadas nestes Estados de matriz federal.

Não é, porém, este cenário simplista que se retira da doutrina e da jurisprudência.

Por um lado, há dúvidas sobre o melhor enquadramento destas situações. Para MERKLI é possível fazer-se uma aproximação entre as situações de extra-territorialidade no campo internacional e no plano interlocal[1105]; enquanto que para MICHAELS apenas se pode falar de um princípio da *territorialidade limitado*, acompanhado de uma distribuição funcional de competências, decorrendo do princípio da *Bundestreue*[1106] e do tratamento igual na garantia dos direitos fundamentais uma obrigação de reconhecimento quando as dis-

---

[1104] MARTIN BULLINGER, "Der überregionale Verwaltungsakt", *Juristische Schulung – Zeitschrift für Studium und Ausbildung,* Ano 4, N.º 6, 1964, pp. 228-233, p. 229.

[1105] THOMAS MERKLI, *Internationales Verwaltungsrecht: Das Territorialitätsprinzip und seine Ausnahmen*, XIII. Treffen der obersten Verwaltungsgerichtshöfe Deutschlands, Österreichs, des Fürstentums Liechtenstein und der Schweiz, Vaduz, 2002, pp. 2-20.

[1106] HARTMUT BAUER no campo das situações comparáveis, mas não assimiláveis, à *Bundestreue*, inclui, como exemplo mais próximo, o da cooperação e da confiança mútua, no âmbito comunitário (cfr. *Die Bundestreue – Zugleich ein Beitrag zur Dogmatik des Bundesstaatsrechts und zur Rechtsverhältnislehre*, Tübingen, J.C.B. Mohr (Paul Siebeck), 1992, pp. 205-212).
STEFAN BURBAUM considera que da *Bundestreue* apenas resulta a obrigação de os Estados tudo fazerem para possibilitar o reconhecimento e não uma qualquer obrigação identitária (cfr. *Rechtsschutz gegen transnationales Verwaltungshandeln*, Baden-Baden, Nomos Verlagsgesellschaft, 2003, p. 30).

TEORIA DO RECONHECIMENTO

posições dos *Länder* forem equivalentes (*Gleichwertig*)[1107]. ULE, por seu turno, recusa que se possa falar aqui do princípio da territorialidade, mas considera que os Estados federados, como assumem competências administrativas de execução das normas federais (artigo 83.º da Lei Fundamental Alemã) se transformam em órgãos estatais, conduzindo a necessidade de execução harmoniosa daquelas disposições à eficácia extra-regional dos actos administrativos de cada Estado federado, mesmo no silêncio das regras federais[1108]. E é neste sentido que vai o marco jurisprudencial neste domínio: o Acórdão do Tribunal Constitucional Alemão de 15 de Março de 1960, 2 BvG 1/57, sobre a circulação de no espaço alemão de panelas de pressão[1109].

[1107] SASCHA MICHAELS, *Anerkennungspflichten im Wirtschaftsverwaltungsrecht der Europäischen Gemeinschaft und der Bundesrepublik Deutschland – Zwecke des Internationalen Verwaltungsrechts*, Berlin, Duncker & Humblot, 2004, pp. 150 e 169-187.

ALBERT BLECKMANN busca referências nos Estados unitários, no direito internacional público (e na *Bundestreue*, mas considera que este não gera uma obrigação positiva de colocar em marcha interesses estrangeiros) e dos direitos fundamentais, mas parece ir no sentido de que a eficácia dos actos administrativos nos demais Estados federados se funda no interesse geral do povo alemão, dos direitos adquiridos e da unidade do mercado interno e dos direitos de circulação (cfr. "Die Anerkennung der Hoheitsakte eines anderen Landes im Bundesstaat", *NVwZ – Neue Zeitschrift für Verwaltungsrecht*, 1986, pp. 2-5).

[1108] CARL HERMANN ULE, "Der räumlichen Geltung von Verwaltungsakten im Bundestaat", *JuristenZeitung*, Ano 16, N.º 20, 20. Oktober, 1961, pp. 623-624. No sentido que nesta matéria, o artigo 83.º da *Grundgesetz* Alemã é uma *pedra angular* do federalismo, cfr DR. FLÜSSLEIN, "Der überregionale Verwaltungsakt", *Deutsches Verwaltungsblatt*, Ano 66. N.º 2, 15 Januar, 1951, pp. 33-36, p. 35. Ainda sobre os termos da admissibilidade de actos intra-regionais, cfr. HANS SCHMITT-LERMANN, "Der überregionale Verwaltungsakt", *Die Öffentliche Verwaltung*, N.º 17-18, September 1962, pp. 667-675.

[1109] No ordenamento jurídico vizinho, também o Tribunal Constitucional tem entendido que a efectiva unidade do mercado espanhol assenta na existência de um mercado único, que depende da garantia das liberdades de circulação (sobre esta jurisprudência, cfr. RAFAEL GARCÍA MONTEYS, "Las Aportaciones del Tribunal Constitucional al Sistema de Distribución de Competencias", *El Funcionamento del Estado Autonómico*, Madrid, Instituto Nacional de Administración Pública, pp. 227-231). Mais recentemente foi adoptada a Ley 20/2013, de garantia de la unidad de mercado, que, sem diluir as diferenças entre Comunidades, adoptou o princípio da licença única. Particularmente relevante foi a criação de um sistema original e específico de recursos administrativos e contenciosos, dedicados aos litígios que possam vir a surgir da aplicação deste diploma. Para uma crítica a esta Lei, cfr. JOAQUÍN TORNOS MAS, "La Ley 20/2013, de 9 de Diciembre, de Garantía de da Unidad de Mercado. En Particular, el Principio de Eficacia", *Revista d'Estudis Autonòmics I Federals*, N.º 19, Abril, 2014, pp. 144-177.

EFICÁCIA, RECONHECIMENTO E EXECUÇÃO DE ACTOS ADMINISTRATIVOS ESTRANGEIROS

Esta mesma diferenciação de pressupostos – mas aproximação de resultados – iluminava igualmente as relações entre a relações entre a República Federal e a República Democrática da Alemanha, não obstante se tratar de Estados distintos. Aqui, há quem recuse o termo de reconhecimento, havendo antes um *"Behandlung"* (um tratamento) dos efeitos de actos do Estado vizinho, não se devendo o respeito desses efeitos ao direito internacional público mas às demandas de protecção do direito do *"Gesamtstaates"*[1110]; e quem entenda que cada uma das zonas da Alemanha constitui um ordenamento jurídico distinto para efeitos de aplicação do princípio da territorialidade, sendo, no entanto necessário que o reconhecimento tenha lugar, dado o princípio da reunificação (*Wiedereinigungsgebot*)[1111].

Nos Estados Unidos da América, não obstante a formulação ampla da *full faith and credit clause,* que abrange *"public acts, records and judicial proceedings"* (Secção 1 do Artigo IV da Constituição dos Estados Unidos)[1112], uma tendência vai no sentido de não alargar o seu âmbito de aplicação aos actos administrativos provindos de *Sister-States*, com o fundamento de que os mesmos não podem ter como efeito directo determinar o âmbito de influência de legislações de outros Estados em matéria administrativa.

Esta limitação funda-se nas "diferenças críticas" entre as decisões judiciais e as decisões de uma autoridade administrativa (*"state administrative tribunals"*) com "limitada autoridade estatutária" [cfr. o Acórdão *Thomas v. Washington Gas Light* CO. 448 U.S. 261 (1980), com votos dissidentes, em

---

[1110] HANS G. FICKER, *Grundfragen des Deutschen Interlokalen Rechts,* Berlin/ Tübingen, Walter de Gruyter & Co./ J.C.B. Mohr (Paul Siebeck), 1952, pp. 100-101.

[1111] TONO EITEL, *Die Überzonale Rechtsmacht Deutscher Verwaltungsakte,* Hamburg, Kommissionsverlag Ludwig Appel, 1961, pp. 37-99. Todavia o reconhecimento depende de alguns pressupostos: a exigência que o acto seja eficaz no Estado de origem e que haja uma equiparação com actos equivalentes no Estado de reconhecimento e, sempre, a sujeição à excepção da ordem pública internacional.

[1112] WILLIAM L. REYNOLDS fala desta cláusula como uma cláusula de ferro, que permite apenas uma "dentada" na maçã da litigância, ainda que conheça inconsistências e tenha algumas excepções (cfr. "The Iron Law of Full Faith and Credit", *Maryland Law Review,* Vol. 53, N.º 2, 1994, p. 415).

Por seu turno, STEWART E. STERK considera que esta cláusula tem como fundamento o interesse constitucional na unidade nacional, ao mesmo passo que implica ganhos para os Estados, quando envolva apenas uma perda limitada de soberania (cfr. , "The Muddy Boundaries Between Res Judicata and Full Faith and Credit", *Washington and Lee Law Review,* Vol. 58, N.º 1, 2001, p. 66).

TEORIA DO RECONHECIMENTO

especial do Juiz Rhenquist que advogou o respeito integral pela cláusula *full faith and credit*] [1113].

Também aqui não há unanimidade de vistas, havendo quem conteste a limitação jurisprudencial introduzida àquela cláusula, propondo o retorno à concepção inversa acolhida inicialmente em *Magnolia Petroleum Co. v. Hunt*, 320 U.S. 430 (1943), na qual não se negava o reconhecimento de actos administrativos[1114].

[1113] PAUL A. WOLKIN, "Workmen's Compensation Award – Commonplace or Anomaly in Full Faith and Credit Pattern?", *University of Pennsylvania Law Review*, June, 1944, pp. 401-411.
WILLIAM L. REYNOLDS refere que a pluralidade no caso THOMAS assenta o seu raciocínio na diferença entre procedimentos administrativos e judiciais, considerando que como os interesses do Estado de execução não podem ser considerados pelo Estado de origem (que aplica apenas a sua lei), pode sempre o Estado de execução decidir prossegui-los não reconhecendo a decisão proferida, o que se aproxima da excepção referente à *policy* do foro (cfr "The Iron Law of Full Faith and Credit", *Maryland Law Review*, Vol. 53, N.º 2, 1994, pp. 444-445).
Não obstante, a posição de ROGER C. CRAMPTON, DAVID P. CURRIE, HERMA HILL KAY e LARRY KRAMER é a de que as decisões administrativas serão tratadas analogamente aos julgamentos se a agência tiver poderes de adjudicação, se os seus procedimentos forem congruentes com esses poderes e se as decisões forem conclusivas (cfr. *Conflict of Laws – Cases – Comments – Questions*, 5.ª ed., St. Paul, West Publishing C.O., 1993, pp. 422-431, em especial p. 430).
[1114] Na jurisprudência as oscilações são evidentes, sendo dúbio o valor de precedente do caso *Thomas v. Washington Gas Light CO.* (cfr. JOHN D. MILETTI, "Conflict of Laws – The Scope of Full Faith and Credit Clause in Successive Workers Compensation Award – *Thomas v. Washington Gas Light CO. 448 U.S. 261 (1980)"*, *Western New England Law Review*, Vol. 4, 1982, pp. 479-511).
STEWART E. STERK considera que não há razões para distinguir entre a *full faith and credit clause* de determinações administrativas e judiciais, porque não há razões para as diferenciar, tendo em vista o interesse de unidade que anima o direito federal (cfr. "Full Faith and Credit, More or Less, to Judgements – Doubts about *Thomas v. Washington Gas Light Co.*", *The Georgetown Law Journal*, Vol. 69, 1981, pp. 1329-1360, em especial esta última página).
Assinalando, de forma clara, uma amplitude considerável aos actos públicos, que abrange estatutos, precedentes judiciais, normas administrativas (excluindo apenas a Lei Federal pela sua natureza), WILLIAM L. REYNOLDS, WILLIAM M. RICHMAN, *The Full Faith and Credit Clause – A Reference Guide to the United States Constitution*, Westport, Praeger Publishers, 2005, p. 29.
Também ALBERT S. ABEL referia que da origem e evolução desta cláusula não se retira uma qualquer limitação da sua aplicação às decisões administrativas, qualquer que seja o seu formato (cfr. "Administrative Determinations and Full Faith and Credit", *Iowa Law Review*, Vol. 22, 1937, pp. 461-524).

O que significa, enfim, que mesmo no âmbito dos Estados federais, a temática a que nos referimos não se encontra ainda estabilizada, seja quanto aos casos em que é admitido o reconhecimento de actos administrativos inter-territoriais, seja quanto aos fundamentos em que este ancora, seja, ainda, quanto aos requisitos em que assenta[1115].

d. Reconhecimento de situações jurídicas

O reconhecimento justifica-se relativamente a decisões que adjudicam comportamento passado ou aos comportamentos em si e não a disposições que prescreverem um comportamento futuro, uma vez que, neste caso, nada há a reconhecer.

Parece-nos, por isso, que o pensamento que está na base dos escritos de MAYER, ao separar as *regras* – disposições que emanam de um órgão estatal que contribui para a enunciação de direitos e obrigações dos indivíduos –, sujeitas ao conflito de leis e as *decisões* – normas concretas, categóricas e não permanentes, submetidas ao conflito de jurisdições ou reconhecimento, deve ser parcialmente acolhido[1116].

Num domínio particular, ALBERT A. EHRENZWEIG, *A Treatise on the Conflict of Laws*, St Paul – Minnesota, West Publishing, 1962, p. 176 considera que os actos administrativos desde logo de zonamento na fronteira com efeitos "extraterritoriais" ou certificados devem beneficiar da *full faith and credit clause.*

[1115] No caso da *full faith and credit clause*, apesar de se entender que, em princípio, um Estado não pode opor a outro as suas noções de *public policy* para recusar o reconhecimento, o *Justice Stone* (com o concurso do *Justice Cardozo*) considerou, no caso *Yarborough v. Yarborough 290 U.S. 202 (1933)*, haver situações em que a violação de *interesses públicos* do Estado podem justificar o não reconhecimento. Cfr., sobre este debate, ROGER C. CRAMPTON, DAVID P. CURRIE, HERMA HILL KAY, LARRY KRAMER, *Conflict of Laws – Cases – Comments – Questions*, 5.ª ed., St. Paul, West Publishing C.O., 1993, pp. 407-416; e JOHN C. CALHOUN, "Conflict Of Laws-Right Of State To Refuse To Enforce Foreign Right Of Action Which Is Opposed To Local Policy. [United States Supreme Court]", *Washington & Lee Law Review*, N.º 9, 1952, pp. 55-109.

[1116] PIERRE MAYER, *La Distinction entre Règles et Décicions et le Droit International Privé*, Paris, Dalloz, 1973, pp. 13-14, 48-51 e 102-121. O Autor sustenta a sua posição na análise das nacionalizações que considera serem decisões sob forma legislativa legislativas, sujeitas ao método do reconhecimento (e não ao do conflito de leis).

PIERRE MAYER mais recentemente, admite uma noção de reconhecimento em sentido extensivo, enquanto reconhecimento de normas técnicas do Estado de origem, dadas as especificidades destas (cfr. "La Reconnaissance: Notions and Méthodes", *La Reconnaissance des Situations en Droit International Privé*, Paul Lagarde (dir.), Paris, Éditions, A. Pedone, 2013, p. 28).

TEORIA DO RECONHECIMENTO

É que, como aduz PAMBOUKIS, toda a operação de aplicação envolve um "valor jurídico acrescentado", concebendo-se como um processo de adaptação, no qual se deve substituir uma via monolítica por uma via dinâmica, da qual decorre a consideração da decisão como uma norma qualitativamente diferente da regra, com uma juricidade superior[1117].

Esta juridicidade redunda, afinal, na circunstância de se ter já estabelecido e, eventualmente, estabilizado uma situação jurídica com base na mobilização de uma norma jurídica, situação essa que, no que ora nos interessa, não teve como fonte directa a edição de um acto administrativo estrangeiro. E é esta concretização de uma posição jurídica, eventualmente merecedora de tutela, que permite sustentar uma pretensão à sua manutenção além fronteiras[1118].

Mas, no domínio privado, o reconhecimento destas situações jurídicas não é sempre visto com o mesmo grau de exigência, nem assentando nos mesmos critérios.

Uma posição mais conservadora defende que a situação jurídica deve ser objecto de registo, ainda este não necessite de ser constitutivo, uma vez que

---

Quanto ao enquadramento das decisões, que MAYER sujeita sempre ao método de reconhecimento, é de aderir à posição manifestada por SYLVIAN BOLLÉE segundo a qual a ideia de uma escolha metodológica mascara a situação objectiva de concorrência (ou conflito latente) entre várias metodologias, pelo que a utilização do método de reconhecimento unilateral não é *imposto logicamente* por uma característica particular das decisões: ela resulta mais de um *parti pris metodológico* (cfr. "L'Extension du Domaine de la Méthode de Reconnaissance Unilatérale", *Revue Critique de Droit International Privé*, Vol. 96, N.º 2, Abril-Junho, 2007, pp. 319-320).

[1117] CHARALAMBOS PAMBOUKIS, *L'Acte Public Étranger em Droit International Privé*, Paris, L.G.D.J., 1993, pp. 124-125.

[1118] HANNAH SCHWARZ questiona-se porque é que esta obrigação de reconhecimento não existe relativamente às regras legislativas dos outros Estados, mas responde à sua própria questão afirmando que o reconhecimento de actos tem uma particularidade, pois os *Tatbestand* estão já completos, e portanto têm um peso mais forte no ordenamento jurídico de acolhimento (cfr. *Die Anerkennung ausländischer Staatsakte – Innerstaatliche und überstaatliche Grundsätze aus dem Gebiete des Internationalen Privatrechts*, Berlin – Grunewald, Verlag für Staatswissenschaften und Geschichte G.m.b.H., 1935, p. 62).

KATJA FUNKEN funda o reconhecimento de situações jurídicas que dependam de actos públicos estrangeiros em razões metodológicas (de acolhimento de efeitos pré-estabelecidos), em questões de garantia da confiança legítima e num pensamento baseado numa cláusula de *full faith and credit* europeia (cfr. *Das Anerkennungsprinzip im internationalen Privatrecht*, Tübingen, Mohr Siebeck, 2009, pp. 220-226).

EFICÁCIA, RECONHECIMENTO E EXECUÇÃO DE ACTOS ADMINISTRATIVOS ESTRANGEIROS

é a intervenção de autoridades públicas que funda a *cristalização* de *posições jurídicas* que podem vir a merecer protecção externa[1119].

Outra posição – mais moderna e que visa responder a situações internacionais cada vez mais frequentes, em que não há intervenção concreta de autoridades públicas estrangeiras, sobretudo no âmbito pessoal e familiar[1120]

[1119] HEINZ-PETER MANSEL, "Anerkennung als Grundprinzip des Europäishen Rechtsraums – Zur Herausbildung eines europäischen Anerkennungs-Kollisionsrechts: Anerkennung staat Verweisung als neue Strukturprinzip des Europäischen internationalen Privatrechts?", *Rabels Zeitschrift für ausländisches und internationales Privatrecht*, Vol. 70, n.º 4, 2006, pp. 681-682 e p. 716; DAGMAR COESTER-WALTJEN, "Anerkennung im Internationalen Personen–, Familien- und Erbrecht und das Europäische Kollisionsrecht", *IPRax – Praxis des Internationalen Privat-und Verfahrensrechts*, Ano 26, N.º 4, Juli/August, 2006, p. 392; JANIS LEIFELD, *Das Anerkennungsprinzip im Kollisionsrechtssystem des internationalen Privatrechts*, Tübingen, Mohr Siebeck, 2010, p. 175; e CHRISTIAN KOHLER, "Towards the Recognition of Civil Status in the European Union, *Yearbook of Private International Law*, Vol. XV, 2013/2014, p. 20; CHRISTIAN KOHLER, "La Reconnaissance de Situations Juridiques dans l'Union Européenne: le cas du nom patronymique", *La Reconnaissance des Situations en Droit International Privé*, Paul Lagarde (dir.), Paris, Éditions A. Pedone, 2013, p. 71; e MATTHIAS LEHMANN, "Recognition as a Substitute for Conflict of Laws?", *General Principles of European Private International Law*, S. Leible, (ed.), The Netherlands, Kluwer Law International, 2016, pp. 28-38. Este último Autor analisa os vários argumentos que se poderiam opor à necessidade de um documento ou registo público que fundasse o reconhecimento (perigos de abuso e de fraude, ausência de garantias procedimentais, diferentes valores dos documentos estrangeiros e nacionais, possibilidade de conflitos entre documentos) mas, ainda assim, considera que a sua exigibilidade acautela mais do que o reconhecimento de meras situações jurídicas.

Por seu turno, STEFANIA BARIATTI considera que o reconhecimento nos moldes internacionais privatísticos não enquadra da forma mais adequada o reconhecimento tal como ele hoje se coloca no seio da União (cfr. "Reconaissance et Droit de L'Union Européenne", *La Reconnaissance des Situations en Droit International Privé*, Paul Lagarde (dir.), Paris, Éditions, A. Pedone, 2013, p. 63).

[1120] Isto, naturalmente, para além das situações de reconhecimento de direitos adquiridos legislativamente prescritas, como resulta do artigo 31.º, n.º 2 do Código Civil Português; e, mais recentemente, do artigo 10:9 do Novo Código Civil dos Países Baixos, de 1992. Para uma tradução desta disposição, cfr. JÜRGEN BASEDOW, "Vested Rights Theory", *Encyclopedia of Private International Law*, J. Basedow, G. Rühl, F. Ferrari, P. De Miguel Asensio (eds.), Vol. 2, Elgar, 2017, p. 1820, que aqui reproduzimos: *"In the Netherlands, the same legal consequences may be attributed to a fact to which legal conse- quences are attributed pursuant to the law which is applicable under the private international law of a foreign state involved, in contravention to the law applicable to Dutch private international law, as far as not attaching those consequences would constitute an unacceptable violation of the legitimate expectations of the parties or of legal certainty"*.

TEORIA DO RECONHECIMENTO

–, tem vindo a admitir o reconhecimento de situações não cristalizadas num acto público, com base na possessão prolongada de um Estado[1121].

A grande questão que se coloca no âmbito de reconhecimento de situações privadas prende-se, neste caso, com os requisitos para o reconhecimento: se são similares aos do reconhecimento de situações fundadas em actos públicos, ou se devem ser distintos, dada a diferença verificada (a ausência de acto público que ateste a autencidade do facto e as condições da sua formação[1122]).

A este propósito, LAGARDE elenca os seguintes requisitos para o reconhecimento: a existência de uma situação validamente constituída de acordo com o direito de origem; a não contrariedade com a ordem pública; e a ligação com o Estado que emitiu o acto, questão para a qual o Autor aponta três vias possíveis: a da referência ao ordenamento jurídico competente, de PICONE[1123], a da admissibilidade de conexões alternativas, consoante as situa-

---

Sobre a dificuldade de definição dos contornos do reconhecimento de situações, nas quais não há coincidência ou convergência de vistas no plano internacional, como sucede na maternidade de substituição, que se podem fundar (ou não) em actos públicos estrangeiros, cfr. DÁRIO MOURA VICENTE, "Maternidade de Substituição e Reconhecimento Internacional", Estudos de Homenagem ao Prof. Doutor Jorge Miranda, Vol. V, Paulo Otero, Fausto de Quadros, Marcelo Rebelo de Sousa (coord.), Coimbra, Coimbra Editora, 2012, pp. 607-626; e NUNO ASCENSÃO SILVA, GERALDO RIBEIRO, "A Maternidade de Substituição e o Direito Internacional Privado Português ", Cadernos do CENOR – Centro de Estudos Notariais e Registais, N.º 3, 2014, pp. 9-73.

[1121] PAUL LAGARDE, "La Méthode de la Reconnaissance est-elle l'Avenir du Droit International Privé", Recueil des Cours, Tomo 371, 2014, Leiden, Martinus Nijhoff Publishers, 2015, pp. 38-40. No mesmo sentido, da pluralidade dos métodos de reconhecimento, cfr. PIERRE MAYER, "Les Méthodes de la Reconnaissance en Droit International Privé", Le Droit International Privé: Esprit et Méthodes – Mélanges en l'Honneur de Paul Lagarde, Paris, Dalloz, 2005, pp. 563.

[1122] O que não significa que não tenha de haver alguma documentação, ainda que privada, que comprove a existência da situação, já que – como enfatizámos – ela não pode surgir como puramente virtual perante o Estado de destino.

[1123] PAOLO PICONE, Ordinamento Competente e Diritto Internazionale Privato, Pedova, CEDAM, 1986, p. 81. Este método da referência ao ordenamento competente é resultante da valorização da triangulação entre competência, lei aplicável e reconhecimento, visa facilitar este último, na medida em que na tomada de decisão o decisor deve ter em conta dois momentos ou fases da vida da situação: o do accertamento e o da recognoscibilidade da decisão no ordenamento jurídico estrangeiro. É difícil, no entanto, aplicar este método, sobretudo no âmbito administrativo, dada a menor estabilidade dos critérios de assunção de competência,

ções ou, até, a consagração de um princípio de reconhecimento, salvo prova da ausência de proximidade com o ordenamento jurídico de origem[1124].

Para FULCHIRON, o verdadeiro critério é apenas o de ordem pública, mas apenas para situações jurídicas constituídas na União, uma vez que a exigência desta ligação espacial não parece fazer sentido, por as regras de assunção de competência devem considerar-se cumpridas, dada a harmonização comunitária[1125].

No entanto, mesmo o critério de ordem pública internacional pode ter de ceder em situações em que a sua invocação envolva a violação de direitos fundamentais essenciais, como já foi ajuizado pelo Tribunal Europeu dos Direitos do Homem, nas suas decisões tiradas, em 26 de Junho de 2014, nos casos *Mennesson c. France* (processo n.º 65192/11) e *Labassee c. France* (processo n.º 65941/11), em matéria de relações de filiação, na sequência de gestação de substituição[1126].

Cumpre aferir se, tal como nestas áreas, também no direito administrativo é relevante o reconhecimento de situações jurídicas atribuídas directamente por actos normativos, que excluem ou limitam a sua conformação administrativa e que podem (ou devem), como tal, ser reconhecidos fora do Estado.

---

a quase inexistência de regras de conflitos de leis e a relativa indefinição dos pressupostos do reconhecimento, pelo que não parecem conhecer-se de antemão as referências base para se proceder, de forma bem sucedida, àquela *triangulação*.

[1124] PAUL LAGARDE, "La Méthode de la Reconnaissance est-elle l'Avenir du Droit International Privé", *Recueil des Cours*, Tomo 371, 2014, Leiden, Martinus Nijhoff Publishers, 2015, pp. 30-37. Previamente, o Autor referia-se à exigência de uma *ligação estreita* a determinar caso a caso, cfr. PAUL LAGARDE, "Développements Futurs du Droit International Privé dans une Europe en voie d'Unification: quelques Conjectures", *Rabels Zeitschrift für ausländisches und internationales Privatrecht*, Vol. 68, N.º 2, April 2004, p. 233.

[1125] HUGUES FULCHIRON, "La Reconnaissance au Service de la Libre Circulation des Personnes et de Leur Statut Familial dans l'Espace Européen", *Mélanges en l'Honneur du Professeur Bernard Audit. Les Relations Privées Internationales*, Paris, L.G.D.J., 2014, pp. 359-381.

[1126] Nestes casos, o Tribunal Europeu dos Direitos do Homem entendeu que o não reconhecimento total do estatuto de uma criança perante o direito francês violava o direito à vida privada desta, desde logo o seu direito à identidade e a uma nacionalidade. Há algumas diferenças, porém, entre os dois casos. No primeiro, a pretensão de reconhecimento referia-se a uma decisão judicial nos Estados Unidos, no segundo a pretensão fundava-se na "possessão de um estado", através de actos de notoriedade que atestavam a relação de facto entre pai e filho.

TEORIA DO RECONHECIMENTO

A doutrina administrativa tem admitido que, neste campo, o reconhecimento possa advir de situações jurídicas adquiridas directamente *ex lege* e não apenas por um acto de autoridade pública[1127], ainda que, por vezes impropriamente, se considere que estas hipóteses são de reconhecimento das normas estrangeiras que não carecem de um acto de autoridade para a sua aplicação[1128].

É o caso emblemático do reconhecimento mútuo em sede de liberdade de circulação de mercadorias cuja circulação – depois da nova estratégia introduzida nesta matéria – não se encontra, em regra, submetida a um processo de autorização ou registo administrativos, a que já nos referimos.

Aqui, MATTHIES aduz que o objecto de reconhecimento são regras jurídicas, mas não só o seu conteúdo material, como a sua comprovação (mediante certificados de conformidade, etc.), referindo-se à *tomada em consideração* destas formas de controlo pelas autoridades de reconhecimento[1129]. Quanto a nós, ainda que concordemos com esta *tomada em consideração* de certificados e documentos que, ainda que próximos, não comungam das notas que apontámos aos actos administrativos estrangeiros, por não incorporarem, estritamente, o exercício de poderes de autoridade administrativo, julgamos que seria mais proveitoso aduzir que em causa está o reconhecimento de uma *situação jurídico-administrativa*, criada e estabilizada em concretização de uma norma habilitante, e que requer, para a satisfação dos requisitos por

---

[1127] ROBERTO BARATTA, "Problematic Elements of an Implicit Rule Providing for Mutual Recognition of Personal and Family Status in the EC", *IPRax – Praxis des Internationalen Privat und Verfahrensrechts*, N.º 1, 2007, p. 9.

[1128] Como defende SASCHA MICHAELS, *Anerkennungspflichten im Wirtschaftsverwaltungsrecht der Europäischen Gemeinschaft und der Bundesrepublik Deutschland – Zwecke des Internationalen Verwaltungsrechts*, Berlin, Duncker & Humblot, 2004, p. 74.
Cfr., ainda, o amplíssimo objecto de reconhecimento proposto por VOLKMAR GÖTZ, "Der Grundsatz der gegenseitigen Anerkennung im europäischen Binnenmarkt", *Liber Amicorum Günther Jaenicke – Zum 85. Geburtstag*, Volkmar Götz, Peter Selmer, Rüdiger Wolfrum (orgs.), Berlin, Springer, 1998, pp. 779-782.

[1129] HEINRICH MATTHIES, "Zur Anerkennung gleichwertiger Regelungen im Binnenmarkt der EG (Art. 100 b EWG-Vertrag)", *Festschrift für Ernst Steindorff zum 70. Geburtstag am 13. März 1990*, Jürgen F. Baur, Klaus J. Hopt, K. Peter Mailänder (orgs.), Berlin, Walter de Gruyter, 1990, pp. 1293-1294.

esta estabelecidos, não um acto administrativo, mas, em regra, de certificações de índole privada[1130].

Veja-se, por último, que este – de certa forma inovador – reconhecimento de *situações administrativas* apenas é visível no âmbito da União Europeia e sob a capa do reconhecimento mútuo, não sendo viável falar-se dele no caso de reconhecimento horizontal unilateral, que continuará a suportar-se, e apenas quando previsto, em *actos administrativos estrangeiros em sentido estrito*.

3. Reconhecimento e técnica conflitual

O debate sobre a *consumpção* ou a *substituição* do método de conflitos de leis pelo de reconhecimento não se coloca, no campo do direito administrativo internacional, da mesma maneira e com a mesma intensidade que se coloca no direito internacional privado, por, como já analisámos, o jogo de conflitos ser parco naquela disciplina, enquanto que no direito internacional privado corresponde ao modo *normal* de resolução das situações privadas internacionais.

Todavia, sendo o reconhecimento um instrumento partilhado pelo direito privado e pelo direito público, e havendo áreas em que a intersecção entre ambos é evidente – como sucede no campo das liberdades comunitárias, em ligação com o estatuto fundamental da cidadania da União – é imprescindível aferir quais os termos em que se apresenta hoje este debate, em especial em face da crescente importância da intervenção do *Estado de origem*[1131].

E a contínua indagação sobre a natureza do reconhecimento – revitalizada com o reconhecimento mútuo no seio da União Europeia – demons-

---

[1130] É este o caso, por exemplo, da comprovação do depósito de garantias em entidades bancárias estabelecidas em Estados diferentes daquele nos quais as obrigações têm de ser cumpridas, que devem ser reconhecidos no Estado de destino, desde logo em casos de contratação pública (cfr., ainda que no domínio da actuação de empresas de trabalho temporário, o Acórdão *Comissão das Comunidades Europeias c. República Italiana*, do Tribunal de Justiça de 7 de Fevereiro de 2002, proferido no processo C-279/00).

[1131] Note-se que a caracterização do país de origem como uma regra de conflitos não é consensual, havendo quem o veja como um *tertium genus* ou uma "meta-regra" que diminui o papel das regras de conflito e que implica – ainda que não se confunda – com o reconhecimento: cfr. Tubos Tichý, "A new role for private international and procedural law in European integration? A Critical Comment", *The Foundations of European Private Law*, Roger Brownsword, Hans-W Micklitz, Leone Niglia, Stephen Weatherill (eds.), Oxford, Hart Publishing, 2011, p. 408.

TEORIA DO RECONHECIMENTO

tra abundantemente que esta não é uma questão cientificamente datada ou *""scientificaly" old-fashioned"*, na expressão de GOLDMAN[1132].

À partida, duas posições se digladiam: a que considera ser o reconhecimento uma regra de conflitos de leis ou que dela se aproxima, nas suas várias configurações e modalidades; e a que aponta no sentido de o reconhecimento se conceber como uma regulamentação material de uma situação concreta. Dadas as variantes a que se assiste em cada posição, e as zonas de intersecção entre ambas, o adequado será referirmo-nos a duas *tendências* de enquadramento jurídico do instituto do reconhecimento.

Começaremos por apontar alguns dos principais representantes de cada uma destas tendências, para depois nos pronunciarmos por aquela que nos parece ser a mais ajustada à nossa teoria do reconhecimento.

De entre os defensores da primeira tendência – do reconhecimento como regra de conflitos de leis – destacam-se BASEDOW, que vê nas regras de mútuo reconhecimento em matéria de liberdade de circulação de mercadorias regras de conflitos *ocultas* de carácter material, prosseguindo o que designa de *Güngstigskeitsprinzip* (*i.e.,* regras que apontam para a aplicação da lei de origem quando esta seja mais favorável ao oferente de bens e serviços do que a lei do Estado de destino)[1133]; MICHAELS que considera que a princípio do país de origem é uma regra de conflitos de leis em sentido mais amplo, surgindo como uma nova forma de princípio de *vested rights* (direitos adquiridos)[1134]; CALVO CARAVACA e CARRASCOSA GONZÁLEZ, que adoptam a posição que o reconhecimento é uma regra de conflitos, com o limite de

---

[1132] BERTHOLD GOLDMAN, "The Convention Between the Member States of the European Economic Community on the Mutual Recognition of Companies and Legal Persons", *Common Market Law Review*, Vol. 6, N.º 1, 1968, p. 106.

[1133] JÜRGEN BASEDOW, "Der Kollisionsrechtliche. Gehalt der Produktfreiheiten im europäischen Binnenmarkt: favour offerentis", *Rabels Zeitschrift für Ausländisches und Internationales Privatrecht*, Vol. 59, Janeiro, N.º 1, 1995, pp. 12-13 e 25. Identicamente, JÜRGEN BASEDOW, "EC Conflict of Laws – A Matter of Coordination", *Seminário Internacional sobre a Comunitarização do Direito Internacional Privado – Direito de Conflitos, Competência Internacional e Reconhecimento de Sentenças Estrangeiras*, Luís de Lima Pinheiro (ed.), Almedina, Coimbra, 2005, p. 25

[1134] RALF MICHAELS, *EU Law as Private International Law? Re-conceptualizing the Country-of--Origin Principle as Vested Rights Theory*, Duke Law School Legal Studies Research Paper Series, Research Paper N.º 122, August 2006, disponível em http://ssrn.com/abstract=927479, acesso em 18 de Outubro de 2014, p. 13; e RALF MICHAELS, "The New European Choice-of--Law Revolution", *Tulane Law Review*, Vol. 82, N.º 5, May 2008, p. 1628.

EFICÁCIA, RECONHECIMENTO E EXECUÇÃO DE ACTOS ADMINISTRATIVOS ESTRANGEIROS

que as entidades de destino não podem aplicar as sanções de direito público previstas no Estado de origem[1135]; LOMNICKA, que reconduz o princípio do reconhecimento mútuo ao critério do Estado de origem, ainda que considerando que não existir uma linha de demarcação bem definida entre este e o Estado de reconhecimento[1136]; DETHLOFF, que aduz que as liberdades comunitárias objecto de reconhecimento mútuo se apresentam como uma regra de conflitos escondida mas apenas quando a situação é analisada ao abrigo da lei do país da origem[1137]; JOERGES, que, por entre os exemplos de um verdadeiro direito do conflito de leis europeu, integra o reconhecimento mútuo[1138]; BONOMI, que considera este princípio como regra de conflitos útil à integração[1139]; ALEGRÍA BORRAS, que se pronuncia no sentido que o efeito do princípio do reconhecimento é similar a uma regra de conflitos de leis, por remeter para a aplicação da lei do Estado de origem[1140]; ROSSOLILO, que entende serem as regras de reconhecimento mútuas regras conflituais em sentido lato, ainda que com especificidades[1141]; BARATTA, que perspectiva o reconhecimento como uma renúncia (*waiver*) de funcionamento das regras domésticas e como uma *regra especial* de coordenação entre ordenamentos jurídicos dos Estados-membro[1142]; LALIVE, que, referindo-se à segunda

[1135] ALFONSO-LUIS CALVO CARAVACA, JAVIER CARRASCOSA GONZÁLEZ, *Mercado Único y Libre Competencia en la Unión Europea*, Madrid, Colex, 2003, p. 68

[1136] EVA LOMNICKA, "The Home Country Control Principle in the Finantial Services Directives and the Case Law", *Services and Free Movement in EU Law*, Mads Andenas, Wulf-Henning Roth (eds.), Oxford, Oxford University Press, 2002, p. 319.

[1137] NINA DETHLOFF, *Europäisierung des Wettbewerbsrechts: Einfluss des europäischen Rechts auf das Sach- und Kollisionsrecht des unlauteren Wettbewerbs*, Tübingen, Mohr Siebeck, 2001, pp. 271-273.

[1138] CHRISTIAN JOERGES, "Democracy and European Integration: a legacy of tensions, a reconceptualisation and recent true conflicts", *A Europa e os Desafios do Século XXI*, Paulo de Pitta e Cunha, Luís Silva Morais (orgs.), Coimbra, Almedina, 2008, pp. 131-132.

[1139] ANDREA BONOMI, "Le Droit International Privé entre Régionalisme et Universalisme", Revue Suisse de Droit International et Européen, Vol. 16, N.º 3, 2006, pp. 295-309, p. 303.

[1140] ALEGRÍA BORRÁS, "Le Droit International Privé Communautaire: Réalités, Problèmes et Perspectives d'Avenir", *Recueil des Cours*, Tomo 317, 2005, Leiden/Boston, Martinus Nijhoff Publishers, 2006, p. 375.

[1141] GIULIA ROSSOLILLO, *Mutuo Riconoscimento e Techniche Conflittuali*, Milani, CEDAM, 2002, pp. 221-227. A autora considera que não está em causa a aplicação do direito de origem mas de um mecanismo de coordenação entre ordenamentos, apelando para a metodologia de referência adoptada por PICONE (p. 231).

[1142] ROBERTO BARATTA, "Problematic Elements of an Implicit Rule Providing for Mutual Recognition of Personal and Family Status in the EC", *IPRax – Praxis des Internationalen Privat*

TEORIA DO RECONHECIMENTO

Directiva relativa aos estabelecimentos de crédito, considera que a mesma estabelece uma regra de conflitos – a do país de origem – ainda que sem desprimor da aplicação de disposições de interesse público em vigor no Estado-membro de acolhimento[1143]; MENZEL, que considera que as normas de reconhecimento podem ser consideradas em sentido amplo normas bilaterais de conflito[1144]; TRACHTMAN, que vê o reconhecimento como norma de conflitos que exclui as regras do direito de importação[1145]; NICOLAÏDIS, mas apenas nos casos de reconhecimento não condicional, no qual o princípio do Estado de origem, como decide *a priori* sobre a aplicação do direito de um Estado (o da origem e não o do destino), se transforma numa regra de conflito de leis[1146]; MANKOWSKI, que considera o reconhecimento mútuo o contrapolo da aplicação da *lex originis*, na medida em que se aceita o resultado de aplicação da lei que presidiu à constituição da situação[1147]; MANSEL, que considera haver aqui um duplo reconhecimento pelo facto de o direito atribuído no país de origem ser reconhecido independentemente de qualquer controlo quanto à lei aplicável, o que só se compreende pela existência de um segundo reconhecimento oculto das regras de conflitos no país de destino[1148]; QUADROS, que se pronuncia no sentido de o princípio do controlo

und Verfahrensrechts, N.º 1, 2007, p. 9. Para o Autor o reconhecimento não parece ser uma regra clássica bilateral de conflitos, mas mais uma regra que remete para o método de resolução de conflitos entre ordenamentos jurídicos proposto por PICONE.

[1143] PIERRE LALIVE, "Nouveaux Regards sur le Droit International Privé, Aujourd'hui et Demain", *Schweizerische Zeitschrift für internationales und europäisches Recht/Revue Suisse de Droit International et de Droit Européen,* Ano 4, 1/2/94, 1994, p. 23.

[1144] JÖRG MENZEL, *Internationales Öffentliches Recht,* Tübingen, Mohr Siebeck, 2011, p. 403.

[1145] JOEL P. TRACHTMAN, "Embedding mutual recognition at the WTO", *Journal of European Public Policy,* Vol. 14, N.º 5, August, 2007, p. 782.

[1146] KALYPSO NICOLAÏDIS, "Kir Forever? The Journey of a Political Scientist in the Landscape of Mutual Recognition", *The Past and Future of EU Law – The Classics of EU Law Revisited on the 50th Anniversary of the Rome Treaty,* Miguel Poiares Maduro e Loïc Azoulai (eds.), Hart Publishing, Oxford, 2010, p. 454.

[1147] Neste sentido, PETER MANKOWSKI, "Binnenmarkt-IPR – Eine Problemskizze", *Aufbrucht nach Europa: 75 Jahre Max-Planck-Institut für Privatrecht,* Jürgen Basedow, Ulrich Drobnig, Reinhard Ellger, Klaus J. Hopt et al. (eds.), Tubingen, Mohr Siebeck, 2001, pp. 595-615, p. 602. Especificamente sobre a amplitude do princípio do Estado de origem no direito comunitário, cfr. PETER MANKOWSKI, "Wider ein Herkunftslandprinzip für Dienstleistungen im Binnenmarkt", *IPRax – Praxis des Internationalen Privat- und Verfahrensrechts,* N.º 5, 2004, pp. 385-396.

[1148] HEINZ-PETER MANSEL, "Anerkennung als Grundprinzip des Europäischen Rechtsraums", *Rabels Zeitschrift für ausländisches und internationales Privatrecht,* Vol. 70, N.º 4, 2006, p. 724.

EFICÁCIA, RECONHECIMENTO E EXECUÇÃO DE ACTOS ADMINISTRATIVOS ESTRANGEIROS

no Estado de origem corresponder apenas à expansão máxima do princípio do reconhecimento mútuo[1149]; MOURA VICENTE, que perspectiva o reconhecimento como uma temática relevante do ponto de vista do Direito Internacional Privado, ainda que recuse a existência de uma regra de conflitos implícita que determine genericamente a aplicação da *lex originis* no seio da União[1150]; e LIMA PINHEIRO, que vislumbra o reconhecimento de decisões estrangeiras como um processo conflitual indirecto, por comungar com o direito de conflitos o objecto, o conteúdo normativo (normas remissivas) e valorativo, ainda que tenha certa especificidade ou autonomia[1151].

No sentido de que o reconhecimento se concebe como uma *regra de natureza material,* veja-se, entre outros, CONDORELLI, que, apesar de reconhecer que o reconhecimento tende a realizar a mesma finalidade dos conflitos de leis (e, em geral, do direito internacional privado), que é a de uniformidade de regulamentação, a exigência de uniformidade em matéria de reconhecimento apresentava-se de forma particularmente premente e a um nível lógico e num grau diverso dos conflitos de leis[1152]; FERRER CORREIA, que defende serem as normas que fixam condições necessárias ao reconhecimento como

[1149] INÊS QUADROS, "A Livre Circulação de Mercadorias na União Europeia e a Protecção de Crianças – Comentário ao Acórdão do Tribunal de Justiça de 14 de Fevereiro de 2008 (*Dynamic Medien Vertriebs GmbH c. Avides Media AG*)", *Estudos em Homenagem ao Professor Doutor Paulo de Pitta e Cunha,* Vol. I, Jorge Miranda, António Menezes Cordeiro, Eduardo Paz Ferreira, José Duarte Nogueira (orgs.), Coimbra, Almedina, 2010, p. 241.

[1150] DÁRIO MOURA VICENTE, "Liberdades Comunitárias e Direito Internacional Privado", *Revista da Ordem dos Advogados,* Ano 69, 2009, pp. 793-798. Noutra sede, o Autor, descreve a *lex originis* como uma das faces da mesma medalha: a do princípio do reconhecimento mútuo, não sendo conceitos antitéticos, mas complementares (cfr. "A comunitarização do Direito Internacional Privado e o comércio electrónico", *Direito Internacional Privado – Ensaios,* Vol. II, Coimbra, Almedina, 2005, pp. 179-180).

[1151] LUÍS DE LIMA PINHEIRO, *Direito Internacional Privado,* Vol I – Introdução e Direito de Conflitos – Parte Geral, 3.ª ed., Coimbra, Almedina, 2014, pp. 45-46.

Entre nós, também PISSARA parece reconhecer o reconhecimento como um mecanismo que se integra no âmbito conflitual, ainda que assuma várias caracterizações: como regra de reconhecimento, como regra de imposição de reconhecimento ou como regra de reconhecimento *lato sensu* (NUNO ANDRADE PISSARRA, SUSANA CHABERT, *Normas de Aplicação Imediata, Ordem Pública Internacional e Direito Comunitário,* Coimbra Almedina, 2004, p. 93).

[1152] LUIGI CONDORELLI, *La Funzione del Riconoscimento di Sentenze Straniere,* Milano, Dott. A. Giuffrè Editore, 1967, pp. 141-145 (em especial p. 143).

TEORIA DO RECONHECIMENTO

normas de direito internacional privado material[1153]; FALLON e MEEUSEN, que entendem não incorporar o mútuo reconhecimento uma *"hidden hard and fast choice-of-law-rule"*, que remeta para o país de origem, ainda que afecte a escolha de lei no caso, adoptando uma aproximação funcional[1154]; ASENSIO, que conclui que a regra do reconhecimento é material, porque não impõe a aplicação de uma lei entre tantas outras, mas apenas demanda a desaplicação de regras contrárias ao direito da União Europeia[1155]; ORTINO, que considera que o reconhecimento mútuo não implica uma alocação de competências ao Estado de origem seja no campo do direito público, seja no campo do direito privado[1156]; GUZMÁN ZAPATER, que, ainda que sustente o reconhecimento nas ideias força da equivalência e da repartição de competências, o que leva a uma especial referência ao Estado de origem, conclui que tanto não implica a caracterização do reconhecimento como uma regra de conflitos[1157]; TISON, que aduz que o reconhecimento mútuo não é uma regra de conflitos de leis, continuando a norma substantiva designada pela regra de conflito a ser a mesma (em regra, a do Estado de destino, em face do princípio da territorialidade)[1158]; TEBBENS, que se baseia no facto de existir um

[1153] ANTÓNIO FERRER CORREIA, "Considerações sobre o Método do Direito Internacional Privado", *Estudos Vários de Direito*, Coimbra, Universidade de Coimbra, 1982, p. 372. O que, para o Autor não não exclui o problema da conexão uma vez que as normas de conduta apenas se compreendem dentro da esfera de eficácia do preceito do qual dimanam (pp. 377-378).

[1154] MARC FALLON, JOHAN MEEUSEN, "Private International Law in the European Union and the Exception of Mutual Recognition", *Yearbook of Private International Law*, Vol. IV, 2002, p. 52.

[1155] MIGUEL ASENSIO, "Integración Europea y Derecho Internacional Privado", *Revista de Derecho Comunitário Europeo*, 1997, N.º 2, pp. 436-438.

[1156] MATTEO ORTINO, "The Role and Functioning of Mutual Recognition in the European Market of Finantial Services", *International Comparative Law Quarterly*, Vol. 56, April, 2007, pp. 320-322. Para o Autor, mesmo nos casos de reconhecimento mútuo legislativo, as regras não têm de ir no sentido do Estado de origem (como no artigo 32.º, n.º 7 da Directiva 2004/39/ CE do Parlamento Europeu e do Conselho, de 21 de Abril de 2004, relativa aos mercados de instrumentos financeiros, que considera competente a autoridade do Estado-membro em que se situe a sucursal).

[1157] MÓNICA GUZMÁN ZAPATER, "Un elemento federalizador para Europa: el reconocimiento mutuo en el ámbito del reconocimiento de decisiones judiciales", *Revista de Derecho Comunitario Europeo*, Ano 5, N.º 10, 2001, pp. 416-418.

[1158] MICHEL TISON, "Unravelling the General Good Exception: The Case of Financial Services", *Services and Free Movement in EU Law*, Mads Andenas, Wulf-Henning Roth (eds.), Oxford, Oxford University Press, 2002, pp. 371-372. Para o Autor, existe apenas uma desaplicação

interesse comunitário e o Tribunal não colocar a opção entre a aplicação da lei do país de destino e de origem – havendo uma certa indiferença quanto ao jogo de conflitos de leis –, preocupando-se tão-somente com o resultado, constituindo uma regra material de direito comunitário[1159]; LAGARDE, que concebe as regras de reconhecimento são regras materiais de direito e não meta regras conflituais[1160]; SONNENBERBER, que sustenta ser o reconhecimento um método próprio[1161]; AUDIT, que recusa existir uma "filiação natural" entre reconhecimento mútuo e país de origem e uma previsão genérica deste último[1162]; BURBAUM, que considera que o reconhecimento não é direito de colisão, pois exprime a abertura de um Estado a efeitos de normas materiais de outro Estado[1163]; MUIR WATT, que analisa que o reconhecimento unilateral se tem vindo a suceder-se rapidamente ao tradicional conflito de leis bilateral, e já não se funda intimamente no reconhecimento individual de decições de autoridades públicas (judiciais ou não) mas no direito à livre circulação no âmbito da União Europeia[1164]; VOGEL que parece apontar para a natureza substantiva das regras de reconhecimento[1165]; MAYER, que, ao

deste ordenamento competente, sendo a conformidade com a legislação do Estado de origem relevante para se definir a equivalência e, portanto para saber se uma eventual restrição à liberdade de circulação é ou não legítima.

[1159] HARRY DUINTJER TEBBENS, "Les Conflits de Lois en Matière de Publicité Déloyale à l'Épreuve du Droit Communautaire", *Revue Critique de Droit International Privé*, Vol. 83, N.º 3, 1994, pp. 473-479.

[1160] PAUL LAGARDE, "La Méthode de la Reconnaissance est-elle l'Avenir du Droit International Privé", *Recueil des Cours*, Tomo 371, 2014, Leiden, Martinus Nijhoff Publishers, 2015, p. 38. Cfr, ainda, PAUL LAGARDE, "La Reconnaissance: Mode D'emploi", *Vers de Nouveaux Équilibres entre Ordres Juridiques – Mélanges en l'honneur de Helène Gaudemet-Tallon*, Paris, Dalloz, 2008, pp. 492-493.

[1161] HANS JÜRGEN SONNENBERGER, "Anerkennung statt Verweisung? Eine neue internationalprivatrechtliche Methode?", Festschrift für Ulrich Spellenberg, Jörn Bernreuther, Robert Freitag, Stefan Leible, Harald Sippel, Ulrike Vanitzek (eds.), München, Sellier European Law Publishers, 2010, p. 389.

[1162] MATHIAS AUDIT, "Régulation du Marché Intérieur et Libre Circulation des Lois", *Journal du Droit International,* Ano 133, Octobre-Novembre-Décembre, 2006, pp. 1353-1358.

[1163] STEFAN BURBAUM, *Rechtsschutz gegen transnationales Verwaltungshandeln, Baden-Baden, Nomos Verlagsgesellschaft,* 2003, pp. 54-55.

[1164] HORATIA MUIR WATT, "European Federalism and the "New Unilateralism", *Tulane Law Review*, Vol. 82, 2008, p. 1993.

[1165] KLAUS VOGEL, "Administrative Law: International Aspects", *Encyclopedia of Public International Law,* Rudolf Berhnardt (ed.), Vol. I, Amsterdam, North-Holland, 1992, p. 25.

TEORIA DO RECONHECIMENTO

definir os traços característicos deste método, inclui, para além da prévia cristalização do ponto de vista concreto a reconhecer e do favorecimento do alinhamento da realidade jurídica com a situação de facto, a sua distinção relativamente à aplicação da regra de conflitos do foro[1166]; KOHLER, que defende que no reconhecimento está em causa conceder o efeito à situação jurídica que lhe é determinado pelo Estado de origem, sem atenção à lei aplicável[1167]; HATZOPOULOS que, ao considerar que o reconhecimento mútuo impõe uma análise caso a caso das regras aplicáveis, não se reconduz à aplicação do jogo de conflitos[1168]; KLAMERT, que recusa a ideia de o mútuo reconhecimento corresponder à regra do país de origem, por aquele não realocar o poder de decisão que se impõe ao país de destino[1169]; BERNEL, que conclui que o reconhecimento não é um instituto semelhante ao conflito de leis, porque não coloca em causa a aplicação simultaneamente do Estado de origem e do destino, quando necessário[1170]; LEIFELD, que recusa que se possa falar apenas de uma decisão de colisão quanto ao princípio do reconhecimento[1171]; DI BROZOLO, que entende que o reconhecimento apenas se reconduziria ao conflito de leis se contivesse uma obrigação geral de aplicação do Estado de origem, o que não acontece [1172]; ARMSTRONG que defende que os critérios de conflitos de leis e a harmonização legislativa, não traduzem a riqueza

---

[1166] PIERRE MAYER, "Les Méthodes de la Reconnaissance en Droit International Privé", *Le Droit International Privé: Esprit et Méthodes – Mélanges en l'Honneur de Paul Lagarde*, Paris, Dalloz, 2005, pp. 560-566.

[1167] CHRISTIAN KOHLER, "La Reconnaissance de Situations Juridiques dans l'Union Européenne: le cas du nom patronymique", La Reconnaissance des Situations en Droit International Privé, Paul Lagarde (dir.), Paris, Éditions A. Pedone, 2013, p. 72.

[1168] VASSILIS HATZOPOULOS, "Le Principe de Reconnaissance Mutuelle dans la Libre Prestation des Services", *Cahiers de Droit Européen*, Vol. 46, N.ºs 1-2, 2010, p. 85.

[1169] MARCUS KLAMERT, *Services Liberalization in the EU and the WTO – Concepts, Standards and Regulatory Approaches*, Cambridge, Cambridge University Press, 2015, pp. 261-262.

[1170] ALEXANDRE BERNEL, *Le Principe d'Équivalence ou de "Reconnaissance Mutuelle" en Droit Communautaire*, Zürich, Schulthess Polygraphischer Verlag, 1996, p. 116.

[1171] JANIS LEIFELD, *Das Anerkennungsprinzip im Kollisionsrechtssystem des internationalen Privatrechts*, Tübingen, Mohr Siebeck, 2010, pp. 181-193.

[1172] LUCA G. RADICATI DI BROZOLO, "L'influence sur les conflits de lois des principes de droit communautaire en matière de liberté de circulation", *Revue Critique de Droit International Privé*, Vol. 82, n.º 3, 1993, p. 409.

EFICÁCIA, RECONHECIMENTO E EXECUÇÃO DE ACTOS ADMINISTRATIVOS ESTRANGEIROS

de perspectiva e de metodologia do reconhecimento[1173]; PRATA ROQUE, que distingue o princípio do país de origem do reconhecimento e da harmonização[1174]; AFONSO PATRÃO que o vê como uma nova variante da teoria dos direitos adquiridos, que altera, ainda que sem afastar, o resultado da aplicação da regra de conflitos[1175]; e MOURA RAMOS, que entende que a tendência do reconhecimento se caracteriza pela pluralidade das suas variantes, pelo abandono do controlo necessário da regra de conflitos, abandono este que constitui a característica essencial deste método e que pode determinar o reconhecimento *in foro domestico* do resultado de aplicação da *lex auctoris* ou de uma versão mais moderada, que depende da aplicação de regras próprias quanto ao reconhecimento[1176].

É notório, em face da distribuição dos principais representantes da doutrina internacional entre as duas tendências apontadas, que a mobilização do argumento de autoridade não nos é aqui de mais valia.

Temos, portanto – como sempre seria o nosso dever –, de aferir qual destas tendências melhor se ajusta à nossa teoria do reconhecimento em matéria administrativa.

Ora, dada a tarefa de controlo a que o Estado de reconhecimento não pode renunciar e tendo em vista os critérios materiais que estipula para orientar a decisão pelo reconhecimento (ou, ao invés, pelo não reconhecimento ou pela oposição a este), inscrevemo-nos na *tendência não conflitualista* do reconhecimento. De facto, mesmo que o reconhecimento seja automá-

---

[1173] KENNETH A. ARMSTRONG, "Mutual Recognition", *The Law of the Single European Market – Unpacking the Premisses,* Catherine Barnard/ Joanne Scott (eds.), Oxford, Hart Publishing, 2002, pp. 228-230.

[1174] MIGUEL PRATA ROQUE, *Direito Processual Administrativo Europeu – A Convergência Dinâmica no Espaço Europeu de Justiça Administrativa,* Coimbra, Coimbra Editora, 2011, p. 614.

[1175] AFONSO PATRÃO, *Autonomia Conflitual na Hipoteca e Reforço da Cooperação Internacional: Removendo Obstáculos ao Mercado Europeu de Garantias Imobiliárias,* Lisboa, Livros Horizonte, 2017, pp. 440-441.

[1176] RUI MANUEL MOURA RAMOS, "A Evolução Recente do Direito Internacional Privado da Família", *Direito da Família e dos Menores: Que Direitos no Século XXI,* Maria Eduarda Azevedo, Ana Sofia Gomes (coord.), Lisboa, Universidade Lusíada Editora, 2014, p. 77.
Já antes, RUI MANUEL MOURA RAMOS se referia ao recurso a um método alternativo ao conflito de leis, sempre que a situação em causa tenha criado uma situação de direito que reclama o não funcionamento automático das regras de conflitos (cfr. "Dos Direitos Adquiridos em Direito Internacional Privado", *Das Relações Privadas Internacionais – Estudos de Direito Internacional Privado,* Coimbra, Coimbra Editora, 1995, pp. 44-45).

TEORIA DO RECONHECIMENTO

tico ou em concreto se decida pela extensão dos efeitos do acto do Estado de origem, essa extensão fundamenta-se não numa remissão conflitual para a lei desse Estado, mas numa *avaliação* levada a cabo sobre os interesses em confronto, tendo em conta o conteúdo de regulação e os resultados de aplicação do acto recognoscendo. Para além de que, mesmo que seja considerada aplicável a lei do Estado de origem, os efeitos desta podem conhecer alguma modelação no Estado de acolhimento, não se confundindo, também por esta via, o reconhecimento com a referência feita por via conflitual.

Por isso, mesmo que se preveja um nível de conflito de leis para as situações administrativas internacionais, pensamos que o reconhecimento terá potencialidades que suplantam, nalguns domínios, as virtualidades resultantes da regra de conflitos. E podemos sumariar algumas da seguinte forma: i) na ausência de uma harmonização de regras de conflitos, o reconhecimento permite uma maior coordenação entre Estados, evitando ou solucionando conflitos entre eles e estabilizando as expectativas dos interessados; ii) o reconhecimento tem um claro efeito material, o de promover a manutenção de situações jurídicas (*favor recognitionis*), o que usualmente não sucede com as normas conflituais[1177]; iii) o método de reconhecimento permite um tratamento mais adequado (do que o das regras de conflitos bilaterais) das instituições originais ou desconhecidas em direito comparado[1178]; iv) o reconhecimento incorpora uma técnica mais flexível e adequada a enquadrar efeitos concretos de actos de autoridade – podendo culminar num reconhecimento parcial de efeitos daqueles actos, e não numa recusa ou aceitação integral da sua aplicação, sendo, por isso, um método mais aberto ao pluralismo administrativo actual; v) o reconhecimento permite tomar em consideração a existência de interesses privados, mas igualmente de interesses públicos, por vezes em de proveniência distinta e que apontam em sentido contraditório, procedendo à sua concordância prática e à sua contínua monitorização.

Com isto não nos pronunciamos no sentido de uma *substituição* do método conflitual pelo do reconhecimento, uma vez que tal imporia que se fosse no sentido de uma obrigação geral de reconhecimento que, como vimos, não

---

[1177] Gian Paolo Romano, "La Bilateralité Éclipsé par l'Autorité – Développements récents en Matière d'État des Personnes", *Revue Critique de Droit International Privé*, Vol. 95, N.º 3, juillet/septembre, 2006, pp. 496-517, defende, porém, que esta finalidade material não é o objectivo precípuo do reconhecimento, sendo este o de evitar um conflito de estatutos.

[1178] Sylvian Bollée, "L'Extension du Domaine de la Méthode de Reconnaissance Unilatérale", *Revue Critique de Droit International Privé*, Vol. 96, N.º 2, Abril-Junho, 2007, p. 329.

EFICÁCIA, RECONHECIMENTO E EXECUÇÃO DE ACTOS ADMINISTRATIVOS ESTRANGEIROS

existe[1179]. Não ignoramos ainda que a própria metodologia de reconhecimento inclui momentos de aferição do direito aplicável, de modo a que se possam preencher os critérios de reconhecimento estabelecidos. Além de que, nas situações em que esteja identificada a competência exclusiva de um Estado para a prática de um acto administrativo – como sucede no âmbito das licenças de condução (o Estado de residência) ou dos procedimentos de asilo (o Estado de entrada) – ou o Estado de reconhecimento considere que a competência para o efeito reside no Estado de origem, o reconhecimento *flui* quase naturalmente, ainda que nem sempre de forma necessária, do exercício daquela competência.

E tanto assim é que uma parte sonante da doutrina aproxima o método do reconhecimento das técnicas conflituais unilateralistas, ainda que com fundamentos mais pragmáticos que estas teorias na sua forma clássica, dado o carácter mais selectivo e flexível do reconhecimento[1180].

Por isso, e apesar do entendimento por nós adoptado, não podemos ignorar que existem motivos que podem pender no sentido de um maior acolhimento da regra de conflitos – ou, pelo menos, de uma menor retracção desta –, motivos de entre os quais avultam os problemas causados por uma altera-

---

[1179] LUCA G. RADICATI DI BROZOLO entende que o mútuo reconhecimento não exclui a relevância do conflito de leis, uma vez que os Tribunais podem adoptar uma disciplina total ou parcialmente diferente da aplicação da lei do país de origem (cfr. "L'Ambito di Applicazione della Legge del Paese di Origine nella Libera Prestazione dei Servizi Bancari nella CEE", *Il Foro Italiano,* Vol. 13, Parte IV, 1990, p. 466).

Além do mais, a aplicação do reconhecimento de actos de autoridade pública também não exclui a relevância dos conflitos de leis no âmbito daquilo que HORATIA MUIR WATT designa como as relações horizontais entre actores privados, como as relações contratuais, de responsabilidade, etc. (cfr. "European Federalism and the "New Unilateralism", *Tulane Law Review,* Vol. 82, 2008, p. 1984).

[1180] SYLVIAN BOLLÉE, "L'Extension du Domaine de la Méthode de Reconnaissance Unilatérale", *Revue Critique de Droit International Privé,* Vol. 96, N.º 2, Abril-Junho, 2007, pp. 309 e 330-331; e STÉPHANIE FRANCQ, "Unilateralism", *Encyclopedia of Private International Law,* J. Basedow, G. Rühl, F. Ferrari, P. De Miguel Asensio (eds.), Vol. 2, Elgar, 2017, pp. 1779-1791. PIERRE GOTHOY concebe o reconhecimento de actos administrativos estrangeiros como situado confluência de dois factores considerados principais para a renovação da tendência unilateralista: por um lado a circunstância de se estar na fronteira entre direito público e direito privado e de em causa estar um reconhecimento sem avaliação do mérito da decisão reconhecida (cfr. "Le Renouveau de la Tendance Unilatéraliste en Droit International", *Revue Critique de Droit International Privé,* Vol. 60, N.º 1, Janeiro-Março, 1971, pp. 6-9).

TEORIA DO RECONHECIMENTO

ção de metodologia e dos resultados a que se chega por seu intermédio[1181] e a perda das dimensões de estabilidade e certeza na determinação do centro de gravidade das situações em apreciação, dada a oscilação da partilha das competências entre Estado de origem e de reconhecimento[1182].

De todos, é PELKMANS que mais pormenorizadamente identifica as desvantagens (que designa de custos de informação, transacção e cumprimento) do reconhecimento – em particular do reconhecimento mútuo – resultantes do seguinte: as regras bem conhecidas e facilmente verificáveis de um Estado são substituídas por um regime menos visível, o que não permite que se atinja o grau de certeza legal exigível no mercado[1183]; não há um *"rule-book"*, um código de actuação quanto à aplicação do mútuo reconhecimento; existe falta de clareza da equivalência dos efeitos, o que gera zonas cinzentas; os custos de monitorização são muito elevados e o controlo judicial na União é demorado devido ao excesso de trabalho do Tribunal de

---

[1181] RALF MICHAELS, "The New European Choice-of-Law Revolution", *Tulane Law Review*, Vol. 82, N.º 5, May 2008, p. 1629.

[1182] ERIK JAYME, CHRISTIAN KOHLER, "Europäisches Kollisionsrecht 2001: Anerkennungsprinzip statt IPR?", *IPRax – Praxis des Internationalen Privat- und Verfahrensrechts*, 2001, p. 502. JACCO BOMHOFF acentua a dimensão sistemática e a elaboração a que se chegou com as regras de conflitos, promotoras da sua certeza jurídica (cfr. "The Reach Of Rights: "The Foreign" And "The Private" In Conflict-Of-Laws, State-Action, And Fundamental-Rights Cases With Foreign Elements", *Law And Contemporary Problems*, Vol. 71, Summer, 2008, pp. 56-61). Também HANS JÜRGEN SONNENBERGER se pronuncia no sentido de que, sobretudo quanto à zona cinzenta que rodeia os actos administrativos (inclusive de registo), com implicações privadas, o uso genérico do reconhecimento é criticável (dadas a insegurança que dele resulta). Trata-se, enfim, de uma escolha metodológica, que não tem de necessariamente pender a favor do método do reconhecimento e a desfavor do método da referência (cfr. "Anerkennung statt Verweisung: eine neue internationalprivatrechtliche Methode", *Festschrift für Ulrich Spellenberg*, Jörn Bernreuther, Robert Freitag, Stefan Leible, Harald Sippel, Ulrike Vanitzek (eds.), München, Sellier European Law Publishers, 2010, pp. 381-391).

[1183] Não obstante a menor certeza legal induzida pelo mútuo reconhecimento (por oposição às técnicas de harmonização), KENNETH A. ARMSTRONG considera que se trata de uma via mais flexível que tem vantagens nas situações em que se exige ou se pretende a adaptação a circunstâncias alteráveis e ao progresso técnico, com o que concordamos (cfr. "Mutual Recognition", *The Law of the Single European Market – Unpacking the Premises*, Catherine Barnard/ Joanne Scott (eds.), Oxford, Hart Publishing, 2002, p. 243).

Justiça[1184]; e, por fim, a política do mútuo reconhecimento é mais complexa do que o inicialmente pensado[1185].

Dadas estes vantagens e desvantagens recíprocas, os dois métodos – de conflitos e de reconhecimento – continuarão a coexistir, devendo, na linha de HEIDERHOFF, colocar-se o princípio do reconhecimento perante outros métodos ou princípios de direito de conflitos, de modo a aferir qual é o mais desejável, tendo em conta um *Optimierungsgebote* (imperativo de optimização) [1186], que pode variar de situação para situação[1187].

In fine, a opção pelo reconhecimento – e não por outros métodos de regulação das situações internacionais – depende da ponderação que o Estado de reconhecimento faça, na proposta de TICHÝ, dos seguintes elementos: a complexidade de acolhimento do acto, os interesses das partes ou terceiros, os interesses públicos (da União Europeia e dos Estados), os interesses

---

[1184] A estas dificuldades acrescentaríamos aquela que nos parece mais importante: as dificuldades de imputação e concretização do controlo judicial no caso de actos administrativos transnacionais, por o controlo destes não passar directamente pelo Tribunal de Justiça da União Europeia, ao contrário do que parece resultar da exposição do Autor citado em texto.

[1185] JACQUES PELKMANS, "Mutual Recognition in Goods and Services: An Economic Perspective", *The Principle of Mutual Recognition in the European Integration Process,* Fiorella Kostoris Padoa Schioppa (ed.), Palgrave Macmillan, Hampshire, 2005, pp. 103-104.

[1186] BETTINA HEIDERHOFF, "Ist das Anerkennungsprinzip schon geltendes internationales Familienrecht in der EU?", *Grenzen Überwinden – Prinzipien Bewahren – Festschrift für Bernd von Hoffman zum 70. Geburtstag,* Herbert Kronke/ Karsten Thorn (org.), Bielefeld, Verlag Ernst und Verlag Gieseking, 2011, p. 137; em sentido similar, CHRISTINE JANSSENS, *The Principle of Mutual Recognition in EU Law,* Oxford, Oxford University Press, 2013, p. 77.

[1187] Aliás, assiste-se, nalgumas matérias, a um retorno ao método conflitual (acompanhado da harmonização das regras de conflitos), de modo a obviar à insegurança causada pelos por vezes erráticos imperativos de reconhecimento a que chegou o juiz comunitário, por exemplo no âmbito do direito ao nome (cfr. WORKING GROUP OF THE FEDERAL ASSOCIATION OF GERMAN CIVIL STATUS REGISTRARS, "One Name Throughout Europe – Draft for a European Regulation on the Law Applicable to Names", *Yearbook of Private International Law,* Vol. XV, 2013/ 2014, pp. 31-37). CHRISTIAN KOHLER defende que deveria ser um acto legislativo no âmbito da União a estipular o reconhecimento de nomes (furtando esta questão às oscilações da jurisprudência do Tribunal de Justiça) e que tanto deveria ser acompanhado de regras de conflitos uniformes, como se de gémeos siameses se tratasse (cfr. "Towards the Recognition of Civil Status in the European Union, *Yearbook of Private International Law,* Vol. XV, 2013/2014, p. 29).

TEORIA DO RECONHECIMENTO

específicos, sobretudo os direitos fundamentais envolvidos, e a questão da soberania[1188].

4. Reconhecimento e harmonização legislativa

Os enquadramentos metodológicos que usualmente se opõem ao reconhecimento não terminam com o conflito de leis (ou com a técnica da escolha do direito), antes formam um *tríptico*, no qual se inclui a *harmonização* legislativa, tanto no campo do direito público, como no do direito privado.

Assim se elencam três técnicas de resolução de litígios internacionais, concebidas como alternativas (por assentarem em pressupostos distintos e conduzindo aos seus próprios resultados), mas que são em certa medida complementares, pois a escolha do direito é facilitada tanto pela existência de normas de harmonização mínimas, como pelo mútuo reconhecimento[1189]; assim como a operacionalização do reconhecimento também beneficia de uma certa harmonização conflitual e, sobretudo material[1190].

O termo harmonização designa a adopção de um nível de regulamentação idêntico ou o mais aproximado possível entre Estados, aproximando as respectivas disposições legais, regulamentares ou administrativas, de modo a que estes e os seus cidadãos estejam sujeitos a um mesmo leque de direitos e de obrigações. Harmonização pode não implicar a total uniformização das regras técnicas e jurídicas aplicáveis, podendo bastar-se com a imposição de

---

[1188] Luboš Tichý, *Die Überwindung des Territorialitätsprinzip im EU-Kartellrecht*, Bonn, Zentrum Für Europäisches Wirtschaftsrecht, 2011, p. 23.

[1189] Neste sentido, cfr. Sabino Cassese e Mario Savino, "I Caratteri del Diritto Amministrativo Europeo", *Diritto Amministrativo Europeo – Principi e Instituti*, Giacinto della Cananea (ed.), 3.ª ed., Milão, Giuffrè Editore, 2011, p. 262.

[1190] Giandomenico Majone defende que o reconhecimento não é um fim em si mesmo mas um instrumento regulatório flexível e sofisticado, mas delicado, que carece de ser complementado por outros pressupostos como os da harmonização e da confiança mútua (cfr. *Mutual Recognition in Federal Type Systems*, EUI Working Paper SPS N.º 93/1, Florence, European University Institute, 1993, pp. 11 e 19-20).

De forma mais negativa, Heinrich Matthies considera que o reconhecimento automático é visto pela Comissão de certa forma como uma sanção para a falta de vontade para a harmonização (cfr. "Zur Anerkennung gleichwertiger Regelungen im Binnenmarkt der EG (Art. 100 b EWG-Vertrag)", *Festschrift für Ernst Steindorff zum 70. Geburtstag am 13. März 1990*, Jürgen F. Baur, Klaus J. Hopt, K. Peter Mailänder (orgs.), Berlin, Walter de Gruyter, 1990, pp. 1289-1290).

um enquadramento razoável ou mínimo comum, dependendo do nível de consenso ou integração verificado e das áreas em causa[1191].

Noutra perspectiva, mais relacionada com a legitimidade da intervenção regulatória, mas mantendo o tríptico – e nele as dimensões do reconhecimento e da harmonização –, POIARES MADURO distingue entre modelo centralizado (assente na harmonização ou integração positiva), modelo descentralizado (referente à regulação estatal, de acordo com o princípio da não discriminação) e o modelo competitivo (de concorrência entre regras, de acordo com a qual a legislação comunitária estabelece apenas *standards* básicos ou requisitos mínimos, havendo lugar a um reconhecimento mútuo das regras nacionais, que o Autor designa de *"home country control"*)[1192].

Tomando este como pano de fundo, parece ser de assumir, *prima facie*, que o reconhecimento permite estabelecer um ponto compromissório razoável

---

[1191] Para uma ilustração de várias formas de harmonização, cfr. ALFONSO MATTERA, "L'Harmonisation des Législations Nationales: Un Instrument d'Intégration et de Reconaissance Mutuelle, *Revue du Droit de L'Union Européenne*, 2010, p. 710.

No âmbito da União Europeia, há domínios em que a harmonização é mais acentuada, como resulta do artigo 114.º do Tratado sobre o Funcionamento da União Europeia, no que tange ao estabelecimento e ao funcionamento do mercado interno. Mas, mesmo aqui, o Tratado conhece excepções à regra. É o que sucede com a manutenção de disposições nacionais justificadas por exigências importantes (tais como a protecção da saúde e da vida das pessoas e animais ou de preservação das plantas ou a protecção do património nacional de valor artístico, histórico ou arqueológico), ou com a adopção de disposições nacionais baseadas em novas provas científicas relacionadas com a protecção do meio de trabalho ou do ambiente, motivadas por qualquer problema específico desse Estado-Membro, que tenha surgido após a adopção da medida de harmonização. A admissão destas excepções nacionais deve, no entanto, ser cabalmente fundamentada, estando sujeita a controlo judicial. Noutros domínios, porém, como na política de educação, formação profissional, juventude e desporto, exclui-se expressamente a harmonização das disposições legislativas e regulamentares dos Estados-Membros, admitindo-se apenas a formulação de recomendações e medidas de incentivo (artigo 165.º, n.º 4 do Tratado sobre o Funcionamento da União Europeia), o que se prende com o tipo de competências, mais limitadas, que a União Europeia exerce neste domínio [cfr. artigo 6.º, alínea e) do Tratado sobre o Funcionamento da União Europeia].

[1192] MIGUEL POIARES MADURO, *We the Court – The European Court of Justice and the European Economic Constitution – A Critical Reading of Article 30 of the EC Treaty,* Oxford, Hart Publishing, 1998, pp. 103-149 (e MIGUEL POIARES MADURO, *A Constituição Plural – Constitucionalismo e União Europeia,* Lisboa, Principia, 2006, em especial pp. 97-154).

TEORIA DO RECONHECIMENTO

entre duas vias extremas – a da absoluta liberalização e a da harmonização integral[1193].

No entanto, nenhuma delas surge na sua *forma pura*, como, aliás, bem o demonstra a evolução da regulação no seio da União Europeia, em particular com a mudança do *estratégia* comunitária, em virtude do qual à vertente de uma harmonização legislativa e regulamentar mínima, passou a aliar-se o reconhecimento mútuo das regulamentações nacionais adoptadas por outros Estados-membros.

Mais recentemente, até, a tendência em matéria de serviços parece ser inversa: a de se aliar ao reconhecimento mútuo já em marcha (nalguns casos com harmonização prévia quanto às qualificações a deter, noutros sem ela) uma vaga novel de harmonização, ainda que de *base facultativa* para os interessados no exercício da sua actividade for a do Estado de formação ou de estabelecimento: é o caso do reconhecimento automático com base num *quadro de formação comum* (artigo 49.º-A e artigo 49.º-B) e da emissão de uma *carteira profissional europeia* (artigo 4.º-A a 4.º-E, todos do Directiva 2013/55/UE, do Parlamento Europeu e do Conselho, de 20 de novembro de 2013, que altera a Directiva 2005/36/CE relativa ao reconhecimento das qualificações profissionais).

O reconhecimento mútuo surge, em grande medida, como uma reacção a uma tendência inicial e *hiper harmonizadora* da União, de tal forma que um dos critérios de reconhecimento a que nos referiremos não será *stricto sensu* o da harmonização, mas o da equivalência da legislação, que chega a intervir de forma presumida. Todavia, tal não implica que, quando devidamente justificado, não se possa caminhar no sentido de uma maior harmonização, que vise contrabalançar, precisamente, as insuficiências dos mecanismos de reconhecimento, em especial os efeitos nefastos que dele podem, reflexamente, decorrer.

[1193] RENAUD DEHOUSSE vê, em geral, a transnacionalidade como a melhor opção entre a ampla harmonização material e a execução directa, por a harmonização ser essencialmente um exercício legislativo lento e pouco eficiente e flexível e a execução directa poder conduzir ao aumento da burocracia e à falta de meios, bem como a problemas políticos, como a resistência à actuação da União (cfr. "Regolazione Attraverso Reti nella Comunità Europea: Il Ruolo delle Agenzie Europee", *Rivista Italiana di Diritto Pubblico Comunitario*, Vol. 7, N.º 3-4, 1997, pp. 632-640).

EFICÁCIA, RECONHECIMENTO E EXECUÇÃO DE ACTOS ADMINISTRATIVOS ESTRANGEIROS

Mas entre harmonização e reconhecimento existem ainda dois outros tipos de relações complementares[1194].

Por um lado, é notório que uma harmonização de base, sobretudo em áreas nas quais não se estabelecem vínculos similares aos da integração europeia *auxilia* no estabelecimento de regras ou relações de reconhecimento mútuo ou unilateral (ou o aperfeiçoamento da concretização já existentes) [1195]. Em especial, esta harmonização deve ser reclamada não tanto quanto à definição das regras *ab initio* aplicáveis, mas quanto às situações em que é legítimo um desvio (ou mesmo excepção) a essas mesmas regras, desvio este que poderá conduzir ao não reconhecimento de um acto administrativo estrangeiro, uma vez que é aqui que se verificam as divergências mais relevantes entre Autoridades públicas[1196].

Por outro lado, o reconhecimento pode ser percebido como uma *antecâmara* para a harmonização, uma vez que cria uma reacção em cadeia que contribui para a promoção de processos de harmonização, ainda que, como

---

[1194] No sentido da complementaridade destes dois institutos, cfr. NICOLAS BERNARD, "On the Art of Not Mixing One's Drinks: Dassonville and Cassis de Dijon Revisited", *The Past and Future of EU Law – The Classics of EU Law Revisited on the 50th Anniversary of the Rome Treaty*, Miguel Poiares Maduro e Loïc Azoulai (eds.), Hart Publishing, Oxford, 2010, p. 461; e DANIELA FISICHELLA, "Il principio di mutuo riconoscimento e la libera circolazione delle professioni nell'Unione Europea", *Il Diritto dell'Unione Europea*, Vol. IV, N.º 1, 1999, p. 61.

[1195] DER-CHIN HORNG articula que o processo é interactivo: o reconhecimento mútuo demanda uma harmonização mínima inicial e uma harmonização adicional resulta do reconhecimento mútuo (cfr. "The Principle of Mutual Recognition – The European Union's Practice and Development", *World Competition,* Vol. 22, N.º 2, 1999, p. 138).

[1196] Neste ponto, não parecia ser suficiente o procedimento divisado na Decisão n.º 3052/95/ CE do Parlamento Europeu e do Conselho, de 13 de Dezembro de 1995, que estabelecia um procedimento de informação mútua relativo a medidas nacionais que derrogam o princípio da livre circulação de mercadorias na Comunidade, pelo carácter puramente informativo e não harmonizador deste. Cfr., actualmente, o Regulamento (CE) n.º 764/2008 do Parlamento Europeu e do Conselho, de 9 de Julho de 2008 , que estabelece procedimentos para a aplicação de certas regras técnicas nacionais a produtos legalmente comercializados noutro Estado-Membro, e que revoga aquela Decisão.

RUDOLF STREINZ por exemplo, defende a harmonização de regras de protecção da saúde e da rotulagem (cfr. "Die Herstellung des Binnenmarktes im Bereich des Lebensmittelrechts Rechtsangleichung und gegenseitige Anerkennung als ergänzende Instrumente", *ZfRV – Zeitschrift für Rechtsvergleichung, Internationales Privatrecht und Europarecht,* Ano 32, 1991, pp. 357-374).

TEORIA DO RECONHECIMENTO

alerta DAVIES, esta possa ocorrer em modos mais informais[1197], ou através de mecanismos procedimentais (de ponderação, informação e cooperação) [1198] que dêem azo a processos frutíferos de aprendizagem entre reguladores[1199].

Concordamos, por isto, com RASCHAUER, que não concebe existir entre reconhecimento e harmonização uma relação automática ou mecânica, classificando-a antes de *relação prática* e *jurídico-política*[1200]. É, por isso, necessário – tal como aventámos relativamente à técnica de conflitos de leis – aferir as vantagens e desvantagens entre técnicas de regulação[1201], de modo a testar

---

[1197] GARETH DAVIES, "Is Mutual Recognition an Alternative to Harmonization? Lessons on Trade and Tolerance of Diversity from the EU", *Regional Trade Agreements and the WTO Legal System*, Lorand Bartels, Federico Ortino (eds.), Oxford, Oxford University Law, 2006, p. 272.

[1198] JACQUES PELKMANS, "Mutual Recognition in Goods and Services: An Economic Perspective", *The Principle of Mutual Recognition in the European Integration Process*, Fiorella Kostoris Padoa Schioppa (ed.), Palgrave Macmillan, Hampshire, 2005, p. 105. Para um exemplo destes mecanismos, cfr. SUZANA TAVARES DA SILVA que diferencia três tipos de actos transnacionais: o da *licença comunitária de controlador de tráfego aéreo*, assente numa uniformização de parâmetros técnicos; o da *licença comunitária multilateral*, em que existe alguma margem de conformação dos Estados-membros, por a harmonização ser mínima; e a *autorização prévia para o transporte internacional de passageiros*, em que a transnacionalidade reside na participação procedimental (cfr. "Direito Administrativo dos Transportes", *Tratado de Direito Administrativo Especial*, Vol. IV, Paulo Otero, Pedro Gonçalves (coords.), Coimbra, Almedina, 2011, pp. 524-528).

[1199] KENNETH A. ARMSTRONG, "Mutual Recognition", *The Law of the Single European Market – Unpacking the Premises*, Catherine Barnard/ Joanne Scott (eds.), Oxford, Hart Publishing, 2002, p. 244. Não concebemos, porém, que o reconhecimento mútuo seja um método puramente transitório que perecerá às mãos da harmonização, como defende MIGUEL PRATA ROQUE, *Direito Processual Administrativo Europeu – A Convergência Dinâmica no Espaço Europeu de Justiça Administrativa*, Coimbra, Coimbra Editora, 2011, p. 600.

[1200] BERNHARD RASCHAUER, "Transnationale Verwaltungsakte", *Demokratie uns sozialer Rechtsstaat in Europa: Festschrift für Theo Öhlinger*, Stefam Hammer et al. (eds.), Wien, WUV Universitätsverlag, 2004, p. 678. STEFAN BURBAUM vai em sentido inverso, entendendo o princípio do reconhecimento mútuo pode vir a tornar supérfula a harmonização (cfr. *Rechtsschutz gegen transnationales Verwaltungshandeln, Baden-Baden, Nomos Verlagsgesellschaft*, 2003, p. 22).

[1201] É o que faz entre nós DÁRIO MOURA VICENTE que analisa os prós (certeza legal; integração do mercado – viabilizando regras de equivalentes funcionais e mútuo reconhecimento; redução de custos de transacção) e contras (preservação do pluralismo normativo, diferenças axiológicas e ideológicas e questões processuais) da harmonização (cfr. "International Harmonization and Unification of Private Law in a Globalized Economy", *Civil Law Studies: An Indian Perspective*, Anthony D'Souza, Carmo D'Souza (eds.), Newcastle, Cambridge Scholars

EFICÁCIA, RECONHECIMENTO E EXECUÇÃO DE ACTOS ADMINISTRATIVOS ESTRANGEIROS

qual o nível de harmonização desejável e se e quando devem prever-se situações de reconhecimento.

Impõe-se, portanto, uma reflexão sobre os modos e efeitos do reconhecimento que devem ser aplicados em cada situação de exercício de autoridade pública estrangeira. Na verdade, a instabilidade e variabilidade do reconhecimento – como veremos *infra* – é de tal ordem que se torna necessária a adopção e explicitação de um quadro normativo que proceda a uma definição das formas de reconhecimento aceitáveis no Estado, uma vez que é sobre este que recai a responsabilidade de prolongar os efeitos e, eventualmente, de dar execução aos actos administrativos estrangeiros.

5. Fundamento do reconhecimento de actos administrativos estrangeiros

Analisado o que o reconhecimento em geral é, é altura de nos debruçarmos sobre qual deve ser percebido como o seu fundamento jurídico.

A procura deste fundamento não é desprovida de efeitos, já que com ela se pretende encontrar subsídios para responder a duas questões essenciais: a de saber se o reconhecimento corresponde a um verdadeiro dever jurídico ou apenas a uma faculdade que o Estado, querendo, pode exercitar; e a de aferir, no primeiro caso, se é possível fundamentar obrigações de reconhecimento não expressamente previstas.

Procuramos, por isso, o *fundamento último* do reconhecimento de actos administrativos estrangeiros e não a sua *fonte imediata*, já que, quanto a esta, pouco mais haverá a acrescentar à possibilidade de – a par do que sucede com os actos a quais se liga – o reconhecimento fluir de normas estaduais, de normas de direito internacional geral, de convenções internacionais ou de regras de direito da União (tanto de direito primário, como de direito deri-

---

Publishing, 2009, pp. 47-57). Ainda que esta análise seja pensada para o direito privado, julgamos que não divergirá muito daquela a que se chega no direito administrativo, ainda que nesta se pudessem aduzir princípios típicos como os da proporcionalidade, subsidiariedade e da preservação de interesses públicos nacionais.

Cfr., ainda, as reflexões de CLAUS DIETER EHLERMANN, "Compétition entre Systèmes Reglementaires", *Revue du Marché Commun et de l'Union Européenne*, N.º 387, avril, 1995, p. 220-221, para quem há boas razões que justificam a harmonização (eliminação de entraves ao exercício de liberdades fundamentais e de distorções à concorrência; protecção de interesses essenciais ameaçados por esses entraves e facilitação das acções das empresas), concluindo, porém, que há muito se perdeu o labor harmonizador dos primeiros anos, que era uma combinação da tendência perfeccionista alemã e do centralismo francês (p. 225).

TEORIA DO RECONHECIMENTO

vado, como da própria jurisprudência comunitária) ou mesmo do costume ou mera tolerância do Estado de acolhimento[1202].

Mas será que se pode falar em sentido estrito de *deverosidade* do reconhecimento, quando concebemos este instituto como um instrumento de controlo da integração no foro dos efeitos de uma regulação estrangeira?

Veremos que o reconhecimento, mesmo se baseado em disposições que apontam para o seu carácter obrigatório, nunca pode excluir uma *dimensão prudencial*, já que competirá ao Estado colocar em marcha aquelas disposições –apreciando os pressupostos, nem sempre rígidos, de que as mesmas dependem –, mantendo como critério-guia último a preservação dos fundamentos do Estado de acolhimento. De facto, mesmo no âmbito da União Europeia, a deverosidade nem sempre se compreende da mesma forma, cumprindo ao Estado *prima facie* vinculado ao reconhecimento ponderar o cumprimento dos requisitos de que aquele depende, desde logo, o de equivalência.

No entanto, afirmar o *carácter obrigatório* do reconhecimento não é desprovido de efeitos. Por um lado, pode conduzir à responsabilidade do Estado por não cumprimento das obrigações assumidas, de fonte internacional ou interna. Disto é testemunho o Acórdão *Foie Gras* (Acórdão *Comissão das Comunidades Europeias c. República Francesa*, do Tribunal de Justiça de 22 de Outubro de 1998, proferido no processo C-184/96), no qual foi declarado o incumprimento da França, por não ter incluído na sua legislação uma cláu-

---

[1202] Para uma análise de várias fontes do reconhecimento, com indicação abundante de exemplos, cfr. DIRK WIEGANT, "Recognition of Administrative Acts", *Encyclopedia of Private International Law*, J. Basedow, G. Rühl, F. Ferrari, P. De Miguel Asensio (eds.), Vol. 2, Elgar, 2017, pp. 1488-1492. KÄTE WEISS referia-se já a uma progressiva internacionalização das fontes do reconhecimento, admitindo ainda que o costume nacional e internacional pudessem fundar obrigações de reconhecimento (cfr. *Die Anerkennung ausländischer Verwaltungsakte*, Göttingen, Buchdruckerei W. Flentje, 1932, pp. 4-16). No mesmo sentido, cfr. WILHELM KARL GECK, "Hoheitsakte auf fremdem Staatsgebiet", *Wörterbuch des Völkerrechts*, Hans-Jürgen Schlochauer (ed.), 1.º Vol., Walter de Gruyter & Co., Berlin, 1960, pp. 795-796.

Adoptando, porém, a posição de que essas obrigações não podem ser fundadas em direito costumeiro, cfr. EBERHARD SCHMIDT-ASSMAN, "Internationalisation of Administrative Law: Actors, Fields and Techniques of Internationalisarion – Impact of International law on National Administrative Law", *Revue Européenne de Droit Public*, Vol. 18, N.º 1, 2006, pp. 260.

Já KARL NEUMEYER se pronuncia quanto ao reconhecimento, entre outros, de graus académicos, anunciando existir um dever de reconhecimento fundado no direito costumeiro, mas só quando o grau for igual ou análogo ao do Estado do foro (cfr. *Internationales Verwaltungsrecht – Innere Verwaltung*, Vol. I , München, J. Schweitzer Verlag (Arthur Sellier), 1910, pp. 341-344).

sula de reconhecimento mútuo dos produtos de outros Estados-Membros, que obedeçam às normas estabelecidas nesses Estados[1203].

Por outro, permite afirmar direitos dos particulares a uma acção da Administração pública, acção esta que, não obstante os poderes por vezes discricionários de que esta goza na análise de alguns dos critérios do reconhecimento, sempre será mais que um mero direito à apreciação do pedido, podendo converter-se até, consoante os dados do caso, num direito a uma decisão positiva de reconhecimento.

a. Comity

A ideia de *comity* (*of nations*), *comitas* (*gentium*), *Höflichkeit* ou cortesia surge profusamente na literatura e nalguma jurisprudência como fundamento para a abertura a ordenamentos jurídicos estrangeiros; todavia, nem sempre recebe o mesmo conteúdo e significado, o que tem impedido que desempenhe uma função verdadeiramente estruturante em matéria de reconhecimento.

Foram os estudiosos holandeses os primeiros a decantarem o conceito de *comitas*. VOET defendeu que o acolhimento de actos estrangeiros, enquanto excepção ao princípio da territorialidade dos estatutos, se poderia fundar na ideia de "*comiter*" (ou através da *comitas*), de modo a evitar a afectação das transacções internacionais, o que tem sido analisado como uma primeira inscrição das ideias de cortesia internacional[1204], já que aquele acto de recepção estadual era assumidamente de natureza discricionária[1206].

[1203] O Tribunal considerou ainda que o desiderato de repressão de fraudes não justificava uma medida de não reconhecimento, pois, em obediência ao princípio da proporcionalidade, seria suficiente estabelecer medidas de rotulagem diferenciada do *Foie Gras*.

Para evitar situações de incumprimento e fomentar a clareza das regras com relevo comunitário, a Comissão Europeia tem insistido na inclusão de cláusulas de reconhecimento mútuo nas legislações nacionais, cfr. Comunicação interpretativa da Comissão – Facilitar o acesso de produtos ao mercado de um outro Estado-Membro: a aplicação prática do reconhecimento mútuo (2003/C 265/02).

[1204] CEDRIC RYNGAERT, *Jurisdiction in International Law*, 2.ª ed., Oxford, Oxford University Press, 2015, p. 150.

ALBERT VENN DICEY articula que a *comity* não pode ser uma questão de capricho ou opção ou mostrar cortesia, mas da impossibilidade de decidir um conjunto amplo de casos com injustiça e inconveniência para os litigantes, nativos ou estrangeiros, sendo que neste caso não se está em sentido estrito a dar execução a leis estrangeiras, mas a direitos constituídos

TEORIA DO RECONHECIMENTO

HUBER vai mais longe e considera que o princípio da territorialidade é temperado por uma terceira máxima: em virtude da *comity*, os soberanos devem garantir que os direitos adquiridos sob o império de um outro Estado deveriam manter nele os seus efeitos. Desde que não prejudiquem o poder do Governo ou os direitos dos seus cidadãos[1206].

Poderia parecer, à primeira vista, que estas excepções, relacionadas com o poder de controlo do foro, descaracterizariam a referida máxima assente na *comity*, deixando pouco espaço para o reconhecimento de direitos constituídos no estrangeiro sujeitando-o à mera conveniência dos Estados[1207]. No entanto, para WATSON, HUBER perspectiva esta como uma verdadeira obrigação jurídica (e não de mera cortesia ou assente no poder discricionário dos Estados), por concretizar, de forma mais pormenorizada, aquelas excepções, incluindo nelas pouco mais do que hoje se caracterizaria como fraude à lei local ou violação do direito das gentes[1208].

STORY tenta recuperar a noção de *comity*, parecendo inscrever-se na linha de pensamento de HUBER, ao defender que o verdadeiro fundamento para o reconhecimento passa pela aferição do interesse comum e utilidade no reconhecimento e de uma espécie de "necessidade moral" de fazer justiça, de modo a que esta seja retribuída[1209]. Mas, para WATSON, o STORY falha em

de acordo com a lei estrangeira (cfr. "On Private International Law as a Branch of the Law of England", *Law Quarterly Review*, N.º XXI, January, 1890, p. 10).

[1205] Ainda que o Autor reconheça que a ideia de *comity* tenha pouco de direito e mais de humanidade, o que pareceria já então temperar aquela ampla discricionariedade. Cfr. PAULI VOET, *De Statutis, Eorumque Concursu*, Bruxellis, Ex Officina Simonis T'Serstevens, 1715, p. 140.

[1206] ULRICI HUBERI, *Praelectionum Juris Civilis, Tomi III, Secundum Instituttiones et Digesta Justiniani*, Lovanii, Tyis Joannis Francisci Van Overbeke, MDCCLXVI (1766), Lib. I, Tit. III De conflictu legum, p. 25.

[1207] ERNEST G. LORENZEN, entende que é esta a leitura que deve ser feita da obra de HUBER, que fazia depender do assentimento ou concessão política do Estado a produção de efeitos de direitos constituídos no estrangeiro (cfr. "Huber's De Conflictu Legum", Faculty Scholarship Series. Paper 4563, Yale Law School Faculty Scholarship, 1919, disponível em *http://digitalcommons.law.yale.edu/fss_papers/4563*, acesso em 10 de Abril de 2015, pp. 200-202).

[1208] ALAN WATSON, *Joseph Story and the Comity of Errors – A Case Study in Conflict of Laws*, Athens/London,The University of Georgia Press, 2012, pp. 14-15.

[1209] JOSEPH STORY, *Commentaries on the Conflict of Laws, Foreign and Domestic, in Regard to Contracts, Rights, and Remedies and Especially to Marriages, Divorce, Wills, Successions and Judgements*, Boston, Hilliard, Gray and Company, 1834, pp. 33-37. O Autor tenta recuperar a noção de *comity* de HUBER, considerando que a mesma não é imprópria, mas, ao invés, a mais adequada

EFICÁCIA, RECONHECIMENTO E EXECUÇÃO DE ACTOS ADMINISTRATIVOS ESTRANGEIROS

não compreender devidamente a natureza obrigatória que decorre da posição de Huber e re-caracteriza-a como se de uma obrigação imperfeita se tratasse[1210].

A pluralidade significativa da *comity* é, portanto, uma marca genética deste conceito, marca que se tem vindo a manter até aos dias de hoje.

E é a indefinição aliada à ideia de *comity* leva a que a verdadeira natureza da mesma seja ainda hoje incompreendida[1211]; que se defenda que esta doutrina encerra um erro manifesto, por apenas se reportar aos interesses dos Estados *qua tale* e não aos interesses individuais, o da estabilidade das relações dos indivíduos[1212], ou que se considere positivo o salto que se deu

para exprimir o fundamento e extensão da força obrigatória das leis de uma nação no território de outra. Todavia, comporta quando muito uma *obrigação imperfeita*, como as da beneficiência, humanidade e caridade, pois cada Estado deve ser o juiz, por si mesmo, da natureza e extensão da sua obrigação, não havendo uma obrigação geral que exclua toda e qualquer discricionariedade neste domínio. Continua, dando conta que se trata da *comity* das Nações e não dos Tribunais, pelo que na ausência de uma regra afirmando ou negando a aplicação do direito público estrangeiro, os tribunais devem presumir essa aprovação tácita, a não ser que aquela aplicação repugne a *policy* do Estado ou os seus interesses. Neste sentido, cfr. o Acórdão do Supremo Tribunal dos Estados Unidos da América, *Bank of August v. Earle*, 13 Pet. 519, (1839).

[1210] Alan Watson, *Joseph Story and the Comity of Errors – A Case Study in Conflict of Laws*, Athens/London,The University of Georgia Press, 2012, pp. 18-26.

Mais tarde, Joseph tory esclarece que a confusão quanto ao fundamento do reconhecimento – na *comity* ou numa obrigação estrita – resulta de não se diferenciar claramente entre os diferentes estágios do processo de reconhecimento: no início existe a *comity*, mas a partir da definição de uma política interna de reconhecimento, o espaço da *comity* esvazia-se e abre-se o da obrigação (cfr. *Commentaries on the Conflict of Laws, Foreign and Domestic, in Regard to Contracts, Rights, and Remedies and Especially to Marriages, Divorce, Wills, Successions and Judgements*, 7.ª ed., Boston, Little, Brown and Company, 1872, p. 33). Na versão posterior dos Comentários não se encontra, porém, esta precisão, que foi substituída por referências jurisprudenciais (Joseph Story, *Commentaries on the Conflict of Laws, Foreign and Domestic, in Regard to Contracts, Rights, and Remedies and Especially to Marriages, Divorce, Wills, Successions and Judgements*, 8.ª ed., Boston, Little, Brown and Company, 1883, pp. 35-39).

[1211] Hans Jürgen Sonnenberger chega a questionar se a *comity* descreve apenas uma forma de acção de facto dos Estados ou uma máxima de acordo com a qual aqueles se devem comportar (cfr. "Anerkennung statt Verweisung: eine neue internationalprivatrechtliche Methode", *Festschrift für Ulrich Spellenberg*, Jörn Bernreuther, Robert Freitag, Stefan Leible, Harald Sippel, Ulrike Vanitzek (eds.), Selier European Law Publishers, München, 2010, p. 375).

[1212] António Ferrer Correia, "La Reconnaissance et l'Exécution des Jugements Etrangers en Matière Civile et Commerciale (Droit Comparé)", *Estudos Vários de Direito*, Coimbra, Universidade de Coimbra, 1982, pp. 114-115.

TEORIA DO RECONHECIMENTO

da *comity*, que encerra um juízo de oportunidade, para o da "juridicidade", inspirado pela justiça[1213].

Estas críticas – que durante muito pareciam afastar a *comity* como fundamento para o reconhecimento[1214]– não fizeram, porém, desaparecer o conceito, que encontrou uma expressão positiva através da condição de reciprocidade[1215]. Expressão esta que não é recente, encontrando consagração judicial já em 1895, no caso *Hilton v. Guyot*, 159, U.S. 113, 16 S.Ct. 139, 40 L.Ed. 95, decidido pelo Supremo Tribunal dos Estados Unidos[1216]. Neste, a *comity* é vista como um caminho "mediano" entre a obrigação absoluta e a mera cortesia ou boa vontade, que se reflecte num princípio de respeito da *reciprocidade* entre jurisdições.

Mais recentemente, também MAIER entende que os Estado devem procurar acomodar os seus interesses e definir, em boa fé e com bom senso, quem deve decidir, servindo a *comity* como uma *regra de ouro internacional* fundada na reciprocidade ou num *princípio pragmático de expectativas recíprocas,* ligado a uma vertente de ponderação[1217]. Critério este de reciprocidade que não se encontra, como veremos, afastado da teoria do reconhecimento.

JUAN DE D. TRIÁS Y GIRÓ defende que a teoria da *comitas gentium* ou da *reciprocam utilitatem,* apesar de se sustentar no princípio da territorialidade, admite a eficácia *in loco* de alguns actos estrangeiros, substituindo a ordem jurídica por um *"jogo de intereses y artificiosas combinaciones"* (cfr. "Fundamento Racional de la Extraterritorialidad de los Actos Soberanos", *Revista Jurídica de Cataluña,* Vol. III, 1897, p. 788).

[1213] PIERRE LOUIS-LUCAS, "L'Idée de Réciprocité dans le Règlement des Conflits de Lois", *Revue Critique de Droit International Privé,* Vol. XXXVI, N.º 1, Janvier-Juin, 1947, p. 41.

[1214] Não obstante esta asserção, há quem evidencie que a *comity* tem desempenhado ao nível jurisprudencial um papel relevante, em especial nos países anglosaxónicos, não apenas no âmbito de reconhecimento de actos e sentenças estrangeiras, como também para fundamentar limites à jurisdição nacional, por respeito a intervenções de autoridade estrangeira, ou à prática de actos com efeitos extraterritoriais, como notificações no estrangeiro (LAWRENCE COLLINS, "Comity in Modern Private International law", *Reform and Development of Private International Law – Essays in Honour of Sir Peter North,* James Fawcett (ed.), Oxford, Oxford University Press, 2002, pp. 89-110).

[1215] CHARALAMBOS PAMBOUKIS, *L'Acte Public Étranger em Droit International Privé,* Paris, L.G.D.J., 1993, p. 140.

[1216] Cfr. JOSEPH H BEALE, *A Selection of Cases on the Conflict of Laws, Vol. III The Recognition and Enforcement of Rights,* Cambridge, Harvard Law Review Publishing Association, 1902, pp. 327-337.

[1217] HAROLD G. MAIER, "Jurisdictional Rules in Customary International Law", *Extraterritorial*

EFICÁCIA, RECONHECIMENTO E EXECUÇÃO DE ACTOS ADMINISTRATIVOS ESTRANGEIROS

Mas podemos ainda apontar três sentidos adicionais com base nos quais é possível concluir que a ideia de *comity* não se encontra liminarmente colocada colocada de parte no campo da doutrina da jurisdição e do reconhecimento[1218].

O primeiro destes sentidos prende-se com a imputação de um *sentido positivo* àquela noção. Em razão deste, pretende recuperar-se a *comity* como uma base para a coordenação da actuação dos Estados, senão mesmo para o desenvolvimento de um *espírito de cooperação* entre eles[1219], sempre que assumam ou possam assumir, de forma concorrente, jurisdição numa determinada situação, podendo inclusive apontar para a assunção de competência por apenas um Estado, com a anuência e cooperação das autoridades dos demais[1220]. Esta *comity,* que não limita, mas *alimenta* o exercício de competências extraterritoriais, tem sido particularmente discutida e consagrada no âmbito do direito administrativo da concorrência.

Particularmente relevantes a este propósito são os Relatórios sobre *Comity Positiva* de 1999 da Organização para a Cooperação e Desenvolvimento Económico, que propõem uma visão cooperativa (voluntária e

---

Jurisdiction in Theory and in Practice, Karl M. Meessen (ed.), London, Kluwer Law International, 1996, pp. 70-73.

[1218] JOEL R. PAUL articula a evolução da *comity* com a mudança do objecto da deferência do Estado do foro: até aos anos vinte, a deferência envolvida na *comity* era feita ao soberano estrangeiro; depois da primeira grande guerra passou a ser uma deferência à autonomia das partes e ao executivo; e, com a globalização, a deferência passou a ser feita ao mercado (cfr. "The Transformation of International Comity", *Law and Contemporary Problems,* Vol. 71, Summer, 2008, pp. 21-37).

DONALD EARL CHILDRESS III distingue várias fases de *comity,* desde os seus primórdios com Huber e Story, nos quais a *comity* surge como forma de impedir conflitos de soberanias, à *comity* desagrilhoada dos *vested rights,* em que o reconhecimento é visto como um dado de facto e não como aplicação do direito estrangeiro, à comity reconfigurada como a *governmental interets analysis* de CURRIE (cfr. "Comity as Conflict: Resituating International Comity as Conflict of Laws", *University of California Davis Law Review,* Vol. 44, November 2010, pp. 13-43).

[1219] Cfr. LAWRENCE COLLINS, "Comity in Modern Private International Law", *Reform and Development of Private International Law – Essays in Honour of Sir Peter North,* James Fawcett (ed.), Oxford, Oxford University Press, 2002, p. 109; e Acórdão do Supremo Tribunal dos Estados Unidos *Societé Nationale Industrielle Aerospatiale and Societé de Construction d'Avions de Tourisme, Petitioners v. United States District Court For The Southern District of Iowa,* etc. 482 US 522 (1987), n.º 27.

[1220] YOSHIO OHARA, "New US Policy on the Extraterritorial Application of Antitrust Law and Foreign Responses", *Extraterritorial Jurisdiction in Theory and in Practice,* Karl M. Meessen (ed.), London, Kluwer Law International, 1996, p. 171.

TEORIA DO RECONHECIMENTO

informal) na assistência à execução ou à própria execução a pedido de um Estado[1221]; e o *Acordo entre as Comunidades Europeias e o Governo dos Estados Unidos da América relativo aos princípios de cortesia positiva na aplicação dos respectivos direitos de concorrência*, de 1998 (complementado pelo Acordo Administrativo de 1999 relativo à participação mútua em fases de tramitação), no qual se prevê a possibilidade de não prossecução ou de suspensão de procedimentos remetendo para assistência e cooperação, sempre que uma das partes considerar não serem as suas as entidades competentes ou as mais competentes para agir (i.e., quando as actividades em causa não tenham efeitos directos, substanciais e previsíveis nos consumidores do Estado requerente ou tendo-os, quando as actividades anti-concorrenciais ocorrerem principalmente no ou se dirigirem principalmente ao território da outra parte).

Apesar desta evolução conceitual, os resultados obtidos com base nesta aproximação ao fenómeno das práticas restritivas da concorrência são ainda debatidos na doutrina[1222], não se assegurando, em todos os casos, uma har-

---

[1221] Cfr. http://www.oecd.org/daf/competition/prosecutionandlawenforcement/2752161.pdf consultado em 11 de Maio de 2015. Esta perspectiva de cooperação comportaria os benefícios de uma maior eficiência, ao reduzir custos e inconsistências (haveria uma concentração de decisões ou *one-stop-shop*), ao alocar melhor as competências, ao evitar conflitos jurisdicionais e ao evitar prejuízos para o Estado requerido (ou, mesmo, promover os interesses públicos deste Estado).

[1222] JÜRGEN BASEDOW refere três fases no âmbito da cooperação internacional em matéria de concorrência: *soft law* ou recomendações, acordos bilaterais e *positive comity*, mas considera que esta só funcionará, se, como pré-condição, houver um processo de harmonização pragmático quanto aos *standards* aplicáveis (cfr. "International Antitrust: From Extraterritorial Application to Harmonization", *Louisiana Law Review*, Vol. 60, N.º 4, 2000, pp. 1042-1044). Cfr., ainda, sobre a necessidade de evolução da cooperação e da *comity* positiva em matéria *antitrust*, JOSEPH P. GRIFFIN, "EC and U.S. Extraterritoriality: Activism and Cooperation", *Fordham International Law Journal*, Vol. 17, N.º 2, 1993, pp. 353-388.

DAMIEN GERADIN, MARC REYSEN e DAVID HENRY dão conta da rara invocação destas situações de *positive comity*, de que o caso Gencor é o exemplo (a *comity* poderia ter sido mobilizada e não foi), por subsistirem "aproximações filosóficas" distintas ao mesmo tipo de conduta (cfr. "Extraterritoriality, Comity and Cooperation in EC Competition Law", *Cooperation, Comity, and Competition Policy*, Andrew T. Guzman (ed.), Oxford, Oxford University Press, 2010, pp. 33-34).

Em sentido oposto, aduzindo que há bons exemplos de cooperação – mas referindo-se essencialmente às notificações remetidas entre as partes no Acórdão, e não à mobilização das potencialidades mais cooperativas permitidas pela *comity* positiva, cfr. EDUARDO MAIA CADETE, "Acordos De Cooperação Entre a Comunidade Europeia e os Estados Unidos da América no

monização dos resultados do exercício das acções públicas dos Estados envolvidos[1223].

O segundo dos sentidos mais contemporâneos da noção de *comity* prende--se com o seu relacionamento à ideia de *ponderação de interesses*, sobretudo, mas não exclusivamente, governamentais, seja no âmbito da *comity* judicial, que envolve uma ideia de respeito de um tribunal face a outro, tendo em conta os interesses a adjudicar e independentemente de quaisquer relações de hierarquia[1224]; ou de uma *comity* mais de natureza político-administrativa, na qual as questões de conflitos entre interesses soberanos eram resolvidos por vias essencialmente diplomáticas e intervenções dos executivos[1225]. De facto, é em situações em que os interesses não são idênticos que se colocam os principais desafios ao reconhecimento, demandando a mobilização de ferramentas que permitam encurtar a distância entre as perspectivas próprias (mas, em regra, não estanques, nem estritamente imperativas) de cada ordenamento jurídico[1226].

Âmbito do Direito da Concorrência", *Revista da Ordem dos Advogados*, Ano 69, Janeiro/Março, Abril/Junho, 2009, pp. 350-358. Cfr., também EVA BUCHMANN, *Positive Comity im internationalen Kartellrecht*, München, European Law Publishers, 2004, pp. 65-74.

Por seu turno, JOANNE SCOTT considera que a União Europeia aceita grandemente a extra-territorialidade das medidas dos Estados Unidos, tanto ao nível da concorrência como do ponto de vista ambiental, por perceber que uma aproximação baseada na equivalência e na deferência à regulação internacional pode ser a forma mais apropriada de prosseguir interesses partilhados (cfr. "Extraterritoriality and Territorial Extension in EU Law", *The American Journal of Comparative Law*, Vol. 62, N.º 1, Winter, 2014, pp. 118-123).

[1223] De facto, situações há em que as soluções divergem, o que limita a confiança entre Estados, como sucedeu com a decisão da Comissão Europeia – Case N.º COMP/M.2220, General Electric/ Honeywell, de 3 de Julho de 2001 – em que a Comissão proibiu uma concentração que já havia sido admitida pelo órgão competente dos Estados Unidos.

[1224] ROBERTO CARANTA, "Pleading for European Administrative Law – What is the Place for comparative Law in Europe", *Review of European Administrative Law*, Vol. 2, N.º 2, 2009, p. 172.

[1225] HAROLD G. MAIER, "Interest Balancing and Extraterritorial Jurisdiction", *The American Journal of Comparative Law*, Vol. 31, N.º 4, Autumn, 1983, p, 589. No mesmo sentido, relacionando-a com a ideia de razoabilidade, cfr. KARL M. MEESSEN, "Conflicts of Jurisdiction under the New Restatement", *Law and Contemporary Legal Problems*, Vol. 50, N.º 3, Summer, 1987, p. 56.

[1226] A Casa dos Lordes disse-o expressamente no caso *Kuwait Airways* [2002]2 WLR 1353, 1360, já que, de acordo com o Lord NICHOLS, é precisamente a existência de diferenças que justifica o recurso ao direito estrangeiro. MAYO MORAN fala aqui de um *"principle of comity"*, que requer uma espécie de respeito pelas escolhas políticas de outros soberanos (cfr. "Influ-

TEORIA DO RECONHECIMENTO

Com base num entendimento desta natureza, BRIGGS vê o reconhecimento mútuo como um, entre outros, reflexo do princípio da *comity*, percebida como uma ferramenta auxiliar do juiz, que não se confunde com a reciprocidade, nem representa uma qualquer deferência judicial, sendo antes uma via de discernimento da posição adequada a adoptar, que passa pela demonstração de confiança mútua nas instituições judiciais e administrativas estrangeiras, cumpridas certas condições[1227].

O terceiro e último sentido imputado à noção de *comity* concebe-a como uma técnica mais próxima do conflitos de leis, enquanto *rationale* para a aplicação do direito estrangeiro e para a deferência relativamente a actos (legislativos, executivos e judiciais) estrangeiros. CHILDRESS assinala, a este propósito, três tipos possíveis de *comity*: a que autoriza a limitação da jurisdição extraterritorial do Estado, a que determina a deferência relativamente a soberanos estrangeiros (através da doutrina do *Act of State* ou da convocação de imunidades) e a que ora releva, a *"comity of courts"*, que permite que o tribunal considere que uma questão foi melhor adjudicada, no todo ou em parte, no estrangeiro, acolhendo-a, através dos seguintes expedientes: a litispendência e o *forum non conveniens*; o reconhecimento de decisões estrangeiras e o efeito preclusivo de decisões estrangeiras[1228].

---

ential Authority and the Estoppel-Like Effect of International Law", *The Fluid State – International Law and the National Legal Systems*, Hilary Charlesworth, Madeleine Chiam, Devika Hovell, George Williams (org.), Sydney, The Federation Press, 2005, p. 178).

[1227] ADRIAN BRIGGS, "The Principle of Comity in Private International Law", *Recueil des Cours*, Vol. 354, 2011, Leiden/Boston, Martinus Nijhoff, 2012, p. 88-91.

[1228] DONALD EARL CHILDRESS III, "Comity as Conflict: Resituating International Comity as Conflict of Laws", *University of California Davis Law Review*, Vol. 44, November 2010, pp. 47 e 59-61.

O Autor contrapõe a sua teoria à sustentada por CURRIE, segundo a qual, em pinceladas largas, se propunha uma ruptura radical com o método da conexão, abolindo o sistema mecânico das regras de conflitos e substituindo-o pela análise dos interesses governamentais co-envolvidos na solução de uma situação internacional. Genericamente, segundo CURRIE, aplicar-se-ia a lei estrangeira apenas nas situações em que o tribunal considerasse não existir interesse de regulamentação da situação pelo foro e tivesse determinado que aquele Estado estrangeiro tinha um interesse legítimo na aplicação da sua lei (cfr. BRAINERD CURRIE, *Selected Essays on the Conflict of Laws*, 1963, Durham, Duke University Press, 1963, pp. 309-322; para críticas a esta teoria, cfr. ANTÓNIO FERRER CORREIA, "Considerações sobre o Método do Direito Internacional Privado", *Estudos Vários de Direito*, Coimbra, Universidade de Coimbra, 1982, pp. 385-387; e RUI MANUEL GENS DE MOURA RAMOS, *Direito Internacional Privado e Constituição –*

EFICÁCIA, RECONHECIMENTO E EXECUÇÃO DE ACTOS ADMINISTRATIVOS ESTRANGEIROS

Qualquer uma destas posições confere à *comity* um sentido normativo muito amplo, do qual é difícil extrair deveres concretos de reconhecimento[1229], ao mesmo passo que grande parte das posições impõe formas de diálogo (e de deferência), entre poderes jurisdicionais e poderes administrativos (nacionais e estrangeiros) que mal se concebem fora do âmbito anglo-saxónico (como, por exemplo, a inclusão no âmbito de processos judiciais,

---

Introdução a uma Análise das suas Relações, Coimbra, Coimbra Editora, 1994, pp. 132-140; e, para uma perspectiva mais animadora da mesma, dado o seu ajustamento às exigências multinacionalistas do Século XXI, cfr. HERMA HILL KAY, "Currie's Interest Analysis in the 21st Century: Losing the Battle, but Winning the War", *Willamette Law Review*, Vol. 37, 2001, pp. 123-132).

A solução de CHILDRESS assenta, em qualquer caso, nos passos que a seguir transcrevemos e com os quais visa estruturar um mecanismo processual de aferição dos interesses governamentais relevantes no caso: 1) tentativa de definição concreta dos interesses em confronto; 2) intervenção de uma forte presunção que os Estados aplicarão a lei do foro, dada a possibilidade muito limitada de declinação de jurisdição; 3) o Tribunal deve, não obstante determinar quais os interesses governamentais (na ausência de critérios legislativos, devem valer os executivos, através de declarações ou participação como *amicus curiae*); 4) no caso de o ramo executivo dos Estados-Unidos encorajar o exercício de jurisdição, deve o Tribunal assumir jurisdição, não obstante o alegado conflito de soberanias; se o ramo executivo arguir especificamente que não se trata de uma questão justiciável, deve o Tribunal remeter a questão para aquele ramo (e seu corpo diplomático); 5) no caso de o ramo executivo urgir – sempre de forma explícita e detalhada –, o Tribunal para que não assuma jurisdição, tal deve ser respeitado, a não ser que seja infirmado pelas circunstâncias do caso ou claramente contrário às intenções do Congresso; 6) se os ramos executivos dos Estados não se pronunciarem sobre os seus interesses, deve o Tribunal procurar determiná-los, mas, como não consegue substituir-se aos Estados estrangeiros e, por isso, é difícil deduzir das normas os interesses que prosseguem, deve usar mecanismos mais procedimentais (declarações, audiências, etc.); 7) Se o executivo não tomar uma posição, não obstante a solicitação do Tribunal, este deve considerar aplicável a regra estrangeira (contado que o Estado estrangeiro se tenha pronunciado), a não que esta aplicação seja claramente contrária à intenção do Congresso, à ordem pública ou questionável de acordo com as circunstâncias; 8) se, não obstante a solicitação, os Estados estrangeiros não tomam posição, deve aplicar-se a lei do foro; 9) ao definir os interesses governamentais o Tribunal deve ser claro, explícito e transparente (Cfr. DONALD EARL CHILDRESS III, "Comity as Conflict: Resituating International Comity as Conflict of Laws", *University of California Davis Law Review*, Vol. 44, November 2010, pp. 63-71).

[1229] Contra, assentando expressamente o reconhecimento em considerações de interesse comum, de reciprocidade, de segurança jurídica, de prevenção do conflito e de *comity*, cfr. WERNER MENG, "Recognition of Foreign Legislative and Administrative Acts", *Encyclopedia of Public International Law*, Rudolf Berhnardt (ed.), Vol. IV, Amsterdam, North-Holland – Elsevier, 1992, p. 52.

da tomada de posição dos executivos, como elemento determinante para a solução da causa).

Contanto não queremos dar a ideia que a *comity* seja irrelevante para o objecto do nosso estudo, como veremos quando nos voltarmos a debruçar sobre os *actos administrativos estrangeiros em sentido estrito*, já que o compromisso do Estado em adoptar condutas que sejam favoráveis ao reconhecimento pode evoluir no sentido do estabelecimento de um enquadramento normativo que confira ampla eficácia àqueles actos administrativos[1230].

b. Direitos adquiridos e protecção da confiança

O reconhecimento dos direitos adquiridos oscila entre posições que parecem ser muito benéficas ao reconhecimento, mas que parcos efeitos dele retiram – como sucede com os representantes mais qualificados dos *vested rights* que reconhecem um facto constituído no estrangeiro à luz de uma soberania estrangeiras, mas não lhe aliam efeitos jurídicos relevantes à luz do Estado de destino[1231], ou com as posições de PILLET[1232] e de

---

[1230] JOEL P. TRACHTMAN refere-se aqui a uma dimensão experimental da *comity* que, como uma espécie de meta-direito pode, a par de aproximações como a reciprocidade, preceder o desenvolvimento de legislação e de tratados sobre reconhecimento (cfr. "Conflict of Laws and Accuracy in the Allocation of Government Responsibility", *Vanderbilt Journal of Transnational Law*, Vol. 60, N.º 5, Janeiro, 1994, p. 1055).

[1231] JOSEPH H BEALE considera que mesmo que o casamento (poligâmico) seja ilegal no Estado de reconhecimento será aí reconhecido ainda que como facto estrangeiro e que um escravo continua a ser um escravo mesmo que não possa ser privado da liberdade. Mas já quanto ao *enforcement*, as coisas passam-se de modo diferente, pois é o direito doméstico que pode recusar executar esse direito, ainda que não o faça apenas porque é ilegal nessa ordem jurídica, mas porque a própria execução é ilegal: ou porque há evasão ou fraude ao direito doméstico ou contra a ordem pública ou a moralidade (cfr. *A Selection of Cases on the Conflict of Laws, Vol. III The Recognition and Enforcement of Rights*, Cambridge, Harvard Law Review Publishing Association, 1902, pp. 517-518).

Estabelecendo princípios de reconhecimento, cfr. a versão por nós consultada de A. V. DICEY, A. BERRIEDALE KEITH, *A Digest of the Law of England with Reference to the Conflict of Laws*, 4.ª ed., London, Steven and Sons Lda – Sweet and Maxwell Lda, 1927, pp. 19-28. A posição de DICEY foi sendo alterada nas edições de *On the Conflicts of Law* (na 6.ª ed., datada de 1949, segundo MORRIS, passou apenas a reconhecer-se situações constituídas de acordo com a regra de conflitos inglesa).

[1232] ANTOINE PILLET, "La Théorie des Droits Acquis", *Recueil des Cours*, Tomo 8, 1925-III, Paris, Librairie Hachette, 1926, p. 497.

NIBOYET[1233], que apreciam a constituição do direito essencialmente à luz da regra de conflitos do foro –; e outras que, apesar de serem abertas ao reconhecimento, não deixam de gerar zonas nebulosas. É o que sucede com a posição unilateralista de QUADRI[1234], que, tendo em vista a coordenação de ordens jurídicas, aponta para o reconhecimento de situações constituídas no estrangeiro de acordo com este ordenamento jurídico, sempre que não se preencha o critério para aplicação da lei do foro, mas não resolve os problemas correntes de competências concorrentes e aquelas que, abdicando da aplicação de pressupostos puramente abstractos, procedem a uma ponderação entre os referentes normativos e as características da situação a reconhecer, e com a de FRANCESCAKIS, que aponta para a aplicação da legislação competente no momento da criação do direito, se a situação não tinha qualquer contacto com o ordem jurídica nacional[1235]. O mesmo se passa, entre nós, com a posição ampla assumida por FERRER CORREIA, com base no artigo 31.º, n.º 2, do Código Civil português e com as várias interpretações que este normativo tem vindo a conhecer[1236].

[1233] J.-P. NIBOYET refere-se à distinção entre a criação dos direitos e o problema da eficácia internacional dos direitos definitivamente constituídos e que este, ao não serem reconhecidos, implicaria um afastamento do Estado da comunidade de direito, pois equivaleria a despojar as pessoas de qualquer direito nas fronteiras. Quanto à condição de saber se há matérias excluídas deste domínio de eficácia, rejeita a opinião segundo a qual os direitos baseados em leis de direito público não são passíveis de criar direitos internacionais eficazes, dando o exemplo do vínculo de nacionalidade ou de constituição de uma associação, e considera que mesmo no domínio fiscal a colaboração entre os Estados não deixará de trazer progressos, ainda que lentos (cfr. *Traité de Droit International Privé Français*, Vol. III – Conflits de Lois, d'Autorités et de Juridictions, Paris, Librairie du Recueil Sirey, 1944, pp. 294 e 299-333).

[1234] ROLANDO QUADRI, *Lezione di Diritto Internazionale Privato*, Napoli, Liguori Editore, 1969, pp. 135-141.

[1235] PH. FRANCESCAKIS, *La Théorie du Renvoi et les conflits de Systèmes en Droit International Privé*, Paris, Sirey, 1958, pp. 189-203.

[1236] ANTÓNIO FERRER CORREIA, "La Doctrine des Droits Acquis dans un Système de Règles de Conflit Bilatérales", *Estudos Vários de Direito*, Coimbra, Universidade de Coimbra, 1982, pp. 59-104. Cfr., ainda, RUI DE MOURA RAMOS, para quem *"devem ser reconhecidos no Estado do foro os direitos ou situações jurídicas que no estrangeiro produziram os seus efeitos típicos, à luz de um sistema legal que apresente, na óptica do DIP do foro, uma conexão suficientemente forte com a situação da vida a regular, e se repute aplicável, quer de um outro a quem o primeiro considere competente"* (cfr. "Dos direitos adquiridos em Direito Internacional Privado", *Boletim da Faculdade de Direito da Universidade de Coimbra*, Vol. 50, 1974, p. 216).

TEORIA DO RECONHECIMENTO

Este sumário necessariamente simplificado da sucessão de doutrinas sobre direitos adquiridos atesta o quão difícil se tem revelado identificar os contornos de quais são, afinal, os direitos que titulam o reconhecimento. Mas, se se chegou a declarar a *morte* da teoria dos direitos adquiridos[1237], o tempo parece ser o do seu ressurgimento ou reanimação, muito em virtude da influência do direito da União Europeia.

Compreende-se por isso o "desabafo" de JAYME e KOHLER, ao darem conta que, apenas umas dezenas de anos depois da ultrapassagem da teoria dos *vested rights*, quem diria que esta teoria iria voltar em força no campo do direito internacional privado[1238].

Há, de facto, muito quem, com PATAUT, veja no reconhecimento desenvolvido no âmbito da União um renovar do método dos direitos adquiridos, que assenta na identificação de uma certa comunidade de direito e na integração no mecanismo dos direitos adquiridos das condições concretas de circulação de um Estado para outro[1239], características às quais acrescenta-

---

Esta disposição, explicada por DÁRIO MOURA VICENTE, apesar de introduzir uma restrição à aplicabilidade da lei da nacionalidade em matéria de estatuto pessoal das pessoas singulares, admitindo o reconhecimento em Portugal de atos jurídicos celebrados em conformidade com outras leis com as quais tenham uma *conexão suficientemente estreita*, fá-lo em homenagem à tutela da confiança nas relações privadas internacionais, cumprindo, assim, a intencionalidade subjacente aos conflitos de leis (cfr. "La Reconnaissance au Portugal des Situations Juridiques Constituées à L'Étranger", *Travaux Du Comité Français De Droit International Privé*, 2014-2016, Paris, Pedone, 2017, pp. 263-276).

[1237] MORRIS conclui, de forma prematura, que *"the vested rights theory is dead"* (cfr. J. H. C. MORRIS, *The Conflict of Laws*, London, Stevens and Sons Ld., 1971, p. 523).

[1238] ERIK JAYME, ERIK KOHLER, "Europäisches Kollisionsrecht 2004: Territoriale Erweiterung und methodische Rückgriffe", *IPRax – Praxis des Internationalen Privat- und Verfahrensrechts*, Ano 24, N.º 6, 2004, p. 484.

[1239] M. ETIENNE PATAUT, "Le Renoveau de la Theorie des Droits Acquis", *Travaux du Comité Français de Droit International Privé*, Anos 2006-2008, Paris, Éditions A. Pedone, 2009, p. 78. Pronunciando-se pelo enriquecimento de "novas" ou renovadas técnicas em metodologias que o Direito Internacional Privado já conheceu (ou conhece ainda) e que foi paulatinamente esquecendo, como é o caso dos *vested rights*, cfr. RALF MICHAELS, *EU Law as Private International Law? Re-conceptualizing the Country-of-Origin Principle as Vested Rights Theory*, Duke Law School Legal Studies Research Paper Series, Research Paper N.º 122, August 2006, disponível em http://ssrn.com/abstract=927479, acesso em 18 de Outubro de 2014, pp. 42-43. LOUIS D'AVOUT também vê na renúncia ao juízo conflitual para reconhecer o nome como erigido no país de origem um renascimento da teoria dos direitos adquiridos, embora seja crítico da bondade desta solução, por neutralizar as opções internas quanto à lei aplicável ao

EFICÁCIA, RECONHECIMENTO E EXECUÇÃO DE ACTOS ADMINISTRATIVOS ESTRANGEIROS

ríamos a elevada materialização de que beneficia o reconhecimento de situações jurídicas no âmbito europeu, por este ser usualmente uma decorrência da necessidade de salvaguarda de princípios e direitos fundamentais, como os da não discriminação ou da cidadania da União Europeia. No mesmo sentido, JÜRGEN BASEDOW, descola da variante anglo-saxónica da teoria dos *vested rights* tanto a aproximação territorial à aquisição de um direito (um equivalente do princípio do país de origem) como o dever dos tribunais reconhecerem esses direitos criados no estrangeiro, baseando, assim, o princípio do (mútuo) reconhecimento[1240].

Contudo, se esta teoria tem feito solidamente o seu caminho em matéria de reconhecimento de actos públicos e de situações jurídicas no seio da União, em que é a tutela da confiança dos particulares a mais preponderante justificação para o reconhecimento de atos públicos e privados oriundos do estrangeiro, já não nos parece que tenha similar capacidade fundamentante no que diz respeito a áreas cobertas pelo direito administrativo, em que, a acrescer ao nível da aferição dos direitos dos particulares, se encontra o nível atinente à legitimidade da actuação das Autoridades públicas e à salvaguarda dos interesses públicos que estão ao seu cargo.

Especificamente na área do reconhecimento de actos administrativos estrangeiros, tal como já antes no domínio do reconhecimento de sentenças estrangeiras, as especificidades resultantes da existência de um acto de autoridade que define (ou dita) o direito para um caso concreto apontam mesmo para uma autonomização dogmática dos dois tipos de reconhecimento, como já referimos. Pelo que não julgamos que esta teoria seja de hegemónica influência na área sobre a qual nos debruçamos.

c. Obrigação jurídica

As várias teorias, marcadamente heterogéneas, que inserimos dentro deste *potencial* fundamento para o reconhecimento têm como ponto comum o facto de enfatizarem não a posição do particular, mas o polo inverso: a "obrigação jurídica do reconhecimento" que impende sobre o Estado de acolhimento.

---

estatuto pessoal (cfr. ""Note: CJCE – Grande Ch. – 14 oct. 2008 – aff. C-353/06 – Grunkin et Paul", *Journal du Droit International,* Ano 136, N.º 1, 2009, pp. 212 e 214).

[1240] Cfr. JÜRGEN BASEDOW, "Vested Rights Theory", *Encyclopedia of Private International Law,* J. Basedow, G. Rühl, F. Ferrari, P. De Miguel Asensio (eds.), Vol. 2, Elgar, 2017, p. 1818.

TEORIA DO RECONHECIMENTO

Esta obrigação jurídica – quando não desponte de normas específicas que claramente a incorporem – não tem sido afirmada de forma generalizada, mas apenas nalgumas situações particulares, em regra advenientes de regras costumeiras de direito internacional.

É o caso, para OHLER, do reconhecimento de alguns actos que atestam o estatuto pessoal básico das pessoas, *maxime* a cidadania, e os actos relativos a entes administrativos (cônsules, desde logo) no estrangeiro[1241]. GROF acrescenta ao reconhecimento de um tratamento mínimo aos estrangeiros, que lhes permita o acesso a vias participatórias e processuais contra actos que os afectem, um dever de vizinhança que obriga os Estados a ponderar os danos que possam provocar e minimizá-los[1242]. Mas já não existe qualquer obrigação de reconhecimento em matérias em que este se tem revelado, até, de mais fácil obtenção, como sucede com a proibição das duplas imposições fiscais, que não são vistas como entrando no âmbito da justiça internacional imposta aos Estados[1243].

Não obstante, posições que poderíamos designar de *universalistas* não deixam de despontar aqui e ali na doutrina internacional, de certa forma enrai-

---

[1241] CHRISTOPH OHLER, *Die Kollisionsordnung des Allgemeinen Verwaltungsrechts*, Tübingen, Mohr Siebeck, 2005, p. 51.
FRANCESCO FRANCIONI ancora a justificação do exercício e limitação do exercício da jurisdição extraterritorial nas normas relativas à regulação da condição dos estrangeiros, desde que a regulação em causa constitua uma violação dos seus *standards* mínimos, e nas normas sobre direitos humanos, que podem ter um papel caso se quebre o *"due process Standard"*, considerando igualmente pertinentes os princípios da liberdade de comércio e da não intervenção (cfr. , "Extraterritorial Application of Environmental Law", *Extraterritorial Jurisdiction in Theory and in Practice*, Karl M. Meessen (ed.), London, Kluwer Law International, 1996, p. 125).
HAROLDO VALLADÃO também assenta uma obrigação de reconhecimento na equiparação dos estrangeiros aos nacionais e o reconhecimento da sua personalidade no plano internacional (cfr. *Direito Internacional Privado – em Base Histórica e Comparativa, Positiva e Doutrinária, especialmente dos Estados Americanos – Vol. I Introdução e Parte Geral*, 5.ª ed., Rio de Janeiro, Biblioteca Universitária Freitas Basto, 1980, p. 480 e 482).
[1242] ALFRED GROF, "Grundfragen des internationalen Verwaltungsrechts am Beispiel des Umweltrechts", *Die Leistungsfähigkeits des Rechts – Methodik, Gentechnologie, Internationales Verwaltungsrecht*, Rudolf Mellinghoff, Hans-Heinrich Trutte (orgs.), Heidelberg, R.v. Deffer & C.F. Müller, 1988, p. 309.
[1243] J.-P. NIBOYET, "Les Doubles Impositions au Point de Vue Jurique", *Recueil des Cours*, Tomo 31, 1930, Paris, Recueil Sirey, 1931, pp. 36-43. Para o Autor, nas relações internacionais, desacordo não é sinónimo de injustiça (p. 23).

EFICÁCIA, RECONHECIMENTO E EXECUÇÃO DE ACTOS ADMINISTRATIVOS ESTRANGEIROS

zando o reconhecimento em valores éticos – em *moral data* – que compete ao intérprete do direito concretizar[1244].

Representante máximo desta vertente universalista – ainda que os contornos da mesma sejam hoje altamente discutíveis – é Trías y Giró, que concebe um direito perfeito a um Estado para exigir o reconhecimento, ao que corresponde uma obrigação jurídica de outro Estado, dever jurídico este que assenta na obrigação de assistência ou auxílio ou vínculo de caridade para com o indivíduo, o Estado e a ordem jurídica internacional, ancorado numa moral cristã. Isto, ainda que, não existindo uma autoridade internacional, os critérios para a aceitação da eficácia de actos soberanos estrangeiros devam ser definidos por cada Estado[1245]. O Autor reconcilia também esta obrigação com a ideia de reciprocidade, entendida não enquanto limitação de carácter geral e permanente ao reconhecimento, mas como medida de retorsão internacional proporcional perante actos de brutalidade e selvajaria[1246].

De modo aproximado, ainda que não assentando nos mesmos pilares, Mancini entende que não se deve confundir independência legislativa com a possibilidade de criação de leis injustas e lesivas da comunidade de direito, encontrando verdadeiros *deveres internacionais* neste domínio, ainda que tal não envolva necessariamente a identidade das normas sobre reconheci-

---

[1244] Cfr., sobre a teoria dos *moral data*, Albert Ehrenzweig, "Local and Moral Data in the Conflict of Laws: Terra Incognita", *Buffalo Law Review*, N.º 16, 1966-1967, pp. 55-60; e Erik Jayme, "Ausländische Rectsregeln und Tatbestand inländischer Sachnormen – Betrachtungen zu Ehrenzweigs Datum-Theorie", *Gedächtnisschrift für Albert A. Ehrenzweig*, Erik Jayme, Gerhard Kegel (eds.), Karlsruhe, C.F. Müller Juristischer Verlag, 1976, pp. 37-49. Para uma sua aplicação no âmbito do mercado interno da União, cfr. Götz Schulze, "Moralische Forderung und das IPR", *IPRax – Praxis des Internationalen Privat- und Verfahrensrechts*, Ano 30, Vol. 3, 2010, p. 295.

[1245] Juan de D. Trías y Giró, "Fundamento Racional de la Extraterritorialidad de los Actos Soberanos", *Revista Jurídica de Cataluña*, Vol. III, 1897, pp. 791-793 e 794-796. O Autor distingue os povos que assentam (e os que não assentam) na moral cristã, dada a diferença de instituições e ausência de garantias de cumprimento de procedimentos, pelo que não se pode viver com eles as relações de reconhecimento e auxílio dos actos soberanos que se vive com os Estados fundados naquela moral (p. 797).

[1246] Juan de D. Trías y Giró, "Fundamento Racional de la Extraterritorialidad de los Actos Soberanos", *Revista Jurídica de Cataluña*, Vol. III, 1897, pp. 796-797.

TEORIA DO RECONHECIMENTO

mento[1247]. Ideia esta de reconhecimento assente em princípios inspirados na utilidade comum e na justiça, que é também visível em LIVERMORE[1248].

Pela negativa, MARIDAKIS considera apenas – o que já não é pouco – que o não reconhecimento sistemático das decisões estrangeiras é contrário à ideia de sociedade internacional e de justiça, podendo conduzir à violação de um costume internacional formado por intermédio de uma legislação interna paralela [1249].

A este propósito, é inegável que o direito internacional público – em particular nas áreas em que este se encontra desenvolvido e relativamente às quais se alcançaram já mais consensos – pode limitar a discricionariedade dos Estados quanto às *condições* do reconhecimento, podendo, mesmo, no caso de violação de imperativos do direito internacional público, fundar uma *proibição* de reconhecimento (veja-se o que dissemos a propósito dos *Act of state*)[1250], ou, em casos mais limitados, impor uma *obrigação* de reconhecimento[1251].

[1247] PASQUALE STANISLAO MANCINI, "Utilità di rendere obbligatorie per tutti gli Statti sotto forma di uno o più trattati internazionali alcune regole generali del diritto internazionale privato per assicurare la decisione uniforme tra le differenti legislazioni civile e criminale", *Antologia di Diritto Internazionale Privato*, Milano, Istituto Per Gli Studi di Politica Internazionale, 1965, p. 50.

[1248] SAMUEL LIVERMORE, *Dissertations on The Questions which Arise From the Positive Laws of Different States and Nations*, N.º 1, New Orleans, Benjamin Levy, 1823, pp. 27-28.
Se quisermos recuar até FRIEDRICH CARL VON SAVIGNY também constataríamos que, apesar de se centrar na temática dos conflitos de leis, o Autor funda a aplicação de direito estrangeiro na Comunidade das Nações (cfr. *System des Heutigen Römischen Rechts*, Vol. VIII, Impressão fotomecânica da edição de 1849, Darmstadt, Wissenschaftliche Buchgesellschaft, 1956, p. 27).

[1249] GEORGES S. MARIDAKIS, "Introduction au Droit International Privé", *Recueil des Cours*, 1962 – I, Tomo 105, Leiden, A.W. Sijthoff, 1963, p. 475. O Autor defende que o reconhecimento de decisões estrangeiras reside na confiança entre ordenamentos jurídicos estrangeiros, impostos pela sociedade internacional e o cumprimento da ideia de justiça. Para tanto, exclui a reciprocidade (excepto em situações excepcionais: como uma arma contra um Estado recalcitrante a declarar executórias no seu território decisões estrangeiras) e a possibilidade de revisão do fundo, declarando que os Estados que não admitem a revisão de fundo são mais inspirados e vêem de forma mais justa (pp. 477-479).

[1250] SASCHA MICHAELS, *Anerkennungspflichten im Wirtschaftsverwaltungsrecht der Europäischen Gemeinschaft und der Bundesrepublik Deutschland – Zwecke des Internationalen Verwaltungsrechts*, Berlin, Duncker & Humblot, 2004, pp. 97-100.

[1251] CLAUS-MICHAEL HAPPE dá o exemplo de situações em que o não reconhecimento implica

EFICÁCIA, RECONHECIMENTO E EXECUÇÃO DE ACTOS ADMINISTRATIVOS ESTRANGEIROS

Nos demais casos, entende SCHWARZ, com quem concordamos, que não haverá uma obrigação internacional de emprestar eficácia a actos estrangeiros; mas, como o reconhecimento reflecte a aceitação, pelo Estado, de um valor idêntico às ordens administrativas estrangeiras, tal traduzir-se-á, de certa forma, numa *obrigação natural* de natureza jurídico-pública[1252], pelo que cumpre aos Estados pôr em marcha mecanismos de reconhecimento que concretizem a sua especial matriz, em particular se os seus fundamentos constitucionais acolherem a abertura ao direito estrangeiro.

Uma outra forma possível de conceber os fundamentos da "obrigação jurídica do reconhecimento" é, porém, de ordem privatista, pois aquela obrigação resultaria de uma outra mais ancilar: a que o particular incorreu no Estado de origem.

Esta doutrina da obrigação parece encontrar-se bem estabelecida nalgumas áreas da *Common Law*, como se retira, como marco inicial, do caso *Russel V. Smith,* de 1842, julgado pelos tribunais ingleses, e segundo os quais da obrigação de pagar declarada por um Estado estrangeiro resulta uma obrigação certa, que deve poder ser executada na Inglaterra[1253]. E julgamos que esta justificação não é alheia a uma extensão da eficácia dos actos autênticos no seio da União, em especial dos títulos de crédito.

Para a doutrina, porém, esta é uma teoria gémea dos *vested rights* e que padece das mesmas críticas de circularidade que se apontam a esta – essencialmente por ambas pressuporem uma obrigação ou um direito sem expli-

---

uma violação do princípio da não ingerência, como o não reconhecimento do estatuto da nacionalidade (cfr. *Die Grenzüberschreitende Wirkung von nationalen Verwaltungakten – Zugleich ein Betrag zur Anerkennungsproblematik nach der Cassis de Dijon – Rechtsprechung des Europäischen Gerichtshofes,* Frankfurt-am-Main, Peter Lang, 1987, pp. 68-76).

[1252] HANNAH SCHWARZ, *Die Anerkennung ausländischer Staatsakte – Innerstaatliche und überstaatliche Grundsätze aus dem Gebiete des Internationalen Privatrechts,* Berlin – Grunewald, Verlag für Staatswissenschaften und Geschichte G.m.b.H., 1935, pp. 49-58.

TONO EITEL aduz que, para quem adopta a posição de que o âmbito de vigência de um acto é similar à amplitude do poder do Estado em causa, se perceba que fora do território as obrigações passem a ter a natureza de obrigações naturais, por não poderem ser executadas (cfr. *Die Überzonale Rechtsmacht Deutscher Verwaltungsakte,* Hamburg, Kommissionsverlag Ludwig Appel, 1961, p. 21).

[1253] Cfr. CATHERINE KESSEDJIAN vê precisamente como fundamento do reconhecimento de sentenças judiciais o *quase-contrato* que delas resulta, e do qual decorre a presunção de que a parte condenada deve respeitar o acordado (cfr. *La Reconaissance et L'Exécution des Jugements en Droit International Privé aux États-Unis,* Paris, Economica, 1987, p. 207).

citarem o seu fundamento último[1254] –, para além de não resolver as situações em que a obrigação não seja de pagamento de uma certa quantia pecuniária[1255]. Acresce que esta teoria não se encontra manifestamente pensada nem é ajustada ao campo administrativo por dois motivos essenciais: neste é difícil executar quantias pecuniárias, dada a recusa dos Estados em dar concretização a actos de direito público estrangeiro que criem situações de desvantagem (entramos aqui, portanto, num domínio de excepção à teoria da obrigação jurídica e não no seu normal campo de aplicação); ao mesmo passo que as situações em que de um acto administrativo resultam obrigações não pecuniárias – que não seriam, em caso algum, resolvidas por esta doutrina – também não são despiciendas (como sucede com a obrigação de sair e de não regressar a um Estado no qual ilegalmente se havia entrado e permanecido).

d. Soberania estatal

A soberania estatal e os interesses públicos dos Estados envolvidos têm sido mobilizados como fundamentos não apenas para o *não reconhecimento* (o que corresponde porventura à situação mais recorrente) como igualmente – e no que ora releva – para *o reconhecimento*.

Nesta sede, podem diferenciar-se três perspectivas.

A primeira assenta na soberania e territorialidade do Estado de origem, na qual se fundamentaram inicialmente as posições sobre os *vested rights* e a posição de VAREILLES-SOMMIÈRES [1256], a que já nos referimos. A adopção

---

[1254] ROBERT C. CASAD considera que colocar a questão do reconhecimento, transmutando--a numa obrigação legal, equivale mais a um exercício declarativo e não explicativo, porque não se define suficientemente o conteúdo normativo de qualquer dos conceitos aos quais se refere (de *comity* ou de *vested rights*) (cfr. "Issue Preclusion and Foreign Country Judgements: Whose Law?", *Iowa Law Review*, Vol. 70, N.º 53, 1984, p. 58).

[1255] SIRKO HARDER, "The Effects of Recognized Foreign Judgements in Civil and Commercial matters", *International & Comparative Law Quarterly*, Vol 62, Parte 2, April, 2013, pp. 449. Defendendo a relevância e utilidade deste fundamento obrigacional nos países de common law, cfr. A. BRIGGS, "Recognition of Foreign Judgements: a Matter of Obligation", *The Law Quarterly Review*, Vol. 129, January, 2013, pp. 87-100.

[1256] MARQUIS DE VAREILLES-SOMMIÈRES, "La Synthèse du Droit International Privé", *Journal du Droit International Privé et de la Jurisprudence Comparée*, Tomo 27, 1900, pp. 16-28.
A. BRIGGS considera que a par da *comity*, também os princípios da soberania e da territorialidade são fundamentos para o reconhecimento, posto que, para que tal se afirme em concreto, um critério se encontre preenchido: que o réu tenha estado presente no Estado de origem

EFICÁCIA, RECONHECIMENTO E EXECUÇÃO DE ACTOS ADMINISTRATIVOS ESTRANGEIROS

irreflectida de uma teoria desta natureza representaria, porém, a perda da dimensão de controlo que é inerente ao reconhecimento, por via do esquecimento, como bem recorda ARMINJON, que o acto jurídico não é uma substância simples e homogénea, mas se espraia no tempo e no espaço[1257], pelo que deve subsistir a possibilidade de controlo dos efeitos no Estado de acolhimento, sobretudo no domínio administrativo. Deste modo, o respeito pela soberania estrangeira pode conduzir a que se reconheça uma certa eficácia às decisões estrangeiras, mas não o reconhecimento de plano da sua autoridade definitiva[1258].

A segunda refere-se ao interesse do Estado de acolhimento em colocar fim ao litígio ou à litigância, não dispendendo recursos – por inerência escassos – com situações que já foram *"razoavelmente adjudicadas"*; pelo que o reconhecimento de decisões estrangeiras representará um interesse próprio daquele Estado (do foro) e não só, ou sobretudo, do Estado de origem[1259]. Esta teoria relaciona-se com o especial relevo que é deferido, no plano internacional, ao *caso julgado*, vendo nele uma âncora para o reconhecimento (e com este, a recusa de adopção de uma nova decisão) [1260].

---

no momento relevante do exercício de jurisdição (cfr. "Recognition of foreign judgements: a matter of obligation", *The Law Quarterly Review*, Vol. 129, January, 2013, pp. 91-95).

[1257] PIERRE ARMINJON, "La Notion des Droit Acquis en Droit International Privé", *Recueil des Cours*, Tomo 44, II, 1933, Paris, Recueil Sirey, 1933, pp. 22-28.

[1258] DANIÈLE ALEXANDRE, *Les Pouvoirs du Juge de L'Exequatur*, Paris, Librairie Générale de Droit et de Jurisprudence, 1970, p. 56.

[1259] SIRKO HARDER, "The Effects of Recognized Foreign Judgements in Civil and Commercial Matters", *International & Comparative Law Quarterly*, Vol 62, Parte 2, April, 2013, p. 450.

Também HÉLÈNE PÉROZ considera que os únicos interesses soberanos que fundam o reconhecimento são os do Estado receptor e não os do emissor (cfr. *La Réception des Jugements Étrangers dans l'Ordre Juridique Français*, Paris, L.G.D.J., 2005, pp. 77-79).

[1260] HANS SMIT considera que o fundamento para o reconhecimento reside, precisamente, na *res iudicata*, recusando os fundamentos da *comity* e da obrigação jurídica por ambos demandarem um fundamento último para o reconhecimento (cfr. "International Res Iudicata and Collateral Estoppel in the United States", *University of California Law Review*, Vol. 9, 1962, pp. 52-69). No mesmo sentido, WILLIS L. M. REESE, "The Status in This Country of Judgments Rendered Abroad", *Columbia Law Review*, Vol. 50, N.º 6, June 1950, pp. 783-800.

COURTLAND H. PETERSON, mais moderado, vai no sentido de que o reconhecimento, ainda que se baseie na *res iudicata* e na *full faith and credit clause*, não deixa de apelar, no plano externo (que não é tão unificado como o doméstico), para uma combinação de políticas complementares (cfr. "Res Iudicata and Foreign Country Judgements", *Ohio State Law Journal*, Vol. 24, 1963, pp. 291-321).

TEORIA DO RECONHECIMENTO

A terceira perspectiva é binária e acentua que o reconhecimento tanto pode fundar-se em razões de interesse estrangeiro (*Fremdnützig*) como em razões inerentes aos interesses do Estado no reconhecimento (*Eigenenützig*)[1261]. Mas falha ao não dar uma explicação suficiente de quais as razões que podem ser convocadas nas situações de reconhecimento, carecendo, portanto, de um conteúdo normativo suficientemente preciso para fundar qualquer obrigação desta natureza

e. Cooperação

O princípio da cooperação representa outro bordão que tem vindo a ser aventado como fundamento idóneo para o reconhecimento de actos administrativos estrangeiros, tanto no direito internacional, como no direito da União Europeia.

O direito internacional, não sendo originariamente um direito de cooperação mas de coordenação, mas também não impedindo o desenvolvimento de formas de cooperação, tem vindo a conhecer cada vez mais hipóteses em que esta dimensão se encontra presente. Algumas destas situações referem-se tão-só a *obrigações de meios* – de procura de uma solução conjunta e concertada para problemas comuns –, outras vão mais além, apontando designadamente no sentido do estabelecimento de *mecanismos de mútuo reconhecimento*, ainda que de escopo limitado, ou de vias intermédias – como as que se verificam no seio da Organização Mundial de Comércio –, enquanto outras há que estruturam relações de estrita e estreita cooperação entre Autoridades públicas, conduzindo a um quadro de *integração normativa*, como sucede nas situações de administração territorial ou de gestão de espaços postos em comum.

Neste último caso, é inegável que é o estabelecimento de um enquadramento normativo, por vezes complexo, que precisa as condições em que os actos de uma organização internacional ou Estado podem produzir efeitos

---

[1261] Sascha Michaels, *Anerkennungspflichten im Wirtschaftsverwaltungsrecht der Europäischen Gemeinschaft und der Bundesrepublik Deutschland – Zwecke des Internationalen Verwaltungsrechts*, Berlin, Duncker & Humblot, 2004, pp. 67-70.
Entre nós, Miguel Prata Roque parece ir neste sentido ao fundamentar o reconhecimento no interesse público transnacional comum aos vários Estados e numa "proibição de duplo fardo" (cfr. *A Dimensão Transnacional do Direito Administrativo – Uma visão cosmopolita das situações jurídico-administrativas*, AAFDL, Lisboa, 2014, p. 1202).

directos noutro Estado que justifica a prática de actos administrativos que designámos de *supranacionais*.

Nas primeiras duas hipóteses, porém, o brotar de um genérico princípio da cooperação apenas confere um enquadramento de base às possibilidades de colaboração viáveis[1262], não dando azo a um dever geral de reconhecimento ou impondo formas específicas de cooperação, institucionalizada ou não, ainda que as acolha[1263]. Neste ponto, aderimos à posição de DELBRÜCK, de que não existe ainda uma obrigação internacional de cooperação – que se mantém como uma decisão/prerrogativa iminentemente estatal –, mas que este não é um conceito vazio de sentido, porque cada vez mais as obrigações de cooperação especialmente previstas têm vindo a ter uma formatação mais precisa, senão mesmo vinculante, para os nela participantes e, acrescentaríamos nós, para os por ela afectados[1264].

Mais remotas ainda parecem ser as obrigações de solidariedade no campo internacional, que, ainda que tenham algum peso em áreas como o direito ambiental, dos refugiados, de desenvolvimento internacional e de luta contra catástrofes, não encontram eco relevante na normal condução dos negócios internacionais[1265], nem se reflectem visivelmente em matéria de reconhecimento[1267].

[1262] Acentuando o papel e desenvolvimento da cooperação internacional, sobretudo no caso de interesses partilhados, cfr. CHRISTIAN TIETJE, "The Duty to Cooperate in International Economic Law and Related Areas", *International law of Cooperation – Proceedings of an International Symposium of the Kiel Walther-Schücking-Institute of International Law, May 23-26, 2001*, Berlin, Duncker & Humblot, 2002, pp. 45-65.

[1263] HENRICK WENANDER, "Recognition of Foreign Administrative Decisions – Balancing International Cooperation, National Self-Determination, and Individual Rights", *Zeitschrift für ausländisches öffentliches Recht und Völkerrecht*, N.º 71, 2011, p. 764.

[1264] JOST DELBRÜCK, "The International Obligation to Cooperate – An Empty Shell or a Hard Law Principle of International Law? – A Critical Look at a Much Debated Paradigm of Modern International Law", *Coexistence, Cooperation and Solidarity – Liber Amicorum Rüdiger Wolfrum*, Vol. I, Holger P. Hestermeyer e.a. (eds.), Leiden/Boston, Martinus Nijhoff Publishers, 2012, pp. 3-16.

[1265] HOLGER P. HESTERMEYER, "Reality or Aspiration? Solidarity in International Environmental and World Trade Law", *Coexistence, Cooperation and Solidarity – Liber Amicorum Rüdiger Wolfrum*, Vol. I, Holger P. Hestermeyer e.a. (eds.), Leiden/Boston, Martinus Nijhoff Publishers, 2012, pp. 45-63. ABDUL G. KOROMA, "Solidarity: Evidence of an Emerging International Legal Principle", *Coexistence, Cooperation and Solidarity – Liber Amicorum Rüdiger Wolfrum*, Vol. I, Holger P. Hestermeyer e.a. (eds.), Leiden/Boston, Martinus Nijhoff Publishers,

TEORIA DO RECONHECIMENTO

No campo da União Europeia, é a própria estruturação desta e dos princípios em que assenta, em especial o da primazia ou primado, que impõe o respeito pelos actos praticados pelas suas instituições, órgãos ou organismos. Deste modo, tratando-se de actos administrativos *supranacionais* emitidos no seio da União é fácil constatar que o princípio da *cooperação leal,* expressamente consagrado no artigo 4.º, n.º 3 do Tratado da União Europeia, *obriga* os Estados-Membros a tomarem todas as medidas gerais ou específicas adequadas para garantir a execução das obrigações decorrentes dos Tratados ou resultantes dos actos das instituições da União[1267], mesmo na ausência de uma norma estadual específica que aponte nesse sentido[1268] ou de obrigações comunitárias que sejam delineadas de forma precisa e específica[1269].

A questão que ocupa dominantemente a doutrina tem sido, porém, a de aferir se é possível estender aquele dever de cooperação legal a obriga-

---

2012, pp. 103-129. Apesar de considerar que a responsabilidade dos Estados no caso de lesões graves aos direitos do homem corresponde a uma máxima da solidariedade, mas que a relação entre solidariedade, soberania e direito público, não se encontram hoje suficientemente consolidadas, cfr. NELE MATZ-LÜCK, "Solidarität: Souveränität und Völkerrecht: Grundzüge einer Internationalen Solidargemeinschaft zur Hilfe bei Naturkatastophen", *Coexistence, Cooperation and Solidarity – Liber Amicorum Rüdiger Wolfrum,* Vol. I, Holger P. Hestermeyer e.a. (eds.), Leiden/Boston, Martinus Nijhoff Publishers, 2012, pp. 163-165.

[1266] Há, no entanto, situações em que tal ocorre, como sucede com o disposto no artigo 28.º da Convenção relativa aos Estatutos dos Refugiados de 1951, referente à circulação de documentos de viagem concedidos a refugiados, ou com a actuação do Alto Comissário das Nações Unidas para Refugiados, a que nos referiremos *infra.*

[1267] Esta obrigação abarca igualmente o dever de execução de actos supranacionais emanados por outros Estados-membros, em decorrência das obrigações decorrentes dos Tratados e definidas em legislação secundária da União, uma vez que aqueles agem em substituição desta.

[1268] MARIA LUÍSA DUARTE sustenta, dado o funcionamento silencioso deste princípio e a sua imperatividade, que não tem de receber previsão expressa ao nível nacional (não obstante, foi acolhido no recente Código do Procedimento Administrativo, como já vimos) (cfr. "O artigo 10.º do Tratado da Comunidade Europeia – Expressão de uma Obrigação de Cooperação entre os Poderes Públicos Nacionais e as Instituições Comunitárias, *Estudos de Direito da União e das Comunidades Europeias – Direito Comunitário Institucional, União Europeia e Constituição, Direito Comunitário Material,* Coimbra, Coimbra Editora, 2000, p. 97).

[1269] VLAD CONSTANTINESCO, "L'Article 5 CEE, de la Bonne Foi à la Loyauté Communautaire", *Du Droit International au Droit de l'Intégration – Liber Amicorum Pierre Pescatore,* F. Capotorti, C.-D. Ehlermann, J. Frowein, F. Jacobs, R. Joliet, T. Koopmans, R. Kovar (orgs.), Baden-Baden, Nomos Verlagsgesellschaft, 1987, pp. 108-114.

ções de *reconhecimento mútuo* entre os Estados-membros, no âmbito das suas actuações transnacionais.

É certo hoje que aquele princípio da cooperação, para além de dimensões verticais, integra dimensões horizontais, impondo não apenas obrigações aos Estados-membros relativamente à União (e, em situações mais limitadas, também desta relativamente aos Estados), mas também obrigações que se referem à relação dos Estados-membros entre si. Obrigações estas que auxiliam na criação das condições para o reconhecimento mútuo[1270], mas que, todavia, não apontam *necessariamente* nesse sentido.

A doutrina maioritária parece ver na cooperação um fundamento possível e, ao mesmo tempo, uma condição para o estabelecimento de formas de reconhecimento mútuo e para a transnacionalidade da acção pública[1271], mas sem que dela resulte uma obrigação genérica de reconhecimento, o que, aliás, já analisámos.

Quanto a nós, vemos a cooperação essencialmente como a colocação em marcha de mecanismos de reconhecimento e não como o seu fundamento último; do que resulta que são os mecanismos de reconhecimento mútuo

---

[1270] Considerando que o princípio da cooperação leal encerra uma base de solidariedade entre os Estados-membros, demandando a cooperação de vários tipos, inclusive administrativa, pela observância da confiança mútua pelo menos em área harmonizadas do direito, pela manutenção da qualidade na tomada de decisão relevante para os outros Estados membros, e pela obrigação de estabelecer contactos directos e eficientes e trocar informação quando necessário, cfr. Henrick Wenander, "Recognition of Foreign Administrative Decisions – Balancing International Cooperation, National Self-Determination, and Individual Rights", *Zeitschrift für ausländisches öffentliches Recht und Völkerrecht*, N.º 71, 2011, pp. 767-769.

Surpreendentemente, no amplo elenco de deveres que considera decorrerem do princípio da cooperação, John Temple Lang não inclui qualquer dever de natureza horizontal (cfr. "Developments, Issues, and New Remedies – The Duties of National Authorities and Courts Under Article 10 of the EC Treaty", *Fordham International Law Journal*, Vol. 27, N.º 6, 2003, pp. 1904-1939).

[1271] Marcus Klamert, *The Principle of Loyalty in EU Law*, Oxford, Oxford University Press, 2014, p. 23; Christian Caliess, Matthias Ruffert, *EUV.AEUV Kommentar*, 4.ª ed., München, Verlag C.H. Beck, 2011, pp. 108-110; Grabitz, Hilf, Nettesheim, *Das Recht der Europäischer Union – Kommentar*, Vol, I, 53. Ergänzunslieferung, München, Verlag C.H. Beck, Setembro, 2014, p. 34; Thomas von Danwitz, *Europäisches Verwaltungsrecht*, Berlin, Springer, 2008, p. 630; e Rui Tavares Lanceiro, "O Tratado de Lisboa e o Princípio da Cooperação Leal", *Cadernos O Direito*, Vol. 5, 2010, p. 298.

TEORIA DO RECONHECIMENTO

que se inserem no sentido da promoção da cooperação administrativa e não o contrário[1272].

Como refere WALLNÖFER, a cooperação, como não tem um conteúdo substantivo próprio (sendo, portanto, mais um meio do que um fim), não legitima só por si o princípio do reconhecimento mútuo (em detrimento de outras formas de actuação cooperativas), ainda que tenha importância na definição das modalidades de reconhecimento por parte dos Estados--membros, mas dependendo sempre das condições existentes de aproxima-ção entre eles[1273]. Também WENANDER vê nela um apoio argumentativo para deveres de reconhecimento estabelecidos ao abrigo de outras regras e prin-cípios, como o da igualdade, não tendo, portanto, mais valia fundamentante autónoma no âmbito do reconhecimento mútuo[1274].

Nesta linha, já se propôs aliar os princípios da cooperação leal e da soli-dariedade para deles retirar consequências jurídicas concretas, em especial impondo obrigações de conduta aos Estados ou à própria União[1275].

[1272] STEFAN BURBAUM, *Rechtsschutz gegen transnationales Verwaltungshandeln*, *Baden-Baden*, *Nomos Verlagsgesellschaft*, 2003, p. 64.

[1273] KLAUS WALLNÖFER, "Is the Non-recognition of Private Diplomas Objectionable?", *Vienna Online Journal on International Constitutional Law*, Vol. 4, 2010, disponível em http://heinon-line.org, acesso em 21 de Março de 2015, p. 690.

LUBOŠ TICHÝ considera igualmente que a dedução de uma base legal para o reconhecimento só com fundamento no princípio da cooperação é controversa (cfr. "Recognition of Decisions within the European Competition Network and its Significance in Civil Claims in Cartel Law", *Private Enforcement of Competition Law*, Jürgen Basedow/ Jörg Phillip Terhechte/ Lubos Tichy (eds.), Baden-Baden, Nomos, 2011, pp. 192-193 e 195).

[1274] HENRICK WENANDER, "Recognition of Foreign Administrative Decisions – Balancing International Cooperation, National Self-Determination, and Individual Rights", *Zeitschrift für ausländisches öffentliches Recht und Völkerrecht*, N.º 71, 2011, p. 770; e CHRISTINE JANSSENS, *The Principle of Mutual Recognition in EU Law*, Oxford, Oxford University Press, 2013, p. 28.

[1275] PETER UNRUH tenta esta aproximação, que visa potenciar os valores essenciais da União, mas fá-lo apenas quanto à ponderação da decisão de aplicar sanções à Áustria por ocasião do caso *Haider*, o que se revelou, até ao momento, um incidente isolado (cfr. "Die Unionstreue – Anmerkungen zu einem Rechtsgrundsatz der Europäischen Union", *Europarecht*, N.º 1, 2002, p. 62).

Anotando as diferenças entre os conceitos de solidariedade ao nível estadual (baseado na similaridade de grupos tendencialmentre homogéneos) e ao nível da União (baseado na ideia de interdependência na diferença), o que pode, a nosso ver, auxiliar a explicar as diferen-tes exigências normativas resultantes de cada um dos conceitos, cfr. JULIANE OTTMANN,"The Concept of Solidarity in National and European Law: The Welfare State and the European

Mas, se o princípio da solidariedade tem vindo progressivamente a ser percebido como um princípio geral da União com uma especial intensidade valorativa, e com boas perspectivas para o futuro[1276], a verdade é que ele parece apenas valer em relação com outros princípios, funcionando, de certa forma, como uma regra de colisão[1277], ou um princípio correctivo relativamente a princípios com densa malha normativa, como o da subsidiariedade[1278].

E não nos parece que da associação entre solidariedade e cooperação, por se tratar de princípios da "mesma ordem de valor", resultem efeitos tão virtuosos como os que podem resultar da ligação entre solidariedade e subsidiariedade.

É certo que há áreas em que o princípio da solidariedade parece assumir mais relevância, como sucede com a da migração, encontrando inscrição nesta sede, até, no artigo 80.º do Tratado sobre o Funcionamento da União Europeia. Não obstante, se aqui podem resultar algumas concretas obrigações de agir para os Estados, elas apenas se referem a obrigações compensatórias, troca de informações e apoio técnico[1279] e não genericamente à edificação de um sistema migratório assente no reconhecimento mútuo.

Social Model", *Vienna Online Journal on International Constitutional Law,* Vol. 1, 2008, disponível em http://heinonline.org, acesso em 21 de Março de 2015, p. 48.

[1276] CHRISTIAN TOMUSCHAT, "Solidarität in Europa", *Du Droit International au Droit de l'Intégration – Liber Amicorum Pierre Pescatore,* F. Capotorti, C.-D. Ehlermann, J. Frowein, F. Jacobs, R. Joliet, T. Koopmans, R. Kovar (orgs.), Baden-Baden, Nomos Verlagsgesellschaft, 1987, p. 756.

[1277] PETER GUSSONE, *Das Solidaritätsprinzip in der Europäischen Union und seine Grenzen,* Berlin, Duncker & Humblot, 2006, p. 175.

[1278] CHRISTIAN CALLIESS, *Subsidiarit*äts- und Solidaritätsprinzip in der Europäischen Union – Vorgaben für die Anwendung von Art. 5 (ex-Art. 3b) EGV nach dem Vertrag von Amsterdam, 2.ª ed., Baden-Baden, Nomos Verlagsgesellschaft, 1999, pp. 185-220.

[1279] Concordamos, portanto, com RUDOLF GEIGER, DANIEL-ERASMUS KHAN, MARKUS KOTZUR, *European Union Treaties – Treaty on European Union – Treaty on the Function of the European Union,* München, C.H. Beck/ Hart, 2015, p. 436-437.

E, a denotar a lassidão deste vínculo de solidariedade, veja-se como, para além de uma preocupante recusa da parte de Estados em participarem em missões de controlo das fronteiras externas coordenadas pelo FRONTEX, alegadamente por discordarem das mesmas, ou de reacções negativas (reactivando a *vis* repressiva das fronteiras) perante acções humanitárias de outros Estados, não há ainda um esquema compreensivo e global de repartição dos custos que alguns Estados – mais do que os outros – têm vindo a assumir com a detecção, salvamento, detenção e regresso de imigrantes ilegais. O que demonstra que um problema premente e partilhado não encontra as mesmas respostas e vontade de contribuir para a sua

TEORIA DO RECONHECIMENTO

Resta indicar que a ideia de prossecução da cooperação no plano externo não é um apanágio do direito internacional ou do direito da União Europeia. Já NEUMEYER considerava que a delimitação de fronteiras não podia ser anárquica, nem os Estados se comportavam de forma isolada, sendo-lhes requerido, enquanto membros da comunidade internacional pública, o reconhecimento de actos de autoridade provenientes de outros membros dessa mesma comunidade[1280]. Assim, é possível que o estabelecimento de normas internas pré-ordenadas ao reconhecimento se fundem no desiderato de um Estado isolado de promoção da cooperação internacional, mas sem que este princípio imponha ou aponte no sentido de uma específica formatação do instituto interno do reconhecimento.

f. Confiança mútua

O princípio da *confiança mútua* tem sido amplamente considerado como uma pré-condição não escrita – mas sentida – das situações de reconhecimento mútuo, em especial no domínio do espaço de liberdade, segurança e justiça[1281]. Isto, não obstante os Tratados incluírem hoje um conjunto de cláusulas que expressamente apontam no sentido do reconhecimento nesta

colocação em marcha. E é visível a olho nú como os sistemas de controlo de imigração de alguns países do sul, como Malta, Grécia e Itália, se encontram sobrecarregados, uma vez que constituem portas "naturais" de acesso à Europa, situação que, inclusive, tem vindo a levantar relevantes questões quanto à prática de cumprimento dos parâmetros de direitos fundamentais da União, a que nos referiremos mais à frente.

MATTHIAS LAAS dá precisamente conta que não há confiança básica e recíproca enre os Estados membros em política migratória, pela difícil associação de interesses nesta matéria, devendo promover-se para ampliar a legitimidade desta política e a sua harmonização material e procedimental (cfr. "Instrumentos para la Gestión Comunitaria de la Inmigración" *La Unión Administrativa Europea*, Francisco Velasco Caballero, Jens-Peter Schneider, Madrid, Marcial Pons, 2008, p. 238).

[1280] KARL NEUMEYER, *Grundlinien des internationalen Verwaltungsrechts*, Berlin, R. V. Decker's Verlag, 1911, p. 6.

No direito internacional privado, os efeitos internacionais dos julgamentos são fundamentados no princípio da colaboração necessária dos Estados na administração da justiça civil (ÉTIENNE BARTIN, Études sur les Effets Internationaux des Jugements, Vol I – De la Compétence du Tribunal Étranger, Vol. I – de La Compètence du Tribunal Étranger, Paris, Librairie Générale de Droit & de Jurisprudence, 1907, p. iv).

[1281] ANABELA MIRANDA RODRIGUES pronuncia-se pela confiança mútua como *pressuposto indispensável* para a concretização do princípio do reconhecimento mútuo, pois este não seria pensável nem funcionaria sem que os Estados-membros confiassem nos sistemas jurídicos

EFICÁCIA, RECONHECIMENTO E EXECUÇÃO DE ACTOS ADMINISTRATIVOS ESTRANGEIROS

matéria [cfr. artigos 67.º, n.º 3 e 4; 70.º; 81.º, n.º 1 e n.º 2, alínea a); e 82.º, n.º 1 e n.º 2 do Tratado sobre o Funcionamento da União Europeia] [1282], o que parece constituir uma formulação compensatória para o caso daquela confiança mútua não ser suficiente. O mencionado artigo 70.º vai mesmo no sentido de incentivar uma *"aplicação plena"* do princípio do reconhecimento mútuo, indicação esta que não se encontra noutros domínios de relevância deste instituto.

De facto, as áreas do reconhecimento mútuo em matéria civil e penal têm vindo a conhecer amplos desenvolvimentos, aliando-se, para o efeito, a um certo nível de afinidade política e cultural, uma adopção de normas mínimas comuns aos ordenamentos nacionais[1283], permitindo sedimentar entre eles relações de confiança e conduzir a desejáveis benefícios mútuos no exercício da acção pública.

Isto porque é inegável que só através da existência de uma relação multilateral de confiança entre os Estados – que não pode ser compensada suficientemente por uma pura e simples imposição vertical de obrigações de reconhecimento[1284] – se compreende a adopção de medidas que entrem de

e processos dos demais (cfr. *O Direito Penal Europeu Emergente*, Coimbra, Coimbra Editora, 2008, p. 195).

[1282] Neste sentido apontam os marcos políticos nesta matéria: o Conselho Europeu de Tampere, de 15 e 16 de Outubro de 1999, o Conselho Europeu de Bruxelas, de 4 e 5 de Novembro de 2004, que aprovou o "Programa da Haia", e o Conselho Europeu, de 10 e 11 de dezembro de 2009, que aprovou "Programa de Estocolmo", todos eles apontando no sentido do progressivo reforço do reconhecimento mútuo.

Igualmente, a jurisprudência do Tribunal de Justiça tem feito importantes referências à confiança mútua no âmbito do reconhecimento no espaço de liberdade, segurança e justiça (cfr. o Acórdão *Hüseyin Gözütok e Klaus Brügge*, do Tribunal de Justiça de 11 de Fevereiro de 2003, proferido nos processos apensos C-187/01 e C-385/01).

[1283] PATRIZIA DE PASQUALE e FABIO FERRARO, "Il sistema di Tutela Giurisdicionale del Terzo Pilastro dell'Unione Europea e il Ruolo dei Giudici Nazionali", *Il Terzo Pilastro dell'Unione Europea – Cooperazione Intergovernativa e Prospettive di Comunitarizzazione*, Patrizia de Pasquale/ Fabio Ferraro (eds.), Napoli, Editoriale Scientifica, 2009, pp. 90-91.

[1284] FELIX BLOBEL e PATRICK SPÄTH entendem que isso mesmo tem reconhecido a União ao tentar cimentar pontos de ligação, de cooperação e partilha de experiências entre Estados (cfr. "The Tale of Multilateral Trust and the European Law of Civil Procedure", *European Law Review*, Vol. 30, N.º 4, 2005, pp. 536-541).

ADRIENNE HÉRITIERvaloriza, porém, em matéria de mútuo reconhecimento, a presença de activismo judicial do Tribunal de Justiça, caso em que a tendência é para os Estados aceitarem este reconhecimento, não obstante as fortes divergências regulatórias entre eles (cfr. "Mutual

forma ampla e sensível no exercício de poderes soberanos estatais, e têm impactos sensíveis nas liberdades de que gozam os particulares.

A confiança mútua é vista também como uma base para o reconhecimento em outras áreas do direito da União, sendo percebida como um *"importante elemento da filosofia"* do caso *Cassis de Dijon*, apesar de nele não ser mencionado[1285], e tendo sido articulada no caso *Bouchara*, relativamente à proibição de repetição de controlos que já tenham sido levados a cabo no Estado de origem[1286].

Não obstante, ainda que o princípio da confiança assuma uma função de *legitimação estrutural* das situações de reconhecimento mútuo[1287], não nos parece que seja um bordão que possa, desacompanhado, impor obrigações específicas de reconhecimento, à semelhança do que aduzimos já a propósito do princípio da cooperação leal, na sua dimensão horizontal[1288], do qual, afinal, a confiança mútua não representa senão uma versão mais depurada. De facto, enquanto no princípio da cooperação leal se acentua a dimensão de *imposição* feita aos Estados em virtude da sua participação na construção comunitária, no princípio da confiança mútua ou recíproca enfatiza-se a

---

Recognition: Comparing Policy Areas", *Journal of European Public Policy*, Vol. 14, N.º 5, August, 2007, pp. 804).

[1285] FELIX BLOBEL e PATRICK SPÄTH, "The Tale of Multilateral Trust and the European Law of Civil Procedure", *European Law Review*, Vol. 30, N.º 4, 2005, p. 533.

[1286] Acórdão *Esther Renée Wurmser, viúva Bouchara, e a sociedade Norlaine*, do Tribunal de Justiça de 11 de Maio de 1989, proferido no processo 25/88. Cfr., mais tarde, o Acórdão *The Queen contra Ministry of Agriculture, Fisheries and Food, ex parte: Hedley Lomas (Ireland) Ltd.*, do Tribunal de Justiça de 23 de Maio de 1996, proferido no processo C-5/94.

[1287] CLAUDIO FRANZIUS, "Transnationalisierung des Europarechts", *Transnationales Recht*, Gralf-Peter Caliess (ed.), Tübingen, Mohr Siebeck, 2014, p. 422.

[1288] Também EBERHARD SCHMIDT-ASSMANN, apesar de dar conta que a noção de administração compósita implica a confiança mútua e o trabalho conjunto como cenário normal, não abdica de que as exigências de reconhecimento mútuo devam decorrer, também, de exigências de direito primário ou derivado da União (cfr. "Verfassungsprinzipien für den Verwaltungsverbund", *Grundlagen des Verwaltungsrechts*, Vol. I, 2.ª ed., Hoffmann-Riem, Schmidt--Aßmann, Voßkuhle (eds.), München, Verlag C. H. Beck, 2012, p. 284). Do mesmo passo, como refere o Advogado Geral Bot, nas suas conclusões de 15 de Dezembro de 2015, no processo C-486/14, *"a confiança mútua não é o preâmbulo do exercício do reconhecimento mútuo, mas a sua consequência, imposta aos Estados-Membros pela aplicação deste princípio. Dito de outra forma, a aplicação do princípio do reconhecimento mútuo impõe aos Estados-Membros que confiem mutuamente uns nos outros quaisquer que sejam as diferenças das suas legislações nacionais respetivas"* (p. 43).

voluntária adesão destes aos mesmos comportamentos, ainda que estes sejam regulamentados ao nível da União.

Aliás, muito embora haja situações de reconhecimento automático em que os critérios de reconhecimento – sobretudo o da equivalência – se consideram, à partida, cumpridos, o que já por si demonstra a robustez do princípio da confiança mútua, deve reservar-se ao Estado a aferição e controlo em concreto daqueles critérios, de tal forma que a quebra daquela confiança pode conduzir a uma reassunção dos poderes de regulação nacionais (como, aliás, já se verificou em matéria de asilo, em que se quebrou uma pretensa presunção de confiança mútua[1289]). Ou, como refere NATHAN CAMBIEN, a uma confiança mútua *de iure* alia-se uma confiança mútua *de facto*[1290], que nem sempre apontam no mesmo sentido.

Similar princípio de confiança mútua não se encontra nas relações entre Estados fora de um enquadramento de elevada cooperação, uma vez que ele pressupõe laços de tal forma estreitos e a disponibilidade para a assunção de obrigações muito distantes das que se aplicavam nas típicas relações internacionais[1291].

Nestas continua a ser dominante o cepticismo relativamente à aplicação do direito administrativo estrangeiro, que, quanto muito, é ultrapassado por algum nível de coordenação internacional, mas que, em regra desemboca no fechamento do Estado às demais Autoridades públicas ou na sujeição do reconhecimento a condições estritas de reciprocidade.

g. *Liberdades e direitos fundamentais*

No âmbito do direito da União Europeia, as liberdades fundamentais, previstas nos Tratados e estruturantes do funcionamento do mercado interno, aliadas ao estatuto fundamental da cidadania da União, têm desempenhado um papel essencial na fundamentação do reconhecimento, inicialmente no

---

[1289] HENRI LABAYLE chega a defender que o uso do termo confiança mútua e não de reconhecimento mútuo configura um *abuso de linguagem* (cfr. "Droit d'Asile et Confiance Mutuelle: Regard Critique sur la Jurisprudence Européenne", *Cahiers de Droit Européen*, Ano 50, N.º 3, 2014, p. 502).

[1290] NATHAN CAMBIEN, "Mutual Recognition and Mutual Trust in the Internal Market", *European Papers*, Vol. 2, N.º 1, 2017, p. 101.

[1291] MAREK SZYDŁO, "EU Legislation on Driving Licences: Does It Accelerate or Slow Down the Free Movement of Persons?", *German Law Journal*, Vol. 13 No. 03, 2012, disponível em http://www.germanlawjournal.com , acesso em 15 de Julho de 2014, p. 356.

campo da liberdade de mercadorias e, posteriormente, nas áreas do estatuto pessoal e profissional dos beneficiários de tais liberdades[1292].

De tal forma que estas liberdades não permeiam apenas soluções convencionais ou legislativas – desde logo, por via da adopção de Directivas –, mais abertas ao reconhecimento mútuo[1293], alargando-se, aqui sim, à imposição de obrigações de reconhecimento não expressamente acolhidas ou previstas naqueles instrumentos (ou por eles, inclusive, negadas). A *vis* estruturante e expansiva daquelas liberdades fundamentais torna-as, por isso, num fundamento suficiente e bastante para a imposição de obrigações de reconhecimento ou para permitir a reacção contra situações ilegítimas de não reconhecimento, mesmo quando tal obrigação não encontre um fundamento expresso no direito da União[1294].

No entanto, mesmo estas liberdades fundamentais têm as suas limitações, no que se refere à extensão da técnica do reconhecimento mútuo.

A *primeira* destas limitações prende-se com a própria caracterização funcional e subjectiva das liberdades em apreço. Veja-se, por exemplo, como, no

---

[1292] Neste sentido, entre outros, KLAUS WALLNÖFER, "Is the Non-recognition of Private Diplomas Objectionable?", *Vienna Online Journal on International Constitutional Law*, Vol. 4, 2010, disponível em http://heinonline.org, acesso em 21 de Março de 2015, pp. 689-690; VOLKMAR GÖTZ, "Der Grundsatz der gegenseitigen Anerkennung im europäischen Binnenmarkt", *Liber Amicorum Günther Jaenicke – Zum 85. Geburtstag*, Volkmar Götz, Peter Selmer, Rüdiger Wolfrum (orgs.), Berlin, Springer, 1998, p. 770; PAUL LAGARDE, "Comentário ao Acórdão do Tribunal de Justiça de 14 de Outubro de 2008 Grunkin e Paul, proc. C-353/06", *Revue Critique de Droit International Privé*, vol. 98, n.º 1, 2009, pp. 80-93; RICARDO LUZZATTO, "La Libera Prestazione dei Servizi Bancari nella CEE ed i Principio del Mutuo Riconoscimento degli Enti Creditizi", *Il Foro Italiano*, Vol. 13, Parte IV, 1990, p. 450; DAGMAR COESTER-WALTJEN, "Anerkennung im Internationalen Personen–, Familien- und Erbrecht und das Europäische Kollisionsrecht", *IPRax – Praxis des Internationalen Privat-und Verfahrensrechts*, Ano 26, N.º 4, Juli/August, 2006, p. 395; e CHRISTINE JANSSENS, *The Principle of Mutual Recognition in EU Law*, Oxford, Oxford University Press, 2013, pp. 28-29.
ROBERTO BARATTA refere-se, no âmbito familiar e do estatuto pessoal, a três fundamentos do reconhecimento: o da cidadania da União, o princípio da não discriminação em função da nacionalidade e o princípio da cooperação leal (cfr. "Problematic Elements of an Implicit Rule Providing for Mutual Recognition of Personal and Family Status in the EC", *IPRax – Praxis des Internationalen Privat und Verfahrensrechts*, N.º 1, 2007, pp. 6-9).
[1293] PAUL LAGARDE, "La Reconnaissance: Mode D'emploi", *Vers de Nouveaux Équilibres entre Ordres Juridiques – Mélanges en l'honneur de Helène Gaudemet-Tallon*, Paris, Dalloz, 2008, p. 501.
[1294] Cfr. CHRISTINE E. LINKE, *Europäisches internationales Verwaltungsrecht*, Frankfurt, Peter Lang, 2001, pp. 227-228.

EFICÁCIA, RECONHECIMENTO E EXECUÇÃO DE ACTOS ADMINISTRATIVOS ESTRANGEIROS

campo da liberdade de serviços e de estabelecimento, esta apenas se refere, em regra, a cidadãos da União ou a entidades com um vínculo equiparado e não a qualquer outra pessoa[1295]. Aliás, um Estado pode unilateralmente (ou mediante acordos) conferir acesso ao seu mercado profissional a cidadãos não comunitários (com os quais a União não tenha celebrado acordos de reconhecimento mútuo), mas esse acto tem efeitos puramente territoriais, não gerando qualquer obrigação de reconhecimento em terceiros Estados[1296].

A *segunda* prende-se com o domínio de aplicação do reconhecimento mútuo, já que a força fundamentante e expansionista das liberdades fundamentais apenas se concebe nos domínios do mercado interno ou da definição do estatuto fundamental de pessoas comunitárias[1297]. Em áreas como as do *espaço de liberdade, segurança e justiça*, nas quais estão em causa medidas – algumas delas de cariz administrativo – de cariz restritivo, não é possível mobilizar uma fundamentação assente nas liberdades fundamentais que ou não existem ou podem, precisamente, ser objecto de limitação, pelo que é

[1295] Isto ainda que se tenha vindo a observar uma ampliação do gozo das liberdades e do reconhecimento mútuo no caso de nacionais de países terceiros (seja por via de acordos internacionais, seja enquanto titulares de um direito dependente da sua ligação familiar com os nacionais da União, seja por via do gozo do estatuto de residente permanente), como refere NUNO PIÇARRA, "A Liberdade de Circulação dos Advogados na União Europeia – Da Metamorfose da Regra do Tratamento Nacional à Extensão a Nacionais de Países Terceiros", *Estudos em Homenagem ao Prof. Doutor Sérvulo Correia*, Vol. IV, Jorge Miranda (ed.), Coimbra, Coimbra Editora, 2010, pp. 740-747.
CHRISTOPHE FOUASSIER também coloca em evidência a limitação ou equilíbrio do sistema: que se aplica a cidadãos da União e a diplomas nela emanados (cfr. "Le Système Général de Reconnaissance des Diplômes: la Confiance Mutuelle et ses Limites", *Revue des Affaires Européennes*, Ano 14, N.º 1, 2005, pp. 33-35).
[1296] J. PERTEK, "Une Dynamique de la Reconnaissance des Diplômes à des Fins Professioneles et à des Fins Académiques: Réalisations et Nouvelles Réflexions", *Revue du Marché Unique Européen*, N.º 3, 1996, p. 142. Situações diversas ocorrerão com o reconhecimento de estatutos pessoais por um Estado-membro, sempre que estes tenham uma dimensão de relevância comunitária, essencial ou adicional, como sucede com a atribuição do estatuto de residente permanente ou com a aquisição da nacionalidade estatal.
[1297] PAUL LAGARDE propõe aqui como interesses fundamentantes a necessidade de permanência do estado das pessoas, o desenvolvimento dos direitos fundamentais, e, dentro da União Europeia, a cidadania desta (cfr. "La Méthode de la Reconnaissance est-elle l'Avenir du Droit International Privé", *Recueil des Cours*, Tomo 371, 2014, Leiden, Martinus Nijhoff Publishers, 2015, pp. 26-30).

TEORIA DO RECONHECIMENTO

necessário buscar outros fundamentos que subjazam a essas disposições (em regra, a confiança mútua)[1298].

A *terceira* limitação deduz-se do facto de as liberdades fundamentais no seio da União não terem um paralelo na cena internacional. De facto, não há um conceito de liberdades fundamentais que – com similar força e eficácia jurídica – possa ser transposto para o exterior da União, não se podendo entender aquelas como constituindo a base de um pretenso sistema de reconhecimento universal ou universalizável.

Assim, no plano internacional, as liberdades ou o conceito mais amplo e rico de direitos fundamentais não fundarão uma qualquer obrigação geral de reconhecimento. Quando muito, um pretenso *"direito à mobilidade internacional"* pode facilitar e promover o estabelecimento de mecanismos de reconhecimento internos ou por via convencional[1299], ou podem aqueles direitos fundamentais funcionar, em casos flagrantes, como limites concretos ao reconhecimento ou ao não reconhecimento.

Do mesmo passo, no plano interno, não resulta do discurso dos direitos e das liberdades fundamentais uma qualquer obrigação de reconhecimento que ultrapasse os *standards* mínimos a que a doutrina se refere. Porém, o princípio da abertura e amizade para com o direito internacional público e o princípio da assimilação, no âmbito do direito dos estrangeiros – que aponta no sentido do alargamento do estatuto jurídico-público de nacionais de países terceiros –, pode permitir a ultrapassagem de uma estrita e rígida noção de reciprocidade[1300], o que se pode revelar particularmente valioso no reconhecimento de actos administrativos estrangeiros em sentido estrito.

[1298] MARKUS MÖSTL considera, precisamente por isso, que enquanto o reconhecimento mútuo com base em liberdades fundamentais se funda nos Tratados, o reconhecimento mútuo no espaço de liberdade, segurança e justiça tem de se encontrar expressamente previsto no direito secundário; ao que contrapõe, porém, que esta inclusão em direito secundário tem a vantagem de permitir impor sistemas de reconhecimento automático (cfr. "Preconditions and Limits of Mutual Recognition", *Common Market Law Review*, Vol. 47, 2010, p. 410).

[1299] JOANNA GUILLAUMÉ, "The Weakening of the Nation-State and Private International Law – the "Right to International Mobility"", *Yearbook of Private International Law*, Vol. XIV, 2012-2013, pp. 522-523; e 526-530.

[1300] JOSÉ JOAQUIM GOMES CANOTILHO, "Offenheit vor dem Völkerrecht und Völkerrechtsfreundlichkeit des portugiesiechen Rechts", *Archiv des Völkerrechts*, Vol. 34, N.º 1, März, 1996, pp. 67-68. KLAUS WALLNÖFER considera que no plano nacional o reconhecimento tem igualmente como ponto de referência os direitos fundamentais (cfr. "Is the Non-recognition of

Neste sentido vai MIGUEL GARDEÑES SANTIAGO que defende que, no campo das pessoas singulares o discurso dos direitos fundamentais pode inclusive fundar situações de reconhecimento para além do espaço de integração europeu, demandando a aceitação de efeitos de situações criadas no estrangeiro ou que tenham como beneficiários cidadãos não europeus[1301].

h. Posição adoptada

A escolha não é fácil quando confrontados com uma tão impressionante lista de fundamentos possíveis para o reconhecimento.

E a questão que colocamos é se realmente precisamos de proceder a qualquer escolha, quando já reconhecemos que alguns dos fundamentos enunciados funcionam *em comunidade,* potenciando-se mutuamente.

A tentação de cedermos a posições que assentam a previsão do reconhecimento no método de *ponderação de interesses* é, por isso, grande, já porque elas não requerem o esforço envolvido no termo de qualquer tarefa classificatória, já porque os elementos de ponderação para os quais remetem são de relevo e interesse indiscutível.

Senão atentemos nalgumas propostas, ainda que orientadas mais para o domínio jus-privatista, mas cuja bondade não pode deixar de permear o âmbito administrativo.

MEHREN e TRAUTMAN vêem o reconhecimento como o resultado da ponderação que os estados façam de cinco interesses essenciais: i) evitar duplicação de esforços; ii) proteger os interessados contra técnicas evasoras da outra parte; iii) evitar que o local onde mais facilmente se pode obter a execução seja o critério determinante na escolha do foro; iv) promover a estabilidade e unidade na ordem jurídica internacional; e v) a crença de que a jurisdição que emitiu o acto a reconhecer é o foro mais conveniente[1302]. De forma não muito diferenciada, tanto de forma quantitativa como qualitativa, CASAD vê

Private Diplomas Objectionable?", *Vienna Online Journal on International Constitutional Law,* Vol. 4, 2010, disponível em http://heinonline.org, acesso em 21 de Março de 2015, p, 691).

[1301] MIGUEL GARDEÑES SANTIAGO, "Les exigences du marché intérieur dans la construction d'un code européen de droit international pribé, en particulier la plave dela confiance et de la reconaissance mutuelle", *Quelle architecture pour un code européen de droit international privé?,* M.. Fallon, P. Lagarde, S. Poillot-Peruzzetto, Bruxelles (eds.), Peter Lang, 2011, p. 106.

[1302] ARTHUR T. VON MEHREN, DONALD T. TRAUTMAN, "Recognition of Foreign Adjudications: A Survey and a Suggested Approach", *Harvard Law Review,* Vol. 81, N.º 8, June, 1968, pp. 1603-1604.

TEORIA DO RECONHECIMENTO

o reconhecimento como a recombinação de certas políticas: i) a economia de recursos jurídicos; ii) a *"fairness"* relativamente aos litigantes privados; iii) a promoção de uma ordem internacional desejável; iv) a promoção da aceitação no estrangeiro de decisões judiciais nacionais; v) o encorajamento da escolha do foro mais apropriado para a decisão do caso[1303].

E, de facto, o princípio da ponderação de interesses, como, bem assim, o princípio da proporcionalidade que permite apurar aquela ponderação – dada a sua maior matriz metodológica – são analisados, por alguns autores, como o fundamento último do reconhecimento[1304]. Voz claramente dissonante, MÖSTL entende que o princípio da proporcionalidade não tem grande peso no âmbito do reconhecimento, porque há grande discricionariedade na opção por um sentido fraco ou forte de reconhecimento mútuo[1305].

[1303] ROBERT C. CASAD, "Issue Preclusion and Foreign Country Judgements: Whose Law?", *Iowa Law Review*, Vol. 70, N.º 53, 1984, p. 61.

[1304] JOSEPH H. H. WEILER, "Mutual Recognition, Functional Equivalence and Harmonization in the Evolution of the European Common Market and the WTO", *The Principle of Mutual Recognition in the European Integration Process*, Fiorella Kostoris Padoa Schioppa (ed.), Palgrave Macmillan, Hampshire, 2005, p. 47; PATRICK KINSCH, "Recognition in the Forum of Status Acquired Abroad – Private International Law Rules and European Human Rights Law, Convergence and Divergence in Private International Law", *Liber Amicorum Kurt Siehr*, Katharina Boele-Woelki, Talia Einhorn, Daniel Girsberger, Symeion Symeonides (eds.), The Hague, Eleven International Publishing, 2010, p. 269; JÜRGEN BASEDOW, *Die Anerkennung von Auslandsscheidungen – Rechtsgeschichte – Rechtsvergleichung – Rechtspolitik*, Frankfurt Am Main, Alfred Metzner Verlag GmBH, 1980, p. 204; CHRISTINE JANSSENS, *The Principle of Mutual Recognition in EU Law*, Oxford, Oxford University Press, 2013, p. 263; e CHARALAMBOS PAMBOUKIS, "La renaissance-métamorphose de la métode de reconnaissance", *Revue Critique de Droit International Privé*, Vol. 97, N.º 3, 2008, p. 530.

Noutra sede, este Autor avança que as condições do reconhecimento não são absolutas nem se concebem em abstracto, competindo à ordem jurídica de recepção o balanceamento dos interesses do foro (ordem pública, competência, leis de polícia) com as condições relativas às relações objecto de reconhecimento (vínculos sérios e não fraudulentos) e as consequências do não reconhecimento. Ao que faz acrescer, se se tratar de uma questão comunitária, uma etapa de proporcionalidade correctiva, na qual se analisa a recusa de reconhecimento à luz dos objectivos superiores da União (CH. PAMBOUKIS, "Les Actes Publics et la Méthode de Reconnaissance", *La Reconnaissance des Situations en Droit International Privé, Paul* Lagarde (dir.), Paris, Éditions A. Pedone, 2013, p. 143).

[1305] MARKUS MÖSTL, "Preconditions and Limits of Mutual Recognition", *Common Market Law Review*, Vol. 47, 2010, p. 415.

EFICÁCIA, RECONHECIMENTO E EXECUÇÃO DE ACTOS ADMINISTRATIVOS ESTRANGEIROS

Quanto a nós, não negamos que a questão da ponderação dos direitos e interesses em liça seja essencial no âmbito do reconhecimento: quando não haja uma obrigação de reconhecimento (por faltar um fundamento que claramente o imponha) há, pelo menos, um dever de ponderar prudencialmente o recurso ao mesmo, em opção a outras formas de regulamentação das situações internacionais; e, quando se imponha ou se decida recorrer à via do reconhecimento, há ainda que ponderar quais os tipos e procedimentos de reconhecimento a adoptar e efeitos a admitir, tendo em linha de conta a natureza e importância dos interesses a prosseguir.

Mas a dimensão dos *fundamentos* do reconhecimento não se esvai na tarefa de ponderação, precede-a. De facto, subsiste sempre a questão: porquê ponderar?

E aqui voltamos ao nosso ponto de partida.

Entre nós, MARNOCO E SOUSA dava conta que as várias teorias do reconhecimento que enunciou – como a da *comitas gentium*, da comunidade de direito, da solidariedade e do quase contrato-judiciário – serviam *de certa forma,* e não obstante as críticas que lhes eram dirigidas, para explicar a amplitude dos efeitos extraterritoriais não só das sentenças, mas também dos actos administrativos[1306].

Na linha destes sábios ensinamentos, também nós reconhecemos que cada um dos fundamentos de que demos conta desempenha um papel, embora diferenciado, na justificação de cada específica situação de reconhecimento e dos respectivos efeitos. Para tanto, aliamos à questão dos fundamentos do reconhecimento outra questão que nos parece com ela intrinsecamente relacionada: a de saber se aqueles fundamentos indicam o reconhecimento apenas como *método possível,* como *método preferencial* (ou pelo menos normal) ou como *método necessário* nas relações internacionais em que estejam envolvidos actos administrativos com pretensão extraterritorial.

Para concluirmos, enfim, que, no caso dos *actos estrangeiros em sentido estrito,* a doutrina da *comity* e a da soberania estatal não deixam de auxiliar na definição das situações e critérios de reconhecimento eleitos, de forma autó-

---

[1306] JOSÉ FERREIRA MARNOCO E SOUZA, *Execução Extraterritorial das Sentenças Cíveis e Comerciais,* Coimbra, F. França Amado Editor, 1898, pp. 22-39. Fruto do seu tempo, o Autor considera que a verdadeira teoria sobre o fundamento científico da execução extraterritorial das sentenças resulta das teorias sociológicas que vêem a dinâmica internacional como um organismo vivo, no qual a solidariedade e a cooperação na administração da justiça no mundo são elementos vitais (pp. 39-43).

TEORIA DO RECONHECIMENTO

noma, pelo Estado, ao que se alia a protecção da confiança como matriz que se aplica hoje a todas as áreas do direito internacional (em especial privado, mas também público) e impele ao reconhecimento.

No caso dos *actos transnacionais*, o conceito de liberdades e direitos fundamentais fundamentais a par dos princípios da cooperação e da confiança mútua são essenciais para a determinação dos tipos de reconhecimento mútuo; enquanto que no caso dos *actos supranacionais*, o reconhecimento corresponderá a uma obrigação jurídica ancorada numa exigência fortíssima de cooperação, senão mesmo de solidariedade.

6. Variabilidade do reconhecimento

O reconhecimento manifesta-se de múltiplas formas e em contextos diversificados. A *variabilidade* é, portanto, uma das características deste instituto, que se concretiza a vários níveis[1307].

O primeiro destes prende-se com os *ordenamentos jurídicos de referência*, já que o reconhecimento é relevante tanto no plano internacional, como no plano europeu, como, ainda, no domínio das relações inter-estatais, como tivemos oportunidade de avançar ao analisarmos os tipos possíveis de actos administrativos estrangeiros e as características especiais dos mecanismos de reconhecimento que a cada um são aplicáveis.

O segundo refere-se à pluralidade das áreas materiais em que o reconhecimento é relevante, o que é atestado, *ab origine,* com a amplitude temática dos ensinamentos de NEUMEYER referentes ao reconhecimento unilateral dos Estados. Mas esta pluralidade é particularmente relevantes no âmbito da União Europeia, chegando ARMSTRONG a falar da *promiscuidade* na noção de mútuo reconhecimento na ordem jurídica comunitária, por este ser um

---

[1307] Em geral, sobre a pluralidade de formas e ambientes em que pode surgir o reconhecimento mútuo, cfr. KENNETH A. ARMSTRONG, "Mutual Recognition", *The Law of the Single European Market – Unpacking the Premisses,* Catherine Barnard/ Joanne Scott (eds.), Oxford, Hart Publishing, 2002, pp. 246-250; e HENRICK WENANDER, "Recognition of Foreign Administrative Decisions – Balancing International Cooperation, National Self-Determination, and Individual Rights", *Zeitschrift für ausländisches öffentliches Recht und Völkerrecht,* N.º 71, 2011, p. 762; e VASSILIS HATZOPOULOS, "Le Principe de Reconnaissance Mutuelle dans la Libre Prestation des Services", *Cahiers de Droit Européen,* Vol. 46, N.ºs 1-2, 2010, pp. 74-81; WERNER MIGUEL KÜHN BACA, "El Principio De Reconocimiento Mutuo En El Derecho De La Unión Europea Según La Cláusula De "Plena Fe Y Crédito" De La Constitución De Estados Unidos", *Boletín Mexicano de Derecho Comparado,* Ano XLVII, N.º 140, mayo-agosto, 2014, pp. 468-484.

EFICÁCIA, RECONHECIMENTO E EXECUÇÃO DE ACTOS ADMINISTRATIVOS ESTRANGEIROS

conceito relevante em matéria de liberdades no mercado interno, na acção externa da União e no espaço de liberdade, segurança e justiça[1308].

O contínuo alargamento do reconhecimento mútuo a áreas de actuação da União (velhas e novas) não tem sempre sido visto com bons olhos. Entre nós, LIMA PINHEIRO é crítico da extenção do princípio do reconhecimento mútuo da liberdade de circulação de mercadorias para a liberdade de prestação de serviços e estabelecimento e mais ainda a sua transposição mecânica do âmbito do direito público da economia para o campo do direito privado, dadas as diferenças na intervenção administrativa prévia a cada uma destas áreas[1309].

O terceiro nível que permite caracterizar a variabilidade do reconhecimento diz respeito à multiplicidade de *direitos e liberdades específicas* que são promovidas – ou afectadas – pelo instituto do reconhecimento. De facto, engana-se quem pense que as mesmas regras de reconhecimento são aplicáveis uniformemente no seio da União Europeia a todas as liberdades nela reconhecidas.

Veja-se o exemplo da liberdade de circulação de mercadorias e de serviços. Não obstante a inspiração inicial de transpor as regras divisadas no acórdão *Cassis de Dijjon*, em matéria de liberdade de circulação de mercadorias, para a liberdade de prestação de serviços[1310], estas liberdades acabaram

---

[1308] KENNETH A. ARMSTRONG, "Mutual Recognition", *The Law of the Single European Market – Unpacking the Premisses,* Catherine Barnard/ Joanne Scott (eds.), Oxford, Hart Publishing, 2002, p. 225.

[1309] LUÍS DE LIMA PINHEIRO, *Direito Internacional Privado,* Vol I – Introdução e Direito de Conflitos – Parte Geral, 3.ª ed., Coimbra, Almedina, 2014, pp. 395-402.

[1310] De facto, no âmbito dos serviços no mercado interno, em especial no das qualificações, também se começou por uma perspectiva baseada na harmonização qualitativa de algumas qualificações para, depois dos anos 80, se encetar um reconhecimento mútuo desligado da harmonização, mas com possibilidade de intervenção de mecanismos de compensação. KALYPSO NICOLAÏDIS, "Globalization with Human Faces: Managed Mutual Recognition and the Free Movement of Professionals", *The Principle of Mutual Recognition in the European Integration Process,* Fiorella Kostoris Padoa Schioppa (ed.), Palgrave Macmillan, Hampshire, 2005, p. 141, conclui que ao substituir harmonização *ex ante* por cooperação *ex post*, a União Europeia conseguiu em três anos o que não havia conseguido em trinta, ao mesmo tempo aliviando – até certo ponto – o medo dos Estados de regulação abaixo do limiar *standard.* Ainda sobre a evolução do reconhecimento em matéria de liberdade de mercadorias para a liberdade de prestação de serviços, cfr. D. FISICHELLA, "Il Principio di Mutuo Reconoscimento e la Libera Circolazione delle Professione nell'Unione Europea (Mutual Recognition of Diplomas and

TEORIA DO RECONHECIMENTO

por trilhar caminhos diferenciados, tanto jurisprudencial como legislativamente, tendo evoluído de forma *sectorial,* dadas as diferenças evidenciadas pelos respectivos regimes[1311].

Esta evolução *bifurcada* permitiu que a doutrina acentuasse o *paradoxo* no modo como o direito da União, em especial o *Tribunal de Justiça,* encara, por exemplo, as condições para a recusa legítima de reconhecimento, permitindo mais justificações no caso da liberdade de circulação de serviços do que no âmbito da liberdade de circulação de bens[1312].

Mais recentemente, porém, assiste-se a um realinhar destas duas liberdades, por intermédio da Directiva 2013/55/UE, do Parlamento Europeu e do Conselho, de 20 de novembro de 2013, que altera a Directiva 2005/36/CE, relativa ao reconhecimento das qualificações profissionais, e que estabeleceu ou aperfeiçoou, no campo dos serviços, mecanismos que se revelaram fundamentais no âmbito da liberdade de circulação de mercadorias, como o procedimento de notificação (artigo 21.º-A) ou de alerta (artigo 56.º, n.º-A), encurtando, assim, a distância que separava estas duas liberdades e o seu modo de funcionamento.

Free Movement of Members of the Professions Within the UE)", *Il Diritto dell'Unione Europea,* N.º 1, 1999, pp. 53-73.

[1311] Na análise de VASSILIS HATZOPOULOS, a aplicação do princípio do reconhecimento mútuo aos serviços torna-se mais difícil pelas seguintes circunstâncias: a origem não apenas estatal das disposições (havendo muitas regionais locais ou de natureza associativa); a distinção entre regras incorporadas (as necessárias para que o prestador possa desenvolver uma actividade) e não incorporadas (as respectivas à actividade em si, horários, locais, preços, etc.); a inexistência de um sistema geral de notificação prévia de regras técnicas; a ausência de um sistema amplo de normalização e certificação e a própria natureza política sensível das questões em apreço, o que dificulta o acordo (cfr. "Le Principe de Reconnaissance Mutuelle dans la Libre Prestation des Services", *Cahiers de Droit Européen,* Vol. 46, N.ºs 1-2, 2010, pp. 50-59; VASSILIS HATZOPOULOS, "Le Principe de Reconnaissance Mutuelle dans la Libre Prestation des Services", *Cahiers de Droit Européen,* Vol. 46, N.ºs 1-2, 2010, pp. 52-53).

Sobre as dificuldades da harmonização no domínio da liberdade de prestação de serviços, cfr. ULRICH STELKENS, WOLFGANG WEISS, MICHAEL MIRSCHBERGER, "General Comparative Report on the Research Project "The Implementation of the Services Directive in the EU Member States' of the German Research Institute for Public Administration Speyer", *The Implementation of the EU Services Directive – Transposition, Problems and Strategies,* Ulrich Stelkens, Wolfgang Weiß, Michael Mirschberger (eds.), The Hague, Springer, 2012, pp. 27-28.

[1312] Neste sentido, cfr. CATHERINE BARNARD e SIMON DEAKIN, "Market Access and Regulatory Competition", *The Law of the Single European Market – Unpacking the Premisses,* Catherine Barnard/ Joanne Scott (eds.), Oxford, Hart Publishing, 2002, pp. 213-218.

EFICÁCIA, RECONHECIMENTO E EXECUÇÃO DE ACTOS ADMINISTRATIVOS ESTRANGEIROS

O que atesta, enfim, que o reconhecimento mútuo, enquanto política que é[1313], oscila, com *avanços e recuos*, consoante os consensos que se conseguem obter e os receios de afectação dos interesses estatais, sobretudo quando em causa esteja um fluxo de circulação de pessoas grande e tendencialmente permanente[1314]. Ao ponto de a uma visão optimista como a adoptada por MATTERA[1315] se poderem opor debates como o do "canalizador" ou, mais

---

[1313] JOSEPH H. H. WEILER, "Mutual Recognition, Functional Equivalence and Harmonization in the Evolution of the European Common Market and the WTO", *The Principle of Mutual Recognition in the European Integration Process*, Fiorella Kostoris Padoa Schioppa (ed.), Palgrave Macmillan, Hampshire, 2005, pp. 29-58, acentua esta dimensão política ao enunciar técnicas de ponderação entre a promoção da liberalização do comércio e o respeito da autonomia regulatória estatal e nas quais inclui várias formas de reconhecimento

[1314] Julgamos ser oportuno dar aqui também conta das diferenças entre o tratamento jurídico deferido à *liberdade de prestação de serviços*, de cariz transitório, e ao *direito de estabelecimento*, de base estável, tomando como exemplo o reconhecimento de habilitações e liberdade de exercício da actividades no sector da saúde, em especial dos médicos. Ainda que a actividade concretamente exercida seja a mesma (e os critérios de formação se encontrem harmoniza-dos), a liberdade de estabelecimento destes profissionais encontra-se condicionada à inscri-ção prévia na respectiva associação profissional, quando a actividade médica seja exercício com carácter duradouro ou permanente. No entanto, se a actuação for temporária ou oca-sional, o médico estrangeiro é livre de a exercer no Estado-Membro de destino, desde que tenha habilitações reconhecidas no seu país de origem. Neste caso, a liberdade de prestação de serviços apenas pode ser condicionada à prévia comunicação às entidades competentes no Estado-Membro de destino, de modo a viabilizar os poderes de fiscalização atribuídos à ordem dos médicos, nomeadamente assegurar a qualidade do serviço prestado e a licitude da actuação do médico. Tanto mais relevante quando as regras aplicáveis à *legis artis* são as aplicáveis no Estado de destino (artigos 5.º, n.º 3 da Directiva 2005/36/CE, de 7 de Setembro de 2005, relativa ao reconhecimento das qualificações profissionais e artigo 3.º, n.º 2 da Lei n.º 9/2009, de 4 de Março).

O que demonstra, afinal, que, mesmo em domínios harmonizados, quanto maiores os contac-tos com o ordenamento jurídico de destino, mais fortes são as exigências quanto aos termos do reconhecimento mútuo delineado, não obstante, do ponto de vista *material*, a actividade exercida seja idêntica.

[1315] Para ALFONSO MATTERA o princípio do reconhecimento mútuo terminou com os grilhões de servidão feudal dos Estados, dando mais possibilidade de escolha aos consumidores; para além de respeitar em maior medida o princípio da subsidiariedade e da diversidade nacio-nal (cfr. "The Principle of Mutual Recognition and Respect for National Regional and Local Entities and Traditions", *The Principle of Mutual Recognition in the European Integration Process*, Fiorella Kostoris Padoa Schioppa (ed.), Palgrave Macmillan, Hampshire, 2005, pp. 13-14).

recentemente o da "enfermeira" – ambos surpreendentemente polacos[1316] – que demonstram, ainda hoje, as dificuldades nos avanços de uma contrução comunitária que se queira – para quem a queira – fundada num pervasivo reconhecimento mútuo.

Há ainda três outros factores que apontam para a *variabilidade* do reconhecimento, os quais desenvolveremos subsequentemente: a diferenciação na aplicação das condições ou pressupostos para o reconhecimento; a possibilidade de mobilização de tipos distintos de operacionalização daquele reconhecimento; e a diversidade de efeitos a que o reconhecimento pode conduzir.

Do que se retira, como refere JANSSENS, a natureza não automática, flexível e versátil do reconhecimento, a comprovar que soluções de tipo *"one-size-fits-all"* tendem a não funcionar na prática[1317].

Não obstante, procuraremos, no meio de todas as diferenças, evidenciar uma *matriz comum* que nos permita caracterizar melhor o instituto do reconhecimento e proceder à sua teorização, sobretudo na ausência de uma regulamentação geral dos termos em que se analisa a eficácia, reconhecimento e execução dos actos administrativos estrangeiros.

7. Condições do reconhecimento

O reconhecimento está subordinado ao preenchimento de várias condições ou pressupostos, que exprimem o conteúdo fundamental da tarefa de controlo que o Estado de reconhecimento leva a cabo, para permitir a eficácia extraterritorial de actos administrativos estrangeiros.

Mas, ainda que se extraia da doutrina a tipicidade e recorrência de determinados pressupostos do reconhecimento – a saber, os da autenticidade, da estabilidade, da equivalência, da salvaguarda, da veracidade, da proveniência e da reciprocidade –, nem sempre se exige que todos eles intervenham ou que intervenham formalmente em todas as situações de reconhecimento ou, ainda, que incorporem sempre as mesmas exigências jurídicas.

Senão atentemos nas diferenças entre os vários *momentos de intervenção* daqueles pressupostos, já que estes podem funcionar como critérios positi-

---

[1316] Cfr., sobre este dilema, MILENE VAN RIEMSDIJK, "Obstacles to the Free Movement of Professionals: Mutual Recognition of Professional Qualifications in the European Union", *European Journal of Migration and Law*, Vol. 15, 2013, pp. 47-68.

[1317] CHRISTINE JANSSENS, *The Principle of Mutual Recognition in EU Law*, Oxford, Oxford University Press, 2013, pp. 24 e 310-312.

vos (de justificação) ou negativos (de oposição) do reconhecimento, ou como condições *a priori* ou *a posteriori*, dependendo do tipo de reconhecimento. E é particularmente relevante assinalar, dado o diferente posicionamento dos critérios do reconhecimento, que pressupostos como os da ordem pública que, em regra, é caracterizada como *aposteriorística*, podem funcionar por *via principal* no âmbito do reconhecimento, viabilizando – ainda que pela sua não aplicação – a aceitação de conteúdos estrangeiros e não a sua recusa[1318].

Os pressupostos em apreciação podem ainda merecer *interpretação e concretização diferenciadas*. Como refere GAUTIER, sendo o acolhimento de decisões estrangeiras o princípio e a recusa de reconhecimento a excepção, é normal e legítimo que se aplique o adágio *exceptio est strictissimae interpretationis*"[1319]. No entanto, tal apenas acontecerá nas situações em que haja um dever que, porventura prudencialmente, aponte no sentido do reconhecimento, pois, nos casos em que aquele não exista, nada obriga os Estados a proceder a uma interpretação restritiva dos motivos de não reconhecimento.

É igualmente de assinalar que os pressupostos de reconhecimento podem nem sempre intervir ou intervir com *intensidades e efeitos distintos*, consoante as situações a reconhecer e os tipos de reconhecimento. É o caso do critério da *reciprocidade* que, quando relevante, pode favorecer o reconhecimento se se assumir preenchido nas relações com determinados Estados; ou como um critério que pode dificuldar ou impedir o reconhecimento, se carecer, em concreto, de demonstração. Dualidade de funcionamento que se verifica igualmente quanto ao pressuposto da equivalência, que, consoante as modalidades de reconhecimento pode, ou não, depender da adução de prova em concreto.

Por último, o *conteúdo jurídico* de certos pressupostos pode ser preenchido diferenciadamente, como sucede com o de ordem pública, caso nele se venha a integrar a função de defesa dos interesses jurídico-públicos do

---

[1318] PASCAL DE VAREILLES-SOMMIÈRES, "Exception d'Ordre Public et Regularité de la Loi Étrangère", *Recueil des Cours*, Tomo 371, 2014, Leiden, Martinus Nijhoff Publishers, 2015, p. 251. E mesmo quem recuse a existência de uma ordem pública atenuada de reconhecimento (como sucede com MATTHIAS WELLER, *Ordre-public-Kontrolle internationaler Gerichtsstandsvereinbarungen im autonomen Zuständigkeitsrecht*, Tübingen, Mohr Siebeck, 2005, pp. 344-346), não poderá ignorar estas especificidades de funcionamento daquela cláusula.
[1319] PIERRE-YVES GAUTIER, "La Contrariété à L'ordre public d'une décision étrangère, échec à sa reconnaissance ou son exequatur", *Vers de Nouveaux Équilibres entre Ordres Juridiques – Liber Amicorum Hélène Gaudemet-Tallon*, Dalloz, Paris, 2008, p. 439.

foro ou a defesa de direitos e interesses que usualmente dele estavam usualmente arredados.

Em geral, poder-se-á identificar uma tendência de esbatimento das condições reconhecimento consoante vamos "ascendendo" na escala dos actos administrativos estrangeiros: uma vez que tanto a regulamentação como as obrigações de reconhecimento se encontram previamente delineadas de forma mais precisa no caso dos actos administrativos supranacionais do que nos transnacionais (e mais nestes do que nos actos administrativos estrangeiros em sentido estrito), a intervenção das presentes condições para o reconhecimento será menos indeterminada, verificando-se menores problemas e oscilações no seu preenchimento.[1320]

a. Autenticidade

A autenticidade apresenta-se como um requisito basilar do reconhecimento, qualquer que seja a forma que ele assuma. Isto ainda que, no caso de reconhecimento de *actos administrativos supranacionais,* esta condição – como grande parte das demais – pareça desprovida de relevância autónoma, por o reconhecimento implicar que as condições de regularidade formal do acto estejam, à partida, identificadas e aceites.

E, de facto, esta condição – ainda que seja dela que brota a aptidão extraterritorial dos actos administrativos estrangeiros – apenas assume relevo procedimental ou processual nos casos em que se tenha de provar ou se questione a autenticidade do documento, a identidade do seu signatário e a qualidade ao abrigo da qual adoptou o acto. Nestes casos, a ausência de documentos cuja autenticidade seja inequívoca – e que não consigam ser legalizados – pode representar a denegação de efeitos a actos administrativos estrangeiros, por ausência de um requisito essencial que, em regra, não pode ser suprido[1321].

[1320] A análise por nós empreendida, na ausência quase integral de regras específicas no nosso ordenamento jurídico, será levada a cabo tendo por base soluções, também elas em regra esparsas, adoptadas noutros ordenamentos ou propostas pela doutrina.

[1321] MARIA FONT I MAS dá conta de um número amplo de situações em que no direito dos estrangeiros não se deu seguimento aos processos por falta de documentos legalizados, desde logo de certidão criminal (cfr. "La Autenticidad Formal de los Documentos Públicos en España como Obstáculo a las Relaciones Internacionales y la Propuesta de Reglamento sobre la Simplificación de la Aceptación de Documentos Públicos en la UE", *El Documento Público Extranjero en España y en la Unión Europea – Estudios sobre las Características y Efectos del Documento Público*, Maria Font i Mas (dir.), España, Editora Bosch, 2014, pp. 64-65).

EFICÁCIA, RECONHECIMENTO E EXECUÇÃO DE ACTOS ADMINISTRATIVOS ESTRANGEIROS

E se, a este propósito, cada Estado pode optar pelo sistema de verificação da autenticidade de actos estrangeiros que considerar mais adequado – procedendo a uma verificação sistemática da mesma ou apenas a uma sua análise no caso de ter dúvidas sobre algum dos elementos formais que constem do documento recebido[1322] –, têm-se vindo a generalizar formas de contribuir para a circulação de actos praticados por outras Autoridades públicas.

A mais importante destas, pela larga utilização e eficácia que tem tido no campo internacional, é a introduzida pela Convenção de Haia Relativa à Supressão da Exigência da Legalização dos Actos Públicos Estrangeiros, de 5 de Outubro de 1961, também designada de *Convenção Apostila*, que evita o desencadear de onerosos e morosos processos de legalização[1323].

A apostila produz um efeito meramente formal (permitindo afirmar a autenticidade formal e a origem da autoridade do documento público), sendo documentos passíveis de legalização, entre outros, os documentos administrativos e os notariais, mas já não os documentos administrativos que se refiram directamente a uma operação mercantil ou aduaneira[1324].

Na União Europeia, o controlo do critério de autenticidade tende ainda a ser mais simplificado[1325], como se deduz do disposto em regulamentos

ANTONIO CRIVELLARO referindo-se ao caso de não existência de relações consulares – decorrente do não reconhecimento de relações entre os Estados, mas que poderá ocorrer também pela ausência de representação consular –, propõe que o juiz interno possa apreciar e aceitar, ainda assim, a idoneidade do acto estrangeiro não legalizado (cfr. "Non-Riconoscimento ed Efficacia di Atti Stranieri non Legalizzati", *Rivista di Diritto Internazionale Privato e Processuale*, Vol. 12, 1976, pp 336-338).

[1322] É esta a última opção do nosso legislador, que apenas demanda a legalização nos casos em que haja dúvidas sobre a autenticidade do documento (artigos 362.º, n.º 2 e 440.º do Código Civil), o que torna dispensável o recurso a métodos de autenticação, lentos e dispendiosos.

[1323] Ainda que haja outros exemplos convencionais, mais na área do estatuto pessoal e do registo civil (cfr. a Convenção de Istambul relativa à alteração de nomes próprios e apelidos, CIEC n.º 4, de 1958).

[1324] Limitação esta que hoje não se considera justificada – à luz da interpenetração do direito público e privado nestes domínios –, apontando, por isso, a Comissão de Novembro de 2012 para que esta excepção seja lida restritivamente, admitindo que se expeçam apostilas para licenças de importação e exportação ou certificados de origem e de conformidade, cfr. ALEGRÍA BORRÁS, "De la Exigencia de Legalización a la Libre Circulación de Documentos", *El Documento Público Extranjero en España y en la Unión Europea – Estudios sobre las Características y Efectos del Documento Público*, Maria Font i Mas (dir.), España, Editora Bosch, 2014, pp. 32-33.

[1325] JEAN BAUGNIET referia já então que a exigência de legalização contrariava a natureza de uma organização internacional que tendia à integração da vida económica dos Estados

comunitário em matéria civil e comercial e se inscreveu no Regulamento (UE) 2016/1191 do Parlamento Europeu e do Conselho, de 6 de julho de 2016, relativo à promoção da livre circulação dos cidadãos através da simplificação dos requisitos para a apresentação de certos documentos públicos na União Europeia e que altera o Regulamento (UE) n.º 1024/2012. De acordo com este instrumento, os documentos públicos (inclusive administrativos) emitidos pelas autoridades de um Estado-membro e que se refiram aos factos previstos no artigo 2.º (nascimento, óbito, nacionalidade, domicílio e/ou residência, etc.) são dispensados de todas as formas de legalização e de formalidade análoga[1326].

A regulamentação dos demais actos de natureza jurídico-administrativa não parece tocada por estes instrumentos, continuando a poder ser objecto de confirmação de autenticidade dirigida à autoridade competente do Estado-membro de origem[1327].

Em certas áreas, porém, foi introduzida uma regulamentação especial desta matéria. É o que sucede com o artigo 5.º, n.º 3, da Directiva 2006/123/CE do Parlamento Europeu e do Conselho, de 12 de Dezembro de 2006, relativa aos serviços no mercado interno, que admite a equivalência entre documentos administrativos, e estabelece que os Estados apenas podem exigir que estes sejam apresentados sob a forma de original, cópia autenticada ou tradução autenticada nos casos previstos por outros instrumentos

---

("L'Exécution des Actes Authentiques dans le Pays de la Communauté Economique Européenne", *Miscellanea W. J. Ganshof van der Meersch − Studia ab disciplulis amicisque in honorem egregii professoris edita*, Vol. II, Bruxelas, Bruylant, 1972, p. 715). Assinale-se que em 25 de maio de 1987, os Estados-Membros adotaram a Convenção de Bruxelas relativa à supressão da legalização de atos entre os Estados-Membros das Comunidades Europeias. Contudo, esta convenção não entrou em vigor, uma vez que não foi ratificada por todos os Estados-Membros.

[1326] Sobre este Regulamento e a circunstância de deixar intocada a competência dos Estados para regular a circulação de documentos com terceiros Estados, cfr. ARIANNA VETOREL, "EU Regulation No. 2016/1191 and the Circulation of Public Documents Between EU Member States and Third Countries", *Cuadernos de Derecho Transnacional*, Vol. 9, No 1, Marzo, 2017, disponível em, www.uc3m.es/cdt, acesso em 10 de Junho de 2017, pp. 342-351.

[1327] Esta indagação pode, não obstante, estar facilitada, por via do recurso a formas de assistência mútua. Acresce que o Tribunal de Justiça já reconheceu que os documentos públicos produzidos num Estado-membro não devem ser colocados em causa noutro Estado-membro a não ser que haja indicadores concretos que permitam duvidar da sua autentidade (Acórdão *Eftalia Dafeki c. Landesversicherungsanstalt*, do Tribunal de Justiça de 2 de Dezembro de 1997, proferido no processo C-336/94).

EFICÁCIA, RECONHECIMENTO E EXECUÇÃO DE ACTOS ADMINISTRATIVOS ESTRANGEIROS

comunitários ou em caso de excepção justificada por uma razão imperiosa de interesse geral[1328].

b. Estabilidade

O reconhecimento representa um *ponto de intersecção* entre o princípio da justiça e o da estabilidade (ou, como VON MEHREN os designa, entre o princípio da correcção e do repouso)[1329], configurando os pressupostos para o reconhecimento os elementos essenciais para que o Estado possa proceder a uma ponderação entre os valores da justiça e os da segurança jurídica envolvidos em cada situação.

Parece-nos por isso claro que a estabilidade do acto administrativo ou a sua definitividade (*Endgültigkeit*), na expressão de BERENTELG[1330], são elementos base para que o reconhecimento possa ter lugar, precisamente por ser a eficácia do acto administrativo estrangeiro – *e não a sua validade* – que é acolhida pelos órgãos nacionais competentes[1331], do que resultaria, em sede de princípio, não poder o Estado de destino pronunciar-se sobre a perfeição intrínseca daquele acto, mas apenas impor condições para o seu reconhecimento.

No entanto, nem sempre esta estabilidade ou potencialidade de um acto administrativo estrangeiro produzir, de forma tendencialmente invariável –

[1328] Isto, ainda que esta Directiva admita directamente um conjunto amplo de excepções. Cfr. a concretização que lhe foi dada no artigo 7.º do Decreto-Lei n.º 92/2010, de 26 de Julho, que estabelece os princípios e as regras necessários para simplificar o livre acesso e exercício das actividades de serviços e transpõe a Directiva n.º 2006/123/CE, do Parlamento Europeu e do Conselho, de 12 de Dezembro, e que admite o mesmo tratamento para documentos emitidos por Estados terceiros, mas apenas para os elencados em Portaria aprovada para o efeito. Admitindo a confirmação da autenticidade em casos mais amplos, de *d*úvida justificada, cfr. o artigo 50.º, n.º 2 da Directiva 2005/36/CE do Parlamento Europeu e do Conselho, de 7 de Setembro de 2005, relativa ao reconhecimento das qualificações profissionais.

[1329] Cfr. ARTHUR TAYLOR VON MEHREN, "Recognition and Enforcement of Foreign Judgments – General Theory and the Role of Jurisdictional Requirements", *Recueil des Cours*, Tomo 167, II, 1980, p. 22.

[1330] Cfr. MARIA BERENTELG, *Die Act of State-Doktrin als Zukunftsmodell für Deutschland*, Tübingen, Mohr Siebeck, 2010, p. 264.

[1331] Entre nós, expressamente neste sentido, MIGUEL PRATA ROQUE, *A Dimensão Transnacional do Direito Administrativo – Uma visão cosmopolita das situações jurídico-administrativas*, AAFDL, Lisboa, 2014, pp. 599-604; e JORGE SILVA SAMPAIO, *O Acto Administrativo pela Estrada Fora: os Efeitos Transnacionais do Acto Administrativo*, AAFDL, Lisboa, 2014, p. 105.

ou no tempo nele mencionado – os seus efeitos, se desprende totalmente dos *vícios* que o afectam, podendo estes repercutir-se não apenas na invalidade do acto, mas na produção dos seus efeitos.

Quanto à influência destes vícios no reconhecimento, duas grandes linhas de pensamento se defrontam[1332], referindo-se em especial quanto aos actos administrativos transnacionais, mas cujos fundamentos não deixam de poder ser alargados aos demais tipos de actos administrativos estrangeiros:

i) A primeira, mais sensível à interacção entre invalidade e ineficácia, vai no sentido de que vícios especialmente graves, que tornem absolutamente ineficazes os actos no seu Estado de origem, devem poder constituir fundamento para o não reconhecimento *incidental* do acto pelos Estados de destino, mesmo quando este reconhecimento lhes seja imposto.

É que, mesmo que um vício ainda não tenha sido declarado pela Autoridade de origem, pode afectar irremediavelmente a capacidade de o acto praticado poder produzir efeitos, faltando, assim, o *substracto* essencial ao instituto do reconhecimento e impedindo-se o surgimento de qualquer laço interadministrativo que permita o reconhecimento ou a execução daquele acto.

Entre outros, assim se pronuncia FEDOZZI[1333], que refere o controlo incidental *implícito mas necessário* de legalidade, porque dele depende a produção de efeitos do acto no estrangeiro; RAÚL BOCANEGRA SIERRA e JAVIER GARCÍA LUENGO[1334], que admitem esse controlo apenas nos casos de nulidade de pleno direito em que haja uma infracção grosseira do ordenamento em que se inserem; HERWIG C.H. HOFMANN, GERARD C. ROWE e ALEXAN-

---

[1332] Em grande medida estas vias aproximam-se dos termos em que se discute o controlo da constitucionalidade da lei estrangeira de acordo com os critérios do Estado de origem, pois o que se visa, também aqui, é evitar a aplicação de uma lei no foro que, por ser inconstitucional, não tem qualquer eficácia ou existência normativa no Estado de origem (cfr., sobre os termos em que se concebe este controlo, RUI MANUEL GENS DE MOURA RAMOS, *Direito Internacional Privado e Constituição – Introdução a uma Análise das suas Relações*, Coimbra, Coimbra Editora, 1994, pp. 238-245 e, mais recentemente, GUSTAVO FERRAZ DE CAMPOS MÓNACO, *Controle de Constitucionalidade da Lei Estrangeira*, São Paulo, Quartier Latin, 2013, pp. 109-136.

[1333] Cfr. PROSPER FEDOZZI, "De L'Efficacité Extraterritoriale des Lois et des Actes de Droit Public", *Recueil des Cours*, Tomo 27 – II, 1929, Paris, Librairie Hachette, 1930, pp. 198-207.

[1334] Cfr. RAÚL BOCANEGRA SIERRA, JAVIER GARCÍA LUENGO, "Los Actos Administrativos Transnacionales", *Revista de Administración Pública*, N.º 177, septiembre-diciembre, 2008, p. 14.

EFICÁCIA, RECONHECIMENTO E EXECUÇÃO DE ACTOS ADMINISTRATIVOS ESTRANGEIROS

DER H. TÜRK[1335], que admitem que se questione, no Estado de recepção, a validade do acto, mas apenas no caso excepcional de nulidade (não-acto); OTERO[1336], que defende que se o acto for nulo ou inexistente (de acordo com os critérios do Estado de emissão) mostra-se lógica e juridicamente sustentável que, incidentalmente, se reconheça a sua inaptidão para produzir efeitos extraterritoriais; MICHAELS que advoga que, se houvesse a emissão de um novo acto que incorporasse o anterior, a nulidade do primeiro seria irrelevante, mas como o que existe é uma extensão de eficácia do acto reconhecido, as situações de nulidade têm um relevo acessório e podem fundar a cessação do reconhecimento[1337]; SAMPAIO[1338], que se refere ao controlo de situações de erro sério e óbvio e de nulidade e inexistência, ao passo que, tratando-se de actos anuláveis, estes só não produziriam efeitos se no Estado de origem já tivesse cessado a sua eficácia; e PRATA ROQUE, que elabora o critério de *controlo mitigado da normatividade endógena,* que implica uma verificação constante – *ab initio* e *a posteriori* – da subsistência da eficácia do acto no território de origem[1339].

ii) A segunda, que, fundando-se, pela positiva, na confiança devida aos actos transnacionais e, pela negativa, em limitações de ordem contenciosa dos Estados de destino, preclude a análise da invalidade, mesmo em casos de nulidade. É o que se passa com com NESSLER, que considera, que, desde que um acto seja eficaz, não será relevante a questão da validade ou da invalidade, pelo que apenas no caso de o acto ser anulado pelo Estado de ori-

---

[1335] HERWIG C.H. HOFMANN, GERARD C. ROWE, ALEXANDER H. TÜRK dão como exemplo as situações de actos *ultra vires* e a violação do cerne dos direitos protegidos pela Convenção Europeia dos Direitos do Homem. Mas logo a seguir dão como exemplo casos, como o de violação da ordem pública, como se do mesmo mecanismo se tratasse (cfr. *Administrative Law and Policy of the European Union,* Oxford, Oxford University Press, 2011, p. 647).

[1336] Cfr. PAULO OTERO, *Legalidade e Administração Pública – O sentido da vinculação administrativa à juridicidade,* Coimbra, Almedina, 2007, pp. 505-507.

[1337] Cfr. SASCHA MICHAELS, *Anerkennungspflichten im Wirtschaftsverwaltungsrecht der Europäischen Gemeinschaft und der Bundesrepublik Deutschland – Zwecke des Internationalen Verwaltungsrechts,* Berlin, Duncker & Humblot, 2004, pp. 104-105.

[1338] Cfr. JORGE SILVA SAMPAIO, *O Acto Administrativo pela Estrada Fora: os Efeitos Transnacionais do Acto Administrativo,* AAFDL, Lisboa, 2014, p. 105.

[1339] Cfr. MIGUEL PRATA ROQUE, *A Dimensão Transnacional do Direito Administrativo – Uma visão cosmopolita das situações jurídico-administrativas,* AAFDL, Lisboa, 2014, pp. 1269-1270.

TEORIA DO RECONHECIMENTO

gem é que não deve ser reconhecido[1340]; com BURBAUM, que articula que as liberdades comunitárias poderiam ser colocadas em causa se o Estado de destino pudesse recusar o reconhecimento de um acto transnacional dada a sua invalidade e que, como este não tem qualquer competência de rejeição, as suas autoridades estão vinculadas pela medida até que ela seja eliminada judicialmente[1341]; com LUCA DE LUCIA, para quem a melhor ponderação entre a garantia de uma liberdade fundamental e o respeito pela legalidade e certeza legal deve pender a favor do laço interadministrativo e considerar a existência de um acto transnacional, mesmo nulo[1342]; e com WOJTYCZEK, que apenas admite o controlo de actos estrangeiros em casos limitados – quando tal seja admitido pelo direito internacional ou das organizações internacionais a que o Estado pertence[1343].

A nossa posição fica a meio caminho destas duas, acompanhando as reflexões de RUFFERT[1344] e de WENANDER[1345].

Ambos entendem que a posição de princípio deve passar pela recusa de uma possibilidade genérica de controlo, ainda que *incidental*, das situações de invalidade, por muito que se trate de situações de considerável gravidade à luz dos Estados de origem, de modo a evitar uma duplicação de controlos que incidam sobre requisitos de mérito dos actos administrativos. O primeiro, porém, admite o controlo de situações que configurem um *erro grave e manifesto* e não da nulidade aferida à luz do Estado de acolhimento, concedendo quanto muito na formulação supranacional de critérios de nulidade. O segundo Autor também consente que existam *casos excepcionais* de recusa de produção de efeitos de um acto estrangeiro: quando haja um forte inte-

---

[1340] Cfr. VOLKER NESSLER, "Der transnationale Verwaltungsakt – Zur Dogmatik eines neuen Rechtsinstituts" *NVwZ – Neue Zeitschrift für Verwaltungsrecht*, 1995, p. 865.

[1341] Cfr. STEFAN BURBAUM, *Rechtsschutz gegen transnationales Verwaltungshandeln*, Baden-Baden, Nomos Verlagsgesellschaft, 2003, p. 61.

[1342] Cfr. LUCA DE LUCIA, "Administrative Pluralism, Horizontal Cooperation and Transnational Administrative Acts", *Review of European Administrative Law*, Vol. 5, N.º 2, 2012, p. 34.

[1343] Cfr. KRYSZTOF WOJTYCZEK, "L'Ouverture de L'Ordre Juridique de L'État aux Actes de Puissance Publique Étrangers (L'Exemple des Instruments de L'Union Européenne en Matiére D'Immigration)", *European Review of Public Law*, Vol. 21, N.º 1, 2009, p. 115.

[1344] Cfr. MATTHIAS RUFFERT, "Der transnationale Verwaltungsakt", *Die Verwaltung*, Vol. 34, 2001, pp., 475-477.

[1345] Cfr. HENRICK WENANDER, "Recognition of Foreign Administrative Decisions – Balancing International Cooperation, National Self-Determination, and Individual Rights", *Zeitschrift für ausländisches öffentliches Recht und Völkerrecht*, N.º 71, 2011, pp. 773-777.

resse na correcção pelo Estado de reconhecimento de uma decisão que foi revogada, anulada ou alterada (o que vai para além, mas também inclui, a matéria que agora nos ocupa) ou quando a decisão estrangeira esteja fundada em erros processuais ou legais. Nesta última situação, WENANDER diferencia entre erros em relação ao direito internacional público, direito da União e direito nacional do Estado emitente, considerando que, neste caso, uma deficiente aplicação do direito doméstico não deve ser um motivo para a recusa de reconhecimento. Nos casos em que a violação se refira a instrumentos de cooperação, no seio da União Europeia ou de convenções internacionais, parece retirar-se do escrito do Autor que apenas poderá haver lugar a controlo do Estado de destino em casos evidentes e substancialmente divergentes, ao passo que, ocorrendo violação do direito internacional público, pode haver recusa de reconhecimento no caso de o Estado emitente não ter competências jurisdicionais no plano internacional.

Para nós, a tarefa de reconhecimento impõe que os Estados de destino mantenham alguma possibilidade de controlo das condições essenciais do reconhecimento, entre as quais se conta a eficácia dos actos administrativos a reconhecer. Mas, dadas as dificuldades de conhecimento do direito estrangeiro, em particular da teoria das invalidades aplicáveis em cada Estado e o receio que esse desconhecimento pudesse vir a provocar a aplicação (bilateralizada) das regras de invalidade do foro – fazendo perigar, deste modo, os interesses de harmonia de soluções entre Estados envolvidos em laços de reconhecimento mútuo –, concordamos que as situações de "nulidade" relevantes sejam apenas aquelas relativamente às quais, por serem de tal forma *graves* e *evidentes*, não se possa sustentar uma qualquer subsistente eficácia, ou, quando muito, aquelas relativamente às quais tenha já havido uma suficiente consolidação jurisprudencial e/ou doutrinal no Estado de origem quanto à sua total improdutividade[1346].

Naturalmente que sempre se poderia diferenciar o grau de exigência desta avaliação da *"total improdutividade"* relativamente aos vários tipos de actos administrativos estrangeiros que identificámos, mas julgamos que uma progressiva abertura aos ordenamentos jurídicos de origem e a recusa de formas de reconhecimento de mérito (mesmo quanto aos actos administra-

---

[1346] Será o caso, por exemplo, de actos de certificação do Estado de origem que notoriamente incorrem em falsidade ou inexactidão clara e manifesta, por contrariarem dados oficiais do Estado de acolhimento (cfr. Acórdão *C. C. Van De Bijl c. Staatssecretaris Van Economische Zaken*, do Tribunal de Justiça de 27 de Setembro de 1989, proferido no processo 130/88).

TEORIA DO RECONHECIMENTO

tivos estrangeiros em sentido estrito) justificam a aplicação daquela solução *mitigada* a todos estes actos. O que difere serão apenas os referentes normativos a considerar em cada caso para aferir as situações de recusa de produção de efeitos.

c. Equivalência

Uma das principais questões que se coloca relativamente ao reconhecimento é saber se o mesmo se deve suportar numa qualquer forma específica de aproximação legislativa entre os ordenamentos jurídicos em apreço, por ser o princípio da compatibilidade de valores (entre o foro e a *lex causae*), que justifica, ao menos parcialmente, a consideração e aplicação do direito público estrangeiro[1347].

Discute-se, de facto, se esta aproximação é exigível e qual o grau a que a mesma deve ascender, para que se possa fundamentar o reconhecimento de actos administrativos estrangeiros. De forma mais clara, bastará uma aproximação mínima entre ordens jurídicas ou deverá haver lugar a uma apreciação da equivalência substancial, procedimental ou conflitual entre institutos jurídicos ou, mesmo, a uma harmonização entre estes?

A resposta a esta interrogação não poderá distanciar-se muito do elenco dos mecanismos ou técnicas de ordenação da pluralidade passíveis de serem mobilizados. Na perspectiva compreensiva de DELMAS MARTY, estas técnicas são de três tipos: a coordenação por entrecruzamentos; a harmonização por aproximação e a unificação por hibridização. A primeira mostra-se importante como forma basilar de criação de dinâmicas, mas insuficiente por não garantir a coerência do conjunto em caso de conflito; a segunda conduz a uma integração imperfeita e complexa, que não é extensível a todos os domínios; enquanto a última cria uma gramática comum, mas também conhece limites ao nível da interpretação e integração do direito unificado[1348].

Na realidade, dada a pluralidade possível de actos administrativos estrangeiros e dos quadros normativos vigentes no quadro internacional e transna-

---

[1347] MAURIZIO MARESCA identifica de forma não exaustiva o relevo do princípio da equivalência em matéria de qualificação, de forma dos actos jurídicos e do *exequatur* (cfr. *Conformità dei Valori e Rilevanza del Diritto Pubblico Straniero: Materiali ed Ipotesi Ricostruttive*, Milano, Giuffrè Editore, 1990, pp. 221-230. PHILIPPE MALAURIE, "L'equivalence en Droit International Privé", *Recueil Dalloz de Doctrine de Jurisprudence et de Législation*, Vol. XXXVI, 1962, pp. 215-220).
[1348] Cfr. MIREILLE DELMAS MARTY, *Le Pluralisme Ordonné – Les Forces Imaginaires du Droit (II)*, Éditions du Seuil, Paris, 2006, 360 p. 37-129.

539

EFICÁCIA, RECONHECIMENTO E EXECUÇÃO DE ACTOS ADMINISTRATIVOS ESTRANGEIROS

cional, não se pode afirmar que o reconhecimento dos efeitos daqueles actos exija sempre o mesmo grau de aproximação de regras jurídicas. De facto, por vezes a confiança incorporada nos actos de reconhecimento basta-se com *regras de coordenação essencialmente procedimentais*[1349], enquanto noutras situações o reconhecimento depende de uma definição muito precisa das *regras substantivas aplicáveis*.

E, tendo em consideração que, para além da comparação de conceitos jurídicos materiais extraídos de ordenamentos jurídicos diferentes (o de origem e o de reconhecimento), o teste de equivalência se refere a resultados aplicativos e não à equivalência *em abstracto* das normas aplicadas, é difícil, para o que já alertava BAPTISTA MACHADO, traduzir o grau de equivalência numa *fórmula*[1350].

Não querendo desistir, porém, de uma maior explicitação desta questão, podemos enunciar alguns *níveis* – permeáveis, é certo – de equivalência, sabendo de antemão que, de todas condições de reconhecimento enunciadas, o requisito da equivalência é o que mais exprime o desenvolvimento de relações de integração, cooperação ou coordenação entre Estados, já que é o que mais reflecte o grau de proximidade, confiança ou de *fiducia* entre Autoridades públicas[1351], chegando, por isso, a ser entendido como o *cerne* do juízo de reconhecimento[1353].

[1349] É o que se passa essencialmente com os *actos administrativos supranacionais,* em que a aposta é colocada ao nível procedimental (sobre o reforço desta dimensão funcional e procedimental, assente nos princípios da equivalência e da eficácia, com o Tratado de Lisbos, cfr. DIANA--URANIA GALETTA, *Procedural Autonomy of EU Member States: Paradise Lost?: A Study on the "Functionalized Procedural Competence" of EU Member States,* Heidelberg, Springer, 2010, p. 21). Noutro sentido, KARL-HEINZ LADEUR aduz que, como a harmonização substancial é difícil, a mesma tem sido substituída dominantemente por mecanismos procedimentais que articulam actores públicos e privados em rede, podendo mesmo falar-se de uma evolução do direito cooperativo e não do direito unificado (cfr. "Towards a Legal Concept of the Network in European Standard Setting", *Das Recht der Netzwerkgesellschaft – Ausgewählte Aufsätze,* Tübingen, Mohr Siebeck, 2013, pp. 308-310; e "The Emergence of Global Administrative Law and Transnational Regulation", *Das Recht der Netzwerkgesellschaft – Ausgewählte Aufsätze,* Tübingen, Mohr Siebeck, 2013, pp. 697-719).

[1350] Cfr. JOÃO BAPTISTA MACHADO, "Problemas na Aplicação do Direito Estrangeiro: Adaptação e Substituição (Nótula)", *Boletim da Faculdade de Direito,* Vol. XXXVI, 1960, p. 350.

[1351] Sobre esta *fiducia* no seio do mercado único, cfr. TITO BALLARINO, "Uniformitá e Riconoscimento. Vecchi Problemi e Nuove Tendenze della Cooperazione Giudiziaria nella Comunitá Europea", *Rivista di Diritto Internazionale,* Vol. 89, 2006, p. 13.

TEORIA DO RECONHECIMENTO

Um destes níveis, a que já nos referimos antes, é o da *harmonização* (ou equivalência com harmonização), que se aproxima da comparabilidade entre actos, facilitando o seu reconhecimento e uma produção similar de efeitos; outro, é, mais especificamente, o de *equivalência funcional*, no qual a manutenção da diferença entre actos é temperada pelo cumprimento da mesma função[1353]; outro, ainda, o da *equiparação*, no qual se presume o preenchimento das condições de equivalência[1354].

ANDREA OTT considera que a diferenciação entre efeitos jurídicos directos ou não dos acordos celebrados pela União Europeia (com os consequentes efeitos ao nível de harmonização e de reconhecimento) terá a ver com a especificidade das ordens jurídicas em causa e o seu grau de paralelismo com a ordem constitucional da União (cfr. "The EU-Turkey Association and Other EU Parallel Legal Orders in the European Legal Space", *Legal Issues of Economic Integration*, Vol. 42, N.º 1, February, 2015, pp. 5-30). Francesco MONTANARI concretiza que o princípio do mútuo reconhecimento no âmbito comunitário tem como pressuposto a diversidade legislativa nacional, enquanto o mútuo reconhecimento nas relações externas da Comunidade pressupõe a equivalência substancial das normativas técnicas das partes contraentes, sendo o resultado de uma avaliação de conformidade (cfr. "Gli Accordi di Mutuo Riconoscimento con gli Stati Candidati", *Il Diritto dell'Unione Europea*, Vol. 6, N.º 4, 2001, p. 740).

[1352] ALEXANDRE BERNEL chega a propor que se deve preferir a terminologia de princípio da equivalência, essencialmente por a pluralidade de áreas e de funções do reconhecimento mútuo ser geradora de incertezas (cfr. *Le Principe d'Équivalence ou de "Reconnaissance Mutuelle" en Droit Communautaire*, Zürich, Schulthess Polygraphischer Verlag, 1996, pp. 133-136). Também HEINRICH MATTHIES propõe que se substitua a designação reconhecimento recíproco no seio da União pela de reconhecimento equivalente (*gleichwertiger Anerkennung*) (cfr. "Zur Anerkennung gleichwertiger Regelungen im Binnenmarkt der EG (Art. 100 b EWG-Vertrag)", *Festschrift für Ernst Steindorff zum 70. Geburtstag am 13. März 1990*, Jürgen F. Baur, Klaus J. Hopt, K. Peter Mailänder (orgs.), Berlin, Walter de Gruyter, 1990, p. 1294). Não concordamos, essencialmente por os dois instrumentos terem funções e aplicações diferenciadas: não só o reconhecimento não repousa apenas no pressuposto da equivalência, como a equivalência é relevante para a concretização de formas de restrição às liberdades comunitárias que não convocam necessariamente o instituto do reconhecimento mútuo.

[1353] Cfr. o Acórdão *Irène Vlassopoulou c. Ministerium für Justiz, Bundes-und Europaangelegenheiten Baden-Württemberg*, do Tribunal de Justiça de 7 de Maio de 1991, proferido no processo C-340/89, que dá conta de uma apreciação comparativa de qualificações que não têm de ser idênticas, mas apenas equivalentes com os diplomas do foro.

[1354] Apontamos para esta diferenciação entre graus de equivalência, não considerando suficientemente explicativos os conceitos de harmonização total e parcial e harmonização vertical e horizontal acolhidos por STEFAN BURBAUM, *Rechtsschutz gegen transnationales Verwaltungshandeln*, Baden-Baden, Nomos Verlagsgesellschaft, 2003, pp. 20-21. CHRISTIAN CALIESS e MATTHIAS RUFFERT referem vários níveis de harmonização que se combinam com o conceito

EFICÁCIA, RECONHECIMENTO E EXECUÇÃO DE ACTOS ADMINISTRATIVOS ESTRANGEIROS

Não se pense, porém, que é sempre possível chegar a um qualquer nível de equivalência entre actos, uma vez que haverá um grupo de situações em que as condições base para o reconhecimento não se consideram preenchidas, inviabilizando este exercício. E se estas situações são reduzidas no campo da União Europeia e em outras formas, ainda que parcelares, da integração ou cooperação, as regras aplicáveis à *actividade de jogo* demonstram que não é possível adoptar sempre a técnica do reconhecimento, mantendo-se, mesmo em áreas com grande relevo económico, a recortada aplicação de regimes jurídicos nacionais[1355].

complementar de reconhecimento mútuo: harmonização total, harmonização parcial, harmonização opcional (quando deve admitir-se a entrada de produtos que cumprem com as prescrições da União, mas internamente podem estabelecer-se outras), harmonização facultativa (quando o Estado possa optar pelo *standard* do direito da União ou pelo *standard* do Estado de importação), e harmonização mínima (cfr. *EUV.AEUV Kommentar*, 4.ª ed., München, Verlag C.H. Beck, 2011, 1518-1520). Também sobre graus de harmonização, cfr. LARRY CATÁ BACKER, "Inter-Systematic Harmonisation and Its Challenges for the Legal State", *The Law of the Future and the Future of Law,* Sam Muller, Stavros Zouridis, Morly Frishman e Laura Kistemaker (eds.), Oslo, Torkel Opsahl Academic EPublisher, 2011, pp. 428-431.
Note-se que, tradicionalmente, eram aplicáveis outros critérios de equivalência no âmbito conflitual, quais fossem os do reconhecimento apenas nos casos em que tivesse sido aplicada a norma designada pela regra de conflitos do foro (o que de certa forma apontava para um paradigma mais forte de *identidade*). BERTRAND ANCEL e HORATIA MUIR WATT louvam o ambiente internacional que resultou em França – grande bastião do controlo conflitual em sede de reconhecimento – do Acórdão *Cornelissen* de 20 de Fevereiro de 2007 e da libertação da "tirania do paradigma conflitual". Veja-se, porém, que já antes, no Acórdão do Tribunal da Cassação *Drichemont c. Dame Schmitt*, de 29 de Julho de 1929, se havia temperado aquela doutrina, ao admitir-se o reconhecimento mesmo que a norma aplicada não seja a designada pela regra de conflitos, mas a solução substancial seja idêntica à conseguida pela mobilização desta (cfr. "Les jugements étrangers et la règle de conflit de lois – Cronique d'Une Séparation", *Vers de Nouveaux Équilibres entre Ordres Juridiques – Liber Amicorum Hélène Gaudemet-Tallon*, Dalloz, Paris, 2008, p. 141).
[1355] GEORGIOS ANAGNOSTARAS analisa como nesta matéria, ao contrário das demais no mercado interno, o Tribunal enfatiza a necessidade de alguma aproximação legislativa ao nível da União para que recorresse ao mecanismo do reconhecimento mútuo, dadas as especificidades nacionais da actividade em causa e o risco que dela dimana, (cfr. *"Les Jeux sont Faits?* Mutual Recognition and the Specificities of Online Gambling", *European Law Review*, N.º 2, April, 2012, p. 195; Acórdão *Liga Portuguesa de Futebol Profissional, Bwin International Ltd, anteriormente Baw International Ltd. c. Departamento de Jogos da Santa Casa da Misericórdia de Lisboa*, do Tribunal de Justiça de 8 de Setembro de 2009, proferida no processo C-42/07; Acórdão *Her Majesty's Customs and Excise c. Gerhart Schindler e Joerg Schindler*, do Tribunal de Justiça de 24 de Março de

TEORIA DO RECONHECIMENTO

Relativamente ao *nível da harmonização*, há que acentuar que esta não configura uma qualquer assimilação ou uniformização de regras. Há muito se esgotou um paradigma de uma *harmonização completa* mesmo no campo da União Europeia – dado o aumento do número de Estados-membros e a expansão do domínio material de competências da União, com relevância não só para o direito civil e comercial, como para o direito administrativo e para o direito criminal –[1356], havendo quem assinale a existência de limites necessários à harmonização, que são, precisamente, os da salvaguarda da *diversidade cultural* e do *pluralismo jurídico,* inerentes ao próprio conceito de União Europeia [1357].

Mas dentro de uma técnica harmonizadora, há várias áreas ou institutos em que o reconhecimento assenta numa *maior harmonização*, já porque esta é relativamente fácil de obter, dada a universalidade das condições de exercício das actividades em causa, como sucede no âmbito das profissões harmonizadas como as dos profissionais de saúde[1358]; já porque dela depende a criação das condições de base para o reconhecimento mútuo, sobretudo

---

1994, proferido no processo C-275/92). Mais recentemente, no Acórdão *Daniele Biasci e o. c. Ministero dell'Inte*rno, *Questura di Livorno,* do Tribunal de Justiça de 12 de Setembro de 2013, proferido nos processos apensos C-660/11 e C-8/12, aquela Instância jurisdicional concluiu que, dada a ampla margem de apreciação dos Estados-membros relativamente aos objectivos que tencionam prosseguir e ao nível pretendido de protecção dos consumidores e a inexistência de qualquer harmonização em matéria de jogos de fortuna e azar, não pode, *no estado actual do direito da União,* sustentar-se uma obrigação de reconhecimento mútuo das autorizações emitidas pelos diversos Estados-Membros.

[1356] Cfr. RUDOLF GEIGER, DANIEL-ERASMUS KHAN, MARKUS KOTZUR, *European Union Treaties – Treaty on European Union – Treaty on the Function of the European Union,* München, C.H. Beck/Hart, 2015, p. 558.

[1357] DÁRIO MOURA VICENTE vê, assim, a preservação do pluralismo jurídico como um travão à harmonização (cfr. "Liberdades Comunitárias e Direito Internacional Privado", *Revista da Ordem dos Advogados,* ano 69, 2009, p. 789; do mesmo autor, "Perspectivas da Harmonização e Unificação Internacional do Direito Privado num época de Globalização da Economia", *Estudos em Honra do Professor Doutor José de Oliveira Ascensão,* Vol. II, António Menezes Cordeiro, Pedro Pais de Vasconcelos e Paula Costa e Silva (eds.), Coimbra, Almedina, 2008, pp. 1655-1680, em especial pp. 1673 e 1677-1678).

[1358] Para GIULIA ROSSOLILLO no âmbito dos serviços, a passagem de directivas parcelares para directivas comuns implicou que se haja renunciado à harmonização de todas formações específicas, o que fez retroceder o reconhecimento automático e deixou ao Estado de destino a possibilidade de valorar as formações, através de actos específicos. Mas não deixa, também nestes casos, de se estabelecer critérios de equivalência quantitativos (anos de formação) e

EFICÁCIA, RECONHECIMENTO E EXECUÇÃO DE ACTOS ADMINISTRATIVOS ESTRANGEIROS

quando em causa está a garantia transnacional do respeito dos direitos fundamentais, como acontece no âmbito criminal[1359]; já porque sem ela não se consegue pôr em comum uma actividade que comprometa todos os Estados-membros, como se passa com o domínio dos vistos Schengen[1360]. E é de assinalar que, nestes domínios, a União Europeia não se desinteressa da evolução regulatória dos Estados e do impacto que esta tem na criação ou manutenção das condições de reconhecimento, antes avalia, formula recomendações e, quando necessário, revê o nível de harmonização exigido[1361].

Noutros casos, porém, a harmonização pode revelar-se mínima ou virtualmente inexistente, esticando-se nestes o conceito de *equivalência* a situações que não têm a mesma regulamentação nos vários ordenamentos jurídicos mas cumprem a mesma função e dispõem de garantias similares.

Nestas situações, sem regras harmonizadas, a análise da equivalência é essencial para que se aponte, *in fine,* no sentido do reconhecimento – ou se venha a afastar o mesmo, sempre que as condições essenciais de equivalência não se encontrem verificadas. Neste âmbito, a análise das condições diferenciais entre Estados é essencial, podendo o juízo de equivalência flutuar em virtude das distintas condições económicas, sociais e jurídicas destes, tratando-se, portanto, na expressão de TRACHTMAN, de um reconhecimento *desenraizado.*

É certo que, no âmbito da União Europeia, outros critérios há – como os de proporcionalidade das medidas que afectam o reconhecimento e da sua justificação por critérios de interesse geral[1362] – que permitem *enraizar*

---

qualitativos (conhecimentos específicos) (cfr. *Mutuo Riconoscimento e Techniche Conflittuali,* Milani, CEDAM, 2002, pp. 84-86).

[1359] Cfr. RUDOLF GEIGER, DANIEL-ERASMUS KHAN, MARKUS KOTZUR, *European Union Treaties – Treaty on European Union – Treaty on the Function of the European Union,* München, C.H. Beck/ Hart, 2015, p. 446.

[1360] Cfr. MARIE GAUTIER, "Administration sans Frontières? Droit Européen de L'Immigration – Les Instruments Juridiques et Leurs Effets", *European Review of Public Law,* Vol. 21, N.º 1, 2009, p. 96.

[1361] Cfr., de forma puramente exemplificativa, A Comunicação da Comissão *On Reform Recommendations for Regulation in Professional Services,* COM(2016) 820 final, de 10 de Janeiro de 2017.

[1362] A viabilidade de imposição de excepções justificadas em razões de interesse geral, conquanto não sejam discriminatórias em razão da nacionalidade e se submetam ao princípio da proporcionalidade, está abundantemente tratada na jurisprudência do Tribunal de Justiça. Sumariamente, referindo apenas os arestos onde o Tribunal de Justiça estabeleceu, pela primeira vez, os requisitos para a admissibilidade daquelas excepções, é possível aos Estados-

TEORIA DO RECONHECIMENTO

melhor as decisões nacionais sobre o reconhecimento, deles resultando mecanismos de facilitação do juízo de equivalência.

É o que sucede com a proibição de duplicação de controlos ou de sujeição a novas autorizações ou a condições de exercício específicas, sempre que estas não se relacionem proporcionalmente com finalidades de interesse geral, tendo apenas como função dificultar ou impedir o acesso a uma actividade[1363] e com a presunção de que os controlos de origem cumprem satisfatoriamente as regras de saúde e segurança pública aplicáveis[1364].

Não obstante esta aferição em concreto das condições de equivalência, não se exclui inteiramente a possibilidade de emissão de novas autorizações para o exercício da actividade, desde que devidamente justificadas[1365], nem

-Membros afastar o princípio do reconhecimento desde que a lei interna *respeite o direito europeu vigente* (Acórdão *van Duyn c. Home Office,* do Tribunal de Justiça de 4 de Dezembro de 1974, proferido no processo 41/74), *não seja discriminatória* (Acórdão *Processo-crime contra Bernard Keck e Daniel Mithouard,* do Tribunal de Justiça de 24 de Novembro de 1993, proferido nos processos apensos C-267/91 e C-268/91), *a restrição seja fundada em razões de interesse geral* (Acórdão *Procurador do Rei c. Marc J.V.C. Debauve e o.,* do Tribunal de Justiça de 18 de Março de 1980, proferido no processo 52/79), *esses interesses não sejam suficientemente salvaguardados pela lei do país de origem* (Acórdão *Processo Penal c. Alfred John Webb,* do Tribunal de Justiça de 17 de Dezembro de 1981, proferido no processo 279/80) e *a restrição se limite ao necessário para salvaguardar esses objectivos* (Acórdão *Rewe-Zentral AG vs. Bundesmonopolverwaltung für Branntwein,* do Tribunal de Justiça de 20 de Fevereiro de 1979, proferido no processo 120/78).

[1363] Cfr., *ex multis,* o Acórdão *Ministério Público e "Chambre syndicale des agents artistiques et impresarii de Belgique" ASBL c. Willy van Wesemael e o.,* do Tribunal de Justiça 18 de Janeiro de 1979, proferido nos processos apensos 110 e 111/78; o Acórdão *Manfred Säger v Dennemeyer & Co. Ltd.,* do Tribunal de Justiça de 25 de Julho de 1991, proferido no processo C-76/90; o Acórdão *Comissão das Comunidades Europeias c. República Italiana,* do Tribunal de Justiça de 29 de Maio de 2001, proferido no processo C-263/99; e o Acórdão *Benjámin Dávid Nagy c. Vas Megyei Rendor-fokapitányság,* do Tribunal de Justiça de 29 de Outubro de 2015, proferido no processo C-584/14.

[1364] Cfr. Acórdão *Denkavit Futtermittel GmbH c. Minister für Ernähung, Landwirtschaft und Forsten des Landes Nordrhein-Westfalen,* do Tribunal de Justiça de 8 de Novembro de 1979, proferido no processo 251/78.

[1365] Cfr. Acórdão *Processo Penal c. Michel Choquet,* do Tribunal de Justiça de 28 Novembro 1978, proferido no processo 16/78. Então não oferecia dúvida, dada a disparidade de legislações nacionais e o *interesse público sério* da segurança nas estradas, que a diferença de tratamento – que residia no facto de a existência de uma carta de condução estrangeira não dispensar a obtenção de uma carta de condução nacional – era justificada (mas já entendeu o Tribunal que a regulamentação nacional que não estivesse numa relação razoável com as necessidades de segurança da circulação rodoviária, como requisitos linguísticos, não seria admissível).

EFICÁCIA, RECONHECIMENTO E EXECUÇÃO DE ACTOS ADMINISTRATIVOS ESTRANGEIROS

da adopção de medidas compensatórias (como provas de aptidão ou estágios de preparação), que permitam aproximar, no caso, os graus de exigência do Estado de emissão e do Estado de reconhecimento[1366].

Dada esta regulação, há quem proponha que o teste a mobilizar seja o teste de uma *equiparabilidade substancial moderada*, do qual deflui que a recusa de reconhecimento apenas seria legítima se com ela se violasse manifestamente o bloco de normatividade europeia[1367].

Mas, mesmo no âmbito do reconhecimento unilateral de *actos administrativos estrangeiros em sentido estrito*, a equivalência não corresponde a um critério rígido: se é certo que deve haver uma análise dos critérios substanciais que subjazem a cada acto, será quase impossível demandar ou esperar uma total equivalência entre eles (dadas as diferenças jurídico-políticas entre Estados), pelo que pode muito bem servir aqui o acto de reconhecimento como instrumento de encontro entre diferenças que *não se considerem significativas*.

A este propósito, parece-nos relevante a proposta de BISCOTTINI, que assinala que, quando o Estado de destino possa emanar um acto similar ao acto administrativo estrangeiro, deve então controlar a existência de elementos indispensáveis para a produção de efeitos (sejam formais ou compe-

---

Cfr., MARIA LUÍSA DUARTE, *A Liberdade de Circulação de Pessoas e a Ordem Pública no Direito Comunitário*, Coimbra, Coimbra Editora, 1992, pp. 194-195. Hoje, veremos, vale, porém, o princípio da unicidade da carta de condução.

Cfr., ainda, o *Acórdão Dieter Kraus Contra Land Baden-Wuerttemberg*, do Tribunal de Justiça de 31 de Marco de 1993, proferido no processo C-19/92, que não se opôs a que um Estado-membro proibisse a um dos seus próprios nacionais, titular de um diploma de terceiro ciclo emitido noutro Estado-membro, de o usar no seu território sem ter obtido uma autorização administrativa para esse efeito, posto que o processo de autorização tivesse por único objectivo verificar se o título universitário de terceiro ciclo foi regularmente emitido, fosse de fácil acesso e não dependesse do pagamento de taxas administrativas excessivas. Exigiu, igualmente, que toda e qualquer decisão de recusa de autorização fosse fundamentada e susceptível de um recurso de natureza jurisdicional.

[1366] Cfr. o *Acórdão Krzysztof Peśla c. Justizministerium Mecklenburg-Vorpommer*, do Tribunal de Justiça, de 10 de Dezembro de 2009, proferido no processo C-345/08).

[1367] Cfr. MIGUEL PRATA ROQUE, *Direito Processual Administrativo Europeu – A Convergência Dinâmica no Espaço Europeu de justiça Administrativa*, Coimbra, Coimbra Editora, 2011, p. 606. No mesmo sentido, JORGE SILVA SAMPAIO fala de uma equiparabilidade substancial moderada no caso da União e de equiparabilidade substancial no caso de outros países que não os Estados-membros (cfr. *O Acto Administrativo pela Estrada Fora: os Efeitos Transnacionais do Acto Administrativo*, AAFDL, Lisboa, 2014, pp. 94-95).

TEORIA DO RECONHECIMENTO

tenciais, sejam intrínsecos), porque tem de praticar um acto – que o Autor chama de declaração de eficácia, *exequatur*, ordem de execução ou nostrificação – que substitua o estrangeiro. Mas adianta, e bem, que as verificações feitas devem relacionar-se de *forma directamente proporcional* aos efeitos que se pretendem retirar dos actos administraticos estrangeiros[1368].

Por último, uma menção às situações de *equivalência presumida* (que também designámos de equiparação). Estas poderiam parecer, na sua forma de funcionamento, muito próximas das de harmonização – por justificarem, à partida, um reconhecimento automático –; todavia, à chegada são-lhes grandemente distintas, já que não assentam numa aproximação substancial, mas apenas num *pressuposto "cego" de confiança*, sustentado em dois pilares: o dos princípios jurídicos comuns e finalidades comuns do ponto de vista económico, social e político[1369].

Neste caso, as excepções ao reconhecimento, ainda que devam continuar a ser lidas de forma restritiva, não deixam de cobrir uma maior amplitude de justificações como a *afectação de direitos fundamentais*, demandando, sempre, uma comprovação da satisfação substantiva destes parâmetros, ou, como VAN DEN SANDEN lhe chama, a aferição de uma *confiança mútua em concreto*[1370],

---

[1368] GIUSEPPE BISCOTTINI, "L'Efficacité des Actes Administratifs Étrangers", *Recueil des Cours,* Vol. 104, 1961, Leiden, Sijthoff, 1962, pp. 658-670.

[1369] FRANCISCO VIOLA, "Il diritto Come Scelta", *La Competizione tra Ordinamenti Giuridici – Mutuo Riconoscimento e Scelta della Norma Piú Favorevole Nello Spazio Giuridico Europeo*, Armando Plaia (ed.), Milano, Dott. A. Giuffrè Editore, 2007, p. 179.
Como refere JOHN VERVAELE a ideia básica por detrás do reconhecimento mútuo no espaço de liberdade, segurança e justiça passa pela assunção de que, apesar das diferenças entre os regimes procedimentais dos Estados membros, todos faziam parte da Convenção Europeia dos Direitos do Homem e, por isso, deveriam reconhecer actos estrangeiros, mesmo sem harmonização (cfr. "The European Arrest Warrant and Applicable Standards of Fundamental Rights in the EU – ECJ Judgement (Grand Chamber) C-399/11 of 26 February", *Review of European Administrative Law, 2013*, Vol. 6, N.º 2, p. 38). Em qualquer caso, é curiosamente de assinalar que um dos motivos que fundou a emissão do Parecer desfavorável n.º 2/13 por parte do Tribunal de Justiça ao acordo de adesão à Convenção Europeia foi precisamente o facto daquela adesão, nos termos propostos, exigir *"que um Estado-Membro verificasse o respeito dos direitos fundamentais por outro Estado-Membro, apesar de o direito da União impor a confiança mútua entre esses Estados-Membros"*, pelo que seria a mesma *"suscetível de comprometer o equilíbrio em que a União se funda, bem como a autonomia do direito da União"* (p. 194).

[1370] Cfr. TINA VAN DEN SANDEN, "Case Law: Joined Cases C411/10, N.S. V. Sec'y Of State For The Home Dep't", *Columbia Journal of European Law*, Vol. 19, Winter, 2012-2013, pp. 143-174.

o que tem vindo a ser feito, como veremos, no âmbito de falhas sistémicas de protecção daqueles mesmos direitos.

d. Salvaguarda

Designamos outra das condições para o reconhecimento – que incorpora ou pode incorporar, de acordo com as propostas várias a que fomos tendo acesso, formas díspares de defesa dos valores e interesses do Estado de reconhecimento – por *salvaguarda*. Esta terminologia ampla de salvaguarda é deliberada, por com ela pretendermos dar conta dos vários níveis de controlo propostos pela doutrina e das oscilações que cada um deles tem vindo a conhecer.

Se quisessemos fornecer um elenco tendencialmente exaustivo dos motivos substantivos que se foram sucedendo para fundamentar o não reconhecimento, o cenário seria este: controlo de validade ou regularidade substancial do acto a reconhecer; controlo de constitucionalidade; controlo do respeito pelos direitos fundamentais; controlo de cumprimento das normas de direito internacional público; controlo de ordem pública e controlo de interesse público.

Veremos, contudo, no final do nosso excurso, que a esmagadora maioria destas condições para o reconhecimento se tem vindo a integrar num conceito rico e plurisignificativo de *ordem pública*, pelo que será este o que, *in fine*, mais relevo assumirá[1371].

De facto, o primeiro dos controlos, o da regularidade substancial do acto a reconhecer, deve ser recusado, por a sua aceitação implicar a *negação* do reconhecimento ao apontar para a integral *nostrificação* ou *nacionalização* deste instituto, o que contraria a sua natureza e função, assente na eficácia

---

[1371] EDOARDO VITTA considera que nenhum Estado pode renunciar a salvaguardar essenciais valores morais e jurídicos do seu ordenamento, que podem ser colocados em causa pelo reconhecimento de uma plena igualdade entre lei estrangeira e lei do foro, e que a ordem pública é o mecanismo para o efeito (cfr. *Il Principio dell'Uguaglianza tra "Lex Fori" e Diritto Straniero – con Particulare Riguardo al Sistema Italiano di Diritto Internazionale Privato*, Milano, Dott. A. Giuffrè Editore, 1964, p. 45). Também LUCA G. RADICATI DI BROZOLO entende que o filtro da ordem pública se aplica de forma suficiente e perfeitamente adequada também à desaplicação de normas de direito público, sendo um mecanismo menos absoluto e menos rígido do que a negação *a priori* da aplicação do direito público estrangeiro (cfr. "Foreign Public Law before Italian Courts", *Colloque de Bâle sur le Rôle du Droit Public en Droit International Privé – (20 et 21 mars 1986) Rapports et procès-verbaux des débats*, Bâle, Helbing & Lichtenbaum, 1991, p. 92).

do acto administrativo estrangeiro. Assim, para além das situações analisadas em sede do *critério da estabilidade* do acto estrangeiro, não haverá porque analisar a regularidade substancial deste acto, ainda para mais à luz do ordenamento jurídico de reconhecimento[1372].

Esta posição não é, contudo, generalizada, uma vez que é concebível, sempre que não haja uma obrigação de reconhecimento, que o Estado decida qual a amplitude dos actos que pode reconhecer (se alguns), definindo os critérios que aceita para o efeito, e que podem vir a demandar a regularidade substancial do acto[1373].

Mas, se não recusamos que tanto seja possível, já consideramos que não é desejável. É que aqui, mais do que o reconhecimento de um acto administrativo estrangeiro, estaríamos perante uma sua recepção interna, transformando a natureza e função que reconhecemos àquele instituto; ao mesmo passo que se permitiria uma generalizada aferição da validade referida ao acto estrangeiro – sem que tal tivesse qualquer efeito no Estado de origem, no qual o acto se manteria inalterado, gerando evitável desarmonia internacional.

Por outro lado, é inegável que o reconhecimento e execução de actos administrativos estrangeiros gera problemas de índole constitucional, que podem colocar-se tanto ao nível da admissibilidade daqueles expedientes à

[1372] No mesmo sentido foi a evolução no caso do reconhecimento de sentenças estrangeiras, nas quais o controlo material da decisão passou a ser puramente excepcional, com base no critério de ordem pública. HANS ULRICH JESSURUN D'OLIVEIRA considera adequada a linha jurisprudencial iniciada em França com o Acórdão Munzer, do Tribunal da Cassação Civil de 7 de Janeiro de 1963, que substituiu a análise da regularidade interna do julgamento estrangeiro à sua regularidade internacional ao controlo oficioso de ordem pública e ao respeito das garantias de defesa (cfr. "The EU and a Metamorphosis of Private International Law", *Reform and Development of Private International Law – Essays in Honour of Sir Peter North*, James Fawcett (ed.), Oxford, Oxford University Press, 2002, pp. 111-136).

PASCAL DE VAREILLES-SOMMIÈRES defende que a ordem pública internacional anda a par com a *regularidade substancial internacional*, que preenche aquele conceito (cfr. "Exception d'Ordre Public et Regularité de la Loi Étrangère", *Recueil des Cours*, Tomo 371, 2014, Leiden, Martinus Nijhoff Publishers, 2015, pp. 214-237).

[1373] Cfr. MINH SON NGUYEN, "Droit Administratif International", *Zeitschrift für Schweizerisches Recht*, Vol. 125, II, 2006, p. 133; e CHRISTINE E. LINKE, *Europäisches internationales Verwaltungsrecht*, Frankfurt, Peter Lang, 2001, p. 111.

luz das Constituições nacionais (de origem)[1374], como no plano do controlo de constitucionalidade concreta das disposições a reconhecer de acordo com parâmetros constitucionais *exógenos* (os do Estado de acolhimento). Neste último sentido, JORGE SAMPAIO admite o controlo de constitucionalidade dos actos administrativos que é, contudo, incidental, acrescentando que aquele controlo apenas assume autonomia no caso de controlo *a posteriori* de actos reconhecidos automaticamente, já que nas situações de reconhecimento condicional, a existência de um procedimento específico aponta para a mobilização da cláusula de ordem pública[1375]. Já PRATA ROQUE defende que o controlo da constitucionalidade exógena deve existir como mecanismo de *ultima ratio,* de modo a garantir o respeito pelo núcleo essencial dos valores fundamentais do Estado de destino, ao mesmo passo que admite um controlo de ordem pública, ainda que configurando-o de modo original, enquanto mecanismo que abraça os valores fundamentais comuns ao Estado e à sociedade cosmopolita[1376].

Quanto a nós, entendemos que em matéria de reconhecimento de actos administrativos estrangeiros, não faz sentido chamar à colação o controlo de constitucionalidade enquanto *limite autónomo* ao funcionamento das

---

[1374] KRYSZTOF WOJTYCZEK parece ser particularmente crítico das tensões trazidas pelo reconhecimento aos conceitos de soberania e democracia nacionais, propondo que se coloque em marcha um controlo de constitucionalidade das obrigações internacionais de reconhecimento dos Estados (que, contudo, os pode fazer incorrer em responsabilidade internacional), ou que se incluam nos tratados de reconhecimento cláusulas que rejam a edição de actos de poderes públicos de acordo com os valores constitucionais dos Estados-partes (cfr. "L'Ouverture de L'Ordre Juridique de L'État aux Actes de Puissance Publique Étrangers (L'Exemple des Instruments de L'Union Européenne en Matiére D'Immigration)", *European Review of Public Law*, Vol. 21, N.º 1, 2009, pp. 123-125).

[1375] Cfr. JORGE SILVA SAMPAIO, *O Acto Administrativo pela Estrada Fora: os Efeitos Transnacionais do Acto Administrativo,* AAFDL, Lisboa, 2014, pp. 100-102 e 111-131.
Esta posição afigura-se-nos inconsistente, pois parece admitir maior controlo (de parâmetros constitucionais) nos casos de reconhecimento automático (nos quais em regra há maior harmonização legislativa) do que nas situações de reconhecimento condicionado (nos quais o apelo à noção de ordem pública fará incidir o controlo apenas sobre os princípios constitucionais mais relevantes). Por outro lado, mesmo do ponto de vista do funcionamento tradicional da ordem pública, esta faria mais sentido no primeiro caso – em que se oporia à eficácia de um acto estrangeiro – do que no segundo, em que funciona como mecanismo *apriorístico* para a apreciação deste.

[1376] Cfr. MIGUEL PRATA ROQUE, *A Dimensão Transnacional do Direito Administrativo – Uma visão cosmopolita das situações jurídico-administrativas,* AAFDL, Lisboa, 2014, pp. 1005-1032.

TEORIA DO RECONHECIMENTO

normas estrangeiras[1377], precisamente porque em causa está a análise dos *resultados da sua aplicação* (e não a produção no foro de um efeito contrário aos ditames constitucionais desse Estado)[1378]. A duplicação dos requisitos de reconhecimento – controlo de constitucionalidade e de ordem pública – poderia mesmo ter o efeito nefasto de contrariar a tendência da evolução e sedimentação – sobretudo no campo do direito da União – de uma noção abrangente, mas ainda assim operativa e partilhada de ordem pública[1379], e que não deixa de abarcar os *fundamentos constitucionais* de cada Estado-membro. Do mesmo passo, a cláusula de ordem pública é indiferente às marcadas diferenças entre sistemas de controlo constitucional nacionais, uma vez que faz *parte integrante do juízo do reconhecimento* – e não de um específico juízo de

---

[1377] Para uma evolução doutrinal desta questão, cfr. RUI MANUEL GENS DE MOURA RAMOS, *Direito Internacional Privado e Constituição – Introdução a uma Análise das suas Relações*, Coimbra, Coimbra Editora, 1994, pp. 210-235.

[1378] A violação de normas constitucionais do Estado de destino pelo acto administrativo estrangeiro terá de ser aferida não de maneira genérica, mas caso a caso, tendo em consideração as consequências do (não) reconhecimento: o facto de um acto ser emanado por um Estado ditatorial que não respeita os mínimos democráticos, naturalmente será relevante para se recusar o reconhecimento de sanções ou de medidas restritivas, mas já poderá não o ser no reconhecimento de actos autorizativos ou de qualificações, sob pena, inclusive, de uma dupla lesão no Estado de acolhimento. Não vemos, por isso, que aquela técnica de controlo de constitucionalidade – ainda que tenha como fundamento a violação de normas constitucionais, eventualmente positivadas – se diferencie do modo de funcionamento e efeitos da ordem pública internacional, porque o que está em causa é a prevenção de concretos resultados inconstitucionais e não a análise dos possíveis sentidos interpretativos resultantes de uma norma estrangeira, de modo a determinar a sua aplicação no foro. Em sentido contrário GUSTAVO FERRAZ DE CAMPOS MÓNACO entende que o controlo de constitucionalidade intrínseca da lei estrangeira (à luz da Constituição do foro) acresce aos controlos prévios de normas de aplicação imediata e da ordem pública, agora em sede de interpretação da norma estrangeira a aplicar (cfr. *Controle de Constitucionalidade da Lei Estrangeira*, São Paulo, Quartier Latin, 2013, pp. 92-103). No entanto, vista a exclusão proposta pelo Autor das inconstitucionalidades formais do âmbito deste controlo intrínseco, a área de intervenção deste será sempre extremamente residual.

[1379] Especificamente neste âmbito, cfr. o Acórdão *Ilonka Sayn-Wittgenstein c. Landeshauptmann von Wien*, do Tribunal de Justiça de 22 de Dezembro de 2010, proferido no processo C-208/09, no qual foi considerado legítimo o não reconhecimento de títulos nobiliárquicos, por contrariarem princípios de direito constitucional austríaco, desde que as medidas tomadas por estas autoridades fossem justificadas por razões de ordem pública.

EFICÁCIA, RECONHECIMENTO E EXECUÇÃO DE ACTOS ADMINISTRATIVOS ESTRANGEIROS

constitucionalidade –, pelo que é a mais ajustada à miríade de tipos de reconhecimento que hoje se podem encontrar no âmbito internacional.

Por seu turno, o controlo de respeito pelos direitos fundamentais tem também vindo a ser assumido pela doutrina como um parâmetro para o reconhecimento. EBERHARD SCHMIDT-ASSMAN, ainda que demonstre ter dúvidas sobre a extensão do juízo de validade levado a cabo pelas Autoridades de reconhecimento, considera nele ter de estar necessariamente integrado o cumprimento de parâmetros de direitos humanos[1380]. WENANDER vê igualmente a violação de direitos fundamentais como um fundamento para o não reconhecimento, como, aliás, já o decidiu o Tribunal Europeu dos Direitos do Homem, no caso de preterição de direitos de defesa concebidos como fundamentais[1381].

Mas mais, o *discurso dos direitos fundamentais* tem impregnado as próprias obrigações positivas de reconhecimento, de tal forma que aquele pode ser mobilizado para "limitar" o âmbito das cláusulas nacionais de ordem pública, reformatando-as. Nesta linha, LAGARDE chega a acrescentar como critério de reconhecimento – às condições de proximidade, de imperatividade, ordem pública internacional, de fraude à lei – o respeito pelas previsões legítimas das partes[1382].

[1380] Cfr. EBERHARD SCHMIDT-ASSMAN, "Internationalisation of Administrative Law: Actors, Fields and Techniques of Internationalisarion – Impact of International law on National Administrative Law", *Revue Européenne de Droit Public*, Vol. 18, N.º 1, 2006, p. 261.

[1381] Cfr. HENRICK WENANDER, "Recognition of Foreign Administrative Decisions – Balancing International Cooperation, National Self-Determination, and Individual Rights", *Zeitschrift für ausländisches öffentliches Recht und Völkerrecht*, N.º 71, 2011, p. 777.

CHRISTIAN KOHLER aduz que, enquanto não houver um Tribunal superior que garanta o respeito pelos direitos fundamentais, continua a ser responsabilidade de cada um dos Estados garantir o respeito por aqueles direitos, nos quais se incluem os de índole processual (cfr. "Das Prinzip der gegenseitigen Annerkennung in Zivilsachen im europäischen Justizraum", *Zeitschrift für Schweizerisches Recht*, Vol. 124, II, 2005, p. 294).

Cfr., ainda, o Acórdão *Pellegrini c. Itália*, do Tribunal Europeu dos Direitos do Homem de 20 de Julho de 2001, proferido no processo 30882/96, no qual o reconhecimento de uma decisão dos Tribunais Eclesiásticos foi censurado por não terem sido assegurados os direitos de defesa.

[1382] Cfr. PAUL LAGARDE, "Introduction au Thème: de la Reconnaissance des Situations: Rappel des Points les plus Discutés", *La Reconnaissance des Situations en Droit International Privé*, Paul Lagarde (dir.), Paris, Éditions, A. Pedone, 2013, pp. 22-24. Quanto ao respeito pela estabilização da situação, e da confiança legítima das partes como critério mobilizado no seio do

TEORIA DO RECONHECIMENTO

Apenas indiciariamente veja-se como no Regulamento (UE) 2016/1104 do Conselho, de 24 de junho de 2016, que implementa a cooperação reforçada no domínio da competência, da lei aplicável, do reconhecimento e da execução de decisões em matéria de efeitos patrimoniais das parcerias registadas, os fundamentos para o não reconhecimento (incluindo o da manifesta contrariedade à ordem pública do Estado requerido) devem ser ser interpretados e aplicados na observância dos direitos e princípios fundamentais reconhecidos na Carta dos Direitos Fundamentais, em especial o da não discriminação (artigo 38.º).

O controlo de *normas de direito internacional* tem também influenciado as condições de reconhecimento de actos administrativos estrangeiros[1383], ainda que apenas em casos limite, sempre que o reconhecimento possa conduzir ao acolhimento de um acto administrativo que incorpore um delito internacional[1384] ou no caso de violação de normas peremptórias de direito internacional[1385].

Tribunal Europeu dos Direitos do Homem, para justificar as necessidades em que o reconhecimento estadual se torna exigível, cfr. PATRICK KINSCH, "L'Apport de la Jurisprudence de la Cour Européenne des Droits de L'Homme", *La Reconnaissance des Situations en Droit International Privé,* Paul Lagarde (dir.), Paris, Éditions, A. Pedone, 2013, pp. 50-52.

Em particular, cfr. os Acórdãos do Tribunal Europeu dos Direitos do Homem, nas suas decisões tiradas, em 26 de Junho de 2014, nos casos *Mennesson c. France* (processo n.º 65192/11) e *Labassee c. France* (processo 65941/11); e já, antes, em 3 de Maio de 2001, no caso Negrepontis-Giannisis c. Grécia (processo 56759/08). Doutrinalmente, cfr. JACQUES FOYER, "L'Ordre Public International est-il Toujours Français?", *Justices et Droit du Procès – Du Légalisme Procédural à L'Humanisme Processuel – Mélanges en L'Honneur de Serge Guinchard,* Paris, Dalloz, 2010, pp. 267-280.

[1383] Cfr. GEORGES VAN HECKE, "Principes et Méthodes de Solution des Conflits de Lois", *Recueil des Cours,* Vol. 126, 1969 – I, Leyde, A. W. Sitjhoff, 1970, pp. 518-527. MICHAEL HAPPE refere-se a um controlo mínimo de direitos fundamentais incluído na noção de ordem pública e a uma análise da violação do direito internacional público (cfr. *Die Grenzüberschreitende Wirkung von nationalen Verwaltungakten – Zugleich ein Betrag zur Anerkennungsproblematik nach der Cassis de Dijon – Rechtsprechung des Europäischen Gerichtshofes,* Frankfurt-am-Main, Peter Lang, 1987, pp. 66-67).

[1384] Cfr. HANS-JÜRGEN SCHLOCHAUER, *Die extraterritoriale Wirkung von Hoheitsakten – Nach dem öffentlichen Recht der Bundesrepublik Deutschland und nach internationalem Recht,* Frankfurt am Main, Vittorio Klostermann, 1962, p. 41.

[1385] Cfr. WERNER MENG, "Recognition of Foreign Legislative and Administrative Acts", *Encyclopedia of Public International Law,* Rudolf Berhnardt (ed.), Vol. IV, Amsterdam, North-Holland – Elsevier, 1992, p. 53.

EFICÁCIA, RECONHECIMENTO E EXECUÇÃO DE ACTOS ADMINISTRATIVOS ESTRANGEIROS

Chegados aqui é altura de analisar a cláusula de *ordem pública internacional* que tem vindo, segundo parte da doutrina, a conhecer uma ampliação de sentido considerável, dando ainda mais razões para a sua caracterização como "cláusula geral". Na proposta extensíssima de BERENTELG, a ordem pública inclui as seguintes dimensões de controlo: i) direitos fundamentais; ii) violação do direito internacional público; iii) necessidade de uma ligação com o Estado de reconhecimento; iv) ordem pública processual e v) interesses da política externa[1386].

E se há algumas dimensões que julgamos deverem ser destacadas do conceito de ordem pública[1387] (ainda que permaneçam incluídas num conceito mais abrangente de *salvaguarda*), a verdade é que a Autora acerta quando dá conta da evolução que o conceito de ordem pública tem conhecido e que tem permitido novos desdobramentos terminológicos, essencialmente os de ordem pública europeia e de ordem pública transnacional.

A noção de *ordem pública europeia* representa não apenas a penetração do foro por valores resultantes do direito da União Europeia e, em geral, do direito europeu – conhecendo uma materialização distinta, portanto, da tradicional ordem pública – como comporta igualmente exigências diferenciadas de proximidade[1388].

[1386] Cfr. MARIA BERENTELG, *Die Act of State-Doktrin als Zukunftsmodell für Deutschland*, Tübingen, Mohr Siebeck, 2010, p. 265-273.
RUDOLF HEIZ via igualmente a ordem pública como um conceito muito amplo, que incluía alguns elementos que hoje já se podem considerar ultrapassados: não reconhecimento de governos estrangeiros, violação de direitos humanos fundamentais e adopção de medidas de natureza militar ou de neutralidade (cfr. *Das Fremde öffentliche Recht im internationalen Kollisionsrecht – Der Einfluss der Public Policy auf ausländisches Straf–, Steuer–, Devisen–, Konfiskations- und Enteignungsrecht*, Zürich, Polygraphischer Verlag, 1960, pp. 250-273).
[1387] Pensamos em particular na ligação ao Estado de reconhecimento, porque não faz parte do próprio juízo de ordem pública, ainda que o possa conformar ou condicionar (tornando mais ou menos exigente a sua aferição); e nos interesses da política externa que incorporam exigências distintas das que animam a ordem pública. De facto, a noção de interesse público não se confunde com a de ordem pública, não só por ser mais flexível em termos dos efeitos que dela resultam (não tendo sempre um efeito negativo ou positivo absoluto) como por ser mais rica no que se refere às exigências normativas que integra. A este propósito basta atentar no tríptico que anima o direito da União Europeia: a ordem, a segurança e a saúde públicas.
[1388] Neste sentido SUSANA CHABERT que entende que a construção desta nova ordem pública se reflecte nos valores mais amplos que protege e no esbatimento da ideia de proximidade com um Estado-membro em particular (cfr. NUNO ANDRADE PISSARRA, SUSANA CHABERT,

TEORIA DO RECONHECIMENTO

Acentua-se, de facto, no âmbito europeu, precisamente dada a íntima comunhão de valores e princípios, que a ordem pública possa funcionar de

Normas de Aplicação Imediata, Ordem Pública Internacional e Direito Comunitário, Coimbra Almedina, 2004, p. 274); TEUN STRUYCKEN que considera que há inegavelmente uma *ordem pública europeia* a par das ordens públicas nacionais, mas que entre ambas não haverá, em princípio, discrepâncias, dada a comunidade de valores subjacente (cfr. "L'ordre public de la Communauté Européenne", *Vers de Nouveaux Équilibres entre Ordres Juridiques – Liber Amicorum Hélène Gaudemet-Tallon*, Dalloz, Paris, 2008, p. 629); e PATRICK KINSCH que entende poder distinguir-se critérios de ordem pública (europeia) quanto ao reconhecimento de julgamentos de países parte na Convenção Europeia dos Direitos do Homem e de países que não o são (cfr. "The Impact of Human Rights on the Application of Foreign Law and on the Recognition of Foreign Judgments – A Survey of the Cases Decided by the European Human Rights Institution", *Intercontinental Cooperation Through Private International Law – Essays in Memory of Peter E. Nygh*, Talia Einhorn, Kurt Siehr, (eds.), The Hague, T.M.C. Asser Press, 2004, pp. 227-228). IOANNA THOMA, *Die Europäisierung und die Vergemeinschaftung des Nationalen Ordre Public*, Tübingen, Mohr Siebeck, 2007, pp. 218-250, vai mais longe e, a par do reconhecimento de uma função correctora e de complemento da ordem pública comunitária relativamente às ordens públicas nacionais, acrescenta-lhe uma ordem pública positiva comunitária que identifica normas imperativas de fonte especificamente europeia e dominantemente jurisprudencial. Adoptando a perspectiva mais moderada que não existe (ainda) uma ordem pública europeia, mas um ajustamento da ordem pública internacional a elementos europeus, cfr. BRUNO NASCIMBENE que prefere a denominação de noção "europeia" de ordem pública (cfr. "Riconoscimento di Sentenza Straniera e "Ordine Pubblico Europeo"", *Rivista di Diritto Internazionale Privato e Processuale*, Ano XXXVIII, N.º 3, luglio-settembre, 2002, p. 664); e RUI MANUEL MOURA RAMOS que defende que a ordem pública deixou de ser uma questão puramente doméstica, mas ainda não é um conceito comunitarizado, porque depende das concepções próprias do Estado de reconhecimento, ainda que a sua aplicação passe a ser controlada pelo Tribunal de Justiça (cfr. "Public Policy in the Framework of the Brussels Convention – Remarks on Two recent Decisions by the European Court of Justice", *Estudos de Direito Internacional Privado e de Direito Processual Civil Internacional*, Coimbra, Coimbra Editora, 2002, pp. 287).

No sentido da passagem de uma ordem pública nacional de apoio da soberania nacional e de cariz derrogatório, para uma ordem pública reveladora da integração europeia, que reflecte um interesse comum de fundo democrático, tendo por base o direito da União e da Convenção Europeia, cfr. DELPHINE DERO, *La Reciprocité et le Droit des Communautés et de l'Union Européenne*, Bruxelles, Bruylant, 2006, pp. 578-600 e 664-688.

Quanto ao conteúdo da ordem pública europeia encontram-se também amplas variações. No sentido de uma ordem pública europeia que não é apenas económica, mas política, enquanto instrumento de intensidade valorativa e de integração do pluralismo constitucional europeu, cfr. FRANCESCA ANGELINI, *Ordine Pubblico e Integrazione Costituzionale Europea – I Prinìpi Fondamentali nelle Relazione Interordinamentali*, Padova, CEDAM; 2007, pp. 162-224 e 333-340; evidenciando agora a subordinação da dimensão política à económica, cfr. MICHIEL

EFICÁCIA, RECONHECIMENTO E EXECUÇÃO DE ACTOS ADMINISTRATIVOS ESTRANGEIROS

forma expansiva – ao nem sempre se exigir um contacto forte, ou sequer um contacto, com o Estado do foro, bastando uma ligação relevante com a União –, ou de forma restritiva – dada a sua menor relevância relativamente a actos de outros Estados-membros, que se presume observarem idênticos critérios jus-fundamentais, admitindo-se apenas a alegação de violações manifestamente contrárias à ordem pública internacional.

Há ainda, assim se invoca, a formação de uma *ordem pública transnacional*, universal ou verdadeiramente internacional, desenvolvida por várias fontes internacionais, como convenções internacionais, esforços de direito comparado e acórdãos arbitrais e reforçada pelas várias sedes hoje existentes de adjudicação internacional[1389].

Não obstante estas evoluções e desenvolvimento de *standards* comuns, mantém-se o relevo de uma *ordem pública internacional* que continua a ser nacional, sobretudo no âmbito dos procedimentos de reconhecimento e de execução, de modo a assegurar os direitos dos demandados[1390]. Ao que acresce que, mesmo que se considere existir uma *ordem pública verdadeira-*

BESTERS, MILDA MACENAITE, "Securing the EU Public Order: Between an Economic and Political Europe", *German Law Journal*, Vol. 14, N.º 10, 2013, disponível em https://www.germanlawjournal.com, acesso em 15 de Julho de 2015, pp. 2075-2089; assinalando, no conceito de ordem pública europeia, a primazia da dimensão da segurança relativamente às dimensões dos direitos fundamentais e das liberdades fundamentais, cfr. MATEJ AVBELJ, "Security and the Transformation of the EU Public Order", *German Law Journal*, Vol. 14, N.º 10, 2013, disponível em https://www.germanlawjournal.com, acesso em 15 de Julho de 2015, pp. 2071-2072; já antes, sobre a necessidade de uma ordem pública europeia "meta-económica" que acentuasse uma ordem pública assente na segurança interna, cfr. GEORGES KARYDIS, "L'Ordre Public dans l'Ordre Juridique Communautaire: un Concept à Contenu Variable", *Revue Trimestrielle de Droit Européen*, N.º 1, Janvier-Mars, 2002, pp. 1-26

[1389] MATHIAS FORTEAU, "L'Ordre Public "Transnational" ou "Réellement International" – L'Ordre Public International face à l'Enchevement Croissant du Droit International Privé et du Droit International Public", *Journal du Droit International*, Ano 138, Janvier-février-mars, N.º 1, 2011, pp. 3-49. Igualmente, ADELINE CHONG, "Transnational Public Policy in Civil and Commercial Matters", *The Law quarterly Review*, Vol. 128, January, 2012, pp. 87-113. JACOB DOLINGER vê-a como ordem pública de carácter eminentemente positivo (convencional), pela renúncia à aplicação da lei do foro para aplicação dos interesses maiores do comércio internacional (cfr. *A Evolução da Ordem Pública no Direito Internacional Privado*, Rio de Janeiro, s/e, 1979, p. 249).

[1390] CRÍSTIAN ORÓ MARTÍNEZ, "Control del Orden Público y Supresión del Exequátur en el Espacio de Libertad, Seguridad y Justicia: Perspectivas de Futuro", *Anuario Español de Derecho Internacional Privado*, Tomo IX, 2009, p. 221.

mente europeia ou transnacional, é aos Estados que continuam a ser dirigidos os pedidos de reconhecimento e execução[1391], pelo que o seu papel quanto à concretização da cláusula ou cláusulas de ordem pública é inegável.

Assim, as tradicionais dimensões de compreensão da ordem pública internacional, que nos dispensamos de reproduzir na íntegra, continuam a ser aplicáveis.

Por um lado, passou a ser amiúde considerado o efeito atenuado da ordem pública no caso de reconhecimento de situações constituídos no estrangeiro, manifestando-se a recusa do reconhecimento apenas nos casos mais graves, ou seja, quando a natureza e grau dos interesses ofendidos, o grau de divergência relativamente à solução do foro e a violação de normas rigorosamente imperativas ou outros critérios concretamente aferidos, conduzam a uma violação insustentável dos princípios em que se funda a ordem jurídica de reconhecimento[1392]. Assim, como propõe WELLER, da confiança mútua em que, segundo o autor, se fundamentam as obrigações de reconhecimento resulta o carácter excepcional da ordem pública de reconhecimento, limitado a falhas sistémicas de protecção dos direitos fundamentais[1393] ou de erro manifesto na aplicação de disposições jurídicas fundamentais[1394].

[1391] JÜRGEN BASEDOW, "Recherches sur la Formation de L'Ordre Public Européen dans la Jurisprudence", *Le Droit International Privé: Esprit et Méthodes – Mélanges en l'Honneur de Paul Lagarde,* Paris, Dalloz, 2005, p. 65.

[1392] Cfr., neste sentido, JOÃO BAPTISTA MACHADO, *Lições de Direito Internacional Privado,* 3.ª ed., Coimbra, Almedina, 1995, pp. 260-267. Entre nós, LUÍS PAULO REBELO BARRETO XAVIER referia-se a uma "ordem pública de reconhecimento" como uma condição universalmente reconhecida (cfr. *Sobre a Ordem Pública Internacional e Reconhecimento de Sentenças Estrangeiras,* Dissertação de Mestrado em Ciências Jurídicas, Lisboa, policopiado, 1991, p. 19).

[1393] Cfr. Acórdão *N.S. e o.,* do Tribunal de Justiça de 21 de Dezembro de 2011, proferido nos processos apensos C-411/10 e C-493/10 e, enunciando que os princípios da confiança mútua e do reconhecimento mútuo, só podem ser colocados em causa em situações excepcionais (no caso, de risco real de tratamento desumano e degradante em centros de detenção), mediante motivos sérios e comprovados para o efeito, cfr. Acórdão *Pál Aranyosi e Robert Caldaru* do Tribunal de Justiça, de 5 de Abril de 2016, proferido nos processos apensos C-404/15 e C-659/15 PPU.

[1394] Cfr. Acórdão do Tribunal de Justiça *Diageo Brands BV c Simiramida-04 EOOD,* de 19 de Julho de 2015, proferido no processo C-681/13. MATTHIAS WELLER, " Mutual trust within judicial cooperation in civil matters: a normative cornerstone – a factual chimera – a constitutional challenge", *Dutch Journal on Private International Law,* N.º 1, 2017, pp. 1-21. Também no sentido de que as situações de reconhecimento mútuo são oponíveis a todas as prescrições nacionais, mesmo que de ordem pública (cfr. MARC FALLON, "L'Exception d'Ordre Public

EFICÁCIA, RECONHECIMENTO E EXECUÇÃO DE ACTOS ADMINISTRATIVOS ESTRANGEIROS

Por outro lado, passou a ordem pública a revestir uma dimensão marcadamente processual – justamente por ser esta uma das mais relevantes salvaguardas em matéria de reconhecimento e execução –, como decidiu o Tribunal de Justiça nos Acórdãos *Gambazzi* e *Krombach* (relativos à violação do direito de audição no processo em que se profere a decisão a reconhecer), o que pareceu fazer cessar uma querela que discutia ver na ordem pública apenas um mecanismo de defesa de direitos substantivos e não processuais[1395].

Por último, continuou a ordem pública internacional a cumprir uma dimensão de defesa, mesmo relativamente a decisões provenientes de outros Estados-membros, como o demonstram os referidos Acórdãos *Gambazzi* e *Krombach,* sempre que não seja expressamente afastada a possibilidade de mobilização da ordem pública em regulamentos comunitários. Aliás, revemo-nos na posição de SCHMIDT-ASSMANN, segundo quem, mesmo no âmbito das administrações compósitas, não se excluem cláusulas de salvaguarda e ordem pública, que os Estados podem continuar a invocar[1396].

---

face à L'Exception de Reconaissance Mutuelle", *Nuovi Strumenti del Diritto Internazionale Privato – Liber Fausto Pocar,* Milano, Giuffrè Editore, 2009, pp. 331-341).

[1395] Cfr. Acórdão *Marco Gambazzi c. DaimlerChrysler Canada Inc., CIBC Mellon Trust Company,* do Tribunal de Justiça de 2 de Abril de 2009, proferido no processo C-394/07; Acórdão *Dieter Krombach e André Bamberski*, do Tribunal de Justiça de 28 de Março de 2000, proferido no processo C-7/98; ANDREAS F. LOWENFELD, "Jurisdiction, Enforcement, Public Policy and Res Judicata: the Krombach Case", *Intercontinental Cooperation Through Private International Law – Essays in Memory of Peter E. Nygh,* Talia Einhorn, Kurt Siehr, (eds.), The Hague, T.M.C. Asser Press, 2004, pp. 229-248; RUI MANUEL MOURA RAMOS, "Public Policy in the Framework of the Brussels Convention – Remarks on Two recent Decisions by the European Court of Justice", *Estudos de Direito Internacional Privado e de Direito Processual Civil Internacional,* Coimbra, Coimbra Editora, 2002, pp. 283-321; KOEN LENAERTS, "The Contribution of The European Court of Justice to the Area of Freedom, Security And Justice", *International and Comparative Law Quarterly,* Vol. 59, N.º 2, April 2010, pp. 282-284; GILES CUNIBERTI, "Debarment from Defending, Default Judgments and Public Policy (Zu EuGH, 2.4.2009 – Rs. C-394/07 – Marco Gambazzi ./. Daimlercrysler Canada Inc., CIBC Mellon Trust Company, unten S. 164, Nr. 6)", *IPRax – Praxis des Internationalen Privat- und Verfahrensrechts,* 30 Ano, Vol. 2, 2010, pp. 148-153; e LARRY MAY, *Global Justice and Due Process,* Cambridge, Cambridge University Press, 2011, pp. 52-57.

[1396] EBERHARD SCHMIDT-ASSMANN, "Verfassungsprinzipien für den Verwaltungsverbund", *Grundlagen des Verwaltungsrechts,* Vol. I, 2.ª ed., Hoffmann-Riem, Schmidt-Aßmann, Voßkuhle (eds.), München, Verlag C. H. Beck, 2012, p. 285. Contra, LUCA DE LUCIA, *Amministrazione Transnazionale e Ordinamento Europeo,* Torino, Giappichelli, 2009, p. 242.

TEORIA DO RECONHECIMENTO

Esta indispensabilidade e variabilidade na ordem pública permitiu a SIEHR distinguir entre ramos de reconhecimento consoante a *vis* desempenhada pela cláusula de ordem pública, diferenciando um *direito europeu do reconhecimento*, um *direito convencional do reconhecimento* e um *direito nacional do reconhecimento*[1397]. Esta posição parece-nos meritória, mas dela resulta mais a caracterização da ordem pública do que dos mecanismos de reconhecimento, que excedem em muito aquele pressuposto.

Por último, é mister referir a última dimensão de salvaguarda: a de garantia de prossecução de interesses públicos nacionais, que poderiam resultar prejudicados pela mobilização dos instituto de reconhecimento e execução de actos administrativos estrangeiros. Nesta sede há quem dilua tal categoria num conceito amplo de ordem pública, como sucede com BERENTELG – que advoga que a ordem pública deve ser impregnada com a noção de interesse público da política externa, o que não representa um recuo da juridicidade daquela categoria, apenas lhe confere uma dimensão extra de relevância –[1398], mas há também quem propenda para uma consideração diferenciada – mas possível – destes dois institutos como fundamentos para o não reconhecimento[1399].

[1397] KURT SIEHR, "Der ordre public im Zeichen der Europäischen Integration: Die Vorbehaltsklaudel und die EU-Binnenbeziehung", *Grenzen Überwinden – Prinzipien Bewahren – Festshrift für Bernd von Hoffman zum 70. Geburtstag*, Herbert Kronke/ Karsten Thorn (org.), Bielefeld, Verlag Ernst und Verlag Gieseking, 2011, pp. 432-435.

[1398] MARIA BERENTELG, *Die Act of State-Doktrin als Zukunftsmodell für Deutschland*, Tübingen, Mohr Siebeck, 2010, pp. 253-255.

[1399] Ou, noutra perspectiva, para a evicção de normas competentes. Cfr. MARC FALLON, "Libertés Communautaires et Règles de Conflit de Lois", *Les Conflits de Lois et le Système Juridique Communautaire*, Angelika Fuchs, Horatia Muir Watt, Étienne Pataut (dirs.), Paris, Dalloz, 2004, pp. 73-76. STEFAN BURBAUM categoriza as excepções ao reconhecimento mútuo em reservas de soberania (interesses nacionais), cláusulas de protecção (por exemplo nos organismos geneticamente modificados em que se permite a suspensão) e cláusula de ordem pública (cfr. *Rechtsschutz gegen transnationales Verwaltungshandeln*, Baden-Baden, Nomos Verlagsgesellschaft, 2003, pp. 56-59).
FRANCO MOSCONI refere-se à evolução da ordem pública e prefere o termo ao de *public policy* por ser mais intelegível e ter raízes mais fortes, não tendo uma conotação tão política. Mas no âmbito do direito da concorrência, o termo de *public policy* tem vindo a estender-se, parecendo o Autor considerar que faz sentido recorrer a ele, se entendido como as considerações políticas que subjazem à definição das regras aplicáveis (cfr. "Exceptions to the Operation of Choice of Law", *Recueil des Cours*, Tomo 217, 1989-V, Dordrecht, Martinus Nijhoff Publishers, 1990, pp. 24-26).

EFICÁCIA, RECONHECIMENTO E EXECUÇÃO DE ACTOS ADMINISTRATIVOS ESTRANGEIROS

É certo que nenhum Estado pode renunciar à prossecução dos seus interesses públicos primaciais e, se estes forem dianteiros, tanto pode justificar a colocação de obstáculos ao reconhecimento, mesmo em situações em que *prima facie* exista uma obrigação de o concretizar[1400]. Ao mesmo tempo, os direitos nacionais integram, pois essa corresponde à sua vocação, cláusulas que acolhem objectivos públicos (*policies*) das suas normas, tanto no campo do direito privado[1401] como, ainda mais assim, no campo do direito público.

E esses objectivos podem ter, essencialmente, influência a dois níveis em matéria de reconhecimento.

Podem determinar a necessidade de serem levadas a cabo *démarches* adicionais para que o reconhecimento possa vir a ter lugar (como sucede com as medidas compensatórias em sede de reconhecimento profissional no seio da União[1402]); apontar no sentido de um reconhecimento meramente parcial dos efeitos de um acto administrativo estrangeiro; ou determinar apenas – pelo menos num primeiro momento – a suspensão da eficácia das medidas reconhecidas, soluções estas que devem ser adoptadas preferencialmente em face da vinculação estadual ao princípio da proporcionalidade.

Mas podem igualmente indicar no sentido do não reconhecimento e não execução de actos administrativos estrangeiros – quando aqueles estejam previstos e/ou sejam obrigatórios – e deles resulte uma lesão incomportável

---

[1400] Com esta leitura, que pode levar a exigir-se um nível de protecção superior ao Estado de origem e assim colocar obstáculos legítimos ao reconhecimento, cfr. INÊS QUADROS, "A Livre Circulação de Mercadorias na União Europeia e a Protecção de Crianças – Comentário ao Acórdão do Tribunal de Justiça de 14 de Fevereiro de 2008 (*Dynamic Medien Vertriebs GmbH c. Avides Media AG*)", *Estudos em Homenagem ao Professor Doutor Paulo de Pitta e Cunha*, Vol. I, Jorge Miranda, António Menezes Cordeiro, Eduardo Paz Ferreira, José Duarte Nogueira (orgs.), Coimbra, Almedina, 2010, pp. 240-242.

[1401] Assim, RUI MANUEL MOURA RAMOS que, no entanto, alerta que a semântica utilizada é, porém, mais a da finalidade da norma do que a do interesse estatal que a funda (cfr. "Droit International Privé vers La Fin du Vingtieme Siecle: avancement ou recul?", *Estudos de Direito Internacional Privado e de Direito Processual Civil Internacional*, Coimbra, Coimbra Editora, 2002, pp. 184-185).

[1402] JEAN-MARC FAVRET defende que estas medidas de compensação em matéria de formações profissionais não são propriamente de ordem pública mas visam interesses públicos ligados ao adequado exercício das profissões (cfr. "Le Système Général de Reconnaissance des Diplômes et des Formations Professionelles en Droit Communautaire" l'Esprit et la Méthode – Règles Actuelles et Développements Futurs", *Revue Trimestrielle de Droit Européen*, Vol. 32, N.º 2, 1996, pp. 273-277).

TEORIA DO RECONHECIMENTO

dos interesses públicos prosseguidos pelo Estado do foro. Apesar da carência de indicações expressas neste sentido[1403], pensamos poder buscar um apoio indirecto no artigo 7.º, n.º 1, alínea b) da Convenção Europeia sobre a Obtenção no Estrangeiro de Informações e Provas em Matéria Administrativa, na qual o Estado requerido pode recusar dar andamento ao pedido se a sua execução *"constituir uma ameaça à sua soberania, segurança, ordem pública ou algum outro dos seus interesses fundamentais"*. Também COLAÇO ANTUNES defende, relativamente aos actos transnacionais, que, não obstante a duplicação de controlos não seja desejável, sempre que haja a violação de interesses públicos primários é possível que estes prevaleçam sobre as exigências de reconhecimento[1404]. PRATA ROQUE, por seu turno, formula dois requisitos basilares para a aplicação de uma disposição estrangeira: que a regra administrativa estrangeira não afecte o exercício total de soberania por parte do Estado do foro e que aquela regra não vise exclusivamente a protecção de interesses públicos do Estado de origem (ou dos seus cidadãos) em relação aos interesses estrangeiros[1405].

Naturalmente que à questão de saber se se pode recusar o reconhecimento para salvaguardar interesses públicos estatais – a que já respondemos positivamente – se acrescenta necessariamente uma outra, a de aferir quais as modalidades procedimentais e processuais através das quais estes interesses podem ser invocados e salvaguardados. Sobre isto nos pronunciaremos *infra*.

e. Veracidade

A veracidade a que aqui nos referimos, como condição para o reconhecimento, prende-se com uma dimensão substancial e não essencialmente formal dos actos administrativos estrangeiros (i.e. com a sua falsidade) [1406].

[1403] O Códido de Processo Civil Português não incorpora nenhum critério de interesse público directo para fundar a não revisão de sentença estrangeira, ao contrário do que sucede no Brasil. Cfr. Superior Tribunal De Justiça da República Federativa do Brasil, Presidência, Resolução N.º 9, de 4 de Maio de 2005 (artigo 6.º), que esclarece que o não reconhecimento se opera não só no âmbito do conceito de ordem pública, mas também do de soberania.

[1404] Cfr. LUÍS FILIPE COLAÇO ANTUNES, *A Ciência Jurídico-Administrativa*, Coimbra, Almedina, 2013, pp. 163-164.

[1405] Cfr. MIGUEL PRATA ROQUE, "As Novas fronteiras do Direito Administrativo – Globalização e mitigação do princípio da Territorialidade do Direito Público", *Revista de Direito Público*, , N.º 5, Janeiro/Junho 2011, p. 153.

[1406] Isto ainda que as situações de fraude se possam apresentar como uma mescla entre a errada apresentação de actos estrangeiros, falsas declarações, usurpações de identidade e

Em causa está a atestação de situações artificiosas, inverídicas ou não sérias que não se mostram, por isso, aptas ao reconhecimento. Como refere LEBRE DE FREITAS, a *fraude à lei, "com ou sem apelo a um elemento subjectivo, traduz-se na manipulação dos factos constitutivos do* Tatbestand *duma norma, de modo a criar a aparência duma tutela legal concretamente inexistente"*; e ainda que no plano do direito interno haja quem considere que a fraude à lei é uma duplicação face à violação de lei, tal não sucede, para o Autor, no campo do direito internacional privado[1407]. O mesmo sucede, para nós, noutros campos de relacionamento entre ordens jurídicas distintas, como o direito administrativo internacional, nos quais a dimensão da confiança e da autoridade são essenciais e a afirmação de situações de ilegalidade dificultada pela pluralidade de perspectivas e de intervenções públicas.

A mobilização do instituto da fraude à lei representa assim uma forma, *enviesada*, de reforçar a confiança entre Autoridades públicas e de manter intocada a autoridade do foro, pelo que tem autonomia face a outras condições do reconhecimento, como a autenticidade dos actos administrativos estrangeiros e a ordem pública internacional[1408], sendo mesmo concebida

---

substituição da prova por actos de notoriedade, de acordo com ISABELLE GUYON-RENARD, "La Fraude en Matière de l'État Civil dans les Etats Membres de la CIEC" *Revue Critique de Droit International Privé*, Vol. 85, N.º 3, Julho-Setembro, 1996, pp. 542-545.

[1407] JOSÉ LEBRE DE FREITAS, "A fraude à lei na provocação da competência do tribunal estrangeiro", *Revista da Faculdade de Direito da Universidade de Lisboa*, Vol. XXXIX, N.º 1, 1998, p. 12.

[1408] J. A. CARRILHO SALCEDO, *Derecho Internacional Privado*, 3.ª ed. Madrid, Tecnos, 1983, pp. 235-248. Para o Autor a fraude à lei representa a defesa da autoridade da ordem jurídica do foro, por oposição à da ordem pública, enquanto defesa da homogeneidade do ordenamento jurídico do foro. Complementarmente, JACQUES MAURY vê a fraude à lei como representando uma concretização particular da teoria do abuso do direito (critério este que tembém a permite distanciar da ordem pública) (cfr. *L'Eviction de la Loi Normalement Competente: L'Ordre Public International et la Fraude à la Loi*, Valladolid, Casa Martin, 1952, Kurt Siehr, (eds.), The Hague, T.M.C. Asser Press, 2004, pp. 164-166).

As diferenças entre estes dois institutos não são, porém, tão evidentes como se poderia julgar à primeira vista. PIERRE LOUIS-LUCAS exprime a fraude à lei como uma decorrência de uma exigência de moralidade fundamental no comportamento dos homens e, por isso, como um objectivo de ordem geral ou como uma *ordem pública de espírito internacional*, razão pela qual conclui que se deve censurar a fraude à lei estrangeira e não só a fraude à lei do foro (cfr. "La Fraude à la Loi Étrangère", *Revue Critique de Droit International Privé*, Tomo LI, Janvier-Mars, N.º 1, 1962, p. 9).

TEORIA DO RECONHECIMENTO

como o freio mais poderoso e justificado ao reconhecimento dos efeitos estrangeiros[1409].

Esta exigência de veracidade era já articulada por FEDOZZI, que, referindo-se à fraude à lei estrangeira (a um acto de naturalização), via-a como motivo legítimo de recusa do reconhecimento de um acto administrativo estrangeiro[1410], com o que concordamos.

No seio de arranjos de integração e de estreita cooperação poderia parecer, porém, que a fraude à lei perderia parte das suas propriedades, sendo substituída por uma inabalável confiança mútua nos actos administrativos praticados pelas demais autoridades públicas.

Não é, porém, genericamente assim, como o bem demonstra o direito da União Europeia. É ceeto que há situações em que um dos efeitos do direito da União se tem manifestado na limitação dos efeitos da doutrina da fraude à lei, sobretudo em matéria contratual e societária, pois condutas que antes eram "anormais" passaram a ser legítimas à luz do direito da União[1411].

Também em concreto, em situações em que se não recorreu à fraude à lei para justificar restrições à eficácia de actos administrativos estrangeiros, o enquadramento que se lhes dava era próximo do deferido pela ordem pública.

Comentando um Acórdão da *Corte de Cassação Penal Italiana de 7 de Junho de 1956*, que considerou inexistente e ilegítimo, por ser contrário a um acto administrativo nacional de retirada da carta de condução, um acto posterior de emissão de carta de condução na Suíça relativamente a um residente nesta (que entretanto para aí havia mudado a residência), FANARA aduz, e bem, que não se trata de uma situação de nulidade nem de inexistência, mas de ineficácia, dada a sua contrariedade com disposições de polícia nacionais, recusando, aqui, um entendimento amplo de ordem pública (cfr. ELIO FANARA, "Sui Limitti all'Eficacia agli Atti Amministrativi Stranieri", *Diritto Internazionale*, Vol. XV, 1961, pp. 337-338; com nota ao Acórdão e com análise dos efeitos da Convenção de Genebra no ordenamento jurídico italiano, cfr. ANTONIO MALINTOPPI, "Su l'adattamento dell'Ordinamento Italiano, alla Convenzione di Ginevra del 1949 relativa a la Circolazione Stradale", *Rivista di Diritto Internazionale*, Vol. 47, 1957, pp. 259-264).

[1409] DANIÈLE ALEXANDRE, *Les Pouvoirs du Juge de L'Exequatur*, Paris, Librairie Générale de Droit et de Jurisprudence, 1970, p. 319.

[1410] PROSPER FEDOZZI, "De L'Efficacité Extraterritorie des Lois et des Actes de Droit Public", *Recueil des Cours*, Tomo 27 – II, 1929, Paris, Librairie Hachette, 1930, p. 198.

[1411] Cfr. o marco jurisprudencial do Acórdão *Centros* do Tribunal de Justiça, de 9 de Março de 1999, proferido no processo C-212/97. Cfr., entre nós, RUI MANUEL MOURA RAMOS, "O Tribunal de Justiça das Comunidades Europeias e a teoria geral do direito internacional privado: desenvolvimentos recentes", *Estudos em Homenagem à Professora Doutora Isabel de Magalhães Collaço*, Vol. I, ed. Rui Manuel de Moura Ramos, *et al.*, Coimbra, Almedina, 2002, pp. 455-460;

Mas o entendimento de quem parece ver como irrelevante a fraude à lei em quaisquer actuações e decisões públicas ·transnacionais[1412], não resiste a posições contrárias[1413] e à soma de desenvolvimentos *jurisprudenciais* e *legislativos*[1414].

De facto, o Tribunal de Justiça tem vindo a admitir – ainda que não a impor aos Estados-membros – que a situações de fraude possam justificar a recusa de reconhecimento de actos com eficácia transnacionais[1415].

---

e DÁRIO MOURA VICENTE, "Liberdade de Estabelecimento, Liberdade Pessoal e Reconhecimento das Sociedades Comerciais", *Direito Internacional Privado – Ensaios*, Vol. II, Coimbra, Almedina, 2005, p. 101.

[1412] MATTEO GNES, "General Introduction: Towards an Administration Without Frontiers – Migration Opportunities in Europe", *European Review of Public Law*, Vol. 21, N.º 1, 2009, p.42; KURT SIEHR, *"Fraude à la loi* and European private international law", *Essays in Honour of Michel Bogdan*, Lund, Juristförlaget, 2013, p. 538.

[1413] SPYRIDON VRELLIS, "'Abus' et 'fraude' dans la jurisprudence de la Cour de Justice des Communautés Européenes", *Vers de Nouveaux Équilibres entre Ordres Juridiques – Liber Amicorum Hélène Gaudemet-Tallon*, Paris, Dalloz, 2008, p. 646; e ANNEKATRIEN LENAERTS, "The role of the principle *frau omnia corrumpit* in the European Union: A possible evolution towards a general principle of law?", *Yearbook of European Law*, Vol. 32, N.º 1, 2013, pp. 484-485.

[1414] Veja-se, por exemplo, como no âmbito do sistema de alerta previsto na Directiva 2013/55/UE, do Parlamento Europeu e do Conselho, de 20 de Novembro de 2013, que altera a Directiva 2005/36/CE relativa ao reconhecimento das qualificações profissionais, as autoridades competentes do Estado-Membro devem informar, o mais tardar três dias após a data de adoção da decisão judicial, sobre a identidade dos profissionais que requereram o reconhecimento de uma qualificação ao abrigo da presente directiva e em relação aos quais se veio a concluir, através de decisão judicial, que utilizaram títulos de qualificações profissionais falsificados neste contexto.

[1415] ROBIN MORRIS, "European Citizenship: Cross-Border Relevance, Deliberate Fraud and Proportionate Responses to Potential Statelessness", *European Public Law*, Vol. 17, N.º 3, 2011, pp. 417-435.

Esta recusa tem-se alargado a outras áreas da actuação comunitária, nas quais se censuram comportamentos abusivos, que devem revestir, para como tal serem considerados, um elemento objectivo (o não cumprimento da finalidade prosseguida pela regulamentação, não obstante o respeito das condições prescritas) e um elemento subjectivo (a vontade de obtenção de uma vantagem indevida resultante da regulamentação da União, criando artificialmente as condições exigidas para a sua obtenção). Cfr., *ex multis*, Acórdão *Società Italiana Commercio e Servizi srl (SICES) e o. c. Agenzia Dogane Ufficio delle Dogane di Venezia*, do Tribunal de Justiça de 13 de Março de 2014, proferido no processo C-155/13, e Acórdão O. c. Minister voor Immigratie, Integratie en Asiel e o., do Tribunal de Justiça de 12 de Março de 2014, proferido no processo C-456/12.

Vejam-se alguns exemplos em que esta questão se tem manifestado: no Acórdão *Secretary of State for the Home Department c. Hacene Akrich*, de 23 de Setembro de 2003, proferido no processo C-109/01, o Tribunal de Justiça considerou não ser de estender o direito de livre circulação aos cônjuges, sempre que tenha sido celebrado um casamento de conveniência, com o objectivo de contornar as disposições relativas à entrada e permanência dos nacionais de países terceiros; no Acórdão *Janko Rottmann c. Freistaat Bayern*, de 2 de Março de 2010, proferido no processo C-135/08, aquele Tribunal admitiu a retirada de nacionalidade ainda que dela decorra o estatuto de apátrida (e, por isso, a perda da cidadania da União), se a mesma foi obtida fraudulentamente, ainda que as consequências de tal perda devam ser aferidas à luz do princípio da proporcionalidade; enquanto que no Acórdão *Claude Gullung c. Conseils de L'ordre des Avocats du Barreau de Colmar et de Saverne*, de 19 de Janeiro de 1988, proferido no processo 292/86, entendeu o Tribunal que então a Directiva 77/249 deveria ser interpretada no sentido de que as suas disposições não podem ser invocadas por um advogado estabelecido num Estado-membro com o objectivo de exercer no território de outro Estado--membro a sua actividade enquanto prestador de serviços, quando neste o acesso à profissão de advogado lhe tiver sido proibido por razões relativas à dignidade, honorabilidade e probidade.

Próximas destas encontram-se ainda as situações em que se recusou que interessados viessem a utilizar, num Estado-membro, certidões ou homologações estrangeiras que não se baseavam numa verificação das qualificações ou experiências profissionais aí obtidas, pois tal poderia conduzir a um acesso a uma profissão regulamentada, sem título bastante para o efeito[1416].

Também internamente aos Estados de reconhecimento tem havido exemplos de controlo da veracidade, como sucedeu com a decisão do Conselho de Estado Francês, de 13 de Dezembro de 2002, que decidiu não denegar o visto a uma pessoa incluída no sistema Sistema de Informação Schengen, por ter havido uma apreciação errónea dos factos pelo Governo alemão não obstante a vinculação transnacional (Decisão recolhida em http://www.legifrance.gouv.fr/affichJuriAdmin.do?idTexte=CETATEXT000008127645&fastReqId=1281824583&fastPos=2&oldAction=rechExpJuriAdmin, consultada em 23 de Março de 2015).

[1416] Nas palavras de BARBARA GAGLIARDI, "Libertà di circolazione dei lavoratori, concorsi pubblici e mutuo riconoscimento dei diplomi", *Foro Amministrativo*, Vol 9, N.º 4, 2010, p. 748, haveria aqui lugar a um "jogo de espelhos" ou a um inadmissível "reconhecimento de segundo grau". Cfr. o Acórdão *Consiglio Nazionale degli Ingegneri c. Ministero della Giustizia, Marco Cavallera*, do Tribunal de Justiça de 29 de Janeiro de 2009, proferido no processo C-311/06).

EFICÁCIA, RECONHECIMENTO E EXECUÇÃO DE ACTOS ADMINISTRATIVOS ESTRANGEIROS

Evitou-se, assim, uma circunvenção à aplicação dos parâmetros aplicáveis no Estado de acolhimento.

Mas é no âmbito das licenças de condução que mais especificamente se tem colocado a questão do não reconhecimento, em virtude da ocorrência da fraude à lei, de modo a promover o objectivo da segurança rodoviária e evitar o *turismo de licenças de condução*[1417]. No Acórdão *Felix Kapper,* do Tribunal de Justiça de 29 de Abril de 2004, proferido no processo C-476/01, pre-cludiu-se a recusa de reconhecimento de uma carta de condução emitida por outro Estado-membro por o titular da carta, na data da sua emissão, ter a sua residência habitual no território desse Estado e não no território do Estado-Membro de emissão[1418]; e também não se concedeu que essa recusa

---

[1417] MARKUS MÖSTL, "Preconditions and Limits of Mutual Recognition", *Common Market Law Review,* Vol. 47, 2010, p. 431.

[1418] O fundamento então aduzido pelo Tribunal de Justiça foi o seguinte: *"Uma vez que a Directiva 91/439 confere ao Estado-Membro de emissão uma competência exclusiva para se assegurar de que as cartas de condução são emitidas no respeito da condição de residência prevista nos artigos 7.º, n.º 1, alínea b), e 9.º desta directiva, é apenas a este Estado-Membro que incumbe tomar as medidas adequadas a respeito das cartas de condução em relação às quais se verifique posteriormente que os seus titulares não preenchiam a referida condição. Quando um Estado-Membro de acolhimento tenha razões sérias para duvidar da regularidade de uma ou de várias cartas de condução emitidas por outro Estado-Membro, incumbe-lhe comunicá-las a este último, no quadro da assistência mútua e da troca de informações instituídas pelo artigo 12.º, n.º 3, da referida directiva. Caso o Estado-Membro de emissão não tome as medidas adequadas, o Estado-Membro de acolhimento poderá eventualmente instaurar contra este Estado o procedimento previsto no artigo 227.º CE, destinado a obter a declaração pelo Tribunal de Justiça do incumprimento das obrigações decorrentes da Directiva 91/439"* (p. 48).

E, de facto, uma das medidas que visa evitar a fraude à lei e a reforçar a confiança mútuo entre os Estados membros, passa pela regras de definição da localização dos Estados, que devem emitir a autorização, segundo VASSILIS HATZOPOULOS, "Le Principe de Reconnaissance Mutuelle dans la Libre Prestation des Services", *Cahiers de Droit Européen,* Vol. 46, N.ºs 1-2, 2010, p. 83. Dando indicações que o controlo de resultados permitido pela fraude à lei só pode ser abandonado se houver sido unificado o direito de conflitos, cfr. LUÍS DE LIMA PINHEIRO, "Reconhecimento Autónomo de Decisões Estrangeiras e Controlo do Direito Aplicável", *Estudos de Direito Internacional Privado – Direito de Conflitos, Competência Internacional e Reconhecimento de Decisões Estrangeiras,* Coimbra, Almedina, 2006, pp. 450-451.

Todavia, estes casos que envolvem a alteração da concretização do elemento de conexão (da residência) e a fraude ao próprio requisito de residência mostram como a fraude à lei continuará a fazer sentido mesmo unificadas as regras que definem quais as autoridades competentes. Veja-se a este propósito o Acórdão *VAS «Ceļu satiksmes drošības direkcija», Latvijas Republikas Satiksmes ministrija c. Kaspars Nīmanis,* do Tribunal de Justiça de 25 de junho de 2015, proferido no processo C-664/13, que se opõe a que um Estado exija, para cumprimento do

TEORIA DO RECONHECIMENTO

fosse legítima quando o fundamento para o não reconhecimento fosse o facto de o seu titular ter sido objecto, no território do Estado de reconhecimento de uma medida de retirada ou de anulação de uma carta de condução, quando o período da proibição temporária já tivesse expirado antes da data de emissão da carta de condução por outro Estado-Membro[1419].

Mais indicativo do relevo da fraude à lei como fundamento para o não reconhecimento de licenças de condução é, porém, o Acórdão *Arthur Wiedemann c. Land Baden-Württemberg e Peter Funk c. Stadt Chemnitz*, do Tribunal de Justiça, de 26 de Junho de 2008, proferido nos processos apensos C-329/06 e C-343/06[1420]. Neste é textualmente aduzido que, se for possível demonstrar, *"não em função das informações do Estado-membro de acolhimento mas com base nas menções que constam da própria carta de condução ou noutras informações incontestáveis do Estado-membro de emissão, que o requisito da residência imposto no artigo 7.º, n.º 1, alínea b), da Directiva 91/439 não estava cumprido no momento da emissão dessa carta, o Estado-membro de acolhimento, no território do qual o titular da referida carta de condução foi objecto de uma medida de apreensão de uma carta anterior, pode recusar o reconhecimento do direito de conduzir resultante de uma carta de condução posteriormente emitida por outro Estado-membro fora do período de proibição de requerer uma nova carta".*

Deste aresto resultam explicitamente os grandes *critérios-guia* que devem ser seguidos em matéria de apreciação de *fraude à lei* no âmbito do reconhe-

---

requisito da residência, como único meio de prova, a declaração de um domicílio no território do Estado-membro de emissão ou renovação da carta de condução.

[1419] Concretizando as margens desta decisão judidical, no Acórdão Processo penal contra Frank Weber, de 20 de Novembro de 2008, proferido no processo C-1/07 (e na Decisão Rainer Günther Möginger, de 3 de Julho de 2008, proferido no processo C-225/07), o Tribunal de Justiça apontou no sentido de que um Estado-membro poderia recusar o reconhecimento se a carta de condução tivesse sido obtida num outro Estado-membro, durante o período de vigência de uma medida de suspensão da carta emitida pelo Estado-membro ao qual se solicita, agora, o reconhecimento.

Recentemente, o Acórdão *Andreas Wittmann*, do Tribunal de Justiça, de 21 de Maio de 2015, proferido no processo C-339/14, veio determinar que uma decisão que impede a obtenção num Estado de uma carta de condução durante um certo período de tempo tem como consequência impedir o reconhecimento da validade de qualquer carta emitida por um outro Estado-membro antes do termo desse período.

[1420] Confirmado no Acórdão *Mathilde Grasser c. Freistaat Bayern*, do Tribunal de Justiça 19 de Maio de 2011, proferido no processo C-184/10; no Acórdão *Leo Apelt*, do Tribunal de Justiça de 13 de Outubro de 2011, proferido no processo C-224/10).

EFICÁCIA, RECONHECIMENTO E EXECUÇÃO DE ACTOS ADMINISTRATIVOS ESTRANGEIROS

cimento de actos administrativos estrangeiros[1421]: i) a fraude deve incidir sobre *critérios essenciais* ao acto estrangeiro e ao direito da União, precisamente aqueles dos quais se extrai a sua particular eficácia extraterritorial, por exemplo, a violação de uma regra explícita de competência[1422]; ii) a aferição da veracidade do acto deve ser feita com base em elementos disponíveis no *momento da decisão* – e que esta deveria ter valorado adequadamente – e não com base em informações disponíveis posteriormente[1423].

De facto, para que a doutrina da fraude à lei seja operativa no âmbito de situações de mútuo reconhecimento, é necessário que o objectivo manipulado seja *imperativo*[1424], e que a manipulação não seja justificada por outros

---

[1421] MIGUEL PRATA ROQUE aduz outros requisitos para a verificação de *"fraude através do reconhecimento transnacional"* nos casos em que esta tenha sido objecto de uma acção no Estado de origem: que a iniciativa do procedimento ou processo no Estado de origem não tenha cabido ao interessado no reconhecimento; e que a fraude tenha sido invocada, sem sucesso, perante o órgão ou tribunal administrativo do Estado de origem (cfr. *A Dimensão Transnacional do Direito Administrativo – Uma visão cosmopolita das situações jurídico-administrativas*, AAFDL, Lisboa, 2014, p. 1243).

[1422] NICOLA BASSI defende que o Tribunal procedeu neste caso a um *"escamotage ricostruttivo"*, ao diferenciar entre os pressupostos normativos do mútuo reconhecimento (a residência habitual no Estado-membro de emissão) e as condições de legitimidade para a legítima adopção do acto (o cumprimento das regras fixadas por lei) (cfr. "Il Mutuo Riconoscimento in Transformazione: il caso delle Patente di Guida", *Rivista Italiana di diritto Pubblico Comunitario*, Vol. 6, 2008, p. 1591).

[1423] Para este efeito é indiferente que as informações tenham sido transmitidas de modo indirecto, sob a forma de uma comunicação efetuada por terceiros, não se afigurando tanto susceptível de impedir que essas informações possam ser consideradas provenientes do Estado-membro de emissão, desde que provenham de uma autoridade deste último Estado-membro (cfr. Acórdão *Baris Akyüz*, do Tribunal de Justiça de 1 de Março de 2012, proferido no processo C-467/10). De qualquer das formas, terão de ser sempre informações *incontestáveis*, emanadas pelo Estado de emissão, que confirmem que o titular não tinha a sua residência habitual no território desse Estado no momento em que este emitiu uma carta de condução (cfr. Despacho *Kurt Wierer c. Land Baden-Württemberg*, do Tribunal de Justiça de 9 de Julho de 2009, proferido no processo C-445/08).

[1424] Como defendem J. P. NIBOYET, "La fraude à la loi en droit international privé", *Revue de Droit International et de Legislation Comparé*, 1926, p. 492; e J. J. FAWCETT, "Evasion of law and mandatory rules in private international law", *Cambridge Law Journal*, Vol. 49, N.º 1, 1990, pp. 56-57.

TEORIA DO RECONHECIMENTO

princípios e liberdades fundamentais, apelando para uma composição prudente e razoável de interesses.[1425]

f. Proveniência

No que diz respeito à proveniência, questiona-se se a competência das autoridades estrangeiras para a prática do acto administrativo estrangeiro terá algum papel na definição do reconhecimento.

Um dos principais pressupostos do reconhecimento tem-se referido à proveniência da decisão estrangeira ou à proximidade desta à situação regulada, pois, tendo esta sido emitida por entidades que se reputaram competentes, poder-se-ia firmar, com base nesse vínculo, uma especial pretensão ao reconhecimento.

Entre nós, FERRER CORREIA chega a assentar o reconhecimento na verificação da legitimidade do Estado quanto à assunção da sua competência internacional, considerando-a o *pivot* do instituto do reconhecimento de sentenças e a justificação lógico-formal do mesmo[1426]. E, ainda, quanto a esta competência internacional indirecta, FERRER CORREIA identifica três sistemas possíveis de controlo: sistemas bilaterais (que bilateralizam as regras de competência directa ou que estabelecem regras especiais para as situações de competência indirecta), sistemas unilaterais (que repousam nas regras de competência do Estado que emitiu a sentença, ainda que de forma a mais das vezes atenuada, para preservar as competências exclusivas do Estado de reconhecimento), ou sistemas que controlam apenas as competências exorbitantes[1427].

Tendo-nos debruçado abundantemente, na primeira parte do presente texto, sobre as situações de jurisdição extraterritorial, percebemos que os

---

[1425] Como defendia já ALEXANDRE LIGEROPOULO, "La defensa de derecho contra el fraude", *Revista de Derecho Privado,* XVII, 196, 1930, p. 25.

[1426] ANTÓNIO FERRER CORREIA, "La Reconnaissance et l'Exécution des Jugements Etrangers en Matière Civile et Commerciale (Droit Comparé)", *Estudos Vários de Direito,* Coimbra, Universidade de Coimbra, 1982, pp. 120-121; e ANTÓNIO FERRER CORREIA, "Breves Reflexões sobre a Competência Internacional Indirecta", *Estudos Vários de Direito,* Coimbra, Universidade de Coimbra, 1982, p. 206.

[1427] ANTÓNIO FERRER CORREIA, "La Reconnaissance et l'Exécution des Jugements Etrangers en Matière Civile e Commerciale (Droit Comparé)", *Estudos Vários de Direito,* Coimbra, Universidade de Coimbra, 1982, pp. 167-177; ANTÓNIO FERRER CORREIA, "Breves Reflexões sobre a Competência Internacional Indirecta", *Estudos Vários de Direito,* Coimbra, Universidade de Coimbra, 1982, pp. 193-222.

EFICÁCIA, RECONHECIMENTO E EXECUÇÃO DE ACTOS ADMINISTRATIVOS ESTRANGEIROS

limites à assunção de tais competências são, no âmbito administrativo, grandemente indeterminados, exigindo-se como *base mínima de entendimento* apenas a existência de uma conexão com o ordenamento jurídico decisor.

Ora, com isto compreende-se que o *limite consensual* ao reconhecimento de actos administrativos estrangeiros passe pela recusa de *competências exorbitantes*. Efectivamente, não se deve poder reconhecer actos e decisões adoptadas em contrariedade com as regras essenciais de jurisdição internacional, sob pena de se perpetuar a violação de disposições que conduzem à responsabilidade internacional[1428] e de se permitir a violação das expectativas legítimas dos envolvidos no tráfego internacional e a violação do princípio da intransactividade[1429].

Por isso, na perspectiva de KÖNIG, se um Estado ultrapassa a sua jurisdição internacional através da emissão de um acto administrativo está a violar o direito internacional, sendo o acto nulo e não se podendo colocar a questão do seu reconhecimento. Mas o Autor acentua a distinção, também já por nós recolhida, entre jurisdição internacional e competência internacional, esclarecendo que a violação desta última não implica a invalidade do acto a reconhecer, nem aponta no sentido da impossibilidade do reconhecimento[1430].

[1428] BRIGITTE STERN, "Quelques Observations sur les Régles Internationales Relatives à l'Application Extraterritoriale du Droit, *Annuaire Français de Droit International*, Vol. 32, 1986. pp. 36-40; e CHRISTOPH OHLER, *Die Kollisionsordnung des Allgemeinen Verwaltungsrechts,* Tübingen, Mohr Siebeck, 2005, p. 364.

[1429] Cfr., ainda, KLAUS VOGEL, *Der räumliche Anwendungsbereich der Verwaltungsrechtsnorm – Eine Untersuchung über die Grundfragen des sog. Internationalen Verwaltungs-und Steuerrechts,* Frankfurt am Main, Alfred Metzner Verlag, 1965, p. 178. MIGUEL PRATA ROQUE liga, precisamente, o princípio da recusa da competência transnacional exorbitante ao princípio da intransitividade e ao próprio princípio democrático (cfr. *A Dimensão Transnacional do Direito Administrativo – Uma visão cosmopolita das situações jurídico-administrativas*, AAFDL, Lisboa, 2014, pp. 1170-1175).

JORGE SILVA SAMPAIO defende igualmente que o contacto com o ordenamento jurídico estrangeiro tem de ser um factor juridicamente relevante de modo a que determinado sujeito possa contar com a aplicação de determinada lei ou acto estrangeiro (cfr. *O Acto Administrativo pela Estrada Fora: os Efeitos Transnacionais do Acto Administrativo*, AAFDL, Lisboa, 2014, p. 57).

Entre nós, também PAULO OTERO considera que o controlo de competência é um requisito de validade e reconhecimento do acto, de acordo com as normas administrativas estrangeiras, adoptando uma perspectiva unilateral (cfr. *Legalidade e Administração Pública – O sentido da vinculação administrativa à juridicidade,* Coimbra, Almedina, 2007, p. 503).

[1430] KLAUS KÖNIG, *Die Anerkennung Ausländischer Verwaltungsakte*, Köln, Carl Heymanns Verlag KG, 1965, pp. 46-52.

Numa perspectiva ainda mais favorável ao reconhecimento, MENG chega a entender que, caso um Estado exerça jurisdição em violação das regras que regulam a jurisdição estatal (as de existência de uma conexão estreita com a situação), outro Estado é livre de reconhecer esse acto, desde que direitos de Estados terceiros não sejam violados; caso o sejam, o reconhecimento é ele próprio um acto violador de direito internacional, sujeito às sanções próprias deste[1431].

Estas perspectivas não são, porém, as únicas que se acantonam no âmbito internacional. Há autores que vão para além deste controlo mínimo da proveniência do acto administrativo estrangeiro, pois censuram que, não obstante o critério de jurisdição constitua uma inegável condição para o reconhecimento, dele resulta apenas a exclusão de situações flagrantes de exercício de competência internacional, propondo, em alternativa, soluções que permitam controlar, de forma mais próxima, a proveniência de decisões estrangeiras.

Uma dessas propostas passa pela *bilateralização* das regras de competência nacional. Todavia, não se conhecendo um regime internacional ou, mesmo, nacional que defina regras extensas de competência territorial no âmbito administrativo, esta teoria – que repousa numa *dupla funcionalidade* das regras internas de competência – pareceria votada ao fracasso.

Tal não constitui, porém, um factor dissuasor para a doutrina. BISCOTTINI, apesar de defender que o reenvio para o direito estrangeiro implica a prática de um *acto nacional,* não deixa de considerar o conteúdo do acto estrangeiro e a competência internacional do Estado que o praticou, competência esta vista de maneira dominantemente funcional[1432]. Noutra sede, ainda que considerando que as regras administrativas não têm o carácter de universalidade das regras de direito privado e apenas regulamentam parte dos problemas humanos, não deixa de presumir que o Estado pode recusar a competência a um Estado estrangeiro quando, relativamente a um certo acto, ele próprio a não tivesse[1433]. Repousa o Autor, de certa forma, numa *bilateralidade negativa*

[1431] WERNER MENG, "Recognition of Foreign Legislative and Administrative Acts", *Encyclopedia of Public International Law*, Rudolf Berhnardt (ed.), Vol. IV, Amsterdam, North-Holland – Elsevier, 1992, p. 51.

[1432] GIUSEPPE BISCOTTINI, *Diritto Amministrativo Internazionale – Tomo Primo/ La Rilevanza degli Atti Amministrativi Stranieri,* Padova, CEDAM, 1964, pp. 99-107.

[1433] GIUSEPPE BISCOTTINI, "L'Efficacité des Actes Administratifs Étrangers", *Recueil des Cours,* Vol. 104, 1961, Leiden, Sijthoff, 1962, pp. 677 e 681.

retirada das regras de competência administrativa interna; porém, esta também exclui apenas um conjunto limitado de situações do âmbito do reconhecimento, já que, tirando os casos em que a competência é exclusiva de outras autoridades (como sucede com a atribuição da nacionalidade de um Estado estrangeiro), na maioria das hipóteses – e em igualdade de condições – ambos os Estados assumiriam competência administrativa.

Outros autores vão, por isso, mais longe, apontando no sentido de uma *bilateralidade positiva*, como sucede com NGUYEN, que defende que, como é difícil identificar o que são vínculos mais estreitos no plano administrativo, é necessária a consideração do direito nacional e das convenções internacionais[1434]. Entre nós, PRATA ROQUE, ainda que acentue que o princípio da dupla funcionalidade pode afrouxar o princípio da legalidade da competência administrativa, entende que esse efeito nefasto pode ser temperado pelo princípio da efectividade no acesso à tutela jurisdicional efectiva[1435].

Outra perspectiva – que se traduz num diferente sistema de controlo – passa por recusar o reconhecimento apenas quando em causa estejam *competências exclusivas* do Estado de reconhecimento. Este é considerado um

---

[1434] MINH SON NGUYEN, "Droit Administratif International", *Zeitschrift für Schweizerisches Recht*, Vol. 125, II, 2006, pp. 97-98.

[1435] MIGUEL PRATA ROQUE, *A Dimensão Transnacional do Direito Administrativo – Uma visão cosmopolita das situações jurídico-administrativas*, AAFDL, Lisboa, 2014, pp. 1070-1071. De forma mais curta, apontando para o princípio da dupla funcionalidade, cfr. MIGUEL PRATA ROQUE, "Mais um Passo a Caminho de uma Administração Globalizada e Tecnológica?", *Direito & Política*. N.º 4, Julho-Outubro, 2013, p. 173; e PAULA COSTA E SILVA, "Jurisdição e Competência Internacional dos Tribunais Administrativos: a propósito do Acórdão do STA n.º 4/2010", *Cadernos de Justiça Administrativa*, N.º 84, 2010, p. 12. Numa perspectiva privatista, LIMA PINHEIRO advoga o reconhecimento quando as autoridades portuguesas não forem exclusivamente competentes e o título de competência for idêntico ou equivalente ao que funda a competência internacional das autoridades portuguesas (cfr. LUÍS DE LIMA PINHEIRO, *Direito Internacional Privado*, Vol. III, 2.ª ed, Coimbra, Almedina, 2012, p. 398). Noutra sede, o Autor aduz que deve haver mais do que uma conexão suficiente do Estado de origem para se proceder ao reconhecimento, devendo existir uma conexão *adequada*, que assegure uma coerência valorativa do direito do reconhecimento com o direito da competência internacional, tomando-se estas regras como ponto de partida, mas tendo em consideração as especificidades a autonomia do reconhecimento (cfr. LUÍS DE LIMA PINHEIRO, "A Triangularidade do Direito Internacional Privado – Ensaio sobre a Articulação entre o Direito de Conflitos, o Direito da Competência Internacional e o Direito do Reconhecimento", *Estudos de Direito Internacional Privado – Direito de Conflitos, Competência Internacional e Reconhecimento de Decisões Estrangeiras*, Coimbra, Almedina, 2006, p. 283).

TEORIA DO RECONHECIMENTO

sistema mais moderno e aberto ao reconhecimento e que tem particular implantação no âmbito do reconhecimento de sentenças em matéria civil e comercial. Apenas exemplificativamente, MAYER advoga que o controlo da competência internacional do autor de uma decisão estrangeira deve ser mais liberal do que o referente à aplicação da lei, por não ter, como nesta, uma função de selecção, pelo que o interesse na indicação de apenas um ordenamento jurídico competente não é tão premente[1436]. Entre nós, também FERRER CORREIA defendia que um Estado apenas poderia demandar o cumprimento da competência exclusiva do Estado de reconhecimento e que, para além deste critério, apenas as competências exorbitantes poderiam ser usadas para recusar o reconhecimento[1437].

[1436] PIERRE MAYER, "Le Rôle du Droit Public en Droit International Privé Français", *Colloque de Bâle sur le Rôle du Droit Public en Droit International Privé – (20 et 21 mars 1986) Rapports et procès-verbaux des débats,* Bâle, Helbing & Lichtenbaum, 1991, p. 72.
Particularmente relevante na oscilação entre sistemas de controlo da competência internacional indirecta se revela o Acórdão do Tribunal da Cassação Civil, 1.ª Câmara Civil, 6 de fevereiro de 1985, Mme Fairhurst c. Simitch, *Revue Critique de Droit International Privé,* Ano 74, 1985, pp. 370-371. Em princípio a competência internacional era determinada pela extensão das regras de competência territorial interna (bilateralização da regra de competência internacional), mas com este Acórdão os critérios de competência estrangeira passam a ser os seguintes: i) que não haja competência exclusiva do foro; ii) que o litígio se ligue de modo caracterizado ao país que emitiu a decisão judicial; iii) que a escolha do Tribunal não tenha sido fraudulenta (PH. FRANCESCAKIS, "Le Contrôle de la Compétence du Juge Étranger après l'Arrêt "Simitch" de la Cour de Cassation", *Revue Critique de Droit International Privé,* 1985, p. 255). Cfr., precisamente neste sentido, o artigo 980.º, alínea c) do Código de Processo Civil Português.
[1437] A. FERRER CORREIA, *Lições de Direito Internacional Privado,* Vol. I, Coimbra, Almedina, 2000, p. 479. Considerando que este nível mediano de controlo resulta das dificuldades na definição da competência internacional e na averiguação oficiosa da mesma, cfr. A.L. CALVO CARAVACA, *La Sentencia Extranjera en España y la Competencia del Juez de Origen,* Madrid, Editorial Tecnos S.A., 1986, pp. 53-55.
Segundo RUI MANUEL MOURA RAMOS o controlo de competência passou sobretudo a depender da detecção de competências exorbitantes, sendo que, quanto a estas, a noção de fraude à lei não é a mais adequada, devendo ser indicado "um critério geral (que poderia estar na noção de conexão séria ou estreita da questão decidida com o tribunal sentenciador)" (cfr. "A Permanência do Direito processual Civil Internacional Português: Competência e Reconhecimento das Sentenças Estrangeiras no Tempo de Machado Villela e no Código de Processo Civil Actual", *Ab Uno ad Omnes – 75 Anos da Coimbra Editora,* Coimbra, Coimbra Editora, p. 888).

EFICÁCIA, RECONHECIMENTO E EXECUÇÃO DE ACTOS ADMINISTRATIVOS ESTRANGEIROS

Que dizer desta doutrina no âmbito administrativo?

Para já, as situações em que o acto releva de uma *competência exclusiva* do Estado são ainda hoje excepcionais (podendo, ainda assim enunciar--se situações como as de atribuição da nacionalidade e decisão sobre bens imóveis), havendo, na maioria dos casos, competência concorrente entre Estados ou uma concorrência que ambos poderiam assumir, ainda que em momentos distintos, para a regulamentação da mesma questão ou de questões similares[1438].

Não obstante, sempre que haja consenso quanto ao Estado ou Autoridade que deve assumir competência numa determinada matéria administrativa – como sucede no plano dos actos administrativos *supranacionais* e de alguns actos administrativos *transnacionais* – como no caso de licenças de condução, a que já nos referimos – a violação de competências exclusivas pode, efectivamente, funcionar como um bordão operativo para o não reconhecimento.

Nos demais casos, como não há regras de competência administrativa de referência, o controlo da proveniência deve aproximar-se, sem grandes desvios, do controlo de *competências exorbitantes*, pois é este hoje o nível de garantia *mínimo*, mas *genericamente aceite*, à luz da teoria da jurisdição internacional.

Naturalmente que se houver um interesse público do Estado de reconhecimento no controlo e eventual regulação daquela mesma situação, com a qual também tem contactos, ele não estará arredado do âmbito do reconhecimento, mas os critérios que devem ser mobilizados para o efeito não serão os da proveniência do acto administrativo estrangeiro, mas sim os da salvaguarda do interesse nacional.

Já Dário Moura Vicente recusa a unilateralidade atenuada que se limita ao respeito das competências exclusivas por ela poder conduzir ao reconhecimento de competências exorbitantes, exigindo uma conexão *suficiente* de acordo com o direito interno e internacional (cfr. "Competencia internacional y reconocimiento de sentencias extranjeras en el derecho autónomo português", *Direito Internacional Privado – Ensaios,* Vol. III, Coimbra, Almedina, 2010, p. 290).

[1438] Sobre esta classificação, cfr. Krysztof Wojtyczek, "L'Ouverture de L'Ordre Juridique de L'État aux Actes de Puissance Publique Étrangers (L'Exemple des Instruments de L'Union Européenne en Matiére D'Immigration)", *European Review of Public Law*, Vol. 21, N.º 1, 2009, p. 113.

g. Reciprocidade

O critério da reciprocidade, apesar de ser um critério tradicional, tanto no âmbito jurídico-público como no jurídico-privado, tem vindo a ser alvo de aceso debate, propondo-se ora a sua eliminação, ora a sua recompreensão.

Esse debate não é recente. Entre nós a doutrina há muito defendia, *em geral*, a eliminação da cláusula da reciprocidade, seja por se tratar de uma opção mais política, do que de uma regra juridicamente defensável[1439]; seja por nada ter a ver com o conteúdo da decisão estrangeira nem com a regularidade da instância que a proferiu, revelando-se uma condição injusta *de facto*, ao desinteressar-se pelas pessoas[1440]. Voz dissonante, MOURA VICENTE sustentava que o princípio não incorporava apenas uma regra de represália, mas representava o lado inverso do princípio da *equivalência* entre nacionais e estrangeiros, justificando-se, por isso, a sua manutenção[1441].

E se no âmbito constitucional se mantém – com ajustamentos e dentro de certos limites – a cláusula de reciprocidade, permitindo a diferenciação jurídico-internacionalmente legítima dos estrangeiros consoante a sua nacionalidade[1442], já o mesmo não sucedeu no âmbito civil, no qual a reciprocidade deixou de constituir um requisito comum quanto às situações privadas internacionais.

[1439] ÁLVARO DA COSTA MACHADO VILLELA, "Competência Internacional no novo Código de Processo Civil", *Boletim da Faculdade de Direito de Coimbra*, Vol. 17, 1940-1941, p. 332.

[1440] ANTÓNIO FERRER CORREIA, "La Reconnaissance et l'Exécution des Jugements Etrangers en Matière Civile et Commerciale (Droit Comparé)", *Estudos Vários de Direito*, Coimbra, Universidade de Coimbra, 1982, pp. 146-147. HAROLDO VALLADÃO ia mais longe referindo que "*A reciprocidade e a sua forma agressiva, a retorsão, são anticristãs, constituem a forma jurídica do egoísmo, encarnam uma verdadeira "guerra fria"*" (cfr. , *Direito Internacional Privado – em Base Histórica e Comparativa, Positiva e Doutrinária, especialmente dos Estados Americanos – Vol. I Introdução e Parte Geral*, 5.ª ed., Rio de Janeiro, Biblioteca Universitária Freitas Basto, 1980, p. 516).

Sobre a aplicação do princípio da reciprocidade quanto à competência, antes da sua eliminação do Código de Processo Civil Português, cfr. ANTÓNIO FERRER CORREIA, RUI MANUEL DE MOURA RAMOS, *Um caso de Competência Internacional dos Tribunais Portugueses*, Lisboa, Edições Cosmos, 1991, pp. 30-36.

[1441] DÁRIO MOURA VICENTE, "A Competência Internacional no Código de Processo Civil Revisto: Aspectos Gerais", *Direito Internacional Privado – Ensaios*, Vol. I, Coimbra, Almedina, 2002, p. 260-261.

[1442] J.J. GOMES CANOTILHO, VITAL MOREIRA, *Constituição da República Portuguesa Anotada*, Vol. I, 4.ª ed., Coimbra, Coimbra Editora, 2007, p. 362.

EFICÁCIA, RECONHECIMENTO E EXECUÇÃO DE ACTOS ADMINISTRATIVOS ESTRANGEIROS

Mesmo no ordenamento vizinho, em que durante muito tempo se manteve o requisito de reciprocidade na *Ley de Enjuiciamiento Civil* de 1881 (artigo 953.º), operou-se um seu desaparecimento prático, por se considerar que os seus efeitos se dissolviam nos demais requisitos previstos no artigo 954.º daquela Lei[1443]. Ao mesmo tempo, assinalavam-se os problemas técnicos de prova que a reciprocidade comportava, procedendo-se à analogia deste expediente com *"um desses espelhos de feira que reflectem a realidade ... deformando--a"*[1444]. Recentemente, por isso, a aprovação da *Ley 29/2015, de 30 de julio, de cooperación jurídica internacional en materia civil*, deixou de fazer formalmente referência à reciprocidade como requisito positivo do reconhecimento, mas não a eliminou, convertendo-a numa possibilidade de recusa de cooperação com autoridades de Estados estrangeiros que denegassem reiteradamente ou que proibissem legislativamente a colaboração com o Estado espanhol (artigo 3.º, n.º 2).

No plano da União Europeia, apesar de a reciprocidade não ser um requisito que se mantenha explicitamente, é de assinalar que a aplicação das regras de reconhecimento dos regulamentos comunitários é feita apenas quanto a decisões originárias dos Estados-membros e não de países terceiros. Ao que acresce o relevo *residual* da reciprocidade quando esteja em causa a aplicação de regras a espaços que se encontrem fora do normal âmbito de aplicação da União (por exemplo, territórios ultramarinos ou Estados terceiros), caso em que a inscrição de regras expressas de reciprocidade funciona *"não apenas como uma teoria política, mas como uma regra de direito"* [1445].

E, mesmo no plano de Estados terceiros, muitos há nos quais subsiste, em matéria de reconhecimento, o requisito da reciprocidade. No caso da China, o requisito da reciprocidade é visto como um obstáculo difícil de ultrapassar e que, na ausência de tratados bilaterais ou multilaterais, apenas poderá ser preenchido de acordo com uma reciprocidade factual, isto é, apenas demonstrando que decisões chinesas já foram reconhecidas no Estado ter-

---

[1443] Cfr. Ana Paloma Abarca Junco, Julio D. González Campos, Mónica Guzman Zapater, Pedro Pablo Miralles Sangro e Elisa Pérez Vera que dão conta do Auto do Tribunal Supremo de 7 de Abril de 1998 que vai neste sentido (cfr. *Derecho Internacional Privado*, Vol. I, 5.ª ed., Madrid, Universidad Nacional de Educación a Distancia, 2004, p. 528-529).

[1444] Antonio Remiro Brotons, *Ejecucion de Sentencias Extranjeras en España – La Jurisprudencia del Tribunal Supremo*, Madrid, Editorial Tecnos S.A., 1974, pp. 103-106 e 109.

[1445] T. C. Hartley, *EEC Immigration Law*, North-Holland Publishing Company, Amsterdam, 1978, p. 36.

ceiro é que decisões desse Estado serão reconhecidas na China[1446]. Na Turquia, o requisito da reciprocidade também se mantém (artigo 58, n.º 1 da Lei de Direito Internacional Privado), ainda que seja criticado por razões jurídico-práticas (pela dificuldade na sua prova, pela informação prestada poder não ser fiável, por a aplicação do critério poder alterar-se rapidamente) e jurídico-políticas (por poder congelar a relação entre Estados e por não prosseguir objectivos meritórios, seja de protecção de interesses privados, seja de protecção de interesses públicos). Talvez por isso, é interpretado e concretizado de maneira mais aligeirada, bastando-se com uma reciprocidade estatutária, isto é, com a demonstração de que o Estado da autoridade que emanou a decisão não prevê a reciprocidade, nem procede a uma revisão de mérito das sentenças estrangeiras[1447].

E aqui reside outras das formas em que se centra o debate em torno da reciprocidade. Já não está em causa a sua eliminação ou manutenção, mas a sua *reconfiguração*, sobretudo quanto às exigências que se devem considerar cumpridas ou provadas para que esse requisito se repute satisfeito.

Assim se defende a passagem de uma reciprocidade aferida caso a caso para uma reciprocidade mais genérica assente em princípios como o da não discriminação e o da assimilação, tanto no direito interno, como, ainda que mais limitadamente, no direito convencional[1448]. Ou seja, de uma reciprocidade directa ou concreta – avaliação da equivalência no caso – transita-se, sempre que continue a ser relevante este critério, para uma reciprocidade indirecta ou genérica, que prescinde desse juízo aferido caso a caso[1449], o que facilita o cumprimento da condição de reciprocidade e, bem assim, o reconhecimento de actos administrativos estrangeiros.

Pensamos que é este o caminho a seguir sempre que o requisito da reciprocidade continue a ser relevante como critério de reconhecimento, o que

---

[1446] WENLIANG ZHANG, "Recognition of Foreign Judgements in·China: The Essentials and Strategies", *Yearbook of Private International Law*, Vol. XV, 2013/2014, pp. 334-336.

[1447] CEYDA SÜRAL, ZEYNEP DERYA TARMAN, "Recognition and Enforcement of Foreign Court Decisions in Turkey ", *Yearbook of Private International Law*, Vol. XV, 2013/2014, pp. 495-497.

[1448] BERTHOLD GOLDMAN, "Réflexions sur la Réciprocité en Droit International", *Travaux du Comité Français de Droit International Privé*, 1962-1964, Paris, Librairie Dalloz, 1965, pp. 61-89.

[1449] VOLKER BOEHME-NESSLER considera igualmente que no direito alemão se tem transitado de uma reciprocidade em concreto para uma reciprocidade em abstracto (cfr. "Reziprozität und Recht", *Rechtstheorie*, Vol. 39, 2008, p. 522. JÖRG MENZEL, *Internationales Öffentliches Recht*, Tübingen, Mohr Siebeck, 2011, p. 820).

EFICÁCIA, RECONHECIMENTO E EXECUÇÃO DE ACTOS ADMINISTRATIVOS ESTRANGEIROS

sucederá essencialmente no campo dos *actos administrativos estrangeiros em sentido estrito*.

Por último, e em contra-ciclo, propõem alguns autores que se vá no sentido da revalorização do critério da reciprocidade. Este seria concebido como um mecanismo de equilíbrio da ordem jurídica internacional, com relevante papel na formação e na execução do direito[1450]. Nesta linha, DERO refere-se a uma certa simbiose entre a ideia de reciprocidade e a de solidariedade, que assenta na decantação de um interesse comum europeu, pronunciando-se pelo o aparecimento de uma reciprocidade organizada e positiva, que se manifesta na técnica da harmonização e no regime do reconhecimento mútuo[1451]. Contudo, a recondução destas figuras a um conceito amplíssimo de reciprocidade parece-nos criticável, por não se individualizarem as especificidades de cada um daqueles institutos, e por se escamotear a influência que a jurisprudência comunitária tem vindo a ter na *exclusão da reciprocidade* fundada em cláusulas nacionais.

Mais impressiva é a posição de DECAUX que distingue entre reciprocidade *unilateral, bilateral* e *multilateral*. Quanto à primeira, o Autor critica que se faça depender uma solução normativa de critérios subjectivos e alheios ao foro; a segunda, mais aceitável, depende de uma reciprocidade efectiva de situações, isto é de permissão efectiva de gozo dos direitos reconhecidos e não só da sua possibilidade, por vezes reconhecida a título excepcional; a terceira, seria de cariz excepcional, já que a reciprocidade tende a ficar encoberta em sistemas mais complexos, transmutada numa ideia dinâmica de igualdade ou de não discriminação[1452].

[1450] Já assim, MICHEL VIRALLY, "Le Principe de Réciprocité dans le Droit International Contemporain", *Recueil de Cours*, Tomo 122, Vol. III, 1967, 1969, pp. 48-67. Para o Autor a reciprocidade seria um princípio diplomático e, numa dimensão mais limitada, um princípio normativo, podendo funcionar como condição de exigibilidade de um direito (mas já não de validade de actos ou normas) e detendo valor explicativo (i.e., permitindo o desenvolvimento do direito).

[1451] DELPHINE DERO, *La Reciprocité et le Droit des Communautés et de l'Union Européenne*, Bruxelles, Bruylant, 2006, pp. 411-421 e 441-444.

[1452] EMANNUEL DECAUX, *La Reciprocité en Droit International*, Librairie Genérale de Droit et de Jurisprudence, Paris, 1980, pp. 129-152.
A reciprocidade é, não obstante, vista como um princípio relevante no âmbito da Organização Mundial de Comércio, intimamente relacionado com o princípio da não discriminação, resultante este da generalização do tratamento deferido à nação mais favorecida. Este relacionamento pode, no entanto, ser de complementaridade, sempre que o princípio da reciproci-

Concordamos com a exposição do Autor e com a intenção a ela subjacente de revalorização da reciprocidade como critério que tem como função desenvolver – até ao limite do juridicamente comportável – vias de cooperação e de coordenação, facilitando o gozo e exercício de direitos com base em actos administrativos estrangeiros. De facto, apesar de não discordarmos, em sede de princípio, do recurso ao critério da reciprocidade quando aplicado ao reconhecimento de *actos administrativos estrangeiros em sentido estrito*, consideramos que ele não pode ser um fim em si mesmo, devendo estar integrado num conjunto de arranjos (negociais, institucionais e procedimentais) que facilitem o preenchimento das suas exigências normativas.

8. Tipos de reconhecimento

O reconhecimento de actos administrativos estrangeiros não obedece sempre ao mesmo modelo, variando de acordo com múltiplos factores, que já fomos assinalando. É altura, porém, de proceder a uma taxonomia e à indicação das principais características de cada tipo específico de reconhecimento.

a. *Unilateral/mútuo*

Percebemos já que a distinção entre reconhecimento unilateral e reconhecimento mútuo tem relevância particular no âmbito do nosso estudo, pelas características especiais que este último reveste.

De facto, ao contrário do reconhecimento unilateral que resulta de uma vinculação de natureza unidireccional do Estado de reconhecimento a aceitar a extraterritorialidade de um acto estrangeiro, que lhe é imposta pelo direito internacional ou pelo direito da União Europeia ou por ele voluntariamente assumida; o reconhecimento mútuo manifesta-se como um mecanismo de criação de uma extraterritorialidade consensual ou cosmopolita[1453].

---

dade esteja implicado em processos multilaterais de abertura ao comércio internacional, ou de prejudicialidade, sempre que esteja ligado a acordos selectivos e a tendências comerciais bilaterais (cfr. Luís Pedro Cunha, *O Sistema Comercial Multilateral e os Espaços de Integração Regional*, Coimbra, Coimbra Editora, 2008, pp. 38-53).

[1453] Kalypso Nicolaidis, Gregory Shaffer, "Transnational Mutual Recognition Regimes: Governance Without Global Government", *Law and Contemporary Problems,* Vol. 68, Summer, Autumn, 2005, p. 267. Kalypso Nicolaïdis chega a conceber o reconhecimento mútuo como instrumento de transformação societário (cfr. "Trusting the Poles? Constructing Europe through mutual recognition", *Journal of European Public Policy*, Vol. 14, N.º 5, August, 2007, p. 695).

EFICÁCIA, RECONHECIMENTO E EXECUÇÃO DE ACTOS ADMINISTRATIVOS ESTRANGEIROS

Os arranjos de autoridade envolvidos no reconhecimento mútuo são, portanto, mais intrincados dos que resultam das situações de reconhecimento unilateral, extraindo-se deles um conjunto de características que complexificam a forma de entender as relações entre a Autoridade de origem e as do Estado de destino.

Por um lado, é visível no campo do reconhecimento mútuo a promoção de formas mais estreitas de interligação entre Estados, sobretudo do ponto de vista procedimental, ao que se alia a maior participação e ponderação de interesses de entidades privadas, que têm um papel relevantes seja na criação, seja na contestação dos regimes de reconhecimento mútuo[1454]. E se, como já o vimos, o reconhecimento assenta numa relação de base triangular entre Autoridades públicas (emitente e de acolhimento) e o privado beneficiado ou afectado pelo acto administrativo estrangeiro, no campo do reconhecimento mútuo estas relações multiplicam-se com a intervenção de outros interessados públicos (como a União Europeia, através da Comissão e agências, e outros Estados-membros) e privados (co e contra-interessados e organizações não governamentais) no desfecho da questão do reconhecimento.

Por outro lado, também já esclarecemos que o reconhecimento mútuo viabiliza a extensão do formato do reconhecimento a hipóteses menos formais (ou com uma intervenção mais diluída das autoridades públicas de origem), que não dependem *estritamente* da emissão de um acto administrativo estrangeiro, como, aliás, sucede no âmbito do reconhecimento de situações de liberdade de circulação de mercadorias alicerçada em certificados de conformidade, com o exercício de uma profissão regulamentada com base na experiência adquirida noutro Estado, e com a aceitação de controlos e análises conduzidas em Estados terceiros[1455].

[1454] Kalypso Nicolaidis, Gregory Shaffer, "Transnational Mutual Recognition Regimes: Governance Without Global Government", *Law and Contemporary Problems*, Vol. 68, Summer, Autumn, 2005, pp. 281-282.
Giacinto della Cananea entende que não foram só argumentos jurídico-políticos que preponderaram para a mudança de perspectiva de harmonização para o mútuo reconhecimento. Muito peso tiveram também os interesses das empresas multinacionais; mas já não foram, para o Autor, adequadamente tidos em conta os interesses dos consumidores (cfr. "Il Diritto Amministrativo Europeo e i suoi Principi Fondamentali", *Diritto Amministrativo Europeo – Principi e Instituti*, Giacinto della Cananea (ed.), 3.ª ed., Milão, Giuffrè Editore, 2011, p. 7).
[1455] R. Munoz, *Le Principe De Reconnaissance Mutuelle Et L'abrogation De La Decision 3052/95*, disponível em http://www.europarl.europa.eu/hearings/20070605/imco/munozdet_fr.pdf, acesso em 29 de Julho de 2015, p. 10.

Não nos parece, no entanto, que algumas das críticas que são dirigidas ao reconhecimento unilateral (aqui especificamente quanto a *actos administrativos estrangeiros em sentido estrito*), por comparação ao reconhecimento mútuo, sejam sempre certeiras. NICOLAÏDIS percebe o reconhecimento unilateral como sendo um expediente conduzido numa base *ad hoc*, dependendo da comparação das qualificações adquiridas num Estado com as concedidas no Estado de destino, analisando condições de equivalência através de critérios unilaterais e sendo, por isso, *parcial e arbitrária*[1456].

É que o reconhecimento unilateral não tem necessariamente de ser errático, devendo caminhar-se no sentido da sua maior e melhor regulação e da ponderação, por seu intermédio, dos vários interesses, públicos e privados, envolvidos. De facto, não só pode aquele reconhecimento encontrar a sua base em instrumentos de direito internacional e, mesmo, de direito da União, que definam os seus contornos, como a sua regulamentação pelos Estados deve proceder a uma adequada composição dos interesses em presença que apontam (ou não) no sentido do reconhecimento. E se critérios como os da autenticidade, equivalência e salvaguarda têm especial relevância nas situações de reconhecimento unilateral – podendo ser preenchidos com maior grau de exigência do que, em regra, nas situações de reconhecimento mútuo – tal não significa que o ambiente administrativo deva ser ou seja sequer de total discricionariedade. Aliás, há casos em que, dada a recorrência das necessidades do comércio internacional, a regulamentação unilateral do reconhecimento é muito exaustiva, tentando, precisamente, reduzir-se a margem de apreciação das Administrações nacionais na decisão de pedidos de reconhecimento (cfr., entre nós, o Decreto-Lei n.º 283/83, de 21 de Junho, que regula o sistema de equivalências/reconhecimento de habilitações estrangeiras de nível superior às correspondentes habilitações portuguesas). E ainda que neste domínio o critério da reciprocidade assuma um papel de charneira, dele não resulta um total abandono aos caprichos do Estado de reconhecimento, mas a tentativa de ancorar – à míngua de outro critério considerado aceitável – as situações em que este tem uma obrigação de decidir favoravelmente uma pretensão de reconhecimento.

[1456] KALYPSO NICOLAÏDIS, "Globalization with Human Faces: Managed Mutual Recognition and the Free Movement of Professionals", *The Principle of Mutual Recognition in the European Integration Process*, Fiorella Kostoris Padoa Schioppa (ed.), Palgrave Macmillan, Hampshire, 2005, p. 132.

EFICÁCIA, RECONHECIMENTO E EXECUÇÃO DE ACTOS ADMINISTRATIVOS ESTRANGEIROS

Por outro lado, também uma *perspectiva contratualista* do mútuo reconhecimento, que o vê como mecanismo *negociado* de repartição de autoridade entre Estados[1457], não é isenta de críticas. ARMSTRONG faz recair precisamente sobre os mecanismos do mútuo reconhecimento as críticas que outros fizerem recair sobre o reconhecimento unilateral: as de que se torna muito difícil definir o que é o reconhecimento mútuo de *forma geral e abstracta*[1458].

E é certo que o reconhecimento mútuo não tem vindo a ser recebido por todos com idêntico entusiasmo, opondo-se-lhe que a procura de automatismos e de eficiências no plano europeu coloca em causa a garantia dos direitos do Homem, que continuam, ainda, a ter uma assinalável dimensão nacional (no plano da sua garantia processual e substancial)[1459], e que se trata de um sistema desonesto e imprevisível configurando um *brinquedo perigoso* na mão das autoridades comunitárias[1460].

Tal como não adoptamos uma posição de princípio avessa ao reconhecimento unilateral, também não nos parece que as críticas dirigidas ao reconhecimento mútuo devam impedir o recurso a este mecanismo. Apontam, no entanto, no sentido de que a ponderação subjacente à previsão e concretização de mecanismos de reconhecimento mútuo seja levada a cabo com

---

[1457] KALYPSO NICOLAÏDIS, "Globalization with Human Faces: Managed Mutual Recognition and the Free Movement of Professionals", *The Principle of Mutual Recognition in the European Integration Process*, Fiorella Kostoris Padoa Schioppa (ed.), Palgrave Macmillan, Hampshire, 2005, p. 132-133. KALYPSO NICOLAÏDIS, *Managed Mutual Recognition: The New Approach to the Liberalization of Professional Services*, 1997, disponível em http://users.ox.ac.uk/~ssfc0041/managemr.htm, acesso em 15 de Agosto de 2015, s/p.

[1458] KENNETH A. ARMSTRONG, "Mutual Recognition", *The Law of the Single European Market – Unpacking the Premises*, Catherine Barnard/ Joanne Scott (eds.), Oxford, Hart Publishing, 2002, p. 230.

[1459] LAURENCE SINOPOLI, "Une épreuve pour les droits de l'Homme – de L'Universel Postulé à la Mondialisation Réalisée?", *Justices et Droit du Procès – Du Légalisme Procédural à L'Humanisme Processuel – Mélanges en L'Honneur de Serge Guinchard*, Paris, Dalloz, 2010, pp. 369-379.
VALÉRIE MALABAT chega a defender que a noção de confiança mútua em que assenta o reconhecimento mútuo mais parece uma petição de princípio do que uma noção funcional (cfr. *"Confiance Mutuelle et mise en oeuvre du mandat d'arrêt européen"*, Justices et Droit du Procès – Du Légalisme Procédural à L'Humanisme Processuel – Mélanges en L'Honneur de Serge Guinchard, Paris, Dalloz, 2010, p. 975).

[1460] GARETH DAVIES, "Is Mutual Recognition an Alternative to Harmonization? Lessons on Trade and Tolerance of Diversity from the EU", *Regional Trade Agreements and the WTO Legal System*, Lorand Bartels, Federico Ortino (eds.), Oxford, Oxford University Law, 2006, pp. 273-275.

particular circunspecção, não repousando apenas numa ideia genérica de cooperação ou de confiança mútua, mas numa comprovação concreta da sua necessidade em face das outras alternativas de regulação disponíveis.

b. *Automático/condicionado*

O reconhecimento desdobra-se ainda em reconhecimento automático e condicionado, distinção esta que tem relevo especial na área do *reconhecimento mútuo* e dos *actos administrativos transnacionais* a ela associados. Isto porque, tratando-se de actos administrativos supranacionais a sua integração é, *per definitionem*, assegurada nos Estados de forma automática, e, estando em causa actos administrativos estrangeiros em sentido estrito, o reconhecimento será sempre condicionado ou mediado por uma actuação nacional.

Estes dois modos de reconhecimento – automático e condicionado – não são, porém, diametralmente opostos[1461], não se devendo conceber hoje o reconhecimento condicionado como assentando numa lógica perfeitamente dualista, ou de nacionalização dos actos administrativos estrangeiros, por oposição a uma concepção transnacionalista que abria o Estado, sem qualquer interposição deste, que não fosse uma norma geral de reconhecimento.

É que a tarefa de controlo subjacente ao reconhecimento pode reflectir-se num conjunto *gradual* de requisitos, tornando difícil segmentar-se aqueles que se configuram como verdadeiros *automatismos* e aqueles que implicam uma actuação *mediadora* do Estado de reconhecimento[1462], que imporia a prática de uma decisão explícita e prévia de reconhecimento.

Por um lado, situações há em que o reconhecimento é necessariamente condicionado mas, no processo de emissão da autorização, há intervenção de importantes *automatismos*. É o que sucede, por exemplo, no âmbito do Regulamento (CE) n.º 1107/2009 do Parlamento Europeu e do Conselho, de

---

[1461] Em sentido contrário ao nosso, cfr. MIGUEL PRATA ROQUE, *A Dimensão Transnacional do Direito Administrativo – Uma visão cosmopolita das situações jurídico-administrativas*, AAFDL, Lisboa, 2014, pp. 1210 e 1217-1219.

[1462] MIGUEL PRATA ROQUE dá, por isso, conta de três tipos, mais detalhados, de reconhecimento: a vigência automática de efeitos jurídicos de actos de soberania estrangeiros; o reconhecimento formal mitigado dos efeitos jurídicos dos actos de soberania estrangeiros, e o reconhecimento *stricto sensu* de actos de soberania, que pode exigir a susceptibilidade de equiparação a um acto interno ou que seja adoptado em condições idênticas às nacionais (cfr. *Direito Processual Administrativo Europeu – A Convergência Dinâmica no Espaço Europeu de justiça Administrativa*, Coimbra, Coimbra Editora, 2011, p. 596).

EFICÁCIA, RECONHECIMENTO E EXECUÇÃO DE ACTOS ADMINISTRATIVOS ESTRANGEIROS

21 de Outubro de 2009, relativo à colocação dos produtos fitofarmacêuticos no mercado, que, ainda que exija sempre a emissão de um acto nacional autorizativo (por razões relacionadas com a transparência e a gestão de risco quanto à comercialização produtos em causa) permite que, em casos comparáveis, essa autorização seja adoptada com base numa autorização de um Estado de referência, em sede de reconhecimento mútuo (aproveitando, destarte, o relatório de avaliação por este feito, mas admitindo um ajustamento às circunstâncias existentes no seu território, artigo 40.º)[1463].

Por outro lado, verificam-se situações em que o reconhecimento automático não é inteiramente livre, sendo acompanhado de obrigações de registo, de meras comunicações ou de declarações de actividade. E, de qualquer forma, o reconhecimento automático não pode ser visto como um reconhecimento *selvagem* ou *puro*[1464].

Este será sempre, como pensamos ter deixado claro, um mecanismo de controlo da aceitação de conteúdos estrangeiros, pelo que poderá, neste sentido – dadas as possibilidades de intervenção que o Estado de reconhecimento mantém sobre os efeitos do reconhecimento, nem que seja ao nível da sua execução –, ser perspectivado, ainda e sempre, como um reconhe-

---

[1463] Já antes, à luz do artigo 10.º, n.º 1 Directiva 91/414/CEE do Conselho, de 15 de Julho de 1991, relativa à colocação dos produtos fitofarmacêuticos no mercado, se exigia a obtenção de uma autorização nacional, mas sem repetição dos ensaios e análises realizados segundo métodos harmonizados (cfr. Acórdão *Jean Harpegnies*, do Tribunal de Justiça de 17 de Setembro de 1998, proferido no processo C-400/96). Ainda sobre a não repetição de controlos cfr. o Acórdão *Esther Renée Wurmser, viúva Bouchara, e a sociedade Norlaine*, do Tribunal de Justiça, de 11 de Maio de 1989, proferido no processo 25/88.
Sobre a necessária consideração da experiência noutros Estados-membros, cfr. Acórdão *Salomone Haim c. Kassenzahnaerztliche Vereinigung Nordrhein*, do Tribunal de Justiça de 9 de Fevereiro de 1994, proferida no processo C-319/92; e, mais recentemente, o Acórdão *Vassiliki Stylianou Vandorou e o. c. Ypourgos Ethnikis Paideias kai Thriskevmaton*, do Tribunal de Justiça de 2 de Dezembro de 2010, proferido nos processos apensos C-422/09, C-425/09 e C-426/09.
[1464] Para KALYPSO NICOLAÏDIS um reconhecimento *puro* implicaria uma radical transferência de soberania horizontal, por isso considera dever existir um conjunto de regras e procedimentos para reduzir, gerindo, a indeterminação do mútuo reconhecimento (cfr. "Kir Forever? The Journey of a Political Scientist in the Landscape of Mutual Recognition", *The Past and Future of EU Law – The Classics of EU Law Revisited on the 50th Anniversary of the Rome Treaty*, Miguel Poiares Maduro e Loïc Azoulai (eds.), Hart Publishing, Oxford, 2010, pp. 450-451).

TEORIA DO RECONHECIMENTO

cimento *condicional*[1465]. Na proposta de SCHMIDT-ASSMANN tratar-se-á de uma forma de "auto-regulação regulada", distinta de uma qualquer teoria da delegação, por nela existirem limites possíveis à cooperação, pela reserva da possibilidade de intervenção e controlo [1466].

Note-se, ainda, que *reconhecimento automático* não significa necessariamente reconhecimento *directo e imediato* de actos e situações administrativas estrangeiras. Situações há em que tal coincidência se verifica, como no caso das licenças de condução, que, por não terem sido reconhecidas, permitem ao seu titular munir-se directa e imediatamente de Directivas comunitárias, no caso de ausência ou incorrecção de transposição destas, para se opor a uma sanção que lhe tenha sido aplicada[1467]; ou como nas situações em que o Estado não exerce o seu poder de apreciação à luz das Directivas que estabelecem mecanismos de reconhecimento mútuo, cumprindo apenas o nível mínimo de reconhecimento nelas previsto e imposto e estando, por isso, por este directamente vinculado[1468].

No entanto, os Estados podem ainda deter algum poder discricionário na definição das condições gerais mediante as quais o reconhecimento automático se processará. Veja-se o exemplo já por nós analisado da *Lei da Mediação Portuguesa* (Lei n.º 29/2013, de 19 de Abril), que, ainda que faça apelo para o *reconhecimento automático* da actuação em Portugal de nacionais de Estados-

---

[1465] CHARALAMBOS PAMBOUKIS, *L'Acte Public Étranger em Droit International Privé*, Paris, L.G.D.J., 1993, p. 150-151.

[1466] EBERHARD SCHMIDT-ASSMANN, "La Contribution de L'Autorégulation régulée à la Systématisation du Droit Administratif", *Revue Européenne de Droit Public*, Vol. 18, N.º 4, 2006, p. 1268.

[1467] MAREK SZYDŁO, "EU Legislation on Driving Licences: Does It Accelerate or Slow Down the Free Movement of Persons?", *German Law Journal*, Vol. 13 No. 03, 2012, disponível em http://www.germanlawjournal.com, acesso em 15 de Julho de 2014, pp. 355.
Cfr., noutro domínio, o Acórdão *Ordine degli Ingegneri della Provincia di Venezia e o. c. Ordine degli Ingegneri di Verona e Provincia*, do Tribunal de Justiça de 21 de Fevereiro de 2013, proferido no processo C-111/12, e o Acórdão e o. *Ordre des Architectes c. Estado Belga*, do Tribunal de Justiça, de 30 de abril de 2014, proferido no processo C-365/13, que apontam no sentido de que o sistema de reconhecimento automático das formações de arquitecto não é ambíguo e não deixa liberdade de apreciação aos Estados-membros, não permitindo a sua sujeição a qualquer exigência complementar, mesmo relativamente a actividades específicas como as que tenham por objecto imóveis de interesse artístico.

[1468] Cfr. o Acórdão *Sam Mc Cauley Chemists (Blackpool) Ltd. e.o., c. Pharmaceutical Society of Ireland e o.*, de 13 de Julho de 2006, proferido no processo C-221/05.

585

EFICÁCIA, RECONHECIMENTO E EXECUÇÃO DE ACTOS ADMINISTRATIVOS ESTRANGEIROS

-membros da União Europeia ou do espaço económico europeu, formados segundo a legislação nacional (cfr. n.º 3 do artigo 9.º e n.º 6 do artigo 24.º), não permite concluir que tal reconhecimento seja *imediato*, na medida em que remete para definição por portaria dos termos em que se processará o reconhecimento de tais qualificações em Portugal[1469].

Quanto à opção por um reconhecimento dominantemente automático ou condicionado, as posições sucedem-se, entre aqueles que vêem que o caminho é o de um reconhecimento automático de actos administrativos dentro do espaço comunitário, sem necessidade de requisitos formais e substanciais, e outros que assinalam que o reconhecimento condicionado, não obstante ser mais restritivo à partida, pode dar azo a um âmbito funcional mais amplo do que o que resultaria do reconhecimento automático. É que o reconhecimento formal pode ser uma condição para a produção de uma *maior amplitude de efeitos* do acto no Estado de destino, como já o ajuizou o Tribunal de Justiça, ao não considerar comparáveis as situações em que o profissional usa um título do Estado de origem ou um título do Estado de destino (ou a este equiparado), podendo aquele ser impedido da realização de certos actos, que estes podem levar a cabo[1470].

Do *continuuum* que procurámos caracterizar entre reconhecimento automático e condicionado resulta, a nosso ver, um dos argumentos mais sólidos para continuar a considerar que mesmo situações recognoscendas sem procedimento prévio se incluem no âmbito do nosso instituto. Ao que acresce que, ao contrário do que sucede no plano jusprivatista, no direito administrativo internacional a reacção contra o reconhecimento automático não pode ser deixada exclusivamente aos privados de acordo com a gestão dos seus interesses próprios, mantendo-se sempre uma "reserva de controlo" na mão da Administração.

[1469] Sobre esta questão, cfr. DULCE LOPES e AFONSO PATRÃO, *Lei da Mediação Comentada*, 2.ª ed., Coimbra, Almedina, 2016, pp. 171-172. Ver igualmente DULCE LOPES, "Cross-Border Mediation in Portugal", *Civil and Commercial Mediation in Europe*, Vol. II Carlos Esplugues, (ed.), Cambridge, Intersentia, 2014, pp. 323-325.

[1470] Cfr. o *Acórdão Grão-Ducado do Luxemburgo c. Parlamento Europeu e Conselho da União Europeia*, do Tribunal de Justiça de 7 de Novembro de 2000, proferido no processo C-168/98. Para um enquadramento destas possibilidades, cfr. NUNO PIÇARRA, "A Liberdade de Circulação dos Advogados na União Europeia – Da Metamorfose da Regra do Tratamento Nacional à Extensão a Nacionais de Países Terceiros", *Estudos em Homenagem ao Prof. Doutor Sérvulo Correia*, Vol. IV, Jorge Miranda (ed.), Coimbra, Coimbra Editora, 2010, pp. 734-740.

c. Geral/individual

Na intersecção da classificação anterior encontra-se aquela que distingue entre reconhecimento geral e reconhecimento individual, diferenciando-se ambas por esta se referir a um raciocínio *"por blocos"* [1471], e não à determinação, caso a caso, do tipo de reconhecimento a adoptar. A perspectiva é, portanto, aqui a do *sistema,* e já não a do *problema.*

A este propósito, MICHAELS distingue duas técnicas de reconhecimento – a *abstrakt-antizipierten Anerkennung* – na qual há uma opção geral de reconhecimento de um determinado conjunto de actos; e a *konkret-aktueller Anerkennung* – que se refere a actos particulares[1472]. Já WEISS distinguia entre o reconhecimento que resultava directamente da ordem jurídica e o que decorria da actuação de autoridades de reconhecimento, embrenhando--se, com ela, na questão de saber se o reconhecimento era constitutivo ou declarativo[1473].

Nesta ordem de ideias, também ARMSTRONG diferencia entre reconhecimento *passivo,* que repousa em formas (julgamentos, qualificações, certificados), que, por via de legislação da União ou de acordos, *devem* ser *qua tale* executados pelo Estado de destino; e reconhecimento *activo* que demanda a "domesticação" do acto estrangeiro, através da aferição da sua equivalência funcional, conducente à emissão de uma decisão individual. Ainda para ARMSTRONG, enquanto o reconhecimento passivo gera um resultado garantido, o reconhecimento activo não garante um resultado específico[1474], o que pode, no entanto, ser uma mais valia nos casos em que as situações são de natureza complexa e demandam uma análise que se foque no problema e não no sistema.

[1471] SYLVIAN BOLLÉE, "L'Extension du Domaine de la Méthode de Reconnaissance Unilatérale", *Revue Critique de Droit International Privé,* Vol. 96, N.º 2, Abril-Junho, 2007, p. 314.

[1472] SASCHA MICHAELS, *Anerkennungspflichten im Wirtschaftsverwaltungsrecht der Europäischen Gemeinschaft und der Bundesrepublik Deutschland – Zwecke des Internationalen Verwaltungsrechts,* Berlin, Duncker & Humblot, 2004, p. 75. Em sentido próximo, cfr. MINH SON NGUYEN, "Droit Administratif International", *Zeitschrift für Schweizerisches Recht,* Vol. 125, II, 2006, p. 122; e JENS HOFMANN, *Rechtschutz und Haftung im Europäischen Verwaaltungsverbund,* Berlin, Dunckler & Humblot, 2004, p. 46.

[1473] KÄTE WEISS, *Die Anerkennung ausländischer Verwaltungsakte,* Göttingen, Buchdruckerei W. Flentje, 1932, pp. 43-48.

[1474] KENNETH A. ARMSTRONG, "Mutual Recognition", *The Law of the Single European Market – Unpacking the Premises,* Catherine Barnard/ Joanne Scott (eds.), Oxford, Hart Publishing, 2002, pp. 240-242.

EFICÁCIA, RECONHECIMENTO E EXECUÇÃO DE ACTOS ADMINISTRATIVOS ESTRANGEIROS

d. Inicial/ subsequente

O reconhecimento mútuo, surgindo num ambiente de estreita cooperação, limita-se, em regra, aos actos praticados pelos membros de pleno direito desse espaço.

O que significa que, na ausência de normas ou convenções específicas que apontem noutro sentido – como sucede com os produtos em livre prática, que beneficiam, em virtude do artigo 28.º, n.º 2, do Tratado sobre o Funcionamento da União Europeia, de tratamento idêntico aos produtos comunitários –, a eficácia transnacional dos actos administrativos se limitava àqueles que, *na sua origem*, estivessem impregnados pelas características especiais do espaço de cooperação no qual haviam sido concebidos.

Houve, porém, alguma evolução neste âmbito, como o atesta o campo dos diplomas.

Neste campo, de uma resposta inicial rígida de acordo com a qual o reconhecimento por um Estado não equiparava diplomas estrangeiros aos emitidos pelos Estados-membros da União, não obrigando ao reconhecimento mútuo desses nos demais Estados[1475] (de modo a evitar reconhecimentos de segundo grau), evoluiu-se para outra em que se passou a conceber o reconhecimento da formação preponderantemente recebida fora da União, desde que o (primeiro) Estado de reconhecimento estivesse em condições de validar a formação recebida conforme às exigências da directiva. Neste primeiro processo de reconhecimento terá, portanto, de se afirmar, *pela positiva*, a comparabilidade de critérios aos que, no plano da União, têm como objectivo, garantir aos Estados-Membros que podem confiar na qualidade dos diplomas obtidos noutros Estados-Membros[1476].

[1475] Cfr. o Acórdão *Abdullah Tawil-Albertini c. Ministre Des Affaires Sociales,* do Tribunal de Justiça de 9 de Fevereiro de 1994, do Tribunal de Justiça proferido no processo C-154/93, no qual se entendeu que, ainda que os Estados-membros tenham a liberdade de autorizar no seu território, segundo a sua regulamentação, o acesso às actividades profissionais aos titulares de diplomas obtidos num Estado terceiro, esse reconhecimento não vincula os outros Estados-membros, uma vez que nestes casos não se aplicam as garantias resultantes da existência de critérios mínimos de formação.

[1476] Cfr., neste sentido, o Acórdão *Hugo Fernando Hocsman e Ministre de l'Emploi et de la Solidarité,* do Tribunal de Justiça, de 14 de Setembro de 2000, proferida no processo C-238/98; CYRIL NOURISSAT, "La Reconaissance des Diplômes dans le Domaine de la Santé: Problèmes Choisis", *Revue des Affaires Européennes,* Ano 14, N.º 1, 2005, pp. 48-50; e GIULIA ROSSOLILLO, *Mutuo Riconoscimento e Techniche Conflittuali,* Milani, CEDAM, 2002, pp. 177-179.

TEORIA DO RECONHECIMENTO

e. *Sequencial/ paralelo*

No âmbito do reconhecimento mútuo, o Regulamento (UE) n.º 528/2012, do Parlamento Europeu e do Conselho, de 22 de Maio de 2012, relativo à disponibilização no mercado e à utilização de produtos biocidas, veio estabelecer uma *distinção legislativa* entre procedimentos específicos de reconhecimento mútuo: o reconhecimento mútuo sequencial e o reconhecimento mútuo paralelo.

Em causa está, essencialmente, o nível de simplificação e concentração dos procedimentos, pois, no primeiro caso, as decisões de reconhecimento são tomadas em *data posterior* à decisão de referência e, muito embora se fundem numa tradução desta, o Estado-membro de destino pode ainda invocar objecções ao reconhecimento ou invocar derrogações legítimas (artigo 33.º); enquanto que, no segundo caso, o pedido de autorização é formulado num Estado-membro à escolha do requerente (o Estado de referência) *contemporaneamente* ao pedido de reconhecimento mútuo deduzido nos demais Estados, intitulados Estados-interessados (artigo 34.º). A simplificação a que se chega com esta sistema de reconhecimento paralelo fica assim aquém de um sistema *"one-stop shop"* – porque o interessado continua a ter de formular um pedido em todos os Estados – , mas permite concentrar desde o início as competências de instrução no Estado de referência, o que pode auxiliar na limitação ou resolução antecipada das situações de objecção ou derrogação invocadas pelos demais Estados.

f. *Outras distinções*

Se as classificações a que nos referimos são aquelas que mais frequentemente se encontram na doutrina, outras há que se lhes podem somar, depen-

---

Cfr., para exemplos noutras áreas, o Regulamento (UE) n.º 1178/2011, da Comissão, de 3 de Novembro de 2011, que estabelece os requisitos técnicos e os procedimentos administrativos para as tripulações da aviação civil, e que define o enquadramento mediante o qual os Estados podem aceitar licenças emitidas por países terceiros, que passam a beneficiar do instituto do reconhecimento; a Directiva 2009/54/CE do Parlamento Europeu e do Conselho, de 18 de Junho de 2009, que se aplica às águas extraídas do solo de um terceiro país importadas para a União e reconhecidas como águas minerais naturais pelas autoridades competentes de um Estado-membro; e o No Regulamento (CE) n.º 216/2008 do Parlamento Europeu e do Conselho, de 20 de Fevereiro de 2008, relativo a regras comuns no domínio da aviação civil e que cria a Agência Europeia para a Segurança da Aviação, que admite que esta Agência ou as entidades aeronáuticas de cada Estado-membro possam emitir certificados com base em certificados de países terceiros, nos termos dos acordos de reconhecimento mútuo com estes celebrados.

dendo dos critérios eleitos: reconhecimento legislativo, jurisprudencial ou convencional, consoante a *fonte imediata das obrigações*; reconhecimento ou oposição ao reconhecimento, consoante a *actividade de controlo* levada a cabo; reconhecimento (reenvio) necessário ou de conveniência, consoante a *necessidade de acolhimento* do acto estrangeiro[1477], cumpridos os requisitos para o efeito; reconhecimento simples ou coordenado, consoante *o envolvimento e diálogo prévio* entre as entidades antes do reconhecimento; reconhecimento explícito ou geral, consoante se permita/exija (ou não) a *prática de um acto administrativo* no país de acolhimento[1478], etc.

Pela sua riqueza, também não resistimos a dar conta da proposta de HATZOPOULOS, que procede a uma distinção combinada dos seguintes tipos de reconhecimento: i) em função da *organização*, entre reconhecimento internacional e reconhecimento comunitário (e, dentro de cada um deles, reconhecimento judiciário e regulamentado); ii) em função do *instrumento* que prevê o reconhecimento, entre reconhecimento puro, reconhecimento ajudado pela existência de normas voluntárias e documentos comuns ou de mecanismos de troca de informação e cooperação, reconhecimento previsto nas normas de direito derivado, de maneira imperfeita e não automática, ou reconhecimento organizado de maneira quase-automática, resultante de um processo de harmonização; iii) em função da *harmonização (ou do tipo de confiança)*, entre harmonização efectiva, harmonização "pré-estabelecida", inexistência de harmonização mas existência de voluntarismo administrativo ou judiciário; e disparidade de regras nacionais que invalizariam o reconhecimento; e iv) do ponto de vista do *papel que o reconhecimento desempenha* para os actores económicos, enquanto *espada* para acesso aos mercados, ou enquanto *escudo* de protecção contra a exclusão do mercado[1479].

[1477] Distinção introduzida por GIUSEPPE BISCOTTINI, *Diritto Amministrativo Internazionale – Tomo Primo/ La Rilevanza degli Atti Amministrativi Stranieri*, Padova, CEDAM, 1964, pp. 50-53: no primeiro caso, apenas o Estado de origem teria poder para regular a situação, no que não poderia ser substituído pelo Estado de acolhimento; no segundo, o Estado de acolhimento poderia optar por (re)regular a situação ou considerar-se satisfeito com o acto estrangeiro.

[1478] Sobre estas duas últimas distinções, cfr. HENRICK WENANDER, "Recognition of Foreign Administrative Decisions – Balancing International Cooperation, National Self-Determination, and Individual Rights", ZaöRV – *Zeitschrift für ausländisches öffentliches Recht und Völkerrecht,,* n.º 71, 2011, pp. 779-780 e 759.

[1479] VASSILIS HATZOPOULOS, "Le Principe de Reconnaissance Mutuelle dans la Libre Prestation des Services", *Cahiers de Droit Européen*, Vol. 46, N.ºs 1-2, 2010, pp. 62-64.

TEORIA DO RECONHECIMENTO

9. Autoridade ou autoridades de reconhecimento

Uma das questões que amiúde se coloca em matéria de reconhecimento passa pela definição da autoridade ou autoridades que, no Estado de reconhecimento, têm competência para emanar o acto de reconhecimento ou para proceder aos controlos por ele exigidos.

A resposta não é única, dependendo do tipo de actos a reconhecer, da matéria a regular e da estrutura política e administrativa interna ao Estado de reconhecimento[1480]. É possível, porém, assentar duas ideias iniciais: no caso dos *actos administrativos supranacionais*, a competência pertence aos vários órgãos nacionais, de acordo com a repartição interna de competências que entre eles exista; e, no caso de actos administrativos *transnacionais* e *estrangeiros em sentido estrito*, quando dependam de reconhecimento condicional, existirá regulamentação convencional, comunitária ou interna que identifique expressamente as entidades competentes para o reconhecimento. Isto ainda que se anote em algumas matérias, como a do reconhecimento de graus académicos e de reconhecimento profissional, uma cumulação de competências de várias entidades – o Estado, a União Europeia, as Universidades e as ordens e câmaras profissionais, devendo proceder-se a uma separação funcional de espaços de intervenção, o que nem sempre se revela tarefa fácil[1481].

Nos casos em que se prescinda de um fundamento legal específico para o reconhecimento, coloca-se, com mais acuidade, a questão de saber qual a autoridade à qual dirigir uma pretensão de reconhecimento ou de oposição ao reconhecimento.

Efectivamente, o Primeiro Relatório Bienal sobre a aplicação do princípio do reconhecimento mútuo nos mercados de produtos e serviços [SEC(1999)1106], identificava como um dos principais problemas relativos à aplicação do princípio do mútuo reconhecimento a dificuldade na defi-

---

[1480] Quanto à autoridade que deve fazer o controlo de reconhecimento BISCOTTINI admitia que a mesma pudesse ser administrativa ou judicial, consoante os efeitos jurídicos pretendidos; sendo que, na falta de norma expressa, o órgão competente deve ser o que tem competência interna para actos análogos (cfr. "L'Efficacité des Actes Administratifs Étrangers", *Recueil des Cours*, Vol. 104, 1961, Leiden, Sijthoff, 1962, p. 664 e 670-671).

[1481] PAULO OTERO, "Breve quadro jurídico sobre o reconhecimento de títulos académicos e a acreditação de cursos", *Ensino Superior e Competitividade – Estudos*, Vol. II, Adriano Moreira, José Barata Moura, (coords.), Lisboa, Edição do Conselho Nacional de Avaliação do Ensino Superior, 2001, pp. 231-233.

nição da autoridade a quem este deve ser solicitado e os poderes discricionários exercitados no processo (precisamente porque não são questões tradicionalmente definidas pelo Estado)[1482]. E, mesmo no caso dos actos administrativos estrangeiros em sentido estrito, para quem conceba o seu reconhecimento em casos não expressamente previstos na lei, coloca-se a questão de definir um modelo para o reconhecimento, que inclui necessariamente a determinação de qual deve ser a autoridade ou autoridades competentes.

Quanto a esta questão podemos identificar dois *modelos distintos*: o do reconhecimento por autoridades administrativos e o do reconhecimento por via judicial. O primeiro fundar-se-ia, de certa forma, numa analogia dos procedimentos de reconhecimento com os procedimentos de auxílio administrativo que, quando existentes, se analisam em pedidos dirigidos a autoridades públicas dos Estados recipientes[1483]; o outro basear-se-ia na proximidade de todos ou de alguns actos administrativos com as sentenças judiciais, vendo no procedimento de reconhecimento destas e na própria instituição judicial – eventualmente desdobrada em jurisdição civil e administrativa – a via adequada para o reconhecimento.

A esta questão de base, sobre a qual ainda nos pronunciaremos, soma-se uma outra: a de saber se a autoridade administrativa ou judicial a quem se dirige o pedido de reconhecimento deve ser uma ou se devem prever-se autoridades sectoriais, competentes em diversas áreas de intervenção pública; situação esta que dificultaria a identificação da entidade competente, mas que, em contrapartida, permitiria uma tramitação mais ágil e, eventualmente mais especializada, dos procedimentos ou processos de reconhecimento.

Esta é uma reflexão que tem vindo a ser levada a cabo no campo do reconhecimento das sentenças judiciais, no qual, à inquestionada unidade orgâ-

---

[1482] KENNETH A. ARMSTRONG, "Mutual Recognition", *The Law of the Single European Market – Unpacking the Premisses*, Catherine Barnard/ Joanne Scott (eds.), Oxford, Hart Publishing, 2002, p. 239.

[1483] JAIME RODRIGUEZ-ARANA MUÑOZ, MARTA GARCÍA PÉREZ, JUAN JOSÉ PERNAS GARCÍA e CARLOS AYMERICH CANO referem-se a algumas destas soluções no cenário internacional (cfr. "Foreign Administrative Acts: General Report", *Recognition of Foreign Administrative Acts*, Jaime Rodríguez-Arana Muñoz (ed.), Ius Comparatum – Global Studies in Comparative Law 10, Suíça, Springer, 2016, pp. 6-7).

TEORIA DO RECONHECIMENTO

nica e procedimental do processo de revisão, se passaram a opor soluções pluralistas quanto às autoridades competentes[1484] e à sua especialização[1485].

10. Procedimento(s) ou processo(s) de reconhecimento

A temática do reconhecimento permite fazer a ligação entre a dimensão procedimental e a dimensão processual do Direito Administrativo. De facto, sabendo que o reconhecimento de actos administrativos estrangeiros pode ser levado a cabo de distintas formas, seja por via administrativa, seja por via judicial[1486], esbatem-se as diferenças entre o que é procedimento e o que é processo, devendo ambos ser regidos por exigências similares, das quais se destacam o acesso à justiça e a um processo equitativo[1487].

Em continuidade com a distinção entre reconhecimento automático e condicionado, a dualidade reconhecimento/oposição ao reconhecimento inculca a ideia de que pode haver *formas* e *momentos distintos* para fazer valer a pretensão ao reconhecimento e, bem assim, reagir relativamente aos efeitos de um acto estrangeiro já reconhecido.

É por isso difícil proceder à identificação de uma *matriz procedimental única* em matéria de reconhecimento, dadas as suas possíveis *occasiones*.

[1484] ANTONIO REMIRO BROTONS critica a limitação do reconhecimento apenas aos Tribunais da Relação para conhecer do *exequatur*, por todos os tribunais terem competência para aplicar direito estrangeiro e tal representar uma limitação de acesso processual injustificada (cfr. *Ejecucion de Sentencias Extranjeras en España – La Jurisprudencia del Tribunal Supremo*, Madrid, Editorial Tecnos S.A., 1974, pp. 277-284. PIERRE MAYER, *La Distinction entre Règles et Décicions et le Droit International Privé*, Paris, Dalloz, 1973, p. 28).

[1485] LAURA CARBALLO, "La ?Necesaria? Atribución de Competencia para el Reconocimiento de Decisiones Extranjeras a los Juzgados de Lo Mercantil", *Revista Española de Derecho Internacional*, Vol. LIX, N.º 2, 2007, pp. 864-869.

[1486] Ou de ambas, pois, havendo lugar a um procedimento de reconhecimento, deve ainda haver lugar a uma fase posterior de acesso aos Tribunais (para impugnação da medida adoptada ou reacção contra a omissão do órgão competente).

[1487] As exigências entre o domínio processual e o domínio procedimental também se têm vindo a aproximar no plano interno. Por exemplo, a dimensão temporal da justiça usualmente associada à tutela jurisdicional efectiva e ao direito de acesso aos Tribunais (como enfatizado pelo Tribunal Europeu dos Direitos do Homem) tem vindo a permear o procedimento administrativo visto agora, como refere CARLA AMADO GOMES, como expressão da colaboração dos particulares na construção de decisões administrativas materialmente equilibradas, o que conduz à importância do *processo*, mais, por vezes, do que o *resultado* (cfr. "A "Boa Administração" Na Revisão Do Cpa: Depressa E Bem...", Debate A Revisão do Código de Procedimento Administrativo", *Direito e Política*, Julho-Outubro, 2013, p. 143).

EFICÁCIA, RECONHECIMENTO E EXECUÇÃO DE ACTOS ADMINISTRATIVOS ESTRANGEIROS

Todavia, se em causa estiverem situações que correspondem *prima facie* a deveres de reconhecimento, há exigências que são transversais aos vários procedimentos de reconhecimento, sejam eles prévios, intervenham eles *a posteriori*. Referimo-nos em particular ao aproveitamento dos controlos, testes e relatórios do Estado de origem; a realização de um juízo de equivalência e a aferição da legitimidade e proporcionalidade da medida de reconhecimento proposta. Ao que acrescem trâmites que dão corpo às exigências de boa administração e de acesso à justiça, como os da participação dos interessados, da notificação das medidas adoptadas e respectiva fundamentação[1488], e, cada vez mais, da transparência na indicação das formas de reacção administrativa e ou judicial relativamente ao acto em causa[1489].

Note-se, ainda, que o reconhecimento condicionado pode envolver o desencadear de *procedimentos complexos* no âmbito do Estado de reconhecimento, pela necessidade de realização de diligências instrutórias ou pela imposição de condições suplementares para obtenção do reconhecimento. É o que sucede no caso de profissões regulamentadas: se se tratar da prestação de serviços com impacto na segurança e saúde públicas que não beneficiem de reconhecimento automático, pode a autoridade competente solicitar a verificação prévia das qualificações e sujeitar o profissional à comprovação de que tem os conhecimentos exigíveis mormente através de prova de aptidão (artigo 6.º da Lei n.º 9/2009, de 4 de Março); se se tratar do direito ao estabelecimento, e se houver uma divergência substancial entre

---

[1488] Quanto ao acto que finaliza o procedimento de reconhecimento, Tono Eitel concluía que este podia ser oral ou concludente, como sucedia muitas vezes com títulos legitimadores, como autorizações, ou escrito, seja por nota ou homologação aposto no acto originário, seja ainda pela emissão de uma nova certidão ou acto administrativo (cfr. *Die Überzonale Rechtsmacht Deutscher Verwaltungsakte*, Hamburg, Kommissionsverlag Ludwig Appel, 1961, p. 98). Em geral, estas vias são ainda hoje mobilizáveis; não obstante, a oralidade nestes processos compreende-se mais em situações de tolerância, do que em casos em que haja um procedimento formal de reconhecimento, uma vez que este deve ter uma conclusão expressa ou, pelo menos, serem-lhe aliados os efeitos de um deferimento tácito.

[1489] Esta dimensão de transparência é particularmente importante em matérias em que, como a vertente, se relacionam várias autoridades públicas, de proveniências distintas. E aderimos perfeitamente à proposta de Sylvian Bollée que, para além do *exequatur* e da oponibilidade ao reconhecimento, considera deverem ser admitidas acções declarativas que se pronunciem sobre o estado do reconhecimento, de modo a dissipar incertezas sobre este (cfr. "L'Extension du Domaine de la Méthode de Reconnaissance Unilatérale", *Revue Critique de Droit International Privé*, Vol. 96, N.º 2, Abril-Junho, 2007, pp. 350-353).

594

TEORIA DO RECONHECIMENTO

profissões, pode a autoridade competente impor a realização de um estágio de adaptação durante um período máximo de três anos ou uma prova de aptidão (artigo 11.º, *idem*).

11. Controlo do reconhecimento

Se o reconhecimento se caracteriza como um instituto de controlo e de repartição de responsabilidades entre Estado de origem e de Estado de destino, tal significa que dele resultam importantes efeitos na regulação das situações criadas por intermédio de um acto administrativo estrangeiro e na afectação da posição jurídica dos seus destinatários ou demais interessados.

Do que resulta que aquele *controlo* não preenche apenas o *conteúdo* do reconhecimento no confronto com um acto administrativo estrangeiro, como se dirige directamente ao controlo exercido pelo Estado de acolhimento, tendo-o por *objecto*.

A importância deste controlo é evidente pelo grande número de litígios que se prendem com a ausência de reconhecimento. Veja-se, apenas no âmbito da livre circulação de advogados, o Acórdão *Reyners*, que foi tirado na sequência do não reconhecimento da nacionalidade belga para o exercício da profissão (Acórdão *Jean Reyners c. o Estado Belga*, do Tribunal de Justiça de 21 de Junho de 1974, proferido no processo 2/74); e os Acórdãos *Thieffry* e *Morgenbesser*, em que estava em causa a recusa de retirar efeitos de um diploma estrangeiro, para efeitos de inscrição na ordem dos advogados (Acórdão Jean *Thieffry c. Conseil de l'ordre des avocats à la cour de Paris*, do Tribunal de Justiça, de 28 de Abril de 1977, proferido no processo 71/76; e Acórdão *Christine Morgenbesser c. Consiglio dell' Ordine degli avvocati di Genova*, do Tribunal de Justiça de 13 de Novembro de 2003, proferido no processo C-313/01).

É de assinalar, porém, que, em sentido estrito, este controlo apenas se referirá às situações de reconhecimento indevido de um acto ou do seu ilegítimo não reconhecimento, dirigindo-se, quando assim é, às autoridades do Estado de reconhecimento.

Porém, um dos motivos – talvez o mais frequente e seguramente o mais debatido na doutrina – que é invocado para justificar ou atacar o comportamento do Estado de reconhecimento prende-se não apenas com vícios próprios do acto de reconhecimento, mas com vícios do acto administrativo estrangeiro, que afectam a sua aptidão para produzir efeitos extraterritoriais, sendo esta questão chamada à colação a *título incidental*.

EFICÁCIA, RECONHECIMENTO E EXECUÇÃO DE ACTOS ADMINISTRATIVOS ESTRANGEIROS

Não há, por isso, um *fosso* entre estes dois actos ou actuações de entidades distintas, até porque o reconhecimento estabeleceu uma *ponte* entre eles.

Mas, sempre que se exceda o âmbito do controlo incidental permitido ao Estado de reconhecimento, coloca-se a questão de saber em que condições e perante que órgãos de que Autoridade se pode contestar a validade substancial da decisão que fundou o reconhecimento. A resposta poderia parecer evidente: esta validade seria aferida pelos órgãos jurisdicionais das Autoridades de origem. Mas vários escolhos se colocam a uma resposta com tamanha simplidade.

E isto porque no âmbito dos *actos administrativos supranacionais,* nem sempre aquelas entidades dispõem de um nível completo, ou sequer de um nível de tutela jurisdicional; ao passo que, no âmbito dos *actos administrativos transnacionais,* a projecção normal dos seus efeitos para fora do Estado de origem – e a circunstância de a sua adopção passar grandemente por mecanismos compósitos de cooperação e de ponderação de interesses – não permitiu estabilizar uma única resposta à questão colocada.

Avançaremos algumas reflexões sobre os termos em que se concebe esta problemática adiante, quando apresentarmos a nossa proposta estruturada para o reconhecimento.

12. Prova das condições do reconhecimento

As condições de reconhecimento carecem de preenchimento, o que suscita a problemática da prova. Questiona-se, assim, a quem pertence o ónus da prova, seja no âmbito da actividade instrutória primária da Administração, seja no âmbito das regras processuais administrativas[1490].

E se a perspectiva tradicional nesta matéria se tem centrado na prova do direito estrangeiro como matéria de facto ou como matéria de direito, tem-se também tentado, com base nela, definir uma *linha geral de orientação* em matéria de prova, que possa aplicar-se a todos os domínios em que que o direito estrangeiro assuma relevância. Com base nela, aponta-se para uma obrigação partilhada de prova do conteúdo e existência do direito estrangeiro, por se convocarem as partes a participar naquela tarefa de prova e não se repousar apenas no princípio *iura novit curiae*[1491].

[1490] GIOVANNI VIRGA, *Attivitá Istruttoria Primaria e Processo Amministrativo*, Milano, Dott. A. Giuffrè Editore, 1991, p. 11.

[1491] Neste sentido, A. FERRER CORREIA, *Lições de Direito Internacional Privado*, Vol. I, Coimbra, Almedina, 2000, p. 428; ANTÓNIO MARQUES DOS SANTOS, "A Aplicação do Direito Estran-

TEORIA DO RECONHECIMENTO

No caso do reconhecimento, porém, não só existe um acto administrativo cujas características essenciais se encontram delineadas (contendo, em regra, a menção à sua proveniência, base legal, conteúdo decisório e fundamentos), como grande parte dos critérios que são chamados à colação remetem para a análise de direito nacional, europeu ou internacional e não estritamente para o direito do Estado de emissão. Pense-se, por exemplo – para além do óbvio critério da ordem pública –, no critério da equivalência, que convoca a comparação de conteúdos jurídicos de diferentes proveniências, ou mesmo no de reciprocidade, que, não obstante se refira à solução paralela prevista no ordenamento jurídico estrangeiro, não deixa de ser permeado pela noção que, no foro, prevaleça sobre a sua comprovação (i.e., se se deve levar a cabo uma aferição concreta ou abstracta da reciprocidade).

Destas especificidades resulta também que, tratando-se de actos administrativos estrangeiros aos quais apenas os interessados têm acesso – a não

geiro", *Estudos de Direito International Privado e de Direito Público*, Coimbra, Almedina, 2004, p. 47; AFONSO NUNES DE FIGUEIREDO PATRÃO, "Poderes e Deveres de Notário e Conservador na Cognição de Direito Estrangeiro", *Cadernos do CENOR*, N.º 2, 2014, p. 14; TREVOR C. HARTLEY, "Pleading and Proof of Foreign Law: The Major European Systems Compared", *International and Comparative Law Quarterly*, Vol. 45, Part 2, April, 1996, p. 272; RUI MOURA RAMOS, "Proof and Information About Foreign Law", *Boletim da Faculdade de Direito*, Vol. XC, Tomo I, 2014, p. 435.

MIGUEL PRATA ROQUE adopta uma posição ainda mais generosa relativamente ao conhecimento do direito estrangeiro pois, não chegando a embarcar numa *presunção de conhecimento* de todos os parâmetros normativos vigentes, defende que a crescente acessibilidade aos comandos normativos numa sociedade cosmopolita acarreta um ónus oficioso de indagação do respectivo conteúdo (cfr. *A Dimensão Transnacional do Direito Administrativo – Uma visão cosmopolita das situações jurídico-administrativas*, AAFDL, Lisboa, 2014, pp. 828-837).

Outra proposta no que se refere à repartição do ónus da prova na tomada em consideração de normas estrangeiras (de direito público ou de direito privado) passa por considerar se a lei estrangeira se afigura como um *datum* que condiciona a aplicação da lei do foro, caso em que o Juiz teria um dever oficioso de averiguar o conteúdo da norma, ou se é apenas invocada pelas partes para fundar a sua pretensão, caso em que terão de provar o seu conteúdo (cfr. ESTELLE FOHRER-DEDEURWARDER, *La Prise en Considération des Normes Étrangères*, Paris, L.G.D.J., 2008, pp. 464-472).

Para uma análise dos vários sistemas nesta matéria, cfr. CARLOS ESPLUGUES, JOSÉ LUIS IGLESIAS, GUILLERMO PALAO, ROSARIO ESPINOSA, CARMEN AZCÁRRAGA, "General Report on the Application of Foreign Law by Judicial and Non-Judicial Authorities in Europe (Project JLS/CJ/2007-1/03)", *Application of Foreign Law*, Carlos Esplugues, José Luis Iglesias, Guillermo Palao (eds.), Munich, Sellier, European Law Publishers, 2011, pp. 3-94.

EFICÁCIA, RECONHECIMENTO E EXECUÇÃO DE ACTOS ADMINISTRATIVOS ESTRANGEIROS

ser que haja sistemas de partilha de informação que permitam dispensar o ónus da sua apresentação –, terão estes de preencher parte dos pressupostos de que depende o reconhecimento, desde logo a autenticidade do acto, a sua proveniência e história procedimental.

Não nos distanciamos, por isso, muito de ALEXANDRE que considerava poder o juiz de *exequatur* solicitar que lhe fossem fornecidos pelas partes os seguintes elementos: a motivação (demonstração do interesse); elementos que permitam controlar a competência; e elementos que assegurem um controlo eficaz da ordem pública internacional (desde logo os direitos de defesa processual)[1492].

E também não nos parece, com BARTIN, que os interessados no âmbito do reconhecimento tenham uma *situação privilegiada* face a um autor "ordinário", pois o autor não tem apenas de fazer prova dos elementos relacionados com a autenticidade do documento, mas contribuir para o preenchimento (ou para o afastamento) das demais condições de que depende o reconhecimento[1493], por muito que estes sejam elementos que se integrem numa apreciação oficiosa da autoridade decisora, como sucede com a ordem pública ou a fraude à lei.

Também aqui assume relevo a distinção entre tipos de reconhecimento, uma vez que, no âmbito dos actos administrativos estrangeiros em sentido estrito é possível imputar maiores responsabilidades probatórias às partes do que o será no campo do reconhecimento mútuo. E não nos referimos apenas à questão da *prova da reciprocidade*[1494], que está arredada do reconhecimento mútuo, mas, essencialmente, à repartição *especial* de prova que, no seio da União Europeia, se tem levado a cabo quando em causa estão restrições a direitos fundamentais reconhecidos pelos Tratados[1495]. De facto,

---

[1492] DANIÈLE ALEXANDRE, *Les Pouvoirs du Juge de L'Exequatur*, Paris, Librairie Générale de Droit et de Jurisprudence, 1970, p. 367.

[1493] ÉTIENNE BARTIN, Études sur les Effets Internationaux des Jugements, Vol I – De la Compétence du Tribunal Étranger, Vol. I – de La Compètence du Tribunal Étranger, Paris, Librairie Générale de Droit & de Jurisprudence, 1907, pp. 195-205.

[1494] De acordo com o artigo 26.º do Decreto-Lei n.º 283/83, de 21 de Junho, a prova da reciprocidade compete ao interessado, mas abre-se a porta à intervenção probatória das autoridades públicas estatais, se a questão lhes for colocada por universidade ou estabelecimento de ensino superior.

[1495] Para a nossa perspectiva sobre esta temática, no âmbito da não discriminalçao, cfr. DULCE LOPES, LUCINDA DIAS DA SILVA "O Fio de Ariadne – Lei n.º 3/2011, 15 de fevereiro. O princípio da não discriminação no acesso ao trabalho independente e seu exercício – entre o direito da

TEORIA DO RECONHECIMENTO

dada a natureza restritiva do não reconhecimento ou da oposição ao reconhecimento, competirá à autoridade competente ancorar essa medida, justificando objectivamente a sua legitimidade e proporcionalidade e apresentando todos os meios de prova que se revelem necessários para o efeito. E isto quer actue na qualidade de órgão decisor num procedimento administrativo, quer intervenha como parte processual num processo que tenha por objecto o reconhecimento.

Tal não significa, porém, que o interessado, nestes casos, não tenha qualquer responsabilidade probatória, pois, para além do alicerçar da sua posição, pela invocação e prova do acto administrativo transnacional, no qual funda a sua pretensão, deve ainda trazer ao procedimento ou ao processo todos os elementos de que depende a apreciação de circunstâncias que lhe sejam específicas [1496].

De assinalar, ainda que as responsabilidade de prova oscilarão igualmente consoante se trate de um reconhecimento automático, caso em que incumbirá ao contra-interessado (oponente) a sua impugnação, ou de um reconhecimento automático em que essa tarefa impenderá sobre o interessado numa decisão positiva de reconhecimento,

Já no caso do ónus *da prova em sentido objectivo*, que se refere às situações em que um determinado facto essencial não resulta provado no processo – na sequência das diligências a que haja lugar, das partes e do juiz –, entende PINTO OLIVEIRA que deve decidir-se, no caso de dúvida insanável, contra quem incumbia o ónus da prova, orientando-se, também no direito administrativo, pelo disposto no artigo 342.º do Código Civil, ainda que reconhecendo-lhe maior flexibilidade[1497].

União Europeia e o direito interno", *Temas de Integração*, Número 29-30, 1.º e 2.º Semestre, 2010, pp. 167-214.

[1496] Veja-se, por exemplo, o Acórdão *Eintragungsausschuss bei der Bayerischen Architektenkammer c. Hans Angerer*, do Tribunal de Justiça de 16 de Abril de 2015, proferido no processo C-477/13, no qual se considerou que o requerente que pretenda beneficiar do regime geral de reconhecimento dos títulos de formação, deve, além de possuir um título de formação não enumerado no ponto 5.7.1. do anexo V da referida directiva, demonstrar igualmente a existência de «razões específicas e excecionais» que fundem o reconhecimento pretendido.

[1497] ANDREIA SOFIA PINTO OLIVEIRA, "A Prova no Processo Administrativo Contencioso (*Maxime*, no Recurso Contencioso de Anulação)", *Themis*, Ano 1, N.º 2, 2000, pp. 99-125, p. 117.

MARIO NIGRO estipulava que o critério guia deveria ser o do restabelecimento, entre as partes, das relações de equilíbrio, sobretudo quando o particular tenha um papel defensivo

EFICÁCIA, RECONHECIMENTO E EXECUÇÃO DE ACTOS ADMINISTRATIVOS ESTRANGEIROS

Segundo Vieira de Andrade a distribuição do ónus da prova corresponde a um problema normativo a decidir pelo juiz e não em abstracto. Por isso, ainda que aceite, em princípio, a regra prevista no Código Civil, dá conta que, no caso dos processos impugnatórios, deve caber à Administração a verificação dos pressupostos legais da sua actuação, sobretudo se agressiva ou se amplamente discricionária, cabendo ao administrado apresentar prova bastante da ilegitimidade do acto[1498].

Deste modo se conclui por uma *partilha* de tarefas probatórias que, embora variando consoante os tipos de actos administrativos estrangeiros a reconhecer, compromete entidades públicas e particulares na tentativa de preenchimento das várias condições de que depende o reconhecimento, sem a fazer repercutir integralmente sobre o interessado.

13. Efeitos diferenciados do reconhecimento
Aduz-se, sinteticamente, que o reconhecimento tanto pode apontar para a extensão de eficácia (*Wirkungserstreckung*) do acto estrangeiro, como para a equiparação deste a actos similares da *lex fori* (*Gleichstellung* ou *Wirkungsanleihung*), como, ainda, para uma solução que se encontre no limbo entre estas duas[1499].

na acção (cfr. "Il Giudice Amministrativo "Signore della Prova"", *Foro Italiano*, Parte V, Vol. LXXXX, 1967, pp. 15-18).

Giovanni Virga acrescentava, nesta matéria, o relevo da disponibilidade do material probatório (cfr. *Attivitá Istruttoria Primaria e Processo Amministrativo*, Milano, Dott. A. Giuffrè Editore, 1991, pp. 77-81).

[1498] José Carlos Vieira de Andrade, *A Justiça Administrativa (Lições)*, 16.ª ed., Coimbra, Almedina, 2017, pp. 465-470. Já João de Castro Mendes concebia o impropriamente designado "ónus" da prova como imperfeito (em face do princípio da livre apreciação da prova, com excepção da prova legal) e incompleto (dado o relevo dos princípios da aquisição processual e da oficialidade), princípios estes que são, acrescentamos, particularmente relevantes no plano administrativo, dadas as competências públicas destas autoridades (cfr. *Do Conceito da Prova em Processo Civil*, Lisboa, Edições Ática, 1961, p. 440).

[1499] Cfr. Karl Neumeyer, *Internationales Verwaltungsrecht – Allgemeiner Teil*, Vol. IV, Zürich. Leipzig, Verlag für Recht und Gesellschaft AG, 1936, p. 319; Dagmar Coester-Waltjen, "Das Anerkennungsprinzip im Dornröschenschlaf?", *Festschrift für Erik Jayme*, Tomo I, Heinz--Peter Mansel, Thomas Pfeiffer, Herbert Kronke, Christian Kohler, Rainer Hausmann (eds.), München, Sellier – European Law Publishers, 2004, pp. 125-126; Alfonso-Luis Calvo Caravaca, Javier Carrascosa González, *Derecho Internacional Privado*, Vol. I, 14.ª ed., Granada, Comares, 2013, p. 531; Ana Quiñones Escámez, "Propositions pour la Formation, la

TEORIA DO RECONHECIMENTO

Efectivamente, o âmbito do reconhecimento pode compreender-se, no essencial, de duas formas: ou pelo modelo da *extensão dos efeitos*, implicando uma referência ao direito do Estado de origem e aos efeitos neste reconhecidos, ou pelo modelo de *assimilação* de efeitos (ou de "igual valor") ao mesmo instituto do ordenamento jurídico de destino.

A estes antípodas junta-se, em regra, uma via intermédia e flexível que admite a extensão de efeitos com limites (permitindo a eficácia da situação de acordo com o disposto no Estado de origem, mas com restrições resultantes da regulação do Estado de reconhecimento) [1500]. Neste caso, a modelação daqueles efeitos é feita tendo por base vários institutos, como a ordem pública, a aplicação de normas de aplicação necessária e imediata do foro ou institutos como o reconhecimento parcial, fruto de exercícios de adaptação de soluções.

Apesar das preferências mostradas por alguns autores quanto à perspectiva a adoptar, outros há, como KMENT, que admitem, sem dilecção de princípio, uma panóplia de soluções possíveis no âmbito do reconhecimento: ou de aumento, de diminuição ou de modificação dos efeitos, relativamente aos

---

Reconnaissance et l'Efficacité Internationale des Unions Conjugales ou de Couple", *Revue Critique de Droit International Privé*, Vol. 96, N.º 2, Abril-Junho, 2007, pp. 372-374; HENRICK WENANDER, "Recognition of Foreign Administrative Decisions – Balancing International Cooperation, National Self-Determination, and Individual Rights", ZaöRV – *Zeitschrift für ausländisches öffentliches Recht und Völkerrecht,,* n.º 71, 2011, p. 779; ULRICH DROBNIG, "Skizzen zur internationalprivatrechtlichen Annerkennung" *Festschrift für Ernst von Caemmerer zum 70. Geburtstag*, Hans Claudius Ficker, Detlef König, Karl F. Kreuzer, Hans G. Leser, Wolfgang Frhr. Marschall von Bieberstein, Peter Schlechtriem (eds.), Tübingen, Mohr, 1978, p. 701; ALBERT BLECKMANN, "Zur Anerkennung ausländischer Verwaltungsakte im Europäischen Gemeinschaftsrecht", *JuristenZeitung*, Ano 40, N.º 23, 6 Dezember 1985; CHRISTOPH OHLER, *Die Kollisionsordnung des Allgemeinen Verwaltungsrechts*, Tübingen, Mohr Siebeck, 2005, p. 53. JULIA RIEKS refere três hipóteses: a da extensão dos efeitos do Estado de origem; a dos efeitos do Estado de reconhecimento ou então a da aplicação do direito do Estado no qual se irão produzir os efeitos jurídicos, sendo esta última, a nosso ver, pouco revelante no campo administrativo, salvo nos casos de reconhecimento subsequente (cfr. *Anerkennung im Internationalen Privatrecht*, Baden-Baden, Nomos Verlagsgesellschaft, 2012, pp. 182-186).
[1500] Cfr. DAGMAR COESTER-WALTJEN, "Anerkennung im Internationalen Personen–, Familien- und Erbrecht und das Europäische Kollisionsrecht", *IPRax – Praxis des Internationalen Privat-und Verfahrensrechts*, Ano 26, N.º 4, Juli/August, 2006, p. 392, e MATTHIAS LEHMANN, "Recognition as a Substitute for Conflict of Laws?", *General Principles of European Private International Law*, S. Leible, (ed.), The Netherlands, Kluwer Law International, 2016, pp. 18-19.

EFICÁCIA, RECONHECIMENTO E EXECUÇÃO DE ACTOS ADMINISTRATIVOS ESTRANGEIROS

desencadeados no Estado de origem[1501]; ou, ainda, como COESTER-WALTJEN, que desiste de procurar uma resposta definitiva, remetendo para a jurisprudência[1502]. Também LAGARDE, assumindo que um dos problemas do reconhecimento reside, precisamente, na indeterminação dos seus efeitos, propõe que cada instrumento de reconhecimento defina com precisão quais os efeitos que dele decorrem[1503] .

A este propósito como nos demais, é relevante a aferição do tipo de actos administrativos a reconhecer. No caso dos *actos administrativos supranacionais*, a integração destes no Estado que lhes deve reconhecimento é feita de forma análoga aos actos nacionais – que aqueles, na maioria dos casos, substituem –, ainda que um imperativo de *eficácia* – que se encontra abundantemente articulado no direito da União Europeia – possa impor aos Estados uma ampliação dos efeitos (sobretudo ao nível de execução) relativamente a situações internas similares.

No âmbito dos *actos administrativos estrangeiros em sentido estrito*, a sua dependência relativamente a um procedimento condicionado de reconhecimento não determina *necessariamente* que os efeitos do acto estrangeiro sejam os mesmos de um acto nacional equivalente (que pode, até, nem

---

[1501] MARTIN KMENT, *Grenzüberschreitendes Verwaltungshandeln – Transnationale Elemente deutschen Verwaltungsrechts*, Tübingen, Mohr Siebeck, 2010, pp. 463-465.

SIRKO HARDER, ainda que no âmbito jus-privatista, considera que as duas posições de que partimos podem ser combinadas em duas outras formas: Um julgamento estrangeiro pode ter os efeitos que teria no país estrangeiro e ainda os efeitos que um julgamento comparável teria no foro (*maximum-effect approach*) ou poderia ter apenas os efeitos que teria igualmente obtido no país estrangeiro e no país do foro (*minimum-effect approach*) (cfr. "The effects of recognized foreign judgements in civil and commercial matters", *International & Comparative Law Quarterly*, Vol 62, Parte 2, April, 2013, pp. 441-443).

[1502] DAGMAR COESTER-WALTJEN, "Anerkennung im Internationalen Personen–, Familien- und Erbrecht und das Europäische Kollisionsrecht", *IPRax – Praxis des Internationalen Privat- -und Verfahrensrechts*, Ano 26, N.º 4, Juli/August, 2006, pp. 393 e 399.

[1503] PAUL LAGARDE, " Développements Futurs du Droit International Privé dans une Europe en voie d'Unification: quelques Conjectures", *Rabels Zeitschrift für ausländisches und internationales Privatrecht*, Vol. 68, N.º 2, April 2004, p. 234.

Noutra sede, PAUL LAGARDE considera que, no caso do reconhecimento mútuo, os efeitos devem em princípio ser os do Estado de origem, mas admite que por razões de política legislativa possa dar-se preferência à lei do reconhecimento (cfr. "La Reconnaissance: Mode D'emploi", *Vers de Nouveaux Équilibres entre Ordres Juridiques – Mélanges en l'honneur de Helène Gaudemet-Tallon*, Paris, Dalloz, 2008, p. 496).

TEORIA DO RECONHECIMENTO

existir). De facto, ainda que seja praticado um acto nacional de reconhecimento, não há nenhuma nacionalização ou *nostrificação* do acto estrangeiro. O acto de reconhecimento incorpora conteúdos que não perdem a noção da sua origem e, inicialmente, pelo menos, uma função própria no ordenamento jurídico que os emitiu, o que pode justificar, sempre que assim seja determinado, uma *adaptação* dos efeitos do acto administrativo estrangeiro no Estado de reconhecimento. Adaptação esta que é um problema que não pertence exclusivamente ao direito internacional privado, já que se coloca quanto à previsão e funcionamento de regras materiais que se justapõem, provenientes de várias ordens jurídicas para definir o direito a dada situação da vida, procurando compatibilizar e harmonizar a solução a dar a casos concretos[1504].

No âmbito dos *actos administrativos transnacionais*, a definição dos efeitos a produzir fora do Estado de origem complexifica-se, dada a normal circulação daqueles actos num amplo espaço (que, em regra, compreende mais do que dois Estados) – o que multiplica o risco de adjudicações inconsistentes –, e a circunstância de as modalidades de reconhecimento serem múltiplas.

E se, no caso de *reconhecimento condicionado*, se aponta no sentido de serem atribuídas às relações jurídicas a eficácia que lhes é acordada no Estado de reconhecimento, por a eficácia resultar do acto de recepção do foro e da respectiva norma habilitante[1505], não há que esquecer que, em espaços de cooperação, se aponta para o aligeiramento da análise das condições de equivalência. O que significa que, em situações em que, muito provavelmente, seria negado o reconhecimento, se *impõe agora* a sua aceitação,

---

[1504] Cfr. ISABEL DE MAGALHÃES COLLAÇO, *Lições de Direito Internacional Privado*, Vol. II, Lisboa, Edição da AAFDL, 1959, pp. 442-443 e ANTÓNIO MARQUES DOS SANTOS, "Breves Considerações sobre a Adaptação em Direito Internacional Privado", *Estudos em Memória do Professor Doutor Paulo Cunha*, Lisboa, Universidade de Lisboa, 1989, p. 523.
Usaremos nesta sede um conceito amplo de adaptação, não desconhecendo, porém, a sua subdivisão em realidades dogmaticamente circunscritas: a adaptação em sentido estrito, a substituição e a transposição, pois qualquer um destes institutos pode ser convocado para auxiliar a compreender formas específicas de aceitação de efeitos dos actos administrativos estrangeiros (cfr., sobre esta distinção, AFONSO PATRÃO, "A "Adaptação" dos Direitos Reais no Regulamento Europeu das Sucessões", *Boletim da Faculdade de Direito*, Vol. XCII, Tomo I, 2016, pp. 121-168.).
[1505] CHARALAMBOS PAMBOUKIS, "La renaissance-métamorphose de la métode de reconnaissance", *Revue Critique de Droit International Privé*, Vol. 97, N.º 3, 2008, p. 556.

EFICÁCIA, RECONHECIMENTO E EXECUÇÃO DE ACTOS ADMINISTRATIVOS ESTRANGEIROS

sob formatos resultantes de um exercício de adaptação, como sucede com o *reconhecimento parcial*[1506].

Nas situações de reconhecimento automático, por seu turno, aponta-se para a produção de efeitos similares ou muito próximos àqueles que o acto teria no Estado de origem[1507], mas, também aqui, como já evidenciámos, o Estado de reconhecimento pode intervir, limitando os seus efeitos, seja com base em *razões de salvaguarda,* seja em função, se justificado, da própria configuração do acto transnacional, tendo sido já admitidos diferentes efeitos se aliados ao exercício de uma actividade profissional com base no título de origem ou num título fruto de um procedimento de reconhecimento[1508].

Por último, chame-se atenção para a circunstância de, nas situações resultantes de actos administrativos estrangeiros que foram objecto de reconhecimento, mas cujos efeitos se prolongam no tempo, poder o Estado de reconhecimento desempenhar uma função relevante, não só em virtude da aplicação das *normas internamente vigentes* quanto ao exercício da actividade em causa, mas também e, sobretudo, quanto à intervenção *superveniente* na própria situação de reconhecimento.

14. Afectação superveniente do reconhecimento

O reconhecimento exprime, como vimos já, uma tarefa de controlo que não se esgota, sempre que incida sobre *actos administrativos de execução conti-*

[1506] Cfr. *Acórdão Krzysztof Peśla c. Justizministerium Mecklenburg-Vorpommer*, do Tribunal de Justiça de 10 de Dezembro de 2009, proferido no processo C-345/08; e, mais recentemente, o artigo 4.º-F da Directiva 2013/55/UE, do Parlamento Europeu e do Conselho, de 20 de novembro de 2013.

No sentido de que a matéria do reconhecimento profissional e académico é particularmente apta à graduação de efeitos, podendo falar-se de equivalência plena, reconhecimento parcial e reconhecimento de crédito, cfr. SACHA GARBEN, "On Recognition of Qualifications and Professional Purposes", *Tillburg Law Review,* 2011, Vol. 16, p. 134.

[1507] Cfr., *ex multis,* ROBERTO BARATTA, "Problematic Elements of an Implicit Rule Providing for Mutual Recognition of Personal and Family Status in the EC", *IPRax – Praxis des Internationalen Privat und Verfahrensrechts,* N.º 1, 2007, p. 9; TUBOS TICHÝ, "A new role for private international and procedural law in European integration? A Critical Comment", *The Foundations of European Private Law,* Roger Brownsword, Hans-W Micklitz, Leone Niglia, Stephen Weatherill (eds.), Oxford, Hart Publishing, 2011, p. 407; SIRKO HARDER, "The effects of recognized foreign judgements in civil and commercial matters", *International & Comparative Law Quarterly,* Vol 62, Parte 2, April, 2013, p. 448.

[1508] Cfr. o *Acórdão Grão-Ducado do Luxemburgo c. Parlamento Europeu e Conselho da União Europeia,* de 7 de Novembro de 2000, proferido no processo C-168/98.

TEORIA DO RECONHECIMENTO

nuada, com o início de produção de efeitos do acto reconhecido no Estado de destino. Este, em regra, exercerá, após o reconhecimento, os poderes de controlo e supervisão que exerceria em situações jurídico-administrativas internas similares, a não ser que se aplique o princípio da supervisão pelo Estado-Membro de origem (como resulta da Directiva 2004/39/CE, do Parlamento Europeu e do Conselho de 21 de Abril, relativa aos mercados de instrumentos financeiros, e, agora, da Directiva 2013/36/UE, do Parlamento Europeu e do Conselho, de 26 de Junho de 2013, relativa ao acesso à actividade das instituições de crédito e à supervisão prudencial das instituições de crédito e empresas de investimento, que altera a Directiva 2002/87/CE e revoga as Directivas 2006/48/CE e 2006/49/CE)[1509].

E, no âmbito do exercício de tais poderes de controlo, pode o Estado ver-se confrontado com situações supervenientes ao reconhecimento e, portanto, posteriores à produção de efeitos – automáticos ou mediados – do acto administrativo estrangeiro, mas que o afectam.

a. *Em razão do acto reconhecido*

O acto reconhecido pode sofrer vissicitudes que afectam a sua aptidão, total ou parcial, para a produção de efeitos, como sucede com a sua anulação, declaração de nulidade, revogação, caducidade ou suspensão. A emissão destes actos de segundo grau continua acometida, em regra, ao Estado de origem, que é quem mantem a competência dispositiva sobre o acto reconhecido. Todavia, ao contrário do que sucede com os actos inicialmente emitidos e aos quais se pode vir a reconhecer – mesmo sem fundamento

---

[1509] Estas regras, que se distanciam das regras normais de distribuição de competências no campo internacional público, têm sido vistas como um passo revolucionário no desenvolvimento das relações administrativas internacionais (cfr. MARTIN SCHLAG, *Grenzüberschreitende Verwaltungsbefugnisse im EG-Binnenmarkt*, Baden-Baden, Nomos Verlagsgesellschaft, 1998, p. 105).

Entre nós, ALEXANDRE DIAS PEREIRA debruça-se sobre este controlo *"prudencial"* do Estado-membro de estabelecimento (cfr. "A Construção Jurídica do Mercado Único dos Seguros", *Estudos Dedicados ao Prof. Doutor Mário Júlio de Almeida Costa*, Lisboa, Universidade Católica Portuguesa, 2002, pp. 77 e 92). Por seu turno, LUÍS GUILHERME CATARINO alia à *supervisão prudencial* do Estado-membro de origem (que, para o Autor, levanta sérios problemas de vigilância e controlo de sucursais que tenham mais importância que a empresa-mãe) a *supervisão comportamental* que, por regra, pertence ao Estado-membro de acolhimento (cfr. "Direito Administrativo dos Valores Mobiliários", *Tratado de Direito Administrativo Especial,* Vol. III, Paulo Otero, Pedro Gonçalves (coords.), Coimbra, Almedina, 2010, pp. 560-561).

EFICÁCIA, RECONHECIMENTO E EXECUÇÃO DE ACTOS ADMINISTRATIVOS ESTRANGEIROS

expresso – eficácia transnacional, similar eficácia não tem vindo a ser reconhecido aos que sobre eles interferem.

A razão para esta diferença de tratamento – do não alargamento de uma aptidão extraterritorial que permita fundar a transnacionalidade daqueles actos de segundo grau – prende-se, a nosso ver, com a circunstância de, neste caso, se produzirem *efeitos jurídicos desfavoráveis* (que revertem, total ou parcialmente, os actos favoráveis anteriormente praticados), pelo que a eficácia transnacional daqueles actos, para ser defensável, deve merecer um fundamento explícito.

Todavia, para evitar problemas que conduzissem a desarmonia jurídica internacional e à criação de situações claudicantes – particularmente perturbadoras em espaços de cooperação assentes no mútuo reconhecimento – propõe KEESSEN que um julgamento do Estado de referência possa produzir efeitos directos em todos os Estados de reconhecimento[1510].

Na impossibilidade de, para já, se avançar genericamente neste sentido em matéria administrativa – ao contrário do que sucede cada vez mais em matéria civil e comercial –, as soluções divisadas para promover uma maior harmonia na circulação de decisões dos Estados de origem relativamente a actos administrativos transnacionais têm passado pelas seguintes vias[1511]: i) a de impôr uma obrigação sobre as autoridades dos Estados de origem no sentido de cooperarem, informal e cada vez mais formalmente, com os demais Estados e Comissão Europeia, comunicando os actos que adoptem e que possam ter interferência sobre a eficácia sobre actos transnacionais no espaço europeu; ii) a de estipular que os procedimentos destinados a alterar os termos de uma autorização transnacional sejam apresentados em todos os Estados-Membros que tenham já autorizado o medicamento em questão[1512]; iii) a de permitir que o Estado de destino, se tiver dúvidas sobre a validade e eficácia do acto administrativo transnacional, possa solicitar esclarecimen-

---

[1510] A. M. KEESSEN, *European Administrative Decisions – How the EU Regulates Products on the Internal Market*, Groningen, Europa Law Publishing, 2009, p. 237.

[1511] Cfr., numa outra luz, LUCA DE LUCIA, "Administrative Pluralism, Horizontal Cooperation and Transnational Administrative Acts", *Review of European Administrative Law*, Vol. 5, N.º 2, 2012, pp. 31-35.

[1512] Cfr. artigo 35.º, n.º 1, da Directiva 2001/83/CE, do Parlamento Europeu e do Conselho, de 6 de Novembro de 2001, que estabelece um código comunitário relativo aos medicamentos para uso humano.

TEORIA DO RECONHECIMENTO

tos ao Estado de origem[1513]; iv) em casos excepcionais, como o do *visto uniforme*, admitir que a anulação ou a revogação de um visto possa ser levada a cabo pelas autoridades competentes de outro Estado-membro que não o emitente (artigo 34.º, n.º 1 e 2 do Regulamento (CE) n.º 810/2009 do Parlamento Europeu e do Conselho, de 13 de Julho de 2009, que estabelece o Código Comunitário de Vistos)[1514]; v) impor obrigações de não reconhecimento ou de não emissão de actos (no caso de licenças de condução) a pessoas que noutros Estados-membros se viram impossibilitados de os obter, de os renovar ou de os utilizar[1515]; e vi) admitir que o Estado de acolhimento,

---

[1513] Julgamos mesmo que esta possibilidade deveria alargar-se, reconhecendo-se legitimidade ao Estado de reconhecimento para iniciar acções, pelo menos declarativas, no Estado de origem, de modo a confirmar qual a real situação – do ponto de vista da sua eficácia – do acto administrativo estrangeiro.

[1514] Sobre esta via, cfr. NUNO PIÇARRA que considera que este controlo de validade representa uma menor relevância da distinção entre facto e direito no seio do reconhecimento (cfr. "União Europeia e Acto Administrativo Transnacional", *Direito da União Europeia e Transnacionalidade*, Alessandra Silveira (coord.), Lisboa, Quid Iuris, 2010, pp. 315-316); e NUNO PIÇARRA que analisa os contornos desta possibilidade de revogação ou anulação no Estado de destino (por oposição à obrigatoriedade das mesmas no Estado de emissão). Nestes casos, foi propósito do legislador permitir a intervenção pronta de qualquer Estado que estivesse em melhores condições de valorar os actos praticados e as suas consequências, inclusive do ponto de vista da cura dos interesses comunitários (cfr. "Comentário ao acórdão do Tribunal de Justiça de 10 de abril de 2012, C-83/12 PPU, Processo-crime contra Minh Khoa Vo", *Jurisprudência Cunha Rodrigues – Comentários*, Eduardo Paz Ferreira; Maria Luísa Duarte, Miguel Soura Ferro (org.), Lisboa, AAFDL, 2013, pp. 257-269). Tal não leva, porém, ao afastamento do Estado de emissão, que continua a deter maiores competências de actuação e prerrogativas de informação.

Segundo JUAN JOSÉ PERNAS GARCÍA as dificuldades trazidas por esta extensão da transnacionalidade à actividade judicial apenas podem ser resolvidas pela maior harmonização dos direitos processuais administrativos e pelo desenvolvimento de um direito administrativo europeu (cfr. "The EU's Role in the Progress Towards the Recognition and Execution of Foreign Administrative Acts: The Principle of Mutual Recognition and the Transnational Nature of Certain Administrative Acts", *Recognition of Foreign Administrative Acts*, Jaime Rodríguez-Arana Muñoz (ed.), Ius Comparatum – Global Studies in Comparative Law 10, Suíça, Springer, 2016, pp. 27-28).

[1515] Artigo 11.º, n.º 4 da Directiva 2006/126/CE do Parlamento Europeu e do Conselho, de 20 de Dezembro de 2006, relativa à carta de condução (reformulação). Já antes, no sentido de que se deveriam adoptar regras procedimentais e substantivas harmonizadas, ainda que convencionais, quanto à retirada da carta de condução para todo o espaço da União Europeia, cfr. MICHAEL BRENNER, "Verfassungsfragen der Europäisierung des Führerscheinentzuges",

se as medidas tomadas pelo Estado de origem não forem suficientes, possa *"tomar as medidas adequadas para prevenir ou reprimir novas infrações e, caso tal se revele necessário, para impedir a instituição de crédito em causa de iniciar novas operações no seu território"*[1516].

Poder-se-ia assumir que esta discussão seria apenas relevante no caso de reconhecimento *condicionado*, pois apenas neste haveria um acto de reconhecimento sobre o qual poderia ou deveria o Estado de reconhecimento intervir[1517]. Mas não é assim.

Apesar de nalguns casos de *reconhecimento automático* a afectação da eficácia do acto transnacional no Estado de origem poder ter, como consequência jurídica, a cessação, suspensão ou alteração da sua eficácia em todo o espaço europeu[1518], a verdade é que pode revelar-se necessário *esclarecer* qual, afinal, a eficácia subsistente do acto transnacional no seu Estado de origem, sobretudo nos casos de anulabilidade; além de que pode ser ajuizado *intervir expressamente* sobre a situação ou situações que foram criadas em virtude daquele acto transnacional. É que, ainda que *no mundo do direito* a afectação do acto transnacional se possa repercutir sobre todos os efeitos jurídicos constituídos sob a sua égide, a formação e eventualmente a consolidação de situações de facto ou de direito no Estado de acolhimento pode determinar que este deva – por razões essencialmente de segurança jurídica – agir de modo a ordenar a cessação, a suspensão ou a alteração das actividades em causa[1519].

DVBl. – Das Deutsche Verwaltungsblatt, 1999, p. 884; e ULRICH BERZ, "Das EU-Übereinkommen über den Entzug der Fahrerlaubnis", *NVwZ – Neue Zeitschrift für Verwaltungsrecht*, 1986, p. 147.

[1516] Cfr. artigo 153.º, n.º 4 da Diretiva 2013/36/UE do Parlamento Europeu e do Conselho, de 26 de junho de 2013 , relativa ao acesso à atividade das instituições de crédito e à supervisão prudencial das instituições de crédito e empresas de investimento.

[1517] HENRICK WENANDER refere que nestes casos de reconhecimento automático não se suscitam problemas jurídicos, já que as decisões de revogação ou alteração são imediatamente aplicadas (cfr. "Recognition of Foreign Administrative Decisions – Balancing International Cooperation, National Self-Determination, and Individual Rights", *Zeitschrift für ausländisches öffentliches Recht und Völkerrecht*, N.º 71, 2011, p. 775).

[1518] Cfr. o artigo 13.º, n.º 1, alínea a) e n.º 2 do Decreto-Lei n.º 138/2012 de 5 de Julho, do seu Anexo I – Regulamento da Habilitação Legal para Conduzir, que aponta neste sentido.

[1519] E eventualmente pondere, nesta sede, se outros sobranceiros princípios ou direitos podem apontar no sentido da manutenção de alguns dos efeitos já estabilizados, à luz do regime jurídico do Estado de reconhecimento.

TEORIA DO RECONHECIMENTO

Nas situações de reconhecimento condicionado de actos transnacionais, vimos também já que a intervenção de segundo grau sobre a decisão inicial (reconhecida) não afecta *ipso iure* a decisão de reconhecimento, mesmo no âmbito das intituladas *decisões de referência*[1520]. Mas também não lhe pode ser *irrelevante*, já que a eficácia permitida no Estado de destino não goza de carta de alforria relativamente à decisão de origem, na qual se fundou geneticamente.

Entre *estrito respeito* e *concreta irrelevância*, o caminho não pode deixar de ser o da *ponderação* das causas que levaram à decisão de afectação da eficácia do acto transnacional no Estado de origem, e dos efeitos que uma decisão replicativa daquela produziria no Estado de reconhecimento.

Não nos revemos, por isso, na posição de PAULO OTERO, quando considera que a revogação e a anulação judicial de acto administrativo estrangeiro não produzem efeitos no estado de acolhimento quando o procedimento de reconhecimento já esteja concluído e se haja tornado firme[1521], e na de PRATA ROQUE, que considera ocorrer, por via do reconhecimento, uma verdadeira "substituição subrogatória" da administração estrangeira pela do Estado-sede, pelo que a cessação de efeitos *ad futurum* naquele não impede os efeitos extraterritoriais neste[1522]. Propendemos, antes, para uma posição mais próxima da de SAMPAIO, segundo a qual não está aqui apenas em causa a protecção do cidadão, mas a harmonia internacional de decisões, devendo evitar-se o *"caricato caso de mantermos um determinado acto que havia sido erradicado do Estado de origem"*[1523].

[1520] Cfr. o Acórdão *Ferring Arzneimittel GmbH e Eurim-Pharm Arzneimittel GmbH*, do Tribunal de Justiça de 10 de Setembro de 2002, proferido no processo C-172/00; o Acórdão *Paranova Läkemedel e o.*, do Tribunal de Justiça de 8 de Maio de 2003, proferido no processo C-15/01; e A. M. KEESSEN, *European Administrative Decisions – How the EU Regulates Products on the Internal Market*, Groningen, Europa Law Publishing, 2009, pp. 95-96.

[1521] PAULO OTERO, *Legalidade e Administração Pública – O sentido da vinculação administrativa à juridicidade*, Coimbra, Almedina, 2007, p. 507.

[1522] MIGUEL PRATA ROQUE, *A Dimensão Transnacional do Direito Administrativo – Uma visão cosmopolita das situações jurídico-administrativas*, AAFDL, Lisboa, 2014, p. 1283.

[1523] JORGE SILVA SAMPAIO, *O Acto Administrativo pela Estrada Fora: os Efeitos Transnacionais do Acto Administrativo*, AAFDL, Lisboa, 2014, pp. 108-109 e p. 130. O Autor admite, todavia, que por homenagem ao princípio da segurança jurídica e da boa fé se possa defender a manutenção dos efeitos consolidados do acto praticado.
MARTIN KMENT pronuncia-se que no sentido de que à prática de um acto negativo não se devem opor razões de confiança legítima, uma vez que o reconhecimento é dado sempre sob

EFICÁCIA, RECONHECIMENTO E EXECUÇÃO DE ACTOS ADMINISTRATIVOS ESTRANGEIROS

E é neste sentido que aponta o próprio direito da União, ao enfatizar, a vários propósitos, o carácter *"quase"* obrigatório das decisões de revogação, suspensão ou modificação dos actos de reconhecimento, na sequência da anulação, declaração de nulidade, revogação, caducidade ou suspensão no Estado de origem do acto transnacional.

Senão veja-se.

O artigo 44.º, n.º 4 do Regulamento (CE) N.º 1107/2009, do Parlamento Europeu e do Conselho, de 21 de Outubro de 2009, relativo à colocação dos produtos fitofarmacêuticos no mercado, estabelece – ainda que admitindo a possibilidade de ponderação de circunstâncias concretas – que, quando um deles retire ou altere uma autorização, os outros Estados-Membros da mesma zona retirem ou alterem a autorização em conformidade.

De forma ainda mais rígida, o artigo 48.º, n.º 3 do Regulamento (UE) n.º 528/2012, do Parlamento Europeu e do Conselho, de 22 de Maio de 2012, relativo à disponibilização no mercado e à utilização de produtos biocidas, estabelece uma *obrigação de revogação* num prazo determinado (de 120 dias a contar da notificação da revogação ou alteração das autorizações), ainda que admita que haja desacordo entre as autoridades competentes de alguns Estados-Membros, caso em que se aplicarão procedimentos de resolução administrativa de conflitos, que podem motivar uma pré-decisão vinculativa da Comissão (artigo 36.º, n.º 4).

E, mais recentemente, o artigo 56.º-A da Directiva 2013/55/UE, do Parlamento Europeu e do Conselho, de 20 de Novembro de 2013, relativa ao reconhecimento das qualificações profissionais, estipula que os profissionais relativamente aos quais sejam enviados alertas para outros Estados-Membros (de limitação ou proibição de exercício de actividade) sejam compensados por eventuais danos causados pelo envio de falsos alertas. O que aponta no sentido de, ao receberem tais alertas, poderem os Estados de destino suspender ou revogar os actos de reconhecimento ou proibirem o exercício da actividade, causando assim danos ao profissional, que devem ser compensados pelo Estado que, erradamente, emitiu o alerta.

No caso dos actos administrativos estrangeiros em sentido estrito concordamos com BISCOTTINI, que advoga que os actos (o reconhecido e o de

---

condição de manutenção da eficácia do acto transnacional (cfr. *Grenzüberschreitendes Verwaltungshandeln – Transnationale Elemente deutschen Verwaltungsrechts*, Tübingen, Mohr Siebeck, 2010, pp. 466-467).

610

reconhecimento) têm relativa autonomia entre si, pelo que se um acto foi revogado ou anulado no Estado de origem tal não implica um efeito automático no Estado do foro[1524], ainda que também nada o impeça.

Mas julgamos que, mesmo nos actos administrativos estrangeiros em sentido estrito, a intervenção superveniente sobre o acto reconhecido pode encontrar um fértil campo de aplicação quando em causa esteja uma situação de invalidade, sobretudo de nulidade do acto administrativo estrangeiro, ou quando, estando em causa uma afectação da eficácia deste acto em virtude de razões de interesse público ou de alteração de circunstâncias supervenientes, estas razões sejam *partilhadas* pelo Estado de reconhecimento (o que poderá acontecer em situações em que uma licença de caça reconhecida em Portugal seja revogada porque no Estado de origem, em virtude da conduta criminosa do seu titular, a "licença-mãe" também o foi) [1525].

Contudo, é bom de ver que nestes casos é mais difícil sustentar o *dever de ponderação* que existe no âmbito comunitário, por ser inviável pensar, nestes casos, numa verificação simples e constante da subsistência de eficácia do acto estrangeiro, dada a ausência de mecanismos de informação e de cooperação que permitam suprir as falhas de conhecimento do Estado de reconhecimento relativamente ao acto por ele reconhecido. Deste modo, as situações em que se venha a colocar este cenário – de cessação dos efeitos do acto reconhecido, em virtude das vissicitudes que, no Estado emitente, afectaram o acto administrativo estrangeiro em sentido estrito – dependerão de sobremaneira da provocação de terceiros, situação esta que hoje, num mundo cada vez mais interligado e repleto de novos sujeitos de direito e grupos de interesses, não é despicienda.

b. *Em razão da natureza do instituto do reconhecimento*

A afectação superveniente dos termos em que o reconhecimento foi levado a cabo por parte do Estado de acolhimento coloca-se com particular

---

[1524] GIUSEPPE BISCOTTINI, *Diritto Amministrativo Internazionale – Tomo Primo/ La Rilevanza degli Atti Amministrativi Stranieri*, Padova, CEDAM, 1964, p. 127.

[1525] CHRISTINE E. LINKE apesar de reconhecer que a sua posição não é a dominante face à de Biscottini, entende que a revogação levada a cabo no Estado de destino não é senão a revogação do reconhecimento, pelo que, se o reconhecimento era facultativo, o mesmo acontecerá com a sua revogação (cfr. *Europäisches internationales Verwaltungsrecht*, Frankfurt, Peter Lang, 2001, pp. 112). Na mesma direcção, MINH SON NGUYEN, "Droit Administratif International", *Zeitschrift für Schweizerisches Recht*, Vol. 125, II, 2006, p. 133.

EFICÁCIA, RECONHECIMENTO E EXECUÇÃO DE ACTOS ADMINISTRATIVOS ESTRANGEIROS

acuidade no âmbito do reconhecimento mútuo, no qual o exercício da tarefa de controlo estadual, mesmo relativamente a circunstâncias supervenientes à data do reconhecimento, sofre importantes correctivos.

Se, por um lado, se colocam na balança interesses na preservação do mercado interno ou na sustentação do espaço de liberdade, segurança e justiça, por outro lado, mantêm-se os poderes de controlo e supervisão do Estado e a irrenunciável obrigação de este prosseguir os seus interesses públicos essenciais. Por isso, SCHMIDT-ASSMANN adverte que os esquemas de reconhecimento mútuo só podem ser impostos na prática se forem acompanhados por soluções flexíveis, nos casos de urgência ou disputa[1526].

Tem, por isso, de haver *"respiradouros"* do sistema, que permitam ao Estado reagir de forma eficaz em situações de tensão ou desprotecção de interesses públicos considerados fundamentais.

Esta reacção diz respeito essencialmente a duas situações: as de contínuo controlo do respeito pelas condições que foram objecto de reconhecimento e as de salvaguarda de interesses legítimos, como os da segurança e saúde pública[1527].

No primeiro caso, o controlo de cumprimento e manutenção de tais condições é contínuo, podendo o seu desrespeito motivar, inclusive, a revogação do acto de reconhecimento ou a retirada dos direitos concedidos[1528].

[1526] EBERHARD SCHMIDT-ASSMANN, "European Composite Administration and the Role of European Administrative Law", *Revista da Procuradoria-Geral do Município de Juiz de Fora – RPG-MJF*, Ano 3, N.º 3, Janeiro/Dezembro, 2013, p. 190.

[1527] Já na Directiva 70/156/CEE do Conselho, de 6 de Fevereiro de 1970, relativa à aproximação das legislações dos Estados-Membros respeitantes à recepção dos veículos a motor e seus reboques, que parece ter iniciado a vaga de reconhecimento mútuo na União (dos veículos acompanhados por um certificado de conformidade), o controlo permitido ao Estado de reconhecimento passava pelo *escrutínio das divergências* de um veículo com o modelo recepcionado (artigos 7.º e 8.º) ou pela aferição se um veículo, mesmo acompanhado de um certificado de conformidade regularmente emitido, *comprometia a segurança rodoviária* (artigo 9.º).

[1528] O exemplo que nos parece mais claro – por evidenciar a necessidade contínua de controlo por parte do Estado de reconhecimento – é o do reconhecimento de cartas de condução, nos termos da Directiva 2006/126/CE do Parlamento Europeu e do Conselho de 20 de Dezembro de 2006. Cfr., nesta senda, o Acórdão *Sevda Aykul c. Land Baden-Württemberg*, do Tribunal de Justiça de 23 de Abril de 2015, proferido no processo C-260/13, que considera que um Estado-membro, em cujo território o titular de uma carta de condução emitida por outro Estado-membro permaneça temporariamente, não está impedido de a não reconhecer, dev-

TEORIA DO RECONHECIMENTO

No último caso, a intervenção do Estado fundamenta-se em comportamentos posteriores ao reconhecimento (automático ou condicionado), e redunda, em regra, na suspensão dos efeitos produzidos pelo acto administrativo transnacional – até que seja adoptada uma decisão definitiva, se for caso disso, no Estado de origem. Mas apenas é possível lançar-se mão desta via em circunstâncias de urgência ou de gravidade tal que façam perigar interesses legítimos e fundamentais do Estado e dos seus cidadãos.

Os exemplos seriam inúmeros, mas limitamo-nos a indicar, pela circunstância de se tratar de um procedimento com um âmbito de aplicação generalizado – não se referindo a um produto específico – o Regulamento (CE) 764/2008, de 9 de Julho, que estabelece os procedimentos para a aplicação de certas regras técnicas nacionais a produtos legalmente comercializados noutro Estado-Membro e aplica o princípio do reconhecimento mútuo, e admite, no seu artigo 7.º, n.º 1, a suspensão temporária da comercialização do produto apenas quando *"o produto ou tipo de produto em questão, em condições de uso normais ou razoavelmente previsíveis, apresentar um risco grave para a segurança e a saúde dos utilizadores ou a comercialização do produto ou tipo de produto em questão estiver sujeita a uma proibição geral no Estado-Membro por razões de moral pública ou de segurança pública"*.

Nestas situações, estabelecem-se usualmente obrigações procedimentais que impendem sobre o Estado de reconhecimento e que têm como objectivo manter, na maior medida possível, a coerência e harmonia no mercado interno ou no espaço de liberdade, segurança e justiça. É o que sucede com a obrigação de informação da adopção de um acto de natureza cautelar ao Estado de emissão (e aos demais Estados e à Comissão Europeia), que funciona, consoante os casos: i) como uma alavanca para que o Estado de emissão aja, protegendo, em geral, os interesses públicos que partilha com o Estado de reconhecimento; ii) como uma forma de colocar em marcha procedimentos de resolução administrativa de litígios entre as autoridades

---

ido a um comportamento infractor que, nos termos da legislação nacional do Estado membro de reconhecimento, é susceptível de implicar a inaptidão para a condução de veículos a motor. Estas características levam MAREK SZYDŁO a considerar que as cartas de condução não são actos administrativos transnacionais, mas um *tertium genus*, pois encontram-se sob a soberania de duas leis: a do país de origem e a do país de destino, cujos actos devem ser reciprocamente reconhecidos (cfr. "EU Legislation on Driving Licences: Does It Accelerate or Slow Down the Free Movement of Persons?", *German Law Journal*, Vol. 13 No. 03, 2012, disponível em http://www.germanlawjournal.com, acesso em 15 de Julho de 2014, pp. 349-350).

EFICÁCIA, RECONHECIMENTO E EXECUÇÃO DE ACTOS ADMINISTRATIVOS ESTRANGEIROS

públicas envolvidas; ii) ou como uma via que, em último caso, permite o início de um procedimento de incumprimento contra o Estado de acolhimento, sempre que se considere que, ao inviabilizar a produção de efeitos dos actos administrativos transnacionais, esteja a violar direito comunitário.

15. Efeitos reflexos do reconhecimento

A ampla reflexão que tem acompanhado o *reconhecimento mútuo* tem vindo a dar conta de alguns efeitos indirectos que resultam da mobilização e generalização deste instituto. Entre eles constam o aumento dos *custos de transacção*, a potenciação da *discriminação inversa*, a *perda de autonomia regulatória* e o nivelamento por baixo das legislações nacionais ou *"race to the bottom"*[1529].

Analisemo-los sucintamente.

O reconhecimento mútuo, como já pensamos ter esclarecido, é um sistema complexo, que, ainda que preserve a totalidade ou parte da autoridade regulatória dos Estados, por não implicar necessariamente uma harmonização prévia das disposições normativas nacionais, traz consigo dificuldades acrescidas na concretização destas, colocando os Estados numa posição de aferição *em concreto* das condições de equivalência entre actos administrativos[1530]. Deste modo, os *custos de transacção* que impendem sobre os *agentes económicos* podem também aumentar, pois, ainda que estes, em princípio, se guiem pelas disposições de um Estado (o de origem), tal não assegura que essa seja, em qualquer caso, a regulação que prevalecerá no Estado de reconhecimento, uma vez que este pode ainda, e em condições não despiciendas, modelar os efeitos do reconhecimento.

Quanto à circunstância de, em virtude do reconhecimento mútuo, poderem replicar-se situações de *discriminação inversa* – ou seja, situações em que o tratamento deferido a situações internacionais é mais favorável do que aquele que é dispensado a situações internas da mesma natureza[1531] – tal

---

[1529] Elenco proposto por WOLFGANG KERBER, ROGER VAN DEN BERGH, "Unmasking Mutual Recognition: Current Inconsistencies and Future Chances", *Marburg Papers on Economics – Marburger Volkswirtschaftliche Beiträge*, N.º 11, 2007, disponível em http://www.uni-marburg. de/fb02/makro/forschung/fb, acesso em 1 de Agosto de 2015, pp. 9-16.

[1530] JULIA SIEVERS, SUSANNE K. SCHMIDT, "Squaring the Circle with Mutual Recognition? Demoi-cratic Governance in practice", *Journal of European Public Policy*, Vol. 22, N.º 1, 2015, pp. 124.

[1531] Entre nós, veja-se como exemplo o disposto no artigo 4.º, n.º 5 do Decreto-Lei 10/2015, de 16 de Janeiro, que estabelece o regime jurídico de acesso e exercício de actividades de

TEORIA DO RECONHECIMENTO

pareceria contrariar a concepção do reconhecimento como mecanismo de promoção de cooperação, senão mesmo de integração[1532]. Há, porém, que dar conta que a discriminação inversa é um *subproduto* do direito da União Europeia e de outros espaços de estreita colaboração – nos quais as regras comuns não se aplicam a situações puramente internas, de modo a manterem a autonomia dos Estados – e não, exclusivamente, do mecanismo do reconhecimento.

Por isso, a mudança de perspectiva quanto à discriminação inversa terá de resultar de um debate muito mais amplo que ponha em evidência o que para alguns se afigura como uma responsabilidade irrenunciável da União Europeia e que passa pela aplicação indistinta dos princípios fundamentais da União, em especial o da igualdade, e o da promoção uniforme da cidadania da União[1533].

Até ao momento, porém, a perspectiva dominante do Tribunal de Justiça continua a ser dúplice, mostrando, por um lado, algum desinteresse quanto ao resultado das discriminações inversas, por entender que a resolução dos desequilíbrios entre situações internacionais e situações internas compete aos Estados, mas ampliando sucessivamente, por outro, o leque de situações comunitariamente relevantes[1534].

---

comércio, serviços e restauração, que determina que os vendedores ambulantes não estabelecidos em território nacional, que aqui pretendam aceder às actividades de comércio, exercendo-as em regime de livre prestação, estão isentos do requisito de apresentação de mera comunicação prévia. Comunicação esta que se aplicará aos empresários nacionais.

[1532] SUSANNE K. SCHMIDT, "The Impact of Mutual Recognition – Inbuilt Limits and Domestic Responses to the Single Market", *Journal of European Public Policy*, Vol. 9, December, 2002, pp. 937-938.

[1533] SARA VALAGUZZA, *La Frammentazione Della Fattispecie Nel Diritto Amministrativo A Conformazione Europea*, Milano, Dott. A. Giuffrè Editore, 2008, pp. 171-177; e ALINA TRYFONIDOU, 'Reverse Discrimination in Purely Internal Situations: An Incongruity in a Citizens' Europe", *Legal Issues of Economic Integration*, Vol 35, N.º 1, 2008, pp. 43–67.

[1534] Cfr. Acórdão *Volker Steen c. Deutsche Bundespost*, do Tribunal de Justiça de 16 de Junho de 1994, proferido no processo C-132/93; e FABIO SPITARELI, "Accesso alla professione forense e discriminazioni "alla rovescia" nella sentenza Lussemburgo c. Parlamento europeo e Consiglio", *Il Diritto dell'Unione Europea*, Vol. 6, N.º 1, 2001, pp. 179-195. Ou seja, em muitos casos, para poder beneficiar de um tratamento mais favorável, o interessado terá de exercer activamente o seu direito à livre circulação, o que não é censurado, residindo, pelo contrário, no cerne do direito comunitário. Cfr., neste sentido, Acórdão *Angelo Alberto Torresi e Pierfrancesco Torresi c. Consiglio dell'Ordine degli Avvocati di Macerata*, do Tribunal

Por seu turno, apesar de o reconhecimento mútuo se encontrar intimamente ligado à ideia de concorrência regulatória, facilitando a opção entre as regras dos sistemas em confronto[1535], há quem note que uma das tentações resultantes daquele reconhecimento passa pela perda *in fine* dessa mesma autonomia, sobretudo da parte de Estados que se vêem forçados a aderir a parâmetros distintos dos seus, podendo conduzir mesmo a formas extremas de "*colonialismo regulamentar*"[1536].

A última das *externalidades* negativas do reconhecimento mútuo, que vai em sentido precisamente inverso da anteriormente mencionada passa, sempre que não haja um grau de harmonização suficiente, pelo risco de se conduzir a um "*nivelamento por baixo*" das legislações nacionais[1537]. Não obstante,

---

de Justiça de 17 de julho de 2014, proferido nos processos apensos C-58/13 e C-59/13, no qual se ajuizou que a circunstância de o nacional de um Estado-membro optar por adquirir uma qualificação profissional num Estado-membro diferente daquele onde reside, para aí beneficiar de uma legislação mais favorável, não permite, por si só, concluir pela existência de um abuso de direito.

[1535] Neste sentido, cfr. CATHERINE BARNARD e SIMON DEAKIN, "Market Access and Regulatory Competition", *The Law of the Single European Market – Unpacking the Premisses*, Catherine Barnard/ Joanne Scott (eds.), Oxford, Hart Publishing, 2002, p. 203; e PELKMANS, *Mutual Recognition: economic and regulatory logic in goods and services*, Colégio da Europa, Bruges European Economic Research Papers 24/2012, disponível em https://www.coleurope.eu/system/files_force/research-paper/beer24.pdf?download=1, acesso em 9 de Outubro de 2014, p. 2. SEGOLENE BARBOU DES PLACES vê esta concorrência regulatória como nefasta em áreas marcadas pela interdependência, como a migração (cfr. "Taking Legal Rules into Consideration: EU Asylum Policy and Regulatory Competition", *Journal of Public Policy*, Vol. 24, N.º 1, January-April, 2004, p. 85); em sentido contrário, e nesta mesma matéria, MATTEO GNES antecipa que, com esta competição regulatória, os cidadãos podem ganhar novos direitos num outro país e, mesmo, importar esses direitos para o seu país de origem (cfr. "General Introduction: Towards an Administration Without Frontiers – Migration Opportunities in Europe", *European Review of Public Law*, Vol. 21, N.º 1, 2009, p. 59).

[1536] ALBERTO ALEMANNO, "Le Principe de la Reconnaissance Mutuelle au-delà du marché Intérieur: Phénomène d'Exportation Normative ou Stratégie de "Colonialisme" Réglementaire?", *Revue du Droit de l'Union Européenne*, N.º 2, 2006, pp. 302-303.

[1537] NUNO PIÇARRA, "A eficácia Transnacional dos Actos Administrativos dos Estados-Membros como Elemento Caracterizador do Direito Administrativo da União Europeia, *Estudos em Homenagem ao Professor Doutor Diogo Freitas do Amaral*, João Caupers, Maria da Glória F.P.D. Garcia, Augusto de Athaíde (orgs.), Coimbra, Almedina, 2010, p. 604; e ANDREA NICOLUSSI, "Europa e Cosidetta Competizione tra Ordinamenti Giuridici", *La Competizione tra Ordinamenti Giuridici – Mutuo Riconoscimento e Scelta della Norma Piú Favorevole Nello Spazio Giuridico Europeo*, Armando Plaia (ed.), Milano, Dott. A. Giuffrè Editore, 2007, p. 29.

TEORIA DO RECONHECIMENTO

este não é um efeito necessário do reconhecimento, uma vez que dele pode igualmente decorrer uma "harmonização reflexiva", que abra caminho para uma "harmonização transnacional das leis" e para uma *race to the top*[1538].

Resulta das breves considerações expendidas que nenhuma das críticas dirigidas ao reconhecimento mútuo é de ocorrência necessária[1539] e muitas vão em sentidos contrários, pelo que dependerá da concreta formatação destes mecanismos a apreciação dos seus previsíveis efeitos.

16. Execução coerciva de actos administrativos estrangeiros

O cumprimento do objectivo que nos propusemos atingir não ficaria cumprido se não nos debruçassemos sobre a execução de actos administrativos estrangeiros, a propósito da qual apenas demos pinceladas largas quando nos referimos à relevância no foro do direito público estrangeiro.

Quanto a esta questão, avancemo-lo, há um maior distanciamento entre o relacionamento vertical de autoridade que se encontra nos actos administrativos supranacionais e as dimensões horizontais que são a marca dos actos administrativos supranacionais e estrangeiros em sentido estrito.

No primeiro caso, a natureza das relações entre entidades impõe um dever ao Estado de dar execução ao acto administrativo praticado, precisamente porque aquele cumpre uma função que é (ou seria) essencial ao aparelho do Estado, devendo, por isso, cooperar activamente na sua *mise en oeuvre*, em condições de equivalência com a execução deferida aos actos nacionais.

Para já, veja-se o disposto no artigo 299.º do Tratado sobre o Funcionamento da União Europeia, que estabelece que os actos do Conselho, da Comissão ou do Banco Central Europeu que imponham uma obrigação pecuniária a pessoas que não sejam Estados constituem título executivo, devendo a execução ser regulada pelas normas de processo civil em vigor no Estado em cujo território se efectuar. E acrescente-se desde já que, ape-

---

[1538] Expressões de CATHERINE BARNARD e SIMON DEAKIN, "Market Access and Regulatory Competition", *The Law of the Single European Market – Unpacking the Premises*, Catherine Barnard/ Joanne Scott (eds.), Oxford, Hart Publishing, 2002, respectivamente p. 219 e 220.

[1539] ALEXANDRE BERNEL, *Le Principe d'Équivalence ou de "Reconnaissance Mutuelle" en Droit Communautaire*, Zürich, Schulthess Polygraphischer Verlag, 1996, pp. 161-164; e RALF MICHAELS, *EU Law as Private International Law? Re-conceptualizing the Country-of-Origin Principle as Vested Rights Theory*, Duke Law School Legal Studies Research Paper Series, Research Paper N.º 122, August 2006, disponível em http://ssrn.com/abstract=927479, acesso em 18 de Outubro de 2014, pp. 31-41.

sar de competir aos Estados a aposição de uma fórmula executória[1540], a função desta é apenas a de controlo de autenticidade do acto administrativo recebido[1541].

Já no caso dos actos administrativos transnacionais como, ainda mais remotamente, dos actos administrativos estrangeiros em sentido estrito, os pressupostos de execução – quando esta venha *excepcionalmente* a ser admitida – são em maior número.

E se, quanto aos actos administrativos estrangeiros em sentido estrito a afirmação que precede não deve surpreender[1542], já causa alguma estranheza que a mesma valha também relativamente a actos administrativos sujeitos a *reconhecimento mútuo*.

NORMAND, assaltado por idêntico questionamento, dá conta que, ao contrário do que sucedeu com o reconhecimento mútuo, a União Europeia se desinteressou inicialmente da execução (deixada ao país requerido, por questões de soberania). Mas, mais recentemente, tento tomado consciência que não podia ignorar a questão da execução por o reconhecimento mútuo não ser "um fim em si mesmo", vê-se confrontada com sérias dificuldades na

---

[1540] Cfr. a regulamentação em Portugal desta questão através da Lei 104/88, de 31 de Agosto, e da Lei n.º 2/95, de 31 de Janeiro.

[1541] GIANCUIDO SACCHI MORSIANI usa aqui a imagem plástica de que o invólucro estatal resulta já *automaticamente perfurado* (*cfr. Il Potere Amministrativo delle Comunità Europee e le Posizioni Giuridiche dei Privati*, Vol. I, Milano, Dott. A. Giuffrè Editore, 1965, pp. 79-81). Para o Autor a coerção do comando emanado pela União constitui monopólio dos sistemas estatais, que representam o "braço secular da Comunidade". CHARLES JARROSSON refere que a União se encontra dotada de uma autoridade particular e as suas decisões numa situação híbrida: ao contrário dos juízes estrangeiros, o juiz comunitário não não tem de ter as suas decisões submetidas a *exequatur*, mas a execução compete aos Estados, ainda que estes não tenham aqui qualquer poder de controlo sobre a sua juridicidade ou oportunidade (cfr. "Réflexions sur l'Imperium", Études Offertes à Pierre Bellet, Paris Litec, 1991, pp. 250-251).

[1542] Aliás, nestes casos, ainda não se suplantaram as fortes críticas que são dirigidas ao reconhecimento e execução de actos administrativos e de cobrança de taxas estrangeiros (ainda que sancionados por convenção internacional): a violação do princípio democrático, da ordem pública estatal e da tutela jurisdicional (cfr. HANS-JÜRGEN PAPIER, BERND-DIETRICH OLSCHEWSKI, "Vollziehung ausländischer Verwaltungsakte – Unter besonderer Berücksichtigung der Abgabebescheide", *Deutsches Verwaltungsblatt*, Ano 91, 1976, pp. 475-482).

TEORIA DO RECONHECIMENTO

edificação de um sistema de execução coerente e completo[1543]. Vejamos, portanto, a que nível se chegou na tentativa árdua de construção deste sistema.

a. Reconhecimento e execução coerciva

O reconhecimento tem sido concebido como um conceito amplo que pode englobar a possível execução dos actos administrativos estrangeiros[1544], embora, em bom rigor, se trate de dois institutos autónomos que revestem características distintas[1545], seja quanto aos efeitos a que se pretende dar concretização, seja quanto ao tipo de pressupostos de que dependem, seja ainda quanto ao procedimento ou processo a que se dão causa.

Estas características – em especial a execução coerciva do acto que se faz valer perante privados e que se traduz num *mal* que lhes é infligido[1546] –, conduzem a que, em sede de execução, argumentos relacionados com a exclusividade e limitação territorial dos poderes de coerção material do Estado ou da sua *potestas cogendi* recubram um âmbito mais vasto de intervenção. De facto, o Estado, titular de um aparelho coactivo próprio dificilmente o cederá a terceiros ou permitirá que estes exerçam poderes coercivos no seu território, preservando, assim, a coerência e eficácia dos seus poderes, bem como os direitos dos destinatários da sua acção. E, no reverso do espelho, será também difícil aos demais Estados, confrontados com pedidos de execução coerciva de actos administrativos estrangeiros, dar-lhes cumpri-

---

[1543] JACQUES NORMAND, "L'Émergence d'un Droit Européenn de l'Exécution", *Mélanges Jacques van Compernolle*, Buylant, Bruxelles, 2004, pp. 447-448. Um dos elementos que está em falta é segundo o Autor a não harmonização dos procedimentos de execução relativos às obrigações de fazer e às autoridades de execução, questões que são de particular importância no direito administrativo.

[1544] WERNER MENG, "Recognition of Foreign Legislative and Administrative Acts", *Encyclopedia of Public International Law*, Rudolf Berhnardt (ed.), Vol. IV, Amsterdam, North-Holland – Elsevier, 1992, p. 51.

[1545] Cfr. ALFONSO-LUIS CALVO CARAVACA, JAVIER CARRASCOSA GONZÁLEZ, *Derecho Internacional Privado*, Vol. I, 14.ª ed., Granada, Comares, 2013, p. 532.

[1546] Cfr. AFONSO QUEIRÓ que vê na coacção administrativa o conjunto dos meios com a utilização dos quais os particulares podem ser forçados ao cumprimento dos seus deveres jurídico públicos (cfr. "Coacção administrativa", *Dicionário Jurídico da Administração Pública*, Vol II, 2.ª ed., José Pedro Fernandes (dir.), Lisboa, s/editora, 1990, pp. 443-446).

EFICÁCIA, RECONHECIMENTO E EXECUÇÃO DE ACTOS ADMINISTRATIVOS ESTRANGEIROS

mento – venham eles de particulares ou de entidades públicas – como, aliás, já demos conta[1547].

Fazemos então nossas as palavras de GOLDSCHMIDT quando sumariza as relações entre reconhecimento e execução, dizendo que não há execução sem reconhecimento, mas pode haver reconhecimento sem execução[1548]. O que não inviabiliza que, quando ambos sejam admitidos, reconhecimento e execução possam ser regulados conjuntamente no mesmo processo – desde que não esteja em causa uma situação de reconhecimento automático –, solução esta que é vista, por YBARRA BORES, como a mais razoável *de lege ferenda*, pela poupança de recursos a que conduz[1549].

b. *Pressupostos da execução coerciva*

A execução coerciva de actos – e, usualmente, de sentenças estrangeiras – é percebida como pressupondo uma distribuição de competências, no âmbito das quais a declaração de executoriedade cabe à decisão estrangeira (isto é, é esta decisão que tem de ter força executória), mas a efectiva execução e condições para o efeito competem à *lex fori*[1550].

A gravidade das consequências da execução coerciva e a sua incidência nas liberdades individuais exige de facto – salvo se expressamente afastado[1551] – um controlo do título de execução no Estado de destino, que

---

[1547] Em sentido próximo, cfr. MARIA LÓPEZ DE TEJADA, *La Disparition de L'Exequatur dans L'Espace Judiciaire Européen*, Paris, L.G.D.J., 2013, pp. 98-100.

[1548] WERNER GOLDSCHMIDT, *Derecho Internacional Privado – Derecho de la Tolerancia*, 5.ª ed., Buenos Aires, Ediciones Depalma, 1985, p. 481.

[1549] ALFONSO YBARRA BORES, *La Ejecución de las Sanciones Administrativas en el Ámbito de la Unión Europea*, Sevilla, Instituto Andaluz de Administración Pública, 2006, pp. 136-146.

[1550] KONSTANTINOS D. KERAMEUS, "Enforcement in the International Context", *Recueil des Cours*, Vol. 264, 1997, The Hague, Martinus Nijhoff Publishers, 1998, p. 199.

[1551] Nos casos em que não se preveja um procedimento de *exequatur*, MARIA LÓPEZ DE TEJADA considera que a distribuição de competências se altera, dando lugar a uma força executória híbrida: o título executivo do Estado de origem é a fonte da obrigação, mas goza de uma força executiva transfronteiriça que é abstracta e dá acesso à execução no Estado de destino (cfr. *La Disparition de L'Exequatur dans L'Espace Judiciaire Européen*, Paris, L.G.D.J., 2013, p. 213). As situações de abolição de *exequatur*, apesar de marcarem a modernidade da cooperação judiciária em matéria civil no âmbito da União, não se alargam grandemente ao domínio administrativo, pois, sem aquele procedimento, que dá um acesso directo aos mecanismos de execução do Estado de destino, será difícil – senão mesmo impossível – proceder ao controlo de critérios de interesse público. Veja-se, no entanto, a Decisão-Quadro 2005/214/JAI, de 24

TEORIA DO RECONHECIMENTO

garanta o cumprimento das condições objectivas para que a execução que aí venha materialmente ter lugar: trata-se do designado *exequatur* ou da aposição de uma fórmula executória.

Esta aposição de fórmula executória (ou de ordem de execução) aplica-se inclusive à execução de actos que provenham de Instituições comunitárias, não obstante estarmos num espaço de integração e os pressupostos a controlar serem reduzidos. A explicação para a manutenção desta exigência parece assentar, por um lado, na circunstância de os processos executivos nacionais não se encontrarem harmonizados, vigorando o princípio da autonomia institucional e processual dos Estados membros na execução de direito da União[1552]. Por outro lado, também resulta do artigo 299.º do Tratado sobre o Funcionamento da União Europeia que compete aos órgãos jurisdicionais nacionais a fiscalização da regularidade das medidas de execução (mas já não a suspensão do acto exequendo), pelo que será ainda possível um grau de controlo, ainda que mínimo dos Tribunais nacionais,

Esta repartição de momentos, *declarativo* e *executivo*, não é uma especificidade dos procedimentos de execução de actos administrativos estrangeiros, já que, também internamente se tem vindo a afirmar a necessidade de edição de um acto administrativo que determine a execução coerciva de um

---

de Fevereiro de 2005, relativa à aplicação do princípio do reconhecimento mútuo às sanções pecuniárias, que se funda numa "certidão" padronizada emitida pelo Estado-membro emitente. Todavia, para além de um número amplo de causas de recusa obrigatórias e facultativas, é a própria Decisão-Quadro que estipula que *"não tem por efeito alterar a obrigação de respeitar os direitos fundamentais e os princípios jurídicos fundamentais consagrados no artigo 6.º do Tratado"* (artigo 3.º).

[1552] Isto ainda que estes se sujeitem a um conjunto de exigências de direito da União, desde logo a efectividade da execução levada a cabo, que significa uma redução da margem de discricionariedade quanto ao *se* e ao *como* da execução devida (cfr. ROZEN NOGUELLOU, "Le Régime de L'Acte Administratif de Mise en Oeuvre du Droit Communautaire", *Droit Administratif Européen,* Jean-Bernard Auby, Jacqueline Dutheil de la Rochère (dir.), Bruxelles, Bruylant, 2007, p. 767).

ROSTANE MEHDI chega a defender que os actos de execução do direito comunitário não são apenas actos nacionais funcionalmente comunitários (ou complementares do direito comunitário), porque não há uma estancidade entre os ordenamentos jurídicos; são antes actos resultantes de um *vínculo solidário* entre ambos os ordenamentos (cfr. "L'exécution nationale du droit communautaire. Essai d'actualisation d'une problématique au cœur des rapports de systèmes", *Mélanges en hommage à Guy Isaac – 50 Ans en Droit Communautaire,* Tomo 2, Paris, Presse de l'Université des Sciences sociales, 2003, p. 628).

EFICÁCIA, RECONHECIMENTO E EXECUÇÃO DE ACTOS ADMINISTRATIVOS ESTRANGEIROS

outro acto (o acto exequendo). Nesta sede, o acto que determina a execução coerciva – se em causa não estiver um processo judicial executivo, mas uma situação de auto-tutela executiva da Administração – é qualificado como um acto administrativo autónomo[1553], que obedece a requisitos próprios, a saber, a ligação a um acto administrativo exequendo expresso, a prática de uma decisão autónoma de execução e sua notificação e a proporcionalidade na escolha do tipo de execução a mobilizar e que pode ser juridicamente disputado[1554].

Especificamente quanto aos pressupostos da execução, assinale-se a *força executória* do acto exequendo *no Estado de origem*, que se distingue da obrigatoriedade daquele acto, por ter de se referir a uma obrigação susceptível de execução forçada (não pode ter sido cumprida voluntariamente, nem traduzir-se apenas numa abstenção, *ex natura* inexequível)[1555]; a sua *estabili-*

[1553] RAVI AFONSO PEREIRA sustenta que, dada esta autonomia, o acto de execução se submeta a regras substanciais e procedimentais que ainda não tenham tido lugar quanto aos termos da execução (cfr. "A Execução das Decisões Administrativas no Direito Português", *O Poder de Execução Coerciva nas Decisões Administrativas nos Sistemas de Tipo Francês e Inglês e em Portugal*, Diogo Freitas do Amaral (coord.), Coimbra, Almedina, 2011, pp. 208-216).
Já CARLA AMADO GOMES chama a atenção para a ligação umbilical – de dependência material – entre o acto de execução e o acto declarativo pois este fixa os limites daquele (cfr. "Era uma Vez... uma Execução Coactiva: o Caso *Société Immobilière de Saint Just* Revisitado, *Cadernos de Justiça Administrativa*, N.º 15, Maio/ Junho, 1999, p. 11).
[1554] Cfr. artigos 177.º e 178.º do Código do Procedimento Administrativo. A jurisprudência do *Supremo Tribunal Administrativo Português* parece ainda adoptar uma noção restritiva do controlo judicial dos actos de execução, pois a invalidade destes actos apenas é analisada no caso de desvio relativamente a um procedimento abstracto normal de execução (Acórdão de 11 de Outubro de 2007, proferido no processo n.º 0478/07). Esta concepção representa, no entanto, uma grande melhoria relativamente aos dias em que estes actos não eram passíveis de controlo judicial, por se encontrarem lógica e necessariamente compreendidos no acto de que dependiam (cfr. o Acórdão do Supremo Tribunal Administrativo de 25 de Janeiro de 1984, *Revista de Legislação e Jurisprudência*, n.º 3727, pp. 302-305). Recentemente, o artigo 182.º do Código do Procedimento Administrativo, reconheceu de forma mais generosa a possibilidade de controlo judicial destes actos, resta aferir qual a prática judicial a que dará lugar.
[1555] No entanto, não comporta falta de executoriedade a circunstância de, por motivos relacionados com a ausência de controlo efectivo pelo Estado do local de execução (uma zona do Chipre onde o Estado requerido, ao abrigo do Regulamento 44/2001, não exercia controlo efectivo), esta não poder aí ter materialmente lugar (Acórdão *Meletis Apostolides c. David Charles Orams e Linda Elizabeth Orams*, do Tribunal de Justiça de 28 de Abril de 2009, proferido no processo C-420/07).

TEORIA DO RECONHECIMENTO

dade[1556] e *notificação* ao seu destinatário[1557]. Ainda, e de acordo com os direitos internos, será possível suspender a adopção de medidas de execução ou considerar inexequível o acto administrativo, verificados que estejam motivos como os da violação de direitos fundamentais, essencialmente de ordem processual[1558], ou de interesses públicos primaciais do Estado de execução.

c. Procedimentos de execução coerciva

A execução rege-se pelo *direito interno do estado de execução*, ainda que possam demandar-se algumas *adaptações*, de modo a aproximar a execução no Estado de emissão e no Estado de execução[1559].

Aquela *adaptação* é particularmente importante no âmbito do direito administrativo, no qual *duas questões essenciais* tornam extremamente difícil a generalização de um único modelo de execução de actos administrativos estrangeiros.

[1556] CECÍLIA ANACORETA CORREIA anota que esta estabilidade se reporta, em sede de execução, ao conceito de *"acto administrativo inimpugnável"*, o que tem como consequência – salvo em casos de nulidade – uma necessária delonga da tutela executiva, para que se assegure o transcurso do prazo de impugnação (cfr. *A Tutela Executiva dos Particulares no Código de Processo nos Tribunais Administrativos*, Coimbra, Almedina – Abreu Advogados, 2015, pp. 280-292).

Note-se que, também no âmbito civil, a força de caso julgado, se é um pressuposto de reconhecimento à luz da acção especial de revisão de sentença estrangeira prevista no Código de Processo Civil, deixou de o ser quando sejam aplicáveis Regulamentos comunitários, já que nestes a inimpugnabilidade da sentença deixou de figurar como pressuposto para o reconhecimento, permitindo, assim, agilizar a tutela executiva.

[1557] Em geral, cfr. HÉLÈNE PÉROZ, *La Réception des Jugements Étrangers dans l'Ordre Juridique Français*, Paris, L.G.D.J., 2005, pp. 139-155 e 247-256.

[1558] A importância destes motivos – em especial a ausência do arguido – e a sua influência nos processos de reconhecimento e execução conduziu, no seio da União, à aprovação da Decisão-Quadro 2009/299/JAI do Conselho, de 26 de Fevereiro de 2009, que procurou harmonizar o leque de fundamentos de recusa relativamente às decisões proferidas na sequência de um julgamento na ausência do arguido.

[1559] Veja-se, ainda que noutro domínio de intervenção da União Europeia, o artigo 15.º, n.º 2 da Lei n.º 71/2015, de 20 de Julho – que estabelece o regime jurídico da emissão e transmissão entre Portugal e os outros Estados membros da União Europeia de decisões que apliquem medidas de proteção, transpondo a Directiva n.º 2011/99/UE, do Parlamento Europeu e do Conselho, de 13 de Dezembro de 2011, relativa à decisão europeia de proteção – *e que estipula que as medidas adoptadas devem corresponder às medidas previstas na lei do Estado de execução e aproximar-se o mais possível das medidas de protecção adotadas no Estado de emissão.*

EFICÁCIA, RECONHECIMENTO E EXECUÇÃO DE ACTOS ADMINISTRATIVOS ESTRANGEIROS

A primeira daquelas questões prende-se com a discussão sobre se o recurso aos procedimentos de execução é – ou não – *obrigatório* para as entidades administrativas que tenham competência para a execução coactiva de actos administrativos ou para o início dos respectivos processos judiciais[1560]. O facto de esta *característica* poder variar de Estado para Estado – deixando na dependência das Autoridades administrativas nacionais a definição de saber quando e como agir, quando instadas para o efeito – colocaria indubitavelmente um obstáculo à dotação de plena eficácia aos actos administrativos transnacionais.

A segunda das questões a que aludimos prende-se com a existência de diferentes *modelos estruturais* em matéria de execução administrativa – execução administrativa ou execução judiciária –, que podem ser evolutivos no tempo. Atente-se no exemplo português[1561].

Concebido como um sistema de administração executiva, a "coerção" assentava na autotutela executiva da Administração, consistente no *"uso da força por parte da administração, para efectivação das suas próprias decisões, sem prévia habilitação judicial"*[1562]. Ao longo dos anos, porém, entabulou-se uma

---

[1560] Do artigo 183.º do Código de Procedimento Administrativo Português fica a dúvida sobre se a Administração Pública pode deixar de querer propor em juízo a acção executiva, como questiona ISABEL CELESTE M. FONSECA, "O Procedimento Administrativo no (Novo) CPA: Dúvidas sobre a sua Subalternização perante o Acto e o Processo", *Questões Actuais de Direito Local*, N.º 5, Janeiro-Março, 2015, p. 40. Entendendo que a formulação do artigo 183.º aponta no sentido de aproximação ao paradigma alemão, que obedece a um *princípio de oportunidade*, o que introduz alguma maleabilidade no momento de execução das decisões da Administração pública, cfr. RUI GUERRA DA FONSECA, "O Fim do Modelo de Administração Executiva?", *Comentários ao Novo Código do Procedimento Administrativo*, Carla Amado Gomes, Ana Fernanda Neves, Tiago Serrão (coord.), Vol. I, 3.ª ed., Lisboa, AAFDL, 2016, p. 194. Sobre o sistema alemão, MARIA DA GLÓRIA F. P. D. GARCIA, "A Execução das Decisões Administrativas no Direito Alemão", *O Poder de Execução Coerciva nas Decisões Administrativas nos Sistemas de Tipo Francês e Inglês e em Portugal*, Diogo Freitas do Amaral (coord.), Coimbra, Almedina, 2011, pp. 93-94.

[1561] Para um panorama geral e incisivo das diferenças entre sistemas de execução e respectivas garantias, cfr. DIOGO FREITAS DO AMARAL, "Conclusões Gerais", *O Poder de Execução Coerciva nas Decisões Administrativas nos Sistemas de Tipo Francês e Inglês e em Portugal*, Diogo Freitas do Amaral (coord.), Coimbra, Almedina, 2011, pp. 391-425.

[1562] RUI GUERRA DA FONSECA, *O Fundamento da Autotutela Executiva da Administração Pública – Contributo para a sua Compreensão como Problema Jurídico-Político*, Coimbra, Almedina, 2012, p. 315.

TEORIA DO RECONHECIMENTO

longa disputa doutrinária[1563] entre a posição que advogava que a execução coerciva representava a epítome do poder administrativo (a sua *plenitudo potestatis*)[1564]; e aquela que defendia que a execução apenas podia ser possível em situações urgentes devidamente justificadas ou quando a lei assim o previsse[1565]. De forma conciliadora, havia quem entendesse que a solução encontrada no anterior Código do Procedimento Administrativo – que excluía um conjunto de operações de execução do âmbito da autorização geral de execução coerciva – era uma solução que procedia a uma razoável ponderação dos interesses e direitos envolvidos[1566].

No recente Código do Procedimento Administrativo a opção fundamental em matéria de execução alterou-se. Resulta deste diploma que a execução administrativa directa passa apenas a ser possível nas situações estabelecidas na lei[1567] ou em casos de extrema urgência (artigo 176, n.º 1), remetendo-se para diploma que venha a concretizar esta determinação legal (cfr. o artigo

---

[1563] Cfr., para uma apresentação geral deste debate, RUI CHANCERELLE MACHETE, "Privilégio da Execução Prévia", *Dicionário Jurídico da Administração Pública,* Vol. VI, Lisboa, Coimbra Editora, 1994. pp. 448-470.

[1564] MARCELLO CAETANO, *Manual de Direito Administrativo,* Volume I, 10.ª ed. (revista e atualizada por Diogo Freitas do Amaral), Coimbra, Almedina, 1980, pp. 26, 33-36 e 447-451; DIOGO FREITAS DO AMARAL, *Curso de Direito Administrativo,* Vol. II, Coimbra, Almedina, 2013, p. 32.

[1565] Cfr. ROGÉRIO SOARES, *Direito Administrativo – Lições ao Curso Complementar de Ciências Jurídico-Políticas da Faculdade de Direito de Coimbra no Ano Lectivo de 1977/78,* policopiado, Coimbra, 1978, p. 191; J. M. SÉRVULO CORREIA, *Noções de Direito Administrativo,* Vol. I, Lisboa, Editora Danúbio, 1982, p. 341; MÁRIO AROSO DE ALMEIDA, *Teoria Geral do Direito Administrativo: Temas Nucleares,* Coimbra, Almedina, 2012, p. 170; e RUI MACHETE, "A Execução do Acto Administrativo", *Direito e Justiça,* Ano 65, N.º 6, 1992, p. 81.

[1566] RAVI AFONSO PEREIRA, "A Execução do Acto Administrativo no Direito Português", *Estudos em Homenagem ao Professor Doutor Diogo Freitas do Amaral,* João Caupers, Maria da Glória F.P.D. Garcia, Augusto de Athaíde (org.), Coimbra, Almedina, 2010, p. 807.

[1567] É o que sucede com as situações de execução coerciva de obrigações pecuniárias, de acordo com o artigo 176.º, n.º 2, e 179.º do Código do Procedimento Administrativo. Aqui, porém, o processo é de execução fiscal, no qual a legalidade do acto tributário não é colocado em causa mas há fundamentos que se podem opor à execução – artigo 204.º do Código de Procedimento e Processo Tributário –, ficando a páginas meias com outras formas de defesa judicial. JOAQUIM FREITAS DA ROCHA fala aqui de um processo com características atípicas, na medida em que neles concorrem uma fase administrativa ou pré-judicial e uma fase jurisdicional (cfr. *Lições de Procedimento e de Processo Tributário,* 4.ª ed., Coimbra, Coimbra Editora, 2011, p. 315).

EFICÁCIA, RECONHECIMENTO E EXECUÇÃO DE ACTOS ADMINISTRATIVOS ESTRANGEIROS

8.º, n.º 2 do Decreto-Lei n.º 4/2015, de 7 de Janeiro) [1568]. Nos casos em que a execução administrativa não seja possível, serão os *tribunais administrativos* que determinarão a execução dos actos administrativos.

Esta opção legislativa foi acolhida por alguns mas criticada por outros, considerando que a mesma representa um golpe de misericórdia no privilégio da execução prévia, levantando problemas relacionados com a separação de poderes[1569], ou que chega a descaracterizar o cerne da Administração pública portuguesa, convertendo-a, sem motivo, numa Administração de tipo anglosaxónico[1570].

Ora, apesar de não ser impossível transpor o fosso nas situações em que a entidade responsável pela execução no estado de origem ser judicial e no de execução administrativa[1571], não deixamos de reconhecer que, sobretudo em áreas em que está em causa a defesa de direitos fundamentais dos executados, como o da expulsão de estrangeiros, a *"degradação"* do tipo de execução – de judicial para administrativa – pode suscitar dúvidas de conformidade constitucional[1572].

[1568] Rui Guerra da Fonseca deixa a dúvida se haverá, mesmo, uma alteração do parâmetro da execução em Portugal, uma vez que aquele diploma pode quantitativamente prever um conjunto amplo de situações para as quais se continue a admitir a autotutela executiva da Administração (cfr. "O Fim do Modelo de Administração Executiva?", *Comentários ao Novo Código do Procedimento Administrativo*, Carla Amado Gomes, Ana Fernanda Neves, Tiago Serrão (coord.), Vol. I, 3.ª ed., Lisboa, AAFDL, 2016, pp. 196-197).

[1569] Rui Guerra da Fonseca, *A execução do acto administrativo – Revisão do Código de Procedimento Administrativo*, 28.10.2013, disponível em http://www.icjp.pt/debate/4268/4285, acesso em 10 de Maio de 2014, s/p.

[1570] Diogo Freitas do Amaral, "Breves Notas sobre o Projecto de Revisão do Código do Procedimento Administrativo", *Direito & Política*, N.º 4, Julho-Outubro, 2013, p. 151. Já Pedro Machete, mais cauteloso, teria preferido que o legislador tivesse estruturado um procedimento executivo comum (cfr. "Eficácia e Execução do Ato Administrativo", *Cadernos de Justiça Administrativa*, N.º 100, 2013, pp. 40-45).

[1571] Posição manifestada por Alfonso Ybarra Bores, *La Ejecución de las Sanciones Administrativas en el Ámbito de la Unión Europea*, Sevilla, Instituto Andaluz de Administración Pública, 2006, p. 150.

[1572] Ainda que numa matéria parcelar, Francisco Velasco Caballero defende que o procedimento de execução no âmbito europeu deve assumir uma específica modelação (entre um procedimento nacional e um procedimento com exigências europeias), advogando uma ampliação do controlo judicial (mesmo em sistemas de administração executiva) (cfr. "Organización y Procedimientos de la "Unión Administrativa Europea" en Matieria de Fronteras,

TEORIA DO RECONHECIMENTO

Concluimos, assim, pela dificuldade em compatibilizar sistemas de execução administrativa variados – variações estas que se não verificam *estruturalmente* nos processos de execução em matéria civil e comercial –, razão pela qual se nos afigura difícil que, sem uma prévia harmonização nesta matéria, se possa apontar no sentido de uma execução transnacional de actos administrativos. Concebemos, antes, que, em matérias parcelares, se prevejam formas de execução de *actos administrativos transnacionais,* superando, porventura legislativamente, as dificuldades de adaptação apontadas.

E afigura-se-nos avisado, caso se venham a estabelecer situações de execução coerciva de *actos administrativos estrangeiros em sentido estrito,* que, no sistema em que aquela execução venha a assentar, tenham intervenção tanto órgãos administrativos como órgãos jurisdicionais, como veremos a propósito do reconhecimento unilateral destes actos.

d. Situações de execução coerciva

Contemplando hoje o instituto referido, a nossa atenção não poderia deixar de recair sobre o número restrito de situações em que o mesmo se encontra previsto, em matéria administrativa, no seio da União Europeia.

Esta limitação quantitativa, reconhecida abundantemente pela doutrina e facilmente constatável pela análise dos poucos exemplos legais, não é concebida, porém, como inevitável. Inevitável parece ser a constatação do crescente interesse na execução de decisões negativas como as de recuperação de taxas ou de coimas aplicadas em país distinto do de emissão, já que delas depende, em grande medida, o sucesso da construção comunitária e a criação ou fortalecimento das condições de confiança no sistema administrativo e judicial dos demais Estados-membros, pela redução das situações de impunidade e dos custos na recuperação dos montantes envolvidos.

Esta constatação pareceria ir no sentido geral em que caminha o direito da União, no qual cada vez mais se prevê a possibilidade de execução coerciva, em áreas de natureza penal, como a decisão europeia de protecção[1573], civil e comercial, como a decisão europeia de arresto[1574] e fiscal[1576].

Asilo e Inmigración" *La Unión Administrativa Europea,* Francisco Velasco Caballero, Jens-Peter Schneider, Madrid, Marcial Pons, 2008, p. 260).

[1573] Cfr. Directiva n.º 2011/99/UE, do Parlamento Europeu e do Conselho, de 13 de dezembro de 2011, relativa à decisão europeia de proteção.

[1574] Cfr. Regulamento (UE) N.º 655/2014, do Parlamento Europeu e do Conselho, de 15 de maio de 2014, que estabelece um procedimento de decisão europeia de arresto de contas

EFICÁCIA, RECONHECIMENTO E EXECUÇÃO DE ACTOS ADMINISTRATIVOS ESTRANGEIROS

Resta, porém, saber se a execução de actos administrativos – que comportam efeitos desfavoráveis para os seus destinatários, afectando negativamente a sua esfera jurídica –, poderá vir a ser concebida como um sistema de ocorrência *normal* no seio da União Europeia, ou se é pouco provável a generalização destes mecanismos de execução coerciva à área administrativa num futuro próximo[1576].

DUTTA, apesar de não afastar a possibilidade de reconhecimento e execução de actos administrativos de carácter desfavorável, ou de pretensões nestes baseadas, entende que não é suficiente ancorará-la no princípio da cooperação leal (ou, ainda, no da *Unionstreue* ou no da solidariedade), nem nas liberdades comunitárias fundamentais que, inclusive, seriam limitadas ou coarctadas pela execução coerciva de actos administrativo que sobre elas incidissem[1577].

Concebe, ainda assim, que haja obrigações de execução, resultantes do *princípio da cooperação leal*, nos casos que são *amplamente harmonizados* pela União, como os inicialmente cobertos pela Directiva 76/308/CEE do Conselho, de 15 de Março de 1976[1578], ou nas situações em que a existência de

---

para facilitar a cobrança transfronteiriça de créditos em matéria civil e comercial (e que não abrange expressamente "nomeadamente, as matérias fiscais, aduaneiras ou administrativas, nem a responsabilidade do Estado por atos e omissões cometidos no exercício da sua autoridade («acta iure imperii») – art. 2.º, n.º 1.

[1575] Cfr. a Directiva 2010/24/UE do Conselho de 16 de Março de 2010 relativa à assistência mútua em matéria de cobrança de créditos respeitantes a impostos, direitos e outras medidas (que poderíamos designar de matriz comunitária, que permite que se formulem pedidos de assistência administrativa à cobrança no Estado requerido de sanções (inclusive administrativas) emanadas no Estado requerente. O Estado requerido promoverá a notificação e a execução da dívida com base num título executivo uniforme.

[1576] Neste último sentido, cfr. HENRICK WENANDER, "Recognition of Foreign Administrative Decisions – Balancing International Cooperation, National Self-Determination, and Individual Rights", *Zeitschrift für ausländisches öffentliches Recht und Völkerrecht*, N.º 71, 2011, p. 773. MANUEL LÓPEZ ESCUDERO dá conta que a harmonização no seio da união se tem centrado no campo penal e das medidas privativas de liberdade, não se estendendo ao nível administrativo (cfr. "El Reconocimiento Mutuo de Sanciones Pecuniarias en la Unión Europea", *Revista General de Derecho Europeo*, N.º 10, Mayo, 2006, p. 18).

[1577] ANATOL DUTTA, "Die Pflicht der Mitgliedstaaten sur gegenseitigen Durchsetzung ihrer öffentlichrechtlichen Forderungen", *Europarecht*, Ano 42, 2007, pp. 754-759.

[1578] Esta Directiva, relativa à assistência mútua em matéria de cobrança de créditos resultantes de operações que fazem parte do sistema de financiamento do Fundo Europeu de Orientação e Garantia Agrícola, bem como de direitos niveladores agrícolas e de direitos aduaneiros,

TEORIA DO RECONHECIMENTO

uma pretensão pública estrangeira é determinada também por aquele princípio (como sucede com a recuperação de auxílios do Estado), de modo a conseguir a assistência de qualquer Estado no cumprimento estrito da legislação comunitária, e isto mesmo na ausência de indicação expressa nesse sentido[1579]. De facto, nestes casos, o artigo 4.º, n.º 3 do Tratado da União Europeia caracteriza de forma suficientemente clara a exigência de colaboração por força de normas dos Tratados ou de actos a eles atinentes, a cujo cumprimento os Estados-membros não se podem fundar.

A posição assumida por este Autor corrobora – assim pensamos – a noção ampla que apresentámos de *actos administrativos supranacionais,* neles incluindo algumas formas de actuação administrativa estadual que tem como função precípua o cumprimento de tarefas que lhe são cometidas pela União e que, por isso, têm acesso a um regime especial de reconhecimento e de execução, à semelhança do que sucede com os actos directamente provenientes de Instituições comunitárias.

Nos demais casos não há uma obrigação de dar seguimento ou executar pretensões jurídico-públicas nacionais, ficando tal dependente das opções internas ou das vinculações externas assumidas pelo Estado do foro.

O que não significa que não se possa sustentar a existência de procedimentos de execução relativamente a *actos administrativos transnacionais.* Porém, neste caso, os procedimentos têm de encontrar *fundamento expresso* em regimes jurídicos comunitários ou convencionais[1580]. E, ainda que tal não

---

estipulava, no seu artigo 8.º, que *"O título executivo que serve de base à cobrança de um crédito será, se for caso disso e de acordo com as disposições em vigor no Estado-membro onde a autoridade requerida tem a sua sede, homologado, reconhecido, completado ou substituído por um título que permita a execução no seu território".*

[1579] ANATOL DUTTA, "Die Pflicht der Mitgliedstaaten sur gegenseitigen Durchsetzung ihrer öffentlichrechtlichen Forderungen", *Europarecht,* Ano 42, 2007, pp. 764-765.

[1580] ALFONSO YBARRA BORES ainda que entenda que é difícil prever tais formas de execução de actos administrativos estrangeiros fora de enquadramentos convencionais ou de organizações regionais, pronuncia-se pela conveniência de uma *regulamentação supraestatal desta matéria* (cfr. *La Ejecución de las Sanciones Administrativas en el Ámbito de la Unión Europea*, Sevilla, Instituto Andaluz de Administración Pública, 2006, pp. 146 e 151).

OSWALD JANSEN defende que deve ser desenvolvido um instrumento geral nesta matéria (cfr. *Transnational Administrative Law Sanctioning*, Séminaire «A propos de situations de transnationalité intéressant le droit administratif », 8 juin 2007, diponível em http://www.sciencespo.fr/chaire-madp/sites/sciencespo.fr.chaire-madp/files/jansen.pdf, acesso em 15 de Janeiro de 2015, p. 22).

EFICÁCIA, RECONHECIMENTO E EXECUÇÃO DE ACTOS ADMINISTRATIVOS ESTRANGEIROS

ocorra amiúde, não deixa de ser possível que se prevejam situações desta natureza, como veremos quanto às decisões de afastamento, no âmbito do espaço de liberdade, segurança e justiça.

Assim resultou da Decisão-Quadro 2005/214/JAI, de 24 de Fevereiro de 2005, relativa à aplicação do princípio do reconhecimento mútuo às sanções pecuniárias, a possível transnacionalidade de sanções contraordenacionais de natureza administrativa, uma vez que na noção de decisão estão incluídos actos *"de uma autoridade do Estado de emissão que não seja um tribunal, no que respeita a actos que sejam puníveis segundo a legislação do Estado de emissão, por constituírem infracções às normas jurídicas, desde que a pessoa em causa tenha tido a possibilidade de ser julgada por um tribunal competente, nomeadamente em matéria penal"* [artigo 1.º, alínea a), i)], sendo apenas excluídos da execução de decisões de perda de instrumentos ou produtos do crime e decisões de natureza civil ou comercial.

A circunstância de se ter avançado, nesta área, para um nível de cooperação mais amplo prende-se com o facto de em causa estarem apenas obrigações pecuniárias (obrigação de pagar uma determinada quantia em numerário, seja ela decorrente de uma pena de multa, de uma coima, de uma indemnização ou de custas processuais)[1581], e de haver um quadro garantístico comum em matéria penal e contraordenacional, que permitiu que os Estados se colocassem de acordo quanto à execução transnacional de tais medidas[1582].

Por esse motivo, este procedimento de execução é altamente jurisdicionalizado em Portugal, nos termos da Lei 93/2009, de 1 de Setembro. Não só a autoridade competente para a execução é sempre o *tribunal* da área da residência habitual ou da sede estatutária (artigo 16.º), como a autoridade competente para a emissão da decisão de aplicação da sanção pecu-

---

[1581] Poderá haver lugar à execução de sanções alternativas, incluindo penas privativas de liberdade, desde que a "certidão" assim o contemple em observância da lei do Estado de emissão e conquanto a lei do Estado de execução também preveja essa execução subsidiária, o que não se passa, porém, em Portugal em matéria contraordenacional.

[1582] OSWALD JANSEN reclamava já uma regulamentação similar a esta, sem a qual se minava a eficácia do direito comunitário da concorrência (cfr. "The Systems of International Cooperation in Administrative and Criminal Matters in Relation to Regulation EC 1/2003", *Competition Law Sanction in the European Union – The EU-Law Influence on the National Law Systems of Sanctions in the European Area*, Gerhard Dannecker e Oswald Jansen (eds.), The Hague, Kluwer Law International, 2004, pp. 259-261).

TEORIA DO RECONHECIMENTO

niária é sempre uma autoridade judiciária, seja ela o tribunal que tiver proferido a decisão com trânsito em julgado ou, no caso dos processos de contraordenação, o tribunal competente para a execução da decisão definitiva, *quando esta não tenha sido impugnada* (artigo 8.º)[1583].

De forma mais sectorial, a Directiva 2014/67/UE do Parlamento Europeu e do Conselho, de 15 de maio de 2014, veio prever a execução transfronteiriça de sanções pecuniárias de carácter administrativo e/ou coimas impostas a um prestador de serviços estabelecido num Estado-Membro em caso de não cumprimento das regras aplicáveis relativas ao *destacamento de trabalhadores* noutro Estado-Membro (artigo 13.º e ss.). As autoridades requeridas apenas podem podem recusar-se a executar um pedido de cobrança se na sequência de inquéritos é manifesto que os custos ou recursos previstos necessários para a cobrança da sanção administrativa e/ou coima são desproporcionados em relação ao montante a cobrar ou dariam origem a grandes dificuldades; se a sanção de carácter pecuniário e/ou coima total for inferior a 350 EUR ou ao equivalente deste montante; ou se direitos e liberdades fundamentais da defesa, bem como princípios jurídicos que se lhe aplicam nos termos consagrados na Constituição do Estado-Membro requerido não forem respeitados (artigo 17.º). Esta Diretiva foi transposta pela Lei n.º 29/2017, de 30 de Maio, que previu que uma decisão quando acompanhada do instrumento uniforme e confirmada pela autoridade requerente de que não é passível de recurso, obriga ao desencadear de um processo de cobrança junto dos tribunais competentes para o ajuizamento das contraordenações laborais e de segurança social (artigo 16.º, n.º 3 e 4).

O enquadramento relativo à executoridade é ainda menos *generoso* quanto à execução de actos administrativos estrangeiros em sentido estrito.

[1583] Suscita dúvidas para SUZANA TAVARES DA SILVA a circunstância de esta regulamentação não se ajustar com a previsão interna de, nos termos do artigo 148.º, n.º 2 do Código de Procedimento e Processo Tributário, o processo de execução fiscal ser o aplicável (cfr. *Um Novo Direito Administrativo?*, Coimbra, Imprensa da Universidade de Coimbra, 2010, p. 57).

Ora, do ponto de vista da execução, a Lei 93/2009, de 1 de Setembro, refere-se mais à distribuição de competências do que à materialidade do processo, que se rege pela lei do país de execução (artigo 18.º), pelo que, à partida, não vemos obstáculos intransponíveis a que se ajuste a solução de ambos os diplomas, tendo até em consideração a natureza "para-judicial" do procedimento de execução fiscal.

Mas, do ponto de vista da emissão da decisão, a exigência legal de intervenção de uma autoridade judicial que vise ou homologue uma decisão administrativa sancionatória prévia – da qual não houve recurso – parece imprimir uma desconfiança sobre a actuação da Administração.

EFICÁCIA, RECONHECIMENTO E EXECUÇÃO DE ACTOS ADMINISTRATIVOS ESTRANGEIROS

Conscientes, particularmente nestas situações, das dificuldades na coordenação de soberanias nacionais e da necessidade do estabelecimento claro de mecanismos procedimentais e processuais para o efeito, estamos, ainda assim, com FEDOZZI, que admitia a prática de um acto nacional que permitisse a execução de efeitos (de actos administrativos executórios no estado de origem), com base numa disposição legal ou convenção.

O Autor chegava a admitir que a intimidade das relações entre Estados pudesse levar a que um acolhesse a eficácia jurídica e força executória de um acto praticado por outro, sem necessidade de uma medida especial de *exequatur*[1584], solução esta que nos parece francamente animadora, mas apenas realizável no âmbito de sistemas de cooperação razoavelmente desenvolvidos e assentes na eficácia executiva de actos administrativos transnacionais.

[1584] PROSPER FEDOZZI, "De L'Efficacité Extraterritoriale des Lois et des Actes de Droit Public", *Recueil des Cours*, Tomo 27 – II, 1929, Paris, Librairie Hachette, 1930, pp. 226-229 e 239.

Ponto II
Cruzamento entre reconhecimento e execução e a tipologia proposta de actos administrativos estrangeiros

Não obstante ter sido nosso propósito, nas páginas que antecederam, acentuar a relação entre a técnica do reconhecimento e a emissão – cada vez mais frequente – de actos administrativos estrangeiros, julgamos que está em falta uma explicitação mais detida sobre *as modalidades de interligação* daqueles institutos.

Esta interligação permitirá, pelo menos assim o pretendemos, fornecer algumas pistas sobre os modos de abertura dos Estados ao exercício de autoridade pública estrangeira, clarificando os termos em que aqueles devem ou podem reconhecer e executar actos administrativos que provenham do exterior, evitando ou, pelo menos, limitando o desconhecimento, indecisão ou flutuação que se verificam quando se questiona qual o nível de acolhimento que pode ser conferido àqueles actos.

Esta questão não conhece – tal como não conheceram as questões que precedentemente analisámos – uma resposta única, sendo necessário cruzar as modalidades de reconhecimento com o tipo de actos administrativos estrangeiros de que curamos, já que nem todos permitem a mesma interacção entre a Autoridade de origem e o Estado de reconhecimento.

1. Proposta estruturada para o reconhecimento de actos administrativos estrangeiros

A necessidade de uma *"infra-estrutura"* [1585] que assegure a transparência e a coerência do direito em ordenamentos jurídicos plurais é hoje evidente em

---

[1585] ARMIN VON BOGDANDY, "Doctrine of Principles", *European Integration: The New German Scholarship – Jean Monnet Working Paper 9/03*, 2003, disponível em http://www.jeanmonnet-program.org/archive/papers/03/030901-01.pdf e consultado em 11 de Agosto de 2014, 52 p.

face dos desafios que colocam ao direito administrativo internacional, decorrentes do figurino múltiplo dos actos administrativos estrangeiros com os quais o Estado e os privados recorrentemente se deparam.

Apesar de nos termos debruçado já sobre a noção, função e tipologia dos actos administrativos estrangeiros e de termos analisado as várias formas e feitios do instituto do reconhecimento, cumpre colocá-los agora de braço dado, analisando a que tipo de união dão origem: se a um casamento, a uma união de facto ou a uma mera relação de economia comum.

De facto, se a associação entre actos administrativos estrangeiros e reconhecimento é inegável, a relação de "prioridade" que se estabelece entre estes dois conceitos é distinta: casos há em que o reconhecimento é um pressuposto dos actos administrativos supranacionais (i.e., os actos são emanados porque serão reconhecidos); noutros casos o acto administrativo transnacional surge indissociavelmente ligado ao mecanismo de reconhecimento mútuo, implicando-se mutuamente; enquanto que nos actos administrativos estrangeiros o reconhecimento é uma questão que surge logicamente *a posteriori* à edição do acto.

Aproveitaremos o ensejo para nos debruçarmos sobre questões atinentes ao controlo judicial do reconhecimento, que sofre especificidades de monta consoante o tipo de acto administrativo estrangeiro em causa.

2. Reconhecimento integrado de actos administrativos supranacionais

Os actos administrativos estrangeiros são aqueles que têm *origem externa* mas uma *função interna,* isto é, visam produzir efeitos directos e imediatos num determinado Estado, estando este obrigado a reconhecê-los e a dar-lhes execução como se houvessem sido adoptados pelos órgãos nacionais originariamente competentes. Dadas estas características, pronunciámo-nos no sentido de podermos aqui mobilizar o enquadramento jurídico do *reconhecimento.*

A motivação para tanto prendeu-se com a amplitude do conceito de reconhecimento e com a circunstância de a perspectiva de que partimos – a do tipo de acolhimento dado pelo Estado àqueles *actos supranacionais* – não encontrar adequada explicação nos conceitos tradicionais de incorporação automática (e, muito menos, nos de recepção), demandando um esforço colaborativo entre ordens jurídicas distintas.

E, sabendo que o acoplamento e a definição dos termos da relação entre a ordem jurídica internacional e nacional repousa ainda nos Estados, é a estes que compete definir as condições que assegurem *no foro* a produção da eficá-

CRUZAMENTO ENTRE RECONHECIMENTO E EXECUÇÃO E A TIPOLOGIA PROPOSTA...

cia dos actos administrativos estrangeiros que devem reconhecer e aos quais devem dar a máxima execução possível, salvaguardando, muito embora, a possibilidade de limitar a eficácia de uma norma jurídica internacional sempre que esta conflitue severamente com os seus princípios constitucionais basilares[1586].

Trata-se, porém, de um reconhecimento especial, *integrado* ou *pressuposto*, no qual os efeitos extraterritoriais para que tendem os actos administrativos são assegurados à partida e produzidos na sua plenitude e automaticamente. Ao que acresce que a execução coerciva de tais actos – quando necessária – também é possível, mesmo sem indicação expressa nesse sentido, dada a integração do acto administrativo estrangeiro no ordenamento jurídico estadual.

Do que resulta, não obstante o conteúdo regulatório decorra quase integralmente do acto de origem, que o Estado de destino conserva ainda algumas possibilidades de controlo, não apenas formais – autenticidade do acto praticado – como substanciais, em especial a salvaguarda de valores e interesses que lhe sejam de tal forma essenciais e que possam justificar uma recusa de execução do acto supranacional.

Havendo disputa, nestes casos, sobre o preenchimento dos critérios do reconhecimento, coloca-se a questão do controlo do acto administrativo supranacional, questão esta que é tão relevante, quanto complexa, dada a *multiplicidade dos actos administrativos supranacionais* e a *fragmentação a que se assiste na tutela jurisdicional no âmbito internacional*.

Tentemos desembaraçar o novelo, começando, como o fizemos na Parte II do presente estudo, pela análise do controlo jurídico de actos supranacionais provindos de organizações internacionais no âmbito das medidas restritivas e da administração territorial.

Nestes casos, mesmo havendo um título internacional – de imposição de uma sanção, de devolução de objectos, de proibição de trânsito – o direito internacional não se coaduna com a execução forçada, por não deter, em

---

[1586] Neste sentido, ARMIN VON BOGDANDY, "Pluralism, direct effect, and the ultimate say: On the relationship between international and domestic constitutional law", *International Journal of Constitutional Law*, Vol. 6, N.º 3-4, 2008, pp. 1-17; e ARMIN VON BOGDANDY, "Thoughts on International Democracy", *Coexistence, Cooperation and Solidarity – Liber Amicorum Rüdiger Wolfrum*, Vol. II, Holger P. Hestermeyer e.a. (eds.), Leiden/Boston, Martinus Nijhoff Publishers, 2012, pp. 1377-1397.

EFICÁCIA, RECONHECIMENTO E EXECUÇÃO DE ACTOS ADMINISTRATIVOS ESTRANGEIROS

regra, um aparelho para o efeito, competindo esta aos Estados[1587]. E, ainda que se trate de situações de administração territorial, apenas em situações limite – usualmente de conflito patente ou latente – se prescindirá dos órgãos nacionais para execução daqueles ditames.

De um ponto de vista teórico, na medida em que as organizações internacionais passam a desempenhar funções típicas de uma entidade estadual encontram-se sujeitas às mesmas regras que esta teria de respeitar, designadamente no que se refere à necessidade de respeito pelos direitos humanos. Em especial pelos firmados na Declaração Universal dos Direitos do Homem e pelos princípios fundamentais de direito, ao que acresce, sobretudo no caso de administração territorial – dado o imediatismo das actuações levadas a cabo –, a necessidade de garantia de acesso a um tribunal como *standard* mínimo de respeito dos direitos humanos[1588].

Todavia, nem sempre as actuações internacionais respeitam o enquadramento jurídico a que devem obediência, o que faz impender sobre os Estados uma responsabilidade acrescida no controlo da sua aplicação, já que eles estarão vinculados, em virtude da sua obrigação de reconhecimento e execução dos actos administrativos estrangeiros, a, com base neles, sancionar ou proibir certas condutas de privados[1589].

Nesta matéria, o princípio *geral* – que não a regra numérica – passará pelo escrutínio do acto estrangeiro pelos órgãos administrativos que inicialmente o emitiram.

É inegável, porém, que estes órgãos usualmente não existem[1590], dada a menor estruturação da função jurisdicional no seio da comunidade interna-

---

[1587] CHRISTIAN DOMINICÉ, "La Société Internationale à da Recherche de son Équilibre", *Recueil des Cours,* Tomo 370, 2013, Leiden, Martinus Nijhoff Publishers, 2015, p. 246.

[1588] CARSTEN STAHN, "International Territorial Administration in the Former Yugoslavia: Origings, Developments and Challenges Ahead", *Zeitschrift für ausländisches und öffentliches Recht,* Vol. 61, 2001, pp. 143-149.

[1589] Neste sentido, C. H. POWEL, "The Role and Limits of Global Administrative Law in the Security Council's Anti-Terrorism Programme", *Acta Iuridica 2009 – Global Administrative Law: Development and Innovation,* Jan Glazewski/ Hugh Corder (eds.), Cape Town, Juta & Co Ltd, 2009, pp. 32-67; e ERIC ROSAND, "The Security Council As "Global Legislator": Ultra Vires or Ultra Innovative?", *Fordham International Law Journal,* Vol. 28, N. 3, 2004, pp. 542-548.

[1590] Cfr. TORSTEN STEIN que considera que as Nações Unidas deveriam criar um Tribunal para controlar "ao nível administrativo" do Conselho de Segurança o respeito de *standards* de direitos fundamentais (cfr. "Too "smart" for Legal Protection? UN Security Council's Targeted Sanctions and a Pladoyer for Another UN Tribunal", *Coexistence, Cooperation and Solidarity –*

CRUZAMENTO ENTRE RECONHECIMENTO E EXECUÇÃO E A TIPOLOGIA PROPOSTA...

cional, ou não estão aptos a receber queixas dos particulares, como sucede, ainda hoje, com o Tribunal Internacional de Justiça.

Nestes casos subsiste a questão de saber qual poderá ser a sede do controlo judicial de decisões de entidades não estaduais, sempre que o escrutínio na origem não seja possível ou não seja suficiente[1591]. Uma das vias possíveis, mas também excepcional ou insuficiente, poderá passar pelo controlo

---

Liber Amicorum Rüdiger Wolfrum, Vol. II, Holger P. Hestermeyer e.a. (eds.), Leiden/Boston, Martinus Nijhoff Publishers, 2012, pp. 1527-1541). Esta seria a única forma de evitar, nas palavras de JORGE GODINHO, que, no caso de congelamento de fundos por força das Resoluções do Conselho de Segurança, se poder estar perante um confisco ordenado por um órgão político internacional (cfr. "When Worlds Collide: Enforcing United Nations Security Council Asset Freezes in the EU Legal Order", *European Law Journal*, Vol. 16, N.º 1, January, 2010, p. 93).

De facto, não obstante o sistema de adopção de medidas restritivas pelo Conselho de Segurança ter sido submetido recentemente a melhorias administrativas, que permitem a reponderação administrativa da decisão tomada, ainda não se deu o passo decisivo de previsão de um nível de controlo judicial imparcial acessível aos particulares.

[1591] No acórdão *Behrami e Behrami contra França e Saramati contra Alemanha, França e Noruega* do Tribunal Europeu dos Direitos do Homem, de 31 de Maio de 2007, proferido nos processos apensos n.º 71412/01 e 78166/01, veio aquele órgão jurisdicional considerar que a omissão de desminagem da MINUK, órgão subsidiário das Nações Unidas e a acção da KFOR, por estar sob controlo efectivo do Conselho de Segurança, deveriam ser imputadas à Organização das Nações Unidas e não aos Estados-membros desta (que não teriam exercitado poderes discpcionários no âmbito das operações em crise). Não se debruçou, porém, sobre o nível de protecção conferido por aquela organização, à luz da Convenção Europeia dos Direitos do Homem, reconhecendo-lhe imunidade internacional. Sobre este acórdão, cfr. PHILLIPE LAGRANGE, "Responsabilité des États pour Actes Accomplis en Application du Chapitre VII de la Charte des Nations Unies", *Revue Generale de Droit International Public,* Tomo CXII, 2008, pp. 85-110.

Caso especial é o da participação de Estados parte na Convenção Europeia dos Direitos do Homem nestas acções operacionais, uma vez que se afirmou já a vinculação dos Estados aos direitos reconhecidos na Convenção, mesmo fora do normal âmbito territorial de competência estadual (*Caso Is e outros contra Turquia,* de 16 de Novembro de 2004, proferido no processo n.º 31821/96, que contrariou o precedente estabelecido no caso *Bancovic,* no qual a Grande Câmara do Tribunal Europeu dos Direitos do Homem, em 12 de Dezembro de 2001, havia considerado que o direito da Convenção, dada a sua vocação regional, se aplicava apenas ao espaço legal definido pela geografia dos seus Estados-membros). Cfr., para maiores desenvolvimentos, EVELYNE LAGRANGE, "L'Application de la Convention de Rome a des Actes Accomplis par les Etats Parties en Dehors du Territoire National", *Revue Generale de Droit International Public,* N.º 3, 2008, p. 521-565.

EFICÁCIA, RECONHECIMENTO E EXECUÇÃO DE ACTOS ADMINISTRATIVOS ESTRANGEIROS

jurídico por parte de uma autoridade judicial de uma outra organização internacional, como sucederá com o escrutínio levado a cabo pelo Tribunal Europeu dos Direitos do Homem[1592]. Contudo, os limites – territoriais e subjectivos – do âmbito de apreciação e de decisão deste Tribunal converte-o numa "fraca" solução para o problema da ausência de controlo judicial dos actos directamente vinculativos de organizações internacionais.

O que obriga a que o controlo judicial dos actos supranacionais a que nos referimos seja levado a cabo, em *ultima ratio,* no *Estado de acolhimento,* de modo a evitar a produção de um resultado lesivo para o foro e assegurar a sindicabilidade contenciosa das medidas às quais reconheceu aplicabilidade directa[1593].

Foi o que sucedeu, em 3 de Novembro de 2000, no caso U9/00, quando o Tribunal Constitucional da Bósnia decidiu que poderia rever certas decisões do *Alto Representante na Bósnia* (e de cujas decisões não cabia, nos termos do Acordo de Dayton, recurso), uma vez que entendeu não dever estar aquele Ente imune do respeito pela Constituição, sempre que aquele actuasse em substituição das autoridades desse país.

[1592] Cfr. BENEDICT KINGSBURY, "The Concept of 'Law' in Global Administrative Law", *The European Journal of International Law,* Vol. 20, N.º 1, 2009, pp. 42-44, que se refere ainda à possibilidade de recurso a Tribunais Arbitrais.
GEORGES ABI-SAAB refere-se ao papel neste domínio da Organização de Unidade Africana e da União Europeia (cfr. "The Security Council as Legislator and as Executive in its Fight Against Terrorism and Against Proliferation of Weapons of Mass Destruction: The Question of Legitimacy", *Legitimacy in International Law,* Rüdiger Wolfrum, Volker Röben (eds.), Berlin, Springer, 2008, pp. 126-127).
[1593] Cfr. ERIKA DE WET, "The Role of Human Rights in Limiting the Enforcement Power of the Security Council: a Principled View", *Review of the Security Council by Member States,* Erika de Wet, Noel Nollkaemper (eds.), Antwerp, Intersentia, 2003, pp. 24-28; MATTHIAS HERDEGEN, "Review of the Security Council by National Courts: A Constitutional Perspective", *Review of the Security Council by Member States,* Erika de Wet, Noel Nollkaemper (eds.), Antwerp, Intersentia, 2003, pp. 77-84; e AUKJE VAN HOEK, MICHIEL LUCHTMAN, "The European Convention on Human Rights and Transnational Cooperation in Criminal Matters", *Multilevel Governance in Enforcement and Adjudication,* Aukje van Hoeck, Ton Hol, Oswald Jansen, Peter Rijpkema, Rob Widdershoven (eds.), Antwerpen, Intersentia, 2006, pp. 34-36.
IOANNIS PREZAS considera que o recurso a estas vias nacionais ainda é, porém limitado, sobretudo por razões político-jurídicas e não estritamente jurídicas (cfr. *L'Administration de Collectivités Territoriales par les Nations Unies – Étude de la Substitution de L'Organisation International à L'État dans L'Exercise des Pouvoirs de Gouvernement,* Paris, L.G.D.J./ Anthemis, 2012, pp. 451-459).

MARIA LUÍSA DUARTE reconhece igualmente a necessidade de se assegurar esse nível de controlo também no caso de *sanções inteligentes* das Nações Unidas, na ausência de competência do Tribunal Internacional de Justiça[1594], dada a importância fulcral – inclusive na perspectiva da Carta das Nações Unidas – da garantia da tutela jurisdicional. Especificamente, porém, no âmbito da União Europeia, na medida em que a integração destas *smart sanctions* nos Estados-membros é medidada pelas Instituições comunitárias, que exercem uma actividade regulamentar própria, qualquer reacção deve ser – e tem sido – dirigida contra o Tribunal de Justiça da União Europeia, que deve aplicar os seus próprios parâmetros jurídicos na apreciação da juridicidade das sanções aplicadas[1595].

Também no âmbito da administração central ou da administração compósita europeia – sempre que o acto administrativo final desta tenha *natureza supranacional* –, as tarefas de execução e de garantia de produção de efeitos de tais actos são levadas a cabo pelos Estados, que se encontram vinculados à sua observância e/ou controlo: é o designado paradigma do *"federalismo executivo"*[1596].

[1594] MARIA LUÍSA DUARTE, *Direito Internacional Público e Ordem Jurídica Global do Século XXI*, Coimbra, Coimbra Editora, 2014, p. 315.

[1595] Muitos problemas, porém, que têm sido suscitados perante os Tribunais comunitários como a excessiva discricionariedade de acção e o difícil acesso à informação e ao secretismo desta, podem ser ligados à *origem onusiana* das sanções. O que, porém, não é motivo para que o Tribunal de Justiça deixe de aplicar os parâmetros de direito da União Europeia a que se encontra vinculado. Cfr., neste sentido, o Acórdão *Kadi e Al Barakaat International Foundation c. Conselho e Comissão* do Tribunal de Justiça de 3 de setembro de 2008, proferido nos processos apensos n.º C-402/05 P e C-415/05 P, e, mais recentemente, os Acórdãos, todos do Tribunal de Justiça, *Comissão Europeia e outros contra Yassin Abdullah Kadi*, de 18 de Julho de 2013, proferido nos pecessos apensos C-584/10 P, C-593/10 P e C-595/10 P; *Conselho da União Europeia/ Manufacturing Support & Procurement Kala Naft Co., Tehran*, de 28 de novembro de 2013, proferido no processo C-348/12 P; e *Conselho da União Europeia/ Fulmen,Fereydoun Mahmoudian*, de 28 de novembro de 2013, proferido no processo C-280/12 P.
Sobre estas questões, entre incontável bibliografia, cfr. CHRISTINA ECKES, "EU Restrictive Measures Against Natural and Legal Persons: From Counterterrorist to Third Country Sanctions", *Common Market Law Review*, Vol. 51, N.º 3, 2014, pp. 869-906; e PATRÍCIA GALVÃO TELES, "As Relações entre a Ordem Jurídica Internacional e a Ordem Jurídica Europeia/ Comunitária: O caso das sanções/medidas restritivas", *Estudos em Homenagem a Miguel Galvão Teles*, Vol. I, Coimbra, Almedina, 2012, pp. 863-875.

[1596] ROBERT SCHÜTZE, "'Delegated' Legislation in the (new) European Union: A Constitutional Analysis", *The Modern Law Review*, Vol. 74, N.º 5, Setembro, 2011, pp. 688-689. Sobre a

EFICÁCIA, RECONHECIMENTO E EXECUÇÃO DE ACTOS ADMINISTRATIVOS ESTRANGEIROS

Com base neste, os Estados-membros assumem obrigações de executar obrigações pecuniárias ou de recuperar auxílios/benefícios ilegalmente concedidos, ou, ainda, de dar execução a arrestos ou apreensão de bens, do que resulta evidente a necessidade de *reintrodução* do *direito nacional*[1597].

É certo que o poder executivo não é obrigatoriamente acometido aos Estados, podendo a União – dotada de meios próprios, humanos e técnicos consideráveis – assumir essas tarefas, posto que sejam respeitados os princípios que regem a actuação da União, *maxime* o da subsidiariedade[1598]. Mas não é esta a situação mais recorrente, centralizando a Comissão a sua actividade no que se refere à execução do direito da União em dois momentos: o da prevenção e o da correcção, mas não quanto à execução propriamente dita[1599].

Dadas estas características, AZOULAI vê na União não bem uma autoridade estrangeira, mas uma *"autoridade de ocupação"* sobre o território dos Estados-membros, na sua própria definição, uma ocupação *pacífica, limitada* e *previamente consentida* mas que, como toda a autoridade deste tipo, não deixa de suscitar tanto colaborações como resistências[1600].

E quando estas *resistências* se suscitem, colocar-se-á inevitavelmente a questão do *controlo judicial dos actos comunitários* e das *medidas que lhes dão execução*. Dada a elevada estruturação, inclusive do ponto de vista judiciário da

---

necessidade de superação do federalismo executivo e compromisso com a democracia transnacional, diminuindo assimetria entre a participação das Estados na União e a participação dos seus cidadãos, cfr. JÜRGEN HABERMAS, "The Crisis of the European Union in the Light of a Constitutionalization of International Law", *The European Journal of International Law*, Vol. 23, N.º 2, 2012, pp. 345-348.

[1597] Isto ainda que nem sempre a execução nacional esteja sujeita às mesmas regras e produza os mesmos efeitos, cfr. LAWRENCE IDOT, "L'Exécution Forcée des Mesures Communautaires: Exemples en Matière de Concurrence", *L'Exécution du Droit de L'Union, entre Mécanismes Communautaires et Droits Nationaux*, Jacqueline Dutheil de la Rochère (dir.), Bruxelles, Bruylant, 2009, pp. 265-286.

[1598] Neste sentido vai o pensamento de ROBERT SCHÜTZE, "From Rome To Lisbon: "Executive Federalism" In The (New) European Union", *Common Market Law Review*, Vol. 47, 2010, pp. 1385-1427.

[1599] MELANIE SMITH, *Centralised Enforcement, Legitimacy and Good Governance in the EU*, London, Routledge, 2010, pp. 120-131.

[1600] Cfr. LOÏC AZOULAI, "Pour un Droit de l'Exécution de l'Union Européenne", *L'Exécution du Droit de L'Union, entre Mécanismes Communautaires et Droits Nationaux*, Jacqueline Dutheil de la Rochère (dir.), Bruxelles, Bruylant, 2009, p. 19.

CRUZAMENTO ENTRE RECONHECIMENTO E EXECUÇÃO E A TIPOLOGIA PROPOSTA...

União Europeia, as soluções que nela se estabeleceram são marcadas pela *originalidade*[1601].

De facto, mesmo que sejam as autoridades administrativas nacionais as competentes para concretizar direito da União e compita aos Tribunais nacionais, enquanto órgãos funcionalmente comunitários, apreciar a validade dos actos nacionais de execução, há especificidades quanto ao controlo destes actos, sempre que o vício que lhes seja imputado se funde na invalidade das disposições comunitárias a que deram concretização. Referimo-nos à *obrigatoriedade de reenvio* nestes casos, iniciada com o Acórdão *Foto-Frost*, e da qual resultou uma muito criticada limitação à apreciação incidental de validade pelos Tribunais nacionais[1602].

O Tribunal de Justiça tem igualmente – ainda que em hipóteses diferenciadas – funções de controlo da legalidade dos actos emanados por Instituições, órgãos ou organismos da União que tenham efeitos jurídicos em relação a terceiros, que são acessíveis a recorrentes privados ou ordinários (artigo 263.º do Tratado sobre o Funcionamento da União Europeia).

O leque das entidades e dos actos que podem caber naquela previsão tratadística são cada vez mais e mais diversificados, como o demonstra a já analisada "agendificação" da União, que do ponto de vista de controlo introduz

---

[1601] Cfr. ROZEN NOGUELLOU, "Le Régime de L'Acte Administratif de Mise en Oeuvre du Droit Communautaire", *Droit Administratif Européen*, Jean-Bernard Auby, Jacqueline Dutheil de la Rochère (dir.), Bruylant, Bruxelles, 2007, p. 759-774, p. 768 ss.

[1602] Cfr. *Acórdão Foto-Frost c. Haupzollamt Lübeck Ost*, do Tribunal de Justiça de 22 de Outubro de 1987, proferido no processo 314/85.

Aquelas críticas centram-se, abreviadamente, no facto de esta posição jurisprudencial violar o sentido do reenvio, comprometendo a função dos tribunais nacionais como tribunais comuns de direito comunitário, e por contrariar a formulação do artigo 267.º do Tratado sobre o Funcionamento da União Europeia, que "sem margem para dúvida" concede ao tribunal de instância a possibilidade de analisar as questões de apreciação incidental de validade do acto comunitário nos casos de reenvio facultativo (cfr., por todos, JOÃO MOTA DE CAMPOS, JOÃO LUIZ MOTA DE CAMPOS, *Manual de Direito Europeu – O Sistema Institucional, a Ordem Jurídica e o Ordenamento Económico da União Europeia*, 6.ª ed., Coimbra, Coimbra Editora, 2010, p. 425; e MIGUEL GORJÃO-HENRIQUES, *Direito da União – História, Direito, Cidadania, Mercado Interno e Concorrência*, 8.ª ed., Coimbra, Almedina, 2017, pp. 498-499). No sentido de que se devem ampliar os poderes dos tribunais nacionais, de modo a promover o respeito dos direitos fundamentais da União, Dorota LECZYKIEWICZ, "Effective Judicial Protection" of Human Rights After Lisbon: Should National Courts be Empowered to Review EU Secondary Law?", *European Law Review*, N.º 35, 2010, pp. 326-348.

EFICÁCIA, RECONHECIMENTO E EXECUÇÃO DE ACTOS ADMINISTRATIVOS ESTRANGEIROS

formas inovadoras de controlo judicial, articuladas com níveis administrativos de revisão.

Ainda que, como refere SORACE, tenha o Tratado de Lisboa dissipado as dúvidas quanto à submissão dos actos vinculativos das Agências comunitárias à competência do Tribunal de Justiça, podem os actos institutivos daquelas prever mecanismos e condições específicas para reacção judicial, como sucede com a previsão de recursos administrativos necessários, que funcionam como pressupostos processuais para o início da acção jurisdicional, de modo a ampliar a base de controlo da actuação destas entidades[1603].

Se o acesso directo dos particulares ao Tribunal de Justiça é uma das notas características do regime jurisdicional comunitário, é também um dos pontos mais debatidos na doutrina, dadas as limitações que sofre e das quais resultam *"lacunas no sistema de protecção jursidicional efectiva dos particulares"*[1604], que continuam, mesmo depois do Tratado de Lisboa[1605], a colocar os recor-

---

[1603] Cfr. Domenico SORACE, "L'Amministrazione Europea secondo il Trattato di Lisbona", *Diritto Pubblico*, Ano XIX, N.º 1, 2013, pp. 192-194. Cfr. o artigo 263.º, n.º 5 do Tratado sobre o Funcionamento da União Europeia e, exemplificativamente, os artigos 60.º e 61.º do Regulamento (UE) n.º 1094/2010, do Parlamento Europeu e do Conselho, de 24 de Novembro de 2010, que cria a Autoridade Europeia dos Seguros e Pensões Complementares de Reforma. THORSTEN SIEGEL dá conta dos seguintes modelos: um *Aufsichtsmodell*, no qual há um recurso necessário para a Comissão; um *Direktklagemodell*, de acesso directo ao Tribunal de Justiça, e um *Beschwerdekammermodell*, no qual há uma queixa para um órgão específico e independente dentro da agência (cfr. *Europäisierung des Öffentlichen Rechts – Rahmenbedingungen und Schnittstellen zwischen dem Europarecht und dem nationalen (Verwalyungs-)Recht,* Tübingen, Mohr Siebeck, 2012, pp. 63-67).

[1604] RUI MANUEL MOURA RAMOS, *"Locus Standi* dos Particulares no Contencioso de Anulação em Direito Comunitário", *Estudos de Direito da União Europeia,* Coimbra, Coimbra Editora, 2013, p. 357.

[1605] De modo a ilustrar a subsistência desta limitação ao *locus standi* dos particulares, veja-se o debate em torno da possibilidade, introduzida pelo Tratado de Lisboa, de reacção contra os actos regulamentares que digam directamente respeito a privados e que não necessitem de medidas de execução.

A indeterminação desta formulação permitiu que o Tribunal de Justiça perseverasse numa linha jurisprudencial restritiva (já afirmada a propósito dos requisitos da *afectação directa e individual*), ao entender que a inovação ao artigo 263.º não admitia o recurso de particulares contra *actos legislativos* da União (cfr. Acórdão *Inuit Tapiriit Kanatami e outros c. Parlamento Europeu e Conselho da União Europeia,* do Tribunal de Justiça de 3 de Outubro de 2013, proferido no processo C-583/11 P).

CRUZAMENTO ENTRE RECONHECIMENTO E EXECUÇÃO E A TIPOLOGIA PROPOSTA...

rentes numa situação de incerteza quanto aos actos de que, afinal, podem recorrer, ou qual a sede (europeia ou nacional) idónea para o efeito[1606].

A existência destas lacunas torna evidente a importância de subsistência de um *nível nacional de controlo*, que permita colmatar as falhas de acesso às jurisdições internacionais, nível que deve ser reconhecido e assegurado sempre que não haja outro remédio disponível.

Esta posição tem conhecido muitos opositores: JÜRGEN BAST, "New Categories of Acts after the Lisbon Reform: Dynamics of Parliamentarization in EU Law", *Common Market Law Review*, Ano 49, 2012, pp. 885-928; PATRÍCIA FRAGOSO MARTINS, "O Caso das Comunidades Inuítes e a Noção de Acto Regulamentar Estabelecida no Artigo 263.º x 4 TFUE: Reflexões a Propósito do Despacho do Tribunal Geral de 6 de Setembro de 2011 no Processo T-18/10", *Liber Amicorum em Homenagem ao Prof, Doutor João Mota de Campos*, António Pinto Ferreira *et al.* (coords.), Coimbra, Coimbra Editora, 2013, pp. 817-871; ROBERTO MASTROIANNI, ANDREA PEZZA, "Access of Individuals to the European Court of Justice of The European Union under the New Text of Article 263, Para 4, TFEU", *Rivista Italiana di Diritto Pubblico Comunitario*, Ano XXIV, N.º 5, 2014, pp. 923-948; ANNA MEUWESE, "Standing rights and regulatory dynamics in the EU", *The Role of Constitutional Courts in Multilevel Governance*, P. Popelier, A. Mazmanyan, W. Vandenbruwaene (Eds.), Cambridge, Intersentia, 2013, pp. 291-310; e KOEN LENAERTS, IGNACE MASELIS, KATHLEEN GUTMAN, *EU Procedural Law*, Oxford, Oxford University Press, 2015, p. 336.

Mas também não falta quem compreenda a posição do Tribunal, fundando-se, essencialmente, no elemento histórico da interpretação, baseado na formulação e intenção subjacente ao malogrado Tratado que estabelecia uma Constituição para a Europa: CORNELIA KOCH, "Locus Standi of Private Applicants Under the EU Constitution: Preserving Gaps in the Protection of Individuals' Right to an Effective Remedy", *European Law Review*, Vol. 30, 2005, pp. 520-523; JÜRGEN SCHWARZE, "European Administrative Law in the Light of the Treaty of Lisbon", *European Public Law*, Vol. 18, N.º 2 2012, pp. 285-304; e JÓNATAS E. M. MACHADO, *Direito da União Europeia*, 2.ª ed., Coimbra, Coimbra Editora, 2014, pp. 587-588.

SOFIA OLIVEIRA PAIS mais pragmática, considera que, mesmo com uma interpretação ampla daquela inovação trazida pelo Tratado de Lisboa, não deixariam de haver vozes que continuariam a reclamar a reestruturação do acesso ao Tribunal de Justiça (cfr. "A Protecção dos Particulares no Âmbito do Recurso de Anulação depois de Lisboa. Breves Reflexões", *Estudos de Direito da União Europeia*, Coimbra, Almedina, 2012, pp. 112-113).

[1606] FRANCISCO PAES MARQUES desabafa que nesta matéria reina a *confusão terminológica e dogmática* devendo definir-se, com precisão, i) qual a natureza da posição jurídica de que um particular precisa de ser titular para impugnar um acto da União e ii) qual a natureza dos actos susceptíveis de serem impugnados pelos particulares (cfr. "O Acesso dos Particulares ao Recurso de Anulação após o Tratado de Lisboa: Remendos a um Fato Fora de Moda", *Cadernos O Direito*, Vol. 5, 2010, p. 108).

Mas, mesmo no plano da União, estas não são as únicas possibilidades de intervenção das autoridades nacionais. Por um lado, pode haver lugar a uma intervenção *substitutiva* dos tribunais nacionais, nos casos em que a legislação comunitária lhes confira competências que, em princípio, caberiam aos Tribunais comunitários; por outro, pode haver lugar a uma intervenção *correctiva*, sempre que os Tribunais nacionais visem, contra disposições comunitárias, salvaguardar interesses essenciais ao ordenamento jurídico estatal.

A ilustrar a primeira hipótese – a de *intervenção substitutiva* –, veja-se o artigo 123.º e seguintes do Regulamento (UE) 2017/1001 do Parlamento Europeu e do Conselho, de 14 de junho de 2017, que submeteu o controlo judicial da infracção e validade em matéria de marcas da União Europeia a tribunais nacionais de marcas, e o artigo 80.º e seguintes do Regulamento (CE) n.º 6/2002 do Conselho, de 12 de Dezembro de 2001, relativo aos desenhos ou modelos comunitários, que faz o mesmo quanto aos tribunais de desenhos e modelos comunitários[1607]. Aliás, é visível e, julgamos nós, compreensível, que a União Europeia veja com mais benevolência a remissão de tarefas que seriam suas para os seus coadjuvantes naturais – os Estados--membros – do que para níveis internacionais de controlo judicial[1608], com a excepção honrosa do sistema da Convenção Europeia dos Direitos do Homem, ao qual se prevê que adira.

Quanto à *intervenção correctiva* a que nos referimos, em causa estão as cláusulas de defesa que intervêm apenas em situações-limite, que não passem o teste da "*identidade constitucional*" dos Estados membros, critério este alvo de especial atenção na decisão sobre a ratificação do Tratado de Lisboa, proferida pelo Tribunal Constitucional Alemão, 2 BvE 2/08, de 30 de Julho de 2009[1609].

[1607] Cfr. HERWIG C.H. HOFMANN, GERARD C. ROWE e ALEXANDER H. TÜRK entendem que estes Tribunais nacionais são especificamente designados neste caso como delegatários do poder judicial da União (cfr. , *Administrative Law and Policy of the European Union*, Oxford, Oxford University Press, 2011, p. 632).

[1608] Neste sentido, o Parecer n.º 1/09, do Tribunal de Justiça de 8 de Março de 2011.
Discordando da posição manifestada em texto, MATTHEW PARISH considera que a posição do Tribunal de Justiça é excessivamente restritiva e de desconfiança injustificada relativamente a mecanismos jurisdicionais internacionais (cfr. "International Courts and the European Legal Order", *The European Journal of International Law*, Vol. 23, N.º 1, 2012, pp. 141-153).

[1609] MARIA LUÍSA DUARTE explica esta cláusula constante do artigo 8.º, n.º 4 da Constituição da República Portuguesa, como resultando de um efeito limitador ou de reserva da Constituição, que proíbe que um Estado delegue em outrem competências que ele próprio não terá (as

CRUZAMENTO ENTRE RECONHECIMENTO E EXECUÇÃO E A TIPOLOGIA PROPOSTA...

EHLERS defende, nesta senda – de modo a preservar os vínculos supranacionais estabelecidos –, que o controlo de actos de organizações internacionais, União Europeia e agências, deve ser reconhecido aos Estados apenas nas situações de necessidade de garantia judicial no caso de lesão de direitos fundamentais, sob pena de violação do princípio da imunidade das organizações internacionais, que visa salvaguardar o exercício das suas funções[1610].

Por último, o panorama dos *actos supranacionais* emanados por (outros) Estados é ainda menos preciso, sendo difícil dar indicações gerais nesta matéria, dada a sua ocorrência pontual e a a maior sensibilidade dos laços inter-estaduais.

Em regra, porém, aplicar-se-ão os regimes específicos de controlo definidos nos instrumentos jurídicos (convencionais) que enformam a possibilidade de prática dos actos supranacionais e os respectivos efeitos.

No âmbito do direito da União Europeia, na qual aos Estados-membros sejam acometidas tarefas que poderiam muito bem competir a órgãos comunitários, não há deslocação de foro, sendo competentes os Tribunais nacionais; abrindo-se, porém a porta, nos casos em que os Estados funcionem como verdadeiros *mandatários* da Comissão, a que se possa dirigir o recurso directamente aos tribunais comunitários[1611]. WEBB conclui, mesmo, que o papel dos Tribunais nacionais em matérias que envolvem litígios internacionais têm vindo a expandir-se com a tendência para a retracção ou questiona-

---

de afectar os princípios fundamentais do Estado de Direito Democrático) (cfr. *Direito Internacional Público e Ordem Jurídica Global do Século XXI,* Coimbra, Coimbra Editora, 2014, p. 320). Já JÓNATAS MACHADO entende que aquele artigo reflecte o reconhecimento *"das pretensões constitucionais do direito europeu"*, pelo que será o Tribunal de Justiça e não Tribunal Constitucional a ter uma palavra decisiva sobre a interpretação dos princípios conformadores da União, não podendo o Tribunal Constitucional de forma abusiva e unilateral alterar o esquema dos Tratados (cfr. *Direito da União Europeia,* 2.ª ed., Coimbra, Coimbra Editora, 2014, p. 75).

[1610] DIRK EHLERS, *Die Europäisierung des Verwaltungsprozeßrechts,* Köln, Carl Heymanns Verlag, 1999, pp. 25-28.

[1611] Cfr. Acórdão *Jean-Pierre Landuyt c. Comissão das Comunidades Europeias,* do Tribunal de Primeira Instância (actual Tribunal Geral) de 4 de Fevereiro de 1998, proferido no processo T-94/95 (neste processo o autor alegou essa relação de mandato e, apesar de o Tribunal ter ido noutro sentido – invocando o erro da Administração nacional – não excluiu o relevo da argumentação apresentada pelo interessado). Cfr., ainda, JENS HOFMANN, "Legal Protection and Liability in the European Composite Administration", *The European Composite Administration,* Oswald Jansen, Bettina Schöndorf-Haubold (eds.), Cambridge, Intersentia, 2011, p. 446.

EFICÁCIA, RECONHECIMENTO E EXECUÇÃO DE ACTOS ADMINISTRATIVOS ESTRANGEIROS

mento das imunidades de jurisdição, em paralelo com a enorme fragmentação jurisdicional no plano internacional[1612].

Do sucintamente exposto, resulta que não pode ser recusado um papel aos tribunais internos no controlo de legalidade – pelo menos em situações-limite – dos *actos administrativos supranacionais*, ainda que apenas no sentido de não lhes conferir ou de lhes recusar eficácia[1613], excepto quando houver explícita atribuição de poderes de controlo de validade.

3. Reconhecimento mútuo de actos administrativos transnacionais

Como tivemos oportunidade de avançar, os actos transnacionais caracterizam-se pela circunstância de a eficácia extraterritorial entrar no âmbito normal de eficácia dos actos emitidos. Tratam-se de actos que, emanados num Estado para regular relações que nestes têm a sua sede, acabam por produzir usualmente efeitos noutros Estados.

Encontramo-nos, assim, num plano horizontal entre Estados, que entre si entabulam estreitas relações de cooperação, ancorados normalmente num enquadramento convencional ou institucional de base.

Por isso, a estes actos é essencial a dimensão do reconhecimento *mútuo* (e não unilateral). Do mesmo passo, cumpridos os requisitos legais, os actos transnacionais passam a ser reconhecidos pelos Estados nos quais se pretenda deles retirar efeitos, seja automaticamente, seja de forma condicionada.

Dadas, porém, as possibilidades e critérios de controlo que são passíveis de ser mobilizados quanto aos actos administrativos transnacionais, julgamos ser de caracterizar o reconhecimento, quanto à sua obrigatoriedade, como *reconhecimento regra*, apenas sendo admitidas restrições em situações bem definidas, em conformidade com os enquadramentos convencionais e institucionais nos quais se fundam[1614].

[1612] Cfr. PHILLIPA WEBB, *International Judicial Integration and Fragmentation*, Oxford, Oxford University Press, 2013, pp. 65-68.

[1613] Segundo CHRISTIAN DOMINICÉ admitir no entanto um controlo de validade directa conduziria ao caos (cfr. "La Société Internationale à da Recherche de son Équilibre", *Recueil des Cours*, Tomo 370, 2013, Leiden, Martinus Nijhoff Publishers, 2015, p. 117).

[1614] Não podemos concordar integralmente, por isso, com MARIE GAUTIER quando entende que o direito da União confere a estes actos um carácter imediato e automaticamente executório, sem que o Estado receptor se possa a ele furtar, sob pena de violação de direito da União (cfr. "Acte Administratif Transnational et Droit Communautaire", *Droit Administratif*

CRUZAMENTO ENTRE RECONHECIMENTO E EXECUÇÃO E A TIPOLOGIA PROPOSTA...

Avançámos igualmente que, ainda que com mais dificuldade, os actos transnacionais podem referir-se a actos de feição impositiva e desfavoráveis para os seus destinatários. Contudo, dados os efeitos destas actuações, a sua execução encontra-se limitada às situações expressamente previstas.

Contudo, se esta possibilidade existe no seio da União – o que já analisámos –, já não será cogitável no seio de outros espaços em que o nível de cooperação não seja tão supino. Pense-se, por exemplo, no caso *do Mercosul*, em que os mecanismos de reconhecimento de actos administrativos que se encontram em marcha são de natureza favorável e relativos a efeitos claramente limitados.

Veja-se, a este propósito, o Acordo de Admissão de Títulos e Graus Universitários para o Exercício de Atividades Académicas nos Estados Partes do Mercosul, celebrado em Assunção, em 14 de junho de 1999, que admite o reconhecimento mútuo de títulos de graduação e de pós-graduação reconhecidos e credenciados nos Estados Partes, mas apenas para o exercício de actividades de docência e pesquisa nas instituições referidas[1615], remetendo o seu reconhecimento para procedimentos e critérios a serem estabelecidos por cada Parte.

Tal como no âmbito dos actos administrativos supranacionais, os grandes engulhos que se colocam quanto aos actos administrativos transnacionais prendem-se com a dimensão do controlo judicial. Como já antecipámos, a pluralidade de actores públicos e privados, a multiplicidade – sobretudo no seio da União Europeia – de mecanismos de tomada de decisão, e a interacção complexa entre acto ou actividade de reconhecimento e acto reconhecido, conduz inevitavelmente à indagação de qual a jurisdição competente[1616].

Européen, Jean-Bernard Auby, Jacqueline Dutheil de la Rochère (dir.), Bruxelles, Bruylant, 2007, p. 1077). Esta avaliação terá de ser aferida caso a caso.

[1615] Outros exemplos passam pelo Protocolo de Integração Educacional, Revalidação de Diplomas, Certificados, Títulos e de Reconhecimentos de Estudo de Nível Médio Técnico, assinado em Assunção, em 28 de julho de 1995, que prevê uma reconhecimento por resolução oficial de acordo com uma tabela de actividades; e o Acordo Sobre Isenção de Vistos Entre os Estados Partes do Mercosul, de 14 de Dezembro de 2000, que vai no sentido de uma circulação limitada no tempo [múltiplos ingressos por estadas de até noventa (90) dias corridos, prorrogáveis por igual período, no limite de cento e oitenta (180) dias anuais], e no tipo de actividade: artistas, professores, cientistas, desportistas, jornalistas, profissionais e técnicos especializados.

[1616] Cfr. Oriol Mir Puigpelat conclui que, dada a pluralidade de mecanismos procedimentais de acção, se deve caminhar no sentido de uma *codificação* que inclua aspectos relativos aos

Contudo, ao contrário dos actos administrativos supranacionais, não se coloca aqui a questão da «ausência» de jurisdição, mas antes a "duplicação" ou "multiplicação" de jurisdições, o que remete para a identificação de qual a sede jurisdicional *própria* ou, pelo menos, *adequada* para o escrutínio, a título principal, do acto administrativo transnacional.

Quanto ao controlo incidental, não pode haver dúvidas quanto à competência do Estado de reconhecimento, centrando-se as hesitações, como vimos, no *grau de controlo* incidental admissível – desde logo quanto às questões de estabilidade do acto administrativo estrangeiro – e especificamente, no *tipo de acções* passíveis de ser mobilizadas para o efeito, o que varia de ordenamento jurídico para ordenamento jurídico.

Entre nós[1617], COLAÇO ANTUNES, propõe a aplicação da acção administrativa comum às situações de oposição a um acto administrativo transnacional, por em causa estarem os efeitos do acto transnacional (e não especificamente este), mas reconhece, ainda assim, que a protecção judicial é o *calcanhar de aquiles* dos actos transnacionais[1618].

De forma mais pormenorizada – e que melhor se adequada à nossa teoria do reconhecimento, que admite várias formas de reconhecimento mútuo de actos transnacionais – PRATA ROQUE defendia que, em caso de litígio sobre o reconhecimento de um acto transnacional, o mesmo devia ser decidido, consoante os casos, ao abrigo de uma acção administrativa especial de condenação à prática de acto devido (artigo 66.º do Código de Processo nos Tribunais Administrativos, aprovado inicialmente pela Lei n.º 15/2002, de 22 de Fevereiro), ou de acordo com uma acção administrativa comum (artigo

---

actos administrativos no âmbito da União e à coordenação de competências em matéria de controlo judicial daquelas actuações (cfr. "La Codificación del Procedimiento Administrativo en La Unión europea " *La Unión Administrativa Europea*, Francisco Velasco Caballero, Jens--Peter Schneider, Madrid, Marcial Pons, 2008, pp. 51-85). Não discordamos da bondade desta proposta, mas discutimos a sua viabilidade.

[1617] Pode ainda haver uma indicação legal expressa para estas situações, como a prevista no artigo 47.º, n.º 5 do Lei n.º 9/2009, de 4 de Março, segundo a qual a decisão ou a falta dela é susceptível de recurso judicial de direito interno; ou, surpreendentemente, nenhuma referência a esta matéria em domínios em que o reconhecimento se suscita amiúde (cfr. a inexplicável omissão à possibilidade e tipo de controlo judical no Decreto-Lei n.º 341/2007, de 12 de Outubro, que aprova o regime jurídico do reconhecimento de graus académicos superiores estrangeiros).

[1618] Cfr. Luís FILIPE COLAÇO ANTUNES, *A Ciência Jurídico-Administrativa*, Coimbra, Almedina, 2013, pp. 160-164.

CRUZAMENTO ENTRE RECONHECIMENTO E EXECUÇÃO E A TIPOLOGIA PROPOSTA...

37.º, *idem*). Nas hipóteses de oposição ao reconhecimento, a acção pertinene deveria ser uma acção especial pela qual se venha a impugnar o acto de reconhecimento praticado (artigo 50.º, *ibidem*) [1619]. E se é certo que a reforma do contencioso administrativo nacional terminou com a dualidade entre acção administrativa comum e acção administrativa especial (cfr. Decreto-Lei n.º 214-G/2015, de 2 de Outubro), o tipo de pretensões a deduzir em matéria de reconhecimento continuará a ser, muito provavelmente, similar ao acima identificado.

Também neste sentido, TAVARES DA SILVA, defende, para que se evite a lesão de interesses legalmente protegidos por via do reconhecimento, o recurso a acções inibitórias no âmbito da acção administrativa comum e a meios impugnatórios da acção administrativa especial[1620].

Mas, como nem sempre o controlo do reconhecimento se consegue diferenciar integralmente do controlo do acto de origem – já que é a eficácia deste que o reconhecimento prolonga –, e nem sempre o controlo incidental pode ser suficiente para satisfazer as pretensões dos interessados (ou contra-interessados), haverá que dar conta das principais linhas de orientação quanto ao ordenamento jurídico no qual se deve procurar tutela jurisdicional[1621].

A resposta que se constata ser a predominante neste domínio – e que se quadra com os critérios tradicionais de distribuição de competências jurisdicionais, de dirigir a impugnação do acto à autoridade que o edita – é a de

---

[1619] MIGUEL PRATA ROQUE, *A Dimensão Transnacional do Direito Administrativo – Uma visão cosmopolita das situações jurídico-administrativas*, AAFDL, Lisboa, 2014, pp. 1211-1213. O Autor defende ainda a aplicação do procedimento de revisão de sentença previsto no Código de Processo Civil, com os devidos ajustamentos ao contencioso administrativo, deve ser reservado aos actos parajudiciais, por exemplo, aos actos provenientes de autoridades de regulação.

[1620] SUZANA TAVARES DA SILVA acrescenta ainda a estas vias duas outras: a adopção de métodos de reconhecimento que neutralizem a produção imediata de efeitos transnacionais do acto e a avocação pela União Europeia da resolução de litígios, secundarizando o papel das entidades judiciárias (cfr. *Direito Administrativo Europeu*, Coimbra, Imprensa da Universidade de 2010, pp. 96-97).

[1621] JENS-PETER SCHNEIDER defende que o problema é essencialmente o do controlo da actuação administrativa transnacional, devendo ser clara qual a delimitação de responsabilidades decisórias, para que esse controlo possa ter adequadamente lugar (cfr. "Estructuras de la Unión Administrativa Europea – Observaciones Introductorias" *La Unión Administrativa Europea*, Francisco Velasco Caballero, Jens-Peter Schneider, Madrid, Marcial Pons, 2008, pp. 40-41).

EFICÁCIA, RECONHECIMENTO E EXECUÇÃO DE ACTOS ADMINISTRATIVOS ESTRANGEIROS

solicitação de protecção jurisdicional, na modalidade de controlo directo do acto administrativo, no Estado de origem deste, devendo o órgão competente apreciar todos os elementos constantes no processo, inclusive os pareceres ou intervenções de autoridades administrativas estrangeiras. Na clara qualificação de GAUTIER, trata-se de actos transnacionais pelos efeitos, mas nacionais clássicos quanto aos poderes de controlo[1622].

A defesa da manutenção ou concentração do controlo na origem sustenta-se em vários argumentos: o de evitar resoluções contraditórias (harmonia) e a fragmentação da eficácia do acto (efectividade)[1623], ou, então – e ainda – o de preservar a imunidade do Estados, sobretudo de execução[1624], por os actos administrativos deverem ser claramente concebidos como actos *iure imperii*[1625].

BURBAUM, por seu turno, apesar de aduzir que são possíveis excepções à imunidade estatal, mesmo para actos de autoridade, como sucede com a

---

[1622] MARIE GAUTIER, "Acte Administratif Transnational et Droit Communautaire", *Droit Administratif Européen*, Jean-Bernard Auby, Jacqueline Dutheil de la Rochère (dir.), Bruxelles, Bruylant, 2007, p. 1082.

[1623] Cfr. RAÚL BOCANEGRA SIERRA, JAVIER GARCÍA LUENGO, "Los Actos Administrativos Transnacionales", *Revista de Administración Pública*, N.º 177, septiembre-diciembre, 2008, pp. 22-23; VOLKER NESSLER, "Der transnationale Verwaltungsakt – Zur Dogmatik eines neuen Rechtsinstituts" *NVwZ – Neue Zeitschrift für Verwaltungsrecht*, 1995, p. 865; FRANCISCO VELASCO CABALLERO, "Organización y Procedimientos de la "Unión Administrativa Europea" en Materia de Fronteras, Asilo e Inmigración" *La Unión Administrativa Europea*, Francisco Velasco Caballero, Jens-Peter Schneider, Madrid, Marcial Pons, 2008, p. 257; e MARTIN SCHLAG, *Grenzüberschreitende Verwaltungsbefugnisse im EG-Binnenmarkt*, Baden-Baden, Nomos Verlagsgesellschaft, 1998, pp. 221-225.

HERMANN PÜNDER alerta para que a solução do controlo no Estado que emite o acto transnacional pode ainda assim conduzir a diferenças de graus de controlo (e de efectividade do direito da União) ou à multiplicação de pedidos entre Estados membros, dada a possibilidade de escolha que, em regra, assiste ao requerente (cfr. "Zertifizierung und Akkreditierung – private Qualitätskontrolle under staatlicher Gewährleistungsverantwortung", *ZHR – Zeitschrift für das gesamte Handelsrecht und Wirtschaftsrecht*, Vol. 170, 2006, pp. 588-589).

[1624] Cfr. THOMAS VON DANWITZ, *Europäisches Verwaltungsrecht*, Berlin, Springer, 2008, p. 646; MARTIN SCHLAG, *Grenzüberschreitende Verwaltungsbefugnisse im EG-Binnenmarkt*, Baden-Baden, Nomos Verlagsgesellschaft, 1998, pp. 221-225; e DIRK EHLERS, *Die Europäisierung des Verwaltungsprozeßrechts*, Köln, Carl Heymanns Verlag, 1999, pp. 8-18.

[1625] STEFAN BURBAUM procede nitidamente à inclusão de todos os actos administrativos no conceito mais amplo de actos de autoridade (cfr. *Rechtsschutz gegen transnationales Verwaltungshandeln, Baden-Baden, Nomos Verlagsgesellschaft*, 2003, p. 88).

CRUZAMENTO ENTRE RECONHECIMENTO E EXECUÇÃO E A TIPOLOGIA PROPOSTA...

renúnica expressa ou implícita à mesma, envolvendo a integração na União Europeia limites a essa imunidade, acrescenta que faltaria sempre jurisdição internacional (*Zuständigkeit*) aos Tribunais do Estado de recepção, pois, para estes, o direito estrangeiro material não é justiciável[1626].

Este princípio da concentração do controlo no Estado de Origem tem cedido em situações particulares, como sucede com o *visto uniforme*, no âmbito do qual se admite que a anulação ou a revogação de um visto possa ser levada a cabo pelas autoridades competentes de outro Estado-membro que não o emitente (artigo 34.º, n.º 1 e 2 do Regulamento (CE) n.º 810/2009 do Parlamento Europeu e do Conselho, de 13 de Julho de 2009); e é também o que se retira da Convenção de aplicação do Acordo de Schengen, de 14 de Junho de 1985, entre os Governos dos Estados da União Económica Benelux, da República Federal da Alemanha e da República Francesa relativo à supressão gradual dos controlos nas fronteiras comuns, no âmbito da qual, apesar de as indicações no Sistema de Informação respectivo apenas poderem ser alteradas, rectificadas ou eliminadas pelo Estado-membro que as inseriu (artigo 106.º), se admite que o controlo judicial, a pedido do interessado, possa ser feito no tribunal de qualquer Estado-membro, tendo embora meros efeitos declarativos (artigo 111.º)[1627].

Mas, nas demais situações em que o legislador não flexibilizou a sede do controlo judicial – e que são a esmagadora maioria – tem avançado a doutrina propostas para o efeito, pelas quais se pretendem resolver ou, pelo menos, atenuar os problemas linguísticos, substanciais e processuais envolvidos no recurso ao Tribunal do Estado de origem. SCHMIDT-ASSMANN, expoente máximo desta posição, considera que se deve desenvolver um novo modelo de reacção judicial que não siga estritamente o princípio da separação de ordens jurídicas, com a atribuição de competências de apreciação apenas ao Tribunal de origem, porque isso pode conduzir a uma *probatio diabolica* que prejudica o interessado[1628].

[1626] STEFAN BURBAUM, *Rechtsschutz gegen transnationales Verwaltungshandeln*, Baden-Baden, Nomos Verlagsgesellschaft, 2003, pp. 96-108.

[1627] NUNO PIÇARRA, "União Europeia e Acto Administrativo Transnacional", *Direito da União Europeia e Transnacionalidade*, Alessandra Silveira (coord.), Lisboa, Quid Iuris, 2010, p. 321.

[1628] EBERHARD SCHMIDT-ASSMANN, "Europäische Rechtsschutzgarantien – Auf dem Wege zu einem kohärentem Verwaltungsrechtsschutz in Europa", *Recht zwischen Umbruch und Bewahrung – Festschrift für Rudolf Bernhardt*, Berlin, Springer, 1995, p. 1303.

EFICÁCIA, RECONHECIMENTO E EXECUÇÃO DE ACTOS ADMINISTRATIVOS ESTRANGEIROS

Nesta linha, há quem defenda a manutenção da solução do controlo no Estado de origem, mas lhe acople algumas excepções, em situações de necessidade e de respeito pelos direitos fundamentais e no caso em que o interessado não tenha meios suficientes para recorrer fora[1629]. Por outro, há quem se pronuncie no sentido de promoção de uma pluralidade de vias e de sedes de recurso, ajustadas às situações a regular e pré-ordenado ao cumprimento do princípio da garantia jurisdicional efectiva[1630], sobretudo quando em causa esteja a reacção judicial por parte de contra-interessados[1631].

Sem nos embrenharmos a fundo nesta controvérsia – que se encontra já grandemente fora do âmbito do nosso estudo, por se centrar no controlo

---

[1629] MATTHIAS RUFFERT, "Der transnationale Verwaltungsakt", *Die Verwaltung,* Vol. 34, 2001, pp., 475-477.

[1630] THOMAS DÜNCHHEIM vai no sentido da codificação europeia de uma lei da cooperação judiciária que não só esclarecesse os requerentes estrangeiros forçados a recorrer a outros Estados, como ainda que desenvolvesse regras específicas sobre competência judical e amplitude do poder de apreciação no caso de situações multinível. Apesar de não apontar num sentido concreto, o Autor considera que se deve ficar a meio caminho entre a atenuação da imunidade de jurisdição e o pleno reconhecimento de um poder de controlo judicial relativamente a actos transnacionais de outras autoridades (cfr. "Verwaltungsrechtsschutz gegen sog. "transnationale Verwaltungsakte" und transnationales Verwaltungshandeln", *Deutsche Verwaltungspraxis,* Ano 55, N.º 5, 2004, pp. 204-206).

[1631] NICOLA BASSI considera que, sempre que o particular não possa dirigir-se ao Estado que emitiu o acto, o Estado de reconhecimento não pode desinteressar-se de encontrar um remédio jurisdicional, pelo menos a título incidental. O autor propõe ainda que, no caso dos actos transnacionais, se adopte uma *posição reconstrutiva do controlo judicial,* ou então que, em nome do princípio da efectividade da tutela jurisdicional, se ajustem os *standards* de acesso jurisdicional nos Estados-membros da União, de modo a permitir que terceiros possam fazer valer as suas posições jurídicas (cfr. *Mutuo Riconoscimento e Tutela Giurisdizionale – La Circolazione Degli Effeti del Provvedimento Amministrativo Straniero Fra Diritto Europeo e Protezione Degli Interessi del Terzo,* Milano, Giuffrè Editore, 2008, pp. 104-108).

LUCA DE LUCIA defende expressamente que à pluralidade administrativa corresponde uma pluralidade de Tribunais potencialmente competentes, devendo esta reflectir a multiplicidade de pretensões possíveis (cfr. "Administrative Pluralism, Horizontal Cooperation and Transnational Administrative Acts", *Review of European Administrative Law,* Vol. 5, N.º 2, 2012, pp. 35-36).

A. M. KEESSEN propõe que a legislação secundária preveja o controlo judicial ao nível da União, ainda que com uma fase prévia de resolução administrativa dos conflitos; ou que, pelo menos, se assegure, nos Estados, que terceiros afectados pela decisão tenham acesso a tribunal (cfr. *European Administrative Decisions – How the EU Regulates Products on the Internal Market,* Groningen, Europa Law Publishing, 2009, p. 236).

CRUZAMENTO ENTRE RECONHECIMENTO E EXECUÇÃO E A TIPOLOGIA PROPOSTA...

do acto estrangeiro *qua tale* e não neste enquanto veículo para o reconhecimento –, avancemos que nos parece adequada, *em sede de princípio*, a comissão do controlo jurisdicional do acto transnacional ao Estado emitente.

De facto, esta é a autoridade mais qualificada para decidir – posto que faça uma adequada ponderação de todos os dados que constam do processo administrativo, incluindo os que provenham de autoridades públicas estrangeiras – pelo que o que se ganharia em facilidade de acesso, com a proliferação de tribunais potencialmente competentes, perder-se-ia em qualidade de decisão.

Além de que, se há um mercado interno sem fronteiras em que se valoriza – como traço essencial – a circulação de serviços e de decisões judiciais, não faz sentido limitar-se agora essa circulação, mobilizando os mesmos argumentos de proximidade, facilidade e economicidade. A desistência de um modelo que é claro e certo (o da concentração do controlo no Estado de origem), tendo por base meros pressupostos negativos – o do desconhecimento do direito estrangeiro, o da intangibilidade das vias processuais estrangeiras e o da diferença de remédios legais[1632] – parece-nos corresponder a um *salto de fé* desnecessário, quando bastaria definir-se *standards* mínimos quanto àqueles remédios[1633].

É certo que poderá haver situações – no seio da União Europeia – em que esta nossa visão das coisas pode não ser a mais adequada, mas não se tratará de situações que conduzam à *dispersão do controlo* administrativo por vários Estados-membros. Tratar-se-á antes dos actos praticados no seio de procedimentos compósitos nos quais uma entidade, em regra a Comissão, assume um papel preponderante no procedimento de tomada de decisão, podendo mesmo adoptar pareceres vinculativos, que devem ser seguidos pelos Estados emitentes. Neste caso, não nos chocaria a *alteração da sede* de

---

[1632] Isto sobretudo numa altura em que se valoriza o conhecimento e comparação do direito administrativo estrangeiro, como assinala JANINA BOUGHEY, "Administrative Law: The Next Frontier For Comparative Law", *International and Comparative Law Quarterly*, Vol. 62, 2013, pp. 55-95.

[1633] JULES STUYCK, "Enforcement and compliance: An EU Law perspective", *The Foundations of European Private Law*, Roger Brownsword, Hans-W Micklitz, Leone Niglia, Stephen Weatherill (eds.), Oxford, Hart Publishing, 2011, p. 521.

EFICÁCIA, RECONHECIMENTO E EXECUÇÃO DE ACTOS ADMINISTRATIVOS ESTRANGEIROS

reacção jurisdicional, passando esta a caber concentradamente ao Tribunal de Justiça[1634].

Todavia, este desenlace demandaria uma recompreensão, por parte deste Tribunal, dos pressupostos processuais de que depende a sua intervenção, ou então de uma previsão expressa, nos actos que regulam aqueles procedimentos, do recurso jurisdicional para o Tribunal de Justiça. E enquanto tal não suceder, é consabido que o Tribunal de Justiça será muito provavelmente chamado a intervir prejudicialmente nestes processos, como já se aludiu *supra* no âmbito da doutrina *Foto-Frost*[1635], pelo que a diferença seria mais nominal do que real, sendo expectável que o resultado da apreciação do Tribunal de Justiça não viesse a diferir num caso e no outro[1636].

[1634] Neste sentido, mas alertando para os riscos de protecção jurídica paralela, MATTHIAS HERDEGEN e HANS-GEORG DEDERER, "Richtlinie 2001/18/EG des Europäischen Parlaments und des Rates vom 12. März 2001 über die absichtliche Freisetzung genetish veränderter Organismen in die Umwelt und zur Aufhebung der Richtlinie 90/220/EWG des Rates – EG--Freisetzungsrichtlinie", *Internationales Biotechnologie-recht – Gentechnik, Biopatente, genetische Ressourcen,* Heidelberg, C.F. Müller, 37.ª Actualização, 2010, pp. 1-96; e SEBASTIAN HESELHAUS, "Individualrechtsschutz in Genehmigungsverfahren der Europäischen Gemeinschaft im Recht der Biotechnologie – Untersuchung anhand ausgewählter Sekundärrechtsakte", *Individualrechtsschutz in der EG und der WTO,* Carsten Nowak/ Wolfram Cremer (eds.), Baden--Baden, Nomos Verlagsgesellschaft, 2002, p. 129.

WOLFGANG WEISS refere-se ainda ao caso pensável (*de iure condendo*) de uma decisão amigável *"gütliche Einigung"* (entre o Estado e a Comissão), antecipando que a via de protecção seria ainda a nacional, mas sempre que a Comissão suscitasse obstáculos à decisão, poder-se-ia pensar numa acção dirigida contra a Comissão (cfr. "Schnittstellenprobleme des Europäischen Mehrebenenverwaltungsrechts", *Die Verwaltung – Zeitschrift für Verwaltungsrecht und Verwaltungswissenschaften,* Vol. 38, N.º 4, 2005, p. 541).

[1635] Cfr. *Acórdão Foto-Frost c. Haupzollamt Lübeck Ost,* do Tribunal de Justiça de 22 de Outubro de 1987, proferido no processo 314/85.

NICOLA BASSI, *Mutuo Riconoscimento e Tutela Giurisdizionale – La Circolazione Degli Effeti del Provvedimento Amministrativo Straniero Fra Diritto Europeo e Protezione Degli Interessi del Terzo,* Milano, Giuffrè Editore, 2008, pp. 48-50, acaba por ir no mesmo sentido.

[1636] CARSTEN NOWAK pronuncia-se igualmente no sentido de que a distinção entre formas de garantia jurídica centralizada (no plano da União) e descentralizada (ao nível dos Estados--membros) não é absoluta; sendo apenas exigida em face dos princípios da coerência e segurança jurídica (cfr. "Zentraler und dezentraler Individualrechtsschutz in der EG im Lichte des gemeinschaftsrechtlichen Rechtsgrundsatzes effektiven Rechtsschutzes", *Individualrechtsschutz in der EG und der WTO,* Carsten Nowak/ Wolfram Cremer (eds.), Baden-Baden, Nomos Verlagsgesellschaft, 2002, pp. 50-51).

4. Reconhecimento unilateral de actos administrativos estrangeiros em sentido estrito

Os actos administrativos estrangeiros *stricto sensu* são actos cuja vocação extraterritorial é puramente *eventual,* não resultando, da edição do acto, uma especial pretensão, muito menos um título, à sua eficácia fora do Estado de origem.

A ausência de um enquadramento que *ab initio* suporte – e muito menos imponha – aquela extraterritorialidade conduz a que o reconhecimento de um acto administrativo estrangeiro seja *facultativo* para o Estado de acolhimento que pode decidir, com grande amplitude, em que situações reconhecer ou não o acto estrangeiro.

Nestes casos, na ausência de regras convencionais – ou na existência de tais regras que permitam, mas não imponham o reconhecimento – competirá aos Estados de acolhimento definir as regras aplicáveis à possibilidade e termos de acolhimento de actos administrativos estrangeiros.

Tratar-se-á, portanto de um *reconhecimento unilateral,* mas do qual resulta, ainda que indirectamente, a coordenação de actuações administrativas no plano internacional. O grau de coordenação das soberanias nacionais estará, porém, grandemente dependente do entendimento que se dê ao *princípio da reciprocidade,* que continua a ser um critério, por norma, subsistente quanto ao reconhecimento dos actos administrativos em sentido estrito[1637], como já ilustrámos ao identificarmos situações de regulamentação do reconhecimento de actos administrativos estrangeiros em Portugal.

Mas a reciprocidade é também um critério que encontra inscrição em geral no artigo 15.º da Constituição da República Portuguesa, ou em *diplomas-chave* como a Lei n.º 2/2013, de 10 de Janeiro. Nesta, apesar de se acometerem competências de reconhecimento às ordens profissionais [artigo 5.º, n.º 1, alínea m) e 8.º, n.º 1, alínea o)], limita-se-lhes a margem de selecção ao estipular-se a possibilidade de inscrição nas associações públicas profissionais dos nacionais de Estados terceiros, *em condições de reciprocidade,* desde que obtenham o reconhecimento das qualificações necessárias, nos termos da lei em vigor (artigo 37.º, n.º 3).

[1637] HANS-JÜRGEN SCHLOCHAUER, nos casos especiais (*Sonderfälle*) de reconhecimento de actos administrativos estrangeiros, identifica como pressupostos a reciprocidade e a não violação da ordem pública (cfr. *Internationales Verwaltungsrecht,* Die Verwaltung, Vol. 49, Braunschweig, Schlösser, 1951, p. 10).

EFICÁCIA, RECONHECIMENTO E EXECUÇÃO DE ACTOS ADMINISTRATIVOS ESTRANGEIROS

Julgamos, como também já avancámos, que para que este requisito possa ser visto como um *instrumento positivo,* ao serviço da abertura do Estado, dele não devam resultar peias excessivas ao reconhecimento, devendo alijar-se as exigências de prova de que depende. É o que parece suceder entre nós no âmbito de aplicação do Decreto-Lei n.º 283/83, de 21 de Junho [artigo 1.º, n.º 2, alínea a), ponto II); e artigo 26.º]. Acresce, ainda neste âmbito, a divulgação oficial feita pelos órgãos competentes dos países com os quais já se tenha verificado a existência de reciprocidade, nomeadamente, Argentina, Chile, Colômbia, Cuba, Peru, República Dominicana, Tailândia, Turquia e Venezuela[1638], dispensando, assim, a sua prova em concreto.

Uma das relevantes questões que se tem colocado a propósito destes actos administrativos estrangeiros em sentido estrito prende-se com a questão de saber se, para que os mesmos possam ser reconhecidos, tem de haver ou não expressa previsão legal (ou, mais remotamente, convencional). Três respostas são aqui possíveis.

A primeira acentua a necessidade de previsão de uma cláusula expressa para admitir o reconhecimento, uma vez que em causa está uma limitação consentida à soberania do Estado, necessitando, por isso, de ser respeitadas salvaguardas constitucionais e legais[1639]. Também PRATA ROQUE pronuncia-se, entre nós, no sentido de que o princípio do reconhecimento transnacional não invalida nem dispensa a sua expressa consagração em verdadeiras *normas de reconhecimento transnacional* (ainda que aponte, assim o lemos, no sentido de interpretação de normas de modo conforme ao princípio do reconhecimento transnacional)[1640]

A segunda resposta vai no sentido de que a ausência de regras aplicáveis não deve funcionar como um impedimento insuperável ao reconheci-

---

[1638] Cfr. as perguntas frequentes no *site* da Direcção-Geral do Ensino Superior, que contêm este elenco.

[1639] MANFRED BALDUS vai no sentido de que a cláusula de promoção da segurança colectiva prevista no artigo 24.º, n.º 2 da Lei Fundamental Alemã não enquadra a execução de actos de Autoridades estrangeiras nos novos moldes que os mesmos têm conhecido (por exemplo no direito policial) (cfr. "Übertragung von Hoheitsrechten auf ausländiche Staaten im Bereich der Sicherheitsverwaltung", *Die Verwaltung – Zeitschrift für Verwaltungsrecht und Verwaltungs-wissensschaften,* Vol. 32, 1999, pp. 481-504).

[1640] MIGUEL PRATA ROQUE, *A Dimensão Transnacional do Direito Administrativo – Uma visão cosmopolita das situações jurídico-administrativas,* AAFDL, Lisboa, 2014, p. 1203.

CRUZAMENTO ENTRE RECONHECIMENTO E EXECUÇÃO E A TIPOLOGIA PROPOSTA...

mento[1641], tendo em linha de conta que a natureza da actividade estatal não se guia só pelo cumprimento das finalidades de um certo organismo político, como também pela realização das aspirações da comunidade a que este se liga[1642], ou que só assim se respeitaria a vocação do princípio da estadualidade aberta[1643]. Mais impressivo, FRANCIONI alerta para a necessidade de repensar e abandonar o *"double standard"* em que assenta a jurisdição extraterritorial: a de ver com bons olhos a exportação dos seus valores económicos, sociais e políticos, e com maus olhos as intrusões de pretensões extraterritoriais estrangeiras dentro da sua esfera de soberania[1644].

[1641] JÜRGEN BASEDOW, JAN VON HEIN, DOROTHEE JANZEN, HANS-JÜRGEN PUTTFARKEN, "Foreign Revenue Claims in European Courts", *Yearbook of Private International Law*, Vol. VI, 2004, p. 67.

[1642] GIUSEPPE BISCOTTINI, "L'Efficacité des Actes Administratifs Étrangers", *Recueil des Cours*, Vol. 104, 1961, Leiden, Sijthoff, 1962, pp. 646-647.

KLAUS VOGEL parece ir em sentido concordante, ao colocar a ênfase no pressuposto da equivalência, devendo admitir-se o reconhecimento se as finalidades prosseguidas pelo direito nacional estão suficientemente satisfeitas pelo acto estrangeiro (cfr. "Administrative Law: International Aspects", *Encyclopedia of Public International Law*, Rudolf Berhnardt (ed.), Vol. I, Amsterdam, North-Holland, 1992, p. 26).

Entre nós, JORGE SILVA SAMPAIO pronuncia-se pela possibilidade de livre circulação de actos, desde que haja harmonização suficiente entre ordenamentos jurídicos administrativos e desde que seja respeitado o princípio da reciprocidade, não demandando, ao que parece, uma previsão específica do reconhecimento (cfr. *O Acto Administrativo pela Estrada Fora: os Efeitos Transnacionais do Acto Administrativo*, AAFDL, Lisboa, 2014, p. 93).

[1643] MATTHIAS RUFFERT, "Der transnationale Verwaltungsakt", *Die Verwaltung*, Vol. 34, 2001, p. 481.

[1644] FRANCESCO FRANCIONI, "Extraterritorial Application of Environmental Law", *Extraterritorial Jurisdiction in Theory and in Practice*, Karl M. Meessen (ed.), London, Kluwer Law International, 1996, p. 123.

Entre nós, JÓNATAS E. M. MACHADO refere que a Constituição funciona como regra de reconhecimento, por excelência, das normas que vigoram no ordenamento jurídico nacional (cfr. *Direito Internacional – do Paradigma Clássico ao Pós-11 de Setembro*, 4.ª ed., Coimbra, Coimbra Editora, 2013, p. 170). E vai-se entendendo que os direitos fundamentais pode exigir a previsão de um procedimento de reconhecimento, sempre que se trate de direitos cujo exercício depende de uma normação interna [sobre estes direitos que exigem normação interna, cfr., em geral, JOÃO CARLOS SIMÕES GONÇALVES LOUREIRO, *O Procedimento Administrativo entre a Edificência e a Garantia dos Particulares (Algumas Considerações)*, Coimbra, Coimbra Editora, 1995, p. 208].

EFICÁCIA, RECONHECIMENTO E EXECUÇÃO DE ACTOS ADMINISTRATIVOS ESTRANGEIROS

A terceira resposta passa por uma diferenciação das situações para as quais se admitiria com mais generosidade o reconhecimento e aquelas para as quais este não estaria vocacionado. Aqui se apela para uma tradicional distinção entre entre normas simpáticas ou homogéneas e antipáticas ou heterogéneas[1645], que numa assentava equivalência de princípios ou normativa entre ordenamentos jurídicos próximos ou em *"interesses idênticos"*[1646], em moldes análogos à tradicional definição de *"amity lines"*[1647] entre eles. Esta visão poderia parecer excessivamente datada, mas não deixa ainda hoje de animar a prática e, mesmo, a regulamentação internacional, como o demonstram, para não irmos mais longe, as diferenças em matéria de solicitação de vistos. E há quem a ela vise aliar uma perspectiva positiva, enquanto instrumento auxiliar de promoção de cooperação interdisciplinar entre Estados[1648].

Questionamo-nos se haverá alguma forma de *conciliar estas teorias,* na medida em que todas elas trazem para o tabuleiro um conjunto válido de argumentos que deveriam ser combinados: por um lado, o ancoramento e a segurança jurídica requeridos num Estado de Direito; por outro, a abertura própria de um Estado cosmopolita; e, por último, a comunhão de interesses, essencial a um Estado cooperativo.

Uma forma de composição de todas estas teorias poderia bem passar pela definição de um *processo* aplicável a actos administrativos estrangeiros que não merecessem regulamentação especial e que fosse supletivamente aplicável ao nível nacional. O propósito deste processo seria o de dar uma resposta criteriosa a pretensões de reconhecimento de actos administrativos

---

[1645] Sobre esta distinção cfr., entre outros, KARL NEUMEYER, *Internationales Verwaltungsrecht – Allgemeiner Teil,* Vol. IV, Zürich.Leipzig, Verlag für Recht und Gesellschaft AG, 1936, pp. 243-245, e JOSÉ ANTONIO PÉREZ-BEVIÁ, *La Aplicación del Derecho Público Extranjero,* 1.ª ed., Madrid, Cuadernos Civitas, 1989, pp. 45-46

[1646] GERHARD KEGEL, "The Rôle of Public Law in Private International Law: German Report", *Colloque de Bâle sur le Rôle du Droit Public en Droit International Privé – (20 et 21 mars 1986) Rapports et procès-verbaux des débats,* Bâle, Helbing & Lichtenbaum, 1991, pp. 60-62.

[1647] Visão expressa por CARL SCHMITT, *The Nomos of the Earth in the International Law of the Jus Publicum Europaeum,* New York, Telos Press Publishing, 2003, pp. 92-99.

[1648] ANNE-MARIE BURLEY diferencia as relações entre estados liberais, enquanto a zona da lei, em que há acomodação mútua, das relações com estados não liberais, concebida como uma zona de política para além da lei, que convoca menos a técnica pluralista (cfr. "Law among Liberal States: Liberal Internationalism and the Act of State Doctrine", *Columbia Law Review,* Vol. 92, N.º 8, December, 1992, pp. 1920-1923).

CRUZAMENTO ENTRE RECONHECIMENTO E EXECUÇÃO E A TIPOLOGIA PROPOSTA...

estrangeiros em sentido estrito, abrindo, eventualmente até, em casos bem delineados, a porta para a sua execução[1649].

De modo a permitir o preenchimento e adequada ponderação dos critérios de que depende o reconhecimento, em especial o que mais obstáculos pode levantar ao reconhecimento de actos administrativos estrangeiros – a *salvaguarda do interesse público do Estado de reconhecimento* –, apenas concebemos que tal processo seja complexo, composto por um momento administrativo e por um momento (eventual) de impugnação judicial da decisão administrativa adoptada.

A natureza dúplice deste processo prende-se com a necessidade de reservar à Administração o primeiro nível de apreciação e de decisão em áreas em que, por um lado, a diversidade e relevância dos interesses públicos e privados em confronto é notória e, por outro, os critérios de decisão (de reconhecimento) são flexíveis e indeterminados, permitindo um número quase inimaginável de preenchimentos possíveis. Assim, o pedido de reconhecimento deve ser dirigido a uma entidade administrativa, desejavelmente sectorialmente competente, que analisará, num primeiro momento, os requisitos aplicáveis, como os da reciprocidade e da lesão de interesses públicos do foro, lançando as bases para o escrutínio judicial da apreciação levada a cabo.

Dadas estas características, a imediata submissão da pretensão a um processo judicial – pelo menos nas situações em que este processo não esteja devidamente ajustado às especificidades do reconhecimento[1650] – não nos

---

[1649] Note-se que se podem suscitar questões incidentais de eficácia de actos administrativos estrangeiros que poderiam bem ser resolvidos a título principal, o que estabilizaria *ab initio* a situação.

[1650] Maria Berentelg vai neste sentido: da possibilidade generalizada de reconhecimento de actos administrativos, que teria como modelo o reconhecimento de sentenças estrangeiras, com algumas adaptações processuais das quais destaca a necessária participação do executivo (Cfr. *Die Act of State-Doktrin als Zukunftsmodell für Deutschland,* Tübingen, Mohr Siebeck, 2010, pp. 222-229). Esta participação poderia assumir vários modelos: de pedido de informação; de intervenção de terceiros; de intervenção enquanto *amicus curiae*; ou, ainda, de participação do Ministério Público.

Assumidamente, esta tese tem uma base conceptual anglosaxónica, muito similar à exposta por Donald Earl Childress III, "Comity as Conflict: Resituating International Comity as Conflict of Laws", *University of California Davis Law Review,* Vol. 44, November 2010, pp. 63-71. No entanto, para além de esta solução não ser a mais ajustada à nossa tradição de contencioso, não nos parece que dela resulte o *necessário grau de intervenção do Executivo,* já que apenas uma decisão ponderada e fundamentada deste – e não apenas uma intervenção contextual num

EFICÁCIA, RECONHECIMENTO E EXECUÇÃO DE ACTOS ADMINISTRATIVOS ESTRANGEIROS

parece ser a via mais adequada, devendo reservar-se um primeiro nível de apreciação às autoridades administrativas nacionais competentes.

Acresce que na maioria das situações, estaríamos perante decisões de (não) reconhecimento em que releva, perante o poder judicial, a *"reserva da administração"*[1651], enquanto *"espaço de decisão autónoma da Administração, em que esta não pode ser hetero-determinada pelo poder legislativo e judicial"*[1652] ou em que se verifica a necessidade de invocar uma *"reserva da decisão no caso concreto"*[1653].

Em causa está a preservação do núcleo essencial e irrenunciável da função administrativa e do poder público da Administração, que revela a inadequação funcional dos tribunais para o exercício de competências essencialmente administrativas[1654]. Como bem escreve OTERO, a *"identidade de legitimidade constitucional entre administrar, legislar e julgar determina, nos termos*

---

processo – pode constituir uma base sólida para o (não) reconhecimento e para a sua eventual impugnação.

[1651] A autonomia conceptual desta reserva é discutida em múltiplos contextos, em particular na relação com o legislador ou com o juiz. Quanto à primeira daquelas dimensões, não referida em texto, a tendência doutrinal e jurisprudencial tem ido no sentido de negar a sua existência, pelo menos em geral (cfr. NUNO PIÇARRA, "A reserva de Administração", *O Direito*, Ano 122, N.º 2, 1990, pp. 325-353; NUNO PIÇARRA, "A reserva de Administração", *O Direito*, Ano 122, N.º 3, 1990, pp. 571-601; J. J. GOMES CANOTILHO, *Direito Constitucional e Teoria da Constituição*, 7.ª ed., Coimbra, Almedina, 2010, pp. 739-742; e Acórdão do Tribunal Constitucional n.º 1/97, tirado no processo n.º 845/96). Mais recentemente, porém, parece ter havido alguma inflexão deste entendimento, muito por força do Acórdão do Tribunal Constitucional n.º 214/2011, proferido no processo n.º 283/11 [cfr. o comentário de NUNO PIÇARRA, "O Princípio da Separação de Poderes e os Limites da Competência do Parlamento face ao Governo na Jurisprudência Constitucional Portuguesa", *Estudos de Homenagem ao Prof. Doutor Jorge Miranda*, Vol. II, Paulo Otero, Fausto de Quadros, Marcelo Rebelo de Sousa (coord.), Coimbra, Coimbra Editora, 2012, pp. 33-60].

[1652] ANTÓNIO CADILHA, "Os Poderes de Pronúncia Jurisdicionais na Acção de Condenação à Prática de Acto Devido e os Limites Funcionais da Justiça Administrativa", *Estudos em Homenagem ao Prof. Doutor Sérvulo Correia*, Vol. II, Jorge Miranda (ed.), Coimbra, Coimbra Editora, 2010, p. 166.

[1653] JOSÉ CARLOS VIEIRA DE ANDRADE, *Lições de Direito Administrativo*, 5.ª ed., Coimbra, Imprensa da Universidade de Coimbra, 2017, p. 39. Cfr. ainda, JOSÉ CARLOS VIEIRA DE ANDRADE, «Âmbito e Limites da Jurisdição Administrativa", *Cadernos de Justiça Administrativa*, N.º 22, Julho/Agosto, 2000, pp. 6-14.

[1654] BERNARDO DINIZ DE AYALA refere-se à exclusão da possibilidade de controlo pelos tribunais das opções decisórias da Administração, no quadro da sua autonomia pública (cfr.

CRUZAMENTO ENTRE RECONHECIMENTO E EXECUÇÃO E A TIPOLOGIA PROPOSTA...

do princípio da separação de poderes, que exista uma reserva de administração ou função administrativa: trata-se de um espaço próprio e exclusivo de intervenção decisória a favor da Administração Pública, excluído de qualquer imiscuir do legislador e dos tribunais"[1655].

Assim, aplicando os critérios explicitados no Acórdão do Supremo Tribunal Administrativo de 6 de Março de 2007, proferido no processo n.º 01143/06, em aplicação do artigo 3.º, n.º 1 do Código de Processo nos Tribunais Administrativos, os poderes de cognição dos tribunais administrativos apenas podem abranger as vinculações da Administração por normas e princípios jurídicos e não a conveniência ou oportunidade da sua actuação, designadamente a adequação ou não das escolhas que fizer sobre a forma de atingir os fins de interesse público que visa satisfazer, pelo menos quando não se detectar concomitantemente a ofensa de princípios jurídicos.

Trata-se, portanto, de opor *juridicidade* a *mérito* e já não *legalidade* a discricionariedade[1656], o que, permitindo embora a extensão do controlo judicial a todas as esferas de intervenção da Administração, inclusive no âmbito externo, não deixa de tomar em consideração as especificidades que reveste a actuação administrativa em qualquer delas.

O que significa que, no âmbito do reconhecimento, os tribunais chamados a apreciar uma decisão administrativa estarão amplamente capacitados para analisar critérios como os de autenticidade, estabilidade, veracidade, proveniência e até os de equivalência e reciprocidade. No entanto, em situações mais sensíveis, os critérios de salvaguarda podem ser preenchidos por

---

O (Défice de) Controlo Judicial da Margem de Livre Decisão Administrativa, Lisboa, Lex, 1995, pp. 35-38).

[1655] Paulo Otero, *Manual de Direito Administrativo*, Vol. I, Coimbra, Almedina, 2013, p. 181. Luís Pereira Coutinho reage contra uma concepção apriorística e estanque da separação de poderes e considera que a relação entre funções deve ser vista como consequência de duas subtracções: da legislação em nome da sua conformação principiológica e à legislação em nome de um adequado cumprimento da disciplina da administração (cfr. "As Duas Subtracções – Esboço de uma Reconstrução da Separação entre as Funções de Legislar e de Administrar", *Revista da Faculdade de Direito da Universidade de Lisboa*, Vol. XLI, N.º 1, 2000, p. 99-133).

[1656] Como aduzem Mário Esteves de Oliveira e Rodrigo Esteves de Oliveira, *Código de Processo nos Tribunais Administrativos, Volume I, e Estatuto dos Tribunais Administrativos e Fiscais Anotados*, Coimbra, Almedina, 2004, p. 122. Cfr., ainda, Mário Aroso de Almeida e Carlos Alberto Fernandes Cadilha, *Comentário ao Código de Processo nos Tribunais Administrativos*, 4.ª ed., Coimbra, Almedina, 2017, p. 50-51, que enfatizam os limites ao campo de aplicação da lei e do Direito.

EFICÁCIA, RECONHECIMENTO E EXECUÇÃO DE ACTOS ADMINISTRATIVOS ESTRANGEIROS

avaliações e ponderações de conveniência e mérito que entrem no âmago da definição e sustentação do interesse público nacional, o que os subtrai do poder de apreciação judicial, mas desde que não haja uma qualquer norma ou princípio jurídico aplicável que esteja a ser lesado por essa definição[1657].

É este entendimento que parece perpassar o regime previsto no artigo 6.º, n.º 9, Decreto-Lei n.º 283/83, de 21 de Junho, que, apesar de omitir o nível do controlo judicial – omissão esta que não pode, todavia, significar exclusão deste mecanismo de tutela –, permite o recurso administrativo das decisões de equivalência, mas apenas se fundado em *preterição de formalidades legais*. Lido este preceito de forma actualizada, dele resulta, apenas e só, a impossibilidade de os órgãos de recurso (administrativo, neste caso, e depois judicial) se pronunciarem sobre avaliações ou ponderações que não estejam em condições de controlar, por se traduzirem em *limites negativos* de racionalidade jurídica[1658].

[1657] Assim se evita – por via de uma análise pontualizada do caso concreto – que se embarque em generalizações sobre a não justiciabilidade de áreas próximas às das relações externas, vistas como verdadeiras *"political questions"* (cfr., não tão remotamente, o Acórdão *Lonrho Exports Limited v. Export Credits Guarantee Department*, England, High Court, Chancery Division, de 30 Julho de 1996, que fundava a necessidade de identificação daquelas questões no *não embaraço do executivo*).

Esta doutrina é há muito criticada. LOUIS HENKIN considera-a desnecessária e dúbia, entendendo que cada poder vai até onde pode ir, não se podendo falar, em sentido estrito, de contenção dos tribunais (cfr. "Is There a "Political Question" Doctrine?", *The Yale Law Journal*, Vol. 85, N.º 5, April, 1976, pp. 622-625). Já MANN advoga que não há razões *prima facie* para o tratamento distinto das questões que evolvem assuntos externos e que a mera possibilidade de embaraço do executivo não deve ser suficiente, devendo provar-se uma probabilidade de lesão para o interesse público para que aquela deferência judicial possa ser sustentada (cfr. "Judiciary and Executive Foreign Affairs", *Studies in International Law*, Oxford, Clarendon Press, 1973, pp. 391-419).

[1658] Expressão mobilizada por SÉRVULO CORREIA, *Direito do Contencioso Administrativo*, Vol. I, Lisboa, Lex, 2005, p. 778.

Ponto III
Reconhecimento de Actos Administrativos Estrangeiros em Acção

Chegados a este ponto e depois de discorrermos sobre os principais núcleos temáticos que nos propusémos inicialmente tratar, consideramos pertinente aliar a um *corte estrutural* do reconhecimento, uma sua *análise dinâmica*.

Por intermédio desta análise, pretendemos evidenciar a importância da eficácia, reconhecimento e execução de actos administrativos estrangeiros numa área específica – a da *migração*. Esta, em virtude das suas características particulares – *multiplicidade de actores*, internacionais, europeus e estatais; *complexidade de actos*, tanto favoráveis como desfavoráveis aos seus destinatários; e *variação* nos níveis de cumprimento das regras aplicáveis – permitir-nos-á testar as potencialidades e limites da teoria do reconhecimento proposta.

Por fim, tentaremos, ainda que sucintamente, proceder a uma integração do instituto do reconhecimento num conjunto de reflexões mais alargadas, relativas ao papel que hoje se deve, orientado para o plano externo, reconhecer ao Estado e à Administração. Ligando, assim, esta nossa parte final às reflexões que inicialmente levámos a cabo a propósito da pluralidade do direito administrativo.

1. Actos administrativos estrangeiros em matéria de migração
A opção que entabulámos pela migração enquanto repositório de experiências que ilustram a extraterritorialidade administrativa prendeu-se não apenas com a riqueza de instrumentos que nela se têm vindo a desenvolver, como também com as tensões que a animam[1659]. O controlo da migração

---

[1659] Estas curtas considerações iniciais inspiram-se no nosso artigo "Política da União Europeia em matéria de Migração: rede de protecção ou manta de retalhos?, *Volume Especial do*

EFICÁCIA, RECONHECIMENTO E EXECUÇÃO DE ACTOS ADMINISTRATIVOS ESTRANGEIROS

corresponde a uma das mais típicas e tradicionais funções estatais, mas, ao mesmo tempo, é das que mais tem vindo a ajustar-se às exigências de cooperação internacional e europeia[1660].

Hoje, sobretudo, as crises migratórias a que por todo o lado se tem assistido obrigam a um permanente acerto de formas de intervenção, balançando soberania e protecção, tarefa para a qual é necessária "clarividência política"[1661], consistência jurídica e uma grande dose de solidariedade.

Esta exigência de ponderação é particularmente relevante no âmbito do *espaço de liberdade, segurança e justiça,* que é fruto, segundo PIÇARRA, de uma história de resistência e de rendição progressiva mas inacabada ao método comunitário[1662].

De facto, apesar de com o *espaço de liberdade, segurança e justiça* se visar criar e desenvolver as condições de livre circulação de pessoas dentro da União, independentemente da sua nacionalidade, garantindo, ao mesmo passo, o controlo nas fronteiras externas (colectivas) da União (artigo 67.º, n.º 2, do Tratado sobre o Funcionamento da União Europeia)[1663], estes objectivos não apontam necessariamente na mesma direcção e a composição óptima entre ambos não é fácil.

Basta pensar na circunstância de a diluição de fronteiras internas ser um factor que aumenta exponencialmente a atractividade da União Europeia como vértice de entrada ilegal de pessoas, serviços e bens, uma vez que a sua detecção dentro da União é percebida como menos efectiva.

Boletim De Ciências Económicas, em Homenagem ao Prof. Doutor Avelãs Nunes, Tomo II, Coimbra, Faculdade de Direito da Universidade de Coimbra/Instituto Jurídico 2015, p. 1791-1832.

[1660] GLORIA ESTEBAN DE LA ROSA assinala que o método do reconhecimento é particularmente valorizado em matéria de imigração, dada a função de cooperação estadual neste domínio e a intenção de base – que, de facto, existe em situações de imigração legal – de integração no Estado de acolhimento (Cfr. "El Nuevo Derecho Internacional Privado de la Inmigración", *Revista Española de Derecho Internacional,* Vol. LIX, N.º 1, 2007, p. 119).

[1661] Para a qual apelava já DOMINGOS FESAS VITAL, "A crise do Estado Moderno", *Congresso de Barcelona, Asociación Española para el Progreso de las Ciencias,* Huelves y Compañia, 1929, p. 133.

[1662] NUNO PIÇARRA, "O Tratado de Lisboa e o Espaço de Liberdade, Segurança e Justiça", *Cadernos O Direito,* Vol. 5, 2010, p. 250.

[1663] Como já alertámos, esta noção de fronteira externa tem natureza essencialmente funcional, uma vez que os Estados conservam a competência para a demarcação geográfica das suas fronteiras, de acordo com o artigo 77.º, n.º 4 do Tratado de Funcionamento da União Europeia.

Estas dificuldades são reforçadas pela mutabilidade dos fenómenos migratórios[1664] e pela complexidade do *espaço de liberdade, segurança e justiça* da União Europeia. A circunstância de este não ser caracterizado como uma política evidencia isso mesmo: aquele espaço é composto por várias políticas e áreas temáticas de actividade que interagem de múltiplas formas, nem sempre convergentes. Senão veja-se: uma política excessivamente restritiva de vistos e de controlo da imigração ilegal podem tornar difícil ou mesmo impossível que um potencial requerente de asilo possa concretizar essa sua intenção.

Acresce que os sujeitos e destinatários do espaço de liberdade, segurança e justiça não são grupos homogéneos, com a mesma caracterização e aspirações. Do ponto de vista dos sujeitos, este espaço integra-se no âmbito das competências partilhadas entre a União [artigo 4.º, n.º 2, alínea j) do Tratado sobre o Funcionamento da União Europeia], o que significa que, não obstante o papel cada vez mais significativo da União Europeia (enquanto entidade jurídica por detrás da política comum de vistos e de asilo e do sistema de gestão integrado das fronteiras externas), os Estados membros continuam a ter um conjunto amplo de responsabilidades na implementação, complemento e suplemento do direito da União[1665]. A este intrincado relacionamento vertical entre Estados e União soma-se ainda:

i) a complexidade organizatória interna dos Estados-membros e da própria União Europeia que tem vindo a embarcar, tal como aqueles, numa lógica de delegação de poderes a organismos independentes que têm relevantes poderes regulatórios e, nalguns casos, amplos

---

[1664] STEPHEN CASTLES e MARK J. MILLER definem os seguintes desafios para a migração: globalização, aceleração, diferenciação, feminização, politicização, transição (de Estados de emigração para imigração e *vice versa*) (cfr. *The Age of Migration – International Population Movements in the Modern World*, 4.ª ed., London, Palgrave Macmillan, 2009, pp. 10-12).

[1665] Para SASKIA SASSEN há cada vez menos exclusividade na regulação do fenómeno migratório por parte dos Estados (cfr. "Beyond Sovereignty: De-Facto Transnationalism in Immigration Policy", *European Journal of Migration & Law*, N.º 1, 1999, pp. 177-198). Não obstante esta partilha de competências, há quem assinale a importância dos Estados e, em particular, das comunidades locais e das cidades europeias, no funcionamento das políticas de imigração e de integração: cfr. RINUS PENNINX, "The Comparative Study of Integration Policies of European Cities", *Migrações na Europa e em Portugal – Estudos em Homenagem a Maria Ioannis Baganha*, Maria Lucinda Fonseca, Pedro Góis, José Carlos Marques, João Peixoto (org.), Coimbra, Almedina/ CES, 2013, pp. 71-97.

poderes operacionais. Sem pretensão de exaustividade podemos nomear a Agência para os Direitos Fundamentais, a Agência Europeia de Gestão da Cooperação Operacional nas Fronteiras Externas dos Estados-Membros da União Europeia (FRONTEX) e, mais recentemente, o Gabinete Europeu de Apoio em Matéria de Asilo (EASO).

ii) as necessárias e, muitas vezes, impostas relações horizontais entre Estados que, responsáveis ainda por largas fatias do direito dos estrangeiros, têm de coordenar as suas intervenções, de modo a dar cumprimento ao direito da União e tornar mais eficaz uma política marcada pela interdependência.

iii) a dimensão global que revestem os fenómenos migratórios, o que chama à colação outros sujeitos (e fontes) de natureza internacional, sejam eles organizações internacionais, organizações não governamentais ou, mais genericamente, actores e foros transnacionais, a cuja influência não é imune a União Europeia e os seus Estados membros.

Também do ponto de vista dos destinatários das medidas adoptadas pela União e pelos seus Estados membros em matéria de migração, vem imediatamente à ideia um conjunto de pessoas potencialmente afectadas, cada uma trazendo as suas aspirações para o terreno da União: turistas, trabalhadores migrantes, residentes de longa duração, requerentes de asilo ou protecção internacional, imigrantes irregulares, pessoas relacionadas com crimes particularmente dependentes da mobilidade internacional (tráfico de seres humanos, por exemplo), etc.

A necessidade de compor de maneira justa e equitativa, mas também eficaz, todos estes objectivos, políticas e entidades, faz do *espaço de liberdade, segurança* e justiça um *puzzle* gigantesco no qual é difícil integrar todas as peças de forma global e compreensiva.

Um dos mecanismos pelos quais se procede a esta composição de interesses e a uma partilha de responsabilidades é, precisamente, o *reconhecimento* de actos administrativos estrangeiros, que acompanha sem dificuldades de maior – pelo menos do ponto de vista técnico – a tendência para uma desterritorialização ou reterritorialização do espaço, mas já não para a irrelevância das fronteiras[1666].

[1666] THOMAS GROSS, "General Introduction: Towards an Administration Without Frontiers? – The Perspective of Third-Country Nationals", *European Review of Public Law,* Vol. 21, 1/2009, p. 21.

RECONHECIMENTO DE ACTOS ADMINISTRATIVOS ESTRANGEIROS EM ACÇÃO

Reconhecimento aquele que pode assumir vários contornos em sede de migração.

Por um lado não se exclui a relevância de *actos administrativos supranacionais*, como sucede com os actos de reconhecimento de estatuto de refugiado praticados pelo *Alto Comissariado para os Refugiados das Nações Unidas*, que visa suprir deficiências na tutela de refugiados, sobretudo nos Estados em que o acesso a este estatuto é impossível ou excessivamente oneroso[1667].

SMRKOLJ entende que este acto se assemelha a um acto administrativo nacional, ainda que a sua eficácia vinculativa dependa, em última medida, das disposições de reconhecimento que cada Estado adopte[1668]. O que não recusamos.

Mas vimos já que esta integração no ordenamento jurídico dos Estados de acolhimento pode – havendo uma disposição habilitante que preveja o seu funcionamento automático – representar uma forma de reconhecimento dos efeitos dos actos estrangeiros no foro, o que permite qualificá-los, na perspectiva do Estado de acolhimento e dos indivíduos por ele afectados, como verdadeiros *actos administrativos supranacionais*[1669].

[1667] PIERRE-FRANÇOIS LAVAL refere-se aqui a um cruzamento entre as actividades normativas e operacionais nas organizações internacionais (cfr. "Les Activités Opérationelles du Conseil à L'Administration Internationale du Territoire", *Traité de Droit des Organisations Internationales,* Evelyne Lagrange, Jean-Marc Sorel (dir.), Paris, L.G.D.J., 2013, p. 786).

[1668] MAJA SMRKOLJ, "International Institutions and Individualized Decision- Making: An Example of UNHCR's Refugee Status Determination", *German Law Journal,* Vol. 9, N.º 11, 2008, disponível em https://www.germanlawjournal.com, acesso em 1 de Julho de 2015, p. 1782.

MICHAEL KAGAN enfatiza o papel determinante e principal dos Estados, referindo que quando estes não cumprem os seus compromissos, a qualidade de protecção do Alto Comissariado também diminui (cfr. "The Beleaguered Gatekeeper: Protection Challenges Posed by UNHCR Refugee Status Determination", *International Journal of Refugee Law,* Vol. 18, N.º 1, p. 13).

[1669] ARMIN VON BOGDANDY e PHILIPP DANN consideram que estes actos se incluem num modelo de administração internacional directa, sistema revolucionário mas ainda raro, mas do qual resulta que a decisão de uma instituição internacional é imediatamente operativa no direito doméstico (cfr. "International Composite Administration: Conceptualizing Multi-Level and Network Aspects in the Exercise of International Public Authority", *German Law Journal,* Vol. 9, N.º 11, 2008, disponível em https://www.germanlawjournal.com, acesso em 11 de Julho de 2014, pp. 2027-2028).

EFICÁCIA, RECONHECIMENTO E EXECUÇÃO DE ACTOS ADMINISTRATIVOS ESTRANGEIROS

Esta conclusão a que chegamos não é puramente conjectural ou teórica, já que o Alto Comissário conclui, de facto, acordos com Estados, de acordo com os quais os actos que pratica valerão directa e imediatamente perante autoridades públicas e privados sujeitos, em princípio, à jurisdição desses Estados[1670]. E mesmo SMRKOLJ, não reconhecendo a característica de acto administrativo aos referidos certificados, não deixa de considerar que estes podem proteger o particular da deportação e estender a sua permanência no Estado de acolhimento[1671].

Mas é no âmbito do *reconhecimento mútuo*, no seio da União Europeia[1672], que se destaca o maior número de actos administrativos estrangeiros, agora *transnacionais*, que regulam a liberdade de acesso e circulação a um espaço

---

[1670] MICHAEL KAGAN, "Frontier Justice: Legal Aid and UNHCR Refugee Status Determination in Egypt", *Journal of Refugee Studies,* Vol. 9, N.º 1, 2006, p. 48, refere o acordo celebrado com o Egipto, que emanava autorizações de residência a quem o Alto Comissariado atribuísse o certificado de refugiado.
Cfr. o documento s/a, *The Detention of Asylum Seekers in the Mediterranean Region Global Detention Project Backgrounder*, Global Detention Project, April, 2015, que faz menção a um *Memorandum of Understanding* de 1954, disponível em http://www.globaldetentionproject.org/publications/special-reports/gdp-backgrounder.html, consultado em 3 de Junho de 2015, pp. 14-15, que justifica a intervenção do Alto Comissariado no Egipto e, por isso, a ausência de procedimentos de reconhecimento do estatuto de refugiado nacionais.
Também VOLKER TÜRK chama a atenção para o papel de substituto, *de facto*, dos Estados que o Alto Comissariado desempenha (cfr. "The UNHCR's Role in Supervising International Protection Standards in the Context of its Mandate", *The UNHCR and the Supervision of International Refugee Law,* James C. Simeon (ed.), Cambridge, Cambridge University Press, 2013, p. 49).
[1671] MAJA SMRKOLJ, "International Institutions and Individualized Decision- Making: An Example of UNHCR's Refugee Status Determination", *German Law Journal,* Vol. 9, N.º 11, 2008, disponível em https://www.germanlawjournal.com, acesso em 1 de Julho de 2015, pp. 1788. A Autora conclui, porém, que os direitos processuais neste nível de protecção não são ainda assimiláveis aos dos Estados, havendo deficiências no acesso ao processo e no nível de recurso das decisões tomadas. No mesmo sentido, MICHAEL ALEXANDER, "Refugee Status Determination Conducted by UNHCR", *International Journal of Refugee Law,* Vol. 11, N.º 2, 1999, pp. 251-289, e MICHAEL KAGAN, "Frontier Justice: Legal Aid and UNHCR Refugee Status Determination in Egypt", *Journal of Refugee Studies,* Vol. 9, N.º 1, 2006, pp. 45-68. Hoje, apesar dos avanços neste domínio, há ainda carências de tutela, por o nível de recurso admitido ser apenas administrativo (para oficiais de supervisão ou para os serviços directos do Alto Comissariado).
[1672] Mas não exclusivamente, já que no domínio da imigração, sobretudo em matéria de vistos, é frequente a celebração de acordos internacionais de facilitação de entrada ou de dispensa de controlos entre Estados ou blocos de Estados.

RECONHECIMENTO DE ACTOS ADMINISTRATIVOS ESTRANGEIROS EM ACÇÃO

posto em comum, e que são um pilar da política europeia em matéria de migração e de mobilidade. E isto porque a estrutura da união migratória europeia assenta, segundo CABALLERO, nas ideias da horizontalidade e da cooperação e na limitação selectiva da eficácia de uma resolução externa no seu território[1673].

Um dos exemplos mais divulgado de actos transnacionais é o do *visto uniforme*, que se analisa numa autorização emitida por um Estado-Membro ao nacional de um país terceiro para efeitos de trânsito ou estada prevista no território dos Estados-Membros de duração não superior a três meses, do que resulta que um visto emitido por uma Autoridade de um Estado-membro pode ser chamado a produzir efeitos no território dos restantes [artigo 2.º, n.º 2, alínea a) do Regulamento (CE) N.º 810/2009, do Parlamento Europeu e do Conselho, de 13 de Julho de 2009, que estabelece o Código Comunitário de Vistos (Código de Vistos)], que, muito embora, não confere "um direito de entrada automático" (artigo 30.º, *idem*)[1674]. Está portanto a sua eficácia condicionada ao cumprimento de trâmites pelo Estado de destino, que passam, por exemplo, por uma consulta obrigatória do Sistema de Informação sobre Vistos (VIS), e por uma avaliação do risco que a entrada pretendida possa constituir uma ameaça para a ordem pública, a segurança interna, a saúde pública (cfr. artigo 32.º, *ibidem*)[1675].

[1673] FRANCISCO VELASCO CABALLERO, "Organización y Procedimientos de la "Unión Administrativa Europea" en Matieria de Fronteras, Asilo e Inmigración" *La Unión Administrativa Europea,* Francisco Velasco Caballero, Jens-Peter Schneider, Madrid, Marcial Pons, 2008, pp. 245 e 254.

MATTHIAS LAAS também se refere à *centralização horizontal* como característica do fenómeno da europeização da migração (cfr. "Instrumentos para la Gestión Comunitaria de la Inmigración" *La Unión Administrativa Europea,* Francisco Velasco Caballero, Jens-Peter Schneider, Madrid, Marcial Pons, 2008, p. 222).

[1674] JÜRGEN BAST qualifica os vistos Schengen como exemplo de *actio pro unione* (cfr. "Transnationale Verwaltung des Europäischen Migrationsraum – Zur horizontalen Öffnung der EU--Mitgliedstaaten", *Der Staat – Zeitschrift für Staatslehre und Verfassungsgsgeschichte, Deutsches und Europäisches Öffentliches Recht,* Vol. 46, N.º 1, 2007, p. 12). Já NUNO PIÇARRA vê-os como actos transnacionais, assinalando que o seu âmbito de eficácia territorial coincide normalmente com o das normas materiais que executa, constantes de acto legislativo europeu de aplicação directa (cfr. "União Europeia e Acto Administrativo Transnacional", *Direito da União Europeia e Transnacionalidade,* Alessandra Silveira (coord.), Lisboa, Quid Iuris, 2010, p. 313).

[1675] No Acórdão *Comissão das Comunidades Europeias c. Reino de Espanha,* do Tribunal de Justiça, de 31 de Janeiro de 2006, proferido no processo C-503/03, considerou-se essencial proceder

Outro exemplo é o de atribuição do estatuto de residente permanente, que se mantém na transposição das fronteiras do Estado para outro. Este estatuto, estabelecido por via da Directiva 2003/109/CE do Conselho, de 25 de Novembro de 2003, relativa ao estatuto dos nacionais de países terceiros residentes de longa duração, encontra-se impregnado de características "europeístas" como a possibilidade de permanência noutro Estado membro, cumpridos certos requisitos[1676].

Mas as exigências do espaço de liberdade, segurança e justiça são não apenas de ordem ampliativa, mas também preventiva e repressiva. Do que não haverá que mencionar apenas actos transnacionais favoráveis aos seus destinatários, mas também referir os actos transnacionais que lhe são desfavoráveis e para os quais se prevêm mecanismos de reconhecimento e, até, de execução.

É o que sucede com a Directiva n.º 2001/40/CE, do Conselho, de 28 de Maio, relativa ao reconhecimento mútuo de decisões de afastamento de nacionais de países terceiros, que devem ter natureza executória e carácter permanente[1677]. Devem assegurar-se, porém, os direitos fundamentais reco-

---

a esta avaliação de risco em concreto, não sendo bastante a indicação no Sistema de Informação Schengen para efeitos de não admissão.

Sobre este regime, cfr. NUNO PIÇARRA, "A Evolução da Política Comum de Vistos na União Europeia", *Europa – Novas Fronteiras*, N.º 16/17, 2004-2005, pp. 101-122; e MIGUEL GORJÃO--HENRIQUES, "Aspectos Gerais dos Acordos de Schengen na Perspectiva da Livre Circulação de Pessoas na União Europeia", *Temas de Integração*, Vol.1, 2.º Semestre, 1996, pp. 48-95.

[1676] JÜRGEN BAST fala nestes casos de um acto com um duplo carácter, é emitido apenas para o Estado, mas pode ser recebido *ex nunc* por outro Estado, que amplia a sua eficácia (cfr. "Transnationale Verwaltung des Europäischen Migrationsraum – Zur horizontalen Öffnung der EU-Mitgliedstaaten", *Der Staat – Zeitschrift für Staatslehre und Verfassungsgsgeschichte, Deutsches und Europäisches Öffentliches Recht*, Vol. 46, N.º 1, 2007, p. 20).

[1677] Envolvendo agora não uma obrigação de execução, mas uma "proibição de entrada" que deve ser assegurada pelos demais Estados-membros, que não apenas o de emissão do acto, veja-se a Directiva 2008/115/CE, do Parlamento Europeu e do Conselho, de 16 de Dezembro de 2008, relativa a normas e procedimentos comuns nos Estados-Membros para o regresso de nacionais de países terceiros em situação irregular (Directiva do Retorno). Nesta, os Estados, ao ponderarem a emissão de uma autorização de residência ou de outro título que confira direito de permanência a um nacional de país terceiro que tenha sido objecto de proibição de entrada emitida por outro Estado-Membro, devem consultá-lo e ter em conta os seus interesses (artigo 11.º, n.º 4). Situação esta que, na nossa leitura, se aproxima mais de uma obrigação de tomada em consideração do que de um acto verdadeiramente transnacional.

RECONHECIMENTO DE ACTOS ADMINISTRATIVOS ESTRANGEIROS EM ACÇÃO

nhecidos ao imigrante, ainda que sobre ele recaia já uma decisão de afastamento (artigo 3.º, n.º 2 da Directiva) [1678].

Assim, ainda que o Estado-membro que emitiu a decisão de afastamento tenha feito a devida ponderação de direitos e interesses que lhe incumbe, o Estado de execução terá de a revisitar e aferir se nem os actos internacionais pertinentes, nem a regulamentação nacional aplicável impedem a execução da decisão de afastamento (artigo 6.º); o que significa, afinal, que a execução da medida transnacional de afastamento depende de um procedimento prévio de avaliação, o que não estranha dadas a natureza pluriforme do reconhecimento e da execução de actos administrativos estrangeiro[1679].

Incrivelmente, porém, as maiores questões de conformidade do reconhecimento mútuo com os parâmetros de direitos fundamentais suscitaram-se a propósito dos procedimentos de asilo.

[1678] ELSPETH GUILD alerta para a sensibilidade do campo em que o reconhecimento mútuo aqui opera (liberdades civis, protecção de dados, direitos humanos), ainda para mais quando aquele reconhecimento pode significar a exclusão de um cidadão que apenas cumpra os critérios de exclusão de um e não dos dois Estados envolvidos (cfr. "The Single Market, Movement of Persons and Borders", *The Law of the Single European Market – Unpacking the Premises*, Catherine Barnard/ Joanne Scott (eds.), Oxford, Hart Publishing, 2002, p. 309).

ANA RITA GIL aplaude, por isso, a referência expressa feita pela Directiva no que toca à necessidade de os Estados-membros preverem procedimentos judiciais destinados a controlar a execução das medidas de expulsão (cfr. "Direito e Política da União Europeia em Matéria de Luta contra a Imigração Ilegal", *Liber Amicorum em Homenagem ao Prof. Doutor João Mota de Campos*, Coimbra, Coimbra Editora, 2013, p. 32).

Continua, porém, a assinalar-se falhas a esta Directiva (e à sua transposição), desde logo em virtude de a execução de ordens de expulsão administrativa do Estado de origem poderem gerar inconstitucionalidade, na medida em que o residente legal em Portugal apenas pode ser expulso por decisão judicial (cfr. CONSTANÇA URBANO DE SOUSA, "A Lei n.º 53/2003 relativa ao reconhecimento mútuo de decisões de expulsão: uma transposição incompleta da Directiva comunitária 2001/40/CE ao estilo "copy paste" atabalhoado", *Estudos de Homenagem ao Professor Doutor Germano Marques da Silva*, Coimbra, Almedina, 2004, pp. 44-49).

[1679] MATTHIAS LAAS parece discordar, dando conta que o reconhecimento mútuo é aqui muito débil, por demandar uma decisão formal de reconhecimento e não haver sequer uma obrigação estrita de reconhecimento. Não lhe assiste razão, pois o reconhecimento e a execução incorporam sempre uma dimensão de controlo – que é a sua marca característica – e que pode conduzir à recusa da produção de efeitos intoleráveis no foro, como aconteceria no caso de execução de uma medida de expulsão que violasse direitos fundamentais (cfr. "Instrumentos para la Gestión Comunitaria de la Inmigración" *La Unión Administrativa Europea*, Francisco Velasco Caballero, Jens-Peter Schneider, Madrid, Marcial Pons, 2008, p. 230).

EFICÁCIA, RECONHECIMENTO E EXECUÇÃO DE ACTOS ADMINISTRATIVOS ESTRANGEIROS

De acordo com as regras aplicáveis nesta matéria – inicialmente a Convenção de Dublin e, depois, o Regulamento (CE) n.º 343/2003 do Conselho, de 18 de Fevereiro de 2003, que estabelecia os critérios e mecanismos de determinação do Estado-Membro responsável pela análise de um pedido de asilo apresentado num dos Estados-Membros por um nacional de um país terceiro – adoptou-se um sistema de decisão única e centrada num único Estado: em regra, o Estado-membro no território do qual entrou originariamente o imigrante ou ao qual solicitou, inicialmente também, asilo. Não obstante a existência de outras regras particulares, o artigo 3.º, n.º 2, possibilitava que qualquer Estado pudesse tomar a cargo um pedido de asilo, mesmo que não seja da sua competência, devendo disso informar o Estado-membro anteriormente responsável (*cláusula de soberania*).

Esta distribuição de competências visava assegurar uma uniformidade de actuação no seio da União, evitando adjudicações contraditórias num espaço em que as decisões de atribuição de asilo (e da sua denegação, dado o princípio da unidade de competência) têm eficácia extraterritorial[1680].

Mas, a circunstância de este reconhecimento mútuo assentar num paradigma de *equivalência presumida*, ao invés de acentuar as virtudes de um sistema baseado numa basilar confiança mútua (e num sistema de distribuição de responsabilidades dominantemente formal)[1681], colocou em evidência as falhas intra-sistemáticas, resultantes dos diferentes níveis *de facto* de protecção dos direitos dos requerentes de asilo. Resultando no *mais severo golpe* que o princípio do reconhecimento mútuo conheceu até ao momento.

A tensão entre uma *perspectiva formalista*, assente nos deveres em matéria de apreciação dos processos de asilo e uma *perspectiva garantística*, resultante da necessidade de respeito pelos direitos fundamentais dos reque-

---

[1680] MARIE GAUTIER refere que não só estes actos administrativos produzem efeitos extraterritoriais, como beneficiam do monopólio para reger a situação do interessado (cfr. "Administration sans Frontières? Droit Européen de L'Immigration – Les Instruments Juridiques et Leurs Effets", *European Review of Public Law*, Vol. 21, N.º 1, 2009, p. 93).

[1681] De facto, este sistema não assentava em considerações de harmonização substancial: cfr. JOHN O'DOWD, "A Berlin Wall on Water?" – Migration Control: Developments in the European Union Framework, *European Review of Public Law*, Vol. 21, N.º 1, 2009, p. 141. No mesmo sentido ESTHER EZRA, de acordo com quem o único objectivo destas normas era o de evitar o *asylum shopping* e aliviar os Estados (cfr. *European Integration and Refugee Protection: the Development of Asylum Policy in the European Union*, Phd Thesis, Munique, 2004, disponível em http://edoc.ub.uni-muenchen.de/2680/1/Ezra_Esther.pdf, acesso em 23 de Setembro de 2013, p 98).

RECONHECIMENTO DE ACTOS ADMINISTRATIVOS ESTRANGEIROS EM ACÇÃO

rentes de asilo, foi já sujeita à apreciação do Tribunal Europeu dos Direitos do Homem[1682], do Tribunal de Justiça da União Europeia[1683] e de Tribunais Nacionais[1684].

E, entre estes órgãos jurisdicionais inseridos em distintas estruturas jurídico-políticas, há concordância no sentido de que a tomada ou retomada a cargo dos requerentes de asilo por Estados que, como a Grécia, apesar de respeitarem formalmente as regras do Regulamento de Dublin, têm graves falhas no cumprimento de parâmetros substantivos em matéria de asilo, montava numa violação dos direitos fundamentais dos referidos requerentes.

Do que resultou a revalorização da *cláusula de soberania*, por se ter imposto aos Estados-membros, ainda que não originariamente competentes, a protecção daqueles direitos fundamentais – eventualmente, mas não necessariamente, pela assunção de responsabilidades na decisão dos pedidos de asilo –, repondo-se, assim, a um segundo nível, a confiança que ficara inicialmente comprometida[1685]. O que demonstra que a equiparação ou uma mera presunção formal de equivalência nem sempre resiste ao teste do tempo e dos factos.

[1682] Cfr. Acórdão *M.S.S. c. Grécia e Bélgica* de 21 de Janeirode 2011, proferido no processo n.º 30696/09; GINA CLAYTON, "Asylum Seekers in Europe: M.S.S. v Belgium and Greece", *Human Rights Law Review*, Vol. 11, N.º 4, 2011, pp. 758-773; e CATHRIN COSTELLO, "Dublincase NS/ME: Finally, an end to blind trust across the EU?", *Asiel & Migrantenrecht*, Ano 3, N.º 2, 2012, p. 92.

[1683] Acórdão *N.S. e o.*, do Tribunal de Justiça de 21 de Dezembro de 2011, proferido nos processos apensos C-411/10 e C-493/10.
Cfr. TINA VAN DEN SANDEN considera, porém, que a presunção de confiança mútua e de cumprimento de direito da União apenas deve ceder nos casos de falhas sistémicas no sistema de protecção dos direitos humanos e não em qualquer outra situação (cfr. "Joined cases C-411/10& C-493/10, N.S. V. Sec'y of State for the Home Dep't", *The Columbia Journal of European Law*, Vol. 19, n.º 1, 2012-2013, p. 152). O que também parece resultar da jurisprudência do Tribunal de Justiça, que se refere a "razões sérias e verosímeis" (cfr. Acórdão *Bundesrepublik Deutschland c. Kaveh Puid*, de 14 de novembro de 2013, proferido no processo C-4/11; e Acórdão *Shamso Abdullahi c. Bundesasylamt*, de 10 de Dezembro de 2013, proferido no processo C-394/12).

[1684] Cfr. Acórdão do *Tribunal Administrativo Alemão de Minden*, de 12 Janeiro de 2015, consultado em http://www.asyl.net/fileadmin/user_upload/dokumente/22570.pdf, acesso em 16 Maio 2015.

[1685] Cfr. SILVIA MORGADES GIL, "El funcionamiento efectivo de la política europea de asilo ante la garantía del derecho a no sufrir tratos inhumanos o degradantes del CEDH", *Revista de Derecho Comunitario Europeo*, N.º 41, Enero/Abril, 2012, pp. 183-204.

EFICÁCIA, RECONHECIMENTO E EXECUÇÃO DE ACTOS ADMINISTRATIVOS ESTRANGEIROS

Ainda como reacção a esta problemática, o Regulamento (UE) n.º 604/2013 do Parlamento Europeu e do Conselho, de 26 de Junho de 2013, instrumento hoje vigente, veio flexibilizar a determinação da competência para análise de um pedido de protecção internacional, ajustando-a às situações de facto e à mobilidade no espaço da União, promovendo, assim, uma distribuição mais equitativa de responsabilidades administrativas entre os Estados.

As dificuldades práticas que se têm verificado quanto à edificação de um sistema de reconhecimento mútuo no seio da política de migração comunitária permite-nos ainda assinalar o relevo subsistente dos *actos administrativos estrangeiros em sentido estrito* neste domínio.

De facto, é possível excepcionalmente reintroduzir os controlos nas fronteiras e, desta forma, transformar actos que têm uma aptidão normal para a extraterritorialidade, em actos transitoriamente arreigados ao solo[1686], havendo ainda a permissão de emissão de vistos com validade territorial limitada, fundados, sobretudo, mas não exclusivamente[1687], em razões de ordem humanitária[1688].

[1686] Sobre esta possibilidade, cfr. Nuno Piçarra, "A Crise nas Fronteiras (dos Estados-Membros) da União Europeia: Causas e Soluções", *A Crise e o Direito*, Jorge Bacelar Gouveia, Nuno Piçarra (coord.), Coimbra, Almedina, 2013, p. 166. Cfr. a mais ampla possibilidade de reintrodução de tais controlos a partir da entrada em vigor do Regulamento (UE) n.º 1051/2013, de 22 de Outubro de 2003, que a permitia no caso de *"circunstâncias excecionais que ponham em risco o funcionamento global do espaço sem controlo nas fronteiras internas, devido a deficiências graves e persistentes no controlo das fronteiras externas"* (sobre esta possibilidade, cfr. Nuno Piçarra, "Fronteiras, Vistos, Asilo e Migração", *Direito da União Europeia – Elementos de Direito e Política da União*, Alessandra Silveira, Mariana Canotilho, Pedro Madeira Froufe (eds.), Coimbra, Almedina, 2016, pp. 296-301). Hodiernamente, o Regulamento (UE) 2016/399 do Parlamento Europeu e do Conselho, de 9 de março de 2016, que estabelece o código da União relativo ao regime de passagem de pessoas nas fronteiras (Código das Fronteiras Schengen), estabelece um conjunto flexível de situações de reintrodução temporária do controlo fronteiriço nas fronteiras internas, mas tenta compensá-lo com a previsão de procedimentos e critérios mais claros e precisos para a sua mobilização (artigo 25.º e ss.).

[1687] Cfr. a autorização de pequeno tráfego fronteiriço que, visando evitar que os controlos nas fronteiras "externas" da União pudessem trazer prejuízos aos intercâmbios económicos, sociais e culturais usuais nas áreas de fronteira, tem, por isso mesmo, uma validade territorial delimitada: a zona fronteiriça do Estado-Membro que a tiver emitido, definida na própria autorização (cfr. artigo 7.º do Regulamento (CE) n.º 1931/2006, do Parlamento Europeu e do Conselho, de 20 de Dezembro de 2006, que estabelece as regras para o pequeno tráfego fronteiriço nas fronteiras terrestres externas dos Estados-Membros e que altera o disposto na Convenção de Schengen).

2. O papel do reconhecimento no direito administrativo de hoje: tensões e tendências

Num mundo marcado por instituições múltiplas e por afiliações plurais[1689], o reconhecimento encontra um *campo fértil* para proliferar[1690].

E mesmo quando se coloca em evidência o pluralismo no plano internacional e a partilha de funções entre novas unidades políticas, desmontando-se o papel central do Estado[1691], não deixa de haver lugar para o reconhecimento, que se tem vindo a adaptar aos novos ambientes e formas de actuação internacionais.

a. *Renovado critério para as relações internacionais: concessão de crédito com retenção da responsabilidade*

O discurso da responsabilidade permeia hoje todas as áreas da acção pública, de tal forma que não é suficiente saber quem exerce autoridade numa determinada situação internacional, mas aferor *como é que ela é exercida*,

---

[1688] Como, aliás, foi decidido pelo Tribunal de Justiça no Acórdão *X e X c. Estado Belga*, de 7 de Março de 2017, proferido no processo C-638/16 PPU, segundo o qual a situação de detenção de um visto de validade territorial limitada não está abrangida pelo Código de Vistos, mas "no estado actual do direito da União" exclusivamente pelo direito nacional. Para uma crítica desta decisão que esquece os efeitos extraterritoriais da Carta dos Direitos Fundamentais e protege mais o sistema de Dublin do que os refugiados, cfr. EVELIEN BROWER, "The European Court of Justice on Humanitarian Visas: Legal integrity vs. political opportunism?, *CEPS*, 16 de Março de 2017, disponível em https://www.ceps.eu/publications/european-court-justice--humanitarian-visas-legal-integrity-vs-political-opportunism, acesso em 10 de Junho de 2017.
[1689] *"Plural affiliations"* que marcam a posição original dos nossos dias, de acordo com AMARTYA SEN, "Justice across Borders", *Global Justice and Transnational Politics – Essays on the Moral and Political Challenges of Globalization*, Pablo De Greiff, Ciaran Cronin (eds.), Cambridge, The MIT Press, 2002, pp. 42-43.
[1690] Ainda que, por vezes, sofra algum revés, como sucedeu com o Brexit, imbuído também de alguma reacção contra o reconhecimento mútuo ao nível europeu. Sobre as razões para esta desconfiança e falta de *engagement,* bem como apontando para a necessidade de se repensar o reconhecimento mútuo como um mecanismo que abraça a diferença e nãi que exige a convergência, cfr. KALYPSO NICOLAIDIS, "Mutual Recognition: Promise and Denial, from Sapiens to Brexit", *Current Legal Problems,* Vol. 70, N.º 1, 2017, pp. 227–266.
[1691] ONORA O'NEILL, "Justice and Boundaries", *Political Restructuring in Europe – Ethical Perspectives,* Chris Brown (ed.), London/ New York, Routledge, 1994, pp. 65-84; e THOMAS W. POGGE "Cosmopolitanism and Sovereignty", *Political Restructuring in Europe – Ethical Perspectives,* Chris Brown (ed.), London/ New York, Routledge, 1994, pp. 85-118.

sobretudo perante privados[1692], e que mecanismos têm estes à sua disposição para fazer valer as suas posições jurídicas.

E se este discurso não é inovador para os Estados – que há muito se têm vindo a deparar com questões de responsabilidade decorrentes das suas actuações e omissões no plano interno –, não deixam as tensões relativas à jurisdição extraterritorial e, em particular, ao reconhecimento e execução de actos estrangeiros, de colocar desafios acrescidos à autoridade regulatória dos Estados.

Nesta linha se insere o *reconhecimento* que, enquanto mecanismo jurídico--público de controlo, exprime a responsabilização do Estado de destino quanto às possibilidades e resultado da circulação internacional de pessoas e bens, não representando – em caso algum – uma abertura incondicionada e acriteriosa a actos de autoridade estrangeiros.

Mas se o Estado deve reter sempre a responsabilidade da sua actuação, tal não significa que não possa – e não deva – ser cooperante com o exercício de autoridade pública externa, concedendo *crédito*, em determinadas condições, a actos administrativos estrangeiros.

Se está na altura de fazer tombar em definitivo o prejuízo contra a aplicação de direito público estrangeiro e contra o reconhecimento de actos administrativos estrangeiros, questionamos se não estará igualmente na altura de se assumir um novo *paradigma de cooperação* na relação entre as Autoridades públicas, por via do qual se procure activamente o desenvolvimento de situações em que a concessão de crédito e o sedimentar da confiança recíproca sejam um marco característico da acção pública, mesmo fora de espaços de integração.

E isto sem que se perca, em situações em que o crédito concedido não dê os frutos esperados, a possibilidade de o Estado recuperar maiores competências de controlo – senão mesmo de regulação – das situações internacionais. É que, sendo o reconhecimento um mecanismo flexível e de intensidade variável, é crível que possa – mais do que outros instrumentos como o do conflito de leis – integrar e reagir adequadamente à mudança das condições de coordenação e cooperação entre Autoridades públicas.

[1692] JACCO BOMHOFF, "The Reach Of Rights: "The Foreign" And "The Private" In Conflict-Of-Laws, State-Action, And Fundamental-Rights Cases With Foreign Elements", *Law And Contemporary Problems*, Vol. 71, Summer, 2008, p. 65. Cfr., entre nós, o estudo de SÉRVULO CORREIA, "Contencioso Administrativo e Responsabilidade Democrática da Administração", *Estudos em Memória do Prof. Doutor J. L. Saldanha Sanches*, Vol. I, Paulo Otero, Fernando Araújo, João Taborda da Gama (orgs.), Coimbra, Coimbra Editora, 2011, pp. 595-612.

RECONHECIMENTO DE ACTOS ADMINISTRATIVOS ESTRANGEIROS EM ACÇÃO

b. Revalorização do papel da Administração

A teoria do reconhecimento insere-se numa tentativa – parcelar, é certo – de *urdir um sistema* de inter-relações entre autoridades públicas que, ainda que a títulos e níveis diversos, contribuem para a concretização do direito (*internacional, europeu, estadual*) fora de portas.

Neste sistema, concebemos o *nível estadual* como essencial à tecedura de uma rede coordenada e operativa ao nível internacional.

Efectivamente, se os Estados delegaram algumas das suas competências normativas e operacionais, tal não significa que tenham perdido a sua utilidade no plano internacional e que se devam converter em actores puramente internos, sujeitos às contingências das novas redes globais, que se lhes imporiam irresistivelmente. E se o tempo parece hoje contrariar esta "capacidade de influência" dos Estados, sobretudo em matéria financeira, não é altura de dela se desistir, revalorizando-se sempre e em qualquer caso a "capacidade de resistência" dos mesmos, que passam a agir simultaneamente como "polícias" e como "bombeiros" no plano externo[1693].

Mas, mais do que isso, os Estados continuam a ser os *mediadores* entre o nível sub-estadual e supra-estadual (o que conduz a uma imagem de "Estado sanduíche ou Estado multinível")[1694] e entre estes e os destinatários da acção pública, por deterem o quase monopólio do exercício do poder executivo e a garantia de consistência e coerência das regras que, com várias proveniências, são aplicáveis sob a sua jurisdição.

O *dilema do Estado* passa a ser assim não a manutenção do controlo exclusivo sobre o seu território, mas a ponderação entre a adesão a níveis de regulamentação global, que nem sempre consegue determinar ou controlar[1695], e

---

[1693] Imagens propostas por HÉLÈNE RUIZ-FABRI, "Immatériel, Territorialité et État", *Archives de Philosophie de Droit*, N.º 43, 1999, p. 211.

[1694] ANNE PETERS, "Membership in the Global Constitutional Community", *The Constitutionalization of International Law,* Jan Klabbers, Anne Peters e Geir Ulfstein (eds.), Oxford, Oxford University Press, 2009, p. 198. A mesma Autora considera que, no âmbito de um paradigma de democracia global dual (que assenta na maior democratização dos Estados e na instituição de mecanismos democráticos transnacionais), o Estado terá sempre o papel de mediador democrático (ANNE PETERS, "Dual Democracy", *The Constitutionalization of International Law,* Jan Klabbers, Anne Peters e Geir Ulfstein (eds.), Oxford, Oxford University Press, 2009, pp. 271-272).

[1695] Sobre este compromisso que inspira o artigo 7.º da Constituição da República Portuguesa, e que repousa na verificação de que a democracia nacional não consegue controlar muitas decisões políticas com impacto dentro das fronteiras estaduais, mas adotadas fora destas, cfr.

a defesa de uma comunidade territorialmente definida[1696]. Como resultado desta ponderação e da intervenção estatal dela resultante sai desejavelmente reforçada a eficácia do direito internacional[1697], o compromisso com o direito da União Europeia, ao mesmo passo que se cumpre a vocação do direito interno, que demanda que qualquer exercício de soberania seja levado a cabo de forma "humanizada"[1698], tendo em vista não só a protecção dos direitos fundamentais, como a promoção das posições jurídicas individuais.

E não havendo, em regra, um substituto viável ao aparelho administrativo e coactivo dos Estados, deve este, em sede de reconhecimento e execução de actos administrativos estrangeiros procurar um *ponto de equilíbrio* entre o exercício dos seus poderes soberanos e o respeito dos direitos e posições por eles afectadas, assegurando-se, *no mínimo*, que os critérios para o reco-

---

RUI MEDEIROS, "Internacionalismo Defensivo e Compromisso Europeu na Constituição Portuguesa", *Estudos em Homenagem a Miguel Galvão Teles*, Vol. I, Coimbra, Almedina, 2012, p. 661.
[1696] Ponderação esta para que remete ANNELIESE DODDS, "A new challenge to traditional Models of "State Sovereignty"? The Regulation of foreign students' visas in Britain and France", *Globalisation Regionalisation and National Policy Systems – Proceedings of the Second Anglo-Japanese Academy, 7-11 January 2006*, ICCLP Publications, n.º 9, 2006, p. 398. Deve, por isso, o Estado proceder à melhor conciliação possível entre as dimensões globais e locais, de acordo com GIUSEPPE DE VERGOTINNI, "Garanzia della identità degli ordinamenti statali e limiti della globalizzazione", *Global Law v. Local Law – Problemi della Globalizzazione Giuridica*, Cristina Amato e Giulio Ponzanelli (ed.), Torino, G. Giappichelli Editore, 2006, p. 13.
[1697] ANDRÉ NOLLKAEMPER, "The Bifurcation of International Law: Two Futures for the International Rule of Law", *The Law of the Future and the Future of Law*, Sam Muller, Stavros Zouridis, Morly Frishman e Laura Kistemaker (eds.), Oslo, Torkel Opsahl Academic EPublisher, 2011, pp. 81-88.
[1698] Sobre a humanização (e o Homem) como fundamento para a própria soberania, cfr. WERNER MAIHOFFER, "Die Legitimation des Staates aus der Funktion des Rechts", *Legitimation des Modernen Staates, Archiv für Rechts- Und Sozialphilosophie*, Franz Steiner Verlag, Wiesbaben, 1981, p. 22; ANNE PETERS, "Humanity as the A and Ω of Sovereignty", *The European Journal of International Law*, Vol. 20, N.º 3, 2009, pp. 513-544. Para algumas críticas a esta posição, cfr. EMILY KIDD WHITE, "Humanity as the A and Ω of Sovereignty: Four Replies to Anne Peters", *The European Journal of International Law*, Vol. 20, N.º 3, 2009, pp. 545-567. Em Portugal, focando esta dimensão personalista ou antropocêntrica do direito administrativo, que impõe o desenvolvimento deste em moldes não estritamente territorialistas, cfr. PAULO OTERO, *Manual de Direito Administrativo*, Vol. I, Coimbra, Almedina, 2013, pp. 502-503; e MIGUEL PRATA ROQUE, *A Dimensão Transnacional do Direito Administrativo – Uma visão cosmopolita das situações jurídico-administrativas*, AAFDL, Lisboa, 2014, p. 149.

nhecimento estão, relativamente a cada acto com proveniências externas, respeitados.

Ainda assim, é premente estabelecer mecanismos formais e instituir boas práticas que permitam definir, de forma mais clara, como recebem os Estados actos administrativos estrangeiros e que eficácia lhes reconhecem ou emprestam. Parafraseando MOURA RAMOS, *"(u)rge por isso instituir os mecanismos de efectiva participação das autoridades estaduais na execução do decidido pelos órgãos homólogos estrangeiros, o que implica, para além da definição de critérios comuns quanto às condições a que é reconhecida a cada entidade estatal a competência para agir, a fixação de regras que por ela deverão ser aplicadas, como dos termos em que as decisões assim proferidas serão objecto de reconhecimento extraterritorial, e a concretização dos modos por que cada entidade estadual munida de imperium pode assegurar a realização efectiva do decidido noutros sistemas jurídicos e judiciários diferentes do que é obedecido no território em causa"*[1699].

O início desta tarefa de reflexão deve, a nosso ver, começar também *por dentro*, motivando uma avaliação crítica e conceptualização do papel e função, em matéria de reconhecimento, dos vários poderes estaduais.

E aqui julgamos que, dentro da orgânica estatal, é o papel da Administração que mais tem vindo a ser – e deverá continuar a sê-lo – valorizado com a expansão do fenómeno do reconhecimento, podendo afirmar-se, a título próprio, que o Estado-Administração é hoje, a par do Estado-Juiz e do Estado-Legislador, um imprescindível obreiro ou tecelão da rede de internormatividade em que assenta o reconhecimento.

Efectivamente, para além das tarefas de concretização de *actos administrativos supranacionais* no âmbito territorial do Estado, é a Administração nacional que mais tem vindo a ser chamada à colação no âmbito das *actuações administrativas transnacionais*, já contribuindo para a formação destes actos, já retirando deles os devidos efeitos e controlando a sua sua aplicação. E é igualmente no campo dos *actos administrativos estrangeiros em sentido estrito* que se compreende a indispensabilidade da valorização do papel da Administração nacional do Estado de reconhecimento, pela necessidade de uma intervenção administrativa deste no procedimento tendente ao reconhecimento daqueles actos.

[1699] RUI MANUEL MOURA RAMOS, "A Evolução Recente do Direito Internacional Privado da Família", *Direito da Família e dos Menores: Que Direitos no Século XXI*, Maria Eduarda Azevedo, Ana Sofia Gomes (coord.), Lisboa, Universidade Lusíada Editora, 2014, p. 81.

EFICÁCIA, RECONHECIMENTO E EXECUÇÃO DE ACTOS ADMINISTRATIVOS ESTRANGEIROS

O legislador, dada a incapacidade de prever todas as possíveis solicitações de reconhecimento (algumas delas sem paralelo no plano nacional), e os juízes, acometidos com necessárias constrições funcionais, apesar de serem agentes importantes, não podem ser os únicos obreiros na criação de ligações ou de *passerelles* entre ordenamentos jurídicos[1700], dada a limitação das suas funções no exercício de tarefas de ponderação que envolvam, *em concreto* mas *não necessariamente de forma descomprometida*, o confronto de interesses públicos e privados entre si. Só assim se passará de um Estado fechado sobre si mesmo e ilusoriamente auto-suficiente para um Estado aberto e garante da cooperação, que contrabalança a dinâmica centrípeta dos sistemas diferenciados[1701].

E se esta é uma dimensão que se encontra ainda insuficientemente desenvolvida nos direitos internos, cumpre colmatar esta falha, permitindo que a Administração estadual possa cumprir a função de *primeiro elo de ligação* com outras Autoridades públicas e privados, e assumir, assim, no plano do *direito administrativo internacional*, as funções de "agente internacional" que há muito desempenha no domínio das relações internacionais.

[1700] Sobre este papel dos juízes na construção de uma ordem jurídica global, cfr. SABINO CASSESE, *I Tribunale di Babele – I Giudici alla Ricerca di un Nuovo Ordine Globale,* Roma, Donzelli Editore, 2009, p. 93.
[1701] Neste sentido, cfr. DANIEL INNERARITY, *O Novo Espaço Público,* Lisboa, Teorema, 2006, pp. 248-249

NOTAS CONCLUSIVAS

Aos desafios que se colocam internamente ao Estado e que entraram já na dogmática administrativa, acrescem hoje pressões vindas do exterior, que transformam o próprio quadro conceitual em que se movem as Administrações públicas estaduais, obrigando a um *ajustamento* constante destas, ou, mais amplamente, a uma maior *comunicabilidade* com outras ordens jurídicas.

Efectivamente, mudanças no acontecer internacional, com a multiplicação de actores, a proliferação de novas formas de acção pública e o avolumar de exigências de regulamentação, colocaram o Estado não apenas na posição de "emissor" mas também de "receptor" de actos administrativos, desta feita estrangeiros.

E se era já evidente que os quadros tradicionais da acção administrativa não se ajustavam às exigências dinâmicas da vida internacional – sobretudo em Estados que, como o nosso, participam em espaços de integração –, é hoje incontestável que estes não se podem fechar numa redoma apenas aparentemente territorial, pois o cumprimento das suas funções depende necessariamente da abertura a formas e conteúdos estrangeiros que visam, precisamente, ser concretizados ao nível nacional.

Acentua-se, portanto, a necessidade de introdução ou desenvolvimento de mecanismos e princípios que permitam um encontro de autoridades, sobretudo num cenário em que os princípios e critérios para a assunção de jurisdição extraterritorial têm vindo a ser estendidos, por força da pressão dos *standards* internacionais e da aderência de círculos concêntricos de interesses.

Neste novo enquadramento, parece por demais claro que não se pode opor territorialidade e extraterritorialidade, como dois campos diametralmente opostos, devendo antes vê-los como o verso e reverso de uma medalha, que não se compreendem um sem o outro, em situações com vínculos internacionais.

E é em face desta concessão a uma lógica pluralista, de cooperação e aproximação, que aferimos como reage – ou deve reagir – o ramo do *direito administrativo internacional* às profundas alterações que confluem no exercício de autoridade estadual.

Em particular, de entre os vários modos possíveis de regulamentação de situações administrativas marcadas pela *alteridade,* pronunciamo-nos pela valorização dos mecanismos do reconhecimento e da execução de actos administrativos estrangeiros, enquanto expedientes que permitem proceder à melhor ponderação dos interesses e valores que hoje se cruzam na regulamentação daquelas situações.

É nossa convicção que é o reconhecimento, dados os critérios em que repousa e a distribuição que faz dos âmbitos de regulação do ordenamento jurídico de origem e de destino – não impedindo a asserção de extraterritorialidade daquele e mantendo o controlo dos seus efeitos neste –, a técnica jurídica que tem maior virtualidade para ser aceite e para se generalizar no âmbito internacional.

Pensamos, de facto, haver boas e fundadas razões para que se adopte uma posição que assegure um maior relevo ao reconhecimento de actos administrativos estrangeiros, uma vez que em causa não está a estatuição sobre questões jurídico-públicas externas, nem sequer a aplicação directa de direito público estrangeiro, mas a definição, *no foro* e *pelo foro*, do âmbito de eficácia de prescrições estrangeiras.

A tarefa não se revelou fácil, já que os vectores em que assenta uma visão pluralista do direito – os da legitimidade, da tolerância, da autonomia – não parecem ter o mesmo peso e leitura quando em causa está a abertura a outras ordens jurídicas que têm *similares* pretensões à regulação da mesma questão. Basta, para se compreender esta dificuldade, atentar na circunstância de o reconhecimento de actos administrativos estrangeiros encontrar, ainda hoje, uma das suas maiores críticas na violação que comportaria para as exigências democráticas do Estado de acolhimento, que abdicaria da sua perspectiva em prol da regulação do caso por outra autoridade, sem que a mesma tenha passado o crivo de *legitimidade* aplicável a actuações internas.

Propusemos, para obviar a estas dificuldades, um reavaliar e *repensar da teoria do reconhecimento,* de modo a proceder a uma criteriosa aferição dos termos em que aqueles actos administrativos estrangeiros podem ser reconhecidos, executados ou, em geral, produzir efeitos nos ordenamentos jurídicos

NOTAS CONCLUSIVAS

nacionais. Para o efeito decantámos os vários critérios que têm vindo a ser mobilizados em sede de reconhecimento, procurando ajustá-los ao campo de aplicação do Direito Administrativo Internacional, e pronunciámo-nos sobre outras exigências procedimentais e substantivas que têm aí lugar.

E enfatizámos, precisamente para responder a quem vê no reconhecimento uma forma de transferência do poder político estadual, que aquele é um *expediente* de que o Estado de acolhimento se serve para cumprir objectivos valiosos – como os da cooperação internacional e da promoção das liberdades fundamentais –, mas no qual conserva, sempre, uma competência clara e insubstituível de controlo, que não transfere para as Autoridades de origem, mesmo em ambientes de clara e evidente integração.

A flexibilidade desta função de controlo – que o Estado colocará em marcha dentro do enquadramento internacional, europeu ou nacional em que se funde o reconhecimento – converte-o num *instrumento apto* em áreas tão variadas da acção administrativa como as tipicamente policiais e as mais recentes de regulação administrativa.

Ao que acresce que aquela função não fica desvirtuada pela circunstância de, num número relevante de situações, o reconhecimento ter deixado de assentar num *concreto acto de reconhecimento*, uma vez que a *reserva de controlo* se mantém, reconfigurada, é certo, mas com a mesma função: a de garantir que o encontro de autoridades se processa com a observância das exigências fundamentais do Estado de destino, mesmo nos casos em que o reconhecimento se lhe impõe como obrigatório.

Todavia, excluídos os efeitos relativamente aos quais tanto doutrina como jurisprudência têm concordado na sua eficácia directa extraterritorial – os efeitos declarativos, probatórios e incidentais dos actos administrativos estrangeiros –, o reconhecimento autónomo da eficácia destes actos não pode ser concebido como um mecanismo que se aplique de forma unívoca a todos os actos administrativos estrangeiros.

É que o acolhimento que o Estado de reconhecimento faça dos actos administrativos estrangeiros, tanto do ponto de vista dos critérios aplicáveis, como dos procedimentos mobilizados, como, ainda, dos efeitos admitidos, dependerá da específica pretensão extraterritorial que deles emane. De mesma sorte, a dimensão de controlo que reste para o Estado de acolhimento e que, como vimos, é co-natural ao reconhecimento, variará em intensidade consoante a natureza e função dos actos administrativos estrangeiros em causa.

EFICÁCIA, RECONHECIMENTO E EXECUÇÃO DE ACTOS ADMINISTRATIVOS ESTRANGEIROS

E aqui, se a diferença mais imediata entre actos administrativos nacionais e actos administrativos estrangeiros se prende com a sua *proveniência*: os primeiros são imputáveis aos órgãos administrativos nacionais e os segundos a entidades – organizações internacionais, União Europeia ou outros Estados – que lhes são estranhas e que emitem actos administrativos no âmbito dos respectivos sistemas jurídicos, ela não é suficiente para exprimir a riqueza de vínculos que se estabelecem entre eles e o Estado de acolhimento, por intermédio do instituto do reconhecimento.

De facto, se a associação entre actos administrativos estrangeiros e reconhecimento é inegável, a relação de "prioridade" que se estabelece entre estes dois conceitos é distinta: casos há em que o reconhecimento é um pressuposto dos actos administrativos estrangeiros, i.e., os actos são emanados porque serão reconhecidos; noutros casos, o acto administrativo estrangeiro surge indissociavelmente ligado ao mecanismo de reconhecimento, implicando-se mutuamente; noutros, ainda, o reconhecimento é uma questão que surge apenas em momento posterior à edição do acto.

O cerne da nossa posição passa, portanto, pelo cruzamento entre as situações de reconhecimento e execução com uma tipologia, por nós delineada, de *actos administrativos supranacionais, actos administrativos transnacionais* e *actos administrativos estrangeiros em sentido estrito*.

De acordo com o nosso pensamento, os *actos administrativos supranacionais*, apesar de terem uma *origem externa* cumprem uma *função interna*, pois visam produzir efeitos directos e imediatos num determinado Estado, como se houvessem sido adoptados pelos órgãos nacionais originariamente competentes.

Quanto a estes actos, considerámos adequado submetê-los à teoria do reconhecimento, dada a dimensão relacional e a riqueza explicativa deste instituto. Trata-se, porém, de um reconhecimento especial, *integrado* ou *pressuposto*, no qual os efeitos extraterritoriais para que tendem os actos administrativos são assegurados à partida e produzidos *automaticamente*. Ao que acresce que a execução coerciva de tais actos também é possível, mesmo sem indicação expressa nesse sentido, dada a necessária integração do acto administrativo estrangeiro no ordenamento jurídico estadual.

Já os *actos transnacionais* caracterizam-se pela circunstância de a eficácia extraterritorial entrar no âmbito normal de eficácia dos actos emitidos. Trata-se de actos que, emanados num Estado para regular relações que nestes têm a sua sede, produzem usualmente efeitos noutros Estados. Encontramo-nos, assim, num plano horizontal de autoridades estaduais que entre si entabu-

NOTAS CONCLUSIVAS

lam estreitas relações de cooperação, ancoradas num enquadramento convencional ou institucional de base, como sucede no seio da União Europeia.

Aplica-se a estes actos a dogmática – já bem desenvolvida – do *reconhecimento mútuo*, pelo que, cumpridos os requisitos legais, os actos transnacionais passam a ser reconhecidos pelos Estados nos quais se pretenda deles retirar efeitos, seja de forma automática, seja de forma condicionada. No entanto, é um reconhecimento que conhece limites, sobretudo no que se refere à maior dificuldade de conceber o reconhecimento e a execução de actos desfavoráveis para os seus destinatários.

Por último, os actos administrativos estrangeiros *stricto sensu* são actos cuja vocação extraterritorial é puramente *eventual,* não resultando, da edição do acto, uma especial pretensão, muito menos um título, à produção dos seus efeitos fora do Estado de origem. A ausência de um enquadramento que *ab initio* suporte – e muito menos imponha – aquela extraterritorialidade conduz a que o reconhecimento do acto administrativo estrangeiro seja *unilateral* e *facultativo* para o Estado de acolhimento que pode decidir, com grande amplitude, em que situações reconhecer ou não o acto estrangeiro.

A estruturação desta proposta para o reconhecimento, aqui sumariamente descrita, não visa propósitos meramente técnicos – de fornecer bordões operativos para concretas pretensões de reconhecimento –, mas insere-se num conjunto mais amplo de reflexões das quais pretendemos retirar um renovado critério para as relações externas em matéria administrativa, concebendo formas que permitam um maior acolhimento, mas, sempre, um acolhimento criterioso, de actos administrativos estrangeiros num Estado que, como o nosso, se constrói pela amizade ao direito internacional, com todas as camadas significativas que hoje este reveste.

BIBLIOGRAFIA

NOTA: Esta bibliografia constitui um repositório, sem organização particular que não a alfabética, das citações usadas em texto, que foram sendo incluídas – e são aqui reproduzidas – na sua forma completa, seguindo essencialmente o seguinte modelo (Autor, Título de Artigo ou Livro, Título de Periódico ou de Obra Colectiva (se aplicável), Editor (se aplicável), Local, Editora (se aplicável), Ano, Páginas, Sítio de Internet (se aplicável), Último Acesso (se aplicável).

A intenção de facilitar a leitura e pesquisa das obras e artigos citados motivou igualmente a não inclusão inicial de uma lista de abreviaturas, uma vez que estas, se tornam o texto mais leve, em especial nas notas de rodapé, tornam mais penosa a ligação imediata do presente livro a outros textos e contextos.

AAVV, Report of the Task Force on Extraterritorial Jurisdiction, da International Bar Association, Legal Practice Division, 2008, disponível em http://tinyurl.com/ taskforce-etj-pdf, acesso em 18 de Maio de 2015, 348 p.

ABARCA JUNCO, Ana Paloma, GONZÁLEZ CAMPOS, Julio D., GUZMAN ZAPATER, Mónica, MIRALLES SANGRO, Pedro Pablo, PÉREZ VERA, Elisa, *Derecho Internacional Privado*, Vol. I, 5.ª ed., Madrid, Universidad Nacional de Educación a Distancia, 2004, 560 p.

ABBOT, Kenneth W., "Collective Goods, Mobile Ressources and Extraterritorial Trade Control", *Law and Contemporary Problems*, Vol. 50, N.º 3, Summer, 1987, pp. 117-152.

ABEL, Albert S., "Administrative Determinations and Full Faith and Credit", *Iowa Law Review*, Vol. 22, 1937, pp. 461-524.

ABI-SAAB, Georges, "The Security Council as Legislator and as Executive in its Fight Against Terrorism and Against Proliferation of Weapons of Mass Destruction: The Question of Legitimacy", *Legitimacy in International Law*, Rüdiger Wolfrum, Volker Röben (eds.), Berlin, Springer, 2008, pp. 109-130.

ACHTERBERG, Norbert, "Rechtsverhältnisse als Strukturelemente der Rechtsordnung", *Rechtstheorie,* Vol. 9, N.º 1, 1978, pp. 385-410.

ACQUARONE, Giovanni, *La Denuncia di Inizio Attivitá – Profili Teorici,* Milano, Giuffrè Editore, 2000, 248 p.

ADENAS, Marc, "National Paradigms of Civil Enforcement – Mutual Recognition or Harmonization in Europe", *European Business Law Review,* 2006, pp. 529-544.

AFONSO PEREIRA, Ravi, "Why Would International Administrative Activity Be Any Less Legitimate? – A Study of the Codex Alimentarius Commission", German Law Journal, N.º 9, 2008, disponível em http://www.germanlawjournal.com, acesso em 11 de Agosto de 2015, pp. 1693-1718.

AKANDE, Dapo, "The Competence of International Organisations and the Advisory Jurisdiction of the International Court of Justice", *European Journal of International Law,* N.º 9, 1998, pp. 437-467.

AKEHURST, Michael, "Jurisdiction in International Law", *Btitish Yearbook of International Law,* Vol. 46, 1972-1973, pp. 145-257.

ALCALÁ-ZAMORA Y CASTILLO, Niceto, "Notas Relativas al Concepto de Jurisdicción ", *Miscellanea W. J. Ganshof van der Meersch – Studia ab discipulis amicisque in honorem egregii professoris edita,* Vol. II, Bruxelas, Bruylant, 1972, pp. 657-693.

ALDERTON, Matthew, "The Act Of State Doctrine: Questions Of Validity And Abstention From Underhill To Habib From Underhill To Habib", *Melbourne Journal of International Law,* Vol. 12, 2011, pp. 1-21.

ALEMANNO, Alberto, "Le Principe de la Reconnaissance Mutuelle au-delà du marché Intérieur: Phénomène d'Exportation Normative ou Stratégie de "Colonialisme" Réglementaire?", *Revue du Droit de l'Union Européenne,* N.º 2, 2006, pp. 273-311.

ALEMANNO, Alberto, Stéphanie MAHIEU, "The European Food Safety Authority Before European Courts – Some Reflections on the Judicial Review of EFSA Scientific Opinions and Administrative Acts". *European Food and Feed Law Review,* Vol. 5, 2008. Disponível em http://ssrn.com/abstract=1305176, acesso em 2 de Agosto de 2015, pp. 320-333.

ALEXANDER, Kern, "The Efficacy of Extra-territorial Jurisdiction and US and EU Tax Regulation", *Schweizerische Zeitschrift für Wirtschafts- und Finanzmarktrecht,* N.º 6, 2009, pp. 463-479.

ALEXANDER, Michael, "Refugee Status Determination Conducted by UNHCR", *International Journal of Refugee Law,* Vol. 11, N.º 2, 1999, pp. 251-289.

ALEXANDRE, Danièle, *Les Pouvoirs du Juge de L'Exequatur,* Paris, Librairie Générale de Droit et de Jurisprudence, 1970, 429 p.

—— "Les Effets des Jugements Étrangers Indépendants de l'Exequatur", *Travaux du Comité Français de Droit International Privé*, Anos 1975-1977, Paris, Éditions du Centre National de la Recherche Scientifique, 1979, pp. 51-65.

ALEXY, Robert, *Theorie der Grundrechte*, Baden-Baden, Nomos Verlagsgesellschaft, 1985, 548 p.

ALLAND, Denis, "Dialogue sur la Reconnaissance d'État (à propos d'un ouvrage récent), *Journal du Droit International*, N.º 2, avril-mai-juin, 2014, pp. 589-598.

ALLENA, Miriam, *Art. 6 CEDU. Procedimento e Processo Amministrativo*, Napoli, Editoriale Scientifica, 2012, 337 p.

ALMEIDA, Francisco Ferreira de, *Direito Internacional Público*, 2.ª ed., Coimbra, Coimbra Editora, 2003, 383 p.

ALMEIDA, Mário Aroso de, *Anulação de Actos Administrativos e Relações Jurídicas Emergentes*, Coimbra, Almedina, 2002, 895 p.

——, *Teoria Geral do Direito Administrativo: Temas Nucleares*, Coimbra, Almedina, 2012, 329 p.

ALMEIDA, Mário Aroso de, Carlos Alberto Fernandes CADILHA, *Comentário ao Código de Processo nos Tribunais Administrativos*, 4.ª ed., Coimbra, Almedina, 2017, 1406 p.

ALVARES, E., *International Organisations as Law-Makers*, Oxford, Oxford University Press, 2005, 712 p.

AMARAL, Diogo Freitas do, *Curso de Direito Administrativo*, Vol. I, 4.ª ed. Coimbra, Almedina, 2016, 767 p.

——, "Breves Notas sobre o Projecto de Revisão do Código do Procedimento Administrativo", *Direito & Política*, N.º 4, Julho-Outubro, 2013, pp. 149-152.

——, *Curso de Direito Administrativo*, Vol. II, Coimbra, Almedina, 2013, 809 p.

AMATO, Giuluano, *Antitrust and the Bounds of Power – The Dilemma of Liberal Democracy in the History of the Market*, Oxford, Hart Publishing, 1997, 154 p.

AMERASHINGHE, C.F., *Principles of the Institutional Law of International Organizations*, 2.ª ed., Cambridge University Press, 2005, 574 p.

——, "International Institutional Law – A Point of View", *International Organizations Law Review*, N.º 5, 2008, pp. 143–150.

ANAGNOSTARAS, Georgios, "*Les Jeux sont Faits?* Mutual Recognition and the Specificities of Online Gambling", *European Law Review*, N.º 2, April, 2012, pp. 191-203.

ANCEL, Bertrand, WATT, Horatia Muir "Les jugements étrangers et la règle de conflit de lois – Cronique d'Une Séparation", *Vers de Nouveaux Équilibres entre Ordres Juridiques – Liber Amicorum Hélène Gaudemet-Tallon*, Dalloz, Paris, 2008, pp. 135-170.

ANDRADE, José Carlos Vieira de, "A Reserva do Juiz e a Intervenção Ministerial em Matéria de Fixação das Indemnizações por Nacionalizações", *Scientia Iuridica*, Julho-Dezembro de 1998, Tomo XLVII, N.os 274/276, pp. 213-235.

––, "Âmbito e Limites da Jurisdição Administrativa", *Cadernos de Justiça Administrativa*, N.º 22, Julho/Agosto, 2000, pp. 6-14

––, "Algumas Reflexões a Propósito da Sobrevivência do Conceito de "Acto Administrativo" no Nosso Tempo", *Estudos em Homenagem ao Prof. Doutor Rogério Soares*, Coimbra, Coimbra Editora, 2001, pp. 1189-1220.

––, *Lições de Direito Administrativo*, 5.ª ed., Coimbra, Imprensa da Universidade de Coimbra, 2017, 302 p.

––, "A Nulidade Administrativa, essa Desconhecida", *Estudos em Homenagem ao Professor Doutor Diogo Freitas do Amaral*, João Caupers, Maria da Glória F.P.D. Garcia, Augusto de Athaíde (org.), Coimbra, Almedina, 2011, pp.763-791.

––, *A Justiça Administrativa (Lições)*, 16.ª ed., Coimbra, Almedina, 2017, 477 p.

ANDRADE, Manuel A. Domingues de, *Noções Elementares de Processo Civil*, Coimbra, Coimbra Editora, 1976, 404 p.

ANGELINI, Francesca, *Ordine Pubblico e Integrazione Costituzionale Europea – I Prinìpi Fondamentali nelle Relazione Interordinamentali*, Padova, CEDAM, 2007, 389 p.

ANNAN, Kofi, "Two Concepts of Sovereignty, *The Economist*, versão online de 16 de Setembro de 1999, disponível em http://www.economist.com/node/324795, acesso em 29 de Abril de 2015, s/n.

ANNE-MARIE, Slaughter, DAVID T., Zaring, "Extraterritoriality In A Globalized World", 1997, disponível em SSRN: http://ssrn.com/abstract=39380, consultado em 15 de Abril de 2015, pp. 1-29.

ANTHONY, Gordon, *UK Public Law and European Law*, Oxford and Portland, Hart Publishing, 2002, 198 p.

ANTUNES, Luís Filipe Colaço, "Um Tratado Francês Lido em Alemão? O Acto Administrativo no Direito Comunitário e na sua Jurisprudência", *Colóquio Luso-Espanhol: o Acto no Contencioso Administrativo: Tradição e Reforma*, Luís Filipe Colaço Antunes, Fernando Saínz Moreno (coord.) Coimbra: Almedina, 2005, pp. 75-116.

––, *O Direito Administrativo sem Estado – Crise ou Fim de um Paradigma*, Coimbra, Coimbra Editora, 2008, 170 p.

––, *A Ciência Jurídico-Administrativa*, Coimbra, Almedina, 2013, 710 p.

ANZILOTTI, Dionisio, *Corso di Diritto Internazionale*, Vol. I, Roma, Atheneum, 1928, 473 p.

APOLINÁRIO, Marisa, *O Estado Regulador: o Novo Papel do Estado – Análise da Perspectiva da Evolução Recente do Direito Administrativo – O Exemplo do Sector da Energia*, Coimbra, Almedina, 2015, 702 p.

BIBLIOGRAFIA

ARAGÃO, Alexandra, "A Governância na Constituição Europeia: uma Oportunidade Perdida?", Constituição Europeia – Colóquio Ibérico: homenagem ao Doutor Francisco Lucas Pires, Coimbra, Coimbra Editora, 2005, pp. 105-166.

ARMINJON, Pierre, "La Notion des Droit Acquis en Droit International Privé", *Recueil des Cours*, Tomo 44, II, 1933, Paris, Recueil Sirey, 1933, pp. 5-110.

––, "Les Lois Politiques, Fiscales, Monétaires en Droit International Privé", *Intstitut de Droit International – Session de Bath (1950)*, Genève, Imprimerie La Tribune de Genève, 1950, pp. 1-40.

ARMSTRONG, Kenneth A., "Mutual Recognition", *The Law of the Single European Market – Unpacking the Premisses*, Catherine Barnard/ Joanne Scott (eds.), Oxford, Hart Publishing, 2002, pp. 225-267.

ARNAUD, André-Jean, "Droit Privé/Public", *Dictionnaire Encyclopédique de Théorie et de Sociologie du Droit*, 2.ª ed., Paris, Librairie Génerale de Droit et de Jurisprudence, 1993, pp. 204-205.

ARNAULD, Andreas von, "Öffnung der öffentlich-rechtlichen Methode durch Internationalität und Interdisziplinarität Erscheinungsformen, Chancen, Grenzen", *VVDStRL 74 – Veröffentlichungen der Vereinigung der Deutschen Staatsrechtlehrer*, Berlin, De Gruyter, 2015, pp. 39-81.

ARNSTEIN, Sherry R., "A Ladder of Citizen Participation", *Journal of the American Institute of Planners*, Vol. 35, No. 4, July 1969, pp. 216-224.

ARZOZ SANTISTEBAN, Xabier, *Concepto y Régimen Jurídico del Acto Administrativo Comunitario*, Bilbao, Oñati, 1998, 818 p.

ASCENSÃO, José de Oliveira, "O Confisco Realizado no Estrangeiro e a Titularidade de Marca Registada em Portugal", *Colectânea de Jurisprudência*, Ano 11, Tomo II, 1986, pp. 15-29.

ASENSIO, Miguel, "Integración Europea y Derecho Internacional Privado", *Revista de Derecho Comunitário Europeo*, 1997, N.º 2, pp. 413-445.

ATTERBURY III, Rennie, "Unilateral Sanctions: Relearning Forgotten Lessons", *ASIL Proceedings of the 91st Annual Meeting, Implementation, Compliance and Effectiveness, Washington D.C.*, 1997, pp. 337-339.

AUBY, Jean-Bernard, "Le Rôle de la Distinction du Droit Public et du Droit Privé dans le Droit Français", *in The Public Law/Private Law Divide – Une entente assez cordiale*, Mark Freedland e Jean-Bernard Auby (eds.), Hart Publishing, Oxford, 2006, pp. 11-19.

AUBY, Jean-Bernard, FREEDLAND, Mark, "General Introduction", *in The Public Law/ Private Law Divide – Une entente assez cordiale*, Mark Freedland e Jean-Bernard Auby (eds.), Hart Publishing, Oxford, 2006, pp. 3-5.

AUDIT, Mathias, "Régulation du Marché Intérieur et Libre Circulation des Lois", *Journal du Droit International,* Ano 133, Octobre-Novembre-Décembre, 2006, pp. 1333-1363.

––, "La Compatibilité du Principe de l'Autonomie Procédurale avec l'Édification de l'Espace Judiciaire Européen", *L'Exécution du Droit de L'Union, entre Mécanismes Communautaires et Droits Nationaux,* Jacqueline Dutheil de la Rochère (dir.), Bruxelles, Bruylant, 2009, pp. 253-263.

AVBELJ, Matej, "Security and the Transformation of the EU Public Order", *German Law Journal,* Vol. 14, N.º 10, 2013, disponível em https://www.germanlawjournal. com, consultado em 15 de Julho de 2014, pp. 2057-2073.

AXEL, Honneth, « La théorie de la reconnaissance: une esquisse », *Revue du MAUSS,* N.º 23, 1.º Semestre, 2004, pp. 133-136.

AYALA, Bernardo Diniz de, *O (Défice de) Controlo Judicial da Margem de Livre Decisão Administrativa,* Lisboa, Lex, 1995, 301 p.

AZAR, Deborah, "Simplifying The Prophecy Of Justiciability In Cases Concerning Foreign Affairs: A Political Act Of State Question", *Richmond Journal Of Global Law & Business,* Vol. 9, N.º 4, 2010, pp. 471-498.

AZCÁRRAGA MONZONÍS, Carmen, "New Developments in the Scope of the Circulation of Public Documents in the European Union", *Zetschrift für Zivilprozess International – Jahrbuch des Internationalen Zivil prozessrechts,* Vol. 18, 2013, pp. 245-279.

AZOULAI, Loïc, "Les Fondements de L'Autorité de L'Union", *L'Autorité de L'Union Européenne,* Loïc Azoulai e Laurence Burgorgue-Larsen (eds.), Bruxelles, Bruylant, 2006, pp. 3-15.

––, "Pour un Droit de l'Exécution de l'Union Européenne", *L'Exécution du Droit de L'Union, entre Mécanismes Communautaires et Droits Nationaux,* Jacqueline Dutheil de la Rochère (dir.), Bruxelles, Bruylant, 2009, pp. 1-23.

BAADE, Hans W., "Operation of Foreign Public Law" *International Encyclopedia of Comparative Law,* Vol. III, Kurt Lipstein (ed.), Tübingen, J.C.B. Mohr/Paul Siebeck, 1991, 54 p.

BACA, Werner Miguel Kühn, "El Principio De Reconocimiento Mutuo En El Derecho De La Unión Europea Según La Cláusula De "Plena Fe Y Crédito" De La Constitución De Estados Unidos", *Boletín Mexicano de Derecho Comparado,* Ano XLVII, N.º 140, mayo-agosto, 2014, pp. 449-484.

BACKER, Larry Catá, "Inter-Systematic Harmonisation and Its Challenges for the Legal State", *The Law of the Future and the Future of Law,* Sam Muller, Stavros Zouridis, Morly Frishman e Laura Kistemaker (eds.), Oslo, Torkel Opsahl Academic EPublisher, 2011, pp. 427-437.

BADIE, Bertrand, *La Fin des Territorires – Essay sur le Désordre International et sur l'Utilité Sociale du Respect*, Paris, Fayard, 1995, 278 p.

BALANGUER CALLEJÓN, Francisco, "European Identity, Citizenship and the Model of Integration", *Jahrbuch des Öffentlichen Rechts*, Vol. 62, 2014, pp. 311-323.

BALÁZS, István, NAGY, Marianna, ROZSNYAI, Krisztina, "La reconnaissance des actes administratifs étrangers en Hongrie», *Recognition of Foreign Administrative Acts*, Jaime Rodríguez-Arana Muñoz (ed.), Ius Comparatum – Global Studies in Comparative Law 10, Suíça, Springer, 2016, pp. 193-217.

BALDUS, Manfred, «Übertragung von Hoheitsrechten auf ausländiche Staaten im Bereich der Sicherheitsverwaltung», *Die Verwaltung – Zeitschrift für Verwaltungsrecht und Verwaltungswissensschaften*, Vol. 32, 1999, pp. 481-504.

BALLARINO, Tito, "Uniformitá e Riconoscimento. Vecchi Problemi e Nuove Tendenze della Cooperazione Giudiziaria nella Comunitá Europea", *Rivista di Diritto Internazionale*, Vol. 89, 2006, p. 6-46.

BAPTISTA, Eduardo Correia, *Direito Internacional Público – Conceito e Fontes*, Vol. I, Lisboa, Lex, 1998, 486 p.

––, *Direito Internacional Público – Sujeitos e Responsabilidade*, Vol. II, Coimbra, Almedina, 2004, 611 p.

––, "O controlo efectivo sobre organizações internacionais como fundamento da desconsideração da sua personalidade", *Estudos em Homenagem ao Prof. Doutor Joaquim Moreira da Silva Cunha*, Jorge Miranda (ed.), Coimbra, Coimbra Editora, 2005, pp. 275-286

––, "Natureza Jurídica dos Memorandos com o FMI e com a União Europeia", *Revista da Ordem dos Advogados*, Ano 71, Abril/Junho, 2011, pp. 477-488.

BARATTA, Roberto, "L'Equivalenza delle Normative Nazionali ai sensi dell'art. 100 B del Trattato CE", *Rivista di Diritto Europeo*, Vol. 33, 1993, pp. 727-736.

––, "Problematic Elements of an Implicit Rule Providing for Mutual Recognition of Personal and Family Status in the EC", *IPRax – Praxis des Internationalen Privat und Verfahrensrechts*, N.º 1, 2007, pp. 4-11.

BARIATTI, Stefania, "Reconnaissance et Droit de L'Union Européenne", *La Reconnaissance des Situations en Droit International Privé*, Paul Lagarde (dir.), Paris, Éditions, A. Pedone, 2013, pp. 61-66.

BARILE, Giuseppe, *Appunti Sul Valore des Diritto Pubblico Straniero Nell'Ordinamento Nazionale*, Milano, Dott. A. Giuffrè Editore, 1948, 101 p.

BARNARD, Catherine, DEAKIN, Simon, "Market Access and Regulatory Competition", *The Law of the Single European Market – Unpacking the Premisses*, Catherine Barnard/ Joanne Scott (eds.), Oxford, Hart Publishing, 2002, pp.197-224.

BARNES, Javier, "Reforma e innovación del procedimiento administrativo", *La Transformación del Procedimiento Administrativo*, Javier Barnes (ed.), Global Law Press, Sevilla, 2008, pp. 11-70.

BARROCAS, Manuel Pereira, "A Ordem Pública na Arbitragem", Revista da Ordem dos Advogados, Ano 74, Janeiro, Março, 2014, pp. 37-141.

BARROS, Josileny Menezes Cavalcante, "Dos privilégios e imunidades das organizações internacionais", *Estudos de Direito Internacional Público e Relações Internacionais*, Margarida Salema d'Oliveira Martins (coord.), Lisboa, AAFDL, 2008, pp. 241-282.

BART, Michael S., MILLER, Geoffrey P., "Global Administrative Law": the View from Basel", *The European Journal of International Law*, Vol. 17, 2006, pp. 15-46.

BARTELS, Lorand, "The Eu's Human Rights Obligations in Relation to Policies with Extraterritorial Effects" *The European Journal of International Law*, Vol. 25, N.º 4, 2015, p. 1071-1091.

BARTIN, Étienne, Études sur les Effets Internationaux des Jugements, Vol I – De la Compétence du Tribunal Étranger, Vol. I – de La Compètence du Tribunal Étranger, Paris, Librairie Générale de Droit & de Jurisprudence, 1907, 208 p.

––, "Le Jugement Étranger Considéré Comme un Fait", *Journal de Droit International*, Tomo 51, 1924, pp. 55-876.

BASEDOW, Jürgen, *Die Anerkennung von Auslandsscheidungen – Rechtsgeschichte – Rechtsvergleichung – Rechtspolitik*, Frankfurt Am Main, Alfred Metzner Verlag GmBH, 1980, 266 p.

––, "Das amerikanische Pipeline-Embargo vor Gericht Niederlande: Pres. Rb. Den Haag 17. 9. 1982 (Fall Sensor)", *Rabels Zeitschrift für Ausländisches und internationales Privatrecht*, Ano 47, N.º 1, 1983, pp. 141-172.

––, "Der Kollisionsrechtliche Gehalt der Produktfreiheiten im europäischen Binnenmarkt: favour offerentis", *Rabels Zeitschrift für Ausländisches und Internationales Privatrecht*, Vol. 59, Janeiro, N.º 1, 1995, pp. 1-55.

––, "Der Kollisionsrechtliche. Gehalt der Produktfreiheiten im europäischen Binnenmarkt: favour offerentis", *Rabels Zeitschrift für Ausländisches und Internationales Privatrecht*, Vol. 59, Janeiro, N.º 1, 1995, pp. 1-55.

––, "Souveraineté Territoriale et Globalisation des Marchés: Le Domaine d'Application des Lois Contre Les Restrictions de La Concurrence", *Recueil des Cours*, Vol. 264, 1997, The Hague, Martinus Nijhoff Publishers, 1998, pp. 21-177.

––, "International Antitrust: From Extraterritorial Application to Harmonization", *Louisiana Law Review*, Vol. 60, N.º 4, 2000, pp. 1044-1052.

––, "La Renationalisation du Droit Communautaire de la Concurrence", *Revue des Affaires Européennes*, Ano 12, N.º 1, 2001-2002 pp. 92-102.

BIBLIOGRAFIA

––, "EC Conflict of Laws – A Matter of Coordination", *Seminário Internacional sobre a Comunitarização do Direito Internacional Privado – Direito de Conflitos, Competência Internacional e Reconhecimento de Sentenças Estrangeiras*, Luís de Lima Pinheiro (ed.), Almedina, Coimbra, 2005, pp. 17-30.

––, "Recherches sur la Formation de L'Ordre Public Européen dans la Jurisprudence", *Le Droit International Privé: Esprit et Méthodes – Mélanges en l'Honneur de Paul Lagarde*, Paris, Dalloz, 2005, pp. 55-74.

––, "Jurisdiction and Choice of Law in the Private Enforcement of EC Competition Law", *Private Enforcement of EC Competition Law*, Jürgen Basedow (ed.), Alphen an den Rijn, Kluwer Law International, 2007, pp. 229-253.

––, "The State's Private Law and the Economy – Commercial Law as an Amalgam of Public and Private Rule-Making", in *Beyond the State – Rethinking Private Law*, Nils Jansen/ Ralf Michaels (eds.), Mohr Siebeck, Tübingen, 2008, pp. 281-299

––, "Recognition of Foreign Decision Within the European Competition Network", *International Antitrust Litigation – Conflict of Laws and Coordination*, Jürgen Basedow, Stéphanie Francq, Laurence Idot (eds.), Oxford, Hart Publishing, 2012, pp. 393-440.

––, "Recognition of Foreign Decisions within the European Competition Network", *Private Enforcement of Competition Law*, Jürgen Basedow/ Jörg Phillip Terhechte/ Lubos Tichy (eds.), Baden-Baden, Nomos, 2011, pp. 169-179.

––, *El Derecho de las Sociedades Abiertas – Ordenación Privada y Regulación Pública en el Conflito de Leyes*, Colombia, Legis, 2017, 623 p.

––, "Vested Rights Theory", *Encyclopedia of Private International Law*, J. Basedow, G. Rühl, F. Ferrari, P. De Miguel Asensio (eds.), Vol. 2, Elgar, 2017, pp. 1813-1820.

BASEDOW, Jürgen, HEIN, Jan von, JANZEN, Dorothee, PUTTFARKEN, Hans-Jürgen, "Foreign Revenue Claims in European Courts", *Yearbook of Private International Law*, Vol. VI, 2004, pp. 1-70.

BASSI, Nicola, "Il Mutuo Riconoscimento in Transformazione: il caso delle Patente di Guida", *Rivista Italiana di diritto Pubblico Comunitario*, Vol. 6, 2008, pp. 1582-1594.

––, *Mutuo Riconoscimento e Tutela Giurisdizionale – La Circolazione Degli Effeti del Provvedimento Amministrativo Straniero Fra Diritto Europeo e Protezione Degli Interessi del Terzo*, Milano, Giuffrè Editore, 2008, 130 p.

BAST, Jürgen, "Transnationale Verwaltung des Europäischen Migrationsraum – Zur horizontalen Öffnung der EU-Mitgliedstaaten", *Der Staat – Zeitschrift für Staatslehre und Verfassungsgsgeschichte, Deutsches und Europäisches Öffentliches Recht*, Vol. 46, N.º 1, 2007, pp. 1-32.

––, "New categories of acts after the Lisbon reform: dynamics of parliamentarization in EU law", *Common Market Law Review*, Ano 49, 2012, pp. 885-928.

EFICÁCIA, RECONHECIMENTO E EXECUÇÃO DE ACTOS ADMINISTRATIVOS ESTRANGEIROS

BASTOS, Fernando Loureiro, "Reconhecimento", *Polis – Enciclopédia Verbo da Sociedade e do Estado,*Vol. 5, Lisboa, Verbo, 1987, pp. 70-74.

—, "Algumas Notas sobre Globalização e Extraterritorialidade", *Liber Amicorum Fausto de Quadros,* Marcelo Rebelo de Sousa, Eduardo Vera-Cruz Pinto (coords.), Coimbra, Almedina, 2016, pp. 437-453.

BATIFFOL, Henri, "Problèmes Actuels des Nationalisations en Droit International Privé", *Travaux du Comité Français de Droit International Privé,* 1962-1964, Paris, Librairie Dalloz, 1965, pp. 173-193.

—, "Ponts de Contact entre le Droit International Public et le Droit International Privé", *Revista Española de Derecho Internacional,* Vol. XXIV, N.º 1-2, 1971, p. 77-91.

—, "Le Pluralism des Méthodes en Droit International Public", *Recueil des Cours,* Vol. 139, 1973-II, Leyde, A.W. Sijthoff, 1974, pp. 79-147.

BATTINI, Stefano, "I poteri pubblici territoriali al tempo del diritto globale: il caso dei tessili cinesi", *Global Law v. Local Law – Problemi della Globalizzazione Giuridica,* Cristina Amato e Giulio Ponzanelli (ed.), Torino, G. Giappichelli Editore, 2006, pp. 393-409.

—, "The Globalisation of Public Law", *Revue Européenne de Droit Public,* Vol. 18, N.º 1, 2006, pp. 27-49.

—, "L'Impatto della Globalizzazione sulla Pubblica Amministrazione e sul Diritto Amministrativo: Quattro Percorsi", *Giornale di Diritto Amministrativo,* Vol. 12, N.º 3, 2006, pp. 339-343.

—, *Amministrazioni Nazionali e Controversie Globali,* Milano, Dott. A. Giuffrè, 2007, 182 p.

—, *Extraterritoriality: an Unexceptional Exception,* Séminaire de droit administratif, européen et global "Extraterritoriality and Administrative Law", 2008, disponível em http://www.sciencespo.fr/chaire-madp/sites/sciencespo.fr.chaire-madp/ files/stefano_battini.pdf, acesso em 11 de Maio de 2015, 9 p.

—, "Il "diritto amministrativo internazionale" oggi: il caso della assistenza consolare e della protezione diplomatica", *Rivista Italiana di Diritto Pubblico Comunitario,* Vol. 20, 2010, pp. 1405-1428.

—, "Globalisation and Extraterritoriality: an Unexceptional Exception", *Values in Global Administrative Law,* Gordon Anthony, Jean-Bernard Auby, John Morison, Tom Zwart (eds.), Oxford/ Portland, Hart Publishing, 2011, pp. 61-80.

BAUER, Hartmut, *Die Bundestreue – Zugleich ein Beitrag zur Dogmatik des Bundesstaatsrechts und zur Rechtsverhältnislehre,* Tübingen, J.C.B. Mohr (Paul Siebeck), 1992, 429 p.

BAUGNIET, Jean, "L'Exécution des Actes Authentiques dans le Pays de la Communauté Economique Européenne", *Miscellanea W. J. Ganshof van der Meersch – Stu-*

dia ab discipulis amicisque in honorem egregii professoris edita, Vol. II, Bruxelas, Bruylant, 1972, pp. 711-715.

BAUMGARTNER, Samuel P., "How Well Do U.S. Judgments Fare In Europe?", *The George Washington International Law Review*, Vol. 40, 2008, pp. 173-231.

––, "Understanding Obstacles to the Recognition and Enforcement of U.S. Judgments abroad", *International Law and Politics*, Vol. 45, 2013, pp. 965-1001.

BAVASSO, António F., "Gencor: A Judicial Review of the Comission's policy and practice – Many lights and some shadows", *World Competition*, Vol, 22, N.º 4, 1999, pp. 45-65.

BAYÓN MOHINO, Juan Carlos, "Internacionalización del Derecho y Metodologia Jurídica", *Internacionalização do Direito no Novo Século*, Jorge de Figueiredo dias (org.), Coimbra, Coimbra Editora, 2009, pp. 14-43.

BAZYLER, Michael J., "Abolishing the Act of State Doctrine", *Unniversity of Pennsylvania Law Review*, Vol. 134, N.º 1, 1985-1986, pp. 327-398.

BEALE, Joseph H, *A selection of Cases on the Conflict of Laws, Vol. III The Recognition and Enforcement of Rights*, Cambridge, Harvard Law Review Publishing Association, 1902, 548 p.

BEAUD, Olivier, "La distinction entre Droit Public et Droit Privé: Un Dualisme qui Résiste aux Critiques", *in The Public Law/Private Law Divide – Une entente assez cordiale*, Mark Freedland e Jean-Bernard Auby (eds.), Hart Publishing, Oxford, 2006, pp. 21-38.

BEAUMONT, Paul, JOHNSTON, Emma, "Abolition of the Exequatur in Brussels I: Is a Public Policy Defence Necessary for the Protection of Human Rights", *IPRax – Praxis des Internationalen Privat- und Verfahrensrechts*, 30 Ano, Vol. 2, 2010, pp. 105-110.

BECK, Joachim, "Der transnationale Verwaltungsakt – Übergreifendes europäisches Rechtsinstitut oder Anstoß zur Entwicklung mitgliedstaatlicher Verwaltungskooperationsgesetze?", *DVBL – Deutsches Verwaltungsblatt*, 1 Juni 2001, pp. 855-866.

––, "European Cross-Border Cooperation Of The Future: Capacity-Building And The Principle of "Horizontal" Subsidiarity", *Borders and Borderlands: Today's Challenges and Tomorrow's Prospects. Proceedings of the Association for Borderlands Studies Lisbon Conference*, Iva Miranda Pires (ed.), Lisboa, Centro de Estudos Geográficos, 2012, disponível em https://www.academia.edu/6230414/The_formal_and_informal_cross-border_cooperation_in_Europe, acesso em 11 de Junho de 2015, pp. 13-33.

BECK, Ulrich, 'The Cosmopolitan Society and its Enemies', *Theory, Culture and Society*, Vol. 19, N.º 1-2, 2002, pp. 17-44.

BEER-GABEL, Josette, "Les Organisations Régionales de Gestion des Pêches (ORGP), Compétences Normatives et de Contrôle", *Traité de Droit des Organisations Internationales*, Evelyne Lagrange, Jean-Marc Sorel (dir.), Paris, L.G.D.J., 2013, p. 819-831.

BEIGBEDER, Yves, *Le Rôle International des Organisations Non Gouvernamentales*, Bruxelles, Bruylant, 1992, 195 p.

BEITZ, Charles R., "Cosmopolitan Liberalism and the States System", *Political Restructuring in Europe – Ethical Perspectives*, Chris Brown (ed.), London/ New York, Routledge, 1994, pp. 119-132.

––, "Cosmopolitan and Global Justice", *Current Debates in Global Justice*, Vol. II, Gillian Brock, Darrel Moellendorf (eds.), Dordrecht, Springer, 2005, pp. 11-27.

BELLET, Pierre, "La Jurisprudence du Tribunal de La Seine en Matiére d'Exequatur des Jugements Étrangers", *Travaux du Comité Français de Droit International Privé (1962-1964)*, Paris, Librairie Dalloz, 1965, pp. 251-190.

BENDA-BECKMANN, Franz von, "Who's Afraid of Legal Pluralism", *Journal of Legal Pluralism and Unofficial Law*, Vol. 47, 2002, pp. 37-83.

BENVENISTI, Eyal, "The Interplay Between Actors As A Determinant Of The Evolution Of Administrative Law In International Institutions", *Law and Contemporary Problems*, Vol. 68, Summer, Autumn, 2005, pp. 319-340.

––, "Towards a Typology of Informal International Lawmaking Mechanisms and their Distinct Accountability Gaps", *Informal International Lawmaking*, Joost Pawleyn, Ramses A. Wessel e Jan Wouters (eds.), Oxford, Oxford University Press, 2012, pp. 297-309.

BERENTELG, Maria, *Die Act of State-Doktrin als Zukunftsmodell für Deutschland*, Tübingen, Mohr Siebeck, 2010, 309 p.

BERMAN, Paul Schiff, "From International Law to Law and Globalization", *Columbia Journal of Transnational Law*, Vol. 43, 2005, pp. 445-556.

BERMAN, Paul Schiff, *Global Legal Pluralism: A Jurisprudence of Law Beyond Borders*, Cambridge, Cambidge University Press, 2012, 358 p.

BERMANN, George A., "Public Law in the Conflict of Laws", *American Journal of Comparative Law – Suplement*, Vol. 34, 1986, pp. 157-192.

––, "La Concentration Réglementaire Transatlantique", *Vers de Nouveaux Équilibres entre Ordres Juridiques – Liber Amicorum Hélène Gaudemet-Tallon*, Dalloz, Paris, 2008, pp. 23-30.

BERNARD, Camille, "Les Problàmes Posés par les Demandes d'Exequatur de Décisions D'Autorités Religieuses Étrangères en Matière de Divorce et de Séparation de Corps", *Travaux du Comité Français de Droit International Privé – Droit International Privé (1977-1979)*, Paris, Editions du CNRS, 1979, pp. 59-88.

BERNARD, Elsa, "Quels Pouvoirs pour les Agences de L'Union Européenne? (note sous Cour de justice, gde ch., arrêt du janvier 2014, aff. C-270/12, Royaume--Uni/Parlement et Conseil)", *Cahiers de Droit Européen*, Ano 50, N.º 3, 2014, pp. 637-659.

BERNARD, Nicolas, "On the Art of Not Mixing One's Drinks: Dassonville and Cassis de Dijon Revisited", *The Past and Future of EU Law – The Classics of EU Law Revisited on the 50th Anniversary of the Rome Treaty*, Miguel Poiares Maduro e Loïc Azoulai (eds.), Hart Publishing, Oxford, 2010, pp. 456-464.

BERNEL, Alexandre, *Le Principe d'Équivalence ou de "Reconnaissance Mutuelle" en Droit Communautaire*, Zürich, Schulthess Polygraphischer Verlag, 1996, 350 p.

BERNITT, Carmen Christina, *Die Anknüpfung von Vorfragen im europäischen Kollisionsrecht*, Tübingen, Mohr Siebeck, 2010, 261 p.

BERTEZZOLO, Giulia, "La Scomposizione degli Enti Regionali e la Tutela dell'Interesse Pubblico in prospettiva Ultrastatale", *Rivista Italiana di Diritto Pubblico Comunitario*, Vol. 20, 2010, pp. 1-32.

BERZ, Ulrich, "Das EU-Übereinkommen über den Entzug der Fahrerlaubnis", *NVwZ – Neue Zeitschrift für Verwaltungsrecht*, 1986, pp. 145-147.

BESSON, Samantha, "Sovereignty in Conflict", *European Integration Online Papers (EIoP)*, Vol. 8, N.º 15, 2004, disponível em http://eiop.or.at/eiop/pdf/2004-015.pdf, acesso em 10 de Julho de 2012, 50 p.

––, *The Morality of Conflict – Reasonable Disagreement and the Law*, Oxford/Portland, Hart Publishing, 2005, 601 p.

––, "Institutionalising global Demoi-cracy", *Legitimacy, Justice and Public International Law*, Lukas H. Meyer (ed.), Cambridge, Cambridge University Press, 2009, pp. 58-91.

––, "The Extraterritoriality of the European Convention on Human Rights: Why Human Rights Depend on Jurisdiction and What Jurisdiction Amounts to", *Leiden Journal of International Law*, Vol. 25, N.º 4, December, 2012, pp. 857-844.

BESTERS, Michiel, MACENAITE, Milda, "Securing the EU Public Order: Between an Economic and Political Europe", *German Law Journal*, Vol. 14, N.º 10, 2013, disponível em https://www.germanlawjournal.com, consultado em 15 de Julho de 2014, pp. 2075-2089.

BETHLEHEM, Daniel, "The End of Geography: The Changing Nature of the International System and the Challenge to International Law", *The European Journal of International Law*, Vol. 25, N.º 1, 2014, pp. 9-24.

BIAGGINI, Giovanni, "Die Entwicklung eines Internationalen Verwaltungsrechts als Aufgabe der Rechtswissenschaft", *Die Leistungsfähigkeit der Wissenschaft des Öffentlichen Rechts – VVDStRL 67*, Berlin, De Gruyter, 2008, pp. 413-445.

BIANCHI, Andrea, "Extraterritoriality and Export Controls: Some Remarks on the Alleged Antinomy Between European and U.S. Approaches", *German Yearbook of International Law,* Vol. 35, 1992, pp. 366-434.

––, ""Comment" on Harold G. Maier presentation", *Extraterritorial Jurisdiction in Theory and in Practice,* Karl M. Meessen (ed.), London, Kluwer Law International, 1996, pp. 74-100.

––, "Globalization of human rights: the role of non-state actors", *in Global Law without a State,* Gunther Teubner (ed.), Dartmouth, Aldershot, 1997, pp. 179-212.

BIGNAMI, Francesca, "Three Generations of Participation Rights Before the European Commission", *Law and Contemporary Problems,* Vol. 68, 2004, pp. 61-83.

BISCOTTINI, Giuseppe, *Contributo alla Teoria degli Atti Unilaterali nel Diritto Internazionale,* Milano, A. Giuffrè Editore, 1951, 184 p.

––, "Il Passaporto e la Sua Natura Giuridica", *Scritti di Diritto Internazionale in Onore di Tomaso Perassi,* Vol. I, Milano, Dott. A. Giuffrè, 1957, pp. 197-234.

––, "I Procedimenti Per l'Attribuizione di Efficacia agli Atti Amministrativi Stranieri", *Diritto Internazionale,* Ano 13, N.º 1, 1959, pp. 36-46.

––, "L'Efficacité des Actes Administratifs Étrangers", *Recueil des Cours,* Vol. 104, 1961, Leiden, Sijthoff, 1962, pp. 639-721.

––, *Diritto Amministrativo Internazionale – Tomo Primo/ La Rilevanza degli Atti Amministrativi Stranieri,* Padova, CEDAM, 1964, 433 p.

BLECKMANN, Albert, "Zur Anerkennung ausländischer Verwaltungsakte im Europäischen Gemeinschaftsrecht", *JuristenZeitung,* Ano 40, N.º 23, 6 Dezember 1985, pp. 1072-1077.

––, "Die Anerkennung der Hoheitsakte eines anderen Landes im Bundesstaat", *NVwZ – Neue Zeitschrift für Verwaltungsrecht,* 1986, pp. 1-6.

BLOBEL, Felix, SPÄTH, Patrick, "The Tale of Multilateral Trust and the European Law of Civil Procedure", *European Law Review,* Vol. 30, N.º 4, 2005, pp. 528-547.

BLOMBERG, Aletta B., "European Influence on National Environmental Law Enforcement: Towards an Integrated Approach", *Review of European Administrative Law,* Vol. I, N. 2, 2008, pp. 39-81.

BOCANEGRA SIERRA, Raúl, *La Teoria del Acto Administrativo,* Madrid, Iustel – Portal Derecho, S.A., 2005, 213 p.

BOCANEGRA SIERRA, Raúl, GARCÍA LUENGO, Javier, "Los Actos Administrativos Transnacionales", *Revista de Administración Pública,* N.º 177, septiembre-diciembre, 2008, pp. 9-29.

BODEN, Didier, "Le pluralisme juridique en droit international privé", in *Le Pluralisme,* Archives de Philosophie du Droit, Tomo 49, Dalloz, Paris, 2006, pp. 275-316.

BODIN, Angeuin, *Les Six Livres de La Republique,* Lyon, De L'Imprimerie de Jean de Tournes, MDLXXIX, 1579, 739 p. (e tábua de matérias).

BOEHME-NESSLER, Volker, "Reziprozität und Recht", *Rechtstheorie,* 39, 2008, pp. 521-556.

BOGDANDY, Armin von, "Doctrine of Principles", *European Integration: The New German Scholarship – Jean Monnet Working Paper 9/03,* 2003, disponível em http://www.jeanmonnetprogram.org/archive/papers/03/030901-01.pdf e consultado em 11 de Agosto de 2014, 52 p.

––, "Pluralism, direct effect, and the ultimate say: On the relationship between international and domestic constitutional law", *International Journal of Constitutional Law,* Vol. 6, N.º 3-4, 2008, pp. 1-17.

––, "Thoughts on International Democracy", *Coexistence, Cooperation and Solidarity – Liber Amicorum Rüdiger Wolfrum,* Vol. II, Holger P. Hestermeyer e.a. (eds.), Leiden/Boston, Martinus Nijhoff Publishers, 2012, pp. 1377-1397.

BOGANDY, Armin von, DANN, Philipp, "International Composite Administration: Conceptualizing Multi-Level and Network Aspects in the Exercise of International Public Authority", *German Law Journal,* Vol. 9, N.º 11, 2008, disponível em https://www.germanlawjournal.com, acesso em 11 de Julho de 2014, pp. 2013-2039.

BOGDANDY Armin von, BAST, Jürgen, "The Federal Order of Competences", *Principles of European Constitutional Law,* Armin von Bogdandy e Jürgen Bast (eds.), 2.ª ed., Portland, Hart Publishing, 2009, pp. 275-307.

BOGDANDY, Armin von, DANN, Philipp, GOLDMANN, Matthias, "Developing the Publicness of Public International Law: Towards a Legal Framework for Global Governance Activities", *German Law Journal,* Vol. 9, N.º 11, 2008, disponível em https://www.germanlawjournal.com, acesso em 11 de Agosto de 2015, pp. 1375-1400.

BOHR, Sebastian, "Sanctions by the United Nations Security Council and the European Community", *European Journal of International Law,* N.º 4, 1993, pp. 256-268.

BOLLÉE, Sylvian, "L'Extension du Domaine de la Méthode de Reconnaissance Unilatérale", *Revue Critique de Droit International Privé,* Vol. 96, N.º 2, Abril-Junho, 2007, pp. 307-355.

BOMHOFF, Jacco, "The Reach Of Rights: "The Foreign" And "The Private" In Conflict-Of-Laws, State-Action, And Fundamental-Rights Cases With Foreign Elements", *Law And Contemporary Problems,* Vol. 71, Summer, 2008, pp. 39-71.

BONOMI, Andrea, *Le Norme Imperative nel Diritto Internazionale Privato – Considerazioni sulla Convenzione Europea Sulla Legge Applicabile alle Obbbligazioni Contrattuali del*

19 Giugnio 1980 Nonché Sulle Leggi Italiana e Svizzera di Diritto Internazionale Privato, Zürich, Schulthess Polygraphischer Verlag, 1998, 426 p.

––, "Le Droit International Privé entre Régionalisme et Universalisme", *Revue Suisse de Droit International et Européen*, Vol. 16, N.º 3, 2006, pp. 295-309.

––, "Overriding mandatory provisions in the Rome I regulation on the law applicable to contracts", *Yearbook of Private International Law*, Vol 10, 2008, pp. 285-300

Borrás, Alegría, "Le Droit International Privé Communautaire: Réalités, Problèmes et Perspectives d'Avenir", *Recueil des Cours,* Tomo 317, 2005, Leiden/ Boston, Martinus Nijhoff Publishers, 2006, pp. 313-536.

––, "De la Exigencia de Legalización a la Libre Circulación de Documentos", *El Documento Público Extranjero en España y en la Unión Europea – Estudios sobre las Características y Efectos del Documento Público,* Maria Font i Mas (dir.), España, Editora Bosch, 2014, pp. 27-46.

Borsi, Umberto, "Carattere ed Oggetto del Diritto Amministrativo Internazionale", *Rivista di Diritto Internazionale*, Vol VI, 1912, pp. 365-379.

Bosch, Ulrich, "Extraterritorial rules in Banking and Securities", *Extraterritorial Jurisdiction in Theory and in Practice*, Karl M. Meessen (ed.), London, Kluwer Law International, 1996, pp. 200-210.

Bothe, Michael, "Rechtprobleme grenzüberschreitender Plannung", *Archiv des Öffentlichen Rechts*, Vol. 102, 1977, pp. 68-89.

Boughey, Janina, "Administrative Law: The Next Frontier For Comparative Law", *International and Comparative Law Quarterly*, Vol. 62, 2013, pp 55-95.

Bowett, D. W., "Jurisdiction: Changing Patterns of Authority over Activities and Resources" *The British Yearbook of International Law*, Vol. LIII, 1982, pp. 1-26.

Brabant, Stéphane, Kirk, Anna, Proust, Jonathan, "States, Sanctions and Soft Law: An Analysis of Differing Approaches to Business and Human Rights Frameworks", *New Directions in International Economic Law – In Memoriam Thomas Wälde*, Tom Weiler e Freya Baetens (eds.), Martinus Nijhoff Publishers, Leiden, 2011, pp. 383-410.

Brammer, Silke, "Ne bis in idem in europäischen Kartellrecht – Neue Einsichten zu einem alten Grundsatz", *Europäische Zeitschrift für Wirtschaftsrecht*, Vol. 24, N.º 16, 2013, pp. 617-622.

Breining-Kaufmann, Christine, "Internationales Verwaltungsrecht", *Zeitschrift für Schweizerisches Recht*, Vol. 125, II, 2006, pp. 5-73.

Breitenbuch, Henriette von, *Karl Neumeyer – Leben und Werk*, Rechtshistorische Reihe 438, Frankfurt am Main, Peter Lang, 2013, 278 p.

Brenner, Michael, "Verfassungsfragen der Europäisierung des Führerscheinentzuges", *DVBl. – Das Deutsche Verwaltungsblatt*, 1999, pp. 877-884.

BIBLIOGRAFIA

BRIGGS, Adrian, "The Principle of Comity in Private International Law", *Recueil des Cours*, Vol. 354, 2011, Leiden/Boston, Martinus Nijhoff, 2012, pp. 77-182.

--, "Recognition of foreign judgements: a matter of obligation", *The Law Quarterly Review*, Vol. 129, January, 2013, pp. 87-100.

BRILMAYER, Lea, "Extraterritorial Application of American Law: A Methodological and Constitutional Appraisal", *Law and Contemporary Problems,* Vol. 50, N.º 3, Summer, 1987, pp. 11-38.

--, "The New Extraterritoriality: Morrison V. National Australia Bank, Legislative Supremacy, And The Presumption Against Extraterritorial Application of American Law", *Southwestern Law Review*, Vol. 40, 2011, pp. 655-686.

BRITO, A. Correia de, KAUFFMANN, C, J. PELKMANS, "The contribution of mutual recognition to international regulatory co-operation", *OECD Regulatory Policy Working Papers*, N.º 2, OECD Publishing, Paris, 2016, disponível em http://dx.doi.org/10.1787/5jm56fqsfxmx-en, acesso em 10 de Junho de 2017, pp. 1-90.

BRITO, Maria Helena, *Direito do Comércio Internacional*, Coimbra, Almedina, 2004, 262 p.

BRITO, Wladimir, "Os Agrupamentos Europeus de Cooperação Territorial (AECT)", *Direito Regional e Local*, 00, Outubro/Dezembro, 2007, pp. 20-26.

--, *Direito Internacional Público*, 2.ª ed., Coimbra, Coimbra Editora, 2014, 732 p.

BRITZ, Gabriele, "Estructuras de la Unión Administrativa Europea de la Regulación de los Mercados de la Energía Alemán y Europeo" *La Unión Administrativa Europea*, Francisco Velasco Caballero, Jens-Peter Schneider, Madrid, Marcial Pons, 2008, pp. 159-192.

BROLMANN, Catherine, "A Flat Earth: International Organisations in the System of International Law", *Nordic Journal of International Law*, N.º 70, 2001, pp. 319-340.

--, "Deterritorialisation in International Law: Moving Away from the Divide Between National and International Law", *New Perspectives on the Divide between National and International Law*, Oxford, Oxford University Press, 2007, pp. 84-109

BRÖLMANN, Catherine M., VIERDAG, Egbert W., "Pays-Bas – Netherlands", *L'Intégration du Droit International et Communautaire sand l'Ordre Juridique National – Étude de la Pratique en Europe*, Pierre Michel Eisemann (ed.), The Hague, Kluwer Law International, 1996, pp. 433-459.

BROWER, Evelien, "The European Court of Justice on Humanitarian Visas: Legal integrity vs. political opportunism?, *CEPS*, 16 de Março de 2017, disponível em https://www.ceps.eu/publications/european-court-justice-humanitarian-visas-legal-integrity-vs-political-opportunism, acesso em 10 de Junho de 2017.

BROWN, Garret Wallace, "Kant's Cosmopolitanism", *The Cosmopolitanism Reader*, Garrett W. Brown, David Held (org.), Cambridge, Polity Press, 2010, p. 45-60.

703

Brown, Garrett Wallace, Held, David, "Editor's Introduction", *The Cosmopolitanism Reader*, Garrett W. Brown, David Held (org.), Cambridge, Polity Press, 2010, pp. 1-14.

Brownlie, Ian, "Recognition in Theory and Practice", *The British Yearbook of International Law*, Vol. LIII, 1982, pp. 197-211.

Brozolo, Luca G. Radicati di, "L'Ambito di Applicazione della Legge del Paese di Origine nella Libera Prestazione dei Servizi Bancari nella CEE", *Il Foro Italiano*, Vol. 13, Parte IV, 1990, pp. 454-478.

----,"Foreign Public Law before Italian Courts", *Colloque de Bâle sur le Rôle du Droit Public en Droit International Privé – (20 et 21 mars 1986) Rapports et procès-verbaux des débats*, Bâle, Helbing & Lichtenbaum, 1991, pp. 85-111.

--, *La Giurisdizione Esecutiva e Cautelare nei Confronti degli Stati Stranieri*, Milano, Dott. A. Giuffrè, 1992, 376 p.

--, "L'influence sur les conflits de lois des principes de droit communautaire en matière de liberté de circulation", *Revue Critique de Droit International Privé*, Vol. 82, n.º 3, 1993, pp. 401-424.

Buchanan, Allen, Keohane, Robert O., "The Legitimacy Of Global Governance Institutions", *Ethics and International Affairs*, Vol. 20, n.º 4, 2006, pp. 405–437.

Buchmann, Eva, *Positive Comity im internationalen Kartellrecht*, München, European Law Publishers, 2004, 170 p.

Buendia Sierra, Jose Luis, "Las Secuelas del Caso "Cassis de Dijon". Libre Circulacion de Productos Alimenticios y Reglamentaciones Nacionales", *Revista de Instituciones Europeas*, Vol. 16, N.º 1, 1989, pp. 135-171.

Burbaum, Stefan, *Rechtsschutz gegen transnationales Verwaltungshandeln*, Baden-Baden, Nomos Verlagsgesellschaft, 2003, 185 p.

Búrca, Gráinne de, "Sovereignty and the Supremacy Doctrine of the European Court of Justice", *Sovereignty in Transition*, Neil Walker (ed.), Oxford/ Portland, Hart Publishing, 2003, pp. 33-54.

Burdeau, Geneviève, "Le Gel d'Avoirs Étrangers", *Journal du Droit International*, Ano 124, Janvier-Février-Mars, N.º 1, 1997, pp. 5-57.

Bureau, Dominique, Watt, Horatia Muir, *Droit International Privé, Tome I – Partie Générale*, 3.ª ed., Paris, Presses Universitaires de France, 2014, p. 780.

Burley, Anne-Marie, "Law among Liberal States: Liberal Internationalism and the Act of State Doctrine", *Columbia Law Review*, Vol. 92, N.º 8, December, 1992, pp. 1907-1996.

Buxbaum, Hannah L., "Transnational Regulatory Litigation", *Virginia Journal of International Law*, Vol. 46, N.º 2, 2006, pp. 251-357.

––, "Territory, Territoriality, and the Resolution of Jurisdictional Conflict", *The American Journal of Comparative Law*, Vol. 57, 2009, pp. 631-675.

CABRAL, Pedro, "Algumas Considerações sobre a Livre Circulação dos Advogados na Comunidade Europeia: à Luz da Nova Directiva 98/5/CE, do Parlamento Europeu e do Conselho", *Revista da Ordem dos Advogados*, Ano 59, Abril, 1999, pp. 589-664.

CADETE, Eduardo Maia, "Acordos De Cooperação Entre a Comunidade Europeia e os Estados Unidos da América no Âmbito do Direito da Concorrência", *Revista da Ordem dos Advogados*, Ano 69, Janeiro/Março, Abril/Junho, 2009, pp. 397-365.

CADILHA, António, "Os Poderes de Pronúncia Jurisdicionais na Acção de Condenação à Prática de Acto Devido e os Limites Funcionais da Justiça Administrativa", *Estudos em Homenagem ao Prof. Doutor Sérvulo Correia*, Vol. II, Jorge Miranda (ed.), Coimbra, Coimbra Editora, 2010, pp. 161-223.

CAEIRO, Pedro, *Fundamento, Conteúdo e Limites da Jurisdição Penal do Estado – O caso Português*, Coimbra, Coimbra Editora, 2010, 599 p.

––, "A Jurisdição Penal da União Europeia como Meta-Jurisdição: Em Especial, a Competência para Legislar sobre as Bases de Jurisdição Nacional", *Estudos em Homenagem ao Prof. Doutor José Joaquim Gomes Canotilho*, Vol. III, Fernando Alves Correia, Jónatas M. Machado, João Carlos Loureiro (Coords.), Coimbra, Coimbra Editora, 2012, pp. 179-210.

CAETANO, Marcello, Manual de Direito Administrativo, Volume I, 10.ª ed. (revista e atualizada por Diogo Freitas do Amaral), Coimbra, Almedina, 1980, 640 p.

CAHIN, Gérard, "Rapport", *Les Competences de L'État en Droit International – Colloque de Rennes*, Paris, Éditions Pedone, 2006, pp. 9-52.

CALHOUN, John C., "Conflict Of Laws-Right Of State To Refuse To Enforce Foreign Right Of Action Which Is Opposed To Local Policy [United States Supreme Court]", *Washington & Lee Law Review*, N.º 9, 1952, pp. 55-109.

CALIESS, Christian, RUFFERT, Matthias, *EUV.AEUV Kommentar*, 4.ª ed., München, Verlag C.H. Beck, 2011, 3148 p.

CALIESS, Gralf-Peter, MAURER, Andreas, "Transnationales Recht – eine Einleitung ", *Transnationales Recht*, Gralf-Peter Caliess (ed.), Tübingen, Mohr Siebeck, 2014, pp. 1-38.

CALLÉ, Pierre, "L'Acte Public en Droit International Privé", *Droit Écrit*, N.º 2, 2002, pp. 125-141.

––, *L'Acte public en Droit International Public*, Paris, Economica, 2004, 441 p.

––, "L'Acte Authentique établi à l'Étranger – Validité et Exécution en France" *Revue Critique de Droit International Privé*, Vol. 94, N.º 3, Julho-Setembro, 2005, pp. 377-412.

CALLIESS, Christian, *Subsidiaritäts- und Solidaritätsprinzip in der Europäischen Union – Vorgaben für die Anwendung von Art. 5 (ex-Art. 3b) EGV nach dem Vertrag von Amsterdam*, 2.ª ed., Baden-Baden, Nomos Verlagsgesellschaft, 1999, 406 p.

CALVO CARAVACA, Alfonso-Luis, *La Sentencia Extranjera en España y la Competencia del Juez de Origen*, Madrid, Editorial Tecnos S.A., 1986, 185 p.

CALVO CARAVACA, Alfonso-Luis, CARRASCOSA GONZÁLEZ, Javier, *Mercado Único y Libre Competencia en la Unión Europea*, Madrid, Colex, 2003, 1308 p.

––, *Derecho Internacional Privado*, Vol. I, 14.ª ed., Granada, Comares, 2013, 1300 p.

CAMBIEN, Nathan, "Mutual Recognition and Mutual Trust in the Internal Market", *European Papers*, Vol. 2, N.º 1, 2017, pp. 93-115.

CAMPOS, João Mota de, CAMPOS, João Luís Mota de, "Teoria Geral das Organizações Internacionais", *Organizações Internacionais*, João Mota de Campos (coord.), 4.ª ed., Coimbra, Coimbra Editora, 2010, pp. 23-206.

––, *Manual de Direito Europeu – O Sistema Institucional, a Ordem Jurídica e o Ordenamento Económico da União Europeia*, 6.ª ed., Coimbra, Coimbra Editora, 2010, 774 p.

CANANEA, Giacinto della, *Ai di là dei Confini Statuali – Principi Generali del Diritto Pubblico Globale*, Bologna, il Mulino, 2009, 219 p.

––, "Il Diritto Amministrativo Europeo e i suoi Principi Fondamentali", *Diritto Amministrativo Europeo – Principi e Instituti*, Giacinto della Cananea (ed.), 3.ª ed., Milão, Giuffrè Editore, 2011, pp. 1-65.

––, "From the Recogniton of Foreign Acts to Trans-national Administrative Procedures" *Recognition of Foreign Administrative Acts*, Jaime Rodríguez-Arana Muñoz (ed.), Ius Comparatum – Global Studies in Comparative Law 10, Suíça, Springer, 2016, pp. 219-242.

CANANEA, Giacinto della, FRANCHINI, Claudio, *I Principi dell'Amministrazione Europea*, 2.ª ed., Turim, G. Giappichelli Editore, 2013, 371 p.

CANAS, Vitalino, "Relação Jurídico-Política", *Dicionário Jurídico da Administração Pública*, José Pedro Fernandes (Dir.), Coimbra, Gráfica do Areeiro, Lda., 1996, pp. 207-234.

CANE, Peter, "Accountability and the Public/Private Distinction", *Public Law in a Multi-Layered Constitution*, Nicholas Bamforth e Peter Leyland (eds.) Oxford and Portland, Hart Publishing, 2003, pp. 247-276.

CANIZZARRO, Enzo, "The Eu's Human Rights Obligations in Relation to Policies with Extraterritorial Effects: A Reply to Lorend Bartels" *The European Journal of International Law*, Vol. 25, N.º 4, 2015, p. 1093-1099.

CANOTILHO, J. J. Gomes, "Offenheit vor dem Völkerrecht und Völkerrechtsfreundlichkeit des portugiesiechen Rechts", *Archiv des Völkerrechts*, Vol. 34, N.º 1, März, 1996, pp. 47-71.

BIBLIOGRAFIA

–, "O Direito Constitucional Passa. O Direito Administrativo Passa Também", *Estudos em Homenagem ao Prof. Doutor Rogério Soares,* Coimbra, Coimbra Editora, 2001, pp. 705-722.

–, *"Brancosos" e Interconstitucionalidade – Itinerários dos Discursos sobre Historicidade Constitucional, Coimbra,* Almedina, 2006, 345 p.

–, *Direito Constitucional e Teoria da Constituição,* 7.ª ed., Coimbra, Almedina, 2010, 1522 p.

CANOTILHO, J.J. Gomes, MOREIRA, Vital, *Consttuição da República Portuguesa Anotada,* Vol. I, 4.ª ed., Coimbra, Coimbra Editora, 2007, 1152 p.

CANOVA, Timothy A., "Non-State Actors and the International Institutional Order: Central Bank Capture and the Globalization of Monetary Amnesia", *ASIL Proceedings of the 101st Annual Meeting, The Future of International Law,* Washington D.C., 2007, pp. 469-473.

CANSACCHI, Giorgio, "L'Efficacia Probatoria deu Certificati Administrativi Stranieri", *Giurisprudenza Comparata di Diritto Internazionale Privato,* N.º 3, 1938, pp. 267-268.

CAPELO, Maria José, *A Sentença entre a Autoridade e a Prova – Em Busca de Traços Distintivos do Caso Julgado Civil,* Coimbra, Almedina, 2015, 423 p.

CARANTA, Roberto, "Pleading for European Administrative Law – What is the Place for comparative Law in Europe", *Review of European Administrative Law,* Vol. 2, N.º 2, 2009, pp. 155-173.

CARBALLO, Laura, "La ?Necesaria? Atribución de Competencia para el Reconocimiento de Decisiones Extranjeras a los Juzgados de Lo Mercantil", *Revista Española de Derecho Internacional,* Vol. LIX, N.º 2, 2007, pp. 864-869.

CAROTTI, Bruno, CASINI, Lorenzo, "A Hybrid Public-Private Regime: The Internet Corporation for Assigned Names and Numbers (ICANN) and the Governance of the Internet", *Global Administrative Law, Cases Materials and Issues,* Sabino Cassese, Bruno Carotti, Lorenzo Casini, Marco Macchia, Euan MacDonald, Mario Savino (eds.), 2.ª ed., 2008, disponível em http://www.iilj.org/gal/documents/GALCasebook2008.pdf, acesso em 4 de Agosto de 2015, pp. 29-37.

CARREAU, Dominique, MARELLA, Fabrizio, *Droit International,* 11.ª ed., Paris, Pedone, 2012, 733 p.

CARRILHO SALCEDO, J. A., *Derecho Internacional Privado,* 3.ª ed. Madrid, Tecnos, 1983, 334 p.

CARTER, Barry E., "Instilling some Order into the confusion of U.S. unilateral economic sanctions", *ASIL Proceedings of the 91st Annual Meeting, Implementation, Compliance and Effectiveness, Washington D.C.,* 1997, pp. 334-337.

CARTER, P. B., "Rejection of Foreign Law: Some Private International Law Inhibitions" *Btitish Yearbook of International Law*, Vol. 55, 1985, pp. 111-131.

––, "Transnational Recognition and Enforcement of Foreign Public Laws", *The Cambridge Law Journal*, Vol. 48, N.º 3, November, 1989, pp. 417-435.

CASAD, Robert C., "Issue Preclusion and Foreign Country Judgements: Whose Law?", *Iowa Law Review*, Vol. 70, N.º 53, 1984, pp. 53-80.

CASESSE, Sabino, "Gamberetti, Tartarughe e Procedure. *Standards* Globali per i Diritti Amministrativi Nazionali", *Rivista Trimestrale di Diritto Pubblico*, Vol. 54, N.º 3, 2004, pp. 657-678.

––, "Tendenze e Problemi del Diritto Amministrativo", *Rivista Trimestrale di Diritto Pubblico*, Vol. 54, N.º 4, 2004, pp. 901-912.

––, *Il Diritto Globale: Giustizia e Democrazia oltre lo Stato*, Torino, EINAUDI, 2009, 244 p.

––, "New Paths for Administrative Law: A Manifesto", *International Journal of Constitutional Law*, Vol. 10, N.º 3, 2012, pp. 603-613.

CASETTA, Elio, "Le Transformazioni del Processo Amministrativo", *Rivista Italiana di Diritto Pubblico Communitario*, Vol. 9, N.º 3/4, 1999, pp. 689-704.

CASINI, Lorenzo, "Domestic Public Authorities within Global Networks: Institutional and Procedural Design, Accountability, and Review", *Informal International Lawmaking*, Joost Pawleyn, Ramses A. Wessel e Jan Wouters (eds.), Oxford, Oxford University Press, 2012, pp. 385-408.

CASSATELA, Antonio, "Procedimenti Amministrativi Europei: Il Caso del Marchio Comunitario", *Rivista Italiana di Diritto Pubblico Comunitario*, N.º 3, 2008, pp. 835-890.

CASSESE, Antonio, "Il Procedimento Amministrativo Europeo", *Il Procedimento Amministrativo nel Diritto Europeo*, Francesca Bignami, Sabino Cassese (eds.), Milano, Giuffrè, 2004, pp. 31-52.

––, "Global Standards For National Administrative Procedure", *Law and Contemporary Problems*, Vol. 68, Summer/Autumn, 2005, pp. 109-126.

––, *International Law*, 2.ª ed., New York, Oxford University Press, 2005, 616 p.

––, "Diritto Amministrativo Comunitario e Diritti Amministrativi Nazionali", *Trattato di Diritto Amministrativo Europeo*, Mario P. Chitti e Guido Greco (eds.), 2.ª ed., Tomo I, Milão, Giuffrè Editore, 2007, pp. 1-13.

––, *I Tribunale di Babele – I Giudici alla Ricerca di un Nuovo Ordine Globale*, Roma, Donzelli Editore, 2009, 106 p.

––, "A Global Due Process of Law", *Values in Global Administrative Law*, Gordon Anthony, Jean-Bernard Auby, John Morison, Tom Zwart, Oxford (eds.), Hart Publishing Ltd., 2011, pp. 17-60.

——, *Diritto Internazionale*, Paolo Gaeta (org.), 2.ª ed., Bologna, Il Mulino, 2013, 429 p.

CASSESE, Sabino, SAVINO, Mario, "I Caratteri del Diritto Amministrativo Europeo", *Diritto Amministrativo Europeo – Principi e Instituti*, Giacinto della Cananea (ed.), 3.ª ed., Milão, Giuffrè Editore, 2011, pp. 185-269.

CASSIMATIS, Grégoire P., "Jus Publicum, Jus Privatum, Jus Sociale – Essai sur l'Autonomie du Droit Social", *Eranion in Honorem Georgii S. Maridakis*, Vol. III, Atenas, Athenis, 1964, pp. 649-679.

CASTBERG, Frede, "De L'effet Extratérritorial des Décrets D'Expropriation et de Réquisition", *Scritti di Diritto Internazionale in Onore di Tomaso Perassi*, Vol. I, Milano, Dott. A. Giuffrè, 1957, pp. 335-365.

CASTELLS, Manuel, "A Sociedade em Rede: do Conhecimento à Política", *A Sociedade em Rede – do Conhecimento à Acção Política*, Manuel Castells, Gustavo Cardoso (orgs.), Lisboa, Imprensa Nacional da Casa da Moeda, 2006, pp. 17-30.

CASTLES, Stephen, MILLER, Mark J., *The Age of Migration – International Population Movements in the Modern World*, 4.ª ed., London, Palgrave Macmillan, 392 p.

CASTRO, Paulo Canelas de, "Globalização e Direito Internacional: Rumo ao Estado de Direito nas Relações Internacionais", *Nos 20 Anos do Código das Sociedades Comerciais – Homenagem aos Profs. Doutores A. Ferrer Correia, Orlando de Carvalho e Vasco Lobo Xavier*, Vol. III, Vária, Coimbra, Coimbra Editora, 2007, pp. 759-924.

CATARINO, Luís Guilherme, "Direito Administrativo dos Valores Mobiliários", *Tratado de Direito Administrativo Especial*, Vol. III, Paulo Otero, Pedro Gonçalves (coords.), Coimbra, Almedina, 2010, pp. 373-548.

——, "A Nova Regulação Europeia dos Mercados Financeiros: A *Hoft Law* nos *Balancing Powers* da União", *Estudos em Homenagem ao Prof. Doutor José Joaquim Gomes Canotilho*, Vol. IV. Coimbra: Coimbra Editora, Coimbra, 2012, pp. 145-175.

CATELLANI, E. L., *Il Diritto Internazionale Privato e i suoi Recenti Progressi*, Vol II-parte seconda e Vol. III, Roma, Unione Topografico Editrice, 1888, 1028 p.

CATELLANI, E., *Lezioni di Diritto Internazionale Pubblico, Privato, Penale e Amministrativo*, Padova, C.E.D.A.M., 1928, 217 p.

CAUPERS, João, "Atos Políticos – Contributo para a sua Delimitação", *Cadernos de Justiça Administrativa*, N.º 98, Março, Abril, 2013, pp. 3-13.

——, "Comentários ao Projecto de Revisão do Código do Procedimento Administrativo", *Direito & Política*. 2013, July-October, No 4, pp. 157-158.

CAUPERS, João, EIRÓ, Vera, *Introdução ao Direito Administrativo*, 12.ª ed., Âncora Editora, Lisboa, 2016, 554 p.

CAVARÉ, Louis, *Le Droit International Public Positif*, Tomo I, 3.ª ed., Paris, Éditions A. Pedone, 1967, 806 p.

CERRATO GURI, Elisabet, "El Valor Probatorio de los Documentos Publicos no Judiciales y Extranjeros en el Proceso Civil Español", *El Documento Público Extranjero en España y en la Unión Europea – Estudios sobre las Características y Efectos del Documento Público*, Maria Font i Mas (dir.), España, Editora Bosch, 2014, pp. 475-495.

CHAMON, Merijin, "The influence of "Regulatory Agencies" on Pluralism in European Administrative Action", *Review of European Administrative Law*, Vol. 5, N.º 2, 2012, pp. 61-91.

CHAYES, Abram, "Compliance without Enforcement", *ASIL Proceedings of the 91st Annual Meeting, Implementation, Compliance and Effectiveness, Washington D.C.,* 1997, pp. 53-56.

CHAYES, Abram, CHAYES, Antonia Handler, "On Compliance", *International Organization*, Vol. 47, N.º 2, March, 1993, pp 175-205.

CHENEVAL, François, LAVENEX, Sandra, SCHIMMELFENNIG, Frank, "Demoi-cracy in the European Union: Principles, Institutions, Policies", *Journal of European Public Policy*, Vol. 22, N.º 1, 2015, pp. 1-18.

CHESTERMAN, Simon, "Globalization Rules: Accountability, Power and the Prospects for Global Administrative Law", *Global Governance*, Vol. 14, 2008, 2009, pp. 39-52.

CHIAPPINI, Carolina Gomes, VIEIRA, Luciane Klein, "O Reconhecimento e Execução de Decisões Judiciais Estrangeiras no Brasil e o caso das Sentenças Fronteiriças, *Revista Eletrônica Direito e Política*, Vol. 3, N.º 3, 2008, disponível em http://sociedip.files.wordpress.com/2013/12/o-reconhecimento-e-a-execu cao-de-decisoes-judiciais-estrangeiras-no-brasil-e-o-caso-das-sentencas-fron teiricas-gomez-y-klein.pdf, acesso em 18 de Janeiro de 2015, pp. 216-239.

CHIBA, Masaji, "Other Phases of Legal Pluralism in the Contemporary World", *Ratio Juris*, Vol. 11 N.º 3, September, 1998, pp. 228–245.

CHILDRESS III, Donald Earl, "Comity as Conflict: Resituating International Comity as Conflict of Laws", *University of California Davis Law Review*, Vol. 44, November 2010, pp. 11-79.

CHIMNI, B.S., "Cooption And Resistance: Two Faces Of Global Administrative Law", *IILJ Working Paper 2005/16 (Global Administrative Law Series)*, disponível em www .iilj.org, acesso em 9 de Setembro de 2014, 23 p.

CHINKIN, Christine, "The Challenge of Soft Law: Development and Change in International Law", *International Comparative Law Quarterly*, Vol. 38, 1989, pp. 850-866.

CHITI, Edoardo, "European Agencies' Rulemaking: Powers, Procedures and Assessment", *European Law Journal*, Vol. 19, N.º 1, January 2013, pp. 93–110.

CHITI, Edoardo, CANANEA, Giacinto della, "L'attività Amministrativa", *Diritto Amministrativo Europeo – Principi e Instituti*, Giacinto della Cananea (ed.), 3.ª ed., Milão, Giuffrè Editore, 2011, pp. 103-129.

CHITI, Mario P., "Forms of European Administrative Action", *Law and Contemporary Problems*, Vol. 68, Winter, 2004, pp. 37-57.

CHO, Sungjoon, KELLY, Claire R., "Promises and Perils of New Global Governance; a case of the G20", *Chicago Journal of International Law*, Winter, 2012, pp. 491-562.

CHONG, Adeline, "Transnational Public Policy in Civil and Commercial Matters", *The Law quarterly Review*, Vol. 128, January, 2012, pp. 87-113.

CHRISTIANSEN, Thomas, DOBBELS, Mathias, "Non-Legislative Rule Making after the Lisbon Treaty: Implementing the New System of Comitology and Delegated Acts", *European Law Journal*, Vol. 19, N.° 1, January, 2013, pp. 42–56.

CLARK, Harry L., "Dealing with U.S. Extraterritorial Sanctions and Foreign Contermeasures", *University of Pennsylvania Journal of International Economic Law*, Vol. 25, N.° 1, 2004, pp. 455-489.

CLASSEN, Claus Dieter, "Die Entwicklung eines Internationalen Verwaltungsrechts als Aufgabe der Rechtswissenschaft", *Die Leistungsfähigkeit der Wissenschaft des Öffentlichen Rechts – VVDStRL 67*, Berlin, De Gruyter, 2008, pp. 365-412.

CLAYTON, Gina, "Asylum Seekers in Europe: M.S.S. v Belgium and Greece", Human Rights Law Review, Vol. 11, N.o 4, 2011, pp. 758-773.

CLOPTON, Zachary D., "Extraterritoriality and Extranationality: A Comparative Study", *Duke Journal of Comparative and International Law*, Vol. 23, 2013, pp. 217-265.

––, "Replacing the Presumption against Extraterritoriality", *Boston University Law Review*, Vol. 64, N.° 1, 2014, pp. 1-53.

COCUCCI, Vera, "Nuove Forme di Cooperazione Territoriale Transfrontaliera: Il Gruppo Europeo Di Cooperazione Territoriale", *Rivista Italiana di Diritto Pubblico Comunitario*, N.° 3, 2008, pp. 891-925.

COESTER-WALTJEN, Dagmar, "Das Anerkennungsprinzip im Dornröschenschlaf?", *Festschrift für Erik Jayme*, Tomo I, Heinz-Peter Mansel, Thomas Pfeiffer, Herbert Kronke, Christian Kohler, Rainer Hausmann (eds.), München, Sellier – European Law Publishers, 2004, pp. 121-128.

––, "Anerkennung im Internationalen Personen-, Familien- und Erbrecht und das Europäische Kollisionsrecht", *IPRax – Praxis des Internationalen Privat-und Verfahrensrechts*, Ano 26, N.° 4, Juli/August, 2006, pp. 392-400.

COHEN, Jean L., *Globalization and Sovereignty – Rethinking Legality, Legitimacy and Constitutionalism*, New York, Cambridge University Press, 2012, 442 p.

COLANGELO, Anthony J., "A Unified Approach to Extraterritoriality", *Virginia Law Review*, Vol. 97, N.º 5, 2011, pp. 1019-1109.

––, "What is Extraterritorial Jurisdiction?", *Cornell Law Review*, Vol. 99, 2014, pp. 1303-1352.

COLLAÇO, Isabel de Magalhães, *Lições de Direito Internacional Privado*, Vol. II, Lisboa, Edição da AAFDL, 1959, 475 p.

––, *Prefácio* (à Dissertação de Manuel Cortes Rosa), Lisboa, Revista da Faculdade de Direito da Universidade de Lisboa – Suplemento Dissertações de Alunos, 1960, pp. VII-XXIV.

––, *Da Qualificação em Direito Internacional Privado*, Lisboa, Editorial Império, 1964, 317 p.

––, *Lições de Direito Internacional Privado*, Vol. I, Lisboa, Edição da AAFDL, 1966, 367 p.

––, "L'Arbitrage International dans la Recente Loi Portugaise Sur L'Arbitrage Volontaire (Loi n.º 31/86, du 20 août 1986) – Quelques Réflexions», *Droit International et Droit Communautaire – Actes du Colloque, Paris, 5 et 6 Avril 1990*, Paris, Fondation Calouste Gulkenkian, 1991, pp. 55-66.

COLLINS, Hugh, "The Hybrid Quality of European Private Law", *The Foundations of European Private Law*, Roger Brownsword, Hans-W Micklitz, Leone Niglia, Stephen Weatherill (eds.), Oxford, Hart Publishing, 2011, pp. 453-463.

COLLINS, Lawrence, "Comity in Modern Private international law", *Reform and Development of Private International Law – Essays in Honour of Sir Peter North*, James Fawcett (ed.), Oxford, Oxford University Press, 2002, pp. 89-110.

COLLINS, Lawrence, *Dicey, Morris and Collins on the conflict of laws*, 15.ª ed., Vol. I, London, Sweet & Maxwell, 2012, 914 p.

COLLINS, Thomas J., *Enforcement of Judgements*, Dublin, Round Hall/ Thomson Reuters, 2014, 180 p.

CONDORELLI, Luigi, *La Funzione del Riconoscimento di Sentenze Straniere*, Milano, Dott. A. Giuffrè Editore, 1967, 302 p.

CONSTANTINESCO, Vlad, "L'Article 5 CEE, de la Bonne Foi à la Loyauté Communautaire", *Du Droit International au Droit de l'Intégration – Liber Amicorum Pierre Pescatore*, F. Capotorti, C.-D. Ehlermann, J. Frowein, F. Jacobs, R. Joliet, T. Koopmans, R. Kovar (orgs.), Baden-Baden, Nomos Verlagsgesellschaft, 1987, pp. 97-114.

CONTICELLI, Martina, "Il Procedimento Europeo di Registrazione delle Denominazioni di Origine Protetta", *Rivista Trimestrale di Diritto Pubblico*, Vol. 54, N.º 2, 2004, pp. 317-346.

--, "The G8 and "The Others, *Global Jurist Advances,* Vol. 6, N.º 3, 2006, disponível em http://www.bepress.com/gj/advances/vol6/iss3/art2, acesso em 4 de Agosto de 2015, 13 p.

COOKER, Chris de, "The Efectiveness of International Administrative Law as a Body of Law", *The Development and Effectiveness of International Administrative Law – On the Occasion of the Thirtieth Anniversary of the World Bank Administrative Tribunal,* Olufemi Elias (ed.), Leiden-Boston, Martinus Nijhoff Publishers, 2012, pp. 319-332.

COOPER, James M., "The Challenge to the State in International Law", *in Law, Justice and the State II – The Nation, the State and Democracy,* Michel Troper & Mikael M. Karlsson (eds.), Franz Steiner Verlag, Stuttgart, 1995, pp. 170-176.

CORREIA, António Ferrer, "La Doctrine des Droits Acquis dans un Système de Règles de Conflit Bilatérales", *Estudos Vários de Direito,* Coimbra, Universidade de Coimbra, 1982, pp. 59-104.

--, "Breves Reflexões sobre a Competência Internacional Indirecta", *Estudos Vários de Direito,* Coimbra, Universidade de Coimbra, 1982, pp. 193-222.

--, "Considerações sobre o Método do Direito Internacional Privado", *Estudos Vários de Direito,* Coimbra, Universidade de Coimbra, 1982, pp. 309-398.

--, "La Reconnaissance et l'Exécution des Jugements Etrangers en Matière Civile et Commerciale (Droit Comparé)", *Estudos Vários de Direito,* Coimbra, Universidade de Coimbra, 1982, pp. 105-192.

--, "Le Système Portugais sur la compétence internationale (directe)", Études de Droit International en L´honneur de Pierre Lalive, Christian Dominicé, Robert Patry, Claude Reymond (eds.), Basileia/ Frankfurt am Main, Editions Helbing & Lichtenbaum, 1993, pp. 49-59.

--, *Lições de Direito Internacional Privado,* Vol. I, Coimbra, Almedina, 2000, 546 p.

CORREIA, António Ferrer, RAMOS, Rui Manuel de Moura, *Um caso de Competência Internacional dos Tribunais Portugueses,* Lisboa, Edições Cosmos, 1991, 54 p.

CORREIA, Cecília Anacoreta, *A Tutela Executiva dos Particulares no Código de Processo nos Tribunais Administrativos,* Coimbra, Almedina – Abreu Advogados, 2015, 472 p.

CORREIA, Fernando Alves, *As Garantias do Particular na Expropriação por Utilidade Pública,* Coimbra, Gráfica de Coimbra, 1982, 216 p.

--, *Justiça Constitucional,* Coimbra, Almedina, 2016, 401 p.

CORREIA, José Manuel Sérvulo, *Noções de Direito Administrativo,* Vol. I, Lisboa, Editora Danúbio, 1982, 575 p.

--, "Portugals Stellung zur Frage der Staatenimmunität", *Archiv des Völkerrechts,* Vol. 34, 1996, pp. 120-138.

EFICÁCIA, RECONHECIMENTO E EXECUÇÃO DE ACTOS ADMINISTRATIVOS ESTRANGEIROS

—, "Acto Administrativo e Âmbito da Jurisdição Administrativa", *Estudos em Homenagem ao Prof. Doutor Rogério Soares*, Coimbra, Coimbra Editora, 2001, pp. 1155-1187.

—, *Direito do Contencioso Administrativo*, Vol. I, Lisboa, Lex, 2005, 830 p.

—, "Inexistência e Insuficiência de Notificação do Acto Administrativo", *Estudos em Homenagem ao Professor Doutor Marcello Caetano – No Centenário do Seu Nascimento*, Vol. I. , Jorge Miranda (coord.), Coimbra, Coimbra Editora, 2006, p. 583-606.

—, *As Relações Jurídicas Administrativas de Prestação de Cuidados de Saúde*, 2010, disponível em http://www.icjp.pt/sites/default/files/media/616-923.pdf, acesso em 14 de Agosto de 2015, 63 p.

—, "Contencioso Administrativo e Responsabilidade Democrática da Administração", *Estudos em Memória do Prof. Doutor J. L. Saldanha Sanches*, Vol. I, Paulo Otero, Fernando Araújo, João Taborda da Gama (orgs.), Coimbra, Coimbra Editora, 2011, pp. 595-612.

CORSO, Guido, "Mutuo Riconoscimento e Norma Applicabile", *La Competizione tra Ordinamenti Giuridici – Mutuo Riconoscimento e Scelta della Norma Piú Favorevole Nello Spazio Giuridico Europeo*, Armando Plaia (ed.), Milano, Dott. A. Giuffrè Editore, 2007, pp. 127-133.

CORTESE, Fulvio, *Il coordinamento amministrativo – Dinamiche e interpretazioni*, Milano, Franco Angeli S.r.l., 2012, 201 p.

CORTEZ, Margarida, "A inactividade formal da Administração como causa extintiva do procedimento e suas consequências", *Estudos em homenagem ao Prof. Doutor Rogério Soares*, Coimbra, Coimbra Editora, 2002, pp. 367-414.

COSTELLO, Cathrin, "Dublin-case NS/ME: Finally, an end to blind trust across the EU?", *Asiel & Migrantenrecht*, Ano 3, N.º 2, 2012, pp. 83-92.

COUTINHO, Francisco Pereira, "A Natureza Jurídica dos Memorandos da Troika, Themis – Revista de Direito, Ano 13, N.º 24/25, 2013, pp.147-180.

COUTINHO, Luís Pereira, "As Duas Subtracções – Esboço de uma Reconstrução da Separação entre as Funções de Legislar e de Administrar", *Revista da Faculdade de Direito da Universidade de Lisboa*, Vol. XLI, N.º 1, 2000, p. 99-133.

CRAIG, Paul, "Subsidiarity: A Political and Legal Analysis", *Journal of Common Market Studies*, Vol. 50, N.º 1, 2012, pp. 72–87.

—, *EU Administrative Law*, 2.ª ed., Oxford, Oxford University Press, 2012, 777 p.

CRAMPTON, Roger C., CURRIE, David P., KAY, Herma Hill, KRAMER, Larry, *Conflict of Laws – Cases – Comments – Questions*, 5.ª ed., St. Paul, West Publishing C.O., 1993, 743 p.

CRAWFORD, James R., "International Law and Foreign Sovereigns: Distinguishing Immune Transactions", *The British Yearbook of International Law*, Vol. LIV, 1983, pp. 75-118.

BIBLIOGRAFIA

‒‒, *The Creation of States in International Law*, 2.ª ed, Oxford, Oxford University Press, 2007, 870 p.

CREMER, Hans-Joachim, "Der grenzüberschreitende Einsatz von Polizeibeamten nach dem deutsch-schweizerischen Polizeivertrag: ein Vorbild für die Kooperation der Mietgliedstaaten des Europäischen Union auf Gebiet der Verbrechensbekämpfung?", *ZaöRV ‒ Zeitschrift für ausländisches öffentliches Recht und Völkerrecht*, N.º 2, 2000, pp. 103-149.

CRIVELLARO, Antonio, "Non-Riconoscimento ed Efficacia di Atti Stranieri non Legalizzati", *Rivista di Diritto Internazionale Privato e Processuale*, Vol. 12, 1976, pp. 315-338.

CRONJÉ, J. B., "Mutual Recognition of Profesional Qualifications: The East African Community", *Trade Briefs*, Stellenbosh, Tralac, 2015, disponível em https://www.tralac.org/publications/article/7223-mutual-recognition-of-professional-qualifications-the-east-african-community.html, acesso em 10 de Junho de 2017, pp. 1-18.

CULVER, Keith, GIUDICE, Michael, "Not a System but an Order", *Philosophical Foundations of European Union Law*, Julie Dickson, Pavlos Eleftheriadis (eds.), Oxford, Oxford University Press, 2012, pp. 54-76.

CUNHA, Joaquim da Silva, PEREIRA, Maria da Assunção do Vale, *Manual de Direito Internacional Público*, 2.ª ed., Coimbra, Almedina, 818 p.

CUNHA, Luís Pedro, *O Sistema Comercial Multilateral e os Espaços de Integração Regional*, Coimbra, Coimbra Editora, 2008, 628 p.

CUNIBERTI, Giles, "The Recognition of Foreign Judgments Lacking Reasons in Europe: Access to Justice, Foreign Court Avoidance and Efficiency", *International and Comparative Law Quarterly*, Vol. 57, N.º 1, Janeiro 2008, pp. 25-52.

‒‒, "Debarment from Defending, Default Judgments and Public Policy (Zu EuGH, 2.4.2009 ‒ Rs. C-394/07 ‒ Marco Gambazzi ./. Daimlercrysler Canada Inc., CIBC Mellon Trust Company, unten S. 164, Nr. 6)", *IPRax ‒ Praxis des Internationalen Privat- und Verfahrensrechts*, 30 Ano, Vol. 2, 2010, pp. 148-153.

‒‒, "Some Remarks on the Efficiency of Exequatur", *Grenzen Überwinden ‒ Prinzipien Bewahren ‒ Festshrift für Bernd von Hoffman zum 70. Geburtstag*, Herbert Kronke/ Karsten Thorn (org.), Bielefeld, Verlag Ernst und Verlag Gieseking, 2011, pp. 568-576.

‒‒, "Abolition de l'Exequatur et Présomption de Protection des Droits Fondamentaux ‒ À propos de l'Affaire Povse c/ Austriche", *Revue Critique de Droit International Privé*, Vol. 103, N.º 2, Abril-Junho, 2014, pp. 303-327.

CURRIE, Brainerd, *Selected Essays on the Conflict of Laws*, 1963, Durham, Duke University Press, 1963, 601 p.

CURTIN, Deidre, EGEBERG, Morten, "Tradition and Innovation: Europe's Accumulates Executive Order", *West European Politics*, Vol. 31, N.º 4, July, 2008, pp. 639-661.

D'AVOUT, Louis, "Note: CJCE – Grande Ch. – 14 oct. 2008 – aff. C-353/06 – Grunkin et Paul", *Journal du Droit International*, Ano 136, N.º 1, 2009, pp. 203-216.

––, "La Circulacion Automatique des Titres Executoires imposée par le Règlement 805/2004 du 21 avril 2004", *Revue Critique de Droit International Privé*, Vol. 95, N.º 1, Janeiro-Março, 2006, pp. 377-412, pp. 1-48.

––, «La reconnaissance dans le champ des conflits de lois», *Travaux du comité français de droit international privé*, 2014-2016, Paris, Pedone, 2017, pp. 215-247.

D'OLIVEIRA, Hans Ulrich Jessurun, "The Eu and a Metamorphosis of Private International Law", *Reform and Development of Private International Law – Essays in Honour of Sir Peter North*, James Fawcett (ed.), Oxford, Oxford University Press, 2002, pp. 111-136.

D'ALESSIO, Francesco, "Il Diritto Amministrativo Internazionale e le sue Fonti", *Rivista di Diritto Pubblico e della Pubblica Amministrazione in Italia*, Ano V, Parte I, 1913, pp. 276-309.

DAILLIER, Patrick, PELLET, Alain, *Droit International Public*, 7.ª ed, Paris, L.G.D.J., 2002, 1510 p.

DAMIANI, Saverio Sticchi, *L'Atto Amministrativo nell'Ordinamento Comunitario – Contributo allo Studio della Nozione*, G. Giappichelli Editore, Torino, 2006, 289 p.

DANN, Philipp, "Grundfragen eines Entwicklungsverwaltungsrechts", *Internationales Verwaltungsrecht*, Christoph Möllers, Andreas Vosskühle, Christian Walter (eds.), Tübingen, Mohr Siebeck, pp. 7-48.

DANN, Philipp, ENGELHARDT, Marie von, "Legal Approaches to Global Governance and Accountability: Informal Lawmaking, International Public Authority, and Global Administrative Law Compared", *Informal International Lawmaking*, Joost Pawleyn, Ramses A. Wessel e Jan Wouters (eds.), Oxford, Oxford University Press, 2012, pp. 106-121.

DANWITZ, Thomas von, "Zu Funktion und Bedeutung der Rechtsverhältnislehre", *Die Verwaltung – Zeitschrift für Verwaltungsrecht und Verwaltungswissenschaften*, Vol. 30, N.º 3,1997, pp. 338-363.

DANWITZ, Thomas von, *Verwaltungsrechtliches System und Europäische Integration*, Tübingen, J.C.B. Mohr (Paul Siebeck), 1996, 560 p.

––, *Europäisches Verwaltungsrecht*, Berlin, Springer, 2008, 720 p.

DAUDET, Yves, "L'exercice de compétences territoriales par les Nations Unies Comité juridique interaméricain", Rio de Janeiro, 2007, disponível em http://www.oas.org/dil/esp/4%20-%20yves%20daudet.17-64.pdf, consultado em 1 de Agosto de 2015, pp. 17-63.

DAVIES, Gareth, "Is Mutual Recognition an Alternative to Harmonization? Lessons on Trade and Tolerance of Diversity from the EU", *Regional Trade Agreements and the WTO Legal System*, Lorand Bartels, Federico Ortino (eds.), Oxford, Oxford University Law, 2006, pp. 265-280.

—, "International Trade, Extraterritorial Power, and Global Constitutionalism: A Perspective from Constitutional Pluralism", *German Law Journal*, Vol. 13, N.º 11, 2012, disponível em https://www.germanlawjournal.com, acesso em 15 de Julho de 2014, pp. 1203-1223.

DAVIS, Kenneth Culp, "Res Iudicata in Administrative Law", *Texas Law Review*, Vol. XXV, N.º 3, January, 1946-1947, pp. 199-246.

DECAUX, Emannuel, *La Reciprocité en Droit International*, Librairie Genérale de Droit et de Jurisprudence, Paris, 1980, 374 p.

DEFFIGIER, Clotilde, "L'Applicabilité Directe des Actes Unilatéraux des Organisations Internationales et le Juge Judiciaire ", *Revue Critique de Droit International Privé*, Vol. 90, N.º 1, 2001, pp. 41-84.

DEHAUSSY, Jacques, "Le Statut de 'Etat Étranger demandeur sur le For Français: A Propos des Arrêts de la première Chambre Civile de la Cour de Cassation du 2 mai 1990, République du Guatemala c/S.I.N.C.A.F.C. et autres, et 29 mai 1990, Etat d'Haïti et autres c/ Duvalier et autres", *Journal du Droit International*, Ano 118, N.º 1, janvier-février-mars, 1991, pp. 110-129.

DEHOUSSE, Renaud, "Regolazione Attraverso Reti nella Comunità Europea: Il Ruolo delle Agenzie Europee", *Rivista Italiana di Diritto Pubblico Comunitario*, Vol. 7, N.º 3-4, 1997, pp. 629-650.

DEHOUSSE, Renaud, BOUSSAGUET, Laurie, JACQUOT, Sophie, "From Integration through Law to Governance: Has the Course of European Integration Changed", *Europe – The New Legal Realism*, Henning Koch, Karsten Hagel- Sørensen, Ulrich Haltern & Joseph H. H. Weiler (eds.), Århus, Djøf Publishing, 2010, pp. 153-170.

DELANTY, Gerard, "Borders in a Changing Europe: Dynamics of Openness and Closure", *Comparative European Politics*, N.º 4, 2006, pp. 183-202.

DELBRÜCK, Jost, "Transnational Federalism: Problems and Prospects of Allocating Public Authority Beyond the State", *Indiana Journal of Global Legal Studies*, Vol. 11, N.º 1, 2004, pp. 31-55.

—, "The International Obligation to Cooperate – An Empty Shell or a Hard Law Principle of International Law? – A Critical Look at a Much Debated Paradigm of Modern International Law", *Coexistence, Cooperation and Solidarity – Liber Amicorum Rüdiger Wolfrum*, Vol. I, Holger P. Hestermeyer e.a. (eds.), Leiden/Boston, Martinus Nijhoff Publishers, 2012, pp. 3-16.

DELIMATSIS, Panagiotis, ""Thou Shall Not...(Dis)Trust": Codes of Conduct and Harmonization of Professional Standards in the EU", *Common Market Law Review*, Vol. 47, 2010, pp. 1049–1087.

DELLA CANANEA, Giacinto, "The European Union's Mixed Administrative Proceedings", *Law and Contemparary Problems*, Vol. 68, Winter, 2004, pp. 197-217.

DELPÉRRÉE, Francis, "La Communicabilité entre le Droit International, Le Droit Européen, Le Droit Constitutional et le Droit Régional", *Liber Amicorum jean--Claude Escarras – La Communicabilité entre les Systèmes Juridiques*, Maryse Baudrez, Thierry Di Manno (coord.), Bruxelles, Bruylant, 2005, pp. 60-70.

DEMARET, Paul, "L'Extraterritorialité des Lois et les Relations Transatlantiques: une Question de Droit ou de Diplomatie?", *Revue Trimestrielle de Droit Européen*, Ano 21, N.° 1, Janvier-Mars, 1985, pp. 1-39.

DENIZEAU, Charlotte, "Les Moyens de la Persuasion et de la Coopération: les Réseaux d'Autorité", *L'Autorité de L'Union Européenne*, Loïc Azoulai e Laurence Burgorgue-Larsen (eds.), Bruxelles, Bruylant, 2006, pp. 211-240.

DERO, Delphine, *La Reciprocité et le Droit des Communautés et de l'Union Européenne*, Bruxelles, Bruylant, 2006, 571 p.

DETHLOFF, Nina, *Europäisierung des Wettbewerbsrechts: Einfluss des europäischen Rechts auf das Sach- und Kollisionsrecht des unlauteren Wettbewerbs*, Tübingen, Mohr Siebeck, 2001, 342 p.

DEVOLVÉ, Pierre, *L'Acte Administratif*, Paris, Sirey, 1983, 294 p.

DIAS, José Eduardo Figueiredo, *A Reinvenção da Autorização Administrativa no Direito do Ambiente*, Coimbra, Coimbra Editora, 2014, 1311 p.

DICEY, Albert Venn, "On Private International Law as a Branch of the Law of England", *Law Quarterly Review*, N.° XXI, January, 1890, pp. 1-21.

DICEY, Albert Venn; KEITH, Arthur Berriedale, *A Digest of the Law of England with Reference to the Conflict of Laws*, 4.ª ed., London, Steven and Sons Lda – Sweet and Maxwell Lda, 1927, 1056 p.

DICEY, Albert Venn, MORRIS, John Humphrey Carlile, *Dicey and Morris on the conflict of laws*, 13.ª ed., Vol. I, London, Sweet & Maxwell, 2000, 648 p. (índice I-LXXI).

DICKINSON, Edwin D., "International Recognition and the National Courts", *Michigan Law Review*, Vol. 18, 1919-1920, pp. 531-535.

DICKSON, Julie, "Towards a Theory of European Union Legal Systems", *Philosophical Foundations of European Union Law*, Julie Dickson, Pavlos Eleftheriadis (eds.), Oxford, Oxford University Press, 2012, pp. 25-52.

DICKSON, Julie, ELEFTHERIADIS, Pavlos, "Introduction: The Puzzles of European Union Law", *Philosophical Foundations of European Union Law*, Julie Dickson, Pavlos Eleftheriadis (eds.), Oxford, Oxford University Press, 2012, pp. 1-22.

DIEZ, Thomas, "The Paradoxes of Europe's Borders", *Comparative European Politics*, N.º 4, 2006, pp. 235–252.

DILING, Olaf, HERBERG, Martin, WINTER, Gerd, "Introduction: Exploring Transnational Administrative Rule-Making", *Transnational Administrative Rule Making – Performance, Legal Effects and Legitimacy*, Olaf Diling, Martin Herberg e Gerd Winter (ed.), Oxford and Portland, Oregon, 2011, pp. 1-19.

DIMITROPOULOS, Georgios, "Towards a Typology of Administrative Levels and Functions in The Global Legal Order", *European Review of Public Law*, Vol. 23, N.º 1, Spring, 2011, pp. 433-465.

––, *Zertifizierung und Akkreditierung im Internationalen Verwaltungsverbund*, Tübingen, Mohr Siebeck, 2012, 418 p.

––, "Certification And Accreditation in The International Administrative Verbund – Integrated and Societal Administration", *European Review of Public Law*, Vol. 24, N.º 2, Summer, 2012, pp. 665-701.

DOCTOR, Mahrukh, "Interregionalism's impact on Regional Integration in Developing Countries: the Case of Mercosur", *Journal of European Public Policy*, Vol. 22, N.º 7, 2015, pp. 967-984.

DODDS, Anneliese, "A new challenge to traditional Models of "State Sovereignity"? The Regulation of foreign students' visas in Britain and France", *Globalisation Regionalisation and National Policy Systems – Proceedings of the Second Anglo-Japanese Academy, 7-11 January 2006*, ICCLP Publications, n.º 9, 2006, pp. 393-424.

DODGE, William S., "The Role of Conflicts Thinking in Defining the International Reach of American Regulatory Legislation", *Ohio State Law Journal*, Vol. 22, N.º 3,1961, pp. 586-627.

––, "Breaking the Public Law Taboo", *Harvard International Law Journal*, Vol. 43, N.º 1, 2002, pp. 161-235.

––, "The Structural Rules of Transnational Law", *ASIL Proceedings of the 97st Annual Meeting, Conflict and Coordination across International Regimes*, Washington D.C., 2003, pp. 317-319.

––, "The Public-Private Distinction in the Conflict of Laws", *Duke Journal of Comparative and International Law*, Vol. 18, 2008, pp. 371-394.

DOLINGER, Jacob, *A Evolução da Ordem Pública no Direito Internacional Privado*, Rio de Janeiro, s/e, 1979, 282 p.

DOMINICÉ, Christian, "La Société Internationale à da Recherche de son Équilibre", *Recueil des Cours*, Tomo 370, 2013, Leiden, Martinus Nijhoff Publishers, 2015, pp. 9-392.

DOMINICÉ, Christian, VOEFFRAY, François, "L'Application du Droit International Général dans l'Ordre Juridique Interne", *L'Intégration du Droit International et Communautaire sand l'Ordre Juridique National – Étude de la Pratique en Europe,* Pierre Michel Eisemann (ed.), The Hague, Kluwer Law International, 1996, pp. 51-62.

DONATI, Donato, *I Trattati internazionali nel diritto Costituzionale,* Tomo I, Torino, Unione Tipografico-Editrice Torinese, 1906, 610 p.

DORNIS, T.W., "Local Data" In European Choice Of Law: A Trojan Horse From Across The Atlantic?", Georgia Journal of International & Comparative Law, Vol. 44-1, 2015, pp. 1-16, disponível em http://digitalcommons.law.uga.edu/gjicl/vol44/iss2/3/, acesso a 10 de Junho de 2017.

DOUGAN, Michael, "Enforcing the Single Market: the National Harmonisation of National Remedies and Procedural Rules", *The Law of the Single European Market – Unpacking the Premises,* Catherine Barnard/ Joanne Scott (eds.), Oxford, Hart Publishing, 2002, pp. 153-179.

DROBNIG, Ulrich, "Skizzen zur internationalprivatrechtlichen Annerkennung" *Festschrift für Ernst von Caemmerer zum 70. Geburtstag,* Hans Claudius Ficker, Detlef König, Karl F. Kreuzer, Hans G. Leser, Wolfgang Frhr. Marschall von Bieberstein, Peter Schlechtriem (eds.), Tübingen, Mohr, 1978, pp. 687-704.

DROZ, Georges A., "L'Activité Notariale Internationale", *Recueil des Cours,* 1999, Vol. 280, The Hague, Martinus Nijhoff Publishers, 2000, pp. 13-133.

DUARTE, Francisco de Abreu, "À Descoberta Do Fundamento Constitucional Do Direito Administrativo Global", *E-pública – Revista Electrónica de Direito Público,* N.º 1, 2014, disponível em http://e-publica.pt/pdf/artigos/adescoberta.pdf, acesso em 14 Julho 2014, pp. 2-16.

DUARTE, Maria Luísa, *A Liberdade de Circulação de Pessoas e a Ordem Pública no Direito Comunitário,* Coimbra, Coimbra Editora, 1992, 428 p.

––, "O artigo 10.º do Tratado da Comunidade Europeia – Expressão de uma Obrigação de Cooperação entre os Poderes Públicos Nacionais e as Instituições Comunitárias, *Estudos de Direito da União e das Comunidades Europeias – Direito Comunitário Institucional, União Europeia e Constituição, Direito Comunitário Material,* Coimbra, Coimbra Editora, 2000, pp. 81-104.

––, *Direito Administrativo da União Europeia,* Coimbra, Coimbra Editora, 2008, 187 p.

––, O Tratado de Lisboa e o Teste da "Identidade Constitucional" dos Estados-membros – Uma Leitura Prospectiva da Decisão do Tribunal Constitucional Alemão de 30 de Junho de 2009, *Estudos sobre o Tratado de Lisboa,* Coimbra, Almedina, 2010, pp. 117-140.

––, *Direito Internacional Público e Ordem Jurídica Global do Século XXI,* Coimbra, Coimbra Editora, 2014, 345 p.

BIBLIOGRAFIA

DUBOS, Olivier, "Les Instruments d'Exécution au Niveau Proprement Communautaire: L'Acte Unilateral et ses Déclinaisons", *L'Exécution du Droit de L'Union, entre Mécanismes Communautaires et Droits Nationaux*, Jacqueline Dutheil de la Rochère (dir.), Bruxelles, Bruylant, 2009, pp. 69-87.

DUFFAR, Jean, *Contribution a L'Étude des Privilèges et Immunités des Organisations Internationales*, Paris, Librairie Générale du Droit et de Jurisprudence, 1982, 391 p.

DUGUIT, Léon, "L'Acte Administratif et L'Acte Jurisdictionnel", *Revue du Droit Public et de la Science Politique en France et a L'Étranger*, Tomo XIII, 1906, pp. 413-471.

--, *Les Transformations du Droit Public*, Paris, Librairie Armand Colin, 1925, 285 p.

DÜNCHHEIM, Thomas, "Verwaltungsrechtsschutz gegen sog. "transnationale Verwaltungsakte" und transnationales Verwaltungshandeln", *Deutsche Verwaltungspraxis*, Ano 55, N.º 5, 2004, pp. 202-206.

DUPUY, Pierre-Marie, "La Coopération Régionale Transfrontalière et le Droit International", *Annuaire Français de Droit International*, Vol. XXIII, 1977, pp. 837-860.

--, "Sur les rapports entre sujets et "acteurs" en droit international contemporain", *Man's Inhumanity to Man – Essays on International Law in Honour of António Cassese*, L.C. Vohrah et al. (ed.), The Hague, Kluwer Law International, 2003, pp. 261-278.

--, "Retour sur la théorie des sujets du droit international", *Studi di diritto internazionale in onore di Gaetano Arangio-Ruiz*, Vol. I, Editoriale Scientifica, 2004, pp. 71-85.

DURAND, Claire-Françoise, "Les Champs d'Intervention du Pouvoir d'Exécution ", *L'Exécution du Droit de L'Union, entre Mécanismes Communautaires et Droits Nationaux*, Jacqueline Dutheil de la Rochère (dir.), Bruxelles, Bruylant, 2009, pp. 53-67.

DUTTA, Anatol, *Die Durchsetzung öffentlicher Forderungen ausländischer Staaten durch deutsche Gerichte*, Tübingen, Mohr Siebeck, 2006, 464 p.

--, "Die Pflicht der Mitgliedstaaten sur gegenseitigen Durchsetzung ihrer öffentlichrechtlichen Forderungen", *Europarecht*, Ano 42, 2007, pp. 744-767.

DWORKIN, Ronald, *Taking Rights Seriously*, London, Duckworth, 1977, 293 p.

DYZENHAUS, David, "Accountability and the Concept of (Global) Administrative Law", *Acta Iuridica 2009 – Global Administrative Law: Development and Innovation*, Jan Glazewski/ Hugh Corder (eds.), Cape Town, Juta & Co Ltd, 2009, pp. 3-31.

ECKES, Christina, "EU Restrictive Measures Against Natural and Legal Persons: From Counterterrotist to Third Country Sanctions", *Common Market Law Review*, Vol. 51, N.º 3, 2014, pp. 869-906.

ECKES, Christina, MENDES, Joana, "The Right to be Heard in Composite Administrative Procedures", *European Law Review*, Vol. 36, 2011, pp. 651-670.

ECKHARDT, Feliz, BECKMANN, Klaus, "Vorläufiger Rechtsschutz zwischen Beschleunigungs-und Internationalisierungstendenzen im Verwaltungsrecht", *Die Öffentliche Verwaltung – Zeitschrift für Öffentliches Recht und Verwaltungswissenschaft*, Vol. 59, N.º 16, 2006, pp. 672-678.

EDEN, Paul, "Palestinian Statehood: Trapped Between Rhetoric And Realpolitik", *International and Comparative Law Quarterly*, Vol. 62, N.º 1, Janeiro, 2013, pp. 225-239.

EEK, Hilding, "Peremptory Norms and Private International Law", *Recueil des Cours*, Vol. 139, 1973-II, Leyde, A.W. Sijthoff, 1974, pp. 9-73.

EGEBERG, Morten, TRONDAL, Jarle, VESTLUND, Nina M., "The Quest for Order: Unravelling the Relationship Between the European Commission and European Union Agencies", *Journal of European Public Policy*, Vol. 22, N.º 5, 2015, pp. 609-629.

EHLERMANN, Claus Dieter, "Compétition entre Systèmes Reglementaires", *Revue du Marché Commun et de l'Union Européenne*, N.º 387, avril, 1995, pp. 220-227.

−−, "The Modernization of EC Antitrust Policy: a Legal and Cultural Revolution", *Common Market Law Review*, Vol. 37, N.º 3, 2000, pp. 537–590.

EHLERS, Dirk, *Die Europäisierung des Verwaltungsprozeßrechts*, Köln, Carl Heymanns Verlag, 1999, 159 p.

−−, "Internationales Verwaltungsrecht", *Allgemeines Verwaltungsrecht, Hans*-Uwe Erichsen,Dirk Ehlers (eds.), 14.ª ed., Berlin, Walter de Gruyter, 2010, p. 188-192.

EHRENZWEIG, Albert A., *A Treatise on the Conflict of Laws*, St Paul – Minnesota, West Publishing, 1962, 824 p.

−−, "Local and Moral Data in the Conflict of Laws: Terra Incognita", *Buffalo Law Review*, N.º 16, 1966-1967, pp. 55-60.

EHRENZWEIG, Albert A., MILLS, Charles K., "Personal Service outside the State – Pennoyer v. Neff in California", *California Law Review*, Vol. 41, N.º 3, Fall, 1953, pp. 383-392.

EITEL, Tono, *Die Überzonale Rechtsmacht Deutscher Verwaltungsakte*, Hamburg, Kommissionsverlag Ludwig Appel, 1961, 118 p.

ELDEN, Stuart, *The Birth of Territory*, Chicago, University Chicago Press, 488 p.

ENGSTRÖM, Viljam, *Understanding Powers of International Organizations – A Study of the Doctrines of Attributed Powers, Implied Powers and Constitutionalism – with a Special Focus on the Human Rights Committee*, Abo, Abo Akademi University Press, 2009, 287 p.

ERICH, R., "La Naissance et la Reconnaissance des États", *Recueil des Cours* 1926, Vol. III, Paris, Librairie Hachette, 1927, pp. 431-503.

BIBLIOGRAFIA

Esplugues, Carlos, Luis Iglesias, José, Palao, Guillermo, Espinosa, Rosario, Azcárraga, Carmen, "General Report on the Application of Foreign Law by Judicial and Non-Judicial Authorities in Europe (Project JLS/CJ/2007-1/03)", *Application of Foreign Law*, Carlos Esplugues, José Luis Iglesias, Guillermo Palao (eds.), Munich, Sellier, European Law Publishers, 2011, pp. 3-94.

Esser, Josef, *Grundsatz und Norm in der Ricthterlichen Fortbildung des Privatrechts – Rechtsvergleichende Beiträge zur Rechtsquellen*, Tübingen, J. C. B. Mohr, 1956, 394 p.

Esteban de la Rosa, Gloria, "El Nuevo Derecho Internacional Privado de la Inmigración", *Revista Española de Derecho Internacional*, Vol.LIX, N.º 1, 2007, pp. 103-129.

Estivill, Josep Maria Fugardo, "La Apostilla Del Convenio Suprimiendo La Exigencia De La Legalización De Los Documentos Públicos Extranjeros, Hecho En La Haya, El 5 De Octubre De 1961", *La Notaria*, N.º. 59-60, 2008, pp. 18-50.

Estorninho, Maria João, *A Fuga para o Direito Privado – Contributo para o Estudo da Actividade de Direito Privado da Administração Pública*, Lisboa, s/editora, 1996, 407 p.

––, *Direito à Alimentação*, Lisboa, AAFDL 2013, 135 p.

Everling, Ulrich, "Probleme der Rechtangleichung zur Verwirklichung des europäischen Binnenmarktes", *Festschrift für Ernst Steindorff zum 70. Geburtstag am 13. März 1990*, Jürgen F. Baur, Klaus J. Hopt, K. Peter Mailänder (orgs.), Berlin, Walter de Gruyter, 1990, pp. 1155-1173.

Everson, Michelle, Joerges, Christian, "Re-conceptualising Europeanisation as a Public Law of Collisions: Comitology, Agencies and an Interactive Public Adjudication", *Eu Administrative Governance*, Herwig C.H. Hofmann, Alexander H. Türk (eds.), Cheltenham, Edward Elgar, 2006, pp. 512-540.

Ezra Esther,, *European Integration and Refugee Protection: the Development of Asylum Policy in the European Union*, Phd Thesis, Munique, 2004, disponível em http://edoc.ub.uni-muenchen.de/2680/1/Ezra_Esther.pdf, acesso em 23 de Setembro de 2013, 228 p.

Fabbrini, Federico, The *Right to Vote for Non-Citizens in the European Multilevel System of Fundamental Rights Protection: A Case Study in Inconsistency?*, Eric Stein Working Paper N.º 4/2010, disponível em http://cadmus.eui.eu/bitstream/handle/1814/21696/eswp-2010-04-fabbrini.pdf?sequence=1, acesso em 1 de Julho de 2015, 35 p.

Faix, Martin, "Are International Organisations Bound by International Human Rights Obligations?", *Czech Yearbook of International Law*, Vol. 5, 2014, pp. 267-290.

FALCON, Giandomenico, "Internationalization of Administrative Law: Actors, Fields and Techniques of Internationalization – Impact of International Law on National administrative Law", *Revue Européenne de Droit Public*, Vol. 18, 2006, pp. 217- 245.

FALLON, Marc, "Libertés Communautaires et Règles de Conflit de Lois", *Les Conflits de Lois et le Système Juridique Communautaire*, Angelika Fuchs, Horatia Muir Watt, Étienne Pataut (dirs.), Paris, Dalloz, 2004, pp. 31-80.

––, "L'Exception d'Ordre Public face à L'Exception de Reconaissance Mutuelle", *Nuovi Strumenti del Diritto Internazionale Privato – Liber Fausto Pocar*, Milano, Giuffrè Editore, 2009, pp. 331-341.

FALLON, Marc, MEEUSEN, Johan, "Private International Law in the European Union and the Exception of Mutual Recognition", *Yearbook of Private International Law*, Vol. IV, 2002, pp. 37-66.

FANARA, Elio, "Sui Limitti all'Eficacia agli Atti Amministrativi Stranieri", *Diritto Internazionale*, Vol. XV, 1961, pp. 334-338.

FARDELLA, Franco, "Le Dogme dela Souveraineté de l'État – Un Bilan", *Le Privé et le Public*, Paris, Editions Sirey, 1997, pp. 115-134.

FASSBENDER, Bardo, "Neue deutsche Rechtsprechung zu Fragen der Staaten-und der diplomatischen Immunität (zu KG, 3.12.2003 – 25 W 15/03, unten S. 164, Nr. 11a, und OLG Köln, 24.3.2004 – 2 Wx 34/03 unten S. 170, Nr. 11b), *IPRax – Praxis des Internationalen Privat- und Verfahrensrechts*, Ano 26, N.º 2, 2006, pp. 129-135.

FASTENRATH, Ulrich, "Die Veränderte Stellung der Verwaltung und ihr Verhältnis zum Bürger unter dem Einfluss des europäischen Gemeinschaftsrechts", *Die Verwaltung – Zeitschrift für Verwaltungsrecht und Verwaltungswissenschaften*, Vol. 31, 1998, pp. 277-306.

FAVRET, Jean-Marc, "Le Système Général de Reconnaissance des Diplômes et des Formations Professionelles en Droit Communautaire" l'Esprit et la Méthode – Règles Actuelles et Développements Futurs", *Revue Trimestrielle de Droit Européen*, Vol. 32, N.º 2, 1996, pp. 259-280

FAWCETT, J. J. , "Evasion of law and mandatory rules in private international law", *Cambridge Law Journal*, Vol. 49, N.º 1, 1990, pp. 44-62.

FAWCETT, J. J., CARRUTHERS, J. M., *Cheshire, North & Fawcett – Private International Law*, 14.ª ed., Oxford, Oxford University Press, 2008, 1390 p.

FEDERICO, Giacomo di, "Eu Competition and the Principle of *Ne Bis in Idem*", *European Public Law*, Vol. 17, N.º 2, 2011, pp. 241-260.

FEDOZZI, Prospero, *Il Diritto Amministrativo Internazionale (Nozioni Sistematiche)*, Perugia, Unione Tipografica Cooperativa, 1902, 88 p.

––, "Il diritto Statuale Relativo a Rapporti con L'Estero", *Rivista di Diritto Internazionale*, Vol. 3, N.º 3, 1908, pp. 59-71.

––, "De L'Efficacité Extraterritoriale des Lois et des Actes de Droit Public", *Recueil des Cours*, Tomo 27 – II, 1929, Paris, Librairie Hachette, 1930, pp. 145-239.

FEINÄUGLE, Clemens A., "The UN Security Council Al-Qaida and Taliban Sanctions Committee: Emerging Principles of International Institutional Law for the Protection of Individuals?", *German Law Journal*, Vol. 9, N.º 11, 2008, disponível em https://www.germanlawjournal.com, acesso em 1 de Julho de 2015, pp. 1513-1539.

FERHRMANN, Thomas J., *Die Effectivität interregionaler Kooperation – Eine vergleichende Untersuchung der interregionalen Handlungsfähigkeit von Regionalorganisationem am Beispiel von ASEAN, EU und MERCOSUR*, Baden-Baden, Nomos, 2014, 327 p.

FERNANDES, Sophie Perez, "As administrações públicas nacionais perante as situações residuais transnacionais de direito da União Europeia", *Direito da União Europeia e Transnacionalidade*. Alessandra Silveira (coord.), Lisboa, Quid Iuris, 2010, pp. 403-422.

FERNÁNDEZ ARROYO, Diego P., VESCOVI, Eduardo, "Aspectos Generales del Reconocimiento", *Derecho Internacional Privado de los Estados del Mercosur*, Diego P. Fernández Arroyo (ed.), Buenos Aires, Zavalía Editor, 2003, pp. 433-434.

FERRARESE, Maria Rosaria, "La "glocalizzazione" del diritto: una trama di cambiamenti giuridici", *Global Law v. Local Law – Problemi della Globalizzazione Giuridica*, Cristina Amato e Giulio Ponzanelli (ed.), Torino, G. Giappichelli Editore, 2006, pp. 19-38.

FERRERI, Silvia, "General Report: Complexity of Transnational Sources", *European Review of Private Law*, Vol. I, 2012, pp. 3-50.

FICKER, Hans G., *Grundfragen des Deutschen Interlokalen Rechts*, Berlin/ Tübingen, Walter de Gruyter & Co./ J.C.B. Mohr (Paul Siebeck), 1952, 174 p.

FISCHER-LESCANO, Andreas, "Transnationales Verwaltungsrecht", *Juristenzeitung*, Ano 63, N.º 8, Janeiro, 2008, pp. 373-383.

FISICHELLA, Daniela, "Il Principio di Mutuo Reconoscimento e la Libera Circolazione delle Professione nell'Unione Europea (Mutual Recognition of Diplomas and Free Movement of Members of the Professions Within the UE)", *Il Diritto dell'Unione Europea*, N.º 1, 1999, pp. 53-73.

––, "Il principio di mutuo riconoscimento e la libera circolazione delle professioni nell'Unione Europea", *Il Diritto dell'Unione Europea*, Vol. IV, N.º 1, 1999, pp. 53-73.

FITCHEN, Jonathan, "Authentic Instruments And European Private International Law In Civil And Commercial Matters: Is Now The Time To Break New Ground?", *Journal of Private International Law*, Vol. 7, N.º 1, April, 2011, pp. 40-43.

EFICÁCIA, RECONHECIMENTO E EXECUÇÃO DE ACTOS ADMINISTRATIVOS ESTRANGEIROS

FLEISCHER, Holger, "Supranational Corporate Forms in the European Union: Prolegomena to a Theory on Supranational Forms of Association", *Common Market Law Review*, Vol. 47, 2010, pp. 1671–1717.

FLOCH, Guillaume le, "L'Adoption de Sanctions", *Traité de Droit des Organisations Internationales*, Evelyne Lagrange, Jean-Marc Sorel (dir.), Paris, L.G.D.J., 2013, pp. 832-858.

FOHRDER-DEDEURWAERDER, Estelle, *La Prise en Considération des Normes Étrangères*, Paris, L.G.D.J., 2008, 570 p.

FONSECA, Isabel Celeste M., "O Procedimento Administrativo no (Novo) CPA: Dúvidas sobre a sua Subalternização perante o Acto e o Processo", *Questões Actuais de Direito Local*, N.º 5, Janeiro-Março, 2015, pp. 25-42.

FONSECA, Rui Guerra da, *O Fundamento da Autotutela Executiva da Administração Pública – Contributo para a sua Compreensão como Problema Jurídico-Político*, Coimbra, Almedina, 2012, 862 p.

––, *A execução do acto administrativo – Revisão do Código de Procedimento Administrativo*, 28.10.2013, disponível em http://www.icjp.pt/debate/4268/4285, acesso em 10 de Maio de 2014, s/p.

––, "O Fim do Modelo de Administração Executiva?", *Comentários ao Novo Código do Procedimento Administrativo*, Carla Amado Gomes, Ana Fernanda Neves, Tiago Serrão (coord.), Vol I, 3.ª ed., Lisboa, AAFDL, 2016, pp. 167-197.

FONT I MAS, Maria, "La Autenticidad Formal de los Documentos Públicos en España como Obstáculo a las Relaciones Internacionales y la Propuesta de Reglamento sobre la Simplificación de la Aceptación de Documentos Públicos en la UE", *El Documento Público Extranjero en España y en la Unión Europea – Estudios sobre las Características y Efectos del Documento Público*, Maria Font i Mas (dir.), España, Editora Bosch, 2014, pp. 47-83.

FORD, Richard T., "Law's Territory (A History of Jurisdiction)", *Michigan Law Review*, Vol. 97, 1998-1999, pp. 843-930.

FORLATI, Laura Picchio, "The Legal Core of International Economic Sanctions", *Les Sanctions Économiques en Droit International – Economic Sanctions in International Law*, L. Picchio Forlati, L.A. Sicilianos (eds.), Leiden, Martinus Nijhoff Publishers, 2004, pp. 99-207.

FORTEAU, Mathias, "L'Ordre Public "Transnational" ou "Réellement International" – L'Ordre Public International face à l'Enchevement Croissant du Droit International Privé et du Droit International Public", *Journal du Droit International*, Ano 138, Janvier-février-mars, N.º 1, 2011, pp. 3-49.

––, "Organisations Internationales et Sources du Droit", *Traité de Droit des Organisations Internationales*, Evelyne Lagrange, Jean-Marc Sorel (dir.), Paris, L.G.D.J., 2013, pp. 257-285.

FOUASSIER, Christophe, "Le Système Général de Reconnaissance des Diplômes: la Confiance Mutuelle et ses Limites", *Revue des Affaires Européennes*, Ano 14, N.º 1, 2005, pp. 31-42.

Fox, Hazel, WEBB, Philippa, *The Law of State Immunity*, 3.ª ed., Oxford, Oxford University Press, 2013, 704 p.

FOYER, Jacques, "L'Ordre Public International est-il Toujours Français?", *Justices et Droit du Procès – Du Légalisme Procédural à L'Humanisme Processuel – Mélanges en L'Honneur de Serge Guinchard*, Paris, Dalloz, 2010, pp. 267-280.

––, "Lois de Police et Principe de Souveraineté", Mélanges en l›Honneur du Professeur Bernard Audit. Les Relations Privées Internationales, Paris, L.G.D.J., 2014, pp. 339-358.

FRACKOWIAK- ADAMSKA, Agnieszka ,"Time for a European "Full Faith and Credit Clause", *Common Market Law Review*, N.º 52, 2015, pp. 191-281.

FRANCESCAKIS, M. Ph., "Effets en France des Jugements Étrangers Indépendamment de l'Exequatur", *Travaux du Comité Français de Droit International Privé*, Anos 1946-1947/1947-1948, Paris, Éditions du Centre National de la Recherche Scientifique, 1951, pp. 129-154.

––, *La Théorie du Renvoi et les conflits de Systèmes en Droit International Privé*, Paris, Sirey, 1958, 306 p.

––, "Quelques Précisions sur les "Lois d'Application Imm'ediate et leurs Rapports avec les Règles de Conflits de Lois", *Revue Critique de Droit International Privé*, 1966, pp. 1-18.

––, " Lois d'Application Immédiate et Règles de Conflit", *Rivista di Diritto Internazionale Privato e Processuale*, Ano 3, 1967, pp. 690-698.

––, "Le Contrôle de la Compétence du Juge Étranger après l'Arrêt "Simitch" de la Cour de Cassation", *Revue Critique de Droit International Privé*, 1985, pp. 243-272.

FRANCIONI, Francesco, "Extraterritorial Application of Environmental Law", *Extraterritorial Jurisdiction in Theory and in Practice*, Karl M. Meessen (ed.), London, Kluwer Law International, 1996, pp. 122-133.

FRANCQ, Stéphanie, "Unilateralism", *Encyclopedia of Private International Law*, J. Basedow, G. Rühl, F. Ferrari, P. De Miguel Asensio (eds.), Vol. 2, Elgar, 2017, pp. 1779-1791.

FRANK, Rainer, "Öffentlich-Rechtliche Ansprüche fremder Staaten vor inländischen Gerichten", *Rabels Zeitschrift für ausländisches und internationales Privatrecht*, Ano 34, N.º 1, 1970, pp. 56-75.

FRANKENSTEIN, Ernst, *Internationales Privatrecht (Grenzrecht)*, Vol, I, Berlin-Grunewald, Dr. Walter Rothschild, 1926, 616 p.

FRANZIUS, Claudio, "Transnationalisierung des Europarechts", *Transnationales Recht*, Gralf-Peter Caliess (ed.), Tübingen, Mohr Siebeck, 2014, pp. 403-425.

FRASER, Brian S., "Adjudication Acts of State in Suits Against Foreign Sovereigns: A Political Question Analysis", *Fordham Law Review*, Vol. 51, N.º 4, 1983, pp. 722-746

FREITAS, José Lebre de, "A fraude à lei na provocação da competência do tribunal estrangeiro", *Revista da Faculdade de Direito da Universidade de Lisboa*, Vol. XXXIX, N.º 1, 1998, pp. 7-15.

FREITAS, Lourenço Vilhena de, "Comentários ao Projecto de Revisão do Código do Procedimento Administrativo", *Direito & Política*, N.º 4, Julho-Outubro, 2013, pp. 162-163.

FREITAS, Tiago Fidalgo de, *From participation towards compliance: The role of private actors in the making of SARPs by ICAO*, 2007, disponível em http://www.iilj.org/gal/documents/defreitasICAO.pdf, acesso em 1 de Agosto de 2015, 24 p.

FRERICHS, Sabine, JUUTILAINEN, Teemu, "Rome Under Seven Hills? An Archaeology of European Private Law", *Helsinki Legal Studies Research Paper* N.º 32, Disponível SSRN: http://ssrn.com/abstract=2465873, consultado em 3 de Agosto de 2014, 27 p.

FREYRIA, Charles, "La Notion de Conflit de Lois en Droit Public", *Travaux du Comité Français de Droit International Privé*, 1962-1964, Paris, Librairie Dalloz, 1965, pp. 103-119.

FROWEIN, Jochen A., OELLERS-FRAHM, Karin, "Allemagne – Germany", *L'Intégration du Droit International et Communautaire sand l'Ordre Juridique National – Étude de la Pratique en Europe*, Pierre Michel Eisemann (ed.), The Hague, Kluwer Law International, 1996, pp. 69-114.

FULCHIRON, Hugues, "La Reconnaissance au Service de la Libre Circulation des Personnes et de Leur Statut Familial dans l'Espace Européen", Mélanges en lʹHonneur du Professeur Bernard Audit. Les Relations Privées Internationales, Paris, L.G.D.J., 2014, pp. 359-381.

FUNKEN, Katja, *Das Anerkennungsprinzip im internationalen Privatrecht*, Tübingen, Mohr Siebeck, 2009, 400 p.

GAGLIARDI, Barbara, "Libertà di circolazione dei lavoratori, concorsi pubblici e mutuo riconoscimento dei diplomi", *Foro Amministrativo*, Vol 9, N.º 4, 2010, pp. 735-750.

GAILLARD, Emmanuel, PINGEL-LENUZZA, Isabelle, "International Organisations and Immunity from Jurisdiction: to Restrict or to Bypass", *International Law and Comparative Law Quarterly*, Vol. 51, 2002, pp. 1-15.

BIBLIOGRAFIA

GALBRAITH, Peter, "The United National Transitional Authority in East Temor (UNTAET)", *ASIL Proceedings of the 97st Annual Meeting, Conflict and Coordination across International Regimes,* Washington D.C., 2003, pp. 210-212.

GALETTA, Diana-Urania, *Procedural Autonomy of EU Member States: Paradise Lost?: A Study on the "Functionalized Procedural Competence" of EU Member States,* Heidelberg, Springer, 2010, 145 p.

GALLART Y FOLCH, Alejandro, *Naturaleza y Concepto del Derecho Internacional Administrativo,* Barcelona, Herederos de Juan Gili Editores, 1917, 48 p.

GANN, Pamela B., " Foreword: Issues in Extraterritoriality", *Law and Contemporary Problems,* Vol. 50, N.º 3, 1987, pp. 1-10.

GANS, Bradley Jay, "Reasonableness as a Limit to Extraterritorial Jurisdiction", Washington University Law Quarterly, Vol. 62, N.º 4, 1985, pp. 681-706.

GARABIOL-FURET, Marie-Dominique, "Plaidoyer pour le principe du pays d'origine", *Revue du Marché Commún et de l'Union Européenne,* N.º 495, fevrier, 2006, pp. 82-87.

GARAU JUANEDA, Luis, "Sobre las Diferentes Relaciones entre Norma Jurídica y Territorio", *Aufbrucht nach Europa: 75 Jahre Max-Planck-Institut für Privatrecht,* Jürgen Basedow, Ulrich Drobnig, Reinhard Ellger, Klaus J. Hopt et al. (eds.), Tubingen, Mohr Siebeck, 2001, pp. 415-427.

GARBEN, Sacha, "On Recognition of Qualifications and Professional Purposes", *Tillburg Law Review,* 2011, Vol. 16, pp. 127-156.

GARCÍA DE ENTERRÌA, Eduardo, RAMÓN FERNANDÉZ, Tomás, *Curso de Derecho Administrativo,* Vol. I, 11.ª ed., Madrid, Civitas Ediciones, S.L., 2002, 837 p.

GARCÍA DE PARADA, Pedro Carrión, "Los Documentos Notariales en los Nuevos Reglamentos Europeos: el Reglamento de Sucesiones y la Propuesta de Reglamento de Régimen Económico Matrimonial y la de Efectos Patrimoniales de las Parejas Registradas", *El Documento Público Extranjero en España y en la Unión Europea – Estudios sobre las Características y Efectos del Documento Público,* Maria Font i Mas (dir.), España, Editora Bosch, 2014, pp. 183-234.

GARCÍA MONTEYS, Rafael, "Las Aportaciones del Tribunal Constitucional al Sistema de Distribución de Competencias", *El Funcionamento del Estado Autonómico,* Madrid, Instituto Nacional de Administración Pública, pp. 213-242.

GARCIA, Maria da Glória, "As Transformações do Direito Administrativo na Utilização do Direito Privado pela Administração Pública, *Os Caminhos da privatização da Administração Pública IV Colóquio Luso-Espanhol de Direito Administrativo,* Coimbra, Coimbra Editora, 2001, pp. 345-359.

––, "A Execução das Decisões Administrativas no Direito Alemão", *O Poder de Execução Coerciva nas Decisões Administrativas nos Sistemas de Tipo Francês e Inglês e em Portugal,* Diogo Freitas do Amaral (coord.), Coimbra, Almedina, 2011, pp. 67-96.

García, Rafael Arenas, "Relaciones entre cooperación de autoridades y reconocimiento", *Anuario Español de Derecho Internacional Privado*, Vol. 0, 2000, pp. 231-260.

García, Ricardo Alonso, "El Acto Administrativo Comunitario: Imprecisión Normativa, y Luces y Sombras al Respecto en la Doctrina del Tribunal de Justicia", *Colóquio Luso-Espanhol: o Acto no Contencioso Administrativo: Tradição e Reforma*, Almedina, Coimbra, 2005, pp. 43-62.

Gardeñes Santiago, Miguel, "Les exigences du marché intérieur dans la construction d'un code européen de droit international pribé, en particulier la plave dela confiance et de la reconaissance mutuelle", *Quelle architecture pour un code européen de droit international privé?*, M.. Fallon, P. Lagarde, S. Poillot-Peruzzetto, Bruxelles (eds.), Peter Lang, 2011, pp. 89-106.

Garin, Aurore, "La "Soft Law" comme Vecteur de Transparence et de Bonne Gouvernance dans L'Union Européenne", *Revue du Droit de L'Union Européenne*, Vol. 3, 2014, pp. 519-553.

Gascon Y Marin, M. José, "Les Transformations du Droit Administratif International", *Recueil des Cours*, Vol. IV, Tomo 34, Paris, Recueil Sirey, 1930, pp. 5-72.

Gattini, Andrea, "Between Splendid Isolation and Tentative Imperialism: The EU's Extension of its Emission Trading Scheme to International Aviation and the ECj's Judgment in the ATA Case", *International and Comparative Law Quarterly*, Vol. 61, 2012, pp 977-991.

Gaudemet-Tallon, Hélène, *Compétence et Exécution des Jugements en Europe – Réglement 44/2001. Conventions de Bruxelles (1968) et de Lugano (1988 et 2007)*, 4.ª ed., Paris, L.G.D.J., 2010, 750 p.

Gautier, Marie, "Acte Administratif Transnational et Droit Communautaire", *Droit Administratif Européen*, Jean-Bernard Auby, Jacqueline Dutheil de la Rochère (dir.), Bruxelles, Bruylant, 2007, pp. 1069-1083.

––, "Administration sans Frontières? Droit Européen de L'Immigration – Les Instruments Juridiques et Leurs Effets", *European Review of Public Law*, Vol. 21, N.º 1, 2009, pp. 65-104.

Gautier, Philippe, "On the Classification of Obligations in International Law", *Coexistence, Cooperation and Solidarity – Liber Amicorum Rüdiger Wolfrum*, Vol. I, Holger P. Hestermeyer e.a. (eds.), Leiden/Boston, Martinus Nijhoff Publishers, 2012, pp. 853-879.

––, "L'Execution en Droit Interne des Décisions de Jurisdictions Internationales: un Domaine Réservé?", *Les Limites du Droit International – Essais en l'Honneur de Joe Verhoeven*, Bruxelles, Bruylant, 2015, pp. 147-168.

GAUTIER, Pierre-Yves, "La Contrariété à L'ordre public d'une décision étrangère, échec à sa reconnaissance ou son exequatur", *Vers de Nouveaux Équilibres entre Ordres Juridiques – Liber Amicorum Hélène Gaudemet-Tallon*, Dalloz, Paris, 2008, pp. 437-445.

GECK, Wilhelm Karl, "Anerkennung Fremder Hoheitsakte", *Wörterbuch des Völkerrecht*, Vol. I, Hans-Jürgen Schlochauer (dir.), Berlin, Verlag Walter de Gruyter & Co., 1960, pp. 55-57.

––, "Hoheitsakte auf fremdem Staatsgebiet", *Wörterbuch des Völkerrechts*, Hans-Jürgen Schlochauer (ed.), 1.º Vol., Walter de Gruyter & Co., Berlin, 1960, pp. 795-796.

GEIGER, Rudolf, KHAN, Daniel-Erasmus, KOTZUR, Markus, *European Union Treaties – Treaty on European Union – Treaty on the Function of the European Union*, München, C.H. Beck/ Hart, 2015, 1248 p.

GEMMA, Scipione, *Prime Linee di un Diritto Internazionale Amministrativo*, Parte I – Concetti Sistematice Generali, Firenze, Bernardo Seeber, 1902, 77 p.

GENARD, Quentin, "European Union Responses To Extra- Territorial Claims By The United States: Lessons From Trade Control Cases", *Non-Proliferation Papers*, N.º. 36 January 2014, disponível em http://www.sipri.org/research/disarmament/eu-consortium/publications/non-proliferation-paper-36, acesso em 12 de Abril de 2015, pp. 1-13.

GEORGE, Erica R., "The Place of the Private Transnational Actor in International Law: Human Rights Norms, Development Aims, and Understanding Corporate Self- Regulation as Soft Law", *ASIL Proceedings of the 101st Annual Meeting, The Future of International Law*, Washington D.C., 2007, pp. 473-476.

GERADIN, Damien, REYSEN, Marc, HENRY, David, "Extraterritoriality, Comity and Cooperation in EC Competition Law", *Cooperation, Comity, and Competition Policy*, Andrew T. Guzman (ed.), Oxford, Oxford University Press, 2010, pp. 21-44.

GERHART, Peter M., "The Parochial State and International Law", *Liber Memorialis Petar Šarčević – Universalism, Tradition and the Individual*, Munique, European Law Publishers, 2006, pp. 563 -573.

GIANNINI, Massimo Severo, "Accertamenti amministrativi e decisioni amministrative", *Il Foro Italiano*, Vol. 75, Parte IV, 1952, pp. 169-184.

GIBNEY, Mark P., "The Extraterritorial Application of U.S. Law: The Perversion of Democratic Governance, the Reversal of Institutional Roles, and the Imperative of Establishing Normative Principles", *Boston College International and Comparative Law Review*, Vol. 19, N.º 2, 1996, pp. 297-321.

GIHL, Torsten, "Lois Politiques et Droit International Privé", *Recueil des Cours,* Tomo 83, 1953-II, Leyde, A.w. Sijthoff, 1955, pp. 163-254.

GIL IBAÑEZ, Alberto, *The Administrative Supervision & Enforcement of EC Law – Powers, Procedures and Limits,* Oxford/Portland, Hart Publishing, 1999, 356 p.

GIL, Ana Rita, "Direito E Política Da União Europeia Em Matéria De Luta Contra A Imigração Ilegal", *Liber Amicorum em Homenagem ao Prof. Doutor João Mota de Campos,* Coimbra, Coimbra Editora, 2013, pp. 17-48.

GIRAUD, Émile, "La Notion d'Espace dans les Relations Internationales", *Festgabe für Alexander N. Makarov – Abhandlung zum Völkerrecht,* Stuttgart/Köln, W. Kohlhammer Verlag, 1958, pp. 102-130.

GIROUD, Sandrine, "Do you Speak Mareva? How Worldwide Freezing Orders are Enforced in Switzerland", *Yearbook of Private International Law,* Vol. XIV, 2012-2013, pp. 443-453.

GNES, Matteo, "General Introduction: Towards an Administration Without Frontiers – Migration Opportunities in Europe", *European Review of Public Law,* Vol. 21, N.º 1, 2009, pp. 35-62.

GODINHO, Jorge, "When Worlds Collide: Enforcing United Nations Security Council Asset Freezes in the EU Legal Order", *European Law Journal,* Vol. 16, N.º 1, January, 2010, pp. 67-93.

GOLDMAN, Berthold, "Réflexions sur la Réciprocité en Droit International", *Travaux du Comité Français de Droit International Privé,* 1962-1964, Paris, Librairie Dalloz, 1965, pp. 61-89.

––, "The Convention Between the Member States of the European Economic Community on the Mutual Recognition of Companies and Legal Persons", *Common Market Law Review,* Vol. 6, N.º 1, 1968, pp. 104-128.

––, "Nouvelles reflexions sur la *Lex Mercatoria*", Études de Droit International en L'Honneur de Pierre Lalive, Helbing & Lichtenhahn, Bâle, 1993, pp. 241-255.

GOLDMANN, Matthias, "Inside Relative Normativity: From Sources to Standard Instruments for the Exercise of International Public Authority", *German Law Journal,* Vol. 9, N.º 11, 2008, disponível em https://www.germanlawjournal.com, acesso em 9 de Agosto de 2015, pp. 1865-1908.

GOLDSCHMIDT, Werner, *Derecho Internacional Privado – Derecho de la Tolerancia,* 5.ª ed., Buenos Aires, Ediciones Depalma, 1985, p. 481.

GOMES, Carla Amado, «A Evolução do Conceito de Soberania – Tendências Recentes», *Scientia Iuridica,* Julho-Dezembro de 1998, Tomo XLVII, n.os 274/276, pp. 185-211.

––, "Era uma Vez... uma Execução Coactiva: o Caso *Société Immobilière de Saint Just* Revisitado, *Cadernos de Justiça Administrativa,* N.º 15, Maio/ Junho, 1999, pp. 3-14.

—, *Risco e Modificação do Acto Autorizativo Concretizador de Deveres de Protecção do Ambiente,* Coimbra, Coimbra Editora, 2007, 820 p.

—, "A "Boa Administração" Na Revisão Do Cpa: Depressa E Bem...", Debate A Revisão do Código de Procedimento Administrativo", *Direito e Política,* Julho-Outubro, 2013, pp.142-145.

GOMES, Carla Amado, LUÍS, Sandra Lopes, "O Dom da Ubiquidade Administrativa: Reflexões sobre a Actividade Administrativa Informal, *O Direito,* Ano 144, N.º 3, 2012, pp. 535-568.

GOMES, Paulo Jorge, *O Regulamento 1/2003 – As Relações entre a Comissão Europeia e as Autoridades Nacionais de Concorrência,* Verbo Jurídico, 2005, disponível em http://www.verbojuridico.com/doutrina/outros/comunitario_concorrencia01.html, consultado em 12 de Julho de 2013, 79 p.

GONÇALVES, Pedro Costa, "O Acto Administrativo Informático (o Direito Administrativo Português Face à Aplicação da Informática na Decisão Administrativa), *Scientia Iuridica,* Tomo XLVI, n.ºs 256/257, 1997, pp. 43-95.

—, "Notificação dos Actos Administrativos (Notas sobre a Génese, Âmbito, Sentido e Consequências de uma Imposição Constitucional)", In *Ab Uno ad Omnes – 75 Anos da Coimbra Editora 1920-1995,* Coimbra, Coimbra Editora, 1998, pp. 1091-1121.

—, "Advertências da Administração Pública", *Estudos em Homenagem ao Prof. Doutor Rogério Soares,* Coimbra, Coimbra Editora, 2001, pp. 723-796.

—, *Entidades Privadas com Poderes Públicos,* Coimbra, Almedina, 2005, 1197 p.

—, "Direito Administrativo da Regulação", *Estudos em Homenagem ao Professor Doutor Marcello Caetano – No Centenário do Seu Nascimento.* Vol. II, Coimbra, Coimbra Editora, 2006, pp. 535-573.

—, "Controlo prévio das operações urbanísticas após a reforma legislativa de 2007", *Direito Regional e Local,* N.º 1, 2008, pp. 14-24.

—, Direito Da União Europeia e Direito Administrativo – Tópicos para os alunos de Direito Administrativo I, 2.ª turma, Faculdade de Direito de Coimbra, 2010, disponível em https://woc.uc.pt/fduc/getFile.do?tipo=2&id=6949, acesso em 19 de Maio de 2015, 9 p.

GONÇALVES, Pedro Costa, MONIZ, Ana Raquel, *Direito Administrativo II – Teoria Geral Da Actividade Administrativa – Lições à 2.ª Turma Do 2.º Ano da Licenciatura Em Direito (Ano Lectivo 2010-2011),* Coimbra, Faculdade de Direito de Coimbra, policopiado, 2011, 250 p.

GONZÁLEZ-VARAS IBÁÑEZ, Santiago, *Tratado de Derecho Administrativo,* Tomo II – El Derecho Administrativo Europeo, 2.ª ed., Pamplona, Civitas/ Thomson Reuters, 2012, 734 p.

EficáCIA, RECONHECIMENTO E EXECUÇÃO DE ACTOS ADMINISTRATIVOS ESTRANGEIROS

GOODIN, Robert E., "Globalizing Justice", *Taming Globalization: Frontiers of Governance*, David Held and Mathias Koenig-Archibugi (eds.), London: Polity Press, 2003, pp. 69-92.

GORÉ, Marie, "L'Acte Authentique en Droit International Privé", *Travaux du Comité Français de Droit International Privé*, Anos 1998-1999/1999-2000, Paris, Éditions A. Pedone, 2001, pp. 23-38.

GORJÃO-HENRIQUES, Miguel, "Aspectos Gerais dos Acordos de Schengen na Perspectiva da Livre Circulação de Pessoas na União Europeia", *Temas de Integração*, Vol.1, 2.º Semestre, 1996, pp. 48-95.

—, "A Directiva 2011/24/UE e o Mercado Interno da Prestação de Cuidados de Saúde: da Proposta Bolkenstein À Próxima Transposição. Alguns Pressupostos e Desafios", *Temas de Integração*, Vol. 31-32, N.º 1-2, 2011, pp. 253-316.

—, *Direito da União – História, Direito, Cidadania, Mercado Interno e Concorrência*, 8.ª ed., Coimbra, Almedina, 2017, 772 p.

GOTHOY, Pierre, "Le Renouveau de la Tendance Unilatéraliste en Droit International", *Revue Critique de Droit International Privé*, Vol. 60, N.º 1, Janeiro-Março, 1971, pp. 1-36.

GOTLIEB, A. E., "The Incidental Question Revisited" – Theory and Practice in the Conflict of Laws", *International and Comparative Law Quarterly*, Vol. 26, 1977, pp. 734-798.

GÖTZ, Volkmar, "Der Grundsatz der gegenseitigen Anerkennung im europäischen Binnenmarkt", *Liber Amicorum Günther Jaenicke – Zum 85. Geburtstag*, Volkmar Götz, Peter Selmer, Rüdiger Wolfrum (orgs.), Berlin, Springer, 1998, pp. 763-791.

GOUVEIA, Jorge Bacelar, *Manual de Direito Internacional Público – Introdução, Fontes, Relevância, Sujeitos, Domínio Garantia*, 5.ª Edição, Coimbra, Almedina, 2017, 814 p.

GRAAF, Kars J. De, HOOGSTRA, Nicole G., "Silence is Golden? Tacit Authorizations in the Netherlands, Germany and France", *Review of European Administrative Law*, Vol 6, N.º 2, pp. 7-34.

GRABITZ, Eberhard, "Administrative, Judicial and Legislativa Activities on Foreign Territory", *Encyclopedia of Public International Law*, Rudolf Berhnardt (ed.), Vol. I, Amsterdam, North-Holland, 1992, pp. 20-22.

GRABITZ, Eberhard, HILF, Meinhard, NETTESHEIM, Martin, *Das Recht der Europäischer Union – Kommentar*, Vol, I, 53. Ergänzunslieferung, München, Verlag C.H. Beck, Setembro, 2014, s/p.

GRANT, Thomas D., *The Recognition of States: Law and Practice in Debate and Evolution*, Westport, Praeger Publishers, 1999, 247 p.

BIBLIOGRAFIA

GRECO, Guido, "L'Incidenza del Diritto Comunitario Sugli Atti Amministrativi Nazionali", *Trattato di Diritto Amministrativo Europeo*, Mario P. Chitti e Guido Greco (eds.), 2.ª ed., Tomo I, Milão, Giuffrè Editore, 2007, pp. 933-989.

GRIFFIN, Joseph P., "EC and U.S. Extraterritoriality: Activism and Cooperation", *Fordham International Law Journal*, Vol. 17, N.º 2, 1993, pp. 353-388.

GRIFFITHS, John, "What is Legal Pluralism?", *Journal of Legal Pluralism*, N.º 24, 1986, pp. 1-55.

GROF, Alfred, "Grundfragen des internationalen Verwaltungsrechts am Beispiel des Umweltrechts", *Die Leistungsfähigkeits des Rechts – Methodik, Gentechnologie, Internationales Verwaltungsrecht*, Rudolf Mellinghoff, Hans-Heinrich Trutte (orgs.), Heidelberg, R.v. Deffer & C.F. Müller, 1988, pp. 303-324.

GRÖSCHNER, Rolf, "Vom Nutzen des Verwaltungsrechtsverhältnisses", *Die Verwaltung – Zeitschrift für Verwaltungsrecht und Verwaltungswissenschaften*, Vol. 30, N.º 3,1997, pp. 301-308.

GROSS, Thomas, "Öffentliche Verwaltung im Internet", *Die Öffentliche Verwaltung*, Vol. 54, N.º 4, Fevereiro, 2001, pp. 159-164.

––, "Die Kooperation zwishen europäischen Agenturen und nationalen Behörden", *Europarecht*, Vol. 40, N.º 1, 2005, pp. 54-68.

––, "General Introduction: Towards an Administration Without Frontiers? – The Perspective of Third-Country Nationals", *European Review of Public Law*, Vol. 21, N.º 1, 2009, pp. 21-34.

GRYNWASER, Boruch, *Die völkerrectliche Anerkennung der Staaten – Besondere Berücksictigung der Vorgänge in Osteuropa*, Bern, Universität Bern, 1922, 84 p.

GUEDES, Marques, *Direito Administrativo – Lições do Prof. Doutor Marques Guedes ao Segundo Ano Jurídico de 1956-1957*, Lisboa, AAFDL, 1957, 423 p.

GUGLIELMETTO, Giovanni, "Nature e Contenuto del Brevetto Europeo con Effetto Unitario", *Luci e Ombre del Nuovo Sistema UE di Tutela Brevetuale – The EU Patent Protection Lights and Shades of the New System*, Constanza Honorati (org.), Torino, G. Giappichelli, 2014, pp. 9-25.

GUIGOU, Jean-Louis, *Une Ambition pour le Territoire: Aménager l'Espace et le Temps*, Paris, Datar, 1995, 136 p.

GUILD, Elspeth, "The Single Market, Movement of Persons and Borders", *The Law of the Single European Market – Unpacking the Premisses*, Catherine Barnard/ Joanne Scott (eds.), Oxford, Hart Publishing, 2002, pp. 295-310.

GUILLAUMÉ, Joanna, "The Weakening of the Nation-State and Private International Law – the "Right to International Mobility"", *Yearbook of Private International Law*, Vol. XIV, 2012-2013, pp. 519-538.

GUILLIEN, Raymond, *L'Acte Juridictionnel et l'Autorité de la Chose Jugée*, Bordeaux, Imprimerie de l'Université, 1931, 476 p.

GUIMEZANES, Marie, *Le Droit International au Secours de l'Etat Défaillant: les Transitions Constitutionnelles "Internationalisées"*, 2014, disponível em http://www.droitcons-titutionnel.org/congresLyon/CommLF/F-guimezanes_T2.pdf, acesso em 22 de Janeiro de 2015, 30 p.

GUSSONE, Peter, *Das Solidaritätsprinzip in der Europäischen Union und seine Grenzen*, Berlin, Duncker & Humblot, 2006, 268 p.

GUYON-RENARD, Isabelle, "La Fraude en Matière de l'État Civil dans les Etats Membres de la CIEC" *Revue Critique de Droit International Privé*, Vol. 85, N.º 3, Julho-Setembro, 1996, pp. 541-556 .

GUZMAN ZAPATER, Mónica, "Un elemento federalizador para Europa: el reconocimiento mutuo en el ámbito del reconocimiento de decisiones judiciales", *Revista de Derecho Comunitario Europeo*, Ano 5, N.º 10, 2001, pp. 405-438.

—, "La Libre Circulación de Documentos Relativos al Estado Civil en la Unión Europea", *El Documento Público Extranjero en España y en la Unión Europea – Estudios sobre las Características y Efectos del Documento Público*, Maria Font i Mas (dir.), España, Editora Bosch, 2014, pp. 85-122.

GUZMAN, Andrew, "International Organizations and the Frankenstein Problem", *The European Journal of International Law*, Vol. 24, N.º 4, 2013, pp. 999-1035.

HAAS, Peter M., "Introduction: Epistemic Communities and International Policy Coordination", *International Organization*, Vol. 46, N.º 1, Winter, 1992, pp. 1-35.

HÄBERLE, Peter, "Pluralismus der Rechtsquellen in Europa – nach Maastricht: Ein Pluralismus von Geschriebenem und Ungeschriebenem vieler Stufen und Räume, von Staatlichem und Transstaatlichem", *Jahrbuch des Öffentlichen Rechts*, Vol. 47, 1999, pp. 80-98.

HABERMAS, Jürgen, *Die Postnationale Konstellation – Politische Essays*, Frankfurt am Main, Surkhamp Verlag, 1998, 256 p.

—, " The European Nation-State and the Pressures of Globalization", *Global Justice and Transnational Politics – Essays on the Moral and Political Challenges of Globalization*, Pablo De Greiff, Ciaran Cronin (eds.), Cambridge, The MIT Press, 2002, pp. 217-232.

—, "The Crisis of the European Union in the Light of a Constitutionalization of International Law", *The European Journal of International Law*, Vol. 23, N.º 2, 2012, pp. 335-348.

HABSCHEID, Walther J., "Territoriale Grenzen der staatlichen Rechtsetzung", *Territoriale Grenzen der staatlichen Rechtsetzung – Referate und Diskussion der 12. Tagung der Deutschen Gesellschaft für Völkerrecht in Bad Godesberg vom 14. bis 16. Juno 1971,* Karlsruhe, Verlag C. F. Müller, 1973, pp. 47-76.

HAESBAERT, Rogério, MONDARDO, Marcos, Transterritorialidade e Antropofagia: Territorialidades de Trânsito numa Perspectiva Brasileiro-Latino-Americana, *GEOgraphia,* Vol. 12, N.º 24, 2010, pp. 19-50.

HAFNER, Gerhard, "Pros and Cons ensuing from Fragmentation of International Law", *Michigan Journal of International Law,* vol. 25, Verão, 2004, pp. 849-863.

HAGEDORN, Cornelia, "Passports", *Max Planck Encyclopedia of Public International Law [MPEPIL],* 2008, disponível em http://opil.ouplaw.com/view/10.1093/law:epil/9780199231690/law-9780199231690-e857?prd=EPIL, acesso em 10 de Outubro de 2013, s/p.

HAHN, Hugo J., "International and Supranational Public Authorities", *Law and Contemporary Problems,* Vol. 26, 1961, pp. 638-665.

HANDL, Günther, "Extra-Territoriality and Transnationality", *Beyond Territoriality – Transnational Legal Authority in an Age of Globalisation,* Günther Handl, Joachim Zekoll, Peer Zumbansen (eds.), Leiden, Martinus Nijhoff Publishers, 2012, pp. 3-9.

HAPPE, Claus-Michael, *Die Grenzüberschreitende Wirkung von nationalen Verwaltungakten – Zugleich ein Betrag zur Anerkennungsproblematik nach der Cassis de Dijon – Rechtsprechung des Europäischen Gerichtshofes,* Frankfurt-am-Main, Peter Lang, 1987, 183 p.

HARDER, Sirko, "The effects of recognized foreign judgements in civil and commercial matters", *International & Comparative Law Quarterly,* Vol 62, Parte 2, April, 2013, pp. 441-461.

HARINGS, Lothar, "Cross-Border Cooperation of the Police and Customs Authorities", *The European Composite Administration,* Oswald Jansen, Bettina Schöndorf-Haubold (eds.), Cambridge, Intersentia, 2011, pp. 177-200.

HARLOW, Carol, "Global Administrative Law: The Quest for Principles and Values", *The European Journal of International Law,* Vol. 17, n.º 1, 2006, pp. 187–214.

––, "Three Phases in the Evolution of EU Administrative Law", *Evolution of EU Law,* Craig, Paul/Búrca, Gráinne de, Oxford, Oxford University Press, 2.ª ed., 2011, pp. 439-464.

HART, H.L.A., *The Concept of Law,* 2.ª ed, Oxford, Clarendon Press, 1994, 315 p.

HARTLEY, Trevor C., *EEC Immigration Law,* North-Holland Publishing Company, Amsterdam, 1978, 335 p.

––, "Foreign Public Law and Private International Law: English Report", *Colloque de Bâle sur le Rôle du Droit Public en Droit International Privé – (20 et 21 mars 1986)*

Rapports et procès-verbaux des débats, Bâle, Helbing & Lichtenbaum, 1991, pp. 13-
-27.

––, "Pleading and Proof of Foreign Law: The Major European Systems Compared", *International and Comparative Law Quarterly*, Vol. 45, Part 2, April, 1996, pp.
271-292.

HATZOPOULOS, Vassilis, "Le Principe de Reconnaissance Mutuelle dans la Libre
Prestation des Services", *Cahiers de Droit Européen*, Vol. 46, N.ºs 1-2, 2010, pp.
47-93.

HAURIOU, Maurice, *Précis de Droit Administratif et de Droit Public*, 6.ª ed., Paris, J.-B.
Sirey, 1907, 915 p.

HAY, Peter, BORCHERS, Patrick J., SYMEONIDES, Tipos Symeon C., *Conflict of Laws*, 5.ª
ed., Saint Paul – Minnesota, West, 2010, 1764 p.

HECKE, Georges van, "Principes et Méthodes de Solution des Conflits de Lois",
Recueil des Cours, Vol. 126, 1969 – I, Leyde, A. W. Sitjhoff, 1970, pp. 409-569.

––, "Nochmals: Der ausländische Staat als Kläger", *IPRax – Praxis des Internationalen
Privat-und Verfahrensrechts*, Ano 12, N.º 4, Juli/August, 1992, pp. 205-206.

HEIDERHOFF, Bettina, "Ist das Anerkennungsprinzip schon geltendes internationales Familienrecht in der EU?", *Grenzen Überwinden – Prinzipien Bewahren – Festshrift für Bernd von Hoffman zum 70. Geburtstag*, Herbert Kronke/ Karsten Thorn
(org.), Bielefeld, Verlag Ernst und Verlag Gieseking, 2011, pp. 127-138.

HEIJER, Maarten den, LAWSON, Rick, "Extraterritorial Human Rights and the Concept of "Jurisdiction", *Global Justice, State Duties – The Extraterritorial Acope of Economic, Social and Cultural Rights in International Law*, Malcolm Langford, Wouter
Vandenhole, Martin Scheinin, Willem van Genugten (eds.), New York, Cambridge University Press, 2013, pp. 153-191.

HEIZ, Rudolf, *Das Fremde öffentliche Recht im internationalen Kollisionsrecht – Der Einfluss der Public Policy auf ausländisches Straf–, Steuer–, Devisen–, Konfiskations- und
Enteignungsrecht*, Zürich, Polygraphischer Verlag, 1960, 331 p.

HELD, David, "Law of States, Law of Peoples: Three Models of Sovereignty", *Legal
Theory*, Vol. 8, N.º 2, 2002, pp. 1-44.

––, "From Executive to Cosmopolitan Multilateralism", *Taming Globalization: Frontiers of Governance*, David Held and Mathias Koenig-Archibugi (eds.), London:
Polity Press, 2003, pp. 160-186.

HELD, David, MCGREW, Antony, GOLDBLATT, David, PERRATON, Jonathan, *Global Transformation: Politics, Economics and Culture*, Stanford, Stanford University
Press, 1999, 515 p.

HELLWIG, Fritz, "Einige Anmerkung zu dem Thema "Grenzen in Europa"", *Eine Ordnungspolitik für Europa – Festschrift für Hans von der Groeben zu seinem 80. Geburtstag*,

Ernst-Joachim Mestmächer, Hans Moller, Hans-Peter Schwarz (eds.), Baden--Baden, Nomos verlagsgesellschaft, 1987, pp. 153-165.

HENKIN, Louis, "Act of StateToday: Recollections in Tranquility", *Columbia Journal of Transnational Law*, Vol. 6, 1967, pp. 175-189.

––, "Is There a "Political Question" Doctrine?", *The Yale Law Journal*, Vol. 85, N.º 5, April, 1976, pp. 597-625.

HERDEGEN, Matthias, "Review of the Security Council by National Courts: A Constitutional Perspective", *Review of the Security Council by Member States*, Erika de Wet, Noel Nollkaemper (eds.), Antwerp, Intersentia, 2003, pp. 77-84.

HERDEGEN, Matthias, DEDERER, Hans-Georg, "Richtlinie 2001/18/EG des Europäischen Parlaments und des Rates vom 12. März 2001 über die absichtliche Freisetzung genetish veränderter Organismen in die Umwelt und zur Aufhebung der Richtlinie 90/220/EWG des Rates – EG-Freisetzungsrichtlinie", *Internationales Biotechnologie-recht – Gentechnik, Biopatente, genetische Ressourcen*, Heidelberg, C.F. Müller, 37.ª Actualização, 2010, pp. 1-96.

HÉRITIER, Adrienne, "Mutual recognition: comparing policy areas", *Journal of European Public Policy*, Vol. 14, N.º 5, August, 2007, pp. 800-813.

HERNÁNDEZ RODRÍGUEZ, Aurora, MACHO GÓMEZ, Carolina, "Eficacia Internacional De Las Nacionalizaciones sobre las Marcas de Empresa: El Asunto «Havana Club» ante los Tribunales Españoles", *Cuadernos de Derecho Transnacional*, Vol. 4, N.º 2, Octubre, 2012, disponível em http://e-revistas.uc3m.es/index.php/CDT/article/view/1616, acesso em 12 de Fevereiro de 2015, pp. 159-176.

HERRERA ORELLANA, Luis Alfonso, "El "recurso" de Interpretación dela Constitución: Reflexiones Criticas desde la Argumentación Jurídica y la Teoria del Discurso", *Revista de Derecho Publico*, Vol. 60, N.º 113, Janeiro-Março, 2008, pp. 7-41.

HERRERO RUBIO, Alejandro, "Problematica de la Aplicacion del Derecho Extranjero", *Anuario de Derecho Internacional*, IV, 1977, pp. 137-183.

HERSHOVITZ, Scott, " The Role of Authority", *Philosopher's Imprint*, Vol. 11, N.º 7, March, 2011, disponível em http://quod.lib.umich.edu/cgi/p/pod/dod-idx/role--of-authority.pdf?c=phimp;idno=3521354.0011.007, acesso em 11 de Junho de 2015, pp. 1-19.

HERZ, John H., "Rise and Demise of the Territorial State", *World Politics*, Vol. 9, N.º 4, July 1957, pp 473-493.

HERZOG, Benjamin, *Anwendung und Auslegung von Recht in Portugal und Brasilien*, Tübingen, Mohr Siebeck, 2014, 810 p.

HESELHAUS, Sebastian, "Individualrechtsschutz in Genehmigungsverfahren der Europäischen Gemeinschaft im Recht der Biotechnologie – Untersuchung anhand ausgewählter Sekundärrechtsakte", *Individualrechtsschutz in der EG und der WTO*, Carsten Nowak/ Wolfram Cremer (eds.), Baden-Baden, Nomos Verlagsgesellschaft, 2002, pp. 103-132.

HESTERMEYER, Holger P., "Where Unity Is at Risk: When International Tribunals Proliferate", *International Law today: New Challenges and the Need for Reform?*/Doris König, D., Peter-Tobias Stoll, Volker Röben, Nelle Matz-Lück (eds.), Berlin, Springer, 2008, pp. 123-140.

--, "Reality or Aspiration? Solidarity in International Environmental and World Trade Law", *Coexistence, Cooperation and Solidarity – Liber Amicorum Rüdiger Wolfrum*, Vol. I, Holger P. Hestermeyer e.a. (eds.), Leiden/Boston, Martinus Nijhoff Publishers, 2012, pp. 45-63.

HERTOGEN, An, "Letting Lotus Bloom", *The European Journal of International Law*, Vol. 26, N.º 4, 2015, pp. 901-926.

HEUZÉ, Vincent, "La Reine Morte: la démocratie à l'épreuve de la conception communautaire de la justice. L'abolition de la démocratie (1ʳᵉ partie)", *Semaine juridique*, N.º 13, 28 Mars 2011, pp. 602-606.

--, "La Reine Morte: la démocratie à l'épreuve de la conception communautaire de la justice. La soumission à un utilitarisme obscur (2ᵉ partie)", *Semaine juridique*, N.º 14, 4 Avril 2011, pp. 657-661.

HILL, Jonathan, CHONG, Adeline, *International Commercial Disputes: Commercial Conflict of Laws in English Courts*, Portland, Hart Publishing, 2010, 896 p.

HILLGRUBER, Christian, "The Admission of New States to the International Community", *European Journal of International Law*, Vol. 9, 1998, pp. 491-509.

HIMSWORTH, Chris, "Convergence and Divergence in Administrative Law", *Convergence and Divergence in European Public Law*, Paul Beaumont Carole Lyons e Neil Walker (eds.), Oxford – Portland, Hart Publishing, 2002, pp. 99-110.

HINSLEY, F.H., *Sovereignty*, 2.ª ed., Cambridge, Cambridge University Press, 1986, 268 p.

HIXSON, Kathleen, "Extraterritorial Jurisdiction Under the Third Restatement of Foreign Relations Law of the United States", *Fordham International Law Journal*, Vol. 12, 1988, pp. 127-152.

HOEK, Aukje van, "Private Enforcement and the Mutiplication of Legal Orders", *Multilevel Governance in Enforcement and Adjudication*, Aukje van Hoeck, Ton Hol, Oswald Jansen, Peter Rijpkema, Rob Widdershoven (eds.), Antwerpen, Intersentia, 2006, pp. 313-337.

HOEK, Aukje van, LUCHTMAN, Michiel, "The European Convention on Human Rights and Transnational Cooperation in Criminal Matters", *Multilevel Governance in Enforcement and Adjudication*, Aukje van Hoeck, Ton Hol, Oswald Jansen,

Peter Rijpkema, Rob Widdershoven (eds.), Antwerpen, Intersentia, 2006, pp. 25-91.

HOFFMAN, Herwig C.H., "Mapping the European Administrative Space", *West European Politics*, Vol. 31, N.º 4, Julho, 2008, pp. 662-676.

HOFFMANN, Gerhard, "The Present-Day Significance of International Administrative Law", *Law and State – A Biannual Collection of Recent German Contributions to these Fields*, Vol. 10, 1974, pp. 95-108.

HOFMANN, Herwig C.H., "Seven Challenges for EU Administrative Law", *Review of European Administrative Law*, Vol. 2, N.º 2, 2009, pp. 37-59.

HOFMANN, Herwig C.H., ROWE, Gerard C., TÜRK, Alexander H., *Administrative Law and Policy of the European Union*, Oxford, Oxford University Press, 2011, 977 p.

HOFMANN, Jens, *Rechtschutz und Haftung im Europäischen Verwaaltungsverbund*, Berlin, Dunckler & Humblot, 2004, 405 p.

––, "Legal Protection and Liability in the European Composite Administration", *The European Composite Administration*, Oswald Jansen, Bettina Schöndorf-Haubold (eds.), Cambridge, Intersentia, 2011, pp. 441-466.

HOLLEAUX, Dominique, *Compétence du Juge Étranger et Reconnaissance des Jugements*, Paris, Librairie Dalloz, 1970, 456 p.

HOLT, Joshua Gregory, "The International Law Exception To The Act Of State Doctrine: Redressing Human Rights Abuses In Papua New Guinea", *Pacific Rim Law and Policy Journal*, Vol. 16, N.º 2, March, 2007, pp. 459-491.

HORNG, Der-Chin, "The Principle of Mutual Recognition – The European Union's Practice and Development", *World Competition*, Vol. 22, N.º 2, 1999, pp. 135-155.

HUBERI, Ulrici, *Praelectionum Juris Civilis, Tomi III, Secundum Instituttiones et Digesta Justiniani*, Lovanii, Tyis Joannis Francisci Van Overbeke, MDCCLXVI (1766), Lib. I, Tit. III De conflictu legum, 516 p.

HÜBNER, Rudolf, *Ausländishes Recht vor deutschen Gerichten*, Tübingen, Mohr Siebeck, 2014, 468 p.

HUET, André, "Un titre Exécutoire Parmi d'Autres: L'Acte Authentique", *Mélanges en l'Honneur de Mariel Revillard – Liber Amicorum*, Paris, Éditions Defrénois, 2007, pp. 183-195.

HURRELMANN, Achim, *Multi-Level Legitimacy: Conceptualizing Legitimacy Relationships between the EU and National Democracies*, TranState Working Papers 41, Bremen, 2006, disponível em http://econstor.eu/bitstream/10419/24954/1/514659483. PDF, acesso em 7 de Agosto de 2015, 24 p.

IDOT, Lawrence, "L'Exécution Forcée des Mesures Communautaires: Exemples en MAtière de Concurrence", *L'Exécution du Droit de L'Union, entre Mécanismes Com-*

munautaires et Droits Nationaux, Jacqueline Dutheil de la Rochère (dir.), Bruxelles, Bruylant, 2009, pp. 265-286.

INNERARITY, Daniel, *O Novo Espaço Público,* Lisboa, Teorema, 2006, 320 p.

INTERNATIONAL CHAMBER OF COMMERCE, COMITEE ON THE EXTRATERRITORIAL APPLICATION OF NATIONAL LAWS, *The Extraterritorial Application of National Laws – The International Chamber of Commerce,* Dieter Lange, Gary Born (eds.), Paris, ICC Publishing S.A., 1987, 57 p.

IORIO, Lorenza Di, "La nozione di "giurisdizione" in alcune pronunce della Corte europea dei diritti dell'uomo", *International Law,* N.º 5, 2007, pp. 296-307.

IP, Eric C., "Globalization and the future of the law of the sovereign state", *International Journal of Constitutional Law,* Vol. 8, N.º 3, 2010, pp. 636-655.

ISAY, Ernst, "Zwischenprivatrecht und Zwischenverwaltungsrecht", *Bonner Festgabe für Ernst Zittlemann – Zum Fünfzigjährigen Doktorjubiläum,* München, Verlag Von Duncker & Humblot, 1923, pp. 289-305.

––, "Internationales Verwaltungsrecht", *Handwörterbuch der Rechtswissenschaft,* Fritz Stier-Somlo, Alexander, Elfter (eds.), Berlin, Walter de Gruyter & Co., 1928, pp. 344-356.

––, *Internationales Finanzrecht,* Stuttgart-Berlin, Verlag W. Kohlhammer, 1934, 285 p.

ISIDRO, Marta Requejo, "On Exequatur and the ECHR: Brussels I Regulation before the ECHR (zu EGMR, 25.2.2014 – n.º 17502/07 – Avotiņš v. Latvia)", *IPRax – Praxis des Internationalen Privat-und Verfahrensrechts,* Ano 35, N.º 1, 2015, pp. 69-74.

IZQUIERDO CARRASCO, Manuel, "Algunas Cuestiones Generales a Propósito del Ejercicio Privado de Funciones Públicas en el Ámbito de la Seguridad Industrial", *Os Caminhos da Privatização da Administração Pública – IV Colóquio Luso-Espanhol de Direito Administrativo,* Coimbra, Coimbra Editora, 2001, pp. 367-406.

JACKSON, David, "Mandatory Rules and the Rules of "Ordre Public"", *Contract Conflicts – The E.E.C. Convention on the Law Applicable to Contractual Obligations: A Comparative Study,* P.M. North (ed.), Amsterdam, North-Holland Publishing Company, 1982, pp. 59-79.

JACOB, Patrick, "La Mise en Oeuvre des Normes et Opérations de l'Organisation Internationale", *Traité de Droit des Organisations Internationales,* Evelyne Lagrange, Jean-Marc Sorel (dir.), Paris, L.G.D.J., 2013, p. 861-890.

JAKLIC, Klemen, *Constitutional Pluralism in the EU,* Oxford, Oxford University Press, 2014, 357 p.

JALLES, Isabel, *Extraterritorialidade e Comércio Internacional – Um Exercício de Direito Americano,* Venda Nova, Bertrand Editora, 1988, 453 p.

BIBLIOGRAFIA

Jansen, Nils, "Informelle Autoritäten in der Entwicklung des transnationalen Privatrechts", *Transnationales Recht*, Gralf-Peter Caliess (ed.), Tübingen, Mohr Siebeck, 2014, pp. 115-139.

Jansen, Oswald, "The Systems of International Cooperation in Administrative and Criminal Matters in Relation to Regulation EC 1/2003", *Competition Law Sanction in the European Union – The EU-Law Influence on the National Law Systems of Sanctions in the European Area*, Gerhard Dannecker e Oswald Jansen (eds.), The Hague, Kluwer Law International, 2004, pp. 257-304.

––, *Transnational Administrative Law Sanctioning*, Séminaire «A propos de situations de transnationalité intéressant le droit administratif», 8 juin 2007, diponível em http://www.sciencespo.fr/chaire-madp/sites/sciencespo.fr.chaire-madp/files/jansen.pdf, acesso em 15 de Janeiro de 2015, 23 p.

Janssens, Christine, *The Principle of Mutual Recognition in EU Law*, Oxford, Oxford University Press, 2013, 358 p.

Jarrosson, Charles, "Réflexions sur l'Imperium", Études Offertes à Pierre Bellet, Paris Litec, 1991, pp. 245-279.

Jayasuriya, Kanishka, "Riding the Accountability Wave? Politics of Global Administrative Law", *Administrative Law and Governance in Asia: Comparative Perspectives*, Tom Ginsburg, Albert H.Y. Chen (eds.), London, Routledge, 2009, pp. 59-78.

Jayme, Erik, "Ausländische Rectsregeln und Tatbestand inländischer Sachnormen – Betractungen su Ehrenzweigs Datum-Theorie", *Gedächtnisschrift für Albert A. Ehrenzweig*, Erik Jayme, Gerhard Kegel (eds.), Karlsruhe, C.F. Müller Juristischer Verlag, 1976, pp. 37-49.

––, *Narrative Normen im internationalen Privat- und Verfahrensrecht*, Tübingen, Eberhard-Karls Universität, 1993, 44 p.

Jayme, Erik, Kohler, Christian, "Europäisches Kollisionsrecht 2001: Anerkennungsprinzip statt IPR?", *IPRax – Praxis des Internationalen Privat- und Verfahrensrechts*, Ano 21, 2001, pp. 501-514.

Jayme, Erik, Kohler, Erik, "Europäisches Kollisionsrecht 2004: Territoriale Erweiterung und methodische Rückgriffe", *IPRax – Praxis des Internationalen Privat- und Verfahrensrechts*, Ano 24, N.º 6, 2004, pp. 481-493.

Jellinek, Georg, *Allgemeine Staatslehre*, 3.ª ed. (quarta reimpressão), Berlin, Verlag von Julius Springer, 1922, 832 p.

Jellinek, Walter , *Verwaltungsrecht*, 3.ª ed., Offenburg, Lehrmittel-Verlag G.M.B.H., 1948, 571 p.

Jenard, P., Moller, G., *Report on the Convention on jurisdiction and the enforcement of judgments in civil and commercial matters done at Lugano on 16 September 1988*, Jornal Oficial 189, 28 de Julho de 1990, pp. 57-122.

JENSEN, Micaela Vaerni, *Exécution du Droit Communautaire par les États membres – Méthode Communautaire et Nouvelles Formes de Gouvernance*, Bâle, Helbing Lichtenhahn, 2007, 305 p.

JESSUP, Phillip C., *Transnational Law*, New Haven, Yale University Press, 1956, 113 p.

JÈZE, Gaston, *Cours de Droit Public (Licence)*, Paris, Marcel Girard, 1992, 275 p.

JIMÉNEZ ALEMÁN, Ángel Aday, "La Reforma de 2013 del régimen jurídico de las AECTs: Nuevas Oportunidades para la Cohesión Económica, Social y Territorial Europea", *Questões Actuais de Direito Local*, N.º 5, Janeiro-Março, 2015, pp. 81-94

JÍMENEZ BLANCO, Pilar, "El Valor Probatorio de los Documentos Publicos en la Unión Europea ", *El Documento Público Extranjero en España y en la Unión Europea – Estudios sobre las Características y Efectos del Documento Público*, Maria Font i Mas (dir.), España, Editora Bosch, 2014, pp. 431-473.

JIMÉNEZ GARCÍA, Francisco, "Variaciones sobre el Principio De Reconocimiento Mutuo y la Directiva 2006/123/CE en el Marco de la Libre Prestación de Servicios", *Revista de Derecho Comunitario Europeo*, N.º 28, Septiembre/Diciembre, 2007, pp. 777-817.

JINKS, Derek, KATYAL, Neal Kumar, "Disregarding Foreign Relations Law", *Yale Law Journal*, Vol. 116, N.º 6, 2007, pp. 1230-1283.

JITTA, Daniel Josephus, *La Méthode du Droit International Privé*, La Haye, Belinfante frères, 1890, 499 p.

JOERGES, Christian, "Democracy and European Integration: a legacy of tensions, a re-conceptualisation and recent true conflicts", *A Europa e os Desafios do Século XXI*, Paulo de Pitta e Cunha, Luís Silva Morais (orgs.), Coimbra, Almedina, 2008, pp. 111-150.

JOSÉ FERREIRA MARNOCO E SOUZA, *Execução Extraterritorial das Sentenças Cíveis e Comerciais*, Coimbra, F. França Amado Editor, 1898, 269 p.

JUILLARD, Patrick, "Le Contrôle des Exportations et l'Application Extraterritoriale des Lois Économiques en Droit International", *Le Contrôle des Exportations de Haute Rechnologie vers les Pays de l'Est*, Bernard Chantebout, Bertrand Warusfel (coords.), Paris, Mason, 1998, p. 110-113.

JUNIOR, Augusto Jaeger, "Liberdade Individual e liberdades Econômicas Fundamentais no Mercosul", *Direito Privado, Constituição e Fronteiras – Encontros da Associação Luso-Alemã de Juristas no Brasil*, Stefan Grundmann, Gilmar Mendes, 2.ª ed., Claudia Lima Marques, Christian Baldus, Manuel Malheiros (org.), São Paulo, Editora Revista dos Tribunais Ltda., 2013, pp. 441-480.

JUNNE, G. C. A., "International organizations in a period of globalization: New (problems of) legitimacy", *The Legitimacy of International Organizations*, Jean-Marc

Coicaud, Veijo Heiskanen (ed.), United Nations University Press, 2001, pp. 189-220.

K. Schmidt, Susanne, "The Impact of Mutual Recognition – Inbuilt Limits and Domestic Responses to the Single Market", *Journal of European Public Policy*, Vol. 9, December, 2002, pp. 935–953.

Kadelbach, Stefan, *Allgemeines Verwaltungsrecht unter europäischen Einfluss*, Tübingen, Mohr Siebeck, 1999, 560 p.

Kagan, Michael, "The Beleaguered Gatekeeper: Protection Challenges Posed by UNHCR Refugee Status Determination", *International Journal of Refugee Law*, Vol. 18, N.º 1, pp. 1-29.

Kahl, Wolfgang, 'What Is 'New' about the 'New Administrative Law Science' in Germany?' *European Public Law*, Vol. 16, N.º 1, pp. 105–121.

Kaiser, Karen, "WIPO's International Registration of Trademarks: An International Administrative Act Subject to Examination by the Designated Contracting Parties", *German Law Journal*, Vol. 9, N.º 11, 2008, disponível em www.germanlawjournal.com, acesso em 1 de Junho de 2015, pp. 1597-1693.

Kämmerer, Jörn Axel, Starski, Paulina, "Das "Internationale Öffentliche Recht" – Versuch einer Annäherung", *Archiv des öffentlichen Rechts,* Vol. 139, N.º 4, Dezember, 2014, pp. 619-629.

Kamminga, Menno T., "Extraterritoriality", *The Max Planck Encyclopedia of Public International Law*, Vol III, Rüdiger Wolfrum (dir.), Oxford, Oxford University Press, 2012, pp. 1070-1077.

Kant, Immanuel, *Zum ewigen Frieden – Ein philosophischer Entwurf,* Frankfurt und Leipzig, 1976, 95 p.

Kargopoulos, Alexandros-Ioannis, *"Ne Bis In Idem* in Criminal Proceedings", *in European Police and Criminal Law Co-operation*, Maria Bergström e Anna Jonsson Cornell (eds.), Oxford and Portland, Hart Publishing, 2014, pp. 85-126.

Karns, Margaret P., Mingst, Karen A., (*International Organizations – The Politics and Processes of Global Governance*, Boulder Colorado, Lynne Rienner Publishers, 2004, 602 p.

Karydis, Georges, "L'Ordre Public dans l'Ordre Juridique Communautaire: un Concept à Contenu Variable", *Revue Trimestrielle de Droit Européen*, N.º 1, Janvier--Mars, 2002, pp. 1-26.

Kay, Herma Hill, "Currie's Interest Analysis in the 21st Century: Losing the Battle, but Winning the War", *Willamette Law Review*, Vol. 37, 2001, pp. 123-132.

Kazansky, Pierre, "Théorie de l'Administration Internationale", *Revue Generale De Droit International Public*, Vol. 9, 1902, pp. 353-367.

KEATING, Michael, "Sovereignty and Plurinational Democracy: Problems in Political Science", *Sovereignty in Transition*, Neil Walker (ed.), Oxford/ Portland, Hart Publishing, 2003, pp. 191-208.

KEESSEN, A. M., *European Administrative Decisions – How the EU Regulates Products on the Internal Market*, Groningen, Europa Law Publishing, 2009, 271 p.

KEGEL, Gerhard, "Zum Heutigen Stand des IPR", *Estudos em Homenagem ao Prof. Doutor A. Ferrer Correia*, Vol. I, Coimbra, Boletim da Faculdade de Direito – Número especial, 1986, pp. 243-278.

––, "The Rôle of Public Law in Private International Law: German Report", *Colloque de Bâle sur le Rôle du Droit Public en Droit International Privé – (20 et 21 mars 1986) Rapports et procès-verbaux des débats*, Bâle, Helbing & Lichtenbaum, 1991, pp. 29-62.

KEGEL, Gerhard, SEIDL-HOHENVELDERN, Ignaz, "Zum Terriorialitätsprinzip im internationalenöffentlichen Recht", *Konflikt und Ordnung – Festschrift für Murad Ferid zum 70. Geburtstag*, Andreas Helrich, Dieter Henrich, Hans Jürgen Sonnenberger (eds.), München, C.H. Beck'sche Verlagsbuchhandlung, 1978, pp. 233-277.

––, "On the Territoriality Principle in Public International Law", *Hastings International and Comparative Law Review*, Vol. 5, N.º 2, 1981-1982, pp. 245-290.KELSEN, Hans, *Das Problem der Souveränität und die Theorie des Völkerrechts – Beitrag zu Einer Reinen Rechtslehre*, Tübingen, J.C.B. Möhr, 1920, 320 p.

KELSEN, Hans, *Das Problem der Souveränität und die Theorie des Völkerrechts – Beitrag zu Einer Reinen Rechtslehre*, J.C.B. Möhr, Tübingen, 1920, 288 p.

––, *General Theory of Law and State*, Edição Kindle,New Jersey, The Law Book Exchange Ltd., 1945, 12864 pos.

––, *Teoria Pura do Direito*, Vol. I, 2.ª ed., Tradução de João Baptista Machado, Coimbra, Arménio Amado – Editor, Sucessor, 1962, 366 p.

KEOHANE, Robert O., "Global Governance and Democratic Accountability", *Taming Globalization: Frontiers of Governance*, David Held and Mathias Koenig-Archibugi (eds.), London: Polity Press, 2003, pp. 130-159.

KEOHANE, Robert O., MACEDO Stephen, MORAVCSIK, Andrew, "Democracy-Enhancing Multilateralism", *International Organization*, Vol. 63, Winter, 2009, pp. 1-31.

KEOHANE, Robert O., NYE JR., Joseph S., "Introduction", *Governance in a Globalizing World*, Joseph S. Nye Jr., John D. Donahue (eds.), Washington, D.C., Brookings Institution Press, 2000, pp. 1-41.

KERAMEUS, Konstantinos D., "Enforcement in the International Context", *Recueil des Cours*, Vol. 264, 1997, The Hague, Martinus Nijhoff Publishers, 1998, pp. 197-410.

KERBER, Wolfgang, BERGH, Roger van den, "Unmasking Mutual Recognition: Current Inconsistencies and Future Chances", *Marburg Papers on Economics – Marburger Volkswirtschaftliche Beiträge*, N.º 11, 2007, disponível em http://www.uni--marburg.de/fb02/makro/forschung/fb, acesso em 1 de Agosto de 2015, 22 p.

KERIKMÄE, Tanel, NYMAN-METCALF, Katrin, "The European Union And Sovereignty: The Sum Is More Than Its Parts?", Temas de Integração, N.º 31-32, 1.º/2.º Semestre, 2011, pp. 5 – 16.

KESSEDJIAN, Catherine *La Reconaissance et L'Execution des Jugements en Droit International Privé aux États-Unis*, Paris, Economica, 1987, 499 p.

KINGSBURY, Benedict, "The Concept of 'Law' in Global Administrative Law", *The European Journal of International Law*, Vol. 20, N.º 1, 2009, pp. 23-57.

KINGSBURY, Benedict, KRISCH, Nico, STEWART, Richard B., "The Emergence of Global Administrative Law", *Law & Contemporary Problems*, N.º 68, 2005, pp. 15-61.

KINNEY, Eleanor D., "The Emerging Field of International Administrative Law: Its Content And Potential", *Administrative Law Review*, Vol. 54, N.º 1, 2002, pp. 415-432.

KINSCH, Patrick, *Le Fait du Prince Étranger*, Paris, L.G.D.J., 1994, 583 p.

––, "The Impact of Human Rights on the Application of Foreign Law and on the Recognition of Foreign Judgments – A Survey of the Cases Decided by the European Human Rights Institution", *Intercontinental Cooperation Through Private International Law – Essays in Memory of Peter E. Nygh*, Talia Einhorn, Kurt Siehr, (eds.), The Hague, T.M.C. Asser Press, 2004, pp. 197-228.

––, "La "sauvegarde de certaines politiques législatives", cas d'intervention de l'ordre public international?", *Vers de Nouveaux Équilibres entre Ordres Juridiques – Liber Amicorum Hélène Gaudemet-Tallon*, Dalloz, Paris, 2008, pp. 447-458.

––, "Recognition in the Forum of Status Acquired Abroad – Private International Law Rules and European Human Rights Law, Convergence and Divergence in Private International Law", *Liber Amicorum Kurt Siehr*, Katharina Boele-Woelki, Talia Einhorn, Daniel Girsberger, Symeion Symeonides (eds.), The Hague, Eleven International Publishing, 2010, pp. 259-275.

––, "L'Apport de la Jurisprudence de la Cour Européenne des Droits de L'Homme", *La Reconnaissance des Situations en Droit International Privé*, Paul Lagarde (dir.), Paris, Éditions, A. Pedone, 2013, pp. 43-55.

KLABBERS, Jan, "The Redundancy of Soft Law", Nordic Journal of International Law, Ano 67, 1996, pp. 167-182.

––, "Two concepts of international organisations", *International Organizations Law Review*, Vol. 2, 2005, pp. 381-390.

––, "Setting the Scene", *The Constitutionalization of International Law*, Jan Klabbers, Anne Peters e Geir Ulfstein (eds.), Oxford, Oxford University Press, 2009, pp. 1-44.

KLAMERT, Marcus, *The Principle of Loyalty in EU Law*, Oxford, Oxford University Press, 2014, 327 p.

––, *Services Liberalization in the EU and the WTO – Concepts, Standards and Regulatory Approaches*, Cambridge, Cambridge University Press, 2015, 318 p.

KLEIN, Eckhart, "Human Dignity – Basis of Human Rights", *Coexistence, Cooperation and Solidarity – Liber Amicorum Rüdiger Wolfrum*, Vol. I, Holger P. Hestermeyer e.a. (eds.), Leiden/Boston, Martinus Nijhoff Publishers, 2012, pp. 437-452.

KLEIN, Pierre, *La Responsabilité des Organisations Internationales – Dans les Ordres Juridiques Internes et en Droit des Gents*, Bruxelles, Editions Bruylant, 1998, 673 p.

KLEINGELD, Pauline, BROWN, Eric, "Cosmopolitanism", *The Stanford Encyclopedia of Philosophy*, Edward N. Zalta (ed.), Fall, 2014, disponível em http://plato.stanford.edu/archives/fall2014/entries/cosmopolitanism/, acesso em 18 de Maio de 2015., s/n.

KLEPPER, Marian, *Vollzugskompetenzen der Europäischen Gemeinschaft aus abgeleitetem Recht – Zulässigkeit – Modalitäten – Rechtsfolgen*, Baden-Baden, Nomos Verlagsgesellschaft, 2001, 230 p.

KLIMEK, Klimek, *Mutual Recognition of Judicial Decisions in European Criminal Law*, Cham, Springer, 2017, 742 p.

KMENT, Martin, *Grenzüberschreitendes Verwaltungshandeln – Transnationale Elemente deutschen Verwaltungsrechts*, Tübingen, Mohr Siebeck, 2010, 913 p.

––, "Transnationalität im Verwaltungsrecht", *Transnationales Recht*, Gralf-Peter Caliess (ed.), Tübingen, Mohr Siebeck, 2014, pp. 331-352.

KNIGHT, C.J.S., "Striking Down Legislation under Bi-Polar Sovereignty", *Public Law*, N.º 1, January, 2011, pp. 90-114.

KNOX, John H., "The Unpredictable Presumption Against Extraterritoriality", *Southwestern Law Review*, Vol. 40, 2011, pp. 635-653.

KOCH, Cornelia, "Locus Standi of Private Applicants Under the EU Constitution: Preserving Gaps in the Protection of Individuals' Right to an Effective Remedy", European Law Review, Vol. 30, 2005, pp. 511-527.

KOENIG-ARCHIBUGI, Mathias, "Introduction: Globalization and the Challenge to Governance", *Taming Globalization: Frontiers of Governance*, David Held and Mathias Koenig-Archibugi (eds.), London: Polity Press, 2003, pp. 1-17.

KOH, Harold Hongju, "Why Do Nations Obey International Law?", *The Yale Law Journal*, Vol. 106, 1997, pp. 2599-2659.

KOHLER, Christian, "Das Prinzip der gegenseitigen Annerkennung in Zivilsachen im europäischen Justizraum", *Zeitschrift für Schweizerisches Recht*, Vol. 124, II, 2005, pp. 263-299.

––, "Elliptiques Variations sur un Thème Connu: Compétence Judiciaire, Conflits de Lois et Reconnaissance de Décisions en Matière Alimentaire d'après le Règlement (CE) n.º 4/2009 du Conseil", *Liber Amicorum Kurt Siehr*, Katharina Boele-Woelki, Talia Einhorn, Daniel Girsberger, Symeion Symeonides (eds.), The Hague, Eleven International Publishing, 2010, pp. 277-289.

––, "La Reconnaissance de Situations Juridiques dans l'Union Européenne: le cas du nom patronymique", *La Reconnaissance des Situations en Droit International Privé*, Paul Lagarde (dir.), Paris, Éditions A. Pedone, 2013, pp. 67-79.

––, "Towards the Recognition of Civil Status in the European Union, *Yearbook of Private International Law,* Vol. XV, 2013/2014, pp. 13-29.

KOHLER, Marius, BUSCHBAUM, Markus, "La "reconnaissance" des actes authentiques prévue pour les successions transfrontalières. Reflexions critiques sur une approche douteuse entamée dans l'harmonisation des règles de conflits de lois", *Revue Critique de Droit Pnternational privé*, Vol. 99, N.º. 4, 2010, pp. 629-651.

KÖNIG, Klaus, *Die Anerkennung Ausländischer Verwaltungsakte*, Köln, Carl Heymanns Verlag KG, 1965, 120 p.

––, "Öffentliche Verwaltung and Globalisierung", *Verwaltungsarchiv*, IV, Vol. 92, N.º 4, 2001, pp. 475-506.

KOPP, Ferdinand, "Kollisionsrecht im öffentlichen Recht", *Deutsches Verwaltunsblatt*, Ano 82, N.º 12, 15 Juni 1967, pp. 469-472.

KOROMA, Abdul G., "Solidarity: Evidence of an Emerging International Legal Principle", *Coexistence, Cooperation and Solidarity – Liber Amicorum Rüdiger Wolfrum*, Vol. I, Holger P. Hestermeyer e.a. (eds.), Leiden/Boston, Martinus Nijhoff Publishers, 2012, pp. 103-129.

KRAMME, Malte, "Keine Ordre-Public-Überprüfung von Europäischen Vollstreckungstiteln! – Anmerkung zum Urteil des BGH vom 24.4.2014 – VII ZB 28/13", *Zeitschrift für das Privatrecht der Europäischen Union*, N.º 5, 2014, pp. 296-299.

KRASNER, Stephen D., "Abiding Sovereignty", *International Political Science Review*, Vol. 22, N.º 3, 2001, pp. 230-251.

––, "The Durability of Organized Hypocrisy", *Sovereignty in Fragments – The Past, Present and Future of a Contested Concept*, Hent Kalmo, Quentin Skinner (eds.), Cambridge, Cambridge University Press, 2010, pp. 99-113.

KROLIKOWSKI, Suzanne B., "A Sovereign in a Sovereignless Land? The Extraterritorial Application of United States Law: EDF v. Massey", *North Carolina Journal of International Law & Commercial Regulation*, Vol. 19, 1994, pp. 333-351.

KRONKE, Herbert, "Capital Markets and Conflict of Laws", *Recueil des Cours,* Tomo 286, 2000, The Hague, Martinus Nijhoff Publishers, 2001, pp. 249-385.

KROPHOLLER, Jan, *Internationales Privatrecht,* 6.ª ed., Tübingen, Mohr Siebeck, 2006, 742 p.

KUO, Ming-Sung, "Inter-public Legality and Public Legitimacy? Global Governance and the Curious Case of Global Administrative Law as a New Paradigm of Law, *International Journal of Constitutional Law,* Vol. 10, N.º 4, 2012, pp. 1050-1075.

KUYPER, P. J., "European Community Law and Extraterritoriality: some Trends and New Developments", *International and Comparative Law Quarterly,* Vol. 33, Parte 4, October, 1984, pp. 1013-1021.

KWARKWA, Edward, "Some coments on rulemaking at the World Intelectual Property Organisation", *Duke Journal of Comparative and International Law,* Vol. 12, 2002, pp. 179-195.

LAAS, Matthias, "Instrumentos para la Gestión Comunitaria de la Inmigración" *La Unión Administrativa Europea,* Francisco Velasco Caballero, Jens-Peter Schneider, Madrid, Marcial Pons, 2008, pp. 219-240.

LAAZOUZI, Malik, *Les Contrats Administratifs à Caractère International,* Paris, Economica, 2008, 507 p.

LABAND, Paul, *Das Staatsrecht des Deutschen Reiches,* Vol. I, Tübingen, Verlag der H. Laupp'fchen Buchhandlung, 1876, 618 p.

LABAYLE, Henri, "Droit d'Asile et Confiance Mutuelle: Regard Critique sur la Jurisprudence Européenne", *Cahiers de Droit Européen,* Ano 50, N.º 3, 2014, pp. 501-534.

LACOSTE, P., *De La Chose Jugée en Matière Civile Criminelle, Disciplinaire et Administrative,* 3.ª ed., Paris, Recueil Sirey, 1914, 660 p.

LADEUR, Karl-Heinz, "Die Internationalisierung des Verwaltungsrechts: Versuch einer Synthese", *Internationales Verwaltungsrecht,* Christoph Möllers, Andreas Vosskühle, Christian Walter (eds.), Tübingen, Mohr Siebeck, pp. 375-393.

––, "Supra- und transnationale Tendenzen in der Europäisierung des Verwaltungsrechts – eine Skizze", *Das Recht der Netzwerkgesellschaft – Ausgewählte Aufsätze,* Tübingen, Mohr Siebeck, 2013, pp. 559-580.

––, "The Emergence of Global Administrative Law and Transnational Regulation", *Das Recht der Netzwerkgesellschaft – Ausgewählte Aufsätze,* Tübingen, Mohr Siebeck, 2013, pp. 697-719.

––, "Towards a Legal Concept of the Network in European Standard Setting", *Das Recht der Netzwerkgesellschaft – Ausgewählte Aufsätze,* Tübingen, Mohr Siebeck, 2013, pp. 291-311.

––, "Die Evolution des allgemeinen Verwaltungsrechts und die Emergenz des globalen Verwaltungsrechts ", *Transnationales Recht,* Gralf-Peter Caliess (ed.), Tübingen, Mohr Siebeck, 2014, pp. 369-385.

LAFARGE, François, "Administrative Cooperation between Member States and Implementation of EU Law", *European Public Law,* Vol. 16, N.º 4, 2010, pp. 597–616.

––, "The Law Implementation Through Administrative Cooperation Between Member States", *Rivista Italiana di Diritto Pubblico Comunitario,* Vol. 20, 2010, pp. 119-144.

LAGARDE, Paul, « Développements Futurs du Droit International Privé dans une Europe en voie d›Unification: quelques Conjectures», *Rabels Zeitschrift für ausländisches und internationales Privatrecht,* Vol. 68, N.º 2, April 2004, pp. 225-243.

LAGARDE, Paul, "Approche Critique de la Lex Mercatoria", *Le droit des relations économiques internationales: Études offertes à Berthold Goldman,* Paris, Litec, 1982, pp. 125-150.

––, "La Reconnaissance: Mode D'emploi", *Vers de Nouveaux Équilibres entre Ordres Juridiques – Mélanges en l'honneur de Helène Gaudemet-Tallon,* Paris, Dalloz, 2008, pp. 481-501.

––, "Comentário ao Acórdão do Tribunal de Justiça de 14 de Outubro de 2008 Grunkin e Paul, proc. C-353/06", *Revue Critique de Droit International Privé,* vol. 98, n.º 1, 2009, pp. 80-93.

––, "Introduction au Thème: de la Reconmaissance des Situations: Rappel des Points les plus Discutés", *La Reconnaissance des Situations en Droit International Privé,* Paul Lagarde (dir.), Paris, Éditions, A. Pedone, 2013, pp. 19-25.

––, "La Méthode de la Reconnaissance est-elle l'Avenir du Droit International Privé", *Recueil des Cours,* Tomo 371, 2014, Leiden, Martinus Nijhoff Publishers, 2015, pp. 19-42.

LAGRANGE, Evelyne, "Rapport", *Les Competences de L'État en Droit International – Colloque de Rennes,* Paris, Éditions Pedone, 2006, pp. 97-132.

––, "L'Application de la Convention de Rome a des Actes Accomplis par les Etats Parties en Dehors du Territoire National", *Revue Generale de Droit International Public,* N.º 3, 2008, p. 521-565

LAGRANGE, Phillipe, "Responsabilité des États pour Actes Accomplis en Application du Chapitre VII de la Charte des Nations Unies", *Revue Generale de Droit International Public,* Tomo CXII, 2008, p. 85-110.

LALANI, Shaheeza, "Establishing the Content of Foreign Law: A Comparative Study", *Maastricht Journal of European and Comparative Law,* Vol. 20, N.º 1, 2013, pp. 75-112.

LALIVE, Pierre A., "Droit Public Étranger et Ordre Public Suisse", *Eranion in Honorem Georgii S. Maridakis*, Vol. III, Atenas, Athenis, 1964, pp. 189-208.

--, "L'application du Droit Public Étranger – Rapport Préliminaire", *Institut de Droit International – Annuaire – Session de Wiesbaden 1975*, Bâle, Editions S. Karger S.A., 1975. pp. 157-183.

--, "L'application du Droit Public Étranger – Rapport Définitif et Projets de Résolutions", *Institut de Droit International – Annuaire – Session de Wiesbaden 1975*, Bâle, Editions S. Karger S.A., 1975. pp. 219-259.

--, "Cours Général de Droit International Privé", *Recueil des Cours*, Vol. II, Tomo 155, 1977, Alphen aan der Rijn, Sitjhoff & Noordhoff, 1979, pp. 1-424.

--, "Nouveaux Regards sur le Droit International Privé, Aujourd'hui et Demain", *Schweizerische Zeitschrift für internationales und europäisches Recht/Revue Suisse de Droit International et de Droit Européen*, Ano 4, 1/2/94, 1994, pp. 3-29.

LANCEIRO, Rui Tavares, "O Tratado de Lisboa e o Princípio da Cooperação Leal", *Cadernos O Direito*, Vol. 5, 2010, pp. 283-317.

LANG, John Temple, "Developments, Issues, and New Remedies – The Duties of National Authorities and Courts Under Article 10 of the EC Treaty", *Fordham International Law Journal*, Vol. 27, N.º 6, 2003, pp. 1904-1939.

LAPAŠ, Davorin, MRLJIĆ, Robert, "International Non-governmental Organizations (INGO's) as Participants in the International Lawmaking Process: Examples in Environmental and Space Law", *Czech Yearbook of International Law – The Role of Governmental and Non-governmental Organizations in the 21st Century*, Vol. V, 2014, pp. 247-270.

LARENZ, Karl, *Methodenlehre der Rechtswissenschaft*, 4.ª ed., Berlin, Springer Verlag, 1979, 528 p.

--, *Richtiges Recht – Gründzuge einer Rechtsethik*, München, C. H. Beck, 1979, 207 p.

LAUTERPACHT, E., "Implementation of Decisions of International Organizations through National Courts", *The Effects of International Decisions*, Stephen M. Schwebel (ed.), Leyden, A.W. Sijthoff, 1971, pp. 57-65.

LAUTERPACHT, H., "Recognition of States in International Law", *The Yale Law Journal*, Vol. 53, No. 3, Junho1944, pp. 385-458.

--, *Recognition in International Law*, Cambridge, The University Press, 1947, 447 p.

LAVAL, Pierre-François, "Les Activités Opérationelles du Conseil à L'Administration Internationale du Territoire", *Traité de Droit des Organisations Internationales*, Evelyne Lagrange, Jean-Marc Sorel (dir.), Paris, L.G.D.J., 2013, pp. 766-795.

LAVENEX, Sandra, "Mutual Recognition and the Monopoly of Force: Limits of the Single Market Analogy", *Journal of European Public Policy*, Vol. 14, N.º 5, 2007, pp. 762 – 779.

LAVRANOS, Nikolaus, *Legal Interaction Between Decisions of International Organizations and European Law*, Groningen, Europa Law Publishing, 2004, 309 p.

LAWRENZ, Jürgen, "Hegel, Recognition and rights: 'Anerkennung' as a Gridline of the Philosophy of Rights", *Cosmos and History: The Journal of Natural and Social Philosophy*, Vol. 3, N.os 2-3, 2007, pp. 153-169.

LAYTON, Alexander, PARRY, Angharad M., "Extraterritorial Jurisdiction – European Responses", Houston Journal Of International Law, Vol. 26, N.º 2, 2004, pp. 309-322.

LEACOCK, Stephen J., "The Commercial Activity Exception to the Act of State Doctrine Revisited: Evolution of a Concept", *North Carolina Journal of International Law and Commercial Regulation*, Vol. 13, N.º 1, 1988, pp. 1-34.

LECZYKIEWICZ, Dorota, "Effective Judicial Protection" of Human Rights After Lisbon: Should National Courts be Empowered to Review EU Secondary Law?", *European Law Review*, N.º 35, 2010, pp. 326-348.

LEE, Jane, "Vitamin "C" is for Compulsion: Delimiting the Foreign Sovereign Compulsion Defense", *Virginia Journal of International Law*, Vol. 50, N.º 1, 2010, pp. 758-791.

LEHMANN, M., "Recognition as a Substitute for Conflict of Laws?" *General Principles of European Private International Law*, S. Leible, (ed.), The Netherlands, Kluwer Law International, 2016, pp. 11-42.

LEIFELD, Janis, *Das Anerkennungsprinzip im Kollisionsrechtssystem des internationalen Privatrechts*, Tübingen, Mohr Siebeck, 2010, 240 p.

LEITE, Inês Ferreira, *O Conflito de Leis Penais – Natureza e Função do Direito Penal Internacional*, Coimbra, Coimbra Editora, 2008, 559 p.

LEMAIRE, Sophie, *Les Contrats Internationaux de l'Administration*, Paris, L.G.D.J., 2005, 414 p.

LENAERTS, Annekatrien, "The role of the principle *frau omnia corrumpit* in the European Union: A possible evolution towards a general principle of law?", *Yearbook of European Law*, Vol. 32, N.º 1, 2013, pp. 460-498.

LENAERTS, Koen, DESOMER, Marlies, "New Models Of Constitution-Making In Europe: The Quest For Legitimacy", *Common Market Law Review*, Vol. 39, 2002, pp. 1217–1253.

––, "The Contribution of The European Court of Justice to the Area of Freedom, Security And Justice", *International and Comparative Law Quarterly*, Vol. 59, N.º 2, April 2010, pp. 255-301.

––, Koen, MASELIS, Ignace, GUTMAN, Kathleen, *EU Procedural Law*, Oxford, Oxford University Press, 2015, 890 p.

Levine, Carolyn B., "The Territorial Exception to the Act of State Doctrine: Application to French Nationalization", *Fordham International Law Journal*, Vol. 6, N.º 1, 1982, pp. 121-147.

Liang, Yuen-Li, "Notes on Legal Questions concerning the United Nations", *The American Journal of International Law*, Vol. 43, N.º 3, July 1949, pp. 460-478.

Libertini, Mario, *Diritto della Concorrenza dell'Unione Europea*, Milano, Giuffrè Editore, 2014, 634 p.

Ličková, Magdalena,"European Exceptionalism in International Law", *The European Journal of International Law*, Vol. 19, N.º 3, 2008, pp. 463-490.

Ligeropoulo, Alexandre, "La defensa de derecho contra el fraude", *Revista de Derecho Privado*, XVII, 196, 1930, pp. 1-25.

Lienhard, Ulrich, "Der mehrstufige gemeinshaftliche Verwaltungsakt am Beispiel der Freisetzungsrichtlinie – Rechtsschutzverkürzung durch europäisches Verwaltungskooperationsrecht im Gentechnikrecht", *Natur und Recht*, Vol. 24, N.º 1, 2002, pp. 13-17.

Linke, Christine E., *Europäisches internationales Verwaltungsrecht*, Frankfurt, Peter Lang, 2001, 296 p.

Lipstein, Kurt, "Recognition of Governments and the Application of Foreign Laws", *Transactions of the Grotius Society*, Vol. 35 – Problems of Public and Private International Law, 1949, pp. 157-188.

––, "A New English Procedural Remedy – Mareva Injunctions", *Festschrift für Franz Vischer – zum 60. Geburtstag*, Peter Böckli, Kurt Eichenberger, Hans Hinderling, Hans Peter Tschudi (org.), Zürich, Schulthess Polygraphischer, 1983, pp. 77-82

Livermore, Samuel, *Dissertations on The Questions which Arise From the Positive Laws of Different States and Nations*, N.º 1, New Orleans, Benjamin Levy, 1823, 172 p.

Loebenstein, Edwin, *International Assistance in Administrative Matters*, Wien, Springer-Verlag, 1972, 93 p.

Lomba, Pedro, "Problemas da Actividade Administrativa Informal", *Revista da Faculdade de Direito da Universidade de Lisboa*, Vol. 41, N.º 2, 2000, pp. 818-866.

Lombard, Martine, "La régulation et la distinction du droit public et du droit privé en droit français", *in The Public Law/Private Law Divide – Une entente assez cordiale*, Mark Freedland e Jean-Bernard Auby (eds.), Hart Publishing, Oxford, 2006, pp. 81-90.

Lomnicka, Eva, "The Home Country Control Principle in the Finantial Services Directives and the Case Law", *Services and Free Movement in EU Law*, Mads Andenas, Wulf-Henning Roth (eds.), Oxford, Oxford University Press, 2002, pp. 295-319.

LOPES, Dulce, "A articulação de competências entre União e Estados-membros no Tratado de Lisboa", *Temas de Integração*, 2.º Semestre, 2008, pp. 91-114.

––, "Legitimidade na União Europeia", *Debater a Europa*, Isabel Maria Freitas Valente, Ana Maria Reis Ribeiro (orgs.), Aveiro, CIEDA, 2010, pp. 21 – 46.

––, "Direito Administrativo das Organizações Internacionais", *Tratado de Direito Administrativo Especial*, Paulo Otero, Pedro Gonçalves (coords.), Vol. III, Coimbra, Almedina, 2010, pp. 99-224.

––, "A Comunicação Prévia e os Novos Paradigmas de Controlo da Administração Privada", *Direito Regional e Local*, N.º 14, 2011, pp. 26-38.

––, "Cross-Border Mediation in Portugal", *Civil and Commercial Mediation in Europe*, Vol. II Carlos Esplugues, (ed.), Cambridge, Intersentia, 2014, pp. 305-342.

––, "Política da União Europeia em matéria de Migração: rede de protecção ou manta de retalhos?, *Volume Especial do Boletim De Ciências Económicas, em Homenagem ao Prof. Doutor Avelãs Nunes, Tomo II*, Coimbra, Faculdade de Direito da Universidade de Coimbra/Instituto Jurídico 2015, p. 1791-1832.

–––––,"Recognition of Foreign Administrative Acts in Portugal", *Recognition of Foreign Administrative Acts*, Jaime Rodríguez-Arana Muñoz (ed.), Ius Comparatum – Global Studies in Comparative Law 10, Suíça, Springer, 2016, pp. 263-284.

LOPES, Dulce, SILVA, Lucinda Dias da "O Fio de Ariadne – Lei n.º 3/2011, 15 de fevereiro. O princípio da não discriminação no acesso ao trabalho independente e seu exercício – entre o direito da União Europeia e o direito interno", *Temas de Integração*, Número 29-30, 1.º e 2.º Semestre, 2010, pp. 167-214.

LOPES, Dulce, PATRÃO, Afonso, *Lei da Mediação Comentada*, 2.ª ed., Coimbra, Almedina, 2016, 306 p.

LÓPEZ DE TEJADA, Maria, *La Disparition de L'Exequatur dans L'Espace Judiciaire Européen*, Paris, L.G.D.J., 2013, 443 p.

LÓPEZ ESCUDERO, Manuel, "El Reconocimiento Mutuo de Sanciones Pecuniarias en la Unión Europea", *Revista General de Derecho Europeo*, N.º 10, Mayo, 2006, pp. 1-32.

LORENZEN, Ernest G., "Huber's De Conflictu Legum", Faculty Scholarship Series. Paper 4563, Yale Law School Faculty Scholarship, 1919, pp. 200-242, disponível em *http://digitalcommons.law.yale.edu/fss_papers/4563*, acesso em 10 de Abril de 2015.

LORIMER, M. J., "La Doctrine de la reconnaissance: Fondement du droit international," *Revue de Droit International et de Legislation Comparée*, Vol. XVI, 1884, pp. 333-359.

LOUGHLIN, Martin, "Ten Tenents of Sovereignty", *Sovereignty in Transition*, Neil Walker (ed.), Oxford/ Portland, Hart Publishing, 2003, pp. 55-86.

EFICÁCIA, RECONHECIMENTO E EXECUÇÃO DE ACTOS ADMINISTRATIVOS ESTRANGEIROS

Louis-Lucas, Pierre, "L'Idée de Réciprocité dans le Règlement des Conflits de Lois", *Revue Critique de Droit International Privé*, Vol. XXXVI, N.º 1, Janvier-Juin, 1947, pp. 13-43.

––, "La Fraude à la Loi Étrangère", *Revue Critique de Droit International Privé*, Tomo LI, Janvier-Mars, N.º 1, 1962, pp. 1-17.

Louis, Frédéric, Accardo, Gabriele, *"Ne Bis In Idem, Part "Bis"", World Competition*, Vol. 34, N.º 1, 2011, pp. 97-112.

Loureiro, João Carlos Simões Gonçalves, *O Procedimento Administrativo entre a Edificência e a Garantia dos Particulares (Algumas Considerações)*, Coimbra, Coimbra Editora, 1995, 294 p.

Lowe, A. Vaughan, "Ends and Means in the Settlement of International Disputes over Jurisdiction", *Review of International Studies*, Vol. 11, N.º 3, July, 1985, pp. 183-198.

––, "US Extraterritorial Jurisdiction: The Helms-Burton and D'Amato Acts", *The International and Comparative Law Quarterly*, Vol. 46, N.º 2, April, 1997, pp. 378- 390.

Lowenfeld, Andreas F., "Jurisdictional Issues before National Courts: the Insurance Antitrust Case", *Extraterritorial Jurisdiction in Theory and in Practice*, Karl M. Meessen (ed.), London, Kluwer Law International, 1996, pp. 1-11.

––, *International Litigation and the Quest for Reasonableness – Essays in Private International Law*, Oxford, Clarendon Press, 1996, 239 p.

––, "Jurisdiction, Enforcement, Public Policy and Res Judicata: the Krombach Case", *Intercontinental Cooperation Through Private International Law – Essays in Memory of Peter E. Nygh*, Talia Einhorn, Kurt Siehr, (eds.), The Hague, T.M.C. Asser Press, 2004, pp. 229-248.

––, "Harold Maier, Comity, and the Foreign Relations Restatement", *Vanderbilt Journal of International Law*, Vol. 39, 2006, pp. 1415-1425.

Luchtmann, Michiel, "Transnational Law Enforcement in the European Union and the Ne Bis in Idem Principle", *Review of European Administrative Law*, 2011, Vol. 4, N.º 2, pp. 5-29.

Lucia, Luca De, *Amministrazione Transnazionale e Ordinamento Europeo*, Torino, Giappichelli, 2009, 264 p.

––, *Introduzione al Provvedimento Amministrativo Transnazionale nel Diritto Europeo*, Torino, Giappichelli, 2009, 76 p.

––, "Autorizzazioni Transnazionali e Cooperazione Amministrativa nell'Ordinamento Europeo", *Rivista Italiana di Diritto Pubblico Comunitario*, Vol. 20, 2010, pp. 795-788.

--, "Conflict and Cooperation Within European Composite Administration (Between Philia and Eris), *Review of European Administrative Law,* Vol. 5, N.º 1, 2012, pp. 49-88.

--, "Administrative Pluralism, Horizontal Cooperation and Transnational Administrative Acts", *Review of European Administrative Law,* Vol. 5, Nr. 2, 2012, pp. 17-45.

--, "From Mutual Recognition to EU Authorisation: A Decline of Transnational Administrative Acts", *Italian Journal of Public Law,* Vol. 8, N.º 1, 2016, pp. 90-114.

LUCY, William, "Private and Public: Some Banalities About a Platitude", *After Public Law,* Cormac Mac Amhlaigh, Claudio Michelon, Neil Walker (eds.), Oxford, Oxford University Press, 2013, pp. 56-82.

LUHMANN, Niklas, "Selbstlegitimation des Staates", *Legitimation des Modernen Staates, Archiv für Rechts- Und Sozialphilosophie,* Franz Steiner Verlag, Wiesbaben, 1981, pp. 65-83.

LUZZATTO, Riccardo, *Stati Stranieri e Giurisdizione Nazionale,* Milano, Dott. A. Giuffrè Editore, 1972, 329 p.

--, "La Libera Prestazione dei Servizi Bancari nella CEE ed i Principio del Mutuo Riconoscimento degli Enti Creditizi", *Il Foro Italiano,* Vol. 13, Parte IV, 1990, pp. 443-454.

LUZZATTO, Ricardo, QUEIROLO, Ilaria "Sovranità Territoriale, "Jurisdiction" e Regole di Immunità", *Instituzioni di Diritto Internazionale,* Sergio M. Carbone, Ricardo Luzzatto e Alberto Santa Maria (eds.), Torino, G. Giappichelli Editore, 2011 pp. 235-278.

MACCORMICK, Neil, "Sovereignty: Myth and Reality", *in Towards Universal Law – Trends in National, European and International Law Making,* Iustus Förlag, Stockholm, 1995, pp. 227-248.

--, *Questioning Sovereignty* – Law, State, and Nation in the European Commonwealth, Oxford, Oxford University Press, 2002, 224 p.

--, "Beyond Sovereignty", *Modern Law Review,* Vol. 56, N.º, 1, Janeiro, 2003, pp. 1-18.

MACHADO, João Baptista, "Problemas na Aplicação do Direito Estrangeiro:Adaptação e Substituição (Nótula)", *Boletim da Faculdade de Direito,* Vol. XXXVI, 1960, pp. 327-351.

--, "Les Faits, le Droit de Conflit et les Questions Préalables", *Multitudo Legum – Ius Unum – Mélanges en l'Honneur de Wilhelm Wengler zu seinem 65. Geburtstag,* Josef Tittel (ed.), Berlin, Interrecht, 1973, pp. 443-458.

--, "Lições de Introdução ao Direito Público", *Obra Dispersa,* Vol. II, Braga Scientia Iuridica, 1993, pp. 203-553.

--, *Lições de Direito Internacional Privado,* 3.ª ed., Coimbra, Almedina, 1995, 458 p.

MACHADO, João Baptista, RAMOS, Rui Manuel Moura, "Parecer", *Colectânea de Jurisprudência,* Ano 10, Tomo V, 1985, pp. 11-23.

MACHADO, Jónatas E. M., *Direito Internacional – do Paradigma Clássico ao Pós-11 de Setembro,* 4.ª ed., Coimbra, Coimbra Editora, 2013, 802 p.

––, "The Sovereign Debt Crisis and the Constitution's Negative Outlook, a Portuguese Preliminary Assessment", *Constitutions in the Global Financial Crisis: A Comparative Analysis,* Xenophon contiades (ed.), ebook, Farnham, Ashgate, 2013, pp. 525-581.

––, *Direito da União Europeia,* 2.ª ed., Coimbra, Coimbra Editora, 2014, 676 p.

MACHETE, Pedro, *A Audiência dos Interessados no Procedimento Administrativo,* 2.ª ed., Lisboa, Universidade Católica Editora, 1996, 552.

––, "As Actuações Informais da Administração, em especial a Difusão de Informações, e a Defesa do Estado de Direito Democrático", Vol. III, *Estudos em Homenagem ao Professor Doutor Paulo de Pitta e Cunha,* Jorge Miranda, Menezes Cordeiro, Paz Ferreira e Duarte Nogueira (orgs.), Coimbra, Almedina, 2010, pp. 625-639.

––, "Eficácia e Execução do Ato Administrativo", *Cadernos de Justiça Administrativa,* N.º 100, 2013, pp. 40-45.

MACHETE, Rui, "A Execução do Acto Administrativo", *Direito e Justiça,* Ano 65, N.º 6, 1992, pp. 65-88.

––, "Privilégio da Execução Prévia", *Dicionário Jurídico da Administração Pública,* Vol. VI, Lisboa, Coimbra Editora, 1994. pp. 448-470.

––, "Existe um Verdadeiro Direito Administrativo Global?", *Temas de Integração,* N.º 23, 1.º Semestre, 2007, pp. 35-41.

MADURO, Miguel Poiares, *We the Court – The European Court of Justice and the European Economic Constitution – A Critical Reading of Article 30 of the EC Treaty,* Oxford, Hart Publishing, 1998, 194 p.

––, "O *Superavit* Democrático Europeu, *Análise Social,* Vol. 36, N.º 158/159, Primavera-Verão, 2001, pp. 119-152.

––, "Contrapunctual Law: Europe's Constitutional Pluralism in Action", *Sovereignty in Transition,* Neil Walker (ed.), Oxford/ Portland, Hart Publishing, 2003, pp. 33-54.

––, *A Constituição Plural – Constitucionalismo e União Europeia,* Lisboa, Principia, 2006, 367 p.

––, "So Close And Yet So Far: The Paradoxes Of Mutual Recognition", *Journal of European Public Policy,* Vol. 4, N.º 5, 2007, pp. 814-815.

MAGNUS, Ulrich, "Introductory Remarks", *Brussels IIbis Regulation,* Ulrich Magnus, Peter Mankowski (eds.), Munich, Sellier European Law, 2012, pp. 343-345.

MAGNUSSEN, Anne-Mette, BANASIAK, Anna, "Juridification: Disrupting the Relationship between Law and Politics?", *European Law Journal*, Vol. 19, N.º 3, May, 2013, pp. 325-339.

MAIER, Harold G., "Extraterritorial Jurisdiction at a Crossroads: An Intersection between Public and Private International Law", *The American Journal of International Law*, Vol. 76, N.º 2, April, 1982, pp. 280-320.

––, "Interest Balancing and Extraterritorial Jurisdiction", *The American Journal of Comparative Law*, Vol. 31, N.º 4, Autumn, 1983, pp. 579-597.

––, "Jurisdictional Rules in Customary International Law", *Extraterritorial Jurisdiction in Theory and in Practice*, Karl M. Meessen (ed.), London, Kluwer Law International, 1996, pp. 64-99.

MAIHOFFER, Werner, "Die Legitimation des Staates aus der Funktion des Rechts", *Legitimation des Modernen Staates, Archiv für Rechts- Und Sozialphilosophie*, Franz Steiner Verlag, Wiesbaben, 1981, pp. 15-39.

MAJONE, Giandomenico, *Mutual Recognition in Federal Type Systems*, EUI Working Paper SPS N.º 93/1, Florence, European University Institute, 1993, 22 p.

MALABAT, Valérie, "CONFIANCE MUTUELLE ET MISE EN OEUVRE DU MANDAT D'ARRÊT EUROPÉEN", *Justices et Droit du Procès – Du Légalisme Procédural à L'Humanisme Processuel – Mélanges en L'Honneur de Serge Guinchard*, Paris, Dalloz, 2010, pp. 975-983.

MALANKZUC, Peter, *Akehurst's Modern introduction to International Law*, 7.ª ed., London, Routledge, 1997, 472 p.

MALAURIE, Philippe, "L'equivalence en Droit International Privé", Recueil Dalloz de Doctrine de Jurisprudence et de Législation, Vol. XXXVI, 1962, pp. 215-220.

MALINTOPPI, Antonio, "Su l'adattamento dell'Ordinamento Italiano, alla Convenzione di Ginevra del 1949 relativa a la Circolazione Stradale", *Rivista di Diritto Internazionale*, Vol. 47, 1957, pp. 259-264.

MANCINI, G.F., "Europe: the Case for Statehood", *European Law Journal*, Vol. 4, N.º 1, March, 1998, pp. 29-42.

MANCINI, Pasquale Stanislao, "Utilità di rendere obbligatorie per tutti gli Statti sotto forma di uno o più trattati internazionali alcune regole generali del diritto internazionale privato per assicurare la decisione uniforme tra le differenti legislazioni civile e criminale", *Antologia di Diritto Internazionale Privato*, Milano, Istituto Per Gli Studi di Politica Internazionale, 1965, pp. 43-76.

MANKOWSKI, Peter, "Binnenmarkt-IPR – Eine Problemskizze", *Aufbrucht nach Europa: 75 Jahre Max-Planck-Institut für Privatrecht*, Jürgen Basedow, Ulrich Drobnig, Reinhard Ellger, Klaus J. Hopt et al. (eds.), Tubingen, Mohr Siebeck, 2001, pp. 595-615.

—, "Wider ein Herkunftslandprinzip für Dienstleistungen im Binnenmarkt", *IPRax – Praxis des Internationalen Privat- und Verfahrensrechts*, Ano 24, N.º 5, 2004, pp. 385-396.

MANN, F.A., "Sacrosanctity of the Foreign Act of State", *Law Quarterly Review*, Vol. 59, Janeiro, 1943, pp. 42-57.

—, "Sacrosanctity of the Foreign Act of State", *Law Quarterly Review*, Vol. 59, Abril, 1943, pp. 155-171.

—, "Conflict of Laws and Public Law", *Recueil des Cours*, Vol. I, Tomo 132, leyde, A.W. Sitjhoff, 1971, pp. 109-196.

—, "The Doctrine of Jurisdiction in International Law", *Studies in International Law*, Oxford, Clarendon Press, 1973, pp. 1-139.

—, "Judiciary and Executive Foreign Affairs", *Studies in International Law*, Oxford, Clarendon Press, 1973, pp. 391-419.

—, "The Sacrossanctity of the Foreign Act of State", *Studies in International Law*, Oxford, Clarendon Press, 1973, pp. 420-465.

—, "The Legal Consequences of Sabattino", *Studies in International Law*, Oxford, Clarendon Press, 1973, pp. 466-491.

—, "Prerogative Rights of Foreign States and the Conflict of Laws", *Studies in International Law*, Oxford, Clarendon Press, 1973, pp. 492-514.

—, "Eingriffsgesetze un Internationales Privatrecht", *Beiträge zum Internationalen Privatrecht*, Berlin, Duncker & Humblot, 1976, pp. 179-200.

—, "Öffentlich-rechtliche Ansprüche im internationalen Rechtsverkehr", *Beiträge zum Internationalen Privatrecht*, Berlin, Duncker & Humblot, 1976, pp. 201-218.

MANSEL, Heinz-Peter, "Anerkennung als Grundprinzip des Europäishen Rechtsraums – Zur Herausbildung eines europäischen Anerkennungs-Kollisionsrechts: Anerkennung staat Verweisung als neue Strukturprinzip des Europäischen internationalen Privatrechts?", *Rabels Zeitschrift für ausländisches und internationales Privatrecht*, Vol. 70, n.º 4, 2006, pp. 654-731.

MANUSAMA, Cfr. Kenneth, "'Lawfare' in the Conflict between Israel and Palestine?", *Amsterdam Law Forum*, Vol. 5, N.º 1, 2013, disponível em http://ssrn.com/abstract=2246715, acesso em 15 de Janeiro de 2015, pp. 121-124.

MARESCA, Maurizio, *Conformità dei Valori e Rilevanza del Diritto Pubblico Straniero: Materiali ed Ipotesi Ricostruttive*, Milano, Giuffrè Editore, 1990, 243 p.

MARGHERITA RUSSO, Anna, "Un Nuevo "Juego Interactivo" en el Tablero de Ajedrez del Derecho Transnacional – la Cooperación Territorial Transfronteriza en el Marco Jurídico Europeo", *Revista Catalana de Dret Públic*, N.º 47, 2013, pp. 159-180.

BIBLIOGRAFIA

MARIANO MANÓVIL, Rafael, "Das Unternehmensrecht im Mercosur", *Wirtschafts-recht des Mercosur – Horizont 2000 – Tagung in der Max-Planck-Institut für auslän-disches und internationales Privatrecht am 21–22. Januar 2000*, Vol. 4, Baden-Baden, Nomos Verlagsgesellschaft, 2001, pp. 143-197.

MARIDAKIS, Georges S., "Introduction au Droit International Privé", *Recueil des Cours*, 1962 – I, Tomo 105, Leiden, A.W. Sijthoff, 1963, pp. 373-515.

MARIOTTI, Alexandre, "Notas sobre o Federalismo na Constituição de 1988", *Lei-turas do Direito Constitucional*, Cristiane Catarina Fagundes De Oliveira (org.), Porto Alegre, EDIPUCRS, 2009, pp. 15-28.

MARKS, Susan, "Democracy and international governance", Jean-Marc Coicaud, Veijo Heiskanen (ed.), *The Legitimacy of International Organizations*, United Nations University Press, 2001, pp. 47-68.

MARQUES, Francisco Paes, "O Acesso dos Particulares ao Recurso de Anulação após o Tratado de Lisboa: Remendos a um Fato Fora de Moda", *Cadernos O Direito*, Vol. 5, 2010, pp. 89-109.

––, "O Conceito de Direito Administrativo: Barroquismo Conceptual Inútil ou Tábua de Salvação no Tsunami", *Estudos em Homenagem ao Professor Doutor Sérvulo Correia*, Vol. II, Jorge Miranda (ed.), Coimbra, Coimbra Editora, 2010, p. 345; pp. 325-346

––, *Relações Jurídicas Administrativas Multipolares – Contributo para a sua Compreensão Substantiva*, Coimbra, Almedina, 2011, 470 p.

––, "O conceito de acto legislativo no Direito da União Europeia", *Estudos em Home-nagem ao Professor Doutor Jorge Miranda*, Vol. V, Coimbra, Coimbra Editora, 2012, pp. 117-140.

MARQUES, João Paulo F. Remédio, "Títulos Europeus de Propriedade Intelectual – Nótula sobre o Artigo 118.º do Tratado sobre o Funcionamento da União Euro-peia", *Estudos em Homenagem ao Prof. Doutor José Joaquim Gomes Canotilho*, Vol. II, Fernando Alves Correia, Jónatas M. Machado, João Carlos Loureiro (Coords.), Coimbra, Coimbra Editora, 2012, pp. 383-406.

MARTHA, Rutsel Silvestre J., "Extraterritorial Taxation in International Law", *Extra-territorial Jurisdiction in Theory and in Practice*, Karl M. Meessen (ed.), London, Kluwer Law International, 1996, pp. 19-35.

MARTIN MARTINEZ, Magdalena M., *National Sovereignty and International Organiza-tions*, The Hague, Kluwer Law International, 1996, 353 p.

MARTÍNEZ PÉREZ, Enrique J., "Las Agrupaciones Europeas De Cooperación Terri-torial (Unión Europea) Frente a las Agrupaciones Eurorregionales De Coope-ración (Consejo De Europa): ¿Competencia o Complementariedad?", *Revista de Estudios Europeos*, N.º 56, 2010, pp. 109-126.

MARTINS, Afonso D'Oliveira, "A europeização do Direito Administrativo Português", *Estudos em Homenagem a Cunha Rodrigues.* Jorge de Figueiredo Dias (org.), Coimbra, Coimbra Editora, 2001, pp. 999-1024.

––, "Os Espaços Constitucionais Comuns – Aspectos de um Conceito", *Estudos em Homenagem a Miguel Galvão Teles,* Vol. I, Coimbra, Almedina, 2012, pp. 621-632.

MARTINS, Margarida d'Oliveira, "Direito Diplomático e Consular", *Tratado de Direito Administrativo Especial,* Vol. IV, Paulo Otero, Pedro Gonçalves (coords.), Coimbra, Almedina, 2011, pp. 213-282.

MARTINS, Patrícia Fragoso, "O Caso das Comunidades Inuítes e a Noção de Acto Regulamentar Estabelecida no Artigo 263.º x 4 TFUE: Reflexões a Propósito do Despacho do Tribunal Geral de 6 de Setembro de 2011 no Processo T-18/10", *Liber Amicorum em Homenagem ao Prof, Doutor João Mota de Campos,* António Pinto Ferreira *et al.* (coords.), Coimbra, Coimbra Editora, 2013, pp. 817-871.

MASTROIANNI, Roberto, PEZZA, Andrea, "Access of Individuals to the European Court of Justice of The European Union under the New Text of Article 263, Para 4, TFEU", *Rivista Italiana di Diritto Pubblico Comunitario,* Ano XXIV, N.º 5, 2014, pp. 923-948.

MATRINGE, Jean, "Problèmes et Techniques de Mise en Oeuvre des Sanctions Économiques de l'Oraganisation des Nations Unies en Droit Interne", *Les Sanctions Économiques en Droit International – Economic Sanctions in International Law,* L. Picchio Forlati, L.A. Sicilianos (eds.), Leiden, Martinus Nijhoff Publishers, 2004, pp. 637-715.

MATSCHER, Franz, "Gibt es ein Internationales Verwaltungsrechts?", *Festschrift für Günther Beitzke Zum 26. April 1979,* Otto Sandrock (dir.), Berlin, Walter de Gruyter, 1979, pp. 641-649.

MATTEI, Roberto de, *A Soberania Necessária – Reflexões sobre a Crise do Estado Moderno,* Livraria Civilização Editora, Porto, 2002, 188 p.

MATTERA, Alfonso, "L' Arrêt "Cassis de Dijon": Une Nouvelle Approche pour la Réalisation et le Bon Fonctionnement du Marché Intérieur", *Revue du Marché Commun,* N.º 241, Novembre, 1980, pp. 505-513.

––, "De l'Elimination des Barrières Techniques et la Mise en Oeuvre", *Revue du Marché Commun et de l'Union Européenne,* N.º 334, Février, 1990, pp. 80-92.

––, "The Principle of Mutual Recognition and Respect for National Regional and Local Entities and Traditions", *The Principle of Mutual Recognition in the European Integration Process,* Fiorella Kostoris Padoa Schioppa (ed.), Palgrave Macmillan, Hampshire, 2005, pp. 1-24.

–, "L'Harmonisation des Législations Nationales: Un Instrument d'Intégration et de Reconaissance Mutuelle, *Revue du Droit de L'Union Européenne*, 2010, pp. 679-727.

MATTHIES, Heinrich, "Zur Anerkennung gleichwertiger Regelungen im Binnenmarkt der EG (Art. 100 b EWG-Vertrag)", *Festschrift für Ernst Steindorff zum 70. Geburtstag am 13. März 1990*, Jürgen F. Baur, Klaus J. Hopt, K. Peter Mailänder (orgs.), Berlin, Walter de Gruyter, 1990, pp. 1287-1301.

MATZ-LÜCK, Nele, "Solidarität: Souveränität und Völkerrecht: Grundzüge einer Internationalen Solidargemeinschaft zur Hilfe bei Naturkatastophen", *Coexistence, Cooperation and Solidarity – Liber Amicorum Rüdiger Wolfrum*, Vol. I, Holger P. Hestermeyer e.a. (eds.), Leiden/Boston, Martinus Nijhoff Publishers, 2012, pp. 141-165.

MAURY, Jacques, *L'Eviction de la Loi Normalement Competente: L'Ordre Public International et la Fraude à la Loi*, Valladolid, Casa Martin, 1952, Kurt Siehr, (eds.), The Hague, T.M.C. Asser Press, 2004, 172 p.

MAY, Larry, *Global Justice and Due Process*, Cambridge, Cambridge University Press, 2011, 250 p.

MAYER, Benôit,"Case Law – Case C-366/10", *Common Market Law Review*, Vol. 49, 2012, pp. 1113–1140.

MAYER, Franz C., "Internationalisierung des Verwaltungsrechts? Weiße Flecken auf den Landkarten des Verwaltungsrechts und wie man sie findet – Zugleich ein Kommentar zu Phillip Dann", *Internationales Verwaltungsrecht*, Christoph Möllers, Andreas Vosskühle, Christian Walter (eds.), Tübingen, Mohr Siebeck, pp. 49-71.

MAYER, Otto, *Deutsches Verwaltungsrecht*, 2.° Vol, Leipzig, Verlag von Duncker & Humblot, 1896, 485 p.

–, "Dr. Karl Neumeyer, Professor des internationales Privatrechts an der Universität München, Internationales Verwaltungsrechts, Innere Verwaltung I", *Archiv des Öffentlichen Rechts*, Vol. 28, 1912, pp. 350-353.

MAYER, Pierre, *La Distinction entre Règles et Décicions et le Droit International Privé*, Paris, Dalloz, 1973, 244 p.

–, "Droit International Privé et Droit International Public sous l'Angle de la Notion de Compétence (suite) " *Revue Critique de Droit International Privé*, 1979, pp. 349-388.

–, "Le Rôle du Droit Public en Droit International Privé Français", *Colloque de Bâle sur le Rôle du Droit Public en Droit International Privé – (20 et 21 mars 1986) Rapports et procès-verbaux des débats*, Bâle, Helbing & Lichtenbaum, 1991, pp. 63-83.

EFICÁCIA, RECONHECIMENTO E EXECUÇÃO DE ACTOS ADMINISTRATIVOS ESTRANGEIROS

--, "Les Méthodes de la Reconnaissance en Droit International Privé", *Le Droit International Privé: Esprit et Méthodes – Mélanges en l'Honneur de Paul Lagarde,* Paris, Dalloz, 2005, pp. 547-573.

--, "Réflexions sur l'Autorité Négative de Chose Jugée", *Mélanges Dédiés à la Mémoire du Doyen Jacques Héron – Liber Amicorum,* Paris, L.G.D.J., 2008, pp. 331-346.

--, "La Reconnaissance: Notions and Méthodes", *La Reconnaissance des Situations en Droit International Privé,* Paul Lagarde (dir.), Paris, Éditions, A. Pedone, 2013, pp. 27-33.

MAYER, Pierre, HEUZÉ, Vicent, *Droit International Privé,* 11.ª ed., Paris, Librairie Génerale de Droit et de la Jurisprudence, 2014, 788 p.

MAZIAU, Nicolas, JULIEN CAZALA, M., NICOLAS JAMBON, M., MAUNOURY, Melle Myriam, "Jurisprudence française relative au droit international (2001), *Annuaire Français de Droit International,* Vol. 48, 2002, pp. 725-761.

McGONAGLE, Peter G., "Serving Subpoenas Abroad Pursuant to the Futures Trading Act of 1986", *Fordham International Law Journal,* Vol. 10, N.º 4, 1986, pp. 710-732.

McLACHLAN, Campbell, "The Influence of International Law on Civil Jurisdiction", *Hague Yearbook of International Law,* Vol. 6, 1993, pp. 125-144.

--, "Extraterritorial Orders Affecting Bank Deposits", *Extraterritorial Jurisdiction in Theory and in Practice,* Karl M. Meessen (ed.), London, Kluwer Law International, 1996, pp. 39-51.

--, *Foreign Relations Law,* Cambridge, Cambridge University Press, 2014, 587 p.

McMILLAN, J., "La 'Certification', la Reconnaissance Mutuelle et le Marché Unique", *Revue du Marché Unique Européen,* N.º 2, 1991, pp. 181-211.

MEDEIROS, Rui, "Internacionalismo Defensivo e Compromisso Europeu na Constituição Portuguesa", *Estudos em Homenagem a Miguel Galvão Teles,* Vol. I, Coimbra, Almedina, 2012, pp. 649-667.

MEESSEN, Karl Matthias, *Völkerrechtliche Grundsätze des internationalen Kartellrechts,* Baden-Baden, Nomos Verlagsgesellschaft, 1976, pp. 288.

--, "Antitrust Jurisdiction under Customary International Law", *The American Journal of International Law,* Vol. 78, N.º 4, October, 1984, pp. 783-810.

--, "Conflicts of Jurisdiction under the new Restatement", *Law and Contemporary Legal Problems,* Vol. 50, N.º 3, Summer, 1987, pp. 47-69.

--, "Drafting Rules on Extraterritorial Jurisdiction", *Extraterritorial Jurisdiction in Theory and in Practice,* Karl M. Meessen (ed.), London, Kluwer Law International, 1996, pp. 225-233.

––, "Souveränität im Wettbewerb der Systeme", *Liber Amicorum Günther Jaenicke –
Zum 85. Geburtstag*, Volkmar Götz, Peter Selmer, Rüdiger Wolfrum (orgs.), Berlin, Springer, 1998, pp. 667-680.

MÉGRET, Frédéric, HOFFMANN, Florian, "The UN as a Human Rights Violator? Some
Reflections on the United Nations Changing Human Rights Responsabilities",
Human Rights Quarterly, Vol. 25, 2003, pp. 314-342.

MEHDI, Rostane, "L'exécution nationale du droit communautaire. Essai
d'actualisation d'une problématique au cœur des rapports de systèmes", *Mélanges en hommage à Guy Isaac – 50 Ans en Droit Communautaire*, Tomo 2, Paris, Presse
de l'Université des Sciences sociales, 2003, pp. 615-639.

MEHREN, Arthur Taylor Von, "Recognition and Enforcement of Foreign Judgments
– General Theory and the Role of Jurisdictional Requirements", *Recueil des Cours*,
Tomo 167, II, 1980, pp. 9-112.

––, "Recognition and Enforcement of Sister-State Judgments: Reflections on General Theory and Current Practice in the European Economic Community and the
United States ", *Columbia Law Review*, Vol. 81, N.º 5, June, 1981, pp. 1044-1060.

MEHREN. Arthur T. von, TRAUTMAN, Donald T. "Recognition of Foreign Adjudications: A Survey and a Suggested Approach", *Harvard Law Review*, Vol. 81, N.º 8,
June, 1968, pp. 1601-1696.

MELO, António Barbosa de, *Notas de Contencioso Comunitário*, policopiado, Coimbra,
1986, 133 p.

––, "Legitimidade Democrática e Legislação Governamental na União Europeia",
Estudos em Homenagem ao Prof. Doutor Rogério Soares, Coimbra, Coimbra Editora,
2001, pp. 103-129.

MENDES, Joana, "Delegated and Implementing Rule Making: Proceduralisation and
Constitutional Design", *European Law Journal*, Vol. 19, N.º 1, January 2013, pp.
22–41.

MENDES, João de Castro, *Do Conceito da Prova em Processo Civil*, Lisboa, Ática Limitada, 1961, 780 p.

––, *Limites Objectivos do Caso Julgado em Processo Civil*, Lisboa, Edições Ática, 1968,
367 p.

MENÉNDEZ, Agustin José, "The European Democratic Challenge: The Forging of a
Supranational *Volonté Générale*", *European Law Journal*, Vol. 15, N.º 3, May, 2009,
pp. 277–308.

MENG, Werner, "Völkerrechtliche Zulässigkeit und Grenzen wirtschaftsverwaltungsrechtlicher Hoheitsakte mit Auslandswirkung", *Zeitschrift für ausländisches
öffentliches Recht und Völkerrecht*, Vol. 44, N.º 4, 1984, pp. 675-783.

––, "Recognition of Foreign Legislative and Administrative Acts", *Encyclopedia of Public International Law*, Rudolf Berhnardt (ed.), Vol. IV, Amsterdam, North--Holland – Elsevier, 1992, pp. 50-54.

MENON, Anand, WEATHERHILL, Stephen, "Transnational Legitimacy in a Globalising World: How the European Union Rescues its States", *West European Politics*, Vol. 31, N.º 3, May, 2008, pp. 397-416.

MENZEL, Jörg, *Internationales Öffentliches Recht*, Tübingen, Mohr Siebeck, 2011, 974 p.

MERCIAI, Patrizio, "The Euro-Siberian Gas Pipeline Dispute – A Compelling Case for the Adoption of Jurisdictional Codes of Conduct", *Madison Journal of International Law and Trade*, Vol. 8, N.º 1, 1984, pp. 1-58.

MERKLI, Thomas, *Internationales Verwaltungsrecht: Das Territorialitätsprinzip und seine Ausnahmen*, XIII. Treffen der obersten Verwaltungsgerichtshöfe Deutschlands, Österreichs, des Fürstentums Liechtenstein und der Schweiz, Vaduz, 2002, 22 p.

MERON, Theodor, "Extraterritoriality of Human Rights Treaties", *American Journal of International Law*, 1995, pp. 78-82.

MERRILLS, J. G., "Oppenheimer v. Cattermole: The Curtain Falls", *The International and Comparative Law Quarterly*, Vol. 24, N.º 4, October, 1975, pp. 617-634.

MERRY, Sally Engle, "Legal Pluralism", *Law and Society Review*, Vol. 22, 1988, pp. 869-896.

MERTENS, Hans-Joachim, "Lex Mercatoria: a Self-applying system beyond national law", *in Global Law without a State*, Gunther Teubner (ed.), Dartmouth, Aldershot, 1997, pp. 31-43.

MESTMÄCKER, Ernst-Joachim, "Staatliche Souveränität und offene Märkte: Konflikte bei der extraterritorialen Anwendung von Wirtschaftsrecht", *Rabels Zeitschrift für ausländisches und internationales Privatrecht* , Ano 52. N.º 1/2, 1988, pp. 205-255.

MESTRAL, Armand de, "The Extraterritorial Extension of Laws: How Much has Changed?", *Arizona Journal of International & Comparative Law*, Vol. 31, N.º 1, 2014, pp. 43-54.

MEUWESE, Anna, "Standing rights and regulatory dynamics in the EU", *The Role of Constitutional Courts in Multilevel Governance*, P. Popelier, A. Mazmanyan, W. Vandenbruwaene (Eds.), Cambridge, Intersentia, 2013, pp. 291-310.

MEUWESE, Anne, SCHUURMANS, Ymre, VOERMANS, Wim, "Towards a European Procedure Act", *Review of European Administrative Law*, Vol. 2, N.º 2, 2009, pp. 3-35.

MEYER, Jeffrey A., " Dual Illegality and Geoambiguous Law: A New Rule for Extraterritorial Application of U.S. Law", *Minnesota Law Review*, Vol. 95, 2010, pp. 110-186.

MIAJA DE LA MUELA, Adolfo, "El Derecho Publico Extranjero en el Trafico Privado Internacional", *Revista Española de Derecho Internacional*, Vol. XXV, N.ºs 1-4, 1972, pp. 245-288.

MICHAELS, Ralf, *EU Law as Private International Law? Re-conceptualizing the Country-of-Origin Principle as Vested Rights Theory*, Duke Law School Legal Studies Research Paper Series, Research Paper N.º 122, August 2006, disponível em http://ssrn.com/abstract=927479, acesso em 18 de Outubro de 2014, 45 p.

----- "The New European Choice-of-Law Revolution", *Tulane Law Review*, Vol. 82, N.º 5, May 2008, pp. 1607-1644.

--, "Was ist nichtstaatliches Recht? Eine Einführung", *Transnationales Recht*, Gralf-Peter Caliess (ed.), Tübingen, Mohr Siebeck, 2014, pp. 39-56.

MICHAELS, Ralf, JANSEN, Nils, "Private Law Beyond the State", in *Beyond the State – Rethinking Private Law*, Nils Jansen/ Ralf Michaels (eds.), Mohr Siebeck, Tübingen, 2008, pp. 69-118.

MICHAELS, Sascha, *Anerkennungspflichten im Wirtschaftsverwaltungsrecht der Europäischen Gemeinschaft und der Bundesrepublik Deutschland – Zwecke des Internationalen Verwaltungsrechts*, Berlin, Duncker & Humblot, 2004, 518 p.

MICKLITZ, Hans-W., "Administrative Enforcement of European Private Law", *The Foundations of European Private Law*, Roger Brownsword, Hans-W Micklitz, Leone Niglia, Stephen Weatherill (eds.), Oxford, Hart Publishing, 2011, pp. 563-591.

MILETTI, John D., "Conflict of Laws – The Scope of Full Faith and Credit Clause in Successive Workers Compensation Award – *Thomas v. Washington Gas Light CO. 448 U.S. 261 (1980)*", *Western New England Law Review*, Vol. 4, 1982, pp. 479-511.

MILLER, David, "The Nation-State: a Modest Defence", *Political Restructuring in Europe – Ethical Perspectives*, Chris Brown (ed.), London/ New York, Routledge, 1994, pp. 133-158.

MILLER, Sarah, "Revisiting Extraterritorial Jurisdiction: A Territorial Justification for Extraterritorial Jurisdiction under the European Convention", *The European Journal of International Law*, Vol. 20, N.º 4, 2010, pp. 1223–1246.

MILLS, Alex, *The Confluence of Public and Private International Law – Justice, Pluralism and Subsidiarity in the International Constitutional Ordening of Private Law*, Cambridge, Cambridge University Press, 2009, 395 p.

--, "Rethinking Jurisdiction in International Law",, "Rethinking Jurisdiction in International Law", *The British Yearbook of International Law*, Vol. 84, N.º 1, 2014, pp. 187-270.

MIRABELLI, Andrea Rapisardi, *Il Diritto Internazionale Amministrativo*, Vol. VIII (Trattato di Diritto Internazionale), Padova, CEDAM, 1939, 489 p.

MIRANDA, João, "A Comunicação Prévia no Novo Codigo do Procedimento Administrativo", *Comentários ao Novo Código do Procedimento Administrativo*, Carla Amado Gomes, Ana Fernanda Neves, Tiago Serrão (coord.), Vol. II, 3.ª ed., Lisboa, AAFDL, 2016, pp. 231-247.

MIRANDA, Jorge, "Democracia e constituição para além do Estado, *Revista da Faculdade de Direito da Universidade de Lisboa*, Vol. LI, N.º 1 e 2, 2010, pp. 33-46.

--, *Curso de Direito Internacional Público*, 6.ª ed. revista e actualizada, Lisboa, Principia, 2016, 385 p.

--, *Manual de Direito Constitucional*, Vol. I, Tomo I.1 – O Estado e os Sistemas Constitucionais, Coimbra, Coimbra Editora, 2014, 260 p.

--, *Manual de Direito Constitucional*, Vol. III, Tomo V – Atividade Constitucional do Estado, Coimbra, Coimbra Editora, 2014, 446 p.

MIRANDA, Jorge, MEDEIROS, Rui, *Constituição Portuguesa Anotada*, Tomo I, 2.ª ed., Coimbra, Coimbra Editora, 2010, 1451 p.

MOK, Ronald, "Expropriation Claims in United States Courts: The Act of State Doctrine, the Sovereign Immunity Doctrine, and the Foreign Sovereign Immunities Act – A Road Map for the Expropriated Victim", *Pace International Law Review*, Vol. 8, N.º 1, Winter, 1996, pp. 199-236.

MÖLLERS, Christoph, "Transnationale Behördenkooperation: Verfassungs-und völkerrechtliche Probleme transnationaler administrativer Standardsetzung", *Zeitschrift für Ausländisches Öffentliches Recht und Völkerrecht*", Tomo 65, 2005, pp. 351-389.

--, "Internationales Verwaltungsrecht – Eine Einführung in die Referenzanalysen", *Internationales Verwaltungsrecht*, Christoph Möllers, Andreas Vosskühle, Christian Walter (eds.), Tübingen, Mohr Siebeck, 2007, pp. 1-6.

MÓNACO, Gustavo Ferraz de Campos, *Controle de Constitucionalidade da Lei Estrangeira*, São Paulo, Quartier Latin, 2013, 150 p.

MONACO, Riccardo, *Il Guiudizio di Delibazione*, Padova, CEDAM, 1940, 298 p.

--, *L'Efficacia della Legge nello Spazio (Diritto Internazionale Privato)*, Unione Tipografico – Editrice Torinese, Torino, 1952, 300 p.

--, *L'Efficacia della Legge nello Spazio (Diritto Internazionale Privato)*, 2.ª ed., Unione Tipografico – Editrice Torinese, Torino, 1964, 366 p.

MONCADA, Luís S. Cabral de, *A Relação Jurídica-Administrativa – Para um Novo Paradigma de Compreensão da Actividade, da Organização e do Contencioso Administrativos*, Coimbra, Coimbra Editora, 2009, 1068 p.

MONIZ, Ana Raquel, "Traços da Evolução do Direito Administrativo Português", *Boletim da Faculdade de Direito*, Vol. LXXXVII, 2011, pp. 243-318.

MONIZ, Carlos Botelho, PINHEIRO, Paulo Moura, "Rapport Portugais", *Administrative Law under European Influence – On the Convergence f the Administrative Laws of the EU Member States*. Jürgen Schwarze (ed.), Baden-Baden, Nomos Verlag, 1996, pp. 657-693.

MONTANARI, Francesco, "Gli Accordi di Mutuo Riconoscimento con gli Stati Candidati", *Il Diritto dell'Unione Europea*, Vol. 6, N.º 4, 2001, pp. 733-741.

MONTEIRO, António Pedro Pinto, "Da Ordem Pública no Processo Arbitral", *Estudos em Homenagem ao Prof. Doutor José Lebre de Freitas*, Vol. II, Armando Marques Guedes, Maria Helena Brito, Rui Pinto Duarte, Mariana França Gouveia (Coords.), Coimbra, Coimbra Editora, 2013, pp. 592-675.

MONTESQUIEU, *De l'Esprit des Lois – Avec des notes de Voltaire, de Crevier, de Mably, de La Harpe, etc.*, Paris, Garnier Frères, Libraires-Éditeurs, s/d, 680 p.

MORAN, Mayo, "Influential Authority and the Estoppel-Like Effect of International Law", *The Fluid State – International Law and the National Legal Systems*, Hilary Charlesworth, Madeleine Chiam, Devika Hovell, George Williams (org.), Sydney, The Federation Press, 2005, pp. 156-186.

MORAND, Charles-Albert, "La Souveraineté, un Concept Dépassé à L'Heure de la Mondialisation?", *The International Legal System in Quest of Equity and Universality – Liber Amicorum Georges Abi-Saab*, Laurence Boisson de Chazournes, Vera Gowlland-Debbas (eds.), The Hague, Martinus Nijhoff Publishers, 2001, pp. 152-175.

MOREIRA, Adriano, "A Evolução das Fronteiras", *Estudos em Honra de Ruy de Albuquerque*, Vol. I, Coimbra, Coimbra Editora, 2006, pp. 53-60.

––, "Território, Fronteira e Soberania no Mundo Actual", *Estudos em Homenagem ao Prof. Doutor Martim de Albuquerque*, Vol. I, Coimbra, Coimbra Editora, 2010, pp. 25-35.

MOREIRA, Fernando M. Azevedo, *Da Questão Prévia em Direito Internacional Privado*, Coimbra, Centro de Direito Comparado da Faculdade de Direito de Coimbra, 1968, 371 p.

MOREIRA, João Ilhão, "O não reconhecimento de sentenças arbitrais internacionais no fórum de execução por violação da ordem pública", *O Direito*, 147, N.º 1, 2015, pp. 187-204.

MOREIRA, Vital, "A Metamorfose da Constituição Económica, Themis, Edição especial, 2006, pp. 33-47.

MORGADES GIL, Silvia, "El funcionamiento efectivo de la política europea de asilo ante la garantía del derecho a no sufrir tratos inhumanos o degradantes del CEDH", *Revista de Derecho Comunitario Europeo*, N.º 41, Enero/Abril, 2012, pp. 183-204.

MORGADO, Miguel, "A noção de Soberania e os seus Fundamentos em Jean Bodin ", *Estudos em Homenagem a Miguel Galvão Teles*, Vol. I, Coimbra, Almedina, 2012, pp. 161-183.

MORGENSTERN, Felice, "Recognition and Enforcement of Foreign Legislative, Administrative and Judicial Acts Which Are contrary to International Law", *The International Law Quarterly*, Vol. 4, N.º 3, July, 1951, pp. 326-344.

MORRIS, J. H. C., *The Conflict of Laws*, London, Stevens and Sons Ld., 1971, 570 p.

MORRIS, Robin, "European Citizenship: Cross-Border Relevance, Deliberate Fraud and Proportionate Responses to Potential Statelessness", *European Public Law*, Vol. 17, N.º 3, 2011, pp. 417-435.

MORSIANI, Gianguido Sacchi, *Il Potere Amministrativo delle Comunità Europee e le Posizioni Giuridiche dei Privati*, Vol. I, Milano, Dott. A. Giuffrè Editore, 1965, 328 p.

MOSCONI, Franco, "Exceptions to the Operation of Choice of Law", *Recueil des Cours*, Tomo 217, 1989-V, Dordrecht, Martinus Nijhoff Publishers, 1990, pp. 13-214.

MÖSTL, Markus, "Preconditions and Limits of Mutual Recognition", *Common Market Law Review*, Vol. 47, 2010, pp. 405-436.

MOTULSKY, M., "Les Actes de Juridiction Gracieuse en Droit International Privé", *Travaux du Comité Français de Droit International Privé – 1948-1952*, Paris, Librairie Dalloz, 1953, pp. 13-31.

MUIR-WATT, Horatia, "Remarques sur les Effets en France des Jugements Étrangers Indépendamment de l'Exequatur", *Mélanges dédiés à Dominique Holleaux*, Paris, Litec, 1990, pp. 301-316.

MUNOZ, R., *Le Principe De Reconnaissance Mutuelle Et L'abrogation De La Decision 3052/95*, disponível em http://www.europarl.europa.eu/hearings/20070605/imco/munozdet_fr.pdf, acesso em 29 de Julho de 2015, 30 p.

NABAIS, José Casalta, "A Soberania Fiscal no Actual Quadro de Internacionalização, Integração e Globalização Económicas", *Homenagem ao Prof. Doutor André Gonçalves Pereira*, Coimbra, Coimbra Editora, 2006, pp. 497-527.

NAKATA, K. S., "The Sec and Foreign Blocking Statutes: Need for a Balanced Approach", *University of Pennsylvania Journal of International Economic Law*, Vol. 9, N.º 3, 1987, pp. 549-591.

NASCIMBENE, Bruno, "Riconoscimento di Sentenza Straniera e "Ordine Pubblico Europeo"", *Rivista di Diritto Internazionale Privato e Processuale*, Ano XXXVIII, N.º 3, luglio-settembre, 2002, pp. 659-664.

NEDJAR, Didier, "Tendances Actuelles de Droit International des Immunités des Etats", *Journal du Droit International*, Ano 124, Janvier-Février-Mars, N.º 1, 1997, pp. 59-102.

NÉGULESCO, Paul, "Principes du Droit International Administratif", *Recueil des Cours,* Tomo 51, 1935 – I, Paris, Recueil Sirey, 1935, pp. 583-715.

NESSLER, Volker, *Europäisches Richtlinienrecht wandelt deutsches Verwaltungsrecht – Ein Beitrag zur Europäisierung des deutschen Rechts,* Berlin, Verlag Dr. Köster, 1994, 238 p.

––, "Der transnationale Verwaltungsakt – Zur Dogmatik eines neuen Rechtsinstituts" *NVwZ – Neue Zeitschrift für Verwaltungsrecht,* 1995, pp. 863-866.

NETO, Diogo de Figueiredo Moreira, "Transadministrativismo: uma apresentação", Revista de Direito Administrativo, Vol. 267, Setembro/Dezembro, 2014, p. 70. pp. 67-83.

NETO, Eurico Bitencourt, "Direito Administrativo Transnacional", *Rede – Revista Eletrônica do Direito do Estado,* N.º 22, Abril/Maio/Junho, 2010, disponível em http://www.direitodoestado.com/revista/REDE-22-ABRIL-2010-EURICO-NETO. pdf, acesso em 15 de Agosto de 2015, pp. 1-18.

NETTESHEIM, Martin, "U.N. Sanctions Against Individuals – A Challenge to the Architecture of European Union Governance", *Common Market Law Review,* Vol. 44, 2007, pp. 567-600.

NEUMEYER, Karl, *Internationales Verwaltungsrecht – Innere Verwaltung,* Vol. I , München, J. Schweitzer Verlag (Arthur Sellier), 1910, 560 p.

––, *Grundlinien des internationalen Verwaltungsrechts,* Berlin, R. V. Decker's Verlag, 1911, 28 p.

––, *Internationales Verwaltungsrecht – Allgemeiner Teil,* Vol. IV, Zürich.Leipzig, Verlag für Recht und Gesellschaft AG, 1936, 600 p.

NEVES, António Castanheira, *Questão-de-Facto – Questão de Direito ou o Problema Metodológico da Juridicidade (Ensaio de uma Reposição Crítica), Vol I – A Crise,* Coimbra, Almedina, 1967, 927 p.

––, "A unidade do sistema jurídico: o seu problema e o seu sentido", *Digesta – Escritos acerca do Direito, do Pensamento Jurídico, da sua Metodologia e Outros,* 2.º Vol., Coimbra, Coimbra Editora, 1995, pp. 95-180.

NGUYEN, Minh Son, "Droit Administratif International", *Zeitschrift für Schweizerisches Recht,* Vol. 125, II, 2006, pp. 75-136.

NIBOYET, Jean-Paulin, "La fraude à la loi en droit international privé", *Revue de Droit International et de Legislation Comparé,* 1926, pp. 485-508.

––, "Les Doubles Impositions au Point de Vue Jurique", *Recueil des Cours,* Tomo 31, 1930 – I, Paris, Recueil Sirey, 1931, pp. 5-105.

––, "La Notion de Réciprocité dans les Traités Diplomatiques de Droit International Privé", *Recueil de Cours,* Tomo 52, Vol. II, 1935, pp. 259-361.

EFICÁCIA, RECONHECIMENTO E EXECUÇÃO DE ACTOS ADMINISTRATIVOS ESTRANGEIROS

––, *Traité de Droit International Privé Français*, Vol. III – Conflits de Lois, d'Autorités et de Juridictions, Paris, Librairie du Recueil Sirey, 1944, 679 p.

––, *Traité de Droit International Privé Français*, Tomo IV – La Territorialité, Paris, Recueil Sirey, 1947, 950 p.

––, *Cours de Droit International Privé*, Paris, Librairie du Recueil Sirey, 1949, 694 p.

NICOLAÏDIS, Kalypso, "Globalization with Human Faces: Managed Mutual Recognition and the Free Movement of Professionals", *The Principle of Mutual Recognition in the European Integration Process*, Fiorella Kostoris Padoa Schioppa (ed.), Palgrave Macmillan, Hampshire, 2005, pp. 129-189.

––, "Trusting the Poles? Constructing Europe through mutual recognition", *Journal of European Public Policy*, Vol. 14, N.º 5, August, 2007, pp. 682-698.

––, "Kir Forever? The Journey of a Political Scientist in the Landscape of Mutual Recognition", *The Past and Future of EU Law – The Classics of EU Law Revisited on the 50th Anniversary of the Rome Treaty*, Miguel Poiares Maduro e Loïc Azoulai (eds.), Hart Publishing, Oxford, 2010, pp. 447-455.

––, *Managed Mutual Recognition: The New Approach to the Liberalization of Professional Services*, 1997, disponível em http://users.ox.ac.uk/~ssfc0041/managemr.htm, acesso em 15 de Agosto de 2015, s/p.

__, "Mutual Recognition: Promise and Denial, from Sapiens to Brexit", *Current Legal Problems*, Vol. 70, N.º 1, 2017, pp. 227–266.

NICOLAIDIS, Kalypso, SHAFFER, Gregory, "Transnational Mutual Recognition Regimes: Governance Without Global Government", *Law and Contemporary Problems*, Vol. 68, Summer, Autumn, 2005, pp. 263-371.

NICOLUSSI, Andrea, "Europa e Cosidetta Competizione tra Ordinamenti Giuridici", *La Competizione tra Ordinamenti Giuridici – Mutuo Riconoscimento e Scelta della Norma Piú Favorevole Nello Spazio Giuridico Europeo*, Armando Plaia (ed.), Milano, Dott. A. Giuffrè Editore, 2007, pp. 21-72.

NIEDERER, Werner, "Einige Grenzfragen des Ordre Public in Fällen Entschädigungsloser Konfiskation", *Schweizeriches Jahrbuch für internationales Recht*, Vol. XI, 1954, pp. 91-104.

NIEDOBITEK, Matthias, "Grenzüberschreitende Zusammenarbeit in Europa: Konkurrenz zwischen Europäischer Union und Europarat", *Jahrbuch des Öffentlichen Rechts*, Vol. 62, 2014, pp. 61-89.

NIEHOF, Roland, *Der Grundsatz der Gegenseitigen Anerkennung im Gemeinschaftsrecht*, Paderborn, Heiner Vahle Offsetdruck, 1989, 129 p.

NIETO, Alejandro, *Derecho Administrativo Sancionador*, 4.ª ed., Madrid, Tecnos, 1993, 591 p.

NIGRO, Mario, *Le Decisioni Amministrative*, 2.ª ed, Napoli, Casa Editrice Dott. Eugenio Jovene, 1953, 157 p.

NIJMAN, Janne, NOLLKAMPER, André, "Introduction", *New Perspectives on the Divide between National and International Law*, Oxford, Oxford University Press, 2007, p. 1-14.

NOËL-HENRY, *Les Gouvernements de Fait devant le Juge*, Paris, Librairie R. Guillon, 1927, 260 p.

NOGUELLOU, Rozen, "Le Régime de L'Acte Administratif de Mise en Oeuvre du Droit Communautaire", *Droit Administratif Européen*, Jean-Bernard Auby, Jacqueline Dutheil de la Rochère (dir.), Bruxelles, Bruylant, 2007, pp. 759-774.

NOLLKAEMPER, André, "The Bifurcation of International Law: Two Futures for the International Rule of Law", *The Law of the Future and the Future of Law*, Sam Muller, Stavros Zouridis, Morly Frishman e Laura Kistemaker (eds.), Oslo, Torkel Opsahl Academic EPublisher, 2011, pp. 81-88.

NORMAND, Jacques, "L'Émergence d'un Droit Européenn de l'Exécution", *Mélanges Jacques van Compernolle*, Buylant, Bruxelles, 2004, pp. 445-467.

NORRIS, Pippa, "Global Governance and Cosmopolitan Citizens", *Governance in a Globalizing World*, Joseph S. Nye Jr., John D. Donahue (eds.), Washington, D.C., Brookings Institution Press, 2000, pp. 155-177.

NOURISSAT, Cyril, "La Reconnaissance des Diplômes dans le Domaine de la Santé: Problèmes Choisis", *Revue des Affaires Europénnes*, Ano 14, N.º 1, 2005, pp. 43-50.

—, "Le droit international privé à l'épreuve du droit communautaire? Quelques brèves observations optimistes...", *Petites Affiches*, N.º 79, 19 avril 2007, pp. 82-87.

—, "L'acte authentique saisi par le droit européen", *Petites Affiches*, N.º 173, 29 août 2007, pp. 42-48.

NOURISSAT, Cyril, CALLÉ, Pierre, PASQUALIS, Paolo, WAUTELET, Patrick, "Pour la reconnaissance des actes authentiques au sein de l'espace de liberté, de securité et de justice", *Petites Affiches*, N.º 68, 4 avril 2012, pp. 6-14.

NOVA, Rodolfo di, "I Conflitti di Leggi e le Norme con Apposita Delimitazione della Sfera di Efficacia", *Diritto Internazionale*, Ano 13, N.º 1, 1959, pp. 13-30.

—, "I Conflitti di Leggi e le Norme Sostanziali Funzionalmente Limitate", *Rivista di Diritto Internazionale Privato e Processuale*, Ano 3, 1967, pp. 699-706.

NOVAIS, Jorge Reis, *As Restrições aos Direitos Fundamentais não Expressamente Autorizadas pela Constituição, Coimbra*, Coimbra Editora, 2003, 1008 p.

NOWAK, Carsten, "Zentraler und dezentraler Individualrechtsschutz in der EG im Lichte des gemeinschaftsrechtlichen Rechtsgrundsatzes effektiven Rechtsschutzes", *Individualrechtsschutz in der EG und der WTO*, Carsten Nowak/ Wolfram Cremer (eds.), Baden-Baden, Nomos Verlagsgesellschaft, 2002, pp. 47-79.

NowickI, Marek Antoni, "The European Convention on Human Rights in the Practice of the International Kosovo Ombudsman", *in Trente Ans de Droit Européen des Droits de L'Homme – Études à la Mémoire de Wolfgang Strasser*, Bruylant, 2007, p. 229-249.

NussBaum, Arthur, *Principles of Private International Law*, New York, Oxford University Press, 1943, 288 p.

NussBaum, Martha, "Kant and Cosmopolitanism", *The Cosmopolitanism Reader*, Garrett W. Brown, David Held (org.), Cambridge, Polity Press, 2010, pp. 27-44.

O'Dowd, John, "A Berlin Wall on Water?" – Migration Control: Developments in the European Union Framework, *European Review of Public Law*, Vol. 21, N.º 1, 2009, pp. 137-160.

O'Neill, Onora, "Justice and Boundaries", *Political Restructuring in Europe – Ethical Perspectives*, Chris Brown (ed.), London/ New York, Routledge, 1994, pp. 65-84.

O'Keefe, Roger, "Universal Jurisdiction – Clarifying the Basic Concept", *Journal of International Criminal Justice*, Vol. 2, 2004, pp. 735-760.

O'Sullivan, Maria, "Acting the Part: Can Non-State Entities Provide Protection Under International Refugee Law?", *International Journal of Refugee Law*, Vol. 24, N.º 1 2012, pp. 85–110.

OberHammer, Paul, "The Abolition of the Exequatur", *IPRax – Praxis des Internationalen Privat- und Verfahrensrechts*, 30 Ano, Vol. 3, 2010, pp. 197-203.

Odermatt, Jed, "Case Law: C-366/10 Air Transport Association of America and others v. Secretary of State for Energy and Climate Change", *Columbia Journal of European Law*, Vol. 20, N.º 2, 2014, pp. 143-165.

Odudu, Okeoghene, "The Public/Private Distinction in EU Internal Market Law", *Revue Trimestrielle de Droit Européen*, Vol. 46, N.º 4, Octobre-Décembre, 2010, pp. 826-841.

Oeter, Stefan, "The Openness of International Organisations for Transnational Public Rule-Making", *Transnational Administrative Rule Making – Performance, Legal Effects and Legitimacy*, Olaf Diling, Martin Herberg e Gerd Winter (ed.), Oxford and Portland, Hart Publishing, 2011, pp. 235-252.

––, "Vom Völkerrecht zum transnationalen Recht – "transnational administrative networks" und die Bildung hybrider Akteurstrukturen", *Transnationales Recht*, Gralf-Peter Caliess (ed.), Tübingen, Mohr Siebeck, 2014, pp. 387-402.

OHARA, Yoshio, "New US Policy on the Extraterritorial Application of Antitrust Law and Foreign Responses", *Extraterritorial Jurisdiction in Theory and in Practice*, Karl M. Meessen (ed.), London, Kluwer Law International, 1996, pp. 166-172.

Ohler, Christoph, *Die Kollisionsordnung des Allgemeinen Verwaltungsrechts*, Tübingen, Mohr Siebeck, 2005, 405 p.

--, "Internationales Verwaltungsrecht – ein Kollisionsrecht eigener Art", *Völkerrecht und IPR*, Stefan Leible, Matthias Ruffert (eds.), Jena, Jenaer Wissenschaftliche Verlagsgesellschaft, 2006, pp. 131-151.

--, "Die Entwicklung eines Internationalen Verwaltungsrechts als Aufgabe der Rechtswissenschaft", *Deutsches Verwaltungsblatt*, N.º 15, 1 September, 2007, pp. 1083-1093.

OKRESEK, Wolk, "Hoheitsakte auf fremdem Staatsgebiet – Eine Betrachtung anhand praktischer Fälle", Österreichische Zeitschrift für Öffentliches Recht und Völkerrecht, Vol. 35, 1984/85, pp. 325-344.

OLIVEIRA, Andreia Sofia Pinto, "A Prova no Processo Administrativo Contencioso (*Maxime,* no Recurso Contencioso de Anulação)", *Themis,* Ano 1, N.º 2, 2000, pp. 99-125.

OLIVEIRA, Fernanda Paula, DIAS, José Eduardo Figueiredo, *Noções Fundamentais de Direito Administrativo*, 5.ª ed., Coimbra, Almedina, 2017, 413 p.

OLIVEIRA, Fernanda Paula, NEVES, Maria José Castanheira, LOPES, Dulce, *Regime Jurídico da Urbanização e Edificação Comentado*, 4.ª Ed., Coimbra, Almedina, 2016, 859 p.

OLIVEIRA, Mário Esteves de, «A Publicidade, o Notariado e o Registo Público de Direitos Privados», *Estudos em Homenagem ao Prof. Doutor Rogério Soares,* Coimbra, Coimbra Editora, 2001, pp. 471-530.

OLIVEIRA, Mário Esteves de, GONÇALVES, Pedro, AMORIM, João Pacheco de, *Código do Procedimento Administrativo Anotado*, 2.ª ed., Coimbra: Almedina, 2010, 927 p.

OLIVEIRA, Mário Esteves de, OLIVEIRA, Rodrigo Esteves de, *Código de Processo nos Tribunais Administrativos, Volume I, e Estatuto dos Tribunais Administrativos e Fiscais Anotados*, Coimbra, Almedina, 2004, 598 p.

OMMESLAGHE, Pierre Van, "Le Droit Public Existe-t-il?", *Revue de la faculté de droit et de criminologie de l'ULB*, N.º 33, 2006, p.p. 15-63.

OPPENHEIMER, Franz, *Oppenheim's International Law,* Vol. I – Peace, Robert Jennings, Arthur Watts (eds.), 9.ª ed., Harlow/Essex, Logman, 1992, 554 p.

--, *The State: Its History and Development Viewed Sociologically*, New Brunswick, Transaction Publishers, 1999, 305 p.

OREBECH, Peter, "The EU Competency Confusion: Limits, "Extension Mechanisms," Split Power, Subsidiarity, and "Institutional Clashes"", *Journal of Transnational Law and Policy*, Vol. 13, N.º 1, Fall, 2003, pp. 100-151.

ORÓ MARTÍNEZ, Crístian, "Control del Orden Público y Supresión del Exequátur en el Espacio de Libertad, Seguridad y Justicia: Perspectivas de Futuro", *Anuario Español de Derecho Internacional Privado*, Tomo IX, 2009, pp. 201-224.

EFICÁCIA, RECONHECIMENTO E EXECUÇÃO DE ACTOS ADMINISTRATIVOS ESTRANGEIROS

ORTINO, Matteo, "The Role and Functioning of Mutual Recognition in the European Market of Finantial Services", *International Comparative Law Quarterly*, Vol. 56, April, 2007, pp. 309-338.

OTERO, Paulo, "Breve quadro jurídico sobre o reconhecimento de títulos académicos e a acreditação de cursos", *Ensino Superior e Competitividade – Estudos*, Vol. II, Adriano Moreira, José Barata Moura, (coords.), Lisboa, Edição do Conselho Nacional de Avaliação do Ensino Superior, 2001, pp. 227-260.

––, "A Administração Pública Nacional como Administração Comunitária: os Efeitos Internos da Execução Administrativa pelos Estados-membros do Direito Comunitário", Vol. I, *Estudos em Homenagem à Professora Doutora Isabel de Magalhães Collaço*, Rui Moura Ramos (org.), Coimbra, Almedina, 2002, pp. 817-832.

––, "Normas Administrativas de Conflitos: As Situações Jurídico-Administrativas Transnacionais", *Estudos em Memória do Professor Doutor António Marques dos Santos*, Vol. II, Coimbra, Almedina, 2005. pp. 781-790.

––, *Legalidade e Administração Pública – O sentido da vinculação administrativa à juridicidade*, Coimbra, Almedina, 2007, 1192 p.

––, "A Crise: Um Novo Direito Administrativo", *A Crise e o Direito*, Jorge Bacelar Gouveia, Nuno Piçarra (coord.), Coimbra, Almedina, 2013, pp. 201-213.

––, *Manual de Direito Administrativo*, Vol. I, Coimbra, Almedina, 2013, 596 p.

OTT, Andrea, "The EU-Turkey Association and Other EU Parallel Legal Orders in the European Legal Space", *Legal Issues of Economic Integration*, Vol. 42, N.º 1, February, 2015, pp. 5-30.

OTTMANN, Juliane, "The Concept of Solidarity in National and European Law: The Welfare State and the European Social Model", *Vienna Online Journal on International Constitutional Law*, Vol. 1, 2008, p. 48, disponível em http://heinonline.org, acesso em 21 de Março de 2015.

OXMAN, Bernard H., "Jurisdiction of States", *The Max Planck Encyclopedia of Public International Law*, Vol IV, Rüdiger Wolfrum (dir.), Oxford, Oxford University Press, 2012, pp. 546-555.

P. VARGHESE, Tracy, "The WTO's *Shrimp-Turtle* Decisions: the Extraterritorial Enforcement of U.S. Environmental Policy via Unilateral Trade Embargoes", *The Environmental Lawyer*, Vol. 8, N.º 2, 2001/2002, pp. 421-455.

PAASIVIRTA, Esa, ROSAS, Allan, "Sanctions, Countermeasures and Related Actions in the External Relations of the EU: A Search for Legal Frameworks", *The European Union as an Actor in International Relations*, Enzo Cannizaro, The Hague, Kluwer Law International, 2002, pp. 208-218.

PAIS, Sofia Oliveira, "A Protecção dos Particulares no Âmbito do Recurso de Anulação depois de Lisboa. Breves Reflexões", *Estudos de Direito da União Europeia*, Coimbra, Almedina, 2012, pp. 97-113.

PALAIA, Nicola, "L'Efficacia Extraterritoriale del Diritto Pubblico", *Atti del XVII.° Convegno di Studi di Scienza Dell'Amministrazione – La Disciplina Giuridica della Licenza di Commercio – Atti Amministrativi Economici e Misure sui Prezzi nell'Ambito della C.E.E.*, Milano, Dott. A. Giuffrè Editore, 1975, pp. 532-579.

PAMBOUKIS, Charalambos, *L'Acte Public Étranger em Droit International Privé*, Paris, L.G.D.J., 1993, 360 p.

––, "La renaissance-métamorphose de la métode de reconnaissance", *Revue Critique de Droit International Privé*, Vol. 97, N.° 3, 2008, pp. 513-560.

––, "Les Actes Publics et la Méthode de Reconnaissance", *La Reconnaissance des Situations en Droit International Privé*, Paul Lagarde (dir.), Paris, Éditions A. Pedone, 2013, pp. 133-146.

PAPIER, Hans-Jürgen, OLSCHEWSKI, Bernd-Dietrich, "Vollziehung ausländischer Verwaltunsakte – Unter besonderer Berücksichtigung der Abgabenbescheide", *DVBl – Deutsches Verwaltungsblatt*, Ano 91, 1976, pp. 475-482.

PARISH, Matthew, "International Courts and the European Legal Order", *The European Journal of International Law*, Vol. 23, N.° 1, 2012, pp. 141-153.

PARRA, Carmen, "El concepto de documento extrajudicial con fuerza executiva en la Unión Europea", *El Documento Público Extranjero en España y en la Unión Europea – Estudios sobre las Características y Efectos del Documento Público*, Maria Font i Mas (dir.), España, Editora Bosch, 2014, pp. 263-284.

PARRISH, Austen L., "The Effects Test: Extraterritoriality's Fifth Business ", *Vanderbilt Law Review*, Vol. 61, N.° 5, 2008, pp. 1455-1505.

––, "Reclaiming International Law from Extraterritoriality", *Minnesota Law Review*, Vol. 93, 2009, pp. 815-874.

––, "Kiobel, Unilateralism, and the Retreat from Extraterritoriality", *Maryland Journal of International Law*, Vol. 28, 2013, pp. 208-240.

PARRY, Clive, "The Duty ro Recognise Foreign Nationality Laws", *Festgabe für Alexander N. Makarov – Abhandlung zum Völkerrecht*, Stuttgart/Köln, W. Kohlhammer Verlag, 1958, pp. 337-368.

PASQUALE, Patrizia de, FERRARO, Fabio, "Il sistema di Tutela Giurisdicionale del Terzo Pilastro dell'Unione Europea e il Ruolo dei Giudici Nazionali", *Il Terzo Pilastro dell'Unione Europea – Cooperazione Intergovernativa e Prospettive di Comunitarizzazione*, Patrizia de Pasquale/Fabio Ferraro (eds.), Napoli, Editoriale Scientifica, 2009, pp. 81-94.

PASQUALIS, Paolo, "Attuazione ed Esecuzione Forzata in Italia degli Atti Pubblici Provenienti dall'Estero", *Giurisdizione Italiana – Efficacia di Sentenze e Atti Straniere,* Pietro Perlingieri (dir.), Napoli, Edizioni Scientifiche Italiane, 2007, pp. 579-619.

PATAUT, M. Etienne, "Le Renoveau de la Theorie des Droits Acquis", *Travaux du Comité Français de Droit International Privé,* Anos 2006-2008, Paris, Éditions A. Pedone, 2009, pp. 71-97.

--, "La Reconnaissance des Actes Publics dans les Règlements Européens de Droit International Privé, *La Reconnaissance des Situations en Droit International Privé,* Paul Lagarde (dir.), Paris, Éditions A. Pedone, 2013, pp. 145-166.

PATCHETT, Emma, "Roma, Rhizomes And Roots In Rough Soil: Cultivating Trans- -Territoriality In Law And Film", *The Australian Feminist Law Journal,* Vol. 39, 2013, pp. 57-78.

PATRÃO, Afonso, "O Direito Derivado da União Europeia à Luz do Tratado de Lisboa", *Temas de Integração,* N.º 26, 2008, pp. 139-167.

--, "Poderes e Deveres de Notário e Conservador na Cognição de Direito Estrangeiro", *Cadernos do CENOR,* N.º 2, 2014, pp. 9-38.

--, "A "Adaptação" dos Direitos Reais no Regulamento Europeu das Sucessões", *Boletim da Faculdade de Direito,* Vol. XCII, Tomo I, 2016, pp. 121-168.).

--, *Autonomia Conflitual na Hipoteca e Reforço da Cooperação Internacional: Removendo Obstáculos ao Mercado Europeu de Garantias Imobiliárias,* Lisboa, Livros Horizonte, 2017, 802 p.

PATTERSON, Andrew D., "The Act Of State Doctrine Is Alive And Well: Why Critics Of The Doctrine Are Wrong", *University of California, Davis,* Vol. 15, N.º 1, 2008, pp. 112-155.

PAUL, Joel R., "The Transformation of International Comity", *Law and Contemporary Problems,* Vol. 71, Summer, 2008, pp. 19-38.

PAUWELYN, Joost, *Conflict of Norms in Public International Law – How WTO Law Relates to other Rules of International Law,* New York, Cambridge University Press, 2003, 554 p.

--, "Is It International Law or Not, and Does It Even Matter?", *Informal International Lawmaking,* Joost Pawleyn, Ramses A. Wessel e Jan Wouters (eds.), Oxford, Oxford University Press, 2012, pp. 125-161.

PEDROSA, A. L. Guimarães, *Curso de Ciência da Administração e Direito Administrativo,* I – Introdução e Parte I, 2.ª ed., Coimbra, Impensa da Universidade, 1908, 360 p.

PELIKÁNOVA, Irena, "Le Droit Public et Privé en Droit de L'Union Européenne", *European Review of Public Law,* Vol. 24, N.º 3, 2012, pp. 997-1013.

PELKMANS, Jacques, "Mutual Recognition in Goods and Services: An Economic Perspective", *The Principle of Mutual Recognition in the European Integration Process,*

Fiorella Kostoris Padoa Schioppa (ed.), Palgrave Macmillan, Hampshire, 2005, pp. 85-128.

--, "Mutual Recognition in Goods. On Promises and Disillusions", *Journal of European Public Policy*, Vol. 4, N.º 5, 2007, pp. 699-716.

--, *Mutual Recognition: economic and regulatory logic in goods and services*, Colégio da Europa, Bruges European Economic Research Papers 24/2012, pp. 1-40, disponível em https://www.coleurope.eu/system/files_force/research-paper/beer24.pdf?download=1 acedido em 9 de Outubro de 2014.

PELLET, Alain, "Legitimacy of Legislative and Executive Actions of International Institutions", *Legitimacy in International Law*, Rüdiger Wolfrum, Volker Röben (eds.), Berlin, Springer, 2008, pp. 63-82.

PENNINX, Rinus, "The Comparative Study of Integration Policies of European Cities", *Migrações na Europa e em Portugal – Estudos em Homenagem a Maria Ioannis Baganha*, Maria Lucinda Fonseca, Pedro Góis, José Carlos Marques, João Peixoto (org.), Coimbra, Almedina/ CES, 2013, pp. 71-97.

PEREIRA, Alexandre Dias, "A Construção Jurídica do Mercado Único dos Seguros", *Estudos Dedicados ao Prof. Doutor Mário Júlio de Almeida Costa*, Lisboa, Universidade Católica Portuguesa, 2002, pp. 75-109.

PEREIRA, André Gonçalves, QUADROS, Fausto de, *Manual de Direito Internacional Público*, 3.ª ed., Coimbra, Almedina, 1995, pp. 691 p.

PEREIRA, Ravi Afonso, "A Execução do Acto Administrativo no Direito Português", *Estudos em Homenagem ao Professor Doutor Diogo Freitas do Amaral*, João Caupers, Maria da Glória F.P.D. Garcia, Augusto de Athaíde (org.), Coimbra, Almedina, 2010. pp. 793-855.

--, "A Execução das Decisões Administrativas no Direito Português", *O Poder de Execução Coerciva nas Decisões Administrativas nos Sistemas de Tipo Francês e Inglês e em Portugal*, Diogo Freitas do Amaral (coord.), Coimbra, Almedina, 2011, pp. 181-250.

--, "Why Would International Administrative Activity Be Any Less Legitimate? – A Study of the Codex Alimentarius Commission", *German Law Journal*, Vol. 9, n.º 11, 2008, disponível em https://www.germanlawjournal.com, acesso em 1 de Julho de 2015, pp. 1693-1718.

PÉREZ-BEVIÁ, José Antonio, *La Aplicación del Derecho Público Extranjero*, 1.ª ed., Madrid, Cuadernos Civitas, 1989, 157 p.

PERNAS GARCÍA, Juan José, "The EU's Role in the Progress Towards the Recognition and Execution of Foreign Administrative Acts: The Principle of Mutual Recognition and the Transnational Nature of Certain Administrative Acts", *Recognition of Foreign Administrative Acts*, Jaime Rodríguez-Arana Muñoz (ed.), Ius Comparatum – Global Studies in Comparative Law 10, Suíça, Springer, 2016, pp. 15-31

PERONI, Giulio, La Crisi Dell'euro: Limiti e Rimedi Dell'Unione Economica e Monetaria, Milano, Giuffrè Editore, 2012, 210 p.

PEROZ, Hélène, "Le Règlement CE n.º 805/2004 du 21 vril 2004 portant Création d'un Titre Exécutoire Européen pour les Créances Incontestées", *Journal de Droit International*, Ano 132, N.º 3, Juillet-Août-Septembre, 2005, pp. 637-676.

PERTEK, J., "Une Dynamique de la Reconnaissance des Diplômes à des Fins Professioneles et à des Fins Académiques: Réalisations et Nouvelles Réflexions", *Revue du Marché Unique Européen*, N.º 3, 1996, pp. 89-176.

PESCATORE, Pierre, "The Doctrine of "Direct Effect": An Infant Disease of Community Law", *European Law Review*, Vol. 8, N.º 1, February, 1983, pp. 155-177.

PESCE, Celeste, "Il Principio del Mutuo Riconoscimento e la sua Applicazione alle Decisione di Confisca", *Il Terzo Pilastro dell'Unione Europea – Cooperazione Intergovernativa e Prospettive di Comunitarizzazione*, Patrizia de Pasquale/Fabio Ferraro (eds.), Napoli, Editoriale Scientifica, 2009, pp. 212-239.

PETERS, Anne, "Dual Democracy", *The Constitutionalization of International Law,* Jan Klabbers, Anne Peters e Geir Ulfstein (eds.), Oxford, Oxford University Press, 2009, pp. 263-341.

––, "Humanity as the A and Ω of Sovereignty", *The European Journal of International Law*, Vol. 20, N.º 3, 2009, pp. 513-544.

––, "Membership in the Global Constitutional Community", *The Constitutionalization of International Law*, Jan Klabbers, Anne Peters e Geir Ulfstein (eds.), Oxford, Oxford University Press, 2009, pp. 153-262.

PETERSON, Courtland H., "Res Iudicata and Foreign Country Judgements", *Ohio State Law Journal*, Vol. 24, 1963, pp. 291-321.

PETEV, Valentin, "Pluralisme juridique, construction européenne et droits de l'individu", in *Le Pluralisme*, Archives de Philosophie du Droit, Tomo 49, Dalloz, Paris, 2006, pp. 13-20.

PFORDTEN, Dietmar v. d., "Individuen, Assoziationem, Staatsorganisation", *in Law, Justice and the State II – The Nation, the State and Democracy, Michel* Troper & Mikael M. Karlsson (eds.), Franz Steiner Verlag, Stuttgart, 1995, pp. 39-58.

PHILIP, Allan, "Mandatory Rules, Public Law (Political Rules) and the Choice of Law in the E.E.C. Convention on the Law applicable to Contractual Obligations", *Contract Conflicts – The E.E.C. Convention on the Law Applicable to Contractual Obligations: A Comparative Study*, P.M. North (ed.), Amsterdam, North-Holland Publishing Company, 1982, pp. 81-109.

PHILLIMORE, Lord Walter G. F., "Droits et Devoirs Fondamentaux des États", *Recueil des Cours*, Tomo I, 1923, Paris, Hachette, 1925, pp. 25-72.

PIÇARRA, Nuno, "A reserva de Administração", *O Direito*, Ano 122, N.º 2, 1990, pp. 325-353.

--, "A reserva de Administração", *O Direito*, Ano 122, N.º 3, 1990, pp. 571-601.

--, "A Evolução da Política Comum de Vistos na União Europeia", *Europa – Novas Fronteiras*, N.º 16/17, 2004-2005, pp. 101-122.

--, "A Liberdade de Circulação dos Advogados na União Europeia – Da Metamorfose da Regra do Tratamento Nacional à Extensão a Nacionais de Países Terceiros", *Estudos em Homenagem ao Prof. Doutor Sérvulo Correia*, Vol. IV, Jorge Miranda (ed.), Coimbra, Coimbra Editora, 2010, pp. 707-748.

--, "O Tratado de Lisboa e o Espaço de Liberdade, Segurança e Justiça", *Cadernos O Direito*, Vol. 5, 2010, pp. 245-269.

--, "A eficácia Transnacional dos Actos Administrativos dos Estados-Membros como Elemento Caracterizador do Direito Administrativo da União Europeia, *Estudos em Homenagem ao Professor Doutor Diogo Freitas do Amaral*, João Caupers, Maria da Glória F.P.D. Garcia, Augusto de Athaíde (orgs.), Coimbra, Almedina, 2010, pp. 585-618.

--, "União Europeia e Acto Administrativo Transnacional", *Direito da União Europeia e Transnacionalidade*, Alessandra Silveira (coord.), Lisboa, Quid Iuris, 2010, pp. 297-323.

--, "O Princípio da Separação de Poderes e os Limites da Competência do Parlamento face ao Governo na Jurisprudência Constitucional Portuguesa", *Estudos de Homenagem ao Prof. Doutor Jorge Miranda*, Vol. II, Coimbra, Coimbra Editora, 2012, pp. 33-60.

--, "A Crise nas Fronteiras (dos Estados-Membros) da União Europeia: Causas e Soluções", *A Crise e o Direito*, Jorge Bacelar Gouveia, Nuno Piçarra (coord.), Coimbra, Almedina, 2013, pp. 121-178.

--, "Comentário ao acórdão do Tribunal de Justiça de 10 de abril de 2012, C-83/12 PPU, Processo-crime contra Minh Khoa Vo", *Jurisprudência Cunha Rodrigues – Comentários*, Eduardo Paz Ferreira; Maria Luísa Duarte, Miguel Soura Ferro (org.), Lisboa, AAFDL, 2013, pp. 257-269.

--, NUNO PIÇARRA, "Fronteiras, Vistos, Asilo e Migração", *Direito da União Europeia – Elementos de Direito e Política da União*, Alessandra Silveira, Mariana Canotilho, Pedro Madeira Froufe (eds.), Coimbra, Almedina, 2016, pp. 244-336.

PIÇARRA, Nuno, COUTINHO, Francisco Pereira, "The "Europeanization" of the Portuguese Courts", *Revista de Direito Público*, N.º 5, Janeiro-Junho, 2011, pp. 157-181.

PICONE, Paolo, "Introduzione – Parte IX Tutela della Concorrenza", *Diritto internazionale dell'economia: raccolta sistematica dei principali atti normativi internazionali ed interni con testi introduttivi e note*, P. Picone/ G. Sacerdoti (eds.), Milano, Franco Angeli, 1982, pp. 865-879.

––, *Ordinamento Competente e Diritto Internazionale Privato*, Padova, CEDAM, 1986, 269 p.

PIERNAS LÓPEZ, Juan Jorge, "La Libre Circulación De Mercancías Entre La Unión Europea y Turquía. Algunas Consideraciones a Propósito De La Aplicación del Principio de Reconocimiento Mutuo", *Cuadernos de Derecho Transnacional*, Vol. 5, N.º 2, Octubre 2013, pp. 448-467, disponível em www.uc3m.es/cdt, acesso a 15 de Junho de 2015.

PILLET, Antoine, *Principes de Droit International Privé*, Paris, Pedone/ Allier Frères, 1903, 614 p.

––, "La Théorie des Droits Acquis", *Recueil des Cours*, Tomo 8, 1925-III, Paris, Librairie Hachette, 1926, pp. 489-538.

PINHEIRO, Luís de Lima, "O problema do direito aplicável aos contratos internacionais celebrados pela Administração Pública", *Direito e Justiça*, Vol. XII, Tomo 2, 1999, pp. 29-64.

––, "The 'denationalization' of transnational relationships: regulation of transnational relationships by public international law, European Community Law, and transnational law", *Aufbrucht nach Europa: 75 Jahre Max-Planck-Institut für Privatrecht*, Jürgen Basedow, Ulrich Drobnig, Reinhard Ellger, Klaus J. Hopt et al. (eds.), Tubingen, Mohr Siebeck, 2001, pp. 429-446.

––, "A Triangularidade do Direito Internacional Privado – Ensaio sobre a Articulação entre o Direito de Conflitos, o Direito da Competência Internacional e o Direito do Reconhecimento", *Estudos de Direito Internacional Privado – Direito de Conflitos, Competência Internacional e Reconhecimento de Decisões Estrangeiras*, Coimbra, Almedina, 2006, pp. 226-293.

––, "Reconhecimento Autónomo de Decisões Estrangeiras e Controlo do Direito Aplicável", *Estudos de Direito Internacional Privado – Direito de Conflitos, Competência Internacional e Reconhecimento de Decisões Estrangeiras*, Coimbra, Almedina, 2006, pp. 435-464.

––, *Direito Internacional Privado, Vol III – Competência Internacional e Reconhecimento de Decisões Estrangeiras*, 2.ª ed, Coimbra, Almedina, 2012, 530 p.

––, *Direito Internacional Privado, Vol I – Introdução e Direito de Conflitos – Parte Geral*, 3.ª ed., Coimbra, Almedina, 2014, 698 p.

BIBLIOGRAFIA

Pires, Francisco Lucas, "União Europeia: um poder próprio ou delegado?", *A União Europeia*, Faculdade de Direito da Universidade de Coimbra, Coimbra, Coimbra Editora, 1994, pp. 149-156.

––, "Competência das Competências": Competente mas sem Competências?", *Revista de Legislação e de Jurisprudência*, Ano 130, N.º 3885, Coimbra, 1 de Abril de 1998, pp. 354-359.

––, *Introdução ao Direito Constitucional Europeu – Seu Sentido, Problemas e Limites*, Coimbra, Almedina, 1997, 123 p.

––, *Introdução à Ciência Política*, Porto, Universidade Católica Portuguesa, 1998, 101 p.

Piret, Jean-Marc, "Boumediene v. Bush and the extraterritorial reach of the U.S. Constitution – A step towards judicial cosmopolitanism?", *Utrecht Law Review*, Vol. 4, N.º 3, Dezembro, 2008, disponível em http://www.utrechtlawreview.org, acesso em 8 de Julho de 2014, pp. 81-103.

Pissarra, Nuno Andrade, Chabert, Susana, *Normas de Aplicação Imediata, Ordem Pública Internacional e Direito Comunitário*, Coimbra Almedina, 2004, 300 p.

Places, Segolene Barbou Des, "Taking Legal Rules into Consideration: EU Asylum Policy and Regulatory Competition", *Journal of Public Policy*, Vol. 24, N.º 1, January-April, 2004, pp. 75-98.

Pocar Fausto,, *L'Esercisio non Autorizzato del Potere Statale in Territorio Straniero*, Padova, Edizioni CEDAM, 1974, 202 p.

––, "La Cooperazione Rafforzata in Materia di Brevetti e la Corte gi Giustizia dell'Unione Europea", *Luci e Ombre del Nuovo Sistema UE di Tutela Brevetuale – The EU Patent Protection Lights and Shades of the New System*, Constanza Honorati (org.), Torino, G. Giappichelli, 2014, pp. 1-7.

Pogge, Thomas W., "Cosmopolitanism and Sovereignty", *Political Restructuring in Europe – Ethical Perspectives*, Chris Brown (ed.), London/ New York, Routledge, 1994, pp. 85-118.

Pollak, Johannes, Riekman, Sonja Puntscher, "European Administration: Centralisation and Fragmentation as Means of Political Building", *West European Politics*, Vol. 31, N.º 4, July 2008, pp. 771-788.

Ponthoreau, Marie-Claire, "L'Internationalisation du Droit Public. Effets et Interprétations", *Rivista Italiana di Diritto Pubblico Comunitario*, Vol. 15, 2005, pp. 1523-1544.

Popescu, Gabriel, *Bordering and Ordering the Twenty-first Century – Understanding Borders*, Lanham, Rowman & Littlefield Publishers Inc., 2012, 183 p.

Porto, Manuel, Lopes, Dulce, "Preocupações Espaciais na União Europeia", *Estudos em Homenagem a António Barbosa de Melo*, Fernando Alves Correia, João Calvão da Silva, José Carlos Vieira de Andrade, José Joaquim Gomes Canotilho, José Manuel M. Cardoso da Costa (orgs.), Coimbra, Almedina, 2013, pp. 599-629.

Posner, Eric A., Sunstein, Cass R., "Chevronizing Foreign Relations Law", *Yale Law Journal*, Vol. 116, N.º 6, 2007, pp. 1170-1228.

Poullet, Y., "La Technologie et le Droit", *Liber Amicorum Guy Horsmans*, Bruxelles, Bruylant, 2004, pp. 944-967.

Powel, C. H., "The Role and Limits of Global Administrative Law in the Security Council's Anti-Terrorism Programme", *Acta Iuridica 2009 – Global Administrative Law: Development and Innovation*, Jan Glazewski/ Hugh Corder (eds.), Cape Town, Juta & Co Ltd, 2009, pp. 32-67.

Prezas, Ioannis, *L'Administration de Collectivités Territoriales par les Nations Unies – Étude de la Substitution de L'Organisation International à L'État dans L'Exercise des Pouvoirs de Gouvernement*, Paris, L.G.D.J./ Anthemis, 2012, 552 p.

Puigpelat, Oriol Mir,"La Codificación del Procedimiento Administrativo en La Unión europea " *La Unión Administrativa Europea*, Francisco Velasco Caballero, Jens-Peter Schneider, Madrid, Marcial Pons, 2008, pp. 51-85.

Pünder, Hermann, "Zertifizierung und Akkreditierung – private Qualitätskontrolle under staatlicher Gewährleistungsverantwortung", *ZHR – Zeitschrift für das gesamte Handelsrecht und Wirtschaftsrecht,* Vol. 170, 2006, pp. 567-598.

Quadri, Rolando, *La Giurisdicione sugli Stati Stranieri,* Milano, A. Giuffrè, 1941, 135 p.

––, "Leggi Politiche e Diritto Internazionale Privato", *Studi Critici di diritto Internazionale – Diritto Internazionale Privato,* Vol. I, 1, Milano, Dott. A Giuffrè Editore, 1952, pp. 363-376.

––, *Diritto Internazionale Pubblico,* 5.ª ed., Napoli, Liguori Editore, 1968, 793 p.

––, *Lezione di Diritto Internazionale Privato,* Napoli, Liguori Editore, 1969, 472 p.

Quadros, Fausto de, *A Nova Dimensão do Direito Administrativo – O Direito Administrativo Português na Perspectiva Comunitária,* Coimbra, Almedina, 1999, 52 p.

––, "O Acto Administrativo Comunitário", *Colóquio Luso-Espanhol: o Acto no Contencioso Administrativo: Tradição e Reforma.* Luís Filipe Colaço Antunes, Fernando Saínz Moreno (coord.) Coimbra, Almedina, 2005. pp. 63-74.

––, "A europeização do contencioso Administrativo", Estudos em *Homenagem ao Professor Doutor Marcello Caetano – No Centenário do Seu Nascimento,* Vol. II, Coimbra, Coimbra Editora, 2006, pp. 385-405.

––, "The European Constitution and National Constitutions – A Complementary Relationship", *Civil Law Studies: An Indian Perspective*, Anthony D'Souza and Carmo D'Souza (eds.), Newcastle, Cambridge Scholars Publishing, 2009, pp. 24-36.

QUADROS, Fausto de, STONE, John Henry Dingfelder, "Act of State Doctrine", *The Max Planck Encyclopedia of Public International Law*, Vol I, Rüdiger Wolfrum (dir.), Oxford, Oxford University Press, 2012, pp. 62-65.

QUADROS, Inês, "A Livre Circulação de Mercadorias na União Europeia e a Protecção de Crianças – Comentário ao Acórdão do Tribunal de Justiça de 14 de Fevereiro de 2008 (*Dynamic Medien Vertriebs GmbH c. Avides Media AG*)", *Estudos em Homenagem ao Professor Doutor Paulo de Pitta e Cunha*, Vol. I, Jorge Miranda, António Menezes Cordeiro, Eduardo Paz Ferreira, José Duarte Nogueira (orgs.), Coimbra, Almedina, 2010, pp. 223-245.

QUEIRÓ, Afonso Rodrigues, *Direito Internacional Público: Segundo as Prelecções ao Curso do 2.º Ano Jurídico de 1959-1960*, policopiado, Coimbra, 1960, 185 p.

––, "'Actos de Governo' e Contencioso de Anulação" *Boletim da Faculdade de Direito*, Vol. XLV, 1969, pp. 1-28.

––, *Lições de Direito Administrativo*, Vol. I, policopiado, Coimbra, 1976, 436 p.

––, "A Função Administrativa" *Revista de Direito e Estudos Sociais*, N.ºˢ 1-2-3, Janeiro/Setembro, 1977, pp. 1-48.

––, "Eficácia Espacial das Normas de Direito Administrativo" *Direito Administrativo – Revista de Actualidade e Crítica*, Ano 1, N.º 2, Março-Abril, 1980, pp. 87-93.

––, "Coacção administrativa", *Dicionário Jurídico da Administração Pública*, Vol II, 2.ª ed., José Pedro Fernandes (dir.), Lisboa, s/editora, 1990, pp. 443-446.

QUEIROZ, Cristina M. M., *Os Actos Políticos no Estado de Direito. O Problema do Controle Jurídico do Poder*, Coimbra, Almedina, 1990, 251 p.

QUINDIMIL LÓPEZ, Jorge Antonio, "La Union Europea, Frontex y la Seguridad en las Fronteras Marítimas. Hacia un modelo Europeo de Seguridad Humanizada en el Mar?", *Revista de Derecho Comunitario Europeo*, N.º 41, Enero/Abril, 2012, pp. 57-118.

QUIÑONES ESCÁMEZ, Ana, "Propositions pour la Formation, la Reconnaissance et l'Efficacité Internationale des Unions Conjugales ou de Couple", *Revue Critique de Droit International Privé*, Vol. 96, N.º 2, Abril-Junho, 2007, pp. 357-382.

RABEL, Ernst, "Das Problem der Qualifikation", *Zeitschrift für Ausländisches und Internationales Privatrecht*, Ano 5, 1931, pp. 241-288.

RADI, Yannick, *La Standardisation et le Droit International – Contours d'une Théorie Dialectique de la Formation du Droit*, Bruxelles, Bruylant, 2013, 371 p.

RADON, Jenik, "Sovereignty: A Political Emotion, not a Concept", *Stanford Journal of International Law*, Vol. 40, N.º 2, Winter, 2004, pp. 195-210.

RAINER, Arnold, "Alcune riflessioni sulla nozione e sugli effetti della globalizzazione", *Global Law v. Local Law – Problemi della Globalizzazione Giuridica*, Cristina Amato e Giulio Ponzanelli (ed.), Torino, G. Giappichelli Editore, 2006, pp. 3-5.

EFICÁCIA, RECONHECIMENTO E EXECUÇÃO DE ACTOS ADMINISTRATIVOS ESTRANGEIROS

Ramos, Rui de Moura, "Dos direitos adquiridos em Direito Internacional Privado", *Boletim da Faculdade de Direito da Universidade de Coimbra*, Vol. 50, 1974, pp. 175-217.

––, *Da Lei Aplicável ao Contrato de Trabalho Internacional*, Coimbra, Almedina, 1991, 956 p.

––, *Direito Internacional Privado e Constituição – Introdução a uma Análise das suas Relações*, Coimbra, Coimbra Editora, 1994, 274 p.

––, "Dos Direitos Adquiridos em Direito Internacional Privado", *Das Relações Privadas Internacionais – Estudos de Direito Internacional Privado*, Coimbra, Coimbra Editora, 1995, pp. 11-48.

––, "Portugal", *L'Intégration du Droit International et Communautaire sand l'Ordre Juridique National – Étude de la Pratique en Europe*, Pierre Michel Eisemann (ed.), The Hague, Kluwer Law International, 1996, pp. 461-494.

––, "A Permanência do Direito processual Civil Internacional Português: Competência e Reconhecimento das Sentenças Estrangeiras no Tempo de Machado Villela e no Código de Processo Civil Actual", *Ab Uno ad Omnes – 75 Anos da Coimbra Editora*, Coimbra, Coimbra Editora, 1998, pp. 863-892.

––, "A União Europeia e o Mercosul. Perspectivas Institucionais", *Das Comunidades À União Europeia – Estudos de Direito Comunitário*, 2.ª ed., Coimbra, Coimbra Editora, 1999, pp. 361-371

––, "Sistemas de Solução de controvérsias nas Organizações Internacionais: A Via Judicial", *Das Comunidades À União Europeia – Estudos de Direito Comunitário*, 2.ª ed., Coimbra, Coimbra Editora, 1999, pp. 389-397.

––, "Reenvio Prejudicial e Relacionamento entre Ordens Jurídicas na Construção Comunitária", *Das Comunidades À União Europeia – Estudos de Direito Comunitário*, 2.ª ed., Coimbra, Coimbra Editora, 1999, pp. 215-237.

––, "Droit International Privé vers La Fin du Vingtieme Siecle: avancement ou recul?", *Estudos de Direito Internacional Privado e de Direito Processual Civil Internacional*, Coimbra, Coimbra Editora, 2002, pp. 167-208.

––, "O Tribunal de Justiça das Comunidades Europeias e a teoria geral do direito internacional privado: desenvolvimentos recentes", *Estudos em Homenagem à Professora Doutora Isabel de Magalhães Collaço*, Vol. I, ed. Rui Manuel de Moura Ramos, *et al.*, Coimbra, Almedina, 2002, pp. 431-467.

––, "Public Policy in the Framework of the Brussels Convention – Remarks on Two recent Decisions by the European Court of Justice", *Estudos de Direito Internacional Privado e de Direito Processual Civil Internacional*, Coimbra, Coimbra Editora, 2002, pp. 283-321.

––, "Arbitragem Estrangeira e Reconhecimento de Sentenças Arbitrais Estrangeiras no novo Direito Português da Arbitragem", *Estudos em Homenagem a António Barbosa de Melo*, Coimbra, Almedina, 2013, pp. 839-859.

––, "*Locus Standi* dos Particulares no Contencioso de Anulação em Direito Comunitário", *Estudos de Direito da União Europeia*, Coimbra, Coimbra Editora, 2013, pp. 345-376.

––, "O Direito Processual Civil Internacional no Novo Código de Processo Civil", *Revista de Legislação e de Jurisprudência*, Ano 143, N-.º 3983, Novembro/Dezembro, 2013, pp. 82-106.

––, "A Evolução Recente do Direito Internacional Privado da Família", *Direito da Família e dos Menores: Que Direitos no Século XXI*, Maria Eduarda Azevedo, Ana Sofia Gomes (coord.), Lisboa, Universidade Lusíada Editora, 2014, pp. 67-82.

RANDALL, Maya Hertig, "European Passport", *Max Planck Encyclopedia of Public International Law [MPEPIL]*, 2008, disponível em http://opil.ouplaw.com/view/10.1093/law:epil/9780199231690/law-9780199231690-e638?prd=EPIL, acesso em 10 de Outubro de 2013, s/p.

RANELLETTI, Oreste, *Instituzione di Diritto Pubblico – Il Nuovo Diritto Pubblico Italiano*, 5.ª ed., Padova, CEDAM, 1935,702 p.

RANELLETTI, Oreste, AMORTH, Antonio, "Atti del Governo", *Scriti Giuridici Scelti*, Tomo III – Gli Atti Amministrativi, Camerino, Facoltà di Giurisprudenza dell'Università di Camerino, 1992, pp. 725-728.

RANGEL, Paulo, "Uma Teoria da "Interconstitucionalidade" (Pluralismo e Constituição no Pensamento de Francisco Lucas Pires)", *Themis*, Vol. 1-2, 2000, pp. 127-151.

RANJEVA, Raymond, "Les Organisations non Gouvernementales et la Mise en Oeuvre du Droit International ", *Recueil des Cours*, Tomo 270, 1997, The Hague, Martinus Nijhoff Publishers, 1997, pp. 19-105.

RASCHAUER, Bernhard, "Transnationale Verwaltungsakte", *Demokratie uns sozialer Rechtsstaat in Europa: Festschrift für Theo Öhlinger*, Stefam Hammer et al. (eds.), Wien, WUV Universitätsverlag, 2004, pp. 661-684.

RAUSTIALA, Kal, "The Geography of Law", *Fordham Law Review*, Vol. 73, 2005, pp. 2501-2560.

RAUSTIALA, Kal, SLAUGHTER, Anne-Marie, "ILR, IR and Compliance", *Handbook of International Relations*, Walter Carlsnaes, Thomas Risse, Beth A. Simmons (eds.), London, Sage, 2002, pp. 538-558.

RAWLS, John, "The Law of Peoples", *Critical Inquiry*, N.º 20, Autumn, 1993, pp. 36-68.

RAZ, Joseph, "Authority and Justification", *Philosophy & Public Affairs*, Vol. 14, N.º 1,Winter, 1985, pp. 3-29.

—, *The Morality of Freedom*, Oxford, Clarendon Press, 1986, 429 p.

REESE, Willis L. M., "The Status in This Country of Judgments Rendered Abroad", *Columbia Law Review*, Vol. 50, N.º 6, June 1950, pp. 783-800.

REEVES, William Harvey, "The Sabbatino Case: The Supreme Court of the United States Rejects a Proposed New Theory of Sovereign Relations and Restores the Act of State Doctrine", *Fordham Law Review*, Vol. 33, 1964, pp. 631-680.

REGAN, Donald H., "An Outsider's View of Dassonville and Cassis de Dijon: On Interpretation and Policy", *The Past and Future of EU Law – The Classics of EU Law Revisited on the 50th Anniversary of the Rome Treaty*, Miguel Poiares Maduro e Loïc Azoulai (eds.), Hart Publishing, Oxford, 2010, pp. 465-473.

REICHEL, Jane, "A New Proposal for a Regulation on Mutual Recognition of Goods – Towards a Harmonized Administrative Order", *European Policy Analysis*, June, N.º 3, 2007, pp. 1-7.

REINISCH, August, "European Court Practice Concerning State Immunity from Enforcement Measures", *The European Journal of International Law* Vol. 17, N.º 4, 2006, pp. 803-836.

REINSCH, Paul S., "International Administrative Law and National Sovereignty", *The American Journal of International Law*, Vol. 3, 1909, pp. 1-45.

REIS, Alberto dos, *Código de Processo Civil Anotado*, Vol. III, Coimbra, Coimbra Editora, 1950, 463 p.

REISMAN, Michael, "International Lawmaking: a Process of Communication", *ASIL Proceedings of the 75st Annual Meeting*, Washington D.C., 1981, pp. 101-120.

REMIRO BROTONS, Antonio, *Ejecucion de Sentencias Extranjeras en España – La Jurisprudencia del Tribunal Supremo*, Madrid, Editorial Tecnos S.A., 1974, 488 p.

RENNER, Moritz, *Zwingendes transnationales Recht – Zur Struktur der Wirtschaftsverfassung jenseits des Staates*, Bremen, Nomos, 2011, 373 p.

REYDAMS, Luc, *The Rise and Fall of Universal Jurisdiction*, Working Paper n.º 37, Leuven Centre for Global Governance Studies, 2010, disponível em https://ghum.kuleuven.be/ggs/publications/working_papers/new_series/wp31-40/wp37.pdf, acesso em 18 de Maio de 2015, 30 p.

REYNOLDS, William L., "The Iron Law of Full Faith and Credit", *Maryland Law Review*, Vol. 53, N.º 2, 1994, pp. 412-449.

REYNOLDS, William L., RICHMAN, William M., *The Full Faith and Credit Clause – A Reference Guide to the United States Constitution*, Westport, Praeger Publishers, 2005, 172 p.

RIALS, Stéphane, "La Puissance Étatique et le Droit dans L'Ordre International – Eléments d'une Critique de la Notion Usuelle de "Souveraineté Externe"", *Archives de Philosophie du Droit*, Tomo 32 – Le Droit International, 1987, pp. 189-218.

BIBLIOGRAFIA

RIBEIRO, Geraldo Rocha, "A Obrigação de Alimentos devidos a Menores nas Relações Transfronteiriças. Uma Primeira Abordagem ao Regulamento (CE) N.º 4/2009 e ao Protocolo da Haia e 2007", *Lex Familiae – Revista Portuguesa de Direito da Família*, Ano 10, N.º 20, Julho/ Dezembro, 2013, pp. 83-114.

––, "A Europeização do Direito Internacional Privado e Direito Processual Internacional: Algumas Notas sobre o Problema da Interpretação do Âmbito Objectivo dos Regulamentos Comunitários", *Julgar*, N.º 23, 2014, pp. 265-292.

RIBEIRO, Maria Teresa, "A eliminação do acto definitivo e executório na Revisão Constitucional de 1989", *Revista da Faculdade de Direito da Universidade Católica Portuguesa*, Vol. VI, 1992, pp. 365-400.

RICOUER, Paul, *Parcours de la reconnaissance: trois études* Paris, Stock, 2004, 387 p.

RIEKS, Julia, *Anerkennung im Internationalen Privatrecht*, Baden-Baden, Nomos Verlagsgesellschaft, 2012, 265 p.

RIEMSDIJK, Milene van, "Obstacles to the Free Movement of Professionals: Mutual Recognition of Professional Qualifications in the European Union", *European Journal of Migration and Law*, Vol. 15, 2013, pp. 47-68.

RIGAUX, François, *Droit Public et Droit Privé dans les Relations Internationales*, Paris, Éditions A. Pedone, 1977, 486 p.

––, "Droit économique et conflits de souverainetés", *Rabels Zeitschrift für ausländisches und internationales Privatrecht*, Ano 52, Vol. 1/2, 1988, pp. 104-156.

––, "Le Concep de Territorialité: Un Fantasme en Quête de Realité", *Liber Amicorum Judge Mohammed Bedjaoui*, Emile Yakpo, Tahar Boumedra (ed.), The Hague, Kluwer Law International, 1999, pp. 211-222.

RITLENG, Dominique, "L'Identification de la Fonction Exécutive dans L'Union", *L'Exécution du Droit de L'Union, entre Mécanismes Communautaires et Droits Nationaux*, Jacqueline Dutheil de la Rochère (dir.), Bruxelles, Bruylant, 2009, pp. 27-51.

RIVEL, Guillaume, "Le Principe de reconnaissance Mutuelle dans le Marché Unique du XXIème Siècle", *Revue du Marché Commun et del'Union Européenne*, N.º 511, Septembre, 2007, pp. 518–525.

RIVERO, Jean, "Exis-t-il un Critère du Droit Administratif", *Pages de Doctrine*, Paris, L.G.D.J., 1980, pp. 187-202.

ROBÉ, Jean-Phillipe, "Multinational Entreprises: The Constitution of a Pluralistic Legal Order", *in Global Law without a State*, Gunther Teubner (ed.), Dartmouth, Aldershot, 1997, pp. 45-77.

ROCHA, Joaquim Freitas da, *Constituição, Ordenamento e Conflitos Normativos – Esboço de uma Teoria Analítica da Ordenação Normativa*, Coimbra, Coimbra Editora, 2008, 874 p.

EFICÁCIA, RECONHECIMENTO E EXECUÇÃO DE ACTOS ADMINISTRATIVOS ESTRANGEIROS

––, *Lições de Procedimento e de Processo Tributário*, 4.ª ed., Coimbra, Coimbra Editora, 2011, 477 p.

ROCHÈRE, Jacqueline Dutheil de la, AUBY, Jean-Bernard, "L'Exécution du Droit de l'Union entre Mécanismes Communautaires et Droits Nationaux", *L'Exécution du Droit de L'Union, entre Mécanismes Communautaires et Droits Nationaux*, Jacqueline Dutheil de la Rochère (dir.), Bruxelles, Bruylant, 2009, pp. ix-xv.

RODRIGUES, Anabela Miranda, *O Direito Penal Europeu Emergente*, Coimbra, Coimbra Editora, 2008, 435 p.

RODRÍGUEZ DE SANTIAGO, José Maria, "El Modelo de "Unión Administrativa Europea" en el Sistema de Coordinación de las Prestaciones Sociales por Enfermedad" *La Unión Administrativa Europea*, Francisco Velasco Caballero, Jens-Peter Schneider, Madrid, Marcial Pons, 2008, pp. 265-287.

RODRÍGUEZ-ARAÑA MUÑOZ, Jaime, "El Derecho Administrativo Global: un Derecho Principial", *Revista Andaluza de Administración Pública*, N.º 76, Janeiro-Abril, 2010, pp. 15-68.

––, "La Sociedad del Conocimiento y la Administración Pública", *Revista de Derecho de la Universidas de Montevideu*, Ano X, N.º 19, 2011, pp. 85-91.

RODRIGUEZ-ARANA MUÑOZ, Jaime, GARCÍA PÉREZ, Marta, PERNAS GARCÍA, Juan José, AYMERICH CANO, Carlos, "Foreign Administrative Acts: General Report", *Recognition of Foreign Administrative Acts*, Jaime Rodríguez-Arana Muñoz (ed.), Ius Comparatum – Global Studies in Comparative Law 10, Suíça, Springer, 2016, pp. 1-13.

ROEDEL, Daniel, "The European Aviation Safety Agency and the Independent Agencies of the EC – A Systematic Analysis", *The European Composite Administration*, Oswald Jansen, Bettina Schöndorf-Haubold (eds.), Cambridge, Intersentia, 2011, pp. 155-176.

ROERMUND, Bert Van, " Sovereignty: Unpopular and Popular", *Sovereignty in Transition*, Neil Walker (ed.), Oxford/ Portland, Hart Publishing, 2003, pp. 33-54.

RÖHL, Hans Christian, *Akkreditierung und Zertifizierung im Produkt-sicherheitsrecht – Zur Entwicklung einer neuen Europäischen Verwaltungskultur*, Berlin, Springer, 2000, 152 p.

––, "El Procedimiento Administrativo y la Administración "Compuesta" de da Unión Europea", *La Transformación del Procedimiento Administrativo*, Javier Barnes (ed.), Global Law Press, Sevilla, 2008, pp. 117-139.

––, "Conformity Assessment in European Product Safety Law", *The European Composite Administration*, Oswald Jansen, Bettina Schöndorf-Haubold (eds.), Cambridge, Intersentia, 2011, pp. 201-226.

BIBLIOGRAFIA

ROLOFF, Stefanie, *Die Geltendmachung ausländischer öffentlicher Ansprüche im Inland*, Frankfurt am Main, Peter Lang, 1994, 188 p.

ROMANO, Gian Paolo, "La Bilateralité Éclipsé par l'Autorité – Développements récents en Matière d'État des Personnes", *Revue Critique de Droit International Privé*, Vol. 95, N.º 3, juillet/septembre, 2006, pp. 457-519.

ROMANO, Salvatore, "Osservazioni sulle Qualifiche "di Fatto" e "Di Diritto", *Scritti in Onore di Santi Romano*, Vol. IV, Padova, CEDAM, 1940, pp. 125-156.

ROQUE, Miguel Prata, "A Separação de Poderes no Tratado de Lisboa – Avanços e Recuos na Autonomização da Função Administrativa", *Cadernos O Direito*, Vol. 5, 2010, pp. 191-243.

––, "O Direito Administrativo Europeu – Um Motor da Convergência Dinâmica dos Direitos Administrativos Nacionais", Vol. II, *Estudos em Homenagem ao Prof. Doutor Sérvulo Correia*, Jorge Miranda (coord.), Coimbra, Coimbra Editora, 2010, pp. 901-964.

––, *Direito Processual Administrativo Europeu – A Convergência Dinâmica no Espaço Europeu de justiça Administrativa*, Coimbra, Coimbra Editora, 2011, 677 p.

––, "As Novas fronteiras do Direito Administrativo – Globalização e mitigação do princípio da Territorialidade do Direito Público", *Revista de Direito Público*, , N.º 5, Janeiro/Junho 2011, pp. 107-155.

––, "Mais um Passo a Caminho de uma Administração Globalizada e Tecnológica?", *Direito & Política*. N.º. 4, Julho-Outubro, 2013, pp. 166-174.

––, *A Dimensão Transnacional do Direito Administrativo – Uma visão cosmopolita das situações jurídico-administrativas*, Lisboa, AAFDL, 2014, 1405 p.

––, "O Nascimento da Administração Eletrónica num Espaço Transnacional (Breves Notas A Propósito Do Projeto De Revisão Do Código do Procedimento Administrativo), *E-Pública – Revista Electrónica De Direito Público*, N.º 1, 2014, disponível em http://e-publica.pt/pdf/artigos/onascimento.pdf, acesso em 28 de Julho de 2015, pp. 2-15.

ROSA, Manuel Cortes, *Da Questão Incidental em Direito Internacional Privado*, Lisboa, Revista da Faculdade de Direito da Universidade de Lisboa – Suplemento Dissertações de Alunos, 1960, pp. 190.

ROSAND, Eric, "The Security Council As "Global Legislator": Ultra Vires or Ultra Innovative?", *Fordham International Law Journal*, Vol. 28, N. 3, 2004, pp. 542-590.

ROSAS, Allan, "Life after Dassonville and Cassis: Evolution but No Revolution", *The Past and Future of EU Law – The Classics of EU Law Revisited on the 50th Anniversary of the Rome Treaty*, Miguel Poiares Maduro e Loïc Azoulai (eds.), Hart Publishing, Oxford, 2010, pp. 433-446.

Ross, Alf, *Directives and Norms*, London, Routledge & Kegan Paul, 1968, 188 p.

RossoLILLO, Giulia, *Mutuo Riconoscimento e Techniche Conflittuali*, Milani, CEDAM, 2002, 342 p.

ROTH, P. M., "Reasonable Extraterritoriality: Correcting the "Balance of Interests", *International and Comparative Law Quarterly*, Vol. 41, April, 1992, pp. 245-286.

ROTONDI, Mario, "Effets Internationaux des Expropriations et des Nationalisations vis-à-vis des Marques", *Mélanges Offerts à Jacques Maury*, Tomo I: Droit Public International Privé et Public, Paris, Dalloz, 1961, pp. 435-455.

ROUCOUNAS, Emmanuel, "L'Application du Droit Dérivé des Organisations Internationales dans l'Ordre Juridique Interne", *L'Intégration du Droit International et Communautaire sand l'Ordre Juridique National – Étude de la Pratique en Europe*, Pierre Michel Eisemann (ed.), The Hague, Kluwer Law International, 1996, pp. 39-49.

ROUDOMETOF, Victor, "Transnationalism, Cosmopolitanism and Glocalization", *Current Sociology*, Vol. 53, N.º 1, 2005, pp. 113-135.

ROUGHAN, Nicole, *Authorities – Conflicts, Cooperation, and Transnational Legal Theory*, Oxford, Oxford University Press, 2013, 262 p.

ROUYER-HAMERAY, Bernard, *Les Compétences Implicites des Organisations Internationales*, Paris, Librairie Générale de Droit et de Jurisprudence, 1962, 110 p.

RUDOLF, Walter, "Territoriale Grenzen der staatlichen Rechtsetzung", *Territoriale Grenzen der staatlichen Rechtsetzung – Referate und Diskussion der 12. Tagung der Deutschen Gesellschaft für Völkerrecht in Bad Godesberg vom 14. bis 16. Juno 1971*, Karlsruhe, Verlag C. F. Müller, 1973, pp. 7-42.

RUFFERT, Matthias, "Der transnationale Verwaltungsakt", *Die Verwaltung*, Vol. 34, 2001, pp. 453-485.

––, "Perspektiven des Internationalen Verwaltungsrechts ", *Internationales Verwaltungsrecht*, Christoph Möllers, Andreas Vosskühle, Christian Walter (eds.), Tübingen, Mohr Siebeck, 2007, pp. 395-419.

––, "De la Europeización del Derecho Administrativo a la Unión Administrativa Europea " *La Unión Administrativa Europea*, Francisco Velasco Caballero, Jens-Peter Schneider, Madrid, Marcial Pons, 2008, pp. 87-107.

––, "European Composite Administration: The Transnational Administrative Act", *The European Composite Administration*, Oswald Jansen, Bettina Schöndorf-Haubold (eds.), Cambridge, Intersentia, 2011, pp. 277-306.

––, "Rechtsquellen und Rechtsschichten des Verwaltungsrechts", *Grundlagen des Verwaltungsrechts*, Vol. I, 2.ª ed., Hoffmann-Riem, Schmidt-Aßmann, Voßkuhle (eds.), München, Verlag C. H. Beck, 2012, pp. 1163-1258.

––, "Personality under EU Law: A conceptual Answer towards the Pluralisation of the EU", *European Law Journal*, Vol. 20, N.º 3, Maio, 2014, pp. 346-367.

RUFFERT, Matthias, STEINECKE, Sebastian, *The Global Administrative Law of Science*, Heidelberg, Springer, 2011, 140 p.

RUGGIE, John Gerard, "Territoriality and Beyond: Problematizing Modernity in International Relations", *International Organization*, Vol. 47, N.º 1,Winter, 1993, pp. 139-174.

RUIZ-FABRI, Hélène, "Immatériel, Territorialité et État", *Archives de Philosophie de Droit*, N.º 43, 1999, pp. 187-212.

RUMFORD, Chris, "Rethinking European Spaces: Territory, Borders, Governance", Comparative European Politics, 2006, 4, pp. 127–140.

RYNGAERT, Cedric, "Jurisdiction – Towards a Reasonableness Test", *Global Justice, State Duties – The Extraterritorial Acope of Economic, Social and Cultural Rights in International Law*, Malcolm Langford, Wouter Vandenhole, Martin Scheinin, Willem van Genugten (eds.), New York, Cambridge University Press, 2013, pp. 192-211.

––, *Jurisdiction in International Law*, 2.ª ed., Oxford, Oxford University Press, 2015, 272 p.

RYNGAERT, Cedric, SOBRIE, Sven, "Recognition of States: International Law or Real-politik? The Practice of Recognition in the Wake of Kosovo, South Ossetia, and Abkhazia", *Leiden Journal of International Law*, Vol. 24, 2011, pp. 467-490.

S/AUTOR (COMMENT), "Extraterritorial Application Of United States Law: The Case Of Export Controls", *University of Pennsylvania Law Review*, Vol. 132, 1984, pp. 355-390.

S/AUTOR (NOTE), "Extraterritorial Subsidiary Jurisdiction", *Law and Contemporary Problems*, Vol. 53, N.º 3, 1987, pp. 71-93.

S/AUTOR, "Developments In The Law – Extraterritoriality", *Harvard Law Review*, Vol. 124, 2011, pp. 1226-1304.

S/AUTOR, *The Detention of Asylum Seekers in the Mediterranean Region Global Detention Project Backgrounder*, Global Detention Project, April, 2015, disponível em http://www.globaldetentionproject.org/publications/special-reports/gdp-backgrounder.html, consultado em 3 de Junho de 2015,21 p.

SÁ, Luís, *A Crise das Fronteiras – Estado, Administração Pública e União Europeia*, Lisboa, Edição Cosmos, 1997, 654 p.

SALMON, Jean, "Quelle Place pour l'État dans le Droit International d'Aujourd'hui", *Recueil des Cours*, Tomo 329, 2007, Leiden, Martinus Nijhoff, 2008, pp. 9-78.

SALTARI, Lorenzo, "I procedimenti comunitari composti: il caso delle telecomunicazioni", *Rivista Trimestrale di Diritto Pubblico*, Vol. 2, 2005, pp. 389-433.

SAMPAIO, Jorge Silva, "Um novo Código", *Advocatus*, Setembro, 2013, p. 24.

––, *O Acto Administrativo pela Estrada Fora: os Efeitos Transnacionais do Acto Administrativo*, AAFDL, Lisboa, 2014, 202 p.

Sanden, Tina Van den, "Case Law: Joined Cases C411/10, N.S. V. Sec'y Of State For The Home Dep't", *Columbia Journal of European Law*, Vol. 19, 2012, pp. 143-174.

Sandulli, Aldo, "La Scienza Italiana del Diritto Pubblico e L'Integrazione Europea", *Rivista Italiana di Diritto Pubblico Comunitario*, Vol. 15, 2005, pp. 859-898.

Santos, António Marques dos, "Breves Considerações sobre a Adaptação em Direito Internacional Privado", *Estudos em Memória do Professor Doutor Paulo Cunha*, Lisboa, Universidade de Lisboa, 1989, pp. 521-607.

––, *As Normas de Aplicação Imediata no Direito Internacional Privado – Esboço de uma Teoria Geral. Vol. II*, Coimbra, Almedina, 1991, pp. 691-1154.

––, "Revisão e Confirmação de Sentenças Estrangeiras no Novo Código de Processo Civil de 1997 (Alterações ao Regime Anterior)", *Aspectos do Novo Processo Civil*, Lisboa, Lex, 1997, pp. 105-155.

––, "A Aplicação do Direito Estrangeiro", *Estudos de Direito International Privado e de Direito Público*, Coimbra, Almedina, 2004, pp. 33-53.

Sanz Rubiales, L., "La Agrupación Europea de Cooperación Territorial (AECT) – ?Una Nueva Administración Pública de Derecho Comunitario? Algunos Problemas", *Revista de Derecho Comunitario Europeo*, N.º 31, Setembro-Dezembro, 2008, pp. 673-710.

Sarooshi, Dan, *International Organizations and Their Exercise of Sovereign Powers*, Oxford, Oxford University Press, 2005, 180 p.

Sassen, Saskia, *Losing Control – Sovereignty in an Age of Globalization*, New York, Columbia University Press, 1996, 148 p.

––, "Beyond Sovereignty: De-Facto Transnationalism in Immigration Policy", *European Journal of Migration & Law*, N.º 1, 1999, pp. 177-198.

Saurer, Johannes, "The Accountability Of Supranational Administration: The Case Of European Union Agencies", *American University International Law Review*, Vol. 24, 2009, pp. 429-488.

Savatier, M., "Les Nationalisations en Droit International Privé", *Travaux du Comité Français de Droit International Privé*, Anos 1946-1947/1947-1948, Paris, Éditions du Centre National de la Recherche Scientifique, 1951, pp. 49-60.

Savigny, Friedrich carl von, *System des Heutigen Römischen Rechts*, Vol. VIII, Impressão fotomecânica da edição de 1849, Darmstadt, Wissenschaftliche Buchgesellschaft, 1956, 540 p.

Savino, Mario, "An Unaccountable Transgovernmental Branch: The Basel Committee", *Global Administrative Law, Cases Materials and Issues*, Sabino Cassese, Bruno Carotti, Lorenzo Casini, Marco Macchia, Euan MacDonald, Mario Savino (eds.),

2.ª ed., 2008, disponível em http://www.iilj.org/gal/documents/GALCase-book2008.pdf, acesso em 4 de Agosto de 2015, pp. 65-70.

SCELLE, Georges, *Théorie du Gouvernement International,* Institut International de Droit Public, Paris, 1934, 80 p.

SCHERMERS, Henry G., "Non Bis in Idem", *Du Droit International au Droit de l'Intégration – Liber Amicorum Pierre Pescatore,* F. Capotorti, C.-D. Ehlermann, J. Frowein, F. Jacobs, R. Joliet, T. Koopmans, R. Kovar (orgs.), Baden-Baden, Nomos Verlagsgesellschaft, 1987, pp. 601-611.

SCHERMERS, Henry G., BLOKKER, Niels M., *International Institutional Law,* 5.ª ed., Leiden, Martinus Nijhoff Publishers, 2011, 1273 p.

SCHEUNER, Ulrich, "Die Legitimationsgrundlage des modernen Staates", *in Legitimation des Modernen Staates, Archiv für Rechts- Und Sozialphilosophie,* Franz Steiner Verlag, Wiesbaben, 1981, pp. 1-14.

SCHLAG, Martin, *Grenzüberschreitende Verwaltungsbefugnisse im EG-Binnenmarkt,* Baden-Baden, Nomos Verlagsgesellschaft, 1998, 275 p.

SCHLOCHAUER, Hans-Jürgen, *Internationales Verwaltungsrecht,* Die Verwaltung, Vol. 49, Braunschweig, Schlösser, 1951, 11 p.

––, *Die extraterritoriale Wirkung von Hoheitsakten – Nach dem öffentlichen Recht der Bundesrepublik Deutschland und nach internationalem Recht,* Frankfurt am Main, Vittorio Klostermann, 1962, 102 p.

SCHLOSSER, Peter, "Jurisdiction and International Judicial and Administrative Co--operation", *Recueil des Cours,* Tomo 284, 2000, The Hague, Martinus Nijhoff Publishers, 2001, pp. 9-430.

––, "The Abolition of Exequatur Proceedings – including Public Policy Review", *IPRax – Praxis des Internationalen Privat- und Verfahrensrechts,* 30 Ano, Vol. 2, 2010, pp. 101-104.

SCHMIDT-ASSMANN, Eberhard, "Deutsches und Europäisches Verwaltungsrecht – Wechselseitige Einwirkungen", *Deutsches Verwaltungsblatt,* Ano 108, 1993, pp. 924-936.

––, "La Doctrina de las Formas Jurídicas de la Actividad Administrativa – Su Significado en el sistema del Derecho Administrativo y para el Pensamiento Administrativista Actual", *Documentacíon Administrativa,* N.º 235-236, Julho/Dezembro, 1993, p. 7-31.

––, "Europäische Rechtsschutzgarantien – Auf dem Wege zu einem kohärentem Verwaltungsrechtsschutz in Europa", *Recht zwischen Umbruch und Bewahrung – Festschrift für Rudolf Bernhardt,* Berlin, Springer, 1995, pp. 1283-1303.

––, Eberhard, *Das Allgemeine Verwaltungsrecht als Ordnungsidee – Grundlagen und Aufgaben der verwaltungsrechtlichen Systembildung,* Berlin, Springer, 1998, 382 p.

EFICÁCIA, RECONHECIMENTO E EXECUÇÃO DE ACTOS ADMINISTRATIVOS ESTRANGEIROS

––, "Forme di Cooperazione Amministrativa Europea", *Diritto Amministrativo*, Vol. 11, N.º 3, 2003, pp. 473-491.

––, Eberhard,, "Internationalisation of Administrative Law: Actors, Fields and Techniques of Internationalisarion – Impact of International law on National Administrative Law", *Revue Européenne de Droit Public*, Vol. 18, N.º 1, 2006, pp. 249-268.

––, "La Contribution de L'Autorégulation régulée à la Systématisation du Droit Administratif", *Revue Européenne de Droit Public*, Vol. 18, N.º 4, 2006, pp. 1253-1277.

––, "Pluralidad de Estructuras y Funciones de los Procedimientos Administrativos en el Derecho Alemán, Europeo e Internacional", *La Transformación del Procedimiento Administrativo*, Javier Barnes (ed.), Global Law Press, Sevilla, 2008, pp. 71-112.

––, Eberhard, "European Composite Administration and the Role of European Administrative Law", *The European Composite Administration*, Oswald Jansen, Bettina Schöndorf-Haubold (eds.), Cambridge, Intersentia, 2011, pp. 1-22.

––, "Ansätze zur internationalisierung des Verwaltungsgerichtlichen Rechtsschutzes", *Coexistence, Cooperation and Solidarity – Liber Amicorum Rüdiger Wolfrum*, Vol. II, Holger P. Hestermeyer e.a. (eds.), Leiden/Boston, Martinus Nijhoff Publishers, 2012, pp. 2119-2144.

––, "Verfassungsprinzipien für den Verwaltungsverbund", *Grundlagen des Verwaltungsrechts*, Vol. I, 2.ª ed., Hoffmann-Riem, Schmidt-Aßmann, Voßkuhle (eds.), München, Verlag C. H. Beck, 2012, pp. 261-340.

––, "European Composite Administration and the Role of European Administrative Law", *Revista da Procuradoria-Geral do Município de Juiz de Fora – RPGMJF*, Ano 3, N.º 3, Janeiro/Dezembro, 2013, pp. 183-208.

SCHMIDT, Susanne K., "Mutual recognition as a new mode of governance", *Journal of European Public Policy*, Vol. 14, N.º 5, August, 2007, pp. 667-681.

SCHMITT, Carl, *The Nomos of the Earth in the International Law of the Jus Publicum Europaeum*, New York, Telos Press Publishing, 2003, 372 p.

SCHMITT-EGNER, Peter, "Grenzregionen im Proceß der Globalisierung – Probleme, Chancen, Strategien", *Saar-Lor-Lux – Eine Euro-Region mit Zukunft*, Jo Leinen (ed.), St. Ingbert, Röhrig Universitätsverlag, 2001, pp. 155-181.

SCHMITTER, Phillipe C., *What is there to legitimise in the European Union... And how might this be accomplished*, Reihe Politicalwissenschaft/ Political Science Series 75, Institut für Höhere Studien (IHS), Wien, May, 2001, disponível em http://aei.pitt.edu/240/1/pw_75.pdf, acesso em 7 de Agosto de 2015, 20 p.

SCHNEIDER, Jens-Peter, "Estructuras de la Unión Administrativa Europea – Observaciones Introductorias" *La Unión Administrativa Europea*, Francisco Velasco Caballero, Jens-Peter Schneider, Madrid, Marcial Pons, 2008, pp. 25-49.

SCHRODER, Humberto Zúñiga, *Harmonization, Equivalence and Mutual Recognition of Standards in WTO Law*, Alphen aan den Rijn, Kluwer Law International, 2011, 232 p.

SCHRÖDER, Rainer, *Verwaltungsrechtsdogmatik im Wandel*, Tübingen, Mohr Siebeck, 2007, 379 p.

SCHÜLLER, Alfred, "'Globalisierung' – Anmerkungem zu einigen Wirkungen, Konflikten und Ordnungsfragen", (p. 807-822), in *Recht, Ordnung und Wettbewerb – Festschrift zum 70. Geburtstag von Wernhard Möschel*, Stefan Bechtold/ Joachim Jickeli/ Mathias Rohe (Hrsg.), Nomos, Baden-Baden, 2011, pp. 807-822.

SCHÜLTZ, Anton, "The Twilight of the Global Polis: On losing paradigms, environing systems and observing world society", *in Global Law without a State*, Gunther Teubner (ed.), Dartmouth, Aldershot, 1997, pp. 257-293.

SCHULTZ, Thomas, "Carving up the Internet: Jurisdiction, Legal Orders, and the Private/Public International Law Interface", *The European Journal of International Law*, Vol. 19, N.º 4, 2008, pp. 799-839.

SCHULZE, Götz, "Moralische Forderung und das IPR", *IPRax – Praxis des Internationalen Privat- und Verfahrensrechts*, 30 Ano, Vol. 3, 2010, pp. 290-298.

SCHURIG, Klaus, "Völkerrecht und IPR: Methodische Verschleifung oder Strukturierte Interaktion?", Stefan Leible, Matthias Ruffert (eds.), Jena, Jenaer Wissenschaftliche Verlagsgesellschaft, 2006, pp. 55-71.

SCHÜTZE, Robert, "Co-operative Constitutionalised: the Emergence of Complementary Competences in the EC Legal Order", *European Law Review*, Vol. 31, 2006, pp. 167-184.

––, "From Rome To Lisbon: "Executive Federalism" In The (New) European Union", *Common Market Law Review*, Vol. 47, 2010, pp. 1385–1427.

––, "'Delegated' Legislation in the (new) European Union: A Constitutional Analysis", *The Modern Law Review*, Vol. 74, N.º 5, Setembro, 2011, pp. 661-693.

SCHWARTZENBERG, Roger-Gérard, *L'Autorité de Chose Décidée*, Paris, Librairie Générale de Droit et de Jurisprudence, 1969, 452 p.

SCHWARZ, Hannah, *Die Anerkennung ausländischer Staatsakte – Innerstaatliche und überstaatliche Grundsätze aus dem Gebiete des Internationalen Privatrechts*, Berlin – Grunewald, Verlag für Staatswissenschaften und Geschichte G.m.b.H., 1935, 63 p.

SCHWARZE, Jürgen, "The Europeanization of National Administrative Law", *Administrative Law under European Influence – On the Convergence of the Administrative*

Laws of the EU Member States, Jürgen Schwarze (ed.), Baden-Baden, Sweet & Maxwell, 1996, pp. 789-840.

––, "Die extraterritoriale Anwendbarkeit des EG-Wettbewerbsrechts – Vom Durchführungsprinzip zum Prinzip der qualifizierten Auswirkung", *Wirtschaft und Wettbewerb,* Ano 91, N.º 12, Dezember 2001, pp. 1190-1202.

––, "Soft Law im Recht der Europäischen Union", *Europarecht,* N.º 1, Janeiro, 2011, pp. 3-18.

––, "European Administrative Law in the Light of the Treaty of Lisbon", *European Public Law,* Vol. 18, N.º 2 2012, pp. 285-304.

Schwarze, Jürgen, *Die Jurisdiktionsabgrenzung im Völkerrecht – Neuere Entwicklungen im internationalen Wirtschaftsrecht,* Baden-Baden, Nomos Verlagsgesellschaft, 1994, 95 p.

––, *Europäisches Verwaltungsrecht,* 2.ª ed., Baden-Baden, Nomos, 2005, 1500 p.

Scott, Colin, *Regulatory Governance And The Challenge Of Constitutionalism* Robert Schuman Centre For Advanced Studies, Private Regulation Series-02, EUI Working Paper RSCAS 2010/07, 2010, 20 p.

Scott, Craig, "Transnational Law" as Proto – Concept: Three Conceptions", *German Law Journal,* Vol. 10, N.º 7, 2009, disponível em https://www.germanlawjournal.com, acesso em 1 de Julho de 2015, pp. 859-876.

Scott, Joanne, "Extraterritoriality and Territorial Extension in EU Law", *The American Journal of Comparative Law,* Vol. 62, N.º 1, Winter, 2014, pp. 87-126.

Seeger, Sebastian, "Restituion of Nazi-Looted Art in International Law – Some thoughts on Marei von Saher v. Norton Simon Museum of Art at Pasadena", *Rivista di Diritto Internazionale Privato e Processuale,* Ano LI, N.º 1, Gennaio-Marzo, 2015, pp. 211-221.

Seidl-Hohenveldern, Ignaz, "Extra-territorial Effects of Confiscations and Expropriations", *Modern Law Review,* Vol. 13, January, 1950, pp. 69-75.

Sękowska-Kozlowska, Katarzyna, "The role of Non-governmental Organisations in Individual Communication Procedures before the UN Human Rigts Treaty", *Czech Yearbook of International Law – The Role of Governmental and Non-governmental Organizations in the 21ˢᵗ Century,* Vol. V, 2014, pp. 367-385.

Sen, Amartya, "Justice across Borders", *Global Justice and Transnational Politics – Essays on the Moral and Political Challenges of Globalization,* Pablo De Greiff, Ciaran Cronin (eds.), Cambridge, The MIT Press, 2002, pp. 37-51.

Senn, Myriam, "Transnationales Recht und öffentliches Recht zwischen Konvergenz und Divergenz", *Transnationales Recht,* Gralf-Peter Caliess (ed.), Tübingen, Mohr Siebeck, 2014, pp. 353-368.

SHAFFER, Gregory C., POLLACK, Mark A. "Hard vs. Soft Law: Alternatives, Complements, and Antagonists in International Governance", *Minnesota Law Review*, Vol. 94, 2010, pp. 706-799.

SHAPIRO, Martin, "The Institutionalization of European Administrative Space", *The Institutionalization of Europe*, Alec Stone Sweet, Wayne Sandholtz, Neil Fligstein (eds.), Oxford, Oxford University Press, 2001, pp. 94-112.

SHAPIRO, Scott J., *Authority*, Stanford/Yale Jr. Faculty Forum Research Paper 00-05, Cardozo Law School, Public Law Research Paper N.º 24, 2002, disponível http://ssrn.com/abstract=233830, acesso em 11 de Junho de 2015, 86 p.

--, *What Is The Rule Of Recognition (And Does It Exist)?*, Public Law & Legal Theory Research Paper Series – Research Paper N.º 181, Yale Law School, s/d, disponível em http://papers.ssrn.com/abstract#1304645, acesso em 11 de Junho de 2015, 33 p.

SHELTON, Dinah, The Participation of Nongovernmental Organizations in International Judicial Proceedings", *American Journal of International Law*, Vol. 88, 1994, pp. 611-642.

SIEDENTOPF, Heinrich, SPEER, Benedikt, "La Notion d'Espace Administratif Européen", *Droit Administratif Européen*, Jean-Bernard Auby, Jacqueline Dutheil de la Rochère (dir.), Bruxelles, Bruylant, 2007, pp. 299-317.

SIEGEL, Thorsten, "Der virtuelle Verwaltungsakt", *Verwaltungs-Archiv – Zeitschrift für Verwaltungslehre, Verwaltungsrecht und Verwaltungspolitik,* Vol. 105, N.º 3, Agosto, 2014, pp. 241-261.

SIEGEL, Thorsten, *Entscheidungsfindung im Verwaltungsverbund*, Tübingen, Mohr Siebeck, 2012, 482 p.

--, *Europäisierung des Öffentlichen Rechts – Rahmenbedingungen und Schnittstellen zwischen dem Europarecht und dem nationalen (Verwalyungs-)Recht*, Tübingen, Mohr Siebeck, 2012, 182 p.

SIEHR, Kurt, "Ausländische Eingriffsnormen im inländischen Wirtschaftskollisionsrecht", *Rabels Zeitschrift für Ausländisches und Internationales Privatrecht*, Vol. 52, N.º 1, 1988, pp. 41-103.

--, "Der ordre public im Zeichen der Europäischen Integration: Die Vorbehaltsklaudel und die EU-Binnenbeziehung", *Grenzen Überwinden – Prinzipien Bewahren – Festshrift für Bernd von Hoffman zum 70. Geburtstag*, Herbert Kronke/ Karsten Thorn (org.), Bielefeld, Verlag Ernst und Verlag Gieseking, 2011, pp. 424-436.

--, "*Fraude à la loi* and European private international law", *Essays in Honour of Michel Bogdan*, Lund, Juristförlaget, 2013, pp. 521-538.

EFICÁCIA, RECONHECIMENTO E EXECUÇÃO DE ACTOS ADMINISTRATIVOS ESTRANGEIROS

SIEVERS, Julia, SCHMIDT, Susanne K., "Squaring the Circle with Mutual Recognition? Demoi-cratic Governance in practice", *Journal of European Public Policy,* Vol. 22, N.º 1, 2015, pp. 112-128.

SILVA, João Nuno Calvão da, *Agências Europeias de Regulação,* Coimbra, Gestlegal, 988 p.

SILVA, Mario, *State Legitimacy and Failure in International Law,* Leiden, Brill Nijhoff, 2014, 271 p.

SILVA, Nuno Gonçalo da Ascensão, *A Constituição da Adopção de Menores nas Relações Privadas Internacionais: Alguns Aspectos,* Coimbra, Coimbra Editora, 2000, 672 p.

SILVA, Nuno Ascensão, RIBEIRO, Geraldo Rocha, "A Maternidade de Substituição e o Direito Internacional Privado Português ", *Cadernos do CENOR – Centro de Estudos Notariais e Registais,* N.º 3, 2014, pp. 9-73.

SILVA, Paula Costa e, "Jurisdição e Competência Internacional dos Tribunais Administrativos: a propósito do Acórdão do STA n.º 4/2010", In *Cadernos de Justiça Administrativa,* N.º 84, 2010, pp. 3-13.

SILVA, Suzana Tavares da, *Direito Administrativo Europeu,* Coimbra, Imprensa da Universidade de 2010, 108 p.

––, *Um Novo Direito Administrativo?,* Coimbra, Imprensa da Universidade de Coimbra, 2010, 98 p.

––, "Direito Administrativo dos Transportes", *Tratado de Direito Administrativo Especial,* Vol. IV, Paulo Otero, Pedro Gonçalves (coords.), Coimbra, Almedina, 2011, pp. 425-538.

––, Acto Administrativo de "Faca e Garfo", *Estudos em Homenagem ao Prof. Doutor José Joaquim Gomes Canotilho.* Vol. IV. Fernando Alves Correia, Jónatas M. Machado, João Carlos Loureiro (Coords.), Coimbra, Coimbra Editora, 2012, pp. 617-641.

SILVA, Vasco Pereira da, *Em Busca do Acto Administrativo Perdido,* Coimbra, Almedina, 1998, 777 p.

––, "Acto Administrativo e Reforma do Processo Administrativo", *Estudos em Homenagem ao Professor Doutor Diogo Freitas do Amaral.* João Caupers, Maria da Glória F.P.D. Garcia, Augusto de Athaíde (org.), Coimbra, Almedina, 2010, pp. 81-117.

––, "Viagem pela Europa das formas de actuação administrativa", *Cadernos de Justiça Administrativa,* N.º 58, Julho-Agosto, 2006, pp. 60-66.

––, "A Caminho!" Nova Viagem pela Europa do Direito Administrativo", *Portugal, Brasil e o Mundo do Direito,* Vasco Pereira da Silva, Ingo Wolfgang Sarlet (coord.), Coimbra, Almedina, 2009, pp. 9-27.

––, "Continuando A Viagem Pela Europa Do Direito Administrativo", *Direito Público Sem Fronteiras, ICJP,* 2011, disponível em http://www.icjp.pt/sites/default/files/

media/ebook_dp_completo2_isbn.pdf, acesso em 30 de Junho de 2014, pp. 545-562.

--, "Do Direito Administrativo Nacional ao Direito Administrativo sem Fronteiras (Breve Nota Histórica)", *Direito Público Sem Fronteiras*, Vasco Pereira da Silva, Ingo Wolfgang Sarlet (org.), Lisboa, ICJP, 2011, disponível em http://www.icjp.pt/sites/default/files/media/ebook_dp_completo2_isbn.pdf, acesso em 14 Julho 2014, pp. 211-216.

SILVEIRA, João Tiago, *O Deferimento Tácito (Esboço do Regime Jurídico do Acto Tácito Positivo na Sequência de Pedido do Particular – à Luz da Recente Reforma do Contencioso Administrativo*, Coimbra, Coimbra Editora, 2004, 341 p.

SIMON, Denys, RIGAUX, Anne, "Les Communautés et L'Union Européenne comme Organisations Internationales", *Traité de Droit des Organisations Internationales*, Evelyne Lagrange, Jean-Marc Sorel (dir.), Paris, L.G.D.J., 2013, pp. 114-141.

SIMONE, Torricelli, *Libertà Economiche Europee e Regime del Provvedimento Amministrativo Nazionale*, Santarcangelo di Romagna, Maggioli Editore, 2013, 304 p.

SINOPOLI, Laurence, "Une épreuve pour les droits de l'Homme – de L'Universel Postulé à la Mondialisation Réalisée?", *Justices et Droit du Procès – Du Légalisme Procédural à L'Humanisme Processuel – Mélanges en L'Honneur de Serge Guinchard*, Paris, Dalloz, 2010, pp. 369-379.

SLAUGHTER, Anne-Marie, "Sovereignty and Power in a Networked World Order", *Stanford Journal of International Law*, Vol. 40, N.º 2, Winter, 2004, pp. 283-327.

SLOANE, Robert D., "The Changing Face of Recognition in International Law: A Case Study of Tibet," *Emory International Law Review*, N.º 16, 2002, pp. 107-186.

SLOT, Piet van, GRABANDT, Eric, "Extraterritoriality and Jurisdiction", *Common Market Law Review*, Vol. 23, N.º 3, 1986, pp. 545-565.

SMIT, Hans, "International Res Iudicata and Collateral Estoppel in the United States", *University of California Law Review*, Vol. 9, 1962, pp. 44-75.

SMITH, Melanie, *Centralised Enforcement, Legitimacy and Good Governance in the EU*, London, Routledge, 2010, 253 p.

SMITS, Jan M., "Plurality of Sources in European Private Law, or: How to Live with Legal Diversity", *The Foundations of European Private Law*, Roger Brownsword, Hans-W Micklitz, Leone Niglia, Stephen Weatherill (eds.), Oxford, Hart Publishing, 2011, pp. 323-335.

SMRKOLJ, Maja, "International Institutions and Individualized Decision- Making: An Example of UNHCR's Refugee Status Determination", *German Law Journal*, Vol. 9, N.º 11, 2008, disponível em https://www.germanlawjournal.com, acesso em 1 de Julho de 2015, pp. 1799-1803.

EFICÁCIA, RECONHECIMENTO E EXECUÇÃO DE ACTOS ADMINISTRATIVOS ESTRANGEIROS

Soares, Albino de Azevedo, *Lições de Direito Internacional Público*, 4.ª ed., Coimbra, Coimbra Editora, 1996, 435 p.

Soares, António Goucha, *Repartição de Competências e Preempção no Direito Comunitário*, Lisboa, Edições Cosmos, 1996, 408 p.

Soares, Rogério Ehrhardt, *Direito Administrativo*, policopiado, Coimbra, s/data, 112 p.

––, *Direito Público e Sociedade Técnica*, (impressão da edição de 1960, Editora Atlântida), Coimbra, Edições Tenacitas, 2008, 168 p.

––, "Acto Administrativo", *Scientia Iuridica*, 1990, Tomo XXXIX, N.º 223/228, 1990, pp. 25-35.

––, *Direito Administrativo – Lições ao Curso Complementar de Ciências Jurídico-Políticas da Faculdade de Direito de Coimbra no Ano Lectivo de 1977/78*, policopiado, Coimbra, 1978, 317 p.

Sommer, Julia, "Information Cooperation Procedures – With European Environmental Law Serving as an Illustration", *The European Composite Administration*, Oswald Jansen, Bettina Schöndorf-Haubold (eds.), Cambridge, Intersentia, 2011, pp. 55-89.

Sonnenberger, Hans Jürgen, "Anerkennung statt Verweisung: eine neue internationalprivatrechtliche Methode", *Festschrifht für Ulrich Spellenberg*, Jörn Bernreuther, Robert Freitag, Stefan Leible, Harald Sippel, Ulrike Vanitzek (eds.), München, Sellier European Law Publishers, 2010, pp. 371-391.

––, "Overriding Mandatory Provisions", *Brauchen wir eine Rom 0-Verordnung?*, Leible/ Unberath (eds.), Sellier, European Law Publishers , 2013, pp. 117-128.

Sorace, Domenico, "L'Amministrazione Europea secondo il Trattato di Lisbona", *Diritto Pubblico*, Ano XIX, N.º 1, 2013, pp. 167-238.

Sorel, Jean-Marc, "La Puissance Normative des Mesures de Suivi au Sein du FMI et de La Banque Mondiale", *L'Effectivité des Organisations Internationales – Mechanismes de Suivi et de Contrôle*, H. Ruiz Fabri et alii (dir.), Paris, Ant. N. Sakkoulas/ A. Pedone, 2000, pp. 197-212.

Soriano García, José Eugenio, "Evolucion del Concepto, Relación Jurídica en el su Aplicación al Derecho Publico", *Revista de Administración Pública*, Vol. 90, N.º 3, 1979, pp. 33-78.

Sousa, Constança Urbano de, "A Lei n.º 53/2003 relativa ao reconhecimento mútuo de decisões de expulsão: uma transposição incompleta da Directiva comunitária 2001/40/CE ao estilo "copy paste" atabalhoado", *Estudos de Homenagem ao Professor Doutor Germano Marques da Silva*, Coimbra, Almedina, 2004, pp. 35-56.

BIBLIOGRAFIA

SOUSA, Marcelo Rebelo de, «As Indemnizações por Nacionalização e as Comissões Arbitrais em Portugal», *Revista da Ordem dos Advogados*, Ano 49, Setembro de 1989, pp. 369 – 463.

SOUSA, Marcelo Rebelo de, MATOS, André Salgado, *Direito Administrativo Geral*, Tomo III, 2.ª ed., reimpressão, Lisboa, Dom Quixote, 2016, 602 p.

SPERDUTI, Giuseppe, "Sovranité Territoriale, Atti di Disposizione di Territori ed Effetività in Diritto Internazionale", *Rivista di Diritto Internazionale*, Vol. XLII, vol. 3, 1959, pp. 401-425.

––, "Droit International Privé et Droit Public Étranger", *Journal du Droit Internatio- nal*, Ano 104, Janvier-Février-Mars, N.º 1, 1977, pp. 5-15.

SPIRO, Peter J., *NGOs and Human Rights – Channels of Power*, Legal Studies Research Paper Series, 2009-6, 2009, disponível em http://ssrn.com/abstract=1324971, acesso em 4 de Agosto de 2015, 27 p.

SPITARELI, Fabio, "Accesso alla professione forense e discriminazioni "alla roves- cia" nella sentenza Lussemburgo c. Parlamento europeo e Consiglio", *Il Diritto dell'Unione Europea*, Vol. 6, N.º 1, 2001, pp. 179-195.

STAHN, Carsten, "International Territorial Administration in the Former Yugoslavia: Origings, Developments and Challenges Ahead", *Zeitschrift für ausländisches und öffentliches Recht*, Vol. 61, 2001, pp. 107-172.

STEFAN, Oana, "European Union Soft Law: New Developments Concerning the Divide Between Legally Binding Force and Legal Effects", *The Modern Law Review*, Vol. 75, N.º 5, 2012, pp. 865–893.

STEIN, Lorenz von, "Einige Bemerkungen über das internationale Verwaltungs- recht", *Jahrbuch Für Gesetzgebung, Verwaltung Und Volkswirtschaft Im Deutschen Reich*, Vol. 6, 1882, pp. 395-442.

STEIN, Torsten, "Too "smart" for Legal Protection? UN Security Council's Targeted Sanctions and a Pladoyer for Another UN Tribunal", *Coexistence, Cooperation and Solidarity – Liber Amicorum Rüdiger Wolfrum*, Vol. II, Holger P. Hestermeyer e.a. (eds.), Leiden/Boston, Martinus Nijhoff Publishers, 2012, pp. 1527-1541.

STEINDORFF, Ernst, "Verwaltungsrecht, Internationales", *Wörterbuch des Völkerrecht*, Vol. III, Hans-Jürgen Schlochauer (dir.), Berlin, Verlag Walter de Gruyter & Co., 1962, pp. 581-586.

STELKENS, Ulrich, WEISS, Wolfgang, MIRSCHBERGER, Michael, "General Com- parative Report on the Research Project "The Implementation of the Services Directive in the EU Member States' of the German Research Institute for Public Administration Speyer", *The Implementation of the EU Services Directive – Transposi- tion, Problems and Strategies*, Ulrich Stelkens, Wolfgang Weiß, Michael Mirschber- ger (eds.), The Hague, Springer, 2012, pp. 3-61.

EFICÁCIA, RECONHECIMENTO E EXECUÇÃO DE ACTOS ADMINISTRATIVOS ESTRANGEIROS

STERK, Stewart E., "Full Faith and Credit, More or Less, to Judgements – Doubts about *Thomas v. Washington Gas Light Co.*", *The Georgetown Law Journal*, Vol. 69, 1981, pp. 1329-1360.

––, "The Muddy Boundaries Between Res Judicata and Full Faith and Credit", *Washington and Lee Law Review*, Vol. 58, N.º 1, 2001, pp. 47-108.

STERN, Brigitte, "Quelques Observations sur les Régles Internationales Relatives à l'Application Extraterritoriale du Droit, *Annuaire Français de Droit International*, Vol. 32, 1986. pp. 7-52.

––, "Une Tentative d'Élucidation du Concept d'Application Extraterritoriale", *Revue Québécoise de Droit International*, Vol. 3, 1986, pp. 51-60.

––, "L'extra-territorialité « revisitée »: où il est question des affaires Alvarez-Machain, Pâte de Bois et de quelques autres...", *Annuaire Français de Droit International*, Vol. 38, 1992, pp. 239-313.

––, "A Propos de la Compétence Universelle...", *Liber Amicorum Judge Mohammed Bedjaoui*, Emile Yakpo, Tahar Boumedra (eds.), The Hague, Kluwer Law International, 1999, pp. 735-754.

STEWART, Richard B., "Administrative Law in the Twenty-First Century", *New York University Law Review*, Vol. 78, N.º 2, May, 2003, pp. 437-460.

STIER-SOMLO, Fritz, "Grundprobleme des internationalen Verwaltungsrecht", *Revue Internationale de la Théorie du Droit*, Ano V, N.º 3-4, 1930-1931, pp. 222-263.

STIGLITZ, Joseph E., *Globalisation and its Discontents*, New York, Norton, 2002, 282 p.

STILES, Kendall, *State Responses to International Law*, Oxon, Routledge, 2015, 292 p., em especial pp. 67-87.

STORY, Joseph, *Commentaries on the Conflict of Laws, Foreign and Domestic, in Regard to Contracts, Rights, and Remedies and Especially to Marriages, Divorce, Wills, Successions and Judgements*, Boston, Hilliard, Gray and Company, 1834, 557 p.

––, *Commentaries on the Conflict of Laws, Foreign and Domestic, in Regard to Contracts, Rights, and Remedies and Especially to Marriages, Divorce, Wills, Successions and Judgements*, 7.ª ed., Boston, Little, Brown and Company, 1872, 823 p.

––, *Commentaries on the Conflict of Laws, Foreign and Domestic, in Regard to Contracts, Rights, and Remedies and Especially to Marriages, Divorce, Wills, Successions and Judgements*, 8.ª ed., Boston, Little, Brown and Company, 1883, 901 p.

STREBEL, Felix D., "The Enforcement of Foreign Judgements and Foreign Public Law", *Loyola of Los Angeles International and Comparative Law Review*, Vol. 21, 1999, pp. 55-129.

STREINZ, Rudolf, "Die Herstellung des Binnenmarktes im Bereich des Lebensmittelrechts Rechtsangleichung und gegenseitige Anerkennung als ergänzende

Instrumente", *ZfRV – Zeitschrift für Rechtsvergleichung, Internationales Privatrecht und Europarecht*, Ano 32, 1991, pp. 357-374.

STRISOWER, L., "L'exterritorialité et ses principales applications", *Recueil des Cours*, Tomo I, 1923, Paris, Hachette, 1925, pp. 229-288.

STRUYCKEN, Teun, "L'ordre public de la Communauté Européenne", *Vers de Nouveaux Équilibres entre Ordres Juridiques – Liber Amicorum Hélène Gaudemet-Tallon*, Dalloz, Paris, 2008, pp. 617-632.

STÜRNER, Michael, "Europäisierung des (Kollisions-)Rechts und nationaler ordre public", *Grenzen Überwinden – Prinzipien co – Festshrift für Bernd von Hoffman zum 70. Geburtstag*, Herbert Kronke/ Karsten Thorn (org.), Bielefeld, Verlag Ernst und Verlag Gieseking, 2011, pp. 463-482.

STUYCK, Jules, "Enforcement and compliance: An EU Law perspective", *The Foundations of European Private Law*, Roger Brownsword, Hans-W Micklitz, Leone Niglia, Stephen Weatherill (eds.), Oxford, Hart Publishing, 2011, pp. 513-530.

SUNDACK, Trace A., "*The Republick of Philippines v. Marcos* – The Ninth Circuit Allows a Former Ruler to Invoke the Act of State Doctrune Against a Resisting Sovereign", *The American University Law Review*, Vol. 38, 1988, pp. 225-254.

SÜRAL, Ceyda, TARMAN, Zeynep Derya, "Recognition and Enforcement of Foreign Court Decisions in Turkey ", *Yearbook of Private International Law*, Vol. XV, 2013/2014, pp. 485-508.

SUY, Eric, *Les Actes Juridiques Unilatéraux en Droit International Public*, Paris, Librairie Générale de Droit et de Jurisprudence, 1962, 290 p.

SUZUKI, Eisuke, NANWANI, Suresh, "Responsability of International Organisations: the Accountability Mechanisms of Multilateral Development Banks", *Michigan Journal of International Law*, Vol. 27, 2005, pp. 177-225.

SYDOW, Gernot, *Verwaltungskooperation in der Europäischen Union – Zur horizontalen und vertikalen Zusammenarbeit der europäischen Verwaltungen am Beispiel des Produktzulassungsrechts*, Tübingen, Mohr Siebeck, 2004, 380 p.

––, "Vollzug des europäischen Unionsrechts im Wege der Kooperation nationaler und europäischer Behörden", *Die Öffentliche Verwaltung*, Vol. 59, N.º 1, Januar, 2006, pp. 66-71.

––, NEIDHARDT, Stephan, *Verwaltungsinterner Rechtsschutz – Möglichkeiten und Grenzen in Rechtsvergleichender Perspektive*, Baden-Baden, Nomos Verlagsgesellschaft, 2007, 180 p.

SZYDŁO, Marek, "EU Legislation on Driving Licences: Does It Accelerate or Slow Down the Free Movement of Persons?", *German Law Journal*, Vol. 13 No. 03, 2012, disponível em http://www.germanlawjournal.com, acesso em 15 de Julho de 2014, pp. 345-369.

EFICÁCIA, RECONHECIMENTO E EXECUÇÃO DE ACTOS ADMINISTRATIVOS ESTRANGEIROS

TAGGART, Michael, "The Tub of Public Law", *The Unity Of Public Law*, David Dyzenhaus (ed.) Oxford and Portland, Hart Publishing, 2004, pp. 455-479.

TAMANAHA, Brian Z., "Understanding Legal Pluralism: Past to Present, Local to Global", *Sydney Law Review*, Vol. 30, 2008, disponível em http://sydney.edu.au/law/slr/slr30_3/Tamanaha.pdf, acesso em 7 de Junho de 2015, pp. 375-411.

TANSEY, Oisín, "Does Democracy need Sovereignty?", *Review of International Studies*, Vol. 37, 2011, pp. 1515-1536.

TAPPEINER, Imelda, "Multilevel Fight against Terrorism", *Multilevel Governance in Enforcement and Adjudication*, Aukje van Hoeck, Ton Hol, Oswald Jansen, Peter Rijpkema, Rob Widdershoven (eds.), Antwerpen, Intersentia, 2006, pp. 93-127.

TEBBENS, Harry Duintjer, "Les Conflits de Lois en Matière de Publicité Déloyale à l'Épreuve du Droit Communautaire", *Revue Critique de Droit International Privé*, Vol. 83, N.º 3, 1994, pp. 451-481.

TELES, Eugénia Galvão, " A Noção de Normas de Aplicação Imediata no Regulamento Roma I: uma Singularidade Legislativa", *Estudos em Homenagem a Miguel Galvão Teles*, Vol. II, Coimbra, Almedina, 2012, pp. 801-820.

TELES, Miguel Galvão, "Constituições dos Estados e Eficácia Interna do Direito da União e das Comunidades Europeias – Em Particular o Artigo 8.º, n.º 4, da Constituição Portuguesa", *Estudos em Homenagem ao Professor Doutor Marcello Caetano – No Centenário do seu Nascimento*, Vol. II, Coimbra, Coimbra Editora, 2006, pp. 295-331.

TELES, Patrícia Galvão, "As Relações entre a Ordem Jurídica Internacional e a Ordem Jurídica Europeia/Comunitária: O caso das sanções/medidas restritivas", *Estudos em Homenagem a Miguel Galvão Teles*, Vol. I, Coimbra, Almedina, 2012, pp. 863-875.

TERHECHTE, Phillip, "Enforcing European Competition Law – Harmonizing Private and Public Approaches in a More Differentiated Enforcement Model", *Private Enforcement of Competition Law*, Jürgen Basedow/ Jörg Phillip Terhechte/ Lubos Tichy (eds.), Baden-Baden, Nomos, 2011, pp. 11-20.

TERPAN, Fabien, "Soft Law in the European Union – the Changing Nature of EU Law", *European Law Journal*, Vol. 21, N.º 1, Janeiro, 2015, pp. 68-94.

TEUBNER, Gunther, "'Global Bukowina': Legal Pluralism in the World Society", in *Global Law without a State*, Gunther Teubner (ed.), Dartmouth, Aldershot, 1997, pp. 3-28.

—, "Transnationales pouvoir constituant?", *Transnationales Recht*, Gralf-Peter Caliess (ed.), Tübingen, Mohr Siebeck, 2014, pp. 77-93.

THALLINGER, Gerhard, *Grundrechte und extraterritoriale Hoheitsakte – Auslandseinsätze des Bundesheeres und Europäische Menschenrechtskonvention*, Wien, Springer Verlag, 2008, 426 p.

THOMA, Ioanna, *Die Europäisierung und die Vergemeinschaftung des Nationalen Ordre Public*, Tübingen, Mohr Siebeck, 2007, 288 p.

THOMAS, Holli, *Cosmopolitan Sovereignty*, Refereed paper presented to the Australasian Political Studies Association Conference University of Adelaide, 29th September- 1st October 2004, disponível em https://www.adelaide.edu.au/apsa/docs_papers/Others/Thomas.pdf, acesso em 29 de Abril de 2015, 28 p.

THOMAS, J. Christopher, DHILLON, Harpreet Kaur, "Applicable Law Under International Investment Treaties", *Singapore Academy of Law Journal*, N.º 26, 2014, disponível em http://www.sal.org.sg/digitallibrary/default.aspx, acesso em 15 de Agosto de 2015, pp. 975-999.

TICHÝ, Luboš, "Recognition of Decisions within the European Competition Network and its Significance in Civil Claims in Cartel Law", *Private Enforcement of Competition Law*, Jürgen Basedow/ Jörg Phillip Terhechte/ Lubos Tichy (eds.), Baden-Baden, Nomos, 2011, pp. 180-200.

––, *Die Überwindung des Territorialitätsprinzip im EU-Kartellrecht*, Bonn, Zentrum Für Europäisches Wirtschaftsrecht, 2011, 39 p.

––, "A new role for private international and procedural law in European integration? A Critical Comment", *The Foundations of European Private Law*, Roger Brownsword, Hans-W Micklitz, Leone Niglia, Stephen Weatherill (eds.), Oxford, Hart Publishing, 2011, pp. 393-419.

TIETJE, Christian, *Die Internationalität des Verwaltungsstaates – Vom internationalen Verwaltungsrecht des Lorenz von Stein – zum heutigen Verwaltungshandeln*, Kiel, Lorenz--Von-Stein Institut für Verwaltungswissenschaften, 2001, 25 p.

––, "The Duty to Cooperate in International Economic Law and Related Areas", *International law of Cooperation – Proceedings of an International Symposium of the Kiel Walther-Schücking-Institute of International Law, May 23-26, 2001*, Berlin, Duncker & Humblot, 2002, pp. 45-65.

––, "Internationalisiertes Verwaltungshandeln ", *Rechtstheorie*, 39, 2008, pp. 255-276.

––, "History of Transnational Networks", *Transnational Administrative Rule Making – Performance, Legal Effects and Legitimacy*, Olaf Diling, Martin Herberg e Gerd Winter (ed.), Oxford and Portland, Oregon, 2011, pp. 23-37.

TIMBERG, Sigmund, "International Combines and National Sovereigns – A Study of Conflict of Laws and Mechanisms", *University of Pennsylvania Law Review*, Vol. 95, N.º 5, Maio, 1947, pp. 576-620.

TIMMER, LAURENS JE, "Abolition of Exequatur under the Brussels I Regulation: Ill conceived and Premature?", *Journal of Private International Law*, Vol. 9, N.º 1, April, 2013, pp. 129-148.

TINIÈRE, Romain, *L'Office du Juge Communautaire des Droits Fondamentaux*, Bruxelles, Bruylant, 2007, 708 p.

TISON, Michel, "Unravelling the General Good Exception: The Case of Financial Services", *Services and Free Movement in EU Law*, Mads Andenas, Wulf-Henning Roth (eds.), Oxford, Oxford University Press, 2002, pp. 321-381.

TOMUSCHAT, Christian, "Solidarität in Europa", *Du Droit International au Droit de l'Intégration – Liber Amicorum Pierre Pescatore*, F. Capotorti, C.-D. Ehlermann, J. Frowein, F. Jacobs, R. Joliet, T. Koopmans, R. Kovar (orgs.), Baden-Baden, Nomos Verlagsgesellschaft, 1987, pp. 729-757.

––, " The International Law of State Immunity and Its Development by National Institution", *Vanderbilt Journal of Transnational Law*, Vol. 44, 2011, pp. 1105-1140).

TORNOS MAS, Joaquín, "La Ley 20/2013, de 9 de Diciembre, de Garantía de da Unidad De Mercado. En Particular, el Principio De Eficacia", *Revista d'Estudis Autonòmics I Federals*, N.º 19, Abril, 2014, pp. 144-177.

TORREMANS, Paul, "Extraterritorial application of E.C. and U.S. Competition Law", *European Law Review*, Vol. 21, 1996, pp. 280-293.

TORRES CAMPOS, Manuel, *Bases de una Legislación sobre Extraterritorialidad*, Madrid, Tipografía de la Cava-Alta, 1896, 440 p.

TRACHTMAN, Joel P., "Conflict of Laws and Accuracy in the Allocation of Government Resonsibility", *Vanderbilt Journal of Transnational Law*, Vol. 60, N.º 5, Janeiro, 1994, pp. 975-1057.

––, "Embedding mutual recognition at the WTO", *Journal of European Public Policy*, Vol. 14, N.º 5, August, 2007, pp. 780–799.

TRAUTMAN, Donald T., "The Role of Conflicts Thinking in Defining the International Reach of American Regulatory Legislation", *Ohio State Law Journal*, Vol. 22, N.º 3,1961, pp. 586-627.

TREVES, Tullio, "Fragmentation of International Law: the Judicial Perspective", *Comunicazioni e Studi*, Vol. XXII, Giuffrè, Milão, 2007, pp. 821-875.

TRIÁS Y GIRÓ, Juan de D.,"Fundamento Racional de la Extraterritorialidad de los Actos Soberanos", *Revista Jurídica de Cataluña*, Vol. III, 1897, pp. 785-797.

TRIDIMAS, Takis, *The General Principles of EC Law*, 2.ª ed., Oxford, Oxford University Press, 2006, 591 p.

TRIEPEL, C. H., "Les Rapports entre le Droit Interne et le Droit International", *Recueil des Cours*, Tomo I, 1923, Paris, Hachette, 1925, pp. 73-122.

TROPER, Michel, "L'opposition public-privé et la structure de l'ordre juridique", *Revue Politiques et Management Public*, Vol. 5, N.º 1, 1987, pp. 181-198.

––, "Communication", *Les Competences de L'État en Droit International – Colloque de Rennes*, Paris, Éditions Pedone, 2006, pp. 55-70.

––, "The Survival of Sovereignty", *Sovereignty in Fragments – The Past, Present and Future of a Contested Concept*, Hent Kalmo, Quentin Skinner (eds.), Cambridge, Cambridge University Press, 2010, pp. 132-150.

TRUCHET, Didier, "La distiction du droit public et du droit privé dans le droit économique", *The Public Law/Private Law Divide – Une entente assez cordiale*, Mark Freedland e Jean-Bernard Auby (eds.), Hart Publishing, Oxford, 2006, pp. 49-59.

TRYFONIDOU, Alina, 'Reverse Discrimination in Purely Internal Situations: An Incongruity in a Citizens' Europe", *Legal Issues of Economic Integration*, Vol 35, N.º 1, 2008, pp. 43–67.

TULLY, Stephen, "Habib v Commonwealth: clarifying the state of play for acts of state?", *Sydney Law Review*, Vol. 32, 2010, pp. 711-721.

TÜRK, Danilo, "Recognition of States: A Comment", *European Journal of International Law*, Vol. 4, 1993, pp. 66-71.

––, "Reflections on Human Rights, Sovereignty of States and the Principle of Non-Intervention", *Human Rights and Criminal Justice for the Downtrodden – Essays in Honour of Asbjørn Eide*, Morten Bergsmo (ed.), Leiden, Martinus Nijhoff Publishers, 2003, pp. 753-766.

TÜRK, Volker, "The UNHCR's Role in Supervising International Protection Standards in the Context of its Mandate", *The UNHCR and the Supervision of International Refugee Law*, James C. Simeon (ed.), Cambridge, Cambridge University Press, 2013, pp. 39-58.

TWINING, William, "Normative And Legal Pluralism: A Global Perspective", *Duke Journal Of Comparative & International Law*, Vol. 20, pp. 2010, pp. 473-517.

UERPMANN-WITTZACK, Robert, "Multilevel Governance involving the European Union, Nation States and NGOs", *Multilevel Regulation and the EU: The Interplay between Global, European and National Normative Processes*, Andreas Follesdal, Ramses A. Wessel, Jan Wouters (eds.), Leiden, Brill, 2008, pp. 145-168.

ULE, Carl Hermann, "Zur räumlichen Geltung von Verwaltungsakten im Bundesstaat", *JuristenZeitung*, Ano 16, N.º 20, 20. Oktober, 1961, pp. 622-624.

ULFSTEIN, Geir, "Les Activités Normatives de L'Organisation Internationale", *Traité de Droit des Organisations Internationales*, Evelyne Lagrange, Jean-Marc Sorel (dir.), Paris, L.G.D.J., 2013, pp. 737-755.

Ulrich Beyerlin, "Dezentrale grenzüberschreitende Zusammenarbeit als transnationales Rechtsphänomen", *Archiv Des Völkerrechts*, Vol. 27, N.º 3, 1989, pp. 286-327.

Unruh, Peter, "Die Unionstreue – Anmerkungen zu einem Rechtsgrundsatz der Europäischen Union", *Europarecht*, N.º 1, 2002, pp. 41-66.

Usher, John A., *General Principles of EC Law*, London/ New York, Longman, 1998, 167 p.

Valaguzza, Sara, *La Frammentazione Della Fattispecie Nel Diritto Amministrativo A Conformazione Europea*, Milano, Dott. A. Giuffrè Editore, 2008, 422 p.

Valentino, Luigi, "L'Applicazione del Principio del *Ne Bis in Idem* nell'Unione Europea", *Il Terzo Pilastro dell'Unione Europea – Cooperazione Intergovernativa e Prospettive di Comunitarizzazione*, Patrizia de Pasquale/Fabio Ferraro (eds.), Napoli, Editoriale Scientifica, 2009, pp. 63-80.

Valladão, Haroldo, *Direito Internacional Privado – em Base Histórica e Comparativa, Positiva e Doutrinária, especialmente dos Estados Americanos – Vol. I Introdução e Parte Geral*, 5.ª ed., Rio de Janeiro, Biblioteca Universitária Freitas Basto, 1980, 526 p.

Valle, Jaime, "O Território Nacional na Constituição Portuguesa de 1976", *Estudos de Homenagem ao Prof. Doutor Jorge Miranda*, Vol. II, Coimbra, Coimbra Editora, 2012, pp. 43-57.

Vallindas, Petros G., "Droit International Privé "Lato Sensu" ou "Stricto Sensu", *Mélanges Offerts à Jacques Maury*, Tomo I: Droit Public International Privé et Public, Paris, Dalloz, 1961, pp. 509-518.

Vareilles-Sommières, Marques de, "La Synthèse du Droit International Privé", *Journal du Droit International Privé et de la Jurisprudence Comparée*, Tomo 27, 1900, pp. 1-29.

Vareilles-Sommières, Pascal de, "Exception d'Ordre Public et Regularité de la Loi Étrangère", *Recueil des Cours*, Tomo 371, 2014, Leiden, Martinus Nijhoff Publishers, 2015, pp. 165-272.

Varella, Marcelo Dias, *Internationalization of Law: Globalization, International Law and Complexity*, Brasília, Springer, 2014, 343 p.

Vaurs-Chaumette, Anne-Laure, "La Question de la Reconnaissance", *Union Européenne et Droit International – En l'Honneur de Patrick Daillier*, Myriam Benlolo-Carabot, Ulas Candas, Eglantine Cujo (dir.), Paris, Editions A. Pedone, 2012, pp. 255-264.

Vedovato, Giuseppe, "Les Accords de Tutelle", *Recueil des Cours*, Tomo 56, 1950-I, Paris, Recueil Sirey, 1951, pp. 613-694.

Velasco Caballero, Francisco, "Organización y Procedimientos de la "Unión Administrativa Europea" en Matieria de Fronteras, Asilo e Inmigración" *La*

Unión Administrativa Europea, Francisco Velasco Caballero, Jens-Peter Schneider, Madrid, Marcial Pons, 2008, pp. 241-264.

VERBRUGGEN, Paul, *Enforcing Transnational Private Regulation – A Comparative Analysis of Advertising and Food Safety*, Cheltenham, Edward Elgar, 2014, 309 p.

VERDROSS, Alfred, SIMMA, Bruno, GEIGER, Rudolf, "Territoriale Souveranität und Gebietshoheit", Österreischiche Zeitschrift für öffentliches Recht und Völkerrecht, Vol. 31, 1980, pp. 223-245.

VERGOTINNI, Giuseppe de, "Garanzia della identità degli ordinamenti statali e limiti della globalizzazione", *Global Law v. Local Law – Problemi della Globalizzazione Giuridica*, Cristina Amato e Giulio Ponzanelli (ed.), Torino, G. Giappichelli Editore, 2006, pp. 6-18.

VERVAELE, John, "The Application of the EU Charter of Fundamental Rights (CFR) and the Ne Nis in Idem Principle in the Member States of the EU – CJEU Judgment (Grand Chamber) C-617/10 of 26 February 2013", *Review of European Administrative Law*, 2013, Vol. 1, N.º 2, pp. 113-134.

––, "The European Arrest Warrant and Applicable Standards of Fundamental Rights in the EU – ECJ Judgement (Grand Chamber) C-399/11 of 26 February", *Review of European Administrative Law*, 2013, Vol. 6, N.º 2, pp. 37-54.

VESTERGAARD, Jørn, "European Kadi Law – on Terror Finance, Asset Freezing and Human Rights", *Europe – The New Legal Realism*, Henning Koch, Karsten Hagel-Sørensen, Ulrich Haltern & Joseph H. H. Weiler (eds.), Århus, Djøf Publishing, 2010, pp. 783-816.

VETOREL, ARIANNA, "EU Regulation No. 2016/1191 and the Circulation of Public Documents Between EU Member States and Third Countries", *Cuadernos de Derecho Transnacional*, Vol. 9, No 1, Marzo, 2017, disponível em, www.uc3m.es/cdt, acesso em 10 de Junho de 2017, pp. 342-351.

VICENTE, Dário Moura, "Competência Judiciária e Reconhecimento de Decisões Estrangeiras no Regulamento (CE) n.º 44/2001", *Direito Internacional Privado – Ensaios*, Vol. I, Coimbra, Almedina, 2002, pp. 291-324.

––, "A Competência Internacional no Código de Processo Civil Revisto: Aspectos Gerais", *Direito Internacional Privado – Ensaios*, Vol. I, Coimbra, Almedina, 2002, pp. 243-266.

––, "Liberdade de Estabelecimento, Lei Pessoal e Reconhecimento das Sociedades Comerciais", *Direito Internacional Privado – Ensaios*, Vol. II, Coimbra, Almedina, 2005, pp. 91-115.

––, "Método Jurídico e Direito Internacional Privado», *Direito Internacional Privado – Ensaios*, Vol. II, Coimbra, Almedina, 2005, pp. 7-37.

EFICÁCIA, RECONHECIMENTO E EXECUÇÃO DE ACTOS ADMINISTRATIVOS ESTRANGEIROS

—, "Cooperação Judiciária em Matéria Civil na Comunidade Europeia", *Direito Internacional Privado – Ensaios*, Vol. II, Coimbra, Almedina, 2005, pp. 235-262.

—, "A comunitarização do Direito Internacional Privado e o comércio electrónico", *Direito Internacional Privado – Ensaios*, Vol. II, Coimbra, Almedina, 2005, pp. 171-185.

—, "Liberdade de Estabelecimento, Liberdade Pessoal e Reconhecimento das Sociedades Comerciais", *Direito Internacional Privado – Ensaios*, Vol. II, Coimbra, Almedina, 2005, pp. 91-115.

—, "Direito aplicável aos contratos públicos internacionais", *Estudos em Homenagem ao Professor Doutor Marcelo Caetano – No centenário do seu nascimento*, Vol. I, Coimbra Editora, Coimbra, 2006, pp. 289-311.

—, "Perspectivas da Harmonização e Unificação Internacional do Direito Privado num época de Globalização da Economia", *Estudos em Honra do Professor Doutor José de Oliveira Ascensão*, Vol. II, António Menezes Cordeiro, Pedro Pais de Vasconcelos e Paula Costa e Silva (eds.), Coimbra, Almedina, 2008, pp. 1655-1680.

—, "Liberdades Comunitárias e Direito Internacional Privado", *Revista da Ordem dos Advogados*, Ano 69, 2009, pp. 729-813.

—, "International Harmonization and Unification of Private Law in a Globalized Economy", *Civil Law Studies: An Indian Perspective*, Anthony D'Souza, Carmo D'Souza (eds.), Newcastle, Cambridge Scholars Publishing, 2009, pp. 37-57.

—, *La Proprieté Intelectuelle en Droit International Privé*, Leiden/Boston, Martinus Nijhoff Publisher, 2009, 516 p.

—, "Competencia internacional y reconocimiento de sentencias extranjeras en el derecho autónomo portugués", *Direito Internacional Privado – Ensaios*, Vol. III, Coimbra, Almedina, 2010, pp. 281-297.

—, "Maternidade de Substituição e Reconhecimento Internacional", *Estudos de Homenagem ao Prof. Doutor Jorge Miranda*, Vol. V, Paulo Otero, Fausto de Quadros, Marcelo Rebelo de Sousa (coord.), Coimbra, Coimbra Editora, 2012, pp. 607-626.

—, "La Reconnaissance au Portugal des Situations Juridiques Constituées à L'Étranger", *Travaux Du Comité Français De Droit International Privé*, 2014-2016, Paris, Pedone, 2017, pp. 263-276.

VIDMAR, Jure, "Explaining The Legal Effects Of Recognition", *International and Comparative Law Quarterly*, Vol. 61, 2012, pp 361-387.

VIELLECHNER, Lars, "Was heißt Transnationalität im Recht", *Transnationales Recht*, Gralf-Peter Caliess (ed.), Tübingen, Mohr Siebeck, 2014, pp. 57-76.

VILAÇA, José Luís da Cruz, GOMES, Caramelo, "Artigo 2.º", *Lei da Concorrência – Comentário Conimbricense,* Miguel Gorjão-Henriques (dir.), 2.ª ed., Coimbra, Almedina, 2017, pp. 106-118.

VILLELA, Machado, *Tratado Elementar (Teórico e Prático) de Direito Internacional Privado,* Livro I – Princípios Gerais, Coimbra, Coimbra Editora, 1921, 775 p.

––, "Competência Internacional no novo Código de Processo Civil", *Boletim da Faculdade de Direito de Coimbra,* Vol. 17, 1940-1941, pp. 274-346.

––, "A Execução de Sentenças Estrangeiras", *Primeiro Congresso Hispano-Luso-Americano de Direito Internacional,* 1951, 39 p.

VIOLA, Francisco, "Il diritto Come Scelta", *La Competizione tra Ordinamenti Giuridici – Mutuo Riconoscimento e Scelta della Norma Piú Favorevole Nello Spazio Giuridico Europeo,* Armando Plaia (ed.), Milano, Dott. A. Giuffrè Editore, 2007, pp. 169-199.

VIRALLY, Michel, "L'introuvable 'acte de gouvernement'", *Revue du Droit Public et de la Science Politique en France et à l'Étranger,* 1952, pp. 317-358.

––, "Le Principe de Réciprocité dans le Droit International Contemporain", *Recueil de Cours,* Tomo 122, Vol. III, 1967, 1969, pp. 5-105.

––, "Définition et Classification: Approche Juridique", *Revue Internationale de Sciences Sociales,* Vol. XXIX, N.º 1, 1977, pp. 61-74.

––, *L'Organisation Mondiale,* Paris, Armand A. Collin, 1972, 589 p.

––, 'De la classification des organisations internationales', *Miscellanea W. J. Ganshof van der Meersch – Studia ab discipulis amicisque in honorem egregii professoris edita,* Vol. I, Bruxelas, Bruylant, 1972, pp. 365-382.

––, "La Notion de Fonction dans la Théorie de L'Organisation Internationale", *Mélanges Offerts a Charles Rousseau,* Paris, Éditions Pedone, 1974, pp. 277-300.

––, 'Une Pierre d'Angle qui Résiste au Temps: Avatars et Pérennité de l'Idée de Souveraineté', *Les Relations Internationales dans un Monde en Mutation – International Relations in a Changing World,* Genève, Institut Universitaire de Hautes Études Internationales, 1977, pp. 179-195.

VIRGA, Giovanni, *Attivitá Istruttoria Primaria e Processo Amministrativo,* Milano, Dott. A. Giuffrè Editore, 1991, 280 p.

VISCHER, Frank, "Der ausländische Staat als Kläger – Überlegungen zum Fall Duvalier v. Haiti", *IPRax – Praxis des Internationalen Privat-und Verfahrensrechts,* Ano 11, N.º 4, Juli/August, 1991, pp. 209-215.

––, "General Course on Private International Law", *Recueil des Cours,* Tomo 232, 1992, I, Dordrecht, Martinus Nijhoff Publishers, 1993, pp. 9-256.

VITAL, Domingos Fesas, "Do Acto Jurídico", *Estudos de Direito Público,* Coimbra, Imprensa da Universidade de Coimbra, 1914, pp. 7-187.

EFICÁCIA, RECONHECIMENTO E EXECUÇÃO DE ACTOS ADMINISTRATIVOS ESTRANGEIROS

––, "A crise do Estado Moderno", Congresso de Barcelona, Asociación Española para el Progresso de las Ciencias, Huelves y Compañia, 1929, pp. 123-133.

VITTA, Cino, "Nozione Degli Atti Amministrativi e Loro Classificazione", *Giurisprudenza Amministrativa*, Parte IV, Vol. LVIII, 1906, pp. 183-221.

––, "Gli Atti Certificativi e le Decisione Amministrative", *Giurisprudenza Italiana*, Vol. LXXVI, Parte IV, 1924, pp. 97-126.

VITTA, Edoardo, *Il Principio dell'Uguaglianza tra "Lex Fori" e Diritto Straniero – con Particulare Riguardo al Sistema Italiano di Diritto Internazionale Privato*, Milano, Dott. A. Giuffrè Editore, 1964, 91 p.

VOET, Pauli, *De Statutis, Eorumque Concursu*, Bruxellis, Ex Officina Simonis T'Serstevens, 1715, 335 p.

VOGEL, Klaus, "Qualifikationsfragen im Internationalen Verwaltungsrecht – Dargestellt an der Qualifikation tschechoslowakier Dienstverhältnisse im Rahmen des Gesetzes zu Art. 131 Grundgesetz", *Archiv des öffentlichen Rechts*, N.º 84, N.º 1, 1959, pp. 54-73.

––, "Zur Theorie des "Internationalen Verwaltungsrechts", *Perspectivas del Derecho Publico en la Segunda Mitad del Siglo XX – Homenaje a Enrique Sayagues-Laso*, Madrid, Instituto de Estudios de Administracion Local, 1969, pp. 385-415.

––, "Administrative Law, International Aspects", *Encyclopedia of Public International Law*, Rudolf Berhnardt (ed.), Vol. I, Amsterdam, North-Holland, 1992, pp. 22-26.

VOGEL, Klaus, *Der räumliche Anwendungsbereich der Verwaltungsrechtsnorm – Eine Untersuchung über die Grundfragen des sog. Internationalen Verwaltungs-und Steuerrechts*, Frankfurt am Main, Alfred Metzner Verlag, 1965, 480 p.

VRELLIS, Spyridon, "'Abus' et 'fraude' dans la jurisprudence de la Cour de Justice des Communautés Européenes", *Vers de Nouveaux Équilibres entre Ordres Juridiques – Liber Amicorum Hélène Gaudemet-Tallon*, Paris, Dalloz, 2008, pp. 634-646.

VUGT, Adrienne de Moor-van, "Administrative Sanctions in EU Law, *Review of European Administrative Law*, Vol. 5, Nr. 1, 2012, pp. 5-48.

WADE, E. C. S., "Act of State in English Law: Its Relations With International Law", British Year Book of International Law, Vol. 15, 1934, pp. 98-112.

WAINWRIGHT, Richard, "La reconnaissance Mutuelle des Équipements, spécialement dans le domaine des Télécommunications", *Revue du Marché Commun et de l'Union Européenne*, N.º 419, juin, 1998, pp. 380-386.

WALDRON, Jeremy, "What is Cosmopolitan?", The Journal of Political Philosophy: Volume 8, N.º 2, 2000, pp. 227-243.

WALKER, Neil, "Late Sovereignty in the European Union", *Sovereignty in Transition*, Neil Walker (ed.), Oxford/ Portland, Hart Publishing, 2003, pp. 3-32.

WALKER, Neil,"Taking Constitutionalism Beyond the State", *Political Studies*, Vol. 56, 2008, pp. 519–543.

––, *Multilevel Constitutionalism: Looking Beyond the German Debate*, LEQS Paper No. 08/2009, June, 2009, disponível em http://www.lse.ac.uk/europeanInstitute/LEQS/LEQSPaper8Walker.pdf, acesso em 14 Julho 2014, 30 p.

WALLER, Spencer Weber, "The Twilight of Comity", *Columbia Journal of Transnational Law*, Vol. 38, 2000, pp. 563-579.

WALLNÖFER, Klaus, "Is the Non-recognition of Private Diplomas Objectionable?", *Vienna Online Journal on International Constitutional Law*, Vol. 4, 2010, disponível em http://heinonline.org, acesso em 21 de Março de 2015, pp. 682-694.

WARD, Ian, "Kant and the Transnational Order: a European Perspective", ", *in Law, Justice and the State II – The Nation, the State and Democracy*, Michel Troper & Mikael M. Karlsson (eds.), Franz Steiner Verlag, Stuttgart, 1995, pp. 188-196.

WATSON, Alan, *Joseph Story and the Comity of Errors – A Case Study in Conflict of Laws*, Athens/London,The University of Georgia Press, 2012, pp. 14-15.

WATT, Horatia Muir, "Droit Public et Droit Privé dand les Rapports Internationaux (Vers la Publicisation des Conflits des Conflits de Lois?)", *Le Privé et le Public*, Paris, Editions Sirey, 1997, pp. 115-134.

––, "European Federalism and the "New Unilateralism", *Tulane Law Review*, Vol. 82, 2008, pp. 1983-1998.

––, "Brussels I and Aggregate Litigation or the Case for Redesigning the Common Judicial Area in Order to Respond to Changing Dynamics, Functions and Structures in Contemporary Adjudication and Littigation", *IPRax – Praxis des Internationalen Privat- und Verfahrensrechts*, 30 Ano, Vol. 2, 2010, pp. 111-116.

WATT, Horatia Muir, PATAUT, Etienne, "Les Actes Iure Imperii et le Règlement Bruxelles 1 – A propos de l'affaire Lechouritou", *Revue Critique de Droit International Privé*, Vol. 96, N.º 1, Janeiro-Março, 2008, pp. 61-79.

WEATHERILL, Stephen, "The Principle of Mutual Recognition: It Doesn't Work Because It Doesn't Exist", 2017, *European Law Review*, no prelo; *Oxford Legal Studies Research Paper* No. 43/2017, disponível em https://ssrn.com/abstract=2998943, acesso em 20 de Agosto de 2017, pp. 1-22.

WEBB, Philippa, "Should the 2004 un State Immunity Convention Serve as a Model/Starting point for a Future un Convention on the Immunity of International Organizations?", *International Organisations Law Review*, Vol. 10, 2013, pp. 319-331.

WEBB, Phillipa, *International Judicial Integration and Fragmentation*, Oxford, Oxford University Press, 2013, 253 p.

WEILER, Joseph H. H., "The Constitution of the Common Market Place: Text and Context in the Evolution of the Free Movement of Goods", *Evolution of EU*

Law, Craig, Paul/Búrca, Gráinne de, Oxford, Oxford University Press, 1999, pp. 350-376.

––, "The Geology of International Law – Governance, Democracy and Legitimacy", *Zeitschrift für ausländisches öffentliches Recht und Völkerrecht*, Vol. 64, 2004, pp. 547-562.

––, "Mutual Recognition, Functional Equivalence and Harmonization in the Evolution of the European Common Market and the WTO", *The Principle of Mutual Recognition in the European Integration Process*, Fiorella Kostoris Padoa Schioppa (ed.), Palgrave Macmillan, Hampshire, 2005, pp. 25-84.

––, "Van Gend en Loos: the Individual as Subject and Object and the Dilemma of European Legitimacy", *International Journal of Constitutional Law*, Vol. 12, N.º 1, 2014, pp. 94-103.

Weiss, Charles, "Compétence ou Incompétence des Tribunaux à l'Égard des états Étrangers", *Recueil des Cours*, Tomo I, 1923, Paris, Hachette, 1925, pp. 521-552.

Weiss, Friedl, "Extra-Territoriality in the Context of WTO Law", *Beyond Territoriality – Transnational Legal Authority in an Age of Globalisation*, Günther Handl, Joachim Zekoll, Peer Zumbansen (eds.), Leiden, Martinus Nijhoff Publishers, 2012, pp. 464-486.

Weiss, Käte, *Die Anerkennung ausländischer Verwaltungsakte*, Göttingen, Buchdruckerei W. Flentje, 1932, 67 p.

Weiss, Wolfgang, "Schnittstellenprobleme des Europäischen Mehrebenenverwaltungsrechts", *Die Verwaltung – Zeitschrift für Verwaltungsrecht und Verwaltungswissenschaften*, Vol. 38, N.º 4, 2005, pp. 517-545.

Weller, Matthias, *Ordre-public-Kontrolle internationaler Gerichtsstandsvereinbarungen im autonomen Zuständigkeitsrecht*, Tübingen, Mohr Siebeck, 2005, 389 p.

––, "Mutual trust within judicial cooperation in civil matters: a normative cornerstone – a factual chimera – a constitutional challenge", *Dutch Journal on Private International Law*, N.º 1, 2017, pp. 1-21.

Wenander, Henrik, "Recognition of Foreign Administrative Decisions – Balancing International Cooperation, National Self-Determination, and Individual Rights", *ZaöRV – Zeitschrift für ausländisches öffentliches Recht und Völkerrecht*, N.º 71, 2011, pp. 755-785.

Wengler, Wilhelm, "Le Questioni Preliminari nel Diritto Internazionale Privato", *Antologia di Diritto Internazionale Privato*, Milano, Istituto Per Gli Studi di Politica Internazionale, 1965, pp. 115-202.

––, "Les accords entre entreprises étrangères sont-ils des traités de droit international", *Revue Générale de Droit International Public*, Tomo LXXXVI, 1972, pp. 313-345.

--, *Internationales Privatrecht,* Vol. I, Berlin, Walter de Gruyter, 1981, 749 p.

--, "Wege zur rechtlichen Steuerung des Verhaltens von Ausländern im Ausland und das Internationale Privatrecht", *Estudos em Homenagem ao Prof. Doutor A. Ferrer Correia,* Vol. I, Coimbra, Boletim da Faculdade de Direito – Número especial, 1986, pp. 787-819.

--, "The Law Applicable to Preliminary (Incidental) Questions", *International Encyclopedia of Comparative Law,* Vol. III, Kurt Lipstein (ed.), Tübingen, J.C.B. Mohr (Paul Siebeck), 1987, pp. 3-38.

WET, Erika de, "The Role of Human Rights in Limiting the Enforcement Power of the Security Council: a Principled View", *Review of the Security Council by Member States,* Erika de Wet, Noel Nollkaemper (eds.), Antwerp, Intersentia, 2003, pp. 7-29.

--, "Governance through Promotion and Persuasion: The 1998 ILO Declaration on Fundamental Principles and Rights at Work", *German Law Journal,* Vol. 9, n.º 11, 2008, disponível em https://www.germanlawjournal.com, acesso em 1 de Julho de 2015, pp. 1431-1451.

WETTNER, Florian, "The General Law of Procedure of EC Mutual Administrative Assistance", *The European Composite Administration,* Oswald Jansen, Bettina Schöndorf-Haubold (eds.), Cambridge, Intersentia, 2011, pp. 307-333.

WHITE, Emily Kidd, "Humanity as the A and Ω of Sovereignty: Four Replies to Anne Peters", *The European Journal of International Law,* Vol. 20, N.º 3, 2009, pp. 545-567.

WHITE, Nigel D., *The Law of International Organisations,* 2. ed, Manchester, Manchester University Press, 2005, 242 p.

--, "Separate but Connected: Inter-Governmental Organizations and International Law", *International Organizations Law Review,* N.º 5, 2008, pp. 175–195.

WHITTAKER, Simon, "Consumer Law and the distinction between public law and private law", *in The Public Law/Private Law Divide – Une entente assez cordiale,* Mark Freedland e Jean-Bernard Auby (eds.), Hart Publishing, Oxford, 2006, pp. 241-255.

WIEGANT, Dirk, "Recognition of Administrative Acts", *Encyclopedia of Private International Law,* J. Basedow, G. Rühl, F. Ferrari, P. De Miguel Asensio (eds.), Vol. 2, Elgar, 2017, pp. 1486-1495.

WILDE, Ralph, "The United Nations ad Government: The tensions of an ambivalent role", *ASIL Proceedings of the 97st Annual Meeting, Conflict and Coordination across International Regimes,* Washington D.C., 2003, pp. 212-215.

WILDERSPIN, Michael, "Overriding Mandatory Rules", *Encyclopedia of Private International Law*, J. Basedow, G. Rühl, F. Ferrari, P. De Miguel Asensio (eds.), vol. 2, Elgar, 2017, pp. 1330-1335.

WILLIAMS, Paul R., "What makes a State: Territory?", *ASIL Proceedings*, Vol. 106, 2012, pp. 449-450.

WINTER, Gerd, "Kompetenzverteilung und Legitimation in der Europäischen Mehrebenenverwaltung", *Europarecht*, Vol. 40, N.° 3, Maio-Junho, 2005, pp. 255-276.

WOJTYCZEK, Krysztof, "L'Ouverture de L'Ordre Juridique de L'État aux Actes de Puissance Publique Étrangers (L'Exemple des Instruments de L'Union Européenne en Matiére D'Immigration)", *European Review of Public Law*, Vol. 21, N.° 1, 2009, pp. 105-134.

WOLFRUM, Rüdiger, " Legitimacy of International Law from a Legal Perspective: Some Introductory Considerations", *Legitimacy in International Law*, Rüdiger Wolfrum, Volker Röben (eds.), Berlin, Springer, 2008, pp. 1-24.

--, "Legitimacy of International Law and the Exercise of Administrative Functions: The Example of the International Seabed Authority, the International Maritime Organization (IMO) and International Fisheries Organizations", *German Law Journal*, Vol. 9, N.° 11, 2008, disponível em https://www.germanlawjournal.com, acesso em 11 de Agosto de 2015, pp. 2039-2060.

WOLKIN, Paul A., "Workmen's Compensation Award – Commonplace or Anomaly in Full Faith and Credit Pattern?", *University of Pennsylvania Law Review*, Junho, 1944, pp. 401-411.

WORKING GROUP OF THE FEDERAL ASSOCIATION OF GERMAN CIVIL STATUS REGISTRARS, "One Name Throughout Europe – Draft for a European Regulation on the Law Applicable to Names", *Yearbook of Private International Law*, Vol. XV, 2013/ 2014, pp. 31-37.

WUN, Ryal, "Beyond Traditional Statehooh Criteria: The Law and Contemporary Politics of State Creation", *Hague Yearbook of International Law*, Vol. 26, 2013, pp. 316-358.

XAVIER, Alberto Pinheiro, *Conceito e Natureza do Acto Tributário*, Coimbra, Livraria Almedina, 1972, 653 p.

--, *Direito Tributário Internacional*, 2.ª ed., Coimbra, Almedina, 2009, 864 p.

XAVIER, Luís Paulo Rebelo Barreto, *Sobre a Ordem Pública Internacional e Reconhecimento de Sentenças Estrangeiras*, Dissertação de Mestrado em Ciências Jurídicas, Lisboa, policopiado, 1991, 133 p.

--, "O Título Executivo Europeu e o Princípio do Reconhecimento Mútuo", *Europa – Novas Fronteiras*, N.° 16/17, 2004-2005, pp. 145-152.

YBARRA BORES, Alfonso, *La Ejecución de las Sanciones Administrativas en el Ámbito de la Unión Europea*, Sevilla, Instituto Andaluz de Administración Pública, 2006, 280 p.

YEUNG, Karen, "Competition Law and the Public/Private Divide", *in The Public Law/ Private Law Divide – Une entente assez cordiale*, Mark Freedland e Jean-Bernard Auby (eds.), Hart Publishing, Oxford, 2006, pp. 131-163.

ZAGREBELSKY, Gustavo, *Il Diritto Mite*, Torino, Einaudi Contemporanea, 1992, 218 p.

ZANOBINI, Guido, "Sull'amministrazione pubblica del diritto privato", *Rivista di Diritto Pubblico*, Vol. 1, 1918, pp. 169-230.

––, *Corso di Diritto Amministrativo*, Vol. V, 3.ª ed., Milano, Dott. A. Giuffrè, 1959, 601 p.

ZHANG, Wenliang, "Recognition of Foreign Judgements in China: The Essentials and Strategies", *Yearbook of Private International Law*, Vol. XV, 2013/2014, pp. 319-347

ZILLER, Jacques, "L'Autorité Administrative dans L'Union Européenne", *L'Autorité de L'Union Européenne*, Loïc Azoulai e Laurence Burgorgue-Larsen (eds.), Bruxelles, Bruylant, 2006, pp. 119-153.

––, "Europeização do Direito – do Alargamento dos Domínios do Direito da União Europeia à Transformação dos Direitos dos Estados-membros", *Novos Territórios do Direito – Europeização, Globalização e Transformação da Regulação Jurídica*, Maria Eduarda Gonçalves, Pierre Guibentif (eds.), Lisboa, Principia, 2008, pp. 23-36.

––, "Exécution Centralisée et Éxecution Partagée: le Fédéralisme d'Exécution en Droit de L'Union Européenne", *L'Exécution du Droit de L'Union, entre Mécanismes Communautaires et Droits Nationaux*, Jacqueline Dutheil de la Rochère (dir.), Bruxelles, Bruylant, 2009, pp. 111-138.

ZITTLEMAN, Ernst, "Geltungsbereich und Anwendungsbereich der Gesetze – Zur Grundlegung der völkerrectlichen Theorie des Zwischenprivatrechts", *Festgabe der Bonner Juristischen Fakultät für Karl Bergbohm zum 70. Geburtstag*, Bonn, A. Marcus & E. Webers Verlag, 1919, pp. 207-241.

ZUMBANSEN, Peer "Transnational Law, Evolving", *Elgar Encyclopedia of Comparative Law*, Jan M. Smits (ed.), 2.ª ed., Cheltenham, Edward Elgar, 2012, pp. 899-925.

––, *Comparative, Global and Transnational Constitutionalism: The Emergence of a Transnational Legal-Pluralist Order*, Osgoode CLPE Research Paper N.º 24/2011, October 25, 2011, disponível em http://digitalcommons.osgoode.yorku.ca/cgi/viewcontent.cgi?article=1062&context=clpe, acesso em 5 de Junho de 2015, 34 p.

ZWART, Tom, "La Poursuite du Père Meroni ou Pourquoi les Agences Pourraient Jouer un Rôle Plus en Vue dand l'Union Européenne", *L'Exécution du Droit de*

EFICÁCIA, RECONHECIMENTO E EXECUÇÃO DE ACTOS ADMINISTRATIVOS ESTRANGEIROS

L'Union, entre Mécanismes Communautaires et Droits Nationaux, Jacqueline Dutheil de la Rochère (dir.), Bruxelles, Bruylant, 2009, pp. 159-173.

ZWEIGERT, Konrad, "Internationales Privatrecht und Öffentliches Recht", *Fünfzig Jahre Institut für Internationales Recht an der Universität Kiel*, Hamburg, Hansischer Gildenverlag, Joachim Hietmann & Co., 1965, pp. 124-141.

ÍNDICE

PREFÁCIO	5
RESUMO EM INGLÊS/ABSTRACT	7
INTRODUÇÃO	11

PARTE A – PLURALIDADE DO DIREITO ADMINISTRATIVO NA ESFERA EXTERNA

PONTO I – MULTIPLICIDADE NO DIREITO ADMINISTRATIVO	21
1. O Papel do Estado no Âmbito Externo	21
a. Territorialidade como Ponto de Partida da Jurisdição Estatal	26
b. Jurisdição extraterritorial	35
2. O papel da União Europeia	63
3. O papel das Organizações Internacionais	76
4. Novos sujeitos no âmbito internacional	93
5. Novas formas de actuação administrativa	100
PONTO II – PERMEABILIDADE DO DIREITO ADMINISTRATIVO	105
1. A diluição das fronteiras	106
2. A diluição da soberania	110
3. A diluição da legitimidade	119
4. A diluição da distinção público-privado	127
5. A diluição da distinção entre direito vinculativo e não vinculativo	137
6. A multiplicação de conceitos e tendências	145
7. O pluralismo jurídico na área administrativa	156

EFICÁCIA, RECONHECIMENTO E EXECUÇÃO DE ACTOS ADMINISTRATIVOS ESTRANGEIROS

PONTO III – INTERNACIONALIDADE DO DIREITO
ADMINISTRATIVO | 165
1. O Direito Administrativo no âmbito internacional | 165
2. Disciplinas relevantes | 167
3. A revitalização do Direito Administrativo Internacional | 182
4. O Direito Público Estrangeiro | 196
   a. Tomada em consideração de direito público estrangeiro | 201
   b. Chamamento de direito público estrangeiro pela regra de conflitos | 212
   c. Estado estrangeiro como demandante ou como demandado | 222
   d. Reconhecimento de decisões judiciais e actos administrativos estrangeiros | 238

PARTE B – ACTOS ADMINISTRATIVOS ESTRANGEIROS: O VERSO DA EXTRATERRITORIALIDADE DA FUNÇÃO ADMINISTRATIVA

PONTO I – ACTOS ADMINISTRATIVOS ESTRANGEIROS | 253
1. Noção de actos administrativos estrangeiros | 254
   a. Decisão individual e concreta | 258
   b. Adoptada por autoridades estrangeiras | 260
   c. Com efeitos externos e aptidão extraterritorial | 266
   d. Proferida no exercício da função administrativa | 270
2. Distinção relativamente a figuras próximas | 280
   a. Actos públicos | 283
   b. Contratos internacionais | 294
   c. Relações e situações jurídicas transnacionais | 299
3. Qualificação dos actos administrativos estrangeiros | 304
4. Tipologia de actos administrativos estrangeiros | 318
   a. Actos administrativos supranacionais | 319
   b. Actos administrativos transnacionais | 339
   c. Actos administrativos estrangeiros em sentido estrito | 353
   d. Deslocação do centro de decisão e qualificação dos actos administrativos | 355
   e. Implicações na legitimidade | 366
5. Relevância complementar da classificação dos actos administrativos consoante os seus efeitos | 370

PONTO II – APTIDÃO E EFICÁCIA EXTRATERRITORIAL DOS ACTOS ADMINISTRATIVOS — 373

1. Fundamento da eficácia extraterritorial dos actos administrativos — 374
2. Mecanismos promotores da extensão de eficácia dos actos administrativos — 378
   a. Ponderação de interesses — 379
   b. Participação e cooperação — 380
   c. Partilha, desmaterialização e padronização da informação — 387
3. Tipos de eficácia extraterritorial dos actos administrativos — 396
   a. Efeito declarativo — 400
   b. Efeito probatório — 401
   c. Efeito incidental — 403
   d. Efeito constitutivo — 404
   e. Efeito regital — 405
   f. Efeito preclusivo — 407
   g. Efeitos executivos — 415
4. Eficácia extraterritorial e reconhecimento: remissão — 416

PARTE C – RECONHECIMENTO E EXECUÇÃO DE ACTOS ADMINISTRATIVOS ESTRANGEIROS: O REVERSO DA EXTRATERRITORIALIDADE DA FUNÇÃO ADMINISTRATIVA

PONTO I – TEORIA DO RECONHECIMENTO — 421

1. Natureza e noção de reconhecimento — 422
   a. Reconhecimento atinente à eficácia ou à validade do acto administrativo estrangeiro? — 428
   b. Reconhecimento como questão de direito interno ou de direito internacional? — 431
   c. Reconhecimento como mecanismo de cooperação ou de contenção? — 432
   d. Reconhecimento enquanto princípio, regra ou excepção? — 434
2. Reconhecimento de actos administrativos estrangeiros e matérias tangentes — 441
   a. Reconhecimento de Estados e governos — 442
   b. Reconhecimento de decisões judiciais e regimes análogos — 449
   c. Reconhecimento de decisões em ordenamentos complexos — 459
   d. Reconhecimento de situações jurídicas — 464
3. Reconhecimento e técnica conflitual — 470
4. Reconhecimento e harmonização legislativa — 483
5. Fundamento do reconhecimento de actos administrativos estrangeiros — 488

EFICÁCIA, RECONHECIMENTO E EXECUÇÃO DE ACTOS ADMINISTRATIVOS ESTRANGEIROS

	a. Comity	490
	b. Direitos adquiridos e protecção da confiança	499
	c. Obrigação jurídica	502
	d. soberania estatal	507
	e. Cooperação	509
	f. Confiança mútua	515
	g. Liberdades e direitos fundamentais	518
	h. Posição adoptada	522
6.	Variabilidade do reconhecimento	525
7.	Condições do reconhecimento	529
	a. Autenticidade	531
	b. Estabilidade	534
	c. Equivalência	539
	d. Salvaguarda	548
	e. Veracidade	561
	f. Proveniência	569
	g. Reciprocidade	575
8.	Tipos de reconhecimento	579
	a. Unilateral/mútuo	579
	b. Automático/condicionado	583
	c. Geral/individual	587
	d. Inicial/ subsequente	588
	e. Sequencial/ paralelo	589
	f. Outras distinções	589
9.	Autoridade ou autoridades de reconhecimento	591
10.	Procedimento(s) ou processo(s) de reconhecimento	593
11.	Controlo do reconhecimento	595
12.	Prova das condições do reconhecimento	596
13.	Efeitos diferenciados do reconhecimento	600
14.	Afectação superveniente do reconhecimento	604
	a. Em razão do acto reconhecido	605
	b. Em razão da natureza do instituto do reconhecimento	611
15.	Efeitos reflexos do reconhecimento	614
16.	Execução coerciva de actos administrativos estrangeiros	617
	a. Reconhecimento e execução coerciva	619
	b. Pressupostos da execução coerciva	620
	c. Procedimentos de execução coerciva	623
	d. Situações de execução coerciva	627

BIBLIOGRAFIA

PONTO II – CRUZAMENTO ENTRE RECONHECIMENTO E EXECUÇÃO E A TIPOLOGIA PROPOSTA DE ACTOS ADMINISTRATIVOS ESTRANGEIROS — 633

1. Proposta estruturada para o reconhecimento de actos administrativos estrangeiros — 633
2. Reconhecimento integrado de actos administrativos supranacionais — 634
3. Reconhecimento mútuo de actos administrativos transnacionais — 646
4. Reconhecimento unilateral de actos administrativos estrangeiros em sentido estrito — 655

PONTO III – RECONHECIMENTO DE ACTOS ADMINISTRATIVOS ESTRANGEIROS EM ACÇÃO — 663

1. Actos administrativos estrangeiros em matéria de migração — 663
2. O papel do reconhecimento no direito administrativo de hoje: tensões e tendências — 675
   a. Renovado critério para as relações internacionais: concessão de crédito com retenção da responsabilidade — 675
   b. Revalorização do papel da Administração — 677

NOTAS CONCLUSIVAS — 681

BIBLIOGRAFIA — 687